中国教育年鉴

1994年

《中国教育年鉴》编辑部

人民教育出版社

(京)新登字 113 号

中国教育年鉴

(1994)

《中国教育年鉴》编辑部　编

*

人民教育出版社出版发行

全国新华书店经销

华云电子数据中心照排

人民教育出版社印刷厂印装

*

开本 787×1092　1/16　印张 63　插页 7　字数 1,440,000

1994 年 1 月第 1 版　1994 年 1 月第 1 次印刷

印数 1—3,000

ISBN 7－107－11231－7

G・4166

价¥100

如发现印、装质量问题，影 厂联系调换

1.1993 年 4 月，中共中央总书记江泽民视察海南大学时与师生亲切交谈 海南大学供稿

2.1993 年 3 月，李鹏总理在中国全民教育国家级大会主席台上　　韩树民摄

3.1993 年 9 月，中共中央政治局常委胡锦涛在哈尔滨工业大学视察时与校长亲切交谈

李贵才摄

4

5

6

4.1993 年 9 月，国务院副总理李岚清到北京远郊密云县慰问山区教师

周滋麟摄

5.1993 年 1 月，国务委员兼国家教委主任李铁映到北京昌平农村职业学校看望教师，向学校赠送录像机

刘全聚摄

6. 1993 年 8 月，国家教委主任朱开轩在陕西省地、市教育局长会议上讲话

李曜升供稿

7

8

9

7. 国家教委副主任张孝文(左三)在南昌大学考察

曹国永供稿

8. 国家教委副主任柳斌(右一)在安徽省霍山中学向学生了解课业负担情况

马建华供稿

9. 国家教委副主任王明达(右三)在上海嘉定县调查研究

孟庆宏供稿

10

11

12

13

10. 国家教委副主任韦钰率中国教育代表团访问加拿大时，与魁北克教育部长交换教育交流协议文本

陈盈晖供稿

11. 国家教委副主任张天保(右)在广东省东莞中学考察

宋德民供稿

12. 杭州市十中学生在老师指导下作物理实验

刘全聚摄

13. 安徽省马鞍山市二中学生上实验课

刘全聚摄

14

15

16

17

14. 北京二十二中教师在解答学生提出的问题

刘全聚摄

15. 天津市和平区中心小学教师开展科研，探索创造性教学之路

张宝成摄

16. 河南省在新乡市召开英语教材教法改革现场会

河南省中小学教材教学研究室供稿

17. 出席西藏自治区教育工作会议的代表参观西藏堆龙德庆县中学

晋美朗杰摄

18

19

20

21

18.青海省组织实施国家“八五”重点课题“优化女童教育”试验。图为循化撒拉族自治县街子小学女童上电教课

韦熹摄

19.青海省举行教育事业发展目标《年度责任书》签字仪式

韦熹摄

20.宁夏农村女童教育试验研究取得突破性进展。图为在国家女童教育试验汇报交流会上交流经验

俞自立摄

21. 合肥师范学校西藏班学员在实验课上

刘全聚摄

22. 见义勇为英雄战士徐洪刚被河南省三门峡市第一小学聘请为校外辅导员

三门峡市教委供稿

23. 海南省琼海市加积中学组织学生开展少年科技活动。图为该校全国优秀教师林师轩带领学生开展“沿海贝类资源调查”活动

琼海市教育局供稿

24. 海南省农垦中学积极开展勤工俭学活动，与外方合资的制药厂年纯利润达100万元。图为制药厂一角

海南农垦中学供稿

25. 兰州市盲聋哑学校聋儿语言训练班学生在上课

甘霖摄

22

23

24

25

26

27

28

29

26. 1993年广州市举办第二届“教育基金百万行”活动
黄小坚摄

27.考考你——北京幸福村第二小学的学生在课外复习功课
刘全聚摄

28.北京农业学校教师在果园对学生进行辅导
刘全聚摄

29.天津财经职业中专会计专业学生到工厂进行岗位实习
天津市教育局供稿

30

3

32

33

30. 海南省琼海市职业中学缝纫班学生上机操作学习缝纫技术

琼海市教育局供稿

31. 兰州市文科职业中学现代化办公专业学生在学习英文打字

赵清华摄

32. 杭州市莫干山路饮食烹饪服务职业中学学生在制作点心，菜肴

浙江省教委供稿

33. 青海湟源畜牧学校学生在新建的语音室学习外语

韦熹摄

34

35

36

37

34. 天津市立信职业中专师生在街头开展社会咨询服务活动

天津市教育局供稿

35. 联合国儿童基金会审计官员到昆明师范学校检查援助项目设备使用情况及效果

云南省教委供稿

36. 华南热带作物学院注意学生的专业思想教育。图为该院组织的专业劳动

华南热带作物学院供稿

37. 上海工业大学 1993 年全面实行学分制。图为学生在计算机屏幕前选课

上海市高教局供稿

38

39

40

41

38. 北京大学生物系国家级生物实验室一角

刘全聚摄

39. 中山大学超快速激光光谱实验室

周滋麟摄

40. 广东工学院教授杨宜民(右)在“新型驱动机器与微型机器人研究”中取得成果

周滋麟摄

41. 浙江农业大学等单位承担的“畜禽全价饲料及其添加剂开发”列入国家“八五”星火计划重点项目。图为饲料销售一角

浙江省教委供稿

42

43

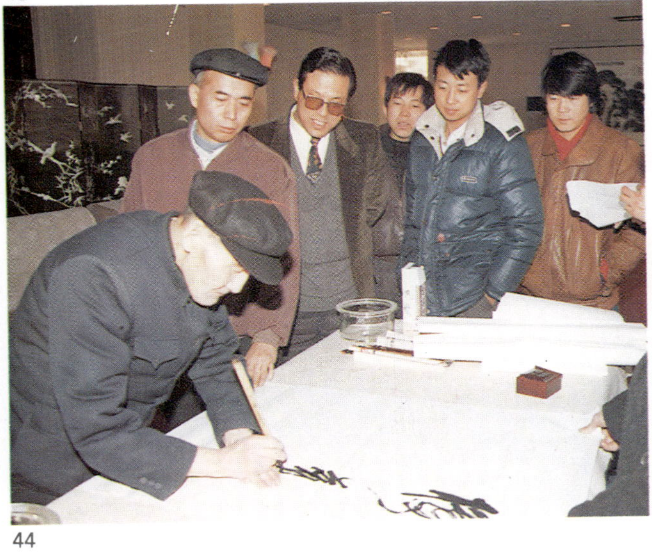

44

45

42. 华南热带作物学院党委多年来坚持学生接待日制度。图为该院举行的院、系学生干部座谈会

华南热带作物学院供稿

43. 国家教委组织的招聘团在加拿大多伦多向留学人员介绍情况

张宁供稿

44. 陕西师范大学注重对学生进行书法训练。图为教师带领学生观摩书法家写字

王璐摄

45. 中央民族学院学生在中华民族园植树

周滋麟摄

46

47

48

49

46.北京医院护士学校和东方日语培训中心对医务人员进行日语培训

刘全聚摄

47. 呼和浩特市蒙古族中学女子足球队1993年代表国家赴以色列参加世界中学生足球锦标赛荣获冠军。图为全体队员与领队、教练员取得冠军后的合影

内蒙古自治区教育厅供稿

48. 成都市新生路小学在四川省中小学生艺术节上演出川剧舞蹈《出塞》

屈辉摄

49. 在上海市学生金孔雀舞蹈节上，学生们表演集体舞

张宁摄

编辑说明

一、《中国教育年鉴》是国家教委编纂的全国性专业年鉴和综合资料性著作。它是各级教育行政部门、各类教育(学校)执行党和国家教育方针政策、做好教育工作情况的总结,是我国教育事业不断发展和改革成果的记录。

二、编纂本书是为教育管理决策、科研和教学人员研究汇集资料,为教育战线工作沟通信息、交流经验开辟园地,为宣传中国教育发展改革成果设立窗口,并为热心关注和研究我国教育的读者提供事实依据。

三、年鉴的基本栏目有:党和国家有关教育工作的重要文件,党和国家领导人有关教育工作的重要讲话,国家教委负责人的讲话或专文,全国教育年度工作方针计划,教育综合改革与管理,基础教育,职业技术教育,高等教育,成人教育,师范教育,民族教育,学校体育、卫生与国防教育,电化教育,干部与师资管理,教材建设,教育技术装备建设,教育国际交流和与台湾省、香港、澳门地区的合作,各省、自治区、直辖市教育(按行政区划顺序排列)文件资料汇编,教育大事记等。每卷将根据当年的实际情况调整个别栏目。

四、《中国教育年鉴》当年出版卷号的内容反映上一年工作的基本情况。某些多年才能完成的工作任务,主要记述当年该项工作的进展情况。

五、本年鉴的撰稿单位是国家教委各司局,直属单位,各省、自治区、直辖市教育部门。审稿为同级主管负责人。

六、卷内全国性统计数字,由统计部门提供,引用应以此为准。某些条目中的数字,因统计口径不一,可能有不尽一致之处,望读者使用时注意。

七、台湾省、香港、澳门地区教育事业发展情况和数据暂缺。

八、在编纂过程中,力求做到内容全面系统,资料准确无误,文字简明精炼。但由于我们水平有限,加之使用的需求差异,因而会有需要改进之处,希望读者指正和建议。

《中国教育年鉴》编辑部

1994年6月

目　录

YEARBOOK OF EDUCATION IN CHINA

CONTENTS

中国教育改革和发展纲要

（中共中央、国务院1993年2月13日印发）

中国共产党第十四次全国代表大会在建设有中国特色社会主义理论的指导下，确定了九十年代我国改革和建设的主要任务，明确提出“必须把教育摆在优先发展的战略地位，努力提高全民族的思想道德和科学文化水平，这是实现我国现代化的根本大计”。为了实现党的十四大所确定的战略任务，指导九十年代乃至下世纪初教育的改革和发展，使教育更好地为社会主义现代化建设服务，特制定本纲要。

一、教育面临的形势和任务

（1）当前，我国改革开放和现代化建设事业进入了一个新阶段。建立社会主义市场经济体制，加快改革开放和现代化建设步伐，进一步解放和发展生产力，使国民经济整体素质和综合国力都迈上一个新台阶。这对教育工作既是难得的机遇，又提出了新的任务和要求。在新的形势下，教育工作的任务是：遵循党的十四大精神，以建设有中国特色的社会主义理论为指导，坚持党的基本路线，全面贯彻教育方针，面向现代化，面向世界，面向未来，加快教育的改革和发展，进一步提高劳动者素质，培养大批人才，建立适应社会主义市场经济体制和政治、科技体制改革需要的教育体制，更好地为社会主义现代化建设服务。

（2）建国四十多年来，我国教育工作取得了显著成就。社会主义教育制度已经基本确立；教育事业有了很大发展，为社会主义建设培养了大批人才；形成了上千万人的教师队伍；办学的物质条件程度不同地有所改善。特别是党的十一届三中全会以来，教育改革逐步展开；九年义务教育开始有计划、分阶段地实施，全国已有91%人口的地区普及了小学教育；职业和技术教育得到相当程度的发展，中等职业技术学校招生和在校学生人数占高中阶段学生人数的比例，均已超过50%，改变了中等教育结构单一化的局面；高等教育发展较快，普通高等学校和成人高等学校在校学生已达到376万人，初步形成了多种层次、多种形式、学科门类基本齐全的体系；形式多样的成人教育和民族教育也得到很大发展；农村基础教育实行地方负责、分级管理的体制取得了明显效果，教育同科技、农业的统筹结合开始显示出生命力；涌现出一批尊师重教并取得较大成绩的地区、部门和单位。国际教育交流和合作也得到广泛开展。我国教育工作取得的成就，是坚持改革开放的结果，体现了社会主义制度的优越性，是我国教育进一步改革和发展的基础。

同时，必须看到，我国教育在总体上还比较落后，不能适应加快改革开放和现代化建设的需要。教育的战略地位在实际工作中还没有完全落实；教育投入不足，教师待遇偏低，办学条件较差；教育思想、教学内容和教学方法程度不同地脱离实际；学校思想政治工作还需要进一步加强和改进；教育体制和运行机制不适应日益深化的经济、政治、科技体制改革的需要。对教育工作中存在的这些问题，必须随着经济的发展和改革的深化，认真加以解决。

（3）四十多年来，我国教育经历了曲折

的发展历程，为发展社会主义教育事业积累了宝贵经验，初步明确了建设有中国特色社会主义教育体系的主要原则：第一，教育是社会主义现代化建设的基础，必须坚持把教育摆在优先发展的战略地位。第二，必须坚持党对教育工作的领导，坚持教育的社会主义方向，培养德智体全面发展的建设者和接班人。第三，必须坚持教育为社会主义现代化建设服务，与生产劳动相结合，自觉地服从和服务于经济建设这个中心，促进社会的全面进步。第四，必须坚持教育的改革开放，努力改革教育体制、教育结构、教学内容和方法，大胆吸收和借鉴人类社会的一切文明成果，勇于创新，敢于试验，不断发展和完善社会主义教育制度。第五，必须全面贯彻党和国家的教育方针，遵循教育规律，全面提高教育质量和办学效益。第六，必须依靠广大教师，不断提高教师政治和业务素质，努力改善他们的工作、学习和生活条件。第七，必须充分发挥各级政府、社会各方面和人民群众的办学积极性，坚持以财政拨款为主、多渠道筹措教育经费。第八，必须从我国国情出发，根据统一性和多样性相结合的原则，实行多种形式办学，培养多种规格人才，走出符合我国和各地区实际的发展教育的路子。这些主要原则，需要在今后的实践中进一步丰富和发展。

（4）邓小平同志指出，实现四个现代化，科学技术是关键，基础在教育。为了完成党的十四大确定的九十年代的主要任务，必须把经济建设转到依靠科技进步和提高劳动者素质的轨道上来。我国企业经济效益低、产品缺乏竞争能力的状况之所以长期得不到改变，农业科学技术之所以得不到普遍推广，宝贵的资源和生态环境之所以不能得到充分利用和保护，人口增长之所以不能得到有效的控制，一些不良的社会风气之所以屡禁不止，原因固然很多，但一个重要的原因是劳动者素质低。发展教育事业，提高全民族的素质，把沉重的人口负担转化为人力资源优势，这是我国实现社会主义现代化的一条必由之路。

当今世界政治风云变幻，国际竞争日趋激烈，科学技术发展迅速。世界范围的经济竞争，综合国力竞争，实质上是科学技术的竞争和民族素质的竞争。从这个意义上说，谁掌握了面向二十一世纪的教育，谁就能在二十一世纪的国际竞争中处于战略主动地位。为此，必须高瞻远瞩，及早筹划我国教育事业的大计，迎接二十一世纪的挑战。

面对加快改革开放和现代化建设的新形势，各级政府、广大教育工作者和全社会，必须对教育的改革和发展具有紧迫感，真正树立社会主义建设必须依靠教育和“百年大计，教育为本”的思想，采取切实有力措施，落实教育的战略地位，加快教育的改革和发展，开创教育事业的新局面。

二、教育事业发展的目标、战略和指导方针

（5）根据我国社会主义现代化建设“三步走”的战略部署，到本世纪末，我国教育发展的总目标是：全民受教育水平有明显提高；城乡劳动者的职前、职后教育有较大发展；各类专门人才的拥有量基本满足现代化建设的需要；形成具有中国特色的、面向二十一世纪的社会主义教育体系的基本框架。再经过几十年的努力，建立起比较成熟和完善的社会主义教育体系，实现教育的现代化。

九十年代，在保证必要的教育投入和办学条件的前提下，各级各类教育发展的具体目标是：

——全国基本普及九年义务教育（包括初中阶段的职业技术教育）；大城市市区和沿海经济发达地区积极普及高中阶段教育。大中城市基本满足幼儿接受教育的要求，广大农村积极发展学前一年教育。

——高中阶段职业技术学校在校学生人数有较大幅度的增加，未升学的初中和高中

毕业生普遍接受不同年限的职业技术培训，使城乡新增劳动力上岗前都能得到必要的职业技术训练。

——高等学校培养的专门人才适应经济、科技和社会发展的需求，集中力量办好一批重点大学和重点学科，高层次专门人才的培养基本上立足于国内，教育质量、科学技术水平和办学效益有明显提高。

——全国基本扫除青壮年文盲，使青壮年中的文盲率降到5%以下。通过岗位培训、继续教育和在职学历教育，提高广大从业人员的思想文化素质和职业技能。

各地区、各部门根据实际情况，制定本地区本行业的分阶段教育发展目标和任务。

(6) 为了实现上述目标，应采取深化教育改革，坚持协调发展，增加教育投入，提高教师素质，提高教育质量，注重办学效益，实行分区规划，加强社会参与的战略。

——在教育事业发展上，不仅教育的规模要有较大发展，而且要把教育质量和办学效益提高到一个新的水平。

——在结构选择上，以九年义务教育为基础，大力加强基础教育，积极发展职业技术教育、成人教育和高等教育，把提高劳动者素质，培养初、中级人才摆到突出的位置。

——在地区发展格局上，从各地经济、文化发展不平衡的实际出发，因地制宜，分类指导。鼓励经济、文化发达地区率先达到中等发达国家八十年代末的教育发展水平，积极支持贫困地区和民族地区发展教育。

(7) 基础教育是提高民族素质的奠基工程，必须大力加强。各级政府要认真贯彻执行《中华人民共和国义务教育法》及其实施细则，以积极进取的精神，从本地区的实际出发，把普及九年义务教育的目标落到实处。要建立检查、监督和奖惩制度，确保义务教育法的贯彻执行。政府、社会、家长要认真履行自己的义务，保证适龄儿童入学，制止学生的辍学。对招用学龄儿童和少年就业的组织和个人，必须坚决依法制裁。

发展基础教育，必须继续改善办学条件，逐步实现标准化。中小学要由“应试教育”转向全面提高国民素质的轨道，面向全体学生，全面提高学生的思想道德、文化科学、劳动技能和身体心理素质，促进学生生动活泼地发展，办出各自的特色。普通高中的办学体制和办学模式要多样化。

(8) 职业技术教育是现代教育的重要组成部分，是工业化和生产社会化、现代化的重要支柱。各级政府要高度重视，统筹规划，贯彻积极发展的方针，充分调动各部门、企事业单位和社会各界的积极性，形成全社会兴办多形式、多层次职业技术教育的局面。到本世纪末，中心城市的行业和每个县，都应当办好一、两所示范性骨干学校或培训中心，同大量形式多样的短期培训相结合，形成职业技术教育的网络。

发展职业技术教育要与当地经济发展的需要相适应。基本普及九年义务教育的地区，应以发展初中后职业技术教育为重点；尚未普及九年义务教育的地区，对不能升入初中的小学毕业生应实行职业技术培训；各地要积极发展多样化的高中后教育，对未升入高等学校的普通高中毕业生进行职业技术培训。普通中学也要分别不同情况，适当开设职业技术教育课程。

各级各类职业技术学校都要主动适应当地建设和社会主义市场经济的需要。要在政府的指导下，提倡联合办学，走产教结合的路子，更多地利用贷款发展校办产业，增强学校自我发展的能力，逐步做到以厂(场)养校。

要认真实行“先培训，后就业”的制度。优先录用经过职业技术教育和培训的学生就业，专业性、技术性较强的岗位，应在获得岗位资格证书后上岗。对未经培训已就业的，要进行岗前培训。

(9) 高等教育担负着培养高级专门人才、发展科学技术文化和促进现代化建设的重大任务。九十年代,高等教育要适应加快改革开放和现代化建设的需要,积极探索发展的新路子,使规模有较大发展,结构更加合理,质量和效益明显提高。

高等教育的发展,要坚持走内涵发展为主的道路,努力提高办学效益。要区别不同的地区、科类和学校,确定发展目标和重点。制订高等学校分类标准和相应的政策措施,使各种类型的学校合理分工,在各自的层次上办出特色。要大力加强和发展地区性的专科教育,特别注重发展面向广大农村、中小企业、乡镇企业和第三产业的专科教育,努力扩大研究生的培养数量。要基本稳定基础学科的规模,适当发展新兴和边缘学科,重点发展应用学科。为了迎接世界新技术革命的挑战,要集中中央和地方等各方面的力量办好100所左右重点大学和一批重点学科、专业,力争在下世纪初,有一批高等学校和学科、专业,在教育质量、科学研究和管理方面,达到世界较高水平。

高等学校科学技术工作要认真贯彻国家对科学技术工作的方针,坚持"科学技术是第一生产力"的思想,坚持面向经济建设,坚持同教学相结合。要根据不同条件,大力开展技术开发、推广应用和咨询服务,兴办科技产业,使科技成果尽快转化为现实生产力。要加强基础科学和应用科学的研究,组织精干力量承担国家科技攻关项目和发展高新技术任务。要有计划地建成一批国家重点实验室和工程研究中心,促进相关学科的科研水平进入世界先进行列。

哲学社会科学的教学与科学研究,必须以马克思主义和建设有中国特色社会主义的理论为指导,紧密联系实际,努力研究和解决社会主义现代化建设中的理论和实际问题,为繁荣哲学社会科学,建设有中国特色的社会主义作出贡献。

(10) 成人教育是传统学校教育向终生教育发展的一种新型教育制度,对不断提高全民族素质,促进经济和社会发展具有重要作用。九十年代,要适应经济建设、社会发展和从业人员的实际需要,积极发展。要本着学用结合、按需施教和注重实效的原则,把大力开展岗位培训和继续教育作为重点,重视从业人员的知识更新。国家建立和完善岗位培训制度、证书制度、资格考试和考核制度、继续教育制度。

大力发展农村成人教育,积极办好乡镇成人文化技术学校,全面提高农村从业人员的素质。抓紧扫除青壮年文盲,坚持标准,讲求实效,把文化教育和职业技术教育结合起来。各级政府要增加扫盲拨款,设立社会扫盲基金,并加强领导,把扫盲任务落实到乡、村。

成人学历教育要加强和普通学校的联系与合作,努力体现成人教育的特色,注重提高质量。不具备颁发学历文凭资格的各种成人教育机构,可以发给毕业生写实性学习证书;毕业生要取得国家承认的学历文凭,可以参加国家组织的文凭考试或自学考试。要完善和发展自学考试制度,鼓励自学成才。

(11) 重视和扶持少数民族教育事业。中央和地方要逐步增加少数民族教育经费。对有特殊困难的少数民族地区,要采取倾斜政策和措施。在国家安排的少数民族地区各项补助费及其他扶贫资金中,要划出一定比例的经费用于发展民族教育。对志愿到边疆少数民族地区工作的大中专毕业生的待遇,各地要制订优惠政策。认真组织和落实内地省、市对民族地区教育的对口支援。各民族地区要积极探索适合当地实际的发展教育的路子。

(12) 重视和支持残疾人教育事业。各级政府要把残疾人教育作为教育事业的组成部分,采取单独举办残疾人学校或普通学校招收残疾人入学等多种形式，发展残疾人教育事业。逐步增加特殊教育经费，并鼓励社会力量办学、捐资助学。要对残疾人学校及其校办产业给予扶持和优惠。

(13) 积极发展广播电视教育和学校电化教育，推广运用现代化教学手段。要抓好教育卫星电视接收和播放网点的建设，到本世纪末，基本建成全国电教网络，覆盖大多数乡镇和边远地区。

(14) 进一步扩大教育对外开放，加强国际教育交流与合作，大胆吸收和借鉴世界各国发展和管理教育的成功经验。出国留学人员是国家的宝贵财富，国家要给予重视和信任。根据“支持留学，鼓励回国，来去自由”的方针，继续扩大派遣留学生；认真贯彻国家关于在外留学人员的有关规定，支持留学人员在外学习研究，鼓励他们学成归来，或采用多种方式为祖国社会主义现代化建设作出贡献。改革来华留学生的招生和管理办法，加强我国高等学校同外国高等学校的交流与合作，开展与国外学校或专家联合培养人才、联合进行科学研究。大力加强对外汉语教学工作。

三、教育体制改革

(15) 党的十四大确定我国经济体制改革的目标是建立社会主义市场经济体制。在九十年代，随着经济体制、政治体制和科技体制改革的深化，教育体制改革要采取综合配套、分步推进的方针，加快步伐，改革包得过多、统得过死的体制，初步建立起与社会主义市场经济体制和政治体制、科技体制改革相适应的教育新体制。只有这样，才能增强主动适应经济和社会发展的活力，走出教育发展的新路子，为建立具有中国特色的社会主义教育体系奠定基础。教育体制改革要有利于坚持教育的社会主义方向，培养德智体全面发展的建设者和接班人；有利于调动各级政府、全社会和广大师生员工的积极性，提高教育质量、科研水平和办学效益；有利于促进教育更好地为社会主义现代化建设服务。

(16) 改革办学体制。改变政府包揽办学的格局，逐步建立以政府办学为主体、社会各界共同办学的体制。在现阶段，基础教育应以地方政府办学为主；高等教育要逐步形成以中央、省(自治区、直辖市)两级政府办学为主、社会各界参与办学的新格局；职业技术教育和成人教育主要依靠行业、企业、事业单位办学和社会各方面联合办学。

国家对社会团体和公民个人依法办学，采取积极鼓励、大力支持、正确引导、加强管理的方针。国家欢迎港、澳、台同胞、海外侨胞和外国友好人士捐资助学。在国家有关法律和法规的范围内进行国际合作办学。举办具有颁发国家承认的学历文凭资格的各类学校，应按国家有关规定办理审批手续。

(17) 深化中等以下教育体制改革，继续完善分级办学、分级管理的体制。

——中等及中等以下教育，由地方政府在中央大政方针的指导下，实行统筹和管理。国家颁发基本学制、课程设置和课程标准、学校人员编制标准、教师资格和教职工基本工资标准等规定，省、自治区、直辖市政府有权确定本地区的学制、年度招生规模，确定教学计划，选用教材和审定省编教材，确定教师职务限额和工资水平等。省以下各级政府的权限，由省、自治区、直辖市政府确定。

——积极推进农村教育、城市教育和企业教育综合改革，促进教育同经济、科技的密切结合。县、乡两级政府要把教育纳入当地经济、社会发展的整体规划，分级统筹管理基础教育、职业技术教育、成人教育，统筹规划经济、科技、教育的发展，促进“燎原计划”与“星火计划”、“丰收计划”的有机结合，落实科教兴农战略。要极积推行城市教育综合改革，探索城市教育管理的新体制。

——中等及中等以下各类学校实行校长

负责制。校长要全面贯彻国家的教育方针和政策，依靠教职员工办好学校。

——支持和鼓励中小学同附近的企事业单位、街道或村民委员会建立社区教育组织，吸引社会各界支持学校建设，参与学校管理，优化育人环境，探索出符合中小学特点的教育与社会结合的形式。

(18) 深化高等教育体制改革。进行高等教育体制改革，主要是解决政府与高等学校、中央与地方、国家教委与中央各业务部门之间的关系，逐步建立政府宏观管理、学校面向社会自主办学的体制。

——在政府与学校的关系上，要按照政事分开的原则，通过立法，明确高等学校的权利和义务，使高等学校真正成为面向社会自主办学的法人实体。要在招生、专业调整、机构设置、干部任免、经费使用、职称评定、工资分配和国际合作交流等方面，分别不同情况，进一步扩大高等学校的办学自主权。学校要善于行使自己的权力，承担应负的责任，建立起主动适应经济建设和社会发展需要的自我发展、自我约束的运行机制。

政府要转变职能，由对学校的直接行政管理，转变为运用立法、拨款、规划、信息服务、政策指导和必要的行政手段，进行宏观管理。要重视和加强决策研究工作，建立有教育和社会各界专家参加的咨询、审议、评估等机构，对高等教育方针政策、发展战略和规划等提出咨询建议，形成民主的、科学的决策程序。

——在中央与地方的关系上，进一步确立中央与省(自治区、直辖市)分级管理、分级负责的教育管理体制。中央直接管理一部分关系国家经济、社会发展全局并在高等教育中起示范作用的骨干学校和少数行业性强、地方不便管理的学校。在中央大政方针和宏观规划指导下，对地方举办的高等教育的领导和管理，责任和权力都交给省(自治区、直辖市)。按照这个精神，中央要进一步简政放权，扩大省(自治区、直辖市)的教育决策权和包括对中央部门所属学校的统筹权。省(自治区、直辖市)在充分论证、严格审议程序，自行解决办学经费，以及统筹中央和地方所属高校毕业生就业去向的条件下，有权决定地方高等学校招生规模和专业设置。设置高等学校，由全国高等学校设置评议委员会评议，国家教委审批。

——在国家教委与中央业务部门的关系上，国家教委负责统筹规划、政策指导、组织协调、监督检查、提供服务。中央业务部门要加强对本行业的人才预测和规划，协助国家教委指导本行业的人才培养工作，负责管理其所属学校，包括国家宏观指导下，决定所属学校的招生规模、专业设置、经费筹措、学生就业等。随着中央业务部门职能的转变和政企分开，中央业务部门所属学校要面向社会，其办学体制和管理体制分别不同情况，采取继续由中央部门办、中央部门和地方政府联合办、交给地方政府办、企业集团参与和管理等不同办法。目前先进行改革试点，逐步到位。

(19) 改革高等学校的招生和毕业生就业制度。

——改变全部按国家统一计划招生的体制，实行国家任务计划和调节性计划相结合。在现阶段，国家仍要提出指导性的宏观调控的招生总量目标，并通过国家任务计划重点保证：国家重点建设项目、国防建设、文化教育、基础学科、边远地区和某些艰苦行业所需要的专门人才。在保证完成国家任务计划的前提下，逐步扩大招收委托培养和自费生的比重，这部分调节性计划由学校及其主管部门根据社会需求和办学条件确定。

——改革学生上大学由国家包下来的做法，逐步实行收费制度。高等教育是非义务教育，学生上大学原则上均应缴费。设立贷学金，对家庭经济有困难的学生提供帮助；国家、企事业单位、社会团体和学校均可设立奖学金，对品学兼优的学生和报考国家重点保证的、特殊的、条件艰苦的专业的学生给予奖励。

——改革高等学校毕业生“统包统分”和“包当干部”的就业制度，实行少数毕业生由国家安排就业，多数由学生“自主择业”的就业制度。近期内，国家任务计划招收的学生，原则上仍由国家负责在一定范围内安排就业，实行学校与用人单位“供需见面”，落实毕业生就业方案，并逐步推行毕业生与用人单位“双向选择”的办法；委托和定向培养的学生按合同就业；自费生自主择业。随着社会主义市场经济体制的建立和劳动人事制度的改革，除对师范学科和某些艰苦行业、边远地区的毕业生，实行在一定范围内定向就业外，大部分毕业生实行在国家方针政策指导下，通过人才劳务市场，采取“自主择业”的就业办法。与此相配套，建立人才需求信息、就业咨询指导、职业介绍等社会中介组织，为毕业生就业提供服务。

(20) 完善研究生培养和学位制度。通过试点，改进硕士学位授权点和博士生导师的审核办法，同时加强质量监督和评估制度。在培养教学、科研岗位所需人才的同时，大力培养经济建设和社会发展所需的应用性人才。鼓励有实践经验的优秀在职人员采用多种形式攻读硕士、博士学位。研究生学习期间，实行兼任教学、研究和管理等辅助工作的制度，其待遇视学校内部管理体制改革的进展、所兼工作的实绩，参照在职人员的水平，由学校确定。

(21) 改革对高等学校的财政拨款机制，充分发挥拨款手段的宏观调控作用。对于不同层次和科类的学校，拨款标准和拨款方法应有所区别。改革按学生人数拨款的办法，逐步实行基金制。在国家和地方预算下达的教育经费之外，学校可依法筹集资金。

(22) 参照高等学校招生、毕业生就业制度改革的精神，加快改革中专、技校招生、毕业生就业制度。根据国家有关政策，由地方人民政府或主管部门制定具体办法。通过联合办学和委托培养、自费等形式，使毕业生面向城乡多种所有制单位就业。中等专业教育和技工教育的重大方针政策，由国家制定，地方政府负责统筹规划和指导。

(23) 积极推进以人事制度和分配制度改革为重点的学校内部管理体制改革。在合理定编的基础上，对教职工实行岗位责任制和聘任制，在分配上按照工作实绩拉开差距。改革的核心在于，运用正确的政策导向、思想教育和物质激励手段，打破平均主义，调动广大教职工积极性，转换学校内部运行机制，提高办学水平和效益。

学校的后勤工作，应通过改革逐步实现社会化。

(24) 深化人事劳动制度改革，同教育体制改革相配套。

——建立和完善高等学校毕业生的考核录用制度。推行学历文凭、技术等级证书、岗位资格证书并重的制度，扭转升学、文凭、职称对于教育运行的片面导向作用。逐步建立职业岗位资格考核机构，实施各种岗位的资格考试和资格证书制度。

——改革高等学校职称评定和职务聘任制度。评定职称既要重视学术水平，又要重视有实用价值的研究成果和教学工作、技术推广应用的实绩。高等学校教师实行聘任制。中小学逐步实行教师资格制度和职务等级制度。

——运用劳动工资等政策杠杆，推动教育体制改革。大、中专学校毕业生的起点工资，用人部门可以按照实际水平和实际表现拉开档次。为鼓励各级各类学校毕业生到农村、边远地区、艰苦行业工作，各地要制定津贴和奖励政策。

(25) 加快教育法制建设，建立和完善执法监督系统，逐步走上依法治教的轨道。制订教育法律、法规，要注意综合配套，逐步完善。要抓紧草拟基本的教育法律、法规和当前急需的教育法律、法规，争取到本世纪末，初步建立起教育法律、法规体系的框架。地方要从各自的实际出发，加快制定地方性的教育法规。

(26) 加强教育改革和发展的理论研究和试验。各级政府和教育行政部门要把教育科学研究和教育管理信息工作摆到十分重要的地位。社会主义市场经济体制的建立，对教育的改革和发展提出了许多新的课题。教育理论工作者和实际工作者，要以马克思主义为指导，研究和回答建设有中国特色的社会主义教育体系的理论问题和实际问题。要积极开展教育决策咨询研究，密切教育科研同教育决策、教育实践的联系，发挥教育科研对教育改革和发展的促进作用。鼓励和支持学校、教师和教育研究工作者积极进行教育改革试验。

四、全面贯彻教育方针，全面提高教育质量

(27) 教育改革和发展的根本目的是提高民族素质，多出人才，出好人才。各级各类学校要认真贯彻"教育必须为社会主义现代化建设服务，必须与生产劳动相结合，培养德、智、体全面发展的建设者和接班人"的方针，努力使教育质量在九十年代上一个新台阶。

(28) 用马列主义、毛泽东思想和建设有中国特色的社会主义理论教育学生，把坚定正确的政治方向摆在首位，培养有理想、有道德、有文化、有纪律的社会主义新人，是学校德育即思想政治和品德教育的根本任务。要进一步加强和改进德育工作，在实践中不断创造改革开放条件下学校德育工作的新经验，把德育工作提高到一个新水平。

对广大青少年要加强党的基本路线教育，爱国主义、集体主义和社会主义思想教育，近代史、现代史教育和国情教育，引导学生运用马克思主义的立场、观点、方法认识现实问题，走与工农结合、与实践结合的成长道路，促进学生逐步树立科学的世界观和为人民服务的人生观，增强学生抵制资产阶级自由化和一切剥削阶级腐朽思想的能力，坚定建设有中国特色的社会主义的信念。要重视对学生进行中国优秀文化传统教育。对中小学学生还要注重进行文明行为的养成教育。

要从各级各类学校的实际出发，分层次地确定德育工作的任务和要求，改进德育教材和德育方法，注重实效，使德育落到实处。

(29) 重视和加强德育队伍的建设。加强德育工作是全体教师的共同职责。教师应当把德育贯穿和渗透到教育教学的全过程中，并以自己的楷模作用，促进学生的全面成长。

高等学校要建设好一支以精干的专职人员为骨干、专兼职结合的思想政治工作队伍。中小学要充分发挥思想品德课和思想政治课教师、班主任及共青团、少先队干部的作用。对从事思想政治工作的人员要进行培训，不断提高他们的思想政治素质和政策、业务水平，并采取实际措施解决他们的待遇问题。

(30) 完善政策导向，加强学校管理。在招生、毕业生就业、评奖评优、教师职务评聘、工资晋级和出国留学等方面，坚持德才兼备的原则。教师从事德育工作和参加社会实践的成绩，应与其他工作成绩同等对待。

要严格执行校规、校纪，教育学生遵守行为规范，建设健康的、生动的校园文化，树立良好的校风、学风，使学校成为建设社会主义精神文明的重要阵地。

(31) 进一步转变教育思想，改革教学内容和教学方法，克服学校教育不同程度存在的脱离经济建设和社会发展需要的现象。要按照现代科学技术文化发展的新成果和社会主义现代化建设的实际需要，更新教学内容，调整课程结构。加强基本知识、基础理论和基本技能的培养和训练，重视培养学生分析问题和解决问题的能力，注意发现和培养有特长的学生。中小学要切实采取措施减轻学生过重的课业负担。职业技术学校要注重职业道德和实际能力的培养。高等教育要进一步改变专业设置偏窄的状况。拓宽专业业务范围，加强实践环节的教学和训练，发展同社会实际工作部门的合作培养，促进教学、科研、生产三结合。

要逐步改革和完善升学和考试制度，稳步推进小学毕业生就近入学、初中毕业生升学考试、高中毕业会考和高考制度的改革。

（32）建立各级各类教育的质量标准和评估指标体系。各地教育部门要把检查评估学校教育质量作为一项经常性的任务。要加强督导队伍，完善督导制度，加强对中小学学校工作和教育质量的检查和指导。对职业技术教育和高等教育，要采取领导、专家和用人部门相结合的办法，通过多种形式进行质量评估和检查。各类学校都要重视了解用人单位对毕业生质量的评价。

（33）学校教材要反映中国和世界的优秀文明成果以及当代科学技术文化的最新发展。中小学教材要在统一基本要求的前提下实行多样化。提倡各地编写适应当地农村中小学需要的教材。职业技术学校要逐步形成配套的教材系列。高等学校教材要在积极扩大种类的同时，不断提高质量，加强理论与实际的联系，力求思想性与科学性的统一。

（34）进一步加强和改善学校体育卫生工作，动员社会各方面和家长关心学生的体质和健康。各级政府要积极创造条件，切实解决师资、经费、体育场地、设施问题，逐步做到按教学计划上好体育与健康教育课。

重视国防教育，增强国防观念。继续组织高等学校、中等专业学校和高级中学学生参加多种形式的军事训练。各级教育部门、军事部门和学校要统筹安排，认真组织实施。

（35）美育对于培养学生健康的审美观念和审美能力，陶冶高尚的道德情操，培养全面发展的人才，具有重要作用。要提高认识，发挥美育在教育教学中的作用，根据各级各类学校的不同情况，开展形式多样的美育活动。

（36）加强劳动观点和劳动技能的教育，是实现学校培养目标的重要途径和内容。各级各类学校都要把劳动教育列入教学计划，逐步做到制度化、系列化。社会各方面要积极为学校进行劳动教育提供场所和条件。

（37）全社会都要关心和保护青少年的健康成长，形成社会教育、家庭教育同学校教育密切结合的局面。家长应当对社会负责，对后代负责，讲究教育方法，培养子女具有良好的品德和行为习惯。新闻出版、广播影视、文化艺术等部门，要把提供有益于青少年身心发展的、丰富多采的精神产品作为义不容辞的责任。在城镇建设中，要注意兴建科学馆、博物馆、图书馆、体育馆和青少年之家等设施，要制定和完善公共文化设施对学生开放和减免收费的制度。各级政府要认真贯彻《未成年人保护法》，采取严厉措施，查禁淫秽书刊、音像制品，打击教唆、残害青少年的犯罪活动，优化育人环境。

（38）坚持党对学校的领导，加强学校党的建设，是全面贯彻教育方针，加快教育改革和发展，全面提高教育质量的根本保证。学校党组织要认真贯彻党的十四大精神，用建设有中国特色的社会主义理论教育全体党员和师生员工，深入研究学校改革和发展中的重大问题，坚持改革的正确方向。要加强党的基层组织建设，发挥党员的先锋模范作用，密切党员和群众的联系，带动群众推进改革。实行党委领导下的校长负责制的高等学校，党委要对重大问题进行讨论并作出决定,同时保证行政领导人充分行使自己的职权。实行校长负责制的中小学和其他学校,党的组织发挥政治核心作用。

五、教师队伍建设

(39) 振兴民族的希望在教育,振兴教育的希望在教师。建设一支具有良好政治业务素质、结构合理、相对稳定的教师队伍,是教育改革和发展的根本大计。要下决心,采取重大政策和措施,提高教师的社会地位,大力改善教师的工作、学习和生活条件,努力使教师成为最受人尊重的职业。

(40) 教育的改革和发展对教师提出了新的更高的要求。教师是人类灵魂工程师,必须努力提高自己的思想政治素质和业务水平;热爱教育事业,教书育人,为人师表;精心组织教学,积极参加教育改革,不断提高教学质量。

(41) 进一步加强师资培养培训工作。师范教育是培养中小学师资的工作母机,各级政府要努力增加投入,大力办好师范教育,鼓励优秀中学毕业生报考师范院校。进一步扩大师范院校定向招生的比例,建立师范毕业生服务期制度,保证毕业生到中小学任教。其他高等院校也要积极承担培养中小学和职业技术学校师资的任务。要制定教师培训计划,促进教师特别是中青年教师不断进修提高;使绝大多数中小学教师更好地胜任教育教学工作。到本世纪末,通过师资补充和在职培训,绝大多数中小学教师要达到国家规定的合格学历标准,小学和初中教师中具有专科和本科学历者的比重逐年提高。

高等学校师资培养培训工作要坚持立足国内、在职为主、加强实践、多种形式并举的原则。要充分发挥教学科研力量较强的高等学校在师资培训中的骨干作用。采取多种形式促进教师和社会的密切联系,聘请实际工作部门有较高水平的专家到校任教,加强高等学校之间教师的相互交流。要建立扶持和培养中青年骨干教师使中青年学术带头人脱颖而出的制度。

(42) 改革教育系统工资制度,提高教师工资待遇,逐步使教师的工资水平与全民所有制企业同类人员大体持平。"八五"期间,教育系统平均工资要高于当地全民所有制职工平均水平,在国民经济十二个行业中居中等偏上水平,其中高等学校平均工资高于全民所有制企业职工平均水平。

要建立符合教育特点的工资制度和正常的工资增长机制,切实保证教师的工资水平随国民收入的增长逐步提高。要贯彻按劳分配原则,克服平均主义、论资排辈的倾向,使贡献大的、教学质量高的教师有更高的工资收入。改革过于集中统一的工资管理体制,在国家宏观调控的前提下,使地方、部门和学校享有自主权。国家规定教育系统工资制度的基本原则和基本工资标准,由各省、自治区、直辖市政府和中央主管部门,在不低于基本工资标准的前提下确定具体工资标准,不搞全国"一刀切"。学校具有调整内部工资关系、增加工资和学校基金分配的自主权。

(43) 精简机构和人员,提高办学效益。适应面向二十一世纪的需要,必须走建设一支人员精干、素质优良、待遇较高的师资队伍的路子。要制订合理的学校人员编制标准,严格考核,精减人员,提高每一教师负担的学生人数,对超编人员,各级人事、劳动、教育部门和学校,要在政府统筹下,通过多种就业渠道妥善安置,使其各得其所,发挥所长。

(44) 在住房和其他社会福利方面实行优待教师的政策。各级政府要制订切实可行的计划,尽快使城市教职工家庭人均住房面积达到当地居民的平均水平。在住房制度改革中,要对教职工住房的建设、分配、销售或租赁,实行优先、优惠政策,逐步社会化。教职工住房建设的责任在地方政府和主管部门,基建投资实行多渠道筹集的办法。地方政府和主管部门要增加对教职工住房建设的投资。“八五”期间，力争使学校教职工住房条件有明显改善。

各地逐步建立医疗、退休保险等方面的教师保障制度。

(45) 进一步改善民办教师工作。目前农村学校存在大量的民办教师，是历史形成的。各地要改进民办教师工资管理体制和统筹办法，增加民办教师补助费，改善民办教师待遇，逐步使民办教师与公办教师同工同酬。对离职民办教师，给予生活补助，有条件的地方要逐步建立民办教师保险福利基金。师范院校要定向招收部分民办教师入学深造。各地要根据当地的实际情况，每年划拨一定数量的劳动指标，从优秀民办教师中选招公办教师。通过多种途径，逐步减少民办教师的比重。

(46) 各级政府和学校，对优秀教师和教育工作者，要进行精神和物质的奖励，对有突出贡献的教师要给予特殊津贴或奖励，并形成制度。提倡和鼓励各级政府、社会团体、企业和个人建立教师奖励基金。

六、教育经费

(47) 改革和完善教育投资体制，增加教育经费。目前教育经费相当紧缺，不仅不能适应加快改革开放和现代化建设对人才的需求，而且也难以满足现有教育事业发展的基本需要。增加教育投资是落实教育战略地位的根本措施，各级政府、社会各方面和个人都要努力增加对教育的投入，确保教育事业优先发展。要逐步建立以国家财政拨款为主，辅之以征收用于教育的税费、收取非义务教育阶段学生学杂费、校办产业收入、社会捐资集资和设立教育基金等多种渠道筹措教育经费的体制。通过立法，保证教育经费的稳定来源和增长。

(48) 筹措教育经费的主要措施：

——逐步提高国家财政性教育经费支出(包括：各级财政对教育的拨款，城乡教育费附加，企业用于举办中小学的经费，校办产业减免税部分)占国民生产总值的比例，本世纪末达到4%。计划、财政、税务等部门要制定相应的政策措施，认真加以落实。

——各级政府必须认真贯彻《中共中央关于教育体制改革的决定》所规定的“中央和地方政府教育拨款的增长要高于财政经常性收入的增长，并使按在校学生人数平均的教育费用逐步增长”的原则，切实保证教师工资和生均公用经费逐年有所增长。要提高各级财政支出中教育经费所占的比例，“八五”期间逐步提高到全国平均不低于15%。省(自治区、直辖市)本级财政、县(市)级财政支出中教育经费所占比例，由各省、自治区、直辖市政府确定。乡(镇)财政收入主要用于发展教育。

——进一步完善城乡教育费附加征收办法。凡缴纳产品税、增值税、营业税的单位和个人，按“三税”的2%到3%计征城市教育费附加；农村教育费附加征收办法和计征比例，由各省、自治区、直辖市政府制定。上述所征款主要用于普及九年义务教育。地方政府还可根据当地教育发展的实际需要、经济状况和群众承受能力，开征其他用于教育的附加费。

——提高非义务教育阶段学生学费标准，同时按不同情况确定义务教育阶段学校杂费收费标准。学费和杂费收取标准和办法，由省、自治区、直辖市政府和直接管理学校的中央业务部门考虑群众承受能力确定。要加强收费管理，严禁乱收费。要创造条件，鼓励和支持学生参加勤工俭学，对家庭确有困难的学生，可减免学杂费或提供贷学金。

——继续大力发展校办产业和社会服务，逐步建立支持教育改革和发展的服务体系，各级政府和有关部门要给予优惠政策。

——鼓励和提倡厂矿企业、事业单位、社会团体和个人根据自愿、量力原则捐资助学、集资办学，不计征税。欢迎港澳台同胞、海外侨胞、外籍团体和友好人士对教育提供资助和捐赠。各级政府要加强对集资工作的统筹管理。

——运用金融、信贷手段，融通教育资金，支持校办产业、高新科技企业以及勤工俭学的发展，开办教育储蓄和贷学金等业务。具体办法由国家教委会同有关部门制定。积极开展教师退休养老基金、医疗保险基金等项工作。

(49) 重视解决各级各类学校，特别是中小学、职业技术学校仪器设备、教科书和图书资料短缺的问题，增加用于购置仪器设备和图书资料的资金。各级政府对教科书及教学用书资料的出版发行和教学仪器设备的生产、供应，实行优先、优惠的政策。

继续加强学校危房改造工作，凡属危房不得使用，由当地政府负责限期解决。学校房屋倒塌造成师生伤亡事故的，要追究当地政府主要负责人的责任。坚决制止占用学校校舍和运动场地，保证学校教学活动正常进行。

(50) 各级教育部门和学校必须努力提高教育经费的使用效益。要合理规划教育事业的规模，调整教育结构和布局，避免结构性浪费；要坚持艰苦奋斗、勤俭办学的方针，建立健全财务规章制度，加强财会队伍建设。各级财政和审计部门要加强财务监督和审计，共同把教育经费管好用好。

江泽民总书记在学习《邓小平文选》第三卷报告会上的讲话(节选)

(1993年11月2日)

建设有中国特色社会主义的理论是社会主义同爱国主义相统一的科学理论。在《邓小平文选》第三卷中,邓小平同志多次指出,中国是个穷国,为什么能够在世界的多极格局中占有一极的地位?就是因为中国是独立自主的大国。为什么说我们是独立自主的?就是因为我们坚持从自己的实际出发,建设有中国特色的社会主义。邓小平同志强调一定要实行对外开放,不要把自己孤立起来,搞成封闭的国家,同时又强调一定要坚持独立自主,自力更生,把国家的主权和安全始终放在第一位。面对风云变幻的国际局势,邓小平同志作了科学分析,要求我们冷静沉着,把握住一个根本的立足点,就是集中力量把自己的事情办好,把经济发展起来,使人民生活不断提高。这是我们对自己民族的责任,也是对全世界全人类的责任。我们坚持社会主义,坚持维护世界和平,中国永远不称霸,永远不搞扩张,反对任何形式的强权政治和霸权主义。邓小平同志指出:"任何外国不要指望中国做他们的附庸,不要指望中国会吞下损害我国利益的苦果。"学习新一卷《邓小平文选》,必须紧紧抓住邓小平同志反复强调的爱国主义精神,深刻领会关于民族自尊心、民族自信心和民族自豪感的重要论述,关于维护国权、国格的重要论述,关于用中国的历史教育青年、教育人民的重要论述,关于中华民族要在社会主义基础上发展起来,为人类做出较大贡献的重要论述。爱国主义、社会主义是凝聚中华民族,推动中国发展的伟大精神动力。我们要把这种精神一代一代传下去,任何时候都要维护我国的独立自主,不信邪,不怕压,不怕威胁,百折不挠地把我们的伟大民族振兴起来。只要中国的旗帜不倒,世界上就有五分之一的人口在坚持社会主义。我们对社会主义的前途充满信心。

同志们!从《邓小平文选》第三卷中,我们更加深切地体会到,邓小平同志是我国社会主义改革开放和现代化建设的总设计师,是建设有中国特色社会主义理论这一当代中国马克思主义的创立者。在改革开放和社会主义现代化建设的历史新时期,作为我们党的第二代领导集体的核心,他的最突出的贡献就在于,不仅领导我们的党和国家从"文化大革命"造成的深重灾难中走了出来,而且还以对当代中国和世界的深刻了解,为党和国家重新走在时代潮流前面,为中华民族以更强大的力量自立于世界民族之林,规划了崭新的和切合实际的宏伟蓝图。他立足中国大地而又面向世界,正视国情现实而又放眼未来,在研究新情况、解决新问题的过程中,高瞻远瞩地构思和设计了有中国特色社会主义的一整套发展战略。他在领导我国人民进行改革开放和社会主义现代化建设的伟大实践中,进行艰辛的锲而不舍的理论探索,使马克思主义理论在当代中国进入了新境界,达到了新高度。

从《邓小平文选》第三卷中,我们更加深

切地体会到，邓小平同志在长期革命实践中锤炼出的鲜明的革命风格。他尊重实践，思想敏锐，善于把握时代发展的脉搏和契机，既继承前人又突破陈规，既借鉴世界经验又不照搬别国模式，总是从中国的现实和当代世界发展的特点出发，去总结新经验，创造新办法，寻找新路子。他尊重群众，热爱人民，总是时刻关注最广大人民的利益和愿望，把"人民拥护不拥护"、"人民赞成不赞成"、"人民高兴不高兴"、"人民答应不答应"作为制定各项方针政策的出发点和归宿。他意志坚强，行动果断，总是要求全党"看准了的，就大胆地试，大胆地闯"，"对的就坚持，不对的赶快改，新问题出来抓紧解决"。他在关键时刻作出重大决策，更是表现出非凡的胆略和勇气。他文风朴实，不讲空话，在简明扼要的论述中，总是蕴含着深刻的思想内容。他目光远大，胸襟开阔，善于从全局着眼来观察和处理问题，并且总是要求党的高级干部都要着眼大局，顾全大局，一切从大局出发。全党同志特别是领导干部要认真学习、大力发扬这样的革命风格，使我们党永远保持旺盛的战斗力和创造力。

同志们！学习《邓小平文选》第三卷，深刻理解和把握以邓小平同志为核心的第二代中央领导集体在开创全新事业中积累的基本经验、创造的基本理论、形成的基本路线，一定会使我们全党同志更加充满信心，更好地完成九十年代的任务，胜利地迈向二十一世纪。《邓小平文选》第三卷结尾的两句话是："从现在起到下世纪中叶，将是很要紧的时期，我们要埋头苦干。我们肩膀上的担子重，责任大啊！"邓小平同志这两句话，语重心长，催人奋进，凝结了老一辈无产阶级革命家对后辈的殷切期望和谆谆嘱托。要担负起这样的历史重任，就要提高各级领导干部的理论素养，提高我们党的执政本领、建设本领和治国本领。今天，日新月异的现代化建设与改革开放形势，要求我们勤奋学习科技知识、经济知识和管理知识，更要求我们潜心钻研邓小平同志建设有中国特色社会主义的理论，孜孜不倦，学以致用，融会贯通。对于我们这样一个大党大国来说，党和国家高级干部的知识结构、思想理论政治水平、治党治国的能力，直接关系到党的命运和国家的前途。我们党历来极为重视对马克思列宁主义毛泽东思想的学习和运用。这次中央决定分期举办省部级主要领导干部理论研讨班，组织各省自治区直辖市、中央和国家机关各部委、军队各大单位的主要负责同志，坐下来认真地系统地研读新一卷《邓小平文选》，就是为了更好地用建设有中国特色社会主义理论武装高级干部，进而带动全党深入学习。学习一定要认真组织，领导带头，决不能因为日常工作繁忙而有所放松。学习中要总结经验，紧密联系本地区、本部门、本单位的实际，紧密联系自己的工作实际和思想实际。我们要通过学习，进一步统一思想，大大增强坚持党的基本理论和基本路线的自觉性、坚定性和创造性。如果我们党有一大批同志，系统地而不是零碎地、实际地而不是空洞地掌握了建设有中国特色社会主义理论，并且能够运用这一理论去研究和解决重大问题，我们党领导改革开放和社会主义现代化建设的能力和水平就会大大提高。

当前，全党正在贯彻落实中央一系列重要决策，深化各方面的改革，加快建立社会主义市场经济体制，加强宏观调控，推动国民经济持续、快速、健康发展；正在开展反腐败斗争，加强党风与廉政建设，狠抓社会治安的综合治理，打击各种犯罪活动，保证改革和建设顺利进行。在这样繁重的任务面前，全党一定要认真学好《邓小平文选》第三卷，用党的基本理论和基本路线统揽全局，更好地处理党的具体政策、具体工作与党的总路线、总政策之间的关系。在我们的思想和工作中，必须牢牢记住党的基本路线。决不能因为在前进中遇到一些问题，或者受到"左"的、右的干扰而对党的“一个中心、两个基本点”的基本路线有所动摇。要警惕右，但主要是防止“左”。借改革开放为名鼓吹资产阶级自由化，企图使中国全盘西化，是决不允许的；把改革开放说成是引进和发展资本主义，拿大帽子吓唬人、迷惑人，也是决不允许的。大力加强在党的基本理论和基本路线基础上的团结，我们的党、我们的事业就一定能兴旺发达。

同志们！党中央号召全党，在改革开放和社会主义现代化建设的新形势下，努力学习新一卷《邓小平文选》，把十四大提出的用建设有中国特色社会主义理论武装全党的任务认真落到实处，进一步加强党的建设，充分发挥党对社会主义现代化建设事业的核心领导作用。让我们在邓小平同志建设有中国特色社会主义理论的伟大旗帜下，坚持党的基本路线，团结一致，扎实工作，艰苦创业，奋勇前进！

李鹏总理在中国全民教育国家级大会开幕式上的致辞（节选）

（1993 年 3 月 1 日）

发展教育事业是关系到国家富强、人类文明和社会进步的根本大计。基础教育是整个教育的奠基工程。中国政府历来十分重视发展教育事业。最近，我们党召开的十四大再次强调要把教育摆在优先发展的战略地位，制订了到 2000 年中国教育改革和发展的目标、方针和政策，指出“科技进步、经济繁荣和社会发展，从根本上说取决于提高劳动者的素质、培养大批人才”，重申要大力加强基础教育。建国 40 年特别是改革开放的 14 年来，在各级政府和全社会的共同努力下，我国各级各类教育都获得了不同程度的发展和提高，普及初等教育和扫除文盲取得重大进展。职业技术教育规模迅速扩大，成人教育和岗位培训得到前所未有的发展，高等教育已建立起层次、科类比较齐全的体系，培养了大批合格人才。

中国是世界上人口最多的国家，我们深知，在推进世界全民教育目标中我国承担着重大的责任，面临着巨大的挑战。

90 年代的最后 8 年是实现我国经济和社会发展战略目标的关键时期，也是完成普及九年义务教育和扫盲任务的决定性阶段。要继续坚持并不断完善基础教育实行地方负责，分级管理的体制；要继续坚持并不断完善以国家拨款为主、多渠道筹措教育经费的投资体制；要继续坚持并不断完善各级教育督导制度；在农村各级政府特别是县、乡两级政府，要继续把发展教育同发展农村经济与推广科技成果结合起来，统筹安排；在教育内部，要把基础教育同职业教育与成人教育结合起来，统筹安排，使之相互促进，共同提高。

中国人口的百分之八十在农村，普及九年义务教育和扫除文盲的重点和难点都在农村。我国农村地域辽阔，发展又很不平衡，要分区规划，分类指导。经济上比较富裕的地区要尽早普及九年义务教育，对比较困难的边远地区，中央和地方都要采取扶持政策和特殊措施，争取到本世纪末基本普及初等教育，基本扫除青壮年文盲。

民族振兴的希望在教育，教育振兴的希望在教师。造就一支质量合格、数量足够的师资队伍，是摆在各级政府面前的一项重大战略任务。要继续办好师范教育和从中央到地方的各级教师培训基地，采取有力措施，切实提高教师的待遇和地位，在全社会造成尊师重教的良好风尚，真正使“教师”成为人们羡慕的职业！

发展教育事业要继续坚持改革开放的方针，要借鉴和学习世界上一切有益的经验，争取一切可能的支持。十多年来，我国与联合国教科文组织、儿童基金会、开发计划署和世界银行等国际组织和许多国家进行了成功的合作，为促进我国教育事业的发展取得了良好的效果。在这里，我代表中国政府表示衷心的感谢！并真诚的希望这种交流与合作日益扩大和加强。

社会主义现代化建设的奠基工程

——李铁映在首都学习、宣传和贯彻《中国教育改革和发展纲要》报告会上的讲话(1993年3月2日)

最近,中共中央、国务院颁布了《中国教育改革和发展纲要》(以下简称《纲要》)。这是贯彻落实党的十四大精神,加快改革开放和现代化建设的一项重大举措,是全党全社会的一件大事。

《纲要》是在党中央、国务院直接领导下,经过有关部门四年多的广泛调查研究,充分听取各方面意见,在反复研讨、反复论证的基础上制定的。《纲要》以建设有中国特色社会主义理论和党的基本路线为指导,总结了建国40多年来,特别是党的十一届三中全会以来教育改革和发展的经验,分析了教育工作面临的形势,提出了90年代乃至下世纪初我国教育发展的目标、战略、指导方针和许多重大政策措施,是指导我国教育改革和发展的纲领性文献。

一、认真学习领会邓小平同志关于教育工作的一系列重要论述

党的十一届三中全会以来,我国教育事业发生了历史性的变化,取得了令人瞩目的成就。回顾这一历程,我们深深感到,这是贯彻邓小平同志关于建设有中国特色社会主义理论和关于教育工作一系列论述的结果。我们要贯彻落实好《纲要》,也必须认真学习领会邓小平同志建设有中国特色社会主义理论和关于教育工作的一系列重要论述。

邓小平同志以无产阶级革命家的远见卓识,从社会主义的历史命运和发展道路的高度,始终十分重视和关心教育,在国民经济和社会发展每个重要阶段,都对教育工作作出了重要指示。邓小平同志认为实现现代化的基础在教育。他指出社会主义的根本任务就是大力发展生产力,科学技术是第一生产力,科学技术人才的培养,基础在教育。教育搞上去了,劳动者的科学文化水平提高了,就能创造出比资本主义更高的劳动生产率。我们国家要赶上世界先进水平,就要从科学和教育着手。不抓科学、教育,四个现代化就没有希望,就成为一句空话。他规划了著名的“三步走”的发展战略,认为实现这个战略第一就是发展教育和科技,从娃娃时代起就要打好基础。在去年年初视察南方的谈话中,他还特别指出,经济发展得快一点,必须依靠科技和教育。邓小平同志指出,教育事业必须同国民经济发展的要求相适应,教育事业的计划应成为国民经济计划的一个重要组成部分。教育要面向现代化,面向世界,面向未来。他以深邃的目光洞察人才问题在现代化建设中的重要性,一再强调尊重知识,尊重人才,认为这是经济体制改革和社会主义现代化建设事业成败的关键。他提出全党全国工作重点转移的重点本来就应该包括教育在内。一个地方,一个部门如果只抓经济,不抓教育,那里的工作重点就是没有转移好,或者说转移得不完全。并且尖锐地指出,忽视教育的领导者,是缺乏远见的,不成熟的领导者,就领导不了现代化建设。要求各级领导要像抓经济工作那样抓好教育工作。邓小平同志从优先发展教育的战略思想出发，提出必须增加教育投入。要千方百计，在别的方面忍耐一些，甚至于牺牲一点速度，把教育问题解决好。他提出教育发展关键在教师，必须提高教师待遇，研究教师工资制度，这是整个国家的重大政策问题。他特别提出要提高中小学教师的工资，鼓励人们终身从事自己的职业。要求把提高教师待遇作为一个方针，一个战略措施着手解决。邓小平同志强调学校应该永远把坚定正确的政治方向放在第一位，加强思想政治工作，为社会主义建设培养合格人才。要加强各级学校的政治教育、形势教育、思想教育，包括人生观教育，道德教育，抓紧艰苦创业教育，培养青年“有理想、有道德、有文化、有纪律”，造就具有社会主义觉悟的一代新人。坚持四项基本原则，维护安定团结。邓小平同志一系列关于教育问题的论述，是建设有中国特色社会主义教育体系，发展和改革教育的指导思想。

《纲要》所论述的关于建设有中国特色社会主义教育体系的八条主要原则，就是这一系列论述的体现，是在总结我国40多年来特别是改革开放以来教育工作经验的基础上形成的。这些原则对我国教育事业的发展具有重要指导作用。

二、必须把教育摆在优先发展的战略地位

坚持把教育摆在优先发展的战略地位，是我国现代化建设指导思想上的一个重大转变。党的十二大把教育和科技列为社会主义现代化建设三大战略重点之一。十三大提出“把发展科学技术和教育事业放在首要位置，使经济建设转到依靠科技进步和提高劳动者素质的轨道上来”。十四大再次强调，“必须坚持把教育摆在优先发展的战略地位，努力提高全民族的思想道德和科学文化水平，这是实现我国现代化的根本大计”。当今世界，教育发展状况如何，在很大程度上影响着一个国家和民族发展的进程。我们是在一个人口众多、资源相对不足、经济还比较落后的国家里进行社会主义现代化建设的。要实现现代化建设的宏伟目标，进一步解放和发展生产力，必须优先发展教育，提高劳动者素质，把沉重的人口负担转化为人才资源优势，舍此没有别的选择。世界正在发生着深刻的变革，各国都面临着激烈的国际竞争和新技术革命的挑战。国际间的经济竞争、综合国力竞争，在很大程度上是科学技术的竞争、民族素质的竞争，归根到底是教育的竞争。从这个意义上说，谁掌握了面向二十一世纪的教育，谁就能在二十一世纪国际竞争中处于战略主动地位。教育落后，意味着在未来国际经济技术竞争中没有立足之处。现在世界上许多国家和地区都在审度教育在本国本地区经济和社会发展中的位置，纷纷研究对策，制定计划，改革教育。我们也必须保持清醒的认识，把握当前有利时机，加快教育的改革和发展，迎接二十一世纪的挑战。

我国教育事业已经有了一定基础，但从总体上看还比较落后，不能适应社会主义现代化建设的需要，不能适应人民群众对教育不断增长的需求。尽管邓小平同志和党中央一再强调教育的战略地位，但在实际工作中，我们有些同志仍重视不够，还存在一些不正确的认识，把教育看成纯消费性事业；有的同志认为，教育已经发展得差不多了，应该“停一停”、“让一让”了，甚至出现了挤压、挪用教育经费的现象。全党同志，特别是各级领导干部要充分认识：社会主义建设必须依靠教育是我国现代化建设的一个基本指导思想。百年大计，教育为本。我们不能等经济发展了再来发展教育，这样的话，经济也永远不会有大的发展。在温饱问题已经基本解决的情况下，更应优先发展教育。优先发展教育，是民族振兴，国家繁荣富强，人民富裕幸福，实现四化的根本大计。如果不是这样去认识和落实教育在现代化建设中的战略地位，就会丧失时机，拖现代化建设的后腿，我们就要负历史的责任。

三、加快发展教育事业

教育事业的发展要与社会主义现代化建设的客观需要相适应。邓小平同志去年视察南方的谈话和党的十四大，确定了90年代我国社会主义现代化建设的任务，提出了加快改革开放和现代化建设步伐，使国民经济上一个新台阶的要求，我国现代化建设进入了一个新阶段。这是规划90年代我国教育发展目标和任务的基本依据。可以预见，随着经济建设由粗放型向集约型转变，经济体制由计划经济向社会主义市场经济转轨，人民生活由温饱型向小康型发展，社会各方面和人民群众对教育将会提出多方面的、越来越高的要求。一些新兴工业化国家和地区的发展经验表明，在经济起飞阶段，大致都有一个适度超前的加速教育发展的过程。教育的适度超前发展，为经济的高速发展奠定坚实的基础。因此，经济的加快发展，社会的全面进步，必然要求也必须包含教育的加快发展；教育的发展必须适应与服务于经济的加快发展和社会的全面进步。

《纲要》从战略高度对本世纪末、下世纪初我国教育发展做出了总体谋划，赋予教育发展以丰富的内涵，不仅规划了发展规模、速度方面的目标，也明确了结构、质量和效益方面的要求；不仅对基础教育、职业技术教育、高等教育、成人教育分别制订了发展方针，还对民族教育、残疾人教育、远距离教育、国际合作教育(互派留学人员)明确了发展任务。90年代，我国教育发展的基本要求可以概括为："两基"(基本普及九年义务教育、基本扫除青壮年文盲)、"两全"(全面贯彻教育方针、全面提高教育质量)、"两重"(建设100所左右重点大学和一批重点学科)，使全民教育水平有明显提高，形成有中国特色的、面向二十一世纪的社会主义教育体系的基本框架。在结构选择上，以九年义务教育为基础，大力加强基础教育，积极发展职业技术教育、成人教育和高等教育，把提高劳动者素质，培养中初级人才摆到突出的位置。

大力加强基础教育是我国教育发展的一个重要战略思想，也是提高民族素质的根本措施。贫穷不是社会主义，愚昧不能建设社会主义。在一个文盲充斥、人民得不到基本教育的国家里，现代化显然只能是一句空话。正是基于这种认识，党和国家一贯致力于提高全民教育普及程度。经过40多年特别是近十多年的努力，总人口中的文盲率已降到15%左右，在91%人口的地区普及了小学教育，师资和校舍等办学条件得到明显改善。这是中华民族振兴的历史进程中的一项伟大事业。但是，要在今后八年实现"两基"的目标，仍然要作艰巨的努力。农村地区尤其是山区、边远地区和贫困地区，要采取适合本地实际的政策措施、办学模式和工作步骤，以坚决积极的态度因地制宜地实施九年义务教育。大城市市区和沿海发达地区积极普及高中阶段教育，在办学体制和办学模式上实行多样化，更好地为当地经济建设服务。

我国现代化建设事业和社会主义市场经济的发展，不仅需要相当数量的科学家、理论家和各类专家，也需要大量的应用技术人才、经营管理人才和熟练操作人才。职业技术教育、成人教育和高等教育要从各自承担的任务和特点出发，培养经济建设和社会发展实际需要的人才。当前，要大力培养农村、企业、基层所需要的人才。同时，国家要有计划地实施"211"工程，集中各方面力量办好100所左右重点大学，建设一批重点学科，为我国科学技术达到国际先进水平发挥更大作用。

在扩大教育规模、优化教育结构的同时，要不断提高教育质量和效益。人才是教育的最终产品，培养的人才是否符合社会发展的实际需要，应当成为检验教育质量和效益的标准。我国的教育方针是："教育必须为社会主义现代化建设服务，必须与生产劳动相结合，培养德、智、体全面发展的建设者和接班人"。我们必须按照教育方针的要求，切实提高教育质量，特别注意研究和提高基础教育的质量。在经济技术文化水平不断提高和社会主义市场经济日益发展的条件下，教育部门和教育工作者要增强质量观念、效益观念和服务观念，按照社会需求和教育规律，制定各级各类教育的质量目标和效益指标，逐步完善与社会密切结合的人才培养体系和评估体系，以有限的投入取得最佳的效益。

在新的历史条件下，我国教育事业的发展面临的一个重大问题是国家包办教育的体制已经不能适应新的发展需要了。《纲要》提出了以政府办学为主体，社会各界共同办学的新体制，积极鼓励企事业单位、社会团体和个人，按照国家政策、法规的要求，实行多种形式办学，使教育真正成为全社会的事业，充满生机和活力。

我国幅员辽阔，经济和教育发展很不平衡。这决定了发展教育的结构选择、地区布局和实施步骤等，都要因地制宜、分区规划、分类指导，既要有全国统一的方针、政策和基本要求，又要根据各地的情况实行多样化。城市、沿海和其他发达地区，教育发展要更快一些，并要积极帮助后进地区；不发达地区规划教育发展时，既要因地制宜，又要坚决积极；民族地区要根据各自的特点，逐步走出符合本民族、本地区实际的办学路子。要鼓励各级各类学校在贯彻教育方针的前提下，办出特色，办出水平。

四、深化教育体制改革

教育发展的出路在于改革。只有通过改革才能走出发展教育的新路子。当前我国的教育改革受到来自两个方面的强有力推动：一方面，世界经济、科技的迅速发展和综合国力的激烈竞争，迫切要求教育进行全面改革，以迎接未来的挑战；另一方面，我国社会主义市场经济体制的建立和政治、科技体制改革的深化，也要求加快教育体制改革，要求教育增强主动适应经济建设和社会发展的能力，因此必须加快教育的改革开放。教育改革应该在教育体制、教育教学制度、教育思想、教学内容和方法四个方面全面展开。要以体制改革为重点，同时进行其他方面的综合配套改革。《纲要》从这种整体改革的思路出发，确定了我国90年代教育改革的目标和任务是，改革原先那种与计划经济体制相适应的教育体制，建立与社会主义市场经济体制、政治体制和科技体制相适应的新教育体制。

教育体制改革主要是改革高度集中统一的管理体制和政府包办学、包学费（包括医疗费和一部分生活费）、包就业、包当干部的制度，处理好政府与学校、中央与地方、教育部门与政府其他业务部门的关系，建立起政府宏观管理、学校面向社会自主办学的体制。基础教育继续完善地方负责、分级管理的体制；地方政府对经济、科技、教育实行统筹规划，对基础教育、职业技术教育、成人教育实行统筹管理；高等教育实行中央和省（自治区、直辖市）分级管理、分级负责的体制，扩大省、自治区、直辖市的教育决策权和包括对中央部门所属学校的统筹权。要确保学校依法办学的自主权，使学校真正成为面向社会自主办学的法人，同时建立起自我发展、自我约束的机制。政府要改革办学机制、计划体制、投资体制和招生、毕业生就业制度，改变管理职能和管理手段，由直接的行政管理，转变为运用法律、经济、信息、督导、评估等手段和必要的行政手段，加强和完善宏观管理。我们希望经过若干年的实践探索，建立起适合我国国情的、统一性和多样性相结合、政府宏观管理和学校自主办学相结合的教育管理体制。

要遵照邓小平同志"面向现代化，面向世

界,面向未来"的战略思想,深入进行教育教学改革。教育体制改革的成效如何,在一定意义上要看是否推动了教育教学改革的深化,保证多出人才,出好人才。教育教学改革要全面贯彻教育方针,全面提高教育质量。基础教育要转向全面提高国民素质;职业技术教育实行产教结合;成人教育实行多种形式办学;高等教育实行教育、科研、生产相结合。要鼓励教育工作者大胆进行各种改革试验。

要通过改革实现教育的现代化。教育现代化不仅指校舍和设备的现代化,首先是教育思想、教育观念的现代化以及教学内容、教学方法和教学手段的现代化。实现教育现代化是一个改革、创新的过程。要解放思想,改革一切不适应现代化需要的观念和制度,努力扩大对外开放,大胆吸收和借鉴人类社会的一切文明成果,探索我国教育现代化的路子。

在加快改革开放,建设有中国特色社会主义教育体系过程中,必须加强党的领导,坚持教育的社会主义方向,加强和改进思想政治工作。小平同志指出过,有一段时间最大的失误是教育,主要是思想政治教育,要引以为鉴,务必不能重新发生这种问题。我们的学校是为社会主义建设培养人才的地方。学校教育也要坚持两手抓,两手都要硬。要保证学校的政治稳定。要重视研究改革中出现的新问题,见微知著,把问题解决在萌芽状态。对有些地方和学校出现的乱收费,中小学生课业负担过重,少数学生经商、校园管理涣散等问题,要认真研究妥善处理,并做好深入细致的思想工作。

五、增加教育投入,加强教师队伍建设

教育经费和教师队伍是实现教育发展和改革目标的基本条件,也是当前人们普遍关注的热点。从一定意义上说,大政方针确定之后,保证足够的教育投入和建设一支合格的教师队伍,就成为教育事业兴衰的关键。

"振兴民族的希望在教育,振兴教育的希望在教师"。经验证明,教师的水平在一定程度上决定着教育的水平。谁拥有优秀的教师队伍,谁就会有高水平的教育。建设一支素质优良、结构合理、相对稳定的教师队伍,始终是教育战线一项根本性任务。充分信任、切实依靠、热情关心、努力提高教师队伍,应成为教育部门十分重要的职责。

我国已经拥有一支1000余万人的教师队伍。他们辛勤劳动,教书育人,为培养大批建设人才做出了可贵的贡献。尤其是那些终生为教育事业呕心沥血,并且做出了卓越成绩的优秀教师,赢得了人们普遍的尊敬,我们应该向他们表示崇高的敬意。但是,必须看到,教师队伍的现状还存在一些令人忧虑的问题,例如教师经济待遇偏低的状况仍未真正改变,他们的工作、学习和生活条件还存在不少困难,有些地方拖欠教师工资、侵犯教师权益的现象时有发生,教师队伍不稳,影响了整体素质的提高。90年代正处于教师新老交替的关键时期,大批的骨干教师将要退休。上述问题如不及早解决,将会贻误整个教育事业,影响子孙后代。必须认识到,教师的低待遇必然造成教育的低水平。提高教师的地位,首先要提高教师的经济待遇。我们要牢固树立"尊重知识、尊重人才"的观念,下决心抓好教师队伍建设,提高教师经济待遇和社会地位。在"八五"期间使教育系统平均工资在国民经济12个行业中居中等偏上水平,高等学校平均工资高于全民所有制企业职工平均水平。要大力改善教师的工作、学习和生活条件,努力使教师成为全社会最受人尊重的职业。

努力增加教育投入是落实教育战略地位的根本措施,是教育发展的物质基础。近10多年来,中央和地方各级政府以极大的努力增加教育投入,教育经费有了明显的增长。1991年我国教育经费总额为731.5亿元,比

1980年增长4倍，其中财政预算内教育经费支出482.2亿元，比1980年增长3.3倍。尽管如此，由于我国经济落后，教育规模大，基础薄弱，教育投入仍然处于较低水平。1991年教育经费总额占国民生产总值的3%，占预算内财政总支出的12.7%，均低于发展中国家的平均水平(1988年发展中国家公共教育经费占国民生产总值的比重是4.1%)。这种状况不仅不能适应教育加速发展的需要，也难以满足现有教育事业的需求。我国是穷国，办了世界上一个规模最大的教育。教育经费紧缺始终是发展教育的一个难题。

在制订《纲要》的全过程中，如何增加教育投入，如何解决我国教育经费紧缺问题，始终是我们反复研究的一个关键课题。《纲要》从社会主义市场经济体制要求出发，提出"逐步建立以国家财政拨款为主，辅之以征收用于教育的税费、收取非义务教育阶段学生学杂费、校办产业收入、社会捐资集资和设立教育基金等多种渠道筹措教育经费的体制"。办教育是国家和各级政府的职责。在这个投资体制中，国家财政性教育支出是增加教育投入的主渠道，要求到本世纪末达到占国民生产总值的4%，各级政府财政支出中教育经费所占比例，"八五"期间达到全国平均不低于15%。即便这样，仍然不能满足社会日益增长的教育需求。在国家增加教育投入的同时，还需要社会各方面都增加对教育的投入，动员社会各方面的力量共同办学。这里的关键在于转变观念，在增加国家主渠道投入的同时，多渠道筹措教育经费。要改变那种把教育投资当作社会福利、消费性投资的观念。开发人力资源的投资是生产性投资，是比物质资源投资更有效益的投资，要舍得把有限的资金优先投向教育。在社会主义市场经济条件下，劳动者的收入本身就包含着一定量的教育费用，家庭的教育投入是应尽的社会义务，也是父母给子女最宝贵的财富。家庭要承担起应尽的责任。"养不教，父之过"。使子女受到良好的教育，是中华民族的优良传统。今天我们已经有了一定的物质基础，只要坚持改革开放，大胆探索，就可以逐步找出一条在中国的具体条件下解决教育经费，发展教育事业的路子来。

六、解放思想、真抓实干、组织好实施

"现在纲领有了，蓝图有了，关键是要真正重视，组织好施工"。这是1985年党中央制定《关于教育体制改革的决定》的时候，邓小平同志向我们发出的号召。《纲要》进一步绘制了我国教育改革和发展的蓝图，现在的关键仍然是要真正重视，扎扎实实组织好实施。各级领导和教育工作者都要认真学习，深刻领会，切实按照《纲要》的思路和要求指导教育的改革和发展。

解放思想、实事求是，是建设有中国特色社会主义理论的精髓，也是加快教育改革和发展的法宝。对《纲要》的施工也必须坚持解放思想、实事求是。我们有许多观念是在过去计划经济体制下形成的，与建立新的经济体制和新的教育体制不相适应，应该大胆地更新。要坚持从实际出发，与当地实际情况相结合，不要不顾条件地互相攀比。要注意研究经济和社会发展的要求，也要努力按教育规律办事。

贯彻落实《纲要》的关键，就要像小平同志所要求的那样"抓头头，抓方针"。各级党政一把手要亲自抓教育。要根据《纲要》制订本地区教育改革和发展的具体规划以及相应的法规、措施。要努力发现和大胆选拔既懂经济又懂教育的优秀人才来领导教育工作，造就一大批适应我国现代化建设要求的新一代教育家。对各级主管教育的领导干部，要以《纲要》为教材进行培训，使他们适应新形势的要求。从事教育工作的领导干部要懂经济、知全局。各级政府和教育行政部门要转变职能，转变工作作风，少说空话，克服形式主义。要坚持走群众路线，使改革和发展教育的重大措施成为广大干部和教职工群众的自觉行动。

《纲要》提出了教育改革和发展的基本思路，是一个重要的指导性文件。贯彻执行《纲要》的过程是一个在实践中继续探索和完善的过程。各地要勇于创新，看准了的就大胆去试，扎扎实实抓好一批示范性工程。实践中出现的一些问题要及时总结经验，避免大的失误。通过实践，使《纲要》提出的基本原则不断得到丰富和发展。

教育是人类社会永恒而神圣的事业。由教育振兴而推进中华腾飞是邓小平同志和老一辈无产阶级革命家共同的心愿。1977 年，邓小平同志就高瞻远瞩地指出："我希望从现在开始做起，5 年小见成效，10 年中见成效，15 年 20 年大见成效。"从那时起过 20 年，正是本世纪末的时候，我们必须有强烈的紧迫感、责任感、使命感。十多年来我国教育工作已经有了较大的发展，党中央、国务院十分重视教育，群众中蕴藏着的办学热情越来越高。悲观的思想是没有根据的。我们这一代人一定要树立雄心壮志，振奋精神，脚踏实地，努力工作，坚持不懈，真抓实干，在我国教育史上绘出一页最新最美的画图，迎接 21 世纪的到来，无愧于这个伟大的时代！

认真学习邓小平教育思想 把教育改革和发展推向新阶段

——李岚清在首都纪念邓小平“三个面向”题词十周年大会上的讲话(1993年9月10日)

在全国人民欢庆我国第九届教师节的日子里,今天我们在这里隆重集会,纪念邓小平同志“教育要面向现代化,面向世界,面向未来”题词十周年,具有重大的意义。首先我代表党中央、国务院,向全国广大教师和教育工作者致以节日的问候和崇高的敬意!

邓小平同志“三个面向”的题词,是在我国社会主义现代化建设的新的历史时期,对教育工作做出的精辟论断和纲领性指示。十年来,在邓小平同志题词和关于教育问题一系列论述的指引下,我国教育事业深化改革,加快发展,取得了重大的成就。随着时间的推移,我们越来越体会到题词的重大而深远的意义。现在摆在我们面前的一个重要任务,就是要进一步学习邓小平同志题词和关于教育问题的一系列论述的精神实质和深刻内涵,加快教育事业的改革和发展,为建设有中国特色的社会主义教育体系做出更大的贡献。

邓小平同志是我国改革开放事业的总设计师。他在绘制我国社会主义现代化建设的宏伟蓝图和领导我国现代化建设的伟大实践中,始终把教育和科技作为我国现代化建设总战略的重要组成部分。邓小平同志关于教育要“三个面向”的题词,既是他关于教育问题一系列重要论述的集中概括,又是在新形势下对教育工作提出的指导方针,具有强烈的时代特色和战略指导意义。我们一定要在教育改革和发展的实践中认真学习,深刻领会,坚决贯彻执行。

一、邓小平教育思想是建设有中国特色的社会主义理论的重要组成部分

以邓小平同志为核心的第二代中央领导集体,在领导人民进行社会主义现代化建设的伟大实践中,形成和发展了建设有中国特色社会主义的理论。按照这个理论,社会主义的本质是解放生产力,发展生产力,最终达到共同富裕。坚持社会主义,必须把发展生产力摆在首要位置,坚持以经济建设为中心,推动社会全面进步。经济建设必须依靠科技和教育。要以培养“有理想、有道德、有文化、有纪律”的一代新人为教育的目标,建设社会主义精神文明,社会主义现代化建设必须依靠广大工人、农民和知识分子。这些都同教育有直接关系,要求教育在社会主义现代化建设中发挥更大的作用。在这个理论的指导下,形成了我们党在社会主义初级阶段的“一个中心、两个基本点”的基本路线。同这条路线相适应,我们党还形成了包括经济、政治、科技、教育、文化、军事、外交等各方面的一整套方针政策。这些都在党的十四大报告中得到了深刻阐述。邓小平同志特别重视教育和科技,把科技作为现代化建设的关键,把教育作为现代化建设的基础。他总结了我国建国以来社会主义建设中正反两方面的经验教训,纠正了长期以来“左”的指导思想,同时对教育问题发表了一系列独到和精辟的见解,形成了立足于社会主义现代化伟大实践的富有时代特色的邓小平教育思想。毫无疑问，邓小平教育思想是邓小平同志建设有中国特色社会主义理论的重要组成部分；在邓小平教育思想指导下形成的有关教育的方针政策，是党的基本路线和总的方针政策的重要组成部分。我们要把邓小平同志的教育思想同建设有中国特色社会主义理论紧紧联系起来，把这些年形成的教育的方针政策同党的基本路线和总的方针政策紧紧联系起来，加深理解，提高认识，认真改革和发展我国的教育事业。

二、“三个面向”是邓小平教育思想的精髓

邓小平同志对教育工作发表过许多极其重要和精辟的见解，内容非常丰富。他指出，社会主义的根本任务是发展生产力，科学技术是第一生产力。实现现代化，关键是科学技术要能上去。科学技术人才的培养，基础在教育。发展科学技术，不抓教育不行。他强调，必须尊重知识和人才，一定要在党内造成一种尊重知识、尊重人才的风气。知识分子是工人阶级的一部分，要发挥知识分子的专长。我们的科学家、教师发现人才、培养人，本身就是一种成就，就是对国家的贡献。他认为，整个教育事业必须同国民经济发展的要求相适应。不但要看到近期的需要，而且必须预见到长远的需要；不但要依据生产建设发展的要求，而且必须充分估计到现代科学技术的发展趋势。要认真研究在新的历史条件下，如何更好地贯彻教育与生产劳动相结合的方针。他强调必须贯彻德、智、体全面发展的教育方针，把坚定正确的政治方向放在第一位，坚持四项基本原则，维护安定团结。他指出，全党全国工作重点转移本来就应该包括教育在内。一个地方，一个部门，如果只抓经济不抓教育，那里的工作重点就是没有转移好，或者说转移得不完全。小平同志明确指出“忽视教育的领导者，是缺乏远见的、不成熟的领导者，就领导不了现代化建设。各级领导要像抓好经济工作那样抓好教育工作”。他十分重视教育的投入问题，明确指出，科研、教育经费应该增加。教科文卫的费用太少，不成比例。我们非要大力增加教科文卫的费用不可。他对人民教师充满了感情，多次强调为人民服务的教育工作者是崇高的革命的劳动者。人民教师是崇高的职业，人民教师的创造性劳动应该受到党和人民的尊重。要提高教师的政治地位、经济地位和社会地位，不但学生应该尊重教师，整个社会都应该尊重教师。在加快教育改革，加强学校管理，提高教育质量，改进工作作风等许多方面，邓小平同志都有很多精辟的论述。1992 年春，邓小平同志在视察南方的重要谈话中又一次强调，“必须重视科技和教育”，“希望大家通力合作，为加快发展我国科技和教育事业多做实事”，同时强调指出了不仅经济要上去，两个文明建设都要搞上去，这才是有中国特色的社会主义。

学习和研究邓小平教育思想，我们深深感到，邓小平同志总是从我国社会主义现代化建设全局的高度，从改革开放的战略决策和国家民族未来命运的高度，从社会主义的历史命运和发展道路的高度来阐述教育问题的。在现代社会中，人们受教育程度及其经过教育获得的知识、才能，已经成为促进生产力发展的一个决定性因素。特别是在世界新技术革命蓬勃兴起的新形势下，国际间的经济竞争、科技竞争和军事竞争，实质上是智力和人才的竞争，归根到底是教育的竞争。古语道：“十年树木，百年树人”，因此搞社会主义现代化，发展经济，必须依靠教育；教育自身的改革和发展，也不能脱离现代化建设。教育的任务是培养社会主义事业的接班人，人才的培养关系到今后的发展，因此不仅要着眼于今天，而且要着眼于未来。邓小平同志正是以一个无产阶级革命家和改革开放事业总设计师的远见卓识，挥笔题写了“三个面向”的题词。这个题词高瞻远瞩，赋予我们党一贯的正确的教育方针以新的时代内容，是邓小平教育思想的精髓所在。

三、"三个面向"是教育改革和发展的战略指导方针

"三个面向"题词既是社会主义教育的战略方向，也是当前教育改革和发展的指导方针。

教育要面向现代化，强调了教育与经济建设和社会发展的关系。我们要以经济建设为中心，实现现代化，把我国建设成社会主义现代化的强国，一切工作都要围绕于和服务于这个中心。人才是社会主义现代化建设中最重要的生产力要素。教育面向现代化，就是要大力改革和发展教育事业，努力提高全民族的思想道德和科学文化水平，进一步提高劳动者素质，培养大批人才，建立适应社会主义现代化建设需要的教育体系，更好地为社会主义现代化建设服务。

教育要面向世界，强调了教育的改革、发展不仅要着眼于中国，而且要放眼世界。当今世界是一个开放的世界。随着科学技术和生产力迅速发展，国际间的经济、科技和教育文化的交往愈来愈密切，任何一个国家都不能再自我封闭，孤立存在，否则就要落后，甚至失去生存和发展的机会。这就必须坚持教育的改革开放，不断解放思想，改革一切不适应现代化建设需要的观念和体制，结合我国国情，大胆吸收和借鉴人类社会的一切先进文明成果，推进我国的教育现代化。

教育要面向未来，强调了教育不仅要考虑当前，而且要着眼于未来。教育自身的特点决定了它是面向未来的前瞻性事业。从农村、乡镇到城市的青少年一代是国家和民族的未来。现在在校的学生，是跨世纪或下个世纪的建设者。他们的素质如何，直接关系到我国现代化建设的成败和国家民族的前途命运。因此，必须从长远打算，以长远的战略眼光办好当前的教育。无论教育事业的发展还是各项改革，都要有超前性和预见性，要为我国本世纪末第二步战略目标和下世纪中叶第三步战略目标的实现做准备，同时要使教育事业本身具有长远的发展后劲。

"三个面向"是一个有机统一的整体，其基础和前提是教育要面向现代化，坚定不移地为建设社会主义物质文明和精神文明服务。面向现代化就必然要求面向世界和未来。教育事业的改革和发展必须认真贯彻这个战略性的指导方针。

当前我国的社会主义现代化建设和教育的改革、发展正处在一个关键时期。社会主义市场经济体制的逐步建立，既为教育的改革和发展提供了良好机遇，同时也对教育工作提出了更高、更迫切的要求。今年2月党中央、国务院颁发《中国教育改革和发展纲要》以来，教育战线正在遵循党的十四大精神，以建设有中国特色的社会主义理论为指导，坚持党的基本路线，扎扎实实地实施《纲要》。《纲要》作为90年代教育改革和发展的纲领，体现了邓小平同志"三个面向"的精神，体现了邓小平教育思想，我们必须扎扎实实抓好《纲要》的学习、宣传和实施，按照《纲要》规定的目标、方针和要求，加快教育的改革和发展，努力建设有中国特色的社会主义教育体系。

1.　必须把教育真正摆在优先发展的战略地位

把教育摆在优先发展的战略地位，这是邓小平同志建设有中国特色社会主义理论和他的教育思想的重要内容，又是党中央从我国国情出发，总结我国现代化建设经验反复强调的一条实现我国现代化的根本大计。近年来，各级党委、政府的领导同志对教育的重视程度确实大大提高了，全社会尊师重教的风尚越来越浓厚。但是也毋庸讳言，也还有一些领导同志，至今仍未把教育放到应有战略地位上，不重视教育的状况仍不同程度地存在。特别是在加快改革开放和现代化建设的新形势下，一些同志在处理经济与教育的关系上，仍有顾此失彼的现象，忽视教育的某些议论也时有所闻。比如，认为“经济要大上，教育顾不上”，“财力有限，教育要给经济让路”等等。很显然，这种认识是片面而短视的，是造成目前教育发展滞后的原因之一。教育发展滞后的现状，更决定了它必须优先发展。必须指出，教育事业的投入所取得的社会效益、经济效益、环保效益和政治效益，是其它投入难以取得的。一个有远见和成熟的领导者必须认识到这一点。应当像小平同志提出的，要千方百计，在别的方面忍耐一些，甚至于牺牲一点速度，把教育问题解决好。所谓教育“顾不上”，甚至要“让路”的说法，是与邓小平同志的思想相违背的。当前我国正在加快改革和现代化建设的步伐，面临当今世界新技术革命的挑战，社会主义市场经济体制的建立和社会的全面进步，从根本上说取决于整个国民素质的提高，需要大批具有良好素质，具有现代科学文化知识，善于按市场经济规律进行决策、管理和运作的专门人才和四个现代化所需要的各方面人才。我们是在开放的，即面向世界、面向国际市场的条件下发展社会主义市场经济的。我们要在国际竞争中占有优势，就必须在广大劳动者素质和各类中高级专门人才方面拥有优势。而正是在这些方面，我们还存在很大的差距。因此，教育优先发展的战略地位问题，绝不是已经解决得差不多了，而是还差得多。经济较发达地区教育基础较好，但人才需求的压力也更大；经济较落后地区，“穷”的根子之一就是教育的落后。因此全国所有地区都要认真领会邓小平同志的教育思想，把重视教育、确保教育优先发展的战略地位，作为一件大事认真解决好。要按照《纲要》要求，随着经济的发展逐步增加对教育的投入。你要真心搞现代化，真心搞社会主义市场经济，你就要真心重视教育，真心把教育放在优先发展的战略地位上，认认真真地把教育的改革和发展事业搞好。这是有远见的，成熟的现代化领导者的一个重要标志。

2. 努力培养适应现代化建设需要的“四有”新人

“三个面向”题词的核心问题，是要培养适应社会主义现代化建设需要的一代新人。这是教育改革和发展的根本目的所在。各级各类学校都要十分重视并切实解决培养什么人的问题。邓小平同志指出，我们的学校是为社会主义建设培养人才的地方，培养人才有没有质量标准呢？有的。这就是毛泽东同志说的，应该使受教育者在德育、智育、体育几方面都得到发展，成为有社会主义觉悟的有文化的劳动者。邓小平同志还一再强调要造就有理想、有道德、有文化、有纪律的一代新人。我们必须遵循“三个面向”的指导思想，围绕经济建设这个中心，从适应社会主义现代化建设需要出发，全面贯彻党的教育方针，加快教育和教学改革，在教育思想上有所创新，课程改革上有所突破，使教育和教学制度改革加快步伐，积极探索符合中国国情的社会主义教育模式，努力使青少年一代得到全面发展，成为合格的有中国特色社会主义现代化的建设者和接班人。

邓小平同志曾一再强调指出，这些年来“最大的失误是在教育方面，对青年的政治思想教育抓得不够”，当前特别值得重视的是，当前拜金主义、享乐主义、极端个人主义的价值观和人生观，社会上某些腐败丑恶现象已经侵蚀和影响教育战线。各级教育部门和各级各类学校必须在建设有中国特色社会主义理论指引下，认真研究并切实端正办学方向，保证教育改革和教育事业健康发展。首先必须改进德育工作，进一步加强党的基本路线教育，爱国主义、集体主义和社会主义思想教育，近代史、现代史和国情教育，各级领导干部要抽些时间到学校中走一走，同师生们座谈座谈，做做形势报告，帮助他们了解国情。要教育青少年增强民族自尊、自信和自强精神，抵御资本主义和封建主义腐朽思想的侵蚀，树立正确的理想、信念和价值观。改革开放和现代化建设的实践证明，在继承和发扬党的优良传统的同时，我们也要看到中华民族的优秀文化与道德传统也是极为丰富的思想宝库，其精华能够延绵数千年而不衰，成为中华民族的凝聚力所在，今天仍然显示出旺盛的生命力和积极的现实作用。我们在继承和发扬党的优良传统，学习借鉴各国文明成果的同时，也要重视继承和发扬我国优秀文化和伦理道德遗产，用以教育青少年一代。各级各类学校的德育要切实抓紧，要渗透在学校的各个教学环节中和各项活动中，坚持不懈，不断改进，避免形式主义，认真抓出成效，使我们的学校真正成为社会主义精神文明建设的坚强阵地。

3. 大力发展教育事业，努力实现90年代我国教育发展的目标

根据我国社会主义现代化建设三步走的战略部署，《纲要》提出了我国教育事业发展的总目标，这就是，到本世纪末，全民受教育水平有明显提高；城乡劳动者的职前、职后教育有较大发展；各类专门人才的拥有量基本满足现代化建设的需要；形成具有中国特色的、面向21世纪的社会主义教育体系的基本框架。再经过几十年的努力建立起比较成熟和完善的社会主义教育体系，实现教育的现代化。在实现今后教育发展的各项目标中，要以“两全”、“两基”、“两重”为重点，带动各级各类教育事业的全面发展。“两全”，即各级各类学校要全面贯彻党的教育方针，全面提高教育质量；“两基”，即在本世纪末基本普及九年义务教育，基本扫除青壮年文盲；“两重”，是指高等教育应在规模上有进一步发展、结构更加合理、质量和效益明显提高的前提下，集中中央和地方各方面的力量，重点建设好100所左右的大学和一批重点学科，即“211工程”。我国是一个有11亿多人口的大国，能接受高等教育的毕竟是很少数人，绝大多数人在接受义务教育后，部分地方甚至在初中阶段，就要接受职业教育和准备就业。因此职业教育和成人教育与基础教育一样应当成为我国规模最大的教育，我们必须充分重视，认真把职业教育办好。无论先培训后就业或先就业再培训上岗，都要对他们进行很好的职业培训，不仅要培养他们的职业技能，而且要培养他们对待工作、服务和生产劳动的“一丝不苟、精益求精”的敬业精神和职业道德。如果我们能够通过大力发展职业教育培养一大批优秀的实用人才，必将在我们社会主义建设事业中发挥不可估量的重大作用。与此同时，我们对在职人员的培训提高和知识更新也决不能忽视，这是花钱较少、效益较高的教育，应当大力发展，继续把它办好。

当前教育事业特别是基础教育中，实现“两基”目标存在的困难和问题，引起了社会的关注。实现“两基”是党的十四大所作出的重大决策。这“两基”作为提高全民素质的奠基工程，对于我国实现现代化，建立和完善社会主义市场经济体制，促进经济发展和社会全面进步，具有重大意义。建国40多年来，我们已经在普及义务教育和扫除青壮年文盲方面作出了巨大的努力，为实现“两基”的目标奠定了良好的基础。目前存在的困难应当给以足够的重视，但也应当看到，这些困难经过努力是可以逐步克服的。我们必须锲而不舍，知难而进，决不能放松努力或停滞不前。各级党委和政府必须把基础教育当作“根本大计”中的头等大事，十分重视，切实抓好。当前要千方百计解决基础教育投入不足、教师工资待遇低以及中小学生辍学等现实问题，要按照已经制订的规划，把“两基”目标落到实处。

在确保基础教育各项必要条件的同时，要努力改变基础教育中相当普遍地存在的“应试教育”模式的问题，要向“素质教育”转变。特别是在经济还不发达的地区的基础教育，不能同城市完全一样。农村的基础教育要注意农科教相结合，学以致用。在农村中的教育要加大农业科学技术和兴办乡镇企业知识的分量，使学生毕业后能成为发展现代化高效农牧副林渔和兴办乡镇企业的带头人和骨干。我们还要进一步改革和完善升学和考试制度，采取有效措施，减轻中小学生过重的课业负担，注重素质培养，发展学生个性，使儿童和青少年身心健康成长。要加强和完善督导制度，大力提高基础教育的办学水平。对其他各级各类教育，也要统筹规划，积极发展，提高办学水平和效益。

4. 适应建设社会主义现代化建设和社会主义市场经济体制的需要，加速教育体制改革的步伐

教育事业发展的根本出路在改革。只有通过改革，才能建立与社会主义市场经济体制和现代化建设相适应的教育体制，才能走出教育事业健康发展的路子。《纲要》已经明确地提出了教育体制、教育结构、教育思想、教学内容和方法等方面改革的思路。各地各类学校要认真实施《纲要》，努力改革过去在计划经济体制下形成的教育体制，建立有中国特色的社会主义教育体制。

要加快办学体制的改革，建立以政府办学为主、社会各界共同办学的体制。在计划经济体制下形成的单一的政府办学体制，在历史上曾经起过积极的作用。但是随着现代化事业的发展和经济体制改革的深入，原有的办学体制已不能满足社会日益增长的多样化的教育需求，也不利于调动社会各方面的力量兴办各具特色的教育事业。今后一个时期，要在坚持政府办学为主的前提下，积极鼓励、正确引导民办教育系统的发展，建立以国家财政拨款为主，多渠道筹措教育经费的教育投资体制。同时，要逐步建立起在政府宏观管理下的学校自主办学的教育管理体制，使教育适应社会主义市场经济体制和现代化建设的需要。

我国现有的教育结构、教育教学模式还不能适应社会主义现代化建设和建立社会主义市场经济体制的需要；教育思想、教学内容和方法仍程度不同地脱离实际；学校德育工作不能适应改革开放新形势的要求，人才培养不仅在数量和结构上，特别在素质和层次上都不能满足经济和社会发展的需要。在这些方面，我们都要坚持解放思想，实事求是，加快改革步伐。特别是面对我国是一个穷国办大教育的现实，在各级政府逐步增加对教育投入的同时，还必须使有限的资源能够办出更有实际社会效益的教育。从这个意义上说，对教育改革就更要有紧迫感。

教育改革是一项复杂的社会系统工程，教育改革既要适应和促进社会主义市场经济体制的建立和发展，又要严格遵循教育自身的规律和特点；既要围绕经济建设这个中心进行，为经济建设提供合格人才和科技成果，又要注意发挥教育的政治功能、文化功能和促进人的全面发展的功能，培养德智体全面发展的社会主义建设者和接班人，推动社会的全面进步；既要大力发展应用学科，也不能忽视基础学科的建设；既要同经济、政治、科技体制改革配套进行，相互促进，又不能只是采取一种模式、划一要求。要在确定长远目标的同时，从现实出发，分步实施，逐步到位，并根据不同地区和不同类别教育的实际状况，因地制宜，分类指导。

5. 大力提高教师的社会地位，改善教师的工作、学习和生活条件

振兴民族的希望在教育，振兴教育的希望在教师。建设一支具有高尚的师德修养、良好业务素质、结构合理、相对稳定的教师队伍，是教育改革和发展的根本措施。教育的改革和发展能不能达到预期的目标，各级各类学校能不能完成培养社会主义事业建设者和接班人的任务，关键在教师。

邓小平同志早在 1977 年、1978 年就多次提出："要调动科学和教育工作者的积极性，空讲不行，还要给他们创造条件，切切实实地帮助他们解决一些具体问题”，“要研究教师首先是中小学教师的工资制度。要采取适当措施，鼓励人们终身从事教育事业”。他还特别指出，“现在小学教员工资太低。一个好的小学教员，他付出的劳动是相当繁重的，要提高他们的工资”。1988 年他又讲，“我们不论怎么困难，也要提高教师待遇，这个事情在国际上都有影响”。十多年来党和国家采取了很多措施提高教师待遇，收到的效果也是明显的。但是随着国民收入分配格局的变化，教师队伍的工资收入总体上仍然偏低。各级政府要逐步提高教师待遇，改善他们工作、学习和生活等条件。有些省、市、区还专门拨出大量资金和制定优惠政策逐年解决教师的住房问题。但是近两年来，也有些地方出现了拖欠教师工资的现象，有的地方拖欠问题十分严重。甚至有少数地方把法定的教育费附加也作为减轻农民负担的“乱摊派”而取消了，使农村办学经费“断了炊”等等。这不仅有损于各级政府威信，有损于教师职业的尊严，而且直接影响到教师队伍的稳定，导致教学质量的下降，甚至使基础教育无以为继。各地党政领导同志必须采取切实有力措施，首先解决拖欠教师工资问题，并努力把《纲要》提出的关于教师队伍建设的目标和有关教育的政策落到实处。解决教师问题必须有法律保障，《教师法》作为一部重要的教育法律已经修改成稿，即将由国务院审议后提交全国人大审批。这部法律出台后，将使教师队伍建设走向法制化、规范化。其它有关教育的法律也正在积极起草中。在这里我要特别强调，要对师范教育采取保护政策，大力办好，实行有效的政策导向，鼓励优秀学生报考师范院校，吸引优秀人才充实教师队伍。

同志们！十多年来，在邓小平同志教育思想指引下，我国教育事业已经取得很大的成就，为今后的改革和发展奠定了良好的基础。当前我国教育战线总的形势是好的，但存在的困难和问题也不少，当然，这些是属于前进中的问题。只要各级政府总结和汲取经验教训，认真重视面临的问题，采取得力的措施，积极而稳妥地加速改革的步伐，问题是可以克服的。1985 年邓小平同志曾经讲过：“对我国教育的发展我是乐观的，困难是有，但要看到有利条件。不管怎么说，这几年经济发展是快的。经济是基础。经济的发展必定会带动教育的发展……在这样的条件下，只要各级领导认真抓，我们教育的事情好办，悲观是没有根据的。扎扎实实抓它几年，中华民族教育事业空前繁荣的新局面，一定会到来。”我们要有这样乐观而坚定的态度。只要我们以邓小平同志建设有中国特色社会主义理论为指导，认真学习、贯彻小平同志的教育思想，少说空话，多做实事，坚定不移地抓好《纲要》的实施，我们就一定能把我国教育改革和发展的伟大事业推向一个新的阶段！

从严治党　深化改革　落实《纲要》

——朱开轩在1993年全国高等学校党的建设工作会议上的报告(1993年7月26日)

本次会议是党的十三届四中全会以来，经党中央批准，由中共中央组织部、中共中央宣传部和中共国家教委党组联合主持召开的第四次全国高等学校党建工作会议。会议的主要任务是：以建设有中国特色社会主义的理论和党的基本路线为指导，深入贯彻党的十四大精神和《中国教育改革和发展纲要》；总结交流前三次高校党建工作会议以来的经验，表彰一批在党的建设和思想政治工作中做出显著成绩的高校；研究新形势下进一步加强和改进高校党的建设和思想政治工作问题。

一、正确分析当前高教战线形势，肯定成绩，正视困难，振奋精神，继续前进

去年以来，以邓小平同志视察南方重要谈话和中国共产党第十四次全国代表大会为标志，我国改革开放和现代化建设进入了一个历史新阶段。今年春季召开的全国八届人大一次会议，全面贯彻党的十四大精神，提出了今后5年的宏伟任务，为实现我国现代化建设第二步战略目标指明了方向。与全国的新形势相适应，我国高等教育的改革与发展也迈出了新的步伐。从总体上看，当前高教战线的形势是好的，是高等教育进一步改革和发展的好时机。

第一，我国改革开放与经济建设的步伐明显加快，特别是社会主义市场经济体制的逐步建立，为高等教育的改革和发展创造了一个难得的机遇。正如邓小平同志指出的，改革是解放生产力，也是一场革命。高教战线的同志要从这样的高度来认识加快改革开放和经济建设步伐、建立社会主义市场经济体制对教育改革和发展的长远的促进作用，从而积极投身到改革中来。我们相信，经济体制改革的深化，经济实力的不断增强，必将为教育的改革与发展提供强大的物质基础和推动力，并使教育与经济、社会发展逐步走上相互促进的良性循环轨道，为建立有中国特色的社会主义高等教育体系开辟广阔前景。

第二，高等教育的改革和发展取得了一些新的突破和进展。去年，经国务院批准，国家教委先后召开了全国普通高等教育工作会议与全国成人高等教育工作会议，国务院批转了国家教委的有关文件，对高等教育的改革和发展做了总体部署，相继提出了一些重大改革措施。地方政府和中央有关部委也相继召开各种会议，认真研究高等教育的改革和发展，并从本地区、本系统的实际出发，拟定了一些重要措施；特别在高等教育的管理体制改革、高校内部管理体制改革、教育教学改革、招生与毕业生就业制度改革，以及增加教育投入、扩大办学规模等方面，不少地方和部委都加大了力度。

第三，《中国教育改革和发展纲要》的颁布，进一步明确了90年代教育改革和发展的目标、战略、指导方针、基本思路以及重大政策措施。《纲要》科学总结了建国以来，特别是改革开放14年来教育改革和发展的丰富经验，是 1985 年《中共中央关于教育体制改革的决定》在新的历史条件下的继承与发展，是 90 年代我国教育改革和发展的纲领和蓝图，是党中央、国务院关于落实党的十四大提出的教育优先发展战略的一项重大决策。《纲要》颁布半年来，已有 20 多个省、自治区、直辖市党委和政府召开了以学习、宣传和实施《纲要》为中心内容的省级教育工作会议，出台了一些新的政策和措施，推动各级各类教育深化改革，加快发展。

第四，高校的政治形势总的说比较稳定。广大教职工和大学生拥护党的路线与方针政策，为我国经济、社会发展所取得的好形势而欢欣鼓舞，对党中央最近下决心采取一系列果断措施，解决经济发展过程中一些突出问题与矛盾表示理解与拥护。广大教职工普遍关注并积极参与各项教育改革。学校的稳定与安定团结局面不仅为教育改革和发展奠定了良好的政治基础，也为维护乃至促进全社会的稳定做出了贡献。

我们应该十分珍惜和发展这种好形势，同时还应该看到存在的问题：一是高等教育的改革步伐仍不能适应经济体制改革的要求，二是教育投入不足与教育事业加快发展的矛盾日趋尖锐，三是教师队伍不稳趋势有所加剧。对于这些问题，我们要引起足够重视，并认真研究解决。

高教战线能有今天这样一个比较好的发展势头，除了党中央、国务院的领导和关怀，国家政治、经济形势的鼓舞和影响，社会各界的重视和支持，以及高教战线各级党政领导和广大党员、师生员工的共同努力外，还有一个极其重要的因素就是得益于近年来高校党的建设和思想政治工作的加强。

去年召开的第三次全国高校党建工作会议，已对过去几年全国高校党的建设和思想政治工作的主要成绩和经验做了比较系统、全面的总结。一年多来，高教战线各级党组织和广大干部积极主动地适应新形势，解放思想，实事求是，努力工作，取得了许多新的成绩，继续创造和总结出不少新的经验。突出的有三条：

第一，紧密围绕贯彻党的教育方针，推进高校改革与发展、教学与科研等业务工作的实际来加强党的建设和思想政治工作。一年多来，高教战线各级党组织加强了对教育改革工作的领导，不少省、自治区、直辖市党委教育工作部门会同教育行政部门，在认真调查研究的基础上向地方党委、政府提出改革的具体建议，并在党委和政府统一领导下，制定方案，组织试点，总结经验，协调关系，有力地推动了本地区高校改革的健康发展。相当多的高校都成立了以党委书记和校长为首的改革工作领导小组，党政密切配合共同抓好改革。大多数基层党组织能结合改革和业务工作认真做好思想政治工作，发挥了重要的保证和促进作用。

第二，坚持把党的思想建设和师生员工的思想政治教育放在高校党建工作和思想政治工作的重要位置。各高校党组织采用不同形式，认真组织广大党员和师生员工及时学习邓小平同志的重要谈话和党的十四大精神以及八届人大一次会议精神。通过学习，加深了对建设有中国特色社会主义理论和党的基本路线的理解，进一步提高认识，解放思想，调动积极性。当前，抓住机遇，加快改革开放步伐，推动高教事业的发展，促进高教事业更好地为以经济建设为中心的社会主义现代化建设服务，已成为高校广大党员和师生员工的共识。

第三，真抓实干、注重实效，各高校正在把中央 1990 年 12 号文件精神和前三次高校党建工作会议提出的各项任务进一步落到实处。连续三次高校党建工作会议精神，归纳起来有以下几个方面：突出强调要高度重视高校的党建和思想政治工作，把它作为办好社会主义大学的关键来抓；强调高校党组织要保证党的基本路线与教育方针的贯彻落实，推动改革和发展，培养一批又一批社会主义事业的建设者和接班人；强调高校原则上实行党委领导下的校长负责制，党委要加强对改革的领导，日常工作要搞好党政分工，充分发挥校长的作用，认真抓好领导班子的自身建设；强调加强党的思想建设和师生思想政治教育的重要性，提倡高校建立党校，办好培训班；强调大力加强党支部特别是教师党支部建设；强调要认真做好在青年教师和大学生中发展党员工作，加强师生特别是青年教师和学生骨干队伍建设；强调了各地党委和有关部委党组要加强对高校的领导等等。一年多来，上述各项工作又有了不同程度的加强、改进和新发展，我们为之而感到高兴。实践证明，工作中虽然还有不少困难，但只要真重视，认真抓，一抓到底，百折不挠，就一定能抓出成效。

尤其令人感到欣慰的是，经过几年的努力，各地已涌现出了一批在党的建设和思想政治工作、改革和发展、教学和科研等方面作出突出成绩的先进高校，这次会上受表彰的33所高校是他们中间的优秀代表。例如，在加强领导班子建设方面，南京大学把加强领导班子建设作为深化教育改革和推动事业发展的关键，强调校级领导班子努力做到勤奋学习，锐意改革，团结协作，民主决策，艰苦奋斗，真抓实干。在坚持党的基本路线和教育方针，为社会主义现代化建设服务方面，河北农业大学长期坚持用“太行精神”兴校育人，面向经济建设主战场，结合教学、科研，深入太行山区传播科技知识，推广科技成果，注重提高社会经济效益，为农村培训实用科技人员，逐步走出了一条“教学、科研、生产三结合”的办学路子。在加强党的基层组织建设方面，天津大学紧密围绕高校的根本任务，几年来多次组织与党建工作有关的专题调查研究，并在此基础上制定了一系列具体制度，坚持以典型引路，带动一般，分工负责，分类指导，扎扎实实把党支部建设不断推向前进。在加强教师队伍和政工干部队伍建设方面，清华大学几十年如一日，坚持走“双肩挑”道路，加强教师和政工干部队伍建设；从50年代以来，已有1600多人担任过政治辅导员，这部分同志多数走向社会，成为各条战线技术工作和管理工作的骨干；留在学校的同志多数也已成为党政管理和业务工作的骨干或学术带头人。西北工业大学始终把建设一支稳定的、高素质的党务、政工干部队伍作为大事来抓，努力做到政治上严格要求，工作上充分信任，生活上关心照顾，使绝大多数专职党务、政工干部的积极性得到了充分发挥。在加强和改进学生思想政治教育工作方面，上海工业大学在十多年风风雨雨中，坚持把坚定正确的政治方向放在首位，把培养具有强烈爱国心和责任感、热爱社会主义、热爱党、具有改革创新意识、愿为社会主义现代化建设做贡献的合格人才，作为学校培养学生最基本的要求，在加强和改进学生思想政治教育方面做出了成效。武汉工业大学强化全员育人意识，多年来，坚持开展“教书育人、服务育人、管理育人”工作，并形成了以教师为主体、干部为骨干、职工为重要力量、党政工团齐抓共管的“三育人”网络化体系等等。这些高校为我们提供了大量的新鲜经验和成功做法，非常值得我们学习和借鉴。这次会上受表彰的还有为大学生军政训练做出重要贡献的石家庄、大连、济南(原信阳)、南昌4所陆军学院。借此机会，我代表中组部、中宣部、国家教委党组以及出席会议的全体同志，对受表彰的先进高校和军校表示热烈的祝贺！对坚守在高教战线党建工作和思想政治工作岗位上，无私奉献、辛勤工作、努力探索的全体同志为推进高教事业的改革和发展，为培养德才兼备的社会主义现代化建设人才所做出的努力表示崇高的敬意！

在充分肯定成绩的同时，也要看到新形势下出现的一些亟待研究解决的新情况和新问题：一是有些同志对在新的历史条件下做好高校党建工作和思想政治工作的重要性，以及有利条件和面临的困难认识不够清楚，工作信心不够坚定；二是在加快改革开放步伐，建立社会主义市场经济体制条件下如何做好工作，还缺乏足够的思想准备与经验，工作的思路、内容及方法还不完全适应；三是部分党员、干部和师生在一些理论和思想认识问题上存在困惑和混乱，社会主义与资本主义"趋同论"和拜金主义、极端个人主义以及追求奢侈享受的影响在部分青年学生中又有所滋长，给学校的思想政治教育增加了难度；四是有的高校党组织不够坚强，政工干部队伍不稳定，党的基层支部建设仍然是薄弱环节，部分党支部和党员的作用发挥得很不够，本专科学生和青年教师党员比例偏低的问题仍然相当突出；五是还存在一些潜在的不稳定因素。

总之，当前高教战线的形势是机遇与挑战并存，希望与困难同在。但总的讲，特别是从发展的眼光看问题，是正逢有利时机。高校党的建设和思想政治工作的形势也是如此。因为面临的多数工作中的问题和困难终究是前进过程中产生的，随着改革的深化和经济的发展，加上通过我们坚持不懈的努力，是可以逐步解决的。我们衷心希望高教战线各级党组织、全体党员和师生员工，一方面要对面临的困难和问题有足够的估计和精神准备，以艰苦踏实的工作作风与毅力去迎接并克服种种困难；另一方面仍要充满信心，振奋精神，努力工作，以改革创新精神创造新的业绩，把高校党的建设和思想政治工作提高到一个新水平。

二、用建设有中国特色社会主义的理论武装党员头脑和教育师生员工，把思想统一到党的十四大精神上来

历史经验证明，每一次重大的社会变革，必然伴随着一场广泛、深刻的思想变革，而每一次思想变革，又必然有力地推动社会的进步。当前，我们正处于加快改革开放和现代化建设步伐，建立社会主义市场经济体制的大变革之中。在改革不断深化，开放不断扩大，特别是社会主义市场经济体制逐步建立的过程中，广大党员和师生员工对形势的发展既感到欢欣鼓舞，同时也会对出现的某些问题产生困惑。高校党的建设和思想政治工作的一项重要任务，就是要组织全体党员和师生员工认真学习建设有中国特色社会主义的理论，从理论和实践的结合上，帮助大家提高认识，保证高校党员队伍在思想上、政治上同中央保持高度一致，在组织上、行动上高度统一。

第一，要正确认识和处理好加快改革、发展与加强、改进党的建设和思想政治工作的关系，坚持两手抓，两手都要硬。

当前，国际国内形势很有利，我们必须紧紧抓住有利时机，进一步加快改革步伐，使90年代的高等教育，规模有较大发展，质量上一个台阶，结构更加合理，效益明显提高。在此基础上，集中中央和地方、部门等各方面力量重点建设100所左右大学和一批重点学科、专业，即"211"工程。这是我国高教战线90年代乃至下世纪初面临的一项艰巨而光荣的任务。但是，我们在加强改革与发展这一手时，决不能忽视或放松加强党的建设和思想政治工作这一手，必须两手抓，两手都要硬。坚持两手抓，这是党的基本路线的内在要求，也是我们在建设有中国特色社会主义过程中必须始终遵循的基本规律和基本方针。忽视党的建设和思想政治工作，改革难以成功，甚至还会偏离方向。早在1986年，邓小平同志就针对当时的情况尖锐地告诫我们："经济建设这一手我们搞得相当有成绩，形势喜人，这是我们国家的成功。但风气如果坏下去，经济搞成功又有什么意义？会在另一方面变质，反过来影响整个经济变质，发展下去会形成贪污、盗窃、贿赂横行的世界。所以，不能不讲四个坚持”。在党的十四大闭幕不久，江泽民同志强调，“坚持邓小平同志建设有中国特色社会主义的理论，坚持我们党的基本路线，要做的工作很多，就国内工作来说，主要是两条：一是始终不渝地坚持以经济建设为中心，不论遇到什么风浪都要集中力量把经济建设搞上去。二是围绕经济建设这个中心，继续处理好坚持四项基本原则和坚持改革开放的关系，处理好社会主义物质文明建设与精神文明建设的关系，切实做到两手抓、两手都要硬。”今年 5 月，他还指出：“坚持做好思想政治工作是我们党的优良传统和政治优势，也是建设有中国特色社会主义事业的一项重要内容。在改革开放和现代化建设的过程中，我们要积极学习国外包括资本主义发达国家的先进技术、科学管理和进步文化成果，同时又要坚决抵制各种腐败思想的侵蚀。各级领导干部要始终贯彻‘两手抓’的方针，不仅物质文明建设要上新台阶，精神文明建设也要上新台阶。它们是相辅相成的，谁也离不开谁。两个文明都搞得很成功，有中国特色的社会主义才算建设成功了。如果人们的思想滑坡，社会风气不好，经济是很难搞上去的，即使上去了也巩固不住。这个辩证关系，大家一定要弄通。”江泽民同志在纪念中国共产党成立 72 周年座谈会上的讲话中又强调指出：“在中国，要团结凝聚 11 亿多人民，通过改革进一步解放和发展生产力，集中力量把经济搞上去，实现社会主义现代化建设的宏伟目标，关键在党；要深化改革，成功地创造人类历史上没有先例的社会主义市场经济体制，关键在党；要坚持‘两手抓’，搞好两个文明建设，关键在党；要保持社会政治稳定，实现国家长治久安，关键也在党。党的领导、党的建设是经济建设和改革开放取得成功的根本保证，越是改革开放、发展经济，越要加强党的领导、抓好党的建设。这一条任何时候都是绝对不能忽视、不能放松的，否则就会犯历史性的错误。”邓小平同志和江泽民同志的上述讲话，科学地阐述了新形势下加强党的建设和思想政治工作的重要性和紧迫性，为我们进一步做好工作指明了方向。我们一定要把中央的精神不折不扣地贯彻落实到工作中去。

1. 加强党的建设和思想政治工作，是建设有中国特色社会主义高等教育的重要组成部分与基本保证。正如《纲要》所指出，建设有中国特色社会主义教育体系的主要原则之一，是坚持党的领导和社会主义方向，培养社会主义事业的建设者和接班人。这是关系到党的路线方针政策能否在高校得到贯彻落实的大事。当前高校改革和发展的任务很重，教学和科研的压力很大，只有搞好党的建设，加强思想政治工作，才能充分发挥党组织的领导作用、政治核心作用、战斗堡垒作用和党员的先锋模范作用，充分调动广大师生员工的积极性，保证各项业务工作的完成。

2. 高等学校的根本任务是培养德智体全面发展的社会主义事业建设者和接班人。改革开放和发展社会主义市场经济的新形势对人才的素质提出了新的更高的要求，也为高校如何培养又红又专的合格人才提出了新的课题。应当强调的是，我们的改革是社会主义制度的自我完善和发展，我们的市场经济是社会主义市场经济，这就从本质上决定了高校培养的人才，必须具有社会主义觉悟，有良好的政治素质和高尚的道德品质，在思想观念、知识结构等方面能适应新形势的需要，成为有理想、有道德、有文化、有纪律的一代新人。培养和造就一代又一代德才兼备的社会主义事业建设者和接班人，是保证党的基本路线一百年不动摇的一项最紧迫、最重要的战略任务。青年学生成长的特殊规律和学校教育的特殊功能，决定了在培养接班人的问题上，高校肩负着其它任何行业都无法替代的特殊责任。为此高校的思想政治教育只能加强，不能有丝毫的削弱。

3. 加强党的建设和思想政治工作，在新形势下特别重要。新形势的显著特点是加快改革开放和现代化建设步伐，发展社会主义市场经济。改革是一场深刻的变革，党的建设和思想政治工作在为推动这种变革所必须的政治保证、理论先导、思想动员、舆论环境、观念更新等方面起着极为重要的作用。因此，如何引导人们全面、准确地理解建设有中国特色社会主义的理论，如何正确地认识与把握发展社会主义市场经济过程中出现的一些复杂社会现象，如何分析、处理好社会和高校改革过程中出现的各种矛盾，调动和发挥人们的积极性，这都对党建工作和思想政治工作提出了一系列新的课题和更高的要求。因此，在改革开放和发展社会主义市场经济的新形势下，党的建设和思想政治工作并不是可有可无，而是非常重要，并不是无所作为，而是大有可为。越是改革开放，越是发展社会主义市场经济，越要加强党建工作和思想政治工作。任何淡化和削弱党的建设和思想政治工作的看法和主张，都是错误的。我们必须保持清醒的头脑，牢记忽视思想政治教育曾造成过重大工作失误的这一历史教训，坚定信念，增强信心，开拓奋进。

当然，目前我们所处的环境和任务与过去已有很大的不同，这就在客观上要求积极探索新形势下党建和思想政治工作的经验和规律，改进工作以适应当前形势的需要。特别是随着高校办学体制、管理体制、教育和教学等方面改革的不断深化，党建和思想政治工作的工作体制、工作作风、工作方法都需要有相应的改进。改进工作，必须把继承、坚持、发扬我们党的优良传统和基本工作原则与开拓进取、锐意创新有机地结合起来，固本而立新。同时，还要根据变化了的形势和任务，认真研究和探索在新的历史条件下做好工作的新思路、新经验、新规律。

第二，要正确认识和处理好高等教育与社会主义市场经济的关系，全面估计市场经济对高等教育的积极作用和可能发生的某些负面影响，努力使高等教育更好地适应社会主义市场经济的需要。

社会主义市场经济的发展对高等教育有哪些积极影响，提出哪些新的要求呢？一是市场经济的发展必将大大增加对人才的需求，并将有力地促进高等教育事业改革与发展步伐。市场经济对社会资源的配置起着基础性作用，其中人才资源和技术资源的源头在教育。谁争得人才和技术谁就争得市场，也就争得经济发展的主动权。随着经济的发展，社会对人才数量与质量的需求将会越来越大、越来越高；同时也将为高等教育的发展提供强大的物质支持，对高等教育的改革与提高质量提供内在动力；也必然会激励学生学习的自觉性和调动教师教学科研的积极性，使教育质量得到提高，使高校培养的人才和创造的科研成果能尽快转化为社会生产力，实现社会价值，收到社会效果。二是市场经济体制的逐步建立，必将对高等教育的教育结构、专业结构、课程设置和教学内容的调整和优化提出新的要求。教育结构、专业结构在很大程度上是经济结构在高等教育领域中的反映。社会主义市场经济的发展必然会促进经济结构的优化，而经济结构的优化又必然要求高等教育不断调整和优化教育结构、专业结构、课程设置，改革教学内容和方法，使高校培养的人才能更好地适应社会需要。同时，也将促进教育资源的合理配置，提高办学效益。三是市场经济体制必然对高等教育的原有体制，特别是国家统包统办教育的体制是一个冲击，对运行机制的改革也会起到促进作用。为适应这一要求，高等教育将会在办学体制、管理体制、投资体制、学校内部管理、以及招生、毕业生就业制度等方面加快相应的改革。四是发展市场经济有利于人们开阔眼界，活跃思想，增长才干，开拓创新。

在充分认识社会主义市场经济对高等教育的积极作用的同时，也必须清醒地注意到在社会主义市场经济体制尚不健全、不完善的情况下，某些市场活动对高等教育的发展也可能会带来的某些负面影响：一是在市场活动中和一段时间里社会分配不公现象的出现，以及经商“浪潮”对教育的冲击，分散了学校领导人抓教育教学工作的精力，干扰了教职工专心致志于教育教学工作的积极性，教育教学质量面临着滑坡的危险。二是对于高校教师队伍建设方面，市场经济条件下，合理的人才流动是必然的，不足为怪；但由于高校教师生活待遇偏低、工作条件较差、地区和行业收入差别较大而造成的教师队伍严重不稳和流失的状况是令人忧虑的。三是给高校师生的政治观和人生观、价值观带来的消极影响，对社会上某些错误思潮以及格调不高和消极丑恶的现象会侵蚀我们校园和学生的情况要有充分思想准备。这些负面影响，有些是在新旧体制转轨过程中难以避免的、暂时的、局部的问题，随着改革的不断深化和市场经济体制的逐步完善会得到解决，而有些则是市场活动所固有的，将长期起作用，高教战线的各级党政领导和广大教育工作者，对此要有清醒的认识。既要充分发挥市场经济对高等教育的积极促进作用，又要采取正确的政策和措施，把其负面影响降到最低限度。为此，要特别注意处理好以下几个关系：

1. 高等教育既要为经济建设这个中心服务，又要推进社会的全面进步。高等教育是为社会各个领域培养高级专门人才为已任的，就其根本任务而言，不同于经济领域的活动。高等教育要适应市场经济体制的需要，为经济建设服务，这是毫无疑义的。但是要考虑到高等教育本身的性质和特征，它主要是通过培养合格人才和提供科技成果来为经济建设服务。高等教育除了承担为经济建设服务的责任外，还必须为一定社会的政治文化发展服务；即既要为社会的物质文明建设服务，也要为社会的精神文明建设服务。当前，我们强调教育要为经济建设服务，这是同我们面临的形势和主要任务相适应的，是社会主义现代化建设所需要的，也是符合党的基本路线的。应该把它作为高教工作的一条重要指导方针，长期坚持下去。但同时还要注意教育的政治功能、文化功能和促进人的全面发展的功能。发挥教育的政治功能和文化功能，正是为经济建设提供精神动力、智力支持和政治保证。因此，既要重视教育的服务性方面，也不能忽视其思想政治的导向性方面，不能把教育与经济这两个密切相关但性质有所不同的问题混淆起来。我认为，简单地提出“教育商品化”、“把教育推向市场”等口号并不全面和科学，如果按照这种思路办学，有可能走入歧途。

2. 高等教育既要为当前经济腾飞服务，又要面向未来。教育为经济建设这个中心服务，还要处理好当前与长远、直接与间接的关系。高等教育首先要为当前实现90年代经济发展的第二步战略目标服务，在培养人才、科学研究和科技开发等方面都要为当前加快经济发展服务。同时还要为下个世纪第三步战略目标的实现和经济的全面振兴准备人才和储备科学技术，使我国的现代化建设事业有长远的发展后劲，所以要十分重视基础学科的建设和发展，还要集中力量办好一批代表地区、部门或国家水平并能跻身于世界先进行列的学科和大学。

3. 高等教育的改革既要重视借鉴某些市场机制的作用，又要严格遵循教育自身规律。社会主义市场经济的发展对人才的培养确实起着积极的促进作用，也为高等教育的改革和发展增添了活力。随着改革的深化，高等教育的大部分科类所培养的学生要到人才市场参加竞争，因此，学校的办学规模、专业设置、效益、质量、管理方式必然要受到市场的检验，它的师资、经费、设备等办学资源的配置，也必然要受市场资源配置方式的制约而做出相应的改革。但是，高等教育毕竟不同于经济领域，高等学校毕竟不同于企业。我们既要重视市场机制对教育的积极作用，又要注意遵循教育自身固有的规律来推进教育的改革和发展，在这一方面，我们一定要深思熟虑、循序渐进而不可急功近利、简单行事。

4. 要正视市场活动中某些不健康思想和行为对教育，特别是对正在成长的青年一代的政治观、人生观、价值观可能造成的负面影响。各级党组织要理直气壮、有针对性地加强引导，使我们的高等教育能够真正培养出有社会主义觉悟的，能适应市场经济需要的合格人才。

为此，要用建设有中国特色社会主义的理论，来正确把握和阐明某些认识问题。社会主义市场经济坚持的是以公有制与按劳分配为主体、走共同富裕道路的社会主义根本经济制度，市场主要是经济运作机制。这就决定了，政治观上仍应坚持社会主义方向的主导地位，人生观、价值观上仍应坚持集体主义的主导地位。在市场经济条件下，单位和个人的利益更加得到承认和一定程度的强化，这是正确的、必要的。但这毕竟是“局部利益”、“小利益”，还应引导它处理好同社会主义的“全局利益”、“大利益”之间的关系；凡与“大利益”一致的“小利益”，应当得到充分肯定和支持；凡是损害“大利益”的“小利益”，还是不能提倡并应正确引导。市场经济所遵循的是价值规律，这在经济领域是正确的、合理的，但如果任其任意延伸，扩大到一般非经济领域特别是教育领域，甚至成为社会的一般价值取向，就会对学校的思想教育造成一定反差，甚至冲击。应该看到当前社会上出现的某些不正常现象可能与社会主义市场经济体制还不完善、不健全、某些不正的社会风气尚未完全扭转以及不恰当的舆论导向等客观存在有关，但存在的东西不一定都是合理的东西，我们要坚持和发扬的是真理。因此，与我们的根本经济制度相适应的教育方针不能变，办学的社会主义方向不能变，德智体全面发展的人才培养标准不能变。希望全国高校党务工作者和一切教育工作者要正确看待这种“反差”，采取有效措施，组织起浩浩荡荡的育人队伍，同健康的社会舆论、家庭教育形成合力，引导学生健康成长。

近一个时期以来，高校教师从事有偿社会兼职活动、大学生打工的问题比较突出，给高校的工作、学习秩序带来一些影响，我们对此也要有明确的看法和正确的处置方法。

教师的主要职责是教书育人。培养人才的工作是一项复杂的、创造性的劳动，需要广大教师付出艰苦的努力。为此，高等学校主要通过思想政治教育与深化校内人事、分配制度改革，科学定编定岗，实行职务聘任制，引导教师热爱本职工作，履行岗位职责，认真钻研业务，集中主要精力，努力提高教育教学和科研水平。在统筹安排的基础上，按照“双向选择”的原则，有领导地组织部分教师分流，在校内外从事科技开发、成果推广转让、咨询服务、以及兴办科技产业等各项工作。对定编在教学、科研工作岗位上的广大教师，学校要采取积极措施引导他们以更多的精力投入教书育人工作，在各自的学科、专业领域中有所建树。凡定编在教学、科研工作岗位上的教师个人在完成本职工作的前提下，确有余力自愿到校外从事有偿社会兼职活动的，只要是能充分发挥本人知识专长，能同所承担的专业业务工作紧密结合的，一般应允许与支持，但应该有报批手续。校外社会兼职的工作量要适当，不能影响本职岗位的教育教学质量。对兼职后可能影响完成本职教学工作，或国家重点科技项目按期完成的教师，学校可依据职务聘任制的有关规定，在任期内有权不批准其从事有偿社会兼职活动。教师从事有偿社会兼职活动，要遵守国家有关法律、法规和学校的规章制度，正确处理好与本校和兼职单位的关系。

高校学生在积极完成学业任务的同时，利用假期、节假日和课余时间适当参加勤工俭学，开展与专业学习相结合的科技文化服务以及健康的劳务活动，是大学生接触社会，了解国情，增长才干的有益途径。通过他们自已的劳动，取得一定的经济报酬，也能改善一些学习和生活条件，有利于培养劳动观点，增强自立意识。因此，高校应从本校实际情况出发，积极引导和组织好学生的勤工俭学活动，使之成为学校教育人、培养人工作的组成部分。对学生个人自行到社会寻求兼职或从事勤工俭学，一般应限于假期，并要进行必要的引导和管理；要求他们遵守法律、法规和学校的规章制度；不能影响学校教学、科研、生产、生活的正常秩序和校园、校容、校舍管理，自尊自重，诚实劳动。同时还要帮助大学生学会运用法律武器保护个人合法权益。高校对青年学生的健康成长负有重要责任，凡不利于青年学生健康成长的所谓勤工俭学活动，要坚决劝阻，加强管理。还要加强学籍管理，严格执行有关规定，保证全日制学生在校期间以学为主，认真完成学习任务。

三、以党的十四大精神为指导，努力把高校党的建设和思想政治工作提高到一个新水平

十三届四中全会以来，党中央对高校党的建设和思想政治工作做过许多重要的指示，前三次全国高校党建工作会议根据不同时期的特点，也对高校党建工作和思想政治工作做了总体部署，提出了具体要求。大政方针已经确定，关键是落实。当前与今后一段时间内需要特别注意并进一步解决好的几个比较重要的问题是：

第一，要针对当前高校党员和师生员工中间的“热点”问题，加强思想政治教育。

在新旧体制逐步转换的进程中，人们的思想认识难免会出现一些不同看法，甚至偏差。这种现象也不可避免地会反映到高校和党内来。当前，高校党员和广大师生员工对党的十四大确定的路线方针政策是赞同的，对国家的政治经济形势和所取得的成就也是基本满意的。但部分党员和师生员工在一些重要的政治、理论、社会问题上认识有不一致，有的存在模糊甚至错误的认识，特别是在政治观、人生观、价值观方面还存在着一定程度的混乱。高教战线各级党组织和党政领导对此要有足够重视，保持清醒头脑。学校的改革与发展，客观上需要有一个稳定的政治局面和积极的思想舆论环境，如果思想上、认识上不一致甚至发生混乱，就难以保证组织上、行动上的高度一致，改革和发展也难以达到预期的目的，还可能偏离正确轨道。抓好思想政治教育，不仅是党组织的一项重要任务，也是行政领导责无旁贷的职责，党组织要与行政密切配合，党政工团齐抓共管，共同做好工作。对于普遍关心的“热点”问题，我们不能回避，应在理论与实践的结合上认真予以探讨并及时解答。对于那些中央精神已经非常明确的基本问题，提倡什么，赞成什么，反对什么，限制什么，党组织更要旗帜鲜明，不能含糊。各级党政领导干部都要经常深入基层，带头讲形势，做报告，帮助大家统一思想，提高认识。要继续高度重视和努力做好稳定高校局势的工作。

第二，要进一步加强党对高校改革和发展的领导，认真、扎实地抓好《纲要》的贯彻落实。

从现在起到本世纪末只有 7 年多时间

了，贯彻落实《纲要》的任务十分紧迫和艰巨。为了确保《纲要》规定目标和要求的具体落实，国家教委对《纲要》的实施作了分解，将实施《纲要》的工作分为三大块、三大步。

三大块，一块是发展，一块是改革，一块是措施。发展是以“两全”、“两基”、“两重”带动各级各类教育发展。改革包括各级各类教育的体制改革以及教学改革。措施主要是保证经费投入的增加和教师待遇的提高，努力达到《纲要》规定的目标。当前要特别注意处理好改革与发展的关系，只有进一步解放思想，实事求是，深化改革，才能保持健康的发展势头。如果不是积极改革原有体制和增加教育投入而只顾发展，其结果只能继续增加已经很沉重的包袱的份量；只有通过深化改革，调整结构，在新的体制上促进发展，才是积极的、健康的、有效益的发展。在这里，需要强调的是，今年全国普通高校的招生，已到录取前夕，有的地区和高校招生数还在层层加码，而又不按规定向中央教育部门如实报告，这种不顾全局、有禁不止的短视行为，有可能造成办学条件进一步紧张，甚至诱发不安定因素。希望各地和高校高度重视这个问题，认真贯彻执行中央1993年6号文件的精神，坚持解放思想与实事求是的统一，加强组织性、纪律性，加强宏观调控，保持高教事业持续、稳定地发展，防止出现大起大落。

三大步即计划从今年起到2000年，分三个阶段三步走。1993—1995年为第一步，这一时期，是“八五”计划的后三年，按照“八五”计划的要求去实施。1996—1997年为第二步，这两年连同前三年正是本届教委领导班子的任职期间，在这两段时间内，我们要在党中央和国务院领导下，竭尽全力使《纲要》的实施收到较大的成效。1998—2000年，这三年为第三步，实施《纲要》的总目标和任务，到那时就要大体就绪。

按照这个大思路，我们正在制定具体规划和方案，研究所应采取的具体措施。初步考虑，拟在今年年底或明年年初召开的1994年全国教育工作会议上，要认真讨论这个规划和措施。今后每年都要围绕贯彻实施《纲要》，制定年度计划，并在年终检查评估，使这项工作年年都有新进展，保证到本世纪末基本实现《纲要》提出的各项目标和要求。

高等教育的改革和发展是一项艰巨复杂的系统工程，需要各级党委、政府和高校党委加强领导，以及社会各方面的密切配合。现在高教改革和发展的“蓝图”已经有了，这就是《纲要》，各级党政组织特别是各级教育部门和高校党委的主要任务是全力组织好“施工”，确保《纲要》的贯彻落实。从各地的经验看，高校党委在领导改革和发展的过程中要做好以下几方面的工作：一是要抓好改革的思想发动，保证改革的正确方向。要组织各级干部、党员和广大教职工认真学习《纲要》，准确把握《纲要》的精神实质，进一步转变观念，统一认识，引导大家积极投身改革，为改革做出贡献。二是要抓好调查研究，广泛听取各方面意见，解放思想，实事求是，注意处理好改革与发展、政治与业务、数量与质量、需要与可能、眼前与长远的关系，积极而又稳妥地制定长远规划与近期的计划。三是要慎重确定重大改革措施。全局性的改革方案和重大的改革措施，必须在充分研究论证的基础上，由党委集体讨论做出决定，在党委的统一领导和大力支持下，由行政组织实施。四是加强党组织的自身建设，充分发挥党支部的战斗堡垒作用和党员的先锋模范作用。党组织和行政要形成合力，认真抓好改革过程中的思想政治工作，协调关系，理顺情绪，化解矛盾，最大限度地调动各方面的积极性和创造性，保证改革的顺利进行。

第三，要进一步加强领导班子建设，把高校领导班子真正建设成为坚强的领导核心、政治核心和团结核心。

在过去的几年中，各地各高校都把领导班子建设作为一件大事来抓，取得了一定的成效，从总体上说，全国大多数高校领导班子是好的，是坚强的，有战斗力的。但也还存在一些值得重视的问题：部分高校领导班子的政治理论素质和驾驭全局的能力还有待进一步提高；高校领导班子成员年龄老化的问题还比较普遍，加强后备干部建设的任务还相当艰巨；一些高校党政领导班子之间关系不够协调，配合不够密切，特别是有少数高校领导班子不团结，内耗大，严重影响工作，在群众中造成不良影响。历史经验证明，一个学校能不能办好，改革和发展的目标能不能如期实现，关键在于领导班子，我们要本着对党对人民对教育事业高度负责的态度，继续把高校领导班子建设好。

要继续执行和进一步完善党委领导下的校长负责制，既要保证党委对全局工作和重大问题的集体领导与决策，又要保证校长和各级行政部门充分行使职权，党政密切配合，共同做好工作，经过上级党组织批准的少数高校可以继续进行校长负责制的试点，学校党委应充分发挥政治核心作用。

要按照干部队伍建设的"四化"方针和德才兼备的原则，进一步调整、充实好高校领导班子。上级党委要根据不同情况，采取果断措施尽快解决好少数高校领导班子长期不团结、形不成领导核心、损害党在群众中的形象以及影响正常工作的严重问题。要把那些能够积极、全面、正确地贯彻党的基本路线，政治信念坚定、思想素质好、锐意改革、开拓进取、党性强、重实干，在群众中有威信的中青年干部及时选拔到领导岗位上来。在校级领导班子中，要至少配备 1 至 2 名 45 岁以下的中青年同志，逐步实现年龄上的梯形配备。现在领导班子建设中一个很突出的问题就是后备干部尤其是党政一把手的接班人的选拔培养工作跟不上，这个问题应引起我们的高度重视并采取切实措施尽快改进。党的事业是无限的，但具体到我们每个同志来说，工作时间和任职时间都是有限的，这就要求每个领导干部特别是党政主要负责同志，一定要把培养接班人的工作作为一件关系到学校长治久安与坚持党的基本路线一百年不动摇的大事来抓。高校各级党组织都要严格执行党章有关规定，努力做到按时召开党的代表大会或党员大会，充分发扬党内民主，自觉接受群众监督。

在搞好领导班子的组织建设的同时，要用更大的精力抓好思想作风建设，提高领导班子的理论政治水平，增强党性，增加班子的凝聚力和战斗力。当前要注意以下三点：一是坚持学习马克思主义基本理论，当前特别要深入学习、深刻领会建设有中国特色社会主义的理论和党的十四大精神，提高理论与政治素质，增强贯彻执行党的基本路线的自觉性和坚定性。为使高等教育更好地适应经济建设的需要，领导班子成员还要努力学习经济建设和现代化管理知识，要懂得教育规律与现代高校的管理知识，提高领导改革与建设的整体水平。二是坚持和健全民主集中制，增强团结。领导班子要严格按民主集中制的原则办事，凡属重大问题必须由集体讨论决定；凡是经集体讨论决定的事，每个领导成员都必须坚决执行。领导干部要识大体，顾大局，讲原则，守纪律，严于律己，宽以待人，互相支持，维护团结，共同做好工作。三是在党风和廉政建设上要起表率作用，凡是要求广大党员、群众和各级干部做到的，领导同志首先要做到，坚决反对和抵制腐败现象。各级领导干部要坚决克服官僚主义，力戒形式主义，坚持深入基层，保持同群众的密切联系，努力为群众办实事。

各省、自治区、直辖市党委教育工作部门，作为党委的派出机构，统一领导本地区高校党的建设和思想政治工作，是在新的历史条件下加强党对高校的领导，加强高校党的建设和思想政治工作的重要措施和有效形式。近几年来，各地党委教育工作部门在中央和各地党委的领导下，在加强高校党的建设和思想政治工作，维护学校乃至社会的政治稳定，推动教育改革和发展等方面都做了大量的、卓有成效的工作，取得了很大成绩，起着重要作用，这一点必须充分肯定。目前正在进行的机构改革要有利于加强和改进党的领导，要充分考虑到高校的特殊性和党委教育工作部门的重要性，结合当地实际做出合理安排。各高校在校内机构改革中，也要从有利于加强和改进党建和思想政治工作出发，根据中央和地方、部委党组的有关指示精神，设置必要的党、团工作机构和思想政治工作部门，保证必要的编制。高校党委要进一步加强对学校共青团工作的领导。学校团委是共青团的基层组织，党委要直接领导团委的工作。

第四，积极、稳妥地推进马克思主义理论课和思想政治教育课(简称“两课”)的教学改革。

1. 要进一步提高对新形势下加强“两课”教育的重要性和紧迫性的认识。“两课”是高校思想政治教育的主要阵地和主要渠道，是每个学生必修的基础课程，是社会主义学校的本质特征之一。“两课”在高等教育中的地位和作用是不容置疑的。在加快改革开放和经济建设步伐，建设有中国特色社会主义的过程中，党在新时期的理论和路线方针政策，需要在学生中进行深入的宣传教育；发展市场经济和对外开放引起青年学生思想观念的某些变化与碰撞，需要积极、正确地引导；实现新时期的历史任务，需要长期不懈地在学生中进行爱国主义、集体主义、社会主义思想教育，激发学生为社会主义现代化建设事业而奋斗的献身精神。新形势下对“两课”的要求更高了，各级教育部门、高校领导和“两课”教师对此应有清楚的认识。

2. 要进一步推进“两课”的教学改革。“两课”有自己的科学性和理论体系，在改革中，要在坚持马克思主义基本原理的前提下，探求改革的思路。“两课”教学改革的核心是教学内容改革，根本途径和方法是理论与实践的紧密结合，目标和要求是提高思想理论教育的说服力和针对性。当前，要把改革的重点放在教学内容和教学方法上。邓小平同志所指出的“学习马列要精，要管用”的精神，应成为“两课”教学改革的指导方针。“两课”的各门课程都要结合各自的学科特点，深入研究在教学中如何体现建设有中国特色社会主义的理论这一中心内容，要加强党的基本路线教育、近现代史和国情教育，引导学生运用马克思主义的立场、观点、方法观察和认识现实问题，促进学生逐步树立科学的世界观和为人民服务的人生观，培养伟大的新时期创业精神，提高贯彻执行党的基本路线的自觉性，坚定社会主义信念。“两课”要努力改进教学方法，丰富教学环节，活跃教学气氛，启发学生思考，调动学生学习的积极性，引导学生通过自己的学习和思考来提高认识，寻求问题的答案。国家教委对“两课”的课程设置、基本内容和必要学时的规定精神，原则上应继续执行，但经过批准，允许根据各校实际情况有所调整。对少数基础较好的学校提出在课程设置、教学内容、教学方法等方面进行较大幅度改革试验的，应支持，但需在省市或部委教育主管部门指导下进行。

3. 要采取有效措施，把加强“两课”师资队伍建设作为一项战略任务来抓。根据目前教师队伍的状况，各级教育部门和高校，当务之急在于补充青年教师与稳定现有教师队伍，改善他们的工作和生活条件，特别在校内分配等问题上，各高校要采取倾斜政策，保证“两课”教师的待遇不低于校内其它专业教师的平均水平。提高“两课”教师队伍、特别是青年教师的政治和业务素质，要从多种渠道、多种形式入手。包括建立教师进修培训制度、增加活动经费、提供社会实践条件。

4. 要切实加强对“两课”教学和改革的领导。各级教育部门和高校党政领导都要充分重视和加强对“两课”教学工作的领导，大力推动和指导教学改革，协调有关职能部门给予支持，要将“两课”作为重点课程来建设，将“两课”教学改革作为整个学校教学改革的重要组成部分，将“两课”教师队伍建设作为整个学校教师队伍建设的重要组成部分，把“两课”教学的状况作为评估学校工作和各级领导干部工作实绩的重要条件。国家教委将直接指导若干高校进行“两课”教学改革的试点工作。

第五，要积极做好在本专科大学生和青年教师中发展党员的工作。

高校的根本任务是培养社会主义事业的建设者和接班人。积极做好在本专科大学生中发展党员的工作，是党的教育方针的内在要求，是体现高校能否圆满完成这一根本任务的重要标志之一，也是关系到党的基本路线能不能坚持一百年不动摇，关系到社会主义事业能不能巩固和发展的大事。经过近几年的努力，在本专科大学生中发展党员的工作取得了一定的成绩，本专科大学生中党员比例偏低的问题有了一定的改变，但仍有相当大的差距。各地党委和高校各级党组织，要在前几年的基础上，继续积极认真地做好这项工作，使我们的高等教育不仅能为国家输送优秀的建设人才，而且还能培养一批坚定的青年马克思主义者、合格的共产党员，成为社会主义事业的可靠接班人。

要在继续做好在本专科大学生中发展党员工作的同时，认真做好在青年教师中发展党员的工作。目前党员教师队伍中，青年教师比例偏低，这是高校党建工作中的一个薄弱环节。对此如果没有给予足够重视并采取措施加以解决的话，将会影响到今后整个教师队伍的建设。各级党组织和党政领导还要进一步加强政工干部队伍和教师队伍的建设，坚持政治素质、业务水平和生活待遇一齐抓，稳定骨干，优化结构，提高素质，改善条件，全面落实党的知识分子政策，充分调动广大政工干部和教师的积极性，认真做好培养接班人的工作。关于加强政工队伍建设问题，中央已发过多次文件，前三次党建会议也有明确精神，关键也在落实。一年多来，有些地方和高校已在自己的职权范围内，制定政策、采取措施，提高和稳定政工干部队伍，取得了较好的效果。他们的经验可供学习和借鉴。

同志们，从现在起到本世纪末的七年，是我们贯彻落实《纲要》精神，实施教育改革和发展的关键时期，也是搞好党的建设和思想政治工作的关键时期。我们希望全国高教战线各级领导干部、广大党务工作者、思想政治工作者和全体共产党员，要积极肩负起党和人民赋予的历史重任，为加强和改进高校党的建设和思想政治工作，为促进高等教育的改革和发展，推动高教事业上一个新台阶，做出新的贡献。

深化高等教育改革
努力提高教育质量

张 孝 文

一、正确认识当前高等教育的形势

邓小平同志去年视察南方发表重要谈话和党的十四大作出关于建立社会主义市场经济体制的决定,我国的经济建设和改革开放进入了一个新的发展阶段。社会主义市场经济体制和社会发展对教育、科技提出了新的需求,也提供了发展教育的机会。在我们的实际工作中要注意把经济改革和发展同教育的改革和发展结合起来,在经济发展的基础上寻找发展教育的条件。

《中国教育改革和发展纲要》明确了我们九十年代乃至二十一世纪教育发展的目标和战略方针。我们搞教育工作的同志要认真学习研究《纲要》,我们要利用贯彻落实《纲要》来动员、争取各方面对教育工作的支持,通过抓《纲要》的贯彻落实推动教育的改革和发展上新台阶的一个着力点。

当前,国家政局稳定,社会繁荣,经济高速增长,增强了大家对建设有中国特色社会主义的信心。高校的形势也趋于稳定,多数学生的求知欲在增长,对我们国家、民族未来事业的发展也充满了信心。在学生中爱国主义感情也有所增长,在"银河"号事件和申办奥运上都有表现。

去年以来,委属高校由于校内管理体制改革以及教育教学领域改革的推进,和社会联系的加强,各个学校自我发展能力有所增强。1992年委属高校总的预算内外的教育经费达到28.8亿元,比上年增长33.24%,全国高校经费的增长是18.1%。但是由于人头费的增加、学生人数的增加、物价的上涨,公用经费仍然很紧张。这一年教师工资收入也有所提高,据统计,除了国家工资以外,各校人均年收入已达到1777元,比1991年增长43%,应该看到,在困难的情况下我们正在逐步走出一条多渠道增强学校实力的路子。

对建立社会主义市场经济体制条件下,教育与经济建设和社会发展究竟是什么关系的问题,在今年高校党建会上经过讨论,大家的认识比较一致了,在会议的主报告中强调了教育要适应经济建设和社会进步的需要,也要尊重教育自身规律。现在从总体上还要看到教育不适应的问题,我们的教师和干部对市场经济还不是很熟悉,对有些问题的认识我们还很不深入,也缺乏必要的准备;有些问题虽然我们认识到了,但人才培养也有一个过程,从这个意义上讲,我们要承认教育改革和经济发展的要求相比有滞后的问题。

在社会主义市场经济发展过程中还有不规范的东西,或社会上一些负面的东西给学校带来影响,对当前德育工作,对我们提倡的价值观、道德观教育提出了挑战,对此,我们要高度重视 。

我们在工作当中还有很多困难,投入不足是个很大的问题,各校都在积极采取一些对策和措施来缓解这方面的矛盾,有些措施已经有了一些实效。总的来讲,我们要坚信目前教育出现的有些矛盾和问题可以通过国家的支持和我们的深化改革来得到解决。

二、关于委属高校的发展目标问题

国家教委按照《纲要》的精神，提出了委直属高校九十年代改革与发展的目标是："学生规模适度发展，教育质量稳步提高，学科结构趋于合理，内部管理更加科学，办学效益明显改善，整体水平上一个台阶"。这个目标很重要的一点就是不要单纯地用发展数量去满足社会的需求，而且要通过提高质量，调整结构，提高效益，培养出高水平、高质量的人才来满足经济建设和社会发展的需要。

关于现在确定的委直属高校发展的总规模数，年增长为3%。其中研究生5.5%，本科生2.6%，本专科生从1990年23.2万人到2000年的30万人；研究生从1990年的3.5万人到2000年的6万人。我们预测今后基建投资的可能，再配合一定的改革，扩大一部分走读生的比例，这个发展速度经过努力是可以达到的。但是各个学校不要都按这个比例发展，有的可以高一点，有的可以低一点，要从实际出发。要注意控制招生规模过大而带来办学条件紧张；搞很多办学点，结果不能达到和校本部学生相同条件的培养环境和训练，对学校培养的毕业生的质量和声誉会产生影响；同时还要注意控制专科的比例，委直属高校要以培养本科和研究生为主。委直属高校要带头处理好数量和质量的关系，用提高质量来多做贡献，但是也要适当地发展一部分，特别是研究生规模的发展。

三、关于办学和管理体制改革问题

随着经济体制改革的深入，委属高校已经感觉到经济体制和现行教育体制存在着很多新矛盾。如地方补贴的出台就反映出在改革中地方自主权扩大，带来了中央管理和地方管理学校之间的矛盾。近几年来中央财政对教育经费投入不足，而中央又集中管理了相当一部分高等学校，这种体制和财政结构变化就发生了矛盾。

从八十年代初起，委属高校已经开始在面向经济建设，面向社会发展需要方面做出了很多努力。随着经济体制改革的进一步深化和经济的发展，现在要重视依靠地方和企业及一些企业集团，在加强为它们服务中发展关系。在科研方面，适合高校特点的基础性研究必须靠事业费来支持，但高校基本上没有这块费用，在这种情况下，除了积极争取自然科学基金外，委属高校的教师为争取到科研经费，在科研工作上要走出一条面向经济建设的道路。由于我们在科技体制改革的过程中参与竞争的意识早，对科研工作有很大的促进，高校在改变计划体制下科研经费单一来源方面取得了可喜成果。

委直属高校是国家教委受国务院委托直接管理的，但学校的办学已经跟地方的经济和社会发展结合起来，通过为地方经济和社会发展做出贡献来取得地方更多的支持。这一两年来，广东、山东、吉林、重庆、厦门等地的学校，采取了不同形式与地方联合办学，并获得了不同形式的地方支持。最近，很多地方的党政领导到委属高校看望师生，现场办公，表示要充分发挥委属高校的作用，积极为地方服务，有"共建"，有"联办"，也有给政策的，应该说这个势头是好的。从学校来讲，这种结合的出发点应放在考虑怎么更好地为地方服务上，要让地方感到委属高校确实是一支不可缺少的力量。国家教委会尽力多做地方的工作，学校也要主动积极努力地争取，只要朝这个方向努力，精诚所至，金石为开，一定会得到进一步的发展。

四、关于"211工程"问题

国家教委在7月10日发出《关于重点建设一批高等学校和重点学科的若干意见》，明确了"211工程"的意义、目标、选择的原则、资金的筹措以及立项的程序等问题。针对委属高校的实际情况，又提出了五个方面的16条要求，作为重点建设的高校努力的方向。这个文件的提法和《纲要》中“集中力量办好100所左右重点大学和一批重点学科专业”有一点区别，把“重点”两个字放到前面去了，提法的改变是把重点建设和重点大学适当区分，原来的提法容易理解为进了“211工程”就是被确定为重点大学，当然这并不排斥在选择上有一定条件和对这些学校的期望。所以明确“211工程”就是“重点建设工程”。既然是建设，还要考虑中央、部门、地方分开的投资体制现状。当然，选择进“211工程”建设的学校要考虑到行业的需要和地区的布局，也要考虑对这些学校的水平的期望。我们初步分析，“211工程”总体所需要的经费可能2/3要从地方和部门出。由于这些原因，两个整体水平差不多的学校完全有可能一个列入了重点建设计划，一个暂时还不能被列入。

对于学校水平的评价，我们希望将来能够建立比较客观、公正、全面的评估体系。国家教委当然希望委属高校能有更多的学校进入，但是也要考虑到有重点，假如投入太平均了，没有一定的强度，就没有重点。国家教委直属高校集中了一批国家比较重要的高等学校和重点学科，我们希望学校能用建设“211工程”这个契机来鼓干劲、找差距、定措施、上水平，把工作重点放在建设和改革上，努力创造条件把学校工作提高一个层次，也体现学校的发展趋势是向上的，班子是团结勤奋的。

关于重点学科建设问题，我们初步的设想是把重点学科再扩大一些，原来的416个原则上都可以列入，但如果其中某些学科工作做得很差，已经达不到重点学科的要求，而其它新发展起来的同类学科在实力、贡献、管理水平上已经超过了，那么也要新陈代谢。重点学科并不只在这“211工程”100所大学里，有些学校的优势学科也可以得到重点的扶持。对已经在“七·五”、“八·五”列为重点建设的学校，以及在投资上重点倾斜支持的学校，原来确定的重点支持的计划不变，总体上要纳入“211工程”来管理。

现在很多地方都非常注意“首批”，这件事情还要看争取到的专项经费有多少，启动的经费有多少，假如启动的经费不足，那么“首批”立了很多，投资强度就低。去年在南京开会时，朱开轩同志讲到重点建设项目问题的时候谈到“几家欢乐几家愁”，这说明立项是很困难的事。大家一定要把力量花在组织起来做总体的规划和布局上，这个规划还不是简单地制定一个目标，达到什么水平，而是要很具体地规划。现在各校提出的总体规划还不是可操作的，要把总体规划再转换成建设计划，还要花力气，即使觉得进入“211工程”暂时有困难，也应该做这件事情。

五、关于招生和毕业生就业制度改革问题

这方面改革总的原则和思路在《纲要》第19条中已经有明确的表述，这项改革是高校体制改革中一个重要的环节，不仅影响到教学改革和管理体制改革，而且直接影响到中学的教学，也是学生家长、社会年年关心的热点之一。

首先我们要坚持在德育、体育基本合格的条件下，实行以文化考核为主的录取办法，不能搞很大面积的不考试推荐。从今后改革与发展的长远考虑，对文化考试应该允许学校有选择，社会上也应该形成几个为数不多的、能够提供反映学生文化水准的考试服务机构。我们希望国家教委的考试中心通过自己科学的、可靠的服务，发展成为高校认可的考试权威机构。假如这些中心能够提供比较可靠的服务，各个高校不必单独命题就能够更好地选择学生。现阶段实行国家统一考试，分省考试组织录取。实行单独招考会给考生增加负担，而且可能使学生挑选的余地减少，因为考了这个学校，就赶不上别的学校的考试。过去我们曾经在一些省市、在某些院校(比如农业、师范)试过单独录取，后来因效果不好都改过来了。所以，统一考试还是有很多优点，不能简单地说统一考试就是计划经济下“统得过多”的表现。考试中心负责按照高中的教学大纲出好能拉开档次的试卷，给高校有选择，但也不排斥各个学校对一些特殊的专业要加试一些课程和技能。高校在录取时要考虑到对中学教育的影响，要有一个全局观念，不要大面积地用推荐的办法来录取新生，但是可以适当扩大推荐一些确实优秀的学生的比例。国家教委也不主张用会考来代替高考，会考是属于高中教育的水平考试，表示已经达到了中学的水平与要求，因此，会考考题的难度是比较低的，假如普遍这样做，会导致中学对会考的每门考试都象对付高考一样。

关于录取，有一些学校提出希望能提前录取，目前我们只能对一些军事院校和特殊需要的院校采取这样的办法。“提前录取”不能看成是改革措施，而是一种优惠措施。在“谁提前录取得早”这一点上竞争，将来就苦了中学生。所以，我们仍要坚持公正录取、平等竞争的原则，改革的试点还要考虑全局的情况，至少要使局部试行的一些原则和经验能够推广，否则就没有普遍和长久的意义了。关于录取当中高校的自主权问题，为了维护考生的利益，在一定时期内实行由各地招办从高分到低分投档供高校录取的做法还要维持，但随着高校自我约束机制和社会监督机制的建立，将来可以逐步扩大高校录取的自主权，最终实行在达到一定标准后考生的录取与否由学校决定，但这要有一个过程。

关于毕业生就业工作，今年 9 月 1 日，李岚清副总理在国务院主持商定国家教委机构改革方案时明确高校毕业生就业工作仍然由国家教委作为主管部门。毕业生就业制度的改革是一件很敏感的事，大家也很关心。1989 年 3 月国务院批准国家教委的中期改革方案中有四句话：“在国家方针政策指导下，经学校推荐，学生选择，用人单位择优录用”，简称“在一定范围内双向选择”，最后可以组织一部分用人单位和学生供需见面。从 1989 年开始，100 多所高校从新生起开始实行这个办法。《纲要》提出的长远目标是，随着社会主义市场经济体制的建立和劳动人事制度的改革，除了对师范学科、艰苦行业和边远地区的毕业生实行一定范围内的定向就业外，大部分实行在国家方针政策指导下通过人才劳务市场，采取自主择业的就业办法。从今年开始，个别的学校进一步实行了招生收费制度改革，也就开始实行《纲要》所提出的这个目标。但有两方面的问题值得研究，一是一些边远地区、艰苦行业、国家急需的部门岗位怎么能够得到保证？我们第二、第三步的改革都明确要在国家方针政策指导下来保证，可能还要考虑在招生的时候就明确可以完全免学费，甚至于提供生活费用，但毕业时要承担为国家服务的义务。也可考虑由这些地区、部门、行业在教育投资公司设立贷学金，学生向投资公司贷款，然后有担保地承担义务，这样既保证这些单位的需要，也使一部分困难的学生有条件上学，得到学习的机会。二是学生选择岗位要避免不正之风的干扰，有一些农村来的、边远地区来的或者社会关系少的学生，在学校里选择就业的机会比其它一些同学要少，要给这些同学创造一个就业选择、平等竞争的条件。

六、关于进一步推进校内管理改革问题

高校的综合改革从 1989 年开始，1991 年起又在南京大学、东南大学进行了校内管理改革试点，主要是从优化结构、合理定编、严格考核、实行聘任以及实行校内津贴的办法，同时在住房、医疗、离退休等方面作相应改革。这些改革对提高工作效率、调动广大教职工的积极性以及改善教职工待遇都起了积极作用，推动了高校其它的工作。去年暑假天津会议前后，很多学校提出要区别不同工作岗位进行分流管理，加快了后勤和校办产业部门的改革，通过改革，开始改变了学校对教职工全部实行统包统管的状况，使学校的精力、财力及相应的条件能够用来重点确保从事教学、基础研究以及必要的管理人员的工作，各校的机构改革也进一步深入。但是现在看来也存在着一些矛盾和问题，比较突出的是：由于各个学校掌握的财力普遍不足，相当一部分学校在实施校内津贴的时候，由校、系分担津贴，而有的系的负担又分解到教研组和课题组，就有了"层层都在搞创收"的说法。基层有了压力，虽然有积极作用的一方面，如对争取科研课题、为社会做贡献有好处，但副作用也很大，容易增加分散和离心的倾向，对教学、科研有干扰，总体上说这不是一个好办法。

国家即将进行的工资改革，给我们提供了加强学校统一调配的机会，在经济关系和利益核算上，要加大校一级的调度能力，其中一个办法就是按照收支两条线的精神，这并不排斥教工个人的收入和他的贡献挂钩，但是不要把分配的责任和权力下放到基层去。各个学校要制定合理的办法，但也不要让大家感到又吃大锅饭了。在计算校内津贴的时候，要按照贡献大小体现多劳多得的精神，这对克服分散倾向是有好处的。关于学校基层单位是否都在"搞创收"也要明确一下，作为基层单位的教师除了完成教学任务以外，还要争取科研项目，这不能算是搞"创收"，但是我们不要让教师承担经济分配的责任，不要把教学科研的基层单位变成一个经济实体，那样作就不好。

另外，学校实行工资总额包干以后，我们更要自觉地严格控制学校规模和提高效率。现在使用人力的成本越来越高，人头费在学校支出当中的比例越来越高。我们在总体上人力使用不是很经济，包括后勤的、第三产业的职工都用全民所有制事业单位的办法包下来，除了工资，还要管住房、医疗、离退休等，负担非常重。人事制度改革很重要的一点就是真正实行聘任制及合同制。这个问题假如严格不起来，那我们无论是调动积极性，还是提高劳动生产率，都不可能迈出大的步子。高校中也不要简单地说哪个单位收入低了，要问一下原因，课时满不满，贡献有多少。所以，实行工资总额包干以后，要严格控制用人。

七、关于教育、教学改革和学科建设问题

学校内部管理改革和教育、教学的改革的根本目的是为了促进学校事业的发展和不断提高教育质量和学术水平，提高培养人才的素质。国家是以经济建设为中心，我们学校的工作应该把中心放在人才的培养、学术水平的提高、师资队伍的建设上。现在各校的精力已经从内部管理改革发展到抓教育、教学改革和提高办学整体水平上来，都在抓学科建设，抓专业结构的调整。我想强调几点：

一是不同的学科一定要有不同的标准，要尊重不同的发展规律。比如理科，就要讲创造，要有很好的、自由的学术环境；工科包括工程类和技术类，就非常强调实际经验，要培养成为很伟大的工程师，二十岁、三十岁是很难的，要靠实践方能达到。

二是发展交叉学科，要研究怎么才能组织起来。过去专业分得细，有些教师稍微跨开一点兴趣就不大，看来要考虑用基金或者项目来推动，要提供一些条件，进行一段时间以后，不行了可以停下来。我们希望不同学科能组织起来发展，发展以后去争取大的项目。

三是要培养新一代学术带头人。学术带头人不要负责很多行政工作，他是真正能够在方向上给予指导，他对方向上的东西比较熟悉，现在知识发展很快，要有超脱点的有水平的教师来做指导工作。还要研究一下学科的发展方向，在二十一世纪有哪些技术会发展成支柱的产业，回过头来我们再研究怎么在学科发展上布局。比如信息技术，瞄准二十一世纪产业就是进入办公室、家庭、公共场所的综合的声音、文字、资料、图象等信息的通讯，这是二十一世纪信息产业的奋斗目标。高校在产业的整体中要占一个席位，一个高校要在所有的领域中都能够占有优势很困难，但能占领其中的一些技术领域是可以做到的。所以我们要研究二十一世纪的信息产业是什么，能源产业是什么，交通、环境等又是什么等等。然后分析它是哪些支撑技术造成的，根据这个分析来作布局，这种布局的发展成功以后，就有可能在将来进入产业化的领域，同时把我们每一个学校的特长发挥起来。

四是对学生的培养专业面要宽，基础要扎实，动手能力、运用工具的能力要加强。要培养他们能很快补充自己知识的能力。科技的发展要求这一代年轻人能接受终身教育，我们过去讲有自学的能力，将来不一定是自学，因为知识更新太快了，要利用继续教育。同时对学生要有严格的要求。对研究生也要严格要求，我们有一些导师可能任务太重，对研究生培养的要求就有点放松了。我们要把研究生的淘汰制度严格起来。还有一个研究生的待遇问题，让研究生再要靠父母负担经济，实在说不过去，但全部由国家养起来，也实在是负担不了，唯一的出路是对招收研究生要有调整，导师要招研究生首先是因为他有研究项目，不是说通过招研究生争取到经费，当然有一些学科招收研究生要支持一下，但那是少数。关于专科问题，现在很多委属高校也办了专科，专科千万别搞成压缩饼干，一部分专科要发展成职业技术教育，使学生毕业以后能够很快就上岗，从事专门的技术工作，在校就要给予专门的技能训练。现在很多学校对本科学得不行的学生，就给个专科文凭，这种做法欠妥，再加上现在的专科招生都是本科完了以后再录取，更使专科的地位受影响。是否在一些专业试一下在专科开辟旁听课程的方法，按课程的学分交费，考试和这个班一起考，可以累积学分，这种方法也许可以宽进严出。我们要研究从人事制度和教育制度如何想办法使专科教育的位置提高。

八、关于改革拨款制度试行基金制和校办产业问题

我们期望在改革不断深入以后对教育的投入能够增加。明年分税制实现以后，会给我们委属高校刚刚形成的同地方合作的关系带来一些新的问题，需要我们进一步研究、调整。但随着国家经济改革的深化，中央财政比例加大以后，总体上主渠道也会更有保证，我们正在争取“211 工程”的立项。

对试行基金制的问题，从总体上看专项基金比例不是很高。试行基金制有一个好处，有利于用基金来更多地争取资助。设基金就是要增加一点调控能力，帮助困难的学科，理科基地设了以后，综合大学普遍反映是好的，现在还有一个文、史、哲的保护问题，小语种的问题，有个别是我们要抢救的，拖下去困难就更大了，从国家整个的教育全局出发，我们应该支持这些事的。

办学和办产业的关系要逐步理顺。对学校的经济独立核算部门一定要把他成本打得很足，与其收其利还不如收其费，这是这几年财政管理中很重要的一个经验。那些应打进成本，本来国务院就有文件，收费比收利对学校更实惠，而且收费名正言顺，这是分流管理中的一个经济管理办法。

九、关于加强学校思想政治工作问题

要充分肯定这几年高校在学生思想政治教育方面取得的成绩，以及我们各个学校从事党的建设和做学生思想政治工作的同志、马克思主义理论教育和思想政治教育两课教师们的贡献。1989 年平息动乱以后，我们认真吸取了同资产阶级自由化斗争的经验教训，深刻领会了邓小平同志指出的最大失误是在教育，主要是思想政治教育抓得不够的教训，通过各种形式加强了学生的思想政治教育工作。在这条战线上工作的同志们付出了大量心血，为保证经济建设任务的进行，为维护学校和社会的稳定做出了重要贡献。思想政治工作是为培养人，是学校根本任务中的重要组成部分。思想政治教育的内容，包括基本路线的教育和爱国主义、社会主义、集体主义的教育，此外，就是道德、作风、纪律、修养方面的教育，政治方向、人生观、道德作风三方面的教育，这个教育要列入整个的教学计划，不光是两课的同志、辅导员、思想政治工作干部要管，全校的教师都要做到教书育人，服务、管理育人。李岚清同志最近给李鹏同志写了一封信，他讲了对青少年的德育教育要从三方面来抓，一是马克思主义、毛泽东思想的教育，二是加强爱国主义和国情教育，三是传统的优秀文化教育。

应该看到社会上一些错误的舆论和消极的现象，如拜金主义、享乐主义和极端个人主义在我们青年学生中有蔓延，有一部分舆论还在鼓吹使其合法化。我们要认识到，建立社会主义市场经济体制是与社会主义的基本制度相适应的市场经济，也就是与社会主义的意识形态相适应的市场经济，邓小平同志讲计划和市场都是经济手段，资本主义和社会主义都可以用。应该相信我们的社会制度能保证把各种经济手段运用得更好，社会主义国家很重要的一点就是有能力运用各种手段对资源进行合理的调配。我们相信社会主义制度能够在本质上解放生产力，发展生产力，消灭剥削，防止两极分化，最终达到共同富裕。要建立一个跟社会主义基本制度、社会主义意识形态相吻合的市场经济，这个过程中就要提倡集体主义，提倡为人民服务，这是我们在意识形态领域中一个很重要的任务，希望从事思想工作的同志要创造性地工作，为二十一世纪我们国家的建设者、我们事业的接班人准备良好的思想、政治和道德品质。各级领导要把加强思想政治工作和关心思想政治工作者的具体困难结合起来，希望各个学校根据不同条件能够更好地做好这项工作。

基础教育要更好地为建设社会主义市场经济体制作贡献

柳　斌

党的十四届三中全会决定建立社会主义市场经济体制。需要研究社会主义市场经济跟教育是个什么关系。我们既不能简单地说把教育推向市场，又不能说教育可以离开社会主义市场经济，不考虑社会主义市场经济的需要。所以教育事业发展中有一个适应社会主义市场经济体制建设的问题。商品经济是社会发展中一个不可超越的阶段。但要看到商品经济对社会发展既有积极作用，也有某些消极因素。从发展教育，尤其是发展基础教育来讲，我们既要为社会主义市场经济体制的建设做出应有的贡献，另一方面，又不能把商品经济的某些消极因素引到教育中来，如一切向钱看、拜金主义、利己主义这些东西不能引到教育中来。等价交换是商品经济的一个原则，等价交换适用于经济领域，在政治思想、道德品质领域就不适用。所以市场经济与基础教育是什么关系，很值得研究。

当然，我们首先要考虑基础教育要更好地为市场经济体制建设做出贡献。《中共中央关于建立社会主义市场经济体制若干问题的决定》讲了十个问题。通过市场经济体制建设，要进一步解决发展生产力的问题，实现国民经济持续、快速、健康发展；要发挥市场在国家宏观调控下对资源配置的基础性作用，建立以公有制为主体，多种经济成分共同发展的现代企业制度和统一开放的市场体系；要解决与此适应的生产关系和社会关系的问题，要建立以按劳分配为主体，效率优先，兼顾公平的收入分配制度和多层次的社会保障制度，要建立新的道德规范和精神文明。

基础教育要适应社会主义市场经济体制建设的需要，在这几个方面都应做出自己积极的贡献。比如发展生产力，生产力一个要素是人，一个要素是科学技术，无论是人的培养，还是科学技术的学习、继承、推广，都离不开教育，离不开基础教育。不能讲市场经济好像只与高等教育、只与职业教育有关，而与基础教育无关。事实上发展社会主义市场经济，与基础教育有很大关系。离开了基础教育的普及发展，社会主义市场经济体制建设是不可能的。另外要加强市场的宏观调控，建立现代化的企业，要解决市场服务体系这样一些问题，就涉及管理。而要解决管理问题就需要一大批懂得管理、能有效地进行管理的干部、专家和管理人员。这些人才的培养，基础也在教育。基础教育是高等教育、职业教育、技术教育的基础。基础教育在这方面也起重要作用。更重要的是，市场经济是法制经济，没有法制又要竞争就会混乱。搞市场经济必须要有完备的法制，要加强法制建设。但不是有了法，一切问题都能解决，有了法还需要全社会的公民有比较高的法制意识、文化素质、思想素质。没有很高的国民素质，法制建设也很难成功。从这些方面讲，提高法制意识，加强社会主义精神文明建设，也离不开基础教育。这说明三中全会关于建立社会主义市场经济体制的决定，解决了社会主义建设一个非常重大的课题，这与基础教育不是没关系，而是关系十分密切。

在经济快速发展的起步阶段决不能忽略基础教育的重要性

有句话叫“大力加强基础教育”。这句话至少在三个重要文件中出现，一个是党的十四大报告；一个是十四届三中全会《决定》；一个是《中国教育改革和发展纲要》。加强基础教育，加上“大力”两个字，说明当前重视还不够，下的力量还不够。主要原因是在追求经济高速发展的社会环境中，基础教育最易被忽视，最易被冷落，最易被冲击。在实际工作中，基础教育往往摆不到应有的位置上。一次讨论教育投入问题，有位教授讲，可能问题出在“基础教育是百年大计”上。有些同志对一些干部做了这样的描述：“一年之计大力抓，三年之计着重抓，五年之计有计划，十年之计搞规划，百年大计讲空话。”因为百年大计在他任期内看不到效果。当然这是部分干部，不是所有干部。还是有很多领导干部是有战略眼光的，像珠江三角洲一带经济发展后，相当一部分干部非常重视教育，贫困地区也有这样的干部，即使在经济比较困难的情况下，也要拿钱办教育。应该承认确实有一些干部口头讲教育重要，实际摆不到应有位置。这是一种道地的短视行为。有些同志对基础教育的性质、任务缺乏正确或深刻的了解，基础教育作为提高国民素质打基础的奠基工程，在一部分人的观念里尚未建立。离开国民素质的提高，又想高速度发展经济，实际是空中楼阁。

解决重视基础教育问题，首先是要提高各级干部的思想认识，要使各级领导干部认识到基础教育的任务是教育学生“学会做人、学会求知、学会办事、学会健体”。这四句话是广东省顺德一中的校训。他们这个提法比较全面，就是说，基础教育实质上承担着生产劳动能力的任务。小平同志讲发展生产力是根本任务，基础教育(当然也包括其他教育)承担的任务是生产劳动能力的任务。当然这种劳动能力只有在一定的劳动组织当中与各种生产资料相结合，才能产生经济效益。而在这种劳动能力形成的过程所处的学校教育阶段，你是很难看到明显的、直接的经济效益的。往往因为这样，教育就比较容易被忽视。基础教育的经济效益与社会效益都是滞后的，不是立竿见影的。但这种效益对于一个人一辈子都起作用。因此这种效益既是滞后的，又是长久的。基础教育培养人的劳动能力是通过培养人的思维能力尤其是学习能力来实现的。而这种学习能力的基础，就是读、写、算的能力。读、写、算能力，是最基本的学习能力，也是一个人，乃至一个社会最重要的发展能力。单就阅读来讲对于现代公民就是再重要不过的事情。这里引用一位美国教育经济学家鲍曼的见解，她认为识字是初等教育的重要功能之一。人们往往忽视这一点，然而正是这一点形成了经济发展的基础。鲍曼有一本书，写于60年代，根据的资料是50年代的。她发现成人识字率低于40%的32个国家中，没有一个国家人均收入达到300美元。因此，她认为40%以上的成人识字率是人均收入达到300美元的必备条件。她又分析，90%的成人识字率是一个国家人均收入超过500美元的必要条件。她认为凡是阅读能力普及的地方，随即产生了交流渠道和媒介的多样化。识字使人们容易得到以多种形式储存、传播的信息。通过阅读，增进对异域他乡的了解，有力地消除了狭隘的地区偏见，这是任何一场商业革命形成的重要因素之一。现在讲统一市场。讲国内统一市场，讲世界统一市场、地区统一市场(像欧共体)，没有信息交流怎么能形成这些统一市场？所以鲍曼认为阅读能力是任何一场商业革命形成的重要因素之一。她在分析大量的事实后得出结论：经济起飞的门坎是初等教育。她认识到了问题的本质。然而，在处于经济快速发展起步阶段的中国，许多人还不懂得，甚至漠视这些重要的道理。

基础教育要深化改革 提高质量，提高效益

一方面，各级政府和全社会要重视基础教育；另一方面，基础教育自身要更好地适应社会主义市场经济体制建设的需要。要人家重视教育，教育本身就要更好地发挥作用，才能真正受到重视。这是一个问题的两个方面，基础教育本身有一个深化改革，提高质量，提高效益的问题。基础教育要适应社会主义市场经济体制建设需要，一要引导学生树立为建设经济繁荣、高度民主、高度文明的社会主义强国而奋斗的坚定信念；二要引导学生树立崇高的理想，培养为人民服务、走共同富裕道路的人生观、价值观；三要教育学生全面打好基础，掌握建设社会主义市场经济的知识和本领；四要实现基础教育的现代化，用现代化的教育思想、教育内容、教育手段改革基础教育的教育教学过程。

要重视德育和心理健康教育。中小学德育要常抓不懈，常抓常新。要研究中小学德育层次性。按照小学、中学德育纲要，小学抓行为规范训练与早期思想品德培养；中学抓初步的思想品德形成和初步法制观念教育；高中抓人生观、世界观基础，建立为人民服务以及其他公民必备的观念。当前有些工作要着重加强。一是提高学生的文化素养，净化、充实学生的精神世界。现在一些青少年精神比较空虚，出现了所谓“追星族”。这不能怪青少年。他们才十几岁，不成熟，没有足够的人生经验。关键是舆论导向。我看有些新闻媒介的导向是错误的。热衷于捧星。有些企业为了利润的需要捧星，人为树立偶像，把青少年导入不正确的方向。青少年时代总是希望自己有学习的榜样，总想有所追求，舆论界对什么是有价值的人生宣传太少。我们生活当中那些为人民服务、为国家服务、为他人利益献身的先进人物、典型树立得太少。回忆我们年轻的时候，我是记忆犹新的。我们国家的“把一切献给党”的吴运铎的形象；邱少云、黄继光、董存瑞的形象；国外的保尔、卓娅和舒拉的形象，这都是我们当时心目中的英雄，背诵的是这些人的话。像奥斯托洛夫斯基那句话铭刻在脑海中，一辈子都不会忘的。学有榜样，赶有方向，现在这些东西宣传少了。现在是热衷宣传某明星包括他们的私生活。我们教育方面的报刊有责任转变这种舆论导向。另一个问题是要在加强对青少年的思想品德教育的同时，加强健康心理品质的培养训练。现代社会发展与以往不同。过去搞计划经济，人家总觉得中国各方面都慢腾腾的。现在不同了，搞商品经济，加速发展，社会前进步伐加快。随着体制转化，竞争日趋激烈(包括求职、升学)。以后企业可能破产，工人可能被解雇，教师可以聘任，也可以解聘和辞职。随着这些社会变革，人们的思想要增强适应、承受的能力。我们要加强中小学生心理品质方面的培养和训练，要让他们对未来的竞争有思想准备，要帮助他们消除心理障碍，增强心理承受能力。多少年来忽视心理教育，1958 年把心理学当伪科学加以批判，对今天人们社会心理方面造成了损失，这些方面现在要重视。

基础教育改革，比较突出的是初中阶段加强分流教育。义务教育要普及，九年义务教育准确的概念是国家为每一个公民提供接受九年义务教育的机会。我们要从改善办学条件、优化师资队伍、加强教育管理等方面来最大限度地提高教育质量，但不能保证每个人都达到初中毕业的水平。因此小学不要每个年级都规定留级比例，留级对一个孩子身心

健康的发展是不利的，弊大于利。今后要减少留级率。有些孩子接连几年留级，以后的发展非常困难。有的孩子虽然一、二年级成绩差点，没有留级，三、四年级成绩上去了。这些需要研究，里面有教育规律。有一部分孩子到初中会跟不上班，不可能每个孩子都跟上，跟不上班怎么办？加强分流教育。上到初一，初二跟不上，初二分流；上到初二，初三跟不上，初三分流。所谓分流，不外乎是增加些选修课，包括技术课、职业课。选修课要多样化，然后让这些文化课跟不上的，可以选择他感兴趣的科目学习，为他今后就业步入社会，从心理、知识、技能上做些准备。这是提高九年义务教育质量很重要的一个措施。

进行高中教育改革的研究。初中义务教育课程、教材正在建设，已经开始出台。高中阶段教材于 1996 年要与初中义务教育教材相衔接，正在搞高中阶段教学大纲、计划，搞完后，马上编与义务教育衔接的教材。现在需要研究高中的性质、任务、办学模式。普通高中教育仍属基础教育，是九年义务教育之后更高一个层次的基础教育，任务仍是为学生进一步打好思想品德基础、文化科学基础、劳动技能基础、身体和心理品质基础。与九年义务教育不同的地方是要进一步提高学生对各科知识的掌握程度，培养更高一级的学习能力。因普通高中仍是基础教育，还是要全面发展，不是定向教育、专门教育，是打基础的教育。在这个阶段有种种模式，有侧重升学的；侧重就业的；有综合中学；有三加一；有开设职业课的，模式很多。大致可分为两类，一类是升学预备教育模式；另一类是就业预备教育模式。升学预备教育侧重为升入高一级学校打基础。就业预备教育与就业教育还不是一回事，是为就业做一些知识和技能方面的准备，再就是做就业的心理准备，课程基本以文化教育课程为主，但要大量增设选修课，选修课要多样化。义务教育是以法律手段强制推行的普及教育，因此在义务教育阶段不提倡搞重点小学、重点中学，而是要求凡承担义务教育的学校办学条件要标准化。小学不搞重点，初中淡化重点，要标准化，都要达标。到本世纪末，绝大多数承担义务教育的学校要达到三类标准，多数达到二类以上标准，如何划分比例，要依据本省情况确定。高中阶段从未讲不办重点。不但要办，而且要办好一批重点。目前也不设想每个县办好一所重点高中，有的县还没有这能力。到本世纪末，能不能提办好一千所重点高中，平均两县一所，要求在办学条件标准化的基础上还要实现教育的现代化，要有示范性、实验性，要为高校输送一大批合格的新生。

处理好基础教育改革、发展过程中的几个关系。在基础教育改革、发展过程中，有几个关系要处理好。一要通过教育改革处理好学文化与学技术的关系。只重视学文化，不重视学技术，或强调学技术，忽视学文化都是片面的，都是有害的。学文化是学技术的基础，有了读、写、算的能力，才能使掌握现代科学技术成为可能。所以要重视学文化。由于多数人最终不能升入高校，升入高校的同龄人比例很小，上普通大学的只占同龄人的 5%，加上部队的、党校的、成人高校的，大概也就 7%左右。多数人不能升入。因此要积极推进基础教育阶段的教改，尤其是在不同阶段进行分流的试验。在基础教育的适当阶段，把学文化和学技术结合起来，以便一方面为准备升学的学生打好学习文化科学知识的基础，另一方面为不能升学的学生做好就业的技能和心理上的准备。第二要处理好少数与多数的关系。教育尤其是义务教育不应仅为少数人成才创造条件，而且应为每个学生得到发展、走向成功打好基础。因此，目前进行的一些教育改革试验我们是非常赞成、支持的。如小学的愉快教育、中学的成功教育、某些地方正在试验的创造教育，这些我们都赞成、支持。尽管这些在实际工作中还存在一些问题，不够完善，但方向是对头的，都有一个指导思想——面向全体学生，不是搞英才教育，而是面向多数，着眼于调动全体学生的积极性。教学过程的核心环节是学，教是为了帮助学，学生是主体，因此一定要调动学生学习的积极性。学生是千差万别的，不可能用一个要求一个尺度去衡量。因此要因材施教，培养目标要多样化，引导学生依靠本身条件获得成功，有的可能在学科上，有的可能在绘画上，在体育上，在棋类方面，在文艺上。这些方面都要探索。这几个方面需要各地抓点典型，帮助学校总结、提高、完善，然后还要推广。

要大力加强农村基础教育

我国小学大概 95%在县以下农村，初中约 90%在县以下农村。因此农村教育应格外加以重视。国家教委基础教育课程教材研究中心和《人民教育》杂志组织开展农村学校课程和教材改革的讨论，我觉得很重要。大力加强基础教育，从本质上讲，是大力加强农村基础教育。农村基础教育存在的问题比较多，所以教育部门要重视，农业部门也要重视，因为农业部门管农村建设与发展。各级政府都要重视。各级政府、农业部门不能讲农村的建设、农业发展的时候，只讲农田水利建设，只讲乡镇企业；讲科技兴农又只讲生物工程、生物技术。当然，农田水利、乡镇企业、生物工程是重要的，但只讲这些不够，还必须讲一个非常重要的方面，就是农村人口素质的提高，就是发展农村的教育。岚清同志很重视农村基础教育。我们应宣传这个观点：提高农村人口素质，实施九年义务教育是与农田水利、乡镇企业、生物工程同等重要，甚至是更加重要的基本建设。现在讲得不够。农村教育当前面临着许多实际问题。比如讲，校舍建设问题，中国农村中小学校舍建设是教育投入中一个大项，是最大的投入。中国农村中小学校舍建设历史是什么状况呢？解放初成立农业生产合作社，农村中小学校舍建设是采取民办公助体制，由农业生产合作社负责建设，国家补助一点。1958 年建立人民公社，校舍建设由人民公社、生产大队负责。现在实行家庭联产承包责任制，原来的公社、大队没有了。家庭是目前农村最小的生产单位，原来中小学校舍建设的经费也随着由原来大队、公社负担转移到家庭负担。这就是近几年农村教育集资的历史由来。农村教育集资是中国农村教育发展的历史必然趋势。当然，国家要大力增加对农村的教育投入，但对教育集资统统取消，一刀切，也是不符合中国国情的。农村教育国家包不下来，把这条路堵死了怎么办？国务院的有关通知要贯彻，但贯彻中要研究新问题出来了怎么解决。三中全会的《决定》提了“义务教育主要由政府投资办学，同时鼓励多渠道、多形式社会集资办学和民间办学”。我们要在实际操作中总结经验。

贯彻条例　采取措施　完成扫盲任务

王 明 达

9月8日是国际扫盲日，今年的纪念活动，主要任务就是宣传贯彻《国务院关于修改〈扫除文盲工作条例〉的决定》(以下简称《决定》)。

当前我国的扫盲工作中最紧迫的任务是按照党中央、国务院颁发的《中国教育改革和发展纲要》和国务院修改的《扫除文盲工作条例》(以下简称《条例》)的要求，统一思想，提高认识，采取得力措施，切实保证本世纪末基本扫除青壮年文盲历史任务的完成。

为什么要修改《条例》？回顾自1988年2月国务院发布《条例》以来，各地党委、政府和各有关部门，认真贯彻《条例》精神，加强对扫盲教育的领导管理，有利地推动了扫盲工作的开展。1991～1992年脱盲人数达500多万人，出现了1981年以来脱盲人数最多的可喜形势。据全国第四次人口普查，我国15周岁及以上文盲还有1.8亿，其中15至40周岁青壮年文盲有4973万人，青壮年中文盲率为9%，15至45岁人口中的非文盲率为10.4%，每年还产生新文盲约100万人。为了适应新的形势，进一步推动扫盲工作，确保扫盲历史任务的完成，国务院今年8月1日重新修改颁发了《条例》，主要修改了三点：一是关于青壮年扫盲对象的年龄上限，原来的《条例》规定为15至40岁，现在修改为1949年10月1日后出生的年满15周岁以上的文盲；二是修改了基本完成扫盲任务的标准，规定基本扫除青壮年文盲单位的非文盲率达到95%以上，而不是原来的85%；三是规定基本扫除文盲单位下属的每个单位都达标。

做这样的修改，主要考虑有三个因素：

首先从我国的社会主义现代化建设的实际需求考虑。在农村，40到45岁，甚至50岁的人还是主要劳动力，处于文盲状态使他们很难适应生产生活的需要，外出经商也很困难。我国的贫困户的主要劳动力也多为文盲，这不利于社会生产发展。

其次，按照国际惯例的要求，扫盲对象的年龄一般都规定在45岁以上，比如泰国、印度、埃塞俄比亚也是49岁。我国在历史上也一直规定为45岁，只有到了八十年代初，为了按规划要求完成扫盲任务，才把扫盲年龄上限改为40周岁。

再次，为了推动扫盲。在实际工作中，有的省、市已经提高了扫盲的年龄要求，群众也能接受。当然，也有的不积极扫除临近40周岁的文盲，让文盲自然脱盲，青壮年的非文盲率虽然达标了，但总人口中的文盲的数量没有减少；另外过去按省、县平均计算，有的按县算，非文盲率已经达标了，但有部分的乡、村的非文盲率还没有达标，因此，不验收到农村的村和城市的基层单位，不利于扫盲。所以《条例》要求基本扫除文盲单位所辖的每个单位都达标。

《条例》修改后，标准提高了，能否完成扫盲任务呢？我们认为经过努力是可以达到的。理由有二条：一是全国已有占人口总数91%的地区普及了小学教育；二是全国已经出现了一些典型，有一批县和地区已经达到了现在规定的标准，吉林省全省15至50周岁人口中的非文盲率也达到现在的标准。

但是我国的扫盲工作发展很不平衡，当前在贯彻《条例》时，应着重抓好以下几项工作：

一、广泛深入地学习宣传国务院的《决定》精神，进一步提高全社会对扫除文盲的认识

各地要积极组织干部和教师认真学习《决定》，统一认识，克服畏难情绪；同时要充分利用各种宣传媒介，广泛宣传《决定》精神，增强全社会对扫除文盲重要性和紧迫性的认识，动员全社会的力量共同努力完成扫除文盲的历史任务。

现在国际上都很重视扫盲，成人识字率是综合国力的重要指标，不仅影响群众生产生活，也影响投资环境。联合国教科文组织等把推动各国扫盲列为优先任务。近20年来世界上很多国家扫盲工作进展很快，据联合国教科文组织编发的1991年《世界教育报告》，我国成人文盲率比南美洲所有国家都高，在亚洲41个国家和地区中，以成人文盲率从高到低排列，我国排在第27位，我国成人文盲率比周边一些国家，如泰国、朝鲜、韩国、蒙古、缅甸、菲律宾、越南都高。文盲人数减少的速度我国也比周边一些国家慢，从1970年到1990年的20年间，我国成人文盲人数减少13.6个百分点，而同期，韩国减少53.2个百分点，文盲率降为3.7%；泰国减少34个百分点，文盲率降为7%；越南减少34.1个百分点，文盲率为12.4%。我们应当重视这些差距，要有紧迫感，要认真研究，学习国外重视扫盲的经验，努力加快扫盲进度。

二、修订扫盲规划，采取切实措施，把扫盲任务落实到村

在当地人民政府领导下，各级教育部门要结合本地实际，进一步修订扫盲规划，明确目标。要根据实际，分类规划，分步实施，经济与教育发达和较发达的地区，要分别争取在1995年和1998年前完成扫盲任务。边远贫困地区，扫除文盲工作可根据国家教委教督厅[1993]3号文件要求分步实施，力争在2000年完成扫盲任务。各地要采取有力措施，增加投入，切实保证扫盲任务的完成。按照国家教委教成[1993]3号文件的意见，把扫盲任务落实至村和城市的基层单位，凡有扫盲任务的地方都要抓紧扫盲工作。要着力抓好妇女文盲的工作。从全国来讲，也要搞一个规划，每年宣布几个省份达到标准，逐步缩小范围。

各省、自治区、直辖市要根据国家教委教督[1993]2号文件要求，加强扫盲评估验收工作。

三、摸清文盲底数，完善扫盲建档工作

各地要以1990年全国第四次人口普查数据为依据，进一步摸清县、乡(镇)、村文盲底数，连同扫盲资料一并建档立卡。文盲底数不清楚的地方，要与户籍管理部门联系，按照脱盲情况及时更改户籍册中的文化程度。为了及时掌握情况，更有效地推动工作，各地要定期报告所辖县、乡、村中已达到基本扫除青壮年文盲标准的单位的数量和未达标单位的开展情况。上述内容要列入今后教育统计工作，由各地教育部门的统计和成人教育单位共同做好。

四、建立推动扫盲的机制

要把扫盲学文化和学技术紧密结合起来，把扫盲和堵盲紧密结合起来。坚持执行“一堵二扫三提高”的原则，加强基础教育，堵住新文盲的产生，要加强巩固工作，通过技术培训巩固扫盲工作。国家教委已经决定，初等教育没有普及的地方，扫盲一律不验收；扫盲不达标，普及九年义务教育不能验收。

五、建立和完善教育培训基地，加强扫盲后的巩固提高工作

当前，扫盲后的巩固提高工作还很薄弱，

复盲现象不断产生。为此，各地要认真贯彻《决定》提出的“在农村应当积极办好乡(镇)、村农民文化技术学校，采取农科教结合等多种形式巩固扫盲成果”和国家教委教成字[1991]7 号文件的要求，大力发展乡(镇)、村农民文化技术学校。要充分利用这些学校的优势，对脱盲学员区别不同情况，积极组织他们参加多种形式的文化技术学习，切实巩固扫盲成果，不断提高他们的科学文化素质，以适应经济与社会发展的需要。

六、各地要按国务院《决定》精神，加强政府的责任，希望各级政府增加对扫盲的投入

扫盲是“政府行为”，需要政府和全社会给予更多的关心。要切实保证人、财、物的投入，配备好干部和教师。地方各级人民政府应定期向上一级人民政府报告扫盲基本情况。

扫除文盲是一项艰巨的社会工程，在当地人民政府的领导下，各有关方面、社会团体都应积极 参与，分工负责。要发扬艰苦奋斗，只争朝夕的精神，坚持不懈地开展扫除文盲工作，为在本世纪末完成我国基本扫除青壮年文盲的历史任务而努力奋斗。希望通过努力，“到本世纪末全国基本扫除青壮年文盲”是我国最后一次提出全国的扫盲规划目标。

高校科技产业要为经济建设服务

韦　钰

党的十四届三中全会通过了《中共中央关于建立社会主义市场经济体制若干问题的决定》，并再一次明确提出“必须把教育摆在优先发展的战略地位”。今年初，国务院正式颁发了《中国教育改革和发展纲要》，国家教委正在制定和实施“211工程”规划，这些新的形势迫切要求高等学校加速和深化改革，进一步发挥高校的科技优势，更好地为社会主义经济建设服务。

高等学校是我国科技工作的一支重要方面军，根据“稳住一头，放开一片”的方针，当前高校科技工作深化改革应强调加强“两头”：“一头”是加强基础性研究和高技术研究工作，“另一头”是加强科技成果的转化和推广工作，并把加强“两头”同高层次人才培养和教师队伍建设紧密地结合起来。高校科技产业是改革中涌现出来的新生事物，既具有中国特色又符合国际科技教育发展的总趋势。发展高校科技产业是深化高校改革，加速科技成果商品化、产业化、国际化，促进国民经济发展的迫切要求。我们要在党的十四大精神、三中全会决定和《中国教育改革和发展纲要》的指引下，完成好以下三方面的任务：一个是要进一步解放思想，提高认识，正确认识高校科技产业发展的形势，明确今后进一步发展的方向；一个是要在认真总结和交流经验的基础上，进一步理出一些发展高校科技产业的基本思路和指导方针；最后是要深入分析、探讨发展中出现的一些问题和困难，提出解决问题和克服困难的政策和措施，努力开创高校科技产业发展的新局面。

一、我国高校科技产业的发展现状

我国高校校办产业的历史可追溯到五十年代。1958年在党的“教育与生产劳动相结合”的方针指引下，高校普遍创建了校办工厂或实验农场。在其后的二十多年中，经过几次起伏，有一批校办工厂和农场调整停办，也有一批保留下来，成为学校教学、科研和生产三结合的基地。

八十年代以来，在邓小平同志“科学技术是第一生产力”的科学论断和党中央“经济建设必须依靠科学技术，科学技术工作必须面向经济建设”的战略方针指引下，在科技体制和经济体制改革大潮的推动下，许多大学办起了科技企业；原有的校办工厂正在进行产品结构调整和经营机制的转换，有的已经改造成为科技企业；同时也出现了以技术转让、技术咨询、技术培训、技术服务为主要内容的知识型第三产业。许多大学还以各种形式同社会上企业合办科技企业，形成优势互补、共同管理、风险共担、利益共享的机制，加速了科技成果的商品化和产业化。现在，高校校办产业已进入了以发展科技产业为主体的新时期。

虽然总的说来，高校科技产业还处于起步和探索阶段，但发展势头是好的，其主要表现是：

1. 认识趋于统一，规模不断扩大，销售额和利润有较大幅度增长

八十年代高校科技产业兴起时，人们的

认识很不一致，有些人认为，大学办产业是“不务正业”，会影响教学和科研。随着教育和科技体制改革的深入，经过几年的实践探索以及一些科技企业的示范和榜样作用，人们的认识逐渐趋于统一。现在许多大学的校长和教师们都已认识到，发展一定规模的高校科技产业不仅有利于社会经济发展，也有利于大学自身的改革和发展。近几年来，高校科技产业规模不断扩大，销售额和利润连年成倍增长。据不完全统计，1989 年，271 所高等院校中，共有科技企业 481 个，销售总额 4.7 亿元，利润 0.9 亿元；1991 年，302 所院校共有科技企业 725 个，销售总额 17.6 亿元，利润 2.9 亿元；1992 年，335 所院校共有科技企业 850 个，销售总额为 29.0 亿元，利润为 4.47 亿元。

2. 出现了一批经济效益突出、社会影响较大的科技企业

近年来，已有一批高校科技企业形成了一定的产业规模，经济效益比较突出，社会影响较大。以高校在各高新技术开发区创办的高新技术企业为例，截止 1991 年底，高校企业人均年销售额和利润额比全国开发区总的人均销售额和人均利润额，分别高出 15.6% 和 64.8%。目前高校已形成了一批经济和社会效益显著、利润过千万元的科技企业和企业集团，如：北大方正集团、清华紫光集团、江西中医学院江中制药厂、浙江大学工业总公司、东南大学东大科技实业集团、华东石油大学校办工厂、北京工业大学电子产业集团、复旦大学复华实业集团、上海交通大学南洋国际实业有限公司、南京大学科技实业总公司、华东理工大学科技实业总公司、东北大学科学园等。这些科技企业成功地把学校的科技优势同市场需求紧密结合起来，形成了知名度较高的拳头产品。它们代表着高校科技产业的发展方向。伴随着一批科技企业的成功，培养了一支素质比较高的开发、经营和管理队伍，涌现出了一批科技企业家。

有相当一批高校科技产业给社会带来的经济效益要远远大于学校所得的收入。例如：在“七五”期间，北京农业大学研制的增产菌从科研成果转化中获利 600 万元，而其成熟的技术向社会辐射，使有关企业获利 1000 万元，农业技术推广系统获利 6000 万元，农民则增加收益 100 亿元。

3. 正在积极探索同社会企业广泛合作和进入国际市场的途径

高校的科技成果很多，学校直接转化为商品的仅仅是一小部分(约 5%左右)，绝大部分成果的商品化和规模生产要通过技术转移，依靠社会企业来完成。大学科技产业只是加速科技成果向社会转移的中试基地或中间环节。目前许多大学科技产业正在以自己的核心技术为纽带，通过生产大协作、同社会企业联营或组建企业和企业集团以及采用股份制等多种方式向社会化方向发展。例如：复旦大学和上海交通大学的科技企业于去年实行股份制，率先上市发行股票，分别筹集资金数千万元和 1 亿多元。又如：成都电子科技大学为了使本校重大科研成果“可读可抹激光磁盘及驱动器”尽快实现产业化，同 180 多家社会企业联合组成了天极股份有限公司，共筹集资金数亿元。大学独自经营的企业也普遍采用“部分在内，部分在外”的生产模式(即产品开发、关键生产工艺、批量加工、配套产品生产和销售等各个环节，分别由学校和校外的企业完成)。这种分工协作的生产模式大大减少了学校在资金、厂房、设备和人力方面的投入，既利用了社会企业的生产加工能力，又充分发挥了大学的技术优势。我国特区、沿海开放城市经济的发展，高新技术产业开发区、经济开发区的建立，大中企业经营机制的加速转换，都为大学科技企业走向社会创造了有利条件。哈尔滨工业大学、东北大学和上海工业大学等正在积极探索把发展高校科技产

业同创办科学工业园区结合起来的新路子。有些高校正通过开发外向型产品、引进外资、在海内外建立合资企业、在海外设立开发经营部等形式，积极探索打入国际市场的渠道。

在邓小平同志去年南巡讲话的鼓舞下，高校在探讨如何加快改革以主动适应社会主义经济发展的过程中，拓宽思路，转变了观念，创办高新技术产业的热情迅速提高。

在回顾总结高校科技产业发展情况的时候，正如李岚清副总理所说的，高校科技产业虽起步晚，但起点高，这不仅反映在科技含量上，而且体现在创办形式和管理等方面。因此，我们高校科技产业的潜力是很大的。

二、我国高校科技产业的地位和作用

大学通过高技术产业开发区和产学联合，积极参与高新技术开发和技术创新活动是世界性的共同趋势。当今的大学，特别是理工科大学已成为高新技术的重要辐射源。这个辐射源的形成，标志着大学功能的延伸和发展。大学不仅具有教学和科研功能，而且还具有以技术辐射为中心的社会服务功能。由于特殊的国情，我国高校参与企业技术创新活动，不仅采取“技术转让、技术咨询、技术培训、技术服务”等形式，而且还出现了直接创办科技企业这种形式。并已成为高校向社会辐射技术的一个有效途径。

我国高校科技产业是在新的历史条件下，以高校的技术和智力为依托，由高校创办或参与创办，以开发、推广、转化或转移科技成果、实现技术创新为主要特征的科技经济实体。这种实体，是更高层次和水平上的教学、科研和产业的三结合基地。它既有第一和第二产业，也有知识型的第三产业。

高校科技产业是联结高校与社会的纽带。大学通过科技成果转化、推广应用、参与科技园区的建设和创办科技企业等，使自己的技术辐射功能进一步发育和完善。现在看来，一些大学的结构有可能包括“内核”和“外围”两个部分，内核是教学和科研工作；而外围则是大学创办的科技产业和科技园区，以及与社会企业合办的多种形式联合基地，把大学办成开放式的。高校科技产业既是科技教育事业的一部分，又是国民经济的一部分。高校科技产业与作为母体的学校不可分割，是一个有机的整体。

目前我国高校科技产业尚处在起步阶段，发展也不平衡。但实践已经证明，高校科技产业的作用主要有以下几个方面。

1. 有利于加速科技成果的商品化和产业化

技术的高速发展和国际市场竞争的日益激烈，使高技术成果的商品化和产品的更新换代周期越来越短，其更新换代速度，往往成为决定市场竞争胜负的首要条件。我国高校有些高技术成果技术层次很高，学科综合性和技术集成度很强，商品化的技术难度较大，对人员素质要求也很高，社会企业对这些高技术成果一时还不具备接受能力。这些成果一旦脱离母体就很难商品化和产业化，甚至会夭折。而高校科技产业以其得天独厚的条件，能够大大加快这类科技成果的商品化和产业化速度，并在我国高新技术的商品化、产业化、国际化中起一定的先导示范作用和骨干带动作用，有时甚至能引起整个行业的技术革命。例如北大方正集团公司以本校计算机研究所为技术后盾，开发、生产、经营方正电子出版系统，技术不断创新，产品不断换代，产业规模不断扩大，使我国汉字出版技术处于国际领先地位，引起了我国整个印刷出版行业的革命。

2. 有利于推动企业的技术进步和行业的技术改造

当前在我国，由于科研与生产、技术与市场脱节的现象仍然比较严重，高校的技术向社会企业转移面临许多困难。尽管如此，高等学校在各级政府部门的大力支持下，采取各种措施积极向企业推广新技术。事实证明，高校科技企业作为中试基地和技术推广中心，是加速科技成果向社会企业转移和扩散的一条重要途径。例如，天津大学开发的“新型填料”，是运用于石油、化工等部门的重要新技术。天津大学采用开发、设计、加工、指导安装和调试运行“一条龙”的方式，为企业提供配套的技术和服务，即所谓“交钥匙工程”，很受企业欢迎。近几年来，他们向全国800多家企业推广了16个系列83种新型填料，先后改造或新建1700多座化工塔设备，每年为社会增加经济效益3亿多元。仅对我国引进的5套30万吨乙烯装置进行技术改造一项，就相当于又引进一套新的装置，能为国家节省70多亿元的建设投资。

3. 有利于促进高技术开发区的建设和产学联合的发展

我国的高新技术产业开发区一般都处于高校比较密集的地区，据初步统计，高校已有500多家企业进入高技术开发区。这些企业在技、工、贸中，“技”和“工”所占的比重较大，所开发的产品技术含量和附加值比较高，经济效益显著。企业的R&D人均投入为7000元，大大高于开发区企业人均4000元的水平；人均利税高于开发区企业总人均利税60%以上。在有些开发区内，高校科技企业已成为中坚力量。

在近几年的产学联合中，所遇到的一个问题是如何形成合力，正确处理各方面的利益分配关系。现在高校、企业和政府有关部门都已认识到，高校以技术、设备或部分资金入股的形式同社会企业合办新企业，容易形成互相依赖、优势互补、风险共担、利益共享的机制，有利于大学科技成果向社会扩散。

4. 有利于深化教学改革，提高教育质量

我国经济的发展要求大学培养大批能够适应高新技术产品开发、生产、经营和国际竞争需要的人才，而离开高新技术商品化、产业化、国际化的实践，这样的人才是难以培养出来的。我们认为，高校的主要任务仍然是为国家的社会发展和经济建设培养人才，但必须适应中国的实际情况。我们现在需要大批适应中国国情的、直接推动中国经济发展的这样一些生产、经营和参加国际竞争的人才。学校是不熟悉这些东西的，要提高这方面培养人才的质量，必须有一个实践的过程。因此高校创办科技产业，就为培养这方面的人才提供了基地。高校科技产业与经济紧密相连，源源不断地从社会获得大量的反馈信息，推动了高校的专业改造和课程内容的更新，使大学能更好地面向国民经济，适应社会发展的需要。教师通过参与企业的技术开发活动更新了知识，促进了教学内容和课程的改革，提高了教学和科研水平。如南开大学新技术实业集团公司实行厂所结合，为研究生开出了固相有机合成、高分子合金、高分子金属络合物等新课。清华大学热能系仿真专业的硕士生、博士生毕业课题都与本校仿真公司的产品结合，他们所研究开发的软件达到了商品化的要求。又如北京工业大学电子厂承担了教学实习、生产实习、毕业设计等多层次的教学任务，许多毕业生课题都结合电子厂的研究和开发任务进行，不仅完成了教学任务，也提高了电子厂产品的开发水平。大学生在科技产业这个三结合基地中，除参加技术开发、接受专业知识和技能训练外，还直接受到商品、市场、竞争等观念的熏陶，增强了实践观点、劳动观点和集体主义观点，加深了对国情的了解和历史责任感，思想素质也有较大提高。

5. 有利于促进高校科研体制的改革

高校科技产业在科技成果商品化、产业化、国际化的过程中，把高校的科技优势转化为市场竞争的优势，实现了知识和技术的价值；反过来又加快了市场对高校科研方向和内容的反馈，并为科研提供重要的经费支持。

这种机制推动了学科的交叉和更新，促进了大学的基础研究、应用研究、技术开发和技术推广各环节之间的紧密结合，以形成合理的比例关系，有利于高校科研走上与社会经济紧密结合、互相促进的良性循环发展道路。高校的科研方向受两方面的控制，一是国家项目，即基础研究和高科技项目，这也是适应我国经济发展需要。二是直接参加社会经济的技术开发和技术转移，从这里找到信息和调控机制来促进学校的发展。

6. 有利于增强学校自我发展能力，改善办学条件

高校科技产业开辟了部分补充教育经费的新来源，改变了经费由国家包起来的单一模式，有利于增强学校的综合实力，改善办学条件。目前我国教育经费严重短缺，高校科技产业实际上已经成为许多大学解决办学经费不可缺少的重要补充之一。有些大学校办产业的收入在支持学校改革，改善教学和科研条件，改善教职工生活待遇，稳定教师队伍，吸引优秀人才等方面，起了很大作用。

由以上分析可以看出，我国高校科技产业具有很强的生命力。它将是我国高新技术产业的一个重要生长点，将是社会主义市场经济中一支活跃的力量，是发展有中国特色的社会主义教育事业的组成部分。

三、发展高校科技产业的基本思路和指导方针

发展高校科技产业的主要目的是进一步发挥高校的优势与潜力，促进科技成果向现实生产力转化，推进教育改革，提高人才培养质量，增强学校自我发展能力，为社会主义现代化建设多作贡献。总结近年来的实践经验，根据新的形势，今后校办产业的发展，应遵循以下一些基本的思路和原则：

1. 要坚持与教学、科研相结合

高校首先是培养人才和创造知识的场所，因此科技产业必须服务于培养人才的基本任务，与教学、科研紧密结合，使三者相互促进，相得益彰。高校科技产业担负着将科技成果向社会转移和实行商品化、产业化、国际化的重任，反过来又为教学、科研提供实践基地、经费等支持，不断地向教学科研反馈来自社会的需求和信息，推动教学、科研的改革和发展。这种既有分工、又有结合的关系是高校科技产业与社会企业的主要区别。高校科技产业的生命力就在于能很好地依靠学校的技术和人才优势，同时又能结合科技开发和生产经营活动，积极承担各层次学生的培养任务。由于社会需求和各校具体条件不同，科技产业模式应该是多样化的。各校应根据自己的实际情况，积极探索有利于实现教学、科研和产业紧密结合的有效模式。当然这种结合主要是指技术和人才培养上的结合，而不是指管理上的结合。为此，就需要正确地选择所从事的产业化的内容。

在此还应该从思想上明确：高校科研工作和高校科技产业虽然在科技活动方面有着紧密的联系，但毕竟是两种性质不同的工作。因此从其性质来讲应坚持人员分流的原则，两者应由不同的人去完成。大学中从事科研工作的人员介入企业的技术创新活动，只是参与部分科技活动，而不是经营活动，企业科技活动的主角应是分流到企业的科技人员。搞科研和办产业需要两种不同的学问，因此发展高校科技产业必须进行合理的人员分流。如果没有明确的分工和合理的人员分流，系、所、室、组和个人一起上，科研人员都带着自己的成果去“下海”办企业，势必会影响教学和科研工作的正常秩序，而且产业也办不好。应该做到有一部分人竭尽全力、安安心心搞教学、科研，一部分人放开手脚、全身心地办科技企业。

2. 要坚持以高新技术产业为主的发展方向

高新技术是高校特别是重点理工农医大

学的优势所在。发展高技术产业有利于实现教学、科研和产业的结合，有利于提高高校科技产业的竞争力，可以取得比较显著的经济效益和社会效益，对国民经济发展做出更大的贡献。因此从总体来说，发展高校科技产业必须坚持以高新技术产业为方向。有条件的高校都要有选择、有重点地集中办好几个能代表本校科技水平，市场前景广阔，能形成规模效益的高新技术企业，以它们为骨干带动本校产业的发展。我们不能再继续发展过去那种校办产业了，我们希望每个学校要办就办成有自己的拳头产品，有自己的科研特色的高新技术产业，并以此为骨干带动整个行业的发展。要争取发展一流技术、一流管理、一流效益的产业。当然，我们应当看到：发展我国经济不仅需要高新技术，也需要大量的一般技术。而且我国高校数量多，类型和层次不同，各校具体条件千差万别，目前具有明显高技术优势的学校还不很多。因此，发展高校科技产业要从本校的实际情况出发，坚持因校因地因时制宜，采取积极慎重发展的方针；在重视发展高新技术产业的同时，在一定时期内，也可发展见效快、市场销路好的一般技术产业，还要积极发展与本校学科或专业相关的以咨询和信息服务为主的知识型产业和其它产业。我们既强调坚持高新技术这个方向，但在起步阶段，又必须因地制宜，特别是在积累资金和经验的阶段更应如此。

3．要坚持为社会服务的方向和积极参与国际市场竞争

学校由于受人员、场地、资金、配套设施和生活后勤等方面承担能力的制约，在大学校园中发展科技产业，存在着一个“度”的问题，超出这个“度”，就会走向事物的反面。高校科技产业这个“棋子”只有放到国民经济的大“棋盘”上，才能下出规模，下出效益来。因此，它只有走向社会，同社会企业结合，才能真正发挥出自己的优势。高校科技产业应通过生产大协作，同社会企业合办科技企业，或用股份制等方式，努力向社会化方向发展，并应把发展高校科技产业同促进高技术产业开发区建设和“产学研联合开发工程”结合起来。

国际化是高技术的重要特点。离开国际交流和国际合作，离开国际竞争和国际贸易，关起门来发展高技术产业，必然要落后。我国在高技术研究方面从总体来说同国际先进水平有很大差距，在高技术商品化、产业化、国际化方面的差距就更大。我们只有走改革开放的道路才能缩小同发达国家的差距。我国的高技术产业应当在国际市场上占有与大国地位相称的份额，这是我们的战略目标。我国高校科技产业，特别是重点大学办的高新技术企业，起点要高，要办出自己的特色，要积极扩大国际合作，不断提高国际竞争力，努力打入国际市场，努力成为我国高技术及其产品占领国际市场的先头部队。

4．要坚持事企分开的原则，在运行管理上按不同体制和机制运行

高校的教学、科研和作为经济实体的企业，两者性质和任务不同，具有不同的发展规律、运行机制和衡量标准。与教学科研不同，企业的开发、生产、销售、服务是经济活动，衡量企业的重要标准是经济效益。因此，发展高校科技产业必须坚持事企分开的原则，建立高校产业独立体系，采取不同于教学、科研的，与市场经济相适应的管理体制和运行机制，采用相对独立的劳动人事制度、财务制度和分配制度。

上述基本思路的实质是要正确处理高校科技产业与社会的关系；科技产业与学校教学、科研工作的关系；以及作为独立实体的科技产业与母体（学校）的关系。只有处理好这些基本关系，高校科技产业才能健康、顺利地发展。

四、促进高校科技产业发展的若干措施

高校科技产业虽已取得可喜进展，但目前尚面临不少困难和问题。如资金严重短缺，支撑体系不健全，政策不配套，管理运行体制还不适应社会主义市场经济发展。这些问题的解决需要有一个过程。但必须采取积极措施，逐步地尽快为高校科技产业发展创造良好环境。

1. 加强指导、服务与支撑体系

高校科技产业是在改革开放中出现的新生事物。各级领导部门和各有关方面应予以积极引导，热情支持。国家教委将会同经济、科技、计划、金融、税务等综合部门，认真总结和推广成功经验，加强宏观指导与协调服务，建立和完善政策法规，尽力帮助解决一些实际问题。希望地方各级有关部门大力支持，共同为高校发展科技产业创造良好社会环境。各高教主管部门，要按照党的十四届三中全会决定精神，做好指导、支持与服务工作，加强支撑服务体系。

2. 逐步建立现代科技企业制度

高校科技企业以转化、推广科技成果和技术创新及技术服务为主要任务。应按《中共中央关于建立社会主义市场经济体制若干问题的决定》，结合学校实际，积极推进建立规范化的现代企业制度。建立现代企业制度，是所有企业的努力方向，高校的科技企业更应率先推进。现代企业制度的内容比较广泛，根据高校的实际，我们重点要求做好以下几点：

——要在清产核资、评估验证、界定产权、明晰资产占有量及其归属的基础上，逐步确立高校科技企业法人财产权，承担有限责任，成为享有民事权利、承担民事责任，依法自主经营、独立核算、照章纳税、自负营亏，对出资者承担保值责任的独立法人实体和市场竞争主体。

——要在理顺产权关系的基础上，实行事企分开，确立学校行政管理与其创立的科技企业的新型关系。由学校投资创办的科技企业，其最终产权归学校事业法人所有，学校享有资产收益、重大决策、资产转移与重组以及任命企业法定人代表等权利，但不得直接干预企业的生产、经营活动；建立董事会及合资联办的科技企业，则按批准的企业章程办理。

——高校科技企业应按现代企业制度的要求，逐步建立有效的财产组织形式和科学的内部管理、经营制度。根据具体情况，有些科技企业可逐步改造为不同类型的股份制公司。

建立现代企业制度，关键是产权清晰和现权明确。其中确立好企业法人财产权又是重点。没有企业法人财产权，所谓有限责任便无从谈起，现代企业制度也无法建立。

3. 改革与完善财务、人事制度

要根据国家法规和实际情况，制定高校科技产业财务管理制度，改革原有的一些不适应社会主义市场经济发展的财务管理办法。科技企业的收益分配，要兼顾国家、学校、企业和个人等各方利益。具体办法按国家有关规定，由学校与企业研究确定。在初创阶段，要有一定扶植措施，使企业尽快走上良性循环。

要与学校综合改革、人才分流结合，妥善解决科技产业的编制和人员来源。各校可视实际需要，采取固定编制和流动编制相结合的办法。确定适度的编制额。考虑到目前实际情况，允许科技产业也在一定时期内保留少量事业编制和校内流动编制，以促进人才分流，吸收校内现有合适的教学科研人员充实科技产业队伍。人员不足时，可向当地劳动部门申报招聘合同制职工。发展科技产业，关键在队伍，尤其是带头人。学校要精心选派政治思想素质好、事业心强、懂技术、善经营管理的优秀人才作企业的主要负责人，并帮助其配备好领导班子和主要骨干，逐步形成一支精干的富有活力的科技产业队伍。为加强队伍建设，必须妥善解决技术职务问题。科技企业人员的技术职务评聘工作，参照企业办法进行。技术职务岗位数额，原属学校编制的人员可由学校在其总指标内切块解决，条件单列，设专门小组或委员会评审，以其在科技开发、生产经营和组织管理方面的水平与业绩为主要依据评聘。

4. 开拓科技产业资金渠道

为推动高校科技产业发展，国家教委争取在国家科技、经济、计划、财政、金融等部门的支持下，建立科技产业专项贷款和风险基金，重点支持技术含量高、市场前景好、经济效益大的产业化开发项目。同时，国家科委将通过"火炬计划"进一步支持高校高新技术成果项目开发，以加快其商品化、产业化、国际化进程。各级高教主管部门要积极争取各部门各地区有关方面支持，为高校发展科技产业筹集资金，有条件的，争取设置专项贷款和风险投资，并尽可能给予贴息优惠。

5. 创办中试、工业性试验基地和工程(技术)研究中心，增强科技成果转化的能力

为了加强实验室成果转化为生产应用的中间环节，有必要建设一批柔性试验基地。国家教委将会同国家科委、国家计委、国家经贸委等有关部门，在有条件和基础的高校，选择若干重要领域，有计划地组建一批中试、工业性试验基地及工程(技术)研究中心。担负产业化研究开发和中试乃至工业性试验任务，不断推出新技术、新工艺和新产品，以至成套生产线。一方面及时向社会辐射扩散，同时自身也形成关键性技术和核心部件的一定生产规模，具备一定自我发展能力，争取办成高新技术产业孵化基地和人才培训中心，其中有一些也可作为大型科技企业的一个组成部分。

6. 为高校科技产业创造良好的外部政策环境

高校科技产业，既为教学科研服务，又为经济建设特别是高新技术产业发展服务，应给予特殊优惠政策待遇。这不仅是对发展高新技术及其产业的鼓励，也是对高等教育的一种间接投入。这种优惠政策有利于促进科技进步与高新技术产业发展，也有利于高校的改革与发展。世界上不少国家都有一些政策措施促进有关方面向教育、向高新技术产业投资。在我国教育经费严重不足和在向社会主义市场经济体制转变过程中，积极探讨向教育倾斜的优惠政策是具有长远影响和战略意义的事情。至于具体的做法，可以在实践中不断探索完善。

7. 创造条件，推进高校科技产业国际化

要加强国际交流与合作，积极借鉴国外的有益经验，吸收国外优秀人才、资金和技术，面向国内外两个市场发展高校科技产业。国家教委将会同外经贸部、国家科委为具备条件的高校及其科技企业赋予自营科技产品的进出口权。鼓励和支持高校科技企业向境外、国外发展，积极参与国际竞争。在进出口贸易、人员出境考察及国际交往合作方面，给予享受有关优惠政策和提供支持、服务。

国家对高校寄予厚望，不仅要求在培养人才和科学研究上能适应国家建设及社会发展需要，还希望在直接为经济发展服务、发展高新技术产业方面发挥重大作用。各级教育主管部门、各高等学校，要以党的十四届三中全会决定为准则，积极探索，勇于实践，努力推动高校科技产业迈上新的台阶，为加速高校的改革与发展，为我国社会主义现代化建设作出更大贡献！

振兴教育的希望在教师

张天保

《中华人民共和国教师法》自今年1月1日起开始施行了，这是广大教师、教育工作者和全社会翘首以盼的一件大事，对加强教师队伍建设，促进教育的改革和发展，将产生重大而深远的影响。

《中国教育改革和发展纲要》指出："振兴民族的希望在教育，振兴教育的希望在教师。"这两句话，简明而深刻地概括了教育在整个社会主义现代化建设中的地位和作用，以及教师在教育改革和发展中的地位、作用，可以说也是我国教育发展史的经验总结。

在旧中国，"教育救国"是一种愿望。在人民当家作主之后，如何把国家建设得繁荣、昌盛，走一条什么样的经济建设的路子，是许多仁人志士长期探索的课题。经过40多年的实践，我们终于认识到，在全党把工作重点转移到经济建设上来之后，必须依靠科学技术和提高劳动者的素质推动经济建设和社会进步。党中央一再强调要把教育摆在优先发展的战略地位，正是反映了全党对教育、甚至对经济建设的路子在认识上的飞跃。在实际生活中，我们为改革开放所取得的成就感到自豪，也常为出现假冒伪劣商品、某些不良社会风气，以及愚昧落后现象而感到忧虑。经济以及社会生活中存在的还不能尽如人意的现象固然原因很多，但其中一个重要原因，就是人的素质不高，教育事业还不够发达。改革和发展教育，是经济和社会发展的迫切需要，也是人民群众的强烈愿望。

办好教育，需要很多条件，其中核心问题是教师队伍建设。教师队伍的数量是否足够，在很大程度上决定了教育的规模；而教师的素质在很大程度上决定了教育的质量和水平。过去常说"严师出高徒"，这主要是从管理角度而言的。在某种意义上也可以说"只有高师才能出高徒"。人才问题是四化建设的关键，而能否培养出千千万万、一代又一代的四有新人，在很大程度上要看教师队伍建设的状况。《教师法》的颁布和施行，使教师队伍建设有法可依，在教育改革和发展的关键问题上，有章可循了。

《教师法》涉及教师队伍建设中的很多问题，内容非常丰富。我觉得，其核心是"两个提高"，即提高教师的思想政治素质和业务素质，提高教师的社会地位和待遇。这"两个提高"是互相联系，不可偏废的。我们的最终目的是要提高教师队伍的素质，但是，不相应地提高教师的社会地位和待遇，不可能吸引众多优秀人才从事令人尊敬的教师职业，也就不可能从根本上解决提高教师素质所必需的条件。在当前情况下，更是如此。几十年来，广大教师为培养国家和社会需要的人才，呕心沥血，辛勤工作。近些年来，党和政府采取了一系列措施提高教师的待遇。纵向比较，教师的工作和生活条件都得到了相当改善，但总体上说，教师待遇偏低的状况尚未从根本上加以扭转。长此下去，队伍都不能稳定，就谈不上提高素质了。作为教师个人，应该多讲奉献，但作为一项政策，不能不看到，低待遇必然会低素质。《教师法》不仅从一般规律上反映了这“两个提高”的内在联系，而且很有针对性，很有现实意义。

《教师法》中，把“按时获取工资报酬”作为教师的一个权利规定下来，并且对拖欠教师工资的，规定了应该承担的法律责任。这在当前情况下，具有重要的现实意义。首先，各级政府、教育行政部门、学校都要加强法制观念，《教师法》实施之后，不能按时发放工资，不仅于情不允，于理不许了，而将成为一种违法行为，应该视情节承担不同的法律责任。这将促进有关部门和单位尽快解决拖欠教师工资问题，并且为从根本上杜绝这种现象提供了法律依据。其次，《教师法》的颁布施行，也为广大教师维护自身的合法权益提供了法律依据。如果出现侵犯教师合法权益的事件，教师将能够依法维护自身的合法权益。

《教师法》的制定颁布，凝聚了有关部门、人大常委会和社会各界的心血，是一件不易之事。但是，实施和落实《教师法》更是一项长期而艰巨的工作。《教师法》的实施，结束了教师队伍建设无法可依的历史，在有法可依之后，还必须严格执法，违法必究，真正使《教师法》成为推动我国教育改革和发展的强大动力。

《中国教育改革和发展纲要》形成及学习、宣传、贯彻情况

国家教委办公厅

1993年2月13日，党中央、国务院正式印发了《中国教育改革和发展纲要》(以下简称《纲要》)。《纲要》以建设有中国特色社会主义理论和党的基本路线为指导，总结了建国四十多年来特别是党的十一届三中全会以来教育改革和发展的经验，分析了我国教育面临的形势与任务，确定了九十年代乃至下世纪初我国教育发展的目标、方针和战略，提出了教育改革的总体思路，并就师资队伍建设和教育经费等重大问题，拟定了若干重要措施。《纲要》描绘了九十年代教育改革与发展的蓝图，是指导我国教育改革和发展的纲领性文件。《纲要》的颁布实施，是我国社会主义现代化建设进程中的一件大事，是党中央、国务院为落实党的十四大确定的社会主义现代化建设的任务而采取的战略措施，不仅对教育工作，而且对整个社会主义现代化建设，都具有十分重要的意义。

《纲要》是在党中央、国务院直接领导下，经历了4年多时间，广泛调查研究，充分听取各方面意见，反复研讨论证，先后20余次易稿。《纲要》制订的过程，既是认真学习建设有中国特色社会主义理论、总结历史经验的过程，又是不断集中全党和社会各方面智慧、进一步绘制教育发展蓝图、开创未来的过程。《纲要》的起草大体经历了三个阶段：

第一阶段：从1988年4月到1989年4月，是酝酿制订，形成《纲要》草案初稿的阶段。为什么要制订《纲要》？这是根据我国改革开放和现代化建设的需要提出来的。党的十一届三中全会提出了我国社会主义建设“一个中心、两个基本点”的基本路线。并确定把科技教育作为战略重点来发展。1984年，党中央相继制定了《关于经济体制改革的决定》和《关于科技体制改革的决定》；与两个《决定》相配套，1985年党中央又制定了《关于教育体制改革的决定》。在教育体制改革《决定》的指引下，全国教育改革和发展迈出了较大的步伐，取得了很大的成绩。同时，由于新的经济与科技体制的形成和社会主义现代化建设在改革和发展过程中出现了一些新情况和新问题，迫切要求教育与经济和社会发展相适应。在1987年和1988年，教育问题成为全国人民代表大会和全国政协会议上代表和委员们讨论的热点问题之一。代表和委员们对教育的改革和发展提出了许多建设性意见，党中央和国务院非常重视这些意见，于1988年人代会后讨论了教育工作，确定由国务院组成专门小组，对教育改革和发展进行系统的调查研究，并提出建议。根据党中央的决定，经国务院领导同志批准，成立了国务院教育工作研讨小组，由国务委员兼国家教委主任李铁映任组长；研讨小组由国家教委和部分地区、中央有关部门的同志参加，着手研究教育的重大问题。

研讨工作得到了中央各部门和社会各界的支持。中顾委许多老同志、全国人大常委会、全国政协、各民主党派的同志都进行了调

研提出建议，并参加了讨论。1988年第四季度，党中央准备在十三届四中全会上讨论教育工作，作一个《关于教育发展和改革若干问题的决定》，同时把《纲要》作为《决定》的配套文件提交四中全会讨论。在这期间，党中央和国务院特别是邓小平同志对教育工作作了很多重要指示。1988年9月，邓小平同志提出，“我们不论怎么困难，也要提高教师的待遇”。“我们要千方百计，在别的方面忍耐一些，甚至牺牲一点速度，把教育问题解决好”。1989年3月，邓小平同志指出：“最近十年的发展是很好的。我们最大的失误是在教育方面，思想政治工作薄弱了，教育发展不够”。在修改《决定》草稿时，体现了邓小平同志这些谈话精神。1989年4月，中共中央政治局原则通过了《决定》，并由中央领导同志主持，在人民大会堂召开了各民主党派负责人座谈会，征求意见。后来，因发生了春夏之交的政治风波，党中央没有能够按原计划将《决定》和《纲要》提交十三届四中全会讨论。在这一年多时间里，《纲要》草案已13次易稿。

第二阶段：从1989年9月至1992年初，是《纲要》(草案)印发讨论阶段。1989年9月，经国务院领导同志批准，教育工作研讨小组恢复工作，对《纲要》进行了修改，并在1990年2月全国教育工作会议上进行讨论。1990年12月，经国务院同意，以国家教委的名义将《纲要》(草案)印发各地，供各地制订教育事业十年规划和“八五”计划参考。此时《纲要》已是17次修改稿。

第三阶段：从1992年初到1992年12月，是《纲要》正式形成并定稿的阶段。1992年初，邓小平同志视察南方重要谈话以后，国家教委根据邓小平同志谈话和中央政治局全体会议的精神，以及教育战线讨论(参考)中提出的许多意见和建议，对《纲要》讨论稿再次进行了认真修改。1992年7月和8月，李鹏总理接连两次主持召开国务院常务会议，讨论并原则通过了《纲要》。党的十四大闭幕不久，即10月29日，江泽民总书记主持召开了政治局常委会讨论《纲要》。根据党的十四大精神和政治局常委会的意见，国家教委对《纲要》作了进一步修改，并征求了各省、自治区、直辖市和中央有关部委的意见。12月28日，江泽民总书记再次主持政治局全体会议讨论并原则通过了《纲要》，并决定以党中央、国务院名义印发。

《纲要》分为教育面临的形势和任务，九十年代我国教育发展的目标、战略和指导方针，教育体制改革，全面贯彻教育方针、全面提高教育质量，教师队伍建设，教育经费六大部分50条。

党中央、国务院对《纲要》的贯彻实施工作极为重视。1993年3月，李鹏总理在八届人大一次会议政府工作报告中指出，“提高全民族素质是国家的根本大计，必须认真贯彻《中国教育改革和发展纲要》，把教育摆在优先发展的战略位置”。为推动《纲要》的学习贯彻，1993年3月，国务委员兼国家教委主任李铁映，在“学习、宣传、贯彻《纲要》报告大会”上作了题为《社会主义现代化建设的奠基工程》的报告，阐释了《纲要》提出的教育整体改革和发展思路，以及一些重大问题的构想，还对《纲要》的组织实施工作提出了指导性意见。李岚清副总理分管教育工作以后，多次听取国家教委贯彻实施《纲要》的情况汇报，亲自抓落实工作。1993年6月，在由中宣部、国家教委联合召开的通气会上，李岚清同志发表了《大力宣传，认真实施〈纲要〉》的讲话，对《纲要》形成的过程和重大意义以及《纲要》的主要内容和宣传重点进行了阐述，要求新闻单位加强对《纲要》的宣传报道。在此前后，李岚清副总理在视察河南、吉林和清华大学等地方及单位的过程中，以及在国家教委直属高校工作咨询会等会议上多次强调，我们党的教育纲领就是《纲要》，要加大《纲要》的宣传力度，让大家了解发展教育的基本方针、改革方向和重要措施，进一步动员社会各界和全体人民关心教育、支持教育，落实《纲要》。

国家教委党组对贯彻实施《纲要》十分重视，在年初印发的国家教委1993年工作要点中明确提出，1993年教育战线的主要任务，是认真组织实施《纲要》。《纲要》颁布以后，国家教委于2月24日召开了新闻发布会，就如何加强对《纲要》的宣传报导提出了要求。根据发布会的部署，新华社、人民日报、光明日报、中国青年报、中国教育报、中央电视台、中央人民广播电台等新闻单位，于27日全文和摘要刊发（广播）了《纲要》，几家主要报刊配发了社论。2月下旬，国家教委发出通知，要求各地教育行政部门、学校和教育战线广大干部教师，认真学习宣传、贯彻落实《纲要》，特别要求各级领导要把学习宣传、贯彻实施《纲要》作为极为重要的任务来抓。3月初，国家教委和北京市政府，在人民大会堂联合举办了有3000余名干部教师参加的学习宣传贯彻《纲要》报告大会。3月上旬，国家教委在广州举办了有28个省（市）、14个部委、65所高校的领导干部和管理人员参加的《纲要》讲习班；4月份在国家高级教育行政学院举办了各省高校工委、教委和有关部委负责人参加的《纲要》研讨班，使一部分领导骨干对《纲要》的学习先行一步。

1993年4月，国家教委主任朱开轩，在国家教委直属机关第2次党代会和高教学会第三届委员会代表会上明确提出，在当前工作重点上首先必须宣传和组织实施好《纲要》。并强调，国家教委新领导成员的主要任务是扎扎实实抓好《纲要》的实施，推动教育改革和发展；并在新班子召开的第一次司局长会议上，要求各级都要认真落实《纲要》。会后，委领导带领司局负责人分头到一些省调研，了解各地贯彻落实《纲要》的情况。各位委领导在不同地方或场合，都对《纲要》的贯彻实施提出了要求。

在调查研究的基础上，针对全国教育改革和发展的实际情况，国家教委开始制订《纲要》的实施意见，并对实施《纲要》作了总体安排：今后8年，教育的发展是以“两基”、“两全”、“两重”带动各级各类教育发展。“两基”是指到本世纪末“基本普及九年义务教育”、“基本扫除青壮年文盲”；“两全”是指全面贯彻教育方针、全面提高教育质量；“两重”是指高等教育在规模上有较大发展、结构更加合理、质量和效益明显提高的前提下，集中力量重点办好100所左右大学和一批重点学科，即“211工程”；同时积极发展职业技术教育和成人教育，使城乡新增劳动力上岗前，都得到必需的职业技术训练，提高思想文化素质和职业技能。教育改革是以体制、制度和教学改革为重点，促进教育的全面改革。并采取积极措施，增加教育经费的投入，提高教师的待遇，以保证教育改革和发展的顺利进行。实施《纲要》计划分三大步：1993—1995年，按“八五”计划的要求去实施；1996—1997年，国家教委本届领导班子要竭尽全力，使《纲要》的实施收到较大的成效；1998—2000年，使《纲要》提出的总目标和任务大体完成。

一年来，围绕《纲要》提出的任务，国家教委分别制定了基础教育、职业技术教育、普通高等教育和成人教育在90年代落实《纲要》的目标和措施。

《纲要》颁发以后，不仅在教育系统，而且在全社会引起了较大反响。各地党委和政府都认真抓《纲要》的学习和实施，多数省自治区、直辖市专门召开了学习贯彻《纲要》的教育工作会议，党政主要领导到会讲话，动员部署贯彻实施《纲要》问题。许多省（市、区）相继出台了加快教育改革和发展的政策和措施，全国教育改革和发展出现了新的势头。

国家教委1993年工作要点

一、关于1993年工作的指导思想

邓小平同志1992年年初视察南方重要谈话和党的十四大精神，为我国教育事业继续前进指明了正确的方向，为进一步推动教育的改革和发展提供了强大的思想武器。因此，教育战线各级领导1993年和今后一个时期的中心工作，就是紧密联系教育工作的实际，继续抓紧抓好对小平同志南巡谈话和十四大精神的学习、宣传和贯彻落实，用党的基本路线和有中国特色的社会主义理论武装教育广大领导、干部、教师和学生，进一步解放思想，提高认识，转变观念，实事求是，不断开创教育工作的新局面。

中央政治局会议讨论通过的《中国教育改革和发展纲要》，是新时期教育工作的纲领，明确了九十年代教育改革与发展的大政方针；1992年国家教委相继召开的全国高等学校党建工作会议、全国成人高等教育工作会议、全国高等教育工作会议、关于基础教育工作的山东研讨会和河南现场会以及全国民族教育工作会议等一系列重要会议，体现了小平同志南巡谈话和十四大精神，研究部署了今后一个时期的教育工作，制订出台了一系列教育改革的重大措施。因此，1993年教育战线的主要任务，是认真组织实施《中国教育改革和发展纲要》，检查落实1992年国家教委召开的一系列工作会议精神；狠抓实干，加快各级各类教育事业的改革和发展，全面贯彻教育方针，全面提高教育质量；积极探索与研究新形势下教育的理论和实践，保持清醒头脑，及时处理好改革发展过程中出现的各种问题，使教育更好地适应加快改革开放和现代化建设的需要。

1993年，各级教育行政部门必须进一步转变职能，改进领导方法，转变工作作风，加强并完善宏观管理，坚决精简会议和文件，少讲空话，多办实事，切实加强党风和廉政建设，努力提高工作效率和工作水平。

二、组织实施《中国教育改革和发展纲要》，修改、下发国家教委党组《关于加快教育改革和发展的若干意见》，并检查、落实。

三、关于基础教育

大力加强基础教育，加快普及九年制义务教育的步伐，坚决贯彻落实义务教育法和实施细则，建立普及九年义务教育的评估检查和表彰奖励制度，表彰一批先进的县(市)；制订1993——2000年改善中小学办学条件规划，抓好中小学办学条件标准化建设。

筹备、召开“全面贯彻教育方针、全面提高教育质量”山东现场会和全国“两基两全”工作国际研讨会。

进一步加强全国中小学干部和教师队伍建设，认真解决损害教师利益的各种问题；召开全国中小学教师和校长工作会议。

改革高中阶段教育，完善高中毕业会考制度，召开高中工作会议。

继续加强师范教育和重点师范学校的建设；进一步完善教育督导制度、加强教育督导评估工作。

四、关于职业技术教育

积极发展职业技术教育。根据当地经济建设和发展社会主义市场经济的需要，加快职业技术教育的改革，继续全面贯彻国务院《关于大力发展职业技术教育的决定》，大力转变办学机制，走“产教结合”的新路子；坚决支持社会力量兴办多种形式的职业技术教育；积极推进中专教育改革；利用贷款发展校办产业，制订全国重点职业技术学校的标准，推动全国职业技术教育骨干学校的建设；建立并完善职业技术教育服务体系。

五、关于成人教育

积极发展成人教育。大力开展岗位培训并加速实现岗位培训制度化，加快乡(镇)农民文化技术学校的建设，积极开展农村实用技术培训。

全面落实成人高教会议精神，成立成人高等教育教学业务指导协调委员会，加强成人高等学历教育的宏观指导，积极支持与正确引导社会力量办学，研究发展社会力量办学的政策措施和管理制度；建立成人教育研究、培训体系。

组织落实年内扫除400万青壮年文盲的任务，公布并表彰达到高标准扫盲的县(市)。

进一步加强电化教育，抓好一批电教试点县；年内争取开通第三套卫星电视教育节目。

六、关于高等教育

积极发展高等教育。全面推进高等教育的各项改革，全面落实高等教育工作会议精神，进一步修订高等教育发展规划，抓好体制改革试点和推广工作，积极推进教学改革；继续抓好高等学校布局的调整、完善工作，建立高等学校审批办法；提出深化高校拨款、招生、收费和毕业生就业等制度的改革方案，研究制订提高教学质量的具体措施。

加强高等学校政治理论工作的研究和哲学社会科学教育的改革；改进高校思想政治工作，筹备召开第四次高校党建会，继续做好稳定高校局势的工作。

进一步组织落实“211工程”，确定第一批“211工程”高校名单；继续采取措施，解决高校青年教师和青年干部的培养和住房问题。

进一步加强研究生教育，逐步落实有关改革措施；总结和检查重点学科建设情况，提出重点学科的建设规划，抓紧完成有关的世界银行贷款项目。

加强高等学校科研工作，改革高等学校科技管理体制和运行机制，论证并启动一批能向产业化延伸的工程研究(技术)中心建设项目和高新科技大型项目；开辟科技贷款渠道，建立科技开发风险投资机制；完成委直属高校科技产业的发展与布局规划。

七、关于教育外事和留学生工作

筹备、召开全国教育外事工作会议，全面部署加强和扩大教育对外交流与合作工作的改革；进一步加强和改进对港、澳、台地区的教育工作。

落实国务院办公厅《关于在外留学人员有关问题的通知》，制定中国公民出国留学的规定，研究提出进一步改革出国留学工作的各项措施，做好留学回国工作。

八、关于综合性工作

1. 修订并实施教育事业发展“八五”计划和十年规划。

2. 加快教育立法工作。国家教委在继续起草和修改《教育法》、《职业技术教育法》、《高等教育法》的同时，抓紧制定《民办学校条例》、《境外民间组织和个人捐资助学条例》和《残疾人教育条例》，各地也要从各自的实际出发，加快制订地方性法规；继续做好教育形势分析工作。

3. 理顺并下放高校、机关和直属单位干部管理和任免程序，下发有关文件；制订《关于加强后备干部建设的意见》和《加强高校青年教师队伍建设的意见》。

4. 研究制定工资改革方案，努力解决教师队伍的工资待遇、住房、医疗和离退休问题;改进教师职级、职称的评审工作。

继续搞好教师节庆祝活动,制订贯彻《教师和教育工作者奖励暂行规定》的实施方案,表彰一批全国优秀教师、教育系统劳动模范和特级教师。

5. 加强教育宣传工作,改进"中国教育报"、"中国高等教育"与"人民教育"杂志和教育电视台的质量,提高效益。

6. 坚持多渠道筹措教育经费的做法,进一步完善城乡教育费附加征管办法,制定加强收费管理的法规和意见;建立和完善奖、贷学金制度和办法;建立教育基金会和教育发展信托金融机构,以金融、信贷方式融通教育资金;建立经费使用效益评估指标体系。

提出研究改革高校单一的国家财政拨款体制和实行基金制的方案,改进基建补助投资管理方法;加强统计信息工作。

7. 继续深化农村教育综合改革,在抓好实验县的基础上,建立一批农村教育综合改革实验区,大力推进燎原计划示范乡的评估、达标工作。

进一步加快城市教育、企业教育综合改革试点工作,探索城市、企业实行市场经济以后的办学新机制。

8. 重视和加强教育科研工作,调整健全领导机构,提高教育科研的水平和效益。

9. 大力支持和发展校办产业和勤工俭学;提出高校后勤工作实现社会化、企业化的具体改革方案。

10. 进一步加强学校的体育卫生工作,实施新编九年义务教育体育教学大纲,抓好中学升学考试体育试点工作,在有条件的地区实行增进学生健康的宏观"干预计划"。

11. 加强国家教委和各级教育行政部门的自身建设,改进纪检、行政监察和教育审计工作,贯彻全国纪检、监察和审计工作会议精神,切实加强党风廉政建设。

1993年全国教育工作电话会议

国家教委于1993年1月11日在北京召开1993年度教育工作电话会议。这次会议的主要内容是，总结1992年的教育工作，部署1993年度的工作任务。

会议主会场设在北京，各省、自治区、直辖市教委、教育厅（局），计划单列市教委（教育局）设分会场。出席主会场的有，中共中央政治局委员、国务委员兼国家教委主任李铁映，全国人大常委教科文卫委员会、全国政协教育文化委员会的领导，国家教委副主任、专职委员、有关司局负责人，民盟中央、民进中央、九三学社中央副主席，北京市文教办、高教局、教育局、成人教育局的负责人，国家教委聘请的在京国家督学以及在京委属高校的领导；出席各地分会场的有各省、自治区、直辖市教委、教育（高教）厅（局）的领导，计划单列市教委（教育局）的领导，国家教委聘请的国家督学和位于省会城市的高校领导。

李铁映同志主持会议。国家教委常务副主任朱开轩讲了话。讲话共分三个部分：一、1992年教育工作的回顾；二、1993年的工作任务；三、需要注意的几个问题。

李铁映在讲话中强调指出，要紧密联系教育工作的实际，继续抓紧抓好对邓小平同志南巡的重要讲话和党的十四大精神的学习，宣传和贯彻落实；要狠抓各项教育工作的落实；要注意研究新情况、新问题等。

撰稿　张鸿利

审稿　王庆林

教育综合改革与管理

各类教育发展基本情况

［**基础教育**］　普及九年义务教育得到稳步推进。1986年《中华人民共和国义务教育法》颁布以来，全国大部分地区已经普及了初等教育，大城市和部分经济发达地区正在普及初级中等教育。为了进一步促进九年义务教育的全面实施，国家教委建立了"两基"（基本普及义务教育、基本扫除文盲）评估验收制度，目前已有26个省、自治区、直辖市对350多个县（市、区）进行了"两基"评估验收。小学阶段义务教育继续推进，1993年全国有小学69.7万所，招生数2353.48万人，比上年增加170.28万人；在校生12421.24万人，比上年增加219.96万人。全国小学学龄儿童入学率达到97.7%，比上年提高0.5个百分点；小学毕业生升学率达到81.8%，比上年提高2.1个百分点。初中阶段义务教育也有一定发展，1993年全国有初中学校68415所，招生数1478.94万人，比上年增加13.93万人；在校生4082.2万人，比上年增加16.29万人；初中毛入学率达到73%，比上年提高1.2个百分点；初中毕业生升学率达到44.1%，比上年提高0.7个百分点。

普通高中教育规模继续下降。1993年全国普通高中14380所，比上年减少470所；招生数228.34万人，比上年减少6.39万人；在校生656.91万人，比上年减少47.98万人。全国普通高中毕、结业学生中有78.43%的人参加了毕业会考，比上年提高18个百分点，会考平均及格率达到81.9%，比上年提高3.5个百分点。

特殊教育、学前教育有较大发展。1993年全国特殊教育学校达到1123所，比上年增加46所，招生3.35万人，比上年增加0.4万人；在校生16.86万人，比上年增加3.91万人。全国幼儿园16.52万所，在园幼儿2552.54万人，比上年增加124.33万人。

中小学教师队伍得到充实与提高。1993年全国普通中学（包括初、高中）教师316.68万人，比上年增加2.57万人；小学教师555.16万人，比上年增加2.51万人。中小学教师学历合格率进一步提高，高中教师学历合格率达到51.1%，比上年提高2个百分点；初中教师学历合格率达到59.5%，比上年提高3.9个百分点；小学教师学历合格率达到84.7%，比上年提高2个百分点。教师总数中有教师技术职务的比例，高中达到90%，比上年提高4个百分点；初中达到81%，比上年提高3个百分点，小学达到83%，比上年提高2个百分点。其中高级、一级教师比重，高中、初中、小学分别达到42.19%、18.7%和53.52%，比上年分别提高3个、4.6个和5.42个百分点。

普及初中任务艰巨。总体上看，1985年教育体制改革决定颁发后，全国基础教育一直保持良好发展态势，九年义务教育得到较大推进。目前，小学阶段学龄儿童入学率逐年提高，大多数地区基本普及小学教育，但初中阶段教育发展缓慢。首先，初中在校生多年徘徊在4000万人左右，要实现本世纪末达到5500万的规划目标必须加快发展。其次，1993年全国初中毛入学率只有73%，也与规划目标有很大距离。第三，初中学生辍学率近两年连年回升，1993年由上年的5.8%回升至7.1%。第四，初中教师学历合格率为59.5%，而高级、一级教师比例只有18.7%，不及高中和小学的一半。因此，加强初中教育，努力提高初中入学率是实现"两基"的关键。

中小学经费投入和办学条件趋于紧张。近年来教育经费紧缺，学校公用经费所占比例连年下降，特别是不少省区出现了大面积拖欠中小学教师工资现象。中小学校舍建设在前些年集资办学推动下已基本解决了"一无两有"（校校无危房、班班有教室、人人有课桌凳）。1993年全国中小学危房比例为1.96%，但农村中小学危房比例有所回升，由上年的2.19%提高到2.27%。

［**职业技术教育**］ 中等职业技术教育得到较大发展。在国务院《关于大力发展职业技术教育的决定》的推动下，职业技术教育受到了广泛的重视，得到了较大的发展。1993年各类高级中等职业技术教育学校达到16844所，比上年增加282所；招生316.12万人，比上年增加42.56万人；在校生762.28万人，比上年增加79.46万人。高中阶段职业技术学校在校生占高中阶段教育在校生的比重已由上年的49%提高到53%，提前达到了《关于大力发展职业技术教育的决定》的预定目标。

普通中专发展迅速。1993年普通中专学校达到3964所，比上年增加61所；招生数114.89万人，比上年增加26.97万人，增长30.7%；在校生282.03万人，比上年增加41.19万人。普通中专招生科类结构有所变化，文科类呈增长趋势，理科类呈下降趋势。财经专业1993年招生增长最快，在中专增加的26.97万招生中，有9.5万为财经专业，占35%。中专招生的科类结构情况如下表：

单位：%

科类	1993年	1992年	1993年比1992年
总计	100.00	100.00	
工科	25.03	25.11	－0.08
农科	5.50	6.59	－1.09
林科	1.03	1.12	－0.09
医药	11.94	12.01	－0.07
师范	25.18	27.89	－2.71
财经	23.78	20.25	3.53
政法	2.76	2.77	－0.01
体育	1.38	1.28	0.10
艺术	2.13	1.82	0.31
其他	1.28	1.16	0.12

职业中学有较大发展。1993年全国职业高中学校达到8403所，比上年增加136所；招生数134.88万人，比上年增加9.42万人；在校生306.35万人，比上年增加19.97万人。职业高中招生科类结构情况如下表：

单位：%

科类	1993年	1992年	1993年比1992年
合计	100.00	100.00	
工科	27.33	27.25	0.08
农科	9.97	16.96	－6.99
林科	2.22	3.07	－0.85
医药	6.62	5.81	0.81
师范	3.51	3.53	－0.02
文科	5.24	4.39	0.85
财经	19.65	15.65	4.00
政法	0.81	0.24	0.57
体育	0.47	0.46	0.01
艺术	3.17	3.20	－0.03
修理服务	13.34	12.44	0.90
其他	7.67	7.00	0.67

技工学校招生也有较大增加。1993 年全国技工学校达到 4477 所，比上年增加 85 所；招生数 66.35 万人，比上年增加 6.17 万人；在校生 173.90 万人，比上年增加 18.3 万人。

［**高等教育**］ 普通高等教育高速增长。普通高等学校招生增长连续两年超过 20%。1993 年普通高等学校达到 1065 所，比上年增加 12 所；本专科招生数 92.4 万人，比上年增加 17 万人，增长 22.5%；在校生 253.55 万人，比上年增加 35.11 万人，增长 16.1%。研究生招生 4.21 万人，比上年增加 0.87 万人，增长 26%，其中：招收博士生 6150 人，硕士生 35739 人；在校生 10.68 万人，比上年增加 1.26 万人，增长 13.4%；其中：博士生在校 17570 人，硕士生在校 88835 人。

委托培养和自费生比重进一步提高。国家指令性计划招生规模稳定，调节性计划规模增长迅速。本专科招生总数中，国家任务招生 56.1 万人，占 60.7%，比上年下降 12.26 个百分点；委托培养和自费生招生 36.02 万人，占 39%，比上年增长 12.31 个百分点；在校生总数中，国家任务 192.65 万人，占 75.98%，比上年降低 9.09 个百分点；委托培养与自费 60.37 万人，占 23.81%，比上年增长 9.64 个百分点。

普通高等学校层次、科类结构进一步有所调整。由于普通高等学校本专科招生有较大增长，研究生、本科生、专科生比例发生变化，研究生与本专科生招生比由上年的 1∶25.4 降到 1∶25.9。本专科招生比由上年的 1∶1.16 提高到 1∶1.39。本专科招生的科类结构变化是：文科类呈增长趋势，其中财经专业占招生总数比例提高 3.17 个百分点；理科类呈下降趋势。

单位：%

科类	1993 年	1992 年	1993 年比 1992 年
总计	100.00	100.00	
工科	35.39	34.94	－0.45
农科	3.55	3.82	－0.27
林科	0.84	0.93	－0.09
医药	7.24	7.82	－0.58
师范	23.94	27.61	－3.67
文科	5.56	4.97	0.59
理科	3.52	3.82	－0.30
财经	15.70	12.54	3.16
政法	2.14	1.92	0.22
体育	0.70	0.60	0.10
艺术	1.41	1.03	0.38

普通高等学校办学条件紧张。高等教育事业高速发展的同时也出现了一些突出问题，事业发展与投入不足的矛盾进一步加剧，高等学校的办学条件更加紧张，尤其是学生的生活条件和学校教学设备条件进一步下降，办学条件不合格学校数量增加。普通高等学校生均校舍面积为 42.4 平方米，有 116 所高等学校达不到国家规定的办学条件标准，占学校总数的 11%。部分学校学生宿舍不足，全国有一半学校生均学生宿舍面积达不到要求。普通高等学校生均学生宿舍建筑面积由上年的 7.2 平方米下降到 6.2 平方米（居住面积一般为建筑面积的 60%）。高等学校教学科研仪器设备严重不足，全国有近一半的理科院校教学仪器设备值达不到要求。

［**成人教育**］ 成人高等学历教育加速发展。成人高等学历教育在连续几年控制规模之后，1992 年开始加速发展。1993 年成人高等学校达到 1183 所，比上年减少 15 所；本专科招生 86.27 万人（包括电大、函授普通专科班 7.9 万人），比上年增加 27.1 万人，增长 45.8%；在校本专科生 186.29 万人（包括电大、函授普通专科班 13.1 万人），增加 38.42 万人。

成人高等学历教育科类发生变化。财经、

政法、理科、医科招生比例有上升，财经专业招生比例上升最快，比上年提高6.73个百分点。师范招生比上年下降4.12个百分点。成人高等学校本专科招生科类结构。

单位：%

科类	1993年	1992年	1993年比1992年
总计	100.00	100.00	
工科	18.86	20.82	－1.96
农科	1.13	1.32	－0.19
林科	0.23	0.25	－0.02
医药	4.31	3.84	0.47
师范	21.12	25.37	－4.12
文科	7.61	9.09	－1.48
理科	1.14	0.09	1.05
财经	38.98	32.25	6.73
政法	4.91	4.28	0.63
体育	0.30	0.46	－0.16
艺术	1.41	1.42	－0.01

成人高校非学历教育回落。成人高等学校举办的各类非学历教育培训结业人数有所回落，1993年结业人数161.92万人次，比上年减少26.1万人次，下降13.9%。

其中岗位培训和专业证书教育降幅明显，分别比上年下降23.2%和52.3%。

初中等成人技术教育进一步发展。以农民为主体的中初等成人技术培训学校近年来一直呈增长势头。1993年全国成人技术培训学校达到29.83万所，比上年增加1.42万所；参加学习并结业的人数5706.8万人次，比上年增加748.29万人次，其中：农民技术培训学校达到28.85万所，比上年增加1.7万所；结业人数达到5281.46万人，比上年增加821.36万人；参加培训的人次数占乡村劳动力总数的比重为12.2%，比上年提高1.8个百分点。乡、村两级农民技术学校覆盖率分别达到30.7%和81.1%。职工技术培训学校达到0.98万所，比上年减少0.28万所；结业人数425.34万人，比上年减少73.07万人。以职工为主体的成人中等专业学校有一定发展。学校数达到4783所，比上年增加7所；招生数85.67万人，比上年增加14.36万人，增长20.1%；在校生206.76万人，比上年增加32.33万人。

扫除文盲连续三年超过500万人。1993全国举办扫盲学校（班）10.64万个，比上年减少0.5万个，参加扫盲学习结业人数548.17万人，比上年增加24.86万人，连续三年扫盲超过500万人，超额完成扫盲教育年度计划目标。

撰稿　林志华
审稿　徐敦潢

［各级各类教育统计］

1993年各级各类普通学校基本情况

单位：万人

	学校数（所）	学生数			教职工数	
		毕业生数	招生数	在校学生数	计	其中：专任教师
普通高等学校本、专科	1065	57.07	92.40	253.55	102.13	38.78
中等专业学校	3964	73.55	114.89	282.03	51.13	23.93
技工学校	4477	49.74	66.35	173.90	33.52	15.03
普通中学	82795	1365.88	1707.28	4739.11	413.32	316.68
职业中学	9985	102.51	161.53	362.59	39.66	26.17
工读学校	95	0.21	0.23	0.51	0.33	0.16
小学	696681	1841.51	2353.48	12421.24	621.84	555.16
特殊教育学校	1123	1.17	3.35	16.86	2.96	2.04
幼儿园	165197	1533.99	1748.79	2552.54	112.63	83.60

1993 年成人学校基本情况

单位:万人

	学校数(所)	学生数			教职工数	
		毕业生数	招生数	在校学生数	计	其中:专任教师
成人高等学校	1183	44.12	86.27	186.29	20.47	8.95
成人中等专业学校	4783	54.03	85.67	206.76	20.29	10.39
成人中学	5879	52.79	60.30	68.64	3.72	2.04
成人技术培训学校	298295	5706.80	5006.14	4172.51	32.05	11.07
成人初等学校	159435	774.00	737.11	787.69	12.84	4.05

1993 年各级学校中女学生数和女教师数

单位:万人

	女学生		女教师	
	人数	占学生总数的%	人数	占教师总数的%
普通高等学校	85.22	33.61	11.97	30.87
中等专业学校	133.70	47.41	9.70	40.53
普通中学	2071.68	43.71	107.81	34.04
职业中学	169.45	46.73	9.08	34.68
小学	5815.90	46.82	250.69	45.16

1993 年各级学校少数民族学生数和教师数

单位:万人

	少数民族学生		少数民族教师	
	人数	占学生总数的%	人数	占教师总数的%
普通高等学校	16.32	6.44	1.94	5.0
中等专业学校	21.97	7.79	1.56	6.52
普通中学	313.69	6.62	20.21	6.38
职业中学	18.62	5.14	1.39	5.31
小学	1140.17	9.18	47.72	8.60

1993 年小学分城镇农村的学校数和学生数

单位:万人

	学校数(所)	学生数		
		毕业生数	招生数	在校学生数
总计	696681	1841.51	2353.48	12421.24
城市	29203	225.65	275.51	1519.25
县镇	82998	303.02	373.66	1932.47
农村	584480	1312.84	1704.31	8969.52

1993 年小学分办别教职工数

单位：人

	合　　计	专任教师数	行政人员数	工勤人员数	校办工厂、农场职工数
总　　计	6218361	5551597	478104	157964	30696
教育部门办	3795505	3280939	404398	93219	16949
其他部门办	408929	340918	36109	29505	2397
民　　办	2013927	1929740	37597	35240	11350

1993 年小学毕业生和初中毕业生升学率

单位：万人

小学毕业生升学率			初中毕业生升学率		
小学毕业生数	初级中等学校招生数	升学率(%)	初　中毕业生数	高级中等学校招生数	升学率(%)
1841.5	1505.6	81.8	1134.2	500.5	44.1

1993 年学龄儿童入学率及在校学生巩固率

单位：万人

学龄儿童入学率			在校学生巩固率		
全国学龄儿童总数	已入学学龄儿　童　数	入学率(%)	学年初学生数	学年末学生数	巩固率(%)
11432.0	11170.9	97.7	12198.1	11964.9	98.1

1993 年普通中学分城镇农村的学校数和学生数

单位：万人

	学校数(所)	学　生　数		
		毕业生数	招生数	在校学生数
总　计	82795	1365.88	1707.28	4739.11
城　市	12177	273.81	306.55	902.79
县　镇	17706	388.74	447.87	1278.01
农　村	52912	703.33	952.86	2558.31
高　中	14380	231.71	228.34	656.91
城　市	4793	74.18	74.50	213.31
县　镇	5983	112.46	111.66	322.31
农　村	3604	45.07	42.18	121.29
初　中	68415	1134.17	1478.94	4082.20
城　市	7384	199.63	232.05	689.48
县　镇	11723	276.28	336.21	955.70
农　村	49308	658.26	910.68	2437.02

1993年普通中学分办别教职工数

单位：人

	合计	专任教师数			行政人员数	工勤人员数	校办工厂、农场职工
		计	初中	高中			
总计	4133174	3166831	2607855	558976	505524	376576	84243
教育部门办	3396647	2635139	2145598	489541	437130	274761	49617
其他部门办	428042	305779	237605	68174	60353	54537	7373
民办	308485	225913	224652	1261	8041	47278	27253

1993年职业中学分城镇农村的学校数和学生数

单位：万人

	学校数（所）	学生数		
		毕业生数	招生数	在校学生数
总计	9985	102.51	161.53	362.59
城市	3040	35.32	57.41	133.85
县镇	2992	32.09	51.35	112.09
农村	3953	35.10	52.77	116.65
高中	8403	87.99	134.88	306.35
城市	3003	34.83	56.80	132.44
县镇	2861	29.35	47.01	103.40
农村	2539	23.81	31.07	70.51
初中	1582	14.52	26.65	56.24
城市	37	0.49	0.61	1.41
县镇	131	2.74	4.34	8.69
农村	1414	11.29	21.70	46.14

1993年职业中学分办别教职工数

单位：人

	合计	专任教师数			行政人员数	工勤人员数	校办工厂、农场职工
		计	初中	高中			
总计	396626	261771	33135	228636	66997	48229	19629
教育部门办	320360	218221	28484	189737	55486	35628	11025
其他部门办	60282	36867	406	36461	10875	9094	3446
民办	15984	6683	4245	2438	636	3507	5158

1993年中等专业学校分类别学校数和教职工数

单位：人

	学校数（所）	教职工数					
		计	其中：专任教师				
			小计	高级讲师	讲师	助理讲师	教员
总计	3964	511292	239326	26495	83079	96019	33733
中等技术学校	3046	402920	181172	20367	66004	70585	24216
工业学校	941	164407	69912	8769	26946	27239	6958
农业学校	376	50074	21814	2515	7054	9003	3242
林业学校	52	8690	3597	453	1220	1578	346
医药学校	556	68190	30975	3890	11660	11025	4400
财经学校	568	61460	29280	2485	10197	12652	3946
政法学校	141	14269	6004	441	1957	2658	948
体育学校	162	13067	6688	466	2281	2151	1790
艺术学校	146	14166	8655	935	3321	2438	1961
其他学校	104	8597	4247	413	1368	1841	625
中等师范学校	918	108372	58154	6128	17075	25434	9517
其中：幼儿师范学校	67	7986	4187	508	1287	1805	587

1993年中等专业学校分科学生数

单位：人

	毕业生数	招生数			在校学生数
		计	招高中毕业生数	招初中毕业生数	
总计	735509	1148923	250092	898831	2820290
中等技术学校	507299	865371	215411	649960	2098255
工科	168687	287545	61231	226314	758851
农科	40467	63208	9983	53225	178155
林科	7644	11826	1528	10298	34358
医药	92699	137186	12279	124907	352301
财经	144685	273175	94585	178590	568421
政法	21817	31697	27147	4550	59286
体育	9949	15873	224	15649	43014
艺术	10132	24479	2252	22227	61359
其他	11219	20382	6182	14200	42510
中等师范学校	228210	283552	34681	248871	722035
其中：幼儿师范	17834	25529	823	24706	64692

1993年普通高等学校规模

单位：所

学校数	300人及以下	301人至500人	501人至1000人	1001人至1500人	1501人至2000人	2001人至3000人	3001人至4000人	4001人至5000人	5001人及以上
1065	31	38	167	228	144	196	107	56	98

1993年普通高等学校设置专业数

单位:个

	合计	工科	农科	林科	医药	师范	文科	理科	财经	政法	体育	艺术
种数	862	379	55	17	28	46	72	131	46	12	9	67
个数	16178	5717	765	167	616	3258	1401	1024	2330	255	62	583

1993年普通高等学校校数和教职工数

单位:人

	学校数(所)	教职工数						
		计	其中:专任教师					
			小计	教授	副教授	讲师	助教	教员
总计	1065	1021338	387808	24385	95360	162543	83801	21719
综合大学	62	126549	47923	4100	13575	19581	8505	2162
理工院校	292	411064	142331	9349	37815	60696	26431	8040
农业院校	59	67185	23355	1501	5954	9542	5158	1200
林业院校	11	10655	4085	271	1120	1647	943	104
医药院校	126	109887	42310	4202	9209	16859	9863	2177
师范院校	251	170958	74965	2784	16771	31484	19451	4475
语文院校	15	11356	4689	262	1170	1999	972	286
财经院校	82	49017	20163	820	3988	9078	5078	1199
政法院校	27	13964	4900	236	948	2092	1295	329
体育院校	15	7435	3332	175	822	1413	873	49
艺术院校	31	12085	5535	443	1374	2099	1273	346
民族院校	11	10824	4606	140	1012	2077	1048	329
短期职业大学	83	20359	9614	102	1602	3976	2911	1023

1993年普通高等学校分科学生数

单位:人

	毕业生数	招生数	在校学生数	
			人数	%
总计	570715	923952	2535517	100.00
工科	196216	327028	934039	36.84
农科	22236	32834	96196	3.79
林科	5107	7806	23289	0.92
医药	48559	66877	231375	9.13
师范	170738	221160	594053	23.43
文科	25136	51381	127149	5.02
理科	18747	32534	98964	3.90
财经	64342	145074	333240	13.14
政法	10725	19718	51831	2.04
体育	3571	6437	17073	0.67
艺术	5338	13103	28308	1.12

1993年普通高等学校工科分大类学生数

单位：人

	毕业生数	招生数	在校学生数	
			人数	%
总计	196216	327028	934039	100.00
地质	4927	5803	22205	2.38
矿业	5511	7778	26631	2.85
动力	8981	12412	39292	4.21
冶金	4800	6588	22564	2.42
机械	48453	71772	218156	23.36
电机、电器	6480	10962	29778	3.19
无线电技术及电子学	38030	80288	208366	22.31
化工	17130	29044	81406	8.71
粮食食品	5586	7969	22316	2.39
轻工	6374	10029	29434	3.15
测绘、水文	1746	2470	7800	0.83
土木建筑	31436	51304	143306	15.34
运输	4863	7817	22788	2.44
通信	3243	6837	16910	1.81
其他	8656	15955	43087	4.61

1993年分学科门类研究生数

单位：人

	毕业生数	招生数	在校研究生数
总计	28214	42145	106771
其中：博士生	2940	6150	17570
硕士生	25167	35739	88835
研究生班学生	107	256	366
哲学	447	657	1620
经济学	1935	3375	7581
法学	1214	1823	4543
教育学	540	751	1879
文学	1498	2245	5413
历史学	511	739	1878
理学	5718	7316	19787
工学	12607	19458	49515
农学	938	1463	3737
医学	2806	4318	10818

1993年幼儿园基本情况

单位：万人

	园　数（所）	幼　儿　数	教　职　工　数	
			计	其中：专任教师
总　　计	165197	2552.54	112.63	83.60
教育部门办	17861	757.87	24.09	19.16
其他部门办	27899	370.70	40.00	20.70
民　　办	119437	1423.97	48.54	43.74

1993年盲聋哑学校和弱智儿童辅读学校基本情况

单位：人

	学校数（所）	学　生　数			教　职　工　数	
		毕业生数	招生数	在　校学生数	计	其中：专任教师
总　　计	1123	11721	33533	168585	29555	20350
一、盲聋哑学校合计	824	5816	13231	69770	22900	14828
1. 盲聋哑学校	84	1111	1984	9759	3295	2135
盲生部		136	300	1270	655	447
聋哑生部		975	1684	8489	2640	1688
2. 聋哑学校	714	4162	9461	51971	18164	11740
3. 盲校	26	315	468	1944	1135	686
4. 普校附设盲聋哑班		228	1318	6096	306	267
二、弱智儿童辅读学校（班）	299	5905	20302	98815	6655	5522

1993年成人高等学校基本情况

单位：万人

	学校数（所）	学　生　数			教　职　工　数	
		毕业生数	招生数	在　校学生数	计	其中：专任教师
总　　计	1183	44.12	86.27	186.29	20.47	8.95
广播电视大学	45	10.16	21.33	43.79	4.11	1.72
职工高等学校	714	5.92	11.25	27.52	7.97	3.58
农民高等学校	5	0.01	0.02	0.03	0.03	0.01
管理干部学院	166	2.27	5.96	9.31	3.70	1.36
教　育　学　院	249	6.46	9.55	21.69	4.59	2.24
独立函授学院	4	0.36	0.40	1.21	0.07	0.04
普通高等学校举办的						
1. 函授部		13.66	25.30	58.13		
2. 夜大学		4.65	10.76	22.09		
3. 干部专修科		0.63	1.70	2.52		
总计中：电大、函大、夜大普通专科班		2.37	7.92	13.10		

1993年成人中等专业学校和技术培训学校基本情况 单位:万人

	学校数(所)	学生数			教职工数	
		毕业生数	招生数	在校学生数	计	其中:专任教师
成人中等专业学校总计	4783	54.03	85.67	206.76	20.29	10.39
广播电视中等专业学校	124	10.42	21.50	56.23	1.61	0.74
职工中等专业学校	1880	13.08	25.33	56.01	7.41	3.67
干部中等专业学校	243	1.86	4.62	8.85	1.11	0.50
农民中等专业学校	369	4.06	6.70	14.41	1.43	0.82
函授中等专业学校	67	6.02	7.61	21.80	1.05	0.36
教师进修学校	2100	18.59	19.91	49.46	7.68	4.30
成人技术培训学校总计	298295	5706.80	5006.14	4172.51	32.05	11.07
职工技术培训学校	9774	425.34	492.53	303.98	5.93	2.61
农民技术培训学校	288521	5281.46	4513.61	3868.53	26.12	8.46

1993年成人中学基本情况 单位:万人

	学校数(所)	学生数			教职工数	
		毕业生数	招生数	在校学生数	计	其中:专任教师
成人中学总计	5879	52.79	60.30	68.64	3.72	2.04
职工中学	2371	31.20	31.07	34.71	2.48	1.34
高　　中	2036	26.44	25.57	31.20	2.22	1.19
初　　中	335	4.76	5.50	3.51	0.26	0.15
农民中学	3508	21.59	29.23	33.93	1.24	0.70
高　　中	656	6.67	6.49	7.78	0.38	0.24
初　　中	2852	14.92	22.74	26.15	0.86	0.46

1993年成人初等学校基本情况 单位:万人

	学校数(所)	学生数			教职工数	
		毕业生数	招生数	在校学生数	计	其中:专任教师
成人初等学校总计	159435	774.00	737.11	787.69	12.84	4.05
职工小学	1959	13.72	15.03	15.88	0.26	0.13
农民小学	157476	760.28	722.08	771.81	12.58	3.92
其中:扫盲班	106439	548.17	462.92	507.42	9.19	2.60

城市教育综合改革

[**年度改革工作特点**] 1993年全国城市教育综合改革的总趋势是不断扩展，继续深入。继1992年，全国参加城市教育综合改革的城市扩展为102个外，各省、自治区、直辖市又确定了一批自行实验的城市。到年底，全国约有70%的地级城市加入了教育综合改革行列。

1993年，全国城市教育综合改革工作的主要特点是：

自觉地把教育作为城市发展的奠基工程。各实验城市普遍认为面对世纪性的挑战，城市教育的地位作用越来越重要，并日渐成为城市政府的自觉行为。

切实把城市教育放在城市发展“先一步、高一层、快一拍”的地位。为此，率先进行教育综合改革的城市相继修订出台了第二轮教育改革方案。上海市委市政府根据率先建立社会主义市场经济体制和率先与国际经济接轨的要求，提出了上海教育要力争比全国先一步实现《中国教育改革与发展纲要》所确定的目标和任务；江门市委市政府在1993年10月作出《关于加快教育改革和发展的决定》，号召全市人民奋斗5年，力争达到“教育与人才”在全省领先的目标。并规划1995年前市区普及高中阶段教育，2000年全市基本普及高中阶段教育。厦门市决定用5年时间逐步建立适应厦门经济特区经济和社会发展需要、结构优化、布局合理、形式多样的教育体系。苏州市委市政府从教育和学校内部管理体制改革等方面提出了“十个加快”工作要求。

政府统筹力度普遍增强。1993年，在各实验城市所在的广东、吉林、江苏、安徽等省，在当年的教育工作会议上都把城市教育综合改革作为一项重要内容进行了部署。吉林省还宣布从1993年起把城市教育综合改革工作纳入全省“双线”教育工作目标管理责任书中进行年终考核评比。各实验城市的政府也加强了领导。苏州市委市政府下发了《关于加快教育发展和改革若干问题的决定》；威海市政府发布了《关于进一步增加教育投入若干问题的意见》。

许多实验城市凡涉及教育与其它部门关系和利益时，都由市委市政府出面协调、统筹。跨区域的联合综合改革格局开始出现。1993年，江苏省依据苏南地区经济较发达，九年制义务教育基本普及的实际，启动了苏南地区教育现代化工程，省教委制定了《关于在苏南地区组织实施教育现代化工程试点的意见》，要求到本世纪末达到在教育思想、教育发展水平、教育体系、办学条件、师资队伍、教育管理等方面实现现代化。

教育投入普遍增加。到1993年底，全国各实验城市教育费附加征收比例均达到了“三税”的3～4%。各市政府还开通了若干教育集资渠道。邯郸市1990年～1993年城乡教育总投入11.17亿元，其中多渠道集资用于改善办学条件的资金达4.8亿元，占总投入的43%；唐山市国拨教育经费年平均递增15.8%，高于市财政经常性收入年递增11.45%的速度。全市1992年国拨经费达2.12亿元，1993年国拨经费预算比上年增长34.1%。1993年洛阳市仅基建投资就达1122.5万元。到目前，全市共新建标准化学校300余所。

探索建立适应市场经济的教育运行机制。一年来，各实验城市和有关省在如何建立适应市场经济的教育运行机制上作了积极的探索与实践。各实验市基本形成了以政府办学为主，社会多种力量共同办学的体制。江苏省在普通中小学中进行学校所有权和管理权分离试点。河北省确立大职教观，中等职业技术学校由政府与行业部门合办合管，显示了教育的规模效益。吉林省提出了教育的四项转轨任务：(1)由为计划经济体制服务转到为社会主义市场经济体制服务；(2)由主要为第二产业服务转到为一、二、三产业全面服务；(3)由主要为全民所有制企业服务转到为以公有制为主体，多种经济成分的企业服务；(4)由为内向型、封闭型的经济服务转到为外向型、开放型的经济服务。合肥市在改革招生制度时，扩大职业学校和企业办学自主权，放开专业设置，招生数量、招生时间及学制限制，并将职业学校毕业生推向劳动力市场，实行双向选择就业。

利用城市教育优势向乡村辐射。1993年以来，城市教育支援农村，实现城乡教育一体化已成了城市教育综合改革的一项重要内容。江苏省在《关于在苏南地区组织实施教育现代化工程试点的意见》中指出，“要发挥城市教育对农村的辐射作用，要发挥城市教育在设备、师资、管理等方面的优势，为农村教育服务，提高农村劳动者素质。城市高校要立足为本地农村培养高层次人才。要以改革招生制度为枢纽，沟通城乡结合部的教育联系，通过结合部的教育交流，带动农村教育整体水平的提高”。苏州市在规划实施现代化工程时，提出了到本世纪末，全市要有60%的乡镇实现办学条件初步现代化。计划到1995年，市区和县城90%左右的初中毕业生升学，到1997年，各乡(镇)75%左右的初中毕业生升学，到2000年全市城乡基本普及高中阶段教育。

［**企业教育综合改革**］ 1993年，各教育综合改革实验企业都把教育综合改革作为企业改革的一项重要内容。

全国企业教育综合改革实验面继续扩大。到1993年，包括各省、自治区、直辖市自行确定的实验企业在内，据不完全统计全国已有近500家企业开展了教育综合改革。

顺应企业经营机制的转换，积极探索企业教育运行机制。各实验企业在探索企业教育运行机制方面，突出的一点是结合人事、劳动、教育三项制度改革，实现了人、劳、教的统筹，主要表现在：第一，企业把教育作为实现企业目标的重要手段和企业规划的一项重要内容；第二，配合劳动、人事和组织部门的改革，对职工进行培训、考核、测评等；第三，在教育机构设置上逐步实现人、劳、教一体；第四，教育、人事、劳动制度进一步配套，教育效益与奖金等福利待遇挂钩。

教育的服务功能增强。中建一局在企业教育综合改革实验过程中，重视发挥企业教育传播功能，通过职工培训推广新技术成果。促进了企业效益的提高。仅推广钢筋气压组、电渣压力焊、水平窄间隙电弧焊等成果，就节约钢材912.7吨，创直接经济效益273.8万元。太原重型机器厂下大气力为企业培养高级经营管理人才、高级科技人才和高级技术工人，为企业面对国内外激烈竞争创造了条件。太原钢铁公司为适应经济活动的国际化需要，开展了与国际接轨的国际化教育，为企业走向世界提供了保证。

加强了企业教育综合改革的宏观指导和调控。1993年，各实验企业所在的省、自治区、直辖市及本市的政府，普遍加强了对企业教育的指导。上海、保定等市每季度召开一次教育综合改革实验企业座谈交流会，及时把握各实验企业教育综合改革的情况动态。1993年合肥市两次召开了全市教育综合改革试点企业工作汇报会。中国石油天然气总公司总结推广了华北油田进行教育综合改革的成效与经验，制订了在河北省内五个石油企业进行教育综合改革联合试点的《实施方案》。

积极开展了企业教育的研究。企业教育在当前市场经济和建立现代企业制度的形势下，面临着许多新情况和新任务，因而各实验企业都不同程度地开展了企业教育的研究和探讨。中建一局专门成立了企业教育研究课题组，对企业教育的现状与出路进行了深入的调查研究。太原重型机器厂对企业教育管理体制和教育自身建设进行了探究。石油天然气总公司进行了“石油教育及人才开发”课题的研究，并取得了阶段性成果。国家教委于1993年6月在“双元制”模式的试点城市苏州举办了“德国双元制职业教育经验讲习班”，来自全国各地近100个企业的120余名学员参加了交流与学习。

[城市教育综合改革研讨会]　全国城市教育综合改革研讨会议于1993年12月12～17日在广东省江门市召开。47个教育综合改革实验城市主管教育的市长、教委主任和15个城市的劳动局长，30个省、自治区、直辖市教委负责城市教育综合改革的处室负责人共250余人参加了会议。会议的主要内容有：总结交流城市教育综合改革的经验，研讨建立社会主义市场经济体制形势下城市教育面临的挑战与机遇，明确当前城市教育综合改革的目标和任务。

国家教委副主任王明达在题为《认真贯彻〈纲要〉，加快城市教育综合改革步伐》的报告中指出：当前城市教育综合改革的任务就是要带头贯彻落实《纲要》，突出解决教育中的难点。第一，要认真落实教育的战略地位，增加投入，改善教师待遇；第二，要高度重视城市教育结构的协调发展，重视各个层次人才的培养，从政策上鼓励青年人钻研技术，成为能手；第三，要认真贯彻教育与生产劳动相结合方针；第四，要认真研究新形势下的德育工作；第五，认真研究和探索适应社会主义市场经济体制的办学体制和管理体制；第六，努力解决好各类教育的难点，提高教育质量和办学效益。

各实验城市会后均向市委市政府作了汇报。

[城市和企业教育研究会工作]　1993年12月11日，城市教育综合改革研究会在广东省江门市召开了研究会第三届年会。通过了研究会工作报告；选举产生了新一届理事会；评选了优秀论文(一等奖19篇，二等奖20篇)。

1993年7月27～31日，企业教育研究会在太原市召开了“面向二十一世纪企业教育研讨会”，28名论文作者和5位成人教育专家参加了研讨。

1993年城市和企业教育研究会都在开展教育综合改革课题研究上做了不少工作。全国教育科学“八五”重点研究课题“城市教育综合改革的理论与实践研究”和全国哲学社会科学重点研究课题“企业教育综合改革的理论与实践研究”两题的研究均取得了阶段性成果。

撰稿　郭利萍

审稿　郭福昌

农村教育综合改革

［**概况**］ 农村教育综合改革实施五年来，到1993年，国家级实验县达116个，还有540个省级实验县；示范乡已扩展到7056个，分布在1553个县中。116个全国实验县全部成立了农科教结合领导小组，全国已有24个省、自治区、直辖市和7个单列市成立了农科教结合领导小组，全国实验县之一的西藏堆龙德庆县，成立了由县委书记、分管农牧和教育的副县长以及教育、农牧、计划、财政、卫生、宣传等部门组成的科教兴农委员会，分别在教育局和农牧局下设两个办公室。

五年来，农村教育综合改革和实施燎原计划，取得显著成效。(1)教育的战略地位得到进一步加强。河北省阳原、顺平、青龙三县，从1987年到1993年累计投入19463.7万元，用以改善办学条件投资6781.5万元。三县都已普及了小学教育，教育质量在各自地区都名列前茅；普通高中与职业高中在校生比例都达到1∶1以上；在清华大学、河北农业大学等高校和中央教科所的参与下，三县以高校为依托，以县职教中心为骨干，以乡、村成人学校或培训中心为主阵地，形成了辐射千家万户的五级教育与科技推广网络，促进了三县农业和二、三产业的发展。阳原、顺平、青龙三县工农业总产值由1986年的0.98亿元、1.46亿元、1.57亿元，分别提高到1993年的6.3亿元、5.4亿元、5.9亿元；人均收入由1986年的121元、250元、287元提高到1993年的550元、520元、530元。三县青少年犯罪率由1986年的平均0.87‰下降到1993年的0.45‰；计划生育率由1986年的69.9%升为1993年的97.48%。(2)农村教育结构改革取得了重大进展。现在普及了初等教育的地区，职业教育招生数占整个高中阶段招生数已超过50%；成人教育发展迅速，约有70%的乡有1所农民文化技术学校，有20多万个村建立了农民夜校。农村三教协调发展、相互沟通的格局已经开始形成。(3)农村各类教育的改革全面展开，并逐步深入。有些地区的农村普及九年义务教育推行了“五四”制，基础教育引进职业技术教育内容，初中“三十一”、初二分流的教学改革。(4)涌现了一大批各层次各类型的农村教育的好典型。在这些地方，初步形成了“教促富，富促教”的良性循环，起到了示范和辐射作用。(5)农村教育综合改革推动了农村教育科学理论的研究，据不完全统计，国家和省级编辑出版的各类农村教改书籍已达150多种，为农村教育综合改革积累较好的资料。

［**农村教育研讨会**］ 1993年10月18日至22日在昆山市召开农村教育综合改革研讨会。国家教委副主任王明达主持会议并作了题为《坚持不懈地积极推进农村教育综合改革和实施燎原计划，为农村社会全面进步服务》的讲话。专职委员郭福昌主持了经验交流和研讨。江苏省副省长张怀西以及30个省、自治区、直辖市和部分计划单列市分管农村教育的教委主任、农改处长以及国家教委有关司局负责人、“八五”国家社会科学重点课题《农村教育综合改革与农村社会全面进步》课题组的部分研究人员，共计120人与会。

与会代表参观了昆山市的各级各类学校、

六个较好的乡镇企业和国家级昆山市经济开发区等现场。昆山市自 1989 年被列入国家教委农村教育综合改革实验县以来，积极探索最大限度地发挥教育为当地经济建设和社会发展服务功能的途径和做法，从而形成了较为鲜明的昆山特色，给代表们以较大启示。

王明达副主任在会上提出了今后深化农村教育综合改革的几点意见：(1)要认真研究农村经济、社会发展和建设社会主义市场经济体制对农村教育提出的新要求。(2)要积极组织实施燎原计划，加快农村教育改革先进典型的推广。(3)要坚持从实际出发的原则，进一步探索适合不同经济地区农村教育综合改革的路子。(4)农村学校在改革中要特别重视德育工作。(5)要进一步加强对农村教育综合改革的领导，要加强干部培训工作。(6)要继续抓好农村教育综合改革的理论研究。

［**农村教育课题研究**］ 国家“八·五”社会规划重点课题《农村教育综合改革与农村社会全面进步》课题组于 1993 年 2 月，由王明达副主任主持参与课题研究的专家、学者共 40 余人在廊坊召开开题会议。经研究决定：课题分为 8 个子课题，1—4 为理论研究部分，5—8 为实验研究部分。并确定了子课题题目及承担研究的单位。第一子课题“总论”；第二子课题“农村教育综合改革与物质文明建设”；第三子课题“农村教育综合改革与农村精神文明建设”；第四子课题“农村教育体制改革”；第五子课题“超小康地区农村教育综合促进社会进步”；第六子课题“小康地区农村教育综合改革促进社会进步”；第七子课题“欠发达地区农村教育综合改革促进社会全面进步”；第八子课“贫困地区农村教育综合改革促进社会全面进步”。

1993 年 10 月 27 至 28 日，课题组主要成员在上海召开会议，交流各子课题进展情况，较详细地讨论了经反复修订的研究提纲。

［**十城市农村教育研讨会**］ 1993 年 10 月 25 日至 30 日在上海市嘉定区召开第三次全国十城市(城郊型)农村教育综合改革研讨会。上海、北京、天津、广州、沈阳、大连、武汉、宁波、重庆、教育部门分管农村教育综合改革的副主任等 150 人参加了会议。青岛市教委应邀也参加了会议。国家教委副主任王明达、专职委员郭福昌参加会议并讲话，上海市政府教卫办主任王声洪、市教育局长袁才到会。与会代表参观嘉定各类教育并实地考察了各类教育实习基地、校外教育、活动中心等，一致认为，嘉定地区农村教育综合改革的特点是：(1)各级领导象抓经济那样抓教育。(2)从实际出发，初步建立适应本地区特色的教育体系。王明达副主任在会上对富裕地区进行农村教育综合改革探讨提出了如下要求：(1)要适应经济发展，借鉴国外尤其是西德经验，认真探索富裕地区高等教育与严格的中等职业教育的合理结构。有条件要发展更高层次的教育，但要统筹规划。(2)在富裕地区除了重视文化基础教育以外，特别要重视从小培养职业意识，职业技能，这是关系我国未来发展的一个重要问题，因此，要努力予以研究。(3)富裕地区要把已有的成功经验逐步制度化、规范化，高标准建设一批示范点。(4)要特别重视外语教育，以适应改革开放的需要。(5)要更好地把各种教育资源统筹规划，尤其在师资培训等方面，如何支援农村，要创造一些经验。在农村教育综合改革方面，如何与城市教育综合改革衔接，大城市、中心城市如何辐射周围的县，发达地区要先走一步，为我国的城市教育综合改革积累更多更好的经验。

撰稿　张玉兰
审稿　郭福昌

教育督导

[建立义务教育和扫盲评估验收制度] 为了推动和保证十四大提出的"到本世纪末，基本扫除青壮年文盲，基本实现九年制义务教育"的战略目标的实现，1993 年 1 月，国家教委党组决定，从 1993 年起，建立对普及九年义务教育的县(市、区)和扫除青壮年文盲的县(市、区)进行评估验收(以下简称"两基"评估验收)的制度。

国家教委于 1993 年 2 月 22 日，召开了"两基"评估验收工作电话会议，进行部署。国家教委副主任柳斌、邹时炎、王明达等同志出席会议并讲了话。会议明确"两基"的评估验收由各省、自治区、直辖市人民政府负责。被评估验收的县(市、区)要进行自评自查。国家教委通过对省、自治区、直辖市"两基"评估验收工作的抽查，加强对这项工作的指导。抽查工作的具体组织实施归口督导部门；各省、自治区、直辖市要从实际出发，制定出分期分批评估验收的规划，严格评估验收的工作程序；各地要加强对评估验收工作的组织领导；会议还对 1993 年的评估验收工作作了初步安排。

为了保证评估验收工作的质量和顺利进行，国家教委于 3 月 2 日至 15 日对参加评估验收人员中的骨干进行了为期两周的培训。为指导各地的"两基"评估验收工作，国家教委还下发了关于《普及九年义务教育评估验收办法(试行)》，关于《县级扫除青壮年文盲单位检查评估办法(试行)》及关于《1993 年普及九年义务教育县(市、区)和扫除青壮年文盲县(市、区)评估验收办法(试行)》等文件。同时，国家教委督导司还先后派人到河北、天津、上海、江苏、广东、广西等地调研，具体指导当地的"两基"评估验收工作。

1993 年，各地认真贯彻落实国家教委的"两基"评估验收电话会议精神和文件精神。全国有 26 个省、自治区、直辖市对普及九年义务教育和扫除青壮年文盲的县(市、区)进行了评估验收。1993 年，全国共有 354 个县(市、区)通过评估验收，占全国县(市、区)总数的 12.36%，人口覆盖率达到 12.68%。

在各省、自治区、直辖市评估验收的基础上，国家教委于 1993 年 6 月～11 月，分别对天津、江苏、上海、吉林、北京、浙江、山东等 7 个省、直辖市的"两基"评估验收工作进行了抽查试点。通过抽查试点，总结了 4 条基本经验：(1)政府重视是"两基"评估验收工作顺利进行的关键。7 省、市的评估验收工作都是政府直接组织进行的。(2)指导思想明确。7 省、市都坚持依照国家教委的有关法规并结合本地实际情况，既积极推进又扎实稳妥，既坚持基本要求，又因地制宜进行工作，不赶进度，不降格以求。(3)充分发挥教育督导机构的监督执法职能。各省、市在评估验收过程中，进一步健全了教育督导制度，都由政府明确授权，以教育督导人员为骨干，吸收政府有关职能部门和教育行政部门有关职能处室人员参加，共同搞好评估验收工作。(4)要遵循科学的程序，以自查自评为基础，把自下而上的自我评估和自上而下的评估验收结合起来。这次抽查的情况，为修订《普及九年义务教育评估验收办法》(试行)和《县级扫除青壮年文盲单位检查验收评估办法》(试行)两个办法提供了依据。

撰稿 李今令 轩兴平 莫景祺
审稿 张永彪 郑启明

[**督导工作座谈会和经验交流会**] 1993年8月和12月,国家教委先后在大连、武汉召开教育督导工作座谈会与全国教育督导评估经验交流会。

教育督导工作座谈会通报了国家教委在机构改革中为加强教育督导工作,决定建立国家教育督导团的有关情况,传达了柳斌同志关于加强教育督导工作的多次讲话精神。座谈会的议题:一是研究教育督导工作面临的新形势、新任务,及加强教育督导工作的问题;二是研究"两基"评估验收工作和基础教育遇到的突出问题。通过座谈研讨,对在新形势下加强教育督导工作等取得了共识。会后国家教委于1993年9月27日转发了《教育督导工作座谈会纪要》。《纪要》指出,教育督导是政府对教育工作进行宏观管理的重要手段和制度,建立国家教育督导团是加强教育督导工作的重要举措。希望各级政府加强对督导工作的领导。对实践证明已经行之有效的教育督导体制,在机构改革中,可继续坚持。对原体制不顺,机构不健全,甚至未建立机构的地方,应理顺教育督导体制,建立和健全教育督导机构。

[**建立国家教育督导团**] 为保证国家有关教育的方针、政策、法规的执行,推动义务教育的实施和中等及中等以下教育的改革与发展,经中央机构编制委员会审核,国务院批准,建立了国家教育督导团。国家教育督导团在国家教委领导下,行使国务院赋予国家教委的教育督导职权。其主要任务是:依照国家有关法令、法规对各省(自治区、直辖市)政府的基础教育及相关的工作进行督导。在现阶段的重点是:对各省(自治区、直辖市)政府落实党的十四大提出的"到本世纪末,基本扫除青壮年文盲,基本实现九年制义务教育"的战略目标情况进行督导检查。国家教育督导团的主要职能是:(1)对国家有关教育工作的方针、政策、法规的执行情况进行监督、检查。(2)主要就中等及中等以下教育及相关工作,对省、自治区、直辖市人民政府以及有关职能部门贯彻教育方针和执行教育法规的情况进行督导、评估。向国务院和国家教委反映情况,提出建议。(3)会同有关部门拟订有关教育督导工作的法规和重要的规章制度。(4)制订有关教育督导工作的方针、计划、办法和指导方案,组织实施全国性的教育督导工作。(5)指导地方政府的教育督导工作。(6)指导督导人员的培训和教育督导理论研究工作。国家教育督导团设总督学一名、副总督学两名。经国务院任命,柳斌为总督学;国家教委党组任命,郭福昌、陈德珍为副总督学。国家教育督导团下设督导团办公室。国家教育督导团的工作已于1993年下半年开始运转。

为了加强教育督导工作,国家教委于1993年从各省(自治区、直辖市)、有关部委及民主党派中央机关中聘请了59名国家督学。其中首次从民主党派中央机关中聘请的3名国家督学,又是特约教育督导员。连同1992年聘请的两名国家督学,受聘的第三届国家督学共计61名。

第三届国家督学名单

李学信	汤世雄	刘铁岭	叶文山	于愫(女)
尹玉心	许梦申	杨海榕	徐文林	王纯山
郭健夫	梁植文	孙万良	孙伯祥	顾　翔
冷家瑞	吴　椿	周德藩	滕伟石(女)	何永培
丁可也	朱仇美	傅宗弼	黄定元	张希仁
尹钧荣	吴鸿章	汤瑞桢	李春祥	徐玉坤
方学木	向宏业	欧阳苏	周国贤	蒙荫昭
任贵禄	傅鸣飞	任吉麟	符康荣	方希颜
孔庆宗	张克俭	薛景华	张昌言	康尔珪
程庆麟(女)	王凤峨	努尔提也夫	任　强	郑启明
郝维谦	李星万	李晋裕	南国芬(女)	朱世和
姬君式(女)	张永彪	陈光亮		

徐德骁(民进中央)　赵光华(民进中央)　姚子范(民盟中央)

撰稿　吴国栋　李　捷　陈卫军

审稿　张永彪　郑启明

[**全国督导机构及督导人员情况**]　据统计,截止1993年底,全国29个省(自治区、直辖市)已建立省级教育督导机构。地市级和县区级教育督导机构的比例已达到97.2%和89.9%,分别比1992年上升了2.4和6.0个百分点。有22个省(自治区、直辖市)的地市级督导机构和12个省(自治区、直辖市)的县区督导机构比例达到了100%,9个省(自治区、直辖市)县区级督导机构比例超过了90%。西藏自治区教育督导机构和队伍建设也开始起步。全国教育督导人员总数已由1992年的14148人发展到17502人,其中专职督导人员9343人,兼职督学8159人,分别比1992年增长了698人和2656人。全国督导机构及督导人员情况详见下表:

全国教育督导机构情况表

省级督导机构	已建立督导机构的市(地、州、盟)(个)	占所辖市(地、州、盟)的百分比(%)	已建立督导机构的县(含县级市、省辖市的区)(个)	占所辖县(含县级市、省辖市的区)的百分比(%)
北京市教育局督学室	10	100	8	100
天津市教育局督导室	13	100	5	100
河北省教育督导室	12	100	162	93.64
山西省教委督导室	11	100	118	100

（接上面表）

内蒙古自治区教育厅教育督导室	11	91.6	92	92
辽宁省教委督学室	14	100	100	100
吉林省教委督学室	9	100	59	100
黑龙江省人民政府教育督导室	14	100	155	100
上海市教育督导室	14	100	7	100
江苏省教育督导室	11	100	106	100
浙江省教委督导室	11	100	86	100
安徽省教委督导室	14	87.5	60	58.25
福建省普通教育督导室	9	100	82	100
江西省教育督导室	9	81.8	68	68
山东省教委督导室	17	100	115	85
河南省教委督导室	17	100	137	87.3
湖北省人民政府教育督导室	14	100	96	100
湖南省教委督导室	14	100	119	96.75
广东省教育厅督导室	20	100	110	91.66
海南省教育厅教育督导室	0	0	3	17.6
广西壮族自治区教委督导室	13	100	98	98
四川省教委督导室	21	91.3	161	73.5
贵州省教委督导室	9	100	80	93
云南省教委督导室	17	100	105	82.7
陕西省教委督导室	10	100	102	95.4
甘肃省教委督导室	14	100	85	100
青海省教育厅普通教育督导室	7	87.5	40	93
宁夏回族自治区教育厅督导室	3	75	12	50
新疆维吾尔自治区教育督导室	16	100	85	94.4
总　　计	354	97.2	2456	89.9

注：(1) 北京、天津、上海三市所辖的区统计在市(地、州、盟)一栏。

(2) 总计中百分比不含西藏。

全国教育督导队伍情况表

	省级督导机构人数（人）		市（地）级督导机构人数（人）		县（区）级督导机构人数（人）	
	专职	兼职	专职	兼职	专职	兼职
北京市	12	23	74	62	44	26
天津市	6	13	74	9	24	17
河北省	6	1	78	16	546	327
山西省	8	17	44	32	528	197
内蒙古自治区	5	3	41	5	221	24
辽宁省	8	9	92	28	486	79
吉林省	7	0	62	25	322	50
黑龙江省	7	6	65	38	396	105
上海市	11	6	136	53	59	14
江苏省	4	17	48	22	370	521
浙江省	8	16	40	61	239	503
安徽省	11	0	47	10	132	22
福建省	10	11	69	39	326	138
江西省	5	6	28	54	159	110
山东省	8	16	62	48	320	118
河南省	5	21	66	176	489	1036
湖北省	5	20	54	97	309	225
湖南省	10	0	57	45	299	687
广东省	8	6	52	53	223	160
海南省	2	6	0	0	9	0
广西壮族自治区	4	12	35	32	262	92
四川省	7	15	53	237	481	554
贵州省	3	0	21	53	174	325
云南省	4	22	33	73	117	159
陕西省	6	13	47	20	440	10
甘肃省	6	35	53	102	297	644
青海省	12	24	20	4	120	113
宁夏回族自治区	5	0	13	10	31	0
新疆维吾尔自治区	6	30	60	30	197	121
总计	199	348	1524	1434	7620	6377

注：北京、天津、上海三市所辖区的人数统计在市（地）级一栏。

根据督导机构和督导人员变化情况，1993年，国家教委继续委托华北、华东教育管理干部培训中心，培训专职教育督导人员200余人，各省(自治区、直辖市)也培训了县、区专职教育督导人员。截止1993年底，全国专职教育督导人员中接受过培训的比例为43.2%。

撰稿　吴国栋　李　捷　陈卫军

审稿　张永彪　郑启明

[北京市率先实现普及九年义务教育和扫除青壮年文盲]　1986年《义务教育法》颁布后，北京市委、市政府即把普及九年义务教育列为教育工作的重点，加强领导，从各方面予以重点保证。到1993年，全市各区(县)先后完成了普及九年义务教育规划目标。同年，市政府对全市所属18个区(县)的"普九"和扫盲工作逐一进行了评估验收。

1993年10月18～30日，国家教委以郑启明为组长的抽查组对北京市普及九年义务教育和扫除青壮年文盲工作进行抽查的情况如下：

北京市各区(县)适龄儿童小学入学率均在99%以上，初中入学率均在98%以上；小学、初中在校生辍学率都控制在0.1%和2%以内；15周岁人口初等教育完成率和17周岁人口初中教育完成率也都达到国家规定的验收标准；残疾儿童少年入学率均在85%以上。义务教育所需师资在数量和学科上能够基本满足需要，各区(县)和乡(镇)的学校都能按教学计划开齐开足课程；初中毕业生中考6科参考率各区县均达到100%；小学公办专任教师的学历合格率均在90%以上，初中公办专任教师学历合格率均在80%以上，将代课教师计入总数，初中专任教师的学历合格率也都在75%以上；各小学、初中校长全都经过岗位培训，教师队伍基本稳定，从未出现拖欠教师工资的现象。全市已基本建立了以政府拨款为主，多渠道筹措教育经费的教育投资体制，保证了九年义务教育经费的基本需要，体现了教育经费以财政拨款为主的原则；普教经费不仅实现了逐年"两个增长"，而且做到了生均公用经费逐年增长。义务教育办学条件已全面达到国家和北京市规定的基本标准；小学、初中校(点)布局基本合理，校舍坚固、够用、适用，设施配套；学校的教学仪器、音体器材、图书资料达到市颁标准。有关教育质量的指标也都达到规定要求。

全市青壮年人口中非文盲率达到99.6%；已经在"六五"期间普及了初等教育。近三年以来，全市脱盲人员的巩固率达到99.3%，对脱盲学员进行了口头和笔答两种方式的抽测，其读、写、算能力都达到了《扫除文盲工作条例》规定的个人脱盲标准；全市所辖的273个乡(镇)都建立了成人学校，所辖3862个行政村都建立了农民文化技术学校(含教学点)，区(县)、乡(镇)、村三级成人教育网络基本形成。

国家教委抽查组就抽查结果与北京市委副书记李志坚、副市长胡昭广及有关方面负责人交换了意见。抽查组认为，北京市普及九年义务教育和扫除青壮年文盲工作的各项指标均已达到国家和市里规定的验收标准，国家教委抽查组对北京市普及九年义务教育和扫除青壮年文盲评估验收工作予以充分肯定，北京市成为我国率先实现普及九年义务教育和扫除青壮年文盲的直辖市。北京市能够按期实现"普九"和扫盲的主要经验是：(1)各级党政领导十分重视和关心教育工作，把教育和市政建设并列为市里的两大基础工程来抓，落实了教育优先发展的战略地位。建立了一套抓教育工作的制度。(2)义务教育经费得到比较充分的保证，对办学薄弱地区和薄弱环节实行倾斜政策，重点扶持。(3)市政府坚持依法治教，已形成了行之有效的义务教育督导制度。(4)重视学校建设的规划和学校布局调整,提高办学的规模效益。(5)扫盲工作常抓不懈,责任落实到人。市政府用两年的时间扫除剩余青壮年文盲后,机构不撤,队伍不散,工作不停,又连续三年狠抓巩固扫盲成果,把巩固提高工作有机地结合起来。

国家教委办公厅于1993年12月31日,下发了国家教委抽查组对北京等6省、市普及九年义务教育和扫除青壮年文盲评估验收工作的抽查报告,并要求进一步做好工作,把实施义务教育推向一个新的水平。

撰稿　轩兴平
审稿　张永彪

[**地方教育督导工作动态**]　1993年,一些地方通过立法或政府发文,确立教育督导机构的地位与职能。上海市第八届人大常委会于1993年2月通过了《上海市实施〈中华人民共和国义务教育法〉办法》;同年12月,北京市第十届人大常委会第七次会议审议通过了《北京市实施〈中华人民共和国义务教育法〉办法》,均明确赋予督导室对下级人民政府的教育工作进行督导的职权。湖北省人民政府于同年3月印发的《湖北省教育督导暂行规定》;广西壮族自治区人民政府于同年6月印发的《实施〈教育督导暂行规定〉的通知》,均明确授权教育督导机构行使政府教育督导职权。

对县(区)、乡(镇)政府教育工作的督导评估,在过去几年的基础上,范围在扩大,并已初见成效。湖南省及无锡、重庆、哈尔滨等十几个市,对区县政府教育工作的督导评估已初步建立了评价监督制度,对促进领导重视教育,落实教育的战略地位;完善分级办学、分级管理体制;掌握办学方向,深化教育改革;推动普及九年制义务教育和扫除青壮年文盲工作的实施;增加教育投入,改善办学条件;加强师资队伍建设,提高教育质量方面,发挥了重要的作用。

各地在前两年工作的基础上,继续开展了对普通中小学校工作的督导评估。全国现有21个省、自治区、直辖市根据国家教委制定的《普通中小学校督导评估工作指导纲要》,结合本地实际,制订了对中小学校工作督导评估的方案和实施规划,分期分批地组织实施。各地开展普通中小学校督导评估,对推动基础教育的改革和发展,提高学校管理水平,全面贯彻教育方针,全面提高教育质量产生了积极的作用。广东省从1993年开始,在全省试行中小学等级评估制度,对中小学办学水平进行考核、评价、定级,也已初见成效。

各地重视总结交流开展教育督导评估的工作经验,开展学术活动,并加强督导机构内部的建设。黑龙江、湖南等省分别召开了教育督导经验交流会、教育督导工作会议。江西省及北京市的海淀区分别召开了地区间的教育督导评估研讨会、协作会。江苏省教育学会教育督导专业委员会已于同年3月成立并举办了首届年会。黑龙江省也于同年11月成立了省教育督导学会。山西省教委于1993年9月创办并发行了《教育督导与评估》双月刊。

在加强机构内部管理和建设方面,吉林省教委、哈尔滨市人民政府分别发出关于进一步加强督导队伍、完善督导制度的意见;四川、湖北等省还对各地、市、州教育督导机构和队伍进行了考查,对川、鄂两省稳定督导队伍、提高督导人员素质,加强机构建设等方面均起到积极的推动作用。

撰稿人　吴国栋　李　捷　陈卫军
审稿人　张永彪　郑启明

教育财务管理

［**教育投入改革思路**］　为落实国务院副总理李岚清1993年10月在国家教委直属高校工作咨询委员会第四次会议上提出的要组织专家研究论证，拿出一个规范的、符合我国国情的、能有效解决增加教育经费投入问题的方案的要求，按照国家教委领导的有关指示精神，1993年底财务司在组织财政、税务、金融等方面专家研讨的基础上，提出了财税体制改革后增加教育投入的改革思路。

一、切实保证财政投入的主渠道作用。

——依法保证落实《纲要》所规定的“三个增长”和政府支出中教育经费所占比例，并在《教育法》中予以确定。

——改革和完善教育经费管理体制，发挥各级教育行政部门在编制教育经费预算和统筹教育经费使用方面的作用。

——加大中央和省级政府用于贫困地区的教育专款补助数额，保障贫困地区教育发展的基本需要。

二、实行多渠道筹措教育经费。

——适应税制改革的要求，进一步完善教育费附加征管办法。同时，按照分税制原则，省、自治区、直辖市政府可以依法开征用于实施义务教育的地方税种。

——继续鼓励集资办学和捐资助学。通过制订切实可行的实施办法，对集资办学工作加以支持和引导。农村集资应主要用于农村学校危房改造和新建校舍。

——对校办产业继续实行税收减免，并在贷款方面予以优惠。

——建立各级教育基金组织，广泛吸收海内外捐赠。

三、通过深化改革，调整教育内部结构和改革经费分配办法，提高教育经费使用效益。

撰稿　胡延品

审稿　钱一呈

［**集资改造农村校舍危房**］　通过1981—1991年全社会的努力，开辟集资办学多种渠道，全国共筹措资金1006亿元，新建中小学校舍2.75亿平方米；改造破旧校舍1.6亿平方米；消除中小学危房4.23亿平方米，危房所占比重由1980年底的15.9%下降到1.6%，使农村中小学办学条件得到了极大的改善，在全国大部分地区基本实现了“校校无危房，班班有教室，学生人人有课桌凳”的基本要求。

1993年，全国农村中小学危房数量及所占比例普遍回升，通过集资办学筹集的资金大幅度下降。全国中小学仍有1500万平方米危房，另有2亿多平方米土木结构的校舍随时可能成为危房。

国务院关于减轻农民负担的文件发布后，由于各地对政策理解不一，极大地影响了危房集资改造工作，1993年集资助学经费比上年减少38%，据调查近1/6的县危房率超过5%。对此，党中央、国务院十分重视教育投入。中共中央《关于建立社会主义市场经济体制若干问题的决定》指出：“义务教育主要由政府投资办学同时鼓励多渠道、多形式社会集资办学和民间办学。"《决定》发布后，国家教委组织了农村教育集资工作调研，并着手草拟规范化的、可操作的农村教育集资文件，并列入国家教委1994年工作要点，也明确要求引导并完善农村教育集资工作。

撰稿　魏养根
审稿　钱一呈

［委属院校财务工作贯彻《纲要》情况］1993年，国家教委财务司结合直属高等院校的财务工作实际，拟定了《关于委属院校财务工作贯彻〈中国教育改革和发展纲要〉的意见》，要求各校财务工作积极适应高等教育事业发展的需要，更新观念，加快改革，将《纲要》精神落到实处。

一、制定具体措施，保证多渠道筹措经费的改革形势继续稳定发展。委属院校在"七五"期间和"八五"头两年，坚持以国家财政拨款为主，多渠道筹措教育经费的原则，基本上形成了"财、科、费、产、社、基"的新格局。《纲要》第47条肯定和明确了这一原则。各委属院校今后应结合各自实际，探索制定必要的政策和措施，努力保证学校的办学经费相对稳定并持续增长。多渠道筹措资金应成为学校财务工作的一项重要内容，成为主管校长或总会计师的一项重大职责。

二、积极参与和推进学校各项改革，充分发挥财务工作的作用。自进入九十年代以来，许多委属院校相继开展了学校内部管理体制改革，通过改革校内人事制度、分配制度、住房制度、公费医疗制度和职工离退休保险制度等，转换学校运行机制，充分挖掘内部潜力，提高了办学水平和效益。《纲要》提出应继续深化这一改革，进一步扩大高等学校自主权，使高等学校真正成为面向社会自主办学的法人实体。因此，各校财务部门应继续积极参与和推进校内的综合改革，通过运用一系列经济杠杆，调动各方面的积极性，提高经费使用效益；应研究和参与组织实施学生学杂费收费制度、奖贷学金制度、勤工俭学制度和招生及毕业生就业制度的改革，通过这些改革，理顺关系，建立起学校主动适应经济建设和社会发展需要的自我发展、自我约束的运行机制。

三、研究高等学校财政拨款机制的改革问题，探讨基金制的试行方案。《纲要》第21条指出，"改革对高等学校的财政拨款机制，充分发挥拨款手段的宏观调控作用。对于不同层次和科类的学校，拨款标准和拨款方法应有所区别。改革按学生人数拨款的办法，逐步实行基金制"。委属院校的财政拨款机制经过"七五"以来的几次改革，已经逐步走入规范化轨道，逐步具备了试行基金制的条件。各校财务部门必须率先参与研究实施基金制的运作方案及因此而带来的变革。

四、适应新形势新制度的需要，加快财务和会计工作的改革。随着社会主义市场经济体制的建立和高校法人地位的日渐确立，高等学校的财务管理和会计核算工作从职能到方法、手段都发生了深刻的变化，从内容到形式都需要进行较大步伐的改革，因此，各校财务部门应根据《纲要》的指导原则，结合基金制的改革，统筹研究财务管理、会计核算和财会队伍建设等工作。

这些《意见》发布以后，各委属院校财务部门据此对照《纲要》进行了学习和研究，并结合实际开展改革工作，使委属院校的财务工作面貌发生了较大变化，各校校办产业自1993年7月1日起开始执行全国统一的新行业财务制度和会计制度；东南大学、上海外国语学院1993年开始进行全范围的收费与奖贷学金制度改革；部分委属院校将于1994年试行基金制拨款方案；新的《高等学校财务制度》和《高等学校会计制度》已于1993年拟出初稿。

撰稿　田祖荫
审稿　钱一呈

［**设立委属院校校办产业周转金**］　为了推动和促进委属院校校办产业的发展，经与财政部协商并参照财政部设立全国文教事业周转金的做法，国家教委于1993年6月设立了委属院校校办产业周转金。此项周转金主要面向国家教委直属高等院校，用于扶持校办产业有效益的项目，尤其是高校的科技成果转化项目。周转金实行项目管理原则，每年一期，有偿使用，到期归还并按规定支付占用费。国家教委财务司根据这些原则制定了《委属院校校办产业周转金管理暂行规定》，并于1993年6月下发给各委属院校。第一期周转金2000万元，已于1993年底以前全部下达给北京大学、清华大学、南京大学、华中理工大学和北京外国语学院等20余所院校。

撰稿　田祖荫
审稿　钱一呈

［**高校校办产业会计制度改革**］　1993年7月1日，财政部发布了《企业财务通则》、《企业会计准则》以及一系列的分行业企业财务制度和会计制度(简称“两则”、“两制”)。这些制度的全面实施，标志着我国的会计核算制度朝着社会主义市场经济模式转换、更好地向国际惯例靠拢迈出了关键性的步伐。高等学校的校办产业作为社会企业的一部分，虽有其产生和经营上的特殊性，但也面临着适应社会主义市场经济体制，自觉参与社会公平竞争的问题。因此，国家教委、财政部于1993年4月15日联合发布《关于高等学校校办产业执行新财务会计制度有关问题的通知》，重点明确如下内容：(1)高等学校校办产业，包括校办工厂、出版社、期刊(杂志)社、校办公司、科技服务机构和其他经营实体等，从1993年7月1日起，执行社会相同性质行业的财务会计制度。(2)各单位要按照“一级培训一级”的原则，采取多种形式，认真做好培训工作，组织财务会计人员学习、领会新的财务会计制度，以利于新旧制度的顺利衔接。

《通知》发布后，国家教委财务司于1993年5月在南京举办“新制度讲习班”，各委属院校财务部门、校产管理部门和校产财务部门派人参加了学习班。各校也按照通知精神，有计划、有组织地开展培训工作和新旧制度转换工作。高等学校校办产业通过实行新制度，明确了资本金，建立了资本保全原则，逐渐明确了产权关系；通过建立资本注册制度，自负盈亏有了可靠保证；通过取消对企业使用资金的限制，切切实实落实了财权；通过实行国际通行的制造成本法，企业成本真实，盈亏结果反映准确，评价其经营成果有更客观的标准；另外，校办产业靠拢国际惯例，有利于走向国际市场。

针对高等学校校办产业执行新财务会计制度中的一些特殊性问题、诸如产权问题、成本问题、利润问题和税收问题等，国家教委、财政部等有关部门正在制定若干补充规定。

撰稿　田祖荫
审稿　钱一呈

［**资助留学回国人员科研费**］　1993年用科研资助费资助留学回国人员627人，资助项目中有105项科研成果达到国际先进水平，113项成果填补了国内空白，有21项获得国家专利。

安排专项经费686万元择优资助回国留学人员113人，平均资助强度为每人6万元，对吸引留学人员学成回国、支持高等学校年轻教师开展科研和教学，培养跨世纪人才起到了积极作用。

撰稿　徐　孝
审稿　钱一呈

［世界银行贷款项目管理］　截止到1993年，我国教育利用世界银行贷款总额为10.68亿美元，项目总数为10个。

根据《中国教育改革和发展纲要》及世界银行对华贷款政策，国家教委提出了1994～1996年教育用贷计划，用贷方向为贫困地区基础教育发展、职业技术教育、扫盲教育、医学教育及高等教育改革。国务院批准的1994～1996年我国教育利用外资共3个项目。其中“师范教育发展项目”经过一年多的项目准备，于1993年5月18日，世界银行与中国政府签署了项目信贷协定，世界银行贷款总额为1亿美元。国内配套资金总额为9.38亿元人民币。1993年11月，财政部、国家教委与15个项目省（自治区）签署了该项目的转贷和执行协议。

撰稿　周　坚
审稿　钱一呈

［世界银行贷款项目执行情况］　1993年，我国政府与世界银行新签订了贷款金额为7210万特别提款权（折合1亿美元）的“师范教育发展项目”，同时，“第二个大学发展项目”和“地方大学发展项目”两个世行贷款项目的帐户已经关闭。截止到1993年，由国家教委归口管理的世界银行教育贷款项目总数10个，贷款总金额为10.68亿美元，其中已经完成的项目4个，仍在执行的（包括本年度新签约1个）项目共6个。

一、已完成的贷款项目

按照世界银行的有关规定，国家教委外资贷款办公室（以下简称“贷款办”）在1993年对“第二个大学发展项目”和“地方大学发展项目”由我方完成了英文部分的完工总结报告，已报送世界银行。两个贷款项目的实施结果，基本上达到了项目目标和各项效益指标。为了加强项目完工后的管理，发挥项目的持续效益，贷款办召开了项目总结会，交流了各院校在项目执行管理中的经验和体会，研究了项目后续管理和持续效益等有关问题。

二、正在执行的贷款项目

“中学在职教师培训项目”。1993年是本项目执行的最后一年，各项执行工作基本完成。第三期设备招标的合同签约工作于1993年1月10日完成，共签订合同56个，计8853台件设备，合同金额为751.7万美元。本项目经过3次招标，共签订591个合同，采购设备262932台件，合同总金额达4096.3万美元。

本项目的图书采购工作到1993年9月全部完成，通过合同采购和直接采购为项目院校购买20万种计200余万册的图书、软件、音像制品及港台地区教材，采购完样金额为1786.3万元人民币，为项目院校提供图书资料价值（码洋）2106.2万元人民币。

本项目1993年举办外国专家讲习班8个，项目单位319人参加学习；全年派出留学人员46名。截止到1993年底，本项目共计派出205名教师出国进修学习，已回国115人。年底，贷款办全面部署了完工总结工作。本项目的帐户将于1994年底关闭。

“教材建设项目”。1993年，本项目的执行工作已接近扫尾。为了提高设备利用率，充分发挥贷款的使用效益，在部分大型设备和项目单位之间进行了调整。利用项目两次招标后的余款进行其它方式采购设备的工作已完成汇总清单、询价及报批等程序，即将开始采购，计划金额为380万美元。本项目人民教育出版社40万美元的图书采购已基本完成。

本项目在1993年共举办7个讲习班，项目单位175人参加；全年录取留学人员15

人，派出 33 人。迄今本项目总计录取 50 人，派出 35 人，已回国 20 人。

“职业技术教育项目”。本项目第三期设备采购（国际竞争性招标）到 1993 年底已完成大部分工作。此次招标计划采购金额 900 万美元，目前评标工作已经结束，陆续开始签订合同。

本项目 1993 年举办讲习班 10 个，项目单位 328 人参加；全年录取留学人员 22 人，派出留学人员 21 人。到年底，共计录取留学人员 70 人，派出 34 人，已回国 21 人。

截止到 1993 年底，本项目的信贷支付额为 2742.0 万特别提款权，其中设备和图书 2558.9 万，专家服务 143.5 万，国内外培训 39.6 万。

“重点学科发展项目”。1993 年是本项目执行的第三年。根据《信贷协定》和《评估报告》的要求，国家教委会同中国科学院全面部署了本项目的中期检查工作，在各项目单位自查的基础上，国家教委和中国科学院将与世界银行联合对部分项目单位进行实地抽查。

1993 年初，贷款办召开了第一期设备国际招标的合同交接会议，开始执行合同。在签订的 607 份合同中，已到货合同 547 个，金额为 5295.4 万美元；未到货合同 55 个，计 1528 万美元，其中计算机 1100 万美元。未到货的原因是由于出口许可证问题，可能要修改或废止合同。本项目第二期设备国际招标工作 1993 年已完成标书的编写和报批工作，计划采购金额 2100 万美元。

本项目 1993 年录取留学人员 91 人，派出留学人员 78 人，全年派出学术交流人员 90 人。聘请外国专家 25 人。

“贫困地区教育发展项目”。经过世界银行及本项目中方专家组的审查、评议，1993 年确定了昆明师专等 10 所院校为本项目第二批试点院校，这样，本项目高教部分的项目院校总数达到 19 个。1993 年，贷款办召开了第一批 9 所试点高校项目执行工作会议，就项目的执行与管理等有关问题进行了部署。本项目普教部分的设备国内招标工作由 6 个项目省分别组织进行。贷款办对 6 个项目省教委有关人员进行了招标业务的培训；指导各省开展国内招标工作。

本项目截止到 1993 年底已支付信贷 2126.7 万特别提款权，其中设备及图书 10.1 万，土建及家具 2023.8 万，专家服务及教师培训 92.8 万。

三、新签约的贷款项目

“师范教育发展项目”。1993 年 5 月 18 日，我国政府与世界银行签订了援助我国师范教育发展项目的《开发信贷协定》。这个项目由世界银行贷款 7210 万特别提款权（折合 1 亿美元），重点支持全国 15 个省（自治区）共 124 所师范院校（其中师专 96 所，本科院校 28 所）的建设。其建设目标是：(1)优化师范（专科）院校的合理布局，改善办学条件，使之基本上达到国家规定的建设标准；(2)促进提高教育质量和办学效益，推动师范专科教育教学内容、教学方法的改革；(3)加强和改进教育管理信息系统的建设，提高中央和地方教育行政部门的师资规划能力和管理水平。

1993 年，贷款办制定了项目实施管理办法以及与项目建设有关内容的执行程序和办法。6 月 16 日至 6 月 20 日，召开了由各项目省及项目院校参加的本项目执行工作会议，对有关问题进行了研究和部署。11 月，财政部、国家教委与 15 个项目省（自治区）签署了该项目的转贷和执行协议。

本项目设立 500 万美元的贷款用于师范院校教育改革课题研究。1993 年，经过项目改革评价小组审定并经世界银行批准，第一批 43 个改革研究课题已经开始执行。

本项目第一期设备国际招标采购工作已

经开始，到1993年底完成了设备清单的汇总工作，并返回到项目院校征求意见。本项目的国内人员培训工作也已按计划执行。

撰稿　孙福秋
审稿　汪原仁

［**制止中小学乱收费**］　为加强中小学收费管理，制止一些地方中小学乱收费现象，国家教委办公厅1992年12月31日发出《关于切实做好教育收费工作的通知》后，国家教委于1993年8月再次发出《关于坚决纠正中小学乱收费的通知》，要求凡属未按规定权限设立的中小学收费项目和标准一律停止执行。

为了确保政令畅通，还规定了几条纪律：(1)各级教育行政部门和学校都要增强全局观念，严肃认真地贯彻落实各级政府有关收费的规定；(2)对学校经费紧缺、特别是拖欠教师工资等实际困难，各级教育行政部门有责任及时向政府和有关部门反映，通过正常渠道取得解决。但不应以此为由乱收费、多收费；(3)定期公布收费项目和收费标准，接受社会监督；(4)本通知发出后，凡继续违反规定乱收费的，轻者批评教育，情节严重的给予纪律处分，直至撤消领导职务，触犯刑律的，依法追究刑事责任。

国务院办公厅在1993年9月24日转发了国家教委《关于加强中小学收费管理工作的通知》。各地在贯彻国内《通知》和国家教委《通知》中，对中小学收费项目进行了严格清理。根据各地检查清理情况，国家教委于1993年11月26日又制定了《关于取消中小学乱收费项目的通知》，对下列中小学校自行规定的乱收费项目予以取消和停止。(1)课桌凳（椅）购置、维护费；(2)仪器设备购置、维修、管理费；(3)电教设备管理费；(4)校舍建设，维修费；(5)校园卫生绿化费；(6)义务教育办学条件保证金；(7)校内课程测验、考试费；(8)课堂学习竞赛费；(9)学习达标费；(10)优秀学生奖励费；(11)选班费；(12)留级费；(13)转学调档费；(14)签发毕业证书费；(15)学生学籍、档案管理费；(16)批改作业费；(17)教学研究费；(18)教职员培训费；(19)勤工俭学费；(20)学生军训费；(21)对学生的各种罚款（损坏公物照价赔偿除外）。

撰稿　王　辉
审稿　钱一呈

［**高教经费管理国际研讨会**］　1993年9月6日至10日在北京举行中国高等教育经费管理国际研讨会。这次会议由国家教委主办、北京大学高等教育研究所承办。来自英国、美国、日本以及国内的专家出席了会议，并就国外教育资金筹措办法及投资模型、中国高等教育经费的来源现状与前景、市场经济与高校筹资政策等内容进行了研讨。出席会议的还有联合国计划开发署官员、世界银行驻京代表处官员以及财政部、国家教委有关负责人。国家教委副主任张天保出席会议并讲了话。

研讨会宣读了9篇论文。其中有：英国伦敦大学Woodhall女士的《高等教育经费多元化的国际经验与回顾》，日本东京大学金子元久教授宣讲的《高等教育资源配置的比较研究》，美国德克萨斯大学教授Stafford讲解了教育投资模型。国内专家集中论述了高等教育经费的投资效益、拨款体制改革、招生制度改革、学费与贷学金制度等高校投资政策。

这次研讨会达成了如下共识：(1)高等教育经费短缺，急需增加投入，国家财政预算内拨款仍是高校经费的主要来源；(2)向学生收取学费、实行贷学金制度是高校经费改革的国际趋势；(3)政府对高校拨款应采取投资模型；(4)提高师生比以提高经费使用效益；(5)建立经费使用效益的监测和预警系统；(6)高等教育投入研讨应结合中国实际，在实践中不断完善理论体系。

撰稿 魏养根
审稿 钱一呈

教育审计

[**年度工作概况**] 1993年,各级教育审计机构组织审计人员艰苦奋斗,开拓进取,在拓宽审计领域、改进审计方法等方面有新的尝试与突破。据30个省、自治区、直辖市教育部门和36所委属高校统计,全年共审计31862个单位,审计覆盖面达67.7%。年审计总金额165.42亿元,审出有问题金额2.71亿元,并及时做了处理,其中上缴和收回近8千万元;同时,提出审计建议14553条,促进被审单位建立和修订内控制度3916条。通过审计,维护了财经法纪,促进了增收节支,推动各单位加强了制度管理。

1993年,教育审计工作有两个主要特点:一是各级教育审计机构在抓好普遍审计的同时,加强了重点审计,围绕中心任务,选择那些对增收节支和提高效益有重要影响力的、为领导和群众所共同关注的、或具有正反典型意义的单位和项目,开展审计工作;二是不少教育审计机构在抓好财务收支审计的同时,积极开展效益审计(包括校办或部门办产业公司经济效益、项目投资使用效益、大型仪器设备管理和利用效益)、经济责任审计、基本建设和修缮工程项目审计、经营承包合同审计等等。贵州省遵义医学院审计部门积极开展对修缮和基建工程项目的审计,在实践中严把"工程量计算、取费标准、主材料调价及定额套用"四关,在1993年完成1项基建工程和12项修缮工程的审计,共节约开支21.1万元,占审计金额115.7万元的18.24%。重庆大学1993年共审核基建工程24项,核减金额103.18万元。大连理工大学根据校办企业经营规模和范围不断增加、自主权不断扩大、企业法人更换等情况,积极开展经济责任审计,建立了"厂长、经理和主管财物的行政干部离任前,填报离任审计表"的制度。天津大学在审计1992年财务决算中,结合学校综合改革和财务管理的具体情况,重点审计了学校设备费和科技产业发展情况。该年学校经费总支出数比上年增长556.8万元,而用于设备购置费的支出却减少69.9万元,但科技产业仍保持了良好的发展势头,针对这种情况,提出6项建议,得到校领导和有关部门的重视。南开大学审计处在对学校合资公司进行审计中,避免了75万元不必要的经济损失。

撰稿 刘 宜

审稿 覃立垣

[**审计工作会议**] 1993年3月2日至4日,国家教委在北京召开了全国教育审计工作会议,传达贯彻国务院领导对审计工作的指示和全国审计工作会议、全国教育工作会议精神,总结交流1992年审计工作经验;研究部署1993年教育审计工作任务。各省、自治区、直辖市及计划单列市教委、高教(教育)厅(局)和委属高等院校审计机构的负责同志参加会议。国家审计署副审计长罗进新出席会议开幕式并讲话,分析了1992年全国审计工作的形势和所取得的主要成就,阐述了在建立社会主义市场经济体制中强化审计监督的重要性,并对教育审计工作提出了新的要

求。国家教委副主任柳斌在会议结束时就教育改革和发展的形势、教育审计工作的任务及加强教育审计工作的领导等作了报告。驻国家教委审计局局长高环作了题为《增强服务意识、强化审计观念》的会议总结。与会人员，就教育审计工作面临的形势和今后主要任务等进行了分析，讨论修改了《1993 年教育审计工作要点》，会后，由国家教委办公厅印发全国有关单位执行。

各地教育主管部门和委属高等院校认真贯彻会议的精神，根据《1993 年教育审计工作要点》的要求，结合本部门、本单位的具体实际情况，制定了工作计划。

撰稿　刘　宜
审稿　覃立垣

［调研工作］　1993 年驻委审计局深入基层，调查研究，及时发现问题和解决带有普遍性的重要问题，形成文件下发，进行指导。如一些单位和部门在机构改革中已经或准备撤并审计机构和不适当地减少审计人员的情况，审计局给委领导写了《关于教育审计机构和人员配备问题的请示》，经委领导同意委办公厅发文，许多省（区、市）及高校按照文件提出的要求，及时调整和充实了教育审计机构和审计人员。

为进一步强化审计监督工作，根据中央和审计署有关指示精神，通过调查研究，针对各地区实际情况，委审计局下发了《关于进一步加强教育审计工作的几点意见》，要求各级教育审计部门深入学习邓小平同志关于建设有中国特色社会主义理论和党的十四大精神，认真贯彻党中央、国务院关于加强宏观调控、开展反腐败斗争的部署，突出工作重点，强化审计监督职能。各级教育审计部门和高等院校审计机构依据《意见》的精神，从实际出发，确定重点项目，集中人力和时间进行审计或审计调查。许多省区市教育行政部门审计机构对教育经费能否全部到位；专项教育经费是否专款专用；严重拖欠农村中小学教师工资等问题进行了审计或审计调查，提出政策性意见或建议。

审计局 1993 年还编发 15 期《教育审计简报》，沟通信息，交流经验。全国教育系统 18 个单位和个人被评为全国内审工作先进集体和先进个人后，《简报》及时选登了他们的事迹，推广了他们的经验。

据 30 个省、区、市统计，1993 年，共完成审计调查项目 5279 项。这些审计调查项目都是围绕本地区、本部门、本单位的热点、难点和改革试点问题进行的，如教育费附加的征、管、用，教育行业的乱收费，中央专项补助款的管理和使用，校办产业公司的经营状况，公费医疗费用的超支，内控制度的建设等。通过审计调查，及时提出对策，为领导提供了决策的依据。清华大学对 1992 年以后成立的 41 家新企业进行不同重点的审计调查，了解到公司前期准备不充分，存在一哄而上的现象；公司经营产权不明确，资产没有界定；经营者的经济责任、目标不明确；财务基础工作薄弱，学校资产流失等等问题。及时写出调研报告，受到领导重视。华中理工大学积极开展对公司企业内控制度的审计调查，在对一个年创利 100 万元的学科级公司的内控制度进行描述、测试和评价的基础上，提出健全制度的建议，受到该公司的好评，学校还将审计调查报告印发校内各单位，促进了内部管理水平的提高。不少地区继续开展了对教育费附加征、管、用情况的审计调查。吉林、广西、沈阳、宁波等省区市，通过广泛的审计调查，对如何确保教育事业发展有稳定的经费来源，提出了建设性意见。各级教育主管部门根据国家教委审计局的要求，组织力量对中央专项教育补助款管理、使用情况进行审计调查。通过调查发现，中央及地方财政的教育补助专款基本上做到了专款专用，为改善办学条件、促进教育事业的发展起到了积极的作用。但也发现一些地区配套资金不落实、少数资金被截留挪用经商等问题。华东师范大学审计处针对学校后勤系统逐步向社会化，从单纯的服务型向经营服务型发展的情况，积极参与后勤改革承包项目的全过程，通过审计调查，加强学校制定校办企业利润上缴办法的执行，在校内综合改革中发挥了审计的作用。

撰稿 刘 宜

审稿 覃立垣

［**队伍建设**］ 建设一支政治思想好、业务素质高的审计队伍，是强化审计监督、保证工作质量的关键。1993 年驻国家教委审计局共举办 3 期新会计制度培训班、1 期审计处长培训班、1 期主管教育审计工作领导干部学习班。新会计制培训班，共有 370 多人参加，通过培训，会计更新了知识，适应了新旧财会制度接轨的变化。审计处长培训班，共有 71 人参加，分国内、国外(新加坡)两个阶段进行培训，开设了“财会工作改革和展望”、“中西方会计制度比较”及“新加坡会计管理与会计准则”、“审计制度与审计准则”等课程，通过培训，学员们开阔了视野，拓宽了知识面，对建立社会主义市场经济体制有了新的认识，在审计程序和审计方法等方面学到了许多值得借鉴的经验。省市教委、委属高校主管审计工作的领导干部学习班，有 58 人参加。由于学习内容针对性强，理论联系实际，使领导同志推动了审计基础知识和领导审计工作的主要方法，许多单位反映，这些领导同志回到单位后能以实际行动关心、支持审计工作，推动了审计工作的开展。

各级教育主管部门也分别组织了各种形式的学习班、培训班，据 30 个省(区、市)统计，共培训 5429 人次。湖南省教育系统全年共举办 36 期培训班，培训人员达 1271 人次；上海市高教局组织 5 期多层次、多类型的审计培训班。委属院校普遍派人参加了驻委审计局或所在地有关部门举办的各种学习班，有些学校还派人参加了“高级财务进修班”、“涉外经济行政管理研究生班”的学习。广大教育审计工作者还注重在工作实践中锻炼提高，边工作边学习研讨，如清华大学、华南理工大学、华中理工大学在工作中积极开展计算机审计的研讨，取得了较好的成绩，他们的研讨文章参加了审计署举办的审计系统应用计算机技术经验交流和技术研讨会。

撰稿 刘 宜

审稿 覃立垣

教育监察

［**纪检组和监察局合署办公**］ 根据国家机构改革和中央纪委、监察部合署办公的精神，经过酝酿与准备，报国家教委党组批准，商中央纪委和监察部同意，中央纪委驻国家教委纪检组与监察部驻国家教委监察局于 1993 年 9 月合署办公，履行两种职能的体制。机构合并后，按保留职能不同部门、加强薄弱部门的原则，设五个室：办公室：负责信

息综合、工作计划、日常事务等工作。调研室：负责调查研究和理论研究及有关文件起草、内部刊物的编辑等工作。纪检监察一室：负责委机关和直属单位的纪检监察工作。纪检监察二室：负责委属高校的纪检监察工作。纪检监察三室：负责除委机关、直属单位和直属高校以外的教育系统纪检监察和纠风工作。

［**查办案件**］　1993 年国家教委监察局把查处违纪案件作为反对腐败，加强廉政建设的突破口和中心环节。共接受来信来访 914 件(次)，按照干部管理权限都及时作了处理，特别注意从中发现案件线索。在直接受理的 51 件中，协办的 2 件，过问督办的 36 件，直接核实和立案调查的 13 件，年底结案 6 件，对当事人分别给予了党纪政纪处分，为国家挽回经济损失 360 万元。另外完成上级交办的任务 10 件。

在抓好直接查办案件的同时，还注意指导和支持地方、委属高校纪检监察部门的查办案件工作。据统计，1993 年教育系统共查处违纪案件 1384 起，其中受到党纪政纪处分的党员和干部 702 人，其中地(厅)级 2 人，县(处)级 61 人。

［**围绕教育改革开展执法监察**］　普通高校招生工作一直是社会各界关注的热点问题。几年来对招生工作开展了专项执法监察。1993 年除到高校招生录取现场检查外，重点加强了招生监察工作的制度化建设。4 月份，会同高校学生司在南昌召开了部分省市招生监察工作座谈会，制定并以国家教委名义下发了《关于进一步加强普通高校招生监察工作的意见》，其主要内容是：(1)严格执行招生工作的各项政策法规，监察部门要积极参与对执法情况的监督检查。(2)要求地方各级招生委员会尽快建立和完善纪律检查组织，建立和完善有关高校招生监察工作制度，使招生监察工作逐步做到制度化、规范化。(3)加强对参加招生工作的全体人员进行培训，以提高招生工作人员的素质。监察部门要参与对学校选派的招生工作人员的资格审查。(4)加强管理、严明纪律，招生工作的各个环节都要建立可操作的工作制度和科学的工作程序，每个工作人员要有明确的岗位职责。(5)招生工作要增加透明度，实行“两公开、一监督”的办公制度。(6)严肃查处违纪案件，发现一件，查处一件。

1993 年下半年，针对一些地方拖欠中小学工资这一严重问题，与监察部组成联合调查组，对辽宁、河南、福建、甘肃等省贯彻落实《义务教育法》的情况进行了专项执法监察，并写出专项调查报告。李岚清副总理在这一报告上作了批示：“这项工作进行的非常有意义，不但反映的情况很重要，对问题的分析和建议也是切中要害的。请你们研究一下，是否可以将此报告通报各地，再对拖欠教师工资问题促一下。”为落实李岚清副总理批示，国家教委监察局又派人赴广西等地对拖欠教师工资问题进行督促检查。12 月 11 日，以监察部和国家教委名义对拖欠中小学教师工资的检查情况发了通报。通报的主要内容是：(1)问题的严重性。当前义务教育中最突出的问题是拖欠中小学教师工资，问题之严重，反映之强烈，是前所未有的。(2)产生拖欠教师工资问题的原因。报告分析认为主要是在一些地方的领导干部中，对百年大计教育为本的战略思想尚未真正树立起来；地方财政困难，有限的资金大部分用于基本建设，对教育顾及不上；财政支出结构不合理，财政体制尚不完善。

［**贯彻中央近期反腐败斗争部署取得阶段性成果**］　中共中央发出近期反腐败斗争文件和中央纪委召开二次会议后，及时向委党组汇报传达精神，代党组草拟《国家教委关于贯彻落实党中央近期反腐败斗争工作部署的实施方案》，并经党组讨论通过于 1993 年 9 月 7 日下发执行。

国家教委成立廉政建设领导小组后，监察局参加了该办公室的工作，并派出一位局级干部和一位处级干部担任办公室主任和副主任，承担了廉政建设领导小组的日常工作。

清理公费出国(境)情况。根据中共中央办公厅、国务院办公厅《关于严禁用公款变相出国(境)旅游的通知》要求，监察局会同外事部门对教委机关自 1992 年 7 月 1 日至 1993 年 6 月 30 日期间的公费出国(境)情况进行了清理清查。从清理清查情况总体看，公费出国(境)工作是好的，大多数出国团组的目的比较明确，通过访问活动，加强了我国与各国之间的教育交流与合作，对发展我国教育事业是有益的，没有发现属于国务院有关文件要求制止的用公费变相出国(境)旅游的问题。但也存在重复派遣等问题。在清理过程中，制止了两起有公费旅游倾向的组团出国活动，该两起代表团成员共 54 人，为国家节省资金 222 万元人民币。

全国中小学收费清查工作。制止中小学乱收费是 1993 年教育系统纠风工作的重点。为此，监察局积极配合有关部门开展这项工作。先后派人到湖南、四川、吉林等十余省进行调查，每次都写出调查报告。11 月，又会同财务司根据各地中小学收费项目清理检查情况，提出取消和停止 21 项中小学自行规定的乱收费项目，报经国家教委主任办公会议通过，由国家教委于 11 月 26 日发出《关于取消中小学乱收费项目的通知》，同时在《人民日报》、《中国教育报》等主要报纸上登载，接受社会群众监督。

撰稿　王俊玲
审稿　郭志翔

发布《高等学校档案实体分类法》

为适应高等学校档案工作的发展和管理现代化的需要，实现高等学校档案实体分类及业务建设各环节的标准化、规范化，国家教委在经过几年反复论证、征求意见并在分片试点的基础上，于 1993 年 11 月 16 日发布了《高等学校档案实体分类法》、《高等学校档案工作规范》(以下分别简称《分类法》、《规范》)。

《分类法》采用了“高等学校档案”这一综合概念，以高等学校全部档案为对象，按照高等学校档案形成的领域范畴将高等学校档案划分为党群、行政、教学、科研、产品生产与科技开发、基本建设、仪器设备、出版、外事、财会等十大类，并在各类下列出了二级类目。同时，为便于不同载体档案的管理，还单列了声像档案及其二级类目。

《规范》是《分类法》的配套标准，包括高等学校档案工作总体的业务建设规范和十大门类、声像载体档案的工作规范。每个门类的工作规范均包括引言、主题内容、引用标准、档案工作的基本原则、归档范围的确定、文件材料的部门立卷和归档流程、档案的管理、档案开发利用的主要内容和方法、档案工作的各级岗位制等九个部分，并在每类后列出了归档范围、保管期限表和二级类目代号简表。同时，《规范》还对案卷(装具)规格及常用表格卡片做了具体规定。

撰稿　杨文海
审稿　郑树山

信 访 工 作

［**概述**］ 1993年，国家教委信访办公室共处理群众来信19553件，比1992年下降8%；接待群众来访4556人次，比1992年下降31%；接待处理群众集体访12批，共226人。

来信所反映的主要问题有：(1)举报揭发2257件，占来信总量的11%；(2)乱收费1691件，占来信总量的8%；(3)建议方面1453件，占来信总量的7%；(4)招生方面1154件，占来信总量的6%；(5)民办、代课教师方面1182件；占来信总量的6%；(6)工资福利1129件，占来信总量的5%。来信较多的省份是：鲁、川、豫、苏、湘、鄂等。

来访反映的主要问题有：中小学乱收费，揭发检举案件，民办、代课教师转正，招生，工资待遇等问题。来访较多的省份是：京、冀、鲁、豫、辽、黑等。

本年度群众来信和来访的主要特点是：联名信访和涉及群众利益的信访问题明显增加，对改革中出现的新情况、新问题的反映增多，信访工作比往年难度大。

［**确立工作重点**］ 根据国家教委机关机构改革后的要求，国家教委信访办公室的主要职责是：承办教育系统的来信来访和上级交办的信访工作；对教育系统和委内司、局信访工作进行督促、检查和指导；及时处理有关上访和来信来访的事件；综合分析来信来访中的情况和问题，向领导和有关单位提供信息和建议。

1993年信访工作的重点是：进一步理顺信访工作思路，在做好日常来信来访工作的同时，抓紧解决处理上访老户问题，加强信访信息的综合分析研究和对有关政策的学习，在原有规章制度的基础上进一步制定比较系统、完整的工作制度。

［**综合研究信息**］ 1993年度信访办加强了对一些政策性、带倾向性的信访问题和热点问题的综合分析或专题研究。对群众反映突出的拖欠教师工资，教育乱收费，教育部门不正之风等问题，都有计划地及时汇总编发摘报、简报，全年共编信访摘报、简报36期；同时做到了重要来信和来访情况及时呈报领导和委内司局，切实保障信访渠道的畅通，认真反映社情民意，为进行教育决策提供依据。

［**处理来信来访**］ 1993年群众联名信访呈上升趋势，主要是在涉及广大群众切身利益方面的问题。特别是中央关于在全国开展反腐败的决定公布后，群众举报揭发信件明显增多，主要反映少数领导干部以权谋私、弄虚作假、参与高考舞弊、贪污受贿、打击报复等问题。凡是涉及重要问题，信访办都认真办理，通过发公函或电话联系等方式，责成地方有关部门、单位认真查处并函告处理结果。全年共发公函向地方交办120件，收到地方处理结果报告76件，结案率为63%，处理了一批涉及群众利益的问题和举报揭发及个人申诉等案件。国家教委主要负责人在1993年

第24期《信访摘报》上批示:"'举报'系监督教育系统并使其保持廉洁的重要渠道,凡有根据的举报,特别是署名信尽可能做到逐一处理,不厌其烦,让人民满意,正气抬头"。"批示"体现了领导对人民群众来信的重视,对信访工作提出了更高的要求。

为了处理好集体上访和上访老户问题,信访办先后请20多个省、市、县的有关同志19批共49人来京,共同研究处理;还四次派人去河南、河北、辽宁等地催办落实处理情况。在地方大力支持和密切配合下,有些集体上访问题得到解决,10多名上访老户稳定在当地。辽宁省教委从大局出发,经过各级领导的关心和努力,解决了一名上访15年的老户,他表示今后再不上访,做一个好公民。

[**培训和提高信访干部素质**] 为了提高教育系统信访干部素质,1993年信访办组织了部分省、市、县教育部门信访干部共30人,分三期参加中办、国办信访局在京举办的信访干部培训班。

1993年东北、华北、西北地区17个省、市教育部门召开了第三次教育系统信访工作协作会议,与会同志研讨了在新的形势下如何做好信访工作并交流了信访工作经验,对提高信访干部素质起了一定作用。

撰稿 夏迎瀚

审稿 郑树山

基础教育

普及九年义务教育

［概况］ 1993年，基础教育遇到了经费短缺、拖欠教师工资、乱收费和初中学生辍学呈上升趋势等问题，但义务教育事业仍有新进展，全国小学学龄儿童入学率为97.7%，比上年提高0.5个百分点，在全国29个省、自治区、直辖市（西藏暂缺）中，小学入学率低于90%的县数为114个，比上年减少4个，这些地区的覆盖人口占全国总人口的比例为1.54%，比上年减少0.5个百分点；小学毕业升学率达到81.8%，比上年提高2.1个百分点。初中阶段毛入学率达到73%，比上年提高1.2个百分点。初中毕业升学率达到44.1%，比上年提高0.7个百分点。中小学生留级率也有所下降，小学生留级率为3.9%，比上年下降0.8个百分点；初中生留级率为1.1%，比上年下降0.5个百分点。

全国中小学校教师整体素质有所提高。1993年普通中小学专任教师为871.85万人，比上年减少14.41万人，占专任教师总数的比例由上年的26.5%下降为24.3%。小学、初中教师学历合格率分别为84.7%和59.5%，分别比上年提高2和3.9个百分点。

1993年，在中共中央、国务院颁发的《中国教育改革和发展纲要》中明确提出，九十年代全国基本普及九年义务教育，基本扫除青壮年文盲。一些省、区遵循积极进取、实事求是、因地制宜的指导思想，并经过对经费、师资及保障设施等方面的测算、论证，及重新分析、研究，对本地区普及九年义务教育规划进行了调整和修订。国家教委在此基础上，确定了本世纪末在85%人口地区普及九年义务教育的具体目标。为了实现这一目标，国家教委下发了《普及九年义务教育评估验收办法》等文件。一些省、自治区、直辖市先后制定了关于中小学办学基本要求及“普九”评估验收具体指标要求。据统计，已有26个省、自治区、直辖市对350多个县（市、区）进行了“两基”评估验收。国家教委组织力量对北京、天津、上海、浙江、江苏、吉林、山东7省、直辖市进行了评估抽查试点工作。

1993年，各地拖欠教师工资现象引起中央及社会上的重视和关注。中央领导同志及有关部门多次要求并督促各地加以解决。国家教委于8月24日针对拖欠教师工资等基础教育中几个突出的问题，专门召开电话会议。经过各地政府的努力，到1994年春节前，全国绝大部分地区拖欠教师工资问题大体得到解决。

女儿童教育取得进展。在实施九年义务教育的过程中，女童教育是薄弱环节，特别在贫困地区和民族地区更为突出。国家教委非常重视女童教育工作，采取层层举办《义务教育法》及其实施细则培训班，提高干部、群众法制观念，增强各地运用多种手段维护女童受教育权利的自觉性；推广了一批依法治教和把提高女童入学率纳入县、乡、村干部岗位责任制的经验；加强分类指导，明确贫困地区、少数民族聚居地区教育发展战略，充分利用现有教育资源搞好初等义务教育，千方百计创造条件使女童入学并逐步改善办学条件，提高教育质量；坚持在贫困地区，女童入学率低的地区，实行多种形式办学。据1992—1993学年度统计，全国7—11周岁学龄儿童入学率中，女童入学率为96.21%，1993年为96.82%，比上年有所提高，入学率女童低于男童的情况开始好转，但由于种种原因，特别是在我国西南、西北地区，女童入学率低仍然比较突出。

九年义务教育虽然取得新进展，但初中学生辍学率近两年连年回升，因此，加强初中教育，努力提高初中入学率和巩固率是实现“两基”的关键之一。有关部门已着手解决这一问题。

撰稿 张杰仲 吴树琴
审稿 王文湛

[**确定本世纪末“普九”指标**] 为了贯彻落实《中国教育改革和发展纲要》所确定的在本世纪末基本普及九年义务教育的目标，国家教委经反复研究、论证，提出了到本世纪末“普九”的指标。

确定“普九”具体指标的原则：(1)坚持《中国教育改革和发展纲要》所确定的到本世纪末基本普及九年义务教育的宏伟目标。(2)坚持积极进取、实事求是、分区规划、分类指导。(3)坚持政策的连续性，对已经发布过的指标数据尽量不作大的调整。(4)坚持正确处理数量与质量、速度与办学条件的关系。“普九”。的三个重要指标，即入学率、巩固率和质量，其中“入学率”是衡量教育普及程度的基本指标，应在可能条件下，尽力予以保证。对发达地区，办学条件可要求高一些；对贫困地区可在实现“一无两有”和保证必要师资条件下，尽量吸收更多儿童少年入学，逐步改善办学条件。(5)坚持抓住重点，突破难点，以改革推进“普九”。“普九”的重点在初中，难点在农村。要采取多种形式办学；农村初中要适时分流；改革教育内容和方法，引进职业教育内容，在提高师资素质的基础上，逐步减少留级生比例。贫困地区可实行正规教育与非正规教育相结合，尽量为少年儿童提供更多的求学机会。

关于“普九”规划和指标：(1)坚持“普九”“双85”的指标，即：一是到2000年在85%的人口地区普及九年义务教育；二是初中阶段(含普通初中和职业初中)入学率争取达到85%左右。(2)到本世纪末我国小学和初中阶段的规模是：小学适龄儿童1.349亿人，入学率为99%。考虑到部分超龄儿童在小学继续就读等情况，到2000年在校生预计达到1.35亿人，平均年递增1.19%。初中13—15岁适龄少年为6568万人，按85%的入学率，在校生预计达到5500多万人，平均年递增4.15%。两个85%的指标是指全国的平均数，各省(区、市)依本地实际情况，定出本省(区、市)目标，分阶段、有步骤地推行。(3)“普九”进程：全国可按四类地区分三步走：第一步(1994—1995)在40%以上人口地区“普九”，主要是城市及经济发达地区农村。第二步(1996—1997)累计60—65%人口地区“普九”，主要是增加了中等发达地区和15—20%人口贫困地区中条件较好的5%人口地区“普九”。第三步(1998—2000)贫困地区中10%人口地区继续发展和巩固“普六”，5%人口的特困地区普及3—4年小学教育。

撰稿 吴树琴

审稿　王文湛

［**建立"普九"评估验收制度**］　依据《中华人民共和国义务教育法》及其实施细则的规定，为了实现本世纪末在全国普及初等义务教育和基本普及九年义务教育的目标，国家教委决定从1993年起建立对普及九年或初等义务教育的县(市、区、旗)进行评估验收的制度。

为了保障评估验收工作有章可循，本着积极推进、分步实施、分类指导的原则，从我国现阶段实际和不同地区发展水平的差异出发，国家教委于1993年3月8日印发了《普及九年义务教育评估验收办法(试行)》，该"办法"对评估验收的职责、范围和步骤；评估项目及指标要求，包含普及程度，即入学率、辍学率、完成率、文盲率等；师资水平、办学条件、教育经费、教育质量的基本要求；评估验收的程序，表彰奖励等都做了明确规定。

地方各级政府和教育行政部门对"普九"评估验收工作非常重视，采取措施，加强领导，积极稳妥地开展工作。在县级自查、省级评估验收的基础上，1993年国家教委进行了首批试行验收。先于3月在山东省对4县(市)进行抽查试点；接着于6月至10月采取听汇报、查阅资料、实地考察、召开座谈会等形式抽查了北京、天津、上海市和江苏、吉林、浙江省。抽查试点工作表明，建立普及九年义务教育评估验收制度，是推动"普九"目标实现的有效机制，有利于进一步调动地方各级政府和人民群众的积极性；有利于进一步明确各级政府及有关职能部门在实施义务教育中的具体职责，强化政府行为；有利于进一步增强依法治教的观念，加强地方教育法规和规章的建设，形成对执法情况进行监督的有效机制；也有利于依法认真解决当前教育的热点、难点问题。

撰稿　唐淑芬

审稿　王文湛

基础教育形势与问题

［**形势分析会**］　1993年9月2日，国家教委召开基础教育形势分析会，国家教委主任朱开轩主持会议。

与会者就当前基础教育工作面临的形势和问题进行分析，认为总的发展形势是好的，但也存在一些相当严峻的困难和突出问题，集中表现在教育经费短缺，拖欠教师工资、乱收费和辍学率呈上升趋势等。原因主要是：(1)在经济改革与发展中，一些党政领导对"百年大计、教育为本"的认识出现反复，甚至有人错误地主张"经济要上，教育要让。"(2)在减轻农民负担中"一刀切"，合理的集资渠道被堵塞，使农村本来就存在教育经费短缺的矛盾骤然尖锐起来。会议认为，从基础教育遇到的困难中反映了"两个不到位"：即"教育优先发展的战略地位"和"基础教育的重点地位"未摆上位。

分析会研究了解决基础教育面临困难的对策，确定1993年下半年国家教委要集中力量重点抓好基础教育工作。(1)对党的十四大和《中国教育改革和发展纲要》提出九十年代全国基本普及九年义务教育，基本扫除青壮年文盲的历史性任务，要坚定不移，不能动摇，要以积极进取的精神，扎扎实实的作风，使“两基”任务落到实处。(2)解决拖欠教师工资问题，是国家教委当前最紧迫的工作，要求各地在当年教师节前后兑现拖欠的工资。(3)征收城乡教育事业费附加，是《义务教育法》的规定，是法律行为，与减轻农民负担并不矛盾，各地要继续依法征收、征足。

会议确定：在教师节后，国家教委领导将带队分头深入几个省区，对基础教育特别是农村的基础教育面临的困难，认真进行调查研究，在建立社会主义市场经济体制新形势下，理出进一步落实“两基”目标，深化改革，解决当前基础教育中出现的问题的思路。

撰稿　傅国亮
审稿　王文湛

[解决突出问题电视会]　为了尽快解决基础教育面临的经费短缺、拖欠教师工资、初中生辍学增多和乱收费等突出问题，国家教委于 1993 年 8 月 24 日召开电视会议，要求各地尽快解决上述突出问题，以保障基础教育的健康发展。国家教委主任朱开轩、副主任柳斌主持并发表了讲话。

指出，我国基础教育工作取得了很大的成绩，总的形势是好的。但同时必须高度重视面临的困难。各地要转换机制，继续坚持多渠道筹措教育经费。各地政府要增加对教育的投入，并开辟新的筹资渠道。一部分地区拖欠教师工资，已严重影响到教师们的生活和工作，引起社会各界的极大关注。国家教委希望各省采取重大措施，在教师节前后解决拖欠教师工资问题。

河北、湖南两省及吉林省东平县在会上介绍了解决拖欠教师工资和中小学生辍学问题的经验。

国家教委强调，当前经济调整中，基础教育从指导思想到实际工作都不能滑坡，要防止出现事业发展大起大落的现象。广大教育工作者要统一认识，增强信心，为到本世纪末基本普及九年义务教育作出不懈的努力。

会后，各地积极组织学习并认真贯彻会议精神。辽宁省电视台播放了国家教委电视会实况，动员全省人民关心和支持基础教育。陕西省政府 8 月底发出通知，要求有拖欠教师工资的县市在教师节前兑现教师工资。省财政拨款 3000 万元支援 3 个经济困难的市、县兑现拖欠工资。河北、河南、内蒙古等省、自治区政府制定了解决本地基础教育面临困难的措施。安徽、四川、湖北、黑龙江、辽宁、甘肃等省都组织了若干调查组，深入市县，督促各地落实电视会议精神。

撰稿　傅国亮
审稿　王文湛

中小学教学

[试行小学、初中新课程方案]　为了执行《中华人民共和国义务教育法》，全面贯彻教育方针，全面提高教育质量，1992 年，国家教委制定了《九年义务教育全日制小学、初级中学课程方案(试行)》，从 1993 年秋季开学时开始实施。新方案与原方案比较主要变动

在以下几方面：(1)明确提出了小学和初中的培养目标。充分注意了小学与初中要求的统一和连贯；(2)完善了课程结构，将课程分为国家和地方两个层次，增加了课程的灵活性和多样性；(3)加强了德育。在小学、初中都对学生政治、思想、品德方面提出了明确具体的要求；(4)将活动纳入课程，改变了过去单一的学科类课程为主的课程结构模式。(5)适当调整了各类学科所占课时的比例。加强了社会科学类和自然科学类学科以及体育、美术、劳动、劳动技术课，适当调整了语文、数学、外语等学科；(6)设计了“五四”和“六三”两种学制的课程；(7)对考试考查作了明确规定。

1993年上半年各地为实施新《课程方案》进行了教师培训和教材选用等准备工作，在统一基本要求的前提下，实现了教材多样化。

九年义务教育“五、四”学制全日制小学、初级中学课程安排表

课程 \ 周课时 \ 年级 \ 学段		小学					初中				九年		合计
		一	二	三	四	五	一	二	三	四	小学总课时	初中总课时	
学科	思想品德	1	1	1	1	1					170		438
	思想政治						2	2	2	2		268	
	语文	11	11	9	9	9	5	5	5	5	1666	670	2336
	数学	5	6	6	6	6	5	4	4	4	986	570	1556
	外语（Ⅰ）						4	4				272	272
	外语（Ⅱ）						4	4	4	4		536	536
	社会			2	2	2					204		646
	历史						2	3	2			238	
	地理						3	3				204	
	自然	1	1	2	2	2					272		772
	物理								2	3		164	
	化学								2	2		132	
	生物						2	2	2			204	
	体育	2	2	3	3	3	3	3	2	2	442	336	778
	音乐	3	3	2	2	2	1	1	1	1	408	134	542
	美术	2	2	2	2	2	1	1	1	1	340	134	474
	劳动			1	1	1					102		370
	劳动技术						2	2	2	2		268	
	周学科课时	25	26	28	28	28	30	30	25*	22*	4590	3594	8184
活动	晨会（夕会）	每天10分钟											
	班团队活动	1	1	1	1	1	1	1	1	1	170	134	304
	体育锻炼 / 科技文体活动	3	3	3	3	3	3	3	3	3	510	402	912
	周活动课时	4	4	4	4	4	4	4	4	4	680	536	1216
地方安排课程		2	2	2	2	2	1	1	7*	10*	340	626	966
周课时总量		31	32	34	34	34	35	35	36	36	5610	4756	10366

*表示外语课按水平Ⅰ开设的周学科时数和地方安排课程的时数；

如果外语课按水平Ⅱ开设，则初中三、四年级的地方安排课程时数各减去4课时，分别为3课时和6课时。

九年义务教育“六、三”学制全日制小学、初级中学课程安排表

课程		小学一	小学二	小学三	小学四	小学五	小学六	初中一	初中二	初中三	九年小学总课时	九年初中总课时	合计
学科	思想品德	1	1	1	1	1	1				204		404
	思想政治							2	2	2		200	
	语文	10	10	9	8	7	7	6	6	5	1734	568	2302
	数学	4	5	5	5	5	5	5	5	5	986	500	1486
	外语（Ⅰ）							4	4			272	272
	外语（Ⅱ）							4	4	4		400	400
	社会				2	2	2				204		608
	历史							2	3	2		234	
	地理							3	2			170	
	自然	1	1	1	1	2	2				272		702
	物理								2	3		164	
	化学									3		96	
	生物							3	2			170	
	体育	2	2	3	3	3	3	3	3	3	544	300	844
	音乐	3	3	2	2	2	2	1	1	1	476	100	576
	美术	2	2	2	2	2	2	1	1	1	408	100	508
	劳动			1	1	1	1				136		336
	劳动技术							2	2	2		200	
	周学科课时	23	24	24	25	25	25	32	33	27	4964	3074	8038
活动	晨会（夕会）	每天10分钟											
	班团队活动	1	1	1	1	1	1	1	1	1	204	100	304
	体育锻炼、科技文体活动	4	4	4	4	4	4	3	3	3	816	300	1116
	周活动课时	5	5	5	5	5	5	4	4	4	1020	400	1420
地方安排课程		2	2	3	3	3	3			5*	544	160	704
周课时总量		30	31	32	33	33	33	36	37	36	6528	3634	10162

* 表示外语课按水平Ⅰ开设的周学科时数和地方安排课程的时数；

如果外语课按水平Ⅱ开设，则初中三年级的地方安排课程时数减去4课时，为1课时。

撰稿　杨秀梅

审稿　马　立

[**教学课程改革**]　1993年，全国中小学教学改革工作注重在教育思想的提高上进行“三个树立”，即：树立义务教育是提高民族素质的教育观念，转变片面追求升学率的错误做法。强调树立正确的人才观，由面向少数尖子学生转变为面向全体学生；树立正确的教育质量观，由只重学生学科成绩转变为全面提高学生的思想品德、文化科学、劳动技能和身体心理素质；树立正确的教学观，由只重学生接受知识转变为培养学生能力，促进学生生动活泼、主动地发展。

教育思想的转变促进了教育教学改革的发展。小学“愉快教育”改革和中学“成功教育”改革都取得了成功经验，国家教委决定向全国推广。基础教育司在总结了近十年来全国实施小学“愉快教育”的经验的基础上组织

有关专家编辑出版了《愉快教育的理论与实践》一书，向全国推荐。1993年11月在广州市召开了第四届全国“愉快教育”研讨会，就“愉快教育”的理论基础和实施原则以及如何在课堂、活动和环境中贯彻愉快教育思想进行了深入探讨。国家教委副主任柳斌到会并作了重要讲话。

进行课程改革。统一的课程设置已不能适应当前尤其是农村经济、社会发展的需要。1993年秋季开始实施的《九年义务教育全日制小学、初级中学课程方案》中调整了课程结构和教学内容。将课程从管理上划分为国家安排课程和地方安排课程，以适应城乡经济文化发展和学生自身发展的不同情况。教学大纲内容也作了适当调整。在教学大纲统一基本要求的前提下，实现了教材的多样化，以满足不同地区的不同需要。1993年已有6套九年义务教育教材通过国家审查供全国选用。还编写了近50种九年义务教育单科教材。

［**办学模式改革**］　单一的办学模式已不能适应经济和社会发展形势。1993年，改革的重点是农村初中和普通高中的职业技术教育，在统一的教育方针指导下，采取多种形式、多种规格、多种途径办学。各地创造了许多具体有效的办学模式，概括起来主要有以下4种：(1)在小学后和初中后阶段，兴办职(农)业初中和高中，这种模式又称“外部分流”；(2)在普通初中和高中的高年级对学生进行一些劳动技能和职业技术的培训；(3)在普通初中和高中设职(农)业班；(4)在普通初中和高中的最后一年(或几个月)，开设一定的适合地方经济发展的实用技术或职业教育课程，对毕业后不准备继续升入高一级学校学习的学生，进行一定的劳动技艺教育和职业技术教育。第三、四种模式又称“内部分流”。各种办学模式的根本目的在于给学生一定的综合技术知识和劳动技能的教育，以便使教育能有效地服务于当地经济建设。

［**教学方法及教学手段改革**］　1993年，全国涌现出一批在教学方法或教学手段改革实践中卓有成效的经验。改革的根本目的在于提高教学效率和教学质量，促进学生全面、和谐发展。1993年11月，国家教委基础教育司组织了由小学数学教育、心理学、教育研究、计算机教育等方面专家组成的考察组，对广西壮族自治区的“计算机辅助小学数学教学”试验进行了考察。考察组通过听课、座谈、听汇报、查资料等形式，考察了南宁、北海、柳州3市及柳州铁路局的7所小学。通过实地考察，专家组对广西计算机辅助小学数学教学试验给予了肯定评价，认为试验不仅有助于减轻学生负担、提高教学质量，而且为计算机辅助教学在小学的推广提供了可资借鉴的经验和实用的软件资源。

继国家教委向全国推广小学语文“注音识字、提前读写”经验和上海青浦中学数学教改经验后，“小学数学尝试教学法”、“中学数学启发式教学”、“中学语文读写结合”实验、“小学语文集中识字”等一大批教法改革实验又逐步成熟起来，促进了我国教学理论和实践的发展。

［**考试制度改革**］　为全面贯彻教育方针，扭转片面追求升学率，考试制度改革正在稳步推进。从1992年秋季起，30个省、自治区、直辖市都已实行了普通高中毕业会考制度。1993年8月，国家教委基础教育司下发了《关于稳步推进普通高中毕业会考工作的意见》，对各地会考工作提出5点指导性意见：要求各地教育部门统一思想，增强信心，加强领导，积极稳妥地把会考工作搞好。各省、自治区、直辖市尽快健全由普教部门负责的会考管理系统，保证必要的编制和经费，并充分运用会考提供的信息，指导、改进高中教学工作，加强教学管理。

撰稿　杨秀梅

审稿　马　立

[**召开省级教研室主任会**]　1993年5月4日至7日,国家教委基础教育司在北京组织召开了全国省级教研室主任会议。讨论了新形势下教研室的中心任务和工作重点,提出了改进教研室工作的意见和建议。国家教委副主任柳斌到会听取了代表们的意见,并作了讲话。会后,国家教委办公厅印发了《会议纪要》。

会议认为,教研室在执行教学计划,加强中小学教材建设,开展教学研究,组织教改实验,总结推广先进经验,提高教师业务水平以及在推动高中改革,做好实施九年义务教育课程方案的准备方面,做了大量工作。在贯彻落实《中国教育改革和发展纲要》,深化基础教育改革的新形势下,教研室应重点做好以下几方面的工作:(1)要进一步转变教育思想,将中小学教育由以升学为唯一目的的"应试教育"转向全面提高国民素质的轨道,这是全面贯彻教育方针、全面提高基础教育质量的关键。(2)在教育行政部门的领导下,与有关处室认真配合,搞好九年义务教育课程方案的实施工作。(3)在教育行政部门领导下,配合有关处室积极稳妥地推进普通高中课程与考试的两项改革。加强研究实践中遇到的问题,使改革不断深化和完善。(4)加强教材研究和教材建设。各级教研部门应结合本地教学实际,协助教育行政部门切实搞好教材选用工作,同时精心组织编好地方安排课程教材。(5)加强和改进教学评价工作。既要加强对教学评价的研究和实验,同时要积极稳妥进行考试改革,发挥考试在加强教学管理,改进教学,提高教学质量等方面的导向作用。(6)进行教改实验,总结和推广教学改革经验。(7)加强教研室的自身建设。

撰稿　杨秀梅
审稿　马　立

中小学德育

[**中学时事教育**]　国家教委为进一步加强和改进中学时事教育,于1993年11月发出《关于进一步加强中学时事教育的几点意见》。要求各级教育行政部门的领导干部提高对中学时事教育重要性的认识,并应有人负责中学时事教育。

为了帮助中学生学好时事,国家教委商定中央人民广播电台1993年10月起开办《中学生时事》广播节目;委托中宣部《时事报告》编辑部创办了以高中学生为对象的时事专刊(中学生版),努力从时事教育的内容和形式上适应不同年级的学生的需求。为了解决思想政治课教师备课难问题,国家教委要求各级教育行政部门在中学校长和思想政治课教师培训中,注意安排时事教育方面的内容,同时还专为思想政治课教师编辑了《中学德育工作内部参考》。

撰稿　周长祜
审稿　曹胜利

[**颁发《小学德育纲要》**]　国家教委

1988年8月颁发了《小学德育纲要(试行草案)》,在各地实验的基础上,依据邓小平南方谈话和党的十四大精神进行了修订,并于1993年3月26日正式颁发实行。

《小学德育纲要》在原试行草案的六部分内容基础上,新增加了"管理工作"内容,进一步明确了校长、党支部及全体教职工在小学德育工作中的各自职责。规定学校都要根据本校实际情况建立德育管理制度以及德育干部和教师的培训制度。

撰稿　周长祜
审稿　曹胜利

[**用优秀影视片进行爱国主义教育**] 1993年8月,中宣部、国家教委、广播电影电视部在北京召开全国部分省、市中小学影视教育工作座谈会。会上,上海、吉林、广东、辽宁、福州、西安等省、市相继介绍了各地中小学用电影电视片教育学生的经验,并对今后如何进一步运用影视片开展爱国主义教育提出了建议。9月13日,中宣部、国家教委、广播电影电视部、文化部联合发出《关于运用优秀影视片在全国中小学开展爱国主义教育的通知》,向全国中小学推荐100部以爱国主义教育为主要内容的优秀影视片。此次推荐的影视片,以反抗帝国主义侵略题材为主,同时还包括革命传统教育、社会主义教育、历史人物传记、锦绣中华、灿烂文化等内容。

《通知》要求各地教育行政部门和学校在用影视片开展爱国主义教育活动时,要与各项工作结合,纳入学校教育教学计划并渗透在各科教学中,要有选择、分层次、有指导地组织学生观看,使每个学生在中小学阶段都能看到规定的必看片和部分选看片。通过生动、形象的艺术形式,向中小学生进行爱国主义、集体主义、社会主义和革命传统教育。开展这一教育活动,取得了良好的效果,受到广大中小学生、家长、教师与社会各界的欢迎与好评。

撰稿　陈　纲
审稿　曹胜利

[**研讨中华民族传统美德教育**] 为落实《中国教育改革和发展纲要》中关于"要重视对学生进行中国优秀文化传统教育"和国务院副总理李岚清关于要进行中华民族传统美德教育的讲话精神,经国家教委批准,基础教育司参与由中国教育国际交流协会、中国联合国教科文组织全国委员会、国家教委社会科学发展研究中心、北京大学、山东大学联合于1993年5月举办的"东方传统论理道德与当代青少年教育国际研讨会"的组织工作,并向大会推荐12篇论文。

1993年9月,国家教委在呼和浩特市邀请部分省、市德育工作处处长就中华民族传统美德教育问题召开座谈会,并于1993年2月6日将会议《纪要》转发各地。《纪要》提出,以弘扬中华民族传统美德为契机,积极开展以中小学生日常行为规范为中心内容的养成教育。这是抓好中小学德育工作的基础。要把中华民族5000年文明史与近百年革命斗争史和40多年社会主义建设的历史所形成的优良传统、优良作风集中起来,教育青少年;进而影响社会,以形成有中国特色的道德观、价值观和行为规范体系。

撰稿　孙学策
审稿　曹胜利

特 殊 教 育

［**概况**］ 1993年，根据《中国教育改革和发展纲要》提出的发展目标，在有关部门的推动下，残疾人教育事业又取得了新的进展。全国特殊教育学校已达1123所，比上年增加46所；附设在普通小学的特教班共1805个，比上年增加250个；在校学生已达168585人，比上年增加3.9万人。另外，民政部门在儿童福利院也办了近2000个残疾儿童少年班，有学生2万人。

在残疾幼儿教育方面，国家、集体和个人为残疾幼儿开办的幼儿园（班）逐渐增多，其中3—7岁听力语言残疾儿童康复训练工作进展较快，到1993年6月，全国已建语言训练机构1356个，已训和在训听力语言残疾儿童38711人，其中约有12%的已训儿童进入普通幼儿园或普通小学。在残疾人初级中等以上教育和职业技术教育方面，青岛、南京已于1993年秋季开始分别试办视力和听力语言残疾学生普通高中班。

［**教学工作**］ 残疾儿童少年义务教育的教学改革在深入进行。1993年4月、8月，国家教委基础教育司和全国特殊教育研究会分别召开了全国盲校和聋校、弱智学校的分类教学研讨会。目前，许多学校已积极开展了分类教学工作，经反复修改的《全日制盲校课程计划》（试行）和《全日制聋校课程计划（试行）》已于1993年10月颁发。盲校课程计划分为小学、初中两部分。为推动小学、初中两个课程计划的实施，计划重新编写盲、聋校教材。另由国家教委基础教育司组织编写人民教育出版社出版的全国第一套统编弱智学校教材已于1993年秋季开始使用。

［**特殊教育国际研讨会**］ 为进一步推动我国特殊教育事业的发展，促进国际交流，1993年2月，国家教委、中国残疾人联合会和黑龙江省教委联合举办的联合国教科文亚太地区特殊教育研讨会在哈尔滨市举行。到会的有中国、日本、韩国等12个亚太地区国家共130多位代表，其中包括联合国教科文组织、世界银行、联合国儿基会等6个国际组织派观察员到会；我国21个省、市教委（教育局）普教处处长，部分特殊教育专家等列席会议。国家教委副主任柳斌出席会议并发表讲话。会议听取了关于国际和亚洲地区特殊教育发展趋势的报告及12个国家特教情况的介绍，大会通过了《哈尔滨宣言》。宣言就实施全民教育目标，形成全纳性学习观念等12个问题达成意向性意见。

撰稿 王 洙

审稿 曹胜利

［**残疾人工作总结会**］ 1993年10月5日—6日，《中国残疾人事业五年工作纲要》（1988—1992年）总结会，由国务院残疾人工作协调委员会、国家教委、民政部、中国残疾人联合会联合在北京召开。会议期间，由以上4个单位联合发布了《关于表彰特殊教育先进县（市、区）的决定》，对全国89个特殊教育工作成绩突出的县（市、区）授予“特殊教育先进县（市、区）”的称号，并颁发奖牌及奖金；同时对162个特殊教育工作成绩显著的县（市、

区)给予通报表彰。在总结会上,国家教委副主任柳斌做了题为《认真贯彻〈中国教育改革和发展纲要〉,积极发展残疾人教育事业》的报告。报告指出,今后的工作要以《中国教育改革和发展纲要》为指导,切实把残疾儿童少年义务教育纳入普及义务教育的规划和评估验收体系;保证对残疾人教育、残疾少儿义务教育经费的投入;加强特教师资队伍建设;以推动各地特殊教育工作进一步发展。

撰稿 王 洙
审稿 曹胜利

幼儿教育

[**概况**] 1993 年全国在园(班)幼儿为 2624.9 万人,比上年增长 5.8 个百分点。其主要特点是:

农村幼儿教育事业发展较快。1993 年,全国农村在园(班)幼儿已有 1534.9 万人,占全国在园(班)幼儿总人数的 58.5%,幼儿教育事业已由城市逐步扩展到农村。

学前班幼儿大量增长。1993 年,全国学前班幼儿人数已达 1435.6 万人,比上年增长 9.7 个百分点,其中城市增长 12.9 个百分点。学前班幼儿已占全国在园(班)幼儿总数的 54.7%,比上年增长 2 个百分点,这表明全国已有更多的儿童接受学前教育,学前班作为学前一年教育的一种形式受到了群众的欢迎。

公民个人办园发展迅速。全国个人办园招收的幼儿已由 1992 年的 53 万人增加为 72.3 万人,增长 35 个百分点。公民个人投资办园的热情,展示了我国办园体制改革在幼儿教育事业发展中的重要性。

城市"入好园难"的呼声日高。随着独生子女政策的实施和人民群众生活水平的日益提高,许多幼儿家长迫切要求接受高质量的保育和教育,这就出现了现有一些办园条件好、保教质量高的幼儿园生源爆满,而办园条件差的幼儿园生源困难的现象。

撰稿 陈巧兰
审稿 曹胜利

[**幼儿园与小学衔接研究**] "幼儿园与小学衔接"的研究,是联合国儿童基金会与国家教委 1990—1994 年周期的合作项目之一。本研究的目的旨在揭示我国城乡广大地区幼儿园和小学衔接方面存在的问题,并通过教育实验提出切实有效的教育指导意见。研究工作在北京市、北京市郊区、南京市、杭州市、上海市淞江县、四川省江津县、甘肃省临夏市、甘肃省兰州市郊区等 8 个实验点进行,其中 3 个为城市点,5 个为农村点。

通过前两轮(年)的教育实验,数据与调查结果都证明,被试儿童在社会性适应和学习适应两个方面的发展,都有明显的优势,能使幼儿较顺利地由幼儿园进入小学,不发生衔接的"陡坡"。教育实验方案的实施过程基本形成了一定的教育模式。各实验班教师普遍反映实验效果显著。

该项目已向联合国儿童基金会提交了研究报告及其附件,获驻华北京代表处及有关专家的一致好评。为使研究成果得到更广泛的应用，国家教委基础教育司分别在湖北和上海举办了学前班教师指导用书编写培训班。现在已有近10个省市在该研究指导下编写、出版了当地的教师指导用书，为提高学前教育的质量发挥了作用。

撰稿　朱慕菊
审稿　曹胜利

［**幼儿教育国际研讨会**］　为响应世界首脑会议关于保护儿童权利的动议，为在国内进一步推动贯彻实施《九十年代中国儿童发展规划纲要》，国家教委与联合国儿童基金会于1993年5月18—22日在广东省江门市召开了“幼儿的教育与发展——向九十年代的挑战”国际研讨会。来自美国、澳大利亚、香港、澳门的幼儿教育专家，国内各高等师范院校、幼儿师范学校的专家学者、幼儿园教师，各省（市、自治区）教育行政部门的幼儿教育工作者以及中央各有关部委的代表约250人出席了研讨会。

联合国儿童基金会驻华代表拉赫曼先生、国家教委副主任柳斌在大会开幕式上讲话。研讨会还就“幼儿教育国家政策与事业发展”、“幼儿的保育与教育”、“幼儿师范教育的改革”和“家庭、社区参与幼儿的发展”等四个领域设了分会场。与会代表共发表论文77篇，内容涉及幼儿教育的诸方面。

撰稿　朱慕菊
审稿　曹胜利

关心下一代工作

［**全国关工委工作情况**］　1993年，在新疆自治区教委成立关心下一代工作委员会后，全国已有28个省、自治区、直辖市教育系统建立关工委组织。据初步统计，全国教育战线有70余万老同志参加关心下一代活动。关工委工作的重点是抓县和县以下的基层关工委的组织建设。吉林省9个地区，59个县（市）教委，42所高等学校全部建立了关工委；全省参加关心下一代活动的人数占离退休人员的36%。湖南省14个地、州、市，123个县、市、区，18所高等本科院校，3485个乡（镇），5843所中等学校和27所高等专科学校都成立了关工委。

一年来，关工委工作坚持把对青少年进行思想政治和道德品质教育放在首位。注意结合青少年的不同特点采取灵活多样的形式，寓思想教育于各项活动之中。在毛泽东同志诞辰100周年前夕，国家教委关工委下发了《关于开展纪念毛泽东同志诞辰100周年活动的通知》。各地围绕这一主题开展了丰富多彩的活动。吉林省蛟河教委关工委，根据老同志和少年儿童的不同特点开展了“老少同”系列教育活动。即“老少同祭扫烈士墓”、“老少同植树”、“老少同忆比”等活动。清华大学、中国人民大学、兰州大学等高等学校的老同志，根据当代大学生的特点采取“忘年交”、当辅导员等方法，做学生的思想工作。

围绕《中国教育改革和发展纲要》的实施，离退休老同志发挥自己教育教学丰富的经验，开展劝学、办学、教育咨询活动。河南信阳和罗山两县教委关工委在一年内组织550多名老同志,先后劝说1200多名流失学生返校复学。哈尔滨市教委关工委成立了小学教育咨询组,为全市220多所小学的660多名教育行政管理干部和400多名青年教师提供了咨询服务。一些老少边穷地区的关工委,围绕当地的经济建设,在广大中考、高考落榜回乡青年中开展"热爱家乡、建设家乡、富裕家乡"的活动,推广农业实用科技,举办桑蚕、果树栽培、蔬菜种植、家电维修、服装裁剪等技术培训班。

为了进一步提高对关心下一代工作意义的认识;提高掌握教育有关法规和政策的水平;国家教委关工委于7月中旬和10月中旬在北京先后举办了两期基层关工委秘书长培训班。全国19个省、自治区的330多人参加了培训班的学习。

到目前,大多数地方关工委基本做到有专职人员、适量的经费和固定的办公室。大部分省市关工委从实际出发,相继建立起会议、学习、请示汇报、检查评比、计划总结、调查研究、资料管理、表彰奖励、简报宣传等工作制度。

[**城市教育关心下一代工作**]　国家教委关工委根据城市和各级各类学校的不同特点在全国计划单列市开展城市的关心下一代工作活动。

通过两年来的实践探讨,逐步对城市教育系统关工委的工作性质、工作任务和工作内容取得了共识。(1)关工委组织集社会性、传统性、教育性、公益性、思想性于一体,对新时期加强思想政治工作具有开拓性。(2)关心下一代工作重点在基层。(3)关心下一代工作在依靠行政手段推动工作的同时,要发现典型,培养典型,总结先进典型的经验并加以推广。(4)关工委工作以青少年学生和青年教师为主要对象,以学校、社区、家庭为阵地,全方位、多角度地开展各种形式的教育活动,全面关心青少年的健康成长。(5)在改革开放中,要坚持不懈地对广大青少年进行爱国主义、集体主义和社会主义的教育,进行"两史一情"和革命传统教育,进行中华民族传统美德的教育。

[**研讨个体工商户子女教育问题**]　近年来,随着改革开放的不断深入,市场经济的迅速发展,个体从业者人数急剧增加,他们的子女在全国达3000余万人。个体工商户子女的成长问题应引起社会的普遍关注。为此,在调查研究的基础上,国家教委关工委、中国个体劳动者协会和武汉市教委会联合于9月在武汉市召开了部分省市个体工商户子女教育研讨会,分析了个体工商户子女的教育现状。认为:个体户子女受家庭环境的熏陶和影响,普遍有一定经济头脑和竞争意识,具有一定的创业精神,善于人际交往,独立生活的能力较强,但同时从他们身上也反映出拜金主义、享乐主义和极端个人主义等消极的影响。由于个体工商户家长整体素质不高。家庭教育存在的问题较多。一是孩子辍学帮助父母做工经商的现象有增无减;二是少数个体工商户忽视对子女的思想品德教育,致使子女厌学、弃学,社会公德、遵纪守法意识差;三是家长不重视正确管教,以钱代教,以钱代管,一味溺爱;四是异地经商的个体工商户的子女入学就读困难;五是由于世俗的偏见和个别个体工商户行为不检点的影响,有些个体工商户子女受到不应有的歧视。

针对以上情况,研究会提出了教育对策的建议:(1)解决异地经商个体工商户子女接受九年制义务教育的问题是全国实现"双基"任务的重要一环。武汉市硚口区创办私立汉正街个体工商户学校,湖南株洲市南区为改善投资环境,克服困难,主动承担起外来个体工商户子女入学的任务等做法都是值得借鉴的。(2)针对个体工商户子女的实际情况,应重视三个方面的教育。第一,引导他们从小热爱祖国，热爱人民，热爱中国共产党，帮助他们树立正确的理想与信念。第二，教育他们从小养成艰苦奋斗，勤俭节约的良好习惯。第三，重视对他们的养成教育。培养他们从小爱学习，爱劳动，爱科学的优秀品质。教育他们自觉遵守纪律，规范日常行为。让他们从小学法、懂法、守法。(3)要加强对个体工商户子女的教育，提高家长的素质和家教水平。(4)加强对个体工商户子女的教育必须动员社会力量齐抓共管。(5)各地应加强《未成年人保护法》实施的监督部门，采取执法措施。

[**征集专题调查报告**] 为了指导和推动关工委的工作，1993年，国家教委关工委发布了《关于征集关心下一代专题调查报告的通知》。号召各级关工委继承党的调查研究的优良传统，坚持理论与实际相结合，深入基层，联系群众，甘当小学生，以实事求是的科学态度，将调查研究所得，写出专题报告，以利于指导工作。一年来，国家教委关工委以身作则，各级关工委也做了大量的调查研究工作，写出了一批质量较高的调查报告。广东省教育厅关工委就改革开放前沿阵地青少年教育出现的问题进行专题调研，写出了《中小学生违法犯罪情况调查报告》。西北工业大学关协的《对当前大学生思想状况的分析和思考》的调查报告。大连市瓦房店关工委的《对高中生思想状况浅议》的调查报告、天津市教育局关工委的《对中学生当前思想情况的调查报告》、湖南岳阳市校外辅导员朱再保同志的《小学时事教育亟待加强》等调查报告，都客观地分析了不同地区、不同类型学校学生思想教育的现状，有针对性地提出了对策和建议。

为了发挥老教育工作者帮助青年教师成长的作用，天津市教育局关工委的《对当前中学青年教师状况》、重庆大学关工委的《青年教师现状的调查》等调查报告，都提出了解决青年教师思想、业务存在的问题，制止青年教师流失趋势的办法。

针对青少年的消费问题，沈阳八十中关协小组进行的《中小学生消费情况的调查》，哈尔滨市关工委的《少年儿童消费失控，教育不当令人忧虑》、沈阳167中的《超前消费一例——少年祝寿》等调查报告，都提出在物质文明发展的今天，对青少年进行勤俭节约，艰苦奋斗，发扬中华民族艰苦朴素优良传统的必要性。重庆大学关工委的《寓思想教育于法学教学之中》的调查、北京教育局关工委的《体育与青少年教育》、沈阳和平一中关协的《低年级学生兴趣爱好的调查》、大连十三中关协的《假期校外活动的调查》、大连瓦房店高中的《精雕细刻塑心灵——职高学生心理素质教育调查》等调查报告，为各级教育部门依法治教，提高德育工作科学性，促进青少年德智体全面发展，加强校园文化建设，发展社区教育和开展校外活动等方面工作都具有参考价值。

撰稿 郭春开
审稿 李蒙恩

职业技术教育

［发展概况］ 1993年，我国职业技术教育发展与改革的步伐进一步加快，取得了可喜的成绩。

据统计，1993年，我国中等专业学校、技工学校和职业高中发展到16844所，比上年增加282所；招生316.12万人，比上年增加42.56万人；在校生达到762.28万人，比上年增加79.46万人。

中等职业技术学校在校生和招生数与高中阶段学校在校生、招生总数的比例分别达到53.71％和57.96％。上述两项比例，与1980年相比分别提高34和37个百分点。它标志着我国中等教育结构发生了根本变化，更趋于合理。

初级职业中学，现有1528所，毕业生14.52万人，招生26.65万人，在校学生56.24万人。在中等职业技术学校中进行的短期初级职教培训均在1000万人次以上。办学规模、效益不断提高。

职业大学是从80年代初期开始兴办的。十多年来已为各地输送多种实用人才30余万人。80年代中期，还试办起3所五年一贯制的技术专科学校和1所以培养高级技术性人才为主要目标的高等职业技术学校。1993年，经国家教委决定，依托部分有条件的重点中专学校进行高级职业技术班的试点工作。为高等职业技术教育的发展进行有益的探索。

各级各类职业技术学校，向社会各行各业输送了大批专业技术人才和熟练劳动者，为提高我国的产品质量和经济效益，为加快改革开放和现代化建设的步伐作出了重要的贡献。

撰稿　李　鑫

审稿　陈德才

［普通中专教育工作会］ 1993年11月15日至19日，国家教委在湖南省株洲市召开了全国普通中等专业教育改革与发展工作会议。会议以邓小平建设有中国特色社会主义的理论为指导，认真学习和贯彻《中国教育改革和发展纲要》精神，进一步分析中专教育面临的新的形势和任务，增强中专教育改革与发展的紧迫感，总结、交流我国改革开放十几年来，中专教育改革发展的经验，明确当前及今后一个时期中专教育改革与发展的方向和目标。

国务院副总理李岚清为这次会议写信，信中说："中专教育是符合中国国情的、多快好省地培养社会主义建设事业实用人才的好形式，也是我们要大力提倡和发展的一个重要领域"。国家教委副主任王明达、湖南省副省长郑培民、农业部副部长洪绂曾、江苏省政府副秘书长王湛及部分省、自治区、直辖市、国务院有关部委教育主管部门负责人在会上发言。会议讨论、修改了《关于普通中等专业教育(不含中师)改革与发展的意见》、《关于普通中等专业学校招生与毕业生就业制度改革的意见》等文件。

会议肯定了中专教育自改革开放以来，在招生就业制度、发展校办产业、学校内部管理体制、实行多层次、多规格、多形式办学等方面的改革成效。会议提出，中专教育改革与发展的基本方针是：以邓小平建设有中国特色的社会主义理论为指导，按照《中国教育改革和发展纲要》的要求，加快改革，积极发展、优化结构、增强活力、提高质量、提高效益。要通过改革与发展，实现中专教育规模、质量和效益的大幅度提高。

会议指出，中专教育的改革要着重解决好以下几方面的问题：(1)建立有效的办学机制，增强中专的活力。(2)在管理体制上，要进一步变国家集中计划和直接行政管理为国家统筹和宏观管理，学校面向社会自主办学。突破部门界限，加强部门间及部门与地方的合作，扩大服务面向。(3)深入进行教育教学改革，提高教育质量。要花大气力更新教学内容、教学方法、教学手段，从根本上提高教育质量。要采取多种形式，加强学校与社会、企事业单位的联系与合作，巩固和发展生产实习基地，实行教学、实验实习和生产实践相结合，改变长期以来学校与社会生产、社会生活联系不够紧密的状况。(4)增加中专教育投入，大力发展中专学校的校办产业。(5)加强师资队伍建设。首先是要稳定师资队伍，加强中青年教师的培养。(6)继续在中专学校试办五年制高等职业技术班。

会议还交流了部分地方、部门(行业)和中专学校的经验。

撰稿 杨 健
审稿 陈德才

[**检查省级重点职业高中评估**] 为进一步贯彻落实国务院《关于大力发展职业技术教育的决定》提出的集中力量办好一批起示范和骨干作用的学校，以适应我国职业技术教育迅速发展的精神，国家教委于1992年7月29日和同年11月8日，分别发出《关于搞好省级重点职业高中评估总结并进行抽查的通知》和《关于开展省级重点职业高中评估工作抽查活动的通知》，要求从1992年末到1993年，用一年的时间，对1990年和1991年两次评估认定的455所省级重点职业高中和省级重点职业高中的评估认定工作进行检查，并要求各省、自治区、直辖市，以及各有关地(市、县)教育行政部门和各省级重点职业高中认真做好准备，写出总结报告，协助检查组把抽查工作做好。

检查工作自1992年的12月始，至1993年11月止。国家教委先后派出由各省主管职业技术教育的领导为组长的，省地方教育行政管理人员、职教教研人员和职业高中校长，以及国家教委职业技术教育司有关处室同志参加的10个检查组，分期分批到除西藏、新疆和海南以外的27个省、自治区、直辖市的180所省级重点职业高中和50多所其他职业技术学校检查，检查的主要活动是：(1)听取有关省、地市、县教育行政部门关于本地职业技术教育发展、重点职业高中建设和评估工作的介绍。(2)到省级重点职业高中进行实地检查，主要侧重于教育教学情况、设施、设备检查，查阅资料、召开座谈会，以及听取当地有关业务部门、用人单位和联合办学单位的意见。(3)向省政府或省教委的领导汇报检查工作、评估意见，交流并研究进一步加强省级重点和国家级重点职业高中建设的措施。(4)整理、研究有关资料，写出评估检查报告，报国家教委。

检查工作在各地党、政领导和学校的支持下取得明显效果和成绩：(1)提高了各级领导对发展职业技术教育的认识，坚定了贯彻落实国务院《关于大力发展职业技术教育的决定》和《中国教育改革和发展纲要》的决心，把骨干学校的建设纳入政府的重要议事日程。(2)促进各地政府制订建设省级重点职业高中规划，加大投入，改善办学条件，收到良好效果。江苏省为改善40所省级重点学校的办学条件，检查前又投入1.5亿元，平均每校380万元、增建14万平方米建筑，平均每校3600平方米。河北省委、省政府重视重点学校的建设，1991年筹措6.2亿元(包括8000万元政府贷款)建设60所县级职教中心。检查前共建起128万平方米的校舍，平均每校2万多平方米，每所学校占地147亩，实习场地220亩，校均规模达1500人。(3)进一步端正了办学方向，指明办学路子，使重点职业高中沿着健康道路发展，为创办有中国特色的职业技术教育发挥更大作用。(4)总结和交流了各地的经验，为开展国家级重点职业高中建设和评估准备了条件。

撰稿　王孟春
审稿　陈德才

［**国际职业技术教育研讨会**］　为加强职业技术教育领域的国际交流与合作，促进世界各国职业技术教育的发展，在联合国教科文组织“参与计划”项目下，国家教委于1993年9月13日至18日在北京主办了“国际职业技术教育研讨会”，主题是“现代化与职业技术教育”。研讨会邀请22个国家、地区的代表以及联合国教科文组织、世界银行等国际组织的代表参加，我国除正式代表外，还有部分部委、省市、学校的代表作为观察员参加了会议。

国家教委主任朱开轩主持了研讨会开幕式，国家教委副主任王明达致开幕辞。李岚清副总理出席开幕式并发表讲话指出：和平与发展是当今世界的两个重大课题，现代化是每个国家矢志追求的目标，而职业技术教育则是现代化建设的重要支柱之一。随着世界范围经济联系的不断加强，扩大各国职业技术教育界的交往已是大势所趋。中国政府非常重视发展职业技术教育。改革开放是中国长期不变的基本国策。中国愿意并将继续加强同世界组织和世界各国的交流与合作。

研讨会上，与会代表讨论了职业技术教育在社会与经济发展中的地位、作用，企业在职业技术教育中的作用、职能和参与方式，职业技术教育的层次、办学和管理体制，职业技术教育的经费和师资来源，职业技术教育国际交流与合作等问题。最后，代表们在向联合国教科文组织总部提交的会议报告中向世界各国发出了以下倡议：(1)所有国家应颁布法律，明确政府、培训机构和企业的作用与相互关系。(2)所有国家应为从事职业技术教育的教师制定完善的标准，对教师进行考核，并为教师提供培训和进修的机会。要求职业技术教育教师的工资和工作条件至少应与其它职业的工艺师和技术员相当。(3)采取有效措施，解决职业技术教育的经费不足问题。在政府继续提供并增加职教经费的基础上，应扩展经费来源，用法律在各行业或全国范围内征收培训税，同时允许培训机构自筹资金。(4)广泛开展国际、区域和国与国之间的合作与交流，推动全球职业技术教育的发展。

会议期间，代表们参观了北京市黄庄职业高中、东城区职业教育中心学校、北京电力技工学校、南口铁路电气化学校，对中国职业技术学校的办学水平给予了很高评价。

举办此次国际职业技术教育研讨会，为我国学习国际职业技术教育先进经验，向世界展示我国职教成果提供了机会，为我国更广泛地加强国际交流合作打下了基础。代表们对此次会议的成果和影响以及材料的选编、主题的确定等给予肯定。

撰稿　范海林
审稿　陈德才

［师资队伍建设和校长培训］ 加强师资队伍建设。1993年1月10日国家教委、农业部、林业部联合发出了《关于加强农村、林区中等职业技术学校和农民中专农、林类专业师资队伍建设的几点意见》要求高等农林院校要积极为农村林区中等职业技术学校和农民中专学校培养专业师资；要选调、聘请农林科技人员担任中等职业技术学校和农民中专学校的专、兼职教师。要分配高等学校毕业生到农村、林区中等职业技术学校和农民中专学校任教；要加强在职教师的培训、进修，对达不到规定学历的现任文化课及专业理论课教师，学校及上级主管部门可有计划地安排他们到有关高等院校举办的师资培训班进行脱产或不脱产的培训，对所有文化、专业和技能教师均应定期、不定期组织业务进修、技能培训，逐步形成制度。

加强职业中学校长培训。1993年12月28日国家教委发出《关于发布〈全国职业中学校长主要职责及岗位要求(试行)〉的通知》，要求校长上岗前原则上必须在国家教委指定的培训基地或省级教育行政部门指定的单位接受岗位培训，并获得合格证书。经过岗位培训的校长，任职后，每年应接受一周左右的进修培训，形成制度。同日，国家教委印发了《关于加强全国职业中学校长岗位培训工作的意见》，规定了培训工作的原则和目标等。要求省级教育行政部门要把职业中学校长培训工作列入重要议事日程，要有领导分工管理；校长参加培训的成绩和鉴定要记入本人档案，与工作实绩一起，作为评价、晋升、提职的重要依据。

撰稿 吴继宸
审稿 陈德才

［教材建设］ 1993年5月，国家教委印发《关于职业技术教育教材规划工作的意见》等3个文件，就搞好教材建设提出由国家和省两级规划、建立教材两级审定制度、加强学校选用教材的管理和改进教材信息服务等意见。

1993年在国家教委的协调下，进一步明确了中央业务部门管理中专教材的职责分工，初步形成以中央业务部门为主的中专教材管理机制。同时，国家教委在汲取各地职业高级中学教材建设经验的基础上，组建了以江苏、上海、北京、四川等省牵头的职高建筑、商业、服装、旅游和电子等五大类全国性职高专业教研组，摸索以地方教育部门为主、中央业务部门指导、国家教委统筹协调的职高教材建设新路子。

国家教委91至95年规划教材选题达400余种，约占职业技术教育教材总数的5%左右。到1993年底，已正式出版200多种，尚有110余种教材正在编写和出版过程中。

根据国家教委1993年10月印发的关于中等职业技术学校政治课新的课程设置的意见，国家教委职教司组织一批专家学者，在有关部门协助下，进行政治课教材新编出版工作。1993年已出版发行《经济·政治》(上册)和《职业道德》两本教材和《职业道德教学大纲》。《经济·政治》(下册)、《世界观·人生观》(三年制和四年制)、《法律》、《国情》和《建设有中国特色社会主义的理论与实践》等5种教材及其教学大纲。预计于1994年秋季向各类中等职业技术学校供应，以确保政治课课程改革顺利进行。

1993年，国家教委职教司和体卫司共同组织编写出版了供中专和职高学生分别使用的《体育》教材。它冲破了学校体育教学中原有的以竞技体育训练为主线的教学模式，把重点放在增强学生自觉锻炼意识，提高学生健康水平上。国家教委职教司还与高等教育出版社、中国农影音像出版社合作，于1993年秋季出版了职高种植和畜禽养殖两个专业的化学、物理、农业气象、土壤肥料和植物等五种文字教材和配套音像教材(共 9 本,1200 分钟)。

自 1991 年以来,国家教委对一些省的教材供应情况作了调查,并与有关部门共同分析、研究,筛选出 300 多种较为优秀的教材,编制成教材信息,发至各学校,同时还协调 10 多家出版社,并与 22 个省市教育行政部门密切合作,作好教材发行工作,探索解决职教教材供应渠道不畅的新途径,受到各地各校的欢迎。

撰稿 谢 俐
审稿 陈德才

[职业学校校办产业] 为了贯彻落实《中国教育改革和发展纲要》提出的"各级各类职业技术学校都要主动适应当地建设和社会主义市场经济的需要。要在政府的指导下,提倡联合办学,走产教结合的路子,更多地利用贷款发展校办产业,增强学校自我发展的能力"的任务,国家教委职业技术教育司于 1993 年 7 月 7 日至 9 日在北京召开了全国职业技术学校大力发展校办产业,加强生产实习基地建设工作座谈会。

会议交流了职业技术学校发展校办产业和建设实习基地的经验。到 1992 年低,全国有 10818 所中等职业技术学校办起了 28594 个校办产业和实习基地,总产值达 43.84 亿元,总收益达 6.46 亿元。校办产业的发展和实习基地的建立,一方面培养了学生的动手能力,提高了技术水平,另一方面也增强了学校自我发展的能力,补充了教育经费的不足。例如,据不完全统计,江苏省 1992 年全省职业技术学校校办产业产值达 16 亿元,年创收 1.5 亿元,占学校经费支出的 25%。

会后,国家教委办公厅印发了座谈会《纪要》,对今后发展校办产业,加强实习基地建设提出要求:(1)要进一步提高对发展校办产业,加强实习基地建设的认识;(2)要建立健全发展校办产业和建设实习基地的组织领导;(3)要采取得力措施,加强校办产业和实习基地建设;(4)要加强校办产业和实习基地的管理。同时要求各地进一步落实《纲要》精神,积极建立产教结合、工学结合的运行机制,不断探索有中国特色的职业技术教育办学路子。

1993 年 7 月,国家教委与劳动部、中华职教社联合举办了全国职业技术学校校办企业产品展销会。有 28 个省、自治区、直辖市,4 个部委,500 余家校办企业参展。在参展产品中,有国优产品 57 种、部优产品 130 种、新型产品 344 种,115 项获专利。据不完全统计,此次展销会共签订货合同金额 1627.82 万元,签订意向合同书金额 3337.2 万元,零售额达 33.68 万元。全国人大常委会副委员长孙起孟、雷洁琼、李沛瑶及有关部委的领导,工商界、科技界人士,外企驻京机构人员应邀参加了展销会活动,京外各省市、台湾商业职业教育学会等也组团参观了展销会。

撰稿 王兰英
审稿 陈德才

高等教育

普通高校发展与改革

［**概述**］ 1993年，全国各地党委和政府以党的“十四大”精神为指针，按照《中国教育改革和发展纲要》提出的改革和发展的思路，结合本地区实际情况，及时制定并出台了一系列加快高教改革和发展的措施。在贯彻《纲要》中提出的“规模有较大发展，质量上一个台阶，结构更加合理，效益有明显提高”的发展方针方面，出现了好势头。

国家教委于5月8日至11日和7月20日至24日在广东省佛山市和云南省昆明市分别召开了部分省、直辖市高教主管部门负责同志座谈会。会议期间，各地高教部门负责同志汇报了省市在增加高教投入、深化体制改革和全面贯彻高教发展方针方面采取的举措，相互交流了经验。国家教委副主任张孝文出席云南的会议并讲了话。

1993年，全国高等教育发展和改革的势头呈现以下特点：

第一、省市主要领导高度重视落实教育的战略地位。全国普通高等教育工作会议后，广东、山东、四川、福建、北京、上海、云南、陕西、河北、江西等省市先后召开了本地区高教工作会议。省委、省政府主要领导出席会议，或在会议之前同教育部门负责人及各高校党委书记、校长共同研讨高教的改革与发展问题。广东省委书记谢非在会上讲话指出广东与亚洲“四小龙”的最大差距在于科技人才，在于教育，尤其是高等教育。为“再造广东优势”，省委省政府决定加快广东高教改革和发展的步伐，并将此举作为广东20年基本实现现代化的战略措施。北京市于4月召开了高等教育工作会议。市委书记陈希同等市委、市政府领导参加会议并讲话。会议宣布了市委、市政府为推动北京高等教育改革和发展决定采取的10项措施。陈希同在讲话中表示，高等教育在首都现代化建设的全局中具有举足轻重的作用，市委和各级党委要给予高度重视，并要求北京高校的同志进一步解放思想，振奋精神，推动北京高等教育上新台阶。上海市市长黄菊在听取市高教工作会议筹备工作情况汇报时指出，上海高等教育要从根本上改变过去在计划经济体制下的模式，逐步形成有中国特色并具上海特点的高等教育新体系，以适应上海成为国际经济、贸易、金融中心和国内“龙头”地位的需要。

第二、增加高教投入，多渠道筹措资金。广东省政府在1992年下拨省属高校2亿元经常费和基建费的基础上，另拨专项经费2亿元；从1993年起全省各市除贫困区外按第二、第三产业国民收入总值的1%集资上缴省财政，主要用于教育事业。其中，高教每年可增加5亿元投入。从1993年起，省政府拨1000万元专款建设高校重点学科。北京市决定每年增加学科建设费1000万元，马列主义课程建设基金和青年科学基金各100万元，重点高校和基础实验室建设各5000万元，用于高校校办科技产业贴息贷款3000万元，并从1993年5月1日起征收“旅游事业附加费”，“八五”期间主要用于市属院校的布局调整。上海市委、市政府作出决策，教育附加税由2%增加到3%（约1亿元）；教育税收返纳1亿元；按国际惯例收取餐旅服务费由10%增加到12%（每年可收2000～3000万元）；从几个大市场收入中提取一点建立教育基金等，以增加对高教的投入。江苏省改革力度加大，高教投入增加。计划今后三年内增拨3300万元作为高校重点学科、重点实验室建设专项经费；每年增拨2200万元用于高校教师住房和其它用房建设。通过实施高校校办产业免税、免征高校城市建设配套费、计划内扩大招收委培和自费生不减经费等政策增加高校投入约5000万至6000万元。四川省经省人大通过，给予高校基建减免四种税的特殊政策，高校上缴基建税额降低15%；省政府决定每斤种籽加收1分钱，每张病床每天增收1元钱，用以支持重点农科和医科院校；省财政贴息一半为校办产业贷款1000万元；自1993年到2000年全省高校基建投资4亿元，每年投资5000万元。福建省至2000年高校需投入7.3亿元，其中由省财政解决6.5亿元，差额部分通过向海内外集资的办法解决。1993年高校重点学科专项经费由原每年100万元增至325万元；高校每新上一个博士点增拨经费30万元；三年内将投入5000万元建设省重点大学，并建立社会教育基金予以扶植。省政府还决定今年从企业技改计划中挑选并公布一批适合高校承担的项目，充分发挥高校科技方面的作用并增加高校办学经费。山东省政府作出决定，“八五”后三年省属高校基建费从每年4500万元增加到6000万元；每年再增加1000万元，支持高校校办产业，滚动使用；1993年增拨重点大学建设专款5000万元，重点学科经费1000万元。从1993年开始生均经费每年增加300元。云南省政府决定，五年内投资1.5亿元，努力把云南大学建设成全国重点大学，并争取进入国家“211工程”；到本世纪末投资5亿多元，将云南师范大学、云南工学院、云南农业大学，云南民族学院和昆明医学院建设成省属重点大学。省政府拨专款为云南师范大学征地200亩。该省高校生均经费达4070元，比1991年增长8.3%。河南省决定拨专款1.2亿元用于重点建设郑州大学。

各地政府在增加对高教投入的同时，还注重提高教师待遇。广东省从1993年起，省财政拿出3000万元用于提高教师工资待遇，大体可做到助教月工资550元，讲师650元，副教授750元，教授900元左右（据该省调查1992年全省教师月平均工资为：助教310元，讲师378元，副教授445元，教授478元）。教师公费医疗从每年每人160元，增加到240元。在粤中央部委院校同样享受上述待遇。北京市“八五”期间每年给予市属高校教职工工资总额增加5%，以提高教职工工资。吉林省政府决定，从1993年7月1日起，对在吉林省工作的学部委员，博士生导师设立特殊津贴，每月给予学部委员补贴1000元，博士生导师补贴300元。广东、江苏将在三年内基本解决高校教师住房困难问题。浙江省在做到教育经费支出增长高于财政支出增长的基础上，省财政在三年内每年另拨专款500万元用于省属高校的住房建设。天津市决心加快教职工住房建设，使高校教职工人均面积达到8平方米。北京市政府拟筹资

2亿元兴建10万平方米住宅，并多方筹资为中央部门学校建27万平方米住宅，以解决高校教师住房困难。

第三、积极进行体制改革，不断开拓办学新路。高等教育改革的关键是体制改革。各地注意理顺政府、社会和学校的关系，改变过去国家集中计划和政府直接管理的办学体制，建立和完善国家统筹规划和宏观管理，学校面向社会自主办学的新体制，使我国高教体制达到改革的目标，发展高等教育进入良性循环。为此，各地在高校内部进行了管理体制改革、调整高校布局和专业设置、推动招生、就业制度改革、扩大高校办学自主权、共建重点高校实行联合办学、打破政府单一办学的格局进行“国有民办”、“国助民办”改革试验和鼓励社会各界民办大学方面，不同程度地进行了探索，积累了经验。

高校内部管理体制改革，已从个别学校试点阶段转入普遍实施阶段。北京市除少数艺术院校外其他高校均已实行内部管理体制改革。其特点是实行“一校、两制、四分流”，建立目标、责任、考核、聘任、分配一体化的运行机制，着眼于提高教学、科研水平。北京市的这项改革工作扎实、成效明显。上海、浙江已有80%和70%的高校实施改革。改革后，上海高校机关工作人员减少了20%。上海市还在少数重点高校试行跨校教师联聘制，以促进校际人才交流，引导不同类型高校高水平教师校外兼课的积极性。

北京、上海、天津、福建、江苏、四川等省市调整高校布局和专业设置，取得进展。北京市针对本地区同类院校布点过多，学校规模偏小，专业设置重复，办学效益不高的状况，自1990年开始在进行大量调查研究的基础上，对市属高校进行了比较大的调整。将原来16所高校、26个办学实体调整为11所高校、14个办学实体。学校平均规模上升为3300人，是调整前的2倍多，重复设置专业减少10%，专业点减少20多个。上海市重点抓高等专科学校布局调整，已合并3所高等专科学校，近几年内还将着手研究并理顺中专与高专的关系。江苏省实行省、市、县三级办学体制，强调中心城市办好一所综合性、多学科的职业大学，为此合并6所专科学校。四川省根据高教改革需要和学校自身发展规律，努力促成了四川大学和成都科技大学两校合并。山东省自济南师专与济南联大合并后，又提出将青岛大学与青岛师专、医专、山东纺院、医学院合并，以进一步优化高教结构。

联合办学有新的突破。继中山大学、华南理工大学由国家教委与广东省共建后，最近卫生部、农业部又分别提出与广东省共建广州中医学院、华南农业大学。重庆大学和厦门大学先后成立校董事会和基金会，分别得到重庆16个企业集团和厦门14个外经外贸公司的资助。山东省也采取措施支持国家教委所属山东大学、青岛海洋大学的建设。

据统计，上海、江苏、天津、四川四省市有70个社会团体或个人申办民办高校。上海、天津在进行高校布局调整的基础上对某些高校进行公办向民办转制或“国有民办”的改革试验。

校办产业的迅速发展，为高教的改革和发展创造了有利条件。江西中医学院的校办产业江中制药厂到1992年，实现产值1.6亿元、税利6000万元、人均产值50多万元、人均创税利20万元。该厂除每年给学校1000万元外，还将用1亿元所得利税买地300亩为学院建造新校园。

第四、全面贯彻高教发展方针，加快高教发展的步伐。各地根据本地区经济发展的实际需要和经济对教育支持的可能，确定了各自高教发展的规模和速度。广东省委、省政府做出决定，扩大广东高教办学规模，要求到

2000年，每万人口拥有各类高等教育在学学生达到126人，年均递增8.1%，其中普通高校在校生达到每万人口中有26人，年均递增8.4%。到2000年北京普通高校在校生由16万人，增加到20万人，普通高校的成人高教在学学生由12万人增加到20万人；四川普通高校在校生将达到24万人；上海、江苏、辽宁、福建、山东普通高校在校学生年均增长率分别为7%、8%、7.2%、7.5%和7.5%，增长率略高于全国平均水平。

在新形势下，各地政府和高教主管部门坚持走内涵发展为主的办学道路，注重发挥现有高校的作用，挖掘老校潜力，扩大办学规模，提高办学效益。到2000年，广东、北京、上海、天津、江苏、四川、辽宁、福建、山东等九省市各自的本专科学校平均在校生规模可望有明显提高。本科和专科院校在校生平均规模，广东由目前的3000人和1400人分别增加到4000人和2000人；北京由目前的2500人和1000人分别增加到3500人和2000人；山东由目前的3100人和1500人分别增加到4000人和2500人以上；江苏、福建将分别达到3500人和2500人以上。四川本专科院校在校生平均规模将在目前高于全国平均规模的基础上争取有较大提高。9省市高校师生比也将趋于合理。

第五、注重学科课程建设，提高教学质量。北京工业大学成立实验教育学院，1993年招生，探索新的办学模式和管理办法。北京、天津、福建、湖北、湖南、河北、河南、浙江等省市连续多年每年增拨专项经费建设重点学科和重点专业。北京市还为加强马列理论课建设拨出100万元专款；建设校外基地92个。福建省自1990年开始已抓了全省高校40门重点课建设。天津市抓重点学科由10个增加到15个。江苏省花大力气建设100门优秀课程，高标准建设1000个社会实践基地。四川省确定5种办学模式，即重庆大学的产学研一体化；四川大学教育、科研、社会实践相结合的文科教育改革；西南农业大学“3＋1＋1”实验；乐山师范专科学校的县校结合共同育人；预分配制等。全省已建起40个师范教育实践基地。江苏省教委就如何全面贯彻高教的发展方针提出了“七个必须”，即高教必须有较大的发展；规模必须走内涵发展为主的道路；发展规模必须和教育结构优化同步；发展规模必须和教育体制相结合；规模发展的总量、速度必须和质量、效益相统一；发展规模必须和发挥学校的优势或特色相一致；发展规模必须以增加教育和师资队伍建设作为保证。广东省提出两年基本达标（校舍、仪器设备、图书、校园面积），五年重点学科建设初见成效。

撰稿　陈田初
审稿　周远清

［**下放本科专业设置审批权**］　长期以来，高等学校专业设置的审批权限和管理归中央教育主管部门，随着社会主义市场经济体制的建立和完善，现代经济、科技和社会的发展越来越要求高等学校能迅速适应变化，及时调整专业设置和审批权限，以适应培养适用人才的需要。

为了贯彻《中国教育改革和发展纲要》及第四次全国普通高教工作会议精神，扩大高等学校和地方、中央部委的办学自主权，转变政府职能，增强高等学校主动适应经济、科技和社会发展的能力和活力，国家教委在深入调查，充分酝酿的基础上重新修订并于1993年7月颁发了《普通高等学校本科专业设置规定》（简称《规定》）；对原来的专业设置管理制度进行改革，进一步下放了高等学校本科专业设置审批权限。

《规定》本着宏观上管好,微观放活的指导思想,就本科专业设置的原则,专业设置条件、专业审批权限等做出要求。国家教委除继续负责审批直属高校设置少数专业和高等专科学校设置本科专业外,不再直接审批专业;高等学校设置本科专业一般须经有关地区或部门的专业设置评议委员会评议并由学校主管部门审批后报国家教委备案;高等学校可根据社会需求、自身办学条件和基础,自行设置或调整专业方向,并可在专业目录所列本门类所属的二级类范围内自主调整原设专业;国家重点高等学校在学校主管部门核定的本科专业数额内,可自主审定设置符合本校学科性质门类的专业。专业设置审批权下放以后,国家教委每年将定期公布全国普通高等学校增设或调整的本科专业名单,并对学校主管部门及其所属高等学校的专业设置实行指导、检查、监督。

撰稿　陈田初
审稿　周远清

[**高等工程专科专业教学改革试点**]　为了进一步推进高等工程教育,教学改革和建设,国家教委高教司于 1992 年 7 月下发了《关于遴选部分普通高等工程专科学校进行专业教学改革试点的通知》。根据《通知》的精神,经学校申请,学校主管部门审查上报国家教委待审批的学校 44 所试点专业共 48 个。

为了做好试点专业的遴选工作,国家教委高教司又于 1993 年 2 月下发了《关于对普通高等工程专科专业教学改革试点单位进行评估考察的通知》,同时组成了 34 人专家考评组,分成 6 个考评组下到 44 所申报试点的学校,对 48 个申报试点专业进行实地评估考察,着重考察了专业教学改革方案是否具有专科教育特色,方案可行性和专业教学改革的资金投入情况。全部考察工作于 1993 年 5 月中旬结束。

国家教委高教司于 1993 年 5 月下旬在福州市召开了专家评估总结会议,总结汇报各组考评结果,遴选出 37 所学校的 37 个专业为专业教学改革试点专业,讨论并提出做好专业教学改革试点工作的意见和建议。

为了明确专业教学改革试点的工作目标和基本思路,国家教委高教司于 1993 年 6 月下发了《关于做好高等工程专科专业教学改革试点工作的意见》,专业教学改革的工作目标是:从 1993 年起,在今后三年内,在全国普通高等工程教育各类院校中,遴选 100 个左右工程专科专业点,以办出工程专科特色为目的,进行“小范围,大幅度”的教学改革试验,经过 5 年的改革与建设后,进行评估验收,力争到 2000 年建成 100 个左右的示范性专业点,其中一部分,可与国际同类学校的一流专业的教育水平相媲美。专业教学改革的基本思路是:全面贯彻落实《中国教育改革和发展纲要》和《关于加强普通高等专科教育工作的意见》,从本行业,本地区工业,工程生产第一线对高等工程技术应用性人才的实际需要出发,以专业技术应用能力为主线,以专业教学内容体系,课程设置体系改革和推进产学合作,强化专业实践能力培养为基本内容,加强学风建设,师资队伍建设和专业实践教学基地建设,在试点专业形成特色明显的专业教育模式。

为了加强对专业教学改革试点工作的宏观指导和管理,国家教委高教司成立了“高等工程专科教学改革咨询评议委员会”,其主要任务是:组织对试点专业的遴选工作;检查试点工作的进展情况;组织对试点专业的评估;对高等工程专科教育的建设和改革进行咨询和建议。各试点学校的试点专业正在加快改革速度,加大改革力度,力争早出成果,出好成果，全面实现专业教学改革所确定的目标。

撰稿　邢跃龙
审稿　周远清

［高等工程专科实习基地建设］　为了贯彻落实国家教委《关于加强普通高等专科教育工作的意见》的精神，改善专科办学的基本条件，办出专科特色，使工程专科学生在工程实践能力方面能够达到培养目标的要求，并探索专科教学的评估试点的经验，从1992年起，国家教委高教司开始着手抓高等工程专科系列实习基地建设与评估工作。先后于1992年和1993年分别在辽宁、江苏、黑龙江三省和湖南、湖北、四川3省进行了金工实习教学的检查评估试点。评估的性质是合格性达标评估，评估的目的是通过评估，检查各类高等工程专科学校实施国家教委制订的《高等工程专科学校金工实习教学基本要求》的现状和水平，促使达到教学基本要求的标准；总结工程专科金工实习教学的经验和存在的问题，明确实践教学改革的方向。评估原则是：(1)体现高等工程专科教育培养目标和专业教学计划整体性的要求，反映我国高等工程专科教育培养社会主义高等应用性专门人才的特点。(2)符合高等工程专科教育及其评估的客观规律，科学地选取影响金工实习教学质量的主要因素(其中包括实习教学条件，实习教学过程及管理，实习教学效果)作为评估指标，重点考察教学条件和教学效果。(3)评估指标具有可操作性，以定量指标为主，定性与定量相结合。评估的组织方式采取学校自评；各省教育行政部门分别组织专家对当地学校(包括部、委属的学校)实地检查评估；国家教委组织专家组抽查的方式进行。在总结金工实习基地建设和评估工作经验的同时，国家教委于1993年下半年开始着手抓了电工、电子、建工实习基地的建设和评估工作，并制定了相应实习的教学基本要求和评估指标体系。

撰稿　邢跃龙
审稿　周远清

［制定理科专业培养规格和教学要求］
自1985年《中共中央关于教育体制改革的决定》确定把制订教学计划和教学大纲的权限下放到学校后，1990年，国家教委在兰州召开全国高等理科教育工作座谈会，提出了由国家教委组织制定理科各专业的基本培养规格和教学基本要求(以下简称“规格和要求”)，同时指出这种“规格”和“要求”是毕业生和教学工作的合格质量标准。按照兰州会议的精神，1991年制定了第一批18种专业，于1992年由国家教委颁布执行；1992年又制定了第二批8种专业；第三批22种专业，于1993年初开始制定，已于1993年底前审定完(已于1994年初由国家教委颁布执行)。以上三批共48种专业，基本上包括了理科的主要专业，这些专业的在校学生数占全部理科在校学生数的95%以上。

制定“规格和要求”主要指导思想是：全面贯彻执行党的教育方针；遵循高等理科教育和教学的基本规律；适应社会主义建设需要和现代科学技术的新发展；贯彻落实“兰州会议”提出的“加强基础、重视应用、分流培养”的原则；积极吸取教学研究和改革成果，借鉴国内外教学经验。

“规格和要求”的主要内容包括：培养目标、基本培养规格、课程结构、主要课程的内容和教学基本要求、其它教学环节等5个部分。“规格和要求”与教学计划、教学大纲的主要区别在于：前者主要是规定毕业生总的素质、质量的合格标准和教学要求，是宏观指导和管理的法规性教学文件，是制订教学大纲和教学计划的依据。

撰稿　陈祖福
审稿　周远清

［**理科基础人才培养基地建设**］　建设国家理科基础科学研究和教学人才培养基地（简称“基地”），是国家教委保护和深化高等理科教育改革，加强数学和自然科学基础研究和教学人才培养，迎接21世纪新技术革命挑战的战略决策。国家教委1990年发出的《关于深化改革高等理科教育的意见》和1992年发出的《关于建设国家理科基础科学研究和教学人才培养基地的意见》都指出，要从全国重点综合大学和少数全国重点理工科大学中，选择一批基础条件好的数学、物理学、化学、生物学、地学、天文学、力学、心理学等基础学科专业点，采取保护性政策和措施，重点加强建设和深化改革，强化基础（理论基础和科学实验）教学和训练，保证学生德智体全面发展，到本世纪末，建成包括数学和自然科学主要基础学科的、以培养少而精、高层次理科基础人才为主的基地。

“基地”的选点贯彻“选优保重、合理布局”的原则。优化选择那些代表我国先进水平的、在国内具有重要影响和起骨干带头作用的专业点。“基地”专业点的确定，采取“学校申报，专家评议、论证，国家教委审批”的程序进行。

按照上述的原则和程序，1991年确定了第一批15个专业点基地进行试点。在试点中，学校主管部门和学校的各级领导都非常重视，各专业点都制定了重点建设和深化改革的目标、方案和措施。从1991年到1993年三年中学校主管部门对这15个专业点增加专项补助性投资1100万元，各校自行增加投入数百万元，教学设备和条件有了较大改善；各校都采取有力措施，提高招生质量，使“基地”专业点招收一批有志于基础性研究的较优秀的学生；各校对“基地”专业点的教学工作都加强了研究和改革，很多学术造诣深的老教授都积极参加“基地”班的教学工作，更新教学内容和体系，改进教学方法，从本科入手，实行“本科—硕士研究生—博士研究生”分流培养，加强研究能力的培养，教学质量有较大的提高。

在第一批专业点试点的基础上，1993年全面地开展了理科“基地”选点的申报、论证工作。全国重点综合大学和少数重点理工科大学共申报52个专业。经过专家组认真评议和论证，国家教委于1993年8月审批了“基地”第二批专业点35个。两批专业点共50个，它们分布在数学、物理学、化学、生物学、地理学、地质学、大气科学、海洋学、天文学、力学、心理学等理科的主要基础学科。对第二批专业点，各校已于1993年开始进行重点建设和改革。

理科人才培养基地专业点统计表：

学校（批次＼专业）	数学	物理学	化学	生物学	地理学	地质学	大气科学	海洋学	天文学	力学	心理学	大理科班	合计
北京大学	Ⅱ	Ⅰ	Ⅱ	Ⅱ	Ⅱ	Ⅱ	Ⅱ			Ⅱ			8
清华大学		Ⅰ		Ⅱ									2
南开大学	Ⅱ	Ⅱ	Ⅰ										3

（接上页表）

专业 批次 学校	数学	物理学	化学	生物学	地理学	地质学	大气科学	海洋学	天文学	力学	心理学	大理科班	合计
吉林大学	Ⅰ	Ⅱ	Ⅱ										3
复旦大学	Ⅱ	Ⅱ	Ⅱ	Ⅰ									4
南京大学		Ⅱ	Ⅰ	Ⅱ	Ⅱ	Ⅱ			Ⅱ			Ⅱ	7
浙江大学	Ⅰ												1
杭州大学											Ⅱ		1
厦门大学			Ⅰ	Ⅱ									2
中国科技大学	Ⅰ	Ⅱ								Ⅱ			3
山东大学	Ⅰ	Ⅱ											2
青岛海洋大学								Ⅰ					1
武汉大学	Ⅰ		Ⅱ	Ⅱ									3
中山大学		Ⅱ	Ⅱ	Ⅰ									3
四川大学	Ⅰ			Ⅱ									2
西北大学						Ⅱ							1
兰州大学		Ⅱ	Ⅱ	Ⅱ	Ⅰ								4
合　计	9	10	9	9	3	3	1	1	1	2	1	1	50

注：“Ⅰ”表示第一批（1991年）批准的点，“Ⅱ”表示第二批（1993年）批准的点。

撰稿　陈祖福
审稿　周远清

［高等教育理论研究］　1992年党的十四大和第四次全国高等教育工作会议以后，鉴于发展和深化改革高等教育迫切需要理论的指导，经国家教委同意，国家教委高等教育司、教育发展研究中心、高等教育研究中心和《中国高等教育》编辑部共同发起组织开展了“建设有中国特色社会主义高等教育理论研究”课题研究工作。随后，得到了北京、上海、江苏、广东等省市教委（高教局）及北京大学、清华大学等数十所高等学校的响应。1993年2月和4月先后在北京召开了筹备会和预备会，确定了召开建设有中国特色社会主义高等教育理论研讨会的主题、指导思想、准备工作等。

1993年8月4日至8日，在长春市召开了第一次“建设有中国特色社会主义高等教育理论研究”研讨会。提交会议的论文73篇。会议组织了大会发言、小组讨论，交流了各方面的研究成果，讨论了建设有中国特色社会主义高等教育理论要点，并提出了建立研究课题组的建议。

会后，经过发起单位和多方面协商，组成了由6个省市教委（高教局）和12所高等学校参加的课题组成员单位，并确定了课题负责人。由国家教委高等教育司司长周远清担任课题组组长，高等教育研究中心主任王冀生、厦门大学高教研究所教授潘懋元及刘一凡、蔡克勇、张笛梅等担任课题组副组长。1993年9月25日至27日，在清华大学召开了课题组的第一次工作会议暨成立会议。会议讨论了长春会议纪要及论文综述、课题研究计划和组织形式及1994年第二次学术讨论会的准备工作等。并确定成立课题的综合研究组，由国家教委，有关处(室)负责人担任正副组长。

课题研究工作的指导思想和原则是：(1)以马克思主义、毛泽东思想以及邓小平同志建设有中国特色的社会主义理论作为根本指导思想。(2)把高等教育的基本规律和我国的国情结合起来，从中国的实际情况出发，总结历史经验教训，借鉴外国有益的东西，探索我国社会主义高等教育的基本规律。(3)贯彻理论联系实际的原则，着重进行理论研究。同时紧密联系当前我国高等教育改革与发展的实践，注重应用性理论研究。(4)贯彻"百花齐放、百家争鸣"的方针。

本课题研究期限暂定为3年，要求在1995年完成如下目标成果：(1)构建有中国特色社会主义高等教育理论的基本框架，完成"建设有中国特色社会主义高等教育理论研究报告"。

(2)1993—1995年期间，每年召开一次学术研讨会，并根据学术研讨会情况出版一本"建设有中国特色社会主义高等教育理论研究"，形成系列。

(3)创造条件，拟着手编写一本"建设有中国特色社会主义高等教育理论"的专著。

本课题的研究重点是：(1)教育的本质、社会属性和高等教育的特点及高等学校社会职能。(2)中国高等教育的宏观背景。(3)高等教育与政治、经济、科学技术、文化等方面的关系，特别是高等教育与社会主义市场经济基本关系。(4)高等教育的地位、发展战略、发展道路和办学格局。(5)高等教育的体制改革、运行机制和效益。(6)高等教育的教育目标、人才培养和教学改革。(7)高等教育的对外开放、国际性与民族性关系的研究等。

撰稿　陈祖福
审稿　周远清

[**编写《中国文化概论》教材**]　国家教委于1993年初组织全国高校的力量，编写了一本高层次的能全面系统反映我国优秀传统文化和基本精神的教材——《中国文化概论》。编写本教材的宗旨是：推动高校的中国文化课程建设，使大学生通过这门课的学习，对我们民族悠久的历史文化有较系统的了解和认识，在此基础上培养他们的民族自豪感、民族自信心和爱国主义情怀，形成强大的民族凝聚力，同心同德地进行社会主义现代化建设。该教材由北京大学张岱年教授、南开大学方克立教授任主编，有十几所高校的20名中青年学者参加编写。

《中国文化概论》共35万字。除导论外，分上、中、下三篇。上篇主要从大文化的角度，介绍中国传统文化产生的人文地理环境、经济基础、社会政治结构及中华民族文化的发展历程；中篇侧重从小文化角度，对最能体现中华民族文化基本精神的文、史、哲、宗教、艺术、语言文字等学科门类，进行介绍、分析和概括总结；下篇是对中华民族文化的基本精神、类型特点，它在近代的转换及社会主义新文化建设作宏观性的归纳总结。

该教材有四个主要特点：(1)坚持马克思主义的文化观，并以此为指导，对中国传统文化进行研究和总结。用社会存在决定社会意识的观点去解释生生不息，绵延至今五千年的中华活文化，反对文化决定论等唯心主义观点；坚持辩证法的观点，承认传统文化中的两重性问题，强调取其精华，去其糟粕，反对全盘肯定或全盘否定的形而上学观点；(2)弘扬为主，批评为辅。从正面入手，以积极的态度弘扬其优秀的文化传统，使青年学生在较全面了解本民族传统文化基础上，在潜移默化中产生强烈的民族自豪感、自信心、凝聚力及坚定的爱国主义情怀，借此筑构其无论身在本土或异国他乡，都永不消逝的“精神家园”；(3)史论结合，古今贯通。以史实为基础，全面介绍中国传统文化的基本知识，在史料基础上进行科学的分析概括，上升为理论观点。既有历史感，又有现实感，回答了现实生活中提出的一系列文化问题；(4)教材意识较强，符合教学需要。内容比较丰富，知识性、理论性和可读性较强；语言文字较规范、精练，篇幅适中，便于教学。

撰稿　杨志坚
审稿　周远清

[修订普通高校本科专业目录]　根据1993年1月12日国务院批转国家教委《关于加快改革和积极发展普通高等教育的意见》中提出的“教育行政管理部门要通过修订专业目录和专业设置条例等，加强对教学工作的宏观管理和指导”的要求，1993年，国家教委在前几年工作的基础上，加快了普通高等学校本科专业目录总体修订工作进程，同年7月正式印发了修订后的《普通高等学校本科专业目录》(以下简称《专业目录》)并开始实施。

这次印发的《专业目录》包括高等教育本科各类专业，是国家对高等教育进行宏观管理的一项基本的指导性文件。《专业目录》规定了专业划分、名称及所属门类，反映培养人才的业务规格和工作方向，是设置、调整专业，培养高级专门人才，授予学位，安排招生、指导毕业生就业，进行教育统计和人才预测等工作的重要依据。

原来的本科专业目录，是1984年以来逐步由国家教委分科类先后制订并公布实施的。各科类的专业目录，经过几次调整和修订，在一定程度上拓宽了专业口径，增强了适应性，对加强专业设置管理，提高办学水平，起到了积极的作用。但是，由于认识的和管理体制等方面的原因，专业划分过细，专业范围过窄，专业名称不尽科学、统一，门类之间专业重复设置，本科专业门类与学位授予门类不相一致等问题，未能很好解决。特别是随着我国社会主义市场经济体制的逐步建立和现代化建设事业的发展，有关部门和高等学校提出了一些应用性专业设置问题，需要统一研究。为了进一步解决存在的问题，及早制定一个体系完整、统一规范、比较科学合理的本科专业目录，国家教委对1989年开始着手进行各科类专业新一轮的总体修订工作，至1993年全部完成。

修订后的《专业目录》其学科门类与国务院学位委员会、国家教委联衔颁布的《授予博士、硕士学位和培养研究生的学科、专业目录》的学科门类基本一致。在前几次修订工作的基础上，进一步拓宽了专业口径和业务范围，调整归并了一批专业，充实扩大了专业内涵。同时根据社会对专业人才的需要和某些门类、专业的办学现状，保留了部分专业范围较窄的专业，增设了少数应用性专业。经过修订，专业种数比修订前有了较大幅度减少。

新的《专业目录》分设哲学、经济学、法学、教育学、文学、历史学、理学、工学、农学、医学十大门类，下设二级类71个，504种专业，比修订前的专业数减少309种。其中哲学门类下设二级类2个，9种专业；经济学门类下设二级类2个，31种专业；法学门类下设二级类4个，19种专业；教育学门类下设二级类3个，13种专业；文学门类下设二级类4个，106种专业；历史学门类下设二级类2个，13种专业；理学门类下设二级类16个，55种专业；工学门类下设二级类22个，181种专业；农学门类下设二级类7个，40种专业;医学门类下设二级类 9 个,37 种专业。

《专业目录》中列出跨学科门类的专业 56 种,并注明了可授予学位的门类(未注明者均按所属门类授予学位);对需适当控制设点的 42 种专业,加注了 * 号。

国家教委在印发《专业目录》的同时印发了新旧(原)专业对照表。对照表列出了部分专业的参考专业方向,以供有关高校根据人才需求变化自主设置或调整专业方向时参考。

这次修订工作,还组织有关专家统一编写并审定了相应的专业简介。该简介已由高等教育出版社出版发行。

《专业目录》及对照表印发后,国家教委在 1993 年用了半年时间组织各地和国务院有关部委的教育行政部门及有关高等学校对原设的专业进行了对照整理。经过整理,全国普通高等学校设置的本科专业点共 7553 个,比整理前减少 447 个。其中地方院校专业点 3175 个,部委院校专业点 2963 个,国家教委直属院校专业点 1415 个;哲学类 62 个,经济学类 732 个,法学类 172 个,教育学类 318 个,文学类 1032 个,历史学类 183 个,理学类 952 个,工学类 3229 个,农学类 447 个,医学类 426 个。

撰稿　陈田初

审稿　周远清

附　普通高校本科专业目录新旧专业对照表

01　学科门类:哲学

代码	学科、专业名称	参考专业方向	原专业代码及名称
0101	**哲学类**		
010101	哲学	美学	社科 0301　哲学
		自然辩证法	社科 0306　美学
			社科 0304　自然辩证法
010102	逻辑学		社科 0302　逻辑学
010103	伦理学		社科 0305　伦理学
010104 *	宗教学		社科 0303　宗教学
0102	**马克思主义理论类**		
010201	马克思主义基础	科学社会主义	社科 0801　马克思主义基础
			社科 0806　科学社会主义
010202	国际共产主义运动		社科 0704　国际共产主义运动
010203	中国共产党党史		社科 0805　中国共产党党史
010204	中国革命史		社科 0802　中国革命史
010205	中国社会主义建设		社科 0803　中国社会主义建设
			社科 0807　世界政治经济与国际关系[取消]

02 学科门类:经济学

代码	学科、专业名称	参考专业方向	原专业代码及名称
0201	**经济学类**		
020101	经济学		社科 1001 政治经济学(经济学)
			社科 1048 数量经济学
020102	国民经济管理		社科 1002 国民经济计划学
			社科 1003 国民经济管理学
			社科 1030 生产布局
020103	统计学		社科 1004 统计学
			农科 0504 农业计划与统计
020104	财政学		社科 1005 财政学
020105	货币银行学		社科 1007 金融学(货币银行学)
			社科 1025 农村金融
020106	国际经济		社科 1012 世界经济(国际经济)
020107	农业经济		社科 1015 农业经济
			农科 0502 农业经济
020108	工业经济		社科 1014 工业经济
020109	贸易经济		社科 1016 商业经济(贸易经济)
			社科 1027 物资经济
			社科 1028 粮食经济
			社科 1041 合作经济
			农科试 0501 农业贸易
			林科试 0601 木材贸易
020110	运输经济		社科 1040 运输经济
			社科 1044 国际运输管理
020111	劳动经济		社科 1021 劳动经济
020112	国际金融		社科 1008 国际金融
020113	国际贸易		社科 1017 国际贸易
			农科试 0502 农业对外贸易
020114	税务		社科 1006 税收
			社科 1035 国际税收
020115	审计学		社科 1011 审计学
020116	保险		社科 1009 保险
			社科 1037 国际保险
020117	投资经济		社科 1020 投资经济管理
020118	工商行政管理		社科 1022 工商行政管理
020119	土地管理		社科 1026 土地管理
0202	**工商管理类**		
020201	企业管理		社科 1019 企业管理(工业企业管理、商业企业管理)
			医药 0802 医药企业管理

020202	国际企业管理(注:可授经济学或工学学士学位)		社科 1043 国际企业管理
020203	会计学		社科 1010 会计学
			社科 1038 国际会计
020204	理财学		社科 1036 财务学
020205	市场营销		社科 1042 市场营销
020206	经济信息管理		社科 1023 经济信息管理(管理信息系统)
020207	人力资源管理		[新增]
020208	房地产经营管理(注:可授经济学或工学学士学位)		[新增]
020209	旅游管理		社科 1018 旅游经济
			社科 1045 餐旅企业管理
020210	物流管理		社科 1029 仓储运输管理
020211	海关管理		社科 1031 海关管理
020212	商品学		社科 1033 商品学
			社科 1034 商品检验养护
			社科 1013 国际经济合作[取消]
			社科 1024 价格学[取消]
			社科 1039 生态经济(环境经济)[取消]
			社科 1046 城市经济管理[取消]
			社科 1047 标准化管理[取消]

03 学科门类:法学

代码	学科、专业名称	参考专业方向	原专业代码及名称
0301	**法学类**		
030101	法学		社科 0901 法学
030102	经济法		社科 0902 经济法
030103	国际法		社科 0903 国际法
030104	国际经济法		社科 0904 国际经济法
030105	劳动改造学		社科 0906 劳动改造法
			社科 0907 犯罪学[取消]
			社科 0908 知识产权法[取消]
			社科 0909 环境法[取消]
0302	**社会学类** (注:可授法学或哲学学士学位)		
030201	社会学	社会学理论与方法	社科 0401 社会学
		应用社会学	社科 0404 社会心理学
		社会心理学	
030202	人口学		社科 0402 人口学
030203*	社会工作		社科 0403 社会工作与管理
0303	**政治学类**		

（注：可授法学或哲学学士学位）			
030301	政治学	中国政治	社科 0701　政治学
030302	国际政治	国际关系	社科 0702　国际政治
030303	行政管理学	人事管理	社科 0705　行政管理学
030304 *	外交学		社科 0703　外交学
			社科 0706　国际文化交流[取消]
			社科 0707　人事管理[取消]
0304	**公安学类**		
030401	警察管理		社科另 02　公安管理
030402	治安管理		社科另 09　治安管理
030403	出入境管理		工科另 04　出入境管理
030404	武警指挥（注：可授法学或军事学学士学位）		[新增]
030405	边防公安		[新增]
030406	侦察		社科 0905　侦查学
			社科另 08　刑事侦察
030407	安全防范		社科另 01　保卫

04　学科门类：教育学

代码	学科、专业名称	参考专业方向	原专业代码及名称
0401	**教育学类**		
040101	教育学	教育理论	师范 0001　学校教育
		初等教育	师范另 05　小学教育
		中等教育	师范另 07　中等教育
		高等教育	
040102	幼儿教育		师范 0002　学前教育
040103	特殊教育		师范 0003　特殊教育
040104	教育管理		师范 0004　教育管理
040105	教育技术学（注：可授教育学或理学学士学位）		师范 0006　电化教育
0402	**思想政治教育类**		
040201	思想政治教育（注：可授教育学或法学学士学位）		社科 0804　思想政治教育
			师范 0009　思想品德和政治教育
0403	**体育学类**		
040301	体育教育		师范 0022　体育教育
			体育 0101　体育教育
040302 *	运动训练		体育 0201　运动训练
040303	体育管理（注：可授教育学或理学学士学位）		体育 0301　体育管理

040304 *	体育生物科学(注:可授教育学或理学学士学位)		体育 0601 体育生物科学
040305 *	体育保健康复(注:可授教育学或理学学士学位)		体育 0602 体育保健康复
040306 *	武术		体育 0501 武术
040307	警察体育		体育 0604 警察体育

05 学科门类:文学

代码	学科、专业名称	参考专业方向	原专业代码及名称
0501	**中国语言文学类**		
050101	汉语言文学		社科 0101 汉语言文学
050102	中国文学		社科 0102 中国文学
050103	汉语言		社科 0105 汉语言
050104	藏语言文学		社科 0107 藏语言文学
050105	蒙古语言文学		社科 0106 蒙古语言文学
050106	维吾尔语言文学		社科 0108 维吾尔语言文学
			社科 0109 维吾尔语言
050107	朝鲜语言文学		社科 0110 朝鲜语言文学
050108	哈萨克语言文学		社科 0111 哈萨克语言文学
			社科 0112 哈萨克语言
050109	语言学	汉语言学	社科 0115 语言学
			社科 0103 汉语言学
050110	编辑学		社科 0113 编辑学
050111 *	古典文献		社科 0104 古典文献
050112 *	对外汉语		社科 0114 对外汉语
050113	汉语言文学教育		师范 0007 汉语言文学教育
050114	少数民族语言文学教育		师范 0008 少数民族语言文学教育
0502	**外国语言文学类**		
050201	英语	外国语言文学类(050201—050237)	社科 1101 英语(英语语言文化)
			社科 1138 英语语言文学
		参考专业方向	医药 0901 科技英语(医学·药学)
050202	俄语		社科 1102 俄语
			社科 1139 俄语语言文学
050203	德语	1. 语言文学	社科 1103 德语(德语语言文化)
			社科 1140 德语语言文学
050204	法语	2. 语言文化	社科 1104 法语(法语语言文化)
			社科 1141 法语语言文学
050205	西班牙语	3. 翻译	社科 1105 西班牙语(西班牙语语言文化)
			社科 1142 西班牙语语言文学
050206	阿拉伯语	4. 经济贸易	社科 1106 阿拉伯语(阿拉伯语言文化)
050207	日语		社科 1107 日语(日本语言文化)
		5. 科技	社科 1143 日本语言文学

050208	波斯语		社科 1108	波斯语(波斯语言文化)
050209	朝鲜语	6. 旅游	社科 1109	朝鲜语(朝鲜语言文化)
050210	菲律宾语		社科 1110	菲律宾语言文化
050211	古印度语	7. 外事管理(外交)	社科 1111	古印度语言文化
050212	印度尼西亚语		社科 1112	印度尼西亚语(印度尼西亚语言文化)
050213	印地语	8. 国际关系	社科 1113	印地语(印地语语言文化)
050214	柬埔寨语		社科 1114	柬埔寨语(柬埔寨语言文化)
050215	老挝语	9. 公共关系	社科 1115	老挝语(老挝语言文化)
050216	缅甸语		社科 1116	缅甸语(缅甸语言文化)
050217	马来语	10. 国际文化交流	社科 1117	马来语(马来西亚语言文化)
050218	蒙古语		社科 1118	蒙古语(蒙古语言文化)
050219	僧伽罗语		社科 1119	僧伽罗语(斯里兰卡语言文化)
050220	泰语		社科 1120	泰语(泰国语言文化)
050221	乌尔都语		社科 1121	乌尔都语(乌尔都语语言文化)
050222	希伯莱语		社科 1122	希伯莱语(希伯莱语语言文化)
050223	越南语		社科 1123	越南语(越南语言文化)
050224	豪萨语		社科 1124	豪萨语(豪萨语言文化)
050225	斯瓦希里语		社科 1125	斯瓦希里语(斯瓦希里语言文化)
050226	阿尔巴尼亚语		社科 1126	阿尔巴尼亚语(阿尔巴尼亚语言文化)
050227	保加利亚语		社科 1127	保加利亚语(保加利亚语言文化)
050228	波兰语		社科 1128	波兰语(波兰语言文化)
050229	捷克语		社科 1129	捷克语言和捷克斯洛伐克文化
050230	罗马尼亚语		社科 1130	罗马尼亚语(罗马尼亚语言文化)
050231	葡萄牙语		社科 1131	葡萄牙语(葡萄牙语语言文化)
050232	瑞典语		社科 1132	瑞典语(瑞典语言文化)
050233	塞尔维亚—克罗地亚语		社科 1133	塞尔维亚—克罗地亚语言和南斯拉夫文化
050234	土耳其语		社科 1134	土耳其语(土耳其语言文化)
050235	希腊语		社科 1135	希腊语(希腊语言文化)
050236	匈牙利语		社科 1136	匈牙利语(匈牙利语言文化)
050237	意大利语		社科 1137	意大利语(意大利语言文化)
050238	英语教育		师范 0011	英语教育
050239	俄语教育		师范 0012	俄语教育
050240	日语教育		师范 0013	日语教育
			社科 1144	专门用途外语(科技)[取消]
			社科 1145	专门用途外语(旅游)[取消]
			社科 1146	专门用途外语(国际贸易)[取消]
			社科 1147	专门用途外语(外事管理)[取消]
0503	**新闻学类**			
050301	新闻学	新闻摄影	社科 0501	新闻学
		新闻事业管理	社科 0506	新闻摄影
050302	广播电视新闻	广播电视管理	社科 0503	广播电视新闻
			社科 0505	广播电视管理

050303	国际新闻	社科 0502	国际新闻
050304	广告学	社科 0507	广告学
050305 *	播音	社科 0504	播音
050306 *	体育新闻	体育 0601	体育新闻
0504	**艺术类**		
050401	音乐学	社科 1203	音乐学
050402	指挥	社科 1202	指挥
050403	作曲与作曲技术理论	社科 1201	作曲与作曲技术理论
050404	演唱	社科 1204	演唱
050405	键盘乐器演奏	社科 1205	键盘乐器演奏
050406	管弦(打击)乐器演奏	社科 1206	管弦(打击)乐器演奏
050407	中国乐器演奏	社科 1207	中国乐器演奏
050408 *	乐器修造艺术(注:可授文学或工学学士学位)	[新增]	
050409	音乐音响导演	社科 1209	音乐音响导演
050410	中国画	社科 1210	中国画
050411	油画	社科 1211	油画
050412	版画	社科 1212	版画
050413	壁画	社科 1213	壁画
050414	雕塑	社科 1215	雕塑
050415	美术学	社科 1216	美术史论
050416	环境艺术设计	社科 1217	环境艺术设计
050417	工艺美术学	社科 1225	工艺美术历史及理论
050418	染织艺术设计	社科 1219	染织设计
050419	服装艺术设计	社科 1220	服装设计
050420	陶瓷艺术设计	社科 1221	陶瓷设计
050421	装潢艺术设计	社科 1223	装潢设计
050422	装饰艺术设计	社科 1224	装饰艺术设计
050423	导演	社科 1226	戏剧导演
		社科 1234	戏曲导演
		社科 1242	电视导演
		社科 1244	电影导演
050424	表演	社科 1227	戏剧(影视)表演
		社科 1233	戏曲表演
		社科 1245	电影表演
050425	戏剧文学	社科 1228	戏剧文学
050426	舞台设计	社科 1229	舞台设计
		社科 1236	戏曲舞台美术设计
050427	灯光设计	社科 1230	灯光和音响设计
050428	演出音响设计	[新增]	
050429	服装和化妆设计	社科 1231	服装和化装设计
050430	戏曲文学	社科 1232	戏曲文学
050431	戏曲作曲	社科 1235	戏曲作曲
050432	舞蹈史与舞蹈理论	社科 1237	舞蹈史与舞蹈理论
050433	舞蹈编导	社科 1238	舞蹈编导

050434	舞蹈教育		社科 1239　舞蹈教育
050435	文艺编导		社科 1240　文艺编导
050436	电视编辑		社科 1241　电视专题节目编辑
050437	电影文学		社科 1243　电影文学
050438	电影摄影		社科 1246　电影摄影
050439	动画		社科 1247　动画
050440	电影电视美术设计		社科 1248　电影电视美术设计
050441	录音艺术		社科 1249　录音艺术
050442	文化艺术事业管理		社科 1250　文化事业管理
050443 *	广播电视文学		[新增]
050444 *	影像工程(注:可授文学或工学学士学位)		[新增]
050445	音乐教育		师范 0020　音乐教育
050446	美术教育		师范 0021　美术教育
			社科 1208　音乐文学[取消]
			社科 1214　民间和通俗美术[取消]
			社科 1222　漆艺[取消]

06　学科门类:历史学

代码	学科、专业名称	参考专业方向	原专业代码及名称
0601	**历史学类**		
060101	历史学	历史地理	社科 0201　历史学
			社科 0206　历史地理
060102	中国历史		社科 0204　中国历史
060103 *	世界历史		社科 0205　世界历史
060104	考古学		社科 0202　考古学
060105	博物馆学	文物保护	社科 0203　博物馆学
060106 *	人类学		社科 0208　人类学
060107 *	民族学		社科 0207　民族学
060108	历史学教育		师范 0010　历史学教育
0602	**图书信息档案学类**		
(注:可授历史学、文学或理学学士学位)			
060201	图书馆学		社科 0601　图书馆学
060202	信息学	社会科学信息学	社科 0604　社会科学情报学
		科学技术信息学	理科另 19　图书情报学
		农业信息	农科试 1001 农业信息
		医学图书信息学	医药 0902　图书情报学(医学·药学)
060203	档案学	文书档案	社科 0602　档案学
		档案保护	社科 0606　档案保护
060204 *	科技档案	科技档案	社科 0603　科技档案
060205 *	图书出版发行学		社科 0605　图书发行管理学

07 学科门类:理学

代码	学科、专业名称	参考专业方向	原专业代码及名称
0701	**数学类**		
070101	数学		理科 0101 数学
			理科特 05 数理逻辑
070102	应用数学	最优化理论与应用	理科 0103 应用数学
		控制论	农科试 0102 应用数学(农业)
		信息论	理科试 02 经济数学
		工业数学	理科另 01 经济应用数学
		计算数学	工科 2101 应用数学
		经济数学	医药 0903 应用数学(医学·药学)
070103	计算数学及其应用软件		理科 0102 计算数学及其应用软件
070104	统计与概率	概率统计	理科特 01 概率统计
		数理统计	理科 0104 数理统计
070105 *	运筹学		理科 0105 运筹学
070106 *	控制科学		理科 0106 控制科学
070107 *	信息科学		理科试 01 信息科学
070108	数学教育		师范 0014 数学教育
0702	**物理学类**		
070201	物理学	理论物理	理科 0201 物理学
		凝聚态物理	理科 1203 物理电子学
		声学	
		光学	
		电子物理	
		原子和分子物理	
		等离子体物理	
		化学物理	
		生物物理	
		物理学教育	
070202	应用物理学	半导体物理与器件物理	理科 0202 应用物理学
		金属物理	理科另 02 金属物理学
		磁性材料与器件物理	理科另 05 化学物理
		超导材料与器件物理	理科特 02 生物物理
		低温物理	农科试 0103 应用物理(农业)
		电子和离子物理	工科 2102 应用物理
		光电子学	工科 1906 加速器
		激光	军工 1004 爆炸物理
		核技术及其应用	军工 1005 辐射物理
		加速器物理及其应用	医药 0904 应用物理学(医学·药学)
		仪器物理	
		化学物理	
		生物物理	

070203	原子核物理学及核技术		理科 0203	原子核物理及核技术
070204	物理学教育		师范 0016	物理学教育
0703	**化学类**			
070301	化学	无机化学	理科 0301	化学
		有机化学	理科另 04	高分子物理
		分析化学	理科另 05	化学物理
		物理化学		
		高分子化学与物理		
		化学物理		
		生物化学		
		化学教育		
070302	应用化学	放射化学	理科 0302	应用化学
		辐射化学	理科 0305	放射化学
		食品化学	理科 0306	食品化学
		应用物理化学	理科另 06	辐射化学
		应用生物化学	农科 0105	农业化学
		材料化学	医药 0905	应用化学(医学·药学)
		环境化学	工科 2104	应用化学
		仪器分析		
		精细化学及合成化学		
		石油化学		
		医化学		
		农业化学		
070303	化学教育		师范 0017	化学教育
0704	**生物科学类**			
070401	生物学	植物学	理科 0401	植物学
		动物学	理科 0402	动物学
		微生物学	理科 0403	微生物学
		植物生理学	理科 0404	生理学
		生理学	理科 0405	植物生理学
		生物物理学	理科 0406	遗传学
		生物化学	理科 0407	细胞生物学
		遗传学	理科 0408	生物化学
		发育生物学	理科特 02	生物物理学
		细胞生物学	理科特 07	病毒学
		生态学	理科另 08	生物学
		免疫学	农科 0101	植物生理与生物化学
		神经生物学	农科 0102	动物生理与生物化学
		分子生物学	农科 0104	水生生物
		生物技术	林科 0101	森林生物学
		生物学教育		
		植物生理与生物化学		
		动物生理与生物化学		
		水生生物		

		森林生物学	
070402	生物化学		理科 0408 生物化学
			理科试 05 分子生物学
			理科另 09 食品生物化学与营养学
			理科另 10 食品科学与营养学
070403	微生物学	农业微生物	理科 0403 微生物学
			理科试 06 微生物工程学
			农科 0103 农业微生物
070404 *	生物技术		理科另 11 生物工程技术
			农科试 0101 生物工程
070405	生物学教育		师范 0018 生物学教育
0705	**天文学类**		
070501	天文学	天体物理学	理科 0501 天文学
		天体力学	
		天体测量学	
0706	**地质学类**		
070601	地质学	构造地质学	理科 0601 地质学
		古生物学及地层学	理科 0607 放射性矿产地质学
		地球化学	理科 1005 海洋地质学
		放射性矿产地质学	理科试 09 矿物岩石材料学
		石油与天然气地质学	理科特 08 石油与天然气地质学
		海洋地质学	
		地貌学与第四纪地质学	
		地质力学	
070602	构造地质学		理科 0602 构造地质学
			理科 0603 地震地质学
070603	古生物学及地层学		理科 0604 古生物学及地层学
070604	地球化学		理科 0606 岩矿地球化学
			理科 0605 水文地质学与工程地质学
0707	**地理科学类**		
070701	地理学	自然地理学	理科另 16 地理学
		地貌学与第四纪地质学	理科 0701 自然地理学
		人文地理学	
		经济地理学	
		地理学教育	
070702 *	地貌学与第四纪地质学		理科 0702 地貌学与第四纪地质学
070703	资源环境区划与管理		理科 0703 水资源与环境
			理科试 08 自然资源管理
070704	经济地理学与城乡区域规划		理科 0704 经济地理学与城乡区域规划
			理科另 17 国土开发与整治
070705	地理信息系统与地图学		理科 0705 地理信息与地图学

070706	地理学教育		师范 0019　地理学教育
0708	**地球物理学类**		
070801	地球物理学		理科 0801　地球物理学
070802	空间物理学		理科 0802　空间物理学
0709	**大气科学类**		
070901	气象学	天气动力学 气候学 大气物理学 海洋气象学	理科 0901　天气动力学
070902	气候学		理科 0902　气候学
070903	大气物理学与大气环境		理科 0903　大气物理学与大气环境 理科 0904　大气探测学
070904	农业气象		农科 0902　农业气象
0710	**海洋科学类**		
071001	海洋学		理科 1001　物理海洋学
071002	海洋物理学		理科 1002　海洋物理学
071003	海洋化学		理科 1003　海洋化学
071004	海洋生物学		理科 1004　海洋生物学
0711	**力学类**		
071101	理论与应用力学	应用力学 流体力学 固体力学	理科 1101　力学 理科 1102　应用力学
0712	**信息与电子科学类**		
071201	无线电物理学	电磁场理论与技术 量子电子学与波谱学 物理电子学与电子器件 超导电子学	理科 1202　无线电物理学 理科 1203　物理电子学 理科特 06　无线电波传播与天线
071202	电子学与信息系统	信息系统理论与技术 应用电子学	理科 1201　电子学与信息系统 理科试 07　生物医学电子学
071203	微电子学		理科 1206　微电子学
071204	应用光学		理科 1205　光学 理科另 03　应用光学 工科 2103　应用光学
071205	声学		理科 1204　声学
0713	**材料科学类**		
071301	材料物理(注:可授理学或工学学士学位)		理科另 07　材料物理 理科特 03　半导体化学
071302	材料化学		理科 0303　材料化学 理科试 04　材料科学

0714	**环境科学类**		
071401	环境学	环境化学	理科 0304 环境化学
		环境生物学	理科 0409 生态学与环境生物学
		环境地理学	理科另 13 环境生物学
		大气环境	理科试 10 环境地学
			理科另 14 环境科学
			理科另 15 环境保护
071402	生态学		理科 0409 生态学与环境生物学
0715	**心理学类**		
071501	心理学		理科 1401 心理学
			师范 0005 心理学教育
071502	应用心理学	工业心理学	理科 1402 工业心理学
		教育与发展心理学	体育 0603 运动心理
		临床心理学	
		运动心理学	
0716	**科技信息与管理类**		
071601	管理科学(注:可授理学或工学学士学位)		理科另 09 管理科学学
071602	科技信息		理科试 03 科技情报

08 学科门类:工学

代码	学科、专业名称	参考专业方向	原专业代码及名称
0801	**地矿类**		
080101	地质矿产勘查	煤及沉积矿产地质勘查	工科 0101 地质矿产勘查
		金属与非金属矿产地质勘查	工科 0103 煤田地质勘查
		放射性矿产地质勘查	工科 1901 铀矿地质勘查
080102	石油与天然气地质勘查		工科 0102 石油地质勘查
080103	水文地质与工程地质		工科 0104 水文地质与工程地质
080104	应用地球化学		工科 0105 地球化学与勘查
080105	应用地球物理	地球物理勘探	工科 0106 勘查地球物理
		矿场地球物理	工科 0107 矿场地球物理
		放射性物探	
080106	采矿工程	露天开采	工科 0201 采矿工程
		地下开采	工科 0202 露天开采
			工科试 01 矿山工程物理
080107	矿山通风与安全		工科 0208 矿山通风与安全
080108	勘察工程		工科 0108 探矿工程
080109	矿井建设		工科 0203 矿井建设
080110	石油工程	钻井工程	工科 0206 钻井工程
		采油工程	工科 0205 采油工程
		油藏工程	工科试 02 油藏工程
080111	选矿工程		工科 0207 选矿工程

0802	**材料类**			
080201	钢铁冶金		工科 0301	钢铁冶金
080202	有色金属冶金		工科 0302	有色金属冶金
080203	冶金物理化学		工科 0303	冶金物理化学
080204	金属材料与热处理		工科 0401	金属材料与热处理
080205	金属压力加工		工科 0402	金属压力加工
080206	无机非金属材料	建筑材料与制品	工科 0404	无机非金属材料
			工科 1112	建筑材料与制品
080207	硅酸盐工程		工科 0405	硅酸盐工程
080208	高分子材料与工程	高分子材料	工科 0406	高分子材料
		化学纤维	工科 1705	化学纤维
		橡胶工程	工科 1604	橡胶工程与塑料工程
		塑料工程		
080209	粉末冶金		工科 0403	粉末冶金
080210	复合材料		工科试 04	复合材料
080211	腐蚀与防护		工科 0407	腐蚀与防护
080212 *	材料科学与工程		工科试 03	材料科学
			工科特 10	材料工程
0803	**机械类**			
080301	机械制造工艺与设备		工科 0501	机械制造工艺与设备
			工科试 05	机械制造工程
			军工 0902	精密机械与仪器制造
			工科另 21	精密机械工程
080302	热加工工艺及设备		工科 0502	热加工工艺及设备
080303	铸造		工科 0503	铸造
080304	塑性成形工艺及设备		工科 0504	锻压工艺及设备
080305	焊接工艺及设备		工科 0505	焊接工艺及设备
080306	机械设计及制造	矿业机械	工科 0506	机械设计及制造
		冶金机械	工科 0507	矿业机械
		起重运输与工程机械	工科 0508	冶金机械
		高分子材料加工机械	工科 0509	起重运输与工程机械
		纺织机械	工科 0511	高分子材料加工机械
		食品机械	工科 0512	纺织机械
		印刷机械	工科 0514	食品机械
		农业机械	工科 0513	印刷机械
			工科 0515	农业机械
080307	化工设备与机械		工科 0510	化工设备与机械
080308	船舶工程	船舶设计	工科 0517	船舶工程
		造船工艺及设备	工科特 05	造船工艺及设备
080309	汽车与拖拉机	汽车	工科 0516	汽车与拖拉机
		拖拉机		
080310	机车车辆工程	机车	工科 0518	铁道车辆
		车辆		
080311	热力发动机	内燃机	工科 0519	热能动力机械与装置
		热力涡轮机	工科 0520	内燃机

		热能动力装置	工科 0521 热力涡轮机
			军工 0304 军用车辆发动机
			军工 0305 水下动力机械工程
080312	流体传动及控制		工科 0527 流体传动及控制
			军工 0406 流体控制与操纵系统
080313	流体机械及流体工程	流体机械	工科特 03 流体机械
		压缩机	工科 0525 压缩机
		水力机械	工科 0524 水力机械
080314	真空技术及设备		工科 0526 真空技术及设备
080315	机械电子工程	电子精密机械	工科 0528 电子精密机械
		电子设备结构	工科 0914 电子设备结构
		机电控制及自动化	工科特 11 机械自动化及机器人
			军工 0903 机械制造电子控制与检测
			工科另 36 机械电子工程
080316	工业设计(注:可授工学或文学学士学位)		工科试 06 工业造型设计
			社科 1218 工业造型设计
080317	设备工程与管理		工科另 27 设备工程与管理
0804	**仪器仪表类**		
080401	精密仪器	计时仪器	工科 0601 精密仪器
		分析仪器	工科 0603 时间计控技术及仪器
			工科试 07 分析仪器
			工科另 22 科学仪器工程
080402	光学技术与光电仪器	光电精密机械及仪器	工科 2103 应用光学
		光学技术与光学材料	军工 0803 光学材料
		光学工艺与测试	军工 0804 光学工艺与测试
		光学仪器	工科 0602 光学仪器
080403	检测技术及仪器仪表	电测技术及信息处理仪器	工科试 09 检测技术及仪器
		工业自动化仪表	工科 0604 电磁测量及仪表
			工科 0605 工业自动化仪表
			军工 0601 仪表及测试系统
			军工 0602 无损检测
080404	电子仪器及测量技术		工科 0606 电子仪器及测量技术
080405*	几何量计量测试		工科另 17 几何量计量测试
080406*	热工计量测试		工科另 26 热工计量测试
080407*	力学计量测试		工科另 23 力学计量测试
080408*	光学计量测试		工科另 13 光学计量测试
080409*	无线电计量测试		工科另 29 无线电计量测试
0805	**热能核能类**		
080501	热能工程	工程热物理	工科 0701 工程热物理
		电厂热能动力工程	工科 0702 热能工程
		锅炉	工科 0703 电厂热能动力工程
		核能热利用	工科 0522 锅炉
080502	制冷与低温技术		工科 0523 制冷设备与低温技术
080503	核技术	核电子学	工科 1902 同位素分离

		核材料	工科 1903	核材料
		辐射防护	工科 1907	核电子学与核技术应用
		放射性勘察		
080504	核工程	核反应堆与核动力工程	工科 1904	核反应堆工程
			工科 1905	核动力装置
0806	**电工类**			
080601	电机电器及其控制	电机及其控制	工科 0801	电机
		电器	工科 0802	电器
		微特电机及控制电器	军工 0603	微特电机及控制电器
080602	电力系统及其自动化	发电厂及电力系统	工科 0804	电力系统及其自动化
		继电保护与自动远动技术	工科 0805	继电保护与自动远动技术
080603	高电压与绝缘技术	高电压技术及设备	工科 0806	高电压技术及设备
		电气绝缘与电缆	工科 0803	电气绝缘与电缆
		电气绝缘材料	工科特 01	电气绝缘材料
080604	工业自动化	工业电气自动化	工科试 10	工业自动化
		生产过程自动化	工科 0807	工业电气自动化
		电力牵引与传动控制	工科 0808	生产过程自动化
			工科 0811	电力牵引与传动控制
080605	电气技术	船舶电气管理	工科 0809	电气技术
		飞机电气管理	工科 1804	船舶电气管理
		铁道电气化	工科 0810	铁道电气化
0807	**电子与信息类**			
080701	电子材料与元器件	电子材料与元器件	工科 0906	电子材料与元器件
		磁性物理与器件	工科 0907	磁性物理与器件
080702	微电子技术	半导体技术与器件	工科 0905	半导体物理与器件
		集成电路技术与器件		
080703	电子工程	无线电技术	工科 0901	无线电技术
		广播电视工程	工科 1004	广播电视工程
		水下电子工程	工科另 07	电子视监
		大气电子工程	工科 0902	电子工程
		船舶通信导航	工科 0903	水声电子工程
		飞机通信导航	工科 1803	船舶通信导航
		雷达及电子对抗	工科 1305	大气探测技术
		遥测遥控	工科试 11	微电子电路与系统
		微电子电路与系统	军工 0701	水下引导电子技术
080704	应用电子技术		工科 0812	应用电子技术
			工科另 37	电子技术
080705	信息工程	图象传输与处理	工科试 12	信息工程
		信号与信息处理	工科试 14	图象传输与处理
		信息系统与信息网	军工 0702	信息处理显示与识别
		信息论及其应用	军工 1009	信息系统工程
080706	电磁场与微波技术		工科 0904	电磁场与微波技术
080707	物理电子技术		工科 0908	物理电子技术
			工科另 05	电光源

080708	光电子技术	红外与夜视技术	工科 0909 光电子技术
		激光技术	军工 0802 红外技术
		光电成像技术	军工 0801 光电成像技术
		电光源技术	
080709	计算机及应用(注:可授工学或理学学士学位)		工科 0910 计算机及应用
			理科 1302 计算机及应用
080710	计算机软件(注:可授工学或理学学士学位)		工科 0911 计算机软件
			理科 1301 计算机软件
080711	自动控制	交通信号与控制	工科 0912 自动控制
		水下自航器自动控制	工科 0913 交通信号与控制
			军工 0403 水下自航器自动控制
080712	通信工程	无线通信	工科 1001 通信工程
		多路通信	工科 1002 无线通信
		计算机通信	工科 1003 多路通信
		移动通信	工科试 13 计算机通信
		交换技术	
		光通信技术	
080713	生物医学工程	生物医学电子学	工科试 08 生物医学工程与仪器
		生物医学仪器	医药 0906 生物医学工程
		生物医学临床工程	
080714	计算机科学教育(注:可授工学或理学学士学位)		师范 0015 计算机科学教育
0808	**土建类**		
080801	建筑学	室内设计	工科 1101 建筑学
		风景园林	工科 1103 风景园林
			工科特 12 室内设计
080802	城市规划		工科 1102 城市规划
080803	建筑工程	工业与民用建筑工程	工科试 15 土建结构工程
		地下建筑工程	工科 1104 工业与民用建筑工程
		岩土工程	工科试 16 岩土工程
			工科 1105 地下工程与隧道工程
080804	城镇建设		工科试 17 城镇建设
080805	交通土建工程	铁道工程	工科 1106 铁道工程
		公路与城市道路工程	工科 1108 公路与城市道路工程
		地下工程与隧道工程	工科 1105 地下工程与隧道工程
		桥梁工程	工科 1107 桥梁工程
		森林道路与桥梁工程	
080806	供热通风与空调工程		工科 1109 供热通风与空调工程
080807	城市燃气工程		工科 1110 城市燃气工程
080808	给水排水工程		工科 1111 给水排水工程
080809 *	工业设备安装工程		工科特 06 工业设备安装工程
0809	**水利类**		
080901	水文与水资源利用	陆地水文	工科 1201 陆地水文
		海洋工程水文	工科 1202 海洋工程水文
		水资源规划及利用	工科试 19 水资源规划及利用

080902*	水利水电建筑工程	水利水电工程建筑	工科 1204	水利水电工程施工
		水利水电工程施工技术与管理	工科 1203	水利水电工程建筑
080903	水利水电动力工程		工科 1205	水利水电动力工程
080904	港口航道及治河工程	港口及航道工程	工科 1208	港口及航道工程
		河流泥沙及治河工程	工科 1207	河流泥沙及治河工程
080905	海岸与海洋工程		工科试 20	海洋工程
0810	**测绘类**			
081001	大地测量		工科 1301	大地测量
081002	测量工程	工程测量	工科试 21	测量学
		矿山测量	工科 1302	工程测量
		海洋测量	工科 0204	矿山测量
081003	摄影测量与遥感		工科 1303	摄影测量与遥感
081004	地图学		工科 1304	地图制图
0811	**环境类**			
081101	环境工程		工科 1401	环境工程
081102	环境监测		工科 1402	环境监测
081103	环境规划与管理(注:可授工学或理学学士学位)		工科试 22	环境规划与管理
0812	**化工与制药类**			
081201	化学工程	核化工	工科 1501	化学工程
		石油化工	工科 1506	石油加工
			工科试 23	工业化学
			工科 1908	核化工
081202	化工工艺	无机化工	工科 1502	无机化工
		有机化工	工科 1503	有机化工
		煤化工	工科 1505	煤化工
081203	高分子化工		工科 1504	高分子化工
081204	精细化工		工科 1507	精细化工
			工科特 04	感光材料
081205	生物化工		工科 1508	生物化工
081206	工业分析		工科 1509	工业分析
081207	电化学工程		工科 1510	电化学生产工艺
081208	工业催化		工科试 24	工业催化
081209	化学制药		医药 0704	化学制药
081210	生物制药		医药 0705	生物制药
081211	微生物制药		医药 0706	微生物制药
081212	药物制剂		医药 0707	药物制剂
081213	中药制药		医药 0710	中药制药
0813	**轻工粮食食品类**			
081301	制糖工程		工科 1601	制糖工程
081302	皮革工程		工科 1602	皮革工程
081303	制浆造纸工程		工科 1603	制浆造纸工程
081304	印刷技术		工科 1610	印刷技术

081305	粮食工程	粮食加工	工科 1605	粮食工程
		粮食储运	工科 1606	粮油储藏
081306	油脂工程		工科 1607	油脂工程
081307	食品科学与工程		工科 1608	食品工程
			工科试 26	食品科学
081308	发酵工程		工科 1609	发酵工程
081309	包装工程		工科试 25	包装工程
081310	烟草工程			
0814	**农业工程类**			
081401	农业机械化		农科 0601	农业机械化
081402	农业建筑与环境工程		农科 0602	农业建筑与环境工程
081403	农业电气化自动化		农科 0603	农业电气化自动化
081404	农田水利工程		工科 1206	农田水利工程
081405	土地规划与利用(注:可授工学或经济学学士学位)		农科 0505	土地规划与利用
081406	农村能源开发与利用		农科试 0602	农村能源开发与利用
081407	农产品贮运与加工		农科 0701	农(畜、水)产品贮藏与加工
081408	水产品贮藏与加工		农科 0701	农(畜、水)产品贮藏与加工
081409	冷冻冷藏工程		农科 0702	制冷与冷藏技术
0815	**林业工程类**			
081501	森林工程		林科 0401	森林采运工程
			林科 0402	森林道路与桥梁工程
081502	林业与木工机械		林科 0403	林业机械
081503	木材加工		林科 0501	木材加工
			林科 0503	木材保护与改性
081504	林产化工		林科 0502	林产化工
081505	室内与家具设计		林科试 0501	家具设计与制造
0816	**纺织类**			
081601	纺织工程		工科 1701	纺织工程
081602	丝绸工程		工科 1702	丝绸工程
081603	针织工程		工科 1703	针织工程
081604	染整工程		工科 1704	染整工程
081605	纺织材料及纺织品设计	纺织材料	工科试 27	纺织材料
		纺织品设计	工科试 28	纺织品设计
081606	服装		工科试 29	服装
0817	**交通运输类**			
081701	交通运输	铁道运输	工科 1805	铁道运输
		公路运输	工科 2003	交通运输管理工程
		水路运输		
		航空运输		
		综合运输		
		交通管制		
081702	载运工具运用工程	汽车运用工程	工科 1806	汽车运用工程

		机车运用工程		
		船舶运用工程		
081703	交通工程		工科试 18	交通工程
081704	海洋船舶驾驶		工科 1801	海洋船舶驾驶
081705	轮机管理		工科 1802	轮机管理
081706	飞机驾驶		工科特 10	飞机驾驶
081707	石油天然气储运工程		工科 1807	石油储运
081708	总图设计与运输工程		工科 1808	总图设计与运输
0818	**航空航天类**			
081801	航空飞行器设计	飞机设计	军工 0101	飞机设计
		直升机设计	军工 0102	直升机设计
		导弹设计	军工 0103	导弹设计
081802	空间飞行器设计	空间飞行器设计	军工 0105	飞行器系统工程
		飞行器系统工程		
081803	飞行器强度与实验技术		军工 1003	飞行器结构与强度
081804	飞行器动力工程	航空发动机	军工 0301	航空发动机
		火箭发动机	军工 0302	固体火箭发动机
		动力装置控制	军工 0303	液体火箭发动机
			军工 0306	航空动力装置控制工程
081805	飞行器制造工程		军工 0901	飞行器制造工程
081806	飞行器制导与控制	飞机自动驾驶	军工 0401	飞行器自动控制
		导弹制导与控制	军工 0402	导弹制导
		航天器制导与控制	军工 0405	惯性导航与仪表
		惯性技术		
081807	火箭导弹发射技术与设备		军工 0211	火箭导弹发射技术与设备
081808	飞行器环境控制与安全救生		军工 0104	飞行器环境控制与安全救生
0819	**兵器类**			
081901	火炮与自动武器	火炮	军工 0208	火炮
		自动武器	军工 0209	自动武器
081902	火箭武器		军工 0202	火箭弹
081903	弹药工程		军工 0201	弹药与战斗部
081904	弹道工程	内弹道	军工 1006	内弹道
		外弹道	军工 1007	外弹道
081905	鱼雷水雷工程		军工 0203	水下自航器工程
081906	火控与指挥系统工程		军工 0404	火控与指挥系统工程
081907	火炸药	火药	军工 0502	炸药及有机化工
		炸药	军工 0501	固体推进剂
		固体推进剂		
081908	引信技术	机电引信技术	军工 0206	引信技术
		近感引信技术	军工 0207	近感引信与检测技术

081909	爆炸技术及应用		军工 0204 爆炸技术与装药
			工科特 02 爆破器材与技术
081910	火工与烟火技术		军工 0205 火工与烟火技术
081911	军用车辆工程		军工 0210 军用车辆
0820	**公安技术类**		
082001	防火工程		工科另 19 建筑防火工程
082002	灭火技术		工科另 25 灭火工程
082003	火灾原因技术鉴定		工科另 14 火灾技术鉴定
082004	道路交通管理工程		[新增]
082005	道路交通事故防治工程		[新增]
082006	痕迹检验(注:可授工学或理学学士学位)		社科另 04 痕迹检验
082007	文件鉴定(注:可授工学或理学学士学位)		社科另 05 文件检验
082008	法化学(注:可授工学或理学学士学位)		社科另 06 刑事化验
082009	公共安全图像技术(注:可授工学或理学学士学位)		社科另 07 刑事照相
0821	**工程力学类**		
082101	工程力学		工科 2105 工程力学
082102	空气动力学与飞行力学		军工 1001 空气动力学
			军工 1002 飞行力学
			军工 1008 航天动力学与飞行试验
0822	**管理工程类**		
082201	管理工程	工业管理工程	工科 2001 工业管理工程
		建筑管理工程	工科 2002 建筑管理工程
		邮电管理工程	工科 2004 邮电管理工程
		物资管理工程	工科 2005 物资管理工程
		基本建设管理工程	工科特 08 基本建设管理工程
		科技管理	
082202	技术经济(注:可授工学或经济学学士学位)		工科 2006 技术经济
082203	管理信息系统		工科试 30 管理信息系统
082204	工业外贸		工科特 07 工业外贸
082205 *	系统工程		工科试 31 系统工程
082206 *	安全工程		工科试 32 安全工程
082207 *	工业工程		[新增]

09 学科门类:农学

代码	学科、专业名称	参考专业方向	原专业代码及名称
0901	**植物生产类**		
090101	农学		农科 0201 作物
			农科 0208 植物遗传育种
090102	热带作物		农科 0202 热带作物
090103	园艺		[新增]
090104	果树		农科 0203 果树

090105	蔬菜	农科 0204	蔬菜
090106	观赏园艺	农科 0205	观赏园艺
090107	植物保护	农科 0209	植物保护
		农科 0210	植物病理
		农科 0211	农业昆虫学
090108	土壤与农业化学	农科 0212	土壤与植物营养
090109	药用植物	农科 0207	药用植物
090110	茶学	农科 0206	茶学
090111	草学	农科 0302	草原
0902	**森林资源类**		
090201	林学	林科 0201	林学
090202	森林保护	林科 0202	森林保护
090203	经济林	林科 0203	经济林
090204	野生植物资源开发与利用(注:可授农学或理学学士学位)	农科试 0901	野生植物资源
090205	野生动物保护与利用	林科 0304	野生动物保护与利用
0903	**环境保护类**		
090301	园林	林科 0303	园林
090302	风景园林(注:可授农学或工学学士学位)	工科 1103	风景园林
090303	水土保持	林科 0301	水土保持
090304	沙漠治理	林科 0302	沙漠治理
090305	农业环境保护	农科 0903	农业环境保护
0904	**动物生产与兽医类**		
090401	畜牧兽医	[新增]	
090402	畜牧	农科 0301	畜牧
		农科 0303	动物遗传育种
090403	实验动物	农科 0804	实验动物
090404	蚕学	农科 0305	蚕学
090405	蜂学	农科 0306	蜂学
090406	动物营养与饲料加工	农科 0304	动物营养与饲料加工
090407	兽医	农科 0801	兽医
		农科 0803	兽医公共卫生
090408	中兽医	农科 0802	中兽医
090409	动物药学	[新增]	
0905	**水产类**		
090501	淡水渔业	农科 0401	淡水渔业
090502	海水养殖	农科 0402	海水养殖
090503	海洋渔业(注:可授农学或工学学士学位)	农科 0403	海洋渔业
0906	**管理类**		
090601	农业经济管理(注:可授农学或经济学学士学位)	农科 0501	农牧业经济管理
090602	林业经济管理(注:可授农学或经济学学士学位)	林科 0601	林业经济管理
090603	渔业经济管理(注:可授农学或经济学学士学位)	农科 0503	渔业经济管理

090604	渔业资源与渔政管理(注:可授农学或理学学士学位)		农科 0901 渔业资源
090605	自然保护区资源管理		农科试 0301 自然保护区资源管理
090606	林业信息管理(注:可授农学或工学学士学位)		林科试 0602 林业信息管理
0907	**农业推广类**		
090701 *	农业推广		[新增]

10 学科门类:医学

代码	学科、专业名称	参考专业方向	原专业代码及名称
1001	**基础医学类**		
100101	基础医学(注:可授医学或理学学士学位)		医药 0101 基础医学
1002	**预防医学类**		
100201	预防医学	健康教育	医药 0201 预防医学
100202	环境医学		医药 0202 环境医学
100203	卫生检验(注:可授医学或理学学士学位)		医药 0203 卫生检验
100204	营养与食品卫生		医药 0204 营养与食品卫生
100205 *	妇幼卫生		医药试 05 妇幼卫生
1003	**临床医学与医学技术类**		
100301	临床医学	妇产科学	医药 0301 临床医学
		眼科学	医药 0303 妇产科学
		耳鼻咽喉科学	医药 0304 眼耳鼻喉科学
100302	儿科医学		医药 0302 儿科医学
100303	精神病学与精神卫生		医药 0305 精神病学与精神卫生
100304	放射医学		医药 0306 放射医学
100305 *	医学影像学		医药 0307 医学影像学
100306 *	医学检验(注:可授医学或理学学士学位)		医药 0308 医学检验
100307	医学营养学		医药 0309 医学营养学
100308 *	麻醉学		医药 0310 麻醉学
1004	**口腔医学类**		
100401	口腔医学	口腔修复学	医药 0401 口腔医学
		口腔颌面外科学	医药 0402 口腔修复学
			医药试 04 口腔颌面外科学
1005	**中医学类**		
100501	中医学		医药 0501 中医学
100502	中医五官科学		医药 0503 中医五官科学
100503	中医骨伤科学		医药 0506 中医骨伤科学
100504 *	中医外科学		医药试 03 中医外科学
100505 *	中医养生康复学		医药 0502 中医养生康复学
100506	针灸学		医药 0504 针灸学
100507	推拿学		医药 0505 推拿学

100508 *	中医文献学		医药试 02	中医文献学
100509	蒙医学		医药 0507	蒙医学
100510	藏医学		医药 0508	藏医学
			医药试 01	中医基础医学[取消]
1006	**法医学类**			
100601	法医学	法医物证学	医药 0601	法医学
			医药 0602	法医物证学
1007	**护理学类**			
100701	护理学(注:可授医学或理学学士学位)		医药 0311	护理学
1008	**药学类** (注:可授医学或理学学士学位)			
100801	药学		医药 0701	药学
100802	药物化学		医药 0702	药物化学
100803	药物分析		医药 0703	药物分析
100804	药理学		医药 0708	药理学
100805 *	临床药学		医药试 06	临床药学
100806	中药学		医药 0709	中药学
100807	中药检定		医药 0711	中药鉴定
100808	中药药理学		医药试 07	中药药理学
100809	中药资源		医药试 08	中药资源
1009	**管理类**			
100901	卫生事业管理		医药 0801	卫生事业管理
			医药试 09	卫生经济学[取消]
			医药试 10	卫生统计学[取消]

[制订普通高校文科专科专业目录]　为了落实 1991 年国家教委《关于加强普通高等专科教育工作的意见》和 1993 年 2 月 13 日中共中央、国务院印发关于《中国教育改革和发展纲要》的精神,加强宏观管理,深化文科专科教育改革,提高教育质量,培养适应建立社会主义市场经济体制和社会发展需要的合格人才,国家教委组织制订了《普通高等学校文科专科专业目录》(以下简称《专业目录》)。

此前,文科专科专业设置中存在的问题是:

专业名称多样,不科学和不规范;专业体例不统一,有的按学科设置专业,有的按岗位设置专业,还有的按工种设置专业;专业面宽窄不符合专科教育特点和要求;特别是我国社会主义市场经济体制和社会发展需要的一些文科专科专业,在高校中还没有设置。

为了解决当前文科专科专业设置中存在的问题和适应新形势的需要,深化教育改革,提高教育质量,国家教委从 1992 年开始进行制订普通高等学校文科专科《专业目录》的工作。

制订《专业目录》的指导思想是:从我国实际出发,根据社会主义现代化建设的要求,适当拓宽专业面,扩大业务范围,增强毕业生的适应性。使专业设置能够符合社会主义物质文明和精神文明建设的需要，符合科学化的要求，符合人才培养的规律。

制订《专业目录》的原则是：注重适应性、层次性、科学性、发展性、宽窄并存。

全国普通高等学校(师范院校除外)原设文科专科专业308种，经过撤销、合并或统一更改名称后新的《专业目录》为149种，净减159种，另新增专业30种，现共设专业179种。为了增强学校办学的灵活性，指导学校根据人才需求变化及时设置或调整专业方向，增强毕业生的适应性，在《专业目录》中增列77个专业方向。学校可根据这些专业方向有权在本学科专业范围内设置《专业目录》以外的专业方向。

《专业目录》分设文学、史学、哲学、新闻传播学、政治学、社会学、马克思主义基础。图书馆情报档案学、外语、经济管理、法律、公安、艺术和其它类等14大类180种专业。其中：文学类5种，史学类8种，哲学类4种，新闻传播学类7种，政治学类5种，社会学类3种，马克思主义基础类1种，图书馆、情报、档案学类7种，外语类8种，经济、管理类28种，法律类4种，公安类7种，艺术类77种，其他类16种。在其他类16种专业中，大部分是教育和工科类专业，分设在艺术、公安和财经院校中，故暂设一类，放在《专业目录》中，待将来文、理、工、农林、医药各科类专科专业目录组装时，再把本类中的专业分别归类。

在制订《专业目录》的同时，还编写了专业简介。专业简介明确了培养目标和业务要求的基本规格，列出了主要专业课，强调了社会实践，规定了修业年限，有利于提高教育质量。

撰稿　刘凤泰

审稿　周远清

附　普通高校文科专科专业目录

序号	专业名称	参考专业方向	学制
01　学科门类：文学类			
0101	汉语言文学		二年
0102	秘书		二年
0103	涉外秘书		三年
0104	少数民族语言文学	(可按各民族语言设置专业)	二年
0105	群众文化	(1) 思想文化建设 (2) 群众文化管理 (3) 群众文化创作 (4) 企业文化	二年
02　学科门类：史学类			
0201	历史		三年
0202	国际事务		三年
0203	台港澳侨事务		三年

0204	民族历史文化	(可按不同民族设置专业方向)	三年
0205	考古技术	(1) 考古测绘 (2) 考古摄影	二年
0206	文物	(1) 文物修复 (2) 文物保护	二年
0207	博物馆		二年
0208	历史与文化旅游		三年

03　学科门类:哲学类

0301	哲学		三年
0302	应用心理学		二年
0303	应用美学	技术美学	三年
0304	宗教事务管理		三年

04　学科门类:新闻传播学类

0401	新闻		二年
0402	出版		二年
0403	广播电视新闻		三年
0404	广播电视管理		三年
0405	新闻摄影		二年
0406	广告与广告管理		三年
0407	公共关系		二年

05　学科门类:政治学类

0501	行政管理	(1) 组织与人事管理 (2) 经济行政管理	二年
0502	民政管理		二年
0503	教育行政管理		二年
0504	乡镇建设与管理		二年
0505	行政管理办公自动化		三年

06　学科门类:社会学类

0601	社会工作与管理		二年
0602	家政学		二年
0603	人口社会学与人口工作		二年

07　学科门类:马克思主义基础类

0701	思想政治教育	(1) 职工思想政治教育 (2) 青年思想教育 (3) 少儿教育	二年

08　学科门类:图书馆、情报、档案学类

0801	图书馆管理		二年
0802	社会科学情报管理		三年
0803	档案管理		二年
0804	科技档案		二年

0805	文献保护技术		二年
0806	情报产业管理		三年
0807	图书出版发行管理		二年

09 学科门类:外语类

0901	英语	(1) 文秘英语	三年
		(2) 外贸英语	
		(3) 旅游英语	
		(4) 科技英语	
0902	俄语	(1) 文秘俄语	三年
		(2) 外贸俄语	
		(3) 旅游俄语	
		(4) 科技俄语	
0903	日语	(1) 文秘日语	三年
		(2) 外贸日语	
		(3) 旅游日语	
		(4) 科技日语	
0904	法语	(1) 文秘法语	三年
		(2) 外贸法语	
		(3) 旅游法语	
		(4) 科技法语	
0905	德语	(1) 文秘德语	三年
		(2) 外贸德语	
		(3) 旅游德语	
		(4) 科技德语	
0906	阿拉伯语	(1) 文秘阿拉伯语	三年
		(2) 外贸阿拉伯语	
		(3) 旅游阿拉伯语	
		(4) 科技阿拉伯语	
0907	西班牙语	(1) 文秘西班牙语	三年
		(2) 外贸西班牙语	
		(3) 旅游西班牙语	
		(4) 科技西班牙语	
0908	朝鲜语		三年

10 学科门类:经济管理类

1001	投资经济管理	(1) 国际投资	二年
		(2) 投资与信用	
1002	财政		二年
1003	税务	国际税收	二年
1004	金融	(1) 城市金融	二年
		(2) 农村金融	
1005	国际金融		三年
1006	保险	(1) 财产保险	二年
		(2) 人寿保险	
1007	审计	金融审计	二年

1008	统计	(1) 社会统计 (2) 经济统计 (3) 银行统计	二年
1009	土地管理		二年
1010	国有资产管理		二年
1011	证券投资与管理		二年
1012	国际贸易		三年
1013	房地产经营与管理	物业管理	二年
1014	工商行政管理		二年
1015	人力资源管理		二年
1016	旅游管理		二年
1017	饭店管理		二年
1018	市场营销	期货贸易	二年
1019	物流管理		二年
1020	国际市场营销		三年
1021	经济信息管理与计算机应用	(1) 财政计算机应用与信息管理 (2) 金融计算机应用与信息管理 (3) 贸易计算机应用与信息管理 (4) 投资计算机应用与信息管理 (5) 会计计算机应用	二年
1022	会计	(1) 企业会计 (2) 行政事业会计 (3) 银行会计	二年
1023	企业理财		二年
1024	企业管理	企业公共关系	二年
1025	国际企业管理		三年
1026	乡镇企业管理		二年
1027	海关管理		二年
1028	经济秘书		二年

11　学科门类:法律类

1101	法律	(1) 民法 (2) 商法	三年
1102	经济法	(1) 企业法 (2) 合同法 (3) 科技法 (4) 金融法 (5) 财税法 (6) 涉外经济法	三年
1103	行政法	(1) 税务管理法 (2) 工商行政管理法	三年

(3) 环保管理法
(4) 海关管理法
(5) 自然资源管理法
(6) 行政诉讼法
(7) 公务员法

1104	狱政管理	三年

12 学科门类:公安类

1201	警察管理	三年
1202	治安管理	三年
1203	出入境管理	三年
1204	武警指挥	三年
1205	内卫参谋	三年
1206	边境管理	三年
1207	预　审	三年

13 学科门类:艺术类

1301	作曲与视唱练耳	三年
1302	指挥	三年
1303	演唱	三年
1304	中国乐器演奏	三年
1305	管弦(打击)乐器演奏	三年
1306	键盘乐器演奏	三年
1307	音乐音响导演	三年
1308	乐器修造艺术	三年
1309	文化艺术事业管理	二年
1310	中国画	二年
1311	书法篆刻	二年
1312	油画	二年
1313	版画	二年
1314	雕塑	三年
1315	壁画	二年
1316	绘画	三年
1317	艺术摄影	二年
1318	电脑美术设计	二年
1319	印染艺术设计	二年
1320	织绣艺术设计	二年
1321	服装设计	二年
1322	服装工程	二年
1323	服装展示	二年
1324	日用陶瓷设计	二年
1325	陶艺	二年
1326	陶瓷雕塑	三年
1327	装璜艺术设计	二年
1328	广告艺术设计	二年
1329	书刊装帧设计	二年

1330	产品造型设计	二年
1331	电脑图形设计	二年
1332	展示设计	二年
1333	室内艺术设计	三年
1334	家具设计	二年
1335	金工艺术设计	二年
1336	漆艺	二年
1337	工艺雕塑	三年
1338	装饰艺术设计	二年
1339	表演	三年
1340	导演	三年
1341	戏剧文学	三年
1342	舞台技术管理	三年
1343	舞台设计	三年
1344	舞台绘景	三年
1345	服装与化装设计	三年
1346	舞台灯光	三年
1347	音响设计	三年
1348	公关礼仪	二年
1349	戏曲表演	二年
1350	京剧器乐演奏	二年
1351	中国古典舞表演	二年
1352	中国民间舞表演	二年
1353	芭蕾舞表演	二年
1354	外国代表性舞表演	二年
1355	现代舞	二年
1356	国际标准舞	二年
1357	舞蹈编导	三年
1358	舞蹈科艺	二年
1359	舞蹈音乐伴奏	二年
1360	播音	二年
1361	节目主持人	三年
1362	影视广告艺术	二年
1363	电视摄像	二年
1364	电视节目制作	三年
1365	影视文艺编导	三年
1366	广播电视文学	三年
1367	录音艺术	二年
1368	电视照明设计	二年
1369	影视化妆	二年
1370	电影摄影	二年
1371	图片摄影	二年
1372	电影表演	二年
1373	动画	二年
1374	影视美术	二年
1375	影视剪辑	二年

1376	影视制片管理	二年
1377	影视发行管理	二年

14 学科门类:其它类

1401	音乐教育	三年
1402	美术教育	三年
1403	戏剧教育	三年
1404	舞蹈教育	三年
1405	工艺美术教育	二年
1406	影视电化教育	二年
1407	信息技术设备运用与维护	二年
1408	烹饪工艺	二年
1409	电器维检技术	三年
1410	经济文化保卫	三年
1411	侦 察	三年
1412	交通管理	三年
1413	刑事技术	三年
1414	公安信息管理	三年
1415	灭火指挥	三年
1416	防火管理	三年

［**评选普通高校优秀教学成果**］ 按照国家教委每4年进行一次全国普通高等学校优秀教学成果奖励工作的决定,1993年进行了第二次全国普通高等学校优秀教学成果评选和奖励工作。此前,1992年6月5日,国家教委发出《关于认真做好1993年全国普通高等学校优秀教学成果奖励工作的通知》,同时颁布了《1993年普通高等学校优秀教学成果奖励工作办法》及《1993年普通高等学校优秀教学成果奖励工作办法》实施细则。

1993年评选奖励的范围是1989年以来全国普通高等学校在教书育人、教学改革、教学建设、教学管理等方面取得的优秀教学成果(含全日制研究生、本科、专科及成人高等教育)的个人或集体(含教师、教学辅助人员、教学管理干部)。重点是在教学第一线长期从事本、专科教学的中青年教师取得的成果。在相同条件下,对长期从事公共课、基础课教学工作的教师取得的教学成果应予优先考虑。同时,评选奖励工作实行争议制。国家、省(自治区、直辖市、解放军)、学校三级普通高等学校优秀教学成果奖的获奖项目都要公布,凡在公布后有争议的项目,在争议没有解决前不得申报上一级奖励,也不得授奖。国家级奖励获奖项目的争议期为3个月。经过三级评审,最后申报国家级奖励的473项成果中,经国家教委批准,有368项成果获奖。其中:上海幼儿师范高等专科学校高级讲师邹兆芳的《幼师高专数学教学实践与研究》等4项成果获特等奖;北京大学吴思城教授等的《全面革新 建设具有世界先进水平的〈近代物理实验〉课程》等51项成果(含军队院校3项)获一等奖;北京航空航天大学李心灿教授的《在数学教学中教书育人的实践》等313项成果(含军队院校16项)获二等奖。

根据国家优秀教学成果评审委员会的建议,南开大学数学所陈省身教授等的《首创开放型的高层次数学人才培养基地》获荣誉奖。国家教委于1993年9月4日发布《关于批准1993年普通高等学校国家级优秀教学成果获奖项目的决定》。

1993年9月8日,在人民大会堂召开了

奖励大会，国务院副总理李岚清出席了大会并向获奖代表颁奖。中共中央总书记、国家主席江泽民等党和国家领导人接见了获奖代表，江泽民总书记并做了重要讲话。

撰稿 乔著生

审稿 周远清

附 1993年优秀教学成果获奖项目

特等奖：共4项

序号	项目名称	学校	获奖者(集体主要成员)
上海市(1项)			
001	幼师高专数学教学实践与研究	上海幼儿师范高等专科学校	邹兆芳
山东省(1项)			
002	实行教学、科研、生产三结合建立适应经济建设需要的教学体制	山东农业大学	杨景林 冷寿慈 邢金亮 宿令 李晴祺
北京市(1项)			
003	固体力学重点学科建设与高水平博士生规模培养	清华大学	黄克智 张维 杜庆华 戴福隆 郑兆昌
甘肃省(1项)			
004	大学基础化学实验课系统改革的研究与实践	兰州大学等十所院校	周效贤 宗汉兴 马经德 孙尔康 刘万祺 刘同保

一等奖：共51项

序号	项目名称	学校	获奖者(集体主要成员)
北京市(7项)			
005	全面革新 建设具有世界先进水平的《近代物理实验》课程	北京大学	吴思诚 王祖铨 吕思骅 赵汝光 黄飞虎
006	提高教学质量 迈步走向世界——建筑学专业的建设与改革	清华大学	赵炳时 高亦兰 栗德祥 郑光中 李晋奎
007	适应社会需要 培养应用型临床医学高层次人才——临床医学研究生培养制度的改革	北京医科大学	卜庆芋 沃唯礼 侯卉 郭述贤

序号	项目名称	学校	获奖者(集体主要成员)
008	面向21世纪数学 建设一支高水平的师资队伍	北京大学	李 忠 应隆安 邓东皋 丁石孙
009	面向社会 发扬优势 积极开展继续教育	清华大学	吕 森 黄安邦 郑树楠
010	《中国现代文学史》基础课的建设与改革	北京大学	严家炎 孙玉石 钱理群 唐 沅 温儒敏
011	音乐美学教学成果	中央音乐学院	于润洋 王次炤 何乾三 蔡仲德 张 前
天津市(2项)			
012	开辟教学新途径 培养针灸新人才	天津中医学院	石学敏 周继曾 孙外主 武连仲 韩景献
013	更新内容 结合实际 培育能力——经济学系政治经济学教学的改革与提高	南开大学	魏 埙 杨玉川 夏长森 王述英 温海池
河北省(1项)			
014	深化专业教学改革 优化教学结构 培养合格人才	河北农业大学	郗荣庭 彭士琪 张建光 袁小乱 皇甫中泗
山西省(1项)			
015	实行单独考试 招收农村户口 不包分配实践生的试验	山西农业大学	聂向庭 梁福有 任国钧 石履渊 刘德章
内蒙古自治区(1项)			
016	面向经济建设 坚持教学、科研、生产三结合的探索与实践	内蒙古农牧学院	邵金旺 乌力更 李春林 刘克礼 李明哲
辽宁省(3项)			
017	全方位深化无机化学教学改革	大连理工大学	迟玉兰 辛 剑 牟文生 许维波 陈希冠
018	校企合作招收培养工程硕士的研究与探讨	东北大学	王长民 左 斌 刘泰强 朱启超 陈 智
019	充分发挥多学科协作优势建设具有自己特色的淡水渔业教学体系	大连水产学院	刘焕亮 何志辉 雷衍之 谢祚浑 桂远明

序号	项目名称	学校	获奖者(集体主要成员)
吉林省(1项)			
020	物理化学学科建设与人才培养	吉林大学	孙家钟 杨永华 封继康 赵慕愚 唐敖庆
黑龙江省(2项)			
021	加强实践性教学环节 强化设计能力培养 建立机制专业学生能力培养体系	哈尔滨工业大学	贾延林 荣涵锐 丁儒林 李益民 王知行
022	运动训练专业(冰雪方向)综合教学模式的研究与实践	哈尔滨体育学院	张鹏瑞 徐三兆 刘文学 李建夫 王 樱
上海市(5项)			
023	全国大学英语考试的设计、实施及研究	上海交通大学等十所高校	杨惠中 董亚芬 冯玉柱 杨庆午 刘鸿章 陈祖芳
024	全面优化大学物理教学 建立高水平的教学新体系	上海交通大学	孔令达 严燕来 朱良铱 高 景 胡盘新
025	《数学分析》基础课程教学	复旦大学	欧阳光中 秦曾复 姚允龙
026	更新教学体系 创建复合型人才培养优化模式	上海交通大学	邹桂根 林潮泳 朱佩霞 陶正苏 龚梅珍
027	临床医学教育的理论与实践	上海第二医科大学	谢宗豹 朱明德 李学敏 陈 佩
江苏省(4项)			
028	《采煤》课程改革与配套建设体系	中国矿业大学	徐永圻 孟宪锐 汪理全 梁学勤 庄秀峰
029	基础性人才培养基地建设	南京大学	卢德馨 孙景李 桑志芹
030	面向经济建设 建立学科体系 改革专业教学模式	南京化工学院	胡道和 洪履祥 刘亚云 张少明 周松林
031	水力学课程建设与改革	河海大学	薛朝阳 刘润生 陈玉璞 郭子中 许荫椿
浙江省(2项)			
032	《水力学》与《工程流体力学》教学实验综合改革	浙江大学	毛根海 吴寿荣 甘栽芷 周均长 张土乔
033	以社会医学实践教学为载体的医学教育改革	浙江医科大学	郑 树 章锁江 李 鲁 章 清 沈 毅

序号	项目名称	学校	获奖者(集体主要成员)
山东省(2项)			
034	面向经济建设主战场　探索培养高层次数学人才的新途径	山东大学	袁益让　王文洽
035	高师语文学科专业技能培养规程	聊城师范学院	韩立群　徐　玲　孙慎之　刘树山
河南省(2项)			
036	适应地方经济需要　探索培养复合型人才的新途径——利用“三学期”实施主副修制	郑州大学	刘功成　武跃民　陈培潮　刘红琳　鲁智明
037	双向培训——高师教育实习改革的一条新路	信阳师范学院	陈铭书　石金钟　黄品如
湖北省(4项)			
038	遥感系列课程建设	武汉测绘科技大学	林宗坚　孙家柄　边馥苓　卢　健　舒　宁
039	深化改革　创建第一流的国际法教学基地	武汉大学	余劲松　黄　进　万鄂湘　曾令良
040	以师资队伍建设为核心　创建一流的《岩石学》课程	中国地质大学	游振东　等
041	文艺学教学体系的开拓与改建	华中师范大学	王先霈　赖力行　刘安海　胡亚敏　王耀辉
湖南省(1项)			
042	理工科院校工业设计学科的建设与设计教育特征的确立	湖南大学	程能林　赵江洪　何禄桂　肖正中
广东省(1项)			
043	多媒体组合教学设计的理论与实践	华南师范大学	李克东　李运林　梁仲熊　谢幼如
四川省(3项)			
044	校县结合　双向育人——师专培养合格农村初中师资道路的探索	乐山师范专科学校	谭显孝　李代泌　谢相勋　舒代宁
045	创建临床流行病学科　培养高质量医学人才	华西医科大学	王家良　刘正乐　王觉生　郑素萍　雷秉钧
046	实行教学、科研与社会实践相结合　探索文科教育改革新途径	四川大学	冉昌光　廖君沛　邱沛篁　秦大雕　刘元奎

序号	项目名称	学　　校	获奖者(集体主要成员)
陕西省(5 项)			
047	工科《高等数学》试题库系统	西安交通大学等	马知恩　汪国强　王式安　曹助我　陆丽娜
048	硕士学位课程的建设与管理	西安交通大学	张文修　姚天祥　蒋德明　林贤玖　王　建
049	教育及教育管理评估系列的建立与实践研究	西北农业大学	张　岳　荆家海　廉登极　李佩成
050	全国计算机专业评估理论的研究与实践	西安电子科技大学等	蔡希尧　郑贵德　赵　复
051	教书育人系统工程	西北工业大学	李保义　唐宗焕　宋金书　王德发　施建民
青海省(1 项)			
052	藏族古典文学教学的创新与实践	青海民族学院	祁顺来　等
解放军(3 项)			
053	“一体两环”新型办校模式	第一军医大学	赵云宏　杨根远　孙树林
054	舰船避碰实践教学的重大突破	海军广州舰艇学院	王敬全　吴　晞　韩江涛　廖建洲
055	加强计算机学科建设　主动适应军队建设需要	国防科技大学	齐治昌　王广芳　王凤学　张俊科　张克强

二等奖:共 313 项

序号	项目名称	学　　校	获奖者(集体主要成员)
北京市(32 项)			
056	在数学教学中教书育人的实践	北京航空航天大学	李心灿
057	创建教学实践基地　培养高级法律人才	中国人民大学	曾宪义　高铭暄　孔庆云　徐立根　叶长良
058	表演专业教学综合改革	中央戏剧学院	张仁里　梁伯龙
059	研究生马克思主义理论课教学改革	清华大学	高达声　李润海　魏宏森　寇世琪　丁厚德
060	培养高质量发展心理学专业研究生	北京师范大学	林崇德　朱智贤　董　奇
061	物理教育系列课程建设	首都师范大学	乔际平　张大昌　续配君
062	通过边疆及南海海疆考古维护祖国领土完整　促进课堂教学	中央民族学院	王恒杰

序号	项目名称	学校	获奖者(集体主要成员)
063	长期坚持　严格要求《田野考古实习》教学获丰硕成果	北京大学	严文明　李伯谦　张江凯　刘　绪
064	《财税金融电算化》课程建设与模拟银行的创立及综合利用	中国人民大学	谭荣华　岳　伟　叶红枫　李为真　吴和泉
065	《国民经济管理学》课程的教学改革	北京大学	厉以宁
066	《物理化学》课程的建设与改革	北京大学	韩德刚　高执棣　高盘良
067	坚持教育与生产劳动相结合科学地组织学生社会实践	北方交通大学	王金华　张星平　徐爱国　陈长盛　李志宏
068	《动力工程及工程热物理》(一级)重点学科建设	清华大学	王补宣　叶大均　冯俊凯　倪维斗　过增元
069	《电子技术》实验课建设与改革	北京邮电学院	赵廷瑞　安德宁　赵学泉　于德良　李超平
070	电子电路实验教学系统的建设	北方交通大学	宋开蹯　王化深　王　海　郭建煌　郭　薇
071	《高分子物理》课程建设与改革	北京化工学院	金日光　华幼卿　励杭泉　武德珍　刘　燕
072	《工程图学》课程的设计思想、方法与实践	北京航空航天大学	陈剑南　余新耀　潘柏楷　赵如舜　卢树森
073	自力更生建设现代化教学实验基地	北京航空航天大学	胡世光　周贤宾　孙世长　陈鹤峥　常和生
074	高等学校非计算机专业的计算机教育	北京联合大学	谭浩强
075	《果蔬采后生理学》等课程的改革与实践	北京农业大学	冯双庆　于　梁　周丽丽　赵玉梅　罗云波
076	计算机辅助生理实验教学系统	中国协和医科大学	樊继云　张　莉　张俊明　宋　武　刘　燕
077	TFPS 教学用运动技术影片分析系统的研制与应用	北京体育学院	吕秋平　沈信生　李良标
078	中国古典舞《身韵》课	北京舞蹈学院	唐满城　李正一
079	立足国内　依靠自己力量培养合格的阿拉伯语高级人才	北京外国语学院	归运昌　高凤祥
080	大学英语教学成果	北京大学	安美华　石春祯　黄昌玮
081	研究生社会实践制度的试验与改革	清华大学	梁尤能　严继昌　彭江得　郑燕康　林功实
082	建设高水平的本科教学管理运行体系	清华大学	周远清　宋烈侠　袁德宁　陈　智
083	建立充满活力的管理机制培养高水平的青年教师队伍	北京理工大学	陈桂秀　杨式毅　王悦音　马集庸　于　倩

序号	项目名称	学校	获奖者(集体主要成员)
084	本科教育改革的研究与实践	北京大学	王义遒　向景洁　吴同瑞　毕源章　睢行严
085	加强教育与生产劳动相结合教改试点的探索与实践	北京工业大学	沈亦鸣　黄乃强　骆雪君　倪世琦
086	历史学科结合社会实践的新路子——《方志学》课程的建设	中国人民大学	张革非　金德群　洪京陵　雷晟生　武月星
087	建立大学英语教学体系　全面提高学生语言运用能力	清华大学	罗立胜　范　红　何福胜　李兴复　吴古华
天津市(9项)			
088	毕业设计结合竞赛　培育优秀建筑设计人才	天津大学	荆其敏
089	《国际工程管理》教学体系的开拓与实践	天津大学	孙锡衡　何伯森　彭芝英　崔广涛　胡　诚
090	以新的理论建立《高师数学分析》课试题库　促进教学评估的开展和教学质量的提高	天津师范大学等	林安浩　邝荣雨　许　明　范秋君　张吉尔
091	建设独具特色的开放式物理表演室　提高教学质量	天津大学	王克起　霍炳海　陈宜生
092	《文献计量学》教学实践	天津师范大学	王崇德
093	非预防医学类专业《预防医学》教学模式的建立与实施	天津医学院	朱　雷　王正伦　来则民　张竞超　蒋运玲
094	以"双结合"为龙头　改革金属有机化学教学　培养高层次研究人才	南开大学	王积涛　宋礼成　周秀中　胡青眉　张蕴文
095	开设《画法解析几何》课改革制图教学	天津大学	陈东祥　王金敏
096	高等教育管理专业建设	天津大学	王致和　徐炳亭　许英勤
河北省(5项)			
097	将政治经济学方法论的系统研究与教学改革密切结合	河北大学	刘永佶
098	《化学教学论》学科课程体系的建设与实施	河北师范学院	潘鸿章　李振坤　曹玉民　陆　捷　何志民
099	通信电子电路有声CAI系统	华北电力学院	鄂秀焕　高　强　王彦骏　余　萍
100	教育实习改革	邢台师范专科学校	边守正　王一鸣　胡文明　尚志荣

序号	项目名称	学校	获奖者(集体主要成员)
101	立足实际　面向未来　加强青年教师队伍建设	衡水师范专科学校	卢永琪　邢根芒　谢泽斌　江宝才　韩书田
山西省(6项)			
102	建设《中国近代社会史》新学科	山西大学	乔志强　王先明　行　龙　乔润令
103	《法医病理学》多媒体系列化形象教学的探索与实践	山西医学院	王英元　崔宏义　张原生　吴素萍　姜树山
104	师范性结构课程改革实验	运城高等专科学校	杨宗礼　杨荃馨　刘庆昌　辛京奇　张　耀
105	坚持十年体质测试　深化体育教学改革	太原工业大学	李继海　赵富生　刘建国　史广文　李宝禄
106	对大学生进行世情教育的成功实践	山西大学	程人乾　王文庆　孙恪勤
107	立足地方院校　建立培养合格研究生的模式和基地	山西大学	杨　频
内蒙古自治区(2项)			
108	《冶金传输原理》课程教学改革与实践	包头钢铁学院	贺友多　李保卫　刘中兴　李　伟　程素森
109	数学教学的原理与实践	内蒙古大学	曹之江
辽宁省(18项)			
110	深化教学改革　建设新兴学科　提高教学质量	中国医科大学	王芸庆　宋今丹　方　瑾　黄集前　王维琴
111	以学科建设为中心的专业教学改革	辽宁大学	张今声
112	创建物理教学实验馆　改革实验教学	辽宁师范大学	张景泉　崔凤海　崔长喜
113	深化教育体制改革　探索开办针灸专业日语班	辽宁中医学院	王耀斌　裴景春　陈以国　王树栋　张　鸥
114	金工实习教学的改革与实践	沈阳工业高等专科学校	刘振和　王志海　贺继玉　刘国威　王文元
115	拓宽专业　加强建设　在产学研结合新体制中培养高质量人才	大连理工大学	程侣柏　张英菊　李树德　吴祖望　杨锦宗
116	会计教学改革的新路	东北财经大学	欧阳清　陈国辉　杨立颖
117	深化教学改革　提高电子课教学水平	东北大学	田志芬　李新荃　李景华　刘淑英　王永军

序号	项目名称	学　校	获奖者(集体主要成员)
118	自制教学设备"雷达运动目标模拟器"及在教学中的应用	大连海运学院	董小兵　赵起文　于庆光　刘玉民　张润泽
119	深化改革　加强建设　稳步提高本科教学质量	大连理工大学	罗胜初　等
120	依靠教师办学　深化教管改革——多功能教学检查组的建立与实践	沈阳工业大学	王成元　翟国治　孙昌志　吕振家　高金凯
121	主动适应社会需要　全面改革《学校体育学》教学的研究与实践	沈阳体育学院	孙长林　董国珍　王一涛　王晓春　赵乃虹
122	农业电气自动化专业实践教学体系及其模式的研究与实践	沈阳农业大学	徐昶昕　武国栋　张英书　钟连生　李启祥
123	高等学校教学研究室规范化管理的研究与实践	辽宁大学	裴英潮　顾奎相　刘玉良　潘　芳　杨　威
124	"5111人才培养模式"的构想与实践	东北大学	毛添玉　贺家齐　朱殿强　周秉衡　齐克敏
125	高等医学院校教师教学质量评价的研究与实践	中国医科大学	金魁和　孙宝志　关永琛　乔　敏　张　戈
126	优化课程结构　提高教学质量	辽宁师范大学	韩世勤　黄　滨　刘忠莲　陈有生　于忠玉
127	班主任技能训练	鞍山师范专科学校	史爱华
吉林省(13项)			
128	改革重磁两课　创建全新体系	长春地质学院	董焕成　徐宝慈　石宝林　刘万松　李春华
129	日语强化教学	东北师范大学	谷学谦　李永夏　肖　平　林忠鹏　太文慧
130	《政治学原理》课程体系的创建与发展	吉林大学	王惠岩
131	突出重点　全面规划　优化结构　增强实力　建设一支又红又专的师资队伍	吉林大学	刘中树　于庚蒲　王德顺　唐余明
132	加强体育课程的整体改革与建设　构建高校体育课程的新体系	吉林工业大学	宋继新　王　源　李宽泽　王伟平
133	《岩体力学》课程(学科)建设	长春地质学院	肖树芳　刘超臣　齐　伟　佴　磊　王　生
134	高师函授教育管理改革的研究与实践	东北师范大学	何艳茹　祝　捷　季国太　朱晓峰　刘忠元

序号	项目名称	学校	获奖者(集体主要成员)
135	大学物理演示实验教学建设	吉林工学院	宋燕盛
136	《遗传学》试题库及其微机管理系统的创立与实施	吉林农业大学	顾德峰 崔秋华 张为群 周学勤 初丽伟
137	高师本科学生教师职业技能训练的实践与探索	四平师范学院	滕吉海 孙斌来 李景文
138	《现代朝鲜语》课程建设	延边大学	李得春 姜银国 刘银钟 许东振 金祥元
139	办出专科特色 建立产学结合的教学模式	长春汽车工业高等专科学校	侯家驹 韩德恩 宋基治 崔云惠 丛守智
140	《建筑力学》课程建设与教学内容体系的改革	长春建筑高等专科学校	卢存恕 薛光瑾 吴富英 周 周 范国庆

黑龙江省(12项)

序号	项目名称	学校	获奖者(集体主要成员)
141	《金工》课程的建设与改革	哈尔滨机电专科学校	司乃钧
142	提高师资队伍水平 促进学科建设的研究和实践	哈尔滨工业大学	雷廷权 杨德庄
143	大校大厂合办学院 创办我国培养工程人才的新模式	哈尔滨工业大学	周长源 郑德林 黄 抗
144	加强教学管理 深化教学改革 全面提高外语教学质量	哈尔滨船舶工程学院	韩 哲 夏跃骅 刘喜武 王 英 孙守奎
145	深化教学改革 坚持搞好课程建设 全面提高教学质量	哈尔滨建筑工程学院	张云学 张树仁 赵洪宾 屠大燕 邓林翰
146	改革本科生培养模式 主动适应社会和农业发展需求	东北农学院	梁荣欣 吕志远 李思东 王伊强 马云鹏
147	加速培养适应林业建设急需专门人才的研究与实践	东北林业大学	由昌富 张翊飞 倪志英 姜晓冰
148	七年制学生科研能力培养模式的建立	哈尔滨医科大学	金连弘 李 波 祖铁峦 曹德品 程 志
149	加强重点学科建设 提高学校教学质量	哈尔滨医科大学	张志诚 王丽娟 赵士斌 潘明德
150	政教专业综合改革实践	哈尔滨师范大学	徐首军 王 莹 倪洪斌 商红日 曹百英
151	实行教育见习制度 强化教师职业能力培养	克山师范专科学校	贾玉金 王凤山 冯国晨
152	工科《结构力学》试题库建设	哈尔滨建筑工程学院等	王焕定 龙驭球 赵光恒

上海市(21项)

序号	项目名称	学校	获奖者(集体主要成员)
153	上海市高校建立非计算机专业计算机等级考试制度	上海市计算机等级考试委员会	魏润柏 朱仲英 吴立德 汪燮华 俞丽和

序号	项目名称	学　校	获奖者(集体主要成员)
154	马克思主义理论课有效育人的新模式	华东理工大学	徐永祥　鲍宗豪　石培华　李　海　尤　存
155	文艺学、美学系列配套课程建设	复旦大学	蒋孔阳　吴中杰　应必诚　叶　易　朱立元
156	改革发展中的《遗传学》基础课教学	复旦大学	赵寿元　江绍慧　乔守怡　刘祖洞
157	《普通物理》教学的改革与实践	复旦大学	贾起民　潘笃武　郑永令　李洪芳　刘贵兴
158	严格教学管理　优化育人环境　提高教学质量	复旦大学	严绍宗　孙莱祥　沙似鹏　葛海霓
159	英语专业的教学实践	复旦大学	陆国强　黄关福　吴延迪　胡润松　周仲安
160	加强教学实践环节　深化《金工》课程改革	上海交通大学	陈关龙　王　询　徐艳丽
161	传统建筑测绘教学实习的改革与深化	同济大学	路秉杰
162	以"环境观"建立《建筑设计》教学新体系	同济大学	卢济威　朱谋隆　余敏飞　沈福煦　王伯伟
163	《中国哲学史》的课程建设和人才的培养	华东师范大学	丁祯彦　冯　契　陈卫平　高瑞泉　杨国荣
164	结合专业采取多种形式开展社会实践	华东师范大学	叶　澜　陈桂生　吴秀娟　阎水金
165	加强大学基础教育　发挥教书育人整体功能	华东理工大学	张兆奎　张玉峰　陶铁胜　蒋文文　乐秀君
166	深化电教管理改革　取得显著教育效益	华东理工大学	印仁冲　王祖强　喻方达　程述贤
167	主动适应社会需要　探索服装专业建设新途径	中国纺织大学	张渭源　蒋智威　刘晓刚　许树文　张文斌
168	"机械设计与制图一条线"综合课程建设及改革	中国纺织大学	王宠武　高学满　曹　桄　袁壁君　吴祚常
169	建立临床医学应用型研究生培养的新模式	上海医科大学	李金钟　刁承湘　王亚平　陈　渭
170	发挥两校优势　培养高质量国际会计人才	上海财经大学 上海外国语学院	汤云为　戴炜栋　张次博　薛蕃康　钱嘉福　金绳曾
171	计算数学博士生教学	上海科学技术大学	郭本瑜
172	结合医学检验专业特点　培养学生动手和自学能力	上海第二医科大学	王鸿利　巫向前　陶义训　王　勇　沈　霞
173	电气技术专业的改革与建设	上海机械专科学校	孔凡才　方承远　吴铁才　冯正荣

序号	项目名称	学校	获奖者(集体主要成员)
江苏省(23项)			
174	师专教学改革的研究与实践	淮阴师范专科学校等	钱仓水 周荣秋 祝诚 任祥生 林家凤
175	建筑师职业素质基础培养的有效模式——建筑设计基础教学改革的研究与探索	东南大学	顾大庆 单踊 丁沃沃 赵辰
176	《大学物理》实验课的改革与实践	南京大学	潘元胜 万春华 冯璧华 曹伶华 倪新蕾
177	实施全面的化学教育	南京大学	吴琴媛 徐培珍 张雪琴 韩志坚 王志林
178	创建工业产品设计教学新体系	无锡轻工业学院	张福昌 陆亚声 吴翔 何晓佑 沈大为
179	以经济运行和发展为主线改革和建设经济学系课程	南京大学	洪银兴 刘志彪 王国刚 范从来
180	《中国历史文选》课程建设	南京大学	邹旭光
181	《沉积岩石学》教学研究与课程建设	南京大学	方邺森 黄志诚 朱嗣昭 孔庆友
182	《空间解析几何》课程建设	南京大学	马传渔 曹荣美
183	《工程流体力学》教学的新模式	东南大学	王文琪 蔡体菁 于荣宪
184	公路与城市道路的专业建设	东南大学	邓学钧 陈荣生 叶见曙 黄卫 刘其伟
185	博士生培养方法的研究与实践	东南大学	何振亚 茅一民 王太君 吴承武 贡璧
186	教学管理机制建设的研究与实践	东南大学	李延保 高辉 黄祖瑂 姚灼云 范旨福
187	《自动控制原理》课程建设	南京航空航天大学	胡寿松 邓为民 徐肖豪 林代业 吴庆宪
188	系统强化能力培养 促进高质量电气技术人才成长	南京航空航天大学	刘迪吉 曲民兴 严仰光 王素菊 詹晓东
189	《结构力学》课程整体改革	河海大学	胡维俊 杨仲侯 吴世伟 吕泰仁 孙文俊
190	加强教学建设 提高《工科物理》教学质量	南京理工大学	肖恩蓉 金东星 徐浦 潘国顺 李德钊
191	《药物化学》教学综合改革	中国药科大学	曹观坤
192	《行政法学》教学研究与改革	苏州大学	杨海坤
193	《马列文论》课程建设与改革	苏州大学	应启后
194	优化高师《中国古代文学》课程教学内容体系的研究与实施	南京师范大学	潘百齐

序号	项目名称	学　校	获奖者(集体主要成员)
195	建立激励机制　加强能力培养——《混凝土结构学》课程改革重点	东南大学	蒋永生　邱洪兴　曹双寅　蓝宗建　徐文平
196	创设《班主任工作》课　培养师专学生的班主任素质	盐城师范专科学校	周荣秋　章士藻　陈旭光
浙江省(4项)			
197	设计教学理论研究与改革实践	浙江大学	蒋克铸　姚一飞　杨　毅　朱聘和
198	计算机辅助教学(CAI)在《化工原理》课程教学中的应用	浙江工学院	姚克俭　俞晓梅　郑祖铭
199	瞄准《大纲》　立足基础大幅度提高大学英语水平	杭州大学	万昌盛　郭正唐　项朝南　李志华　张子鑫
200	微型化学实验的研究与教学实践	杭州师范学院	周宁怀　宋学梓　朱绮琴　盛国定　王德琳
安徽省(5项)			
201	天体物理研究生教学改革实践	中国科学技术大学	程福臻　周又元　尤俊汉　张家铝
202	《大学写作》教学与第二课堂的开辟	安徽大学	张耀辉
203	高校文科社会实践与教育实践相结合的有效途径	安徽师范大学	藏　宏　惠　中　刘　勇　吴声华　徐时新
204	坚持“教学、科研、推广三结合”的实践	安徽农学院	左震东　陈多璞
205	开辟第二课堂　激发学生热情培养学生能力	安徽中医学院	汪　涛　王　键　陈雪功　徐　麟
福建省(8项)			
206	坚持教学研究　提高教学质量	厦门大学	陈丽璇　严子浚　陈金灿　林国星
207	教书育人　出人才出成果	厦门大学	邓子基
208	建立新的统计学科体系	厦门大学	黄良文　黄沂木　张兴国　林擎国　杨缅昆
209	以国际市场需求为导向　开发《市场学》课程新系列	华侨大学	黄维礼　曾　路
210	打开人才通向农村的一条新路——招收培养“实践生”的研究与实践	福建农学院	万宁康　王文峰　陈连守　雷旭东

序号	项目名称	学　　校	获奖者(集体主要成员)
211	智能轴心教学法	福建医学院	江一平
212	高师音乐教学的综合改革	福建师范大学	刘家基　王耀华　陈文培　郑锦扬
213	地理教育学的建设	福建师范大学	袁书琪　郑耀星　刘恭祥
江西省(4项)			
214	江山实习基地建设	华东地质学院	梁鼎新　张敬礼　林银山　郭福生　许玩宏
215	军事训练和军事课程的改革与实践	南昌航空工业学院	匡璧民　赵文清　赵子林　姚文滨
216	运用电教手段　提高《光性矿物学》教学质量	华东地质学院	薛振华
217	师专《植物学》"双线式"教学改革及实践	九江师范专科学校	廖　亮
山东省(17项)			
218	开发视听教学潜能　扩大视听教学效益	山东医科大学	白世庠　姜　英　赵树虎
219	生物类专业《普通物理》课程建设、教学改革及科研与教学相结合的成功探索	山东大学	刘克哲　张承琚　马国臣　翟金凤　秦宏伟
220	建立有中国特色科学社会主义系的教学体系的探索	山东大学	丁原明　武可贤　赵明义　赵景宪
221	高校计算中心的目标管理	青岛海洋大学	秦鸿才　赵茂祥　王梅芬　刘士才　田长久
222	搞好课程评估　确保教学质量	青岛海洋大学	秦启仁　陈宗镛　余敬曾　刘继陆　吴保罗
223	注重直观式形象化教学　提高《物理》课教学质量	石油大学	李文瀛　黄启钧　韩寿萍　宋吉华　韦绍律
224	坚持正常教学　实行目标管理　建设外语教学系统工程	石油大学	吴铭方　王基鹏　梁孟华　刘宇慧　袁洪婵
225	加强实践环节　提高金工实习质量	山东工业大学	姜积中　许本枢　韩国敏　王　昕　孙嘉平
226	《电子线路》教学中引入 CAI 的探讨与实践	山东工业大学	张有志
227	增强创新意识　提高学科水平	山东工业大学	郑家骧　张洪安　赵英新　范波涛　翁思永
228	高等医学院校临床技能与服务态度标准化测量方法的研究	山东医科大学	曾武军　王丽娜　李光华　聂兆文　王占民

序号	项目名称	学校	获奖者(集体主要成员)
229	创建影像解剖学 不断攀登新台阶	青岛医学院	韩 洵 刘丰春
230	以改革开放的精神 建立适应经济建设需要的现代化植物学硕士专业	山东师范大学	姚敦义 赵可夫 张慧娟 刘彭昌 赵彦修
231	改革教学内容和教学方法建设系列配套教材	山东师范大学	王春良 张培义 黄乃宇 王肇伟 辛 逸
232	坚持“教学、科研、生产三结合”出人才、出效益、出成果	曲阜师范大学	王长钰 章志敏 马克杰
233	《现代汉语》课规范化建设	烟台师范学院	张志毅 张绍麒 陈昌来 李 敏 张庆云
234	密切联系乡镇初中 坚定办学方向 努力开展中教研究创出师专特色	临沂师范专科学校	杨燕钧 赵松台 阚兴礼 杨连瑞 李同胜

河南省(7项)

序号	项目名称	学校	获奖者(集体主要成员)
235	建立全方位的《机械设计》课程质量保证系统	洛阳工学院	胡师金 刘贵生 杨 巍 尹中伟 孙启明
236	畜牧专业“双循环”教学系统工程的实践	郑州牧业工程高等专科学校	林文忠 李柏林 刘天宝 刘明惠 曹天杰
237	《瓦斯地质》新学科与课程建设	焦作矿业学院	袁崇孚 张子戌 彭立世 李火银 曹运兴
238	出人才 出成果 建设高水平的学科	河南师范大学	王海志 鲁公儒 刘自信 万陵德 肖振军
239	工科《大学物理》立体式多媒体课堂教学中的研究与实践	郑州轻工业学院	胡其图
240	系统论在农科电类课程中的研究与实践	河南农业大学	史国栋 林家和 王其红 赵朝会 徐 颖
241	以科研为龙头 带动学科发展 提高教学质量	郑州大学	叶高峰 张绍谦 舒德智 鲁嵩岳 刘德法

湖北省(23项)

序号	项目名称	学校	获奖者(集体主要成员)
242	工科《物理》课程建设与综合改革	华中理工大学	易丽莎 李天应 汤钧民 唐光荣 肖育英
243	建立妇幼卫生专业新的教学模式——早期进行专业教育与社区服务相结合的实践	同济医科大学	刘筱娴 陈定海 石淑华 张 静 李增庆
244	理科化学专业《化工》课程的改革与实践	武汉大学	郑洁修 马玉龙 周新花 韩其勇 许崇文

序号	项目名称	学校	获奖者(集体主要成员)
245	锐意改革 《微生物学》教学质量全面提高	武汉大学	毛绍麟 李广武 陈潄涓 范秀容 沈 萍
246	高校体育教育探索与实践	武汉工业大学	陶景飚 林中勇 许 奋 黄明教 李文杰
247	加强一类课程建设 全面提高专业教学质量	武汉水利电力大学	刘景植 袁宏源 陈德亮 刘一亮 李继珊
248	《金属工艺学》教学综合改革	武汉水运工程学院	舒华岱 张远志 罗继相 王从军 但永红
249	流体传动及控制专业教学基地建设与研究	华中理工大学	许福玲 张铁华 冯天麟 吴守正 邹占江
250	机械类研究生专业基础课程设置与教材建设	华中理工大学	杨叔子 吴 雅 杜润生 杨克冲 师汉民
251	《理论力学》课程建设	武汉水利电力大学	李廷孝 汪厚礼 毛益麟 孙习方 边翠英
252	深化教学改革 培养机电复合型人才	华中理工大学	朱启述 胡乾斌 张福润 刘恩沧 邓星钟
253	现代教学实验基地的建设与运行	武汉工业大学	岳文海 潘素瑛 卓乐允 廖楚柯 杨淑珍
254	“产学合作 双向参与”教育模式的研究与实践	武汉工学院	诸葛镇 丁汉初 王培根 赵北平 江征风
255	坚持面向主战场 为农村培养人才	华中农业大学	李宏喜 杜幼臣 张应发 李 瑶 高 翔
256	农科应用型研究生培养模式的研究与实践	华中农业大学	孙济中 龚祖文 张端品 宗良炳 元生朝
257	充分发挥实验中心优势 培养口腔医学高层次人才	湖北医学院	樊明文 凌均启 魏国贤 刘宁慧
258	文科大学生社会实践教育探索	湖北大学	陈 波 王文卿 李之戌 吕志刚 简定玉
259	坚持创与改相结合 培养高质量的保险学专门人才	武汉大学	魏华林 邓大松 郑功成 胡炳志
260	主体性教学思想实践研究	华中师范大学	郭文安 扈中平 董泽芳 王坤庆 涂艳国
261	《物理化学》中化学平衡原理的教学内容、体系的研究	华中师范大学	万洪文
262	《无机化学》规范化建设与改革	襄阳师范专科学校	余荣泮 牛全州 刘华俊 陈显堂 杨绍先
263	为农村基础教育培养素质型初中师资——“二加一”智能模式研究与实验	荆州师范专科学校	关春明 白崇礼 吴美钧 彭开智 胡锦安

序号	项目名称	学　校	获奖者(集体主要成员)
264	在普通高校中普及艺术教育的研究与实践	华中理工大学	姚宗干　沈建军　朱中民　黄志良　蒋瑞华
湖南省(10项)			
265	从山乡实际出发　改革师专培养模式——建立适应基础教育和经济发展需要的教育新体系	零陵师范专科学校	周嗣海　罗尔康　黄裕民　唐朝阔　杜方智
266	实行综合改革　创建宽口径园艺专业教学新体系	湖南农学院	陈梦龙　张秋明　石雪晖　刘明月　李筑荪
267	《中国诗话史》与《诗话学》的研究生学位课程建设	湖南师范大学	蔡镇楚　胡　遂　赵晓岚
268	突出实践教学　面向经济建设　建设高等专科城市规划新专业	湖南城市建设专科学校	曹永卿　曹扬明　柳映全　汤放华
269	德育目标规范化的八年探索	湘潭矿业学院	周雄文　邓明权　黎大明　王媛清　谭长富
270	改革实验室建设和管理模式拓宽和强化实验室职能	衡阳医学院	余　麟　廖端芳　陈剑雄　罗其富　肖观莲
271	《中医诊断》实验教学	湖南中医学院	袁肇凯　程韵梅　占　芳　郑晓南
272	用系统性原理组织大学英语教学的研究与实践	中南工业大学	彭金定　程中文　张承平　杨昌英　卢大凯
273	面向当地经济建设和社会发展　改造高等师范专科学校地理专业教学体系	邵阳师范专科学校	廖荣华　涂权方　许春晓　唐本安　石大成
274	《伦理学》学科建设	湖南师范大学	唐凯麟
广东省(13项)			
275	《化工原理》课程建设与改革	华南理工大学	梅慈云　黄少烈　高桂田　钟　理　涂伟萍
276	量子力学基本原理的教学研究与实践	中山大学	关　洪
277	教学、科研、生产推广相结合　开拓教学新领域	华南农业大学	连兆煌　刘士哲
278	发挥社会实践教育功能　为培养合格人才服务	广东工学院	答朝心　张小安　赵述德　曾庆尚　王　克
279	立足学科前沿　培养多层次人才	中山大学	陈胜粦　林家有　邱　捷　乐　正　桑　兵
280	加强课程建设　创建一类课程	中山大学	梁必骐　冯志强

序号	项目名称	学校	获奖者(集体主要成员)
281	《基础物理》教学综合改革与课程建设	华南理工大学	温坤麟 曾德安 梁海生 叶英模 简趣玲
282	全面加强专业课程建设 努力提高教学科研水平	华南理工大学	陈嘉翔 卢谦和 余家鸾 詹怀宇 周庆乐
283	转变观念 勇于探索 努力使成人高等教育适应社会主义现代化建设的需要	华南理工大学	张刚能 吴满 余观月 李伟刚
284	新型《生理学》实验课教学模式的建立和探索	中山医科大学	王庭槐 詹澄扬 潘敬运 许实光 姚愈忠
285	正确发挥临床考试导向作用促进学生临床能力提高	中山医科大学	卢光启 邝沛荣 颜楚荣 李巧兰 刘晓荔
286	在师专开设《青春期教育》课程	广州师范专科学校	黄韶玲 陈宝端 钟洪枢 黄祖荫 李葆真
287	改革法律专业教育 培养涉外涉港法律人才	深圳大学	董立坤 李忠武 沈木珠 彭宝罗 徐觉非

广西壮族自治区(4项)

序号	项目名称	学校	获奖者(集体主要成员)
288	《机械制造工艺学》课程教学实验设计与更新改造	广西大学	华楚生 梁式 邓敏和
289	师范生物理实验教学技能培养的研究与实践	广西师范大学	罗星凯 肖化 莫家麟 张湘林 梁苏琪
290	管理—研究—创新 实现教学管理的科学化、现代化	广西师范大学	闫金童 黄刚 张金长 李光钦 贺祖斌
291	美术教学责任班制	广西艺术学院	邵伟尧 周楷 尤开民 谢森 龙家桓

四川省(26项)

序号	项目名称	学校	获奖者(集体主要成员)
292	立足国内 面向世界 培养跨世纪的高科技高层次人才	电子科技大学	刘盛纲
293	工科本科教育新模式的研究与实践	重庆大学	吴中福 吴言荪 黄丕钦 赵月望 王令莓
294	培养扎根农村科技人才的新模式	西南农业大学	刘鸿仁 马炜桢 任昌福 杨登年
295	适应现代化建设需要 开创《高层建筑防火》新课程	重庆建筑工程学院	章孝思
296	分子和晶体结构折纸模型教学法	成都科学技术大学	何福诚 李象远 刘华 刘其则
297	化学实验课综合改革的成功实践	华西医科大学	郑虎 尤庆祥 吕太平 尹光华 翁玲玲

序号	项目名称	学　校	获奖者(集体主要成员)
298	教学质量测控系统及学生能力培养管理机制研究与实践	电子科技大学	赵善中　兰家隆　陆德全　夏可恒　杨华银
299	高基点、高标准地培养德才兼备的优秀科技人才	四川大学	刘应明
300	硕士生学位课程的教学改革	西南师范大学	吕　进
301	开创《理论力学》形象演示教学系统	重庆大学	敖尔真
302	《民间工艺美术》课的教学实践	四川美术学院	钟茂兰
303	坚持养成教育　增强思想政治教育课的实效性	绵阳师范专科学校	袁应柏　陈历纯　宋建碧
304	紧密跟踪世界信息高科技的发展　开创研究生课程建设新方向	西南交通大学	靳　蕃
305	农科科技企业型教学实习基地建设	绵阳农业专科学校	罗学刚　简乃军　段　宁　岳含云　马国佐
306	在改革和创新中加强《高等数学》课程建设	电子科技大学	谢云荪　许家怡　成孝予　杨光明　彭年斌
307	锐意改革　再创特色　全面提高《化工原理》课程质量	成都科学技术大学	马克承　梁玉祥　傅运清　陈明凤　赵秀奇
308	在《高等数学》教学方法的改革与教学艺术的追求中倾心育人	西南交通大学	杨　元
309	全面提高师范大学生职业素质的探索与实践	西南师范大学	何向东　蒋　伟　杨如安　侯联勇
310	结合多山市情　办出城市规划专业特色	重庆建筑工程学院	黄光宇　黄天其　熊德生　胡　纹　周亚丽
311	《民事诉讼法》课程建设的模式设计与运作机制	西南政法学院	谭　兵　陈　彬　杨建成　杨茂桃　李祖军
312	课程评价的系列研究和实践	重庆医科大学	周雅德　颜家珍　李志荣　罗　萍　杨　力
313	系列教材、实验室和“三结合”实践基地的建设	成都理工学院	张倬元　孔德坊　王士天　王兰生　黄润秋
314	建设产、教、研基地　培养高质量人才	成都科学技术大学	刘洪谛　王照临　张铭让　蒋维祺　李国英
315	参加改革开放实践　培育开拓应用型经济管理人才	西南财经大学	赵国良
316	培养工程型硕士研究生的探索与实践	重庆大学	任　震　张素荷　张普群　吴志伦　周殿书
317	改革高师《现代汉语》教学强化学生的教师职业技能	四川师范大学	王均裕　王宗联　周永惠　邓英树　李　莹

序号	项目名称	学　　校	获奖者(集体主要成员)
贵州省(2项)			
318	坚持招生分配制度改革　为发展贵州农业经济培养人才	贵州农学院	陈通茂　侯兴灵　杨履端　王　伟　潘盛文
319	“发现式教学法”在《生理学》教学中的应用研究	贵阳中医学院	许　红　刘启浩
云南省(3项)			
320	发挥群体优势　致力教材建设	昆明工学院	张达宋　李行一　于永香　张侠辅　周凌云
321	《数学分析》课程建设	云南大学	汪　林　陈　彪　陈明琴　杨富春　郑喜印
322	《数学分析》一类课程建设	云南师范大学	王文再　董义琳
西藏自治区(1项)			
323	《藏族歌曲作法》教学建设	西藏大学	马阿鲁
陕西省(16项)			
324	CVCC网络计算机辅助教学系统	西北工业大学	白中英　张钧澄　杨志义　黄传清　高宏宾
325	立足国内　培养高水平博士研究生的途径	西北工业大学	傅恒志　周尧和　尚宝禄　张延威　史正兴
326	最优化学科建设与人才培养的成果和经验	西安电子科技大学	陈开周　刘三阳
327	教学管理信息的收集、分析与利用	西安交通大学	李能贵　严子敏　高春娟　张　萍　梁亦欣
328	高等学校图书馆评估理论研究与实践	西北工业大学	叶文礼　石　方
329	《机械零件》直观教学基地建设	西安交通大学	芈振南　郭帮兴　李质芳　赵稳年　蔡书平
330	研究生教育管理的改革与实践	西北工业大学	叶天麒　朱丹墀　徐忠勤　严鑫源　姜广伦
331	电子机械学科建设	西安电子科技大学	叶尚辉　吴凤高　杨　俊　谢仕聘　赵惇殳
332	社区定向医学教育模式的建立和实践	西安医科大学	任惠民等
333	团结奉献　锐意改革　扎扎实实提高大学英语教学质量	西安电子科技大学	李仕锦　杨　跃　张化勇　秦荻辉　刘国恒
334	开展中外联合办学　促进研究生教育发展	西安交通大学	汪应洛　李怀祖　杨金丽

序号	项目名称	学校	获奖者(集体主要成员)
335	增强设计能力的培养 全面提高教学质量——《机械原理》课程改革和建设	西安交通大学	曹龙华 姜 琪 陈奉献
336	对外汉语教学的理论和实践的探索	西安公路学院	褚福章
337	《电子线路》系列课程建设及教学改革	西安电子科技大学	孙肖子 杜武林 刘笃仁 傅丰林 杨颂华
338	《奥林匹克数学》学科建设	陕西师范大学	罗增儒 李元中 李三平 魏暹荪 文 锐
339	贴近实际 讲求实效——全力提高《中国社会主义》课程教学质量	西安交通大学	卢烈英 冯世新 张文科 李国平 陆三育
340	《电路电磁场》课程的改革与建设	西安交通大学	江慰德 钱秀英 刘崇新 周佩白 江家麟

甘肃省(4项)

序号	项目名称	学校	获奖者(集体主要成员)
341	《敦煌中医药馆》、《中药标本馆》、《中国医史博物馆》的建设	甘肃中医学院	黄祝岭 王道中 王道坤 吴正中 丛春雨
342	高等师范院校公共体育教学模式的研究与实践	西北师范大学	陈文勇等
343	提高基础理论课教学质量的研究与实践	兰州大学	汪映海 江先国 赵书诚 杨孔庆 钱伯初
344	高等理科教育改革的研究及实践	兰州大学	李发伸 杨 峻 李宗植 张天俊 焦兴旺

青海省(1项)

序号	项目名称	学校	获奖者(集体主要成员)
345	普通高校民族班藏汉双语教学的探索	青海师范大学	李延福 吴永财 张国喜 果毛吉

宁夏回族自治区(2项)

序号	项目名称	学校	获奖者(集体主要成员)
346	改革古汉语类课程的教学注重能力培养	宁夏大学	张 博
347	建立"三结合"基地深化教学改革	宁夏农学院	陈素生 罗汉才 赵振祥 赵力群 王彦才

新疆维吾尔自治区(5项)

序号	项目名称	学校	获奖者(集体主要成员)
348	农业机械化专业实践教学与基地建设	石河子农学院	王婉珠 廖贤昌 吴进河 张新昌 孙曾八
349	《森林昆虫学》课程教学改革	新疆八一农学院	施登明

序号	项目名称	学　　校	获奖者(集体主要成员)
350	优化教师队伍　改进教学管理　推动教学改革	新疆大学	伊不拉音·哈力克　张华孝　田存福　张燕君　孙彦锋
351	创办辅修体育教育专业的教学改革	新疆师范大学	高希周
352	教学结合新疆实际既能培养人才又能出成果	新疆工学院	傅泽周

解放军(16 项)

序号	项目名称	学　　校	获奖者(集体主要成员)
353	“全方位多途径长周期”教书育人的思想和方法	南京炮兵学院	刘怡昕
354	军队院校对大学生军政训练的实践	石家庄陆军学院	向　旭　王　琪　赵孟起　李辉光　刘宏勋
355	在原战场进行战役战例教学	国防大学	史述中　常玉锁　滕喜道　王　军　张胜祝
356	开辟管理学科新领域　深化管理专业教育	军械工程学院	李习彬　龚传信　韩京才　郑怀洲　张森林
357	“三维一体”的教书育人模式	装甲兵工程学院	满开宏
358	面向世界　从实战需要出发强化毒剂分析专业建设	防化指挥工程学院	马远骏　钟玉征　曲刚莲　顾惠芬　孟昭阳
359	军事外交专业教学新体系建设	中国人民解放军国际关系学院	杨松河　冯烈荪　孙海龙　杜农一　刘　强
360	建立体现电子对抗特色的军事运筹教学体系	电子工程学院	邵国培　陈顺福　方瑞文
361	延安革命传统教学	西安政治学院	张俊波　王禄林　张远葆　敖海波　焦连三
362	首创军事仓储学科	原后勤学院	王宗喜　肖承茂　赵宝堂　杨国光　朱舒克
363	《现代管流瞬变分析与控制》课程创建	后勤工程学院	蒲家宁　傅学岐　李育波
364	创立和优化军队审计学科体系　培养合格的军队审计人才	军事经济学院	肖文八　曲阜来　董大宏　董继和　于健球
365	耳鼻咽喉科高层次人才培养模式的探讨与实践	原军医进修学院	姜泗长　顾　瑞　杨伟炎　方跃云　张素珍
366	海军战役战术指挥计算机模拟训练	海军指挥学院	汤庆森　马荣有　赵雪林　龙建国　周志平
367	军队高等工程专科教育特色理论研究与应用实践	空军第二航空学院	乔　军　张铁民　秦淮宗
368	飞行器控制、制导与仿真学科建设	第二炮兵工程学院	邓方林　冷绍绍　许化龙　原　清　缪　栋

荣誉奖　共 1 项

天津市 1 项

首创开放型高层次数学人才培养基地	南开大学数学所	陈省身　胡国定

[计算机辅助教学优秀软件评奖和协作]

1993 年 6 月 30 日国家教委高等教育司下发了《关于开展第一届全国普通高等学校优秀计算机辅助教学(CAI)软件评选奖励的通知》,规定了评奖的范围,制定了评奖的标准,确定了评奖总数和奖励金额(一等奖 5 个,奖金 2000 元;二等奖 10 个,奖金 1000 元,三等奖 20 个,奖金 500 元)。各高等学校申报的软件共 217 个。其中,文科 11 个,理科 31 个,工科 159 个,农科 7 个,医科 9 个,包含有课件、试题库、管理软件等。国家教委高等教育司于 11 月份按科类进行了初评。12 月 10 日至 12 日高等教育司组织专家评审委员会对各科类初评的软件进行复评,共评出一等奖 5 项、二等奖 10 项、三等奖 20 项、优秀软件 33 项,其中,北京大学等研制的"理论力学课件"、清华大学研制的"钢筋混凝土梁柱计算机仿真模拟教学实验系统"、复旦大学研制的"分子图形软件 MOL4D"、浙江大学研制的"计算机程序设计基础辅导教学系统"和西安交通大学研制的"FORTRAN 语言辅导教师"等获得一等奖;北京大学研制的"高等化学试题库"、北京大学研制的"CAI 课件开发系统"、北京语言学院研制的"电脑速成对外汉语教学系统"、石油大学(北京)研制的"石油大学(北京)学生管理综合信息系统"、北京信息工程学院研制的"高等数学图形系统"、北京电力专科学校研制的"模拟电子计数教学动画"、天津大学研制的"CACAS 通用课件写作系统"、大连舰艇学院研制的"高等数学 CAI"、郑州轻工业学院研制的"大学物理波动光学 CAI 课件系统"、武汉大学研制的"电路、信号与系统计算机辅助教学系统"等获得二等奖。国家教委高等教育司已于 1994 年发文公布了评奖结果。

随着科学技术的进步和教学改革的深化,高等学校计算机辅助教学软件(CAI)的研制、使用正在迅速发展,并在提高教学质量和效益方面已见成效。为了使各学科平衡发展,进一步提高软件的水平和质量,在评奖的基础上,由国家教委高等教育司领导,组织了高等学校工科 CAI 协作组,并于 1993 年 12 月成立。协作组的宗旨主要是:在国家教委高等教育司的指导下,开展高等学校 CAI 研制和推广使用等方面工作的合作、统筹规划,为加速研制和建设过程和为提高教学质量做出贡献。协作组的主要任务是:研究国内外CAI 的情况,为我国高等学校 CAI 建设工作提供咨询;制定 CAI 建设规划,进行必要的协调工作;组织学术、技术交流和合作;大力推广 CAI 使用;多渠道筹集经费,用于 CAI 的研制和开发;受国家教委高等教育司的委托,组织对 CAI 成果的鉴定,评优和推广。

撰稿　宋　钢
审稿　周远清

委属高校发展与改革

[委属高校工作咨询委员会咨询活动]
1993年,国家教委直属高校工作咨询委员会(以下简称咨询委员会)围绕贯彻落实《中国教育改革和发展纲要》(以下简称《纲要》),加快委属高校改革与发展步伐方面开展咨询活动。

1993年7月,咨询委员会邀请北京大学、清华大学、复旦大学等12校的咨询委员在长春就委直属高校改革和发展中共同关心的问题进行了研讨,委员们交流了各校学习、贯彻《纲要》及学校改革工作的进展情况,对委直属高校办学体制改革、招生和收费制度改革、"211二程"建设、拨款制度改革等问题进行了咨询,并和与会的国家教委有关司局负责人交换了意见。国家教委副主任张孝文、专职委员陶遵谦到会听取了委员们的咨询意见并讲话。

应广州市人民政府的邀请,咨询委员会第四次全体会议于1993年10月10日至16日在广州番禺召开。中共中央政治局委员、国务院副总理李岚清出席会议并讲话,指出:当前,教育工作的首要任务是学习、宣传和贯彻、落实《纲要》,要进一步深化教育改革。李岚清还就当前面临的教育投入、教师待遇、教师住房三个问题及学校德育工作发表了重要意见。国家教委主任朱开轩,副主任张孝文、韦钰、张天保,专职委员郝克明、陶遵谦出席了会议。

会议期间,与会的国家教委直属高校咨询委员和校长分析、研究了当前委直属高校所面临的形势及学校教育、教学工作现状,交流了学校在贯彻《纲要》,改革办学体制和招生、收费制度,深化教育教学改革,努力提高办学整体水平等方面的思路和举措,咨询讨论了国家教委提出的《国家教委直属高校贯彻〈纲要〉,加快九十年代教育改革和发展步伐的实施意见》、《国家教委直属高校试行基金制的方案》、《国家教委直属高校申请"211工程"的预审条件》等三个文件。这次会议以《纲要》为指导,总结了近年来委直属高校深化改革的经验,明确了国家教委直属高校九十年代事业发展的目标、任务和进一步深化改革的思路,对加快委直属高校的改革和发展,起到了积极作用。

撰稿 马 涛
审稿 陈小娅

[部分委属高校改革办学和管理体制]
为贯彻落实《中国教育改革和发展纲要》的有关精神,改变在原来高度集中的计划经济体制下形成的委属高校单一由中央政府投资和管理的体制,逐步建立以中央政府直接管理为主、地方政府及社会各界参与办学的新格局,使学校更好地成为区域经济建设和社会发展的依靠力量。1993年,广东、山东、四川等地的部分委属高校积极争取所在地方人民政府及社会各界对学校办学的支持,在改革办学和管理体制方面进行了探索,初步走出了国家教委与地方政府联合办学、共同建设

好一批委直属高校的新路子。

经国家教委和广东省政府反复磋商，在调查研究的基础上，1993 年 3 月，国家教委和广东省政府联合发出《关于国家教委和广东省政府共同建设中山大学和华南理工大学的通知》，决定由双方共同建设中山大学和华南理工大学，使两校更好地为广东省 20 年基本实现现代化服务。共建后，两校的隶属关系不变，仍为国家教委直属高校，除国家拨款渠道不变外，广东省在基建投资及地方政府出台的政策上对两校给予支持或补助；两校则在专业设置、招生、毕业生就业和科研等方面优先满足广东省经济建设和社会发展的需要。

在对广东两校实行“共建”的基础上，1993 年 6 月，国家教委又与山东省政府协商，提出由国家教委与山东省共同建设山东大学和青岛海洋大学，对两校实行双重领导、联合办学的体制，两校既是国家教委直属高校，也是山东省属重点高校。除国家投入外，山东省每年对两校的办学亦给予一定的投入，并进一步加强对两校的领导；两校在专业设置、招生、毕业生就业、科学研究等方面优先满足山东省经济建设和社会发展的需要，为山东省培养更多的高质量专门人才，并在“科技兴鲁”及在建设“海上山东”和开发“黄河三角洲”两个跨世纪工程中为山东省多做贡献。此项工作在年内已达成基本意向。

1993 年 3 月，国家教委直属的四川大学、成都科技大学为增强办学的综合实力，提高办学效益，实现优势互补，更好地为四川地区的经济建设和社会发展服务，提出两校合并的方案。国家教委经商四川省政府，批复同意两校合并，校名定为“四川联合大学”，并决定两校合并后，实行国家教委与四川省政府共同建设、双重领导、以国家教委为主的办学体制，四川省在 2000 年以前将对学校给予经费和政策上的支持，以推动学校的改革和发展。与此同时，国家教委直属的重庆大学在多年来与大中型企业进行“产、学、研”合作的基础上，在办学体制改革方面取得了新的进展，他们积极争取地方政府和企业（集团）参与办学，得到了重庆市政府及 10 余个企业集团的支持，并着手成立有四川省政府、重庆市政府和 16 个大中型企业集团参加的校董会，国家教委充分肯定了他们的做法，并确定其为国家教委办学体制改革试点高校。

为进一步推进委属高校办学体制改革，经国家教委与广东省政府磋商，在中山大学和华南理工大学“共建”模式上，进一步提出了对国家教委所属的广州外国语学院实行以地方管理为主的办学体制改革，于 1993 年 11 月联合发出《关于广州外国语学院试行教育管理体制改革的意见》，决定把广州外国语学院作为高等教育管理体制改革的试点，对广州外国语学院实行双重领导、联合办学的管理体制，学校隶属关系不变，仍为国家教委直属高校，广东省政府把广州外国语学院作为省属高校对待，学校在专业设置、学科建设以及校内管理体制改革等方面工作以广东省为主；广州外国语学院事业发展的主要任务，是为广东省教育、科技、经济建设发展培养人才，更好地为广东省经济建设和社会发展服务。

上述国家教委直属高校在办学和管理体制改革方面的实践，对进一步调动地方政府及社会各界参与办学和管理的积极性，拓宽办学经费渠道，发挥市场在调节人才供求关系和激发学校办学活力等方面的积极作用，建立面向社会自主办学的新体制，增强学校主动适应社会需要的能力，都具有积极意义。

撰稿　马　涛
审稿　陈小娅

[委属高校 15 名专家增选为中科院学部委员] 根据中国科学院 1992 年《关于推荐和初选中国科学院学部委员候选人的通知》精神，国家教委于 1993 年 3 月下旬至 4 月中旬，邀请委属高校 96 位学部委员先后按化学、技术科学、生物、地学、数学物理六个组对委直属高校推荐的学部委员候选人进行了初选评议工作，经委主任办公会研究决定，向中国科学院正式推荐 60 名候选人。经学部大会选举通过，委直属高校 1993 年有 15 人当选为中国科学院学部委员，他们是：北京大学陈佳洱、石青云、南京大学郭令智、南开大学严志达、山东大学邓从豪、厦门大学黄本立、中山大学林尚安、青岛海洋大学文圣常、清华大学王大中、天津大学周恒、东南大学齐康、大连理工大学钟万勰、华东理工大学胡英、北京师范大学孙儒泳、东北师范大学郝水。

经过此次增选，国家教委直属高校学部委员总数已达 142 人，占中科院学部委员总数的 24.1%，占全国高校学部委员总数的 67.6%。

撰稿　李彦忠
审稿　陈小娅

[东南大学和上海外国语学院进行招生收费及奖贷学金制度改革] 为落实《纲要》提出的“改革学生上大学由国家包下来的做法，逐步实行收费制”的精神，国家教委于 1993 年在委属东南大学和上海外国语学院首先进行了招生收费及奖贷学金制度的改革探索。

两校试行的这项改革，逐步改变了过去在招生计划、招生录取以及招生收费标准上划分“公费生”和“自费生”的“双轨”运行的办法和机制，对 1993 年招收的新生全部实行收费上学，同时实行较高比例的奖学金制度，并辅以贷学金、勤工助学、临时困难补助，以及教育教学等各个方面的配套改革。

东南大学的主要做法是，从 1993 学年起新生全部实行收费，收费标准为每学年培养费 2500 元、杂费 500 元，依据学生的高考成绩分成 A、B、C 三种类别，A、B 两类学生可分别获得综合一、二等奖学金。以后每年通过综合考评重新排定类别。A 类学生，约占当年学生数的 10%，所获综合一等奖学金，相当于免收其培养费和杂费，并奖励 1000 元/人·年；B 类学生，约占 65%，所获综合二等奖学金，相当于免收其培养费；C 类学生，约占 25%，需要培养费、杂费。除 A、B 类学生可获得综合奖学金之外，全体学生还均有机会获得单项奖学金和专项奖学金。另外，学校每年拨出 70—80 万元作为贷学金、勤工助学基金等，并在校内机关、后勤、公司企业等设立若干勤工助学岗位，帮助家庭经济困难的学生通过劳动取得报酬和资助，使其能够完成学业。在教育教学改革上采取增大学生学习自主权，如实行灵活的学分制，放宽学习年限以及允许转系和转专业等措施，充分调动学生学习积极性。

上海外国语学院的具体做法是，从 1993 年起新生全部收费，收费标准为每学年学费 2400 元，学杂费 600 元，同时依据学生高考成绩设立四等奖学金：全额奖学金，约占新生总数 10%的学生可获得奖学金 2400 元/人·年；3/4 额奖学金，约占 12%的学生可获得奖学金 1800 元/人·年；半额奖学金，约占 26%的学生可获得奖学金 1200 元/人·年；1/4 额奖学金，约占 32%的学生可获得奖学金 600 元/人·年。自学生进入二年级起，学校设综合奖学金等级为超全额、全额、半额、1/4 额(分别为少量、15%、35%、30%)，获奖比例为学生总数的 80%，依据学生的德智体综合表现进行评定；部分专业还同时设立各种单项奖学金。学校对家庭经济困难的学生提供贷学金，其最高金额为每学年2400元（第一年为无息贷款，第二年起为低息贷款）；同时还尽可能创造条件，对经济困难的学生实行勤工助学，以帮助其完成学业。

两校的改革，得到了社会和广大学生及家长的理解和支持，进展顺利，达到了预期目标和成效。两校1993年招收新生的生源和质量普遍好于往年，正进一步加强和完善与之相适应的各项工作。

撰稿　董长侠
审稿　温　纯

［**调整北京大学、复旦大学新生军政训练**］　自1989年和1990年开始，北京大学和复旦大学新生分别到石家庄、信阳、大连、南昌4所陆军学院试行为期一年的军政训练。四年来，4所军校精心组织了北京大学、复旦大学的10216名（其中北京大学5858名，复旦大学4358名）新生的军政训练。

随着我国改革开放和经济建设进入新的发展阶段，高等教育的发展和改革也加快了步伐。北京大学、复旦大学两校的领导经过认真研究，于1993年2月26日向国家教委报送了《关于调整北京大学、复旦大学两校新生军政训练的请示》，建议将两校新生为期一年的军政训练调整为同其他重点高校相类似的军训；对正在4所军校的1992级学生仍善始善终地完成一年军政训练；希望4所军校继续作为两校新生一般军训的基地。国家教委经研究，于3月11日向国务院报送了《转报北京大学、复旦大学关于调整新生军政训练的请示》。

遵照李鹏总理的批示，3月26日国务委员李铁映主持会议，研究调整北京大学、复旦大学新生军政训练的有关问题。会议提出以下意见：(1)原则同意国家教委关于调整北京大学、复旦大学新生军政训练的请示，将两校新生为期一年的军训调整为同其他重点高等学校相同的军训。(2)现在正在4所军校进行军训的1992级学生，仍按原计划完成一年的军政训练。(3)北京大学、复旦大学参加一年军训的优秀毕业生可根据需要直接到省级以上党政机关工作；参加一年军训视同参加一年社会实践或下放锻炼；两校参加一年军训的学生毕业后，在职务晋升、专业技术资格的取得、住房分配等方面，凡将参加工作时间或工龄作为一个条件时，其参加工作时间可按从实际参加工作的时间向前推移一年（即参加军训的一年计算工龄）对待。(4)由于军训时间的调整，两个学校的在校学生人数增多，为解决办学条件的困难，请财政部根据实际需要一次拨给两校用于校舍维修和设备购置的专项补助经费，并按增加在校学生数相应增拨事业费。(5)保留石家庄、信阳、南昌、大连四所陆军学院作为重点高等学校大学生重点军训基地的问题，由国家教委与解放军总参谋部研究，提出具体方案报国务院、中央军委审定。会后，国务院办公厅于4月15日印发了《关于研究调整北京大学、复旦大学新生军政训练问题的会议纪要》。

为了研究落实《会议纪要》精神，4月28日至30日，解放军总参谋部和国家教委在京联合召开了研究调整北京大学、复旦大学新生军政训练的工作座谈会。会议对北京大学、复旦大学调整后的军训方式及4所陆军学院继续作为高等学校的军训基地，以及在总结北京大学、复旦大学新生军政训练经验的基础上，继续探索军地院校联合培养又红又专的社会主义建设者和接班人等问题进行了认真研究，提出了初步方案，并于9月13日向国务院、中央军委报送了《关于贯彻落实3月26日国务院办公会议纪要精神的报告》。

1993年7月8日至12日，石家庄、济南(信阳)、大连、南昌4所陆军学院相继隆重举行北京大学、复旦大学1992级学生军政训练结业典礼。国家教委主任朱开轩、专职委员林炎志出席了石家庄陆军学院的结业典礼。国家教委副主任张孝文、韦钰、张天保分别出席了大连、济南、南昌陆军学院的结业典礼活动。国家教委还对4所陆军学院在承担北京大学、复旦大学1992级新生军政训练工作中成绩突出的各10名工作人员进行了表彰。解放军总参谋长助理吴铨叙少将出席了石家庄陆军学院的结业典礼。根据北京大学、复旦大学新生军政训练调整后的安排，复旦大学1993级新生开学时分别到大连、南昌陆军学院进行了为期5周的军训。

撰稿　石耀初

审稿　温　纯

[委属高校校园、学生学习和生活环境检查评估]　1993年5月及9—11月，国家教委根据学校申请，继续组织检查组分别对山东大学、东北师范大学、北京外国语学院和武汉大学的校园环境、学生学习和生活环境进行检查评估。其中北京外国语学院由国家教委和北京市高教局共同进行联合检查。国家教委对4校抓校园、学生学习和生活环境建设所取得的成绩给予了表彰和奖励，4校均获得了国家教委1993年度直属高校校园、学生学习和生活环境优秀奖，并分别获得30—40万元奖励经费，用于改善办学条件。北京外国语学院还获得了北京市“文明校园”称号。

1993年度各校对校园环境、学生学习和生活环境建设在深度和广度上较前两年均有不同程度的提高。山东大学等4所学校在抓校园、学生学习和生活环境建设中取得的成效有以下特点：(1)不断提高认识，全方位、多层次深入开展。各校领导高度重视，党政一把手亲自抓，层层动员，提高认识，加强领导，精心组织，使校园环境建设向全方位、多层次发展。获得了物质文明和精神文明的双丰收。(2)淡化受检，重在建设。学校将校园环境建设作为学校端正办学指导思想，加强校风、学风建设，提高教育质量，进军“211工程”的基础性工作；把有关检查评估指标体系做为规范学校各项工作的基本要求，在综合治理的基础上加强建设和管理；把申请接受国家教委检查作为自觉建设和提高管理水平的动力和契机，发动师生员工广泛参与。各校通过群众性的参与建设和管理，大大增强广大师生员工的主人翁责任感和历史使命感，进一步增强了凝聚力和向心力。还促进了学校领导成员深入实际、团结协作，提高了领导水平和学校的整体管理水平。(3)抓校园环境建设要重点抓软件建设和学生的参与，将校园环境建设与“校园文明建设”、“校园综合治理”等活动有机地结合起来，充分调动和发挥广大学生的主人翁精神、集体主义精神和劳动积极性，寓教育于环境建设和管理的全过程，使思想政治教育、德育工作、精神文明建设落在了实处，收到了很好的效果。为学校培养社会主义“四有”新人创造了有利的软环境。

至1993年底，国家教委直属36所高校中已有华中理工大学等13所高校申请和接受了校园、学生学习和生活环境检查评估，并全部获得优秀奖。三年来，北京市、四川省、湖北省、吉林省高教主管部门已分别在国家教委有关直属高校召开现场会，推动地方高校开展这一活动，并取得了可喜的成果。1993年11月，国家教委在武汉大学召开会议，对三年来的直属高校校园环境建设和检查评估工作进行了总结，充分肯定了直属高校校园环境建设取得的显著成绩和检查评估工作的积极影响，并就新形势下如何进一步开展这项工作进行了研讨。

撰稿　张爱龙
审稿　温　纯

高校思想政治教育

［**第四次全国高校党建工作会**］　1993年7月26日至30日，中共中央组织部、中共中央宣传部和中共国家教委党组联合在北京召开第四次全国高等学校党的建设工作会议。全国108所普通高等学校和军校的代表以及各省、自治区、直辖市主管教育的有关党政领导参加了大会。这次会议的主要任务是：以邓小平同志建设有中国特色社会主义的理论和党的基本路线为指导，贯彻党的十四大精神和《中国教育改革和发展纲要》；总结交流前三次高校党建工作会议以来的经验，表彰一批在党建和思想政治工作中做出显著成绩的高校；研究新形势下如何进一步加强和改进高校党建和思想政治工作等问题。会议期间，中共中央总书记江泽民在人民大会堂会见了参加会议的代表并发表了讲话。会见结束后，中共中央政治局委员、国务院副总理李岚清与部分参加会议的代表进行了座谈并作了讲话。

国家教委党组书记、主任朱开轩向大会作了题为《从严治党，深化改革，落实〈纲要〉》的报告。会上宣读了中央组织部、中央宣传部和国家教委对清华大学等35所在党建和思想政治工作方面取得突出成绩的高校予以表彰的决定，同时还表彰了几年来在承担有关高校新生军政训练任务中取得成绩，做出贡献的石家庄陆军学院、济南（原信阳）陆军学院、大连陆军学院和南昌陆军学院4所军事院校。大会还邀请了钱其琛副总理和国家体改委副主任王仕元分别作了报告。中共中央组织部部长吕枫作了会议总结报告。

会后，中央组织部、中央宣传部、国家教委党组联合印发了李岚清和吕枫、朱开轩在会议上的讲话和《关于新形势下加强和改进高等学校党的建设和思想政治工作的若干意见》等文件。

［**思想政治教育课程改革**］　根据1993年全国高校党的建设工作会议精神和高校思想政治教育课程教学改革与建设研讨会意见，国家教委对思想政治教育课程设置进行了调整。将原设的《大学生思想修养》和《人生哲理》合并为《思想道德修养》，并由思想政治工作司组织编写了教材。1993年9月，国家教委又提出“两课”（马克思主义理论课和思想政治教育课）改革试点的意见。按照“试点单位应影响面大、示范效应强”、“两课”教学力量强且有改革意识以及试点单位领导重视和关心“两课”建设的原则，确定清华大学、南开大学、中山大学、东北师范大学为国家教委“两课”改革试点单位。

［**印发思想政治教育专业办学《意见》**］　1993年2月，国家教委思想政治工作司在福建师范大学召开高等学校思想政治教育专业工作会议，总结交流高等学校思想政治教育

专业办学的成绩和主要经验，研究解决办学中存在的问题。全国近60所设置思想政治教育专业的高校的有关系主任到会，国家教委副主任滕藤到会并讲话。10月8日，国家教委发出《关于高等学校思想政治教育专业办学的意见》，就思想政治教育专业培养目标、招生就业、教学改革与要求、教师队伍建设与科研、学生思想政治素质的培养和学生管理等提出了具体意见。文件下达后，有关高校正在贯彻执行。

［**高校学生社会实践活动**］ 1993年5月，中共中央宣传部、国家教委、共青团中央联合发出的《关于1993年暑期高等学校学生社会实践活动的意见》指出：1993年暑期社会实践活动要以抓住机遇、奋发成才为主题，在内容上要把受教育与长才干、作贡献有机地结合起来。各高校要根据地方经济建设和社会发展的实际需要有针对性地安排活动内容，特别要引导学生把目光更多地转向“老、少、边、穷”地区，把学生社会实践活动与促进落后地区的发展结合起来。各地、各高校可以从实际出发，有计划地组织一些家庭经济条件较差的学生开展勤工助学活动，同时，继续开展社会调查、挂职锻炼等形式多样的社会实践活动。

按照《意见》精神，各地各高校认认真真开展了暑期社会实践活动，并涌现出一大批先进典型。年终，中宣部、国家教委、共青团中央评出1993年暑期高等学校学生社会实践活动先进集体和颁发组织工作奖，上海市等22个省市被评为“社会实践活动组织工作奖”，北京大学等293个单位被评为“社会实践活动先进单位”。1994年2月，中宣部、国家教委、共青团中央已联合发出表彰决定，对评出的先进省市和学校授予先进称号。

［**新增6个思想政治教育专业硕士学位授予点**］ 1993年9月，经国务院学位委员会学科评议组通过，并经国务院学位委员会批准，福建师范大学、合肥工业大学、哈尔滨工业大学、哈尔滨船舶工程学院、江西师范大学、河海大学等6所学校为思想政治教育专业硕士学位授予点，至此，已有23所高等学校具有思想政治教育专业硕士学位授予权。

［**表彰党建和思想政治工作先进高校**］ 1993年7月20日，中共中央组织部、中共中央宣传部、国家教育委员会联合作出决定，表彰33所党的建设和思想政治工作先进普通高等学校。名单如下：

清华大学	厦门大学
首都师范大学	郑州大学
天津大学	华中理工大学
内蒙古农牧学院	武汉工业大学
河北农业大学	中南工业大学
山西大学	华南理工大学
哈尔滨工业大学	广西民族学院
吉林工学院	四川大学
沈阳电力高等专科学校	四川农业大学
辽宁师范大学	云南大学
上海工业大学	西北工业大学
石油大学(华东)	西北师范大学
安徽大学	石河子农学院
南京大学	空军雷达学院
苏州大学	解放军测绘学院
浙江大学	解放军农牧大学
江西中医学院	

［**表彰三好学生、优秀学生干部和先进班集体**］ 1993年10月25日至27日，国家教委、共青团中央在北京召开全国大、中学校三好学生、优秀学生干部和先进班集体表彰座谈会。表彰771名(个)先进个人和集体。出

席座谈会有全国三好学生标兵12名，优秀学生干部标兵5名，先进班集体标兵11个。

中共中央政治局委员、国务院副总理李岚清接见了与会代表并座谈。指出：培养大批人才，是我们搞好改革开放，发展社会主义市场经济的关键所在。一个国家要繁荣昌盛，要跻身于世界强国之林，就必须致力于提高国民的科技文化和思想道德素质。青年学生要想在建设现代化国家的进程中有所作为，一定要用正确的思想和现代科学文化知识武装自己。实践证明德、智、体全面发展的目标，符合教育的基本规律，符合社会对人才的实际需要。要坚持不懈地把创“三好”活动开展下去。希望广大学生发奋学习，全面发展，肩负起创造祖国更为光辉灿烂未来的历史使命。

国家教委主任朱开轩、共青团中央第一书记李克强出席了表彰会并讲话。

[**高校师生思想政治状况滚动调查**]　1992年3月10日，国家教委统一部署组织京、津、沪、鄂、粤、陕6省市教育部门开展高校师生思想政治状况滚动调查。调查采取问卷调查与座谈访谈相结合的方式进行，问卷调查与座谈访谈比例为10:1。参加问卷调查的学生14500人，教师8500人，座谈访谈学生1500人次，教师900人次。

国家教委以1992年起连续5年不间断地开展此项工作，追踪了解和掌握改革开放和发展社会主义市场经济条件下，高等学校教师和学生思想政治状况的发展变化情况及其一般规律，为分析研究一段时期内高校师生的主要思想政治倾向提供依据，以改进和加强高校思想政治工作。1993年3月，此项调查在上述6省市继续进行，参加问卷调查的学生12800人，教师7300人，座谈访谈学生1800人次。

撰稿　李功毅　陈　昆　王雪涛
　　　李大光　李　斌　靳　诺
审稿　张晋峰

普通高校招生与毕业生分配

[**招生基本情况**]　1993年，全国共有286万名考生报考各类普通高等学校，其中有97.57万人被录取，(包括电大普通专科班和军事院校)，录取率达到34.12%，比1992年增长7.6%，升学矛盾有所缓解。在所录取的新生中，保送生1.6万人，少数民族占6%，地区级以上“三好”学生和优秀学生干部占3%。1993年招生中，调节性计划(包括委托培养和自费)比例增长幅度较大，共录取学生37万多人。

撰稿　范卫宏
审稿　赵亮宏

[**招生管理与改革**]　1993年，国家教委对招生工作总的指导思想是：严格执行国家招生政策，维护国家招生计划的严肃性。国家教委在1993年招生工作《通知》中再次规定，

省级招生办公室接收中央部门和地方高等学校招生计划的截止时间为4月30日。录取期间国家教委又发了特急电报，要求各地按考生填报志愿时公布的招生计划进行录取，5月1日以后接收的计划须经国家教委审核批准后方可招生，否则所招学生不能取得学籍。绝大多数地方很好地贯彻了这一精神，1993年的计划执行和招生管理情况有了明显好转。为防止招生录取走后门等不正之风的干扰，各省(自治区、直辖市)招生办公室在工作中采取了许多制约措施。在招生计划形式多样、录取程序复杂的情况下，对自费生、委培生的降分幅度，多数省市能严格按国家的政策规定执行，宁缺毋滥，保证考生的公平竞争和高等学校录取新生的公正。在录取工作的管理上，地方招生部门着重加强了招生系统内部的管理机制，提高管理水平和效率。广西壮族自治区制定了管理系统，把目标管理责任制与程序化管理相结合，提高了录取工作的效率；辽宁省抓住录取中档案管理这个中心环节，制定并实施《高考考生档案管理细则》，促进档案管理的科学化、规范化。大部分省对录取现场仍然实行“封闭式”管理。同时，强化了“公开——监督”制度，即公开招生计划、录取程序与结果．加强社会对招生工作的监督，遗留问题较少。在管理手段上，继续完善计算机辅助录取的做法，提高了工作效率。

继续深化招生改革。在总结上海、湖南、云南、海南等省市高考科目设置改革试点经验的基础上，继续推行在高中会考基础上的高考科目设置改革。组织北京、湖北、湖南、云南、贵州、海南6省市按新的高考科目设置方案进行了改革试点，试点省市及高校反映，该方案较合理、易操作，社会上能够接受。东南大学、上海外国语学院进行了从招生开始的教育教学综合改革试点，招生时实行收费制。根据《中国教育改革发展纲要》中进一步改革招生制度的精神，国家教委提出了《关于普通高等学校招生改革的若干意见(征求意见稿)》和《普通高等学校招收保送生试行办法(征求意见稿)》。

继续加强和完善招生录取工作的监督和制约机制。为严肃招生纪律，国家教委有关司局共同组织调研，并于招生工作录取前后两次召开了高等学校招生监察工作座谈会，总结了近年来招生监察工作中的经验，研讨如何建立和完善普通高等学校招生监察制度，发出了《关于进一步加强普通高等学校招生监察工作的意见》。

搞好对台湾省、香港、澳门地区青年的招生工作。1993年2、3月份，国家教委组织15所大学组成“内地大学访问团”赴澳门进行招生宣传。其间举行了记者招待会；举办了“中国内地高校风貌”展览；宣传中国内地大学招收港、澳、台青年的政策。1993年澳门共有应届高中毕业生1800多人，其中有1100多人报考了内地高校，有500多人被录取。报考人数及录取人数都是历年来最高的。

撰稿　范卫宏

审稿　赵亮宏

[中国民航从普通高校招收飞行学员]

为了加快我国民航事业的发展，经国家教委同意中国民用航空局在普通高等学校招收飞行学员，从1993年起，民航每年从民航各航空公司所在地区的部分高等学校理工科应届毕业生和在校二、三年级学生中招收100—150名英语达到四级水平的学生转学飞行专业。

对高等学校应届毕业生中招收的飞行学员，由有关学校报请主管部门列入当年毕业生调配计划，由民航各航空公司列入当年接收大学毕业生的计划；毕业生自报到之日起，计算工龄，按在职人员对待，由民航安排飞行训练。因身体、技术等原因不宜继续学习飞行者，由原接收的航空公司调整安排工作。

从在校二、三年级招收的飞行学生，转学至中国民用航空飞行学院学习，毕业时由中国民用航空飞行学院颁发毕业证书，并按有关规定授予学士学位。毕业生按照与民航各航空公司互签的协议，分配到有关航空公司安排工作。

撰稿 高尚勤
审稿 赵亮宏

[关于高校1970—1976年入学的毕业生有关问题处理办法] 1993年3月6日，国家教委办公厅和人事部办公厅发文，就普通高等学校1970年—1976年入学的毕业生有关问题作出如下通知：1970—1976年进入普通高等学校的大学生，他们的学制当时规定“普通班暂为二至三年”，学习期满毕业时已由学校颁发了毕业证书，国家承认其学历为大学普通班毕业。近期，一些院校自行为这批毕业生重新开具学历证明或换发毕业证书，这种做法不妥，应予制止。在此之前已开具的学历证明或换发的毕业证书无效。

由于“文革”的特殊原因，这批毕业生当时仅在工资上规定相当于大学专科毕业生待遇，而没有明确是本科或专科，现在也不宜重新明确。在评定高级专业技术资格或聘任专业技术职务时，对于一些在专业技术工作中，业绩突出，水平、能力达到国家规定的高级专业技术资格条件的人员，可以按照有关规定申报、评审。

撰稿 高尚勤
审稿 赵亮宏

[高校毕业生和毕业研究生就业] 根据国务院1993年1月12日批转国家教委《关于加快改革和积极发展普通高等教育的意见》和国家教委《关于普通高等学校招生和毕业生就业制度改革的意见》，国家教委高校学生司在1993年2月20日发出关于1993年全国普通高等学校毕业生和毕业研究生就业工作的文件，提出：国家任务计划招收的本、专科学生毕业后，原则上由国家负责安排就业，采取主管部门与高等学校上下结合编制就业计划，并通过“供需见面”协商落实的方式向社会输送毕业生；同时，要积极推行毕业生与用人单位在一定范围内“双向选择”的办法。

毕业研究生由国家负责安排就业，主要采取毕业研究生与用人单位在一定范围内“双向选择”的方式，落实其就业去向。

此外，根据国民经济和社会发展需要，国家教委高校学生司继续下达一部分保证国有大型骨干企业和重点科研、教学单位需要的就业计划，由高等学校和重点单位协商落实专业和人数，对国家重点单位实行倾斜政策，并在措施上给予必要的保证。

1993年，全国高校毕业生及毕业研究生的社会需求形势与往年相比，社会需求量有较大幅度的增加，不仅经济发达地区对毕业生的需求持续增长，内地及边远省区的需求也有明显增加。许多经济发达地区的实际需求量有的已达到本地毕业生生源数的2至3倍。一些应用学科，如工科、医科、外语、财经、师范等科类中的大部分专业供不应求，其中，机械制造、计算机、工业自动化、会计学、英语等专业的实际需求是毕业生数的几倍，甚至十几倍。以往社会需求量比较少的专业，如综合大学的文、史、哲、理等科类毕业生的需求，也有不同程度的增加，除个别专业，如考古学、细胞生物学、遗传学、政治经济学、历史、法律等，需求较少外，其它大部分专业供需平衡或供不应求。

毕业生需求增长的主要原因是：(1)党的十四大提出建立社会主义市场经济体制，促进了我国的经济建设的高速发展，许多用人单位意识到，经济建设要上一个新台阶，在激烈的市场竞争中求生存求发展，必须增强自身的竞争实力，必须拥有较高层次的专门人才。(2)随着《全民所有制工业企业转换经营机制条例》的贯彻实施。企业有了更多的用工自主权，可以根据实际需要主动吸引毕业生。(3)许多用人单位为了避免因五、六十年代毕业的知识分子退休高峰而形成的人才结构断档和断层状况的发生，急需补充高等学校毕业生作为后备力量。

1993年，全国普通高等学校共有本专科毕业生520975人(含专科生238749人)，其中地方所属高校310084人，占毕业生总数的59.5%；国务院有关部委所属高校163413人，占31.4%；国家教委所属高校47478人，占9.1%。这些毕业生中，考取研究生10157人，实际分配毕业生数为510818人。

从分配结果看，到地方单位工作共418058人，占毕业生实际分配数的81.8%；到中央单位工作共91390人，占17.9%；出国、结业、待分等1370人，占0.3%。安排到能源、交通、通信、原材料、国防、军工等部门的毕业生为58525人，占中央单位接收毕业生数的64%。

1993年，全国共有毕业研究生25511人(含博士生2583人)，其中，国家教委直属高校10929人，占毕业研究生总数的42.8%，国务院其他部委和地方所属高校及科研单位14582人，占57.2%。

从分配结果看，到地方单位工作共11189人，占毕业研究生总数的44%；到中央单位工作共13255人；占52%；录取博士895人，占3.5%；退学等172人，占0.35%。安排到高等学校9552人，占毕业研究生总数的37.4%；到科研单位4415人，占17.3%；到大中型企业3568人，占14%，到党政机关1892人，占7.4%；到其他事业单位2566人，占10.1%；到军队系统681人，占2.7%；考博士生、待分配、出国及其他2837人，占11%。

撰稿 陈 曦

审稿 王炽昌

高校招生考试

［**全国高考工作会议**］ 1993年3月，国家教委考试中心在兰州召开1993年高考工作会议。全国30个省、自治区、直辖市考试院(局、中心)或普校、成人招生办公室负责人出席了会议。会议围绕高考工作落实《中国教育改革和发展纲要》中的有关规定，转变考试机构职能，提高考试工作质量，促进考试事业的发展进行了讨论，国家教委考试中心提出了《高考改革规划(征求意见稿)》、《普通高考质量评审标准及办法(草案)》。会后，《成人高考标准化实施规划(草案)》和《高考改革规划》已在部委教育司局和高校进一步征求了意见，修改后报经审批。《成人高考标准化实施规划》已于1993年在京、津、豫、鲁、川、辽等

6省市进行试点。

[**招生考试改革**] 成人高等本、专科招生6省市标准化改革试验。考试的标准化是从1985年起在普通高等学校招生考试中进行改革试验，并从1989年开始向全国推广。1993年，为了提高成人高考的质量，使之适应考试现代化的需要，国家教委考试中心在北京、天津、山东、辽宁、河南、四川等6省市按《成人高考标准化实施规划(草案)》进行了改革试点。试点的内容是在以上6个省市进行主、客观题分卷考试，对选择题采用机器阅卷，考试信息采集及数据统计分析用现代化手段处理，以便充分利用反馈信息控制命题难度水平的稳定性，为成人高考制定科学的入学标准奠定了良好的基础。试验取得了良好的效果。拟于1994年在总结试点经验的基础上，扩大试验范围。

成人高等学校专科起点本科班非师范类共同科入学考试。1993年，成人高等学校非师范类专科起点本科班招生专业范围共56个，入学统考科目为4个，其中英语、政治为必考科目，其余两个科目一门是专业课，另一门是专业基础课，对于各个专业应考哪两科由各省、自治区、直辖市招生部门和学校主管部门确定。上述各科的命题工作从1993年起均由国家教委考试中心统一组织。命题的依据是国家教委颁发的《复习考试大纲》，各科试卷主要考查该学科的基本知识、基本理论和基本技能方法。试题难、中、易的比例为1∶5∶4。主要题型有：选择题、填空题、简答题、计算题(包括证明题)、论述题等。

开通全国教育考试工作普通密码使用系统。目前，由考试中心管理和实施的教育考试有十几种，考生人数达四五百万，并且已由国家保密局正式核定这些考试的试卷、标准答案、评分标准在未正式起用前为绝密级。根据国家教委和公安部、国家保密局联合下发的《关于加强高等学校入学考试安全、保卫、保密工作的通知》的要求，经考试中心与中央机要局商议后，1993年在全国考试中开通了普通密码通讯网络。全国30个省、自治区、直辖市招生考试机构都已配备了密码传真机，并已开展了第一期培训班。

推广计算机等级考试。1993年，经国家教委批准，由国家教委考试中心负责主办全国计算机等级考试。目前考试定为4个等级，其中第三级为A，B类。考试采取全国统一命题、考试，笔试与上机考试相结合的形式。先笔试后上机考试，三级考试只进行笔试。国家教委考试中心在各地设立考点，负责报名、考试等工作。笔试时间：一级为90分钟，二、三级为120分钟；上机考试时间：一级为30分钟，二级为60分钟。三级尚不规定。笔试、上机考试成绩均合格者，由国家教委考试中心颁发合格证书，笔试、上机考试成绩均优秀者，在合格证书上加盖“优秀”字样。

此项考试在1993年调研、论证、规划设计、批准后，国家教委考试中心聘请并组织全国著名计算机专家30多人，制订编写了该项考试的《考试大纲》，并对试点情况进行研究部署；考试于1994年上半年举行。

[**外语考试改革**] 全国外语水平考试(WSK)。为了理顺关系，国家教委决定自1992年5月4日起全国外语水平考试划归国家教委考试中心组织实施。从1993年起，英语每年考两次，第一次在每年6月的第三个星期日，第二次在每年12月的第一个星期日。法语、德语、日语和俄语每年只考一次，考试日期是每年6月的第三个星期日。报名一般在考前两个月开始，采取个人和集体报名两种方法。考试成绩报告单在开考后一个月左右发送，由考点转发给有关单位或个人。在

成绩报告单上，考生可得到三个成绩：听力理解部分的分数、其他部分的分数和总分。总分110分为出国合格线。国家教委考试中心将向考试成绩达到合格线的考生颁发出国留学外语水平合格证书。1993年共举办英语考试两次，其他语种考试一次，颁发合格证书2207册。

中美续签教育考试合作协议。在中国举办12年的“TOEFL”、“GRE”等考试，1993年10月26日由中国国外考试协调处（国家教委考试中心）与美国教育考试服务处续签了合作协议。双方在原《会议纪要》的基础上重新签署了补充合作协议，双方一致表示，按照续签的新协议条款的规定，各尽其责。

商务英语证书考试。为了适应中国改革开放的需要，国家教委考试中心和剑桥大学考试委员会自1993年起，根据中国的实际对在一般工作环境下使用英语的能力从听、说、读、写4个方面进行全面考察，特别设计了商务英语证书考试(BEC)。目前推出的仅是第一级。凡持中华人民共和国居民身份证的人均可报名。考试分两阶段进行。第一阶段是书面考试，由阅读、写作和听力组成；于10月21日举行。第一阶段考试后，全体考生都将得到成绩报告单，获A级的考生方可参加第二阶段考试，第二阶段考试为口试，于第二年1月9日举行。凡在第一阶段获D级以上的考生将获得剑桥大学考试委员会颁发的证书，口试成绩合格的考生将在证书上标明。作为中下水平的商务英语考试，它的水平介于剑桥初级英语考试(PET)和入门英语考试(KET)之间，主要考察考生语言交际能力和综合语言能力。

7月5日国家教委考试中心与英国剑桥大学考试委员会在北京举行了BEC合作签约仪式，国家教委副主任韦钰出席了签约仪式并讲话，国家教委考试中心主任杨学为和剑桥大学常务校长戴维·威廉斯先生代表双方签字。

1993年举行了一次考试，全国共有7个省市4000余名考生参加了考试，70%的考生通过了此次考试。

日本教育基金日语考试。自1993年由国家教委考试中心与日本国际交流基金共同组织实施日语水平测试。该考试分为4级，考生可以根椐自己能力的级别报考。各级都是由“文字、词汇”、“听解”和“读解、语法”三部分组成。凡持中华人民共和国居民身份证或护照的人均可报名。该考试每年举行一次，报名时间为每年的9月，当年的12月4日到10日的星期天举行考试。考试结束后，第二年2月通过考点发送给考生成绩通知书，并向考试合格者颁发日语能力合格认定书。目前日本大多数大学招收自费留学生时将利用本考试的1级分数作为合格的判定，专科学校在招收自费留学生时将根据本考试的1级或2级的合格证书作为判定依据。该项考试已于12月5日举行了考试，全国有4000余名考生参加。考试组织与实施比较科学、严格、规范、得到了日方和国内有关方面及考生的好评。

〔**《中国考试》杂志出刊**〕 国家教委考试中心从1991年开始试刊的《中国考试》杂志，经过两年多的试刊，经国家新闻出版署批准，《中国考试》杂志从1993年7月正式出版在全国公开发行。

撰稿 马世晔 陈 颖

审稿 马金科

学位与研究生工作

［**博士、硕士学位授权审核**］　1993年12月，国务院学位委员会第十二次会议审议批准了第五批博士、硕士学位授权学科、专业和新增博士、硕士学位授予单位名单。第五批搏士、硕士学位授权学科、专业的审核工作开始于1992年12月，整个工作历时一年。为更好适应加快继续发展和改革开放步伐的新形势，本次审批工作，实行"分步布置申报、集中一次复审"，较为顺利地完成了审核任务。

根据国务院学位委员会的决定，这一次全国学位授权的评审工作坚持了以下几项原则：(1)积极合理调整授权点的学科结构。新增授权点的学科、专业应是国家经济建设、科技和社会发展以及国防建设急需的高新技术而目前全国尚无授权点或授权点过少的学科、专业，重点是直接服务于经济建设的学科、专业。(2)贯彻按层次办学的方针，有利于研究生培养基地的建设。新增博士点要相对集中，考虑研究生教育整体水平和质量较高的高等学校中确已具备培养博士生的条件和经验的学科专业点；同时要适当兼顾急需加强的学科、专业点。(3)逐步调整硕士点的地区布局。硕士点的审核，要考虑各地的实际情况和地区的合理布局，即要注意经济发达地区的需要，并要注意适当照顾经济不够发达地区、少数民族地区和特殊行业的需要。(4)坚持质量第一，做到坚持标准、严格要求、宁缺勿滥、公正合理。此外，在博士生指导教师的审核中要求注意：有利于巩固和加强现有博士点，有利于学科建设，有利于调整学科服务方向，更好地适应经济建设和社会发展的需要；增列博士生指导教师应以中青年学者、专家为主，逐步调整和改善博士生指导教师队伍的年龄结构；同时，积极探索学位授权审核工作办法的改革路子。

1992年12月4日和1993年4月26日，国务院学位委员会分别发出了《关于做好增列博士生指导教师审核工作的通知》和《关于做好博士、硕士学位授权点审核工作的通知》，在此之前，还结合学位授予质量评估进行了部分学科的增列博士生指导教师的工作。第五批学位审核工作在总结以往审核工作经验的基础上，采取了一系列改革措施和积极步骤。在增列博士生指导教师时鼓励以增列中青年学者、专家为主，在条件和水平相当的情况下，优先考虑中青年学者、专家，特别对具有博士学位又有突出贡献的45岁以下的教授给予一定的政策倾斜；为扩大学位授予单位的办学自主权，促进学科发展和梯队建设，选择了34个博士学位授予单位进行了自行增列博士生指导教师的试点工作，并将自审结果报国务院学位委员会办公室备案；继续在试办研究生院的高等学校开展自行审核增列硕士点的工作，同时，把审核工作的初审权下放给部委、省市学位主管部门，针对此次申报规模空前、工作量大的特点，除请各主管部门认真抓好初审工作之外，还加重了通讯评议工作的份量，组织近千名专家按小同行进行了严格的通讯评议工作。

由于部署稳妥，组织有序，初审工作较为

顺利，为复审工作奠定了良好的基础。

1993年9月21日至30日，国务院学位委员会学科评议组第五次会议在北京举行，对第五批博士、硕士学位授权进行复审工作。全国人大常委会副委员长雷洁琼出席了开幕式。国务院学位委员会第三届学科评议组的近700位成员出席了会议。国务院学位委员会副主任委员兼秘书长朱开轩主持，主任委员何东昌做报告。何东昌的报告重点论述了我国学位与研究生教育发展的几个问题，提出了我国学位和研究生教育的发展方针。第一，要贯彻分层次办学的原则，抓好现有学位授权点的建设，加强已有高层次专门人才基地的建设。第二，要逐步调整硕士学位授权的地区和行业布局，使学位工作更好地为经济建设和社会发展服务。第三，要积极稳妥地进行博士、硕士学位授权点学科、专业结构的调整。第四，全面保证质量是我们必须坚持的一条基本原则。同时，报告还阐述了学位与研究生教育的改革问题，指出学位工作改革的目标是建立一个主动适应经济建设和社会发展需要的，与经济体制以及政治、科技、教育体制改革相适应的学位与研究生教育的管理体制和运行机制。近期的主要目标是：(1)要继续进行学位授权制度的改革；(2)要加快培养多种类型的高层次人才的改革步伐；(3)加快建立我国学位的质量监督机制；(4)逐步拓宽培养研究生的知识面，调整优化学科专业的设置。国务院学位委员会办公室主任王忠烈就复审工作的有关问题做了说明。国务院总理李鹏、国务委员宋健在会议期间接见了出席会议的部分成员。李鹏在讲话中充分肯定了我国建立学位制度以来取得的辉煌成就，要求我国的学位与研究生教育工作要按照《中国教育改革和发展纲要》提出的要求，紧密围绕把国民经济搞上去这一中心任务，通过深化改革，扩大开放，培养出数量更多、质量更好、学科结构更加合理和适应社会主义市场经济发展需要的博士、硕士和学士。

1993年12月10日至11日，国务院学位委员会在北京召开第十二次会议，审议并批准了第五批博士学位授权学科、专业点和博士生指导教师以及硕士学位授权学科、专业点。同月，国务院学位委员会正式下发了批准的第五批博士学位授权学科、专业点和博士生指导教师以及硕士学位授权学科、专业名单。

一、批准24个新增博士学位授予单位是：中央财政金融学院、天津纺织工学院、河北工学院、山西大学、内蒙古农牧学院、阜新矿业学院、吉林农业大学、大庆石油学院、上海铁道学院、南京气象学院、福建师范大学、南昌大学、郑州大学、湖北中医学院、中南林学院、华南热带作物学院、西南政法学院、中国现代国际关系研究所、中国核动力研究设计院、国防大学、解放军信息工程学院、军械工程学院、第二炮兵工程学院、军事科学院等；新增35个硕士学位授予单位是：北方工业大学、北京体育师范学院、中国戏曲学院、中国新闻学院、中国人民公安大学、河北煤炭建筑工程学院、唐山工程技术学院、抚顺石油学院、沈阳建筑工程学院、辽宁工学院、沈阳化工学院、吉林艺术学院、华东船舶工业学院、浙江师范大学、华东交通大学、青岛建筑工程学院、山东纺织工学院、山东经济学院、河南财经学院、汕头大学、桂林电子工业学院、泸州医学院、西安工业学院、青海师范大学、宁夏农学院、新疆师范大学、中共浙江省委党校、中共广东省委党校、中共陕西省委党校、解放军电子技术学院、西安政治学院、军事经济学院、国防科工委指挥技术学院、合肥炮兵学院、空军雷达学院。

二、批准博士学位授权学科、专业点274个。其中，文科53个，理科43个，工科103

个，农科22个，医科45个，军事学科8个；批准博士生指导教师1945人，并同意34个试点单位自行审批增列博士生指导教师670人；批准硕士学位授权学科、专业点864个，并同意对开展自行审批硕士学位授权学科、专业点的有关单位审核批准的253个硕士学位授权学科、专业点予以备案。

三、首次批准设立了军事学博士学位授予单位及其学科、专业授权点。

第五批学位审核工作的结果总体上是比较合理的，达到了预期的目的，其主要表现是：(1)通过行政宏观指导与专家审核相结合，使博士点和硕士点的增长保持了较为合理的幅度。(2)增补了一批中青年博士生指导教师。复审通过的博士生指导教师的平均年龄为54.2岁，比现有导师的平均年龄下降了10.6岁，年龄在55岁以下的占51.3%(其中50岁以下的占10.9%，年龄最小的29岁)。(3)通过学位授权点的审核进一步调整了学科结构和地区布局，较好地贯彻了按需授权的原则。(4)审核并通过了一批新增博士和硕士学位授予单位。针对以往学位审核工作中对新增单位整体条件审核不充分的问题，在行政和专家审核相结合初步审核分类的基础上，设立整体条件评审专家组对整体条件的审核，而后再由各学科评议组对学科专业予以审核。这样，既有效地控制了规模，又照顾了地区和行业的特殊需要。

撰搞　王崇东

审稿　王忠烈　奚广庆　谢桂华

[**新增学士学位授予单位**]　1993年6月，国务院学位委员会、国家教委批准中国人民武装警察部队学院、山西中医学院、淮海工学院、安徽农业技术师范学院、株洲工学院、赣南医学院、桂林医学院、甘肃政法学院等8所高等学校为学士学位授予单位。

撰稿　刘　桔

审稿　王忠烈　奚广庆　谢桂华

[**工商管理硕士培养**]　我国工商管理硕士(MBA)学位，是以建设中国特色的社会主义理论为指导，为适应建立社会主义市场经济体制的需要而设立的专业学位，是为我国现代化建设培养懂经济、懂管理、懂市场、懂专业的高层次、跨世纪的经济和企业管理人才。截止到1993年底，全国已有26所高等学校进行培养工商管理硕士的试点工作。三年多来，在结合我国国情，大胆吸收西方发达国家有益经验的基础上，我国MBA的培养试点工作正在顺利进展。

1993年12月，全国试点培养MBA协作小组在厦门召开了第三次(扩大)会议，总结了前段试点工作经验，并就师资队伍及教材建设等亟待解决的问题进行了研讨。会议指出：加快师资队伍的培养，作好师资培训，造就一支能胜任教学工作的师资队伍是搞好MBA教育的当务之急。会议决定，在第一批9个试点单位编写的教学大纲的基础上，编写和出版一套我国工商管理硕士研究生的课程教学大纲，作为组织和实施工商管理硕士研究生的教学参考标准；同时，发挥各高等学校的优势，利用现有资源，组织编写或引进国外现成案例，采用“以库养库”的形式重点建设几个全国性的案例库中心，推行案例教学。

为保证我国MBA教育在起步阶段的健康发展，将对教学和课程体系建设进行深入探索，同时，积极酝酿和筹办“全国MBA教育指导协调委员会”和“MBA教育基金”。1994年夏，我国自己培养的首批工商管理硕士将走上工作岗位。

撰稿 雍翠菊

审稿 王忠烈 奚广庆 谢桂华

[**学位与研究生教育评估**] 1992年10月～1993年10月，按照国务院学位委员会和国家教育委员会统一部署，由国务院学位委员会办公室和国家教委研究生工作办公室组织完成了对物理学、动力工程及工程热物理和由原航空航天部组织完成了航空与宇航技术学科的部分博士、硕士学位授权专业点(1990年及以前获得学位授予权的专业点)的学位与研究生教育质量的检查和评估工作，并委托陕西、四川、江苏、上海、湖北等5省市学位委员会对中文、历史、生物、力学等四个一级学科中西北、华东、西南、中南(广东省除外)4个地区的部分硕士学位授权专业点进行检查和评估。与此同时还会同农业部、林业部、卫生部、中医药管理局、解放军总后卫生部对农学、林学、医学和药学的部分博士、硕士学位授权专业点的学位和研究生教育质量进行检查和评估。目前，物理学、动力工程及工程热物理、航空与宇航技术3个学科的评估已全部结束，其他几个学科的评估也将陆续完成。

这次质量检查和评估工作是采取专家评议和抽样实地考察相结合的办法。根据培养博士、硕士学位研究生及科学研究工作的能力、水平等综合指标对各专业点的学位与研究生教育质量进行了定量评分和排序。

评估结果表明，高等学校的学科建设取得了显著的发展，研究生教育主动适应社会需要的能力大为增强。到目前为止，这些学科已培养大批合格的博士、硕士。这批学位获得者大部分现已充实到教学和科研生产第一线，在现代化建设中发挥着积极的作用。但是，评估中发现个别学位授权专业点，管理混乱，规章制度不健全甚至没有规范的管理制度，课程设置不合理，博士或硕士学位论文质量欠佳，难以承担为国家培养高层次人才的任务。对此类学位授权专业点，已经国务院学位委员会批准暂停学位授予权或限期整顿。各有关学科、专业中学位授权点的评估排序结果已通过传媒向社会公布，并已引起热烈的反响。

建立评估制度，是国务院学位委员会和国家教育委员会为保证我国学位与研究生教育质量的一项重要举措，是转变国家对学位与研究生教育管理职能的重要方面。下一步将总结以前工作经验，逐步建立一套适合我国实际情况的评估法规和制度，使评估工作逐步规范化、制度化，以保障评估工作的正常有效地开展。

撰稿 焦吉斌

审稿 王忠烈 奚广庆 谢桂华

[**授予建筑学专业学位试点**] 根据全国高等学校建筑学专业教育评估委员会的评估结果，国务院学位委员会批准清华大学、天津大学、同济大学、东南大学等4所院校开展授予其建筑学专业本科毕业生建筑学学士学位的试点工作。建立具有中国特色的建筑学专业学位工作，在建设部、中国建筑学会等部门和有关单位的密切配合下，已由研究论证阶段转入试点实施阶段。

建筑学学士学位是我国学位制度建立以来设置并授予的第一个专业学位。该学位的授予，将严格按照《建筑学专业学位设置方案》规定的学位标准和《中华人民共和国学位条例暂行实施办法》规定的程序进行。

建筑学学士学位的授予权，必须通过全国高等学校建筑学专业教育评估委员会的评估并经国务院学位委员会认定后方能获得。该授予权只能在评估合格有效期内行使，国务院学位委员会有权根据全国高等学校建筑学专业教育评估委员会的中期检查结果决定是否继续授权。

撰稿　任增林

审稿　王忠烈　奚广庆　谢桂华

［**研究生课程进修班管理**］　1993年12月4日，国务院学位委员会办公室发出《关于对举办研究生课程进修班加强管理的通知》，提出了国家对举办研究生课程进修班的有关管理办法。《通知》指出，自《国务院学位委员会关于授予具有研究生毕业同等学力的在职人员硕士、博士学位暂行规定》及其实施细则颁布实施以来，各有关学位授予单位根据《规定》及其实施细则的要求，积极开展了在职人员申请硕士学位的工作，其中包括举办了一些旨在为在职人员申请学位做准备的研究生课程、硕士学位课程进修班，对提高参加学习的在职人员的业务素质，适应改革开放和经济发展的需要，保证在职人员申请学位的质量等，起到了积极的作用。但是，最近一个时期以来，在这类办班活动中，也出现了一些不容忽视的问题。如：一些单位不顾自身办学条件是否具备，越出批准的授权专业范围举办"热门"专业进修班，变相套授学位；未经论证和批准，擅自增设所谓"新专业"；争相到沿海地区办班，为吸引生源而不惜降格以求，造成了一些混乱现象。特别是近来还发现，北京、山东、辽宁等地少数不具备研究生培养资格的单位违反国家的有关规定，未经国家有关主管部门批准，擅自和一些境外机构在我国境内联合举办了涉及研究生教育层次的所谓"在职硕士课程班"或"研究生班"。与境外机构合办的这类班，有的根本不具备应有的教学能力与条件，没有必要的入学考试和教学管理制度，以营利为目的；有的甚至在我国境内颁发外国机构的学位证书，严重干扰了我国学位与研究生教育工作的正常秩序。这些问题的出现，已引起社会各界的关注，如不认真解决，势必影响有关工作的正常进行和健康发展。

针对这种情况，《通知》对问题较突出的异地办班和中外联合办班活动提出了有关管理办法和政策。《通知》规定，对异地举办研究生课程进修班活动要进行统一管理，实行登记备案制度。各学科、专业，包括财经、政法、管理工程类学科、专业的异地办班，均要纳入这一管理范围。经批准开展授予在职人员硕士学位工作的单位，方可申请进行异地办班活动；申请办班的专业必须具备一定的条件；异地办班的合作单位要有良好的教学和科研条件。未经国务院学位委员会办公室、国家教委研究生工作办公室同意登记备案的单位和专业，不得异地举办研究生课程进修班或以类似的名义进行办学活动；未经批准的中外合作办学活动中颁发的外国学位证书一律不予承认。

《通知》同时强调，为确保学位授予的质量，维护我国学位业已形成的良好声誉，各单位在办班中必须认真执行国务院学位委员会、国家教育委员会的有关规定，贯彻坚持标准、严格要求、保证质量的原则。国务院学位委员会办公室将在适当时候组织专家组进行质量检查与评估，不合格者视情况依照有关法规予以处理。办班所在地的省级教育行政主管部门应当依法对此类办学活动进行检查监督。对完成课程进修班学习后提出申请学位的在职人员，要严格按有关规定办理。对违反国家有关规定，滥办班、滥发毕业文凭、学位证书，忽视质量标准、弄虚作假的单位，将按照国家的有关规定严肃查处。

撰稿　李丹阳

审稿　王忠烈　奚广庆　谢桂华

［**学位授予情况**］　名誉博士学位授予。经国务院学位委员会批准，1993年3月，复旦大学授予泰国正大集团董事长谢国民名誉博士学位；4月，中国人民大学授予委内瑞拉著名政治活动家拉斐尔·卡尔德拉名誉法学博士学位；5月，中国医科大学授予比利时杨森制药公司总裁保罗·杨森名誉理学博士学位；7月，北京大学授予美国国家科学院院士彼得·拉克斯名誉博士学位；10月，南开大学授予瑞典著名文学家扬·米尔达尔名誉博士学位，上海科技大学授予瑞士著名物理学家汉斯·霍弗名誉理学博士学位，中山大学授予香港著名社会活动家曾宪梓名誉博士学位。

1993年博士、硕士、学士学位授予情况如下表：

1993年博士、硕士、学士学位授予情况统计表

学科门类	授予人数		
	博士	硕士	学士
合计	2114(32)	24129(1100)	267356
哲学	32	388(33)	757
经济学	101(2)	1781(153)	26926
法学	44(1)	1119(110)	7621
教育学	26	496(30)	13196
文学	47(2)	1376(93)	24442
历史学	42	423(10)	4924
理学	584(4)	4402(112)	32624
工学	756(17)	10865(399)	111494
农学	76(2)	759(34)	14881
医学	406(4)	2442(125)	30491
军事学		78(1)	

注：1. 括号中数字为总数中所含在职人员获得学位人数；

2. 授予学士总数中含成人高教本科毕业生获得学位人数。

撰稿　刘　桔　徐维清

审稿　王忠烈　奚广庆　谢桂华

高校科技管理

［**制订改革发展目标**］　为了贯彻《中国教育改革和发展纲要》，促进高校办学质量和效益的全面提高，更好地适应和促进社会主义市场经济体制的建立，国家教委科技司在1992年调查研讨并制订《关于深化普通高等学校科技工作改革的若干意见》的基础上，于1993年2月至4月，对一批重点大学的综合改革方案和各省市高教改革发展目标作了综合平衡和分析，初步提出高校科技工作改革与发展目标框架。即：九十年代高等学校的科技工作要围绕国家社会与经济发展的战略目标，与高层次人才培养紧密结合，通过深化改革，保持和加强高校在基础研究、应用研究、高技术研究、国防科研和国家重大科技攻关方面的优势，积极组织和推动高校科技成果向现实生产力转化，有计划有重点地选择高新技术成果实现工程化和产业化，创办一批示范型科技企业。

在“八五”期间，改革的重点是：(1)改变目前科技工作完全依附行政管理体系的状况，尽快构建主动适应社会主义市场经济需要的科技工作新体制。通过参与国家技术商品市场和技术信息、技术劳务、技术融资等要素市场的建立，灵活反映和协调技术供求，合理有效地配置校内科技资源。管理部门以宏观计划指导为主，重点做好科技面向经济、与人才培养结合、与学科建设结合和保持稳定发展等几个方面的总体规划布局，创造政策环境，提供支持与服务。学校在科研方向和学科调整以及科技实体的分流重组方面拥有自主决策权。对科技开发、高新技术产业化和科技服务工作基本通过市场进行。(2)建立有效的组织结构和运行机制。对高校内部单学科的和系所合一的科研组织形式做出调整，通过政策引导和分批试点，逐步形成一批以重点实验室为核心的、人员精干、基础研究实力雄厚的、学科综合的、相对独立的科技实体；发展一批工程研究、工程教育、工艺开发实验并举的成果转化和中试基地；创办一批高效益、高效率的重点科技企业。不同的组织形式都要以增强活力和自我发展能力为目标，适应竞争，争取各自的发展空间，有规划地协调发展。(3)发展校有科技产业，开拓办学功能。学校可在统一规划安排下，依托已有的学科和成果优势，重点办好一两个与社会生产互补性强、满足产业结构需要、具有规模经济效益的高新技术企业。同时利用社会上的各种资源条件，办一批开发研究与生产经营结合的成果转化与孵化基地，并以灵活的方式因校制宜发展和科技密切相关的第三产业。(4)增加科技投资，提高综合效益。要发挥国家科技投入的导向作用，同时开辟地方、行业、企业、金融机构和海外资金渠道，提高社会投入比例，改善投资结构。各高校应对承担的国家各类科技计划项目做好协调与衔接，以促进国家产业结构高级化为目标，使基础、应用研究向产业化延伸。

通过深化改革，完善政策法规，制订《高等学校科技工作条例》，建全服务保障系统，使高校科技工作在“八五”和“九五”期间，对国家经济建设、社会发展和科技进步做出较大贡献，大大提高在国家科技系统中的地位和作用，在基础性研究和高技术研究方面成为国家主力军，加快最新科技成果向教育教学渗透，推动学科、师资、教材、实验条件建设，提高人才培养质量。

在“八五”期间具体改革目标包括：配合“211”工程和“跨世纪优秀人才计划”，在工作中发现和扶植200个左右年青学术带头人和相当一批梯次配置的学科骨干；选择一批国家重点实验室和工程研究中心，推进用人、分配、职称“三放开”试点并取得经验；一批基础研究实力强的高校科技机构通过国家级科技机构的资格认定并正式运转，形成国家科技制高点；科技经费实现平均15%的增幅，使高校占国家科技财力资源达到15%；保持目前高校获得国家科技奖励比例，明显提高获奖等级，做好成果储备；使高校成果推广转化比例由目前不足10%增至30%以上，为社会创造更多的经济效益；形成20个左右亿元高新技术企业和更多一批千万元企业，年创利增长2倍以上，其中一定比例用于改善办学条件。

为了使上述目标更加切合实际，国家教委利用各种渠道征求意见和信息反馈。5月，在“省市区教委科研处长研讨会”和“沿海省市区高教科研管理协作会议”上听取并吸收了一些有价值的建议；在全国科技工作会议上，宣传并汇报了高校科技改革与发展要点；6月，在国家教委主任朱开轩的主持下，国家教委办公会议听取了上述要点内容的汇报，在高教口各司局取得共识。7月，将上述要点提交国家科委1994—1995年科技体制改革要点研讨会，反映到总框架中。

［实施跨世纪优秀人才计划］ 1992年12月，国家教委科技司提出高校科技应抓好“人才、基地、项目”三位一体的全面规划，并委托国家教委科技委专家以“培养造就新一代学科带头人和骨干，尽快形成优秀人才群体”为专题进行现状调研和分析。1993年2月，科技委正式完成咨询报告，指出：现在高校学科带头人年龄在50岁以下的仅占5%左右，今后5至10年，现有副高职称以上的教学科研人员80%将退出教学科研第一线，90%以上的学科带头人将退休。迅速培养造就和启用新一代年青学科带头人与骨干，已是国家当务之急。为此，国家教委科技司提出了旨在国家层次上实施一项以培养学科带头人的《跨世纪优秀人才计划》的建议，并上报中央领导和向教委党组作了汇报。

1993年5月至9月，在中共中央、国务院有关领导的重视和关心下，国家教委党组责成科技司和科技委，会同高教各司局以及计划、财务、外事、学位办等司局，共同研究制订了《跨世纪优秀人才计划》的实施意见。这项计划的主要内容有：

主要目标。到2000年，在全国范围培养造就4000名左右具有较高学术造诣和良好思想品德、事业心强、有组织能力的优秀年青学科带头人，其中一些（500名左右）期望成为杰出的人才，基本解决博士学科点后继带头人问题，适当兼顾其它。

方针原则。立足国内，内外结合，国内培养为主，国外培养为辅，稳定国内人才和吸引留学人员并举。大胆使用，严格要求，大胆地把优秀人才放到关键岗位，尽早给年轻人压担子，既要重视年轻人业务水平的提高，又要重视思想品德和治学态度的培养。平等竞争，鼓励进取，激发年轻人的积极性、创造性，对特别优秀的人才进行重点扶植。既要创造良好的工作环境，也要切实改善其物质和精神生活条件。

主要措施。（1）设置《跨世纪优秀人才计

划》专项基金，以现有渠道和国家财政专款相结合，主要资助培养优秀学科带头人的科研费；(2)以重点学科点和国家重点实验室为主体，办好一批国内研究和深造的先进基地。(3)国家和地方政府的大型科技计划要积极吸收年轻人才参加，特别是基础研究、高技术和科技攻关任务，尽可能给年轻人才承担一定份额；(4)创造条件帮助年轻教师提高教学能力，包括支持年轻教师开新课和带研究生；(5)在各类评审咨询专家组织中，保证中青年专家占有一定比例；(6)为优秀年轻人才参加国内外学术活动极积创造条件；(7)为年轻学科带头人成长建立良好的教学科研集体；(8)奖励和其它精神、物质性激励措施要对年青人才有所倾斜；(9)改善优秀年青人才的生活条件；(10)加强宣传引导，争取全社会的关心和支持。

实施与管理。(1)由国家教委归口，会同有关部门共同实施。必要时设立《跨世纪优秀人才计划》领导小组。(2)分层次组织实施。国家教委会同有关部门着重抓好重点学科点、国家重点实验室和工程研究中心学科带头人的培养工作，其它层次原则上由各主管部门组织各校、各单位进行。(3)在争取多渠道支持的同时，请求国家财政拨出专款，由国家教委统一掌握，与各类经费统筹安排使用，实行基金制管理。(4)学科带头人后备人员由专家和行政管理系统相结合进行推荐和遴选。

1993 年 10 月，国家教委党组原则同意按照上述实施方案选择若干学科领域进行试点，并在已有的科技经费渠道和专项基金中落实了经费。由若干大学校长、资深专家和管理人员组成综合评议组，在学校和专家共同推荐的基础上，评选出农、医、化学化工、生物、材料、信息、能源、交通运输等 8 个领域共 42 名年青专家，首批入选《跨世纪优秀人才计划》并获得基金资助。其中教授 31 人(19 位博士生导师)，副教授 11 人。

1993 年 12 月 23 日，国家教委在人民大会堂召开了首批入选 42 位专家座谈会。国家教委主任朱开轩主持会议，国务院副总理李岚清出席座谈会并讲话强调入选专家的担子和责任。老一辈科学家与年青专家共聚一堂，畅谈要以邓小平同志建设有中国特色社会主义理论为指导，树立远大理想、艰苦奋斗，为我国的科技进步、经济繁荣、社会发展做出应有的贡献。

《跨世纪优秀人才计划》开始启动的消息各新闻媒介作了宣传报道，引起了较大反响，已经在广大教学科研人员中产生了激励“拼搏、奉献”的良好作用。

［**基础研究**］ 为了对国家教委主持并由高等学校为主承担的国家重大基础研究项目(攀登计划)加强管理，确保研究进度和阶段目标的实现，1993 年 5 月，国家教委印发了《关于国家基础性研究重大项目(攀登计划)的实施细则》，明确了主持部门、学校、项目专家委员会和项目承担者的责任与要求，并对项目评估与经费使用作了说明。随后，科技司组织 6 个大项目的中期学术交流和进度汇报。根据项目考核，当年 1 千多万元经费顺利到位。

根据国家科委决定在“攀登计划”中开始支持一批工程与技术科学项目的部署，科技司从 3 月组织高校申报，到 6 月，共受理 103 项申请报告，参加项目建议的学校达 60 余所。经过专家同行的三轮评议筛选，以及有目的的合并重组，共形成 13 项工程与技术科学方面有重要理论价值和开拓性研究的建议报告，提交国家科委参加全国范围的评审。这次项目的组织过程，不仅促进了高校之间的联合和理工渗透，也推动了高校与较有实力的研究院所之间的合作。

[**高技术研究**] 1993年,国家"863"高技术计划正式由专家管理体制转向部门介入和参加管理的体制,为适应这一变化,国家教委科技司于1993年3月将该计划实施以来的重要管理文件汇编成册并发至学校参照执行。

这项管理改革的试点,经国务院批准,首先在能源领域施行。国家教委作为"高温气冷实验堆"项目的承担方(乙方),与代表国家下达任务的国家科委(甲方)分别承担立项和管理责任,由该领域专家委员会负责项目的评议、监督和检查。经过可行性论证和向核工业总公司、国家计委、北京市等方面落实工程条件和履行专项批准手续,该项目已于3月正式签订合同,进入实施阶段。

在自动化领域,由国家教委主持、清华大学承建的"计算机集成制造系统(CIMS)"实验工程中心,历时4年,投资3200万元,共有20多所高校和研究机构100多名科技人员参与,于3月通过国家总体验收,该中心设在不同高校的5个网点实验室也分别于下半年通过验收,全部向社会开放。

根据部门管理职责,国家教委先后向智能机器人、航天技术、能源领域、通信主题、广播电视专家数据库、海洋领域、超级863课题组推荐了高校专家。

[**国家科技攻关**] 到1993年底,由国家教委负责并实施管理的国家"八五"科技攻关合同已达861个,合同总金额3.8亿元,其中当年新签合同金额约0.5亿元。从1993年4月开始,国家教委科技司根据有关管理规定,对国家教委主持的"全国CAD应用培训网络"、"减缓温室气体排放的对策研究"、"海关大型货物在线检测用加速器"、"大型集装箱检测研究"、"灾害性海洋环境数值预报模式研究及业务化"项目进行中期评估,并配合有关部门对环保、海洋、新材料项目进行评估,以上全部专题中,1/3评为A级,2/3评为B级。已完成重要阶段成果的项目有:"海关大型货物在线检测系统"、"抗癌药物紫杉醇"、"聚合级双酚A"、"6万吨料浆法磷铵成套装备"等。一些重要项目如"大规模集成电路"、"激光技术"、"高性能陶瓷"、"特种工程塑料"等也运行良好。这次评估反映出高校系统的几个特点:(1)工作进度快,超过各产业部门,且没有明显拖后腿的项目;(2)人才优势明显,参加攻关任务的青年教师和研究生数量多,很有活力,这是其它部门不能相比的;(3)按大项目成立管理办公室,将技术性管理和事务性管理结合起来,是一种行之有效的办法;(4)管理工作逐步走上定量化、规范化,已初步完成全部攻关项目的基础数据库。

[**参加《21世纪议程行动计划》**] 根据1992年6月在巴西召开的世界环境与发展大会对各国政府提出的责任与义务,国家计委、国家科委与联合国开发计划署合作以保护环境、实现持续发展为主题,开始实施《中国21世纪议程行动计划》。国家教委从1993年7月开始,组织高校环境、生态、资源各领域的专家,编制了资源与环境保护、全球环境问题、人口控制与社会发展、持续发展能力建设、农业持续发展、能源持续发展、减灾防灾、海洋资源保护、乡镇经济持续发展等9个领域的优先项目建议书179份。在国家首批启动的60个项目中,由高校承担和参加的项目有11个。"环境教育"项目是作为持续发展能力建设的重要内容,由国家教委负责提出实施意见。科技司综合各类教育的现状和发展目标,拟定了环境教育的具体目标和任务:

一、环境教育作为环境保护的一项基础工作,其主要目的:一是培养和造就消除环境污染和防治生态破环、改善和创造高质量的生产和生活环境所需的各类专门人才，同时培养具有环境保护与持续发展综合决策和管理能力的各层次管理人才。二是培养广大人民群众自觉保护环境的道德风尚，提高全民族的环境发展意识。我国从 70 年代中后期，先后在 160 余所大中专学校设置了包括理、工、农、医和师范教育等与环境学科有关的各类专业，培养各类毕业生 2 万人以上，但与我国经济建设和环保事业的发展需要相比，仍有相当的差距。正规教育专业结构不合理且分布不均衡，在职技术和管理人员的继续教育尚未制度化，企业和农村的岗位环境教育尚未形成完整的体系，新闻媒介的环境意识宣传及法制教育尚未形成规模。国家环境教育的中心任务和目标就是要协调并形成有机的环境教育网络。

二、当前应首先着手解决与国际环境教育接轨的几类问题。进一步搞好环境保护专业人才的预测和专业结构调查，制订环境教育规划并纳入整个教育事业规划；稳定正规环境教育规模，调整比例，保持精干队伍从事环境学科发展和理论研究，扩大环境工程、技术、管理和规划等专业招生比重；加强环境教材建设；培训师资，提高环境专业教学科研人员水平、素质；调整环境科研机构，促环境科研与环境保护、污染治理、规划和人才培养紧密结合；建立国家环境专业教育信息网并为社会服务；加强环境教育队伍的国际合作交流，使国内工作的起点建立在国际规范的基础之上。

1993 年 10 月，国家教委科技司司长左铁镛代表国家教委，向“中国 21 世纪议程国际研讨会”介绍了上述观点，得到了各国专家的普遍认同。

［**实验室建设与开放运行**］ 1993 年，国家教委对建在高校的国家重点实验室的管理与指导主要针对学术方向与水平评估、吸引和稳定人才队伍、开放管理经验交流和发挥学术委员会作用的研讨等几个方面进行。总体上看，目前高校 101 个国家重点实验室都能站在学科前沿探索和选题，队伍正在朝年轻化方向发展，以国家教委直属高校的 36 个实验室为例，年获科研课题费基本每个都超过百万元，其中 14 个实验室每个超过 200 万元；这些实验室的水平和条件已对年青科技工作者产生了吸引力，全年联系和申请到实验室工作的具有博士学位的科技人员（包括留学人员）有 120 多人；当年获国家奖 14 项，省部奖 33 项，发表论文 2000 多篇，专著近 30 部，培养博士后出站 26 名，毕业博士 120 名、硕士 350 名；审批出国学术交流 58 项 69 人次。

为了在高校创造更多的学术基地，促进高校开展高水平的基础与高技术研究，促进新兴交叉学科的发展，培养和造就专门化的高层次人才队伍，1993 年国家教委扩大了开放实验室审批面，经对基础条件、水平、队伍、管理素质和已往业绩的综合评估考察，全年新批准 40 个部门开放实验室，使开放实验室总数达 57 个。今后对这一类实验室将实行竞争和动态管理，采用淘汰制和总量控制。

1993年国家教委批准开放的实验室如下：

无机水热合成	吉林大学
生物有机分子工程实验室	北京大学
数学及其应用	北京大学
环境演变与自然灾害	北京师范大学
射线束材料工程实验室	北京师范大学
传热与节能	华南理工大学
图象信息处理与智能控制	华中理工大学
智能制造技术实验室	华中理工大学
符号计算与知识工程	吉林大学
应用磁学开放实验室	兰州大学
光学信息技术科学实验室	南开大学
生物活性材料实验室	南开大学
海洋遥感信息处理实验室	青岛海洋大学
水产养殖开放研究实验室	青岛海洋大学
先进材料研究开放实验室	清华大学
破坏力学实验室	清华大学
生命有机磷化学实验室	清华大学
胶体和界面化学开放实验室	山东大学
高温材料及高温测试	上海交通大学
薄膜和微组技术开放实验室	上海交通大学
碳资源综合利用开放研究实验室	大连理工大学
洁净煤发电及燃烧技术实验室	东南大学
计算机网络和信息集成支撑技术实验室	东南大学
聚合物分子工程实验室	复旦大学
非线性数学模型与方法实验室	复旦大学
超细材料反应工程实验室	华东理工大学
城市与环境考古遥感实验室	华东师范大学
辐射物理及技术	四川大学
光电子信息工程	天津大学
高温结构陶瓷及工程陶瓷加工技术	天津大学
固体力学开放实验室	同济大学
道路与交通工程实验室	同济大学
生物医用高分子材料开放研究实验室	武汉大学
电子物理与器件实验室	西安交通大学
润滑理论及轴承-转子系统实验室	西安交通大学
肿瘤细胞工程	厦门大学
洁净燃烧技术	浙江大学
聚合物复合材料及功能材料	中山大学
生物力学与生物流变学	重庆大学
森林植物生态学开放实验室	东北林业大学

［**国家工程研究中心建设**］ 国家计委利用世界银行贷款实施的“科技发展项目”，即国家工程研究中心建设计划于1993年进入正式评审论证立项阶段。国家教委科技司从

年初开始，分三期对申报项目的学校负责人和技术专家进行培训和研讨，针对世界银行的立项要求和国家计委确定的“增强重要经济领域工程化能力的基础设施”项目的性质，对全部申请报告做了多次修订。经同行专家实地考察、综合评审，在参与竞争的18个部委200多个项目中，共选出47项原则批准立项，其中高校申报的占13项，占入选比例28%。华中理工大学的“激光加工”、西安交通大学的“流体机械与压缩机”、清华大学的“工业锅炉及民用煤清洁燃烧”、天津大学的“精馏技术”、中南工业大学的“粉末冶金”等5个项目已获正式批复，同济大学的“城市污染控制”、上海交通大学的“模具CAD”、浙江大学的“电力电子应用技术”、北京大学的“软件工程”、清华大学的“光盘及其应用”、华东理工大学的“超细粉末”、北京科技大学的“高效轧制”、郑州工学院的“模具CAD”等8个项目正在审核中。

上述项目所依托的校内研究实体一般均有多年从事工程技术开发和成果产业化的经验，初步形成了研究、实验、开发、规模生产基地有机串联的工作程式。

［**成果转化管理与科技产业**］ 1993年国家教委对高校科技成果转化的组织形式做了调查。属于人员、性质、任务相对稳定的转化基地有国家工程(技术)研究中心、中试基地、工业性试验基地，由地方政府和行业部门及行业协会归口设置的技术开发中心、推广服务中心、技术辐射中心、工程培训中心、高新技术创业服务中心、生产力促进中心。这类具有科技成果转化、工程化和推广应用功能的孵化和辐射型实体，一般都采取企业化管理和自我发展的运行机制，有些还具有一定规模的生产能力。据不完全统计，在120所高校中已设立或建成这样的基地达190多个。

另据统计，高校已有500多家企业进入高新技术开发区。这些企业在技、工、贸经营活动中，“技”和“工”所占的比重较大，所开发的产品技术含量和附加值比较高，经济效益明显。企业的研究与开发人均投入为7千元，大大高于开发区企业人均4千元的水平。人均利税高于开发区企业总人均利税60%以上。在有些开发区内，高校已成为主要技术支撑力量。

1993年高校科技企业总体规模有较大发展。生产领域相对集中在微电子、光电子、计算机、激光、精密仪器、机电一体化、生物工程、生化制品和新型药物、新型材料、精细化工、新能源与高效节能、环保设备、天然资源有效利用等十几个大类。据1—10月统计，经营额已经超过40亿元，与1992年全年经营额相比，年增幅达45%以上。在组织形式上，作为实业型的校有科技企业，主要有股份制公司、集团公司或总公司、经学校统一筹划批准的学科性公司等3种类型。在运行管理上，目前可分为3种模式：一是校长领导下的总公司管理体制；二是学校科技产业管理委员会领导下的产业办公室归口管理或校职能处归口管理体制；三是组建科技先导型企业集团，完全在董事会决策下，按照章程实行企业化管理。

1993年2月，经国家教委审核上报，在外经贸部和国家科委审定批准的首批授予100家科技产品自营进出口权的科研机构中，有8所高校获得授权，分别是：清华大学、南京大学、东南大学、中山大学、国防科技大学、中南工业大学、南京理工大学和沈阳工业大学。

由国家经贸委、国家教委、中科院共同实施的“产学研联合开发工程”在1993年实行滚动式列项，经协调论证，北京农业大学的“种衣剂”、北京工业大学的“激光加工”、南京大学的“辐射加工技术”、武汉大学的“降解膜”、华东理工大学的“超细粉末”已进入计划，正分批启动。在地方的产学研渠道，已有高校 23 个项目开始实施。

[**参加东京高技术展**] 1993 年 5 月下旬至 6 月上旬，由国家教委组团，有 36 所大学的 80 名参展人员，携带 196 项高新技术成果，乘青岛海洋大学《东方红号》科学考察船，参加了由日本刊物《工业新闻》社主办的“93′东京高技术国际展览会”。中国大学展团在展览会期间通过成果展示、技术交流和技术贸易活动，了解了国际技术市场的需求和特点，签订 16 项正式转让合同和代理销售协议，达成 40 项合作研究开发或合资生产的意向性协议。北大方正集团落实了多家代理商；山东大学的“人工晶体及器件”、北京工业大学的“心血管血流参数无损伤测试仪”、上海医科大学的“核孔滤膜红细胞变形测试仪”、青岛海洋大学的“废水回用技术”、西安交通大学的“节能诊断软件”、上海交通大学的“薄膜磁头磁盘驱动器”、中国纺织大学的“细旦超细旦纤维”、大连理工大学的“模具电化学机械光整加工工艺及设备”、西北工业大学的“稀土永磁电机”、华南理工大学的“新型高强度耐磨合金”等，分别落实了代销、合作生产、委托开发等协议；复旦大学、中南工业大学、吉林大学、武汉大学、成都科技大学等也与外商就共同研究开发或引进技术完善工艺设备等达成协议。据展后对有关项目的跟踪了解，已有 11 项合同正式执行，初步创汇 110 万美元。

[**科技产业会议**] 1993 年 12 月 11 日至 14 日，国家教委、国家科委、国家体改委在北京联合召开了全国高校科技产业工作会议。李岚清副总理为会议提交了书面发言，国务委员李铁映、宋健到会作了重要讲话。三委负责同志分别结合经济体制、科技体制和高校改革形势作了报告。来自各省、自治区、直辖市教育行政部门和部分高校的领导以及部分校有科技企业的代表结合党的十四届三中全会关于抓紧时机、加快改革与发展、加快建立社会主义市场经济体制步伐的精神，从高校改革和科技企业发展的实际出发，围绕高校科技产业的指导方针、地位作用、政策措施和建立现代企业制度等方面进行了讨论。代表们针对当前的形势，对科技产业支撑条件、政策环境、高校科技产业发展的因素和面临的困难及问题，以及解决这些困难和问题的办法与出路等，作了比较深入的研究和探讨。

撰稿　高文兵　杨雪琴
审稿　左铁镛

[**高校科技主要数据指标**] 1993 年全国高校理、工、农、医学科领域科技工作主要数据指标如下：

一、科技人力。全国高校从事科技活动的人数近 60 万人，其中高级职称人员 12 万人，占 20%；研究与发展人员 23 万人，其中科学家和工程师 22 万人占 95.7%，高级职称人员 7.8 万人，占 33.9%；全时研究与发展人员 14 万人，其中高级职称人员 5 万人。

二、研究与发展经费。当年，全国高校从各种渠道获得的研究与发展经费共 30 亿元。比上年增加 56.3%；主要来自“863”高技术研究、科技攻关、国家自然科学基金、产学研工程产业化计划研究以及企事业单位委托的各个层次大量科技任务。

三、研究与发展机构。高等学校现有经上级主管部门批准的研究与发展机构 1800 个，机构中从事研究与发展人员 3.5 万人，就读的研究生 1.7 万人。其中博士生 4000 人。

四、研究与发展课题。高校开展与承担的研究与发展课题达 9 万项；应用推广、科技服务课题 2 万项。当年拨入经费 25 亿元，比上年增加 25%。拨入经费中用于基础研究的占 13%，应用研究占 50%，试验发展占 37%。

五、国际科技交流。高等学校进行了广泛的国际科技交流活动，出席国际学术会议 5000 人次，交流学术论文 5000 篇，出席在国内召开的国际学术会议近万人次，交流论文近万篇。高校共派遣 900 余人出国攻读学位，其中攻读博士学位 660 人，硕士学位 240 人。

六、研究与发展成果及技术转让。高校共出版科技专著 4500 部，在国内外学术刊物上发表学术论文 15.5 万篇，鉴定科技成果 8500 项。鉴定技术转让合同 4500 项。当年实际收入 1.5 亿元。

七、科技成果获奖。全国高等学校获国家发明奖 71 项；国家科技进步奖 94 项；国家自然科学奖 26 项；国家星火奖 17 项。分别占全国获奖总数的 40.6%；21.3%；50%；15%。

八、高校科技企业。高等学校有近 400 所大学兴办各种类型的科技企业近千个，经营额近 48 亿，税后利润 7.6 亿元。

撰稿　江玉仙　高文兵

审稿　左铁镛

[1993 年度高校获国家级科技奖目录]

一、获国家发明奖项目

二等奖 6 项

橡碗拷胶分子降解——金属络合制造鞣剂（成都科技大学）

谐波起动的绕线型感应电动机（华中理工大学）

健侧颈 7 神经根移位治疗臂丛根性撕脱伤（上海医科大学）

白钨精矿与黑白钨混合矿藏分解方法及设备（中南工业大学等）

高蛋白优质面包冬小麦新品种 PH82-2-2（山东农业大学）

稀土永磁高效节能纺织电机（西北工业大学）

二、获国家科学技术进步奖项目

特等奖 1 项

黄淮海平原中低产地区综合治理的研究与开发（北京农业大学等）

一等奖 6 项

熊猫集成电路 CAD 系统（清华大学　上海交通大学　杭州电子工业学院　复旦大学　北京大学　北京邮电学院等）

粉锈宁新技术开发（南开大学等）

宽带钢轧机变接触长度（VCL）支持辊与板形的研究（北京科技大学等）

草鱼出血病防治技术（上海水产大学　华中农业大学）

黄土高原综合治理定位试验研究（西北林学院　西北农业大学等）

土质防渗体高土石坝研究（成都科技大学　清华大学　河海大学等）

二等奖 31 项

抽油机——深井泵装置系统效率研究（大庆石油学院）

热作模具钢性能和应用系列化研究（华中理工大学）

振荡脉冲射流喷嘴（西南石油学院　重庆大学等）

指纹自动识别系统（北京大学　清华大学等）

窄带图象快传及档案检索通信系统（电子科技大学）

天马——通用型集成式专家系统开发环境（浙江大学　武汉大学　湖南师范大学）

B116 型一氧化碳中温变换催化剂（福州大学等）

钢锭轧前处理过程计算机控制(浙江大学等)

还原蒸馏联合法制取海绵钛工艺与设备(东北大学 中南工业大学)

中国采煤方法研究(中国矿业大学 阜新矿业学院 西安矿业学院 山西矿业学院 山东矿业学院 焦作矿业学院)

氟塑料加工及应用技术开发(清华大学等)

戊型肝炎病原学及流行病学研究(北京医科大学等)

胃肠激素及其受体的基础和临床研究(协和医科大学等)

抗孕新药米非司酮的研制(中国药科大学等)

全国不同生态区优质棉高产技术研究与应用(北京农业大学等)

兔出血症病毒分离培养和鉴定研究(南京农业大学)

新型耕作栽培技术及其应用研究(江苏农学院等)

小麦、玉米对旱、涝、冷的生理反应及提高抗性的调控技术(沈阳农业大学等)

不同类型区域县级农村能源综合建设试点研究(合肥工业大学等)

半干旱风沙草原区防护林体系综合效益及立地类型划分、评价的研究(东北林业大学等)

侧柏地理变异和种源区区划的研究(北京林业大学等)

大熊猫双胞胎育幼研究(四川大学等)

高等级公路半钢性基层沥青路面抗滑表层成套技术(同济大学 石油大学等)

大断面斜井机械化配套及快速施工工艺(山东矿业学院等)

高层建筑钢结构成套技术(哈尔滨建筑工程学院 清华大学 同济大学 西安冶金建筑学院等)

TDM/FDM60 路复用转换设备(S/P型)(重庆邮电学院 南京邮电学院)

建立高精度平面标准——激光光外差平面干涉仪(南京理工大学等)

我国中长期食物发展战略总体研究(中国人民大学等)

低湍流度风洞(西北工业大学)

10KV 直接下井供电(焦作矿业学院等)

络合萃取法处理工业含酚废水技术(清华大学)

三、获第六次国家自然科学奖项目

二等奖 7 项

中华人民共和国及其毗邻海区第四纪地质图(1∶250 万)及说明书(中国地质大学陈华慧等)

应用物理中几类逆问题研究(北京科技大学陈难先)

弯扭叶片降低叶轮机械能量损失的机理及其设计理论与方法(哈尔滨工业大学王中奇等)

四川自贡大山铺中侏罗世恐龙动物群研究(成都地质学院何信禄等)

全数字自动化测图的理论与方法(武汉测绘科技大学王之卓等)

太阳大气动力学的数值研究(中国科技大学王水等)

载能离子束与金属作用下合金相形成及分形生长现象的研究(清华大学柳百新等)

四、获国家星火奖项目

二等奖 5 项

北京花猪繁育体系的建立及配套技术推广(北京农业大学等)

虾贝育苗场综合利用技术(山东水产学校等)

优级酒精快速发酵工艺及高效蒸馏技术开发研究(郑州轻工业学院等)

四川省丘陵地区综合技术开发试点(四川农业大学等)

增产菌在农作物上的推广应用(北京农业大学等)

撰稿　张建华
审稿　左铁镛

[组织高校科技成果进入各类国家级推广和产业化计划]　1993年高等学校列入国家级火炬计划39项,贷款额度为9860万元。其中国家教委专项26项,批准贷款额度为7720万元,到93年底,有18项落实了贷款,计4980万元,占总批准额度的64.5%,国家教委是各申报部门落实贷款比例最高的部门。

进入国家"火炬计划"情况。根据国家发展高技术产业的政策精神和国家金融、税收体制改革的形势,1993年申报1994年火炬计划的指导思想是:已进了"火炬计划"的项目因上规模追加贷款优先;以高校高技术成果为依托与企业结合的申报优先;鼓励高校火炬计划项目进入国家高技术开发区,以充分享受开发区的优惠政策,并充分利用开发区已构筑的十大社会支持体系发展高校高技术产业。就此,已与国家科委火炬办达成了共识。1993年申报1994年国家级"火炬计划"国家教委(高校)专项的共有41所高校(其中委属高校17所,非委属高校24所),申报96项,经形式审查有2项不合格,94项提交专家组评审,申请贷款额度36489万元。通过评审A类(达国家级"火炬计划"要求)42项,申请贷款12685万元;B类(火炬计划预备项目)30项,申请贷款11214万元;C类(不合要求)17项;缓评5项。1993年是国家"火炬计划"实施五周年,国家科委"火炬"办和国家教委科技发展中心共同召开了加速高校科技成果转化和创业中心工作研讨会,国家科委副主任李绪鄂、国家教委副主任韦钰在会上讲话。韦钰还就高校如何发挥科技成果辐射功能以及有关政策问题,与国家科委负责人交换了意见,并将以上问题用《会议纪要》的形式加以肯定。会上,国家科委对实施"火炬计划"先进单位和"火炬计划"管理先进单位进行表彰,国家教委科技发展中心被评为先进管理单位,并授予奖牌和奖状。

1993年高校列入国家星火计划共12项,占总项目数的3.3%。

1993年高校列入国家科委新产品试制(鉴定)计划76项,占总项目数的3.65%。

1993年高校列入国家级重点推广计划40项,约占计划总数的28.78%。五年来(1989～1994)高校共列入计划204项,占五年总计划数的22.8%。

[培育和完善高校技术市场]　1993年国家教委组织高校的科技成果分别参加全国、部委或地方的12次"科技成果交易会",把高校的科技成果推向市场,促进商品化、产业化,促进经济建设的发展。如"93中国新科技成果、专利技术、专利产品博览会"有13所高校的68个项目参展,会上有17个科技项目签了合同,金额5523万元。高校有7个参展项目获大会金奖,2项获科技创新奖。

1993年高校技术市场有新的发展。过去高校是以参展为主,现在有的地方由高校自己主办交易会,效果更好,并且引导它们向网络方向发展。如北京12所高校成立了"首都高校科技信息联络网",于1993年6月初在清华大学举办了"首都高校科技成果发布会",需求方很有兴趣,参加洽谈者络绎不绝。需求者不仅能与成果的持有者面谈,还能实地参观实验室和中试基地,有利于合作开发和研究。仅以清华大学为例,1993年通过多种形式的技术市场活动，与30个省、市、地区签定技术合同354个，合同总金额6474万元。

1993年5月中旬至7月中旬，由国家科委、国家教委、国防科工委、中国科学院、中国专利局与中央电视台联合主办了CCTV“科技大市场”特别节目，国家教委主任朱开轩任领导小组成员，左铁镛司长是组委会成员。举办特别节目的目的在于通过科技成果的拍卖、技术项目的转让和电视传播媒介，促进科技市场的建立与完善，宣传科学技术是第一生产力。这项活动分三个阶段：节目准备、科技项目展示展播、现场直播。有40所高校组织参加此项活动，共申报展示展播项目64项，经评审实际进入展示展播的有56项。在入选项目的展示洽谈会上，高校共签定合同(包括意向合同)金额达8450万元，其中，大连理工大学“气波制冷”项目与辽河油田签定770万元的正式合同；成都科技大学的“复合膜生产技术”项目与浙江德清县签定330万元转让技术与设备合同。在7月15日～17日的三场现场直播中，有8所高校的8个项目进入，清华大学、哈尔滨工业大学、四川大学等3所高校在现场举行了科技成果的新闻发布会，国家教委副主任韦钰在直播现场讲话。“科技大市场”活动引起了社会各界尤其是企业界人士的关注。高校通过这项活动，宣传和展示了高校的科技力量，为高校和社会架起了一座桥梁。

1993年，《中国高校技术市场》月刊(以下简称《月刊》)继续坚持项目公开，为高校和社会服务的创刊原则，社会影响日趋扩大。1993年《月刊》发行量平均每月1103份，较上年增加24.5%。同时还出版了《“全国技术信息发布厅”高校项目选编》。为提高办刊质量，《月刊》编辑部逐步建立、健全通讯员网络，通讯员遍布全国133所高校，人数达到205人，并为其颁发了通讯员证。

[第五届全国高技术产业研讨会] 为促进我国高技术产业的发展，由国家计委、国家科委、国家教委、国防科工委、中科院和中国社科院联合发起召开全国高技术产业研讨会，为国家制订有关政策服务。研讨会由国家教委主办。会议领导小组组长韦钰(国家教委副主任)，领导小组成员：惠永正(国家科委副主任)、王春正(国家计委副主任)、怀国模(国防科工委副主任)、王佛松(中国科学院副院长)、刘国光(中国社会科学院副院长)。张秀梅任本届会议秘书长。本届研讨会于1993年10月11日至13日在成都飞机工业公司召开。来自企业、高等学校、科研机构、政府有关部门及新闻界和四川、成都等地的100余名代表，围绕社会主义市场经济条件下，如何抓住有利时机，加快发展我国高技术产业这一主题畅所欲言，为国家献计献策。国务院研究室、成都飞机工业公司、上海纺织机械有限公司、中国科学院企业局和国家科委高技术司的代表为大会作了特邀报告，贵州省国防工办等10个单位的代表在大会作了交流发言，光明日报、科技日报、中央广播电台和四川省电视台等十几家新闻单位作了报道或用整版篇幅转载了大会论文。会议并将讨论成果用《会议纪要》转发与会各单位并报送有关领导部门。

[高校博士点专项科研基金评审] 1993年度，高等学校博士点专项科研基金理工、农、医、军口共受理申报项目1089项(文科除外)，通过评审，批准择优资助课题662项，占申请课题的60.8%，经费2074.1万元。卫生口资助课题79项，经费238万元；军口资助课题35项，经费110万元；农口资助课题42项，经费136万元。

［**利用各类基金培养支持高校年轻学科带头人**］ 1993 年度国家教委优秀年轻教师基金通过专家通信评审，从受理的 238 项申报课题中评出资助课题 109 项，资助额度为 604 万元。

1993 年度"霍英东教育基金会"青年教师基金及奖励共受理 681 项(人)，通过通信评审，评出青年教师基金 80 项，资助金额 127.81 万美元。青年教师研究类奖 51 人，青年教师教学类奖 100 人。

国家教委第四批重点跟踪资助优秀年轻教师经过专家评审会评审，从 187 名候选人中评出 30 名，经批准后给予重点资助。

［**高校科技成果奖励**］ 1993 年度国家教委科技进步奖授乙、丙两类，共有 95 所高校申报项目 413 项，其中乙类 277 项，丙类 136 项，形式审查不合格项目 28 项。经过通信和专家评审会两级评审，共评出拟授奖项目 203 项，其中乙类 137 项，丙类 66 项；一等奖 18 项，二等奖 72 项，三等奖 113 项。

1993 年度国家自然科学奖评出授奖项目 52 项，其中一等奖 1 项，二等奖 18 项，三等奖 21 项，四等奖 12 项。全国高校共获奖 26 项，获奖比例达 50%，其中二等奖 7 项，三等奖 10 项，四等奖 9 项。在全国高校获奖项目中，委属高校获奖 11 项，其中二、三、四等奖分别为 1、7、3 项。

1993 年国家科技进步奖共评出授奖项目 441 项，其中特等奖 2 项，一等奖 27 项，二等奖 122 项，三等奖 290 项。全国高校共获奖 94 项，获奖比例为 21.3%，其中特等奖 1 项，一等奖 6 项，二等奖 31 项，三等奖 56 项。在全国高校获奖项目中，委属高校获奖 35 项，其中一、二、三等奖分别为 3、11、21 项。

1993 年度国家发明奖授奖 175 项，其中二等奖 16 项，三等奖 74 项，四等奖 85 项。全国高校共获奖 71 项，获奖比例达 40.6%，其中二等奖 6 项，三等奖 26 项，四等奖 39 项。在全国高校获奖项目中，委属高校获奖 22 项，其中二、三、四等奖分别为 2、6、14 项。

1993 年度国家星火奖评出获奖项目 113 项，其中一等奖 1 项，二等奖 26 项，三等奖 60 项，四等奖 26 项。全国高校获奖 17 项，获奖比例达 15.0%，其中二等奖 5 项，三等奖 8 项，四等奖 4 项。在全国高校获奖项目中，委属高校获奖 4 项，其中三等奖 3 项，四等奖 1 项。

1993 年度，高校成果鉴定登记 305 项，其中教 G 类 33 项，教 J 类 14 项，教 Q 类 239 项，教 W 类 12 项。上报重大成果登记 438 项。

1993 年度，全国高校获国家教委科技进步一等奖共 18 项。其中乙类 12 项，丙类 6 项。获奖名单如下：

乙类：一等奖(12 项)

序号	项　目　名　称	完　成　单　位
1	内蒙古草原牧场防护区遥感综合调查研究	北京大学、农科院草原研究所、内蒙古大学、北京师范大学、华东师范大学、南京大学、东北师范大学
2	微型计算机辅助绘图及设计系统	清华大学、华中理工大学、北方 CAD 公司
3	CIMS 实验工程	清华大学、航空工业总公司 625 所、航天工业总公司 204 所、机电部北京自动化所、机械部北京机床所

4	晶纤生长设备、晶纤及器件	清华大学、中科院福建物构所、中科院上海硅酸盐所、北京人工晶体所、中科院化学所
5	氯苄羰化一步合成苯乙酸中试研究	大连理工大学
6	炼油厂气体分离装置计算机优化控制	上海交大、中国石化总公司石家庄炼油厂
7	液压挖掘机现代设计理论、方法和技术的研究和应用	浙江大学
8	谐波起动绕线型异步电动机	华中理工大学、武汉汽轮发电机厂、湖北省云梦县电机厂、江门市发电设备厂
9	高功率 CO_2 激光技术	华中理工大学
10	二维直通切优化下料技术及实用系统	重庆大学、中国建筑金属结构协会
11	空分装置原料气单轴全"全可控涡"三元等温型透平压缩机技术	西安交通大学、杭州制氧机厂
12	医用立体 X 线机数字减影血管造影系统	西安交通大学、国营长虹机械厂

丙类：一等奖(6 项)

序号	项目名称	完成单位
1	TEB30-40 显示用液晶材料	清华大学、北京京华特种材料技术开发公司
2	污水污物潜水电泵	江苏工学院
3	热管技术在余热回收中的推广与应用	南京化工学院
4	氯化石蜡的催化合成与推广应用	湖南大学
5	BG 型液压矮泥炮的推广应用	北京科技大学、中国冶金设备总公司、冶金工业部科技司、西安冶金机械厂
6	国庆一号极早熟蜜柑新品种的选育及推广	华中农业大学、湖北省宜昌市农业局、湖南省石门县农业委员会

撰稿 刘剑平

审稿 张秀梅

高校学术研究

[全国高校纪念毛泽东同志诞辰一百周年学术研讨会] 1993年12月26日是毛泽东同志诞生一百周年,中共中央委托中宣部、中央文献研究室等单位联合举办"毛泽东生平和思想研讨会",要求各省市区、中央党校、中国社科院、国家教委(含直属高校)、总政治部五大系统推荐优秀论文。为积极配合中央有关部门做好工作,推动教育系统纪念活动,国家教委高校社会科学发展研究中心联合北京大学、中国人民大学、清华大学、复旦大学、南开大学等22所高校,共同发起筹办"全国高校纪念毛泽东同志诞辰一百周年学术研讨会"。为此,国家教委办公厅向有关高校发出了通知。此项活动受到了各地高校领导和专家学者的重视、支持。至1993年5月,全国有25个省市83所高校报来论文330多篇。经社科中心组织的论文评审专家小组认真评审,确定101篇论文入选教育系统研讨会议。

1993年6月28日——7月1日,"全国高校纪念毛泽东同志诞辰一百周年学术研讨会"在湖南师范大学召开。国家教委原党组书记、副主任何东昌,湖南省副省长郑培民,中央文献研究室副主任吴建国,原教育部副部长张文松,以及中宣部、中央政策研究室,湖南省委宣传部、省教委的领导同志出席了开幕式。国家教委党组成员、专职委员、研讨会负责人林炎志受朱开轩同志的委托,代表国家教委向会议表示祝贺。150名代表(含特邀)围绕纪念毛泽东、推动对毛泽东的实践和思想以及建设有中国特色社会主义理论的研究,从政治、经济、军事、文化、教育等方面进行了研讨,重点研讨毛泽东对中国社会主义道路的探索,以及邓小平继承和发展毛泽东思想,创立建设有中国特色社会主义理论的重大贡献。经过会议领导小组评审,挑选出21篇优秀论文作为国家教委系统推荐论文,参加中央"毛泽东生平和思想研讨会"论文评审。会议入选论文由湖南师范大学出版社汇集出版了《永远的旗帜——全国高校纪念毛泽东同志诞辰100周年学术研讨会论文集》。

撰稿　李耀建
审稿　田心铭

[全国高校人文社会科学研究工作会议] 1993年11月23日,国家教委社会科学司在江西南昌召开了全国高等学校人文社会科学研究工作会议。委属文科重点高等学校科研处长和省、自治区、直辖市教委科研处负责同志约90余人参加了会议。这是近年来高等学校人文社会科学研究规模最大的一次会议。会议的中心议题是:全面正确地分析当前高等学校人文社会科学研究工作面临的形势,研讨改革的思路,明确今后的任务。

会上提出今后高等学校人文社会科学研究工作改革与发展的主要思路是:以邓小平同志建设有中国特色的社会主义理论贯通人文社会科学研究工作的全局。认真学习邓小平同志尊重实践的科学态度和创造精神。学习邓小平同志通观世界发展全局、善于捕捉机遇、不失时机地提出加快改革开放战略决策的宏伟气魄。学习邓小平同志坚持走自己的路,从中国的实际出发的科学态度。从而改变学风,增强人文社会科学为社会主义现代化服务的能力,促进学科建设和提高学术水平。

会议确定今后的工作任务是:

(1)面向社会主义现代化建设的"主战场",为两个文明建设服务。要进一步克服理论脱离实际的倾向,走出书斋,面向社会,面向世界,面向未来,进行广泛深入的社会调查。要努力使自己的研究成果成为真正来自实际、经得起实践检验、能对社会实践起指导作用的科学结论。要全面理解和实现人文社会科学的功能。高等学校人文社会科学要在物质文明和精神文明建设两个方面、理论研究和咨询服务两个层次、学科建设和人才培养两个领域,都作出自己应有的贡献。(2)采取有力措施,扶持基础学科和基础研究,努力攀登学术高峰。扶持的对象包括从事学术文化基础研究的文、史、哲等基础学科,各学科的基础研究和中华民族所特有的学科、研究领域,重点研究机构;保护的措施包括经费投入(研究经费、图书资料及设备购置经费、学术会议经费、优秀成果出版经费等)和优惠政策(人员编制适当放宽、合理计算工作量、减轻本科及以下层次的人才培养任务、优先安排出国进修和参加学术会议等)。(3)深化科研管理改革,加强管理队伍建设。管理体制改革的重点是:打破自我封闭的格局,引进竞争机制、建立激励机制,实行分级管理。要面向社会实际工作部门,开辟新的经费来源。改变过去政府管的过多过细的状况,把工作重点放在加强宏观管理和搞好服务上。(4)加强和改善对人文社会科学的领导。要坚持正确的科研方向,一方面鼓励竞争、鼓励探索;另一方面也要敢于抵制和批判一切不利于社会主义现代化建设事业的健康发展的错误思潮。要切实贯彻"百花齐放、百家争鸣"的方针,在科研成果评价的问题上,要坚持科学性评价的标准,对于研究过程中出现的失误,要给予善意的提醒和帮助,不能把学术问题简单地归结为政治问题。

撰稿　田敬诚
审稿　马樟根

成人教育

农村成人教育

［扫盲工作］ 1993年，全国扫盲工作围绕贯彻《中国教育改革和发展纲要》，在深化扫盲教育的改革，完善政策，保持规模，推动各地形成政府领导、社会参与，加强扫盲管理，开展评估验收等方面作了以下工作：

修改《扫除文盲工作条例》(以下简称《条例》)，完善有关的扫盲工作政策。《纲要》中提出“到本世纪末全国基本扫除青壮年文盲，使青壮年人口中的文盲率降到5%以下。”这一目标比原《条例》规定的基本扫除文盲单位标准(青壮年非文盲率达到85%以上)高10个百分点。根据《纲要》的规定和扫盲工作的需要，国务院修改了《条例》的部分条款并于8月1日颁布了新《条例》。其修改的主要内容有：(1)提高了扫盲对象的年龄上限，由原定的15—40周岁提高到15周岁以上的文盲、半文盲公民，扩大了扫盲对象，为更多的文盲参加学习提供了法规依据；(2)提高了基本扫除文盲单位的标准，青壮年的年龄界限由原来的15—40周岁改为1949年10月1日后出生的、年满15周岁的人口。青壮年非文盲率由85%提高到农村95%，城镇98%，复盲率在5%以下；(3)进一步明确了扫盲后继续教育的形式，“在农村，应当积极办好农民文化技术学校，采取农科教相结合等多种形式巩固扫盲成果。”为了贯彻《纲要》和《条例》的规定，国家教委还制订了《县级基本扫除青壮年文盲检查评估办法》；确定了国家教委对各省(区、市)扫盲工作进行检查的政策；从而形成了乡验村、县验乡、省市验县、国家教委抽查的扫盲工作评估验收办法和制度。

采取一系列措施，推动扫盲工作。3月2日，国家教委召开了国家级全民教育大会，国务院总理李鹏为大会祝词，国务委员李铁映主持了大会。联合国教科文组织总干事马约尔、联合国人口基金总干事格兰特及部分人口大国政府代表团应邀出席了大会。国家教委副主任王明达就扫盲工作作了专题报告。这次大会对动员各级政府进一步重视义务教育和扫盲工作起到了重要作用。3月22日，国家教委召开了义务教育和扫盲工作电话会议，把扫盲教育纳入教育督导系列，提出扫盲不验收，普及九年义务教育不能验收，在全国范围内开展“两基”教育督导，使普及义务教育和扫盲工作有机地结合起来；对堵住新文盲的产生起到了积极的作用。

把扫盲工作落实到村。3月22日，国家教委在总结各地经验的基础上，转发了福建把扫盲的组织领导、宣传发动、计划任务、“双线”承包、乡规民约、检查督促、建档立卡、考核验收8项二作落实到村作法的文件，推动各地将扫盲任务落实到基层、落实到人；8月，国家教委在贯彻新《条例》的通知中提出，扫盲验收的基本单位是农村的行政村，城镇的居民委员会，进一步强化了基层的扫盲工作。3月初，国家教委举办了“两基”教育督导评估培训班，研究部署了全国的督导评估工作，从4月到12月，国家教委分别对山东、浙江、北京、上海、天津、吉林等地的“两基”教育进行了抽查评估，其中吉林、北京、天津、上海已达到了国务院新《条例》规定的基本扫除青壮年文盲的标准。

扫盲教材、读物建设和教学改革进一步发展。(1)6月末，在联合国教科文组织亚洲文化中心的资助下，国家教委成人教育司与人民教育出版社、中国联合国教科文组织全委会秘书处在长春联合举办了全国扫盲和扫盲后教材、读物编写研讨班，制订了《扫盲和扫盲后教材与读物编写计划》，初步拟定编写50种扫盲和扫盲后教材或读物，研讨班上落实36种读物的编写工作。(2)开展了扫盲与农村成人教育的试验。在湖北、江西、浙江等地开展了安子介的千字文、张毕来的四百字扫盲识字方法的试验。千字文的试验已取得初步效果；但存在的问题是对教师要求较高，目前农村小学的教师还没有掌握这种方法。由联合国教科文组织资助，在贵州、安徽、广西、甘肃开展了农村成人教育试点工作，探索扫盲后继续教育的有效途径，摸索经验。(3)经国家新闻出版署批准国家教委成人教育司与黑龙江教委等单位联合创办了《扫盲学习报》，每月两期，面向全国发行；对帮助扫盲学员巩固提高、宣传扫盲工作起到良好作用。为了提高扫盲教材、读物编写水平，成人教育司翻译、复制了联合国教科文亚洲文化中心编制的《如何编写妇女扫盲读物》的录像片，分送各省(区、市)教委。

经过努力，全国的扫盲教育继续保持了良好的发展。据统计，1993年，全国共办扫盲班289623个，5481692人脱盲，其中女性3352078人，占61%；在校生5074180人，其中女性3029631人，占60%，脱盲人数比1992年略有增加。全国青壮年文盲人数由1990年的5000多万人，下降到4000多万人；青壮年文盲率由1990年的9.3%下降到7%左右。

撰稿　王　岱
审稿　李家林

［**农村成人培训**］　1993年，农村成人教育紧紧围绕当地经济建设和社会发展需要，坚持多层次、多形式、多规格办学，针对农村产业结构的变化，不断改革办学体制，调整和丰富培训内容，提高农村劳动者的文化科技素质，直接有效地加快了广大农民的致富步伐，促进了农村两个文明建设。

据统计，1993年全国参加各种形式政治、文化、技术教育的农村基层干部、青壮年农民、乡镇企业职工人数为5281.46万人(次)，是近几年来年培训规模最大、人数最多的一年。目前，全国已建立县成人教育培训中心2125所，乡(镇)农民文化技术学校39112所，村农民文化技术学校和教学点达64.14万所(个)。

12月中旬，全国农民教育联系点第六次协作会暨全国农村成人教育研究会年会在广东省南海市召开。会议总结交流了农村成人教育的经验和成果，研究探讨了农村成人教育适应社会主义市场经济的思路与对策。会议收到经验材料和论文50多篇。

与会代表在考察了南海市(县)、乡(镇)成人学校后认为，南海市农村成人教育有以下经验值得借鉴：(1)各级党政领导象抓经济工作一样狠抓教育，坚持"三教"统筹、农科教结合，主动为社会主义市场经济和社会发展服务。(2)采取多层次、多规格、多渠道、多形式办学，广泛开展对农村劳动者的教育与培训，为农村经济发展和社会进步培养了大量适用人才。(3)各级农村成人教育工作者，有强烈的开拓进取精神和责任感，在实践中勇于探索，大胆创新。(4)建立了与当地经济发展相适应的高标准、规范化的农村成人教育培训基地，形成了市、镇(区)、管理区三级农村成人教育网络。(5)加强并不断完善对农村成人教育的科学管理，增加了教育投入，改善了办学条件，扩大了办学规模，提高了教学质量。

会议提出了以下要求：一是抓试验、上规模、求效益。各地要从当地经济发展的实际出发，办好一批示范成人学校，使之逐步上规模，形成自己的风格。要把着眼点放在提高农村劳动者科学文化素质方面，把着力点放在农村成人教育与经济相互促进、协调发展方面，积极扩大办学面，提高办学效益。要开展评估督导，推动农村成人教育的健康发展。二是抓建校、促管理、上水平。各级教育部门要贯彻落实《中国教育改革和发展纲要》，加快农村各级成人文化技术学校的建设，健全农村成人教育机构，配备和充实农村成人教育干部和师资队伍，加强对农村成人学校的宏观管理，积极开展理论研究工作，努力提高农村成人教育的办学水平。三是抓投入、校办厂、增活力。农村成人教育是地方性教育事业，要按照分级办学、分级管理的原则，坚持多种渠道筹措农村成人教育经费。积极提倡和鼓励成人学校建立校办厂(场)，以厂(场)养校，增强成人学校的办学活力。

撰稿　孙凤岐
审稿　李家林

[农村成人中专教材建设]　根据农村成人中专教学改革的需要，从1992年起，国家教委组织有关省市教育行政部门对农村成人中专原农学、果林、畜牧兽医和农村经济管理4个专业的教学计划，50余科教学大纲和教材进行了修订，到1993年修订工作已结束，从1994年秋季起陆续供书。新编教材更新了教学内容，贯彻了少而精，理论联系实际，注重能力培养的原则，符合成人学习的特点。

撰稿　彭兴颀
审稿　李家林

[农村成人学校人口教育]　1993年5月18日至6月8日，联合国人口基金与国家教委成人教育司组织"P20"(人口教育)项目评估组，赴河南、湖北、四川等省检查评估农村成人学校人口教育项目中期执行情况。

项目评估组在上述3省检查评估2所项目师资培训中心，10所项目学校和8个人口教育联系点。评估后，联合国人口基金执行机构高级项目官员安莎·爱里·康先生认为，"P20"项目在中国各级教育部门和项目学校的积极参与下，已经达到甚至超额完成了项目规定的目标。各实施项目单位取得的主要成效是：(1)建立了人口教育管理机构。国家教委、省(市)、县、乡教育部门都建立了人口教育管理组，普遍加强了对项目工作的管理与指导。下发文件，制定措施，建立检查评估制度，保证了项目的顺利实施。(2)培训了项目管理人员和教师。"P20"项目举办了国家级培训班、出国短期培训班、省级培训班、县级培训班以及项目学校培训班。共培训106名省级项目人员、735名项目学校校长、3320名项目学校的教师和2676名人口教育联系点的教师。(3)编写了人口教育教材、资料和读物。国家教委组织编写了文字教材、音像教材、自学教材、教学参考书和教学挂图。同时，翻译印制了国外人口教材资料。各省、市、县以及项目学校结合当地实际，编写了许多补充教材。这次评估的省，有省编教材 15 种，市编教材 9 种，县级教材 10 种。经评估，认为其中有 14 种教材内容丰富，体材新颖，质量较高。(4)P20 项目取得了丰硕成果。目前，全国有 735 所项目学校全部开设了人口教育课，建立 2351 个人口教育联系点。许多县已形成了人口教育培训网络。项目实施以来，项目学校和人口教育联系点共培训 500 多万名农村基层干部和农民，其中妇女占 45%左右。(5)各项目学校积极探索开展人口教育教学的有效途径，各地充分利用录音、录像、幻灯、图片等现代化教学手段，把面授辅导与电化教学有机结合。同时，组织学员深入农村社会调查，编演文艺节目、举办广播讲座、编写人口教育宣传资料等宣传，增强了广大农民的人口意识和社会责任感，使他们懂得了人口变化与经济发展、生态环境、家庭生活质量的关系，树立了正确的生育观念，自觉地执行国家的人口政策。

撰稿　孙凤岐
审稿　李家林

成人高等和中专教育

[**高校成立继续教育协作组**]　1993 年 11 月，高等学校继续教育协作组成立大会在北京清华大学召开。来自全国的 41 个协作组成员高等学校以及其他高等学校或继续教育中心、企业等 100 多人参加会议。

国家教委副主任王明达、人事部副部长蒋冠庄、国家经贸委副主任陈清泰分别到会讲话指出，继续教育是社会发展的需要。为适应 21 世纪的发展形势，必须通过继续教育来提高专业技术人员的素质、提高专业人员的整体水平。

高等学校继续教育协作组的宗旨和任务是：推动高等学校积极开展继续教育工作。促进继续教育自觉为经济建设和改革开放服务。加强宣传，交流继续教育的信息和经验，探讨继续教育的规律和有关政策，推动高校之间、高校和部门、行业、地区之间的联系和合作，参加国际和国内的交流。为四个现代化建设做出更大贡献。

会议通过了《高等学校继续教育协作组章程》。选举了清华大学、吉林大学、天津大学、四川大学等 17 所高等学校为第一届协作组组长单位。

撰稿　孙丽为
审稿　李家林

[**成立成人中专教育专业委员会**]　经中国成人教育协会批准、民政部备案，成人中专教育专业委员会于 1993 年 11 月 10 日在上海正式成立。第一届理事会成员共 35 名，由 25 个省、市、自治区、部委和学校推举产生。理事会通

过了《成人中专教育专业委员会章程》，并初步确定了四个方面的26个研究课题。

撰稿　彭兴颀
审稿　李家林

〔**制定成人教育管理干部六类岗位规范**〕

为了提高成人教育管理干部的整体素质和水平，促进成人教育的深化改革和发展，国家教委1993年5月制定下发了《成人教育管理干部六类岗位规范》。六类管理干部是：独立设置成人高等学院（校）院（校）长，普通高等学校成人教育处（学院）处（院）长，省、自治区、直辖市教育行政部门成人教育处处长，县成人教育办公室主任（科、股长），企业职工教育处处长（培训中心主任、教育科长），省、自治区、直辖市业务部门教育处处长等分别制定了岗位规范。

《规范》对六类成人教育管理干部的基本职责、政治思想与职业道德、知识要求、能力要求、文化程度、经历和身体素质要求等方面做了规定与说明。为了配合成人教育管理干部岗位培训工作的开展，1993年9月国家教委成人教育司还推荐了一批成人教育管理干部的培训教材及参考书目。

撰稿　郭春鸣
审稿　李家林

自学考试

〔**基本情况**〕　1993年，高等教育自学考试工作继续遵循全国高等教育自学考试指导委员会（以下简称“全国考委”）第三次全体会议制定的“改革、完善、提高、发展”的工作方针，贯彻国家教委关于加强自学考试工作的有关要求，把考试质量和社会效益放在首位，采取了多种措施，加强宏观管理与指导监督，使高等教育自学考试工作在保证质量的前提下有了进一步的改革和发展。

1993年举行两次考试。上半年报考238万多人，下半年报考234万多人。全年大专以上毕业生12万多人（其中本科8809人，专科11.8万余人）。截止到1993年底，高等教育自学考试专科以上毕业生约有90余万人。全国开考了专科以上专业共142个。

考生人数的地域分布仍集中在人口众多、经济文化较发达的地区，省内则以中心城市或人口相对集中的城镇为主。据统计，1993年每次考试报考人数超过10万人的省有：四川（上半年23.5万、下半年20.2万，下同），江苏（19.5万、16.7万），安徽（17.4万、16.7万），山东（17.1万、18.1万），湖北（16.2万、13.3万），河南（15.3万、15.9万），湖南（15.2万、15万），河北（13.4万、10.6万），辽宁（12.3万、11.9万），广东（11.9万、11.7万）。

考生的年龄结构发生了很大变化，由过去以30—40岁为主下降到以20—25岁为主，据河南省1993年下半年报考情况的统计，25岁以下的考生有11万多人，占报考总人数（15.9万多人）的71.9％，26—36岁的占22.9％，36岁以上的考生仅有8000人，占报考总人数的5.2％。在职人员仍占79％，待业人员为7.4％。考生已有文化程度有较大提高，高中以上文化程度占报考总人数的97.6%，其中高中、中专占89.4%，大专以上文化程度的有1万余人，占8.2%。

全国自考本、专科分省(市、区)情况见下表：

1993年上半年本科自学考试情况统计表

单位：人

省市名称	报考人数	报考科次	实考人数	实考科次	合格人数	单科合格科次数		专业证书获得者人数		毕业证书获得者人数		获学士学位人数		在档考生人数		累计报考人数
						累计数	其本次中数	累计数	其本次中数	累计数	其本次中数	累计数	其本次中数	累计数	其本次中数	
北京市																
天津市	1565	2875	1265	2214	718	22384	1072			548	54	109		3428	149	7941
河北省	3948	7689	2741	4897	1801	23295	2578			220	62	64		5375	340	14860
山西省	2808	6190	2049	4554	1595	20663	2890			138	76			4906	475	9566
内蒙古	1480	3604	1286	3068	1028	5306	2007			119	81			1911	231	10787
辽宁省	10886	24266	9013	19071	6478	30613	13028			2669	770	74		18301		16329
吉林省	5902	13224	4825	10820	1820		4035			678	81		81			33707
黑龙江	1523	3510	1229	2739	875	12383	1523			56	30			2914	358	10213
上海市	25192	50971	19215	38118	10850	295775	20322			15967	501	684	28	204343	10691	594157
江苏省	13532	26054	7307	12068	4622	74902	6441			1325	214	137		18681	979	186588
浙江省	3907	7093	2572	4548	1279	10244	1115			346	50			7978	473	17915
安徽省	15882	36786	9245	18741	6416	42848	8848	1677	1670	429	149	61	33	33360	3916	66938
福建省	576	1184	341	614	204	4517	298			55	17	4		1204	39	2875
江西省	3284	7421	2228	4670	1572	25059	2607			421	68	7	7	5577	421	9113
山东省	7945	15098	5104	8417	3260	40117	4426									17885
河南省	5991	13613	5364	12011	4361	67158	8714			1274	371			9809	795	12779
湖北省	7767	12532	5010	7552	3088	74181	3961			887	279			17601	973	50836
湖南省	8172	16478	5974	10783	3942		5759				240				2160	
广东省	5552	13421	3596	7305	2086	43688	3324			1113	91	49		8896	420	16211
广　西	490	987	347	644	221	684	332			16	16					
四川省	11168	25741	7253	14724	4469	46110	6998			260	172			13928	1365	33931
贵州省																
云南省	1225	2806	975	1884	573	10351	837			248	29	16	1			16259
西　藏																
陕西省																
甘肃省	3912	4357	1558	2874	751		1041			65	11			4678	225	
青海省																
宁　夏	749	1700	641	1407	569	922	922									749
新　疆																
海南省	321	787	208	405	147	1408	192			42	11					1988
解放军																

注明：北京市、贵州省、西藏自治区、陕西省、青海青、新疆自治区、解放军等单位1993年未开考。下列两表凡全部项目为空白者，与本表情况同。

1993年上半年大专自学考试情况统计表

单位：人

省市名称	报考人数	报考科次	实考人数	实考科次	合格人数	单科合格科次数		专业证书获得者人数		毕业证书获得者人数		获学士学位人数		在档考生人数		累计报考人数
						累计数	其本次中数	累计数	其本次中数	累计数	其本次中数	累计数	其本次中数	累计数	其本次中数	
北京市																
天津市	17035	33644	14138	36333	7582	366315	11588	1808		16223	406			58743	2029	161474
河北省	126756	266333	84134	162621	56048	1029426	87390	6833	320	33159	2668			167474	17485	580850
山西省	61646	148412	47716	111445	34719	854091	65271	1235	18	30401	2622			156805	12919	407567
内蒙古	55339	145821	48942	127852	36202	174580	67767			7699	1534			60357	8501	402042
辽宁省	105100	222025	89120	180410	60417	283830	99692	8401	45	92339	5031			279864		241349
吉林省	71974	177253	64486	159117	20471		50340			32231	4054					567158
黑龙江	69893	168763	62408	148056	45813	710652	83398			21344	1775			134494	15518	815672
上海市										20062	541					
江苏省	175370	346978	95938	170905	50174	940826	73254			48048	2293			275852	12232	2401525
浙江省	70702	142353	47175	80297	29547	298304	47279			32292	1003			120883	10757	323552
安徽省	158480	329342	90437	175576	50908	1009657	74519	13960	12801	29424	2983			205014	23020	980046
福建省	37244	78196	21533	42312	13110	361141	20662	400	18	12909	684			61821	4859	195261
江西省	61711	140934	41987	85608	25114	336996	38731	1550		22789	1756			99463	8168	273021
山东省	163611	351778	114646	228326	72745	1253001	115038			39958						615637
河南省	146737	338706	129407	292206	91947	1455211	164359			40992	5629			272593	17550	374095
湖北省	152323	300660	112479	263971	81087	1679583	148472			68888	5933			255459	10413	875663
湖南省	143635	327563	104742	221525	63391	1266142	104913	2579	100	37796	2578	63		278872	23224	1863123
广东省	105212	263286	74072	168061	44727	900379	75862	1287	1	32891	2020			237205	14353	509880
广　西	60261	127455	43703	84736	26573	110867	41635			1976	1976					
四川省	222914	529903	162100	358204	91750	1686764	162106			56825	6328			347994	32213	1125912
贵州省																
云南省	52502	114153	38424	80444	21250	507745	31384			16737	897					784202
西　藏	249		223				148									
陕西省																
甘肃省	59291	115079	47006	119776	29175		47595			10696	1350			122126	11931	
青海省	6786	14511	5551	6786	3397	32836	5732			1612	75			15763	1101	76232
宁　夏	5342	13594	4702	11513	3550	4821	4821									5342
新　疆																
海南省	9470	28870	7343	19647	6169	34487	5942			1243	65					46227
解放军	4607	15202	4164	13634	3501	44905	8728			2165	235			5654	717	7935

1993年上半年中专自学考试情况统计表

单位：人

省市名称	报考人数	报考科次	实考人数	实考科次	合格人数	单科合格科次数		专业证书获得者人数		毕业证书获得者人数		获学士学位人数		在档考生人数		累计报考人数
						累计数	其本次中数	累计数	其本次中数	累计数	其本次中数	累计数	其本次中数	累计数	其本次中数	
北京市																
天津市																
河北省	2931	6100	2148	4143	1437	225968	2306	1472		11509	204			19688	227	112961
山西省	623	1174	551	1011	371	89273	587	228		6228	352			5293	119	14559
内蒙古																
辽宁省	6706	11046	5893	9527	4169	383091	6326	3276	19	19386	490			60271	1399	99039
吉林省	6943	13346	6441	17118	2229		5782			14272	1135					70611
黑龙江	5721	12325	5238	11124	4071	242271	7259			14739	896			42089	644	62464
上海市																
江苏省	5717	10845	3297	5885	1886	44617	2568			702	171			13169	766	70484
浙江省	198	312	124	208	76	3288	135			457	32			647	11	2525
安徽省																
福建省	1648	3207	1334	2500	868	47854	1418	3	3	2059	296			5765	89	13137
江西省	936	2629	645	1559	393	17189	652			1622	76			2968	186	11137
山东省																
河南省																
湖北省	2016	3794	695	1341	654	31148	1167			1355	180			6174	73	22626
湖南省																
广东省	7804	21547	6604	17397	5073	210988	10685	208	208	12497	292			42923	1418	85577
广　西	5696	11612	4225	8011	2893	13210	4933			81	81					
四川省	406	1110	294	838	137	28467	264			1257	8			3436	33	15299
贵州省	2781	5520	2313	4921	1319	63105	2191	39	15	1728	935			16037		
云南省	3881	8988	3224	7429	2849	88232	4308			5786	313					86836
西　藏																
陕西省																
甘肃省	2826	6042	2215	4728	1263	62192	2168	2		1997	101			21616	420	
青海省																
宁　夏	306	612	276	548	258	472	472									306
新　疆																
海南省																
解放军																

为增加应用型专科和复合型人才的培养，使开考专业更好地适应社会主义市场经济建设对人才的需要。1993年经全国考委审批和批转的专业有：河北省开考工业与民用建筑专业、国际金融专业；宁夏回族自治区开考档案管理专业；安徽省开考护理专业；内蒙古自治区开考城市燃气与热能供应工程专业；山东省开考应用电子技术专业、工业分析专业、硅酸盐专业、公共关系专业、市场营销学专业、学前教育专业、畜牧兽医专业、国际贸易专业；上海市开考导游专业、饭店管理专业；江西省开考贸易经济专业、中药专业、法律专业（本科）；海南省开考热带作物专业、热带果树专业、植物保护专业；福建省开考社会工作与管理专业。

与国务院有关部委密切合作，1993年接受国家科学技术委员会委托开考计算机及其应用专业、国家税务总局委托开考税收专业（本科）、中国科学技术协会委托开考乡镇建设与管理专业、建设部委托开考建筑经济管理专业。

撰稿　王贤民　马　术　张为舟
审稿　潘桂明

［稳定和完善自学考试机构］ 针对近年来个别省在机构调整中出现撤销省考委、其职能任务改由其他机构行使的情况。国家教委于1993年9月发出《关于对山东省撤消高等教育自学考试委员会的意见》指出：这种做法违背了国务院《高等教育自学考试暂行条例》的有关规定。《意见》强调：自学考试制度创立十余年来，为国家培养了约90万专科以上文化程度的各种专门人才，是我国社会主义高等教育体系的有机组成部分，不仅在国内，而且在国际上都赢得了较高的声誉。各省、自治区、直辖市考委在此间作了大量的工作，发挥了重要的作用。撤销省考委，还将造成自学考试各种证书颁发、公文运行和管理工作的障碍。颁发高等教育自学考试毕业证书，国家只委托省考委承担。今后，高（中）等教育自学考试的各种证书，必须以省、自治区、直辖市高等教育自学考试委员会的名称签署并颁发，其他任何机构无权颁发，否则将不予承认。对于已撤销省考委的地区，国家教委希望能严格按照国家有关文件精神执行，尽快做好恢复省考委建制的工作，使其继续履行国家赋予的职责。文件下发后，引起了有关省政府、省教育行政部门的高度重视，并积极采取措施，做好恢复稳定省考委的工作。

成立6个自考命题中心。为加强对高等教育自学考试命题工作的管理，使之更加科学化、制度化、规范化，全国考委先后组建了上海、武汉、北京、沈阳、南京、成都等6个命题中心。这项工作于1993年基本完成，各命题中心的工作正在顺利开展。

命题中心的主要任务是：(1)承担全国考委规划协调委托的全国高等教育自学考试命题工作；(2)承担省际协作委托的高等教育自学考试命题工作；(3)承担省（市）考委委托的高等教育自学考试命题工作；(4)承担有关部门或单位委托的命题工作；(5)开展自学考试命题的科学研究工作；(6)承担全国考委委托的其他工作。

对命题中心工作的基本要求：(1)根据国家教委和全国考委制定颁布的政策和规定开展命题中心的工作；(2)命题工作的进行要有利于确保考试质量；(3)要正确掌握命题标准，努力提高考试的信度和效度；(4)命题中心要努力按照标准化、科学化的要求实施命题；(5)命题中心提供的考试样卷及参考答案和评分标准要规范化；(6)命题中心要以命题促进科研，以科研完善命题，努力探索和丰富考试理论，把命题科学理论研究作为命题中心的经常性工作；(7)严格执行保密制度。

撰稿　王贤民　马　术　石　喆　张为舟
审稿　潘桂明

［自学考试科研］　考试科学研究是自学考试的一项基础性工作。“七五”(1987—1991年)期间自学考试的科研工作取得了丰硕的成果，全国考委于1993年评选出“七五”科研成果奖共24项。

高等教育自学考试“七五”科研成果创新的论点简介如下：

在教育测量学方面：

1. 提出了试题“内容难度”的新概念。经典测验理论的试题难度为考生的答对率，是从考生角度来评价试题难易的指标。实际上试题的难度值既与考生对试题内容的掌握有关，也反映了考试要求的高低。对于自学考试这种标准参照性考试而言，试题的难度应体现考试要求的高低，无需考虑考生掌握知识的状况。因此在试题难度的研究上，突破了经典测验理论的局限，提出了试题难度值的大小，不应当依赖考生的样本，而应从考试标准的目标要求来衡量。较好地解决了自学考试难度试测中遇到的问题，促进了自学考试的题库建设。

2. 提出了“考核目标”的新概念。即根据自学考试大纲的要求，对考核知识点的学习要求用可测量的语言予以明确、具体的描述。使命题人员、自学应考者、辅导教师对考试要求有一致的理解。在此基础上研究了自学考试大纲和普通高校教学大纲的不同，为便于掌握考试标准，全国考委开始编制以具体阐明考试内容和考核目标及其他要求的新考试大纲体系，形成第二代考试大纲。

3. 提出了确定及格线的统计方法。

4. 在题库建设领域进行了不同类型的实验对比研究，大部分取得了阶段性成果，并已实际应用。目前自学考试题库建设研究在国内居于领先地位。

山东省高等教育自学考试办公室承担的“高等数学(财经类)题库的研究”研究课题，以经典测量理论为依据，同时密切结合自学考试实际，提出了“内容难度”的概念及测定方法；平行试卷的概念及控制平行试卷的指标体系；考核知识点的概念以及如何控制内容效度；研制出计算机自动生成试卷蓝图及自动成卷系统，该课题已通过国家教委组织的鉴定。

江西省高等教育自学考试办公室和江西师范大学承担的“高教自学考试命题质量控制”课题，以项目反应理论为指导，在题库建设中采取多级评分模型，利用最大似然估计法，解决了选择题和论述题混合资料的参数问题，编成了多级评分试题参数估计程序与试卷生成程序，该课题已通过省级鉴定。

黑龙江省高等教育自学考试办公室在题库建设中，研制和开发了计算机组卷及管理系统、“结构力学课程题库”(和哈尔滨建工学院联合研制)，填补了自学考试工科类计算机化题库的空白，该课题已通过国家教委组织的鉴定。

北京市高等教育自学考试办公室研制的题库的多用户微机管理系统，其中采用的在UNIX系统下对试题数据库管理系统的研究与实践在国内尚未见到报道。

福建省高等教育自学考试办公室与厦门大学研制的“自动出试卷题库微机管理系统”通过了省级鉴定。

5. 在经典测验理论信度和效度两个指标的基础上，提出了需要增加及格线标准合理性和试卷的平行性两项指标，是对测验评价内容的新发展。

在自学考试管理研究方面：

辽宁省招生考试办公室研制的“自学考

试考务信息采集管理系统”，应用条形码信息卡采集各项数据，在考务管理中实现了计算机管理。该系统在对条形码技术和光电阅读器联合开发方面属首创。该课题已通过省级鉴定。

“七五”期间全国自学考试工作者先后出版了自学考试论文集 2 册、命题专著 1 册，北京、辽宁、上海、广东、广西、云南、陕西、甘肃等省(市)出版了自学考试理论和实践方面的著作 8 册，在学术刊物、高校学报及各种杂志上发表论文 80 余篇，通过验收或鉴定的理论及技术 成果 21 项。

撰稿　石　喆　张为舟
审稿　潘桂明

［**修订经济管理类专业考试计划**］　全国高等教育自学考试指导委员会经济管理类专业委员会于 1993 年 5 月召开第八次全体会议。会议按照社会主义市场经济的要求，对工业经济管理、农业经济管理、商业经济管理、计划、统计、财政、金融、会计、基本建设财务与信用、税收等 10 个本科专业及价格学(基础科)专业进行了研究和调整，对其专业知识结构和设考课程也作了相应改动。

会议经过讨论，将各专业的共同课“政治经济学”由 10 学分改为 8 学分；“社会经济统计学原理”改为“国民经济统计概论”(5 学分改为 6 学分)；“国民经济计划学”改为“宏观经济管理”，“会计学原理”改为“基础会计学”。“经济法概论”仍列在基础科阶段，并重新编写大纲和教材，要求其内容要适应经济管理类学员的工作需要。会议决定，在各专业的专业课方面，采取二选一的指定选考方式(如会计专业本科段的第三门课改为“事业行政会计”与“成本会计”任选其一)。

关于与本科并行的(应用型的)专科考试计划，是否考虑要接本科的问题，会议商定，与本科并行的专科在课程设置上不考虑学员转接本科的问题，即按专科要求设置课程。根据这一意见，专科考试计划中的公共基础课的设置是按专科要求设置的，如财经类专业“政治经济学”为 6 学分；公共课“哲学”和“大学语文”各为 4 分；数学开设“财经应用数学”(5 学分)。对外语课是否设置问题，经讨论决定不设外语课程。

对上述专业考试计划，全国考办发出通知，要求各地在该类专业考试计划正式颁发之前，各地对已开考的经济类专业，可结合本地实际情况据此作出过渡性调整，对新开考的上述专业设考课程可作为参考依据，呈报考试计划。

撰稿　张为舟
审稿　潘桂明

［**成立自学成才奖评委会**］　根据《中华人民共和国宪法》第十九条中“鼓励自学成才”的规定，全国总工会于 1985 年制定了《中华全国总工会职工自学成才奖励暂行条例》，1990 年修改为《全国职工自学成才奖励条例》。几年来，依照《条例》的规定，已对全国 282 名经过长期刻苦自学并在实践中取得优异成果的职工进行了表彰奖励，在职工中产生了较大的积极影响。

为进一步加强全国职工自学成才奖的评审工作，使其更具有科学性和权威性，全国总工会、国家教委、国家科委、人事部、劳动部等单位联名于 1993 年 5 月成立了“全国职工自学成才奖评审委员会”，委员会办公室设在全国总工会宣教部。

撰稿　郭春鸣
审稿　李家林

师范教育

[面向农村培养初中师资座谈会] 为贯彻《中国教育改革和发展纲要》和《教师法》，更好地为义务教育，特别是为普及农村九年义务教育服务，1993年11月12日至15日，国家教委在四川省乐山市召开了“全国师范专科学校面向农村，深化改革培养合格初中师资座谈会”，讨论贯彻“纲要”精神，面向农村，深化改革，培养合格初中教师的问题。

四川省教委、怀化师范专科学校、黔南民族师范专科学校、枣庄师范专科学校、晋中师范专科学校、宜春师范专科学校、黄岗师范专科学校、浙江省教委、惠阳师范专科学校、镇江师范专科学校及四川省的部分师专分别介绍了他们在面向农村，深化改革努力培养合格初中教师；加强社会实践活动，拓宽为农服务路子；建立激励机制，加强学生管理；适应农村教育和未来发展的需要，加强师资队伍建设；提高认识，努力增加师范教育投入；从师范院校的实际出发，努力发展校办企业等方面的经验。

会议期间，代表们考察了乐山师范专科学校，并对乐山师范专科学校坚持面向基础教育，特别是面向农村，深化教育教学改革的做法和经验给予了较高评价。乐山师范专科学校的教改目标明确，即努力培养热爱教育，志在山乡，德才兼备，一专多能的合格农村初中师资；改革思路清楚，即培养规格上的“一专多能”，培养方案上的“主辅修制”和培养途径上的“校县结合”。乐山师范专科学校的改革为全国面向农村的师专提供了学习借鉴的经验。

座谈会确定今后师范院校要作到：(1) 师范院校在保证完成师资培养任务的前提下，应发挥学校多方面的作用，面向社会，为当地社会发展和经济建设服务。(2) 师范院校要大力发展校办企业。(3) 组织力量研究高等师范教育的发展趋势。(4) 要科学调整和合理设置专业。首先要尽最大努力了解学校服务地区对初中教师的实际需要；其次按需要科学、合理地设置专业。(5) 辅修科目设置要坚持满足初中开设课程的需要和初中教学的要求。(6) 增强人才培养质量意识，提高培养人才的质量。(7) 学习贯彻宣传《中华人民共和国义务教育法》、《中华人民共和国教师法》和《中国教育改革和发展纲要》，并以此为有力武器，办好师范教育，为我国基础教育事业的发展和改革培养合格师资，为提高中华民族的素质做出贡献。

撰稿　赵建军
审稿　金长泽

[制订《师范院校教师口语课程标准》] 根据1991年国家教委《关于全国教育系统进一步加强语言文字规范化工作的通知》和国家教委师范教育司《关于印发〈高等师范学校学生教师职业技能训练基本要求(试行稿)〉的通知》精神，国家教委制订了《师范院校教师口语课程标准》(以下简称《课程标准》)，并于1993年5月下发各地试行。

国家教委师范司于1993年9月在烟台举办了全国师范院校教师口语课程标准培训班，各省、市、自治区委派的各级师范院校的口语课骨干教师参加了培训。与此同时，组织有关语言应用、课程理论研究等方面专家、教授和各级各类师范院校的口语课教师，编写了供高等师范院校、中等师范学校和幼儿师范学校使用的三套主干教材《教师口语》教科书、《教师口语训练手册》和《教师口语音像教材》。这套教材将于1994年秋季出版供书。国家教委要求各地教育行政部门都要根据各自方言区的实际情况和不同层次、不同类别师范院校培养目标的需要，研究制定开设这门课程的具体实施意见，组织编写地方教材或乡土教材与之配套。

撰稿　连秀云
审稿　孟吉平

[中等师范教育改革]　1993年，我国中等师范教育根据国家教委的要求和工作部署，为落实《纲要》提出的“到本世纪末，小学和初中教师中具有专科和本科学历者的比重逐年提高”的目标，加大改革力度，重点为普及九年义务教育，特别是为农村教育培养和培训师资。一方面抓职前培养，继续加强培养专科程度小学教师的试验工作。到年底，全国已有22个省市、2个部委共78所学校在进行试验，已招生5299人。另一方面抓在职教师培训，全年在职小学教师进修大专学历者为11万人。与此同时，为有效地提高初中教师学历达标率，加快中学教师学历培训步伐，又采取高师函授、卫星电视教育、自学考试相结合的“三沟通”培训方式，解决中小学在职教师，特别是农村初中教师“离不开、考不上、学不下去”的问题，创造了中学教师培训方法和工作的新经验。

端正师范专科学校的办学方向。1993年，国家教委主管部门集中精力，重点解决师范专科学校如何面向农村培养合格初中教师的问题。当前，农村普及九年义务教育的关键是缺少初中教师，从调查研究培养目标、培养规格、培养方案入手，具体指导师范专科院校围绕培养任务进行教育和教学改革，已经初步树立了一批办学方向端正的师范学校典型。同时，中师学校自身一手抓学校建设，一手抓教学改革，办学条件发生了重大变化，相当一部分中师学校建设加快，管理水平提高，办学模式有新的突破，教学质量有明显提高。

加强师范生的职业技能培养和培训，是1993年师范教育深化师范院校教学改革的重要内容。为贯彻“两全”(全面贯彻党的教育方针，全面提高教育质量)方针，突出师范特点，在贯彻中师教学方案和新教学大纲方面，已研制并落实了基本要求，委托14个省市分别制定了各学科贯彻方案和大纲的具体实施意见及各学科教学质量的评估标准。为落实《高等学校教育系统改革意见》，在已出台教改方案的同时，积极研制新的教改方案，幼师教改方案的讨论稿已初步形成，还颁发了《中等特殊教育师范学校专业教学大纲》，这是我国教育史上首次制定的特教教学大纲。1993年还在总结和推广中师和师专加强教师基本功训练经验的基础上，又重点抓了教师职业技能训练的规范化、课程化和科学化建设，修改并审定了《师范院校教师口语课程标准》。

(编辑部整理)

[中师学校深化改革座谈会]　国家教委于1993年10月15—21日在北京市召开了“全国中等师范学校深化改革，全面提高质量座谈会”。各省、自治区、直辖市及计划单列市教委、教育厅(局)师范处长和部分中师校长出席了会议。国家教委副主任柳斌到会讲话指出：中等师范教育下一步的奋斗目标是在

办学条件标准化的基础上，实现中等师范教育的现代化；教育自身的现代化，首先就要求师范教育现代化，师范教育在整个教育现代化过程中，要走在前面，这是教育工作本身的性质决定的；中等师范教育工作者要认真研究中等师范教育现代化的内涵和实现中等师范教育现代化的方法和途径。经过会议讨论，形成了以下共识：第一、要从理论和实践的结合上深入研究、正确认识和处理好中等师范教育和社会主义市场经济的关系，这是实现中等师范教育现代化必须首先明确的问题，经济体制的改革必然对教育体制、教育观念、教学内容及教学手段等产生深刻的影响。中等师范教育改革应当树立适应社会主义市场经济需要的大教育观，促进社会主义市场经济体制的建立和发展，同时也必须遵循中等师范教育自身的规律。第二、在建立社会主义市场经济体制，加快改革开放，实现中等师范教育现代化的进程中，中等师范学校要进一步加强和完善德育工作。当前和今后一个时期，中等师范学校要根据建立社会主义市场经济出现的新情况、新问题做好中师学生的思想政治教育工作。第三、今后一个历史时期中等师范教育奋斗的目标是努力朝着中等师范教育现代化方向迈进，需要广大的中师教育工作者去研究，去实践，去创造经验。第四、中等师范学校要争取在1995年左右，全面实现办学条件标准化。要在继续搞好房舍建设的同时，有计划地加强内部配套设施建设，逐步配备一些现代化的教学设备。第五、中等师范学校深化改革、全面提高教育质量，实现中师教育现代化的关键是教师，要下大力气加强中师教师队伍建设，努力建设一支适应新时期中师教育发展、改革、提高需要的教师队伍。第六、各地要根据实现中等师范教育现代化的方向，从本地区教育情况出发，制定中等师范教育从现在起分三步走(1995年，1997年，2000年)的改革发展规划，推动中等师范教育迈上新的台阶。

撰稿 唐京伟
审稿 孟吉平

[**中师学校师资培训**] 国家教委师范教育司于1993年3月下发了《关于加强中等师范学校师资培训工作的通知》。《通知》要求：中等师范学校教师的学历应具有大学本科毕业及以上程度。凡是未达到大学本科学历程度、年龄在45周岁以下的教师，均应通过委托代培、函授、电大、自学考试等各种形式和渠道，进行学历补偿教育。到本世纪末，应使中师在职教师全部达到大学本科学历程度。今后不应再向中师学校输送学历没有达到本科毕业程度的师资。对取得合格学历的中师学校在职教师进行以提高政治思想、师德修养、教育理论、教育教学能力等为主要目标的全员培训。培训可分为新教师见习期培训；教师职务培训；骨干教师培训等三个层次。教育的内容要因地制宜，因人而宜。教育的形式以自学为主，业余为主，短训为主。

目前，全国中等师范学校35岁以下的青年教师占中师总数的60%。各地、各校要把青年教师的培训提高作为一项战略任务，切实抓紧、抓好。

撰稿 唐京伟
审稿 孟吉平

[**制订《中等特殊教育师范学校专业课教学大纲(试行)》**] 1993年3月，国家教委师范教育司组织制订的盲、聋、智力落后教育3个专业22门学科的《中等特殊教育师范学校专业课教学大纲》通过专家和领导的审查，颁布试行。这22门学科包括聋童心理学、聋童教育学、聋校小学语文教学法、聋校小学数学教学法、聋校小学常识教学法、手语基础、耳

聋预防及康复、盲童心理学、盲童教育学、盲校小学语文教学法、盲校小学数学教学法、盲校小学常识教学法、盲文基础、智力落后儿童心理学、智力落后儿童教育学、智力落后儿童学校语文教学法、智力落后儿童学校数学教学法、智力落后儿童学校常识教学法、儿童精神发育迟滞及测查、行为矫正基础等。

撰稿　葛振江
审稿　孟吉平

[**小学骨干教师培训**]　为落实国家教委《关于开展小学教师继续教育的意见》中提出的继续教育任务："通过教育教学实践和培训，使每个教师在政治业务素质不断得到提高，从中成长出一批教育教学骨干"。国家教委于1993年印发了《关于加强小学骨干教师培训工作的意见》。

《意见》提出小学骨干教师应具备的四个方面的条件：(1)有良好的师德修养。能模范地遵守职业道德规范，具有强烈的事业心、责任感和进取创新的精神。(2)具有较高的文化素质和较强的自学能力，努力学习与小学教育教学相关的新知识、新理论、新技能。(3)教育思想正确。(4)有较强的教育科研能力和教学改革意识。

《意见》下发后，各地提高了对骨干教师培训的重要性、紧迫性的认识，转发了国家教委的《意见》，并制定了实施细则。

撰稿　王源林
审稿　金长泽

[**"三沟通"培训中学教师**]　为了加快中学教师学历培训步伐，各省、自治区、直辖市已建立了高等师范专科函授、卫星电视教育、自学考试相沟通培训初中教师的新模式(以下简称"三沟通"培训)，开设了与初中教学对口的汉语言文学教育等12个专业，截至1993年2月，全国已招收63万名学员。为了保证这一新的培训模式进一步地健康发展，提高培训质量，国家教委1993年印发了《关于加强高师函授、卫星电视教育、自学考试相沟通培训中学教师教学和管理工作的意见》。《意见》指出：建立"三沟通"培训新模式的根本目的是提高中学教师的政治业务素质和教育教学能力，探索一条适合中国国情的师资培训的新路子，以适应九年义务教育的需要。

为了进一步明确分工，把"三沟通"培训落到实处，《意见》指出："三沟通"培训初中教师是由中国电视师范学院、主考院校、助学院校、辅导站(或放像点)分别承担教学和管理工作，并由省、自治区、直辖市教育行政部门组织考试来共同完成，这是一种多层次的办学模式，因此，必须理顺关系，合理分工，发挥培训网络的整体功能优势。"三沟通"培训要认真执行教学计划，确保专科培养规格。

撰稿　谢敬仁
审稿　金长泽

[**曾宪梓基金会奖励师范院校教师**]　香港知名爱国人士曾宪梓先生为振兴中华，资助教育事业，培养英才，于1992年捐赠一亿港元，与国家教委合作成立了曾宪梓教育基金会。基金会于1993年奖励范围包括师范大学、师范学院和以培养师资任务为主的综合大学及本科层次的教育学院，共128所学校。主要奖励教学效果好，教书育人成绩卓著，为师范教育事业作出无私奉献的具有讲师以上职务的优秀教师1000人。本次奖励设一等奖20名，二等奖100名，三等奖880名，奖金额度分别为8万港元、2万港元和4000港元。

曾宪梓教育基金会于1993年12月27日在人民大会堂隆重举行授奖大会。党和国家领导人荣毅仁、李岚清、孙孚凌以及有关部门领导朱开轩、徐志坚、王兆国、柳斌、韦钰出席颁奖仪式。

获奖者名单如下：

一等奖 20 人

学　校	姓　名
山东师范大学	张怿慈
天津师范大学	沈德立
北京师范大学	梁灿彬
东北师范大学	郝　水
南京师范大学	鲁　洁
陕西师范大学	王国俊
四川师范学院	胡锦矗
湖南师范大学	王步标
河北师范大学	陈　慧
华中师范大学	曾美莉
华东师范大学	马炜梁
北京师范大学	严士健
福建师范大学	王耀华
华南师范大学	温立志
苏州大学	陈克潜
哈尔滨师范大学	张锦池
辽宁师范大学	梁宗巨
江西师范大学	薛妮珍
安徽师范大学	刘学锴
湖北大学	张国光

二等奖 100 人

学　校	姓　名
山西师范大学	白新生
安徽师范大学	陈璧辉
哈尔滨师范大学	陈述涛
福建师范大学	陈　征
四川师范大学	封小超
南京师范大学	郝振益
西南师范大学	黄希庭
陕西师范大学	霍松林
西北师范大学	李定仁
华南师范大学	李运林
吉林师范学院	李澍田
首都师范大学	廖仲安
北京师范大学	林崇德
南京师范大学	刘炳升
华中师范大学	刘盛佳
宁夏大学	刘世俊
河南大学	刘增杰
华东师范大学	卢　娟
云南师范大学	吕冠国
西南师范大学	吕　进
内蒙古师范大学	能乃扎布
哈尔滨师范大学	牛德林
华南师范大学	潘瑞炽
汉中师范学院	蒲义书
哈尔滨师范大学	商红日
西南师范大学	施武杰
延安大学	石得玉
内蒙古师范大学	斯力更
湖南师范大学	谭双泉
曲阜师范大学	王长钰
河南大学	王汉澜
河北师范学院	王仰贤
福建师范大学	吴松刚
河北师范大学	吴振德
河南师范大学	夏兴国
苏州大学	谢惠民
齐齐哈尔师范学院	辛培之
江西师范大学	杨鑫辉
杭州师范学院	于秀源
河北师范学院	苑书义
湖南师范大学	张百振
上海师范大学	张　斌
云南师范大学	张运贵
广西师范大学	张葆全
西北师范大学	赵逵夫
山东师范大学	朱德发
东北师范大学	丁则民
曲阜师范大学	龚为邦
海南师范学院	黄国泰
福建师范大学	李万钧
辽宁师范大学	廖正衡
重庆师范学院	欧治梁
东北师范大学	孙中田
上海师范大学	许威汉

上海师范大学	许一经
北京师范大学	张厚粲
广西师范大学	钟文典
西南师范大学	钟章成
福建师范大学	朱鹤健
西藏大学	次　旺
北京师范大学	王梓坤
东北师范大学	杨美华
四川师范大学	张闺明
东北师范大学	郑德荣
宁夏大学	刘士强
吉首大学	汤人翰
东北师范大学	吴子生
东北师范大学	朱　寰
北京师范大学	陈帼眉
宝鸡师范学院	彭　曦
华南师范大学	沈家鲜
天津师范大学	王嘉龄
首都师范大学	谢承仁
东北师范大学	周　辉
河北师范大学	刘植义
华东师范大学	曹锡华
新疆师范大学	斯德克·买合苏提
青海师范大学	孙　群
贵州师范大学	王育倩
华中师范大学	刘　范
贵州教育学院	王强模
徐州师范学院	余明侠
河南师范大学	张炳新
沈阳师范学院	李　放
长沙水利电力师范学院	廖世翘
苏州大学	钱仲联
沈阳师范学院	沈　炎
新疆师范大学	汪惟祺
河南职业技术师范学院	杨怀森
贵州师范大学	杨明德
北京师范大学	王定锦
华中师范大学	刘文君
华东师范大学	叶　澜
甘肃教育学院	王家廉
浙江师范大学	徐士英
河北师范大学	董耐芳
河北师范学院	康庆德
浙江师范大学	王嘉良
河南大学	肖　红
湖南师范大学	张楚廷

三等奖 880 人(略)

撰稿　林奇青
审稿　金长泽

［**中国——联合国儿童基金会合作加强师资培训项目概况**］　中国——联合国儿童基金会合作加强师资培训项目 1990—1993 周期共设立项目学校 100 所，其中小学师资培训项目学校 65 所，特殊教育师资培训项目学校 15 所，幼儿师资培训项目学校 16 所，高师学前教育专业师资培训项目 4 所。项目总援款 920 万美元，中国政府配套投入 2.9 亿元人民币。

在 1990—1993 周期内，各项目学校利用项目援款和国内配套资金，完善了校舍设施，充实和引进了一批现代化教学设备，明显改善了办学条件，提高了办学能力。通过开展培训、研讨、讲习及教材制作等多形式和内容的软件活动，对加强我国基础教育师资队伍建设，推动九年义务教育的普及和幼儿教育的发展，特别是对老、少、边、山、穷地区教育发展发挥了积极的作用。本周期 4 年共培养新师资 91834 人，完成项目文本规定的 158.7%；共培训在职教师 476757 人次，完成项目文本规定的 447.4%。本周期项目以老、少、边、山、穷地区为工作重点每个项目学校直接联系 3 至 4 个贫困县，为其培训师资，充分发挥项目的教育扶贫作用。各项目学校每年至少举办一次联系县小学、幼儿园教师培训班，邀请一部分联系县的在职教师到项目学校接受培训。每年至少到联系县进行一次巡回教学,送教上门。每年至少对服务县的小学和幼儿园教师寄送一次辅导材料。本周期项目学校自编教材和讲义及教学参考资料228种,印刷发行了964496册。本周期师资培训以小学师资培训项目为主,并发挥幼儿师资培训项目、特教师资项目和高师学前教育专业师资培训项目等分项目的优势,同时加强与上两个周期项目及其他教育项目联网,取长补短,共同开展各种项目活动,扩大项目的覆盖面,充分发挥项目的总体效益。

撰稿 于兴国

审稿 金长泽

民族教育

概　况

[**民族教育稳步发展**]　第四次全国民族教育工作会议以来，我国少数民族教育事业在改革中得到了稳步发展和进一步提高，1993年全国各级各类少数民族教育皆取得了显著的成绩。

全国少数民族教育规模进一步扩大。据1993年统计资料显示，我国各级普通学校少数民族在校生已达1583.38万名，比上年增长0.44%，占全国在校生总人数的7.61%；少数民族专任教师75.21万名，比上一年增长0.31%，占全国专任教师总数的7.02%；全国少数民族地区已建立普通高等学校108所，中等学校12882所，小学103139所。

寄宿制民族中小学有较大的发展。目前，全国18个省、自治区共举办寄宿制民族中小学近6000所(班)，在校生近100万名，举办寄宿制学校，较大程度地提高了民族地区学龄儿童入学率和在校学生巩固率，据最新统计结果，西藏自治区学龄儿童入学率已达63.2%，比上年增长2.8个百分点。

"两基"工作进展顺利。全国589个少数民族聚居县中，已有200多个县普及了初等小学阶段的义务教育，文盲、半文盲率从建国初期的80%下降到30.1%，并且，新疆、内蒙古和广西等自治区的文盲、半文盲率已远远低于全国的平均水平。

高校民族班、预科班和内地西藏班办学成绩显著。1993年，全国各普通高校共举办民族班100多个，在校生数1382人，预科班230多个，招生数11265人，在校生数12587人，毕业生数7925人；内地举办西藏班(校)现有在校生11000多人，分布在全国26个省、自治区、直辖市和19个部委所属的86所学校，1427名初、高中毕业生97%以上进入高一级学校学习。

加强少数民族文字教材编译、出版工作，在民族地区大力推广双语教学。目前，全国已有蒙古、维吾尔、哈萨克、锡伯、柯尔克孜、朝鲜、藏、彝、苗、布依、侗、傣、景颇、傈僳、拉祜、哈尼、佤、纳西、白、独龙、壮等21个民族文种的30种文字教材进入学校授课，全国少数民族文字编译机构10个，民族中小学文字教材审查机构5个，出版单位8家，出书种类3000余种，印数达13000多万册，覆盖内蒙、新疆、青海、甘肃、辽宁、黑龙江、吉林、西藏、四川、云南、贵州、广西等12个省、自治区；实施双语教学的民族中小学(含幼儿园)已达6920所，在校生74.82万人，专任教师6.15万人。

撰稿　卢胜华
审稿　韦鹏飞

[数据统计]

1993年各级各类学校少数民族教育基本情况

(单位:万人)

	在校生数	教职工数	专任教师数
普通高等学校	16.32	4.47	1.94
成人高等学校	4.18	0.82	0.39
中等技术学校	14.30	2.12	1.04
中等师范学校	7.67	0.88	0.52
普通中学	313.69	26.75	20.21
职业中学	18.62	2.0	1.40
工读学校	0.024	0.011	0.006
小学	1140.17	55.23	47.72
特殊教育学校	0.28	0.09	0.06
盲聋哑学校	0.15	0.06	0.04
幼儿园	72.30	3.63	2.42
研究生(人)	219		
博士生	41		
硕士生	177		
研究生班	1		

1993年实施双语教学的少数民族学校基本情况

	学校数(所)	在校生数(万人)	教职工数(万人)	专任教师数(万人)
普通中学	718	19.12	2.58	1.82
职业中学	49	1.03	0.18	0.13
小学	6153	53.50	4.93	4.05
幼儿园	140	1.17	0.23	0.15

撰稿 卢胜华

审稿 韦鹏飞

[民族教育宣传] 为促进民族地区、民族教育的开放交流,以适应社会主义市场经济体制的建立和发展,国家教委民族教育司采取措施,通过各种方式和渠道,大力开展和加强民族地区教育宣传工作。

第一,支持办好《中国民族教育》刊物。通过刊物,及时宣传贯彻党的民族政策和党的十四大精神,加强政策理论指导;对民族地区、民族教育出现的典型经验及时进行总结,对存在的热点问题组织研究探讨;同时从"双语"(汉语、民族语)教学、寄宿制教育、民族班管理、民族师资培养、民族语文教材建设等多方面，对民族教育的特殊性和发展规律开展科学研究，为有关部门决策提供理论依据。民族地区的各级各类学校亦把该刊物作为学习政策、交流经验、扩大视野的重要渠道。

第二，组织建立民族教育资料、信息网络。通过少数民族教育研究会和《中国民族教育》刊物，在各地教育行政部门和民族工作部门建立51个记者站和通联站，遍及20余省、50多个地、州、盟；建立省级少数民族教育研究会18个、地级民族教育研究会50多个、县级民族教育研究会60多个，已收集整理了有关省、市、自治区的民族中小学、双语教学、百所民族师范学校、高等学校民族班等数据和资料。

第三，组织编辑出版《中国少数民族教育文件汇编》、《各省、市、自治区民族教育文件汇编》、《第四次全国民族教育工作会议文件汇编》、《教育支援西藏工作会议文件汇编》及撰写了中国少数民族教育对外宣传资料，通过中央电视台、北京电视台、中国教育电视台、中国国际广播电台、《中国教育报》等，向国内外宣传民族教育工作的成绩和经验。

撰稿　林仕梁
审稿　韦鹏飞

教育支边

［**教育援藏会议**］　为了进一步推动西藏教育事业的发展，搞好教育援藏工作，受国务院委托，国家教委于1993年3月9日～11日，在北京召开了教育支援西藏工作会议。全国21个省、自治区、直辖市人民政府秘书长、教委主任及国务院25个部委(局)教育司的负责人参加会议。中共中央政治局委员、国务委员李铁映出席会议并讲话。国务院副秘书长徐志坚、国家教委副主任王明达、西藏自治区人民政府主席江村罗布和副主席拉巴平措等分别到会讲话。中央统战部副部长李德洙、国家民委副主任江家福、西藏自治区的主要领导陈奎元、热地、国家教委专职委员郭福昌等也出席会议。

会议总结交流了近年来教育援藏工作的经验，肯定了成绩；进一步统一了思想认识，明确了今后教育援藏工作要“长期坚持，努力搞好，不断完善”，实行“对口、定点、包干责任制”的方针，讨论研究了内地办学(西藏班)经费及管理等有关问题。承担办学任务的27个省、直辖市人民政府和国务院部委(局)与西藏自治区人民政府共同签署了《教育支援西藏协议书》，落实了教育援藏专项补助经费5100万元(西藏自筹1000万元)，共确定9个援藏项目。

会后，国务院办公厅发出《转发国家教委等部门关于进一步加强教育援藏工作请示的通知》。各地各部门切实贯彻落实《通知》精神和教育援藏工作的方针、政策、任务。目前，北京、天津、辽宁、湖南、湖北、江苏、福建、安徽、四川等省(市)和邮电部、交通部、广播电影电视部、中国人民银行、国家气象局等部委(局)都专门召开了会议，具体落实了承担办学任务的学校、招生数和办学经费等问题。湖南省政府召开省长办公会议，做出三项决定：(1)成立省财政、省教委等部门参加的教育援藏协调领导小组，一名副组长分工抓该项工作；(2)由省财政每年专项列支150万元教育援藏补助经费；(3)岳阳第一中学、岳阳师范学校等6所学校作为援藏办学的学校。其它有关省(市)政府也在抓紧落实当中。

[**西藏教育管理干部培训班**] 根据教育支援西藏工作会议关于培养提高西藏教育行政干部管理水平的文件精神，1993年11月15日至26日，国家教委在四川省成都市举办了首期西藏教育行政管理干部培训班。参加人员来自拉萨、山南和日喀则地区，主要是地(市)完全中学的校长、教(体)委主任和主管教育的县长以及县教育局长等41人。培训内容是：(1)请有关领导和专家作开展农村教育工作的专题报告；(2)到农村教育综合改革典型地区参观学习；(3)结合本地区实际研究教育发展问题。

撰稿 徐临燕
审稿 韦鹏飞

[**内地西藏班(校)管理**] 1993年4月，国家教委办公厅发出《关于加强内地西藏班学生思想品德教育和法制观念教育的通知》，要求各有关部门和学校加强对学生进行法制观念的教育，健全必要的规章制度。根据《通知》，5月，国家教委民族司组织部分内地西藏班(校)负责同志草拟了《内地西藏班(校)办学水平综合评估方案》，《方案》就内地西藏班(校)办学条件、办学的指导思想、管理水平和办学成效的评估制订了具体的评价标准。随后又在内地西藏班(校)范围内广泛征求意见作进一步修改。对内地西藏班的评估将从1994年开始逐步进行，国家教委将依据评估的结果对办班学校给予适当的奖励。

7月28日至8月1日，国家教委民族司在辽阳市召开内地西藏班招生工作会议上，针对近年来有些学校在管理上不够严格的情况，着重研究了加强内地西藏班管理问题。

撰稿 张 强
审稿 韦鹏飞

[**内地西藏班发展情况**] 1993年，全国已有26个省、市、自治区承办了内地西藏班(校)，共有在校生11000多人。这些藏族学生在内地学习和生活，在德、智、体诸方面都有很大提高。1993年，初中应届毕业生有1143人，97%以上都被高一级学校(高中、中等师范和中专)录取；284名高中毕业生经参加全国统一招生考试，除个别学生因志愿和身体条件外，其他全部以平均高出西藏区内考生100分以上的成绩进入高等院校深造。1993年，一批分别来自17个省、市、自治区的24所高中、中师、中专学校的内地西藏班学生，完成了学业，毕业返回西藏参加经济建设。这批同学在校期间，努力学习专业知识，严格要求自已，成长为拥护党的领导，热爱社会主义祖国，维护民族团结的社会主义建设者。为进一步推动内地西藏班工作的发展，国家教委对其中39名同学进行了表彰，并授予了“优秀毕业生”的光荣称号。

撰稿 徐临燕
审稿 韦鹏飞

[**国家教委赴藏考察**] 为进一步搞好教育援藏工作，1993年6月22日至29日，国家教委组织公安部等14个部委和北京大学等18所委属高等学校主管招生工作的同志一行40人，应西藏自治区政府的邀请，赴藏进行一周的考察。这是历次赴藏考察教育人数最多及单位最广的一次。在藏期间，自治区党政领导接见了考察团全体成员，大家听取了有关西藏教育的介绍，参观考察了西藏大

学和部分中小学、中专学校，走访了农牧民家庭。考察期间，有关部委同西藏各业务对口厅(局)就教育支援问题相互交换了意见，为促进内地和西藏教育方面的联系和协作，进一步搞好教育援藏工作奠定了基础。

撰稿　张　强
审稿　韦鹏飞

［**民族贫困县教育扶贫**］　为了进一步推动对全国143个少数民族贫困县的对口支援协作，国家教委、国家民委于1993年11月27日至29日，在宁夏回族自治区银川市召开了全国教育对口支援协作工作会议，交流了教育对口支援协作工作的进展情况和实践经验，研究了进一步搞好这项工作的有关政策。会议提出当前和今后一段时期的主要任务是：进行教育对口交流，帮助培训教育行政管理干部、中小学和职业技术学校校长和骨干教师；派教育和管理干部到贫困县讲学和指导工作，提高当地教育教学质量和管理水平；利用双方优势共同发展校办产业，开展勤工俭学；帮助办好示范性的中心实验小学、重点中学和职业技术学校；指导开展农村教育综合改革实验，实施“燎原计划”，落实科教兴农方针等。会上，有关省、自治区、直辖市教育部门负责人互签了《教育对口支援协作协议书》。

目前，这项工作已得到各省、自治区、直辖市政府领导和各级教育行政管理部门的重视，截至1993年底，北京、天津、上海、辽宁、山东、福建、江苏、广东等较发达省、市已分别与内蒙古、甘肃、云南、宁夏、青海、贵州、广西、新疆等省、区组织开展了教育对口支援；湖南、湖北、四川、河北、浙江、海南等6省对本省的少数民族贫困县组织了省内自援活动。全国143个少数民族贫困县中，已有114个县、旗落实了协作对子和协作项目，多数县还签订了协作意向书。

撰稿　吴德刚
审稿　韦鹏飞

［**内地与新疆高教支援协作**］　为适应新疆维吾尔自治区改革开放的需要，帮助新疆发展民族教育事业，培养各民族的专门人才，1992年5月15日至21日，国家教委、国家民委和新疆维吾尔自治区人民政府联合召开了“内地高等学校支援新疆第二次协作会议”。根据新疆经济建设对人才需求的规划，经过讨论，会议确定自1993年至1995年，内地高等学校每年招收新疆少数民族本、专科学生800人左右；定向研究生150人(其中博士生20人至30人)；接受新疆高等学校进修教师200人；每年培训新疆县处级企业的少数民族管理干部200人，三年共培训600人。会议进一步明确了有关政策：(1)要保证生源质量，改革招生办法。(2)要办好民族预科教育。(3)各高等学校应按国家有关规定，加强对新疆学生的管理。(4)凡接受支援协作任务的内地高等学校应按规划确定的年度招生专业及规模，列入学校当年的招生计划内，经主管部门审核汇总后上报国家教委统一下达。(5)要改革毕业生分配办法。按支援协作规划招收培养的民族学生，毕业后除个别特殊需要者外，都要回新疆工作。

1993年，已按确定的协作目标，由委属高校大连理工大学、上海交通大学、南京大学等及部属院校中国纺织大学、天津纺织学院、西安公路学院等为新疆培养招收800名本科生，接受其进修教师200人，并由天津大学、大连理工大学培训了新疆县处级企业民族管理干部200人。

撰稿　易先培　张　辉
审稿　韦鹏飞

教学改革

[高校民族预科教学改革] 为了推动全国高等学校少数民族预科教学，促进预科教育的深入发展，在多年办学和调查研究的基础上，提出了改革意见和措施。

确定预科汉语文教学的目标和要求。《基础汉语》要求全面培养民族学生听、说、读、写、译的能力，为顺利学习本科专业课程打下坚实的汉语语言基础；在教学中一改过去只教汉语基础知识的传统作法，要求寓政治思想教育、文化教育和爱国主义教育于语言教学之中，达到在学习汉语文知识的同时，不断提高学生的政治思想素质，开拓学生视野，培养学生良好的意志、品质和健康高尚的审美情操。

加强教学的实践性，使基础知识学习和能力培养得到同步提高。在《阅读与写作》课教学中，鉴于过去重理论教学轻实践教学的情况，进行了大胆改革，要求贯彻精讲多练的原则，强化基本技能训练，既重视课堂教学，也重视课外教学，既重视课文练习、命题作文等教学形式，也积极开辟第二课堂，组织丰富多采的课外活动，使学生在教学和实践活动中掌握扎实的语文知识。

改革课程结构。为了提高预科教学质量，对过去预科基本沿用中学特别是高中课程结构体系的情况，进行了彻底改革。将其课程定为汉语文、数学、外国语（英语）和讲座课等四类。这种预科课程结构合理，可行性强，是40多年来我国预科教育教学的重大改革和发展。

撰稿 易先培 张 辉
审稿 韦鹏飞

[西北民族师资培训中心教育改革] 西北少数民族师资培训中心自1985年建立以来，已在14个系16个专业招收25个少数民族的1267名学生，已毕业近500名学生。为了适应新形势的需要，西北少数民族师资培训中心加强了教育改革工作，主要是：(1)进一步端正办学思想，明确了办学方向和任务。经过学校的广泛调查研究和教学实践，结合当前国家社会主义经济建设的发展，学校确定培训中心的办学方向和任务是：继续为西北五省、自治区培养具有本科以上层次的少数民族师资和适应经济建设需要的各类人才；但在当前，培训中心应为边远贫困的民族地区培养一些专科师资，以适应这些地区发展基础教育的需要；根据民族地区教育事业发展和经济建设的需求，加强学科建设和专业改造，拓宽专业适应范围，在调查研究和充分论证的基础上，根据需要和可能逐步设立必要的新专业；同时采取措施，注意“双语”民族师资的培养，搞好民族地区在职师资的学历教育，以帮助改善师资队伍结构和提高民族地区现有师资的政治业务素质。(2)改革招生制度和办法。确定在“八五”后三年内，主要面向西北地区41个民族贫困县实行定向定额的招生和分配，制定不同的招生标准和办法，使学生能进得来，学得好，回得去。(3)继续进行按国家规定招收一定数量的、具有两年以上社会实践经验的优秀少数民族青年入学的试点工作，为西北民族地区培养一批“土生土长”的合格的师资队伍和“复合型”人才。

撰稿 易先培 张 辉
审稿 韦鹏飞

教材建设

[**民族文字教材审定**] 1993年7月，经国家教委批准，第二届藏文、朝鲜文和第一届蒙文教材审查委员会进行了换届选举。各审查委员会在换届的同时，分别在吉林省审查了小学朝鲜语文教学大纲，初中朝鲜语文教学大纲，小学朝鲜语文第二、三、四册（复查）和六、七册（复查），初中朝鲜语文第二、三、四册（审查）和六、七册（初审），小学汉语文第二、三、四册和六、七册，小学二年级和四年级用体育器材，初中日语第四、五册，小学舞蹈第二册，共28种教材；1993年7月20日在四川省召开了彝文教材审定会，审定了中小学各科彝文教材的彝、汉对译名词术语5000余条词汇；1993年8月20日～9月20日在青海省审查了高中数学教学大纲，高中化学教学大纲，高中物理教学大纲，初中体育教师用书，高中历史教学大纲，小学音乐乡土教材，初中音乐乡土教材，小学美术乡土教材，初中美术乡土教材等，共10种藏文教材，约80余万字。

撰稿 沙马·加甲
审稿 韦鹏飞

[**编写高校民族预科教材**] 为了适应全国高等学校少数民族预科教育的发展，国家教委民族司于1992年5月在西安召开了全国民族预科教育改革和教材建设规划会议，对预科教育的改革和教材建设问题进行了研究，制订了民族预科的教学计划和有关课程的教学大纲。国家教委于1993年4月颁发了《普通高等学校少数民族预科文科、理科教学计划》。6月，国家教委又下发了《普通高等学校少数民族预科基础汉语、阅读与写作、数学、外国语（英语）教学大纲》。同时建立了编委会，并成立了汉语文、数学和外国语（英语）等教材编写组，聘请高海夫、肖义洵、裘网芬、孔庆焰等一批专家、教授任编委，按照国家教委制订的高等学校预科教学计划和教学大纲要求，组织全国从事少数民族教育工作的专家、教授编写了《基础汉语》、《阅读与写作》、《数学》、《英语》等11册教材，于1993年3月聘请北京大学、南京大学、中国社会科学院、大连理工大学、上海外国语学院等高等学校、科研单位的谢冕、应隆安、周勋初、刘魁立、王家銮、石生明、施光燕、袁益让、戴炜栋、汪榕培、潘能等专家、教授进行审定。此外，民族教育司还与新疆自治区教委合作编译了供新疆高等学校、中等专业学校进行维、汉双语教学使用的《基础汉语》教材共3册。目前，这些教材已在全国部分高等学校少数民族预科（班）使用。

撰稿 易先培 张 粹
审稿 韦鹏飞

[**藏语文教材建设**] 1993年，由五省区协作编写的教材《全日制高级中学藏语文教学大纲》和九年义务教育全日制教材《初级中学藏语文教学大纲》、《小学藏语文教学大纲》，经全国中小学藏文教材审查委员会审查，已由国家教育委员会授权西藏自治区教委和青海省教育厅分别颁布实施。同年4月，在四川省成都市召开了五省区藏文教材协调工作会议。会议检查和交流了1993年春、秋

两季九年义务教育藏文教材和高中藏文教材的编译、出版、供型和发行任务完成的情况；研究落实了1994年春、秋两季各科藏文教材的编译、供型和出版计划。同时，会议还商定，一是凡自编教材仍按1991年西安会议的要求逐年配套，同步供书；二是凡翻译教材在人民教育出版社能及时提供蓝本的前提下，一定要同步供书，配套建设；三是在特殊情况下，必须保证大纲和课本按时出书，当年出齐所有品种，并力求教学参考书和练习册也能同年出书。

1993年7月26日至29日，藏族中等师范专业教材协作会议在西藏拉萨市召开。会议讨论通过了《五省区藏族中师协调性课程计划》，确定了藏族中师协作教材的编译原则和步骤，商定了藏族中师教材的参照蓝本以及编译、审定和施行时间。

撰稿　沙马·加甲

审稿　韦鹏飞

民族教育科学研究

［**"八五"研究课题**］　根据1992年3月全国民族教育工作会议关于"要重视民族教育领域的科学研究，'八五'期间要在若干重大理论与实践问题的研究方面，取得显著成果"的精神，国家教委民族教育司1993年确定了《中国少数民族教育理论与实践若干重大问题研究》等研究课题，并经中宣部组织的专家鉴定，被确立为全国哲学、社会科学"八五"规划国家级重点研究项目，成为国家哲学、社会科学"八五"重点项目中唯一研究关于少数民族教育的课题。

1993年5月5日至7日，课题开题会在河北省承德民族师范专科学校举行。新疆、内蒙古、广西、青海、四川等省、自治区和有关高等院校、科研单位约30多名专家学者参加了课题开题会。课题负责人、国家教委专职委员郭福昌、民族教育司司长韦鹏飞主持会议并讲话。课题会以《中国教育改革和发展纲要》精神为指针，探讨了新形势下民族教育改革的重要性、迫切性及基本思路，民族教育科研的指导思想、重点内容和研究方法等。会议认为，当前必须从维护祖国统一、实现各民族共同繁荣和国家长治久安的战略高度，充分重视发展民族教育，加强民族教育科研工作，以科学的态度、科学的精神及科学的方法来完成课题的各项研究任务。会议确定将总课题分解为4个分课题加以研究：(1)中国少数民族教育基本理论问题研究；(2)少数民族青少年儿童身心发展规律及特殊性的研究；(3)中国55个少数民族教育历史、现状与发展对策的研究；(4)中国少数民族教育特殊政策及其效益的研究。会上商定，在1995年底以前，力争完成上述研究任务。1993年已完成《中国少数民族教育概况》、《中国少数民族教育研究文献索引》等基础性研究，满族、延边朝鲜族、新疆哈萨克族等民族教育的历史研究部分已完成阶段性成果。

撰稿　吴德刚

审稿　韦鹏飞

学校体育、卫生、艺术与国防教育

[初中毕业生升学考试体育试点] 1993年国家教委确定由北京、天津、辽宁、江苏、山东、浙江、湖南、广东、陕西等9个省市初中毕业生升学考试体育(以下简称"考试体育")试点。考试体育是全面贯彻党的教育方针,促进应试教育向素质教育转轨,增强学生体质、提高基础教育质量的有力对策。1993年,有9个试点省市共2274784名初中学生参加了升学考试体育。除国家教委指定的9个试点省市外,全国还有10多个省市确定在一些地、市进行了考试体育的试点。

为进一步做好考试体育试点工作,1993年4月国家教委在深圳主持召开9个试点省市的考试体育工作研讨会,部署当年考试体育工作并就如何进一步完善试点方案进行了研讨。10月23—27日国家教委又在江苏省无锡市召开了第二次考试体育试点工作会议,认真总结、交流了各地试点工作情况。

来自9个试点省市的代表以事例和数据说明考试体育给学校体育事业带来的可喜局面和必要性。(1)考试体育促使学生身体素质有较大幅度的提高。广东省坚持体育考试工作10年,学生身体素质普遍得到增强。辽宁省辽阳市1993年考生的身体素质指标均比1992年好,50米跑平均提高0.55秒,立定跳远平均增加23.67厘米;浙江省绍兴市考生的平均成绩1991年61.1分、1992年为70分、1993年达到72分(按百分制计算)。(2)考试体育使学生提高了参加体育锻炼的积极性。各省市都反映,考试体育调动了学生上好体育课、参加课间锻炼和课外活动出现了"要我练"为"我要练"的喜人场面。许多学生主动找体育教师补课,不少家长关心孩子的体育并带孩子锻炼。据辽宁省鞍山市统计,学生体育课缺课率由原来的5%下降到1.5%。(3)考试体育保证了体育课教学质量。过去有些学校初三第二学期体育课就停了,虽然教育部门三令五申不许停课,但收效甚微。实行考试体育后,教师认真备课,按教学常规上课,教学质量有明显提高,课外体育活动的时间也得到保证,缓解了学生因课业负担过重带来精神压力。(4)考试体育有助于改善学校体育办学条件。考试体育试点后,不少地方政府拨出专款修建体育场地、增添体育器材。据湖南省教委不完全统计,1992学年度全省共投入120万元用于改善学校考试体育的条件;浙江省湖州市用于改善学校体育设施的经费达21.5万元;辽宁省辽阳市一次为学校添置单、双杠百余副。(5)考试体育产生了良好的社会效果。山东省烟台市人大主任认为,考试体育能促进学生全面发展,有利于造就一代新人;浙江省湖州市第三届人大和第三届政协有4个提案要求教育部门坚持初中毕业升学考试体育；济南市36名学生家长也联名写信给教育局表示支持考试体育。

会后，国家教委办公厅印发了《1993年全国初中毕业生升学考试体育试点工作会议纪要》，要求试点省、市认真贯彻会议精神，加强领导，巩固成果，稳步前进，同时要进一步做好宣传工作，协调好各部门之间的关系，切实解决工作中存在的问题，保证试点工作顺利进行。

撰稿　顾美蓉
审稿　曲宗湖

［**第五届全国中学生运动会**］　由国家教委、国家体委、共青团中央联合主办、山东省教委、青岛市政府承办的第五届全国中学生运动会(简称中运会)于1993年8月18至28日在山东省青岛市隆重举行。

本届运动会是建国以来规模最大的一次综合性全国中学生体育赛会。运动会是以育人为宗旨，突出教育特色，充分体现团结、奋进、文明、育人精神，取得综合效益的一次盛会。除台湾省外的30个省、自治区、直辖市的1700多名运动员参加了田径、篮球、排球、足球、乒乓球五个项目的比赛；香港8所中学的10名运动员和3名教练员前来观摩。

国务院副总理李岚清亲临赛场并指出：举办中学生运动会是加强体育教育的重要方面，中学是我国优秀运动员的生长土壤，中学体育教学要加强，同时，体育也是学校进行社会主义精神文明建设的重要组成部分。国家教委副主任张孝文、柳斌、专职委员林炎志等参加了开、闭幕式。

本届运动会竞技水平普遍提高，田径比赛共有9个队28人次打破17项全国中学生运动会田径乙组纪录、有11人达到运动健将标准、151人达到国家一级运动员标准；三大球比赛竞争激烈，水平也有较大提高。更为可喜的是，各代表队运动水平普遍地有明显的提高，过去由少数省份称雄的格局已被打破，形成了“群雄争首”的局面，运动成绩取得了大面积丰收。

撰稿　姜天兴
审稿　曲宗湖

［**学生常见病防治**］　1993年1月28日，卫生部、国家教委联合印发了《全国学生常见病综合防治方案技术规范(试行)》。该“规范”确定了监测点校的抽样原则、分层标准、指标人群数及监测时间；统一了贫血、龋齿及牙周疾病、营养不良及肥胖、沙眼等常见病的检查方法、筛选标准、防治要求、指标的计算及评价方法。

国家教委办公厅于1993年4月21日就1992年全国开展预防近视眼工作、整顿防近用品市场情况及1993年防近工作要求发布《公告》，指出1992年防近工作已初见成效，据北京、吉林等14个省、自治区、直辖市上报的1991—1992学年度两个学期视力监测结果表明，视力监测点校学生近视眼发病率上升的势头已经得到控制，其中小学生视力不良率有所下降，初中学生稳中有降，高中学生新发病率基本得到控制。《公告》要求，1993年应继续落实“防近宣传周”活动并形成制度；完善视力监测与公告制度；各项防近措施应逐步落实到位；加强“防近”工作的督导检查。

卫生部医政司、国家教委体卫司于1993年9月6日在昆明市联合召开全国部分城市中小学生牙病防治工作座谈会。会议就落实《2000年我国口腔卫生保健规划目标》，开展窝沟封闭防龋齿试点问题进行了研讨，听取了昆明市开展窝沟封闭防龋齿的经验介绍。会议认为，窝沟封闭是世界卫生组织推荐的预防儿童龋齿的有效方法，我国儿童的龋齿患病率较高，在有条件的地区应逐步开展窝沟封闭防龋齿的试点工作。

为配合国务院有关部委做好在1995年消灭脊髓灰质炎(即小儿麻痹症)，2000年实现消除碘缺乏病等两项工作，国家教委办公厅于1993年10月21日发出《关于加强健康教育，做好脊髓灰质炎与碘缺乏病防治工作的通知》，要求各级教育行政部门和学校配合卫生及其它有关部门开展防治工作；要重视计划免疫的宣传教育，做好脊髓灰质炎疫苗普服的组织发动工作；要根据学校特点，结合脊髓灰质炎、碘缺乏病防治工作，重点加强中小学健康教育。

撰稿　张　芯
审稿　宋尽贤

[**学校卫生队伍建设**]　1993年8月2日至6日，国家教委学校体育卫生司在大连市举办了学校卫生管理干部研讨班，有23个省、自治区、直辖市教育行政部门分管学校卫生工作的管理干部参加，就学校卫生工作的若干问题进行了研讨。9月7日，国家教委办公厅下发了《学校卫生管理干部研讨班纪要》，强调指出：学校卫生是保障学生健康、提高民族素质的重要基础工作，各级教育行政部门和学校应当纳入贯彻实施《中国教育改革和发展纲要》的总体规划，使该项工作在贯彻实施《纲要》的过程中得到协调发展；要重视提高学生体质健康水平的工作，做好学生体质健康监测的基础工作。加强监测点学校体育卫生队伍建设，按要求配备体育卫生人员；同时改善监测点学校的工作条件，按要求配备体育卫生器材设施。要抓住有利时机，对健康教育作出统筹安排。要利用新的九年义务教育课程方案中新增体育课时，对健康教育作出合理安排，并在原有基础上逐步扩大健康教育的覆盖面；要重视健康教育师资队伍建设。加强培训工作。

1993年7月21至28日，国家教委学校体育卫生司委托中国教育学会体育研究会在沈阳市举办了全国中小学卫生保健所所长培训班。就当前学校卫生工作的任务、要求、业务管理及如何深化改革、加强自身建设、提高学校卫生工作水平、为贯彻实施《纲要》服务等问题进行了培训。20多个省、自治区、直辖市的百余名中小学卫生保健所所长参加了培训，对促进中小学卫生保健所的规范化建设起了积极作用。

1993年，各地教育部门结合本地实际，在学校卫生队伍建设方面进行了积极探索：河南省开办校医中专班；山东省借助医学院校力量培训校医；沈阳市通过积极解决学校卫生人员工作条件，合理解决其职称、待遇等问题，吸引人才、稳定队伍；天津市利用职业教育的优势，创办校医培训基地，解决校医来源等，都收到了很好效果。

撰稿　廖文科
审稿　宋尽贤

[**学校艺术教育检查评估**]　《全国学校艺术教育总体规划》(1989—2000年)已实施4年。为及时总结经验，推动艺术教育的发展，国家教委决定于1993年开始至1995年对全国各地贯彻、实施“总体规划”工作情况进行一次全面、深入的检查评估。

1993年学校艺术教育检查评估，主要做了以下几件工作：(1)制定《全国学校艺术教育工作检查评估指标体系(试行)》。以此作为1994年检查评估的内容和依据。“指标体系”将“总体规划”中的主要内容逐一量化。不仅使检查评估有了客观标准，而且使各地贯彻，实施“总体规划”工作有了明确的方向。(2)召开全国学校艺术教育检查工作会议。会议于

5月中旬在厦门市召开，来自全国各省、自治区、直辖市教育行政部门的40余位艺术教育管理干部参加，交流了实施“总体规划”的工作情况，研究了1994年检查评估的具体实施方案。会后，下发了《关于进行全国学校艺术教育工作检查评估的通知》，以及检查评估的“实施方案”和“指标体系”，对检查评估的内容、方式、时间和地点安排都做了规定。1993年先在四川省和北京市进行试检，通过试检，制定检查评估的具体实施办法。(3)国家教委机构调整后新设立的体育卫生艺术教育司于1993年10月8日至22日组织检查小组对四川省学校艺术教育工作进行了试检。北京市、天津市和山西省教委(教育局)的同志参加了试检。检查小组分别抽查了成都市、广元市和阿坝藏族自治州的三类不同地区的30余所学校。11月15日至26日，又组织四川、河北省艺术教育管理干部对北京市的学校艺术教育工作进行试检，试检结果表明，近几年来，这两个省、市围绕“总体规划”的贯彻实施做了大量工作，使学校艺术教育工作有了很大发展。通过对上述两省、市的检查，检查组逐步摸索出检查评估的具体实施步骤和方法，为1994年的全面检查评估打好了基础。

撰稿　杨　力

审稿　杨瑞敏

[**编辑《全国学生音乐欣赏曲库》**]　为了加强学校精神文明建设，提高学生的音乐审美能力，陶冶学生的情操，积极引导学生的音乐欣赏活动，为青少年的健康成长创造良好环境，1993年，国家教委编辑、录制1套《全国学生音乐欣赏曲库》。为了出版这套曲库，国家教委艺术教育委员会专门成立了由专家和教师组成的编委会，在广泛听取各方面意见的基础上精选出古今中外包括声乐、器乐、戏曲、曲艺在内的近800首名曲。这套“曲库”融音乐欣赏和传授音乐知识于一体，充分体现了学校音乐教育的特色。全套“曲库”还配有一本“音乐欣赏指南”，以帮助学生更好地理解作品，扩大他们音乐文化的知识面。

这套“曲库”分上集(小学12盘)、中集(初中12盘)、下集(高中、中专和大学30盘)，其中上、中集已于1993年初由上海外语音像出版社正式出版发行。国家教委要求各级教育行政部门采取措施，确保全国乡中心小学以上的各级各类学校各配备一套。为了使部分贫困、边远地区的中小学能配备这套“曲库”，国家教委拨出专款订购，已配发到这些地区的部分学校。

撰稿　范　水

审稿　宋尽贤

[**中小学国防教育**]　1993年，全国小学、初中国防教育工作有较大发展。各地根据国家教委1992年下发的《小学、初中国防教育纲要》，积极组织落实小学、初中国防教育的试点和普及工作。据1993年年底统计，从1992年起，有21个省(市、区)根据《纲要》要求，结合本地实际，制定了有关小学、初中国防教育的法规性文件；大部分省(市、区)召开了贯彻落实《纲要》经验交流会或现场会；许多地方以少年军(警、炮)校、军事夏令营等多种形式对中小学生进行国防教育，1993年，小学、初中国防教育普及率达40%以上的省(市、区)已达17个。

国防教育已在一些省(市、区)作为政府行为引起重视，工作开展得比较好的河北省，各级党委、政府已把中小学国防教育纳入经济建设和社会发展的总体规划，列入工作日程。全省有相当一部分中小学建立了国防教育组织机构，把国防教育作为德育工作的重要内容，列入教学计划，纳入学校领导目标管理责任制，并作为考核领导的重要内容。许多中小学制定了国防教育管理制度和学生国防教育一日常规，从制度上保证国防教育活动的开展。全省小学、初中国防教育开课率，城镇已达80％，农村已达60％；普及国防教育活动的城镇已达95％，农村已达80％以上；共创办少年军（炮、警）校近百所，参训学生10万余人。

地处东北边陲的黑龙江省，结合实际制定了《初中国防教育纲要》，要求各地教育行政部门和各初级中学把开展国防教育列为评估学校、考核教师的重要内容，作为教师评选先进、晋级、定职的重要内容之一。国防教育评估不合格的学校，单位和校长均不能参加各类先进的评选。浙江省有关部门制定了《小学、初中国防教育实施意见》，要求各地把国防教育工作列入国民经济和社会发展规划，分级负责安排国防教育经费。采取从教育事业费中挤一点、本级财政拨一点、社会各界支持一点的办法共同解决；鼓励社会力量支持国防教育事业；教育部门要把国防教育纳入学校的教育计划，列入督导范围，定期考察评估；建立学校国防教育师资培训制度。

由于小学、初中国防教育工作尚处在试点和推广阶段，在全国的发展还很不平衡。一些地区由于一些实际困难以及认识不足，不少地方的小学、初中还没有开展起来。有些中小学，教师缺少直接指导国防教育教学及活动的知识和能力，学生缺少生动直观的学习内容，教育内容和方法有待于进一步完善。但从总的发展形势来看，学校国防教育以其特殊的教育形式和明显的效果，已为越来越多的学校、家长和社会所认识和接受。

［学生军训］　1993年3月，国家教委学校国防教育办公室在昆明市召开高等学校军训工作表彰会。会议向1992年受到国家教委表彰的40所学生军训工作较为突出的高等学校（名单附后）授予了奖牌。会议要求各地认真总结组织学生参加军训的经验，加强高校军训机构和军事课教师队伍建设，提高军事课教学质量，广泛开展多种形式的国防教育活动，把军训工作提高到一个新水平。

1993年，全国大部分军训高校以及各地军训试点高中（中专、技校），已将军事训练作为一门必修课列入教学计划，并根据军训大纲的要求组织集中训练和理论课教学；许多高校建立了比较完善的军事课教学管理体系，教学工作正在走上制度化、规范化的轨道；军事课教学手段不断完善，教材建设和教学研究活动受到重视，军事课已成为深受学生欢迎的课程之一。

1993年，针对集中训练场地缺乏的困难，各地教育部门和军训学校提早采取措施，多方联系，坚持按要求组织集中训练。北京、上海、广西等地建立的学生军事训练基地，1993年共承训2万多名大学生，对缓解高校军训场地缺乏的状况，发挥了比较好的作用。据统计，1993年，全国有12个省市开展军训的高校达到80％以上。开展军训的高级中学（中专、技校）的范围也在逐步扩大。

1993年学生军训工作仍然存在在校内组织集中训练的场地不足，部队帮训骨干不足，因而不同程度地降低了训练效果；军训职称系列、培养渠道等制度还没有形成，影响了地方院校军事课教师队伍的稳定和教学质量的提高。上述问题，正在采取措施解决。

撰稿　卢　逊

审稿　宋尽贤

1993年学生军训工作先进单位

一、军训试点校(30所)

清华大学
北京化工学院
北京邮电学院
白求恩医科大学
东北工学院
宁夏大学
天津大学
四川大学
青岛化工学院
同济大学
安徽农学院
河南师范大学
北京航空航天大学
北京理工大学
黑龙江大学
吉林工学院
大连海运学院
太原机械学院
重庆大学
武汉工业大学
上海师范大学
华东工学院
厦门大学
西北工业大学
浙江大学
贵州大学
内蒙古师范大学
青海师范大学
华北电力学院
广西师范学院

二、军训非试点校:(10所)

南昌航空工业学院
武汉工学院
曲阜师范大学
云南民族学院
北方工业大学
哈尔滨科技大学
郑州航空管理学院
南京师范大学
北京建工学院
华中师范大学

撰稿　卢　逊
审稿　宋尽贤

电化教育

［**中央电教馆建馆15周年**］ 1993年8月，中央电化教育馆迎来建馆15周年。15年来，中国电化教育事业开拓前进，蓬勃发展。

1978年，随着党的工作重心的转移，党中央、国务院把教育放在优先发展的战略地位。邓小平同志不失时机地指出："要制订加速发展电视、广播等现代化教学手段的措施，这是多快好省发展教育事业的重要途径，必须引起充分的重视。"并于同年8月30日与李先念、乌兰夫、方毅、耿飚、余秋里、王震、谷牧、康世恩等领导共同批准建立中央电化教育馆。

十几年来，各级党委和政府及教育部门认真贯彻邓小平同志关于发展电化教育的战略思想，对电化教育高度重视并给予大力支持。全国各省、自治区、直辖市、计划单列市，绝大多数地区和县相继建立了电教馆，许多学校建立了电教中心或电教室，一个全国性的学校电化教育系统和网络很快形成。到1993年，全国大多数县以上电教馆已初具规模。在教育经费紧缺的情况下，中央和地方财政部门为电化教育拨出了大批专款，教育部门也积极自筹资金，使条件装备不断改善。开展电化教育的大部分城镇中、小学在设备配置上已达到或接近达到国家教委颁布的标准。在全国各级各类学校中，幻灯、投影和录音已成为常规电教手段，在高等院校和重点中学已基本上配备了录放像设备和语言实验室，大部分乡镇中心学校也配备了录放像设备，一部分高等学校和中小学正在开展计算机辅助教学和管理教学的实验。

中央电教馆建立以来把教材、资料建设作为工作中心，并重视多媒体的综合开发利用。中央电教馆组织编制、出版发行了中小学13个学科的电教教材，其中包括9个学科的电影电视系列教材；组织高等学校成立24个学科的电视教材协作组、编审组，组织制作500个专题的电视教材。随着九年义务教育的实施，组织编制了《小学自然》等一批与文字教材相配套的系列电教教材。到1993年，中央电教馆已组织编制、出版发行录像教材1100多种；灌制、发行教学唱片50多万张；摄制、发行教学影片共160多部计8700多个拷贝；还组织编制、发行了大量录音、投影、幻灯教材。

中央电教馆通过自制、交流、引进等途径，收集、储存了国内外电教资料，并为国家和省市审定的电教教材建立了版本库。据不完全统计，截止1993年8月，全国电教馆系统已储存投影、幻灯片20多亿框、录音教材800多万小时、录像教材2000多万小时，还有相当数量的电影片、激光视盘和计算机教学软件等。在电教教材、资料管理上已逐步向科学化、标准化、规范化、网络化发展。中央电教馆编制的《非书资料分类法》、《非书资料著录规则》、《计算机管理系统》正在被推广使用。为加强资料的交流和利用，由中央电教馆牵头，建立了全国省级馆电教资料交流网络。各电教馆之间团结协作，互惠互利，资源共享，节省了资料建设的投入，提高了资料的利用率。

中央电教馆组织的全国教育科学"八五"规划国家教委重点研究课题《电化教育促进中小学教学优化》已进入中期实验阶段。中央电教馆和一些地方电教馆、学术团体、学校创办了《电化教育》、《电化教育研究》、《外语电化教学》、《中小学电教》、《家电维修》等几十种电教期刊，在宣传电教，学术交流，推广经验，传播信息等方面发挥了积极作用。

中央电教馆和各级电教馆(高校电教中心)在抓好学校电教的同时还编制了职业技术教育、成人教育、中小学师资培训等电教教材，为提高劳动者素质，为更多的中小学教师学历达标作贡献。农村以学校为依托对农民进行实用技术培训，为实施"燎原计划"、振兴当地经济服务收到了很好的社会效益和经济效益。

中央电教馆和各级电教馆制作的《中共党史》、《中国近代史》、《大学生思想与修养》、《中学生日常行为规范》、《激荡的 1840》、《改革开放在深圳》等大批德育片在学校和社会被广泛使用。

[**电教馆工作队伍发展壮大**]　到 1993 年，我国已先后建立近 30 个电化教育本、专科专业，有 6 所高等师范院校招收了电教专业硕士生。很多高等师范院校开设了电化教育学课程；绝大部分中等师范学校开设了电化教育基础课，为电教战线培养输送专门人才。各级电教馆利用自身优势举办不同层次的电教理论、教材教法、技术设备、通讯报道、资料管理、电教研究等培训班，对电教人员和教师进行培训。经过十几年的努力，一支 10 多万人具有较高政治素质和业务素质、专兼职结合的电教队伍已经形成。许多学校教师已能熟练运用电教手段进行教学。

撰稿　王建平

审稿　孙天正

[**广播电视大学建立教育管理信息系统**]

广播电视大学(以下简称"电大")是采用广播、电视、文字和音像教材等媒体进行远距离教学的开放性高等学校，是统筹规划、分级办学、分级管理的远距离教育系统。根据国家教委《国家教育管理信息总体规划纲要》的要求，经过全国电大系统研讨，决定建立广播电视大学教育管理信息系统。

建立电大教育管理信息系统的目标是：以计算机为主要手段，利用现代信息技术和科学管理方法，收集、处理、分析和传播电大教育管理信息以及与电大教育密切相关的社会、经济信息，为实现电大教育管理和日常事务处理现代化，更好地预测人才需求，评估教育质量，为教育的改革和发展服务。

电大教育管理信息系统属于国家教育管理信息系统下的子系统，其设施将作为国家教委信息系统的备用设施，以保证国家教育管理信息系统的正常运作。中央电大、各省、自治区、直辖市、计划单列市电大、地区(市)电大分校、县电大工作站设置相应的信息部门(如信息中心、信息科、信息组等)。各级信息部门的职能是，负责本级信息系统的规划、建设、运行与管理工作；收集、处理、分析和传播有关电大教育管理的信息，满足上级系统的信息需求，并为本级电大的教育管理活动与决策提供信息、方法、现代技术、手段等方面的服务。电大信息系统要建立健全各级信息机构、配备并培训信息工作人员，形成一支训练有素、相对稳定的专、兼职队伍。

各级电大根据各自的教育、教学任务需要配置计算机网络和办公自动化设备，开发以数据库为基础，包括方法和模型的应用软件，采用先进的信息传输手段，形成布局合理、上下配套、反应及时的信息网络，加快信息传递和反馈速度。

在国家教委建立的指标体系基础上，扩展建立能够准确、全面地描述电大教育现状和发展进程的指标体系，提高信息质量。采用基本调查与特殊(抽样、典型、跟踪等)调查相结合的方法进行统计汇总、编辑出版统计资料，使信息深加工，为电大教育管理活动与决策提供可靠信息。

电大教育管理信息系统的开发建设，是从我国的国情和远距离教育的实际出发，根据现有条件，围绕信息资源的有效开发、管理和利用，采取因地制宜、由简至繁、从点到面、注重实效的开发策略。(1)增强领导信息意识。信息系统的建设和应用是一项长期而艰巨的任务。要搞好这项工作，领导是关键。(2)抓好机构队伍建设。因地制宜，在本级电大设置既有行政管理职能、又有技术服务职能的信息机构。组建一支训练有素、相对稳定的信息工作专兼职队伍。(3)使用统一标准规范。在电大系统中使用统一标准规范的原则是：有国家标准的采用国家标准；有国家教委颁布标准的采用国家教委标准；电大系统内所需的标准规范由中央电大信息部门和有关业务部门协同建立。(4)根据需要配置设备。在配置设备时应根据当前与近期需要、技术人员开发水平等因素逐步配置，以保证添置的设备和开发应用尽可能处在领先地位。(5)实行软件生产商品化。为加快系统的开发速度，要使用和开发通用的软件包。(6)建立稳定的信息系统队伍。

国家教育管理信息系统，计划在 2000 年前分三阶段建成。第一阶段(1993—1994 年)重点是中央电大、省、自治区、直辖市、计划单列市电大建立相应的信息机构和配备人员，建立广播电视大学教学管理信息系统的主体框架，边建设、边利用现有条件积极为电大教学管理活动与决策提供服务。第二阶段(1995—1997 年)从主体框架往下延伸到地市电大分校、部分县电大工作站，扩大系统的信息容量和覆盖面，拓宽和深化信息加工，提高信息质量，使广播电视大学教育管理信息系统在全国范围内初具规模。第三阶段(1998—2000 年)完成规划所确定的目标，建成广播电视大学教育管理信息系统。

撰稿　张瑞麟

审稿　张　庆

[**大学基础阶段电视教育**]　为加快电大的改革步伐，使电大更好地适应社会主义市场经济对人才的多种需求，在办好以高等专科教育为主的学历教育和大力发展以岗位培训为重点的多层次、多形式的非学历教育的同时，按照全国成人高等教育工作会议关于“依托电大进行大学基础阶段教育”的意见，在国家教委统一部署下，在部分省、直辖市和计划单列市，从 1993 年起依托电大试办大学基础阶段教育。

电大大学基础阶段教育是举办大学基础教学班。基础教学班是以大学基础教育为主，旨在提高学生政治、科学和文化素质，进行大学本科和专科基础课程开放性的高等基础教育。它是成人高等教育深化改革，主动适应国家经济建设和社会发展需求的新型办学模式。

基础教学班主要招收高中毕业的在职人员和社会青年，进行大学本科和专科的公共基础课和专业基础课教学，从而为社会提供更多的接受高等教育的机会。一方面为专科院校直接输送续读学生；同时能迅速、有效地培养出大批具有较高政治、文化素质的人才，以适应现代化建设多种人才的需求。电大进行大学基础阶段教育，能够充分发挥电大“统筹规划、分级办学、分级管理”的远距离教育系统优势，便于向农村和边远地区延伸，发挥远距离教育对社会需求的适应性和灵活性。可在国家少投资或不投资的情况下，为城乡企事业单位在职人员和社会青年开辟一条多、快、好、省的成才之路。

大学基础阶段教育的培养目标是：培养社会主义建设需要的，德、智、体全面发展的，掌握大学专科基础知识的人才，并为高等学校培养重点面向基层的高等专门人才奠定基础。

大学基础阶段教育的专业科类和专业设置，1993年主要开设通用性强、知识面广、具有一定针对性和灵活性的大的专业科类。理工科有：机电工程类、电气与电子工程类、土木建筑工程类、化轻工类；文经科有：财经类、文科类、法律类、英语类等。按照培养目标、培养规格和专业科类的不同，由国家教委制定基础教学班统一的教学计划和教学大纲，教材由承办学校根据教学大纲要求自行选用。

凡高中毕业的在职人员和社会青年，由本人报名经所在省、自治区、直辖市及计划单列市教育行政部门审核后，可免试入学，具体报名、审核及录取的具体办法由各地教育行政部门自行确定。基础班学员结业后，根据本地续读本科招生计划，按学员的考试成绩、个人志向和社会需求，由省、自治区、直辖市及计划单列市教育行政部门分流。学习成绩优良的学生经续读学校审核可直接升入普通高校或成人高校的相关专科专业学习；其他人员可进行高等职业教育学习或自行选择岗位专业培训的学习或自谋职业。

撰稿　张瑞麟

审稿　任为民

[加强实践性电视教学]　广播电视大学随着办学规模的不断扩大，办学条件的逐步改善，实践环节也在不断加强。各级电大不仅建立了一套行之有效的文经类和理工类实践教学管理制度、考核办法和一支以专职为骨干，专兼相结合的实践环节教学教师队伍，还建设起一定规模的校内、外实践教学基地。据1993年初步统计，各地电大已建起和正在建设的实验室已达229779平方米，实验仪器设备资产总值达12337.53万元，为实践教学的落实创造了必要的条件。

电大结合当地的实际情况，采取多种形式开展实践教学活动，形成了实践教学的特点是：(1)有条件的省市级电大在统筹规划的基础上，在重点地区进行了实验中心的建设，为当地电大系统服务。江苏电大对所属地市电大的实验基地建设作了统一规划，先后在苏州、无锡等十几所电大建成规模可观的实验中心。烟台电大投资数百万元，建起了包括物理、机械、电气和计算机等实验室的实验中心，可以开设二三十门实验课。这些实验中心承担了本地电大及所辖各市(区)、县电大实验课的教学任务，并采取“送下去，请上来”的办法，为市(区)、县电大和市区办学单位服务，提高了实验室和仪器设备的利用率，解决了各市(区)、县电大实验难的问题。(2)利用电大教育的开放性以及与社会联系紧密的特点，开展实践教学。从生产、科研第一线聘请有实践经验的工程师为兼职教师，上好专业课，提高学生的动手能力；采用厂校挂钩、联合办学的形式，利用工厂的设备优势，开展实践教学。无锡电大先后与无锡柴油机厂、无锡国棉一厂建立了“厂校合作，双向育人”的校外实习基地，学生到工厂实习，同时，学校尽自己的能力为工厂服务；“企业出题目，电大作文章”，借助社会力量搞好课程设计、生产实习和毕业设计，有些还在科研上做出成绩。佛山市电大坚持结合本地技改、科研项目开展毕业设计，取得了显著成绩，教育和科研都获得了丰硕成果，受到国家教委的表扬。

(3)加强文经学科实践教学环节，提高学生分析问题、解决问题的能力。浙江电大湖州分校文经类学生，利用所学知识解决实际问题，为本地区的经济建设作出了贡献。各地电大还结合本地的实际利用现有条件，积极探索文经学科实践教学的新路。沈阳电大创办了实用型会计模拟实验室，教师下到工商系统，汇编了业务类型较全的实际业务题目，并将各种凭证、帐薄、报表、印鉴等实物直观地展示给学生，"假戏真做"，学生独立分析业务往来，独立进行帐表、凭证的操作，这种模式让学生更好地消化所学的知识，让学生学到了真本事。(4)一些电大还编制了用于实践教学的多媒体教材，配备各种实践指导书，制作了一些实验演示、生产现场、工艺流程的录像带，帮助学生增长实践知识。

撰稿　张瑞麟
审稿　牛振冬

[广播电视大学纪念成立 15 周年] 1993 年，是邓小平同志批示创办中国广播电视教育 15 周年。1978 年春，邓小平同志同中央有关领导商议教育规划时提出，采用电视广播等手段办开放大学。当时国务院主管教育工作的方毅副总理当即向教育部传达了小平同志的倡议。原教育部和中央广播事业局很快起草了《关于筹办广播电视大学的请示报告》，2 月 6 日，方毅签署了意见："拟原则同意。报邓副主席审批。"当日即将《报告》呈送小平同志批示"同意"。从此一个新型的高等教育模式在中国诞生了。

十五年来，电大取得了举世瞩目的成绩。至 1993 年，全国电大已经招收理工农医、文经政法、师范类近 300 个专业的大专学历教育学生 232 万多人，已经毕业 167 万多人。近十年内，全国每 100 个大学毕业生中，就有 17 个是从广播电视大学毕业的。1987 年国家教委对全国电大毕业生进行追踪调查的结果表明，用人单位对毕业生信任和比较信任的比例为 86%，毕业生在业务能力、管理能力方面达到大专以上水平的分别占 90%和 79%。调查证明电大的教育质量是比较好的。1990 年对有关电大教育质量和投资效益又进行评估表明，电大专科生每人年均培养费用，约为普通高校本、专科生年均教育事业费的 35—46%。特别是 1986 年开通卫星电视教育的频道开播以来，各级电大开展以岗位培训和继续教育为重点的非学历教育，其中中央电大与国务院有关部委合作在全国开办的非学历教育项目 38 个，已有结业生 300 多万人；地方电大自行开办的非学历教育，结业生已超过 1000 万人；为配合"燎原计划"的实施，1990 年，国家教委决定在中央电大内设立中国燎原广播电视学校，两年多来，全国已有 3000 多万农民收看了燎原学校提供的农村实用技术教育节目。

到 1993 年，一个以学历教育为主、学历与非学历教育协调发展的现代远距离高等教育体系已经在中国确立，电大为社会主义现代化建设培养人才作出了重要贡献。邓小平同志 15 年前批准成立广播电视大学，他提出加速发展广播、电视现代化教育的思想，是完全符合中国国情的，是加快发展高等教育的有效途径。是他一贯倡导的"教育要面向现代化、面向世界、面向未来"的思想的重要组成部分。根据邓小平的教育思想，现在，已逐步建立起具有中国特色的现代远距离高等教育体系。这个体系的主要特征是：

第一，形成了从中央到地方统筹规划，分级办学，分级管理的教育系统。广播电视大学是由中央电大和 44 所省级电大、654 所地市级电大、1500 多所县级电大共同组成的教育系统，有教学班 1 万多个。电大的培养目标，是培养社会主义现代化建设需要的、德智体全面发展的，重点面向基层的应用型专门人才；中央电大从全国选聘著名的教授、专家、学者担任教材的主编和课程的主讲，进行多媒体教学；在全国举办适应面广、相对稳定的专业科类，统一开设主干课程；坚持对统开课程组织严密的全国统一命题考试，建立严格的教学管理制度。同时，地方电大可以根据当地社会经济建设发展的需要，确定开设的专业和学习形式，制订招生计划，建立主动适应地方经济建设的机制。

第二，拥有覆盖全国、遍布城乡的广播电视教育网络。中国教育电视台通过通信卫星，每周播出中央电大课程 84 学时(每年播课 52 周，计 4368 学时)；中央电视台每周播出电大课程 22 学时(每年播课 40 周，计 880 学时)。中国电视师范学院每年播出课时 3400—3500 学时，中国燎原广播电视学校也通过中国教育电视台播出电视课程(节目)，每年为 310 学时。同时，地方电台和电视台还承担了部分统设广播课和地方自开课的播出工作。这是一个国内以至世界规模最大的电视教育网络。

第三，具有动员社会各方面力量共同办学、最大限度提高教育投资效益的优势。广播电视大学建校以来，已在全国范围内逐渐形成了一种动员国家、社会、个人等多方面力量共同办学的投资体制。据 1990 年有关电大教育质量和投资效益评估的资料表明，在电大总投资中，来自国家各级财政的拨款为 59.3%，来自社会各方面的投资及其他集资为 36.4%，由学生个人负担的为 4.3%；而在财政拨款中，中央财政仅占 7.4%，省、地、县三级地方财政占 92.6%。电大的投资体制充分发挥中央和地方两个积极性，最大限度地提高教育投资效益，这与我国目前正在进行的经济体制改革是相适应的。

第四，初步建立了主动适应社会主义经济建设和社会发展需要的办学机制。电大在改革和发展中，逐渐建立了一种主动适应经济建设和社会发展需要的办学机制。这一机制的三个关键性环节是：通过人才预测调整服务方向和教育目标；根据社会需求的变化，改革教学计划和专业课程设置；通过评估取得反馈信息，不断完善按需办学的运行机制。

第五，坚持面向社会、面向基层、面向农村的办学方向。广播电视大学主要举办国家和地方急需的高等专科学历教育，培养重点面向基层的应用型高级专门人才；在办好理工科的同时，重点发展文科、财政、管理、政法、农科等社会紧缺的专业科类。十几年来电大为全社会在职成人和有志于学习的青年提供了接受高等教育的机会，扩大了高等教育的规模，调整和改善我国高等教育的本、专科层次比例、学科专业结构以及地理、城乡的布局。在办好学历教育的同时，全国各级电大又与国家有关部门和系统合作，开展多种形式的非学历教育，为厂矿企业和基层事业单位提供教育服务。特别是近几年，各地电大大力开展以岗位培训和继续教育为重点的各类非学历教育，包括中初级职业技术教育、农村实用技术教育等多种形式和规模的教育。把大学办到乡村、山区和边远地区去，为乡镇企业的振兴提供教育服务；在全国范围内，为第三产业的发展提供教育服务，这也是目前和今后很长时期内电大教育的重要任务。

面对 21 世纪中叶我国要基本实现社会主义现代化的宏伟目标，中国广播电视大学的发展战略是：继续建设并不断完善具有中国特色的现代远距离高等教育体系。为我国的经济建设、科技进步和社会发展培养更多更好的跨世纪的专门人才。电大在九十年代的主要任务是：扩大规模，优化结构，提高质量，增加效益。要在今后的六年里，继续保持较快的发展速度，使学历教育的规模有较大发展，至 2000 年达到与国民经济发展相当的适度规模；继续实现学历教育与非学历教育的协调发展，试办本科教育，为普通高校提供基础课教学服务，使电大系统的教育结构更加合理；确定和完善以教学为中心，教材建设为重点的教学、科研、社会服务相结合的工作运行机制，不断深化教学改革，完善质量控制机制，使电大的教育质量上一个台阶；继续发挥广播电视教育信息资源的优势，与科技界、产业界及社会各界沟通，实行多种形式联合办学，使办学效益有明显提高。

在纪念邓小平同志批准成立广播电视大学成立15周年时，国务院总理李鹏题词："开拓创新办电大，不拘一格育英才"，国务委员李铁映题词："办好电大教育，送教千家万户"，充分体现了党和国家领导对电大的关怀和寄予的厚望。

撰稿 张瑞麟

审稿 张 庆

干部与师资管理

干 部 管 理

[开展以高校领导干部为重点的培训工作] 1993年，国家高级教育行政学院适应新形势下培训工作的需要，以继续培训高校领导干部为重点，积极开展了各级各类干部培训工作。全年共举办各种类型培训班、研讨班9期，培训学员400余名。

1993年春季、秋季，先后举办了第六、第七期高等学校领导干部进修班和第三、第四期高校党政干部培训班。学员为国家教委和国务院有关部、省、自治区、直辖市所属重点高等学校校级领导干部和中青年党员干部，共226人。办班的目的与指导思想：一是组织学员结合党的十四大报告、十四届三中全会通过的关于建立社会主义市场经济体制若干问题的决定，以及马克思主义有关著作，进一步系统学习《邓小平文选》第三卷。通过学习，力求全面、系统、准确地领会邓小平同志建设有中国特色社会主义理论的基本观点，提高全面贯彻执行党的“一个中心、两个基本点”的基本路线的自觉性，认清社会主义的本质，坚持解放思想、实事求是的思想路线，掌握社会主义市场经济的基本知识，了解当前国内外形势；进一步改进思想作风、增强党性，提高政治理论素养与政策水平。二是组织学员学习马克思主义教育思想和《中国教育改革和发展纲要》，学习教育管理知识。通过学习，掌握教育基本规律，全面理解贯彻党和国家的教育方针，明确在市场经济条件下高等教育改革与发展的正确方向及基本任务，总结交流高校改革与管理经验，启发深化改革的思路，进一步提高研究、解决各种新问题的能力，促进高等学校的改革与发展。

进修班教学贯彻理论联系实际的原则，坚持自学为主，辅以必要的专题报告，发扬整风精神，把学习理论、研讨问题、交流经验与明确方向、坚定信念、增强党性紧密结合起来，学员阅读了马克思、恩格斯、列宁、毛泽东尤其是邓小平的著作，以及党中央的有关文件，听取了中央党校副校长邢贲思作的《建设有中国特色社会主义理论对科学社会主义的发展》、中央党校哲学教研部主任张绪文作的《“解放思想，实事求是”是建设有中国特色社会主义理论的精髓》、北京大学厉以宁教授、中国人民大学魏杰教授分别作的《关于市场经济问题》、国家体改委副主任王仕元作的《学习〈中共中央关于建立社会主义市场经济体制若干问题的决定〉》等12个辅导报告。学员还到北京一些企业、农村和高校进行了参观、考察。

第七期高校领导干部进修班与第四期高校党政干部培训班的学员在进入第二阶段学习时，正值《邓小平文选》第三卷出版发行、中共十四届三中全会召开，并通过了《中共中央关于建立社会主义市场经济体制若干问题的决定》。对此，学院及时调整教学计划，就通读《邓选》三卷及学习《决定》作了部署。学员们挤出时间，认真研读《邓选》第三卷和《决定》，为今后深入学习奠定了坚实的基础。

通过学习和研讨，学员们的主要收获是：(1)加深了对建设有中国特色社会主义理论的基本观点的理解。邓小平建设有中国特色社会主义理论，第一次比较系统地初步回答了中国这样的经济文化比较落后的国家如何建设、巩固和发展社会主义的一系列基本问题，用新的思想、观点，继承、丰富和发展了毛泽东思想，是马克思主义同中国实际相结合的最新成果，是我们党在理论上第二次历史性飞跃。大家认为，"中国特色"是指针对中国国情而形成的切合中国实际、反映中国特殊性的新思想和新观点，它不是脱离马克思主义，而是把马克思主义基本原理同中国实际结合起来，是当代中国的马克思主义。解放思想，实事求是，是建设有中国特色社会主义理论的精髓。它贯穿于这一理论的每一基本问题和基本原则以及一系列科学思想和科学观点的始终，我们必须牢牢把握这一精髓。四项基本原则是立国之本，改革开放是强国之路。以经济建设为中心，坚持四项基本原则，坚持改革开放的党的基本路线，是建设有中国特色社会主义理论体系的核心和政治灵魂。离开了党的基本路线，就不可能理解这一理论体系的实质和真谛，就谈不上建设有中国特色的社会主义。毫不动摇地坚持党的基本路线，是我们的事业能够经受风险考验，顺利达到目的最可靠的保证。(2)提高了对建立社会主义市场经济体制的认识。学员们认识到，建立社会主义市场经济体制，是邓小平建设有中国特色社会主义理论的重要组成部分。党的十四届三中全会通过的《中共中央关于建立社会主义市场经济体制若干问题的决定》，把十四大所确立的建设社会主义市场经济体制的改革目标和基本原则具体化与系统化，勾画出社会主义市场经济体制的基本框架，制订了继续深化改革的总体蓝图。大家认为，在社会主义条件下，实行市场经济是进一步解放和发展生产力的客观要求，是经济体制改革的必然选择，是我国经济同国际经济接轨的必要条件。社会主义和市场经济之间不存在根本矛盾，公有制是能够同市场经济相结合或相容的。认为搞市场经济必须实行私有化，在理论上是站不住脚的，在实践中是有害的。社会主义市场经济体制以公有制为主体，在分配形式上以按劳分配为主，在宏观控制上能够更好地发挥计划与市场两种手段的长处，政权掌握在共产党领导的工人阶级和劳动人民手中，生产的目的是满足人民不断增长的物质文化需要，实现共同富裕，人民根本利益一致，靠不断完善生产关系可以解决社会基本矛盾。社会主义市场经济具有一般商品经济的双重效应，除了在功能上有积极的作用和消极的作用外，在思想意识上也会产生积极的影响和消极的影响。我们必须以马克思主义世界观和价值观为指导，加强社会主义精神文明建设，正确地发挥其积极作用，有效地抵制其消极影响。(3)明确了高等教育改革发展的方向和任务。学员们认识到，《中国教育改革和发展纲要》初步明确了建设有中国特色社会主义教育体制的八条原则，这是建立社会主义高等教育体制的指导原则。社会主义高等教育的本质特征有三条：一是坚持教育为社会主义现代化建设事业服务；二是坚持培养德、智、体全面发展的社会主义事业建设者和接班人；三是坚持共产党的领导和马克思主义的指导。在坚持社会主义方向和原则的前提下，我们可以借鉴西方国家高校在市场经济条件下办学的经验。大家认为，必须承认社会主义市场经济的发展对高等教育有积极与消极两方面的影响。在高等教育的改革和发展中，既要充分发挥市场经济对高等教育的积极作用，又要采取正确的政策和措施，把其负面影响降到最低限度。高等教育要适应市场经济体制，为经济建设服务，但这不是全部，高等教育还具有政治功能、文化功能和促进人的全面发展的功能。发挥这些功能，正是为经济建设提供精神动力、智力支持和政治保证。

学习期间，中共中央政治局委员、国务院副总理李岚清在中南海接见了学员代表，听取了关于高校改革和发展情况的汇报，并给全体学员（含北京市高校领导）作了形势报告。

［**举办研讨班**］ 高校中青年理论工作者研讨班。由国家教委社会科学研究中心和国家高级教育行政学院联合举办的高校中青年理论工作者学习建设有中国特色社会主义理论研讨班于1993年10月20日至29日举行，参加研讨班的学员共28名，他们大部分是高校理论教师，一部分是高校从事党政、宣传、思想政治工作的干部。研讨班贯彻理论联系实际的原则，先后讨论了四个专题：(1)中国社会主义初级阶段和有中国特色的社会主义道路；(2)坚持马克思主义的普遍真理和解放思想，实事求是；(3)坚持和改善党的领导，加强党同群众的密切联系与反腐败；(4)坚持以经济建设为中心和坚持“两手抓、两手都要硬”的方针。学员先后听取了林炎志、梁柱、李润海等8位同志的报告，并举行了工作经验交流座谈会。这次研讨班的收获较大，对于一些重大理论问题加深了理解，澄清了模糊认识。认识到建设有中国特色社会主义理论的基本点是社会主义。对于要不要坚持四项基本原则没有讨论的余地，需要讨论的只是如何坚持。对于反腐败斗争的紧迫性、重要性也有了更深刻的认识。通过学习和研讨，学员们提高了认识，增强了理论联系实际的自觉性、坚持马克思主义理论阵地的责任感、使命感和坚持社会主义道路的信心。

市场经济与教育改革研讨班。由国家高级教育行政学院主办、无锡教育学院协办的全国部分地区教育局长参加的“市场经济与教育改革”研讨班于1993年5月5日至17日在江苏省无锡市举办。来自全国10个省、自治区、直辖市近30名学员参加了研讨班的学习，其中有三位地市教委副主任。这次研讨班的特点：(1)主题明确。紧紧围绕市场经济和教育改革这一主题。无锡市领导的情况介绍，参观乡、镇、村经济发展，及各级学校教育情况都体现这个主题，渗透着相关的大量内容。三级办学，三级管理，以素质教育代替升学教育等都反映着市场经济条件下教育改革的动向。(2)两个结合。一是理论与实际相结合，研讨班的报告侧重理论分析，考察则着眼于教育实践，使理论具有现实感。二是教育和经济相结合。(3)收获多、全方位参观多。在无锡参观了12个不同类型的学校。无锡市教育体制、教育经费的筹措、职业教育的发展，给学员以新的启示。无锡市乡、村的文化建设，使大家看到经济建设和文化、教育发展息息相关。

［**科研工作**］ 1993年，国家高级教育行政学院在努力完成培训任务的同时，坚持教学与科研相结合，把科研工作作为一项中心任务来抓，拓宽科研领域，加强对外合作，取得了良好效果。《教育管理辞典》修订工作圆满完成。中国加拿大合作科研项目中方研究课题“中国高等教育改革和发展”已完成，并已由高等教育出版社出版。该课题全面、系统地研究了中国高等教育改革的经验及发展趋势，在国内尚属首例。

为实施联合国开发计划署关于“中国大学管理人员培训与研究”援助项目，委属华东等各教育管理干部培训中心通力合作，组织了一批国内著名大学校长及管理人员，与教育管理专家、教育行政部门干部密切配合，编写《高等教育学》、《高等教育管理》、《中国高等教育史》、《高等教育政策法规》、《高等教育心理学》、《高等教育管理心理学》、《高等学校课程与教学管理》、《高等学校后勤管理》、《高等学校财务管理》、《高等教育评估》、《计算机辅助大学管理》、《国际高等教育改革比较》等12本专著。目前已陆续编写完毕。国家高级教育行政学院作为项目主任所在单位，承担了该套专著的有关审定任务。这是40多年来第一次由国家教育行政主管部门正式推荐的"中国高等教育管理研究丛书"暨"中国大学管理人员培训教材"。

学院还实施了联合国开发计划署关于中国中小学校长培训有关课题的研究工作。该项目涉及的在今后一年向全国百万中小学校长推荐用于其继续提高的《学校管理心理学》、《中小学评估》、《计算机在中小学的应用》3本教材的编写大纲已确定，编写工作正在进行；此外，《中小学校长岗位培训统计分析报告》研究课题的各项工作开始实施。

学院依靠全国重点大学领导轮流在该院脱产学习的独特优势，收集了关于高教改革的第一手资料，建立了"中国高等教育改革信息库"并逐步输入电脑，为有关方面深入研究高教改革的经验及发展提供了有利条件。

撰稿　王治军
审稿　季明明

［**高校领导干部管理**］　1987年3月，国家教委印发了《关于高等学校各级领导干部任免的实施办法》，使我国高等学校领导干部的管理、任免工作逐渐进入规范化、制度化的轨道。1990年2月，中共中央组织部发出《关于修订中共中央管理的干部职务名称表》的通知，根据该通知的有关精神，1991年5月，中共国家教委党组和中央组织部联合印发了《关于进一步加强高等学校领导班子建设的通知》，对高等学校领导班子建设特别是高等学校领导干部的管理及其任免提出了更为明确的要求。1993年8月，根据党的十四大和中共中央、国务院颁布的《中国教育改革和发展纲要》的有关精神，中共国家教委党组会同中央组织部又联合印发了《关于国家教委直属高校领导干部管理工作若干问题的通知》，对原已形成的高等学校领导干部管理制度进行了较大幅度的修改，加大了改革力度，体现了简政放权、提高效率的精神，使原有的高等学校领导干部的管理、任免工作进一步制度化、规范化。文件主送国家教委直属高等学校，同时抄送各省市高校领导干部主管部门，对全国普通高校领导干部的管理及其任免工作有指导意义。文件提出的若干问题主要有：

第一，全面贯彻党的干部"四化"方针，坚持"德才兼备"的标准，严格按规定程序选拔干部。

第二，国家教委直属高等学校党政领导班子的任期制度。

第三，建立健全有关制度，切实加强领导班子的思想作风建设，提高解决自身问题的能力。

第四，充分重视和加强领导班子的考核工作。

第五，采取切实措施，大力加强后备干部队伍建设。

第六，重视对高校领导干部的培训工作。

撰稿　魏士强
审稿　张仁贤

［**表彰全国优秀中小学校长**］　长期以来，广大中小学校长自觉献身基础教育事业，矢志奋斗，艰苦创业，在坚持社会主义办学方向，全面贯彻教育方针，全面提高教育质量，

努力深化教育改革，加强和改善学校管理方面做出了重要贡献，涌现出一大批优秀校长。为宣传他们的先进事迹和办学经验，促进中小学校长队伍建设，根据中共中央组织部、国家教委《关于加强全国中小学校长队伍建设的意见（试行）》精神，国家教委决定1993年对高润华等21名中小学校长授予“全国优秀校长”的称号。

“全国优秀校长”名单如下：

高润华	女	汉	上海市格致中学
万邦儒	男	汉	北京市清华大学附中
韦　力	男	汉	天津市第一中学
金式如	男	汉	广东省深圳市实验学校
连万能	男	汉	江苏省泰县姜堰中学
王梓贤	男	汉	山东省青岛市即墨二十八中
蒋炳光	男	汉	广西壮族自治区桂林地区高级中学
刘昆璧	男	汉	湖南省岳阳市第一中学
查灿云	男	汉	安徽省天长县中学
汪熙尧	男	汉	江西省玉山县第一中学
冯振飞	男	汉	辽宁省农村实验中学
范新民	男	汉	黑龙江省讷河县老莱中学
蒋鸿达	男	汉	吉林省白城市第一中学
罗邦安	男	汉	四川省苍溪县苍溪中学
周金碧	女	汉	云南省昆明市五华区春城小学
郑璧如	男	汉	浙江省江山市实验小学
蔡雅珠	女	汉	福建省福州市实验小学
姚文俊	男	汉	河南省安阳市人民大道小学
江荣生	男	汉	湖北省武昌实验小学
卡毛先	女	藏	青海省同仁县隆务镇加毛完全小学
李　健	男	汉	山西省方山县峪口镇圪杈咀小学

撰稿　宋永刚
审稿　张仁贤

师 资 管 理

［**制定《教师法》**］　广大教师和社会各界盼望已久的《中华人民共和国教师法》，于1993年10月31日经第八届全国人民代表大会常委会第四次会议审议通过颁布，并于1994年1月1日起施行。《教师法》的制定和颁布，是党和国家对广大教师关心、爱护和坚持教育优先发展的战略地位、尊师重教的体现，是广大教师、专家和社会各界共同努力的结果。

一、制定《教师法》的过程。《教师法》的起草过程可分为三个阶段：

第一阶段（1986—1989）提出立法议案、调研起草。1986年3月，在六届全国人大四次会议和六届全国政协四次会议上，全国人大代表和政协委员共415人分别提出了关于尽快制定《教师法》的建议和提案。全国人大教科文卫委员会还提出尽快起草《教师法》的议案。国家教委在收到上述提案和建议后，即向全国人大办公厅作了答复，并筹备进行《教师法（草案）》的调研起草工作，并成立了教师法起草工作领导小组和起草小组。在起草方法上，充分发挥各方面的积极性，除国家教委成立起草小组外，还委托全国教育工会等单位组成北京起草小组、江苏起草小组、华东师范大学起草小组、辽宁省教委起草小组进行起草工作。1987 年 1 月，国家教委召开《教师法》起草领导小组扩大会议，对《教师法》的立法目的、适用范围、教师的待遇及起草工作安排等进行了讨论。1987 年 3 月，国家教委在南京召开《教师法》研讨会，参加研讨会的有北京、江苏、辽宁、华东师范大学等起草小组和国家教委起草小组的主要成员以及教育界、法学界专家、教师代表、国务院法制局、全国人大常委会法制工作委员会、全国人大教科文卫委员会等单位的同志。会议讨论了各起草小组提交的《教师法（草案，调研讨论稿）》，会后，综合各稿形成了《教师法（征求意见稿）》，提交国家教委起草工作领导小组讨论，并印发国家教委各司局征求意见。1988 年 10 月国家教委办公厅在武汉召开的《中华人民共和国教育法（草案）（讨论稿）》研讨会上，起草小组进一步听取了教育界、法学界专家的意见，并作了修改。1989 年 3 月，国家教委邀请教育界、法学界的专家和国务院法制局、全国人大教科文卫委员会、法制工作委员会等单位，联合召开《教师法》研讨会。根据会议研讨的结果，国家教委会同国务院法制局进行了反复修改，形成了《教师法（草案送审稿）》，并经国家教委办公会议讨论通过后于 1989 年 4 月 30 日上报国务院。

第二阶段（1989—1991）修改论证。1989 年 5 月，《教师法（草案送审稿）》上报后，国务院法制局会同国家教委进行了修改，列入 1989 年的立法工作重点，并征求了各省、自治区、直辖市、国务院有关部委和全国人大代表、全国政协委员中部分提案人的意见。同时，国家教委、国务院法制局、全国人大教科文卫委员会还组成征求意见小组，分西北、东北、华南三组，到八个省、区征求意见，共召开了 46 个座谈会，参加座谈的大中小学教师达 700 人。1989 年 11 月，国务院法制局召集国家教委、全国人大教科文卫委员会、财政部、人事部、劳动部等单位就法稿中有关教师待遇的问题反复进行了协商。国家教委也就有关问题进行了反映。1990 年 5 月，国务院法制局局务会议通过了《教师法（草案）》并报国务院常务会议进行讨论。根据每一次会议的精神，国务院法制局和国家教委对有关问题作了进一步论证和多次修改。1991 年 8 月 9 日，国务院常务会议通过后，李鹏总理将《教师法（草案）》提请全国人大常委会讨论。

第三阶段（1991—1993）审议通过。1991 年 8 月，第七届全国人大常委会第二十一次会议对《教师法》进行了审议，全国人大常委会委员提出希望进一步明确提高教师待遇的规定和进一步研究有关推行教师聘任制的问题。但由于七届人大任期已满，国务院撤回了《教师法（草案）》的议案，继续进行研究修改。在 1993 年的八届全国人大一次会议上又有 104 名全国人大代表提出建议，要求尽快制定《教师法》。根据党的十四大和《中国教育改革和发展纲要》关于教师队伍建设的精神，国家教委、国务院法制局在认真研究七届全国人大常委会第二十一次会议提出的修改意见的基础上，对《教师法（草案）》进一步修改后，报国务院 1993 年 10 月 4 日常务会议讨论并原则通过了《教师法（草案）》，提请八届全国人大常委会四次会议审议。在 1993 年 10 月 22 日至 10 月 31 日的八届全国人大常委会第四次会议上，全国人大常委会对《教师法》进行了热烈的讨论。在此期间，根据讨论的意见，全国人大法律委员会进行了审议，最后于 1993 年 10 月 31 日下午由全国人大常委会表决通过。

二、制定《教师法》的依据。立法依据有三个方面：

首先是宪法依据。《中华人民共和国宪法》是国家的根本大法，宪法是由国家最高权力机关即全国人民代表大会制定的，具有最高的法律效力，是制定《教师法》的基础和依据。宪法对于制定《教师法》的依据作用，体现在两个方面：第一，宪法中有关知识分子队伍的规定。

宪法第23条规定："国家培养为社会主义服务的各种专业人才，扩大知识分子的队伍，创造条件，充分发挥他们在社会主义现代化建设中的作用"。教师是我国知识分子的主要组成部分。第二，宪法中有关教育工作的规定。

宪法对我国教育事业单列了两条。第19条规定："国家发展社会主义的教育事业，提高全国人民的科学文化水平。国家举办各种学校，普及初等义务教育，发展中等教育、职业教育和高等教育，并且发展学前教育。国家发展各种教育设施，扫除文盲，对工人、农民、国家工作人员和其他劳动者进行政治、文化科学、技术、业务的教育，鼓励自学成才。国家鼓励集体经济组织、国家企业事业单位和其他社会力量依照法律规定举办各种教育事业。"宪法第46条规定："中华人民共和国公民有受教育的权利和义务。国家培养青年、少年、儿童在品德、智力、体质等方面全面发展。"因此，宪法对知识分子队伍及对教育性质、培养目标、教育制度、公民受教育的权利等规定，不仅对我国教育事业的发展起到了重要的作用，也为《教师法》的制定提供了重要的依据。

其次是政策依据。党和国家有关教师和知识分子工作的一系列方针、政策为制定《教师法》提供的依据主要体现在两个方面：第一，关于教师队伍建设的政策。

新中国成立以来，党和国家重视教育事业，坚持尊师重教的方针。尤其是改革开放以来，党和国家为教师队伍建设制定了一系列方针、政策，这对于教师队伍建设起到有效的作用。1985年5月27日中共中央发布的《关于教育体制改革的决定》指出："建设一支有足够数量、合格而稳定的师资队伍，是实施义务教育、提高基础教育水平的根本大计。为此，要采取特定的措施提高中小学教师和幼儿教师的社会地位和待遇，鼓励他们终身从事教育事业。"并对教师队伍的培训、考核、补充和管理作出了规定。1993年2月，中共中央、国务院发布的《中国教育改革和发展纲要》指出："振兴民族的希望在教育，振兴教育的希望在教师，建设一支具有良好政治业务素质、结构合理、相对稳定的教师队伍，是教育改革和发展的根本大计。要下决心采取重大政策和措施，提高教师的社会地位，大力改善教师的工作、学习和生活条件，努力使教师成为最受人尊重的职业。""教育的改革和发展对教师提出了新的更高的要求。教师是人类灵魂的工程师，必须努力提高自己的思想政治素质和业务水平；热爱教育事业，教书育人，为人师表；精心组织教学，积极参加教育改革，不断提高教学质量。"《纲要》还对教师的培养与培训、工资、住房、民办教师、职务聘任、奖励和教师的工作效益、学校对教育管理的自主权等问题作出了规定。第二，关于知识分子的政策。党的十一届三中全会以来，党中央采取一系列措施落实知识分子政策，尊重知识，尊重人才，调动广大知识分子的社会主义积极性，取得了巨大成绩。党的十四大报告指出："知识分子是工人阶级中掌握科学文化知识较多的一部分，是先进生产力的开拓者，在改革开放和现代化建设中有着特殊重要的作用。能不能充分发挥广大知识分子的才能，在很大程度上决定着我们民族的盛衰和现代化建设的进程。要努力创造更加有利于知识分子施展聪明才智的良好环境，在全社会进一步形成尊重知识、尊重人才的良好风尚。下决心采取重大政策和措施，积极改善知识分子的工作、学习和生活条件，对有突出贡献的知识分子给予重奖，并形成规范化的奖励制度。"党的知识分子政策是制定《教师法》的重要依据。

第三是实际依据。据1993年统计，我国共有教师1046.52万人，其中高等学校教师38.78万人，中小学教师871.84万人，中等专业学校教师23.93万人，职业中学教师26.17万人，特殊教育学校教师2.04万人，工读学校教师1600人，幼儿教师83.6万人。长期以来，广大教师兢兢业业，努力工作，培养了大批人才，为我国社会主义教育事业和现代化建设作出了宝贵的贡献。经过不断的培养和培训，广大教师的业务素质有了很大提高。特别是改革开放15年来，教师队伍建设取得了很大成绩。但是我国仍存在教师社会地位和待遇偏低的状况，侵犯教师合法权益、拖欠教师工资的情况还时有发生。教师队伍中一部分教师素质有待提高，部分教师不安心从教。因此，根据我国的教育事业的发展需要以及教师队伍的实际情况，努力提高教师的社会地位和待遇，加强教师队伍的建设，这两个方面都需要用法律的手段加以解决。这是广大教师和社会各界的呼声，也是教育行政部门在管理中提出的要求，在全国人大代表和政协委员提出的建议和提案中，集中地反映了这两个方面的问题。这是制定《教师法》的更直接的依据。

三、制定《教师法》的指导思想和立法宗旨。《教师法》是一部在新形势下加强和完善教师队伍建设的重要法律。制定《教师法》的指导思想和立法宗旨，概括起来：一是维护广大教师的合法权益，保障教师待遇和社会地位的不断提高，使教师成为社会上受人尊敬的职业；二是加强教师队伍的规范化管理，确保教师队伍整体素质的不断优化和提高。这两个方面是紧密联系在一起的。教师的低待遇必然导致队伍的低素质。提高教师待遇的根本目的，是为了提高教师队伍的思想政治和业务素质，建设一支具有良好思想品德修养和业务素质的教师队伍，促进我国教育事业的发展，为社会主义现代化建设培养大批的合格的建设者和接班人。

四、制定《教师法》的重要意义。主要有以下几方面：

第一，制定《教师法》是培养社会主义事业的建设者和接班人，促进我国教育发展和现代化建设的需要。教师队伍建设对教育事业的发展和繁荣，对人才的培养具有关键的作用。目前，我国面临世界新技术革命的挑战，能否培养出一批又一批既具有坚定正确的政治方向，又掌握现代科学文化的社会主义事业的建设者和接班人，关系到我国社会主义现代化建设的战略目标能否实现。要培养一代又一代社会主义事业的建设者和接班人，关键在于建设一支具有良好思想品德和业务素质的教师队伍。因此，制定《教师法》，依法加强教师队伍的建设，是一项十分重要又十分紧迫的任务。

第二，制定《教师法》，是提高教师队伍素质的需要。长期以来，广大教师兢兢业业，努力工作，培养了大批人才，为我国社会主义教育事业和现代化建设作出了巨大的贡献。经过不断的培养和培训，教师的业务素质有了较大提高。1981年至1993年，高中教师学历合格率从35.67％提高到51.09％，初中教师从14.33％提高到59.54％，小学教师从51.8％提高到84.71％。在没有达到规定学历要求的教师中，通过各种形式的业务进修和长期的教育教学实践，许多人事实上也已胜任教师工作。但是从总体上看，我国教师队伍的思想政治素质和业务素质还不能完全适应教育事业发展的要求，特别是还不能适应教育面向世界、面向未来、面向现代化的要求，这样就会影响到培养高素质一代人才与提高全民族科学文化素质的要求。因此有必要通过立法，对提高教师的思想品德修养和业务素质的措施作出系统明确规定，以加强教师队伍的建设。

第三，制定《教师法》有利于用法律保障教师的社会地位和物质待遇的提高，维护教师的合法权益，调动广大教师教书育人的积极性。

第四，制定《教师法》有利于使教师队伍建设走上规范化、法制化的轨道。随着教师队伍的发展和教育事业改革的不断深化，需要在总结近年来改革经验的基础上，对教师管理中的一些重要问题作出法律规定，逐步形成一整套关于教师队伍建设的法规和规章。《教师法》为我国教师队伍建设提供了基本的法律依据。《教师法》规定了教师的资格、聘任、考核、培养、培训、奖励等一系列制度，标志着我国教师队伍建设进入了法制化、规范化的阶段。

第五，《教师法》是在教师队伍建设上贯彻《中国教育改革和发展纲要》的重大法律举措。《纲要》中有关教师队伍建设的一些内容在《教师法》里都有了明确的规定。

第六，制定《教师法》有利于推动全社会进一步形成尊师重教的良好风尚。长期以来，党和国家坚持尊师重教的方针，尊师重教已在全社会初步形成风尚。《教师法》的颁布及学习、宣传和贯彻实施，有利于在全社会进一步形成尊师重教的法律意识。

第七，制定《教师法》标志着我们国家教育法律建设开始进入一个重要的发展时期。《教师法》是继《中华人民共和国学位条例》、《中华人民共和国义务教育法》之后第三个教育法律。《教师法》在教育法律体系中，是以教师为对象的法律，具有特殊的地位和作用。以教师为对象立法，涉及到教育内部和外部的一系列关系。《教师法》的通过，在教育体系中确定了教师的重要地位和作用，也为今后在教育立法中处理教育外部和内部的关系提供了成功的经验，对于加速做好教育立法工作具有重要的作用。

撰稿　孙霄兵

审稿　韩绍祥

［**解决拖欠中小学教师工资问题**］ 1993年，在党中央和国务院的大力支持下，全国解决拖欠中小学教师工资问题取得显著成效。

拖欠中小学教师工资问题出现于八十年代初期，当时由于民办教师从过去的集体记工分、分配口粮加国家补助费的劳动报酬形式改为由国家补助、集体支付工资的劳动报酬形式后，全国一些地区出现了拖欠民办教师集体支付部分的工资。虽经教育行政部门多次呼吁，但拖欠的范围越来越大，涉及的民办教师数量越来越多。特别是1988年以后，随着财政体制改革的深入，全国大部分地区把财政(包括教育经费)陆续包干到乡镇，农村中小学教师工资实行由乡镇财政负责支付的发放管理体制，使不少地区不仅民办教师工资拖欠加剧，而且发展为长时间、大范围地拖欠中小学公办教师工资。拖欠部分不仅包括国家及地方出台的有关政策性津贴、补贴，而且包括国家规定的标准工资。据1993年9月统计，全国除北京、西藏外，其它各省、自治区、直辖市均有不同程度的拖欠，拖欠总额累计高达14亿元。其发生面之广，人数之多，数额之大，时间之长，是建国以来从未有过的。拖欠中小学教师工资问题已成为困扰我国农村基础教育的一大难题。党中央、国务院对此十分重视，地方各级政府和教育、财政、人事等有关部门做了大量的工作。

一、党中央、国务院始终把解决拖欠中小学教师工资问题作为一件大事来抓。

1991年8月，国家教委、人事部、财政部针对有的地方随意取消和扣发教师提高10%部分的工资，对教龄津贴附加不符合国家政策规定的限制条件，国家出台的一些政策如建立超课时酬金，提高班主任津贴标准等迟迟得不到贯彻落实的问题，联合下发了《关于认真检查落实教师工资待遇有关政策的通知》。通知中要求：(1)凡是国家规定的教师工资政策，必须坚决贯彻落实，并及时兑现；(2)坚决杜绝拖欠教师包括民办教师工资的现象，已经拖欠的工资要尽快发放，并保证今后不再发生类似情况；(3)纠正执行政策中的偏差，把按政策规定该发的工资、福利待遇发给教师。由于一些地方领导及有关部门对此重视不够，使拖欠教师工资问题未得到扼制。

1992年12月四川省《教育导报》发表了《拖拖欠欠何时了？》、《光明日报》发表了《救救老师！救救孩子！》的文章，相继披露了四川省仪陇县拖欠教师工资700余万元，近7000名教师7个月没领到工资，有不少教师靠借贷度日的问题之后，在国内外引起很大反响。为此，12月28日，国家教委、人事部、财政部又联合下发了《关于认真检查教师工资待遇落实情况，妥善解决拖欠教师工资问题的紧急通知》。要求“各地政府做一次认真检查，并迅速采取切实可行的措施，妥善解决拖欠问题。要切实保障教师工资按时发放。”

1993年党中央、国务院三令五申、明确要求，必须在1993年底前全部兑现拖欠的中小学教师工资。李鹏总理在中央农村工作会议和全国经济工作会议上指出：“拖欠教师工资现象是不能允许的，各级政府在年前必须保证解决，让教师过一个好年。”1993年10月31日全国人大通过颁布的《中华人民共和国教师法》明确规定，拖欠教师工资是损害教师合法权益的违法行为，并制定了相应的处理办法。为了贯彻李鹏总理的指示精神，确保在1994年元旦《教师法》正式实施前全部解决拖欠教师工资问题。11月16日，国务院办公厅下发了《关于采取有力措施迅速解决拖欠教师工资问题的通知》，11月21日，国务院在《关于贯彻实施〈中华人民共和国教师法〉若干问题的通知》中进一步强调指出：“当务之急，要确保在1993年年底前彻底解决拖欠教师工资问题，让教师过个好年。”李岚清副总理在亲笔致信河北省省委书记、省长之后又数次亲笔写信给拖欠教师工资较严重的省(区)省长(主席)，望省长在《教师法》实施之前，“再继续关心一下，督促各级政府尽快解决。”并亲临视察10个省市，督察解决拖欠教师工资问题。国家教委曾多次向各省、自治区、直辖市发出通知和电报，了解、督促、通报全国拖欠中小学教师工资及兑现情况。国家教委主任、副主任也多次分赴有关拖欠教师工资严重的地区督促检查，多次向国务院报告解决拖欠教师工资的进展情况。在1993年特别是1993年教师节前后，从中央到地方各级政府对拖欠教师工资问题紧抓不放。报刊、广播、电视、杂志等新闻单位积极配合，兑现工作进展较快。全国拖欠教师工资总数由1993年9月的14.3亿元降低到12月底的3.09亿元。

1994年元旦过后，还有10个省、自治区尚未解决拖欠问题，拖欠金额达3.09亿元。为督促各地在春节前全部解决拖欠问题，全国人大教科文卫委员会会同全国政协和国家教委组成4个检查组，有4位全国人大常委带队分赴安徽、河南、陕西、湖北进行检查督促。在党中央、国务院的三令五申下，经过各级政府和有关部门的积极努力，全国各地在春节前夕使拖欠的中小学教师工资基本兑现。

二、地方各级政府为兑现中小学教师工资做了大量的工作。

各级政府重视，主要领导亲自抓。各级政府把解决拖欠作为尊师重教、加强基础教育的大事纳入政府工作的主要议事日程，许多省区主要领导多次主持召开省长办公会、电话会、电视讲话专题研究和部署解决拖欠教师工资工作，并就此层层建立目标责任制。黑龙江、河北、河南、辽宁等省领导亲自主持召开全省各地市专员、市长、财政局长、教委主任会议，专门研究解决教师工资拖欠问题。四川省副省长先后两次带领省级有关部门负责同志督促检查，现场办公，解决问题。江苏、浙江、青海、山西、江西、云南、贵州、新疆、内蒙等省(区)制定了清欠工作目标责任制，层层制订措施，落实责任，使解决拖欠有了组织保证。为及时了解和掌握解决拖欠教师工资的进展情况，河南、广西、四川等省区还曾建立解决拖欠日报、双日报、月报制度。

各有关部门密切配合，齐抓共管，加强督导，限期解决。许多地方组成了有教育、财政、人事、税务、宣传、法制、工会等部门参加的联合调查组赴拖欠严重的地区督促检查，帮助解决拖欠教师工资问题。山东省为确保1994年元旦前解决拖欠教师工资问题，由省教委、财政厅、税务局、审计局等单位主要负责人组成4个检查组，赴全省有拖欠教师工资问题的9个地市督促检查，并规定不解决拖欠检查组不能回来。

各级财政千方百计调拨资金，为财政困难一时无力兑现教师工资的地区解决燃眉之急。据不完全统计，1993年全国14个省区财政共调拨资金7.7亿元专项用于解决拖欠教师工资问题。其中河南省调拨资金1.7亿元，广西自治区、湖南省各调拨资金9000余万元。甘肃省从财政专项补助费中挤出1623万元，于1993年10月10日前一次全部兑现所拖欠的教师工资。山东省一次调拨5000万元、黑龙江省动用省长救灾预备金确保了于1994年元旦前全部兑现。为兑现教师工资，黑龙江省的双城市、广西的靖西县和田阳县卖掉了政府使用的高级轿车，广西的德保县拍卖了政府的一栋办公用房。

采取切实措施，保证教师工资优先发放。许多地方在财力不足的情况下，对教育采取倾斜政策。财政收入一保吃饭、二保建设，优先发放教师工资，已成为许多地方共同遵守的一条不成文的规定。湖北省南漳县政府对全县26个新上项目分别做出停建、缓建的决定，集中260多万元发放教师工资，黑龙江、四川等省规定，凡拖欠教师工资的地方，其他财政拨款一律暂停。内蒙古、安徽、四川、甘肃等省区采取“一发教师，二发机关”的办法，首先保证教师工资发放。

三、在解决拖欠教师工资问题的同时，采取治本办法，不断完善教师工资发放的保障机制。

为认真贯彻《教师法》，从根本上解决拖欠教师工资问题，许多省市还采取标本兼治的措施。甘肃等12个省区决定在不能保证教师工资按期足额发放的地方，将预算内教育经费由乡管改为县管；辽宁等6省明确规定，从1994年起，对教师工资经费必须实行全额预算，不留缺口，并由各级人大严格把关。河北等15个省对教育费附加实行“乡征、县管、乡用”的办法；四川等7个省规定，在拖欠教师工资严重的地方不准兴建楼堂馆所，不得购买小轿车，不批准出国考察等。为了增加教育投入，四川省决定，从1994年起，在宾馆饭店征收教育费。

鉴于各地在解决拖欠问题时，普遍采取的是拆借、贷款、“寅吃卯粮”等一些应急措施，没有从根本上解决问题。1994年新的工资政策的正式实施，形势会更加严峻。为了贯彻落实《中华人民共和国教师法》，依法行政、治教，真正从机制上落实教育优先发展的战略地位，从根本上解决拖欠教师工资问题，党中央、国务院和地方各级政府正在研究建立和完善按时足额发放中小学教师工资的保障监督机制，真正从机制上保障中小学教师工资按时发放。

撰稿　马书义

审稿　韩绍祥

［**公布具有教授、副教授任职资格评审权高校**］　为了加强对高等学校教师职务评聘工作的宏观调控，保证教师职务评聘的质量，严肃高等学校教授、副教授任职资格评审权审批授予工作，1993 年 11 月 30 日，国家教委和人事部联合下发了《关于公布具有教授、副教授任职资格评审权高等学校的通知》，将 1986 年职称改革以来，经国家教委批准具有教授或副教授任职资格评审权的高等学校向全国公布。《通知》要求各地区、各部门高教行政部门、人事（职改）部门认真掌握，并加强对所属高等学校教师职务评聘工作及行使权力情况的检查监督。获得教授或副教授任职资格评审权的高等学校，必须在批准授予的学科进行评审，未经批准授权的学科，仍应送学校所在地高教行政部门组织的高等学校教师职务任职资格评审组织进行评审。各地区、各部门高教行政部门、人事（职改）部门要加强对高等学校教师职务评聘工作的领导，严格按照国家教委和人事部有关文件规定的审批程序，坚持标准，保证质量，积极稳妥地做好授予所属高等学校教授或副教授任职资格评审权的审核工作，不得自行下放高等学校教授或副教授任职资格评审权。前一个时期，个别地方和部门未经国家教委同意自行下放的副教授任职资格评审权，接到《通知》后，要按国家教委和人事部的有关文件规定，重新向国家教委报批，对其中不符合条件的高等学校，要暂缓授予副教授任职资格评审权。今后凡不按规定条件和审批程序授予下放的副教授任职资格评审权，国家教委不予承认。国家教委还将会同有关部门对具有教授或副教授任职资格评审权高等学校行使权力情况进行检查，对不能正确行使权力，保证评审质量的高等学校，国家教委将会同有关部门暂停其评审工作直至收回其评审权。

具有教授、副教授任职资格评审权高校名单

一、84 所具有教授任职资格评审权高等学校名单

（一）1986 年经批准下放的 32 所高等学校：

北京大学　清华大学
中国人民大学　上海交通大学
中国科技大学　北京师范大学
复旦大学　西安交通大学
浙江大学　北京医科大学
北京农业大学　北京科技大学
北京理工大学　南开大学
天津大学　大连理工大学
东北大学　哈尔滨工业大学
北京航空航天大学　同济大学
东南大学　华中理工大学
中国地质大学　西北工业大学
吉林大学　中国协和医科大学
南京大学　厦门大学
武汉大学　中山大学
上海医科大学　华东师范大学

（二）1988 年经批准下放的 48 所高等学校：

华南理工大学　武汉水利电力大学
中南工业大学　北方交通大学
北京邮电学院　吉林工业大学
长春地质学院　中国矿业大学

河海大学 南京航空航天大学
中国纺织大学 华东理工大学
南京理工大学 石油大学
西南交通大学 重庆大学
青岛海洋大学 成都科技大学
电子科技大学 兰州大学
山东大学 四川大学
杭州大学 上海财经大学
南京农业大学 华南农业大学
东北农学院 浙江农业大学
北京林业大学 北京中医学院
中国医科大学 中山医科大学
同济医科大学 湖南医科大学
华西医科大学 上海第二医科大学
白求恩医科大学 东北师范大学
华中师范大学 南京师范大学
北京外国语学院 上海外国语学院
中央音乐学院 中央美术学院
上海音乐学院 浙江美术学院
北京体育学院 对外经济贸易大学

(三)1992年经批准下放的4所高等学校：

暨南大学 西安电子科技大学
湖南大学 合肥工业大学

二、103所具有副教授任职资格评审权高等学校名单

(一)1986年经批准下放的9所高等学校：

重庆建筑工程学院 武汉测绘科技大学
哈尔滨建筑工程学院 西北大学
华中农业大学 哈尔滨医科大学
天津医学院 浙江医科大学
华南师范大学

(二)1988年经批准下放的60所高等学校：

北京化工学院 北京工业大学
北京农业工程大学 昆明工学院
东北林业大学 大连海运学院
福州大学 上海工业大学
哈尔滨船舶工程学院 武汉水运工程学院
武汉工业大学 上海科技大学
上海机械学院 无锡轻工业学院
江苏工学院 南京化工学院
山东工业大学 外交学院
成都理工学院 陕西机械学院
西安冶金建筑学院 黑龙江大学
河北大学 云南大学
福建农学院 甘肃农业大学
西南农业大学 沈阳农业大学
山东农业大学 西北农业大学
四川农业大学 苏州大学
南京林业大学 首都医学院
南京医学院 沈阳药学院
山东医科大学 西南财经大学
西安医科大学 重庆医科大学
中国药科大学 广州中医学院
黑龙江中医学院 南京中医学院
上海中医学院 首都师范大学
西南师范大学 西北师范大学
上海师范大学 成都中医学院
陕西师范大学 广州外国语学院
中央戏剧学院 中央工艺美术学院
南京艺术学院 上海体育学院
中南财经大学 东北财经大学
中国政法大学 中央民族学院

(三)1991年4月至1993年10月经批准下放的34所高等学校：

华北电力学院 河北工学院
湘潭大学 东北重型机械学院
武汉工学院 太原工业大学
郑州大学 沈阳工业大学
洛阳工学院 甘肃工业大学
山西大学 河南医科大学
湖北医学院 苏州医学院
兰州医学院 湖南师范大学
河南大学 大庆石油学院

长春光学精密机械学院	太原机械学院
兰州铁道学院	杭州电子工业学院
天津师范大学	北京语言学院
上海戏剧学院	天津财经学院
湖南农学院	辽宁大学
辽宁师范大学	辽宁中医学院
大连医学院	西安公路学院
上海海运学院	哈尔滨师范大学

撰稿　雷朝滋
审稿　韩绍祥

[修订、颁发《特级教师评选规定》]　党的十一届三中全会以后，根据邓小平同志在全国教育工作会议上"要采取适当的措施，鼓励人们终身从事教育事业，特别优秀的教师，可以定为特级教师"的讲话精神，1978 年，原教育部、国家计委联合颁发了《关于评选特级教师的暂行规定》。之后，各地普遍开展了评选特级教师的工作。

10 多年来，各地在评选特级教师工作中坚持了优中选优、宁缺毋滥的原则，严格标准，确保质量。评选出来的特级教师绝大多数是政治素质好、业务水平高、工作成绩突出、在当地有影响的特别优秀的中小学教师。实践证明，评选特级教师，对提高中小学教师地位，增强教师的光荣感、责任感，为广大中小学教师树立榜样，激发广大中小学教师教书育人的积极性，促进基础教育事业的发展，起到了非常重要的作用。

但从调查了解的情况看，在特级教师工作中还存在以下问题：(1)对特级教师的管理工作缺乏检查指导。特级教师只能利用群众性的学术团体等方式开展一些活动。各级教育行政部门则很少有计划的组织特级教师开展活动，为特级教师发挥作用和特级教师自身提高提供必要的条件。(2)对特级教师宣传不够，特级教师在社会上的知名度和地位远未达到应有的高度。(3)评选工作没有制度化，评选数量少且不平衡。从 1978 年以来，全国共评出 7000 余名特级教师，仅占中小学教师总数的万分之七，除去死亡、退休、调离等，在岗的数量更少。从评选次数来看，有的省已评 3 次，最多的已评 4 次，但有的省仅评过一次。(4)特级教师负担太重。他们除担负经常的教学任务和教学研究方面的专题项目外，还承担了许多社会工作。有的特级教师因兼职过多，直接影响了正常教学任务的完成。(5)待遇与特级教师的地位、贡献不符。国家给特级教师的津贴中学每月 30 元，小学每月 20 元，是当时的情况下党和政府对特级教师的关怀，但是 10 多年来物价已发生很大的变化，教师的工资也已有所提高，而特级教师津贴从 1978 年以来一直没有提高过。(6)对特级教师的性质认识不统一。中小学实行教师职务聘任制后，各地对特级教师的性质认识上的不统一，在特级教师的评选条件、待遇标准等方面出现一些争议，影响了这项工作的开展。

为了解决特级教师工作中存在的突出问题，把评选特级教师工作深入开展下去，提高特级教师待遇，扩大特级教师影响，充分发挥特级教师作用，进一步做好特级教师工作，国家教委、人事部、财政部在广泛征求意见的基础上，将 1978 年颁发的《关于评选特级教师的暂行规定》(以下简称《暂行规定》)修订为《特级教师评选规定》(以下简称《规定》)，并于 1993 年 6 月 10 日正式颁布施行。

在制定《评选特级教师的规定》时，对 1978 年颁发的《暂行规定》主要在以下几个方面进行了修订：(1) 关于特级教师的性质问题。《暂行规定》中不明确，实际工作中有的说是专家，有些人认为属于劳模，有的主张作为教师职务。在《规定》第二条中明确为"'特级教师'是国家为了表彰特别优秀的中小学教师而特设的一种既具先进性、又有专业性的荣誉称号。特级教师应是师德的表率、育人的模范、教学的专家。”(2) 关于特级教师的评选时间问题。《暂行规定》中规定“每隔三至五年评选一次特级教师”，相隔时间太长。《规定》第五条中规定为，“评选特级教师应有计划、经常性的进行”。(3) 关于特级教师的数量控制问题。由于特级教师是一种规格和要求都很高的荣誉称号，代表了中小学教师的最高水准，因此人数不宜太多，但也不能太少使教师认为高不可攀。《规定》第五条中规定，“各省、自治区、直辖市在职特级教师总数一般控制在中小学教师总数的千分之一点五以内”。并规定，“评选的重点是在中小学教育教学第一线工作的教师”。(4) 关于特级教师的待遇问题。《暂行规定》中确定为中学特级教师每月补贴 30 元，小学特级教师每月 20 元。《规定》第八条中将中小学特级教师津贴统一提高为“每人每月 80 元，退休后继续享受，数额不减”。(5) 关于撤销称号问题。《规定》第十二条和第十三条增加了撤销称号的条件，及撤销特级教师称号后，与特级教师称号有关的待遇即行取消的内容。

为配合《特级教师评选规定》颁发，纪念邓小平同志提出关于评选特级教师暨全国开展特级教师评选十五周年，1993 年 6 月 29 日，国家教委在北京召开特级教师座谈会。国家教委主任朱开轩就颁发《特级教师评选规定》的重要意义、进一步做好特级教师工作作了重要讲话。并要求各地一定要按照《特级教师评选规定》的要求，使评选特级教师工作规范化、制度化。

撰稿　马书义
审稿　韩绍祥

［**教师奖励基金会**］　1993 年，全国教师奖励(教育)基金会工作有长足发展，已有 29 个省(区)、市和 6 个计划单列市及 800 个市(县)成立了教师奖励(教育)基金会。北京、天津、上海、辽宁、吉林、广东、湖北、浙江、福建等省市已基本形成了中央、省(市)、县(市)三级教师奖励的体制。全国县以上各级教师奖励(教育)基金会拥有基金总数 13 亿元。其中，中国中小学幼儿教师奖励基金会有基金 1 亿元，省(自治区、直辖市)和计划单列市基金会有基金 4 亿元，县(市)基金会有基金 8 亿元。广东省县以上基金会共有基金 6.8 亿元。

全国县级以上教师奖励基金会会同国家教育、人事等部门自 1986 年以来，累计表彰奖励优秀教师和优秀教育工作者共 130 万人，受奖面约占全国教师和教育工作者总数的 12%。其中，国家级优秀教师、教育工作者 3.5 万名；省级优秀教师、教育工作者 11.5 万名；县(市)级优秀教师、教育工作者 115 万名。全国各级教师奖励基金会还多次组织由全国优秀教师和教育工作者参加的夏令营和园丁之家活动，仅 1993 年，组织 1.2 万名教师到全国各地观光考察、学习交流和健康疗养。

各级基金会把宣传优秀教师的事迹，弘扬尊师重教的社会风尚，作为一项重要工作。首先，利用报刊、电视、广播等宣传媒体以及编辑出版书刊专辑，拍摄电视片颂扬优秀教师的业绩和社会各界人士尊师重教的事绩；二是在教师节期间召开奖励优秀教师和教育工作者及尊师重教先进集体和个人表彰大会，请党政领导出席颁奖；三是通过举办文艺演出、茶话会、联谊会等形式慰问教师并发动社会各界开展为教师办好事、办实事的活动；四是与新闻单位共同举办以颂扬教师为主题的书画、摄影展及征文活动。

各地基金会在建立和发展过程中，得到各级党政领导和社会知名人士的关心和支持。许多省市的现职领导和退居二线的老同志亲自担任基金会的理事长或会长，动员社会各界捐资助教。广州市组织的教育百万行活动，从党政领导到广大群众，从机关团体到千家万户，人人争为教育事业做贡献。一年来，基金会的自身建设也在逐步加强，各地本着精简实效的原则，设立了办事机构，配备了由专职工作人员和返聘老同志组成的工作班子并建立健全了基金会内部管理机制和严格的财物制度，对基金实行专项管理、专项使用、接受财政、银行、审计、民政部门的监督检查，保证了基金会工作的健康发展。

撰稿　韩云昌
审稿　尹凤合

[奖励全国优秀教师和教育工作者] 1993年教师节，国家教委、人事部会同全国教育工会、中国中小学幼儿教师奖励基金会联合奖励全国优秀教师和教育工作者。

根据国家教委1992年发布的《教师和教育工作者奖励暂行规定》(以下简称《暂行规定》)的精神，国家教委、人事部于1993年3月联合下发了《关于认真做好一九九三年奖励全国优秀教师和教育工作者工作的通知》(以下简称《通知》)，决定于1993年教师节奖励全国优秀教师和教育工作者6000人，其中600人授予全国教育系统劳动模范称号，享受省部级劳动模范待遇。

《通知》规定，此次奖励的范围是近两年来在各级各类学校和其他教育机构中在教育教学、学校管理、服务工作方面作出显著成绩的教师、专业技术人员、学校和教育行政部门的管理人员和其他职工，重点是在教学第一线的教师，教师中又应以中小学、幼儿教师、职业技术学校教师为主，尤其要注意评选中青年教师。

评选条件按《暂行规定》执行。获奖人员必须热爱社会主义祖国，坚持党的基本路线，忠诚人民的教育事业，模范履行教师职责，具有良好的职业道德，为人师表，并具备下列条件之一：(1)全面贯彻教育方针，教育思想端正，关心学生全面成长，教书育人，在培养人才方面成绩显著；(2)认真完成教育教学任务，在教学改革、教材建设、实验室建设、提高教育教学质量方面成绩优异；(3)在科学研究、教育教学研究、技术推广等方面有创造性的成果，具有较大的科学价值或者有显著的经济效益或者社会效益；(4)在学校管理和服务、学校建设方面有突出成绩。

奖励优秀教师和教育工作者的名额，原则上按1991年底各地区教职工统计数0.42‰左右的比例分配给各省、自治区、直辖市和中国人民解放军、武装警察部队；名额中的10%为全国教育系统劳动模范。各地在分配名额时，注意使基础教育、高等教育、成人教育、职业技术教育、幼儿教育、特殊教育、扫盲教育等不同类型、层次的学校和教育机构均有适当比例。为了使荣获1993年全国普通高等学校优秀教学成果奖特等奖和一等奖并符合《通知》评选条件的人员参加评选，其中获特等奖的人员可参加全国教育系统劳动模范的评选，有关省、自治区、直辖市高等教育的比例可比往年增大些。要切实保证真正在教学第一线的专任教师占奖励总人数的绝大多数。

由国家教委、人事部会同全国教育工会、中国中小学幼儿教师奖励基金会组成奖励工作领导小组，国家教委主任朱开轩任组长，人事部副部长程连昌任副组长，统一领导评选工作并审批全国优秀教师、教育工作者和全国教育系统劳动模范，工作重点是对劳动模范人选进行审批。领导小组下设办公室，负责日常工作并组织评审小组对获奖人选申报材料进行评审。各省、自治区、直辖市也成立了相应的机构，负责对本地区获奖人员审定和申报工作。

全国优秀教师奖励工作领导小组办公室

先后编发5期简报，以沟通情况，交流信息，及时指导各地的奖励工作。各地根据《暂行规定》和《通知》及有关文件精神，结合本地区实际制订了具体办法。各地在评选和申报工作中，坚持了正确的政策导向，层层评选，逐级申报，坚持标准，严格评审，基本做到了把在群众中具有较高威信、工作成绩突出的优秀教师和教育工作者选拔上来，确保了奖励工作的质量。

全国优秀教师和教育工作者奖励工作办公室对各省、自治区、直辖市报送的人选进行了严格评审。9月6日，经全国优秀教师奖励工作领导小组批准，决定1993年教师节共奖励全国优秀教师和教育工作者5971人。其中，授予全国教育系统劳动模范称号592人，授予全国优秀教师称号4877人，授予全国优秀教育工作者称号502人。获全国教育系统劳动模范称号的人员，享受省部级劳模待遇，晋升一级工资，所有获奖人员发给一次性奖金500元。

获奖教师和教育工作者所在单位类别为：中学2482人，占41.6%；小学1583人，占26.5%；幼儿园123人，占2.1%；高等学校632人，占10.6%，比1991年提高近3个百分点；成人教育203人，占3.4%；特殊教育16人，占0.3%；教育行政部门207人，占3.5%；党校9人，占0.2%；职业技术教育（含中师）542人，占9.1%；其他174人，占2.9%。年龄结构为：30岁以下的385人，占6.4%，比1991年提高1.8个百分点；31～40岁的1481人，占24.8%，比1991年提高4.4个百分点；41～50岁的2059人，占34.5%；51～60岁的1945人，占32.6%；60岁以上的101人，占1.7%。年龄最大的77岁，最小的22岁。职称结构为：高等学校教授260人，占4.4%，副教授255人，占4.3%，讲师80人，占1.3%，其他人员30人，占0.5%；中学高级教师715人，占12.0%，一级教师1259人，占21.1%，其他人员516人，占8.6%；小学高级教师793人，占13.3%，其他人员801人，占13.4%；幼儿园高级教师66人，占1.1%，其他人员57人，占1.0%；职业技术教育（含中师）中高级讲师137人，占2.3%，讲师168人，占2.8%，其他人员237人，占4.0%；成人教育（含党校）中，教授、副教授、高级讲师79人，占1.3%，讲师56人，占1.0%，其他人员75人，占1.3%。在受奖励人员中，特级教师9人，占0.15%；女教师和女教育工作者1702人，占28.5%；少数民族408人，占6.8%；共产党员4317人，占72.3%；民主党派71人，占1.2%；无党派1500人，占25.1%；民办教师222人，占3.7%。教龄情况为：教龄10年以下的505人，占8.5%；教龄11—15年的916人，占15.3%；教龄16—20年的950人，占15.9%；教龄21—25年的1083人，占18.1%；教龄26—30年的983人，占16.5%；教龄31—35年的1056人，占17.7%；教龄35年以上的463人，占7.8%。

1993年，共奖励全国优秀教师和教育工作者5971人。

我国的奖励教师工作体现了党和政府重视知识、重视教育的一贯方针。这项工作对提高教师的社会地位，进一步形成尊师重教的社会风气，调动广大教师教书育人的积极性，具有重要意义，已经产生了良好的社会效果。

撰稿　顾　春　孙霄兵

审稿　韩绍祥

附

全国教育系统劳动模范、优秀教师和教育工作者名单

全国教育系统劳动模范

北京市

王　选　北京大学
黄克智　清华大学
裴家麟　中央民族学院
王世强　北京师范大学
曹　理(女)　首都师范大学
李春华(女)　北京舞蹈学院附中
陈凤云(女)　房山区良乡二中
常　文　门头沟琉璃渠中学
李常凌　北京市第一〇九中学
卢晓玲(女)　东城区分司厅小学
宁义侠(女)　北京市第一实验小学
白福秦　石景山教师进修学校
卢汝丽(女)　北京市房管局职工大学
景　佑　北京市一商局技工学校
李金初　北京市十一学校
李泽珍(女)　海淀羊坊店第一幼儿园

天津市

吴咏诗　天津大学
田伟林　财贸管理干部学院
梁耀兴　天津市第一中学
宋玉昆　红桥区八十中学
张金城　蓟县下营镇桑树庵小学
花瑞婵(女)　南开区第一幼儿园
胡秀文(女)　河北区启智学校

河北省

崔兰云　石家庄市栾城中学
魏育凯　石家庄铁路第四中学
孙守功　唐海县八农场中学
范世海　唐山市师范学校
迟华斋(女)　邯郸市第十一中学
王录申　清苑县林水中学
周慧香(女)　桥西区实验学校
赵树梅(女)　青县实验小学
高文霞(女)　固安独流镇三村小学
杜跃珍(女)　大城县城内小学
张巧芹(女)　成安第一中学
张廷权　平乡县刘庄乡艾村小学
周喜英(女)　涞源金家影南坡底小学
张桂芝(女)　安国中学
马仲林　安新县寨里乡中学
张广森(满)　平泉县党坝中心校
田　志　献县段村崔塔小学
闫纯熹　衡水中学
周同哲(女)　辛集市第一中学
曹宗舆　辛集中学
于刃刚　河北经管干院计统系
周冠英　河北化工学校
聂显玲(女)　华油钻二农场小学

卢少源　河北农业大学
丁　仁　河北师范大学
耿福生　邯郸地区教委
忻胜义　康保县李家地中心小学
贯桂清(满)　隆化存瑞中学

山西省

亓宗光　曲沃县教委
任国钧　山西农业大学
彭青莲(女)　临汾一中
杨安林　芮城杜庄小学
李月娥(女)　宁武县余庄联校
刘环秀(女)　临县后大禹学校
杨扬中　太原市教育学院
卢如花(女)　偏关县实验小学
李元喜　太原第五中学校
赵兴华　浑源一中
魏丽雯(女)　大同市第一中学
李金平　平遥县职业中学
孙梦鹿　晋城市教育学院
高跃利　永济县职业中学
牛亚玲(女)　长治市城区英雄街小学
阎树章　长治市襄垣县一中
李庆玉(女)　太谷县实验小学
乔志强　山西大学历史系

内蒙古自治区

于蛇蛇　呼市托克托县民族中学
张秀珍(女)　包头东河吕祖庙街一小
曹本龙　赤峰市林西新城子职中
王兰珍(女)　呼盟牙克石市第一中学
赵特古斯(蒙古)　兴安盟乌兰浩特市二中
吴晓红(女)(蒙古)　哲盟蒙古族幼儿园
阿荣娜(女)(蒙古)　锡林浩特市第一小学
刘书琴(女)　伊盟东胜市一中
尚仪华(女)　巴盟五原县第一小学
梁希侠　内蒙古大学
王丽雪(女)　内蒙古农牧学院
李淑章　内蒙古教育学院
张敏吉(女)　赤峰市卫生学校
高　明　乌盟商都县二中
郑钟根　(朝鲜)　包钢教育处

辽宁省

张春光　辽宁农业管理干部学院
李育良　锦州师范专科学校
陈　方(女)　沈阳市沈河区朝阳一校
郭树才　大连理工大学
周竞兰(女)　鞍山市第一中学
郭万秀(女)(满)　鞍山市第二中学
耿亚娟(女)　抚顺市三十五中学
孔祥钰　抚顺市清原县高级中学
崔淑芬(女)(满)　本溪市溪湖区后石小学
沙丽娟(女)　丹东市金汤小学
贾荫春　锦州锦县双羊中心小学
史剑英　阜新市实验中学
闫秀华(女)　阜新市阜新县第一中学
李　波(女)　辽阳县首山镇中心小学
杨巨成　朝阳北票市娄家店初中
孙作姝(女)　铁岭市昌图县第六初中
张雪芳(女)(满)　锦西兴城市第四中学
张佩纶　沈阳市第二中学
姜凤芝(女)　辽宁省粮食学校
孙静华(女)　大连甘井子周水子小学
王继元　普兰店市农业技术高中
孙玉君　本钢工人技术学校
胡乃恕　锦州铁路成人中专
黄素琴(女)　营口盖州市育智学校
黄　哲　(朝鲜)　盘锦市第二完全中学
邸宝贵　辽阳市第二中学

李荣盛　朝阳师范专科学校
李治平　铁岭开原市金沟子中学

吉林省

马俊源　通化市教育委员会
金东进（朝鲜）　汪清县教育局
王振仁　长春市计算机职业学校
孙淑华（女）（满）　长春市第二实验小学
李　赤　长春市实验中学
苏喜文　农安县实验中学
于汇荣　吉林市第八中学
李维恕　舒兰市教师进修学校
赵衡镛　吉林市工读学校
李大贞（女）　双辽县第三中学
孙光宇　梨树县第二中学
屈冬菊（女）　辽源市国康路小学
尹盛昌　白城市第一中学
丛玉兰（女）　浑江市第八中学
程秀琴（女）　松原市扶余区实验小学
李　杰　吉林省实验中学
刘式墉　吉林大学
马福荣　四平市卫生学校

黑龙江省

吴凤石　哈尔滨南岗区教委
毕振元　齐齐哈尔市龙江县教委
侯天丰　大庆市政府教育督导室
张金凤（女）　双鸭山文化路小学
张若正　哈尔滨市供销职工中专
张数尧　哈尔滨市宾县二中
刘　克（女）　哈尔滨市经纬小学
李　琴（女）　绥化地区海伦七中
李　明（女）　绥化市二中
纪本亮　哈尔滨铁路运输技工学校
陈显清　黑河市嫩江中学
孙丽萍（女）　鸡西市密山实验中学
刘丽华（女）　农场总局名山农场中学
蒲云霞（女）　齐齐哈尔市讷河实验小学
孙金林　鹤岗市绥滨农职高中
吴云生　双城市兆麟中学
刘明义　黑龙江省邮电学校
冯铁城　森工大海林林业四中
齐秀娟（女）　佳木斯第六小学
牛桂琴（女）　哈尔滨铁路一中
刘永坦　哈尔滨工业大学
王云生　东北农学院
刘德祥　黑龙江大学
卢禹舜　哈尔滨师范大学

上海市

邵嘉裕　同济大学
顾宏中　上海交通大学
邵世煌　中国纺织大学
于尔辛　上海医科大学
李学敏　上海第二医科大学
邹兆芳（女）　上海幼儿师范专科学校
唐盛昌　上海市上海中学
冯恩洪　上海市建平中学
陈定儿（女）　虹口区艺术幼儿园
马世余　闸北区教育学院
褚建平　奉贤县曙光中学
俞安国　上海冶金工业学校
钱国彪　二纺机股份公司技校
盛季才　上海航空公司培训中心

江苏省

王筱琴（女）　江宁县东善乡中心小学
徐惠湘（女）　南京市鼓楼幼儿园
徐善芳（女）　南京市花园中学
戴来生　丹徒县谏壁乡马湾小学
仲敏荣　金坛县社头中心小学
庄玉明（女）　常州市第六中学
谢洪德　江阴市南闸镇新庄小学
印重佑　苏州市第二十四中学
陈　萍（女）　南通市崇川区城中小学

王淑英(女)	通州市金余初级中学
丛心泉	如东县教师进修学校
洪宗礼	泰州中学
陈普山	高邮市车逻镇曹庄小学
周国忠	仪征市月塘乡小学
傅永生	淮阴市清江中学
龚西林	宿迁市三棵树中心小学
王长征	淮安复兴裴联小学
杨孟娣(女)	响水县中学
黄建国	射阳县沙南小学
曹　宁	东台师范学校
安在勤	丰县中学
陈厚敏	铜山县张集职业中学
章备福	徐州市第四中学
朱志生	灌云县中学
孙和科	连云港云台区朝阳中学
邓学钧	东南大学
徐永圻	中国矿业大学
陈祥飞	江阴要塞镇成教中心校
邵海清	泰兴市教育局
钱根祥	张家港市教育局
路继斌	宜兴市中学
姜礼尚	苏州大学

浙 江 省

项根伟	临安县藻溪镇严家小学
黄逸萍(女)	杭州市西湖区求是小学
楼森岳	宁波师范学院
贺素霞(女)	温州市水心第二小学
徐美玲(女)	新昌县镜屏乡安山完小
李世楷	湖州中学
钱补炎	桐乡市第一中学
马逸芳(女)	义乌市实验小学
翁建华(女)	龙游沐尘乡坑头中心校
陈永平	嵊泗中学
陈文达	仙居县职业高级中学
张继誉	庆元县新村中学
孙优贤	浙江大学
王洪征	杭州金融管理干部学院
郑璧如	江山市实验小学
陈小亚	杭州大学
谭文莹(女)	浙江省交通学校

安 徽 省

施圣银	肥东龙塘乡三清小学
丁　明	合肥联合大学
陶绍枝	芜湖马塘区中心小学
吴明惠(女)	马鞍山市第二中学
王桂春	黄山市歙县中学
杨　生	淮北市濉溪县南坪中学
潘洪源	怀宁师范学校
洪英伟	铜陵市人民小学
田玉华	淮南凤台县李庙小学
贯克和	滁洲市二中
梅凤海	太和县教育电视台
梅声应	萧县中学
盛锦平	和县教委
桂绍真	石台中学
谷超豪	中国科技大学
张维勇	合肥工业大学
杨忻葆	安徽大学
衡孝军	安徽师范大学
季秀生	安徽医科大学
竺开华	安徽农学院
程惠堂(女)	霍邱县宋店小学
吴鹏华(女)	蚌埠市怀远县狮山小学
马义全	宣城地区宁国庄村初中

福 建 省

王天德	福州第三中学
吴清凉	厦门市第六中学
上官玳	浦城第一中学
吴振声	福州市群众路小学
张国良	莆田县南日中心小学
张莹芳(女)	龙岩市实验小学
余培全	古田县鹤塘学区

丘可珍(女)	龙岩地直机关幼儿园
王则坚	福建工艺美术学校
丘德奎	宁化县师范学校
方照红	惠安职业学校
万惠霖	厦门大学化学化工学院
江一平	福建医学院
张松龄	顺昌县洋口镇文化技术学校
郑新民	南靖县教育局

江西省

周定康	江西师范大学
刘谷来	铅山县第一中学
顾顺生	广丰西坛乡黄尖山完小
陈晓荷(女)	景德镇市第十七小学
段雨仔	永新县高溪乡泥金小学
曾裕美	莲花县湖上乡磊垅小学
鲍兆安	铜鼓县农业技术高中
林梦生	分宜中学
陈　萍(女)	九江市第三中学
王运遂	南昌市第十九中学
程晓鸣	南城县第一中学
胡来茂	定南县镇田中心小学
曾继宋	南康县蓉江中学
吴春友	余江杨溪乡里山源小学
郭砺华(女)	南昌市邮政路小学
刘意生	遂川县职业中学
曾楷祥	上高县教育局
邢宏福	永修县江益中学
李盛光	临川县第二中学

山东省

郭玉梅	高密县教育委员会
刘锡祥	临沂地区教育委员会
高敬民	烟台市高级技工学校
张　勇	济宁市第十四中学
刘泉海	泰安市郊区省庄教办
马长义	山东大学
张　济	山东医科大学
刘发梅(女)	济南市第五职业高中
贯万贞(女)	济南北大槐树辅读学校
张明先	即墨市第一中学
戴仁桂	平度市城关镇中心小学
张连德	胶州市第二中学
李　伟	菏泽师范专科学校
李忠华	定陶县陈集镇中学
韩洪顺	安丘县职业中专
慕志远	昌邑县教育局教研室
李印光	郯城县第一中学
刘春修	沂水县第三中学
闫志安	平邑县丰阳乡中学
李立成	枣庄市第三中学
郑英民	日照市第一中学
严寅贤	滨州市第四中学
王悌信	沾化县第一中学
王金斗	垦利县第一中学
李济生　(回)	德州市第一中学
韩　军	临邑师范学校
张发德	莱州市第一中学
丁信忠	莱阳市南团旺小学
闫志强	曲阜市第一中学
马利杰	梁山市第一中学
刘青峰	冠县第一中学
牛忠义	高唐县第一中学
张维民	肥城市第一中学
王凤莲(女)	莱芜市莱城区实验小学
周漪琴(女)	青岛大学
王执福	山东工业大学
李建光	山东师范大学
杨景林	山东农业大学
杨运德	淄博市第一中学
马传武	淄博市博山二中
刘宁文	文登市第一中学
宋乐兴	济南师范学校
刘伦学	青岛市崂山双台中学
钟文逵	诸城市职业中专

王　俊(女)　滕州市实验小学

河南省

丁丙乾　荥阳县高级中学
申鸿欣　郑州师范学校
卢建峰　密县实验小学
王灵生　郑州市密县职业高中
张书章　开封市第二十五中学
曹尔瑞(女)　开封市第一师范学校
段中娥(女)　洛阳市洛宁县新城中学
郭凤兰(女)　汝州市庙下乡薛庄小学
樊福民　舞钢市第一职业高中
陈国军　新乡市第一中学
李秀斋　安阳市第一中学
郭　江　内黄县第一职业技术高中
杨殿卿　焦作市第一中学
谢龙池　许昌市鄢陵县高中
贾景泉　南乐县第二职业高中
景金英(女)　三门峡市第三中学
国锦元(女)　鹤壁市教育学院
李丰文　南召县第一高中
郭　森　社旗县城郊乡埠口学校
戴子磊　光山县第二高中
马道俭　信阳县东双河高中
张荣山　周口市第三中学
董素英(女)　沈丘县槐店镇完全中学
付敬娥(女)　太康县逊母口景付小学
刘四海　驻马店地区高级中学
郑新华　西平县芦庙高中
李长杰　(回)　商丘县李庄乡中心学校
庄著林　柘城县高级中学
王经武　郑州大学材料工程系
王泽霖　河南省农业大学
李世校(女)　河南医科大学
肖　红　(满)　河南大学
袁渝生　河南省实验中学
孙顺通　洛阳市孟津县教委
翟成才　漯河师范学校
郝承俭　南阳地区邓州市教委
高金辉　河南师范大学电子仪器厂

湖北省

陈泽民　黄石市教育委员会
徐贤贵(女)　随州市教育委员会
张　炜(女)　武汉市第六十九中学
李克容　武汉市黄陂县蔡店中学
朱名玉　竹山县实验初中
柯昌俊　郧西县河夹乡初中
向文虎　荆门市后港中学
游海萍(女)　宜昌市实验小学
陈世超　枝江县第一高级中学
胡晓明　兴山县一中
王后雄　黄州市第一中学
艾毓敏(女)　孝感地区文昌中学
高克发　神农架林区实验小学
谭传友　公安县梅园中学
鲁智明　仙桃市毛咀教育组
金升烈　天门中学
李尚学　钟祥市教育局
冯美亮　阳新县黄桑页口教育组
华振球　通山县第一中学
卢正英(女)　恩施市和平街小学
李垂勇(土家)　咸丰县杨家营小学
周万钧　沙市市第一中学
王德驷　鄂州市师范学校
余劲松　武汉大学
王先霈　华中师范大学
林宗坚　武汉测绘科技大学
游振东　中国地质大学
李书华(女)　东汽公司车轿厂小学
杨文兵　汉川县刘家隔镇初级中学

湖南省

李铁苏　长沙县第一中学
赵静茹(女)　长沙市第三十七中学
贺牛生　株洲市茶陵一中

彭中亚	株洲市聋哑学校
李卞良	岳阳县一中
高雪珍(女)	汨罗市二中
刘昆璧	岳阳市一中
王保民	衡阳县六中
曾玉民	祁东县育贤中学
陈远良	衡阳市八中
陈晓明(女)	津市市第二小学
彭训安	安乡县一中
莫跃云(女)	邵阳县塘渡口镇三完小
马仲春	邵阳市郊区板桥乡中学
彭建成	慈利县一中
石年春	沅江市第一中学
罗曼若	益阳市新桥河军田学校
左都德	双峰县荷叶乡学区
魏有保	新化县实验小学
符国彬	郴州市三中
何辅志	汝城县第一中学
何丽娟(女)	道县会潭乡白露小学
唐昌鹤	东安县川岩乡中学
周远国	怀化市炉亭坳中学
黄德芝(女)(苗)	新晃县城镇二完小
傅世球(苗)	怀化师专
严杰夫	湘西自治州民族中学
姚守拙	湖南大学
何觉民	湖南农学院
耿惠温	长沙农业学校

广 东 省

刘有廷(回)	华南理工大学
杨宜民	广东工学院
陈志雄	广州师范学院
黄可企	韶关市职工大学
高德铨	深圳市深圳中学
张嘉志(女)	广州市一零八中学
刘子林	广州市番禺中学
盘桂凤(女)	广州市东山区中星小学
吴洪勋	珠海市第二中学
梁俊明	汕头市第一中学
刘胜昌	韶关市北江中学
谢子其	河源市和平县合水中学
温均权	梅州市梅江区梅州中学
卢柏容	惠州市惠阳县崇雅中学
施　为	汕尾市陆丰碣石中心小学
李永全	东莞市东莞中学
朱炳伟	中山市华侨中学
关粤华(女)	江门市第一幼儿园
谢子轩	佛山高明明城鉴明小学
陈文诚	阳江市第一职业中学
鲁智华(女)	湛江市第一中学
李汉昌	湛江市遂溪县遂城一小
韦绍盟	茂名市信宜县信宜中学
崔逢池	肇庆市罗定县罗定中学
陆鉴安	肇庆市德庆县九市镇榄山小学
梁中波	清远市阳山县阳山中学
黄志英	潮州市饶平县华侨中学
赖源发	揭阳市普宁县梅峰中学
李淦林	华南师大附属中学

广西壮族自治区

顾乃泉(女)	桂林市南溪山小学
蓝献新(瑶)	蒙山县长坪乡中心小学
杨明红(苗)	隆林县猪场乡那绍小学
蒙洪燕(女)	梧州市第八中学
王　敏(女)	南宁市天桃实验学校
曾海荣	平乐县中学
莫善泉	河池地区教委
黄汉松	柳州市教科所
崔之川	柳州铁路运输学校
林健英(女)	广西体育运动学校
徐秀华(女)	平南县平南镇中心小学
谢　立	钦州市第一中学

方惠均 桂林电子工业学院
张明安 广西医学院
黄德枝(壮) 横县教育委员会
杨家通 北流县教育局
张葆全 广西师范大学
李庆华(女)(壮) 武宣县武宣镇二小

海南省

韩玉玲(女) 海口市第九小学
高荣泰 琼海师范学校
周往珍(女) 三亚市安由小学
黄国泰 海南师范学院

四川省

傅明炳 成都市龙泉驿茶店中学
余子勤 仁寿一中
张明防 云阳中学
张绍光 达县中学
陶于俊 石柱县西沱中学
卢家骥 重庆龙门浩职业中学
彭伯初 成都师范学校
刘友义 成都市东桂街小学
谢其芳(女) 新都县木兰乡中心小学
张崇儒 新津中学
许怀渔 重庆沙区进修学校
黄金全 长寿县万顺乡中心校
徐兆明 重庆江津中学校
张福伦 合川县安全乡任家村小
左　荣(女) 重庆南开中学
兰金容(女) 自贡市卫生学校
高立学 攀枝花市仁和大田中学
吴浩锡 泸州市第六中学
廖渥皆 三台中学校
吴怀永 平武县响岩镇中心校
蒋卫平 乐山一中
张体民 剑阁中学
李冰渊 蓬溪中学
秦承俊 丰都中学
陆　机 梁平中学
刘达平(女) 巫山县龙溪初中
周天敏 白沙工农区实验小学
李　全 巴中县三河场乡中心校
彭万铭 大竹县中学
曲　艳(女) 高县文江镇中学
郑全明(女) 宜宾县观音镇茅坪小学
刘忠泽 蓬安中学
李国龙 西充中学
滕昭和 华蓥市溪口中学
赵镇康 芦山中学
纳玛甲(藏) 红原县民族寄宿制学校
刘自才 甘孜州九龙县中学
鲁德发(彝) 西昌市民胜乡小学
顾顺霖 中江县城北中学
徐　僖 成都科技大学
陈小洪 成都电子科技大学
廖品正(女) 成都中医学院
梅国仁 资中县二中
陈世范 简阳县三岔镇初中
刘盛弟 安岳县岳源四村小学

贵州省

张长庚 贵州大学
王良模 贵州省冶金学校
安忠瑜(女)(彝) 六盘水钟山区福集民小
袁　琪(女) 遵义市第十二中学
李怀林 仁怀一中
张学智 息烽县九庄镇新沙小学
孙代德 铜仁一中
张洪泽(彝) 赫章县捞地民族小学
陆芳云(女)(布依) 独山县尧棒教育辅导站
何玉昌 镇远县羊场镇龙洞小学
吴静玲(女)(苗) 剑河县城关一小

王光敏（布依）	望谟县平绕小学
季贵荣（女）	贵阳市实验二小

云　南　省

周金碧（女）	昆明市五华区春城小学
王建明	昭通地区镇雄县中屯坪坝小学
罗德明	曲靖地区教委
杨仕良（女）（白）	楚雄州禄丰县羊街初级中学
黄保兵	文山州广南县教育局教研室
陈星志	景东县一中
岩　稍（傣）	勐海县勐遮乡曼怀小学
杨新育	保山地区龙陵县职业中学
李枝源	陇川县第一中学
邓楚芳（女）	中甸县第一中学
和茂林（纳西）	丽江县七河乡教办
和国卿（白）	怒江州兰坪县通甸学区
夜佳声	云南省民族中专
张兴旺	云南农业大学山区开发研究所
袁世德（女）	云南工学院化轻系

西藏自治区

白玛多吉　（藏）	曲水县完全小学

陕　西　省

张定华	西北工业大学
周若祁	西安冶金建筑工程学院
朱　均	西安交通大学
李继闵	西北大学
张剑云	西安航天工业学校
谢有德	户县蒋村乡西林初中
张亚玲（女）	耀县孙塬乡丁山小学
郑长富	太白县皂角湾小学
徐印民	武功县武功镇坡底小学
刘新振	渭城区教育局教研室
房正民	合阳县城关镇中心小学
王吉明	汉中中学
王业贵	安康第二师范学校
唐江澎	洛南县中学
张应祥	甘泉县中学
曹国荣	榆林师范学校
张世勇	西安市碑林区教委
李耀先	渭南市教育局

甘　肃　省

严克明	甘肃工业大学基础课部
杨　雅（女）	兰州城关区秦安路小学
田爱平（女）	秦安县莲花中心小学
张自立	靖远县城关学区
朱新芹	金昌市永昌一中
李怀正	民勤县一中
翟犟翔	岷县十里中学
苟志刚	陇南地区成县师范附小
王登福	华亭县山寨初中
郑政模	庆阳地区镇原中学
唐振华	临夏县新集中学
周效贤	兰州大学

青　海　省

石志光（女）（满）	湟川中学
朱　白（藏）	海南州同德县唐干寄校
达　松（藏）	玉树县教育局

宁夏回族自治区

韩庭忍	惠农县下营子乡下营子小学
张至忠	中卫中学
刘东辉	隆德县中学

新疆维吾尔自治区

万栓成	石河子师范学校

赛肯·胡萨英(哈萨克)	阿勒泰地区教育处
李卫平	昌吉州第一中学
张志彬	巩留县第二中学
阿丽努尔·马买提(女)(哈萨克)	额敏县第五小学
左纯毅(女)	精河县第一小学
阿依提拉·吾修尔(女)(维吾尔)	英吉沙县城关乡阿克米其提小学
潘汉儒	兵团农一师一团中学
王崇国	新疆医学院
卡马力·吐鲁甫(维吾尔)	和田地区师范学校
吐尔迪汗·贺力力(女)(维吾尔)	乌鲁木齐市教委教育研究中心

中国人民解放军

何庆玖	炮兵指挥学院教研部
关秀英(女)	海军 37001 部队机关幼儿园
程苏荆(女)	空军 39120 部队机关幼儿园
赵　曼(女)	第二炮兵工程学院幼儿园

中国人民武装警察部队

马民书	武警专科学校政治系政工教研室

全国优秀教师和教育工作者

北　京　市

全国优秀教师

赵敦华	陈家鼎	全祖铨
孙玉石(满)	李　忠	安美华(女)
高亦兰(女)	季如进	吴　澄
杨　卫	陶　沙	王玉凤(女)
高　远	王信义	钱仁根
徐文灿	张仁德	尼跃红
王明鉴	王瑞敏	金　杨
时铭显	戴景瑞	曾宪嬉
朱元玉(女)	胡梦娟(女)	王洪图
钱　青(女)	孙炳日	柯惠新(女)
孟　焰	王绍熙	严　端(女)
许奎元	张　锠	胡佩清
李献文	陈安宇	刘清方
于润洋	周以洁(女)	李美琪(女)
张兆怀	杜金声	张怡令(女)
李　埴	蔡福全	王萍兰(女)
贾鹤龄	郑人凯	龙佩文(女)
李竹君(女)	田慧生(女)	刘宗耕
孟万友	王建国	林生香(女)
陈素琴(女)	关雪生(女)(满)	孟维洲
张平坡	李彭龄	田秀云(女)
张绍彦	刘学珠	钱玉龙(回)
杨荣北	滕立军	田玉良
梁志顺	贾康生	张建政
吴文漪	孙维东(女)	郑乃强
丁淑青(女)	张忠萍(女)	龚延鸿
王连成	于松岭(女)	崔艳华(女)
冼慧琴(女)	赵学珍(女)	周学荣(女)
刘秀国	赵美荣(女)	刘远开
张兰芝(女)	丁恩华(女)	刘立新(女)
孙绍棠(女)	蒙慧珠(女)	卞学诚
冯　刚	孙二女(女)	于国利(回)

史旭恩　张振英　鲍平秋(女)
何瑞巻　陈　刚　刘振祥
夏伯忠　刘镜清　陈　超
董学文(女)　冯志明(女)　李　莉(女)
秦　林(女)　魏富堂　张　坤(女)
解广安　苗大林　张文芳(女)
毛丽荣(女)　康　芳(女)　杜宝芳(女)(回)
梁正荣(女)　杨玲霞(女)　李淑凤(女)
臧秀敏(女)　张国荣(女)　荣淑芬(女)
李淑德(女)　许美琳(女)

全国优秀教育工作者

李志忠　李静波　徐恒亮
姚德仁　王润田　李金海
王　森　林殿石　张文明
姜福惠　马淑芝(女)

天 津 市

全国优秀教师

李　英(女)　汪静萱(女)　及树楠
马淑兰(女)　郭庆玲(女)　王和平(女)
宁淑和(女)　张鼎言　李红英(女)
王桂儒(女)　张北海　尹春林
范宝琦　孙宗和　赵儒常
刘万亮　潘和勋　孟贵增
李建国　李淑文(女)　段德金
于安利　赵学斌　王树瑞
刘广安　高文勤　杨卉兰(女)
戴　军　陈　党　李守思
宋　洁(女)　宋桂琴(女)　杨克难
张兆堃(女)　黄世先　王永成
高　静　魏大鹏　赵志武
申泮文　魏　埙　任中原
王佩显　石学敏　陈　震
郭文成　董静浦　王锡珍
王澍清　徐淑英(女)　张仲强
朱瑞祥　寇慧珠(女)　陈宝琴(女)
郭秀玲(女)　张俊华(女)　李会红(女)
杨殿英　张耀宗

全国优秀教育工作者

王希平(女)　姜广岳　郭亦勤
鲁锡光　蔡　捷　于泽光
王惠萱(女)

河 北 省

全国优秀教师

郭亚齐(女)　张志秀(女)　王宏献
李明萃(女)　张秀琦(女)　李静娟(女)
于玉英(女)　刘志忠　高玲芬(女)
王艾华(女)　王兴华　冯宝义
郑福奎　刘士军　李素华(女)
徐连友　王文诗　张淑杰(女)
孙玉萍　杨　太　吴素环(女)
张海田　孙瑞欣　张素云(女)
黄东辉(女)　张志军　王景珍(女)
李俊英(女)　金仲鸣(满)　钱守旺
张桂荣(女)　邢玉新　张德清
白万谊　周兴华(满)　吴玉莲(女)
呼景山　任丽娟(女)　李秋艳(女)
张玉庆　崔仲芳　司景瑞
许书明　贾秀兰(女)　刘爱珍(女)
王保平　钟谷珍　李爱珍(女)
徐玉环(女)　侯文长　刘福元
秦笑菊(女)　林宝生　谷永丰
贾秀英(女)　韩翠莲(女)　贺桂花(女)
时辰曜　王素梅(女)　王海明
李桂新(女)　李明江　刘兴华
马久林　李宝云(女)　袁天升
杨　敏　李素香(女)　苏金陵(女)
曹贺兰(女)　张延友　孙永芬(女)
赵淑芹(女)　孙海良　刘洪奎
王丽娟(女)　陈海顺(满)　段宝珍(女)
徐香珍(女)　张芸芬(女)　李兵福
李　杰　张天运　周玉玲(女)
王振台　贺振亭　刘殿光
胡俊峰　张锐铎　索秀莲(女)

刘俊杰 李保荣 岳常安
李金友 李泽民 杨忠坡
乔金书 李新芝 宋吉祥
韩琴芬(女) 赵同才 王增海
武祥周 程桂方(女) 梁建锋
刘俊岭 马秀真(女) 王旭亭
姚香珍(女) 李维香(女) 董银海
卢其英(女) 魏东魁 李生轶
薛志强 牛金山 胡秀菊(女)
墨立杰 谷兵惜 孙增海
李连喜 田风林 申青竹(女)
张瑞刚 翟志杰 张 延
甄同喜 马爱彬 田立军(女)
马德福 冀增春 刘 辰
王彦会 王玲芝(女) 刘德安
苑秀玲(女) 金华夫(回) 高立新
贾瑞林 翟志安 梁书广
杨铁忠 曹俊芬(女) 李世杰
李振荣 陈启辰 李瑞福
刘秀花(女) 杨春岳 冯 成
刘万福 邓丽茹(女) 李兆嵩
孙宝江 顾振贤 蒋海光
屈正义 韩春林 张 埒
闫焕堂(女) 范永庆 郭秀平(女)
褚万禄 李超元 江文蔚
何九丰(满) 田畏三 徐革峰(女)(满)
李士辉 陈建国 王 君(满)
杜玉堂(满) 季淑兰(女) 张秀平(满)
张庆水 孙吉尚 王 林
李 士 张可佳(女) 王承业
高玉玺 安宝英(女) 邢大娟(女)
王玉华 陈凤鸣 宋华荣
李福臣(回) 郑友泉 王春池
金武生(回) 马树增 高凤岭
张泮清 何忠疏 魏金荣
张士平 张建国 孙翠淑(女)
马玉琴(女) 田大慧 吴宏涛

王国建 周建慈 周洪奎
张宝贵 胡长岭 高明晓
邓乃猛 孙立和 许 翏
袁德伦 陈立宇 车奉录(满)
王振生 张 鹏 张嫦娥(女)
贾 晔 杨荫彪 施传立
高寿山 王清印 黎国屏
张权雄 杜汝霖 孙 鲁
朱占升 赵地顺 李奎香(女)
周茂德 时 勇 张金树
杨娟芳(女) 杨长欣 陈春生
王均甫

全国优秀教育工作者

管美贤 杨春梅(女) 刘鸿春
刘 韧(女) 李玉英(女) 张振民
邢祖骥 安建军 何巨丰
吴崇强(回) 徐光耀 郑海军
郭益华 路增同 刘茂来
黄 理 黄增森 刘如意
马振祥 贾佃成 赵万福
张士增 薛惠荣(女) 王玉章
张同义 苏怀堂

山 西 省

全国优秀教师

晋 军 孟宪珍(女) 杨有智
张永奇 周仙菊(女) 焦金福
田 钢 展改云(女) 邢金文(女)
高红梅(女) 刘悦琴(女) 王建平
赵香梅(女) 贺芳梅(女) 杨云祥
杨明增 杨晓萍(女) 索改弟(女)
李明伟 杨存年 杨香莲(女)
宋果平(女) 简妙芝(女) 侯银亮
张作明 李冬胜 崔桃英(女)
贺秀婵(女) 马 骏 黄林华(女)
李芝香(女) 黄明河 李 槟(女)
聂宏秀(女) 渠栓虎 朱煌华(女)
李天增 姜俊文 胡金婵(女)

郝元祥　代列开(女)　李杰(女)
乔焕英(女)　郝香玲(女)　李秀云(女)
曹润瑛　郭晓霞(女)　张亨年
尉世林　房爱福　张文娟(女)
朱瑞军　倪瑞　石润考
梁果梅(女)　王庆万　李桂英(女)
孟昭光　汤允昭　王有莲(女)
张景林　李思殿　张乃彬
辛爱青(女)　王晋生　党景芝(女)
刘进银　张志人　赵生利
杨丽娟(女)　康玉娥(女)　何国英(女)
柴玉宏　白秀云(女)　燕喜莲(女)
张宝铭　李金明　刘爱凤(女)
郭学惠　王书明　葛建国
汤纯南　刘和生　张士义
解春　赵秀　石粉荣(女)
张粉琴(女)　陈秋英(女)　范龙社
刘晋文　李玉书　张桂英(女)
马海昌　王德生　赵爱芬(女)
王子裕　梁月友　李侃
王锦云(女)　沈龙香(女)　赵楚云
张祖武　李祥珍(女)　张彩萍(女)
张林平(女)　李忠福　张成怀
吕晋春　王之一　韩赛艳(女)
殷德民　马世英　胡全福
卫领超　薛秀芳(女)　郭秋兰(女)
卢淑云(女)　田瑞栋　董跃林
李汝浩　王怀培　李泽英(女)
李玲玲(女)　左俊梅(女)　马尤舒
李双彦　杨引来　李典立
赵文栋　侯君旺　郭宏亮
佟素华(女)　牛雪芝(女)　崔晋萍(女)
郭素棠(女)　李更文　何光华
史宝山　张其旺　张均
马庆福　王书举　唐纪荣(女)
张小平(女)　刘秀梅(女)　田仁义
原最青(女)　何长庚　崔月娥(女)
郭耀清　李文寿　郝桂香(女)

崔喜锁　马英(女)　杨同枢
李孟如　李荣先　周克勤
陈软群　张秀芳(女)　张民贞(女)
刘变英(女)

全国优秀教育工作者

赵岐山　靳桐荫　武贵璋
王晋蓉　郭仁　李俊岐
段清泉　赵爱文　吴景慧
梁宗元　古殿元　杨汝森
杜竞　张创斋　朱国麟
杜淑萍(女)

内蒙古自治区

全国优秀教师

张光国　陈志秀(女)　肖斌
王玉祥(女)(蒙古)　杨英娣(女)(满)　倪树华(女)
陈淑卿(女)　王勇(回)　齐忠慈
张淑兰(女)　张茂　刘文科
戴恒　郝振生　梅花(女)(蒙古)
王世忠　赵世有　佟继锋(女)(满)
萨仁格日乐(女)(蒙古)　聂洪喜　孟和(蒙古)
郭丽媛(女)　初一宁布(蒙古)　朝格图(蒙古)
张晓旭　张丽华(女)　郭小荣
徐景臣　刘永发　米存义
白淑英(女)(满)　韩斌　费桂英(女)
李庆新　李景芳　王志芳(女)
孟吕巧(女)(达斡尔)　由恒信　丁宇(女)
宋汉生　萨仁格日乐(蒙古)　孙凤鸽(女)
斯仁(女)(达斡尔)　李沛宇　付华晔(女)

冯殿元	贾桂珍(女)	齐玉花(女)(蒙古)
李秀芹(女)	阿日斯楞(蒙古)	宁荣莉(女)
铁　根(蒙古)	范胜宇	张桂荣(女)
白　森(蒙古)	王凤兰(女)(回)	徐淑芝(女)
任德才	斯琴宝音(蒙古)	扎木苏(蒙古)
布日其其格(女)(蒙古)	张志广	白奥云(女)(蒙古)
刘焕君(蒙古)	李双喜(蒙古)	胡占奎
蔡百春	李继红(女)(蒙古)	赵克坚
陈桂荣(女)	徐作英(女)	任东升
斯琴(蒙古)	贺希格(女)(蒙古)	刚嘎玛(女)(蒙古)
乌云格日勒(女)(蒙古)	栗茂银	王梅兰(女)
崔秀英(女)	范福来	沈　平
高殿甲	韩林桃(女)	刘爱红(女)(满)
罗英美(女)	崔秀清(女)	周　德
陶克陶(蒙古)	王秀花(女)	盛守文
张彦灵(女)	道布庆(蒙古)	刘美贤(女)
王栓琦	王春林	张俊连(女)
额尔德尼(蒙古)	李志仁	王玉清
张焕生	张爱莲(女)	付金田
黄秀兰(女)	杨先林	布仁德力根(蒙古)
潘石峰	刘宗昌	孟昭昕
杜茂林	阎　诚	杨树生
鲍凤林(蒙古)	周锡璋(蒙古)	包泉德(蒙古)
王继昆	侯　元	安　源
高柏琴(女)	陈瑞民	衣秀君(女)
张秀兰(女)	金源芬(女)(满)	

全国优秀教育工作者

田万成(蒙古)	吴文魁	陈永祥
张洪贵	王忠臣	布　和(蒙古)
嘎尔迪(蒙古)	李秉刚	侯耀光
李福林	呼格吉勒图(蒙古)	卢式中
王振业	王铁治(蒙古)	

辽 宁 省

全国优秀教师

张雅彝(女)	苏文博(女)	赵金山
王　光	张　蕊(女)	李志君(女)
文中强	雷作春	牛福礼
李俊复	陈佳标	高洪茂
董英杰(女)	韦公儒	张巨文
苏建一	孙　民	金谦廉(朝鲜)
袁　斌(女)	董晓红(女)	李红玫(女)
崔世军(女)	黄宣智	赵钟珂
李兆君	柴天佑	吕振家
曹炳晨	王芸庆(女)	邢俊千
任秀华(女)	张铁岩	张晓林
张今声	耿德本	周　彤
张　玲(女)	赵淑珍(女)	祁秀花(女)
褚会来	赵德云(女)	崔振隆
钟龙田	贺万斌	王长云
林述元	麻世蕴	孙丽君(女)
杨丽君(女)	高清圣	陈　江(女)
郭锡智	侯贵一	王桂花(女)
戴鸿鹏(回)	赵家盛	谢　红(女)
喻身启	苏成业	夏德仁
刘　健	王　华(女)	王　毅
张铁栋	马珍培(女)	姜春涛(满)
安秋凤(女)(满)	李延梅(女)	宋金梅(女)
陈鹊书	黄海斌	张　杰(女)
刘素兰(女)	杨永威	张玉琪(女)

张晓兰(女) 孙玉强 刘亚梅(女)
石凤华(女) 邢国燕(女) 尚士满(满)
伊　阳(女)(满) 项明仁(满) 宋素霞(女)
周宝霞(女) 李兆润 王克新(满)
韩春梅(女) 胡　宏(女) 张志贤(女)
邹静兰(女) 刘玉波(女) 姚淑萍(女)
黄东辉(女) 王春荣(女) 郭秀敏(女)
王　岗 张学君 李淑娟(女)(满)
罗景琦(女) 杨世威(满) 任立兵(女)
李淑香(女) 张立居 修长青
庞志飞 唐桂琴(女)(满) 王玉德
崔　杰(女) 尹传荣 赵庆隆
陶宝安(女) 甘秋莲(女) 于立秋(女)
陈焕友 王双林(满) 姜雅风
刘秋梅(女) 安玉德 刘喜堂
齐铁青 王可红(女) 李　松(女)
胡亚芳(女) 秦紫芳(女) 佟绍成(满)
马德明 梁明深 姜淑志(女)(满)
赵素华(女) 岳玉英(女) 王继坤(女)
陈丽坤(女) 陆雅范(女)(满) 徐凤莲(女)
王景文 国培蓉(女) 姜德昌
扈友芳(女) 褚　月(女) 王春芹(女)
汲寿宁 孙宪敏(女) 唐素珍(女)
李建阁 刘吉堂 邹有伦
白玉荣(女)(蒙古) 王晓光(女) 龙云涛(满)
陈崇英 赵立敏(女) 王英杰
戴丽欣(女) 张春凤(女) 侯凤田
王　吉 秦殿龙 杨淑芳(女)
张玉库 杨芳春 詹盛林
徐素坤(女) 施明金(满) 韩炳彪
赵　鹏(满) 王文娟(女) 崔笑男(女)
石铁环(女) 钟秀贞(女) 王作珍(女)(满)
赵建国 力　男(女) 单长兴
窦春芝(女) 李殿复(满) 闫利屏(女)
朱宪昌 王首峰 李素贤(女)
初文玉 李　永 刘承荣(女)
陈俊廷 高文良(蒙古) 徐桂文(女)
李春风 张　旭 汤荣顺
金桂芳(女) 王安娜(女) 宋红杰(女)
褚良和 祖振坤 吴淑清(女)
黄国秋(女)(满) 李永清 崔英权
石宝华(女) 刘明石(女) 张玉霞(女)
刘金华(女) 马龙光 韩书春
李扬韵(女) 许桂莲(女)(满) 于洪生(满)
赵锡华 裴贺远 梁维祥
吉银霞(女) 马长明 蔡淑云(女)
李东方(女) 吴宝林 李　凡(女)
宋冬菊(女) 张德娟(女) 庞在春
杨春华 于复顺

全国优秀教育工作者

王　东(女) 张锡华(女) 高国枢
李文章 司玉琢 杜声宽
刘丽华(女) 张维华 李永大
郭祥泰 王兴东 陆春林
孟　萍(女) 尹清河 陈玉厚
韩荫林 詹贵学 阚学山
黄秀琴(女) 吕行义 史厚德
宋志富 张　和 方向东
张守权 陈福仁 韩义才
徐国毅

吉　林　省

全国优秀教师

杨青坡 苑学玉(女) 李　波(女)
周明华(女) 于世生 魏秀珍(女)
姜　凤(女) 李淑明(女) 王志丰(女)

闫洪山　隋淑萍(女)　刘安泉
戚秀阁(女)　刘英春(女)　刘亚玲(女)
赵雅琴(女)　陈雅莉(女)　谭丛杰(女)
曹春黎(女)　孙雅仪(女)　白　杰(女)
姜庚辰　马有丽(女)　陈　晶(女)
王忠志　马洁尘(女)　宋继禹
路太忠　张兰英(女)　郭　倩(女)
王佩云(女)　徐玉莲(女)　金贞子(女)(朝鲜)
耿文怡　宋吉祥　叶有龄
李玲华(女)　赵　妍(女)　金光男(朝鲜)
周任娟(女)　吴英焕(朝鲜)　陈志岩(女)
李怀忠　戢伟平(女)　杨翠萍(女)
孙晓秋(女)　田钟满(朝鲜)　尹明述(朝鲜)
温艳娟(女)　陈守和　祖玉英(女)
戈书英(女)　赵晓东(女)　赵东吉(朝鲜)
孙玉麟　三淑芝(女)　刘淑琴(女)
王艳平(女)　胡永兰(女)　于静敏(女)(满)
马丽梅(女)　刘艳春(女)　马桂华(女)
么　敏(女)　孟德萍(女)　王振富
宋亚丽(女)　陈兰英(女)　邓桂荣(女)
刘振国　李荣甫　商永珍(女)
张宝胜　沈力军(女)　金晓旭(朝鲜)
周振辉　王淑梅(女)　曲长秋
谷昭秋(女)　于慧敏(女)　胡爱萍(女)
张春玲(女)　蒋敬芳　刘德禹
刘桐强　李福文(蒙古)　杨淑兰(女)
张兴帮　郭永利　孟庆杰(女)
张秀芹(女)　孙功忱　崔忠燮(朝鲜)
李淑琴(女)　张忠仁　金桂顺(女)(朝鲜)
金玉善(女)(朝鲜)　玄顺月(女)(朝鲜)　朴京姬(女)(朝鲜)
顾艳华(女)　霍学孟　金容均(朝鲜)
李德伟　洪福子(女)(朝鲜)　高桂君(女)
柳占洲　林树阁　王兰福

史淑芬(女)　朱桂清(女)　李国华(女)
王　尚　姜海忱　王桂芝(女)
郭广志　王　生　段景春
杨玉宝　王晓玲(女)　苏成仁
孙德明　王友堂　刘玉琴(女)
黄宫德　黎九贤　姜敏夫
孙世梅(女)　温亚兰(女)　金玉子(女)(朝鲜)
王东林(朝鲜)　张忠吉　吴大杰
嵇　忠　郭广东　崔龙鹤(朝鲜)
于　福　易永林(女)　王承中
王喜臣　陶　进　张学库
刘景富　殷　琨　杨　茉(满)
孙赞华　王会群　李铁军
谢在皋　郭庆泉(满)　张树田(女)
张晓梅(女)　王惜柴　孙正林
高　明(女)

全国优秀教育工作者

李凤翔　王定基　齐淑琴(女)
刘绍成　张兴复　徐福权
王世亮　刘佳双　马成林
戴玉琢　李　玉　王福才
姚修武

黑龙江省

全国优秀教师

周　欣　倪元增　王其隆
田乃硕　宋　虎　刘晓伟(女)
吴仲阳　邴文山　李　静(女)
庞雄奇　崔　进　王灵忠
罗洪章　杨士義　石魁生
孙凤玉(女)　洪身俭　高国人
孙建旭　陈凤军　刘广生
于柏和　丁　萍(女)　李艳华(女)
国淑范(女)　杨吉庆　王　艳(女)
上官苹芬(女)　王　芹(女)　刘淑兰(女)
李明坤　宫雅玲(女)　尹贵喜
付丽华(女)　于海燕　张云兰(女)

宋德贵	苏芳山	李景泉	刘荣桂	邢淑环(女)	丁玉环(女)
张海民	闫振琴(女)	杨秀锦(女)	刘永林	刘春杰(女)	刘玉珍(女)
曲国荣(女)	陈彦芳(女)	鲍玉坤(女)	朴七星(朝鲜)	张 丽(女)	王淑琴(女)
郭桂兰(女)	李玉坤(女)	张 玉	谢建东(女)	李春良	康世著
于秀凤(女)	张艳芬(女)	张庆刚(满)	姜灵芬(女)	周芝彦	李东英
王泽军	苏志刚	王亚平(女)	闫本杰(满)	陈 英(女)	刘亚勤(女)
王慧颖(女)	李凤霞(女)	程贵友	甄秀兰(女)	孙桂云(女)	李本祥
陈 红(女)	王秀华(女)	孙桂华(女)	高 田	张景荣(女)	杨 屹(女)(满)
刘景新(女)	曲志华(女)	金贞浩(女)(朝鲜)	朱 华(女)	曹树民	宋振远
董美荣(女)(满)	王淑娟(女)	孔宪平	葛 欣(女)	何绍琦	赵延寿
			檀玉玺	卢荣华	陈洪宝
贾紫光	刘 华(女)	王景成	杨春堂	李中久	王贵军
王殿玉	王怀宇	刘永兴	冯伟贤(女)	梁兴馥(女)	赵艳秋(女)
金秀红(女)	夏德钧(女)	邹淑芬(女)	孙桂玉(女)	张度海	李 军
孔令斌	孙美荣(女)	刘桂华(女)	刘永华(女)	李祯祥	宋智敏(女)
穆东宝	于忠顺	朱里加(女)	姜泽志	李兆民	王宝玉
李显文	王清芬(女)	张宪江	郑守金	崔桂珍(女)	孙亚荣(女)
李丛功	梁 诚	崔悦和	于立文	孙政才	李桂贞(女)
王 奎	陈我俭(女)	张桂香(女)	张有光	杜素卿(女)	常淑范(女)
李淑梅(女)	胡 杰(女)	张振民	安英柏	田洪明	张国义
张秀杰(女)	鲍文波(女)	姜宝和	宋群玲(女)	李 智	伍森琛

徐维君	李圣熙(朝鲜)	刘 星(女)
褚彦文(女)	聂桂芝(女)	赵秋华(女)
白金声	马立英(女)	张奉先
李连升	慕连芬(女)	孟广智
孙丕志	孙文学	周炳英(女)
魏明增	张克恭	郝贵成
韩宝德	姜金平	于福连
赵滨菲(女)	胡淑贤(女)	窦荣霞(女)
李玉荣(女)	刘伟华(女)	辛英敏(女)
张凤英(女)	董文选	王慧凌(女)
张 萍(女)	孙宪淑(女)	赵俊清(女)
樊淑彦(女)	周丽华(女)	杜东林
董淑芬(女)	马连生	左 毅(回)
郭英俊	陈燕玲(女)	高玉库
许绍堂	石瑾娜(女)	金昌济(朝鲜)
朱勤海	刘立发	李桂英(女)

全国优秀教育工作者

许波涛	尚益云	丁健春(女)(回)
屈 谦	方连富	张治国
吴国富	王质化	张玉书
曹长中	张忠信	丛端章
昝玉石	王墨林	刘百如
姜春茵(女)	徐贵民	王秀艳(女)
蔺发胜		

上 海 市

全国优秀教师

陈良尧	彭希哲	黄伟达
吕西林	王家范	许 明(女)
胡黎明	徐永祥	许瑞华
邹桂根	沈 灏	潘国陵

陶旭光	蔡祖恢	曲林迟
杨公朴	周汉民	陈体芳
陈久康	管惠维	张文俊
陈泽乃	项家祥	古人伕(女)(满)
何平立	张占芳	汪国槿
陶　霖	朱廷玫(女)	程霭庭(女)
陈　宏(女)	张寿芳(女)	杨学珍(女)
曹仲方	孙佩英(女)	吕仁山
李燕雯(女)	郭宗莉(女)	庞秀玲(女)
陈白桦(女)	潘仁玲(女)	傅坚敏(女)
张　雄	冯　敏(女)	卢碧滢(女)
徐盈盈(女)	倪谷音(女)	林　峰
郑佰庆	徐苗郎(女)	张中梁
张贤继	叶丽娣(女)	陆秀圳(女)
潘廷敬	孙惠明	高小鸿(女)
陈开树	周源斌	沈人骅
戎文军	吴伟国	韩叶萍(女)
蒋　静(女)	蒋品圭	王建德
许镇国	王德兴	王　岚(女)
王明发	程　炎(女)	杨林根
张玲妹(女)	余安敏	朱　越(女)
何秀章	黄帼瑛(女)	任俊元(女)
王伦英	吕天福	邬忠根(女)
刘文佳	乔世伟	谈蔷娟(女)
蒋健民	杨以海	盛　明
钟玲影(女)	陆桂良	唐惠英(女)
陆卫国	陆士娟(女)	张希林
陈家年	邱和平(女)	姚　网
王熙镛	姜永健	戴玉山
薛庭芬(女)	杨荠甄	沈应毅
王　豪	张　杰	

全国优秀教育工作者

金善鹤	邓梦萍	陆仁军
张祥明	沈继达	俞如年
谢家骝	周复三	管宜振

江　苏　省

全国优秀教师

沈方晓	刘德芳(女)	聂春元
阎　勤(女)	聂永春(女)	陈淑曾(女)
张心珉(女)	贾春华(女)	蒋永生
王丽萍(女)	李忠红(女)	窦义山
张德馨	马学松	董怀鑫
陈传舜	张家鼎	司徒华
张飞翔	宋　辉	万宇净(女)
张素华(女)	徐旭绮(女)	马士良
薛翠娣(女)	马素娥(女)	任桂青(女)
马汉成	韩雪梅(女)	杜庆宏
孙佑美(女)	刘连涛	卞　樑
丁伟明	陈永和	袁建平
张仁瑞	徐乐益(女)	阮道金
刘金荣	卞兰芬(女)	王华芳(女)
杨学礼	郑文千(女)	陈振宽
王妮君(女)	吴　钰	祁建新
蒋育才	苏凤英(女)	尹玉英(女)
孙勤东	储爱华(女)	赵颖囡(女)
李德周	郑义忠	陆永德
杜秀清(女)	周梦熊	吴林基
陈润华(女)	蔡华麒	杭忠信
李跃忠	周　玲(女)	陈卫民
高万祥	顾树柏	李士成
周永良	沈　加	刘　莉(女)
陆福能	张素珍(女)	金　喆
韩薇娟(女)	汤庆文	朱　蒙
沈伯明	纪毓新	吴伯庆
姚馨丙	陈丽美(女)	陈达刚
顾元义	夏立华	胡　梅(女)
吴同芬(女)	王邦惠(女)	吴迪康
李克灵	吴建平	陈　鸿
丁祝庆	周天赤	曹　铮
方光吉	蔡秀芳(女)	沈翠萍(女)
陈松坡	张德荣	徐乃为
钱宏达	徐月生(女)	陈　蔚(女)
吴春宝	刘永高	季开灵
孔繁惠(女)	陈笃沂	沈士钦
夏存新	孙祖凤(女)	汤子平

蒋增先　张树人　李俊仁　曹家瑛　陈振才　冯　端
刁成剑　虞锡龙　朱美华(女)　卢德馨　王文琪　朱梧槚
谢培康　汤宗礼　尤善培　余世袁　尹　群　范茂兴
李家敖　肖跃中　宋文华　刘文英(女)　郑明球　徐南平
张忠宝　许禹年　王信福　王恩宁　陈长顺　管晓虹(女)
王锦和　顾学明　陶惠萍(女)　姚　海　金明德　张宗橙
许宏楼　王祥露　殷长江　黄进德　苏燎原　陈启光
王丽华(女)　葛菊生(女)　陆仁华　杨　进　曾因明　张有德
吴觉远　朱友勤　徐爱苏　刘凤鸣　吴禄保　戚亚光
甘殿务　王明和　马　骏　黄制洋　朱桂珍(女)　孙宝伟
孙成英(女)　龚步顺　孙连孝　张德尧　魏　恒　史国生
杨军华　董永岁　徐　沂　黄　明　黄　晖(女)　石　寒
张华俊(女)　魏良新　江学平(女)　程信舜(女)　何志临(女)　张长府
王恒龙　张广周　赵如全　郑志强　许明政　高　洁(女)
杨其军(回)　肖立荣　余　辉　颜　军　范本安　张为俭
伍　明　沈复兴　杨步安　卫建玫(女)
翟启元　蔡立元　赵锦星
杨登怀　吴秀芬(女)　瞿　斌(女)
唐于海　孟昭专　高报凯
张宝英(女)　陈艳美(女)　徐正华
陈建平　周新华　董兴无
徐根娣(女)　徐玉才　周玉明
唐明曙　卞耀华　孙强东
袁惠祥　陈相俊　王安青(女)
王丽云(女)　吕绍虞　陈云楼
吴兆虎　周福全　李炳爱
张洪雁　程松箴　张涵森
徐　敏(女)　李厚庆　夏自胜
伍　勤　张宛丽(女)　周廷淑(女)
孙茂民　王思俭　薛永生
李本松　宋德舜　董中才
杨传麦　杨景洪　武立强
张希敏　许怀诚　刘晓春
苗传忍　孙晋忠　高　莉(女)
徐善俊　郭淑惠(女)　曾其生
刘庆文　王秀清(女)　徐善德
陆浩远　江希秀(女)　石建华
杨廷军　刘润忠　王恩赐

全国优秀教育工作者

严永发　张丛琪　笪时献(女)
林起熊　胡玄生　金顺龙
祈士清　宋郑还　季金虎
殷胜时(女)　陈振前　高咸秋
陶许成　任多声　朱顺扬
蒋　忠　王再新　王凝来
毛新民　陆为亮　王元祺
缪继伦　张兴朝　曹桂祥
谢瑞璋　惠康杰　梁瑞驹
贯宗荣　糜立兴　施肇基
吴　越　沈庆禄

浙　江　省

全国优秀教师

王瑞珠(女)　黄廷中　吴水德
周建中　王寿清　彭雪晨(女)
沈贤伟(女)　宋玉屏(女)　林烈红(女)
黄燕明　汤鉴澄　董燮清
朱锦伟　徐松泉　张绪培
许克用　贺　诚　周利民
孙芳芳(女)　陈俊屿　胡彩芽(女)

施爱伦(女)	孙守尚	吴良清
宣　平	王振云	徐文通
闻佟麟	邱定娥(女)	王惠训
潘广华(女)	刘晓红(女)	李方仁
林成华(女)	徐木金	池　澈(女)
郑行平	庄　青(女)	白嘉楷
黄施光	温秀芬(女)	杨公本
曾陈家	黄辰龙	王学朝
谷敬利	赖春成	周金龙
于　伶(女)	俞亦子	李侃波
陈翠华(女)	裘凯音(女)	王锡民
袁柏翠(女)	王玲玲(女)	赵建立
陈有杰	金传胪	陈培根
刘丽琴(女)	李荣华	姚烟涛
黄佳平	寿章元	袁栋梁
张　深	顾树华	沈永迪
龚雪峰	廖正峰	江子朝
陈进前	贾少华	章　雪(女)
王光千(女)	毛祥庆	董佩仙(女)
徐登生	徐友全	龚伟毅
徐振声	赵晓光	柴祥根
徐惠民	吴菊莲(女)	徐月娥(女)
汪金海	鲁　玲(女)	杨学俭
吕中行	蒋素亚(女)	金亚琴(女)
周加华	薄承勇	陈赛雪(女)
毛航雁	陈普梅	陆秀兰(女)
项素玉(女)	苻先斌	林仁浩
林日炳	杨发彩	童耀生
叶伯钦	高洪波	陆　新
邱　嵘	李文标	徐振邦
徐月新	孙昌人	叶爱群(女)
袁临生	王　征	郑宋泉
陈建农	徐维正	刘建余
黄　宪	纪孙瑞(女)	来茂德
贺兴书	尤德斐	吴本虎
严洁英(女)	王白坡	郑小伟
毛根海		

全国优秀教育工作者

陈金远	金琴华(女)	金平一
袁世恩	陈振中	陈祖楠
黄正荣	许国云	顾留增
翁顺明	阮广法	崔金宝
胡燕燕(女)	周虞康	

安　徽　省

全国优秀教师

唐照志	孙元秀(女)	纪明耀
童秀华(女)	张华林	王雪梅(女)
王　英(女)	张雪平(女)	訾蔚民(女)
刘大香	李德秀(女)	张正华
宋善春	汤静芳(女)	胡顺强
魏乔民	白小乔(女)	高素云(女)
袁丽君(女)	陈剑玲(女)	邓纯古
邓秀梅(女)	汪星民	胡彩云(女)
朱永华	方　琪(女)	汪惠玲(女)
胡春鸣	吴元钿	孙立群
朱敬东	徐洪信	郭传明
宋在国	王天法	冯荣森
张仕冈	李端振	许敬增
杨积方	丁小能	胡天任
朱济美	姚永凯	马有良
华致欧	周根华	王先乐
储三友	陈宝林	陈定安
王标武	徐传忠	张庆三
李　珊(女)	盛晓虎	孙家声
王琼玉	许玉英(女)	井多德
詹代华(女)	刘吉发	王永玲(女)
晋圣全	石国藩	周秀明
王天厚	胡尚云	刘汉杰
万锡树	耿宝仓	孟献友
兰云芳(女)	王　勤(女)	张忠和
鲁来敬	徐蓉芳(女)	顾雁鸿
马　玲(女)	韩登玉	杨素芹(女)(回)
汤启凤	马贵贺	赵素芹(女)
于玉真(女)	苏文品	王希祥

梁贤培	陈德民	任贻连
丁素侠（女）	杨勤昭	赵德俭
尹正岁	沈淑华（女）	齐美发
方斌华	杨海发	唐尚文
卢立新	赵开花（女）	李少保
佘昌亚	袁国道	张成厚
晏维赞	刁仲杰	叶　茂
马渝生	祁明生	汪明元
吴松林	杨英东	张小牛
吕茂亨	陈　骅	张亿俊
俞祚芳（女）	高怀胜	韦俊侠（女）
张　武	吴长春	韩志刚
顾秉琏	黄文廉	章兆鹏
徐从才	汪燕崃	罗德林
王　磊	刘振义	刘春荣
施金荣	南朝勋	潘啸龙
陈长怡（女）	岳永德	章沧授
包荟梁	胡鹤玖	李锦轩
王　健	杨任民	姚开麒
王祥林	蒋秉坤	陈兴保
刘果红（女）	汪建利	安毓英
王　珏（女）	徐观俭	杨世国
周克义	许华斌	姜家好
傅爱国	郭仁怀	常　洪
张家仪	李虎林	郭呈祥
章于力（女）	姚昭章	海邦胜
林钟高	高国泰	李大好
夏　斌	何云友	杨广兆
聂圣纪	刘友佳	吴晨涛
李长安	王宜发	卢丙伦
汪浜海	徐自萍（女）	夏义桂（女）
李德荣（女）	沈名载	

全国优秀教育工作者

康易成（女）	吕道奎	蓝济仲
李康民	倪永全	冯菊梅（女）
朱心明	吴祖恩	郑岱岚
马宝兴	吕化明	李荣庭
王顺生	邱国福	周大凤
李济峰	倪泽坤	侯兴国
潘惠明	吴太志	李长钦
刘世忠	龚品馨（女）	张素英（女）
董承启（女）	石秀春（女）	

福　建　省

全国优秀教师

李朝和	朱义泰	陈都宝
王　炜	周大明	李绍庚
黄　贯	张福端	林舜卿（女）
王少成	赖建生	吴学稼
林炳章	林福茂	董介鼎
陈培焕	郭卫东	陈文取
吴进贤	林仲池	徐德盛
刘金星	吴玉池	刘若嘉
李荣显	朱卫星	史基宇
苏启文	林智银	胡育安
詹志忠	倪奕琴（女）	林天雄
傅以佑	卓永廉	沈招旗（女）
李　迅	周少春	陈景松
王亚列	黄玉琴（女）	冯秋水
林　生	徐锦明	黄育仙（女）
詹兰英（女）	庄树民	张庆玲（女）
沈怡蓉（女）	郑良国	郑英咏
曾小琴（女）	陈宝清	胡秋蓉（女）
黄玉海	方江山	方雪蓉（女）
孙坚力	李祖荣	陈智才
蔡宗岩	许建设	吴金斗
许兴通	吴晓星	刘玉凤（女）
黄章潮	陈秀英（女）	李贤浦
蔡秀容（女）	薛真真（女）	孙瑞发
方秀英（女）	洪清白	吕新华
游煌章	张永发	苏兰芳
罗贻爱	刘锦平	陈德生
陈　详	彭剑成	高桂根
姚晓庆（女）	原寿华	元春兰（女）
张景信	黄玉香（女）	张书珠（女）
江凤景（女）	郑玲玉（女）	马钦言

林居诠　严　敏(女)　陈绍暄(女)
陈美黎(女)　陈元玲(女)　陈明非
林业平　陈星华(女)　潘玲辉
陈　华(女)　陈锦泉　林亚河
蔡建华　李瑞南　张方珍(女)
陈　工　黄元茂　刘善才
陈振贤　林新波　吕团孙
陈　新　尤民生　陈致和
洪德泰　汤长熙　翁木全
黄高宪　林艳玉(女)

全国优秀教育工作者

刘美珍(女)　王熙年　许宁添
徐开铭　魏子熹　郭孔涛
陈大鹨　李铭章　董殿亭
王其香　林开泰　陈世彬
何克丁　林向英(女)

江　西　省

全国优秀教师

熊巍俊　曾永辉　陈书华
刘根华(女)　张梅村　熊勋明
丁清荣　曾根香(女)　吴　杰
周丽珍(女)　聂清泉　徐度高
孙竹英(女)　涂凤光　韩海兴
钟高典　彭庆星　欧阳琥
朱安先　简志宏　邹延德
贺新芳　张吉棣　斐茂群
曾思政　罗维斌　王桂花(女)
刘保如　王成珊　肖正良
饶道文　刘承清　罗学荣
贺彪先　苏树华　李菊凤(女)
汪茂生　段银仙(女)　朱维民
程木娇(女)　刘光明　程士建(女)
吴泽民　吴荣兰(女)　邓达象
熊庆云　胡长英(女)　赵红英(女)
李建军　黄晓苏　刘　戎(女)
乐　华　张素珍(女)　贺锦秀
萧道发　王爱群(女)　王金莲(女)

吴友荣　丁孝梅(女)　廖君侦
舒小平(女)　郭裕茂　廖云翰
石渝生　刘联娣(女)　刘恩清
邱成义　王述钰　徐显羲
易光伦　萧福州　朱金发
刘祥伟　刘深浩　刘继海
李糯秀(女)　郝　燕(女)　翁先新
孔员英(女)　周运炎　周桂姣(女)
徐建成　黎　蓉(女)　聂曼云(女)
古新妙　匡俊发　陈德圆(女)
胡克祯　游锦初　刘桂林
欧阳晖　童家凤　胡任生
李不资(女)　刘爱卿　熊永贵(女)
万小毛　涂根秀(女)　曾道维(女)
邓荣春　周月英(女)　聂苏珉(女)
杨秀梅(女)　万宏亮　易清华(女)
李玉萍(女)　钱育滇(女)　戚素芬(女)
朱炳生　刘　俊　潘建中
吕品昌　李学礼　余运初
裘宗舜　俞志雄　江凤益
尹继东　阮占龙　王殿荣
唐锦心(女)　雷红珍(女)　王宝峰
胡益民　祝祥明　刘全胜
周小琴(女)　汪明根　占水多(女)
李胜长　戴流芳　雷良恂(女)
詹显华(女)　朱赛珠(女)　张华民
吴梅桂(女)　张国华(女)　郑大贵
邓芝云(女)　钟美莲(女)　李长吉
黄　实(女)　韩福兰(女)　张跃运
王玉杰(女)　万　祯　陈天夫
方达上　程　玢(女)　金长海
周瑞明　万凤秀(女)　谢文义
杨素珍(女)　曹发兴　肖　铿
唐晓红(女)　黄传贵　邬学军

全国优秀教育工作者

汤元芳　汪炳坤　江银贵
黎祖谦　王南彬　黄春如
李　煜　计雪木　徐振瑞

徐卓然　孙巧云(女)　吴柏英
沈一鸣　吴国平　曾夏生
廖庆美

山　东　省

全国优秀教师

王崇娥(女)　高志忠　尹燕春
张立民　王宝林　宋延芳(女)
郭　淼　贾立新　庄宜慎(女)
巩永英(女)　王中良　李　峰
吴　悟(女)　刘　跃　吕素宝
刘传顺　张继成　高继宏
曾厚绵(女)　韩金英(女)　张学曾
隋立华　赵芳海　于孝祯
尚小玲(女)　侯伯民　韩慎修
张衡善　逄世义　赵松林
曲慧光(女)　马玉萍(女)　况保福
程绍康　盛延光　冯树柏
姜立学　侯井泉　田敬典
逄培勤(女)　刘宗仁　马福昌
张俊礼　傅遵华　金建谟
王玉香(女)　刘洪峰　张永法
张建民　周长贺　王怀亮
陈　平　李润华　杨庆斌
廉春雷　檀兴民　张淑霞(女)
陈继春　高　雷　马翠东
李长林　萧存谦　张常德
赵风英　张克玉　孙法忠
张增建　梁体明　冯服亮
徐荷生　刘大为　李增福
李绍乾　史恒臣　韩吉东
丁孟玉　滕学孝　滕瑞兰(女)
张桂美(女)　程宪远　尹洪亮
王永升　张则义　刘焕成
鞠录兰(女)　刘国升　张新华
杨元勋　西文友　安彩云
谭金昌　苏春芳(女)　滕祖伟
崔智臻　薛善堂　石铭岩

宋珍秀(女)　谭景峋　孟献春
王景陶　王慧汉　周仁恭
于　玲　陈树亮　刘洪池
张学斌　李雪梅(女)　吕慎光
杨暖道　乔英山　陈　峰
段西敏(女)　刘庆余　朱明清
温德峰　李长伟　殷启贞
王云锡　石凤英(女)　孙正启
郑晓龙　汪时勤　季朝中
杨兆君(回)　吴庆华(女)　张庆林
田福君　邵长德　刘明远
刘西玲(女)　杨燕钧　葛予香(女)
赵仁良　赵玉新(女)　范学礼
徐　虹(女)　刘　军　侯贺俊
邓　淇　倪凤钊　闫正一
单中海　李振勤　刘庆淑(女)
于尚武　孙永先　高培贤
赵龙臻　宋春雨　周志兰(女)
宋焕起　张传太　于万江
尉淑德(女)　张兆忠　李乃森
袁崇峨　贾洪忠　苏春兰(女)
李金锋　毕经文　王明先
张雪云　李　予　高桂荣(女)
李法奎　马长歧　高　娟(女)
赵修玉　李家军　王光普
王树锋　刘相甫　项玉柳
魏正涛　耿效辙　杨秀岐(女)
刘斯耀　宋增秀　栗俊青(女)
谭玉凤(女)　王者兰　李玉静(女)
张有来　尹桂兰(女)　索华泉
秦加祯　李士祥　李兆祥
迟树民　张海春　张延祥
郭新洲　林永桂　徐振军
李仁奎　周来文　宿国安
贺先悦　王瑞声　宋淑玲(女)
张益彬　王九如　隋承论
刘立业　孙宝书　慕玉莲(女)
刘家恩　史延誉　陈万东

李世福	李剑波	孙爱民	赵　峰	孙迎臣	车献礼
嵇焕竹	钱照媛(女)	王俊舫(女)	田笃信	朱建华	边成功
王桂云(女)	杨士荣(女)	刘钟汉	高　超	毕立德	韩建峰
岳伯如	胡玉忠	张立芳	周作凤(女)	张敦顺	牛国泰
赵恩德	翟自东	孙滕瑞	王　璋	郭少林	张学富
刘化真	王振祥	朱广坤	韩明法	吕福然	何建业
张兆忠	刘振秋	孙从心	朱皆修	郭培青	姚妙娟(女)
曹修银	王洪联	关明聚	迟辉荣	孙玉乐	付　毅
刘振红	李星月	石　奎(回)	李肇盈	李献坤	金柏芹
孔庆来	牛大铮	张廷玺	荀乃永	宫洪平(女)	蔡春江
李学奎	朱法山	陈大光	班兆贤	吴柔基(女)	朱德琴(女)
王玉芝(女)	刘金钟	范新福	陶永生	于海霞(女)	买光昕(女)(回)
殷广芬(女)	王立军(女)	杨建华(女)			
周长明	王可日	陈光俊	李忠信	田树山	蒲克利
宋立志	李中岭	王允珉	王善钧	张爱荣(女)	戚罗兰(女)
修世作	李因柱	孟宪贞	曲厚祥	李培瑾	邵荣民
杨士才	夏友杰	魏伯河	宫占波	张正斌	孙文心
杜现刚	尹秀玲(女)	李桂芳(女)	王安东	陈　莉(女)	刘文香(女)
翟昌生	丁肇茸(女)	程　翔	杨树礼	王清秀	耿加禄
杨玉芳(女)	刘　勇	吕华山	白文志	张承伟	荆景云(女)
张均佐	高秀珍(女)	许金德	赵德亮	王宗惠	

吕贵卿	赵宪平	刘乃昌
羊丹平	林毓琴(女)	慕立义
张忠义	王　莉(女)	王爱礼(女)
王　欣	三炽鸿	赵敏俐
徐国仟	三乃静	郭松海
汪建成	武秀川	张　琪
吴铭方	杨玉珍(女)	姜宜宽
侯文萍(女)	李秉章	左　敏(女)
刘兴云	刘广群	宁　舒(女)
李　伟	张企华(女)	魏绍馨
韩　冬	马克杰	蔡德华
韩立群	程玉海	王常藩
林治理	谷忠德	张庆朗
池清泉	尚奎舜	乐兴祥
韩　洵	陈　平	张元利
陈滇宝	马占兴	苏学成
刘镇国	王　斌	齐兴文

全国优秀教育工作者

柴本堂	李钊修	倪庆印
任守柏	王化杰	侯修圃
王锡衔	张恒峰	单衍引
李广振	杜守敏	李庆宝
张建温	李桂富	柳孟学
张家籍	孔凡鹏	张胜贤
吕之涛	徐炳琛	刘昌庆
傅洪超	邢来田	王新波
韩之波	赵爱民	高玉梧
叶　甄		

河　南　省

全国优秀教师

刘书礼	董天中	郑其上
张道芝(女)	单国新	郭柏林
马学良	张万顺	高长河

郭存斌	郝绪乾	王庭兰	刘东方	田　璞	朱喜成
张富元	蔡爱华(女)	郑　勤(女)	关志月(女)	苏东升	孙爱菊(女)
耿王玺	李福兰(女)	辛淑贞(女)	张军海	袁玉振	梁育川
祁　岳(女)	汪伯英	李　惠(女)	常增义	常福新	闫铁成
赵　慧(女)	李大明(回)	朱崇惠(女)	赵炳耀	马永军	王敏甲
		(回)	吕献举	常国英(女)	马悦英(女)
陈世民	李松岭	卞兰枝(女)	王怀军	宋连荣	杨领恩(女)
米　娜(女)	郭云飞(女)	李纯智	王慧斌(女)	李道理	孙天玉
董德昌	赵宗芳	常素娟(女)	曾显红	余克君(女)	刘国芝(女)
徐文钦	王金华(女)	常明光	刘鹏云	陆玉有(女)	王永远
孙少兰(女)	苗九西	马天祥	刘迪义	相新卯	苏桂中
原长安	余留栓	张广道	常德年	王天增	刘振德
马珍珠(女)	卫绍智	梁爱华(女)	张长德	张忠玉	赵德林
(回)			付　智	王爱玉(女)	全吉华(女)
李建国(女)	张海鹏	马素娟(女)	王文重	王彦凤(女)	杨振华
彭顺贞(女)	孙冠林	梁玉献	郝以典	刘书义(女)	刘兰敏(女)
张振凡	匡中安	杜荷花(女)	鲍相彬	王宏英	丹中甫(回)
郭淑琴(女)	尹建堂	张玉荣(女)	李　华	陈连诸(女)	刘学中
殷准平	杨相坤	程秀平(女)	王树才	陈国刚	郑绍礼
张汝松	王茹英(女)	魏发明	宋飞琼(女)	盛江红(女)	杨裕淑(女)
胡玉花(女)	徐好志	鲁　营	王振莲(女)	吕照国	彭明海
赵久立(女)	孟宪道	马九克	程抱琦	汪敏忠(女)	张成学
韩周荫	张桂芝(女)	陈守忠	王柄中	王立新	李明成
沈廷新	师忠先	李凤梅(女)	李雪华(女)	徐允富	杨世万
秦忠义	王继民	李　杰	李志敏	王翠红(女)	郭淑勤(女)
郭成森	程彩玲(女)	郭化云(女)	平宗诚	刘汉文	李　毛
田　军(女)	张汝爱(女)	高　俊	屈振清	李书喜	张照明
杜鸣岐	徐同林	张　莉(女)	王晋录	韩向阳	韩有廷
张家芳(女)	瞿菊香(女)	李隆光	王金锋	赵绍斌	刘广全
李俊文	张有善	齐玉慧(女)	杨岐山	张玉兰(女)	王叶生
李景铎	万吾顺	张吉征	蒋振敏	陶三根	梁照峰
任小平(女)	刘义智	孙本勋	周建国	周文学	季耀华
杨晓琴(女)	赵存明	梅素霞(女)	王祖清	方　正(女)	李世叶(女)
赵景歌(女)	黄保玲(女)	陈作恩	刘信英(女)	焦林冉(女)	邱永生
李富兴	崔应瑞	张学甫	许桂叶(女)	胡喜成	朱权义
郭恩旭	张守志	王群姝(女)	江　涛	杨正付	李新堂
王久选	孙庚寅	秦爱萍(女)	王大然(女)	孟毅星	衣学军
万慧英(女)	李冬君(女)	范改萍(女)	刘承宪	王庚寅	胡思超

林新文　冀玉珍（女）　焦耀先
姬秀英（女）　张俊堂　朱仁锋
史彩云（女）　许善宗（回）　韩学兰（女）（回）
李淑芳（女）　王同段（女）　解传院
乔传信　李成德　郑牧红（女）
李前尚　葛　凌（女）　赵自清
刘汉星　赵聚轩　朱传仁
岳喜文　景隆太　冯更新
袁忠信　刘纯献（回）　胡其图（蒙古）
周展明　三俊山　赵则祥
周大恂　董中强　邹继业
阮银岭　王建平　王永钦
杨书善　张黎声　王清连
王运兵　王发曾　吴铁军
刘玉珂（女）　时明德　马幼鸣
李现宗　贾天骐　顾圣皓
王政祥　董浩平　杨利明
魏立君　刘素真（女）　鲁德民（女）
奈文件　王宝芹（女）　张天伦
李军生　孙宝荣　王克军
徐传明　陆德安　贺宽容（女）
郭径文　方金良　王　婷（女）
张风格　姬寅亮　朱绍彬
房金枝（女）　魏显峰　刘　波
程大安　宋保兴　张耀光
王培文　章熙龙

全国优秀教育工作者

任中央　姚恒生　王秀兰（女）
岳启明　张力奎　邓雅琴（女）
王保明　韩尚智　王法成
赵桂菊（女）　牛恩臣　姚林朝
叶文瑞　张布殿　王美亭
张培荣（女）　郑永扣　王丰存
张乃阳　王法亮　周胜勤
蒋连如

湖　北　省

全国优秀教师

丁珍珠（女）　雷石佑　王　玲（女）
张幼军　傅云安　袁文华
徐凤枝（女）　严本汉　邹大珍（女）
孙先斗　杨立豪　余新家
钞辉临　吴大才　徐明山
姜礼行　陈先木　唐肇才
聂在荣（女）　丁诗才　包荣庭
王星元　谢庭龙　罗道坦
徐明义　李新胜　孔凡洲
陈德云（女）　陈清华（女）　王克俭
肖渝英（女）　陈静一（女）　汤　惠（女）
张庆圭　刘有祥　吕向东
李奇珍（女）　张济林　方昌平
周明忠　刘庆香（女）　姜武韬
邱文生　李文衡（女）　何月容（女）
禄　伶（女）（藏）　余黎明（女）　李腊生
廖　兵（女）　张应天　崔之安
李继三　沈开甲　赵国明
彭知难　刘乐文　杨海洲
郭济川　陈振宇　刘昌祯（女）
张运成　郑文炳　凌巧珍（女）
李秀生　黄治宇　权世斌
张绍云　赵益芬（女）　张忠云
毛熙应　郭贵龙　胡光忠
杜兴贵　林世淳（女）　王　陵
王忠良　杨宗富　欧阳祝
方孝元　王光龙　李作泉
胡兆明　李光林　蒋长全
季　彬　文士菊（女）　李志新
向　华　马学清　张圣银（土家）
张美英（女）　张岳忠（女）　董树林（土家）
范家桂（女）　蔡家珍（女）　蓝培忠
金星国　谢汉元　刘建明
李绪言　王正刚　阮仲春
王功民　龚振兴　张龙华
虞保和　田祥高　冯春保
叶兰芳（女）　余佩雄　蔡爱良

陈明智	韦家文(女)	朱长宝
占泽信	周绍丹	李光文
曾令炎	高宗慧	林钦良
吴学书	兰菊初	李建勋
胡景泽	王润阶	严华金
夏文俊	罗重恩	陈新民
汪爱明	史火清	韩泉永
左传德	王炳业	孙启峰
程仁光	张清华	黄学琴(女)
胡胜勋	张祖渊	吴宇华
程学树	闵国发	龚国满
马之俊	王保华	刘仁兵
谢金华	赵永年	袁丹平
刘清平	李思引	闵心悌
张敦荣	宋琼娥(女)	唐圣杰
伍运祥	金仙珠(女)	傅习斌
甘孝恕	马之杏	郑昭国
吴明龙	曹家富	黄晓秀
王开洋	陈兆敏	韩昌洪(女)
余佐民	关成义	谢泽运
蔡明么	李秉汉	贺章琴
龚庆华	巫其先(女)	郭步雄
黄龙送	王天才	胡旭良
刘绪端	尹晓阳	戴精明
李仁斌	肖绪政	袁宏仁
徐宗应	罗华东	哈康云(女)(土家)
张永谷(土家)	陈文棠	吕恩绪
张如桂(女)	张周汉(土家)	姚汉生
张任知(苗)	岳世斌(土家)	刘楚儒(土家)
许存鹤(土家)	汪茂星	谭杨波(土家)
孙恕然(土家)	孙传燮	童　曙
严红桥	李成宗	陈德学
陈根华	曹　敏(女)	肖前栋
佘名震	靳玉娥(女)	孙忠祥
潘韵华(女)	艾德静(女)	宋世樟
周南星	张俐娜(女)	易丽莎(女)
段正澄	魏良琰	李会滨
彭星闾	潘素瑛(女)	谢兴武
萧衍芬(女)	冯天瑜	樊明文
邱幸凡	郦华兴	王仁德
王迪浔	秦志芳	王翅翔
张佩芬	柳英俊	许国良
肖其英(女)	王承菊(女)	王桂芬(女)
严培祥	丁珍姣(女)	张楚华
马小平	倪约文	胡金荣(女)
彭家秀(女)		

全国优秀教育工作者

朱孝明	郭永寿	陈智中
胡开太	柳文山	孙世武
袁发荣	胡家声	郭定菊(女)
胡以明	彭文清	何国治
董亚平	潘国华	钱世坤
徐元贞(女)	曾令国	刘安香(女)
应登魁	王新才	饶仕忠
项昌玲(女)	黄厚凤(女)	邹　炜
吴克永	吴万强	胡幼初
李旭初	常建亚	邓述端
吴邦杰		

湖　南　省

全国优秀教师

张惠容(女)	范国纯	首弟柱
吴德双(女)	谢梦平	罗灿阶(女)
周巧义(女)	邱玉莲(女)	吴　洪
刘朗清	龚建魁	廖　娟(女)
邹淑荣(女)	舒明华(女)	梅嘉陵
黄　建	黄　铎	黄崇明
徐悦民	朱泌太	肖江汉
曾可平	彭月芳(女)	谭洁如(女)
刘范元(女)	黎中杞	邹彬彬(女)
王应德	吴从志	屈芳兰(女)
刘友珍(女)	胡青萍(女)	周端福(女)
刘　影(女)	冯厚瑜(女)	马国强
庞昌述(女)	陈次衡(女)	韩颂芬(女)
杨丽华(女)	沈朝红(女)	周　琦

刘克敏	易季纯	陈国彬	邹友松	谭国华	程善和
徐世明(女)	张立人	李观凤	曹伦先	黄元安(女)	邵方球(女)
万亨科	刘爱姣(女)	杨补珍(女)	陈国柄	吴绪斌	曹　琳(女)
刘道斌	郭书秀	熊菊先(女)	徐作宜	李学群	欧阳庆
马俊跃	方秋辉	彭岳俐(女)	李纯仪	李枝雄	钟义生(瑶)
王木林	毛兰芳(女)	刘奖林	周干儒	罗纪云	李德秀(女)
江庚仁	方均权	黄木佳	邝国莲(女)	周满玉(女)	蒙吉瑛(瑶)
张凤英(女)	罗茂活	伍勤林	蒋美荣(女)	唐春发	陈冬元
刘庆玲(女)	伍学增	汤益民	彭慧琼(女)	冯春廉(女)(瑶)	蒋祥贵
何大健	陈经纯	邹蒲英(女)			
赵式玉(女)	张俊华	郭启迪	刘朝凤	蒋龙贵	马承湘
刘志荣	张美成	黄炳麟	杨友富(瑶)	董劲松	胡玉玺
陈六香(女)	高福生	陈孟贤(女)	唐熙候	谭永升	曾雪梅(女)
谢惠兰(女)	杨玉龙	周孝凤(女)	肖幸福	蒋上槐	谌洪琪
周雅俐(女)	赵秉洁(女)	熊光磊	刘仁战	余淑凤(女)	姚本和(女)
王运梅(女)	叶荣松	王爱枝(女)	张茂寿	邬贤宝	米贤炳
余学帜(女)	钊时迪	刘喜珍(女)	王鸿钧	刘维晴(苗)	向通礼(侗)
江协瑞	刘国储	韩克春(女)	梁翠华(女)(侗)	伍善江	杨贤珍
盛忠望(女)(土家)	吴志康	莫国兴			
			谢又智	李叶平	邓运亮(侗)
潘均辉	胡炎宏	卜功名	朱格知	肖幼艾	田和平(土家)
殷永昌	刘入华	温石兴	周明仁(苗)	康迪寰	谢明珊(土家)
刘重云	林晓云	朱贤舜	康伯温	张清涛(苗)	向乃旺(土家)
梁自建	成诗雨	黄一龙	秧万隆(苗)	周　道(土家)	戴梧昭
王征寿	邓昌祯	蒋光辉	曾唯尧	周少琴(女)	曾俊期
颜学炎	袁培基	吴本连(苗)	欧阳颗	唐凯麟	韩理安
向本清	邹青云	杨建华	夏博辉	官群辉(女)	黄力民
申济友	李延年	罗顺祥	沧　南	钟友循	李敏志
田安命(土家)	向式文(土家)	周宏喜(土家)	舒光寰	吴延之	程能林
张程孝(土家)	陈景德(土家)	谢洪涛	石雪辉(女)	杨可以	陈星鹤
陈林生	岳年初	刘国干	王照明	彭效荣(女)	周乐国
张咏菊(女)	罗献章	肖冠军	刘　鹏	梁淦修	林俊杰
黄知敏(女)	汤可敬	颜容先(女)	胡玲玲(女)	熊　伟	易利平(女)
李添湘	胡自强	龚四忠	余伏星		
李铸生	熊孝章	封明和			
张君异	周百方	吴杜喜			
阳新球(女)	金奇才	罗仲元			
张小男	李曼新(女)	卿运香(女)			

全国优秀教育工作者

刘家琪	阳　穆	王耀根
杨克义	赵永超	何方静
李怡卿	陈立功	杨永锡

庄桂清(女)　赵昌协　蒋武临
曾益谦　胡名顶　黎月桥
黄民成　覃大悦(土家)　唐铁庚
龚德云　段振卿　梁经健
汪早姣(女)　张光和

广 东 省

全国优秀教师

钟英长　李绍珍(女)　桂诗春
刘端郎　彭胜权　傅玉华
张永嘉　黄宽柔(女)　刘春荣(女)
尹定邦　黄飞腾　钟　康
吴彭年　李惠莲(女)　刘英杰
蓝发昌　梁广坚　彭志芳
陈优生　梁洪波　李佛奇
陆之中(女)　李尧湛　蒋昭廉(女)
许　骏　钟关龙　梁凤华(女)
颜笑霞(女)　傅丽英(女)　徐东红(女)
王凤娣(女)　刘学昭(女)　谢文卿(女)
朱转霞(女)　欧阳志坚　蔡诶銮
赵绮萍(女)　姚中东(女)　麦月欢(女)
刘碧露(女)　陈兴武　罗金枚(女)
郭永萍(女)　甄思宁　房　佩(女)
林燕娥(女)　林爱华(女)　杨烈烽
余伟堂　詹宝珠(女)　林璇珍(女)
张有辉　许慈祥　谢巧炎
许淑莹(女)　郑武义　陈淑明
黄木裕　邵仪仪(女)　陈有坤
洪婵玉(女)　邓本友　李运寿(女)
陈碧庄(女)　陈相林　张丽雅(女)
曾翠蓉(女)　王江南(女)　李美春(女)
李恩乐(女)　徐凤群(女)　李应连(女)
朱祖春(女)　黄志杰　张钊才
张炳焕　王存沛　黄其平
胡阳文　钟保良　钟锦新
温忠彝　张利容(女)　张善和
李传福　曾繁宽　徐献中
房石宝　张国兴　冯耿超

张发理　黄彩红(女)　张远明
李耀基　罗爱兰(女)　凌珍伟
赵海玮　陈敏生　姚乃卿
苏桂开　罗　楷　周惠良
林淑华(女)　徐鉴金(女)　谢鉴标
马芳心(女)　许彦夫　朱振环
彭丽清(女)　彭　中　方柿妹(女)
方志坚　叶兆源　黄丽婵(女)
何俭强　吴叶林　董慧仪(女)
周健媚(女)　李志豪　周恩泉
江日亨　吴振文　谭小环(女)
吴金想　赵淑芹(女)　黄伯达
林永宁　李振荣　何享耀
林永红(女)　伍月碧(女)　苏文高(女)
罗锵然(女)　梁宏灿　尹远升
梁之乐　陈安明　邓金水
刘仲成　李素芬(女)　胡甜奀
关则全　温丽贤　陈飞游
张锦辉　黄世益　严小明
潘龙飞　周兴亚　欧文荣
陈秀美(女)　冯秀英(女)　莫贤贫
蔡邓红(女)　林济诚　吴振强
许仁龙　陈万荣　陈麦生
邓京丽(女)　庞亚保　陈建强
吕季英(女)　骆小菱(女)　林华隆
岑崇德　张文宏　龚衍东
梁达宇　李良儒　王　桂
陈华栋　黄永贵　邓培国
吴　峰(女)　冯华英(女)　李湖生
潘何相　叶炳贤　周丽荣
宋海清　李伟英(女)　张淑琴(女)
李少芳(女)　李其炎　李国飞
罗海英　梁树生　陈培学
叶嘉裕　周小燕(女)　苏锡佳
黄国照　赵汝勤　赖　英(女)
文小勤(女)　林彩英(女)　叶灿华
叶桂汉　陈　彦　洪罗铭
谢美娟(女)　雷源时　钟碧红(女)

罗耀彬	龙朝琚	刘永年
唐渡花(女)	易象筋	黄周媛(女)
胡石妹(女)	夏有娣(女)	黄少辉(女)
陈奕松	曾雁飞	谢楚彬
唐丽云(女)	林福权	洪玩玉(女)
刘百恭	纪瑞典	陈锡梧
许锡庭	杨炳城	罗荣春
吴史林	吴灵光	张程瑞
张炳洪	刘桂生	张世荣
叶兰兴(女)	朱德芬(女)	李华秀(女)
钟钜田	潘自勉	余远恢
何秋声		

全国优秀教育工作者

陈铭山	魏杰成	叶家康
李积芬	林树基	陈成祖
陈难先	林淑珍(女)	戴昆尧
温绍权	陈英辉	欧阳均
陈金陵	何维孜	冯正棠
陈　文	李　海	曾进武
陈培成	欧炳焕	江经益
张奕群		

广西壮族自治区

全国优秀教师

袁　刚(布依)	雷祖载	韦琼文(女)
李华青(女)	赵仁贤(壮)	黄成琪(壮)
黄玉金(女)(壮)	李昆合(壮)	黄月娥(女)(壮)
陈良丽(女)	谢君锦	唐平记
欧启杰	梁　成(壮)	罗启耀(壮)
蒙少松(壮)	兰焕锋(壮)	骆存裕(苗)
覃泽等(壮)	孙　军(仫佬)	罗承韬
李遵璋	韦远观(壮)	杨传翔
粟惠民(侗)	徐庆祯	邓诗忠
文庆城	全代娣(女)	邓建民
贝荣光	庞宝珍	邹颖通
庞　辉	李巧奇(女)	陈超能
刘禄生	欧世越	陈小玲(女)

朱锦荣	李成权	蒙耀真
黄吉发(壮)	陈立铿	黄家新(壮)
黎振江	谢宝森	韦子金(壮)
陈丽丽(女)	李新宏(女)	余沛英(女)
唐国卿(女)	黄容金	奉明龙(瑶)
姚冰心(女)	卿启云	邱桂贤(女)
黄桂琼(女)	杨光烈	覃文英
颜承章	韩仁和	张述炘
李子升	欧培侯	叶　坚
石昌枚	黄艳珠(女)	刘义冕(苗)
罗永定(壮)	黄仲雄(壮)	黄国纲
黄文山	石秋燕(女)(壮)	覃启福(仫佬)
莫崇高(毛南)	梁万鹏(壮)	伍建江
蒙德慧(女)(壮)	覃全学(壮)	卢绍祖(壮)
罗健君	张　军	陆必光(壮)
林超庭(壮)	周英明(壮)	覃大桐(壮)
黄　英(女)	侯颖红(女)	覃瑞玲(女)
袁首仁(女)	孙兆民	林彩芳(女)(壮)
凌春秀(女)(壮)	张小玲(女)	游　烈(女)
伍南群(女)	梁家湖	黄　剑
董艳玲(女)	练思源(女)	黎茂文(女)
李和忠	唐碧珠(女)	张宗房
吴春松	苏锦源	陈安妮(女)
叶丽莲(女)	陈美兴	潘荫芬
周孙燕	周仕莲(女)	苏　静(女)
卢义德	叶燕瓦	廖春晓
杨家达	王成忠	李伟英(女)
何朝东	韦步云(壮)	陈贤辉
钟桂华	罗潮航	黎千讯
吴文阁(侗)	李赫妮(女)	阳初云(女)
杨慰萱(女)	林平驷	李吉川
吴鉴棠	海戴媛(女)(回)	陈肇国

梁学良　吴远雄　华楚生
韦原奉　池方涵　李康然
潘懋桂　彭大雍　吕超锦
梁创勋　帅立世　李国强

全国优秀教育工作者

夏　炎　黄永雄　吴能枝
谭鉴茂　邹德正　潘运琛(壮)
蔡慧芳(女)　黄兴高(壮)　麻祖恒(壮)
吕惠钦　农民强(壮)　唐超勇
篮瑞庭(瑶)　唐秀云(女)

海　南　省

全国优秀教师

林天麒　陈吉寅　张雨齐(女)
符史明　简日金(女)　韩德光
李国川　王光钦　王铁中
黄　莉(女)　王大珍(女)　陈人豪
程锦秀(女)　柯景彬　曾思英(女)
符开国(黎)　潘家圣　张光宁
何书侯　林尤名　钟军顺
郑菊英(女)　龙甫芳　林汉栋
唐惠义　冯崇序　郭建华
赵建南(壮)　林师轩

全国优秀教育工作者

胡志福　黎国贝　吴令智
苏永吉

四　川　省

全国优秀教师

袁志能　张淑尧(女)　沈　楠(女)
王增勇(女)　兰桂芳(女)　王方清
陈家桢　杜学钊　成守定(女)
朱玲娣(女)　郑启睿(女)　王文全
宋友孝　谢彬兰(女)　郑成秀(女)
张永福　杨代芳(女)　李光静
马朝尚　刘复仙(女)　李德骥
熊玉英(女)　廖　文　陶善绪
贾成良　傅映梁　伍宝玉
罗守端(女)　唐克芬(女)　陈克信
卢汉炯　张幼珉(女)　李方全
余子全　胡朝秀(女)　马林英(女)
肖玉琼(女)　吴建宇　覃守源
冯一下　杜荣楣　余莹儒(女)
涂德珊(女)　明祖秀(女)　胡新仲(女)
宋海燕(女)　张振川(女)　彭昌恒
李三义　李启迪(女)　傅文君(女)
胡茂常(女)　刘道英(女)　谭渝生
杜祥淼(女)　王吉莲(女)　李成银
华正瑜(女)　江树轩　苏之信
屈智定　陈谭贵　刘道发
陈蓬蓬(女)　吴弟高　张治文
石怀湘　敖焱书　朱华平
姜　麟　沈文卿(女)　刘兴明
杨宏午　杨祖旺　陶兴模
卢泽民　苏邑富　胡建华
董继永(女)　刘代碧(女)　张久明(女)
陈祖秀(女)　陈树国　郑尚平
蒋先赞　张　勇　丁继泉(女)
罗寿青(女)　石　滨　孙文鉴
田　滨　梁绍全　张玉秀(女)
税清玉(女)　陈泽宣(女)　殷道谦
赖常全　欧淑贤(女)　张全兰(女)
郑季樵　柏荣华(女)　李开荣
刘明田　郑信鑫　马龙芳(回)
姜则芬(女)　陈文存　钟世德
先大均　郑必强　谭新才(女)
邓隆芳(女)　陈定祥　赵云碧(女)
郭家政　魏福昌(女)　李昌寅
赵显刚　左天寿　邓　军
黄定寿　丁兆芳(女)　魏全稳
李长平(女)　黄隆楷　李文全(女)
刘朝英(女)　王明芳(女)　朱代华
李伯华　邱功银　廖碧玉(女)
袁　红　王绍均　何良琼(女)
申华山　胡云河　刘明全
周成福(羌)　罗三培　孙顺红

吴昌金	李惠清(女)	罗代均	黄绍忠	陈元贵	张居友
邓断槐	吴良才	林宏久	蔡方林	周华茂	龚嘉镇
顾俊明	陈俊鲜(女)	罗志勇(女)	邹修杰	李坤国	梁尤柱(女)
李俊忠	曾映芳(女)	胡刚容(女)	黄九龄	蔡　政(女)	李志模
邱　英(女)	魏明琼(女)	孙义彬	贾其茂	曾　平	陈厚福
曾　嵩	童杰英(女)	袁世才	王德敏	王宇光(女)	瘳礼华
黄明烈	杨承安	刘凡仲	罗朝坤	康长英(女)	刘界国
罗淑德(女)	张　志	张春亮	袁蜀琴(女)	龙廷芬(女)	陈端颗
张义民	郭　廉	栗时全	文大刚	陈明金	周正觉
曾存光	张显俊	欧家应	刘人华(女)	邵钦东	任金仲
白元禄	蔡光清	陈明清	王扶成	李忠耀	陈古浩
彭　伦	周尊登	张道建	吴来生	谢瑞瑶	孙云贵
丁日寿	刘小鱼	周华友	陈先钺	谭体光	文吉廷
傅远明	高鹤群	邓永利	刘国裕	任良国	罗清泉
樊光德	梁明镜	贾质成	刘克明	李光亮	王素琼(女)
杨德金	罗志毅	罗明远	唐伦寿	何锡文	周可根
贺斯新	曾桂芳(女)	李含宣	蒋祖权	李川莲(女)	黄春银
王和义	伍元理	傅华芳	范家奎	范国政	袁明秀(女)
刘发媛(女)	周业敏(女)	徐龙政	辛　蓉(女)(满)	高兰炎	杨先张
何明太	徐世文	冯学元			
陈洪相	罗心田	吕万角	陈永高	李述先	李树娟(女)
任中才	舒明亮	赵洪文	周永桓	袁先文(土家)	章绥亚
杨春勇	彭明兴	寇永清	熊辉云(土家)	谭祥兰(女)(土家)	殷德恩
杨永林	彭心融	梁学成			
后文全	李瑞枚	张国巩	朱集勋	左都淮	陈洁文(女)
马惠生	贯士珍(女)	秦德政	杨正芳(藏)	牟宝生(藏)	沈绍富
谭廷富	向明臻	张　舜	李英德	林永泰	张德强
潘仲豪	陈小亚	聂华英(女)	杨泽秀(女)(彝)	吉木子布(彝)	郭长庚
张明喜	罗睿曦	甘培宁			
李宗培	张文平	刘惠平(女)	太凤华(女)	叶玉华	江　帆
余应虎	李再秀(女)	陈文坤	邹富顺	李祖奇	刘　景
冯克秀(女)	刘应在	何先梅(女)	李银凤(女)	马　新	李志祥
余业君	刘登江	何文豪	刘尚芬(女)	熊明芬(女)	曾祥蓉(女)
颜崇菀(女)	周大义	李开萌	张朝政	卫德佳	李安民
高友东	唐正琼(女)	胡光宇	刘佩瑛(女)	唐昌荣	韦俊侠(女)
王焕平	王兴中	杨明顺	朱昌廉	曹起荣	宋兴华(女)
董大禄	程怀孝	陈尚朝	王　曙	王均裕	吴月良
李玉克	刘文瑰(女)	王大蓉(女)	曾康霖	黎亚元	胡礼振

廖俊常　周守昌　熊茂萱
沈鼎明　阳本傅　陈禹银
赵廷渝　赵林友　赵汝植
郑明华　徐志福　龙庆祥(女)
胡书津　章茂林(女)

全国优秀教育工作者

夏代成　陈常永　刘宗仁
苏文钰　黄功伟　陈正明
蒋世玉(女)　晏临超　李宗贤
马启霖(回)　胡英才　黄世游
李胤交　羊　辉　蒋得超
李远鹏　兰国盛　符民隆
李世昌　高淮池　陈明金
侯水先　游绍贤　李永平
张　森　刘仕万　刘兆全
袁发展　游汉文　裴逸如(女)
袁天介　张明仲　李勇明
熊启文　李世义(苗)　胡克信(藏)
陈荣光　杨武军(藏)　高恕良
朱家俊(女)

贵州省

全国优秀教师

车敏善(女)　陈　伟　古华渤
邱朝寿　蔡嘉奇　陆　明
黄小飞(女)　黄金华(女)　刘明丽(女)
左守琼(女)　张光韬　赵德芳
李秀丽(女)　邓人群(女)　李定祥
潘昌礼　李仲书(女)　孙洪范
颜长策　杨天曙　张正林(仡佬)
冯佑明(仡佬)　谢贤英(女)　王绍宗
高钦岳　王建桢　马黔生
陈新民　罗安金　刘宗益
陈兆辉　刘道科　叶式仓
申庆福　袁本良　杨明华(苗)
洪安琪(女)　杨振凡(满)　肖体华
罗大友(苗)　张常青　王德荣(土家)
陈建生(苗)　龙便木(侗)　刘洪婵(侗)

熊小桦　晏世高(土家)　陈世坤(苗)
鄢代义(女)　欧启英(女)　居明远
夏孝荣　龙光亮　徐敬芬(女)
钟绵祥(女)　马敏兰(女)(回)　靳光勇
杨光贤　蔡大勇　吴国杨
路登书　谢永湘　刘洪壁
韦正兴(水)　朱吉光　曾佐藩
黄先荣(苗)　肖忠义　汤德慧
黄大琼(女)(布依)　袁仁威　吴有贵(苗)
蒋仁敏(苗)　杨发祥(苗)　吴俊勇(侗)
潘建康(苗)　史伯文　张建成
林泽兴(侗)　李吉生　杨秀凯(侗)
周邦国　黄家友(布依)　王建松(布依)
潘方琴(女)(布依)　李泽琴(女)　王一平(水)
张清萍(女)　石国昌　周　纯(布依)
沈家和　武联熔(女)　谢爱伦(女)
罗会烈　梁　梅(女)　康曾蓉(女)
葛　晶(女)　全洪发　李万育
王孝勋　蒋宗达　宋全秀(苗)

全国优秀教育工作者

赵永照　王鸣乾　谢永南
刘兴全　娄义钊　李黔雷
杨正中(布依)　田必涛(侗)　仲跻平
柏怀东(布依)　伍治国(布依)　何凤翥(女)
陈德明

云南省

全国优秀教师

刘远忠　龙碧琏(女)(彝)　蒋文云(彝)
胡福云　寇正义(彝)　马乾耀(回)
高天林　龙富成(苗)　张正发(白)

唐树才	张晓玲（女）	余朝昆
沈淑兰（女）	陈援朝	侯吉富
崔汝灿	何润秀（女）（白）	向天贵
刘志荣	李云春（彝）	郭　爱
李永强（哈尼）	汪勤春（女）	马廷介
湛云富	吴应彪	程克荣
韩书良	杨文博	王大森
朱祖荣	赵又青（女）	陈荣昌（彝）
王渝生	熊文升	宋尚福
牟发聪	徐启尧	沈兴前
陈兆龙	王崇义	师国华
田维信	杨友权	崔启芬（女）
陈运兴	骆授源（壮）	马培洲（回）
杨兴旺	徐银军（哈尼）	朱布红（哈尼）
唐明安	张锡昌	郭孔富
王有杰	赵宇生	申之洞
山富能（傣）	毕会元（傈僳）	杨凤鹏（白）
杨　瑞	肖云东	曹　源（回）
李树义	杨桂森（白）	陈　昆（白）
郭　萍（女）	刘建红	鲍　延
陈贵华（彝）	杨永林（彝）	吴占云
赵树群	阿　楚（藏）	李素光（傈僳）
李时春（纳西）	和继良（女）	钟润珍（女）
何大昌（傈僳）	肯阿车（傈僳）	周继宏
杨天德（彝）	温源海	卢丕玉（女）（拉祜）
张　静（女）	吴显能	刀金珍（女）（傣）
李　萼（白）	王新华	杨明兰（女）
杨洪西	胡敬华（女）	郭正春
刘兴佑	蔡瑞英（女）	王兴周（佤）
施泽民	许光渭	苏履祥
施　聪	杨春锦（白）	郭世昌
李以国	张德鸿	董世杰
段胜欧	黎　英	韩淑贞（女）
赵世贤	李兰英（女）	吴宗柏
原一川	颜金德	陈绕光
吴琼珍（女）	苏国达	熊锡金

全国优秀教育工作者

陈联杰	曹学璋（彝）	叶九容（女）
张文明（佤）	和颜华（纳西）	江定中
潘宗琼（女）	刘家信（彝）	何家禄
何兆先	张　柏（白）	华永淑
朱兴富	金克鲁史（彝）	和在暄（纳西）

西藏自治区

全国优秀教师

达娃次仁（藏）	让　珠（藏）	桑　戗（藏）
董承勇	江家椿	央　宗（女）（藏）

陕　西　省

全国优秀教师

郑南宁	龚冬宝	段立宇
陈保兴	狄维忠	马振铎
雒昆利（女）	余宝珠（女）	云庆夏
王文焰	吴明童	徐元秀（女）
颜　虹	张梅娟（女）	张化勇
袁　锋	张树田	严　文
苏印泉	唐庆山	郭长生
王业安	孙华荣	刘爱民
杨玉丰（女）	刘经瑞	张克忍
黄霖生	赵岳辉	王昌明
刘蜀平	杜建华（女）	高亚利
高立荣	杨高潮	李迺彦
刘伦曾	黄蒙恩	王云峰
赵育祥	范天祥	李惠成
刘文全	李容莉（女）	高振宇
李崇道	张普选	焦秋芳（女）
徐振孝	张　兰（女）	马美铭（女）
袁厚民	费纪安	贾文彬

金战捷　赵淑芳(女)　张美玲(女)
季瑞生　余素芳(女)　李兵员
徐小平　申定中　窦景鸿
杨克勤　白建忠　杨海峰
王忠贤　赵林瑞　杨昌录
胡珠勋　郭凤梅(女)　杨万文
张碎虎　胡新礼　杨春华
张碧翠(女)　张惠芳(女)　王亚媛(女)
王有熬　姬蝴蝶(女)　何耀先
赵宏江　白孟琨　王明芳(女)
邓宏杰　程林平　张兴发
席启祥　王小英(女)　王杰祥
徐建平　王景范　杨作刚
燕好贤　唐　平　董榴芬(女)
李瑞礼　马自林　王培堂
胡满潮　王德山　周梦龙
杜发顺　雷树仁　冯澄民
张晓海　王文富　孙崇禄
田升运　郑军昌　张立侠
段贵林　李汉云(女)　陈杰林
王　晋　刘传明　徐光福
刘应辰　王明杰　王树森
刘昌富　赵兴海　张秀珍(女)
谭永昌　程崇皓　贾文森
缪胜芝(女)　樊白环(女)　赖育高
乐　乐　余祖贵　张　钧
郭兴善　张　立　王帮文
刘　江　张继华　党和平
乐发君　朱启庆　左立发
郭志银　刘生连(女)　王卫华
卫珠礼　李凤鸣　王　赖
孙玉万　徐凤琴(女)　黑希昌
李光利　王凤茹(女)　王文权
曹树周　刘海波　巨德轩

全国优秀教育工作者

姚天祥　郑贵德　张文彩
张　狄　董鸿德　张　骊
韩靖寇　张满明　康永权

邓万银　李世义　王自立
冀全中　姚飞鸣　武耀东

甘　肃　省

全国优秀教师

程昌钧(女)　郝苏民(回)　周建民
张学军　郑家奎　杨奎元
潘贞岂　周详椿　辛永隆
彭英政　赵庆芬(女)　陈锡萱(女)
陶来晋(蒙古)　骆中晔(女)　何凤书(女)
王惠兰(女)　白忠垣　李苞香
关　军　刘希文(女)　代天善
汪杏筱　林新兰(女)　花春芳(女)
温大彦　李香贞(女)　马建荣(回)
周跟仓　何永仁　白希贞
杨兴胜　张　翀　雒　翼
周唤民　韩金茹(女)　袁　辉
和亚娟(女)　徐桂芝(女)　缪惠芳(女)
杨　峻　窦侠父　邱继美
张永清　高永祯　石黎明(女)
李培和　张廉志　李宝生
王忠年　骆　虎　王以敬
郭生民　乔守信　李春敏
孙述尧　杨涌泉　杨维舟
赵世林　李　珩　冉继畅
司克俭　刘　珍(女)　郭实乐
赵世明　武勤俭　徐　通
严治平　杨玉霞(女)　王茂英
郭恩安　高崇璋　汪荣祖
韩世忠　李广银　付君令
胡茂林　胡月望　李志海
余镇汉　徐济勋　马金岚(女)(撒拉)
高海义(回)　芝生岳　昔普昌
希日布(藏)　马有志(回)　马秀兰(女)

全国优秀教育工作者

刘晓军　王树义　于承章
魏晋龙　李鸣河　关宪飞

韩万禧 侯孝民 唐自德
孙柏笋 马超麟

青 海 省

全国优秀教师

庞晓丽(女) 何有福 王秀琴(女)
南文渊(蒙古) 王 利(女) 姜有珍
马学忠(回) 李金祥 杨自强
斗拉才让(藏) 桑 洛(藏) 夏崇祥
李浩林(回) 安华泰 马进福(撒拉)
罗布藏(藏) 仁青东主(藏) 牟东周
陈其均

全国优秀教育工作者

何存良 王生有 蔡存孝

宁夏回族自治区

全国优秀教师

马淑寅(女)(回) 康秀英(女) 钱韵琴(女)
昝继铎 陈绍琴(女) 杨天林
宋文宁(女) 贺万华 刘学科
张克勤 马国福(回) 李君芳(女)
李治安 董明钰(回) 王新元
于文亮(回) 赵立英(女) 杨新娥(女)
刘 兰(女) 李天颖 池小宁
关志儒(女)

全国优秀教育工作者

安 波 徐怀礼 许广盛

新疆维吾尔自治区

全国优秀教师

金 俨(女) 汪佩佩(女) 孔庆荣(女)
郭淑英(女) 郭志坚 努尔古丽·沙比提(女)(维吾尔)
石育红(女) 托乎提·吾守尔(维吾尔) 李维全
潘清刚 乔汗·木斯尔拜(哈萨克) 艾洁尔·瓦依提(女)(维吾尔)
周 宏(女)(回) 丁煜纬(女) 史凤莲(女)
李俊英(女) 安长新 王志刚
艾哈买提·热西提(维吾尔) 托合塔尔(哈萨克) 顾宝昌(锡伯)
王国棣 铁伊甫江(维吾尔) 热孜万古丽(女)(维吾尔)
努尔马义(哈萨克) 朱冬梅(女) 阿伊夏木(女)(维吾尔)
萨黑多拉·哈里木(哈萨克) 陈是苏(女) 刘利纯(女)
曹延林 木莎(哈萨克) 哈德汉(女)(哈萨克)
吉一凡 邵德玛(蒙古) 哈尼帕(女)(哈萨克)
买买提明·吾斯曼(维吾尔) 库尔班·玉素甫(维吾尔) 贾文秀
艾山·木沙(维吾尔) 阿米娜·吾甫尔(女)(维吾尔) 熊天霞(女)
吐热汗·吐尔地(女)(维吾尔) 米尼色木·努尔东(女)(维吾尔) 李凤英(女)
吐尼沙·阿西木(女)(维吾尔) 阿买提·阿洪(柯尔克孜) 韩培兰(女)
闫立晋 阿布都克里木·艾海提(维吾尔) 杨振林

买买提·艾则孜(维吾尔)　阿伊吐尼伊明(女)(维吾尔)　吐尼沙·达吾提(女)(维吾尔)
布阿西衣沙克(女)(维吾尔)　米娜玩·买买提玉色甫(女)(维吾尔)　李松清
黄　蕾(女)　买合布热提汗米尔甫丁(女)(维吾尔)　阿曼古力色的(女)(维吾尔)
伊明克热木(维吾尔)　腊寂山　于志中(女)
戴宗明　陈荣忠　黄明珍(女)
高福元　王玉清(女)　冯林茂
冷存龄　范香英(女)　耿宽启
牛建新　张国昌　由宝昌
许文炎　胡晓英(女)　吕月伟(女)
冷映华(女)　斯拉丁·热西丁(维吾尔)　木合塔尔·扎伊丁(维吾尔)
汪玉符(女)　王爱民　买买提·伊明(维吾尔)
王正党　玉山江·吐尼亚孜(维吾尔)　薛天伟
索南加乐(藏)　焦　玲(女)　吐尼沙·哈斯木(女)(维吾尔)

全国优秀教育工作者

阿依夏木·派祖力(女)(维吾尔)　汗不都拉·玉素甫(维吾尔)　金世荣(女)
刘彬彬　阿吉·吾守尔(维吾尔)　司明星
李淑英(女)　何惠敏(女)

中国人民解放军

全国优秀教师

康占科　王敬全　陈新尧
李伟仁　马春波　罗吉庭
冯翠华(女)　叶酉荪　黄小平
张远葆　赵英举　周秀华(女)
闵嘉义　邹　鹏　许志功
董凤英(女)　夏素华(女)　楚坤素(女)
赵莲茹(女)　邓爱茹(女)　樊　清(女)
张　玲(女)　白燕燕(女)　姚小花(女)
裴　玲(女)　邸桂英(女)　曹冬香(女)
王银凤(女)　马德茹(女)　陈秀英(女)
吴静敏(女)　刘桂芝(女)　陶志凌(女)
吴再英(女)　马爱珍(女)　范素华(女)
纪桂英(女)　白阿利(女)(满)　罗兰香(女)
陈应生

全国优秀教育工作者

王振宇　焦爱芝(女)　张晶华(女)
亢虎明

中国人民武装警察部队

全国优秀教师

程明定　高太存　单云官
刘双富　张再鸣　汪　年
谭卫星

全国优秀教育工作者

王秀萍(女)

教材建设

人民教育出版社 1993 年编辑出版和研究工作

[**九年义务教育教材在全国使用**] 按照国家教育委员会部署，从 1993 年秋季起，全国小学和初级中学将逐步使用新编的九年义务教育全日制小学和初级中学的各科教材。人民教育出版社编辑出版的“六三”制和“五四”制两套系列化教材经全国中小学教材审定委员会审查通过，被推荐供全国各地和学校选用。1993 年供应的一年级教材，小学有思想品德、语文、数学、自然、体育、音乐、美术等 7 个学科 80 种；初级中学有语文、数学、历史、地理、生物、英语、俄语、日语、体育、音乐、美术等 11 个学科 100 种。各科教材均包括教科书、教师教学用书及其他配套的品种。为适应不同地区的需要，小学语文、数学教科书分别供应彩色本和黑白本；初级中学英语、历史、地理分别供应双色本和黑白本。据 29 个省、自治区、直辖市统计，全国 70%以上的中小学选用了人教版教材。普遍反映，这套教材有新意，较好地体现了教育方针和教学原则，受到师生的欢迎。为了搞好新教材的供应，保证课前到书，人民教育出版社克服困难，做好教材供型和自印工作，基本满足了各地教学的需要。在建立社会主义市场经济体制中，中小学教材在统一基本要求、统一审定的前提下实行多样化，把竞争机制引入了教材建设，人民教育出版社编辑出版的九年义务教育教材在全国较大范围内被选用，增强了人民教育出版社搞好教材建设的使命感。

继续做好九年义务教育教材的研究、编写、试验和送审工作。人民教育出版社编辑出版的九年义务教育“六三”制和“五四”制系列教材，1993 年基本完成了初级中学实验教材的编写任务，小学高年级实验教材正在继续编写。教材的试验工作，初中已完成了第一轮试验，小学已进入第四年的试验。为了总结、交流前三年教材试验的经验，部署小学高年级教材的试验工作，1993 年 8 月人民教育出版社在兰州召开了第五次教材试验工作会议，总结了 1990—1993 年教材试验的成果和经验。三年来各省(市)和整体试验市(县)的试验领导小组加强了指导，积极组织上岗教师培训，开展多种形式的教研活动；教研人员和广大教师深入钻研教材，组织评估，在教学实践中检验教材，为进一步修订、完善教材提出许多意见和建议。在此期间，人民教育出版社在全国开展了新教材的研讨和教师培训工作。三年来，共举办 53 个研讨班，直接培训教研员、教师 6000 余人，发行《试教通讯》100 多期。上述工作为教材的大面积使用做了思想上、组织上和物质上的准备。

1993 年 3、4 月间，全国中小学教材审定委员会组织对义务教育小学和初级中学二年级教材进行审查。人民教育出版社送审的小学和初中的思想品德、语文、数学、物理、生物、自然、历史、地理、外语(英语、俄语、日语)、音乐、美术等16个学科教材,包括教科书,以及部分教师和学生用的挂图卡片、练习册、图册等,经全国中小学教材审定委员会审查,59种获得通过。根据审查的意见,人民教育出版社对教材认真进行修订,出版后供全国选用。

[**新编中等师范学校教材**]　1992年6月国家教委颁布了中等师范学校14个学科教学大纲。据此,人民教育出版社各编辑室在总结现行中等师范学校教材编写经验的基础上,进行新的一轮中等师范学校各学科教材的编写工作。在编写工作中广泛进行了调查研究,组织包括在教学第一线有经验的教师参加的三结合编写队伍,在研究的基础上编写中师教材。1993年完成了中等师范学校思想政治、语文、数学、物理学、化学、生物学、历史、地理、体育、音乐、美术、教育学教程、心理学教程等13个学科28种教材的编写任务。这些教材计划于1994年秋季供全国各地中等师范学校选用。

[**新编成人高级中学教材**]　1992年国家教育委员会颁布了成人高级中学各学科教学大纲后,1993年人民教育出版社有关编辑室组织编写了成人高级中学7个学科9种13册教材,包括政治、语文、数学、物理、化学、历史、地理、自然常识、史地常识等,从1994年秋季开始供全国各地选用。

[**编辑出版全日制培智学校教材**]　为适应对轻度智力残疾学生进行教育、教学的需要,国家教委委托江苏、山东、北京、上海、江西和大连等省、市教育部门编写了全日制培智学校一至九年级7个学科的教材,包括:常识、语文、数学、音乐、美工等5个学科的教科书和相应的教学参考书,以及体育、劳动技能两个学科的教师教学用书。这套教材从1993年秋季起陆续由人民教育出版社出版并向全国供应。1993年秋季首先出版供一至三年级第一学期使用的各科教材,其余教材将按学期依次陆续出版,直至九个年级所用的各科教材共184册全部出齐。

[**教育图书的编辑出版**]　教育图书全年发稿234种,其中新编97种约2600万字。已经出版的重点书有《毛泽东同志论教育工作》、《马克思　恩格斯　列宁论教育》、《领导心理学导论》等。重点教育丛书《教育学文集》是一部比较大型的、相对成套的、以专题分卷的教育学资料工具书。从1988年5月开始选编,至1993年,共25卷(29本)已全部出齐。《外国教育名著丛书》是研究外国教育思想和理论的重要文献资料。精选了古代、近代、现代对世界、对中国有较大影响的教育家、心理学家的有代表性的教育理论著作,经选编汇集成39卷。1993年已出版了35卷。

[**音像教材的编制和出版**]　为配合1993年秋季开始使用的人教版九年义务教育教材,人民教育出版社对小学和初中部分教材实现了现代化音像教学媒体的系列化配套工作。1993年共完成教学录音带8个学科34种69盒,发行约800万盒;录像带10个学科12种,发行约6万盒;投影幻灯片12个学科31种1274框,发行约3万多套。为了保证音像教材的质量,人民教育出版社把音像教材的研究工作纳入了出版整体计划。在编制工作中,各科编辑人员注重发挥音像教材的特点,解决教学的重点、难点,同时吸收教学第一线的优秀教师和专家参加编制工作,使音像教材的科学性和教学性得到了保证。

［**出版工作**］ 1993年人民教育出版社完成各类教材、图书1801种的生产任务。其中：供型762种，29万页。自印各类教材、图书1039种，7063万册。为了搞好教育教学，满足教材市场的需要，有225种教材既供型，同时自印，打破了过去单一的出版格局。

［**获奖图书和录音、录像带**］ 1993年人民教育出版社有5种图书（其中有3种是丛书）和4种录音带、录像带获奖。

第二届全国优秀少年儿童读物奖获奖书目：

一等奖	萤火虫——幼儿百科画丛
二等奖	幼儿散文选
三等奖	幼儿品德教育画丛

新闻出版署主办的全国首届配书出版音像制品评奖活动获奖项目：

一等奖	中日交流标准日本语（初级）录音带
二等奖	九年义务教育初级中学英语第一册录像带
优秀奖	中日交流标准日本语（初级）录像带
	九年义务教育初级中学英语第一册录音带

1993全国集邮展览奖获奖项目：

金奖	毛泽东邮票图集

甘肃省社会科学优秀成果奖获奖项目：

一等奖	教学论

［**对外合作出版与国际交流活动**］ 1993年人民教育出版社积极开展对外合作和学术交流活动。（1）邀请外国专家举办了音乐教学、物理教学、生物教学和财务管理培训班。（2）人民教育出版社执行与新加坡、台湾、香港有关出版公司版权转让合同。（3）召开了“20世纪末历史教学和历史教材改革的趋势”国际学术研讨会。与会的有美国、英国、日本、韩国、丹麦和台湾的专家学者，以及国内历史教学研究人员百余人。会议就教材建设、教学理论、历史教学方法等进行了深入的讨论与交流。（4）组织出国考察、进修培训、参加书展以及图书采购等。

［**课程教材研究所成立十周年**］ 为了加强课程和教材的科学研究，使教材编写建立在科研基础上，1983年成立了课程教材研究所，邓小平同志题写了所名。十年来，课程教材研究所的研究人员在邓小平同志关于“教育要面向现代化，面向世界，面向未来”精神指引下，勤奋工作，努力开拓，调查研究了国内外课程和教材改革的动向，总结过去编写中小学教材的经验教训，探索具有中国特色的、具有当代先进水平的中小学教材体系的理论、原则与途径，取得了丰硕的科研成果。值此十周年之际，课程教材研究所编辑出版了反映课程教材研究成果的论文集《课程教材研究十年》、《中青年优秀论文选》。这两本书收集了关于课程、教材的课题研究专文78篇，中青年优秀论文39篇。

［**人民教育出版社报刊社成立**］ 为适应教育改革和广大教师教学的需要，经国家教委批准，1993年7月，人民教育出版社在原《课程·教材·教法》编辑部的基础上成立了人民教育出版社报刊社（简称报刊社）。报刊社设三个编辑部，编辑、出版三种刊物：除编辑出版《课程·教材·教法》外，新增两种刊物：《教与学》和《中国中小学英语》，均为月刊。其中《教与学》分小学版、中学版。

《教与学》和《中国中小学英语》的读者对象是广大中小学教师和教研人员，其宗旨是帮助教师准确理解义务教育各科教学大纲的精神，掌握人教版义务教育教材的编写意图和知识结构；为教师更新教育思想、改进教学方法提供辅导，为他们交流教学经验提供园地。其特点是紧密配合教学进度，紧扣教材内容，切实为教师教学服务。

撰稿　张月仙　方德溥
蔡　逊　邓小全
审稿　吴履平　陈宏伯

高等教育出版社

［**教材出版及经营管理**］　1993年，高等教育出版社（以下简称“高教社”）各项工作改革进一步深入，经过努力，年度各项预定计划已基本完成，经营状况、管理水平和经济效益上了一个台阶。

1993年，高教社在教材出版工作上，为了适应计划经济向社会主义市场经济转轨的形势和由此引起图书（教材）市场变化的情况，正确处理与业务主管部门、与作者及读者之间的关系；正确处理社会效益与经济效益、眼前利益与长远利益、局部利益与全局利益之间的关系。加强内部管理，要求在工作中以计划为先导，以质量为中心，以统计为依据，以效益为目标。以内部管理的计划性，适应外部市场的多变性，积极选题组稿，拓宽图书市场。

1993年，高教社共计出书1562种，其中新书440种，12936万字；重印书1122种。印刷用纸约4.9亿张，总码洋1.67亿元，与1992年相比，总品种数持平，总册数上升18%，总码洋上升40%，平均4.3天出一种书。

高等教育出版社始终坚持图书出版各个环节上的质量管理，坚持三审、三校制，严格控制成本及定价，在产品质量与价格方面得到读者的广泛肯定，为提高该社图书的市场占有率，促进我国高等教育事业的发展做出了贡献。并面对新形势下的市场竞争和其他出版社的挑战，积极加强对内对外的宣传工作，加强企业文化和企业精神的建设，树立良好的企业形象。一年中，组织和参加大型图书订货会10余次，扩大了高教社及其图书在社会上的影响，增大了图书销量，提高了市场竞争能力，同时也锻炼出一批适应市场需要、有经营意识的业务骨干。

1993年，高等教育出版社图书出版获奖情况如下：(1)在由中国科协、国家教委、全国妇联、共青团中央、国家体委联合组织的“首届全国优秀少年儿童科普图书评选活动”中，高教社出版的《少年儿童现代生活知识图库》荣获二等奖。这套图书立意新颖，设计生动，绘画印刷精美，已被正式推荐为1994年全国红领巾优秀读物。(2)在首届全国配书出版音像制品评奖会上，高教社出版的配书录音带《中专语文》、《大学核心英语》及配书录像带《波的干涉与衍射》分别获得优秀奖。

1993年，高教社向台湾地区转让18本书的繁体字版权；为台湾出版商代理3本在台出版物的翻译、排版业务；向北美洲等世界地区销售外文版图书15种，外汇收入较1992年提高30%左右。

［**年度工作概况**］1993年，高教社在经营和管理，坚持正确的出版方向，出好书、出效益、出人才等方面抓了以下几件实事：召开选题组稿研讨会。1993年11月9日，高教社从

开扩选题思路 强调研究开发工作对出版社的重要性，在选题组稿中注意扬长避短，发挥优势；开阔信息渠道，进行调查研究；提高学识与能力、适应形势发展需要等问题出发，召开了选题组稿会，形成了今后工作的设想：(1)进一步做好文字图书的出版工作；(2)加强电子图书的出版工作；(3)结合教育、结合出版、结合高教社优势，发展其他经营；(4)设立高水平学术著作基金，开发外向型图书和产品，争取社会、经济效益双丰收。

着重研究职业技术教育教材建设问题。近年来，我国的职业教育发展迅速，职业技术教育教材的专业面和需求量不断拓宽和加大。为适应形势要求，聘请国家教委有关领导和专家介绍国内外职业技术教育的现状及改革发展趋势，帮助大家认清形势，开拓思路，增加紧迫感。1993 年，高教社出版的职业技术教材已从原有的 27 个专业，增至 36 个专业，涉及机械、电子、农业、财会、服装、文秘等多种行业领域，为职业技术教育的发展做出了贡献。

大力开展电子出版物的研制及出版工作。随着高等学校教学内容和教学方法改革的深入，如何采用现代化教学手段，培养跨世纪合格人才问题已成为各教育教材出版部门的重点研究课题。为此，高教社在出好文字图书的同时，积极做好计算机软件及光盘等电子出版物的出版工作。(1)1993 年，高教社与国家教委高教司联合开展第一届全国普通高等学校优秀计算机辅助教学(CAI)软件评奖活动，并获得优秀 CAI 软件的出版发行权。并将于 1994 年开发 CAI 软件和试题库工作。截止到 1993 年底，高教社已出版 CAI 软件 10 种，其中 3 种全国 CAI 软件评选及全国教学成果评选中获奖。(2)为了实现高教社抢先发展光盘及多媒体技术，加快声像软件制品的研究开发，为电子图书出版闯出新路，高教社新技术中心于 1993 年上半年成立了电子出版部，并与德生香港有限公司联合成立了“北京赛迪电子图文有限公司”，在电子出版物的研制方面做出了积极的探索。(3)合资后的赛迪电子图文有限公司，将大胆借鉴、引进、消化和吸收国内外的一切成熟技术与管理经验，加快光盘技术和计算机程序化、商品化的步伐。公司推出的《中国教育信息库》是我国教育界第一部图文并茂的电子图书，它的问世，标志着我国的光盘将很快走向商品化阶段。

［**编纂《中国图书大辞典》**］ 根据国家新闻出版署的要求，高教社承担了《中国图书大辞典(1954～1992)》的编纂工作。自 1954 年成立至 1992 年底，高教社出版各种教材、图书 9000 余种，编目、核对和选目工作相当繁重，工作量大、时间紧。在抓好组织、人员、任务三落实的基础上，分别轻重缓急，分阶段、有计划地进行《中国图书大辞典》的编纂工作，经过努力，通过反复核对、修改、审定，全部图书按选目要求划分为 1～4 级分别撰写，并已呈报《中国图书大辞典》编辑部。

［**国际交流与合作**］ 为了总结对外合作经验，高教社于 1993 年 5 月召开第一届对外合作研讨会，会议邀请北京大学出版社、清华大学出版社及海洋出版社的对外合作部门负责人，从不同侧面介绍了出版社在对外合作工作中组织适应国际市场选题、开展有效的对外宣传、合作销售等方面工作的经验。高教社总编辑及国际合作室对高教社自 1986 年以来开展对外合作所走过的道路进行了回顾与总结。研讨会还针对对外合作的发展方向及策略，编辑室如何向国际市场组织适销对路的选题，如何积极有效地参与对外合作工作等方面的问题展开了讨论。一致认为，对外合作是进一步加快改革开放的一项重大战略性工作，需要进一步改变观念，以积极的态度

调整政策以及加强管理。

1993年，高教社先后派出12人分4次组团或随团，访问了德国、英国、美国和香港地区，就教材的编写、出版、销售以及职业技术教育等方面的情况进行了考察。还派出9人次前往英国、美国和澳大利亚的大学或出版公司进行了业务进修。此外，高教社从第一、二两届全国优秀教材评选获奖的图书中，精选出173种教材参加了由香港国际高等教育交流中心、香港京港学术交流中心主办的《全国高校获奖优秀教材展览》。

撰稿　尹　洪

审稿　李永和

教育技术装备建设与勤工俭学

教学仪器设备工业管理

［**概述**］ 1993 年教学仪器设备工业发展情况如下表：

项目统计	工厂数（个）	职工数（人）		固定资产（万元）		流动资金年平均占用额（万元）	工业总产值（不变价）（万元）	工业净产值（不变价）（万元）	产品销售收入（万元）	利润总额（万元）	税金总额（万元）	全员劳动生产率（元/人）	流动资金周转天数（天）
		合计	其中技术人员	原值	净值								
普教	543	28163	3774	22074	15370	39570	68773	27050	66459	6866	3269	23604	214
高教	43	4868	963	9003	5571	20807	17777	7882	18408	4151	967	36338	407

1993 年全行业共完成工业总产值（不变价）86550 万元，其中教学仪器设备总产值 51793 万元。利润总额完成 11017 万元，税金总额完成 4236 万元。

普教完成工业总产值 1500 万元以上的省、市有：江苏省、浙江省、上海市、福建省、湖南省、四川省、南京市、广东省、湖北省、宁波市、河南省、成都市、安徽省、河北省。

委属高校中产值超过 1000 万元的学校有：浙江大学、华南理工大学、北京师范大学、中山大学、华东师范大学、山东大学、东南大学、清华大学。

［**新产品试制**］ 1993 年有 10 种产品研制完成并通过了国家教委鉴定：

DT—135 型动态模拟幻灯机　国营长春意达光电仪器厂研制

轨道小车（力学计时小车）　四川省自贡高压电器厂研制

KG-1 型高压开关特性测试仪　北京大学研制

中小学多用绘图规　丹东市新技术开发研究所实验厂研制

SLB 电子视力保护器　中国教育企业总公司深圳三好电子总厂研制

复合材料水上浮具　广东顺航水上救生浮具厂

两用柔性栏架　浙江省青少年创造发明学校、新昌县钢窗厂联合研制

化学启蒙学具　新疆昌吉州通达工业公司研制

平面几何定理及应用活动投影软件　国营展艺教具厂研制

候风地动仪　郑州亚西亚旅游艺术品有限公司研制

［**行业管理**］ 根据国家教委《关于教学仪器设备实行定点生产的通知》要求，继续开展了定点工厂的审定工作。通过对部分省、市上报的 34 家工厂条件的审核，其中的 26 家工厂被确定为国家教委定点厂。截止 1993 年底，经国家教委审定确定的定点厂已达 40 家。

继续抓紧标准化工作。1993 年批准发布的 18 项行业标准是：

JY0325—93 家蚕生活史标本技术条件

JY0326—93 蕨生活史标本技术条件

JY0327—93 葫芦藓生活史标本技术条件

JY0328—93 人体各系统浮雕模型技术条件

JY0329—93 教学用光具座

JY0330—93 教学用指针式电表

JY0331—93 向心力实验器

JY0332—93 弹簧振子

JY0333—93 纵波演示器

JY0334—93 露点测定实验器

JY0335—93 昆虫口器装片标本技术条件

JY0336—93 蜜蜂第三胸足装片技术条件

JY0337—93 衣藻玻片标本

JY0338—93 地衣玻片标本

JY0339—93 藓类玻片标本

JY0340—93 厥类玻片标本

JY0341—93 被子植物生殖器官及胚胎发育玻片标本

JY0342—93 被子植物种子玻片标本

制订产品分类代码。

为了提高教学仪器行业的现代化管理水平，根据国家标准《全国工农业产品(商品、物资)分类与代码》(GB7635—87)的要求，制订了《全国教学仪器设备产品分类与代码》，在编制 93’教学仪器产品供货目录时试用了此编码，取得了较好效果。拟于 1994 年发布实施。

在生产许可证工作方面，继续对 1992 年开始实施生产许可证的产品开展发证工作，1993 年，有 7 个厂家分别获得教学蓄电池、电磁振荡演示仪等 7 个产品的生产许可证。

筹建发展基金。长期以来，教学仪器设备工业投入少，自我改造能力差，制约了行业的发展。为了逐步改善这种状况，促进教学仪器设备行业发展，国家教委条件装备司筹建了教学仪器设备发展基金，并发布了《教学仪器设备发展基金章程》。为了激励和表彰捐赞者，章程中规定“对捐赞或赞助者颁发荣誉证书，并在行业报(会)刊上报导。对有特别贡献的单位和个人将聘为基金管理委员会荣誉委员”。

举办普教仪器供应会。1993 年 4 月和 10 月国家教委条件装备司分别在福州和郑州主办了春、秋季二次全国普教仪器供应工作会。会议同时开展展示订货，两次会议共成交订货额达 3.1 亿元人民币。

［**质量管理**］ 1993 年继续以质量为中心，强化质量管理工作。根据《国务院关于严厉打击生产和经销假冒伪劣商品违法行为的通知》和《国务院关于进一步加强质量工作的决定》的精神和行业归口的原则，1993 年，国家教委对语言学习系统(语言实验室)产品及生产厂开展了质量审查活动。国家教委组织了专家组和国家级检测部门，对全国申报的 53 家生产厂及其产品按国家教委颁发的《教学仪器设备产品生产厂必备条件》和国家标准《语言学习系统通用技术条件》分别进行了工厂质量保证体系的审查和产品的检测。工厂质保体系的审查工作已基本结束，产品检测工作将延续到 1994 年第一季度。对质保体系和产品检测都合格的厂家及产品，国家教

委将颁发生产合格证。

1993年上半年，对光电效应演示器等32种教学仪器产品进行了质量监督检测，并对电流实验器等29种教学仪器产品进行了质量监督补检。检测结果平均合格率分别为86.76%和88.43%。1993年下半年对多用大屏幕数字显示器等18种教学仪器产品进行了质量监督检测，同时对自1991年以来进行产品质量监督而未参加或检测不合格的部分产品进行了补检。检测平均合格率分别为86.39%和92.93%，全年两次产品监督检测平均合格率为87.96%。

撰稿 王宝山

审稿 李兴植

［**委属企业转换经营机制**］ 1993年4月29日国家教委印发了《国家教委委属企业执行〈全民所有制工业企业转换经营机制条例〉的实施意见》，提出要进一步落实委属企业的生产经营自主权。文件规定：委属企业对国家授予它经营管理的财产，享有占有，使用和依法处分的权利；享有生产经营决策权，企业可自主决定在本行业内或者跨行业调整生产经营范围、经营项目和产品结构；有产品劳务定价权；有进出口权，凡经批准有进出口经营权的企业，经国家教委审批，可在境外承揽工程，经营办厂、办公司、办商店、开展技术合作以及提供其他服务；委属企业享有投资决策权、人事管理权和内部机构设置权、工资奖金分配权等。

《实施意见》还规定：委属企业的财产属全民所有。国家教委按照政企分开的原则对企业依法进行协调监督和管理，为企业提供政策、法规、科技、规划、产品结构、市场需求等方面的信息咨询服务，组织对企业领导干部和管理人员、专业技术人员培训和申请减免税服务。

根据国务院关于将各部委属机械制造厂下放中心城市管理的通知精神，为了充实师范院校的教学实习和科研基地，放开搞活委属企业，在自愿互利的基础上，经接收单位申请报经国家体改委和财政部核准，国家教委于1992年和1993年将所属3个教学仪器厂下放给师范院校管理。武汉教学仪器厂下放给华中师范大学，沈阳教学仪器厂下放给北京师范大学，西安教学仪器厂下放给陕西师范大学作为校办工厂管理；下放的企业享受国家规定的校办工厂待遇。企业独立法人地位不变。

1993年11月15日，经国家对外贸易经济合作部批准，授予中国教育服务中心劳务合作业务经营权许可证，可向世界各地派遣本行业劳务人员。

撰稿 张玉玲 张 鹰

审稿 李兴植

中小学条件装备建设

［**校办产业**］ 1993年，根据《纲要》中关于“运用金融、信贷手段，融通教育资金，支持校办产业、高新科技企业以及勤工俭学的发展，开办教育储蓄和贷学金等业务”的精神，

国务院及有关部门仍同意保留校办产业原来享受的优惠政策两年不变。财政部、国家税务总局于1993年12月下发电报作出保留校办企业原享受的流转税优惠政策不变，采取先征税后返还企业的规定。

1993年，校办产业的管理体制改革进一步深化。国务院《全民所有制工业企业转换经营机制条例》颁布后，江苏、浙江、辽宁、福建、广东等沿海省市的部分地区，陆续作出转换校办企业经营机制的规定，改变过去"校企不分"的状况，使部分企业拥有用工、奖惩、内部分配等多种经营自主权，一批企业初步走上自主经营、自负盈亏、自我约束、自我发展的良性发展轨道。学校交权（经营权）企业受益。1993年，一些企业采取校际联办、股份合作、中外合资等各种尝试，使校办产业管理体制改革逐步得到深化，为现代企业制度的建立奠定了基础。

1993年，中小学校办产业获得较快发展。据统计，全国除西藏自治区和台湾省以外的29个省、自治区、直辖市，有72.56万所学校开展了各种形式的勤工俭学活动，占全国中、初等学校总数的91.74%。有各类勤工俭学基地75.39万个，比1992年增加2.38万个。校办产业工农业产值及三产营业额共605.48亿元，比1992年增长53.93%；收益达81.89亿元，比1992年增长36.72%；部分企业上交税16.79亿元，比1992年增长50.55%。工业企业9.49万个，比1992年净增0.78万个；第三产业网点14.49万个，比1992年净增2.55万个。全国共有15个省、市年纯收入超过2亿元。江苏、辽宁、河北、山东、浙江、上海、四川等省市，纯收入超过4亿元。其中江苏省产值及营业额达139.31亿元，收益达10.69亿元。全国从事校办产业工作的各类职工达192.58万人。

1993年，中小学校办产业发展的主要特点是：第一，加快技术改造，使校办企业上规模上水平。1993年校办产业的固定资产净值达115.76亿元，比1992年净增32.93亿元，流动资产年末占用214.09亿元，比1992年净增73.75亿元，分别比去年增长39.75%和52.55%。全年收益10万元以上的企业有1.18万个，超百万元的校办企业已发展到657家，比1992年增加322家。江苏省由89个增加到179个；浙江省由28家增加到56家。宁波文教科技器材厂、苏州久利工贸实业公司、昆山好孩子童车厂、江阴中学彩印厂、福建南靖无线电厂、大连金塑集团公司、大连第一互感器厂等校办企业，1993年收益均突破1000万元；杭州娃哈哈集团公司1993年创收益1.14亿元。

第二，开发名特优新产品，参与市场竞争。中小学校办产业产品涉及机械、电子、食品、轻工、纺织、医药、化工等十几个大门类，达几千个品种。辽宁省大连市甘井子区鞍子山小学兴办的清洗过滤机厂，引进聘用16名高级工程师，拥有30多名中初级技术人才，开发生产出国家替代进口产品清洗过滤机，为国家节省大量外汇，成为大连市高新技术企业。昆山好孩子童车厂的"好孩子童车"获得国优称号后，产品供不应求，仍坚持开发新产品，1993年每月都有新产品投入生产，稳占国内市场并有出口，年创纯收益1400多万元。

第三，调整产业结构，兴办第三产业。中共中央、国务院关于加快第三产业的决定颁布后，各地校办产业管理部门不失时机地调整、优化校办产业结构，采取措施改变第三产业相对薄弱、发展滞后的局面，除鼓励学校继续办好商业、服务业、饮食业、修理业等传统三产以外，同时鼓励兴办旅游、信息、房产、金融等产业，推动了校办第三产业的发展。1993年全国校办第三产业的纯收益达12.96亿元，比1992年净增4.56亿元，高于校办工业纯收益增幅约4个百分点。东部沿海省市第三产业收益的增长都在60%左右。江苏省校办第三产业的营业额和纯利的增长分别达到139%和124%。北京市崇文区教育局永定门商场三年来每年跨上一个百万台阶,1993年纯收入达425万元,是北京的窗口企业,也是全国中小学校办三产学习的典型。1993年北京市又出现一个专门经营音响器材的校办三产——超音波公司,年获纯收益649万元。

第四,抓住改革开放的时机,积极发展外向型校办企业。校办产业结合自身的实际,由生产部门委托外贸部门出口,发展成为积极吸引外资,兴办中外合资企业,将产品直接打入国际市场。1993年全国共有中外合资校办企业370多家,北京、浙江、广东、江苏分别有50家、56家、90家和122家。苏州市校办企业除到深圳、珠海、海口等特区兴办产业外,还到罗马尼亚投资兴办起"苏育达分公司";东北、华北、西北等省区到俄罗斯及东欧国家兴办三产等。

1993年,中小学校办产业收益用于补充教育经费部分达43.99亿元,约占收益总额53.73%。全国有13个省区校办产业纯收入用于补充教育经费的比例超过60%,个别省市达80%。浙江省嵊县电声器材厂是靠几名教师在一无资金、二无厂房的艰苦环境中创办起来的,现发展为中型企业。该厂1992年从企业利润中抽出260万元,独资兴建一所崭新的初级中学,并保证今后学校公用经费的支出;1993年又拿出150万元建立一所中心小学。

中小学校办产业在发展中仍然存在着一些问题,如管理体制不顺、产权关系不清、人才缺乏、资金不足以及东西部发展不平衡等等,都需要在深化改革中加以解决。

撰稿　王卫贤
审稿　王　富

[**实验教学普及工作**]　1993年,全国实验教学普及县发展到500多个。据对764855所中小学校的统计,已有305942所按各省(自治区、直辖市)教育部门制定的标准开出了实验教学,占学校总数的40%,比上年增长6个百分点。

各地对实验教学普及比较重视。北京市教育局为推进中小学实验教学普及,由主管局长牵头,组织装备、教研、人事、财基、督导等7个处室建立厂实验室工作领导小组,并在海淀区开展普及县的试点工作。目前,全市已完成中小学实验仪器设备的配备工作。辽宁省教委同省财政厅联合召开中小学办学条件配套建设工作会议,落实了经费来源。该省实验教学普及县已有70个,占全省总县数的70%。广东省政府要求各区、县把加强教学设施和设备配套做为普教基本建设的第二战役来打(第一战役是解决危房)。目前全省85%的中小学已基本配齐教学用仪器设备,其中50%的学校是按高标准配备的。江苏省南通市海安县培训学生当考核员,在学生中实施初中理科实验教学考核。国家教委条件装备司于1993年12月22日至26日在江苏省南通市召开有14个省、市参加的初中理科实验教学考核现场研讨会,交流各地开展实验教学普及县工作情况;研讨下一步中小学实验室建设与管理改革的思路。

撰稿　陈小平
审稿　李兴植

[**中小学生统一着装**]　中小学生统一着装是一项集多种功能于一身的教育活动。它能优化学校的育人环境,加强学校的常规管理,而且对加强学生的思想品德教育和组织纪律性,增强学生的集体荣誉感和责任感,培养艰苦朴素作风,贯彻中小学生日常行为规范,促进校内和当地精神文明建设。都具有重

要的意义。

1991 年 4 月，国家教委印发了《关于在南京等城市进行中小学生统一着装试点工作的通知》确定南京、大连、沙市市为首批中小学生统一着装试点城市。3 个试点城市中小学生统一着装工作得到当地市政府、市人大、政协和工商、税务、物价等有关部门的重视和支持。3 个城市已有 152 所中小学校、10 万多中小学生统一着装。为了总结试点经验，国家教委于 1992 年 10 月在南京市召开"全国中小学生统一着装工作经验交流会"，会议就如何加强统一着装的领导、重视舆论宣传，把好服装的质量价格关、统一着装后如何加强管理、开展多种形式的教育活动等问题进行了讨论。

在此基础上，1993 年 4 月，国家教委印发了《关于加强城市中小学生穿学生装（校服）管理工作的意见》的通知，要求各地在推行中小学生统一着装工作中，一定要加强领导，要取得学生、家长和社会各阶层的理解和支持，按照"朴素、大方、明快、实用"的原则设计服装款式，认真把好质量、价格关，做好售后服务工作，对特困户子女、革命烈士子女及孤儿的着装实行优惠办法，使这部分学生、家长不致因统一着装而加重经济负担。文件下发后，各地统一着装工作发展较快。截止 1993 年底，全国统一着装的城市已达 60 多个，学校 4000 多所，统一着装的学生超过 150 万人。

撰稿　崔邦成　李志莲
审稿　李兴植

高校条件装备建设

［**实验室建设**］　据统计，截至 1993 年 12 月，全国（除西藏、台湾外），1035 所普通高校中现有实验室 35911 个；使用面积 689.8 万平方米；共有实验室工作人员 137546 人；拥有教学、科研仪器设备 469.03 台（件），原值 133.27 亿元。1992—1993 学年度开设教学实验 638259 个项目，完成 4401539 个学时的工作量；承担科研课题 57100 项，完成 16047 万个机时工作量；开展社会服务 38231 项，完成 2858 万个机时的工作量。

1993 年 4 月 15—16 日，高等学校实验室工作研究会第四届年会暨学术讨论会在武汉华中理工大学召开。来自各省教委、高教局及大学的 240 名代表出席会议，交流和研讨高等学校实验室工作在新形势下如何深化改革的问题 。

为解决高等师范院校（本科）各学科教学仪器设备的全面配备，加强实验室建设，国家教委于 1993 年 3 月印发了《高等师范院校（本科）教学仪器设备配备方案》。本方案满足了高等师范院校有足够数量的、配套的、高质量的教学研究、教育方法改革、学校管理所需的仪器设备。

自 1992 年 12 月，国家教委正式成立"高等学校分析测试中心计量认证评审组"，到 1993 年底，已先后完成对中山大学、兰州大学、清华大学、武汉大学、华东理工大学、成都科技大学、南京大学、北京大学、浙江大学、云南大学分析测试中心的计量认证工作，为高校的分析测试仪器向社会开放创造了有利条件。

撰稿　陈小平
审稿　李兴植

［**劳动服务公司状况**］　1992年10月，国家教委发出《关于巩固和发展高校劳动服务公司的若干意见》指出：高校劳动服务公司承担安置就业工作，组织管理校办集体经济，属于国务院《劳动就业服务企业管理规定》界定的劳动就业服务企业。

1993年4月，国家教委在武汉召开全国高校劳动服务公司表彰大会，表彰了在高校劳动服务公司工作中做出显著成绩的65个先进集体和157名先进个人。会议布置了检查国务院《管理规定》和国家教委《若干意见》落实情况。各地教育行政部门从1993年下半年开始检查工作，纠正了少数高校劳动服务公司财产被平调、企业被上级没收以及企业自主权受干预等侵权现象。在检查过程中，许多教育行政部门和高校领导在资金、场地、项目、招工指标等方面，给劳动服务公司以支持。内蒙古工学院、内蒙古医学院、内蒙古农牧学院、郑州航空学院等校均给劳动服务公司投入资金，划出地皮，帮助劳服企业修建厂房，扩大生产经营面积；山西长治医学院、四川石油学院在后勤改革中，将某些后勤服务项目交给劳服企业经营，促进后勤社会化进程。四川省教委发文，要求高等学校使用的临时工，一律由劳服企业进行专业培训，发给培训证才能就业，并归劳动服务公司管理。湖南省教委1993年给高校劳动服务公司500个计划内招工指标，由公司在复员军人中招工，以提高劳服企业职工的素质。到1993年底，高校劳动服务公司中生产型企业已占企业总数的30%，科技型企业占企业总数的10%，经济效益、社会效益大幅度提高。黑龙江省42家高校劳动服务公司中，生产型企业已占企业总数的38%，全省高校劳动服务公司初创时期年产值才几百万元，到1992年底，年产值达1.5亿元。浙江大学技术劳动服务公司紧密依靠学校的技术、人才、信息优势，坚持以工业为主，技工贸相结合，积极发展技术密集型产业，该公司现已拥有教学仪器、电子电力、自动化技术工程、精细化工等4个生产基地。在发展外向型经济方面，山东大学劳动服务公司从1990年以来，通过转换经营机制，采取贷款、吸收外资联营等方式，办起了两个中外合资企业，固定资产达到340万元。西安地区高校劳动服务公司对教职工待业子女的培训率和培训就业率始终保持在80%左右。湖南大学努力为教职工子女开辟就业渠道，与省内外50余家单位建立了人才供需网络关系，根据用人单位需要组织培训，自1979年至1993年，共向社会输送1355人，为国家节省培训经费90万元。

高校劳动服务公司在校内兴办了各式各样的生活服务、技术服务网点，几乎包揽了除吃、住以外的所有服务项目，极大地方便了学校的教学、科研、生产等活动，方便了师生员工的生活，成为学校后勤服务中的重要组成部分，为探索后勤服务工作社会化的途径提供了有益经验。1993年12月，全国高校劳动服务公司研究会在广州召开常务理事扩大会议，会上，各地汇报、交流了落实《管理规定》和《若干意见》工作的情况，反映了高校劳动服务公司工作中亟待解决的问题。

撰稿　姚典笙
审稿　王　富

［**科技项目咨询及成果查新**］　从1980年开始，各高校图书馆就开展了对科技项目立项和科研成果咨询和查新工作。至1993年，已查检课题共4000多个，并形成了以图书馆专家为骨干，联系校内各专业系的专家

咨询群体。1992年11月，国家教委批准在大连理工大学、上海交通大学、天津大学、北京大学、东南大学、四川大学、华中理工大学、同济大学、西安交通大学、重庆大学、清华大学、成都科技大学等12所教委所属院校成立“高等学校科技项目咨询及成果查新中心工作站”。

1993年4月，国家教委图书馆工作委员会在清华大学召开12个查新中心工作站馆长座谈会。与此同时，国家教委条件装备司印发了《高等学校科技项目咨询及成果查新中心工作站管理办法（试行）》和标准的“科技查新报告”，明确规定：(1)查新中心工作站的职能是国家教委认定的开展科技查新业务的具有部委级查新职能的认证机构，是发展信息产业的学术性服务机构；(2)查新中心工作站必须在文献保障、人员、设备等方面达标；(3)查新中心工作站必须严格工作程序，须经过委托、受理、查新、撰写报告、异议处理、保密等工作程序。这对于查新中心工作站的运作机制，起到很好的规范作用，并使查新中心工作站可以面向社会，提供文献信息服务。

撰稿　姜源绿

审稿　王　富

教学仪器研究和技术管理

[研究补助费使用新办法]　为了提高教学仪器设备研究补助费的使用效益、改进管理、集中财力支持重点项目，国家教委于1993年2月下发了经过修改的《教学仪器设备研究补助费使用管理办法》，从1993年开始执行。新的办法规定，列入国家教委教学仪器年度研究计划的项目，按照项目性质，同时参考项目承担者的经济情况，分别给予拨款或贷款支持。基础性研究项目一般予以拨款支持，应用性研究项目原则上由研制者自筹经费解决，不足部分可以贷款。受贷款支持的研究项目由项目负责人在接到经批准的项目申请书后，在填报计划任务书时将贷款申请书一并寄国家教委教学仪器研究所，具体贷款手续委托中国工商银行北京信托投资公司办理。

撰稿　王长毅

审稿　冯振家

[审查研究项目]　1993年9月，国家教委教学仪器研究所组织高教、普教在教学仪器研究方面有造诣的教师、技术人员和专家29人，审查了向国家教委申报的教学仪器研究项目。1993年是国家教委发布第二个高教、普教教学仪器研究十年规划的第一年，各地申报教学仪器研究项目十分踊跃，共收到涉及12个学科的申请书282项。通过审查优选出114项课题，列为1993年度教学仪器研究项目，经国家教委批准下达执行。另有41项教学仪器研究成果通过国家教委鉴定。

此外，教学仪器研究所检测室及其指导下的各检测站完成了国家教委下达的对111个品种规格的教学仪器产品质量审查和补检任务。平均合格率为87.96%，比往年有所提高。

撰稿　王长毅

审稿　冯振家

［研制教玩具］ 教学仪器研究所在教具研制开发方面提前一年完成了中国/联合国儿童基金会1990—1994周期合作方案中“学前和小学教具研制开发项目”，并通过了由联合国儿童基金会、外经贸部、国家教委对该项目的联合审评。

北京教具中心和全国10个分中心在1993年开发出97种新型儿童教玩具，其中25种在8月于成都举办的第三届全国优秀儿童教玩具作品评比中获奖，浙江分中心的“大型泡沫积木”，湖南分中心的“踏板”获得评比一等奖。北京教具中心及其10个分中心形成的儿童教具开发网在学前和小学教具研制开发方面发挥着积极作用。

撰稿 王长毅

审稿 冯振家

教育国际交流和与台湾省、香港、澳门地区的合作

留 学 工 作

［**公派留学**］ 为贯彻执行中央关于出国留学的方针、政策，1993 年，在改进和进一步做好国家公派出国留学工作方面进行了有益的尝试，主要体现在(1)针对不同类型部门的特点，实施相应的选拔办法，扩大派出单位选拔出国人员自主权的试点。对试点单位主要从政策和计划上管理，将具体留学人选选派权交试点单位；对地方各主管部门实施按地方的特殊需要，自行设立出国留学项目，经国家教委聘请的专家评审后，由地方主管部门自行确定人选。(2)设立优秀中青年科技人员出国留学项目，突出重点，努力培养一批跨世纪人才，(3)努力探索国家公派出国留学新的运行机制，研究留学基金的设立与管理办法，使国家公派留学“精选精派”。为进一步适应新的形势，把握有利时机，做好 1994 年国家公派出国留学工作，1993 年 12 月 23 日，国家教委在天津召开 1994 年出国留学计划选派工作会议。29 个省、自治区、直辖市教育、人事部门以及试点单位主管出国留学工作负责同志出席会议，国家教委副主任韦钰出席会议并讲话。会议就 1994 年国家公派出国留学人员选派工作作了具体部署，会议还要求进一步做好留学回国工作，要想方设法为留学人员回国工作创造条件，使留学人员回国发挥更大作用。

［**自费留学**］ 国家教委按照国务院的指示精神，进一步放宽了自费出国留学政策，于 1993 年 7 月 10 日发布了《关于自费出国留学有关问题的通知》，文件规定，大专以上的公费在校学生和公费培养的具有大专以上学历人员，在国内服务一定年限或偿还高等教育培养费后均可申请自费出国留学。为做好自费出国留学工作和文件的贯彻执行，国家教委于 1993 年 7 月 27 日至 31 日在青岛市召开全国自费出国留学工作会。国家教委副主任韦钰出席了会议。

［**留学回国工作**］ 为积极推动留学回国工作，1993 年 1 月，国家教委留学生司与江苏省教委、江苏省人事局在苏州联合召开了部分省市留学回国工作座谈会，参加会议的有江苏、浙江、山东、辽宁、上海、天津、大连等省市教委(高教局)、人事局(科技干部局)的有关负责同志。会议总结交流留学回国工作情况，分析目前回国工作问题，提出了今后制定留学回国有关政策与措施的建议。会议要求，要从国际人才竞争的角度，统一思想认识。1993 年 5 月，组织了赴加拿大招聘团，向国外留学人员宣传国内形势及有关措施，通过此次招聘活

动，在外留学人员加深了对国内情况的了解，国内用人单位招聘了所需人才，并签订一些合作项目意向书。为推动在外留学人员短期回国服务，在上海等地进行调研，探索在外留学人员短期回国服务的可行性、形式及机制等，为下一步工作打下基础。

为支持留学人员回国及时开展科研工作，1993 年共资助 381 名留学人员，其中博士生 220 人，资助额为 1000 多万元。为使留学回国人员科研资助发挥更大的效益，先后赴天津、湖南等地进行调研，听取了北京大学、清华大学、中国人民大学专家和学者的意见，拟定了留学回国人员科研资助费管理办法。

1993 年，国家教委留学服务中心简化留学服务手续，积极为留学人员办实事，共办理公派留学人员出国手续 3586 人。其中国家公派 2166 人、单位公派 439 人、世界银行贷款留学人员 152 人，共计 2757 人。在办理回国工作手续的同时，积极开展中介服务，收集国内需求信息 576 项，短期回国服务项目信息 103 项，其中有 3 个项目达成产品开发合作意向书。

为简化留学人员短期回国出入境手续，协调有关部门制定了临时回国留学人员免作采血检验的有关政策和关于我在外留学人员短期回国途经香港免办过境证的规定。

撰稿　吉基旺

审稿　何晋秋　王仲达　李顺兴

［**在外留学人员工作**］　为更好地指导驻外使领馆教育处(组)的工作，1993 年分别在法国和美国召开了美加地区和西欧地区的外事工作研讨会，结合贯彻中央制订的“支持留学、鼓励回国、来去自由”的出国留学方针，广泛听取各驻外使领馆对当前教育交流与合作及留学生工作的意见和建议。通过召开座谈会、个别访谈等，广泛接触留学人员，了解留学人员的学习、生活和思想状况，听取他们的意见和要求。

为配合驻外使领馆组织开展留学人员的活动，在我国传统节日和重大纪念日前后，及时向国外发送电影 7 部总计 294 个拷贝，录相带 3168 盘，各种宣传材料 4000 册，其中 7 部电影均是优秀作品，受到留学人员的欢迎。1993 年对留学人员订阅《人民日报》海外版适当收费，同时对订阅国内报刊的范围及经费进行了调整，使订阅报刊的种类更集中，节约了资金，减少了浪费，提高了报刊的使用效益。

元旦、国庆节前后，组织 4 个看望留学人员演出团赴国外演出，以艺术形式慰问我在外留学人员。元旦前后的两个演出团分赴欧洲和美国；国庆前后的两个演出团分赴欧洲和日本。演出团带去了祖国人民对海外学子的亲切关怀和厚望，受到留学人员的欢迎。艺术家的成功演出，激发了留学人员的爱国热情，增强了留学人员的爱国心和凝聚力。

撰稿　陶洪建

审稿　何晋秋　王仲达　李顺兴

［**来华留学工作**］　1993 年，国家教委按有关协议共接受 128 个国家政府派遣的近 4000 名外国留学生。其中，本科生 1400 名，硕士生 510 名，博士生 80 名，进修生 2000 名。他们分别在全国 14 个省、市、自治区的 82 所高等院校学习。此外，17 个省、市、自治区的 179 所高等院校还依靠本校对外交流的途径，自行接受了来自 94 个国家的 14000 名外国留学生。其中本科生 1600 名，硕士生 200 名，博士生 300 名，进修生 11900 名。各校自行接受的外国留学生人数比 1992 年增加 4000 名，增长幅度为 40%。

根据中共十四届三中全会关于建立社会主义市场经济体制的决定和《中国教育改革和发展纲要》的精神，国家教委有关部门提出了来华留学生工作改革和发展要主动适应我国扩大开放，深化改革的需要，主动适应建立社会主义市场经济体制的需要，主动适应 90 年代高等学校改革、发展的需要的新思路。对此，各省、市、自治区教育主管部门及各高等学校进行了认真研究，并结合本地区、本单位的实际情况，提出了改革措施。

1993 年来华留学生工作实施的改革措施有：(1)招生办法改革。由国家教委将各国申请奖学金的人选材料提供给有关高等学校，由各高等院校自主选择录取，然后向国家教委推荐享受奖学金的具体人选，录取权在学校，录取通知书由接受院校发放。(2)管理制度改革。来华留学生的管理工作逐步实现“校内管理校园化，校外管理社会化”，打破长期以来封闭式管理的模式，使管理工作进一步法制化。(3)奖学金制度改革。改变政府奖学金的单一性，设立多种项目奖学金。现已设有“中华文化研究奖学金”、“优秀留学生奖学金”、“第三世界智力援助奖学金”、“HSK 优胜者奖学金”、“特别奖学金”、“外国青年中文教师奖学金”等。

为加强对来华留学生工作的宏观管理，1993 年已着手研究建立宏观调控体系。具体作法是：加强立法工作，利用拨款机制进行分类、分项拨款，适当实行倾斜政策，调动接受来华留学生院校的积极性；适时做好规划，确定“九五”计划，公布经规划和审议合格的院校名单，以确保来华留学生工作健康、适度地发展；积极提供信息服务，办好《外国留学生工作通讯》，编印出《留学中国》中、英、日文版和《中国接受外国留学生高等院校简介》英文版，在有关国家举办“留学中国教育展览”，大力做好对外宣传工作；加强政策性指导，通过刊物和召开研讨会，指导各地区和院校在扩大开放、自主办学中，注意坚持贯彻我国政府制定的接受外国留学生的方针、培养目标和管理教育方针。

撰稿　严美华

审稿　何晋秋　王仲达　李顺兴

国际合作与交流

[互派专家和教师]　1993 年，我国通过政府协议途径向 27 个国家派遣教师 41 人，其中汉语教师 31 人。至 1993 年底，我国由政府渠道支持派出的教师 117 人，分别在 31 个国家的 40 所高等院校或中等学校任教。

1993 年，我国高等院校聘请外国长、短期文教专家 7600 多人，外籍教师 1500 多人，其中理工专业专家 6000 多人，语言专家 1200 人。

1993 年，我国高等院校聘请外国文教专家工作紧紧围绕国家教育、科研和经济发展计划的重点来开展和进行。各校注意总结聘请外国专家的经验，转变观念，注重效益，不断调整聘请外国文教专家的专业结构和比例，将聘请的重点放在重点专业、重点学科、新兴学科、缺门学科和重点实验室的建设上，放在重点科研项目以及培养高层次人才和骨干师资队伍上，促进了重点专业、重点实验室的建设，使高校的科研工作得到进一步发展，培养了一批国家急需的高层次人才。

撰稿　刘少华

审稿　何晋秋　王仲达　李顺兴

[多边合作] 1993年,国家教委与联合国开发计划署的合作继续进行并有所扩大。正在合作和执行的项目有:初中英语教材编写项目、西南地区中学英语师资培训项目和大学管理人员培训与研究项目。另外有3个项目,即:中小学校长培训项目、中小学师资培训项目和中学现代化教学手段项目,已获批准于1993年2月开始执行。联合国开发计划署援助300万美元,执行周期为1993—1996年。

1993年,国家教委与联合国儿童基金会的合作顺利进行。正在执行的7个项目是:师范教育项目、加强贫困地区小学教育项目、远距离电化教育项目、教材编写与印刷项目、教具研制与开发项目、教育管理信息项目和小学、幼儿园衔接项目。1993年,制定了联合国儿童基金会1994—1995年过渡周期项目文本。该基金会为教育领域提供937万美元的无偿援助,在基础教育、师范教育等领域开展合作项目。

1993年3月1~4日,在北京和郑州召开了"中国全民教育国家级大会"。国务院总理李鹏、国务委员李铁映、儿童基金会执行主任格兰特先生等中外500余人出席了开幕式。来自联合国系统、埃及、巴基斯坦、孟加拉、尼日利亚、巴西等国近30位外宾赴河南实地参观访问。1993年,国家教委与儿童基金会联合在江门召开了"幼儿教育与发展国际研讨会",与一些发展中国家的同行学者交流经验,进行学术探讨,取得了较好效果,扩大了对外影响。

1993年,国家教委与联合国人口基金的合作继续发展。正在执行的项目有:大学人口学培训与研究项目、中学人口教育项目、农民成人学校人口教育项目和中国人民大学人口学培训中心项目。农村初中人口教育项目业已批准。人口基金提供70万美元援助,用于在农村中学开展人口教育,执行周期为1994—1995年。1993年,中学和成人学校人口教育项目分别于6月和10月进行了项目审评,联合国教科文组织和人口基金对项目给予了高度评价。"大学人口学培训与研究"项目单位北京大学和中国人民大学分别开办了国际人口学硕士班,并为朝鲜、蒙古人口学者开设了人口学培训课程。

1993年,国家教委利用联合国开发计划署、联合国儿童基金会、联合国人口基金的总金额为677万美元,国内各级政府配套投入约4000万元人民币。根据项目协议,1993年国家教委派出了31个团组175人次出国考察或参加方向性培训,16人次出国进修。接待了由联合国系统安排的代表团13个共70人次,接待来华专家5人次,招收长短期留学生6人次。

1993年5月在北京举行了世界中学生体联执委会,来自23个国家的代表参加了会议,并接待了世界中学生体联执委会主席拉穆斯先生。

1993年,国家教委共派出6个大学生和中学生体育代表团共127人次参加国际比赛,获12枚金牌、8枚银牌和4枚铜牌,为国家争了光。

撰稿 张艺华

审稿 何晋秋 王仲达 李顺兴

[双边合作] 1993年,我国与发展中国家的教育交流与合作继续健康发展,特别是与周边国家的教育交流与合作得到进一步巩固和加强。朝鲜、蒙古、缅甸、巴基斯坦、泰国、越南等国教育部门高层领导率领的教育代表团先后来华访问。国家教委负责人也先后率团访问了新加坡、印度尼西亚、日本、印度、越南、老挝、泰国、菲律宾、俄罗斯。高层教育代表团的互访,加强和促进了我国与发展中国家,特别是与新加坡、印尼、泰国、老挝等周边

国家的教育交流，使我国与这些国家的教育交流与合作取得突破性进展。1993年3月，我国召开了“全民教育国家级大会”。12月中旬，受李鹏总理委托，李岚清副总理率中国教育代表团出席在印度新德里召开的九个发展中人口大国全民教育首脑会议，并向大会提交了题为“中国全民教育现状与发展战略”的国家报告。

1993年，我国恢复和新辟双边教育交流与合作渠道，积极争取外援，取得显著成绩。中美、中加教育交流项目开始恢复，先后召开中加大学校长会议，中美富布莱特项目研讨会等，推动了有关项目的落实；积极争取和促成了澳大利亚新的对华援助与合作项目；在巩固和发展与日本原有教育交流和合作项目的同时，新发展了与日本笹川财团的合作，目前该财团已在我国10所高等学校设立基金，基金数额达1000万美元。

1993年，我国与欧洲国家的教育交流与合作发展良好。与英国、德国、法国、比利时等国及欧共体签订双边交流合作协议或执行计划21个，争取资助近1000万美元。

1993年，我国的智力外援工作逐步向项目化发展。其中援助坦桑尼亚、喀麦隆大学发展项目成效显著，得到两国政府的高度评价。我国积极支持高等院校与非洲国家的校际交流与合作，召开了援非大学项目工作会议，统一思想，总结经验，推动对非洲的智力援助工作。

1993年，国家教委共派出专家学者5000人次出国考察、讲学、任教、合作研究和参加学术会议；共聘请外国专家、学者1.2万多人次来华长期工作或短期讲学。1993年，在我国举办的国际会议共96个。

1993年，国家教委共派出279个教育代表团组出国访问，其中副部长级以上团组15个；邀请并接待128个外国教育代表团来华访问，其中副部级以上团组18个。

1993年，我国与有关国家政府部门签署的双边教育交流与合作协议(包括执行计划、会谈纪要、备忘录等)共39个。

撰稿　陶洪建

审稿　何晋秋　王仲达　李顺兴

[对外汉语教学]　1993年2月，中共中央和国务院印发《中国教育改革和发展纲要》中提出“大力加强对外汉语教学工作”，体现了国家对这一事业的高度重视。年内，国家专门就对外汉语教学工作制订了一系列“规定”和“条例”，促进了对外汉语教学事业的发展。

对外汉语教学规模进一步扩大。全国有近200所高等院校接受了来自130多个国家和地区的15000余名留学生来华学习；先后有10多所高等院校成立对外汉语学院；学校教育以外的广播电视、海外函授刊授等多渠道的对外汉语教学进一步发展。

对外汉语教学的教材建设成绩显著，出版了一批教材和科研著作。其中新编教材30余种，声像教材10多部，科研著作10余种。召开了“全国非文科专业外国留学生汉语教学研讨会”等3个学术会议，重点探讨了有关对外汉语教学学科理论、教学法、教材建设等方面的问题。创办《中国文化研究》杂志，为中外学者进行学术交流提供了一个重要园地。

对外汉语教师资格审定工作全面展开。完成了700名申报教师的任职资格审定工作，向441名获得任职资格的教师颁发资格证书。4月，召开23个省、市、自治区对外汉语教师资格审定工作会议。1993年共举办国外汉语教师培训班10期，培训教师185名。其中中国大陆以外教师170名。

1993年，继续进行汉语水平考试(HSK)。在国内有10个考点进行初、中级考试，参加证书考试的外国留学生1817人，少数民族学生110人，比1992年增加近30%；

另外在国内新开了高级汉语水平考试。在新加坡、韩国、美国和香港地区进行了高级汉语水平考试的试点，有 1590 人参加考试，比上年增加了一倍多。

［**汉语教学交流**］ 8 月，在北京召开了第 4 届国际汉语教学讨论会。来自 25 个国家和地区的 350 多名学者（中国大陆学者 183 人）参加了讨论会。讨论会除了探讨有关语言学、汉语、汉语教学、教学法、教材编写、汉语水平考试、汉外对比研究等问题外，还增加了中华文化方面的研讨。与以往相比，此次讨论会参加人数特别是大陆以外的国家和地区代表数有较大增加；学者层次结构有明显变化；探讨内容所涉及的领域更广，对一些领域的研究更深入，学术水平有较大提高；还邀请了法国、加拿大、比利时、匈牙利等国的专家来华进行学术交流；接待了马来西亚华文学校董事联合会总会和教师公会总会联合访华团、菲律宾华校校长代表团等；派学者出席古巴举办的“哈瓦那语言讨论会”和泰国东方文化书院举办的“东方文化和华文教育学术研讨会”等；支持我驻俄罗斯使馆教育处开办莫斯科汉语教学中心和圣彼得堡汉语教学中心；出资与美国丹佛国际研究中心合办中国文化项目，并派教师前往任教。向国外赠送了教学设备和一批图书资料。其中向孟加拉国达卡大学中文系和波兰 4 所大学中文系赠送了电教设备；向世界 20 多个国家和地区的大学、汉语汉学机构、汉学家及友好人士赠送中文教材、工具书、中国文化书籍共计 18470 册，录音带 1454 盘，录像带 212 盒、幻灯片 55 套；还为出国教师提供了大量图书、磁带、幻灯片等。有力地支持和促进了世界各国汉语和中国文化的教学与研究，扩大了我国的影响。

撰稿 宋永波

审稿 何晋秋 王仲达 李顺兴

民间国际交流

［**留学人员交流**］ 1993 年，中国教育国际交流协会通过国外的民间组织向国外派出留学、进修和实习人员 46 人，较上年有所减少。其中通过国际文化交流协团派往美国进修英语教师 30 人；通过中加高中后职教项目派往加拿大进修人员 10 人；通过日本覆山会派往日本留学人员 6 人。

1993 年交流协会接收来华长、短期进修、留学人员 40 人，较上年略有增加。其中日本覆山会派来长期留学人员 5 人，国际文化交流协团派来的瑞典、西班牙、日本的短期中国文化和语言培训人员 35 人。

［**聘请外籍教师**］ 1993 年交流协会为国内地方院校聘请长期专家和教师 113 人，较上年增加 21%。其中英国海外服务社 58 人，美国退休教师 35 人，首批美国友好志愿者“英语教师 20 人于 1993 年 6 月来华，在四川省五所高校任教。

1993 年交流协会聘请暑期班外籍英语教师 267 人，其中美国英语协会 202 人；美中教育服务机构 65 人，在 31 个城市举办 32 个暑期英语强化班共有 3700 名中学和师专的英语教师接受了强化培训。

聘请英语教师和举办暑期英语培训班是交流协会的一个传统项目，收到较好的效果。为了进一步做好这项工作，提高实际效果，协会于 1993 年 5 月在北京和 1993 年 10 月在黑龙江省佳木斯市召开了英语暑期培训班教材修改研讨会和暑期班项目评估会。

[**代表团互访**] 1993 年交流协会派出出国团组 25 起，189 人次。在派出团组方面，交流协会除坚持出访目的明确、讲究实效、防止重复考察的原则外，1993 年度的特点是，开拓新领域结识新的合作对象。由黄辛白会长率地方协会会长访问日本；由倪孟雄秘书长率普教代表团访问澳大利亚；由江苏省协会会长叶春生率领中国地方高校代表团访问美国均为今后同日本、澳大利亚和美国的交流拓宽了道路。在访问接触中，双方感到有很多共同语言，有着广阔的交流与合作的前景。

1993 年交流协会接待来华团组 35 起，262 人次，团组数比上年有所增加，但人数略有减少。

在接待来访团组方面，协会作到：一是讲究友好、坚持原则，主动宣传自己，不卑不亢。另一方面也与参加接待的有关单位协作，争取密切配合，作好热情友好的接待安排。从而使各访华团取得了实际效果，或签订了交流合作的协议，或商定了继续合作的项目。

[**国际会议**] 1993 年交流协会在国内召开了各种形式的国际研讨会和项目评估会 7 起，其中：1993 年 5 月 20—25 日在北京召开的东方伦理道德与当代青少年教育国际研讨会，参加会议的境外代表 38 人；1993 年 6 月 19—28 日在北京召开的中美师范教育国际研讨会，参加会议的境外代表 44 人；1993 年 10 月 19—21 日在北京召开的亚太地区教科文俱乐部协会联盟第十次年会，参加会议的境外代表 11 人；1993 年 11 月 19—23 日在北京召开的国际交流组织年会，参加会议的境外代表 80 人。

[**召开协会理事会**] 1993 年 3 月 11—12 日，交流协会在北京召开第二届理事会第四次常务理事会。会议听取了协会秘书处 1992 年工作报告，讨论 1993 年工作设想。常务理事会确定于 1993 年底或 1994 年初进行理事会换届。

1993 年 3 月 25—26 日，交流协会在天津召开了地方协会秘书长会议。23 个地方协会秘书长、7 个省市教委外事处长和 5 所高校外事处长参加了会议。与会代表在协会工作模式、民间教育交流发展方向和出国培训工作方面取得了一致意见。

撰稿 张德安
审稿 倪孟雄

与台湾省、香港、澳门地区的合作

[**与台湾省教育交流**] 1993 年，大陆与台湾省的教育交流更加活跃。国家教委直属高校赴台进行学术交流及访问的人员为 189 人次，其中有 6 位校长。两岸合作举行学术会

议15个。该年度台湾学者来大陆出席会议、讲学人员为900人次，参观访问的师生1200多人次。

1993年，大陆高校招收100名台湾学生。为方便台湾学生来大陆高校就读，部分高校设立了台湾学生先修部，开办大学预科及高考补习班。1993年已招收台湾预科生100人。

［**与香港教育合作**］ 1993年，内地与香港的教育交流与合作进一步加强。高校之间学术交流活动日益频繁、合作领域不断扩大，两地中、小学之间的人员互访也有所增加。据统计，国家教委直属36所高校及直属单位派往香港出席学术会议、讲学及合作科研人员约2300人次，攻读学位的研究生近100人次。上述高校招收香港地区的研究生17人。国家教委接待香港地区来访的教育团组12个，200多人次，接待香港其它方面来访人士近100人次。5月18日，国家主席江泽民接见了来内地访问的香港大学校长王庚武一行6人。

1993年，香港一些教育基金会继续向内地教育事业赠款。邵逸夫先生向内地162所大、中、小学赠款1亿多港元，用于建造校舍。霍英东教育基金会评选出230名高校优秀青年教师及研究人员，向其分别颁发了第四批青年教师基金及青年教师奖。曾宪梓教育基金会评选出1000名高等师范院校优秀教师，并于12月27日向他们颁发了优秀教师奖。华夏基金会向内地职业技术教育及基础教育项目资助了100多万美元。王宽诚教育基金会向内地教育项目资助10余万美元。

［**与澳门教育交流**］ 1993年，国家教委直属高校赴澳门出席学术会议、短期讲学的人员为100人次，国家教委接待澳门教育界人士来访团组9个，近60人次。应澳门政府公职司及有关院校邀请，内地高校一些教授、专家应聘继续在澳门任教或工作。

撰稿 刘建丰

审稿 何晋秋 王仲达

李顺兴

教育科学研究

教育科学规划与研究

［**规划领导小组扩大会**］ 1993年2月22—24日全国教育科学规划领导小组在北京召开扩大会议。国家教委副主任、领导小组副组长王明达主持会议，领导小组组长何东昌到会讲话。这次会议的中心任务是围绕学习中共中央、国务院发布的《中国教育改革与发展纲要》，研究如何进一步贯彻党的十四大和邓小平同志南巡重要谈话精神，把我国的教育科研工作推向新的阶段。会上，领导小组成员、国家教委教育发展研究中心主任郝克明传达了党中央、国务院领导在讨论《中国教育改革与发展纲要》时的重要意见，领导小组成员兼规划办公室主任吴畏汇报了规划办公室1992年的工作情况和1993年的工作安排。

何东昌在讲话中指出，在新的历史时期，教育科学研究要更好地坚持马列主义、毛泽东思想，以邓小平同志建设有中国特色的社会主义的理论为指导，为建设有中国特色的社会主义教育体系服务。当前尤其要重视对教育与经济体制改革的相互关系的研究，要使教育主动地适应社会主义市场经济的逐步完善和发展，更好地服务于以经济为中心的社会主义现代化建设。

会议期间，与会同志认真学习了《中国教育改革与发展纲要》(以下简称“纲要”)。大家认为，《纲要》提出“加强教育改革和发展的理论研究和实验”，“教育理论工作者和实际工作者，要以马克思主义为指导，研究和回答建设有中国特色的社会主义教育体系的理论和实际问题。要积极开展教育决策咨询研究，密切教育科研同教育决策、教育实践的联系，发挥教育科研对教育改革和发展的促进作用”的内容，指明了教育科研在教育改革与发展中的重要地位、作用和教育科研工作的方向与任务，是今后开展教育科研工作的重要依据。与会科学工作者表示：一定要更好地坚持理论联系实际、实事求是的原则，提倡严谨、扎实的优良学风，多出成果，出好成果。

根据全国哲学社会科学规划领导小组的要求和国家教委的年度工作部署，领导小组决定适量滚动增补一些全国哲学社会科学规划和全国教育科学“八五”规划重点研究课题，以建设有中国特色的社会主义教育体系为主题，有计划、有组织地确定一些统领全局，有较高的质量和系统性的研究课题。经过与会人员投票表决，并经领导小组批准，决定增补以下研究课题：

一、全国哲学社会科学规划国家级重点研究课题

社会主义市场经济与教育改革(靳希斌北京师范大学副教授)

中华民族优秀传统道德在学校教育中的继承与发扬(罗国杰　中国人民大学教授)

二、全国教育科学"八五"规划国家教委级重点研究课题

二十世纪教育回顾与前瞻(陆有铨　上海教育学院教授)

教育学:基本问题研究(瞿葆奎　华东师范大学教授)

当代中小学优等生与后进生状况,成因及适应性教育方法的系统实验研究(金盛华　北京师范大学讲师)

国内华侨教育与海外华文教育研究(吴端阳　泉州师范专科学校副教授)

影视文化与青年学生教育(路建平　中宣部教育局处长)

校企联合培养应用型高层次专门人才实验研究(张力　国家教委教育发展研究中心副研究员)

建立省级地方教育制度的研究与实验(刘鸣泽　山东省教委副主任)

贫困地区实施初等义务教育研究(张世俊　贵州省教科所所长、副研究员)

民办高等学校的运行机制(王增炳　厦门大学教授)

2000年中国学校体育卫生发展战略目标及其对策(曲宗湖　中央教科所体卫研究中心主任、教授)

工读学校在未成年学生违法犯罪预防、控制、预测中的地位与作用(江晨清　上海市教育工会主席)

民办学校的理论与实践研究(于慷　天津市社科院兼职研究员、天津市教科院顾问)

农村幼儿教育体系(沈芝莲　中央教科所副研究员　经费自理)

三、全国教育科学"八五"规划青年专项研究课题

台湾高等教育与经济发展的相互关系研究(李泽彧　厦门大学讲师)

美术教育的教学法研究(张小鹭　厦门大学助教)

现代美术教育的理论及其应用(尹少淳　湖南师范大学讲师)

山东省农村职业技术学校布局及专业结构优化研究(崔巍　山东农业大学讲师)

会议对《教育科学研究工作条例》讨论稿(以下简称"条例")进行了讨论。

并确定1993年教育科学规划领导小组及其办公室的主要工作是:(1)全面开展对有关研究课题进度的检查工作。要求规划办公室配合各学科规划组把这项工作抓实抓好。(2)组织一些有关社会主义市场经济与教育改革以及不断改进教育科研工作等问题的研讨活动。主要探讨具有中国特色的社会主义教育体系的基本特征,教育科研工作的方针、任务和发展方向,教育科研事业的发展规划以及如何建立适应教育改革与发展需要的教育科研管理体制等重大理论与实际问题。(3)纪念毛泽东同志诞辰100周年和邓小平同志"三个面向"题词十周年,领导小组拟与中国教育协会、中央教科所等联合举办纪念研讨活动。(4)规划办公室抓好自身建设,提高人员素质,完善规章制度,不断改进工作,发挥好服务的职能,不断提高工作质量和效率。

王明达在会议结束时讲话指出,当前教育科研战线的一项重要任务就是学习、领会、贯彻和落实《纲要》的精神,要按照《纲要》的精神规划和安排研究课题及今后的工作。今年要把重点放在那些涉及到国家教育发展的、有战略意义的,包括一些教学课程的改革对提高教育质量会产生很大社会效益的课题上面。要加强对课题的深入研究,拿出优质的成果,力争在全国教育改革中发挥作用。

会后,国家教委办公厅转发了会议纪要。

撰稿　王卫国

审稿　吴　畏

［毛泽东教育思想研讨会］　为纪念毛泽东同志诞辰100周年，全国教育科学规划领导小组、中国教育学会和中央教育科学研究所于1993年12月10日至11日在北京联合举办毛泽东教育思想研讨会。100余位专家、学者和毛泽东同志视察过或作过批示的学校代表出席了研讨会，主要围绕教育与经济、社会协调发展、加强学校思想政治工作、教育与生产劳动相结合、培养全面发展的接班人、教师队伍建设等专题，并结合建立有中国特色的社会主义教育体系和教育思想体系，对毛泽东的教育思想作了多方面的探讨。朱开轩、何东昌、张承先、王明达等领导出席研讨会并分别作了讲话，一些专家、学者和学校代表也踊跃发言。

朱开轩讲话指出，在毛泽东同志诞辰100周年之际，举办“毛泽东教育思想研讨会”，意义重大，充分表达了全国教育工作者对毛泽东同志的深深怀念与敬仰之情。

毛泽东同志神奇的一生中有过当教师的经历，对教育不仅内行，而且博学多才，对包括教师在内的整个知识界、在校学生在内的整个青年一代，都有着强大的吸引力和凝聚力。毛泽东教育思想的核心在于培养合格人才和接班人，这是毛泽东教育思想的精神所在。我们要努力把毛泽东教育思想中最重要的部分继承下来并在新的历史时期发扬光大。教育理论工作者和实际工作者，要以马克思主义为指导，深刻认识毛泽东教育思想和邓小平教育思想是一个完整的科学体系，要努力学习掌握并在实践中运用，认真研究和回答建设有中国特色的社会主义教育体系的理论问题和实际问题，充分发挥教育科研对教育改革和发展的促进作用。

撰稿　金宝成
审稿　卓晴君

［评选首届优秀科研成果］　中央教育科学研究所于1993年下半年举行了首届优秀科研成果评选活动，旨在检阅科研人员在为教育决策、教育改革实践服务和繁荣教育科学方面所做的贡献，奖励先进，鼓励竞争，促进科研队伍成长，推动科研事业的蓬勃发展。要求入选成果必须坚持正确的方向，并具有科学性、创造性和较好的社会效益等特点。

此次评选活动共收到参评成果90项，最终评选出所级一等奖成果6项、二等奖成果13项、三等奖成果18项，青年一等奖成果2项、青年二等奖成果5项、青年三等奖成果9项。所领导为获奖成果颁发了荣誉证书和奖金。

本次优秀科研成果评选活动，反映了以下几个特点：(1)科研成果丰硕，形式多样。从申报成果看，覆盖面较广，全所23个研究单位均有申报；成果形式从专著、论文、研究报告到实验教材、音像制品、教具学具、计算机软件等。(2)评选办法比较科学，获奖成果基本体现了教育科研为教育决策、教育改革实践服务的正确方向。获奖的各课题设计合理，立论严谨，方法科学；既有新意而又有依据，在教育教学实践中获得好的应用效果的要求。(3)理论与实际、应用性研究成果显著。本次53项获奖成果中，基础理论研究成果15项，应用性研究成果30项，其他成果8项。从以上三类成果比例可以看出，应用性研究成果较为突出，并收到较好的社会效益，如：《关于制订高中教学计划对北京等九省市调查所获资料的综合分析报告》、《关于适应我国国情，提高幼儿素质的调查报告》、《中学德育大纲实验报告》、《初中数学和科学教育水平测试结果及其分析报告》、《九年义务教育学制课程纵横比较与施教建议》等多项成果报告、建议或实施意见，被国家教委及有关教育行政部门决策时吸收或采纳。

撰稿　史习琳
审稿　卓晴君

[**教育体制改革调研**] 1993年年底召开的党的十四届三中全会通过了《中共中央关于建立社会主义市场经济体制若干问题的决定》。其中关于社会主义市场经济与教育体制改革的一系列决定，是我国教育改革发展的宏伟蓝图和迈向新世纪的行动纲领。为此，中央财经小组组织了包括教育体制在内的16个专题调研组。6月上旬，在国家教委党组的领导下，成立了以郝克明为组长、谈松华为副组长、由部分司局长和一些省市教委主任参加的教育体制专题调研组，下设起草组。从6月中旬以后，调研组先后会同部分省、市和中央部委教育部门进行专题调查，在约请教育部门以及高等学校的领导和专家进行座谈讨论研究的基础上，于7月中旬和8月下旬在无锡和丹东召开两次有20多个省、市、自治区和中央有关部委教育部门、高等学校领导和专家参加的研讨会，在若干重大问题上形成了共识。中央财经小组办公室《决定》起草小组以及国家教委党组几次听取了调研汇报，提出了一系列意见；调研组写出了《社会主义市场经济与教育体制改革调研报告》，征求过多方意见，吸收各方成果，反复进行研究、推敲、修改，从而为中央起草十四届三中全会的决定教育部分的内容提供基础和依据。

撰稿　郭　戈

审稿　谈松华

中国教育学会

[**年度工作会议**] 1993年2月10日至13日，中国教育学会在天津召开1993年度工作会议。张承先会长主持会议，并对学会工作指导方针提出四点意见：(1)要把进一步学习贯彻党的十四大精神与学习贯彻《中国教育改革和发展纲要》结合起来。(2)通过开展学术活动，进一步学习贯彻毛泽东的教育思想和小平同志“三个面向”的指示，深化教育改革，全面贯彻教育方针，全面提高教育质量，更好地完成培养社会主义建设者和接班人的任务。(3)善于抓典型，认真总结经验。(4)进一步提高学会干部的思想理论水平与科学研究水平，进一步转变学会的作风，努力提高学会工作的质量和效益。国家教委副主任柳斌到会讲话。

[**深化教育改革座谈会**] 1993年1月15日，中国教育学会在京召开建立社会主义市场经济体制与深化教育改革座谈会。与会者就发展社会主义市场经济给教育带来什么影响，对教育提出什么新的要求；教育是否具有商品属性，能否按价值规律办事；在逐步建立社会主义市场经济体制的新形势下，如何深化基础教育改革等问题展开了讨论。张承先会长主持会议。

3月6日，又举行第二次座谈会。仍由张承先主持并在讲话中指出：要高度重视社会主义市场经济体制的建立对教育改革所起的积极作用；在教育改革中必须注意教育的特点，按教育规律办事。柳斌到会讲话指出：教育是通过人来为经济服务的特殊行业或产业，对教育要不要引进市场规律，要不要遵循市场规律，具体问题要做具体分析。

12 月 2 日至 6 日，中国教育学会中青年教育理论工作者研究会成立大会暨第五次学术研讨会在广州番禺召开。会议也就教育是否具有商品属性，能否商品化、市场化等问题开展讨论。

［**纪念邓小平"三个面向"题词 10 周年**］ 1993 年 9 月 21 日至 25 日，中国教育学会在上海召开第七次全国学术讨论会，纪念邓小平同志"三个面向"题词发表 10 周年。苏步青、张承先、柳斌、谢丽娟、陶西平等出席会议并讲话。这次讨论会围绕"三个面向"与深化教育改革这一主题进行探讨，实地参观了上海闸北八中、建平中学、黄浦商校等先进单位和浏河学军学农营地，听取了上海市教育局和闸北区、黄浦区、嘉定县的领导介绍学习体会。会议总结十年来以"三个面向"为指导方针进行教育教学改革的经验。与会同志指出，坚持"三个面向"，首先要下力气办好今天中国的教育，离开这一点就谈不上"三个面向"。教育要为现代化培养人才，必须扩大对外开放，开展内外交流，大胆吸收和借鉴世界上一切优秀文化成果。会后精选 41 篇论文结集《三个面向与深化教育改革》一书，由上海教育出版社出版。

［**学术研讨会**］ 1993 年 4 月 7 日至 9 日，中国教育学会体育研究会与中国体育科学学会学校体育专业委员会在开封召开学校体育理论青年学者学术研讨会，全国 80 余名代表出席了会议。国家体委主任伍绍祖、国家教委的邹时炎为大会写贺信。会议着重对 21 世纪所需要的人才与学校体育的功能，我国体育教学思想的继承、改革与发展建立具有中国特色的学校体育管理体系等问题进行了研讨。

11 月 23 日至 26 日，中国教育学会比较教育分会第七届年会在京召开。会议以面向二十一世纪的教育为中心议题，紧紧围绕教育与市场经济、教育与科技革命、教育现代化与文化传统、教育管理体制改革以及课程教材改革、师资队伍建设等改革中的热点问题进行了研讨。

10 月 14 日，中国发明协会、中国教育学会、中国陶行知研究会和天津教育科学研究院在天津市联合召开第二届全国中小学创造教育学术研讨会。会议就如何在中小学广泛实施创造教育问题进行了认真研讨。

［**学科教改研究**］ 1993 年 2 月，中国教育学会小学德育研究会在哈尔滨市召开全国小学思想品德课课堂教学现场观摩研讨会。全国各地 16 所德育实验学校 35 岁以下的思想品德课青年教师代表在哈尔滨兆麟小学的学生现场讲课、观摩交流，并进行了评析。国家教委副主任滕藤、柳斌到会听课并讲话。

4 月 8 日，中国教育学会小学德育研究会第六次年会在成都召开。会议交流了经验，奖励 29 项优秀科研成果和 23 项实验成果，讨论了《中国教育改革和发展纲要》和《小学德育纲要》。

4 月 28 日至 5 月 3 日，中国教育学会小学数学教学专业委员会在南昌市举办全国小学数学优化课堂教学观摩课交流会。全国各地的教师及有关人士 1000 多人参加了大会。29 个省、自治区、直辖市各派出 1 名优秀的中青年教师在会上上观摩课，在 29 节课中评出一等奖 8 名，二等奖 13 名，三等奖 8 名。

7 月 26 日，中国教育学会历史教学研究会与人民教育出版社等单位在京联合举办 20 世纪末历史教学和历史教材改革的趋势国际学术研讨会。来自美国、英国、丹麦、日本、韩国和我国的专家学者到会就历史教学的功能和目标、历史教科书编写理论与实践、学生学习历史的心理和历史教师的素质、历史教学的方法、历史课程教学大纲和教科书的比较等进行了探讨。

8月11日至16日，中国教育学会小学语文教学研究会在西宁市举办首届厂矿企业小学语文阅读教学观摩活动。全国24个省、自治区、直辖市的26位优秀教师作了现场教学。这次阅读教学有4个特点：一是教学思想明确，并真正把语文课上成了基本功训练课；二是教学目的明确，教有目标，读有要求，训练全面，重点突出；三是教法改进明显，在构建省时高效的课堂结构上下了功夫，注意到读书与说写训练的结合，并能积极运用现代化的教学手段；四是教师素质好，特别是朗读和板书的水平高。在闭幕式上，与会各方领导向26位讲课教师发了奖。

8月16日至19日，中国教育学会语文教学法研究会第三次会员代表大会暨第六届学术年会在南京市召开。会议就我国语文学科设科90年来的历史经验和发展趋势，语文教学法学科建设和课程改革的理论与实践进行了学术交流，会议收到各类论文、论著和教材120多种(篇)。

8月15日至20日，中国教育学会地理教学研究会在山西省忻州市召开中国地理国情教育经验交流和学术研讨会，就地理国情教育的规范化与多样化、国情、乡情和“世情”的关系、国情教育中的情感目标、地理教学改革与深化国情教育关系等问题进行了研讨。

8月24日，中国教育学会音乐教育研究会举办的首届全国中小学生民族乐器独奏观摩赛在京闭幕。来自全国22个省市的近400名选手参加了比赛。观摩赛乐器有琵琶、扬琴、二胡、芦笙等12种。通过初赛、复赛和决赛评出一等奖10名、优胜二等奖18名、二等奖45名、三等奖137名。会长张承先，中国音乐家协会副主席孙慎等出席了颁奖仪式和汇报音乐会。

9月12日至16日，中国教育学会外语教学研究会第七次学术年会在沈阳市召开。22个省、自治区、直辖市的124位代表出席了会议。会议收到论文65篇。会议对九年义务教育外语教材建设的理论与实践进行了探讨。教育学院等有关方面领导出席了开幕式。国家教委有关部门的同志也出席了会议。

10月12日至17日，中国教育学会小学数学教学专业委员会在贵州省安顺市召开全国小学数学课程教材学术讨论会。参加会议的有小学数学教学专业委员会常务理事、学术委员和来自各省市的代表，其中有从事小学数学教材编写的同志，有小学数学教研科研人员，有小学数学特级教师等。

[**举办面向学生的社会活动**] 1993年3月，中国教育学会物理教学研究会举行全国第三届初中应用物理知识竞赛，参赛者达91万人。这项活动是为引导学生把所学知识联系实际，联系生活，激发他们的学习兴趣。

7月，中国教育学会与国家教委关心下一代工作委员会、艺术教育委员会、团中央、全国音乐家协会等9个单位联合举办全国首届青少年优秀新歌创作和演唱比赛。经过比赛，评出32首优秀新歌，在中央电视台和中央广播电台陆续播放，7月24日，在中央电视台举行了决赛，并向全国播放了决赛专题节目。

撰稿　李云虹

审稿　郭永福

中国高等教育学会

［**会员代表大会**］　中国高教学会第三届会员代表大会于1993年4月在北京举行。国家教委主任朱开轩到会作了《当前高等教育的重要任务》的讲话，国家教委政策法规司司长张天保就《中国教育改革和发展纲要》起草过程作了介绍。中国高教学会第2届理事会提出了《解放思想，繁荣学术，为加快改革和积极发展高等教育作贡献》的工作报告和《中国高教学会章程》的修改草案，并经大会讨论原则通过。大会还进行了工作交流，中国航空教育学会、北京市高教学会、高校思想政治教育研究会等8个学会(研究会)的代表发了言。全体代表选出237人为第三届理事会理事，理事会选出49人为常务理事。何东昌当选为会长，黄辛白、汪家镠、韦钰、滕藤、钱其璈、江景波、李文海、曲钦岳、潘懋元、汪永铨、郝维谦为副会长，郝维谦兼秘书长，龙正中、许德贵、罗宏述为副秘书长。何东昌会长作了《重视和切实加强高等教育研究工作》的总结讲话。会间，召开了秘书长工作会议，部署1993年高教学会工作。

1993年12月，中国高教学会第三届常务理事会第二次会议在北京召开。会议由何东昌主持，郝维谦代表学会秘书处汇报了自第一次理事会以来开展工作的情况，提出了《1994年工作要点》，讨论了1994年工作。会议指出：高教学会工作要以党的十四大和《邓小平文选》第三卷精神为指导，认真贯彻《中国教育改革和发展纲要》，结合当前经济形势和高等教育实际，主动配合教育行政部门的中心工作；继续贯彻以团体会员单位活动为主，以小型活动为主，以应用性课题研究为主的方针，广泛组织和团结各方面的力量，积极开展学术研讨、决策咨询、教育培训、法规草拟等多种形式的活动，为教育决策服务，为促进高教改革和发展服务。

［**纪念毛泽东诞辰100周年**］　1993年6月，中国高教学会与湖南省高教学会在湘潭大学联合举办毛泽东教育思想学术讨论会。会议的主题是毛泽东教育思想的基本理论与实践，新时期毛泽东教育思想的现实意义及邓小平同志对毛泽东教育思想的发展。70余名专家、学者到会，提交论文近百篇。何东昌作了《学习和运用毛泽东教育思想的现实意义》的报告。与会同志深入探讨了毛泽东教育思想的形成发展和标志，毛泽东关于教育与生产劳动相结合的思想，邓小平同志对毛泽东教育思想的继承与发展以及对当前高教改革发展的指导意义。讨论中认为：要总结建国以来教育改革和建设的经验；要加强对教育工作的研究；要坚持那些被实践检验是正确的毛泽东教育思想的基本原理，并在新的时代条件，新的实践环境中创造性地运用。邓小平同志对毛泽东教育思想的发展，可归纳为：教育的战略地位和作用；教育与经济建设；教育与科学技术；教育面向现代化，面向世界，面向未来；培养有理想、有道德、有文化、有纪律的新人；加强思想政治教育；尊重知识、尊重人才；党对教育工作的领导等。邓小平同志关于新时期教育的论述，是毛泽东教育思想的重要组成部分，是指导我国教育改革和发

展的战略方针，学习和研究邓小平教育思想对进一步深入教育改革，贯彻执行《中国教育改革和发展纲要》，探讨建设有中国特色的社会主义高等教育体系具有十分重要的理论意义和现实意义。

在纪念毛泽东诞辰100周年活动中，中国高教学会、全国教育科学规划领导小组办公室联合于1993年10月举行《中国革命根据地教育史》出版座谈会。国家教委副主任王明达、中国高教学会会长何东昌、中国教育学会会长张承先、原中国人民大学校长袁宝华出席并讲话。

中国高教学会会刊《中国高教研究》开辟“纪念毛泽东同志诞辰100周年毛泽东教育思想研究”专栏，各学会的《高教研究》也发表了大量纪念毛泽东的文章，极大地推动了学习、研究、宣传毛泽东、邓小平教育思想，用以指导教育改革与实践的活动。

［**应用研究**］ 各团体会员单位及其下属的研究会承担了各级教育研究课题，并自拟系列课题进行研究，注意密切教育科研同教育决策、教育实践的联系。北京、上海、江苏、黑龙江、河北、浙江、四川等学会及时召开了常务理事会，围绕社会主义市场经济体制下高教改革的新思路进行研讨。1993年初，在北京召开的高等教育与市场经济问题研讨会上探讨了高等教育与社会主义市场经济的关系，社会主义市场经济下的教育观念，市场经济对高等教育的影响，高等教育如何主动适应社会主义市场经济等问题。上海市高教学会探讨了高等教育管理引进市场机制，高校开展综合改革试验区问题。黑龙江省高教学会着重讨论、交流了在社会主义市场经济条件下进行高教改革和加快发展高等教育的理论与实践以及提高教学质量的思路、做法和经验。

1993年11月，中国高教学会与湖北省高教学会联合举办高校为地方经济建设和社会发展服务学术研讨会。本次研讨会的中心议题是深入探讨高校为地方经济和社会发展服务的指导思想、运行机制、基本途径、外部环境以及相应的对策、措施。上海、江苏、山东、湖北、河北等省、市学会，上海部属高校课题组以及东南大学、中国纺织大学、江苏工学院等高校联合课题组都分别提出了该课题系列研究成果的报告。在研讨中认为：高校为地方经济建设和社会发展服务是高等教育的重要职能之一。高等教育必须为社会主义建设服务，社会主义建设必须依靠教育。高校为经济建设服务，能促进社会发展进步，能促进国民经济的发展。根据地方发展的现实和长远的需求，培养合格的人才是高校为地方服务的基本途径，高校应争取政府、企业共同研究实践，探讨高校为地方经济建设服务的新路子。

［**’93中国教育之光文艺晚会**］ 作为国家教委庆祝第9届教师节，中国高教学会、中央电视台、深圳教育企业总公司北京分公司联合举办’93中国教育之光大型文艺晚会，以歌颂人民教师忠诚人民教育事业无私奉献的精神，弘扬中华民族尊师重教的优良传统，表达亿万青少年和全社会热爱教师、尊敬教师的深厚感情。在京的文艺工作者和北京老同学合唱团、首都高校大学生文艺团体联衔演出。有关部门、省市教委及学会对举办这台晚会给予了热情的支持。李岚清、雷洁琼及汪家镠、艾知生、张孝文、何东昌、张承先、杨海波、黄辛白等同首都教授、教师代表一起参加了晚会。教师节当晚中央电视台向全国播放了这台晚会实况。

［**科研成果评奖**］ 为奖励优秀高教科研成果，促进学会科研工作开展，调动广大会员的积极性。中国高教学会1993年举行第三次

评奖活动。这次评奖范围是自 1990 年 7 月至 1993 年 6 月底止公开发表的高教研究的论著。在各团体会员单位推荐的科研成果中进行评审。这次共评出获奖专著 35 部，获奖论文 82 篇。其中，一等奖专著 3 部，论文 3 篇；二等奖专著 8 部，论文 12 篇；三等奖专著 6 部，论文 26 篇。

［**新增 4 个会员组织**］ 1993 年，中国高教学会新增加 4 个专业学科研究会，即：高等理科教育、高教研究期刊、高等教育学、教育统计信息研究会。使团体会员单位总数增加到 76 个，拥有专兼职学会工作者、高教理论与实践的研究人员数万人。

撰稿 章炳良
审稿 郝维谦

教育报刊

中国教育报

［**年度宣传指导思想**］ 国家教委决定并经国家新闻出版署批准，中国教育报从1993年1月1日起，由周四刊改为日报，从而在拓宽报导面，加大信息量，增强时效性和可读性等方面，有了明显改进。

1993年，中国教育报坚持以邓小平同志建设有中国特色社会主义理论为根本指针，坚持党的基本路线不动摇，解放思想，实事求是，全面贯彻党的十四大精神和十四届三中全会精神。根据办报宗旨，紧紧围绕教育战线的主要任务，突出大政方针主旋律，兼顾教育各方面，进行宣传报道。

［**宣传《纲要》**］ 《中国教育改革和发展纲要》颁布前，根据国家教委指示，中国教育报以“教育评说”专栏形式，从元月30日起连续摘登《纲要》的主要内容。2月27日，全文刊登中共中央、国务院1993年2月13日印发的《中国教育改革和发展纲要》并同时发表社论：“向着教育现代化宏伟目标前进”。3月1日一版头条发表国家教委要求教育战线认真学习宣传实施《纲要》，指出当前和今后一个时期，各级教育行政部门和各级各类学校的领导要把学习、宣传《纲要》作为一项极为重要的任务来抓；各地各部门要根据《纲要》的要求和本单位实际，及时调整好九十年代教育改革和发展任务。同时转载《人民日报》就贯彻执行《纲要》发表的社论“百年大计，教育为本”。从3月4日开始，中国教育报开设“教委主任谈《纲要》”和“省市领导谈《教育五十条》”专栏，还报道人大代表、政协委员及各地师生学《纲要》和各地实施《纲要》的动态。与此同时，还刊登了一系列领导同志学习宣传贯彻落实《纲要》的讲话、文章等。

［**宣传《教师法》**］ 10月23日，中国教育报突出报导全国人大常委会审议《教师法》，朱开轩受国务院委托就《教师法》作说明。11月1日在一版头条位置刊登全国人大常委会审议通过《教师法》，江泽民主席签署主席令，《中华人民共和国教师法》于明年1月1日起施行。同时配发社论：“尊师重教的根本保证”——祝贺《中华人民共和国教师法》诞生。11月5日发表特约通讯员孙霄兵写的介绍《中华人民共和国教师法》诞生记。11月8日报导国家教委副主任柳斌就《教师法》答记者问。11月20日刊出全国人大常委会法工委负责人就《教师法》接受本报记者采访，明确表示教师的合法权益受法律保护。此外，还刊登了有关《教师法》的通知、讲话等。与此同时，本报接连报导了各地学习贯彻《教师法》的情况并配发本报评论员文章：“学习

〈教师法〉，宣传〈教师法〉”、“依法保障教师合法权益”等。

［**探讨市场经济与教育改革**］ 党的十四大提出关于建立市场经济体制及《纲要》提出的教育改革和发展任务是 1993 年教育理论界的重大课题，也是广为关注的热门话题。中国教育报于 2 月 5 日用一整版的篇幅刊登中国教育学会，就此问题邀请专家、学者座谈时发表的意见。3 月 31 日再次报导各界专家、学者座谈“教育要适应经济发展，也要遵循教育规律”的问题。12 月 29 日报导第五届全国中青年教育理论工作者“市场经济与教育改革”学术研讨会。与此同时，先后发表一系列文章，例如：王善迈的“市场经济体制下的教育资源配置方式”；陆钦仪的“社会主义市场经济与价值观教育”；廖德著的“建立与社会主义市场经济体制相适应的新的教育运行机制”；马长柱的“教育的市场服务与非市场服务”；吴耀成的“市场经济与教育模式”；谈松华的“教育体制与经济体制的配套改革势在必行”。以及项贤明与黄甫全商榷“教育与市场：是参与还是本质的裂变？”等文章。

［**基础教育宣传**］ 1993 年，中国教育报着重报导九年义务教育的实施情况和经验。先后报导了国家教委召开全国初中工作会议，强调扎扎实实推进九年义务教育；柳斌提出 90 年代基本普及九年义务教育的五项原则；朱开轩讲话强调认真抓好基础教育这一头等大事；国家教委召开基础教育形势分析会情况及各地实施义务教育的经验。先后宣传了北京市率先提前实现“两基”；上海市落实九年义务教育课程计划，加强初中教育，使 90 多所薄弱初中面貌大变；天津市高标准“普九”；河北实施义务教育的 6 条新举措等。

重点宣传中小学德育工作。5 月 17 日，报导了李岚清副总理提出要用好传统教育下一代；9 月 8 日到京郊山区看望中小学教师时，再次强调要生动地进行国情、近现代史教育和中华民族优秀传统美德教育。本报为此发表评论员文章：大力加强爱国主义教育；社论：继续深化爱国主义教育；社论：加强祖国优秀文化传统教育。7 月 31 日刊登国家教委选出百部爱国主义教育影视片，决定在全国中小学开展爱国主义影视系列教育活动。在此之后，连续报导了各地各类学校收看情况及教师学生的观后感。

呼吁增加和落实教育经费。1 月 11 日一版头条公布国家教委、人事部、财政部联合发出通知：迅速兑现教师工资。4 月 28 日发表本报评论员文章：绝不允许拖欠教师工资。8 月 25 日刊登国家教委召开电视会议要求尽快妥善解决拖欠教师工资。9 月 10 日报导李岚清副总理要求各地主要领导亲自过问，采取果断措施尽快解决拖欠教师工资问题，并先后报导了国家教委朱开轩等正副主任对解决这一问题的多次讲话以及各地解决这一问题的动态。

此外，还大量报导了基础教育教学管理与改革和督导工作等情况。

［**普通高等教育宣传**］ 在高等学校党建和思想政治工作方面，7 月 27 日报导了全国高等学校党建工作会议精神，江泽民总书记会见全国高等学校党建工作会议代表。李岚清讲话指出：“各级地方党委和政府要切实加强、改进高校党建和思想政治工作的领导”。本报发表评论员文章：把高校党建工作提高到一个新水平。9 月 28 日公布中央组织部、中央宣传部、国家教委发出：加强改进高校党建和思想政治工作意见。10 月 2 日全文刊登朱开轩在高校党建工作会议上的报告等。先后报导辽宁、山西、江苏、陕西、上海，加强高校党的工作；郑州大学、辽宁师大、东莞理工学院多数学生要求入党。报导落实党建会议

精神，推动理论课改革，北京构建“特色理论”为中心的理论课体系。4月21日报导江泽民总书记对海南大学的同学们说，大学生的任务就是学习。希望大学生们养成艰苦奋斗、勤俭节约的优良作风。10月26日报导李岚清与三好学生代表座谈，希望大学生发奋学习全面发展。12月7日刊登朱开轩谈当代青年大学生的历史责任。本报开设“开创思想政治工作新局面笔谈”专栏。发表孔繁壮的文章：增加思想教育的力度；刘善仕的文章：引导大学生树立集体主义价值观；陈占安的文章：新形势下高校思想政治工作的新任务。3月19日报导高校一批中青年理论工作者提出：中国特色社会主义理论应是高校思想教育重点。4月13日介绍清华大学政治辅导员制是加强大学生思想政治工作的成功经验。11月19日报导杯炎志在全国高校宣传部长培训班上提出：用建设有中国特色社会主义理论作指导，努力改进高校的思想政治工作。

在普通高等学校教育教学改革和发展方面，1月29日报导国务院批转国家教委《关于加快改革和积极发展普通高等教育的意见》。接连报导各地高等学校改革举措纷纷出台。从4月21日起至年底先后报导了李岚清副总理在深圳大学讲话，希望改革的步子走得快一些，努力探索建设有中国特色社会主义大学的新模式；国家教委《关于深化普通高校招生计划改革和加强宏观管理的意见》；国家教委批准广东高教进一步扩大高校办学自主权的改革试点方案；国务院研究室教科文卫组关于高等教育发展中若干问题的调查等。

在高等学校科技工作方面，7月16日报导了江泽民总书记与西安交大师生座谈，强调发展科学技术这个第一生产力；本报先后报导：上海高校科研重心转向主战场；北京大学方正集团公司成立；大学生科技成果展交会举行；南开大学建成我国第一条镍氢电池生产线；军队院校科技成果展出1100多个项目、中央军委授予国防科技大学“科技攻关先锋”荣誉称号；哈工大创办高新技术园区；福建加快高校科技体制改革；吉林省出台高校校办产业优惠政策；辽宁省长与高校校长面商社会各方面共促高校科技产业；甘肃工业大学办高新技术产业实体科研成果直接为发展国民经济服务；南京大学实行“一校两制”创建企业集团。本报发表社论：发展高校科技产业，为教学科研服务。12月15日报导我国高校科技产业发展势头强劲，已有500多家高校企业进入高新技术开发区。6月18日报导大学生百县千乡科技文化服务工程启动，全国100多所高校的1000多项成果转让。李岚清副总理参观大学生百县千乡工程项目洽谈会并题词：学习与实践结合、为科技现代化服务。国家教委副主任韦钰考察哈工大高新技术园区，提出高教改革要围绕教育教学改革这个中心。

［**职业技术教育宣传**］　宣传了兴办校产，以职养职。报导王明达提出“各级政府和教育部门都要高度重视校办产业，要从贷款等政策方面给予支持”；全国职教校办企业产品在京展销。还先后报导南宁第一职业高中产学营一条龙；沈阳市第二服装职业高中实行产业化办学等经验。宣传面向市场，加快改革。报导李岚清副总理出席国际职业技术教育研讨会开幕式并强调“职业技术教育是现代化建设支柱”。发表孙起孟《职业教育是整个经济改革的重要组成部分》；王明达《尽快提高我国职教总体水平》等文章。还先后报导了南京市江浦县发展职教主动适应经济建设；温州职教面向市场效益显著；河北任丘职教中心与经济建设并轨等经验。此外，还报导了职业技术教育的管理体制和课程设置改革；招生和分配制度的改革；和“双元制”试点及经验等。

[**成人教育宣传**]　在职工教育方面，报导了全国职工培训率达37.5%，4000多万人参加培训。发表刘大星的文章：职工教育体制改革放权企业，引入竞争。并先后报导：呼和浩特市职工教育点面结合；长江轮船总公司加快岗位培训；黑龙江农业银行职工中专按需办学；齐鲁职工中专办学不花国家一分钱；宝钢采用"四段式"培训模式等经验。

在扫盲工作方面，刊登了国务院作出《关于修改扫盲工作条例的决定》；王明达在贯彻落实《决定》和纪念国际扫盲日会上讲话："统一思想、采取措施、保证完成扫盲任务"；我国累计扫盲1.85亿，2000年将基本扫除青壮年文盲。此外还刊登全国二届"巾帼扫盲奖"获得者李银花、山西扫盲名人郭焦顺的事迹，以及全国各地扫盲的新举措新成绩，还有国家教委对吉林扫盲抽查验定青壮年非文盲率已达95%以上等。

在成人高、中等教育方面，报导了李岚清在全国经济管理干部研究会上讲话强调，要使成人教育成为青年成才的大道；国务院办公厅转发国家教委意见进一步改革和发展成人高教；公布国家教委关于进一步改革和发展成人高等教育的意见和今年成人高校招生新规定；刊登国家教委发布《通知》重申成人高校招生纪律。此外还报导了福建制止成人高教乱招生乱办学。及各地成人教育的改革和继续教育的经验等。

在自学考试方面，报导了王明达谈自学考试改革"专业设置要适应经济发展需要"；全军首届高教自考生毕业；甘肃自学考试增开门类调整结构；高教自学考试在香港设点适应香港回归满足同胞愿望；浙江自学考试社会助学向深广度拓展等。

在电化教育方面，先后报导了广播电视教育网覆盖全国；全国学校电化教育已成网络；电视大学开创非学历教育新路和福建、山东、辽宁、西藏等地电化教育情况。

对社会力量办学方面也作了适当反映。8月17日报导朱开轩关于民办学校的几个问题谈话"积极支持，正确引导"；8月26日刊登国家教委发布《民办高等学校设置暂行规定》；10月8日报导王明达考察四川民办高校时要求支持民办高校依法办学，重视教育质量，全面贯彻教育方针；11月24日报导国家教委批准北京试点民办高校参加学历文凭考试。此外还先后报导：宁波制定民间办学规章；天津师大应用文科学院国有民办；沈阳出台民办校办学政策；福州完善社会力量办学管理；上海社会力量办学专业设置市场化、专业主体多元化；江苏社会力量办学初成体系。9月21日发表本报评论员文章：积极促进民办高等教育健康发展。

[**民族教育宣传**]　报导了少数民族教育的改革和发展。1月1日报导：110个民族教育先进集体200名，各民族先进个人获国家教委、国家民委的联合奖励；2月20日报导云南政协设立民族教育特别奖，49名边疆山区教师获奖。还先后报道：甘肃民族教育发展快，每个牧业县都有寄宿制中学，73%牧业乡有寄宿制小学；云南民院把函授夜大办到边远县；吉林、湖南、内蒙古初步形成民族教育体系；贵州重点发展民族师范等。

报道了对口支援的情况。3月10日报道教育支援西藏工作会议召开，50年代中期以来各省市选派援藏教师达6000余人次，1985年起内地举办的西藏班累计招生1万余人。还先后报道山东、辽宁、北京、天津、上海等地对口支援民族贫困县发展教育。

[**星期刊和新闻摄影宣传报道**]　星期刊着重宣传改革开放的形势及所取得的成绩；教育方针和尊师重教的宣传；传统道德和优秀民族文化宣传报导；宣传优秀影视片等。新

闻摄影报道注意采用图文并茂的形式，报道各种先进人物和先进事迹，增强了宣传效果；组织专栏画刊，使报道更加生动，如以《开拓前进再创辉煌》为题，报道八届全国人大一次会议、全国政协八届一次会议的盛况。

撰稿 宁守合
审稿 朱新钧 李兆汉 俞家庆

《人民教育》杂志

［**宣传教育方针**］ 1993年，《人民教育》发表了一批有影响的言论，对教育发展和改革起了导向作用。《人民教育》对《中国教育改革和发展纲要》、《中华人民共和国教师法》、《小学德育纲要》等重要的指导工作的文件都突出进行宣传。及时刊登党中央、国务院和国家教委领导同志对工作有重要指导作用的讲话、文章，根据国家教委领导意图，针对教育战线实际工作中存在的问题，撰写社论、评论，使国家教委的指导精神通过刊物直接贯彻到基层。比如：

邓小平同志1992年春南巡谈话后，贯彻小平同志关于教育工作要“三个面向”的指导思想，对于教育事业的改革和发展显得更为重要而迫切。《人民教育》1993年第1期发表了评论员文章《在新形势下，进一步贯彻落实小平同志‘三个面向’的指导思想》，文章指出：“邓小平同志关于‘三个面向’的思想，是他建设具有中国特色社会主义理论的一个重要组成部分，为我国的教育改革指明了方向”，“‘三个面向’是基础教育改革一切举措的准绳。”评论发表后，受到教育界和新闻界的普遍重视。1993年新华社向全国发的第一篇教育通稿，就是这篇评论；新华社《每日电讯》《人民日报》《光明日报》《文摘报》《报刊文摘》等先后摘要转载；一些地方教育刊物全文转载。这篇评论获国家教委“1992—1993年教育好新闻(言论)”一等奖。

《人民教育》1993年第2期发表的柳斌同志就1993年中小学教育工作答本刊记者问，阐述了“在当前形势下加强基础教育的重要性”、“根据国家教委1993年的工作部署，中小学教育工作应着重抓好哪几方面工作”、“当前中小学教育存在哪些薄弱环节”、“在推动中小学教育教学改革方面，国家教委今年将有哪些措施”等问题，对基础教育工作有很强的针对性和指导性。

正当社会上和教育界对举办民办学校的方针，尤其是对所谓“贵族学校”有议论，人们思想上产生困惑的时候，《人民教育》及时刊登朱开轩同志的文章《积极支持，正确引导——关于民办学校的几个问题》(《人民教育》1993年第7—8期合刊)，文章指出：“民办学校的肇兴，有利于调动社会团体和公民个人办学的积极性，繁荣社会主义教育事业；有利于打破政府包揽办学的格局，推动我国办学体制的改革；也有利于缓解政府教育经费困难和分解社会就业负担，在一定程度上满足社会对教育的多方面的需求。因此，这是一件利国利民的好事。”“对于民办学校，国家一直采取积极鼓励、大力支持的方针。”文章同时指出：“近年出现了个别以贵族教育为办学宗旨的所谓‘贵族学校’，有的学校甚至一开始就定名为‘贵族学校’。这类学校正受到社会各界广泛注意。必须明确指出，培养‘贵族’是违背我国教育方针的，不利于青少年儿童健康成长，我们不赞成，也不应批准举办以贵族教育为宗旨的‘贵族学校’，已办的这类学校应尽快让其改变办学宗旨。”朱开轩同志的这篇文章发表后在社会上产生很大影响，一些报刊纷纷摘要转载。

根据李岚清同志要重视传统美德教育的指示精神，《人民教育》发表的罗国杰同志撰写的文章《关于弘扬中华民族优良道德传统的思考》(1993 年第 11 期)，受到各级教育部门的广泛重视。

1993 年，《人民教育》还发表了李岚清同志《认真学习邓小平教育思想，把教育改革和发展推向新阶段——在首都纪念邓小平同志“三个面向”题词十周年大会上的讲话》、李铁映同志《社会主义现代化建设的奠基工程——认真学习、宣传和实施〈中国教育改革和发展纲要〉》、朱开轩同志《关于教育工作的报告——1993 年 10 月 28 日在第八届全国人民代表大会常务委员会上》、柳斌同志《当前基础教育工作中的几个问题》、邹时炎同志《要重视环境教育》等领导同志的文章，这些文章对全国教育工作具有很强的指导性。

[**传播教育教学改革经验**]　1993 年，《人民教育》以很大的热情去发现群众的创造，发现典型经验，并精心总结提炼，在刊物上报道。比如：

1993 年《人民教育》对上海市建平中学整体教育改革经验的宣传报道在全国产生了广泛的反响。上海市建平中学从 1985 年开始，致力于面向经济建设和社会发展、面向 21 世纪的整体教育改革，转变教育思想，在培养“合格加特长”的学生方面，有很多开创性的工作。胡乔木同志生前曾对这所学校的改革给予充分的肯定。《人民教育》1993 年第 9 期发表了长篇通讯《跨世纪教育工程》，介绍建平中学的改革经验。上海市教育局于 1993 年 10 月召开 3000 人大会在全市推广建平经验。北京市等地教育部门主要负责同志带队到建平中学考察。山东、四川、广东等省的一些地市教委将《跨世纪教育工程》一文，复印或印成小册子发给各中学教师学习。山东省青岛市教委党委理论学习中心组专门组织学习《跨世纪教育工程》一文，与会同志说：“最近一个时期，我们一直在思考着：在贯彻《中国教育改革和发展纲要》的新形势下，教育工作怎样抓住这个难得的机遇，加快我市教育的改革和发展。《人民教育》所刊载的上海建平中学的整体教育改革的经验，如击浪之石，撞击着我们的心扉，激起了深沉的思考。”澳大利亚驻沪总领事馆将《跨世纪教育工程》译成英文电传回国，总领事夫人将翻译稿送建平中学供外事活动使用，并说：“我们非常感兴趣贵校用创新方法去解决所面临的教育挑战，我们希望有机会更多地了解你们解决这些重要问题的理论和方法。”香港大学教育学院派黄锦章博士一行到建平中学考察。

1993 年第 6 期发表的通讯《把教育放在万事之首》，报道了北京市市委书记陈希同重视教育的生动事迹。在陈希同同志领导下的北京市委、市政府重视教育工作，把教育放在万事之首，多年来切切实实按照小平同志的思想，认真把教育放在重要的议事日程上，带头联系学校，切实解决教育的投入和办学条件，推动学校内部管理体制改革，年年为教育事业办实事，取得显著的效果。这篇通讯，充分报道了北京市委、市政府把教育摆在优先发展的战略位置，扎扎实实抓好教育工作的经验，在全国树立了重视教育、真抓实干的党政领导干部的典型。

1993 年第 3 期发表的通讯《为了深圳的今天和明天》报道了深圳市委副书记林祖基为教育办实事的感人事迹。从 1988 年以来，深圳市委常委、秘书长林祖基兼任市教委主任上任后，就提出了深圳教育要创“五个一流”的奋斗目标：创一流的校园环境，一流的教学设备，一流的管理水平，一流的师资队伍，一流的教育质量。他以火热的感情，去烘暖无数执著躬耕者的心房，为教育筹集了大批资金，真抓实干，讲究效率，使深圳的教育改革和发展取得了显著的成绩。

1993 年，《人民教育》还宣传了上海市基础教育改革的经验(第 1 期《巨龙飞动千凤舞》)，北京景山学校贯彻邓小平同志“三个面向”题词、开展教改实验的经验(第 10 期《在“三个面向”题词指引下》)，厦门第一师范学校附小开展“和谐教育”实验的经验(第 4 期《培养跨世纪接班人》)，江苏张家港市发展教育促进经济振兴的经验(第 2 期《教育与经济起飞》)，山东省济宁市霍家街小学“减轻负担，提高质量”教育改革的经验(第 9 期《让儿童生动活泼地成长》)，河南许昌实验小学教育改革的经验(第 3 期《给学生插上智慧的翅膀》)。这些经验对推动各地教育教学改革起了积极的作用。

1993 年，《人民教育》宣传了江苏省海门县木桩港学校校长彭惠堂、北京市昌平农业职业技术学校校长欧学广等先进人物典型，尤其突出宣传了湖南省湘西民族中学教师严杰夫、河北省获鹿中学教师王宏献、内蒙古自治区乌兰浩特二中教师特古斯、辽宁省沈阳市 128 中学教师张建华等一批优秀青年教师。

[为提高教师和校长的素质组织文章]

(1)为教师提供有价值的教学参考。《人民教育》在“教学研究和指导”专栏发表了王晋堂的《教学艺术系列讲座》、刘沛生的《谈小学语文“学法指导”实验》、郑镇峰的《传授知识与培养能力的辩证关系》、路延捷的《改革小学作业批改的思考与实践》、廖福燕的《复现教学法在英语教学中的运用》、张肖虎的《谈小学音乐教师的知识结构》等一批学科专家和优秀教师有见解的文章。在“心理健康教育讲座”专栏发表了郑日昌的《不可忽视对学生的心理健康教育》、郭德俊的《教育应成为学生的心理保健医生》、章志光的《教育要遵循学生心理发展的规律》、路文举的《开设心理健康教育课的尝试》等一批对教师有启发、借鉴作用的文章。《人民教育》1993 年第 7—8 期刊登的人教版九年义务教育教材介绍专辑，给教师教学以切实的帮助。(2)组织《校长岗位培训》征文活动。为了在全国范围内广泛交流做好中小学校长岗位培训工作的经验，推动轮训百万中小学校长这一战略任务的顺利完成，从 1991 年至 1993 年，《人民教育》编辑部和国家教委人事司联合举办《校长岗位培训》征文活动。到 1993 年，共收到来自 29 个省、市、自治区的应征稿件 1689 件，其中优秀稿件在《人民教育》发表后，引起各地教育行政部门、干训部门以及广大中小学校长的关注。(3)组织《教师——美好的职业》散文征文活动。《人民教育》致力于繁荣发展文艺创作，以文艺的形式讴歌人民教师的奉献精神和创造精神，让全社会了解教师的高尚情操，理解教师的辛勤劳动。从 1992 年开始，《人民教育》与深圳市教育局联合举办了《教师——美好的职业》散文征文活动，目的是要讴歌教师职业的神圣、美好与崇高，抒发人民教师的幸福感和自豪感。这次征文对激发教师的职业荣誉感有很大作用，在全国中小学教师待遇不高、队伍不稳定的情况下，举办这项征文，更有特别意义。至 1993 年底，征文已收到来稿 4000 余篇。应征稿件择优在刊物上发表后，在广大教师中产生了积极的影响。(4)扩大信息量，介绍外国教育情况，帮助教师拓宽视野，活跃思路。1993 年，《人民教育》不断改进版面，增加刊物容量。“教育信息”专栏重点介绍教育教学改革信息。“外国教育”专栏和

“台港澳教育”专栏刊发了《美国教育改革的新趋势》《日本的六年一贯制私立中学》《面向2000年的法国教育》《德国的“双元制”职业教育》《对新加坡教育的印象》《台湾国民教育概述》等文章。(5)为教师的切身利益提供帮助。《人民教育》的“教师咨询”专栏,是受到读者欢迎、收到来信最多的栏目之一。这个栏目把党和政府的政策、法律、法规直接送到广大教师面前,为他们答疑解难。

1993年,《人民教育》的“教改论坛”、“县区教育局长经验谈”、“班主任工作”、“当代师表”、“教改实验”、“初中校建设”、“复式教学”、“职业教育”、“师范教育”、“勤工俭学”、“幼儿教育”、“体育与卫生”、“短章集粹”、“红烛”、“教育杂谈”、“教师书画”等一批传统栏目,得到进一步改进提高,刊发了大量受教师和教育行政部门欢迎的文章。

撰稿　刘堂江

审稿　朱世和

《中国高等教育》杂志

[**宣传《纲要》精神**]　1993年,《中国教育改革和发展纲要》颁布后,《中国高等教育》及时刊登了全文和李铁映、朱开轩等领导的有关讲话,配发了社论《努力实现宏伟蓝图,迎接高教新发展》和《突出重点,认真实施纲要》、《善于抓住机遇,全面协调发展》、《保持清醒头脑,发展大好形势》等评论员文章;在“校长论坛”栏目,组织编发了北京大学、清华大学、上海交通大学、浙江大学、同济大学、北京农业大学等校长关于贯彻实施《纲要》的文章;发表了国家教委高等教育司、计划建设司、高校学生司、学位委员会办公室、成人教育司等负责同志的文章,从各个方面阐述落实《纲要》的关键、要点和近期举措;还专门开辟了“贯彻《纲要》,深化改革”栏目,集中介绍了广东省、吉林省高教战线贯彻《纲要》的举措。同时,为深入宣传《纲要》的指导思想和战略方针,结合邓小平同志“三个面向”题词发表10周年,发表了《坚持“三个面向,深化教学改革》的评论员文章和《坚持“三个面向,做到“三个重视”》的文章;年底,结合纪念毛泽东同志诞生100周年,组织编发了一组学习毛泽东思想,改革发展高等教育的专题文章。为了针对加快经济体制改革、逐步建立社会主义市场经济体制的新形势下高教改革与发展中遇到的一系列新问题,从理论上和实践中探讨高教改革和发展的重大问题,《中国高等教育》编辑部和国家教委高教司等单位共同发起开展“建设有中国特色的社会主义高等教育的理论”课题研究,并将研究的部分成果及时刊发出来,如《认真研究高等教育与社会主义市场经济的关系》、《略谈高等教育与社会主义市场经济》、《高等教育:面对“市场”的困惑与探索》、《高教改革适应市场经济体制之我见》等等。

[**宣传高校党建和思想政治工作经验**]　根据新形势下党的建设和思想政治工作决不能削弱而必须进一步加强的精神,结合1993年全国高等学校党的建设工作会议宣传,及时刊发了朱开轩同志在会上的报告和特约评论员文章《进一步加强和改进新形势下高校

党的建设和思想政治工作》。在党的建设方面,发表了南京大学、华中理工大学、浙江大学、厦门大学等近20所大学党委的文章,着重宣传在新形势下加强党的建设和领导班子建设,发挥领导核心作用,促进和保障教育改革,推动学校各项工作全面协调发展的思想认识和新鲜经验,如《加强党的建设,促进学校各项工作的开展》、《加强领导班子建设是深化改革和推动事业发展的关键》、《从高校实际出发,加强基层党组织建设》等。在思想政治工作方面,着重宣传以邓小平同志建设有中国特色社会主义理论武装师生员工,加强人生观、价值观、爱国主义、集体主义教育,改进德育工作,发表了《贯彻党的十四大精神,加强和改进高校思想政治教育工作》、《注重实效,加强和改进高校德育》、《新时期高校党建和思想政治工作要做到"三个适应"》、《抓好思想理论建设,培养跨世纪接班人》等一批文章。为推动政治理论课教学,发表了《适应形势要求,提高马克思主义理论课教学效果》等成组文章。

[**宣传教育教学改革发展情况**] 在新形势下,高等教育的规模和数量发展较快,而由于市场经济大潮的冲击对学校所产生的副作用,出现教育教学工作受到一定程度的忽视,投入不足,存在质量滑坡的潜在危险。针对这种情况,《中国高等教育》加强了教育教学工作和深化改革的宣传,发表了较多的文章,仅"教改纵横"栏目,全年就达100多篇。包括适应新形势加快改革步伐,加强学科建设,改革教学内容、方法、手段和教学管理工作,树立良好的校风、教风、学风,大力提高教学质量等方面。及时撰写了《不能忘记"根本"》的文章,发表了国家教委高教司司长周远清的访谈录《突出教学主旋律,推动质量上台阶》,产生了较大影响,一些学校把这些文章和《纲要》等文件汇编在一起,印发给广大教职工。杂志全面地编发了文、理、工、农、医、师等各科类教学改革的文章,编发了学位与研究生教育改革、高等专科教育模式的改革、成人教育、继续教育、自学高考、产学合作教育等方面的改革经验,还编发了获全国教学优秀成果奖的典型经验、国外高等教育情况介绍和教育国际交流等方面的文章和资料。这些宣传内容,对高等学校抓住教育教学工作这一核心和根本,促进深化改革,保证和提高人才培养质量,发挥了正确的舆论导向作用。在高等教育发展方面,《中国高等教育》着重宣传"规模有较大发展,结构更加合理,质量上一个台阶,效益有明显提高"的发展目标和全面、协调、稳步发展的观点,注重宣传处理好规模、速度与质量、效益的关系,实施"211工程"、重点发展与一般发展的关系,宏观管理调控与扩大学校办学自主权的关系。发表了《90年代我国高校改革和发展目标的思考》、《在新形势下做好普通高校招生计划管理工作》、《面向21世纪,重点建设一批高等学校和重点学科》、《对高等教育发展速度的几点认识》等一批有影响的文章。在高等教育体制改革方面,按照建立国家统筹规划和宏观管理,学校面向社会自主办学的改革方向,着重宣传正确处理好国家、社会、学校三者之间关系,探讨中央部委所属高校管理体制改革的途径,推动学校内部管理体制改革和综合改革,以及招生、毕业生就业制度改革等方面的经验,发表了《关于改革中央部门所属高等学校管理体制的思考》,《全面推进高校内部管理体制改革》、《逐步建立适应社会主义市场经济体制的高校招生和毕业生就业制度》等一批重点文章,以及北京市、广东省等地方政府领导同志的文章。

[**宣传《教师法》**] 结合《中华人民共和国教师法》的发布施行,《中国高等教育》刊登了《教师法》全文和朱开轩主任在八届人大四

次会议上所做的说明，配发了社论，同时组织编发了李岚清副总理在座谈会上的有关讲话及多篇专论文章(部分稿件继续刊发于1994年1、2期)。针对高校教师正处于新老交替的关键时期，以及在新形势下存在教师流失、队伍不稳的情况，全年共刊登了有关在市场经济条件下保持教师队伍稳定，加强中青年教师培训提高，选拔培养学术骨干和学科带头人，加强师资队伍管理，提高教师待遇，以及培养学校管理干部队伍等方面的文章和典型经验10余篇，如哈尔滨工业大学的《加强青年教师队伍建设，培养新一代"八百壮士"》，山西大学的《我校师资队伍建设的初步经验》，河南大学的《采取措施培养中青年学科带头人》等。还编发了1993年国家教学优秀成果奖，第二届优秀教材奖，1993年教育系统劳动模范、优秀教师、优秀教学工作者，资助优秀青年教师基金等方面的文章和资料。

[高校科技改革和发展科技产业等宣传]

在近年来高校科技发展十分迅速，改革不断深化的形势下，面对新形势，也遇到资金不足、人力分散、成果转化困难等问题，对此，《中国高等教育》着重宣传抓住机遇，加速改革，进一步推进发展，力促成果转化，争取上新台阶等方面的经验和典型，发表了东南大学校长韦珏(现为国家教委副主任)的文章《瞄准市场经济，力促成果转化》，国家教委科技委主任唐有祺答本刊记者问《高校科技如何适应社会主义市场经济》，国家教委科技司副司长张酉水的《迎接挑战，加快改革高校科技工作》等一批有较大影响的文章。在高校科技产业和校办产业方面，发表了《应当为高校校办产业正名》、《高校科技开发产业亟待扶持》、《在不断改革中发展校办科技企业》等文章，以及《上海高校校办产业越办越火红》、《长春邮电学院大力发展校办产业取得成效》等经验报导。年底，发出了"高教杯·高校科技开发与产业"征文启事，拟在1994年进一步加强宣传报导。在高校后勤社会化方面，1993年《中国高等教育》侧重加强了宣传，发表了《高校后勤系统改革的简要回顾》、《社会化——高校后勤发展的方向》等综述性文章和《后勤深化改革，重在转换机制》、《高校后勤应尽快建立适应社会主义市场经济的运行机制》、《异军突起的高校后勤产业》等文章和典型经验，还发表了论述委属高校校园环境建设成就的长篇报导《携手同心，共创校园新天地》，介绍重庆大学后勤改革经验的文章《锐意改革求发展，扭住服务不放松》，综合报导高校住房问题的《"安居工程"透析》和吉林工业大学《公费医疗经费怎样才能不超支》的好经验。

1993年，《中国高等教育》在继续提高指导性的同时，在密切联系学校实际，贴近群众，增强可读性，改进版面等方面取得了新的成绩。全年发稿篇数增加了近二分之一。信息量大大增加，文章更趋短小精彩，新开辟的栏目如"热门话题"、"管见篇"等，较受欢迎，杂志刊登了较多的照片、资料、简讯，并开始安排中间的照片插页，使版面更趋生动活泼，富有吸引力。

撰稿　张笛梅
审稿　杨曙望

北京市教育

概　况

［各级各类教育发展情况］

1993年各级普通学校基本情况

单位：人

学校类别	学校数（所）	毕业生数	招生数	在校学生数	教职工数 计	教职工数 其中专任教师
一、普通高等学校	67	38373	60319	179927	96666	34063
研究生		5485	8114	21021		
本　科		26119	35040	128847		
专　科		6769	17165	30059		
二、中等专业学校	117	15852	21269	61773	14856	6315
中等技术学校	97	11969	16429	48791	12357	5005
中等师范学校	20	3883	4836	12982	2499	1310
三、普通中学	686	119760	182384	523655	68043	43188
高　中	284	27428	26574	78679		8587
初　中	402	92332	155810	444976		34601
四、农业、职业中学	178	17498	22863	56062	9895	5487
高　中	178	17312	22757	55956		
初　中		186	106	106		
五、工读学校	6	188	199	479	425	171
六、小　学	3194	157838	176175	1022645	72491	58731
七、特殊教育学校	19	926	1033	8231	882	603
八、幼儿园	3369			372368	44741	21181

制表　耿　申　李同铮

1993年各级成人学校基本情况

单位：人

学校类别	学校数（所）	毕业生数	招生数	在校学生数	教职工数 计	教职工数 其中专任教师
一、成人高等学校	90	29918	59380	147114	18457	6910
广播电视大学	2	1182	2914	6735	1221	379
职工高等学校	50	4465	15053	43199	8515	3434
农民高等学校						
管理干部学院	34	3539	7512	12250	7992	2752
教育学院	2	1586	539	2590	593	247
独立函授学院	2	401	564	1968	136	98
普通高校举办						
函授部		11770	21536	52760		
夜大学		6139	10052	25459		
干部专修科		836	1210	2153		
二、成人中等专业学校	139	16478	22805	60310	7996	3348
广播电视中专	1	5177	5407	16908	959	439
干部中专	13	355	1230	2931	684	192
职工中专	86	5723	10024	24948	3473	1454
农民中专	16	4458	5773	14402	770	326
教师进修学校	23	765	371	1121	2110	937
三、成人中学		4996	6145	12313	6364	2998
职工中学		4721	5972	11816	5598	2720
农民中学		275	173	497	766	278
四、成人技术培训学校		1436788				
职工技术培训学校		874777				
农民技术培训学校		562011				
五、成人初等学校		1466	578	3718	535	39
职工初等学校		384	250	3125		
农民初等学校		1082	328	593	535	39
其中：扫盲班		607	298	444		

制表　张道明

基础教育

[概述] 1993年,北京市普教系统学习贯彻《中国教育改革和发展纲要》,坚持解放思想、实事求是,继续以提高教育质量为中心,以加强干部、教师队伍为重点,推进和深化教育管理体制改革、教育结构改革和教育教学改革,基本完成了九年义务教育,教育教学质量稳步提高。

1993年1月,北京市教育局召开工作会议,提出:(1)九年义务教育工作1993年全部达到办学条件的基本标准;职业教育有一个较大的发展;以减轻小学生过重课业负担为重点,全面提高教育质量。(2)从全市普教实际出发,扩大试点,落实市教育局提出的14项改革意见。(3)全面提高与重点培养相结合,进一步加强干部教师队伍建设。7月,市政府召开教育工作会议,布置学习贯彻《纲要》,提出在2000年北京市普及高中阶段教育的设想。随后,市教育局再次召开工作会议,组织学习贯彻《纲要》,落实市政府会议精神,研究本世纪末北京市普通教育发展思路。提出到2000年北京市普教发展的总目标是:以干部和教师建设为重点,以提高教育质量为目的,提高各级各类学校办学水平,出现一批一流学校,初步形成有中国特色、首都特点的北京普通教育体系。会议探讨了到本世纪末北京市普及高中阶段教育的设想。

1993年,全市中小学办学条件进一步改善,校办企业利润大幅度增长。城近郊区初中二部制改、扩建工作取得较大进展。到1993年累计总投入9754万元,新增校舍14万平方米,普通教室增加2897个,专用教室增加247个。山区寄宿制学校进一步发展。新建扩建学校25所,至此,远郊山区共有寄宿制小学62所。1993年初普查的危房校舍21574平方米,到8月底全部抢修完毕。1993年,全市校办企业总产值达到26.2亿元,纯收入达2.6亿元,分别比上年增长41.6%和21%。全市规模企业不断增加,规模效益有所加强。纯收入超过百万元的企业达到40个。市校办企业公司大力发展直属企业,新增企业50多个,全市直属企业总数突破200个。

[完成九年义务教育] 1993年10月,北京市最后6个乡宣布达到实施九年义务教育的办学条件基本标准和普及要求。至此,18个区县全部达到国家教委和北京市规定的实施九年义务教育的各项评估指标要求,完成了九年义务教育。国家教委抽查认定:北京市在全国率先提前实现了"基本普及九年义务教育,基本扫除青壮年文盲"的目标。

1986年7月1日,《中华人民共和国义务教育法》正式颁布实施,7月8日,北京市第八届人民代表大会常务委员会第29次会议通过了《北京市实施〈中华人民共和国义务教育法〉办法》。实施办法第二条规定:"义务教育达普及标准的年限,城区、近郊区的城市地区和远郊县城为1987年,农村地区为1990年,个别有特殊困难的地方,经区(县)人民政府报请同级人民代表大会常务委员会批准,可适当推迟。"依此办法,各区县于1986年末至1987年初制定并开始实施九年义务教育规划。在实施过程中,部分远郊区县，从当地社会与经济发展的实际出发又于1988年和1990年对实施规划作了调整，并经市人大常委会审议批准。综合各区县实施规划，确定全市于1993年达到普及九年义务教育的基本标准和基本要求。1987年底，东城、西城、崇文、宣武、石景山5个区，朝阳、海淀、丰台区的城市地区和郊区县的县城地区，初步达到普及九年义务教育的基本标准和基本要求，这些地区的人口约占全市人口的55％。1990年底，朝阳、海淀、丰台区的全部农村地区，远郊区县的大部分平原地区及部分山区共183个乡镇，初步达到普及九年义务教育的基本标准和基本要求，这些乡镇的人口约占全市人口的33％。1993底，远郊区县的边远地区及贫困山区共104个乡镇，初步达到普及九年义务教育的基本标准和基本要求，这些乡镇的人口约占全市人口的12％。

1993年，市政府、市人大对所属各区县实施义务教育情况进行全面检查验收，检查结果如下：

普及程度：(1) 小学入学率为99.98％；初中入学率为99.92％；残疾儿童，少年入学率为92.43％。(2) 小学生辍学率为0.01％；初中生辍学率为0.799％。(3) 15周岁人口的文盲率为0.11％。(4) 15周岁人口小学教育完成率为99.13％；17周岁人口初中教育完成率为97.24％。(5) 小学毕业年级语文、数学双科及格率为99.8％。(6) 小学生毕业率为99.92％。(7) 初中毕业中考及格率为90.84％。(8) 初中生毕业率为97.51％。(9) 小学生体育课及格率为98.4％；初中生体育课及格率为97.3％。小学生体育锻炼标准达标率为95.04％；初中生体育锻炼标准达标率为92.66％。(10) 1992年初中在校生违法犯罪率为0.52‰。

师资水平：(1) 小学专任教师学历合格率为95.58％；初中专任教师学历合格率为84.41％。(2) 小学教师达到中级以上职称的比率为31.5％；中学教师达到中级以上职称的比率为38.8％。(3) 城近郊区、远郊区县分别自1990年、1992年起，新补充的小学专任教师符合合格学历的比率为100％；新补充的初中专任教师符合合格学历的比率为99.02％。(4) 小学校级干部经培训的比率为90.94％，初中校级干部经培训的比率为86.43％。

办学条件：(1) 小学、初中学校的设置，满足适龄儿童、少年入学。(2) 小学、初中的校舍(受限制不能改造的除外)、教学仪器、图书和音、体、美器材均达到《北京市中(小)学办学条件标准》中的基本标准。其中有12％的小学、21％的初中达到一般标准；2％的小学、4％的初中达到较高标准。(3) 小学、初中校舍出现的危房，当年得到修缮。

教育经费：(1) 1992年市财政收入80.25亿元，比1991年增长4.2％；市财政对普教事业拨款为8.13亿元，比1991年增长16.48％；普教事业费增长率高于财政收入增长率12.28个百分点。(2) 1992年生均经费625.63元，比1991年增加81.09元，增长15.06％；年生均公用经费227.65元，比1991年增加14.19元，增长6.64％。

[**教学工作**] 1993年，全市中小学都按教学计划开齐了课程。城市地区小学和农村乡镇中心小学1至6年级全部开设了劳动课，有945所学校建立了学校、家庭、社会三结合的劳动教育体系，占中心小学以上总校数的77.9％。编写3—6年级劳动教材2册，录制了与文字教材相配套的小学劳动课声像教材，配备了小学劳动课的制作教材。有近两万名专、兼职劳动课教师。919所学校有劳动基地或劳动实践场所，占中心小学以上学校总数的75.8％。126所学校设有劳动课专用教室。全市普通中学建起劳动技术教育和社

会实践基地941个，劳动技术课开课率达到100%。

九年义务教育新课程方案在中小学全面实施。全市小学从1993年秋季入学的起始年级开始实施新课程计划。一年级新生使用北京市编写的语文、数学教材；各年级劳技课本均使用北京市编写的劳动教材。语文、数学、外语为考试学科，其它为考查学科；语文、数学、外语的毕业考试在区、县政府部门的指导下，由学校命题，小学升初中不另举行升学考试。1993年初，市教育局下发《关于九年义务教育小学、初级中学教材选用办法的通知》，对课程开设、教材使用、考试考查等工作提出要求，并向全市中小学推荐经国家审定的教材和北京市自编的实验教材，供学校选用。为落实课程计划，适应教材多样化的教学，教育局录制并下发了国家教委组织的实施义务教育课程方案电视讲座录相带，编辑出版了《九年义务教育课程教材学习指导》，教育行政部门和教研部门分别对中小学干部、教师进行了普遍培训。

1993年，德育工作增强了针对性和实效性。养成教育以落实《中小学生礼仪规范》和《中小学生行为规范》为主要内容，推动了良好校风和教风建设。市政府投资拍摄的《两史一情》录像带的正式使用和组织观看百部优秀影片的活动，进一步深化了爱国主义教育，增强了德育工作的渗透性。

1993年，北京市又出现一批"办有特色"的学校，培养出一批特长学生。1993年北京市国际中学生学科竞赛获奖面首次覆盖我国参赛的所有学科。1993年，重点高中和中等师范学校招生实行体育考试，进展顺利。健康教育面继续扩大，小学生受教育率超过80%，初中生接受青春期教育率接近70%。1993年，全市普教系统举办的各类校外教育基地达到353处，拥有专职教师410人、兼职教师2000人，为中小学生就近提供校外教育活动场所近5万平方米。历时36天的北京市中小学第二届艺术节极大地推动了学校艺术教育的发展。

［**农村小学和基础薄弱初中建设**］ 1993年，市教育局检查验收47所远郊农村中心小学，并对前5年验收合格的15所中心小学进行复查，10个远郊区县全部263所农村乡镇中心小学均达到办学条件的基本标准，管理水平和教育教学质量有较大幅度提高，农村初等教育整体状况明显好转。城近郊区23所基础薄弱初中学校综合治理取得进展，学校面貌有较大改观；在对远郊区县验收合格的202所基础薄弱学校进行复查的同时，继续组织验收了34所学校，至此，已有236所学校达到市教育局规定的办学条件和办学水平验收标准，占远郊10个区县254所乡镇中学的93%。通过检查验收，促进了乡管教育职责的落实，农村中学的办学条件得到较大改善，教育质量稳步提高。农村初中的中考及格率已由1988年的76.3%提高到1993年的88.4%，与城近郊区同期情况相比，由相差12.4个百分点降低到相差4个百分点。

［**调查中学教育质量**］ 1993年6月，市教育局成立调研小组，对中学教育质量进行全面调查。调研组深入到区县不同类型中学与师生广泛座谈，征求区县领导、大学领导、中学知名人士的意见，并从普及和提高的结合上，纵向和横向的比较上，认真分析了各种情况，写出调查报告。结果表明，绝大多数中学生在大是大非问题上观点明确，人生观、价值观基本正确，道德品质和行为习惯良好；中学生基本知识、基本技能有所提高，智力、能力有所发展；身体心理素质和劳动技能素质基本状况良好，体育和艺术特长生健康成长。调查组认为，各级党委和政府把教育放到了重要位置，"基础教育地方负责、分级管理"的

管理体制改革调动了各方面办学积极性，教育部门狠抓全面贯彻教育方针、全面提高教育质量，加强干部和师资队伍建设，多渠道筹措教育经费改善办学条件，是教育质量稳步提高的重要原因。当前教育质量上存在的问题和提高质量面临的困难主要是：师资队伍不稳，优秀教师缺乏来源；教育经费紧张，校长难以把主要精力放在教学上；中学入学高峰期来临，教育内部校舍及师资欠缺的问题突出。建议：各级政府要真正把教育放在优先发展的战略地位，进一步筹措资金，加大教育投入，进一步深化改革，加强教育教学管理。

［**高中教育**］　1993 年，实施普通高中教学计划调整意见第一轮工作顺利完成。普通高中必修课、选修课、活动课三个板块的课程结构初步形成。在执行普通高中教学计划调整意见的同时，高二后、高三后分流基本走上轨道，办学模式朝多样化方向发展。有 880 名高二结业学生转入中专、职业高中和专业技术培训班学习。高中毕业会考与高中教学计划调整同步进行，全市会考平均及格率达到 99.28%，初步调动了一般中学的教学积极性，对全面贯彻教育方针，面向全体学生起到了积极作用。

［**职业高中教育**］　1993 年，北京市职业高中主动适应当地建设和社会主义市场经济的需要，走“产教结合”的路子，加快发展步伐，初步形成多形式、多规格、多层次办学格局。举办初中后短训班，初三、高二后、高三后分流的职业技术教育基本走上正轨，并积极开展在岗培训。15 个区县建立了职教中心，使职业高中的教育科研、师训干训、信息服务一体化，职教市场服务体系进一步健全。

继续进行职业高中学校布局和专业调整。集中力量建设 14 所市级重点校、17 所农村骨干示范学校和一批办有特色的学校。独立设置的职业高中增加到 60 所，社会急需的商业服务、公交乘务及一批联办的第二产业有较大发展。根据市委、市政府到本世纪末全市要基本普及高级中等教育的要求，市、区县认真修订职业高中发展规划，市教育局加强指导，组织交流，介绍了崇文、宣武、石景山等区县进行职业高中规划调整的经验。

1993 年，北京市职业高中（中专）干部类专业报名参加录用资格考试的有 29 所中学，30 个专业，878 名毕业生。考试合格取得录用资格的 820 名，合格率达 93.4%。到 9 月 30 日止，已有 30 个单位的 703 名参加录用资格考试合格毕业生办理了干部录用手续，录用率为 85.6%。为进一步总结经验，完善录用资格考试办法，市人事局、市教育局于 10 月联合召开了职业高中（中专）毕业生录用资格考试研讨会，会议确定了 1994 年职业高中（中专）毕业生录用资格考试的总体思路。

1993 年，北京市职业高中、职业中专共有毕业生 17611 人，为搞好毕业生推荐录用工作，充分体现双向选择的原则，市教育局、劳动局、人事局及北京市职业高中、职业中专人才供需协作组联合于 5 月 22 日、23 日两天举办“北京市职业高中、职业中专毕业生推荐洽谈会”，设摊位的国家机关、企事业单位有 50 余家，1 万余名应届毕业生及家长到会参加咨询洽谈活动。通过供需见面，部分毕业生选择到适合自己专业的工作单位，用人部门也录用了合格满意的人才。截止到年底，应届毕业生录用率达 95%以上。

［**建立学校评价制度**］　随着义务教育普及工作的基本完成，督导评价工作重心转向努力提高义务教育质量方面。2 月，市教育局颁布《北京市普通中学教育质量综合评价方案（试行）》和《北京市小学教育质量综合评价方案（试行）》（以下简称《评价方案》）。此方案是教育行政部门、教育督导部门和各中小学统一使用的评价学校教育的基本标准，贯彻

了《中国教育改革和发展纲要》的有关要求和国家颁发的《中小学督导评估工作指导纲要》精神，体现了学校管理过程评价和学生群体质量评价相结合，学校自我评价和督导评价相结合，全面评价和特色评价相结合，定性评价和定量评价相结合的原则；增设了评价等级标准、评价方法和权重量表，提高了《评价方案》的可行性，同时提出了在全市建立中小学校自我评价和督导评价相结合的评价制度的要求。市教育局要求各区县教育行政部门、教育督导部门和中小学认真贯彻实施《评价方案》，逐步形成科学、有力的管理机制。在7月13日召开的北京市教育工作会议上，要求市、区县逐步建立中小学校自我评价和督导评价相结合的评价制度，建立和完善办学方向、办学水平和教育质量评价指标体系，不断提高综合评价水平，发挥教育评价的导向、激励、改进、鉴定等功能。至10月底，全市已对1014所中小学进行了综合督导评价，有12个区县依据市颁《评价方案》制定了具体实施办法或修订、制定了本区的评价方案，并在部分中小学进行了教育质量综合评价试点；有5个区建立了中小学自我评价制度，完成了1992—1993学年度学校教育质量自我评价工作。

12月16日，市教育局和市教育学会联合召开北京市第四届教育评价研讨会。副市长胡昭广在讲话中要求各区县政府把中小学教育质量评价工作当作一件大事来抓，切实加强教育督导、制度、督导机构和督导队伍，使北京市教育评价工作再上一个新台阶。

［**幼儿教育**］ 1993年，市教育局全面系统总结了北京第五幼儿园贯彻《规程》实验经验：(1)树立目标意识，改革幼儿园教育课程。(2)促进幼儿发展，不仅是知识技能的增长，而是心理机能和内在素质的提高。(3)改革师生关系和活动气氛，保证幼儿在轻松、自由的环境下主动地发展。为幼儿主动活动、交往、表现提供适宜的空间条件和充分的活动机会；改革教育方法，让幼儿在动手，动口，动脑活动中获得主动发展。(4)根据幼儿不同年龄不同班级提供不同环境，为不同发展水平的幼儿提供不同层次的玩具材料。市教育局向全市幼教系统推广了第五幼儿园的改革经验，在城近郊区各确定1所贯彻《规程》的试点园，扩大试点工作。各区试点园园长、教师加深了对《规程》的理解，更新观念，增强目标意识，根据幼儿园教育目标，设计教育活动，开展游戏活动的研究，促进保教质量的提高。

1993年，市教育局指导各区县教育局对本区县示范幼儿园进行调整，确定区县级示范园48所，市、区县加强对示范园的领导、评估工作：(1)区县幼教科、幼教研究室将示范园建设列入工作计划，明确工作目标、职责，形成科室齐抓共管的局面。(2)区县制订管理制度，加强对示范园的领导和管理。(3)区县调整示范园的领导班子，充实领导力量，并加强对青年教师的培养。(4)对示范园的管理和保教质量提出要求，在落实24字工作总要求方面发挥示范作用。(5)区县加强对示范园的集体视导，对示范园的管理和保教质量等进行检查评估。

［**干部教师队伍建设**］ 继续落实加强青年教师队伍建设的规划。继1992年评出40岁以下青年高级教师167人之后，1993年又在中小学40岁以下教师中评出中学高级教师和中专高级讲师187人。“八五”期间全市中学校级干部应接受岗位职务培训的1748人中，已有1296人接受了培训，313人正在培训，完成规划的92%。小学干部应接受岗位培训的2067人中，已有1731人接受了培训，281人正在培训，完成规划的98%。骨干校长和后备校长培训也有新进展，并逐步规范化和制度化。1993年，培训小学后备干部

350 名，中学后备干部 250 名。教师继续教育有较大进展，中小学教师学历补偿教育基本完成。中小学教师学历合格率大幅度提高。

1993 年初，市教育局为贯彻《中国教育改革和发展纲要》中关于"进一步加强师资培养培训工作"，"建立各级各类教育的质量标准和评估指标体系"的精神，加强对中小学教师继续教育的宏观管理，促进中小学教师继续教育的全面开展，进一步落实《北京市中小学教师继续教育暂行规定》和《北京市关于提高中小学教师继续教育质量的意见》，加强科学管理，全面提高教育质量。成立了以北京教育学院，北京教育学院东城分院、西城分院，朝阳区第一教师进修学校，通县第一教师进修学校，北京市小学师资培训中心和北京市教育局教研部组成的中小学教师继续教育教学质量评估方案课题组，在总结、研究部分教师进修院校教学质量评价方案的基础上，广泛征求干部、教师的意见，经研讨、修改，拟定了《北京市教师进修院校继续教育教学质量评价方案（试行）》，于 7 月正式颁布。9 月，市教育局举办北京市教师进修院校继续教育教学质量评价方案培训班，对全市 18 个区县教育局的主管科长、教师进修院校的校长和评估员共 70 余人进行了培训。年底，各教师进修院校按照《北京市教师进修院校继续教育教学质量评价方案（试行）》的要求，进行继续教育教学质量的自我评价，并完成了自评报告。

1993 年，中小学教师合格学历的补偿教育基本完成。建立了基本适应基础教育需要的继续教育新体系；形成了以继续教育为主体的师资培训新格局；完善了以规范化为特点的继续教育制度。

中等师范学校建设取得突破性进展。国家教委中师检查组对所查北京第一师范学校、北京第三师范学校、朝阳师范学校等 6 所学校给予高度评价：认为这 6 所学校是全国一流水平，是走向 21 世纪水平的师范学校。

1993 年 12 月底，北京教育学院、北京教育行政学院举行合并仪式。合并后称"北京教育学院"，承担北京市中小学干部教师的培训任务。

［**教育改革**］　1993 年北京市进行小学毕业考试和初中入学办法改革。全市不再进行区县级小学毕业统考，由各小学自行命题组织毕业考试，多数学生划片（对口）就近入学，允许少数学生经保送、推荐 ，在一定区域内选择中学就读。市政府办公厅向各区县政府，市政府各委、办、局、总公司，各高等院校转发了《北京市教育局关于小学毕业生升入初中的规定》。规定共 10 条，就改革目的、适用范围、毕业考试和就近入学办法，保送、推荐生条件及选送办法等问题作出具体规定。4 月 19 日，副市长胡昭广主持召开首都 34 家新闻单位记者参加的"初中入学办法改革新闻发布会"，并通过电台"热线追踪"、电视台"为您咨询"节目广泛宣传。各区、县初中入学办法改革方案中均对保送生、推荐生条件及保送、推荐办法作了具体规定，实施中严格按程序操作，做到条件、办法、名额、名单"四公开"。多数区、县规定金帆奖、银帆奖获得者、市（区）十佳少年、市级三好学生为保送生，免试或考试后不挂钩，对口保送市、区县重点中学；学科获奖、文体特长学生为推荐生，由片内接收中学特长测试后择优选录。1993 年，全市 15817 名小学毕业生经保送、推荐进入了重点或较好中学，占入学总人数的 10.14%，比 1992 年同期下降 1.99%。城近郊区均未超过 25%。改革进展平稳，得到社会各界的理解和支持，初步达到预期目的。

北京市崇文区教材改革试点工作逐步推开，为全市课程改革探索积累了经验。崇文区试验人教版九年义务教育新教材历经 3 年，至 1993 年 7 月完成了第一轮。崇文区教育局组织了中考改革课题组。课题组经过调查研究，起草了《北京市关于崇文区93年初中毕业、升学考试及录取实施方案》，加大了语文、数学、外语的分数权重，外语考试中首次增加听力考查，由北京电台播放中考英语听力试题，为与全市统一录取接轨，尝试进行分数折算，顺利地通过了全市中招录取工作。考生总分及格率为96.2%，优秀率为36.17%。

广开办学渠道，初步形成以政府办学为主，企事业、机关团体和个人等社会力量办学为辅的新格局。1993年，随着《关于加强社会举办中小学工作的意见》出台，各类社会团体和私人办学有较大进展。全市共有私立中小学和幼儿园70所，其中1993年批准开办的有21所，共招收1500多名学生，全市私立中小学和幼儿园在校生共2600余人。

撰稿　耿　申

审稿　汤世雄

高等教育

［**概述**］　1993年北京地区高校通过扩大内涵发展，在校本专科学生比1992年增长13.5%；研究生比上年增长12.8%。在校函授夜大学生80372人，比上年增长15.9%。各类毕业生就业工作顺利完成，多数高校和多数专业的毕业生出现了供不应求的局面。1993年，全市高校新增校园用地931亩，竣工校舍面积13.4万平方米。为了解决教职工住房困难，在国务院和市政府的支持下，总面积达27万平方米的高校教工住宅小区正式动工兴建。为优化布局结构进行的市属院校调整工作，其征地、基建等项工作都按计划得到落实，全市高校在建项目达67万平方米。1993年，经国家教委批准，北京中医学院、北京体育学院、中央民族学院、北京邮电学院、首都医学院等六所学院改名为大学，市属钢院分院被批准成立首钢工学院。

各项改革继续深入开展。学校内部管理体制改革在高校全面推开的基础上，1993年通过深化和完善，又有了新的进展。教育教学改革正在成为高校的核心工作。各校党委和行政部门针对前一阶段教学投入不足，教学质量有滑坡危险等情况，在1993年下大力量抓了教育教学工作。有80%以上的高校召开了教学工作会议。在教师队伍建设上，从市到各校都采取了重要措施。全市1993年继续开展了选拔优秀中青年骨干教师活动，共选出333名中青年骨干教师，64名学科带头人。许多学校开展了评选优秀授课教师活动。各高校还积极地进行了产学合作教育、完善学分制等教改试验。其他改革工作也取得较大成绩。如后勤社会化改革，在进一步完善多种形式的经济承包责任制基础上，有11所学校实现了管理与服务职能分离，有19所学校只保留后勤行政建制，主要力量用于建立服务实体。

科研工作和校办产业取得显著成绩。1993年，北京高校注意加强了基础科学研究和高新技术研究，大力促进科技成果的转化。全年高校科研经费突破5亿元，比上年增长20%以上。在开展的近万项课题项目中，有1000多项通过了鉴定，有400多项成果在社会上得到推广应用。1993年是北京高校科技产业得到长足发展的一年，全年校办产业总产值达到26亿元，比1992年增长1倍。

思想政治工作和精神文明建设出现新局面。一年中，北京高校通过加强党的领导和党的建设，积极主动地拓宽思想政治教育的领域和内容，增强针对性，提高有效性，坚持爱国主义、集体主义、社会主义教育，改进马克思主义理论课教学。北京高校开展的“文明校园建设”活动，在上一年10所高校达标的基础上，1993年又有北京理工大学、北京工业大学、首都师范大学等11所高校被授予“文明校园”称号。

加强领导，增加投入，推动改革和发展。1993年，北京高校的改革和发展是在加强统一领导和规划的条件下进行的。年初市委、市政府召开了高教工作会议。一年中，中央主管教育工作的领导人和国家教委负责人多次到北京高校指导工作，市委、市政府的主要负责人先后7次为11所高校召开现场办公会议，解决了高校建设中的一些重大问题。

在市财政紧张的情况下，1993年，北京市投入高教的经费达1.7亿元，比上年增长24%。中央各部委也增大在京所属高校的投入，部分重点高校获得的投入，大大超过以往若干年。

撰稿　李　壑
审稿　耿学超

［高教工作会议］　1993年4月12日至14日，市委、市政府召开“北京普通高等教育工作会议”，国家教委主任朱开轩在会上致词，市委书记陈希同、市长李其炎讲话，副市长胡昭广做了题为“加快改革、积极发展北京高等教育”的报告。会上印发了市委、市政府《关于加快北京高等教育改革和发展的决定》以及《关于北京市属高等学校深化改革、扩大办学自主权的若干意见》等文件的征求意见稿；确定了北京地区高等院校要“立足首都、服务全国、走向世界”以及“加快改革、积极发展、重在提高”的任务和方针。到2000年，北京普通高等教育在校生年平均增长速度为7%；研究生规模力争比1992年增长1倍。为使北京的高等教育事业在九十年代达到规模有较大发展，结构更加合理，质量上一个台阶的要求，北京市将进一步扩大高等学校办学自主权，全面深化高等教育改革，大力加强科学研究和科技开发，积极发展校办产业，加强北京高校教师队伍建设，特别是对青年教师的选拔和培养。市委、市政府决定采取10项具体措施，支持北京高等教育加快改革和发展：

一、切实保证教师工资和学生平均公用经费逐年有所增长。政府继续增加对高教的投入，使高等教育的经费逐年提高。

二、从1993年5月1日起，北京征收“旅游事业附加费”，用于教育的改革与发展，“八五”期间主要用于市属高等院校的调整。

三、每年为市属高等院校拨1000万元基础课实验室设备费；继续坚持每年拨1000万元重点学科建设费，以改善市属高校办学条件。

四、大力支持，积极创造条件，争取使两所市属重点高校（北京工业大学和首都师范大学）进入全国“211工程”计划。

五、1993年市政府拨款使市属高校教职工平均收入增长5%，“八五”后三年要为市属高校再解决10万平方米的教师住房。提供土地优惠，由国务院和中央部委为中央院校解决27万平方米教师住房。

六、涉及北京建设和发展中的重大课题要吸引高校参加。鼓励高校和企业联合办经济实体。

七、继续认真贯彻执行鼓励高校校办产业的各项优惠政策，市工商银行要继续给予贷款，市财政局要继续为高校校办产业提供贷款贴息。

八、为扩大高校的对外开放，改进市属

高校外事管理办法，简化出国审批手续。

九、扩大招生规模，在朝阳区、海淀区等地集资建造一批学生公寓，微利经营，由市政府给予优惠。

十、继续坚持市委、市政府主要领导同志定期听取高等教育工作汇报、研究高教工作的制度；坚持市主要领导固定联系一、二所高等学校的制度。市委、市政府各有关委、办、局，各区、县都要关心和支持北京高等教育。

撰稿 李同铮
审稿 耿学超

［**学校内部管理体制改革**］ 市高教局成立了学校内部管理体制改革与教育教学改革理论研究课题组，结合实际深入研究改革中的理论问题。同时组织力量研究制定内部管理体制改革状态检测指标体系，以使学校能以此为依据进行自查、自检；教育行政部门也依此科学地、公正地评价学校改革工作的状态，推进学校改革深入发展。

1993年，学校内部管理体制改革深化的主要标志是：(1)内部管理体制改革与教育教学改革紧密结合。内部管理体制改革朝着适应学校总体需要深化，向学校教学质量、提高办学效益、提高科技水平的方向发展，使学校的主体工作不断前进与提高。(2)推进满工作量聘任制，促进人员分流，进一步加强队伍的优化工作。各校利用市政府和各部委给予的政策和投入及国内外资助，调整结构工资，改善待遇，完善聘任制，使改革的力度大大加强，大多数学校都分流出10～20%的人员从事校办产业或后勤等工作，师生比由原来的1∶4～6提高到1∶7～8。(3)健全完善考核制度，增强考核激励程度。各高校一直把建立起经常性的、科学性的考核制度作为管理改革的主要目标。北京工业大学经试验后推出对教学人员、机关管理人员、科研人员全面考核的方案，从而结束了只考核教学人员的状况。同时，北京不少高校进一步完善了对群体的考核办法、方式与指标体系。1993年北京44所高校对39889人进行了考核，考核结果32%的人为优等，60%的人为中等，8%的人员较差。同时，将考核结果作为分流的依据，从单纯与奖励工资挂钩，到不同程度地与聘任、晋级、分房、精减人员、出国进修相联系，进一步增强考核的激励程度，拉开了收入差距。教授收入高低相差为870元(以月收入计算)，副教授收入高低相差642元，讲师收入高低相差547元。(4)精减机构与人员，提高工作效率。根据需要和精简效能的原则进行机构改革，各校合并和撤消处级单位210个，有的学校撤消科一级机构，精减机关人员的10%，大大提高了工作效率。

撰稿 郭 静
审稿 林浦生

［**教育教学工作**］ 2月，召开了北京地区高校教育教学工作会议，明确了加强教育教学工作及推进教育教学改革的若干意见。1993年，教学工作进一步加强。(1)各学校大力加强教学工作，加快教学改革步伐。1993年绝大部分高校均召开了教学工作会、研讨会或交流会，分析学校情况，制定措施，保证教学工作成为学校的核心工作。各校在经费十分困难的情况下，下大力气向教学倾斜，1993年高校新增投入教学方面的资金约4500万元，比1992年增加20%，各校对马列主义课教学的投入比1992年增加20%。学生的学习积极性也有所提高，仅以马列主义课教学为例，市属高校学生平均到课率达95.7%。(2)教学管理得到加强。为加强学校教学管理部门的建设，规范教学管理工作，北京地区在全国率先开展了评选优秀教务处的活动，26所学校教务处首批评为优秀单位。

(3)加强学科建设。为适应社会主义市场经济体制的发展与需求，1993 年北京高校以学科建设为龙头，调整学科与专业。撤消或合并专业 39 个，新增专业 202 个，新增专业方向 251 个，新开课程 1388 门，同时新编教材 2219 种，其中市属高校新编教材 233 种。(4)教学质量稳步提高。高校狠抓措施落实，扎扎实实地促进教学质量稳步提高，并逐步建立教学质量控制机制。市高教局连续几年进行了英语检测，1993 年四、六级全校一次通过率达 80%的有 12 所学校，一次通过率达 60～80%的有 16 所学校，二次通过率水平也大大提高。在计算机教学检测中，15 所学校能够进入一类标准，27 所学校进入二类标准。

教育教学改革。清华大学进行学制改革，在应用数学系和应用物理系打破专业限制，取消学制、学年概念，完善学分制，使大多数学生可提前 1 至 2 年拿满学分毕业。北京工业大学 1993 年建立教学改革实验学院，针对传统高教体制存在的问题，采取新的办学模式，实行一系列新措施：(1)不要国家投资，依靠老校挖潜办学。学生自费、走读；完成学业国家承认学历，毕业后不包分配，学生面向社会自主择业。(2)实行弹性的修业年限，学生修满学分即可毕业；可半工半读，适当延长修业年限；也可在修业途中，保留学籍，休学工作一段时间后复学。(3)视学习情况，经批准专科生可以转为本科生，本科生也可以转为专科生。(4)提倡学生从事社会实践，教学计划本着有利于学生勤工俭学的原则进行安排。学生打工情况经审核也可作为社会实践的依据直接计入学分。(5)在实验学院从教的教师将在校内、校外公开招聘，应聘教师如不能达到教学工作要求，解聘后不包安置。

实验学院设国际贸易、计算机应用、电子信息工程等本、专科专业，1993 年夏季已招生 500 人。为培养高文化素质电影人才，北京电影学院经过严格考核，在北京大学、清华大学学生中招收了首批跨校双学士生。双学士班学生将在今后两年同时学习本校及电影学院的课程。拿到第一学位后，第三年转入电影学院继续学习，直至完成毕业论文并获得第二个学位。

加强基础课教学。中国人民大学面对市场经济对人才的多样性需求，以及国际竞争、世界科学技术革命的挑战，加强了数学、计算机知识和技能、外语、自然科学基础知识、文史知识等基础课的教学，全校所有专业都开设了高等数学课；非涉外专业英语课由每周 4 学时增至 6 学时，从 16 学分提高到 24 学分，绝大多数专业都开设了专业外语课；在全体学生中开设计算机课，其中经济、管理等专业的电子计算机教学增至 8 学分、144 学时，其他类专业增至 4 学分、72 学时；各类专业学生均选修自然科学概论、当代新兴学科介绍、中国历史文化等课程，使全校文化基础教学向现代化迈进。

撰稿　郭　静　李同铮　林廷芬
审稿　林浦生

[**高校教师住宅小区奠基**]　1993 年 9 月 8 日，北京高校育新花园教师住宅小区在北京市昌平县西三旗举行奠基仪式。这项工程被市政府列为重点工程，小区占地共 20 多公顷，将建成一处拥有 27 万平方米建筑面积、功能合理、经久耐用、经济实惠、安全可靠、设施齐全的住宅区，建成后为在京部委属院校 4000 余户教师提供住房，小区预计 3 年内建成。中央财政拨出了专款对教师建房予以补助，市政府在开发建设上也给予了优惠政策。小区建成后对改善教师住房条件，稳定教师队伍具有十分重要的意义。

撰稿　郭静　李同铮
审稿　耿学超

普通中专教育

［概述］ 1993年，北京中等专业教育根据国务院《关于大力发展职业技术教育的决定》，进一步解放思想，转变观念，加快了普通中专教育改革与发展的步伐。中专学校坚持社会主义办学方向，以全面育人、办出特色为目标，以全面提高教育质量为中心，以学校内部综合配套改革、教学改革、招生制度改革和发展校办产业为重点，继续搞好教育评估，推动中专学校的建设和发展，使中专教育适应社会主义市场经济体制的需要，更好地为首都经济建设和社会发展服务，取得了可喜成绩。

到1993年底，全市普通中等专业学校(不含中等师范学校)在校全日制学生比1992年增加4109人；招生比1992年增加3589人；专任教师比1992年减少70人；教师中有高级职称的724人，占教师总数的14.4%，比1992年增加17.9%。学校占地面积4797亩。

1993年，北京普通中等专业教育在巩固、完善、深化学校内部综合配套改革的同时，落实5所中专校整体改革试点方案，确定各校试点的重点。经过一年的实践，5所学校在管理体制、办学机制、教学改革等方面有了新的成绩。如北京无线电工业学校加大内部管理体制改革力度，将原25个中层机构减少为6个，中层干部由37人减少为14人。打破了传统的办学模式，实行多种形式、多层次办学，扩大学校的办学效益。北京计算机工业学校与北京科技大学、北京无线电工业学校与北京工业大学、北京建材工业学校、北京第二轻工业学校、北京机械工业学校与北京联合大学举办了3个高职班；北京农业学校开办了村乡干部专修的农村经济管理专业；北京第一轻工业学校和延庆县联合举办财会专业等。

主动适应首都经济建设的发展需要，培养实用型人才，提高教育教学质量，狠抓教学改革。(1)在1992年办学水平评估的基础上，1993年进行了选优评估，市政府批准了北京市农业学校等12所为市级重点中专学校。(2)召开全市中专学校教育教学改革研讨会，对新形势下北京中专如何搞好教学改革，主动适应社会主义市场经济体制，如何从专业设置、教学内容、教学方法、教学手段等方面进行教学改革取得共识，一些改革试验开始运作。如：北京无线电工业学校在教学改革上实施了“3133”改革方案(用三年时间学完本专业基础课程；第四年学生按三个方向分流：①升高职班；②按学分制实行产教结合培训；③按专门化组织学生继续留校学习；以此促进教学内容和方法、教师培养、教师结构工资分配三项改革)；北京第一轻工业学校在食品专业引用“以能力为基础的CBE理论”，建立专业教室。(3)加强中专学校师资队伍建设，加快对中青年教师的培养，在全市中专学校3000多名中青年教师中开展评选优秀课活动，评选出23名中青年教师的优秀课，并在此基础上破格晋升13名高级讲师，4名讲师。(4)为加强中专学生的能力培养，组织计算机、英语两门课的水平测试试点。(5)加强教材建设，编写了《法律基础教程》、《北京中专学校计算机教材》。(6)为提高教学管理干部和管理人员的工作能力和管理水平，实现学籍管理科学化、规范化，5月、11月对全市中专学校教学领导干部110人进行培训，11月组织100多人对学籍管理软件操作进行培训。

加强德育工作。10月，召开中专学校德育工作研讨会，交流在社会主义市场经济体制的新形势下开展和加强德育工作的经验，研讨新形势下德育工作的途径、方法和任务，以及德育工作队伍建设。为改善学校育人环境，开展"文明校园"建设活动，制订《北京中等专业学校文明校园评估标准》，并在北京铁路电气化学校、北京市化工学校进行"文明校园"评估试点。

撰稿　谢幼琅　王东江

[命名市级重点中专学校]　1993年10月6日，市高教局召开中专学校校长、书记和教师、学生代表参加的千人大会，命名12所市级重点中专学校。市人大副主任陶西平、副市长胡昭广参加会议。

北京地区普通中专学校根据国家教委《关于开展普通中等专业学校教育评估工作的通知》的指示精神，从1988年10月开始，相继进行了合格、办学水平和选优评估，激发了学校主管部门和广大师生员工的积极性，促进了学校的建设，学校面貌发生了很大变化，使北京中专学校思想政治工作、各项管理、教育教学质量、办学效益都上了一个新台阶。据26所中专学校统计，评估过程中，各主管局(总公司)投资2500万元用来改善办学条件，学校占地面积增加4.9万平方米，校舍面积增加18.9万平方米，实验开出率由60%上升到90%，藏书总量增加37万册，教师高级职称增加80名，增加24%，中级职称增加254名，增加25%，有的学校还增添了操场和跑道等。管理水平明显提高，各项管理工作向科学化、规范化、制度化管理迈进，有的学校把评估与内部管理体制改革结合起来，加强教育目标管理。

通过选优评估，并经市政府批准，北京铁路电气化学校、北京市农业学校、北京市工艺美术学校、北京煤炭工业学校、北京卫生学校、北京市建筑材料工业学校、北京市戏曲学校、北京无线电工业学校、北京市第一轻工业学校、北京市仪器仪表工业学校、北京市化工学校、北京市汽车工业学校12所学校被确认为首批市级重点中专学校。

撰稿　蔡继顺
审稿　谢幼琅

[计算机、英语水平测试]　市高教局为加强北京中专学校计算机和英语课程教学，提高学生计算机应用能力和英语能力，在全市中专学校进行计算机应用、英语水平测试试验。1993年6月15日下发了《北京地区中等专业学校学生计算机应用水平(通过级)测试暂行办法》和《北京地区中等专业学校学生计算机应用水平(通过级)测试大纲》及《北京地区中专学校英语教学基本要求和考试大纲》。

10月，17所学校的449名学生参加计算机测试，测试分笔试和操作两部分，笔试部分合格196人，占测试学生总数的43.7%；操作部分通过229人，占参测总数的51%。总通过率31.85%。其中通过率达50%以上的学校有北京电力高等专科学校、北京市第一轻工业学校、北京市化工学校和北京无线电工业学校。计算机测试内容为计算机基本概念和基础知识，操作使用计算机的能力，汉字输入速度和文字编辑软件的能力。

11月，29所中专学校的1348名学生参加英语水平测试试点，合格人数282人，占

20.91%，平均成绩49.51分，学校平均分数超过60分的有北京煤炭工业学校、北京邮电工业学校、中国民航北京中专、北京市外贸学校，参试率(参加测试人数与在校生数之比)全市平均5.2%，参试率最高的是中国民航北京中专学校(32.3%)、北京市对外贸易学校(32.2%)、北京市振华旅游学校(30.8%)、航天部卫生学校(26.9%)。英语测试主要考核中专学生的基础知识和运用能力，分听力、阅读理解、词语和语法结构、完型填空和英译汉短文翻译。

计算机应用、英语水平测试反映出北京中专学校教学水平不平衡：有的学校计算机教学还处于起步阶段，教学仪器设备不足，学生无法进行操作训练，使得学生的操作能力低；有的学校不仅计算机、英语教学水平较高，还将计算机和英语应用于各学科教学中。从水平测试可以看出，提高学生的能力水平，不仅要从硬件上进行配备，还要培养较高水平的师资队伍，提高教师的教学手段，抓好教学改革。

计算机、英语水平测试将于1994年在全市中专学校铺开，测试合格的学生，市高教局将颁发北京中专学校计算机应用、英语水平测试合格证。

撰稿　蔡继顺　王东江

审稿　谢幼琅

[**教师队伍建设**]　1993年北京市中专的职称工作遵照“坚持标准，保证质量，全面考核，择优评聘”16字方针顺利开展，4月下发了《关于1993年北京中专学校教师和实验系列技术职务评审工作的通知》，提出1993年职称工作的四点要求，(1)要严格掌握评审条件；(2)对学术论文由学校聘请专家鉴定；(3)对优秀中青年教师应破格评聘；(4)加强评聘工作的考核。为加快中专教师队伍的建设，使优秀中青年教师脱颖而出，市高教局又制定下发了《关于北京市中等专业学校中青年教师破格推荐申报高级讲师、讲师职务的暂行规定》。

近些年来，北京市中专学校普遍存在工作条件差，福利待遇低的情况，教师队伍流动较大，但是，仍有一批年轻教师兢兢业业，努力工作，他们钻研业务，提高教学质量，并且创出经验和特色。鉴于他们在本学科教学领域所达到的水平和长期以来的出色工作，市高教局将13名40岁以下的年轻教师破格晋升为高级讲师，4名晋升为讲师。13名青年教师中年龄最大的39岁，最小的30岁，其中有10人具有学士学位，3人具有硕士学位，担任讲师年限平均为3.4年，4名讲师担任助讲不足3年。

撰稿　蔡继顺　崔　超　王东江

审稿　谢幼琅

[**对外交流**]　1993年4月，北京中专教育代表团一行7人，对白俄罗斯共和国首都明斯克市9所中专学校进行考察。这是建国以来北京中专学校第一次组团出国访问，也是市高教局近二年来访问白俄罗斯共和国的第三个代表团。5月，以廖尼德·叶夫根尼叶维奇·基利留克为团长的白俄罗斯共和国教育部中专教育代表团一行9人来北京中专学校回访，两国中专学校建立了友好协作的关系。

北京中专教育代表团具体了解了白俄罗斯共和国中等专业学校的教育、教学及改革情况，进行加强两国中专学校合作交流的具体协商，签订了建立友好学校关系与交流的意向书。白俄罗斯共和国中专教育代表团在北京期间参观了北京市计算机工业学校等7所中专学校，对北京中专学校的发展及学校的教育改革给予高度评价。代表团还参观了北京中专学校招生咨询现场。最后与市高教局及北京无线电工业学校、北京市计算机工业学校、北京市交通学校签署了交流合作协议书，在双方对口学校之间，建立校际合作交流关系，进行长期的广泛的协作，并与北京市第一轻工业学校、北京市工艺美术学校、北京市农业学校签定了意向书。北京中专学校1993年将派专业课或共同课教师到白俄罗斯学习，双方交流相同专业或有关专业的教学计划、教学大纲与教材，组织有关教学内容与教学方法的研讨会，互相支援教学仪器与教学设备，进行学生之间在文化、体育方面的交往，充分发挥各自优势，进行校办产业产品的经营与合作，促进中专学校发展。10月，在北京市工艺美术学校举办了白俄罗斯学生工艺美术作品与北京市工艺美术学校师生作品联合展出。

撰稿　王东江　王　军
审稿　谢幼琅

成人教育

[**概述**]　1993年，全市有各级各类成人学校2560所。其中，成人高校90所(不含普通高等学校办的函大、夜大学)，成人中等专业学校(含两所函授中专)141所，职工学校、培训中心456所，社会力量办学1600所，乡(镇)成人学校273所。全年累计有301万人次参加各类培训，其中，参加岗位培训达226万人次。1993年参加高等自学考试上半年75320人、下半年73889人，全年共考318476科次，专科以上毕业生为3431人。成人院校教师队伍素质不断提高。1993年评为高级职称261人，其中，教授33人(最年轻的副教授为29岁)；评为中级职称243人。

为探索建立与企业经营机制相适应的职工教育体制，为企业走向市场服务，市成人教育局到北京市照相机总厂、牡丹电视机集团等10家企业进行调查研究。为探索成人教育如何为提高乡(镇)企业职工队伍素质服务，深入房山区进行调查研究，为制定提高乡(镇)企业职工素质规划提供了依据。对18个区(县)经济开发和工业系统18个工程的人才需求及人员培训进行了调查研究，据统计，全市经济开发工程92项，总投资200亿元，人才需求约30万人，为制定培训规划打下了良好的基础。

为建设一支结构合理的成人学校师资队伍，通过在市经济管理干部学院等7所学校进行调查试点，制定了分类、分级的教师职务职级结构比例数，将对成人教育师资队伍的建设起到促进作用。1993年教师节前，在成人教育系统评出全国教育系统劳动模范1名，全国优秀教师11名，全国优秀教育工作者1名。

市、区(县)成人教育系统校办企业有所发展。召开了区(县)校办企业座谈会，沟通了情况，交流了经验。截止到1993年7月，区(县)成人教育部门共有校办企业253个，比1992年增加87个，到年底，生产和销售收入约2000万元，固定资产1000万元，利润总额200万元，校办企业的发展为成人教育经费来源提供了又一渠道。

[**教育改革**] 改革招生计划的编报办法，由过去统一计划、教育行政部门下达，改为由各校按社会需求编报计划。扩大了招生范围：职工大学从1993年开始可招收社会青年；农民科技学校和广播电视大学在远郊县可招收参加普通中考、高考的应届初、高中毕业生；扩大了招收往届生的试点；为劳动模范和企业单位骨干能有进一步深造的机会，试办了劳模班。为培养复合型、外向型人才，在成人高等学校普遍开展了第二学历教育。为使成人教育更适合成人学习的需要，探索宽进严出的机制，在广播电视大学试办了大学专科基础班，招收学员1.4万人，深受社会欢迎。

为深化成人中、高等教育改革，草拟了《北京市关于改革和发展成人中等教育的意见》。成人中等学校会计专业实行了双证书制度。广播电视中等专业学校和农业广播电视学校增加了新专业，试办了第二学历教育。成人高等教育扩大了高等职业技术教育试点，实行招工与招生相结合，共招收应届高中毕业生537人。学校50%的专业得到改造，主动为企业和农村服务，实行联合办学。

成人学校内部管理体制改革，经过一年的稳定运行，给学校带来了活力，调动了广大教职工的积极性，改变了被动、等待办学的思想，主动为企业培养人才服务，提高了办学效益和教育质量。

北京10家企业教育综合改革实验继续深入进行。城市教育综合改革实验以"宣武区劳动者素质工程"为重点在稳定进行。实验研究取得了成果，出版了《城区成人教育运作》一书。

撰稿 张 定

[**岗位培训**] 6月，市政府文教办、市经委、成人教育局召开北京市岗位培训现场会，推广北京汽车工业总公司项目培训的经验。北京汽车工业总公司根据汽车工业高起点、专业化、大批量生产的要求，把技术攻关和引进新项目、新技术等作为培训重点，以引进、开发、增效、降耗、创优为内容对职工进行有针对性的项目培训，收到显著效益。该经验体现了岗位培训"实际、实用、实效"的原则。据统计，1989年以来进行的200个项目培训，共培训40743人，增加了企业经济效益，折合人民币约1亿元，在企业经济发展中发挥了重要作用。为给首都改革开放提供更多的外语人才，继续推动职工自学外语活动，召开了首次中级外语水平证书颁发大会。10月举办了第二次中级外语水平考试，增加了日语语种考试。获得中级外语水平合格证书者1976人，其中获日语证书200人。

撰稿 张 定 刘承邠

[**教育管理**] 加强了职工学校管理。根据《北京市职工学校管理办法》，重新审批380所学校，并对职工学校及其师资队伍现状进行了调查。举办了校长培训班，推动了职工学校建设，促进了办学水平和教育质量的提高。

继续进行成人中等专业学校评估工作，在1992年基础上，1993年又完成了对56所学校的评估，促进了学校基础建设和布局的调整。为解决成人中等专业学校会计专业适应国家新会计制度的要求，及时组织编写教学大纲和教材，进行了会计专业的改革和改造。制定了农民科技学校23个专业的教学计划，修订了数学教学大纲和语文教学大纲，以及《马列主义理论基础》和《中国革命史》教材的修订工作。

为加强成人高等学校的管理，制定了《北京市成人高等学校举办第二学历教育的暂行规定》、《北京市成人高等学校学生学籍管理的规定》以及《北京地区成人高等学校毕业生证书统一管理的暂行办法》等。

［**农村成人教育**］　为加强乡校建设，提出了《加强乡校建设工作的十点意见》，举办了乡校校长培训班，并与市人事局合作，对100名乡校干部、教师进行了"农转非"，对稳定和巩固乡校干部、教师队伍起到了积极作用。一年来，村校发展较快，目前已有2650所，比1992年增加1804所。全年参加实用技术培训达61万人次。其中参加"三色"证书培训达40万人次。

农村人口教育。市成人教育局与市计生委联合下发了《关于1993年北京人口教育P20项目的实施意见》，召开了人口教育工作会和经验交流会，培训了开展人口教育的工作人员，编写了《人口教育》教材，还为P20项目学校配备了电教设备，为在郊区县全面开展人口教育打下了基础。

［**扫盲工作**］　3月，国家教委关于对"两基"工作建立评估验收制度的意见公布后，市、区县先后成立了"两基"工作领导小组。9月中旬到10月上旬，市"两基"达标领导小组组织力量对18个区县的"两基"工作逐一进行了检查评估验收。检查结果表明：在1988～1993年五年中，全市共扫除青壮年文盲近3万人，青壮年非文盲率已由1988年的88.4%上升到1993年的99.6%，脱盲学员巩固率达到99.3%。10月下旬，国家教委"两基"评估验收工作抽查组先后抽查了延庆县、通县、朝阳区、东城区的扫盲及县、乡、村成人学校的工作。在此基础上，抽查组依据基本扫除青壮年文盲规定的验收标准，对抽查情况进行了综合分析和研究。认定北京市在全国率先提前实现"两基"，成为基本扫除文盲的直辖市。

撰稿　杨桂元

［**社会力量办学**］　截止到1993年底，社会力量办学已发展到1600所，其中，市成人教育局主管的学校由1992年的72所增加到126所。

为进一步提高社会力量办学的教育质量，拟定了《民办高等学校的评估方案》。组织了中国科技经营管理大学等5所民办高等学校学历资格申报工作，经国家教委高等学校设置委员会审议，同意中国科技经营管理大学的部分专业颁发国家承认的"学历文凭"。民办高等职业技术教育、继续教育正在逐步兴起，新批准办学的高级秘书学院、北京美国英语语言学院很受社会欢迎。同时，加强民办高等学校财务审计工作，起草了《社会力量办学财务管理和审计工作的有关规定》，并对37所民办高等学校进行财务审计工作。为支持民办高等学校，制定了《关于对社会力量举办的高等教育参加国家文凭考试的试点方案》。1993年北京地区首次试行国家组织的文凭考试试点工作。国家文凭考试的教育行政主管机关是市成人教育局，主考机构是市高等教育自学考试委员会办公室。考试对象为经市成人教育局评估通过的社会力量举办的15所全日制民办高等学校的1993年9月入学的学生。考试层次暂定专科水平，按学分制要求分为二年制专科和三年制专科，二年制专科的毕业总学分不少于80学分；三年制专科的毕业总学分不少于110学分。开设有会计、金融、国际贸易、企业管理、旅游管理、英语、日语、法律、文秘、工艺美术、计算机应用、工业与民用建筑、应用电子技术、中医、中药等15个专业的考试。首次考试拟于1994年1月进行。考试采用一次性考试的办法。凡参加北京地区国家组织文凭考试试点的学生，学分累计达到标准、思想品德鉴定合格者，由市高等教育自学考试委员会颁发国家承认的毕业证书。

撰稿 张 定 陈继霞

［**教育法制建设**］ 为适应建立社会主义市场经济体制的需要，市成人教育局提出了《北京市社会力量办学管理办法》的修改意见，拟定了《〈北京市职工教育条例〉实施细则》，发布了《〈北京市职工教育条例〉处罚办法》；参与了《北京市继续教育条例》的起草工作。为制定《农民教育条例》进行了调研，收集了部分资料，提出了起草计划，使北京市成人教育逐步走向依法办学的轨道。

加强了执法检查工作，举办了执法人员培训班，共查处案件24起，取缔非法办学5起。

［**教育理论研究**］ 市成人教育局承担的“八五”重点课题“中国岗位培训制度研究”、子课题“北京市岗位培训制度研究”及“北京市企业教育综合改革研究”、“社会力量办学分类研究”、“农村实用技术培训研究”等，取得了阶段性成果。

［**对外学术交流**］ 进一步扩大了成人教育的对外及对港、台的合作与交流。6月下旬有7人赴台湾出席“海峡两岸成人及隔空教育学术座谈会”。组织了北京市成人教育代表团赴东南亚考察，了解了发展中国家成人教育开展的情况和经验。北京广播电视大学与“香港明爱成人及高等教育服务”机构举办了“中国投资课程研习班”，市机械局职工大学与马来西亚英迪学院签定了联合办学协议，建立了北京英迪经贸学院。

撰稿 张 定
审稿 王茂才

天津市教育

概　况

［各级各类教育发展情况］

1993年各级普通学校基本情况　单位：人

学校类别	学校数（所）	毕业生数	招生数	在校学生数	教职工数 计	教职工数 其中专任教师
一、普通高等学校	26	14654	23244	64189	27678	10160
研究生		1160	1566	3942		
本　科		8609	10590	40057		
专　科		4885	11088	20190		
二、中等专业学校	71	11618	17860	45183	10470	4536
中等技术学校	60	9021	15332	38784	8962	3849
中等师范学校	11	2597	2528	6399	1508	687
三、普通中学	666	102142	136194	389079	49312	34471
高　中	169	21386	19496	60219		6618
初　中	497	80756	116698	328860		27853
四、农业、职业中学	102	8065	15594	36542	4812	3088
高　中	9	7163	14044	34369		2975
初　中	93	902	1550	2173		113
五、工读学校	3	74	255	395	221	108
六、小　学	3243	121137	143268	887412	61377	50488
七、特殊教育学校	17	140	276	1719	685	451
八、幼儿园	286	88654	95450	161948	9354	5403

1993年各级成人学校基本情况

单位：人

学校类别	学校数（所）	毕业生数	招生数	在校学生数	教职工数 计	其中专任教师
一、成人高等学校	46	10273	22201	47173	8154	3542
广播电视大学	1	1911	5104	10816	1853	725
职工高等学校	36	3747	6530	15962	4316	2093
农民高等学校						
管理干部学院	8	576	1990	3617	1533	518
教育学院	1	537	646	1318	452	206
独立函授学院						
普通高校举办						
函授部	10	1949	3078	7064		
夜大学	17	1497	4604	8025		
干部专修科	7	56	249	371		
二、成人中等专业学校	96	9970	14550	32357	4375	2147
广播电视中专	2	180	1236	7273	155	93
干部中专	15	867	1697	3087	772	270
职工中专	50	4793	6401	12854	1812	939
农民中专	12	2619	3193	7120	631	314
教师进修学校	17	1511	2023	2023	1005	531
三、成人中学	12	457	470	258	70	50
职工中学	4	303	63	16	45	34
农民中学	8	154	407	242	25	16
四、成人技术培训学校	3097	519602	757993	99828	1494	869
职工技术培训学校	4	780	756	293	27	18
农民技术培训学校	3093	518822	757237	98535	1467	851
五、成人初等学校	217	7273	7801	2050	64	50
职工初等学校	5	1104	17	183	9	4
农民初等学校	212	6169	7784	1867	55	46
其中：扫盲班	92	624	6090	1135	15	14

制表 李琪 刘津 海飞平

基础教育

[**概述**]　1993年,天津市基础教育工作重点是认真学习党的十四大精神,全面落实《中国教育改革和发展纲要》(以下简称《纲要》),坚持以经济建设为中心,进一步解放思想、实事求是,奋力推动基础教育各项改革和发展。到1993年底,全市普通中学由上年的672所调为666所,主要是初中校减少6所;小学由上年的3238所增加到3243所;幼儿园由上年288所减为286所。初中在校生比上年增加12070人,高中在校生减少4454人。小学在校生比上年增加15000人,职业学校在校生比上年增加7500人,特教在校生比上年减少458人,教职工总数比上年增加2100人,其中教师比上年增加2141人。

撰稿　王　挥
审稿　张凤民

[**学校管理体制改革**]　到1993年底,全市实行校长负责制和目标管理责任制的学校已由1992年的400所,发展到近800所,市内6个区实行校长负责制的学校,超过学校总数的50%,其中有的区已超过70%,静海全县中小学均实行了校长负责制。实行校长负责制的学校,对校内的领导体制、人事制度和劳动分配制度都进行了初步改革,逐步落实了校长的法人代表地位,使校长在办学模式、干部、教师聘任、人员管理、财务使用、收益分配等方面有了相应的自主权、使学校的管理工作逐步走向科学化的轨道。

10月,天津市召开了普教系统校内管理体制改革工作研讨会,对几年来校内管理体制改革情况、经验与问题进行了总结,提出了“八五”期间天津市中小学、幼儿园实施校内管理体制改革的新目标、新措施,强调改革要继续深化,做到既要赋予校长办学应有的权力,又要加强党组织的政治核心作用,既要使学校成为独立的办学实体,具有自我调节、自我发展的能力,又要加强教育行政部门对学校的调控能力,使校长更好地依法办学。为此,市教育局制定并下发了《校长负责制方案和校长工作条例》、《党支部工作条例》、《教职工代表大会工作条例》(试行稿)。会上有9个区县,14所中小学分别介绍了管理经验。

学校实行校长负责制后,对超编、落聘人员进行了安排。静海县的经验是:(1)对超编和落聘人员,原则上由乡镇内部安置,工作变动后保留原专业技术职务,连续计算工龄、教龄。(2)允许留职停薪。(3)允许调外系统。(4)因各种原因得不到安置的列为待聘人员,每月发基本工资的50%。(5)对老弱病残人员在聘任中要照顾。到1993年,全县落聘116人,有106人得到了妥善安置。

撰稿　王　挥
审稿　张凤民

[**民办学校**]　天津市积极、慎重、稳步地打破政府包揽办学的格局,已逐步建立起以政府办学为主体,社会各界共同办学的体制。天津市、区(县)两级政府和教育部门对民间办学大力扶植,到1993年底,社会团体和公

民个人举办全日制普通中小学校和职业中学(中专)已达16所,62个教学班,在校学生2400人,教职工近400人。其中有普通中学、小学9所,带有特长的艺术、音乐等校5所(含朝鲜族学校1所),职业性学校2所,这些学校分布在南开、东丽、河西、河北、塘沽、津南、和平、河东等8个区。16所民办学校中,团体办学和个人办学各8所。由于条件限制,多数学校尚无独立校舍,主要是借租国办学校的校舍。经费来源多数依靠企业(包括个人投资办学者也靠企业资助),学校正式运转起来后,以学杂费为主要经费来源。师资主要是聘请有教学经验的离退休教师和少数在职教师以及少数师范院校新毕业生。教师的待遇略高于国办教师。学校的领导人员,大体由两部分人组成,一是办学者任职,二是聘请离退休人员任职。

市教育局对各种形式的办学,本着"积极鼓励,大力支持,正确引导,加强管理"的方针,于1993年9月30日颁发了《关于社会团体、公民个人举办普通中小学、职业学校等的暂行规定》,对申办学校做到审批慎重,严格把关,不追求数量,不追求指标,成熟一所办一所,办一所成一所,并及时规范使其健康发展。对办起来的学校,加强监督检查,依法保障其合法权益,并及时协助解决办学中的问题。

撰稿　王　挥
审稿　张凤民

[**义务教育**]　1993年按规划又有20个乡镇达到实施九年义务教育的标准要求。全市18个区、县中已有14个区、县全部普及了九年义务教育,实现普及标准的乡镇累计达212个,占全市乡镇总数(222个)的95.5%。

在推动普及九年义务教育工作中,始终把提高教育质量放在首位,边普及、边巩固、边提高。为了推动普及,保证质量,从1993年3月到5月,对已完成普及九年义务教育的14个区县逐一进行了检查、评估和验收工作。各级政府层层成立了检查验收领导小组。市政府以钱其璬副市长任组长组建了工作班子,先后3次召开区(县)长、教育局长会议进行部署。各区(县)均以主管区(县)长为首,各有关委、办、局负责人参加深入到乡(镇)、学校进行自查。市政府组织了近30人的检查组,深入到14个区(县)30个乡(镇)207所中小学进行检查。其间,召开了干部、教师、民主党派、学生座谈会168次,有2880人参加了座谈。还对市内6个区,占学校总数95%以上的545所中小学校长进行了问卷调查。开展这项工作有以下特点:(1)突出政府行为,在检查验收中坚持了政府查政府,一级查一级,政府一把手亲自抓,区(县)长办公会议专题研究,当场拍板定夺。(2)坚持标准,保证质量,做到一把尺子,统一衡量,坚持实查、查实不走过场,对所查单位,分类排队。(3)边查、边改,全面推动工作。查、验采取"三结合"的办法:蹲点与跑面结合;一般查与重点查结合;集中查与分散查结合,把问题搞准、搞清、搞细。

检查、评估、验收结果表明:14个区(县)均达到或基本达到九年义务教育指标规定要求。主要项目达标情况是:适龄儿童入学率,小学和初中在市区均达到100%,农村除个别区外,小学也达到100%,初中达到95%以上。残疾儿童入学率,市区和农村分别达到90%和78%以上。在校学生辍学率,市区小学、初中分别在1%和2%以下;农村分别在2%和3%以下。15周岁人口初等教育完成率,市区、农村均在98%以上,17周岁人口初级中等教育完成率,市区在97%以上,农村在90%以上。教师学历合格率:小学,市区和农村均在90%以上;初中,市区在80%以上,农村在70%以上。办学条件得到了明显的改善，市区和农村的小学，在校舍和教学设备方面都基本达到了“一无两有八配套”，初中达到“一无两有十配套”的标准。市区有一半以上的小学图书增加到生均10册，农村达到生均5册；初中市区达到30册，农村除个别区外，均达到10册。各区(县)教育经费基本做到了“两个增长”，有的区(县)还做到“三个增长”，教育支出体现了财政拨款为主。教育质量在稳步提高，小学毕业生全科合格率，市区在99%以上，农村在90%以上；初中，市区和农村分别在70%和55%以上。毕业年级体育合格率，市区和农村小学分别为95%和85%以上；市区和农村的初中均在85%以上。学生行为规范合格率，全市中小学均达到99%以上。

1993年6月，国家教委检查组由点到面对天津市普及九年义务教育的情况进行了检查，对上述成果给予充分肯定。

撰稿　王　挥
审稿　张凤民

［**教育经费**］　天津市各级政府按照《纲要》要求，坚持以国家财政拨款为主，多渠道筹措资金的办法，解决教育经费紧缺问题。4月15日，市政府专门召开会议，强调在教育经费上切实落实“两个增长”。各区县均积极采取措施：河西区拿出63%的区财政收入用于教育事业的发展，并多渠道筹措资金确保中小学教职工工资性收入和必要的公用经费及时足额到位。该区坚持“再紧不能紧教育，再困难也要保教育”。河东区制定5项措施解决中小学教育经费不足问题。(1)增拨经费，全年教育经费3400万元，占全区财政收入的52%，比上年增长6%。(2)区政府多方筹资200万元用于教育。(3)对校办企业实行倾斜政策，校办企业所用房舍一律按教学用房对待，并由政府担保，贷款100万元扶植校办骨干企业的发展。(4)进一步改善全区教育教学环境，新建、改建一批中小学和幼儿园的校舍及实验楼。(5)免除学校一切不应承担的费用。严禁向学校摊派、乱罚款、乱集资。各校学杂费一律由学校使用，不再统一上缴，给学校更大的办学自主权。和平区政府把解决教育困难摆在头等重要地位，推出6项措施：(1)千方百计增加对教育投入，使教育经费增加到3990万元，每月保证320万元资金足额下拨到区教育局。(2)从财政预算外资金筹措200万元用于教育急需。(3)实行倾斜政策，减轻学校负担，做到税不进校，费不进校。下力量帮助学校兴办一批骨干校办企业。(4)1993年开始，用两年的时间，在区内黄金地区扶植教育部门兴建规模近万平方米的商业设施，广开渠道，筹措教育经费。(5)鼓励民间集资办学，吸引外资合作办学，继续发动社会支教，仅第二季度即集资达百万元。(6)学校开展勤俭节约，自身挖潜，减少开支。

市金融部门拿出部分贷款，支持校办企业，对校办企业采取更为优惠的政策。同时，还采取措施清理社会对学校的各种收费，以减轻学校负担。这些措施以政府正式文件下发并付诸实施。

撰稿　王　挥
审稿　张凤民

［**特殊教育**］　天津市特殊教育在改革中把弱智生带出校门进行劳动技能训练。河东区启智学校自1990年以来，大胆改革，大胆实验，打破封闭型的单一校园教育，把学生带出校门进入社会，进行劳动技能训练。他们的做法是：(1)建立提高劳动技能实习基地，组织学生在劳动中边学习技能，边开动脑筋，提高其思维能力。(2)开展各种活动，通过活动锻炼学生的思考及表达能力。例如开展“与解放军叔叔交朋友”的活动，由教师定期带学生

到驻区部队营房进行联欢、交谈、交朋友，使学生在友好、温暖的环境气氛中受到教育和锻炼。(3)组织学生观看优秀影、剧及文体节目，引导学生锻炼自我表演的能力，促进弱智生思维开窍，提高智商。经过多年的努力，该校有 80 多名弱智生的智商比入学前提高 5～10 个百分点，占全校弱智生总数的 85%以上。曾经在影片《启明星》中担任小演员的陈燕，入学前智商很低，说话不仅吐字不清，语言表达能力也差，通过在该校 3 年的学习和训练，现在基本能与同学交谈，并有一定的音乐感，智商提高 10%左右。

盲校低视力教学成绩显著，使 50%的学生告别盲文。天津市盲人学校自 1987 年以来，积极进行教学改革和教育科学实验，使尚存微弱(低)视力的学生摆脱了不能用汉字学习的痛苦。

这是该校长期以来进行教学改革实验中探索出来的一条新路子。多年来，众多的弱视生本来可以使用汉字学习，但因没有适合这类学生特点的学校而不得不到盲校与全盲生一起摸学盲文、扎写盲字，致使这些学生的视力潜能得不到充分发挥，智力开发也严重受影响。盲校为了解除低视力学生学习上的痛苦，从 80 年代初期即开始了全盲、低视混合班复式教学的实验，对低视力学生试教汉字。在学习字的偏旁部首的基础上，于 1987 年正式进行了低视力教学实验，取得了明显成效。1989 年 10 月，这项改革成果在国家教委在上海召开的“全国盲童分类教学研讨会”上被充分肯定，并誉为“天津模式”。1991 年 9 月，在盲校的基础上创建了全国第一所低视力学校。低视力教学的具体做法是根据学生视力缺陷程度，用三种组织形式进行分类教学：(1)小学一、二两个年级实行分班单独教学，低视力学生单独编班。(2)三、四两个年级实行混班复式教学。(3)其他年级实行随机辅助教学。教学中除对全盲学生继续进行盲文教学外，对有残余视力的学生用汉字教学。在教学设备上，根据低视特点专门设计制作了活动桌面，安装了低压台灯，市教育局拨专款配备了低视教学仪器，用光导纤维注视器和电子扫描助读器、投影机、幻灯机等设备进行辅助教学。同时还打破了盲校不设黑板的惯例，为每间教室安装了黑板。教材是采用普通教材加以放大改成大字课本和大格作业本。这些改革很好地解决了低视力儿童汉字教学的矛盾。该校在改革教学的同时还与开展医疗保健结合起来，加强对学生视功能训练。经过较长时间的努力，许多弱视生的视力不同程度地得到恢复和提高，学习成绩也随之上升。以该校三年级学生参加所在区统考成绩为例，其成绩达到普通小学的平均水平。这项教学改革的创举，得到了其他省市同行的认可和专家们的肯定。国家教委和中国残疾人联合会共同在天津市召开了低视力教学工作会议，决定把该校这项教学改革成果经验向全国盲校推广。

天津市第一所民办残疾儿童康复中心学校在蓟县诞生。这所学校是由蓟县 22 岁的女青年汪秀丽自筹资金 15 万元在其家乡白涧乡社吉村新建起来的一所学校。汪秀丽，热爱特殊教育，为了使残疾儿童都能受到教育，早在 1988 年就自筹资金 2000 元办起了家庭聋哑、弱智儿童语言训练班，在她精心教育耐心辅导下，使 36 名弱智生生活能力有了不同程度的提高，基本能做到生活自理。聋哑儿童的文化水平也有了明显提高，为了使更多的残疾儿童接受特殊教育，在语训班的基础上建起了残疾儿童康复中心学校。这所学校的建立，不仅缓解了该县残疾儿童入学难的状况，而且对蓟县特殊教育的发展与普及，做出了积极的贡献。

撰稿　王　挥

审稿　张凤民

［**教师继续教育**］　天津市 1993 年对中小学教师全面实施继续教育。年初，召开了中小学教师继续教育工作会议，总结经验，加强宣传，进行工作部署。10 月，举办了天津市中小学教师继续教育成果展览，宣传天津市中小学教师继续教育的成绩和特色，进一步调动了广大教师参与继续教育的积极性。

1993 年中小学教师培训以提高教学质量为中心，深入进行教改，把提高课堂教学质量作为突破口，在拓宽更新知识、学习新教学理论的同时，积极推广经验。在办学形式方面，主要采取校内外办班结合，平时和假期结合。在教学模式方面，既有精炼高效的课堂教学，也有名人讲座、专题研讨、指导论文、考察等。并把培养青年骨干教师作为重要任务，积极开展青年教师“希望工程”。截至 1993 年，已参加继续教育的中小学青年教师约占教师总数 65%，其中约 15.7%的青年教师成为学科带头人。中小学教师的“断层”正在弥合。

1993 年原计划培训小学教师 9440 人，实际培训 11650 人，超计划约 23.41%。

1993 年中小学教师继续教育的教材建设任务全部完成，小学制定 13 个学科教学计划，审发 39 门课程的教学大纲，编写出版 39 门课程教材，印刷出版 20.1 万册。中学制定 10 个学科教学计划和教学大纲，编印 70 门课程的讲义和 21 门课程的教材，印刷出版 4 万册。这套教材已和全国许多省市、地区、学校等 400 个单位进行了交流，已被一些省市、地区或学校采用。

大力加强教育科研活动。1993 年出版了《中学继续教育理论与实践专辑》、《小学教师继续教育论文集》，共收集 61 篇论文，其中有的曾在全国或省市刊物上发表。这些论文对本市中小学继续教育工作从理论和实践上进行了总结和探索。

撰稿　刘　津　孙茁强

审稿　张凤民

［**智力支边**］　根据《中国教育改革和发展纲要》关于“认真组织和落实内地省市对民族地区教育对口支援”的精神及国家教委有关文件要求，天津市教育局在连续十几年积极对西藏、四川、甘肃等省的教育进行智力支援的基础上，1993 年又与甘肃省卓尼、积石山、东乡、永清、舟曲、张家川等 6 个少数民族县建立了对口支援关系。

天津市对甘肃省智力支援始于 1987 年。通过派优秀教师到甘肃讲学、派干部去兰州教育局挂职工作以及教师、干部交流等活动，省市间建立起深厚感情。1993 年 5 月，在双方签订协议书的基础上，开始进一步实施以下对口项目的支援。(1)进行干部交流。从 1993 年起，连续 3 年在上述 6 个少数民族县选派 6 名县第一中学校长和 6 名小学校长到天津各郊县第一中学和小学挂职工作，安排相应的领导职务，做到有职有权。(2)从 1993 年起，甘肃省教委在 3 年内分 3 批，每批选派 3 名地、州、市教委(处、局)职教科长到天津市所属区县教育局职教部门挂职工作。(3)加强两地教育工作交流。除委、局双方领导及有关人员进行互访、互学和考察活动外，天津市武清、静海、宁河、宝坻、蓟县、北辰 6 个区县与甘肃上述 6 个少数民族县，在教育教学管理、教研活动、信息交流等方面进行合作，建立对口相互交流与联谊关系。甘肃省教科所与天津市教育教学研究室在教研工作上加强合作、沟通信息、交流经验。(4)加强两地产业开发与交流。由天津市教育局服务公司、校办工业公司与甘肃省勤工俭学指导中心建立产业开发与交流活动。

为保证双方关系不断发展与完善，特成立了天津——甘肃普教对口支援协作小组，其任务是检查、督促协议落实，协商制定新项目，协调解决工作中的问题，使支援工作做到政策有规定，工作有标准，组织有保证。

撰稿 王 挥
审稿 张凤民

职业技术教育

［**概述**］ 1993年，天津市批准新建17所职业（中专）学校，其中有企事业办2所，民间办1所，乡镇办5所，教育部门与事业单位联合办2所。全市职业学校达到114所，农村由1992年的37所发展到48所。共设专业153个（农村由57个增加到70个），比1992年增加16个。高中阶段的职业技术学校（含中专、技校、职业中学、职业中专学校）招生数与普通高中招生数之比达到1.8∶1，市区达到2.05∶1，农村也已达到1∶1。

［**改革办学模式**］ 实行多层次，多形式，灵活办学。1993年在和平、河东、河北、南开、红桥、北辰、津南等区县开办高二、高三分流和高中后定向的职业技术教育。探索在进修学校、师范学校及农村普通高中办职业中专、职业学校，实行一校两制的办学模式。残疾人职业学校在全国首创开办了职业中专班。

积极探索产教结合的办学路子，结合专业建立生产实习基地，实行教学、实习、生产、科研、经营服务多位一体的办学新体制。1993年在静海县、宁河县、红桥区服装职业学校共投入300万元建立生产实习基地5652平方米。

1993年，职业学校招生工作出台10项改革措施。招收委培生、自费生的比例有所提高。出现了职业中专招生热的局面，大大提高了办学效益。

［**教育教学改革**］ 积极推行职业学校技工类毕业生技术等级考核，实行“双证书”制度。在1992年试点的基础上，1993年有16所职业学校进行14个专业、技术等级工种的考核，1073人参加。取得三级工的人数占参试总人数的80%，其中有6所职业学校进行了四级工的考核，取得四级工的人数占参试人数的28%。在全市职业中学连续两年（1992、1993）开展了“三优课”的评选活动，表彰了147名教师和46名教学管理干部。为强化内部管理，提高育人能力，制定和拟定了一系列规章制度，使职业学校内部管理日趋系列化、规范化、科学化。1993年制定并下发了《关于改革与加强职业学校教学工作的若干规定》，制定了《天津市教育局职业学校委培生收费使用规定》，将自费生、收费生所缴费用的10%作为职校发展基金统一调剂使用。

不断完善职业技术教育社会化服务体系。1993年，成立了天津市教育局职业技术教育服务中心、职业技术教育师资培训中心和职业教育研究会。职教研究会召开了年会，评选出优秀论文13篇。

1993年，以国家教委重点职业高中评估检查工作为动力，推进省级重点职高再上新台阶。投入主要力量，通过市、区、校三级多次检查评估，建立重点校开放日、浮动制等竞争机制，边查边改，以查促改，进一步加强10所省级重点职高的硬件建设，改善了办学条件，提高了办学质量。各校都办出了自己的特色，发挥了骨干示范作用，带动和促进了各区县职教的发展，为创建国家级重点职业高中打下了基础，受到了国家教委重点职业高中评估检查组的肯定，并特别指出天津"农村职业教育在依靠社会办职校上创造了新模式"。

撰稿　王　挥　刘　津

审稿　张凤民

高等教育

[概述]　1993 年，天津市共有普通高等学校 26 所，其中含大学分院、分校 4 所。1993—1994 学年度，在校本专科生较上年增加 15.58%（市属高校增加 16%）；在校硕士研究生（含研究生班）、博士研究生与本科生和专科生的比例由上年 1∶10.8∶4 调整为 1∶10.16∶5.12。

根据社会经济发展需要，天津市属高等学校对建筑学、临床医学、国际经济合作、国际贸易、金融学、商业经济、企业管理等 38 个专业拓宽了专业方向，并增设社会急需专业：天津师范大学增设电化教育和小学教育专业；天津城建学院增设房地产管理、环境工程和建筑电气技术专业；天津医学院增设康复医学专业；天津体育学院增设社会体育专业；天津职业大学增设化工工艺专业；天津农学院增设农村经济管理专业；天津师范专科学校开始招收音乐教育专业学生。

1993 年，天津市普通高等学校招生计划管理工作实行几项改革。(1)在调节性招生计划内实行弹性管理，即委托培养招生计划和自费生招生计划可互通使用。(2)为适应外向型经济发展需要，满足学校选才和培养的要求，提高考生外语水平，对英语科类考生加听力测试，对非外语类考生划定外语单科成绩最低标准。(3)提高师范院校招生质量，对天津师范大学招收免试保送生实行差额推荐，学校考察，择优录取。(4)扩大部分专业试行单独招生考试的办法，鼓励学校办出特色。当年招收本科生较上年增加 4.13%；招收专科生较上年增加 55.08%；招收硕士研究生较上年增加 22.37%；招收博士研究生较上年增加 48.81%。本专科共招收委托培养生 7487 人，是上年的 1.1 倍；招收自费生 2125 人，是上年的 1.28 倍。此外，还招收函授生、夜大学生 4604 人，干部专修科学员共 7931 人。与 11 个省市进行普通本专科学生的对等交换培养，招入、送出各 628 人，较上年增加一倍。

经国家教委专家组考察、国家教委高等学校设置评议委员会第二次全体会议审议通过，国家教委正式批准天津医学院和天津第二医学院合并，组建天津医科大学。

经中国科学院评审，国务院批准，南开大学严志达教授和天津大学周恒教授当选为中国科学院（数理学部）院士。在天津的中科院院士增至 11 名，其中在高等学校的 10 名。

经国务院学位委员会批准，天津市高等学校新增博士学位授权学科专业点 5 个，其中天津大学 2 个，南开大学、天津轻工业学院、天津纺织工学院各 1 个；新增博士研究生导师 73 人，其中南开大学 37 人，天津大学

23人，天津医学院6人，天津轻工业学院、天津纺织工学院、天津师范大学各2人，天津财经学院1人。全市普通高等学校博士学位授权学科专业点增至75个，博士研究生导师214人。

天津市属高等学校1993年教育事业财政拨款13585.5万元，较上年增加13.21%；学校预算外收入5427万元，较上年增加42.29%，是当年财政拨款的39.95%。

［**制订发展规划**］ 为贯彻《中国教育改革和发展纲要》，1993年4月，中共天津市委、市政府决定对天津市教育改革和发展中的一系列问题进行调查研究，要求从全局的高度和新的起点，紧紧抓住在社会主义市场经济体制转换过程中教育工作面临的新情况、新问题，以改革的精神深入分析研究，通过调研和论证，形成适应天津市经济和社会发展战略需要的中长期教育发展和人才培养规划。

根据这一部署，天津市高等教育局组织了对全市高等教育结构、规模、办学模式、经费状况、教师、校办产业等几大方面30个重点问题进行广泛的调查分析。8月，中共天津市委教卫工委、市教卫委和市高教局共同召开天津市高等学校党建工作座谈会，与各校党委书记、校长就全市高等教育改革和发展的全局性问题进行深入研究。

11月，中共天津市委、市政府召开天津市教育工作会议，制定了市委、市政府《关于教育改革和发展的若干意见》，提出到本世纪末，努力把天津建设成为我国教育的先进城市之一，初步建成适应天津现代化建设要求的、具有中国特色和天津特点、面向21世纪的教育体系，成为"三北"地区乃至全国的人才培养基地和国际人才交流中心之一。

关于高等教育工作，《若干意见》指出，积极发展普通高等教育，坚持走内涵发展为主的道路，努力提高办学质量和效益。进一步调整市属高校布局，促使高校分工合理，在各个层次上办出特色。实行重点投入，把天津医学院、天津财经学院、天津师范大学、天津理工学院建成地方重点大学。市属高校招生逐年增长。到本世纪末，地方高校滚动建设30个重点学科，部委属高校重点学科增至50个。在1992年已增拨科技三项费用专款，用于地方高校重点学科建设的基础上，努力增加投入，建设4个工程研究开发中心。发展高校科技产业，创建"天津市大学科技工业区"，加快高校科技产业集团化、国际化步伐。力争有1至2所市属重点大学进入国家"211"工程，全力支持天津大学、南开大学等重点大学进入"211"工程，努力建设世界一流大学。"八五"期间，每年建成3万平方米高校教师住宅。天津市划拨土地建设"大学住宅区"。教育改革方面，把校内管理体制改革和教学改革结合起来，制定具体方案，积极试行以教育教学改革为主体，以提高教育质量为目标的学校综合改革。搞好天津市高教决策和对中央部委属高校的统筹。扩大学校办学自主权，学校尽快建立自我发展、自我约束的运行机制。

根据天津市高等教育发展规划，市高教局于1993年确定了重点学科建设的目标，将在津的部属高等学校与市属高等学校进行统筹规划，全市共计建设市级重点学科47个，其中，部(委)属高校38个，市属高校9个。确定重点发展学科17个。投资1000多万元对重点建设的学科和重点发展学科进行资助。此外，还确定19门重点建设课程。

［**确定改革措施**］ 年初，天津市高等教育局确定了以四项改革、十项实事为主要内容的1993年工作重点。四项改革是：(1)办学体制改革，(2)教育教学改革，(3)学校内部管理体制改革，(4)投资体制改革；十件实事是：(1)加强重点学科建设，推进重点学校建设，

(2)优化专业结构，指导专业建设，(3)改革办学模式，(4)加强基本建设和基础建设，(5)适度发展办学规模，(6)加强师资队伍建设，(7)发展科技产业，(8)加大投资力度，(9)为部委属学校在津发展提供服务和支持，(10)转变机关职能。以上工作被分解为80多项任务，责任到人，实行了工作目标责任制。根据市委、市政府对高等教育发展规划的要求，1993年，天津市高教系统全面贯彻落实《中国教育改革和发展纲要》，本着“重在改革、重点发展、重视提高”的方针，积极探索符合天津实际的发展高等教育的新路，进行各项体制改革。

在办学体制改革方面，针对在计划经济体制影响下，政府包得过多，统得过死的弊端，加快建立以政府办学为主、社会各界参与办学的新格局。(1)进行“国有民办”试验。在天津师范大学应用文科学院(前南开大学分校)进行“国有民办”试点，实施国家所有权和学校办学权的分离。“国有”即政府管学校的国有资产、管主要领导干部、管办学条件和教育质量评价；“民办”即学校成为面向社会自主办学的法人实体，实行董事会领导下的校长负责制。1993年，生源质量明显提高。(2)扩大学校办学自主权。天津音乐学院、天津体育学院和天津美术学院等学校进行“打开城门、内外并重”的招生试验。在满足天津市需要的基础上，面向全国招生，探索解决此类专门院校师资潜力大，但本市生源少、教育费用高、办学经费不足等矛盾的途径。(3)开展外向型办学。天津中医学院经国家教委批准加挂“中国传统医药国际学院”院名，在全国中医院校中首先实行面向国内招生和国外招生并重，1993年在校来华留学生人数达160人，为天津市高等教育扩大开放、走向世界探索了新路。(4)进行“一校两制”试验。天津师范大学创办“国际女子学院”，实行“自筹经费、自主管理、自费入学、自主择业”，设立现代家政、高级秘书、公关礼仪、国际文化经贸交流等专业，并逐步向民办体制转化。(5)高等学校组建董事会。天津职业大学在市属高等学校中率先组建“董事会”，主动邀请有关区、县、局负责人和社会知名人士担任董事，共同参与办学，不仅促进了办学思想更新，也使专业设置、办学规格和模式更加适应天津经济发展的需要，并有效地解决了学生生产实习基地等问题。

在投资体制改革方面，从单一依靠国家拨款，转变为以国家财政拨款为主，争取有关方面和部门的支持，大力创收，积极筹资等多渠道筹措高等教育经费的新体制。通过“争、创、筹”，在国家投入难以很快大幅度增加的情况下，探寻到加快基本建设、改造校舍、改善办学条件和住房条件，加快高等教育发展的新路。(1)积极争取各级政府、中央和市各有关部门努力增加对高等教育的投入。(2)大力创收。1993年，天津市高等学校技工贸产值约4亿元，利税近4800万元，还通过扩大调节性招生计划增加收入，补充了教育经费的不足。(3)面向国内外多形式筹措资金。如1993年建设天津医学院中日代谢病防治中心，日本政府捐赠5亿日元；天津美术学院建设“天美小区”，海南省泰来实业公司签约投资8.8亿元；天津体育学院建设社会体育培训中心，引进香港资金2亿元等。(4)合作建设教工住宅。由市计委、建委、财政局、学校和教工个人5方出资合建教工住宅，从1992年开始，每年建成3万平方米。

在管理体制改革方面，改革的目标是加快建立政府宏观管理，高等学校面向社会自主办学，打破条块分割，逐步实行区域统筹协调的体制。(1)进一步扩大高等学校办学自主权。天津市高等教育局提出，学校管得了的事，高教局不去管；学校管不了、管不好的事，高教局着力去办，努力搞好服务。为此，高教局大力推动机关干部更新管理观念，转变机关职能。1993年,高教局组织机关干部多次深入学校进行面对面服务和调查研究活动,如上半年的"改革与发展"专题调研;下半年的高等学校"科技事业状况"及"发展对策"专题调研;年终的"九三年工作评价和九四年工作要求"的调研活动等。(2)充分发挥南开大学、天津大学等部委属高等学校的作用,逐步实现对包括部委属学校在内的全市高等学校的统筹协调。天津市高等教育局在建设重点学科、创办大学工业区、筹建教工住宅区、兴建工程研究中心等方面统筹规划,积极支持部委属高等学校的发展,逐步形成天津市高等教育的整体优势。(3)深化高等学校内部管理体制改革。1993年,全市三分之二的高等学校全面实施了管理体制改革。首先,进行人事制度改革。全市高等学校师生比由1:4.29上升到1:6.5,天津职业大学师生比突破1:10,天津商学院师生比达到1:14;许多学校进一步完善了岗位责任制和聘任制。天津中医学院、天津外贸学院、天津商学院等学校实行了全员聘任制,天津师范大学机关人员减少10%。其次,各学校在分配制度改革中实行了多种形式的校内津贴制度,根据工作实绩,拉开分配档次。

[**获奖科研(教学)成果**] 1993年,全市普通高等学校通过各种渠道拨入科学研究与发展经费11908万元,较上年增加56.8%;其中,理工农医类研究经费11683.4万元,基础科学研究占6.7%,应用研究占47%,试验发展研究占46.3%;人文、社会科学类研究经费224.6万元,基础科学研究占41.1%,应用理论研究占25.2%,应用研究占33.7%。从事科技活动人员24409人,其中研究与发展人员8906人,占36.5%。列入学校一级科学研究年度计划的理工农医学科研究与发展课题共2836项,较上年增加10.2%,基础性研究、应用性研究和开发性研究课题的比例为1:3.4:1.13;其中国家"八五"科技攻关项目105项,国家"863"高技术项目31项。列入学校一级科学研究年度计划的人文、社会科学研究课题520项,其中国家社科基金项目51项,部委级课题137项(其中国家教委社科研究项目98项),省市级课题146项。共出版理工农医类科学专著139部,发表学术论文4822篇,其中在国外学术刊物上发表611篇,全国性学术刊物上发表2956篇;共出版人文、社会科学类专著498部,译著25部,发表学术论文1601篇,其中在国外学术刊物上发表42篇,国内外公开发行的学术刊物上发表542篇,国内公开发行的学术刊物上发表42篇。理工农医学科共有162人次出席国外召开的国际学术会议,交流论文135篇;199人次出席在国内召开的国际学术会议,交流论文207篇。

1993年,天津市普通高等学校理工农医类科技成果通过鉴定329项,其中国际水平124项,国内首创106项,国内先进90项;申请专利92项,获得专利授权79项。共获得理工农医类科技成果奖励140项,其中国家发明奖2项,国家科技进步奖1项,国务院各部委科技进步奖48项,省、自治区、直辖市科技进步奖48项,地、市级科技进步奖41项。共获得人文、社会科学研究成果奖励122项,其中国家级奖励6项,部委、省、自治区、直辖市级奖励105项。1993年,全市普通高等学校独立研究机构达到100个。

1993年,天津市高等学校有106项教学成果获奖。其中,南开大学魏埙教授的"更新内容结合实际培养能力——经济学系与政治经济学教学的改革与提高",天津中医学院石学敏教授等的"提高针灸临床教学质量培养优秀人才",被授予国家级一等奖;南开大学、天津大学、天津师范大学、天津医学院等校的9项教学成果获国家级二等奖;南开大学陈省身教授的"首创开放性的高层次数学人才培养基地”获国家教委荣誉奖。此外评选为天津市级一等奖 8 项，二等奖 27 项。

在曾宪梓教育基金会首次设立的高等师范院校教师奖评选中，天津师范大学心理学教授沈德立获一等奖，英国语言文学教授王嘉龄教授获二等奖。

［**科研工作**］　中共天津市委、市政府高度重视高等教育和高校科研工作。市委书记高德占强调：要积极推广高等学校的科研成果，利用高等学校科技和人才优势发展新兴产业，形成一批有特色、竞争力强的“拳头”产业和产品，建立培训基地和培训中心，把高等学校的潜力和优势更加充分地挖掘和发挥出来，为国家的现代化建设，为天津的加快发展做出更大的贡献。为此，天津市高教局继 5 月作出拨专款 100 万元用于礼聘京、津百名退休专家指导天津市高等学校教学科研的决定后，教师节又开始实施几项新举措：(1)设立特殊学术津贴。对市属高等学校的中国科学院院士、博士研究生导师和重点学科学术带头人，每人每月给予特殊学术津贴 300 元，对在市属高等学校重点学科和重点发展学科工作的具有博士学位的学术骨干，每人每月给予特殊学术津贴 100 元。(2)在 1992 年为高等学校教师集资建设 3 万平方米住宅的基础上，1993 年再集资建设 3 万平方米。(3)设立“敬贤基金”，专门用于提高高等学校离退休老教师、老干部、老工人的待遇，帮助他们解决实际困难。首批已筹款 10 万美元。(4)积极协助市委、市政府解决部委属高等学校办学中遇到的土地和其他一些实际问题。

为进一步落实《中国教育改革和发展纲要》推动高等学校科技工作上水平，为天津经济、科技与教育发展作出更大贡献，经市政府批准，1993 年 12 月，天津市高教局召开了天津市高等学校科技工作会议。国家教委副主任韦钰和天津市委、市政府领导同志出席会议并讲话，还向全市高等学校 47 个市级重点学科和 17 个重点发展学科颁发铜牌和证书。会议提出了到本世纪末天津市高等学校科技进步综合计划，简称“奋进计划”。其主要内容是，到本世纪末的大约 8 年时间里实施三大工程：(1)“八八〇工程”，滚动建设 80 个重点学科，使之成为高等学校开展基础性研究的主要突击力量；(2)“八四工程”，在积极支持国家级工程研究中心建设的同时，重点建设机电一体化、信息、生物技术、新材料等 4 个发展共用技术和关键技术的工程研究或开发中心，使之成为高校研究开发高新技术、促进成果转化的重要基地；(3)“八一五工程”，积极发展校办产业，到本世纪末使全市高等学校技工贸年总收入达到 15 亿元，利税 4 亿元。通过“奋进计划”的实施，使天津市高等学校科技工作在上、中、下游 3 个层次上实现重点突破，按照科技发展的内在规律，实现高技术研究成果上、中、下游的梯次转移。上游能攀登科技高峰，中游能拓宽上游向下游转移和转化的通道，下游则植根于国民经济建设之中。到本世纪末，使天津高等学校科技工作形成有尖子、有实力、有作为、有地位的全新格局。

为实现“奋进计划”，天津市高等教育局提出《关于推动高校科学研究上水平的十条意见》和《关于推动高校科技面向经济建设服务的十条意见》，即科技工作《双十条》，并开始试行。其主要内容是：

高度重视科技队伍建设。抓紧选拔和培养 35 岁以下学术骨干和 40 岁以下后继学术带头人，力争在本世纪末造就 100 名在本学科领域有影响、有地位的跨世纪学术带头人；制定配套政策，从国内外吸引 500 名 45 岁以下具有博士学位的优秀科技人才来市属高等学校工作；制定局、校两级跨世纪人才培养和引进计划；进一步提高教师待遇，抓紧落实“大学教工住宅区”建设，力争“八五”末高等学校人均住房不低于10平方米;先使一批优秀教师月收入超过1000元,提前实现工资倍增计划;保证老一辈专家、学者退休后学术上有用武之地,生活上无后顾之忧。

打破条块界限,实现学科共建,教授共享,设备共用。全市高等学校作为一个整体,实行统筹协调,走联合道路。以南开大学、天津大学为龙头,充分发挥部委属学校的行业示范作用和市属高等学校各自的学科优势,相互取长补短,增强天津高等学校整体科技竞争实力。到本世纪末,全市高等学校博士学位授权专业点发展到130个,硕士学位授权专业点发展到300个。

增大天津市高等学校科研相对份额。争取更多地承担国家、部委和天津市的科技任务,争取占有相应的、更大的科研经费比例,争取获得更多、更高的奖励。要调整政策导向,组织精干队伍,选择若干领域,确定有限目标,实行重点突破。

努力增加科技投入。彻底转变等、靠、要的旧观念,努力形成国家拨款、金融贷款、企事业委托科技经费和利用外资等四大渠道。设立"天津高等学校科技奋进基金",每年1000万元,其中分设重点学科、自然科学研究、社会科学研究、出版基金和奖励基金专项。高等学校要在教育事业费中按3%—5%的比例设立科研基金。

全方位扩大对外开放。多形式、多渠道地引进国内外资金和设备,吸纳捐赠、拓宽民间集资渠道。高等学校科研机构逐渐增加国内外客座研究开发人员和企事业单位兼职研究人员比例,汇聚创新思想,辐射研究成果。在承担招标、使用科研经费、获得科技奖励等方面,对引进人才一视同仁。

提高科研工作的领导和管理水平。建立由各高等学校主管领导和部分科技部门负责人组成,并邀请市计委、科委、经委等部门领导同志参加的"天津市高等学校科技工作委员会";加强决策辅助系统的建设,建立专门化科技服务机构,完善高等学校科技工作管理体系。

建立产学合作基地,加快科技与经济的紧密结合。高等学校主动跨越部门所有的障碍,积极组织、参加国家和地方两级产学研联合工程,逐步建立优势互补、相互依存、利益共享、风险共担的产学合作的新型关系。近二、三年内,全市高等学校百余个科研机构和工程应用型系、科,有选择地与若干企业建立长期、密切、稳定的合作关系。力争在"九五"末建成100个多种形式的产学合作基地。

大面积转移、转化科技成果,促进科技进步。加速推广高等学校具有八十年代水平的880项成熟科技成果;实行局、校科技成果报告制度,建立天津市高等学校科技成果库;力争每年推出100项以上成熟科技新成果,并开发具有市场竞争力的拳头产品;"八五"末使高等学校科技成果应用转化率达到30%,"九五"期间达到50%。

创办"天津市大学科技工业区"。按照"一体两区"的模式,把高等学校作为一个整体,在现有的教学科研功能区外,集中规划建设高校科技产业示范区,二者功能互补,资源共用。通过园区建设,使高等学校科技企业成建制地进入其中,促进校办产业结构调整,向规模化、集团化方向发展。在大学科技工业区进行多种所有制形式试验,鼓励和支持高等学校科技人员创办、领办国有民营科技企业;力争在"九五"末形成8到10个产值5000万元以上的股份制高新技术企业。

深化企业改革,建立现代企业制度。校办产业实行企业化管理,建立独立核算、自主经营、自负盈亏、自我约束、自主发展的运行机制。要在管理模式、经营机制、利益分配原则等方面,借鉴和吸收国内外同类企业的先进经验,培养和引进一批科技企业带头人和科技企业家。

[**评选优秀学生**] 1993年，天津市高校在开展优秀学生评选中，注意避免偏重智力，忽略政治标准，奖励额度偏低，奖励面过宽等现象，重新制订了评选标准。三好学生市级奖励比例由4%减为1%。学年度总成绩达年级或专业前三名，具备政治标准，品学兼优者并要求体育达标才能获得“三好学生”称号并给予奖励。1993年，共评出市级三好学生60名，每生奖金1000元；评选出市级优秀班集体40个；143名学生获得“天津市高等学校王克昌奖学金”，其中特等奖2名，一等奖37名；191名学生获得“天津市高等学校理工科优秀学生奖学金”，其中特等奖4名。上述奖励合计25万元。天津大学学生张宏获得全国三好学生标兵称号；天津师范大学政法系90级政教本科班获得全国先进班集体称号。

[**体育工作**] 1993年，天津高等学校体育教学课内外一体化和群众性体育活动继续深入发展，竞技体育“三年打基础、五年上轨道、八年部分项目达到国内一流水平”的规划提前二年完成。1993年，天津市高等学校派出50名运动员代表天津市参加第七届全国运动会的预赛和决赛：南开大学女子排球队获得预赛小组第5名；天津财经学院女子篮球队获得预赛小组第5名；天津理工学院女子手球队获得决赛第8名；田径比赛中，高等学校运动员为天津代表队夺得8分。南开大学被国家体委授予“全国群众体育工作先进单位”称号；天津财经学院被国家教委授予“全国高等学校课余训练试办先进单位”称号。

撰稿 刘 毅

审稿 孙衍广 翁庆余

普通中专教育

[**评选市级重点中专**] 根据国家教委制定的国家级重点中专学校的评选条件及市第二教育局制定的市级重点中专学校的评选条件，经天津市中专教育评估组选优评估，呈报天津市人民政府批准，有14所中专学校被评选为市级重点学校。这14所学校分别是：天津铁路工程学校、天津建筑材料工业学校、大港石油管理局石油学校、天津市化学工业学校、天津无线电机械学校、天津市人民警察学校、天津市第一轻工业学校、天津市第一商业学校、天津市冶金机电工业学校、天津市第二轻工业学校、天津市财经学校、天津市护士学校、天津市劳动经济学校、天津市对外贸易学校。通过选优评估，各办学单位加强了经费支持，据统计：一年来，14所学校的主管部门除正常经费外，共筹措资金2642.5万元，用于扩建校舍4.37万平方米；新增图书29万多册，办学条件得到了较为明显的改善。

[**办学模式改革**] 天津市第二教育局重点抓了办学体制和办学模式的改革，提出了中专学校的改革方案，要求进一步打破行业、部门和地区的限制，沟通中专学校与工厂企业、用人部门和社会的密切联系，改变封闭和半封闭的办学状态，努力实现学校教育向社会的广泛渗透。首先，学校打破部门、行业和地区的限制，拓宽服务范围，增强了学校教育的社会功能，为学校面向社会、自主办学奠定

了基础。学校按用人部门的实际需要增设21个社会急需专业，对13个原有专业进行了扩充和调整，在专业设置上进一步体现了针对性和实用性。全年招收的委托培养生有60%是为主管局以外的工厂企业培养的，招生范围扩展到全国几十个市、县。其次，学校工作得到了社会多方面的支持与合作。据25所学校统计，用于校舍建设、购置仪器设备、添置图书资料的费用达4千多万元，其中有相当部分直接来源于工厂企业。大港石油学校与管理局所属的8家企业建立了厂校联合育人协作委员会，企业把对学校的支持看作是份内的事情，送给学校钻井及采油专业的仪器设备价值达300多万元。中美史克公司一次赠给中医药学校10万元教育奖励基金。第三，工厂企业以多种形式参与教学工作，不断寻求教育和教学为企业服务的新路子。为此，许多中专学校调整了教学计划、课程安排、增强了教学活动的适应性和灵活性。按照社会对中专人才培养的要求，普遍加大了外语教学、计算机教学和实践教学的比重，一些工科学校还加强或补充经营、销售、企业管理、公共关系等方面的教学内容。工厂企业为学生参加各项实践活动提供了场所，学生动手能力训练机会和条件得到了保证。目前，工科学校理论教学与实践教学时间的比重由过去的8∶2转变为7∶3，有些学校已达到6∶4，学生在校期间参加实践教学活动的时间比过去增加4个月。第四，为了有计划有组织地安排教师参加社会实践活动，促进教师队伍整体素质的提高，许多工厂企业、科研部门、医院、商场把接收教师到本单位参加实践锻炼看作是支持学校的重大举措。近两年来，全市有近400名中专教师到工厂企业或其他部门参加了半年的实践锻炼。

撰稿　史万铎　丁沪玲

审稿　刘贵顺

成人教育

［**职工培训**］　天津市职工培训以职工岗位培训为重点，由市综合管理部门统筹，以行业、地区为指导，以企事业单位为主体，以各级各类成人学校和培训中心为阵地，根据行业和企业发展的需要，主要抓各类管理人员、专业技术人员和技术工人的培训。全年参加岗位培训的有498143人，其中企业领导和管理干部67884人，专业技术人员80349人，技术工人266881人，其它人员83029人。

为适应本市改革开放、发展外向型经济和1995年在天津举办第43届世界乒乓球比赛的需要，1993年，市第二教育局根据市人民政府关于在全市干部、职工中开展学习外语活动的指示精神，积极组织初级英语水平的培训与考核。据统计，全市有54个区、县、局所属的1600多个单位约15万人参加了培训，近万名职工参加了笔试和口试，80%的参考人员领到了合格证书，并对首次考试前100名成绩优异者给予了奖励。

为进一步提高职工的劳动技能，第二教育局与市总工会等部门在全市职工中开展了“学绝技，创绝招，争做技术明星”的活动。全市7000多个单位，269个主要行业，3795个主要工种的百万名职工参加了这次活动，共评出98名技术明星、25个先进单位,促进了职工队伍素质的提高。

[**培养乡镇企业急需人才**]　为满足乡镇企业对人才的需求,第二教育局在深入调查研究的基础上,与市农委、乡镇企业局联合召开了为乡镇企业培养急需人才工作会议,并制定出"51510"工程规划。计划从1994年起,用5年时间,利用各级各类学校,为乡镇企业培养1万名大专人才、5万名中专人才、10万名关键岗位和工种的职工。为此,采取的措施:一是改善了办学条件。1993年农村成人中等专业学校新增建筑面积12872平方米;各乡镇对成人教育中心学校总投资788万元;乡镇成人教育中心学校实验实习基地新增325亩。二是发展成人学校,完善办学网络。12所区县成人中等专业学校新建分校18所,辐射办班21个;乡镇成人教育中心学校达市一类校标准的有123所,比上年新增21所;在郊县3872个行政村中,办学面已达66.5%。三是增强了服务功能。农村成人中等专业学校改革招生与考试办法,调整专业和科类结构,充分发挥其办学的辐射功能、业务指导功能、师资培训功能、科技咨询功能。乡镇成人教育中心主动与乡经委、农科站、科协等部门密切配合,共同实施经济开发、科技推广和人才培训。村成人文化技术学校狠抓管理,使1100多所学校实现了"一固定、五落实"(固定校舍,落实教学计划、教师、教材、时间、经费)。一年来参加农村各级各类成人学校学习的达52万人次,进行科学实验项目1521个,获得成功的1084项,推广新品种种植面积189.1万亩。四是通过"燎原计划"扩大改革试点,培训农村各类人才。全年"燎原计划"示范乡由18个发展到29个,办各种培训班410个,培训1.6万人;推广林果、蔬菜、饲养等新技术55项。"绿色证书"教育已发展到20个乡镇,其专业内容由林果扩展到畜牧、养殖、蔬菜等。人口教育在11所区县成人中等专业学校试点的基础上已发展到90%以上的乡镇。

[**成人高、中等教育**]　一年来,成人高、中等学校在办学体制、管理体制、教学领域、教育结构等方面进行了一系列改革实践,取得了可喜的成绩。(1)产教结合、企校合一的办学体制改革在面上扩展的基础上不断深化。由过去联合开发生源,发展到企业参与招生,参与分配,参与专业设置,参与教学改革;使学校逐步走上了多层次、多规格、多形式、多渠道的联合办学之路,扩大了办学功能,增强了办学效益。1993年,成人高、中等学校除进行学历教育外,还举办了专业证书教育、单科及格证书教育、大学后继续教育及岗位培训,共结业189747人。(2)学校内部管理体制改革不断加快。目前,60%以上的成人高、中等学校都制定了综合改革方案,并普遍从劳动人事和工资分配制度改革入手,建立一套与校长负责制相适应的管理制度,与教职工工作业绩相适应的工资分配制度,极大地调动了教师的积极性,增强了办学的活力。(3)教学领域改革日益深化。成人中等专业学校在去年试点的基础上,普遍进行了课程结构改革和实践性教学体制改革,强化了能力培养与考核,提高了学员的动手能力。成人高等学校在教学模式上正向高等职业技术教育转轨,并进行了"双证制"的改革试点,以培养社会急需的应用型人才。在德育方面,各校都把学习《邓小平文选》第三卷与政治课教学结合起来,把职业道德教育与政治思想教育结合起来,进一步探讨寓教于学的教育规律,使德育更具有针对性、科学性和有效性。(4)教育结构进一步优化。调整了职工烹饪专科学校,审批了5个电大工作站和一个函授站,新建了以广播电视大学为依托的天津市基础学院,并批建6个分院。为适应经济发展的需

要，成人高、中等学校主动贴紧经济，更新专业，填补了短线和特殊专业的空白，促进了经济的发展。(5)成人中等专业学校评估工作不断推进。在对81所学校进行摸底调查的基础上，完成了对52所学校的评估工作。通过评估，加强了教学管理，提高了教育质量，改善了办学条件，促进了学校的发展。据统计，52所成人中专，有20所学校调整了领导班子，高、中级教师的比例由30%提高到45%，送出培训的人员达195人，主管部门向学校总投资达3000万元，新增图书19万册、计算机170台、机房17个、语音室16个。(6)师资培训得到加强。在现有天津市成人教育进修学院的基础上，1993年又在市广播电视大学筹建了成人教育教师培训中心，开展以“希望工程”为重点的师资队伍和管理队伍的培训，使1700多名教师、90多位领导参加了培训，进一步提高了他们的教学和管理水平。(7)校办产业迅速发展。1993年，第二教育局对校办产业进行了全面调查，摸清了底数，找出了问题，加强了管理。召开了产业政策研讨会，举办了税务培训班，组织参加了产品展销会，并深入学校宣讲政策，提供信息，指导工作，从而促进了校办企业的发展。据统计，成人高、中等学校，共有校办产业238个，产值8520万元，职工3000余人。校办产业的发展，增强了学校的实力，促进了教学与生产、科研的结合。

［**社会力量办学**］ 1993年，市第二教育局对社会力量办学根据“积极鼓励，大力支持，正确引导，加强管理”的工作方针，重点抓了五项改革、三项管理。

“五项改革”是：(1)探索与境外合作办学的路子。积极支持和鼓励新华职工大学、天津青年联合会等6个单位与日本、新加坡、西班牙、台湾等国家和地区联合举办各种外语和针灸培训班，培训学员583人，为引进外资和先进的教学管理经验，培养应用型外语人才，开辟了一个新的领域。(2)修订社会力量办学管理办法，打破了只有本市社会力量才能在津办学的限制；从而使外地力量，特别是中央驻津单位能在津举办各种教育和培训。(3)积极扶植民办学历教育。新批2所民办中专学校、2所民办职业学校、14所民办中小学，为建立政府办学为主，社会各界办学为辅的新体制进行了有益的尝试。(4)支持和鼓励师资力量强，办学条件好的47个企业面向社会，开展培训。(5)允许有条件的办学单位开展国际交流，并在国外举办各种培训班。

“三项管理”是：(1)强化归口管理，使健身气功、机动车驾驶员等培训纳入了社会力量办学管理轨道。(2)严把招生广告关。市第二教育局与工商局联合下文，规定凡没有教育行政部门的批准，各类招生广告不得刊登、张贴、播放，同时设专人负责招生广告的审批和检查，并要求报社、电台、电视台也定专人受理招生广告业务。(3)搞好执法检查。1993年第二教育局三次组织行政执法人员在全市范围内对社会力量办学进行了执法检查，对非法办学者予以取缔；对违返物价、广告等规定的给予处罚；对教学质量较差的令其进行整顿，使社会力量办学得以蓬勃而健康地发展。1993年新批办学单位204个，使其总数增至617个，年内招生20多万人。

［**成人学校招生改革**］ 1993年，天津市成人高等学校招生复习迎考体系以成人高考预科培训学校为龙头，以遍布全市60多个教学点为基地，建立了教学计划、学籍管理、督导检查等多项规章制度，充分发挥了生源发动和复习指导的职能。一年来，组织近2万名职工进行了有系统的复习，其中8000余名学员以优异的成绩考入成人高等学校。

成人招生改革日益深化：(1)“三生”(往届生、在职考生、预科班生)改革日臻完善。

"往届生"招生重点已由城市转向农村,凡达到一定成绩的郊县往届高中毕业生均可免试进入成人高校学习。乡镇预科班的建立,使未能达到成人高考录取分数线的部分乡镇管理人员和企业生产骨干能通过一年的文化补课进入成人高校学习。劳模预科班招生对象已扩大到区县局级劳动模范,使800名劳模人员进入预科班学习、1100名先进模范在享受10至20分的照顾后进入成人高校学习、600名区局级劳动模范被免试进入成人中专学校学习。(2)以中等职业技术教育毕业生为招生对象的"中等职业专业接高等职业专业"招生改革,首次在13所成人高等学校进行试点,招生200人。(3)突出了职前与职后教育的统一,招生与毕业生就业的统一。1993年,28所成人高等学校共招生1433人,22所成人中专学校招生1600余人。(4)第二学历招生在实行文理兼报的新政策后,招生4583人,为培养复合型、技能型人才创造了良好的条件。(5)考试科目改革在中西医等专业进行"3+2"考试。即以两门专业课取代两门文化课,从而打破了传统的考试科目配置,为培养专业技能型人才进行了大胆的尝试。

撰稿 海飞平

审稿 刘贵顺

河北省教育

概 况

［各级各类教育发展情况］

1993年各级普通学校基本情况

单位：人

学校类别	学校数（所）	毕业生数	招生数	在校学生数	教职工数 计（人）	教职工数 其中专任教师
一、普通高等学校	52	22363	42130	105101	38876	14250
研究生		233	341	814		
本　科		9986	12442	46987		
专　科		12144	29347	57300		
二、中等专业学校	220	35500	60500	143700	25178	12437
中等技术学校	136	22000	42700	101900	18581	8957
中等师范学校	84	13500	17800	41800	6597	3480
三、普通中学	5260	630200	925400	2477600	208664	164256
高　中	580	105300	101100	289200		25086
初　中	4680	524900	824300	2188400		139170
四、农业、职业中学	369	45600	74900	172600	20426	13531
高　中	271	35800	58400	131700		10949
初　中	98	9800	16500	40900		2582
五、工读学校	1				5	4
六、小　学	47975	1015000	1444800	7758500	294386	271625
七、特殊教育学校	70	1132	2332	15806	972	
八、幼儿园	1370		1268900	1533300	54002	47145

1993 年各级成人学校基本情况

单位：人

学校类别	学校数（所）	毕业生数	招生数	在校学生数	教职工数 计	教职工数 其中专任教师
一、成人高等学校	41	15449	32292	70597	8841	3516
广播电视大学	1	4813	10135	22725	1576	634
职工高等学校	16	1656	3247	8167	3182	1274
农民高等学校						
管理干部学院	9	2183	4957	6617	2004	570
教育学院	15	2513	2269	10202	2079	1038
独立函授学院						
普通高校举办						
函授部		3041	8578	16357		
夜大学		1089	2835	5953		
干部专修科		154	271	576		
二、成人中等专业学校	246	26456	40206	94741	8026	4488
广播电视中专	5	1049	2010	7629	153	98
干部中专	7	257	910	1595	495	230
职工中专	57	3448	6329	16816	2788	1294
农民中专	23	914	1385	4497	533	308
教师进修学校	154	20788	29572	64204	4057	2558
三、成人中学	206	28103	13536	17542	1071	427
职工中学	132	9345	9424	12051	769	295
农民中学	74	18758	4112	5491	302	132
四、成人技术培训学校	34400	5065700	4859300	4380900	29438	8120
职工技术培训学校	1079	256500	264000	195000	3623	1762
农民技术培训学校	33321	4809200	4595300	4185900	25815	6358
五、成人初等学校	9481	316900	322400	332200	4153	1223
职工初等学校	823	21800	26100	27500	468	221
农民初等学校	8658	295100	296300	304700	3685	1002
其中：扫盲班		105561	123362	123845	2110	502

1993 年，全省小学招生比上年增加 11.94 万人，在校生增加 28.17 万人。7～11 周岁适龄儿童入学率 98.44%。在校生年巩固率 97.99%，小学毕业生升学率 83%。初中阶段义务教育也有一定发展，全省初级中学招生比上年增加 3.2 万人，在校生增加 10.71 万人。与此同时，普通高中教育规模继续缩减，高中招生比上年度减少 0.05 万人，在校生减少 2.21 万人。

1993 年，全省中小学教职工（包括职中、幼教、特教）52.44 万人，比上年增加 8315 人。小学专任教师学历合格率占 89.01%；初中专任教师学历合格率占 46.67%；高中学历合格率占 42.39%；职业高中学历合格率占 26.12%。

1993 年，河北省各类职业技术教育高中阶段招生数占高中阶段教育招生总人数的比重为 48.78%，基本上达到了国务院《关于大力发展职业技术教育的决定》的目标要求。全省职业中学招生比上年增加0.47万人，在校生增加1.19万人；普通中专招生比上年增加15388人，在校生增加25009人；中等师范学校招生比上年增加3472人，在校生增加4271人；技工学校比上年增加2所，在校生比上年增加20738人。

1993年，全省普通高等教育与上年相比，招生人数（不含研究生，下同）增加8833人，在校生增加20204人。省属高校办学条件有较大改善，校舍建筑面积达316.7万平方米，比上年增加45.3万平方米，生均校舍面积为37.8平方米；固定资产总值为9.05亿元，比上年增加1.6亿元；学校藏书1161万册，比上年增加88万册。

1993年，全省成人高等学历教育在连续几年控制规模后，成人高等学校比上年度减少3所，举办函授、夜大学的普通高等学校6所。以农民为主要对象的初等技术培训学校呈增长势头，参加成人技术培训学校学习并结业的人数506万人次，扫除文盲10.5万人，超额完成本年初制定的目标。

［**教育发展目标**］　1993年5月，河北省八届人大一次会议通过了《河北省经济振兴大纲》和《政府工作报告》，根据《中国教育发展和改革纲要》的要求，提出全省教育发展目标和1993年教育工作主要任务：

教育发展目标是：到本世纪末，全省拥有大学和高中（含中专）文化水平的人口分别达到150万人和750万人；每万人拥有科技人员力争达到全国平均以上水平；市及90%以上的县普及九年制义务教育，青壮年文盲、半文盲率下降到3%以下；形成完善的职业教育体系，使新增劳动力受到必要的职业技术教育。

具体对策和措施是："大力改革教育体制，调整教育结构。在逐步形成基础教育、职业教育、成人教育、高等教育相结合，灵活、开放的教育体系的同时，加快发展各类职业技术教育，培养经济建设急需的实用人才。改革办学体制，在继续搞好国家办学的同时，大力发展私人办学、与国外合作办学。不断扩大学校办学自主权，改革内部管理体制和运行机制。大专院校要根据经济发展的需要，调整专业结构，挖掘现有潜力，扩大招生数量，提高教育质量。大力推进"三加一"初中后职业教育和"两种证书"（初中毕业证、职业技术培训合格证）制度。各行各业都要根据需要加强职工岗位技术培训。"八五"末，地方普通高校在校生由原计划6.1万人调整到9.8万人，成人高校在校生由4.5万人调整到6.6万人，全省中等职业技术教育在校生由35.8万人调整为38.3万人。拓宽投资渠道，在逐年增加国家财政投入的同时，重点发展和利用企业、集体和个人投资和外资兴办教育。调动多方面的积极性筹资办学，在保证完成高等教育国家任务生计划前提下，扩大委培生和自费生比例。

围绕上述目标，1993年教育工作的主要任务是：认真贯彻《中国教育改革和发展纲要》，以邓小平建设有中国特色的社会主义理论为指导，进一步解放思想，抓住机遇，加快教育体制改革和教育事业发展步伐。要大力加强基础教育，积极推进九年制义务教育，搞好幼儿教育和特殊教育。积极发展各类职业技术教育，努力办好一县一所职业教育中心。高等教育要进一步调整专业结构，压缩与社会需求不相适应的专业，增加一批发展市场经济急需的专业。继续扩大高等院校办学自主权，允许根据师资设备、校舍条件，在保证教育质量前提下扩大招生，特别是扩大自费生、委托生的招生，并逐步改变由国家包办高等教育和学生上学由国家"包"下来的制度。采取综合评审的办法，集中一定财力，建设两所进入全国"211"工程的全国重点大学和20

个全国重点专业。要积极发展各种形式的成人教育。继续搞好农村教育综合改革和城市教育综合改革。继续增加教育投入，多渠道筹资办学，支持多层次、多渠道、多形式办学，支持地市和有条件的县市与大专院校联合办学，支持引进外资合作办学和民间办学、私人办学。同时，还要积极采取措施和鼓励政策，充分发挥本地现有人才的作用，积极吸引省外人才和国外人才。

基础教育

［**义务教育**］　1993年2月，省教委召开全省义务教育工作会议，提出1993年义务教育的任务是：深入贯彻实施《义务教育法》，按计划、分步骤、扎扎实实地推进全省普及义务教育，力争到年底有87个县普及小学阶段义务教育，37个县普及九年义务教育。会议对实施九年义务教育提出新举措：一是落实教育的基础地位，各级政府都把普及九年义务教育纳入当地总体规划之中，切实加强对基础教育的领导，全员培训县以下主要领导干部。二是建立政府办学为主体、社会各界共同办学的新机制。三是改善和完善教育投资体制，增加对义务教育的投入，制定开征其他用于教育的附加费的规定。四是加强教师队伍建设，下决心解决拖欠教师工资问题。五是深化学校管理体制改革，在中小学普遍推行校长责任制、教师聘任制和岗位责任制。六是依法治教，建立健全执法机构和执法制度，县级政府建立执法督导机构，乡镇政府设执法督察员，授于其监察权、检查权、处罚权。从1993年秋季开始，对城市流动人口中的适龄儿童清理登记，在当地小学借读。

1993年，普及九年义务教育按计划推进。全省已有190个县(市、区)普及了初等教育，同时石家庄、保定、唐山等城市和冀中、冀东经济较发达地区已经或正在普及九年义务教育，少数贫困山区小学阶段义务教育继续推进和提高。

为推进义务教育，各级政府把发展教育与“科教兴冀”的战略重点结合起来，坚持财力向教育倾斜，多渠道、多层次增加教育投入。冀州市(原冀县)自1986年以来，全市教育经费每年以12%的速度递增，社会各界为教育捐资、集资5500余万元，中小学校舍标准化比例由10%上升到96%，400余所学校无一间危房，95%以上学校教学仪器、图书资料、体音劳器材达到了省规定标准。

［**优化农村学校布局**］　河北省农村小学基本上为多级复式班，乡办中学生源不足，中小学规模小，教学设备难以配套，山区教师业务水平不高。这些问题导致办学效益低，影响了义务教育质量的提高。为优化学校布局，提高办学效益，1993年10月，省教委向全省推广了崇礼县“优化学校布局、实施规模办学”的经验。崇礼县地处塞外深山区，全县334所中小学分布在4000多个沟叉之中，1人校有190所，复式班占85%。1984年，该县推广了五十家乡将高小班集中于乡政府所在地，临近三、五个村或片集中办学的经验；1985年又进行了合并初中的试验；1992年，又将五十家、场地和高家营3个乡办中学合并调整。

截至1993年,全县已有7所乡中学合理调整了布局,办学效益明显提高。

[**实施"希望工程"**] 7月14日《河北日报》"热点透视"专栏发表了题为《农村中小学生辍学问题严重》的调查报告。据献县调查,自小学六年级开始出现学生辍学,辍学率1.71%,初一辍学率5.95%,初二为7.25%,初三为8.52%。该县张村中学初一学生原招220人,开学半年多,仅剩176人,辍学率19%。故城县共有初中在校生15200人,年初以来辍学4700多人,占31%。造成辍学问题的原因是中小学各项收费超出广大农民对子女教育费的承受能力。据赞皇县反映,1992年农村人均收入398元,而小学、初中、高中一个学生收费分别占到人均收入的37.2%、39%、85.7%。

为救助贫困地区失学儿童,共青团中央等单位发起实施"希望工程"。12月24日,革命老区平山县西柏坡全国第一所"手拉手希望小学"落成开学。该校是用全国各地10多万名儿童的20多万元压岁钱建成的,原国家主席杨尚昆题写校名:西柏坡希望小学。沧县有近200名濒于辍学的少年儿童,为救助这些孩子,该县成立了"希望工程救助失学儿童基金会",向社会筹集资金,有164名即将失学的贫困儿童每人每学期领到30元救助款,直至初中毕业。涞源县是河北省贫困山区县之一,1989年80%的农村校舍是破土石房屋和旧庙宇,教学设施极其简陋。当年下半年,中国青少年发展基金会派人考查该县桃木疙瘩村小学,13名学生中有11名因贫困而被迫失学。10月,中国青少年发展基金会决定,对涞源县桃木疙瘩村小学予以救助。截至1993年末,除本县投资284万元以外,收到来自全国12个省市和台湾以及日本等地区和国家捐款5万余元,衣服及学习用品近10万件。全国有100所学校与该县100所中小学建立"手拉手"关系,先后有900余名被救助儿童重返校园,成为实施"希望工程"首批受益县。

[**解决拖欠教师工资问题**] 教师节前夕,国务院副总理李岚清致信中共河北省委书记程维高,省长叶连松,要求尽快解决拖欠教师工资问题。据此,省委、省政府作出决定,限期全省各地在教师节前必须全部兑现拖欠教师的工资。全省上下总动员,筹措资金8000万元,按期解决了拖欠教师工资问题,稳定了广大教师的情绪。同时,逐步建立起教师工资发放的新办法,以保证教师工资按月兑现。晋州市建立起教育费附加乡筹市管机制,保证教师工资按时兑现。这个市的民办教师工资主要依靠征收教育费附加解决,起初,曾对征收的教育费附加实行过"村筹村管"和"村筹乡管",结果有部分乡镇征收不能按时到位和被擅自挪用,致使教师工资不能按时发放。从1990年6月起,市委、市政府决定对农村教育费附加中的人头费部分实行乡筹市管,即在农村教育费附加人头费部分由乡、镇、财政直接上交市财政,再由市财政按月连同国拨教育经费一起拨给乡镇教育组,使工资按时发放到每位教师手中。

[**师资培养**] 省教委针对师范毕业生不愿当教师的现象,采取措施加强师范职业素质教育。各学校遵循中师德育大纲,制订了德育系列化教育方案,实行德育量化考核,搞好各科课堂德育渗透,建立德育基地,形成社会、学校、家庭三结合教育网络。在教学上,普遍加大了课堂训练的内容和密度,开设以训练基本功为主要内容的选修课,把读、写、算、做、画、舞、唱、弹、操、教10项实际操作做为对每一个学生的起码要求。还结合实际开设了劳技课,使其既适应普通小学教育又适应职业技术教育。玉田师范学校利用寒暑假组

织学生开展“我为家乡小学出把力”活动，学生普遍与家乡小学挂钩，和家乡的小学教师交朋友，写家乡小学教育调查报告，以此培养学生热爱家乡教育、立志当一名小学教师的真情实感。

稳定农村教师队伍。农村民办、代课教师，在农村教师队伍中占有很大比重，是实施义务教育的主要力量。高碑店市(原新城县)有民办教师 967 名、代课教师 1252 名，占该市中小学教师 50%以上。为稳定农村教师队伍，1993 年初，该市市委、市政府下达了关于提高民办、代课教师待遇的方案，在定编定员的基础上，从 1 月份起实行多项奖励措施，凡教学成绩显著的民办、代课教师与国办教师一样享受浮动工资、晋升工资和职务津贴工资，同时，较大地提高了民办、代课教师的基本工资标准，人均月增加近 40 元。8 月，市政府又作出决定：民办教师工资由市财政直接拨款、市教委统一发放，保证民办、代课教师和国办教师一样按时兑现工资，稳定了农村民办教师队伍。

加强青年教师队伍建设。唐山市有专职教师 5.3 万人，35 岁以下的青年教师占 52%。该市制定了《“八五”期间青年教师队伍建设规划》，大力培养青年教师。(1)采取办业余党校、假期理论辅导班等形式，帮助青年教师掌握建设有中国特色社会主义基本理论，打牢政治思想基础；(2)抓师德修养。对新任教的青年教师坚持岗前培训，学习《教师职业道德规范》和《教师工作手册》，强化师德教育；(3)抓骨干培养。注重在青年教师中发展党员，培养先进人物，开展优质课和基本功评比活动，建立青年教师进步卡；(4)抓政策激励。在评职、评选先进、民办教师转正等方面向青年教师倾斜；(5)抓严格管理。每学期对青年教师进行一次全面考核，记录在案，做为聘用、评选依据。1993 年，全市 70%青年教师的专业思想巩固；37%的人成为教育教学骨干。在县(区)以上各种评奖活动中，青年教师受到奖励占半数以上，先后有 1500 名青年教师入党，7%青年教师走上各级领导岗位。

［**制止中小学乱收费**］　一段时间以来，省内一些中小学校以各种名目向学生乱收费，引起家长和社会广大群众强烈不满。10 月下旬，保定市委、市政府从有关部门抽调 75 名工作人员，对全市 98 所中小学收费情况进行了全面调查，发现 86 所中小学存在不同程度的乱收费现象，占全市中小学总数的 87.5%，违反规定的乱收费金额达 45 万余元。主要问题是超标准和自立项目乱收费。此现象在全省城乡中小学比较普遍。11 月，省教委会同省财政厅、物价局联合发出《关于取消全省教育系统收费项目的通知》，取消了 26 项不合理收费项目，规范了大、中、小学校收费项目和标准，对中小学学费、杂费，高中毕业会考报名费等收费项目和标准逐项作了明确、具体的规定。据此，石家庄市教委印发了《关于坚决制止中小学乱收费的紧急通知》，规定凡未经财政、物价部门批准的收费一律视为不合理收费，对有的学校以办特殊班借机收费等做法予以明令禁止。该市连续两次召开市直属学校和各区、县教委领导干部会议，限期清理乱收费并张榜公布，市教委组织干部深入到上百所学校，逐校清查、监督省市有关文件的执行情况，凡属乱收的费用均予以清退。保定市召开现场清退会，取消 19 个不合理收费项目，并公布举报电话，动员群众和学校共同制止乱收费现象。

［**特殊教育**］　1993 年，全省特殊教育有较大发展，特殊教育学校比上年增加 7 所，招生增加 1250 人，在校生增加 11642 人。据调查，1993 年全省 7～15 岁三类残疾儿童有 30339 人。1989 年以来，各级政府和社会对残疾儿童入学问题给予极大的关注，全省投入

特殊教育的经费达2500万元，建起1所特殊教育师范学校和63所盲、聋、哑特殊教育学校，有5000名残疾儿童入学，入学率占学龄残疾儿童总数的20%。省教委连续5年举办特殊教育干部培训班和师资培训班。90%的特教教师都接受过专业培训。省、市、县三级教育部门也都配备了经过培训的特教干部。为提高盲童入学率，率先在晋州市和玉田县进行了盲童在普通小学随班就读实验，得到国家教委肯定，到1993年全省80多个县推广了盲童随班就读。高碑店市自1989年起先后3次对全市特殊少年儿童进行摸底调查，了解各类残疾儿童的年龄和分布情况，建立了文化户口卡片，制定了全市特殊教育发展“八五”规划。1993年全市聋哑儿童入学率达86.7%，弱智儿童入学率达83.1%，盲童入学率为100%，被国家教委、中国残疾人联合会、民政部联合评为“全国特殊教育先进单位”。高碑店重视发展特殊教育的具体作法是：市政府成立了由副市长任组长的特教工作领导小组，明确各乡、镇由中心校业务副校长分管特教工作。市政府规定特教经费和特教专项补助费予以单列，从1991年起该市落实了特教教职工增加15%的补助费，1993年起承担随班就读实验的特教教师每人每月增加补助费10元。市政府还投资183.7万元新建聋哑学校1所，建筑面积3425平方米。为确保特教发展有稳定的经费来源，在市政府支持下，1991年市聋哑学校办起了塑料加工厂、乳品厂、林木综合厂、根雕厂，开办了五金门市部，创造利润4万多元，全部用于改善办学条件、提高教师待遇。注重教学内容和教学方法的改革，先后开设针织、缝纫、根雕、花木栽培等课程，学生基本上都掌握了一门或几门技术，能够自食其力。1993年该市聋哑学校首届12名毕业生都已走上了工作岗位。

职业技术教育

[职业技术教育中心建设] 3月，省委、省政府召开职业技术教育中心建设座谈会。国务委员李铁映出席了会议，省委书记程维高主持座谈会。李铁映就职业技术教育的办学体制、内部管理机制、校办产业、建校资金、教师结构、招生就业、社会服务等问题讲话，对河北省职业技术教育中心建设与发展中形成的一些经验与模式给予充分肯定。会议要求，全省职业技术教育的改革要不断深化，路子要不断拓宽，水平要不断提高，事业要不断发展。第一批60所职教中心要抓紧时间全面建成，第二批40个县(市)的职教中心要尽快落实资金，早日开工。已建成开课的职教中心要努力提高校长水平和师资水平。各职教中心要进一步明确人才培养、科技服务、产业开发、经济效益、社会效益、还贷、教师收入等7个目标，要在改革中不断发展和完善，逐步建立起产业集团，成为当地培养中初级人才乃至高级人才的最高学府。

年初，省教委拟订了《河北省县级职教中心办学水平评估标准(修订稿)》，要求各地、市、县严格执行，省教委在适当时候进行评估。《标准》对县级职教中心的办学方向、领导班子、教学设施、实习基地、师资队伍、学校管理、教育教学、科技推广等方面制订出具体指标和等级标准。从1993年上半年起，各地抓紧按照标准试行，全省县级职教中心办学水平明显提高。

河北省从1991年起，由省政府安排8000万元贷款，集中力量办好县(市)职业技术教育中心。据1993年上半年对56所贷款到位的职教中心建设情况统计，校舍建筑面积93.4万平方米，校均建筑面积1.67万平方米；校园占地面积7979亩，校均143亩。有55个县市职教中心装备了卫星电视接收设备。办学规模逐步扩大，长班在校生70548人，校均1620人。其中迁安、永年两县职教中心在校生规模已达2000多人。各职教中心3年中短期培训16223人次，校均2897人次。获鹿县把县农业中学、职业技术中学、农民中专、技工学校、农业广播电视学校集中起来，建成1所占地580亩，建筑面积10000多平方米的职业技术教育中心，该中心设10个专业、7个实验场所、20个教学班，在校生1000多人。办学实行政府统筹，联合办学，教委协调，一校多制，取得较好效果。河北省各县在兴建职业技术教育中心过程中，创立了县级办教育的新模式：一是政府统筹、部门联办。二是一校多制、灵活多样。

［**省级重点职业高中建设**］　1993年，河北省职业高级中学建设取得突出成绩。(1)各级党政领导重视重点职业高中建设，增加职教投入。全省15所省级重点职业高中共投资5000余万元，其中银行贷款975.1万元。省、市、县还制订了一系列优惠政策。(2)办学指导思想明确，采取灵活多样的办学形式，实行长短班、校内外、农科教和经科教四结合。(3)学校规模有很大发展，长班在校生平均超千人。教学设备进一步充实、完善。(4)形成了一支专兼结合、能适应教学需要的教师队伍。(5)不断调整，更新专业，改革教学内容方法。全省统一制订了21个专业教学计划、大纲，各校组织学生参加实践、实习，注意技能培养，毕业生受到社会欢迎。(6)重视学校德育工作。1993年10月7日至16日，国家教委组织省级重点职业高中评估抽查组到河北省检查指导工作，抽查了沧县、藁城、获鹿等6所国家教委认定的省级重点职业高中，检查团认为河北省重点职业高中建设很有特色，取得较大成绩，基本上达到省级重点职业高级中学的标准。

［**中专学校建设**］　1993年8月，省政府根据国家教委《关于评选国家级、省部级重点普通中等专业学校的通知》精神，在对全省中专教育评估的基础上，推选出石家庄铁路运输学校、河北化工学校、唐山市卫生学校、华北石油学校、河北机电学校、沧州地区农业学校等28所普通中专学校为省部级重点中专学校，并上报国家教委备案。同时从中推荐10所学校参加国家级重点中专的评选。

为加强中专学校建设，1993年，河北化工学校和沧州农业学校先后成立了学校董事会，形成了学校、企业和社会双向参与的办学体制，目的是进一步发挥地方政府和企业的统筹作用，真正实现联合办学。董事会是学校办学的领导机构，由学校主管部门和与学校有协作关系的企业单位组成，在自愿原则下投入资金或用其它方式支持办学并承认董事会章程的均可参加。董事单位可以在国家计划内优先获得毕业生，可要求学校完成各级各类培训任务，学校优先和优惠为董事单位委托培养人才。沧州农业学校董事会由市直有关部门，各县(市)及部分企业共27个单位组成。该校根据董事单位意见制定并上报1994年的专业设置及招生计划，各董事单位还为毕业生的实习和就业做了具体安排。河北化工学校1993年9月与首批18家企业成立董事会后，秦皇岛磷铵厂、承德钛白粉厂、石家庄化工九厂等企业与学校协商委托培养人才，以缓解企业长期缺乏专业人才的困难。

[**初中“三加一”教育**] 全省各地从1992年下半年起，对未升入高一级学校的农村初中毕业生实行“三加一”教育，进行为期一年的职业技术和社会知识培训。各地在设置“三加一”教育专业时，结合当地经济建设实际，使学生毕业后有用武之地。各地还采用“农科教统筹”、“三教统筹”方法，较好地解决了师资、校舍、实习场地、仪器设备等问题，使办学质量迅速提高。各级政府和主管部门制定出鼓励未升学的初中毕业生参加“三加一”教育的政策。如有的地方规定，参加“三加一”教育后的毕业生，可以优先贷款、承包土地、进入乡镇企业等。年内，各地初中毕业生踊跃接受“三加一”教育，全省有10.8万未能升学的初中毕业生接受“三加一”教育，占未能升学的初中毕业生的36.3%。石家庄市以乡为基础，把“三加一”教育纳入乡经济、科技和社会发展规划，实行乡镇统筹，厂校联合办学。共开设林果、机械、化工、服装等20多个专业，接受培训的初中毕业生有3000多人。全省初步计划，力争到1995年对未升学的应届初中毕业生的80%以上进行一年的“三加一”教育。

[**农村教育综合改革**] 从1987年至1993年，河北省农村教育综合改革实验县发展到12个，并全被列入“全国百县农村教育综合改革实验区”。地市级教改实验区发展到7个。实施教育综合改革6年来，各实验县、区调整了教育结构，改革了教育体制，提高了教育质量，初步形成“教育必须为社会主义建设服务，社会主义建设必须依靠教育”的相互促进的良性循环机制。同时，探索和建立了一些新的教育理论问题和农村办学模式，如农科教统筹，优势互补，促进发展；“三教”统筹，使农村普通教育、职业教育、成人教育协调发展；建立县级职教中心，发挥其多功能的作用等。各实验县、区在实施教育综合改革中，普遍试行“五、四”学制，普教引进职教因素，开展“三加一”培训。12个实验县(市)都建起了职教中心，各实验县(市)高中阶段职业学校在校生与普通高中在校生之比平均达到1.17∶1。

[**职业学校招生**] 1993年，河北省职业技术学校招生实行改革。石家庄市实行了新的招生办法：在职业技术教育中心增设普通中专部；职业中学部分专业招收高二后分流的学生，部分职业中学的有关专业招收高三毕业生；职业中学部分“热点”专业实行招收推荐生的办法；职业中专扩大招生规模。在职业技术教育中心增设的普通中专部，其性质与招收初中毕业生的普通中专一样，均纳入国家招生计划，承认中专学历，收费上学，农业户考生办理农转非手续，毕业后分配到委培单位。对职业中专的毕业生，承认其中专学历，享受中专待遇，不包分配，就业后可工可干。市内报考普通中专的考生可以兼报职教中心普通中专部，也可单报职教中心普通中专部，不影响其它允许兼报的志愿。1993年石家庄市职业学校微机应用、商业服务、财务会计类，旅游服务类，统计、文秘、外贸、预备役通信、医护等19个“热点”专业实行了招收推荐生的办法。

[**联合办学**] 1993年，河北省继续依靠行业、企业办职教，实行联合办学。邯郸市通过调整职业教育结构，实行多种形式联合办学，建立适应市场经济的办学体制。首先，该市一些职业中学在联合办学中依靠经济实力雄厚，规模大，有长期用人需要的大企业。市第一、二、四职业中学，职业工业中专，二十三中，分别与市商业局、服装公司、公共汽车公司、运输公司、无线电厂、市第一轧钢厂等单位实行长期联合办学，明确规定学校负责教

学和管理，行业、企业负责专业经费，派出专业教师，提供实习场地，录用毕业生。其次，位于城乡交界的职业中学，根据当地经济特点和发展需要，直接为城郊集体企业培养人才。一些职业中学与服装厂、变压器厂等联合办学，同时还开设了各种类型的短期培训班。第三，与乡镇政府联合办学，峰峰矿区义井镇职业中学和武安市固镇职业高中与镇政府签订合同，职教专业设置、办学经费、教育管理及学生实习、就业等均在镇政府统筹下解决。1993年，邯郸市职业技术学校毕业生就业率达98%。

［**适应社会需求培养人才**］ 职业中专根据社会需求，及时调整专业结构。晋州市职业中专是一所职业中等专业学校，原设有电子、财会两个专业。1992年和1993年，学校派人深入周围13个县、市调查研究，了解到社会上电子、财会专业人才需求已趋向饱和，医学及美术装潢业人才短缺。该校及时转变办学方向，培养社会急需人才。首先，集中财力、人力开设医学专业。学校先后投资10多万元购置了人体模型、标本、挂图等教学仪器和设备，建立起解剖室、生理实验室和病理实验室。定期邀请大专院校的专家、教授为学生授课，使教学水平提高很快。同时，抓紧美术装潢专业的设置筹备工作。

［**技工教育**］ 1993年，河北省对技工学校的招生计划和毕业分配进行改革。对地方技工学校不再下达指令性招生计划，改为指导性招生计划，包括委托培养生、政府资助生和自费生三种形式。本年新招的学生毕业时也不再下达指令性的毕业生分配计划，委托生由委托单位安置，政府资助生由劳动部门推荐就业，自费生自谋职业。对省下达的指导性招生计划，学校或办学单位可根据实际需要进行调整。招生方向和来源，仍以城镇为主，生源不足可经省批准招收不转户口、粮食关系的农村考生；艰苦工种如生源不足，可按省下达的农招计划招收转户口粮食关系的农村考生。各技工学校面向市场，面向企业，发展定向培训和委托培训，并主动与大型企业集团联合，建立起长期、稳定的协作关系。拓宽专业设置，在坚持操作技能要求较高专业为主的前提下，开办经济发展需要、有利于就业人员自谋职业的专业。

［**勤工俭学**］ 1993年，以职业技术学校为主体的勤工俭学活动继续开展。3月，省政府在三河市召开河北省校办产业暨勤工俭学工作会议。会议研究贯彻了“河北省中初等学校1993年勤工俭学指标计划”和《河北省教育委员会关于中初等学校校办产业和勤工俭学工作考核升级的暂行规定》；还讨论修改了《关于进一步发展校办产业的若干规定》等文件。会议表彰了勤工俭学、校办产业先进集体和先进个人。

1993年，全省有52963所中、初等学校开展勤工俭学活动，校办工厂达6573个，比上年增加了1001个；第三产业网点达9077个，比上年增加1627个；农、林、牧、副、渔基地达2977个，比上年增加2519个，基地面积达344659亩，比上年增加14964亩。校办产业拥有固定资产由上年的62997万元增加到83553万元，流动资金由上年的44463万元增加到64035万元。

1993年，全省勤工俭学总产值达336540万元，比上年增长52.44%；总收入达63631万元，比上年增长57.32%，相当于当年国拨教育经费的39%。其中用于补助教育的经费32948万元，占勤工俭学总收入的51.78%。补助教育经费的32948万元中，用于改善办学条件22157万元，用于集体福利4374万元，用于师生个人福利5983万元；校办企业留利27899万元，主要用于发展生产和工厂职工福利、奖金；交纳统筹基金2789万元，上缴国家各种税收5573万元，为国家创汇100余万美元。

高 等 教 育

［**扩大高校办学自主权**］ 为促进高等教育更主动、直接、有效地为经济建设服务，5月，省委、省政府作出扩大高等学校办学自主权的若干规定：(1)在符合社会需求和确保教育质量的前提下，高校有权扩大招生规模，经计划、教育部门批准，列入全省招生计划；有权在所设专业内，拓宽专业口径，调整服务方向；有权自主审定增设非常设的全部属于委托培养的专业；可实行辅修、双学科教育，培养复合型人才。(2)高校的编制实行"三轨制"，即省编制部门核定的事业编制、校内事业编制、企业编制；(3)高校有权选择合适的用人制度，确定校内各类人员的构成比例。有权依据国家的调配原则，在编制(三轨制)即额内，自主决定具有研究生学历及其以上职称人员、校办产业领导人员的调整。(4)高校实行专业技术职务任职资格评定和职务聘任公开的双轨制。具备组建中级评委条件的高校，有权平聘相应系列中的中级及其以下专业技术职务；有权增聘20％至30％高级专业技术职务；有权实行低职高聘，高职低聘，其增加的工资由学校自筹解决。有条件的学校受省职改办、省教委委托可自行评定教师系列的副高职任职资格。(5)在规定的党政机构数及核定的干部职工数内，学校可自主决定设立、调整合并校内机构及人员配备。(6)从1993年起，省教育行政部门对高校实行财政拨付的经费总额包干，由高校自主安排使用。(7)高校有权按照当地城市及学校总体规划要求自行组织基建项目的设计和施工，并可利用自筹资金扩大项目规模，提高建设标准。(8)从1993年到1995年底，高校的基本建设和校办企业技术改造项目(包括发展第三产业和校园周边开发)，固定资产调节税按零税率掌握，当地政府和有关部门应该收取的税费，全部转为政府和部门助教资金，留给高校，由高校发给收到助教资金的有关证明。(9)对高校新办的第三产业给予免征一年营业税、免征三年、减征二年所得税的优惠；对校办工业企业，除继续享受减免所得税照顾外，在1995年度学校还可以享受中小学勤工俭学优惠政策。高校兴办的高新技术产业，同时还享受高新技术产业开发区的有关优惠政策。(10)有条件的高校，经批准可招收自费来华留学生、研修生。可举办多种形式的外国学生短训班、专修班，并发给相应的学业证书。可组织国内人员到国外参加培训、考察。

［**专业调整**］ 为满足全省经济发展对人才的多种需要，河北省各高校普遍加快调整专业、优化专业结构的步伐，共增设、调整专业122个，新增加专业种类59种。新增设、调整专业的特点是：着重发展面向第三产业、中小型企业、乡镇企业和农村建设的专科专业，增设了国际经济、经济法、农业贸易、房地产开发与经营、市场营销、公共关系、乡镇企业管理、机电一体化、广告信息、建筑装饰、旅游等一批缺门短线专业。坚持内涵发展为主的方针，充分发挥省属6所重点院校师资及教学设备的潜力和优势，6所院校共增设、调整

专业42个,积极改造理科专业,向应用性学科发展,直接为经济建设服务。河北大学以化学、力学、生物几个理科专业为基础,增设了材料化学、工程力学、生物化学工程专业及海洋生物学专业方向等。部分师范院校在适当增加招收师范生总量的前提下,发挥长线专业优势,开设部分非师范类专业。河北师范大学、河北师范学院设置了俄语、影视新闻、应用电子技术等专业。为改变过去专业分工过细、学生知识面过窄的状况,河北工学院将无线电技术调整为电子工程专业;唐山工程技术学院将煤化工专业调整为化工工艺专业;河北轻化工学院在工业发酵和有机化学专业分别增设了微生物制药和化学制药专业。

[**改革师范院校培养目标**]　河北省师范院校一向以培养师资为目标。1993年,省教委根据《河北省振兴经济大纲》和省委、省政府扩大高校自主权的有关规定,自1993年起大胆探索改革师范院校培养目标,提出师范院校培养的学生应既是称职的中学教育工作者,又是技术、经济、文化或管理工作者;既可胜任普通中等教育、职业技术教育教师工作,又可从事社会工作的复合型人才,并以此为改革重点,制定相应措施。河北师范学院在原有10个传统专业基础上,"扬优、攻长、扶短、拓新",把单一的师范专业调整为师范专业与非师范专业相结合的复合型专业结构,新增了涉外文秘、对外汉语、文博旅游、企业经营、计算机应用、应用电子技术、化工工艺、工艺美术、经贸英语、经贸俄语、民族经济与行政管理11个专业;为培养复合型人才建立了专业基础知识、复合专业知识、专业技能知识体系结构三统一的公共课、专业基础课、专业选修课三个模块;实行主辅修制,实施"三加一"、"二加二"的分流培养计划,即学生在前两、三年内学好自己专业的基础上,可跨系、跨专业学习其他专业知识,学习成绩达到规定的标准,发给辅修证书。与此同时,该院还把第二课堂活动纳入教学计划,制定了"现代教师素质"和"现代人素质"训练计划,内容有普通话、三笔(毛笔、钢笔、粉笔)、美学、交际外语、公关、计算机等。

[**招生和建立毕业生就业市场**]　1993年全省普通高校委托生、自费生招生人数比往年有较大幅度增加,录取率达37%。本、专科招生总人数中,国家任务招生1.5万人,占44%,委托培养和自费招生1.8万人,占56%。本、专科招生比例由上年的1∶1.97提高到1∶2.3。从1993年起,将"国家任务生"改称"公助生",在校的培养费基本上由国家资助。自费生分甲、乙两种,其收费标准由省统一规定,不得让学生一次缴清在校学习全部培养费。建立交费试读制度。

建立毕业生就业市场。　1993年全省大中专毕业生就业突出强调面向基层、充实生产第一线的就业方面。全省48000名大中专毕业生,分配到地、市以下单位41200人,占毕业生总数85.8%,有力地缓解了地方经济发展对人才的需求。为适应市场经济对人才的需要,高等学校毕业生就业办法作了进一步改革,全省除师范院校外的19所地方属高等学校均建立起毕业生就业市场,9780名毕业生进入就业市场与用人单位"双向选择",其中有2948人当场签订就业协议书,落实了工作单位。从7月1日开始,这批毕业生陆续奔赴工作岗位。

[**解决中青年教师住房困难**]　教师住房紧张是高校长期难以解决的问题之一,全省高校有5000多户中青年教师缺住房。1992年以来,采取省政府拨一点、省教委补一点,高校自筹一点,中青年教师集一点的"四点"办法,两年共筹集资金5500万元,新建两室一厅住房3003套。1992年春节前夕有1711

户,1993年春节又有1292户中青年教师迁入新居,两年达3000多户。1993年9月10日,省委书记程维高、省长叶连松在省教委主持现场办公会,又拍板共同集资8000万元,用于解决高校中青年教师住房。全省预计1994年春节前可再解决1000多户,届时中青年教师住户紧张状况将得到缓解。

[**教育对外交流**] 近年来,全省对外教育交流不断扩大,一些高校成绩显著。河北医学院改革开放以来通过各种渠道共向20多个国家和地区派出留学人员及参加国际学术会议人员152人。自80年代以来,该院先后接待来华讲学、交流的各国团组114个,309人次;组织出国访问团组51个,1253人次;聘请长期外籍教师21人;与日本、美国的7所院校和科研机构建立了学术交流关系,聘请国外学者22人担任学院和附属医院的名誉职务;并争取到2个较大援助项目,接受9500万日元的免税设备。有10所外国院校接受该院的博士学位留学生,经费全部由外方负担。该院对选派出国人员严把质量关,要求必须是思想品德好、业务扎实且有较大发展潜力的中青年教师,同时做好留学生家庭工作,帮助解决生活困难。对即将学成回国人员,院领导亲自落实住房、职称、工作安排问题,并拨专款作为留学人员的启动基金。1993年9月,省委、省政府决定由省财政拨出300万元作为博士后科研专项补助基金,以吸引高级专门人才。

[**大学生暑期社会实践活动**] 1993年河北省大学生暑期实践活动的主题是:"抓机遇,在改革开放中长才干;迎挑战,为科技进步年做贡献。"各高校根据本校专业特点和实力,积极与厂矿、企业、农村等单位联系,发挥高校优势,提供科技服务。河北大学近4000名在校生中,有95%参加暑期实践活动,在学校统一组织下,由300名学生组成16支小分队分赴石家庄、保定、唐山等地宣传"科技兴冀",推广学校师生研制的科研成果,为企业产品开展促销活动。河北财经学院2000多名大学生参加各种形式的暑期社会实践活动,重点深入到全省42个县市百强乡镇企业上门服务,帮助企业完善帐目,改善财务管理,进行企业管理改革,研讨市场营销战略,受到乡镇企业的欢迎。河北师范大学组织大学生暑期调查。唐山市大学生开展燕山科技行动。河北师范学院等学校组织大学生分别前往延安和西柏坡寻找先烈足迹,接受传统教育。

成人教育

[**成人大、中专学校招生**] 1993年,全省成人大、中专学校招生进一步放宽了考生报考条件。普通高校举办的成人脱产班由原来只招收干部,放宽到在职人员也可以报考;管理干部学院由原来只招收工龄满5年的干部,放宽到工龄满2年的在干部岗位工作的在职人员;职工大学招生,对工龄不再加以限制。对农业、乡镇企业、边远地区及贫困县的考生也适当放宽了报考和录取条件。本年成人招生,首次实行招生与招工结合的办法,主

要招收应届高中毕业生，根据用人单位的需要进行岗前培训，毕业后按合同到用人单位去工作。年内，全省成人高校共录取 32292 人，比上年增加 10389 人。全省成人中专招生 1993 年实行高中毕业生免试和部分农村专业初中毕业生免试入学的办法，共招生 40206 人。

［**成人高等学历教育“双证书”政策**］　为扩大成人高等教育办学自主权，鼓励社会各届人士接受成人高等教育和培养复合型人才，省教委、人事厅联合制发了《关于取得跨门类两个专科毕业证书人员享受本科待遇有关问题的实施意见》。规定凡在哲学、经济学、法学、教育学、文学、历史学、理学、工学、农学、医学 10 个学科门类中，跨门类取得两个国家承认学历的专科毕业证书的在职人员，从取得第二专业毕业证书之月起，享受本科毕业生待遇。其起点工资标准与本科毕业生相同，本人现工资标准低于本科毕业生起点工资标准的，可提高到本科毕业生起点工资标准。取得两个专科毕业证书资格的认定工作由省教委负责。

［**自学考试**］　为适应市场经济发展的需要，本年省教委有关部门对全省自学考试专业进行了调整，增开了一些新专业。新增设的专科专业有：高级护理、基建财务与信贷、计算机信息管理、市场营销、劳动经济、机电一体化。新增设的本科专业有：法律、会计、财政、税收。省教委还规定：凡部门和地市考生人数在 50 人以上者可以申请加考。并根据省财政厅的要求，下半年对已停考的中专财税专业进行一次复考。根据光明中药函授学院的要求，举办“中药专业证书”考试。还面向全省加考一次“大学语文”、“高等数学”等专科层次课程的考试，受到广大考生和办学部门的欢迎。

［**农民培训**］　1993 年全省农民培训工作继续发展，形式更加多样。首先，各地教育、农林、科技等部门领导充分认识科技进步在振兴农村经济中的关键地位，自觉地把成功的经验和技术推广应用到生产实践中去，加快现有科技成果的转化。其次，发挥大众传播工具的作用，各地报纸、电台、电视台分别开辟了“科技半小时”、“科技金桥”等专栏、专题。各地还结合实际，宣传贯彻“突破县级、完善乡级、加强村级、放手发展民办科技和示范户”的改革思路。本年，全省有 3000 多所各种农民技术培训学校采取长、短班相结合的办法，重点培训村干部和回乡初高中毕业生。辛集市实施“雨露工程”，在各乡镇普遍建立了开发农村智力、提高科技素质、传播实用技术、培育能工巧匠的各类“农民综合学校”。景县动员社会力量、致富能手开办各类技术学校，全县 32 个乡镇共开办各类技术培训班 825 期，培训农村实用人才 6 万多人次，农业初、中级技术人员 1.7 万人次，乡镇企业岗位培训 6500 多人次。全县还成立个体技术学校 31 家，每年培训技术人才 4000 多人。

［**确定示范性乡（镇）成人学校**］　省教委从本年初开始，对省级第二批示范性乡（镇）成人学校进行了全面督导评估，最后确定迁安县迁安镇等 205 所乡（镇）成人学校为省第二批示范性乡（镇）成人学校。被认定的示范校中，单独建校的有 131 所，占 63.9%。各学校占地面积和建筑面积也普遍扩大。石家庄地区赵县西封斯乡成人学校占地 40.6 亩，建筑面积 595 平方米。保定地区安国市北段乡成人学校占地 3 亩，建筑面积为 432 平方米。唐山市 44 所示范校平均占地面积 3 亩以上，建筑面积校均 460 平方米，其中迁安镇成人学校建筑面积达 2624 平方米。各地还拨专款建设成人学校。承德地区 1993 年投资 15.6

万元为被评估的14所学校购置图书。邯郸地区每年从农村教育费附加中提取一定比例用于乡(镇)成人学校建设,大名县1992年建校资金投入26万元。为增强办学活力,多数成人学校办有经济实体,年创收校均5000元,最高的达30万元。成人学校经济实体向多样化、系列化、企业化方向发展。但通过本次督导评估也发现一些问题:乡(镇)成人学校建设发展不平衡,一些学校办学规模小、条件差、设施不全;有的学校教师数量不足,素质较低,学校管理还应进一步规范。

[**扫盲工作**] 根据1992年全国第四次人口普查结果,河北省有15岁以上文盲9292541人,占总人口数的15.21%,占同年龄段人口的21.62%;有青壮年文盲2494236人,占同年龄段人口的8.49%。省教委以第四次人口普查为依据,1993年会同省公安厅组织5万余人到乡村对青壮年文化状况逐村、逐人核实,摸清文盲底数,并建立了青壮年人口文化档案。各地通过实行目标责任制,把扫盲任务逐年逐乡逐村落实,组织文盲学员接受扫盲教育。据不完全统计,1993年全省共扫除青壮年文盲10.5万人。年内,省教委还组织有关部门对全省农村扫盲工作进行检查验收,到年底,共有20个县通过"双基"验收。

[**农村成人教育协作会议**] 1993年10月,河北省召开农村成人教育联系点第二次协作会议。与会代表就全省农村成人教育改革发展问题进行探讨,交流了工作经验。会议代表参观考察了迁安县、丰南县的迁安镇、马兰庄镇、胥各庄成人学校等,认为迁安、丰南发展农村成人教育的经验有两条:一是各级党委和政府把教育摆到优先发展的战略地位。迁安、丰南两县分别制定了"科教立县"、"科教兴县"的发展战略。各级教育部门做到"三教统筹",较好解决了办学经费和教师待遇等问题。二是贯彻"在服务中争依靠,在依靠中求发展"的指导思想,按需要、优质和高效的原则办学,较好地适应市场经济新体制的需要,学校办得生机勃勃,受到社会各界欢迎。

[**城镇青年就业培训**] 河北省为适应市场经济的需要,为城镇待业青年做就业准备,在各市普遍建立起就业训练中心。1993年,劳动部授予石家庄市就业训练中心、保定市就业训练中心和张家口市宣化区就业训练中心全国优秀就业训练中心称号。石家庄市就业训练已形成以市就业培训中心为核心,以市、区培训中心和企业联合办学为主体,以社会团体和个体办学为补充的布局合理、相互协调的就业培训网络。到1993年共培训城镇待业青年14万人,培训合格率达95%以上,培训后的就业率为94%。张家口市宣化区就业训练中心形成以就业前培训为重点,从初级到高级,行业配套,结构合理,又能与普通教育相沟通的职业教育体系。保定市就业培训中心建筑面积4700平方米,内设15个标准教室,两个中型教室,一个电教室,可同时容纳近千名学员。各地就业训练中心面向社会,公开招生,不定单位,不包分配,按专业进行培训,学员结业后进入劳务市场,由用工单位择优录用或自谋职业。邯郸市劳动就业训练中心还适应市场经济的新形势,建设成多功能的培训基地,一方面搞好定向培训,拓宽培训领域,多方辐射,扩大培训中心的知名度;另一方面,多层次办学,适应社会和企业的多方面需求。1993年全省共有就业训练中心127所,上年共培训待业人员14.3万人,就业前培训率达92%。

[**职工教育**] 1993年,全省全民所有制、集体所有制企业事业单位职工参加50学

时以上学习者 220.7 万人，比上年增加 1.1 万人，占职工总数的 41.1%，比上年下降 1.6 个百分点。参加继续教育和岗位培训(非学历教育)的职工 270.6 万人，比上年的 277.3 万人减少 6.7 万人。参加职工高等、中等学历教育和初、高中文化基础教育学习的人数 31.5 万人，比上年增加 2.4 万人。职工教育专职干部 1.16 万人，比上年减少 1000 人；专职教师 1.03 万人，比上年减少 200 人。

衡水地区各级政府、厂矿企业、教育部门加强对职工教育的领导，强化企业职工岗位培训取得成绩。一是改革大中专学历教育，全区从 1989 年进行专业证书试点工作，1993 年全地区获大、中专专业证书的干部达 1941 人。二是由过去以学历教育和文化教育为主，转变为以职工岗位培训为重点的全员技术培训。1993 年全地区参加岗位培训的干部职工达 11 万人次。三是发展乡镇企业职工教育。到 1993 年，全区有 6 个(市)县的乡镇企业局成立了职工教育培训中心。乡镇企业职工学校有 328 所，专职干部 213 人，专兼职教师 696 人，年培训干部职工 4 万人次。深县西景蓝化工厂、武强县台南化工厂和枣强县新中华油漆厂与大专院校联合，在厂内办起大、中专班，为企业培养专门人才。全地区建有成人高等学校 1 所，成人中等专业学校 4 所，党校 262 所，地、县有关业务部门职工学校 178 所，国营和集体企业职工学校 512 所。一个多层次、多规模的职工教育网络初步形成。

撰稿　李　铭　高智军

审稿　周治华

山西省教育

概　况

［各级各类教育发展情况］

1993年各级普通学校基本情况　　单位：人

学校类别	学校数（所）	毕业生数	招生数	在校学生数	教职工数 计	教职工数 其中专任教师
一、普通高等学校	25	14702	20943	63055	21849	8839
研究生		239	380	899		
本科	(12)	7117	8533	34095	16874	6739
专科	(13)	7346	12030	28061	1975	2100
二、中等专业学校	125	27520	34720	96565	17681	8700
中等技术学校	101	18091	25656	71299	14243	6965
中等师范学校	24	9429	9064	25266	3438	1735
三、普通中学	3540	434719	489360	1384388	141665	109786
高中	397	81097	70691	217627		19231
初中	3143	353622	418669	1166761		90555
四、农业、职业中学	330	34170	39112	93204	11402	7561
高中	223	26343	31107	71602		5951
初中	107	7827	8005	21602		1610
五、工读学校	2	30	50	140	76	37
六、小学	41472	508207	609360	3143632	184490	168287
七、特殊教育学校	25	379	882	4315	928	694
八、幼儿园	6482	520024	594224	958654	43553	34885

1993 年各级成人学校基本情况

单位:人

学校类别	学校数(所)	毕业生数	招生数	在校学生数	教职工数 计	教职工数 其中专任教师
一、成人高等学校	60	12851	17187	36528	6750	2654
广播电视大学	1	1673	2357	5071	565	142
职工高等学校	16	1329	2381	4930	2295	990
农民高等学校						
管理干部学校	7	625	1486	2135	1743	580
教育学院	11	3716	3602	7410	1948	873
独立函授学院						
普通高校举办						
函授部	(13)	4549	5643	12705	199	69
夜大学	(11)	928	1660	4195		
干部专修科	(1)	31	58	82		
二、成人中等专业学校	179	14929	28695	78597	5736	3051
广播电视中专	6	2769	9018	49922	390	129
干部中专	1	74	208	427	72	31
职工中专	55	3323	6057	12852	2439	1250
农民中专	2		36	67	49	25
教师进修学校	115	8763	13376	15329	2786	1616
三、成人中学	631	19152	21284	26429	1115	169
职工中学	47	2473	2268	3322	212	60
农民中学	584	16679	19016	23107	903	109
四、成人技术培训学校	21452	1950568	1473256	1983941	59581	4445
职工技术培训学校	396	75260	40245	60628	1496	622
农民技术培训学校	21056	1875308	1433011	1923313	58085	3823
五、成人初等学校	12909	150909	289207	247306	7644	1366
职工初等学校	29	2061	973	1465	35	5
农民初等学校	12880	148848	208234	245841	7609	1361
其中:扫盲班	5952	76202	57152	72551	2830	478

［**贯彻实施《纲要》**］　山西省 1993 年教育工作按照《中国教育改革和发展纲要》的精神，进一步加快了教育的改革和发展的步伐，调整教育结构，加强师资队伍建设，改善办学条件，提高教育质量和办学效益，使全省各级各类教育事业有了进一步的发展。

基础教育继续以积极推进义务教育实施为重点。全省小学招生数比上年增长 2.37%，小学学龄儿童入学率为 98.85%；小学教师学历合格率为 89.24%，比上年提高 1.89 个百分点；全省已有 72 个县(市、区)和 1484 个乡(镇)达到实施小学阶段义务教育基本要求，分别占全省县(市、区)和乡(镇)总数的 61%和 75.1%，比上年提高 9.3 和 4.7 个百分点，实施小学阶段义务教育地区人口为 2516.2 万人，占全省人口总数的 86.5%，比上年提高 5.3 个百分点。全省普通初中招生数比上年增长 2.15%，小学毕业生升入普通初中的比例为84%，比上年提高1.75个百分点；初中教师学历合格率为50.24%，比上年提高3.76个百分点；全省有20个县(市、区)和784个乡(镇)达到实施初中阶段义务教育的要求，分别占县(市、区)和乡(镇)总数的16.9%和39.7%，比上年提高7个百分点。全省普通高中教师学历合格率为40.5%，比上年提高0.57个百分点。

职业技术教育有较大发展，办学效益有所提高。普通中专招生数比上年增长11.94%，在校生数比上年增长8.92%，专任教师数比上年增长2.75%，其中高级职称教师818人，占专任教师总数的9.40%。职业高中教师学历合格率为17.02%，比上年增加2.01个百分点；职业初中教师学历合格率为38.82%，比上年增加0.19个百分点。

普通高等教育稳步发展，教育结构趋于合理，改革步伐加快。普通高校招生数比上年增长11.33%，在校生数比上年增长11.56%，专任教师中、高级职称教师2182人，占专任教师总数的24.7%。招收研究生数比上年增长42.86%。普通高校本专科招生比例由上年的1：1.1提高到1：1.41。

成人教育的工作重点继续向岗位培训转移，学历教育的管理得到进一步加强，教学质量进一步提高，师资力量逐步增强，办学规模稳中有升。全省参加职工和农民技术培训的人数分别达到6.1万人次和192.33万人次。成人中专招生数比上年增长3.84%，在校生数比上年增长18.55%。各类短期技术培训结业16722人次，参加人数达21444人。成人高校招生数比上年增长55.81%，在校生数比上年增长18.94%，培训招生14761人，专任教师中具有高级职称教师数436人，占专任教师总数的16.43%，比上年增长0.17个百分点。

教育经费持续增长，办学条件进一步改善。1993年全省各级各类教育事业经费总支出达13.50亿元，比上年增长13.33%。其中：高教经费支出1.61亿元，比上年增长12.59%；普教经费支出11.89亿元，比上年增长15.66%；各级教育部门的教育事业费支出占全省地方财政总支出的17.84%；全省集资办学总额达1.83亿元。普通高校生均占用教育事业费支出3757.26元，比上年增长5.21%。普通中学、职业中学和小学生均占用教育事业费支出分别为375.88元、489.4元、167.06元，分别比去年增长17.35%、31.43%、18.21%。

基础教育

[义务教育] 1993年，全省义务教育实施工作，在积极加强各项基础性建设的同时，本着积极推进、切实可行的原则，对部分县(市、区)实施小学阶段和初中阶段义务教育的规划进度进行了适当调整，积极解决困扰义务教育实施的教育经费短缺、教师素质低、学生流失严重等问题，促使全省义务教育实施工作取得新进展。经各地、市组织专门人员进行检查确认，1993年全省有大同县、阳高县、朔州市朔城区、应县、偏关县、灵石县、介休市、平遥县、襄垣县、临汾市、平陆县11个县(市、区)达到实施小学阶段义务教育基本

要求；又有太原市南郊区、阳泉市郊区、榆次市、祁县、翼城县 5 个县(市、区)达到实施初中阶段义务教育基本要求。全省实现初中阶段义务教育地区人口为 1289.59 万人，占全省人口总数的 44.6%。

1993 年，省教委转发了国家教委关于减轻学生过重课业负担，全面提高教育质量的十项指示并提出贯彻落实意见。各地组织广大中小学师生和教育行政部门干部认真学习，逐条检查落实。省教委对各地、市贯彻执行情况进行了检查。对执行义务教育课程计划随意性大，各类竞赛、考试偏多，滥印滥发非法练习册、复习资料等问题坚决予以纠正。省教委对运城地区教育局下属的“科教服务中心”向全区中小学滥发各类非法练习册、复习资料的问题进行了通报批评，并责令其立即停止非法活动。省教委对组织中小学生竞赛提出改进意见，规定小学阶段原则上不举行学科竞赛，初中阶段只限于参加国家教委组织的全国性竞赛，高中原则上以专业学会组织的全国性竞赛为主，举办各类竞赛须经教育行政部门批准，并不得以推销书刊和营利为目的。

［**农村教育改革**］ 实施九年义务教育的重点和难点在农村。近几年，随着城市九年义务教育工作的顺利推进，全省将工作重点逐步转移到农村，对农村初中，以调整布局、压缩八年制学校为重点，1993 年全省共调整减少八年制学校 140 所，使八年制学校总数减少为 332 所，占初中学校总数的比例由 1992 年的 14.6%下降为 9.6%。原来八年制学校多的榆次市、祁县，经过努力已基本完成调整八年制学校任务，达到实施初中阶段义务教育的基本要求。对农村小学，山西省注重在加强复式教学的同时，建设起一批寄宿制小学。朔(州)市平鲁区在建设寄宿制小学，提高山区教育质量中，本着既有利于普及，又有利于提高，既方便群众，又保证质量的原则，在巩固发展现行单班教学的完全小学的基础上，一个乡首先办好一所寄宿制小学，同时加强寄宿制小学的管理，紧紧抓住“吃、住、玩、学、教”等各个环节，大胆改革，即以乡镇教育办、区直中小学为单位定编、定经费包干指标，教职工分别实行在岗、试岗、待岗，在岗教师待遇不变，试岗教师实行日工资制，待岗教师实行百分率工资制。两年时间里，平鲁区寄宿制小学发展到 57 所，成为农村小学的骨干力量。通过改革调动了乡村办学和教师教学的积极性，使农村小学的教育质量得到提高。1993 年 9 月，省教委在平鲁区召开山西省寄宿制小学建设工作会，推广平鲁区领导重视，措施得力，通过抓好寄宿制小学提高农村义务教育质量的经验，使全省寄宿制小学有了较大发展。截止至 1993 年底，全省已建起寄宿制小学 2255 所，占全省小学总数的 5.4%，取得了较好的教育效益。

［**高中教育体制改革**］ 为加快教育改革步伐，适应社会主义市场经济需要，山西省选择高中教育为突破口，深入进行学校内部管理机制改革的探索。各高中学校特别是首批重点中学实行校长负责制、教职工聘任制、会员岗位责任制和结构工资制，建立竞争和激励机制，调动广大教职工的积极性。榆次市一中、阳泉市一中，太原市成成中学在这方面走在全省前面。为了加快这一改革进程，1993 年 11 月，山西省人民政府批转了省教委关于深化普通高中教育体制改革的意见，省教委组织专人对首批重点中学教学管理和质量进行了检查，促进了改革的实施。

职业技术教育

［**概述**］ 1993年初省人民政府和省教育委员会签订了工作目标责任书，确定的职业技术教育工作目标是：(1)一年内职业技术学校与普通高中招生人数的比例上升到1.18∶1，达到全国平均水平；(2)加强中专骨干学校建设，在国家教委确定的全国重点中专的基础上，再确定10所省级重点中专；(3)本年度争取有30%的县(区)，结合当地经济建设发展对人才的需求，办好一所标准较高的职业高中；(4)各级各类职业技术学校的校办产业纯收入达到3000万元；(5)大力推进省辖市职业技术教育。经过全省广大职业技术教育工作者的共同努力，截止至年底，全省高、中、初等各类职业技术学校已发展到600余所，在校学生23.8万人，其中各类中等职业技术学校473所，招生数已占到高中阶段招生总数的54%，在校学生22万人，占到高中阶段在校学生总数的50%以上。责任书的目标已全部实现。

［**高等职业教育**］ 1993年继续办好高等职业教育。太原大学继续进行人事制度改革，建立各处室系部的岗位责任制，重新定编、定岗，对中层干部定期进行评估考核，给各处室系部更多的自主权。通过学习十四大文件、党史、新党章和《中国教育改革和发展纲要》，教职工的思想进一步解放，干劲进一步增强，积极挖掘学校内部潜力，拓宽服务范围，开展业余高级职业培训，培养实用人才，全年举办了四级英语考前培训班、汉字输入培训班、日语培训班、新会计制度培训班、中外合资康乐公司业余培训班等。共招生640人，使学校在校生总数达到1700人。山西财经学院举办夜大班、户籍输入计算机业余培训班等，培养职业技术人才。山西省职业师范专科学校继续从职业中学对口推荐招收种植、机电、养殖、农产品加工、计算机及应用五个专业220名学生，为职业中学对口定向培养专业师资。

［**评选重点中专**］ 1993年3月底，省教委完成了对56所普通中专办学水平的评估。全省共评出优秀级学校30所，良好级学校8所。对评为优秀级的学校，省教委发给优秀学校证书。从4月开始，对被评为优秀级的学校进行重点中专的评选。省教委组成专家评估组，在学校自查、申报的基础上进行复查，报经省人民政府批准，共有25所被评为省部级重点中专学校：太原铁路机械学校、大同煤炭工业学校、山西省太原冶金工业学校、山西省建筑工程学校、长治机电工业学校、太原电力学校、山西省邮电学校、山西省机械工业学校、山西省煤炭工业学校、山西省农业机械化学校、山西省纺织工业学校、山西省粮食学校、山西省计划统计学校、山西省供销学校、山西省财贸学校、山西省物资学校、山西省银行学校、山西省中药材学校、山西省临汾地区卫生学校、山西省水利学校、山西省忻州地区原平农业学校、山西省林业学校、山西省戏曲学校、山西文化艺术学校、山西省体育运动学校。国家级重点中专学校的名单已经省人民政府批准，报国家教委审定。

［**技工教育**］　为适应社会主义市场经济和企业转换经营机制的需要，1993年技工学校招生工作采取了以下改革措施：一是改指令性招生计划为指导性招生计划；二是实行定向招生、定向分配，部分未定向的学生毕业后进入劳务市场，实行“双向选择”或“自主择业”；三是对苦、脏、累、险工种实行招收农业户口考生的试点；四是适当扩大企业办学单位职工子女的照顾比例；五是对生产建设急需用人的企业，及时增加招生指标；六是对省重点建设项目急需用人而又缺少生源的工种，让其主管部门进行单独招生考试。1993年全省技工学校共招收新生16668人。

1993年，省教委组织有关专家对10所技工学校进行了评估验收，对5所省部级重点技工学校报请省人民政府批准，进行了授证挂匾，还推荐5所省部级重点技工学校参加劳动部组织的国家级重点技工学校的评估。

根据国务院批准发布的《工人考核条例》和《关于大力发展职业技术教育的决定》，1993年对全省97所技工学校、15所职业高中、5所就业训练中心的8078名毕(结)业生进行54个工种(专业)的技术等级统考，考试结果达到国家初、中级技术等级标准的人数分别占毕业生总数的90％和65％。全省还举办245名技工学校教师参加的100学时教育学、心理学培训，组织55所技工学校的632名技校教师参加申报中、高级教师职称的外语考试。

［**中等职业教育**］　1993年3月，省教委组织省辖6市教委主任和职教科长到广西柳州、安徽合肥进行考察，受到很大启发。回来后，省教委在省辖6市政府制订的职业技术教育实施方案的基础上，制定了《关于省辖6市城区基本普及初中后职业技术教育的实施意见》，并由省人民政府办公厅转发省辖6市政府及有关部门、企业执行。通过挖掘现有中专、技校和职业高中的办学潜力，改革招生办法，扩大招生规模，扩大学校办学自主权，举办职业中专班等，省辖6市城区1993年全部完成了基本普及初中后职业技术教育招生任务，1993年共招收学生11351人，占不能升学的初中应届毕业生数的83％。其中晋城市达93％，太原市达88％。1993年省教委根据《山西省省级重点职业中学检查评估试行标准》及《山西省职业高中普查验收评分标准》，确定了标准较高的县办职业高中的具体办学标准。从10月开始，在地市申报的基础上，经检查评比，确定了35所县办职业高中为全省标准的较高职业高中。

［**校办产业**］　1992年底，省教委在左云县综合技术学校召开全省职业高中学校生产实习基地和校办产业建设现场会，之后，全省各级各类职业技术学校校办产业和生产实习基地建设的发展速度加快。1993年，省教委又及时召开了“学习推广左云县综合技术学校、昔阳县高级职业中学办学经验座谈会”，分别介绍了左云县综合技术学校和昔阳县高级职业中学的办学经验。省委常委、副省长张维庆参加座谈并讲话。指出：“山西教育改革要走出一条新路，首先要从发展职业技术教育做起，这个改革叫牵一发而动全身。山西教育改革和发展首要的任务就是抓住大力加速发展职业技术教育在办学上走出一条新路，真正造福于三晋父老乡亲。”会议对下一步职业技术教育需要调查研究的问题以及工作重点提出了要求。省教委主任宋玉岫宣读了省教委《关于学习推广左云县综合技术学校和昔阳县高级职业中学办学经验的决定》。这次会议，对于进一步推动全省职业技术学校加快校办产业、生产实习基地建设起了积极作用。会后，许多职业学校走出去了解信息、筛

选项目，有的大胆引进资金、设备，联合办厂。据不完全统计，到年底，全省职业技术学校校办产业、生产实习基地纯收入可以达到3500万元。

高等教育

［**高校内部管理改革**］ 1993年，以山西矿业学院为代表的一部分高校以内部人事、分配制度改革为重点，进行了学校内部管理体制改革。许多高校制订或完善了学校内部综合改革方案，有的学校已付诸实施，有的学校已取得初步成效。山西矿业学院首先从改革现行的人事、分配制度入手，正确运用政策导向、思想教育、物质激励等手段，调动广大教职工的积极性，逐步建立起主动适应市场经济需要的运行机制。该校采取理顺机构、合理定编、全员聘任、严格考核、引进人才、倾斜政策，从而推进教育改革向纵深发展。山西矿院和其他高校改革，尽管进展情况不一，步骤不同，但共同特点是：在人事制度管理上敢于实行全员聘任制或合同制，择优上岗，按需聘用；在分配制度管理上敢于打破平均主义，奖勤罚懒，多劳多得；后勤管理上敢于实行承包，实行企业化管理；在行政管理上敢于给系（部）放权，实行工资总额包干和目标责任制管理；在指导思想上敢于引进竞争机制，敢于突破旧的办学模式，积极探索适应市场经济需要的办学新路子。从实施的效果看，充分调动了广大教职工的积极性，保证了教育教学质量，提高了办学效益，教职工的实际收入均比往年有所提高，学校局势比较稳定。

为进一步建立富有生机和活力的高校内部管理运行机制，在总结省内高校内部管理体制改革经验的基础上，12月20日，省教委印发了《关于加快高等学校内部管理体制改革，转换运行机制的意见》，就高校内部人事、分配、教学、科研、后勤管理体制改革提出了指导性意见，以推动这项工作全面起步。如在人事管理体制改革方面要求：（1）各校可依据省编委下达的编制数和各部门、各单位的工作任务，实行宏观控制和计划调节。（2）对各部门、各单位的领导实行分类、分别管理体制。即对校办企业和可以实行企业化管理的部门实行厂长、经理负责制；对教学、科研及辅助部门实行系主任、所长及行政首长负责制，并实行编制、任务、经费总额包干；对党政部门实行处长负责制。（3）本着按需设岗、公开招聘、平等竞争、择优聘任、满负荷工作原则，学校对全员职工可实行双向选择、逐级聘任制，亦可逐步实行全员聘任制；（4）要建立科学的与人事制度改革相配套的人事管理制度和技术职务评聘制度。在校内分配制度改革方面，要求建立国家工资为主，校内津贴为辅，双轨运行，统筹管理的分配模式。

［**教学改革**］ 1993年各高校普遍把教学改革作为中心工作来抓，以尽快适应改革开放和社会主义市场经济发展的需要。太原工业大学年初专门召开了教学工作会议，讨论通过了《学分制试行办法》、《计算机应用水平分级教学考试暂行办法》等有关教学改革的文件。山西大学在保证重点基础学科、专业上水平的前提下，开始向应用学科和专业方向发展，并抓住建立理科应用型人才培养模

式，积极进行探索。山西矿院在93级本科生中全面试行学分制，并建立了与之配套的管理办法，在此基础上，还实行了主辅修制度，鼓励学有余力的学生跨系、跨专业甚至跨年级选学另一专业为辅修专业。山西农业大学在总结招收培养农村户口专科实践生经验的同时，1993年又在本科开始试行以深化实践教学为主的“5——2——1”培养模式，即在本科4年时间里，学生用5个学期完成课堂教学和实验教学；用2个学期进行校内外生产实习(包括毕业实习)，其中必须保证到生产第一线参加一个完整的生产管理周期；最后用一个学期在理论上总结提高。这种模式的关键部分在其中的“2”上，将原来的理论验证性实习改为提供生产服务的生产实践教学，形式上实行经济技术责任承包合同制。1993年，该校农学、植保两系的100名三年级学生在12名教师带领下，承包4县14乡6万亩棉田的管理、棉铃虫防治及一个县的玉米育种任务。学生以分片承包、责任到人的目标化管理方法，参与从播种到棉田管理的生产全过程。他们既要管好自己承包的示范田，又要对农业承包户进行全面的生产技术指导。学生不再是带着书本上的问题在生产实践中进行验证，而是用学过的知识，通过自己的实践，解决生产中出现的问题。带队教师也在实践中扩大了科研范围，提高了自身的业务水平。参加这次生产实践的师生圆满完成了承包任务，其他一些地区闻讯后纷纷要求与学校签订1994年生产实习承包合同。这种生产实践教学模式，形成了教学科研与生产、理论与实际、培养与使用、招生与就业的有机结合。山西师范大学几年来探索实践的文理交叉渗透改革已取得显著成效。所谓文理交叉渗透，即规定全校各专业都要开设大学语文、高等数学、计算机基础、美学和电化教育等课程；要求文科学生必须选修8个学分以上的理科课程，以利于发展其抽象思维能力；理科学生必须选修8个学分以上的文科课程，以利于发展其形象思维能力。文理交叉选修课主要安排在二年级，课程有心理卫生、现代思维方式概论、语言测试方法研究、中国市场经济等四类共数十种课程；供文科学生选修的课程有产业经济学、外语电教技术、天文学、生物进化论等数十种课程；供理科学生选修的课程有对策论初步、从数学史看促进科学发展的条件，等等。实践证明，这一改革举措对培养适应未来需要的合格的中学师资有着积极作用。1993年，省教委印发了《关于高等学校思想政治教育课程的改革意见》，对调整课程设置、改进教学方法提出了具体要求，并在下半年对全省高校马克思主义理论课和思想政治教育课教学质量和教学管理进行了评估。雁北师范学院在“两课”教学中做到了“一重视”(领导重视，党政一齐抓，校级领导带头兼课)，“三改革”(改“单兵作战”为“集体作战”，改革考试制度，改固定编制为流动编制，马列教研室教师轮换到系里当政治辅导员)。

[**教学管理**]　1993年10月23日至25日，山西省教委在太原工业大学召开全省普通高等学校教学管理工作会议。会议围绕在社会主义市场经济条件下如何加强高校教学管理，深化教学改革，提高教育质量，培养合格人才等问题进行讨论。各高校在会上交流了工作经验。华北工学院已在学生中引入自我激励机制，试行灵活而严格的学籍管理制度，如自费生可转为公费生等。还有不少高校围绕提高教学质量已建立或正在建立一些必要的考评、考核、考试、奖励、特殊津贴等制度；山西农大已圆满完成非师范院校毕业的教师教育理论培训任务；长治医学院制订培养提高青年教师的有关政策后，研究生学历教师的比例大幅度提高；山西师范大学、山西经济管理学院、阳泉煤炭专科学校、大同医专在培养年轻教师方面也取得了很大成效；太

原电力专科学校改革教师的知识结构，要求教师成为双师型(讲师、工程师)。会议对当前深化教学改革，加强教学管理过程中存在的一些共性问题，提出了改进意见或建议。

1993年，省教委相继制订印发了《关于山西省高等院校专业审批的几点意见》、《关于省属普通高校教师申请教材出版补贴的意见》等文件，使教学管理制度日趋完善。

［**重点学校建设**］ 1993年，山西省政府确定山西大学、太原工业大学作为重点建设的"窗口"学校。在"八五"和"九五"期间，力争使这两所高校进入"211工程"，到本世纪末跨入全国重点大学行列，这是山西省委、省政府为实现兴晋富民采取的一项带有战略意义的重要决策。11月22日，省教委召开了两校建设动员大会，山西省成立了由张维庆副省长任组长，有关厅局参加的两校建设领导组，省政府决定在1993—1995年在正常经费、基建投资以外，拨专款1.2亿元用于两校新建校舍和配套设施，更新教学仪器设备以及加强重点学科建设。到年底，2000万元资金已经到位，两校建设方案经过反复论证已经确定并开始实施。山西大学、太原工大已开通程控电话，通讯落后状况正在改变。

［**招生工作**］ 为了适应社会主义市场经济发展的需要和办学体制改革的需要，较大幅度地调整了招生指令性计划和调节性计划的比例。1993年国家任务招生占整个招生计划的69.07%，委托培养招生占23.96%，自费生占6.97%。为了加大农村，特别是山老贫困地区和乡镇企业人才培养的比重，1993年为山老贫困地区定向招生1642人，占国家任务招生总数的16.1%；举办农村青年不包分配班、山区农业专科班、乡镇企业专科班，共招生1000人；还为50个贫困县培养专业技术人才3500人，平均每县70人。今年国家教委批准雁北师专改名为雁北师范学院，云中大学改名为大同高等专科学校，太原机械学院更名为华北工学院，使我省高等学校在布局、层次、科类结构上更趋合理。

1993年，山西省高校教学、科研、科技开发整体水平和综合实力均有提高，经国务院学位委员会审批，省属高校新增硕士点13个，博士点2个。山西大学新增为博士学位授权单位；国家教委授予山西大学、太原工业大学副教授任职资格评审权。国家教委还批准太原工业大学和山西大学从1994年开始可单独组织硕士生入学考试。

［**教学科研**］ 在四年一次的全国普通高校优秀教学成果奖励中，山西农大聂向庭等人完成的《实行单独考试，招收农村户口，不包分配实践生的实验》成果获得国家级一等奖。其他高校还有6项成果获得国家级二等奖。全省高校现有教授405人，占专任教师的4.58%。副教授1777人，占专任教师的20.1%。研究生毕业学历的教师比例正在提高。一批年轻的学生带头人脱颖而出，成为教学科研的骨干。高校参与经济建设的领域不断扩大，方式日益多样化。每所高校都确定1—2个县为农科教结合基地。全省高校当年投入科技经费达2015万元，承担科研课题1228项，鉴定成果122项，专利申请17项，出售专利6项，成交金额55万元。高校兴办的以高科技为主、多方面发展的校办产业有了很大发展，纯收入达到1000多万元。

成 人 教 育

［扫盲工作］ 1993年省教委转发了国家教委《关于转发〈国务院关于修改“扫除文盲工作条例”的决定〉的通知》，提出具体实施意见，将扫盲工作任务、责任落实到村。据不完全统计，1993年全省参加扫盲学习的青壮年文盲71593人，其中青年14375人，壮年57218人；脱盲青壮年38517人，其中青年8961人，壮年29556人。3月，省教委组织有经验的扫盲工作者，在太原市南郊区进行高标准扫除青壮年文盲县试点验收，推动全省扫盲工作的开展。在全省扫盲暨农村成人教育表彰会上，一批成绩突出的扫盲先进单位和先进个人受到表彰奖励。各级教育行政部门加强了对扫盲人员的培训，省负责培训地（市）和县（区）扫盲干部，地（市）负责培训乡镇扫盲干部，乡镇负责培训扫盲教师，形成层层有培训，分级抓落实的培训网络。省教委组织有关人员编写了文化与技术结合、图文并茂的《农民识字课本》（上、下册），共印发16万册，基本满足了扫盲工作的需要。目前，多数地市和县区已成立了以分管教育或分管农业的专员（市长）县（区）长为组长，教育、农业、财政、科技和团、妇、武等部门主要负责人参加的扫盲工作指导协调组，指导协调各有关部门共同参与扫盲工作，形成齐抓共管的局面。一些民主党派、群众团体、部分高等院校，也积极投入扫盲活动，在宣传发动、培训扫盲人员、开展扫盲教学研究等方面发挥积极作用。

［农村文化技术学校］ 据初步统计，1993年度全省农村村办农民文化技术学校有22190所，在校生数逾120万人。乡（镇）农民文化技术学校1869所，在校生57万人，累计结业83万余人。经评估验收，翼城县里砦镇等40所乡镇农民文化技术学校均达到省示范农民文化技术学校的标准。1993年6月5日，全省农村成人学校人口教育经验交流会在运城市召开。会议总结了全省三年来在农村实施P_{20}教育项目通过各种形式共培训6837名项目官员和教师。通过项目学校已培训农村300余万人，其中妇女约占40%。1993年大力开展农村实用技术培训，全省共组织100万农村青壮年及在乡初、高中毕业生参加培训，保证每个行政村培训2—3名专业技术人才。同时继续编写出版《农村实用技术系列丛书》和开展对成人教育干部分期分批有计划的培训。

［成人高等教育］ 山西省成人高等教育改革和发展1993年迈上新台阶。根据国务院办公厅转发国家教委《关于进一步改革和发展成人高等教育的意见》，结合山西省的现状，省教委印发了《关于加快山西成人高等教育改革与发展的若干意见》。1993年组织了对全省普通高等学校举办的函授、夜大学92级在校学员基础课、专业基础课进行统考，有4000人参加考试，考试科目28个，平均及格率87%。为切实保证成人高等教育的质量和规格，1993年注重搞好学历教育计划需要与可能的综合平衡控制，同时加强学籍管理，进一步完善大专专业证书的审批和招生考试办

法。1993年，省教委与省职改办就成人高等教育大专专业证书的有关问题联合发文，有11个省直业务主管部门委托山西财经学院等12所院校举办大专专业证书教学班，开设专业18个，录取学员1005人。继续加大成人高等学历教育招生考试改革的力度，试办"双招"班，开办第二专科免试学历教育，推荐选拔省（市）级劳模进入劳模预科班补习高中文化课，考试合格即可入成人高校对口专业学习。

［**成人中专教育**］ 1993年省教委下发了《关于进一步改革和发展山西成人中等专业教育的若干意见》，全省成人中等专业教育呈健康发展态势，已逐步建立起适应本省改革开放和社会主义市场经济建设发展需求的新的办学体制。1993年成人中专为各条战线输送应用型中级人才28000人，其中山西农业广播学校输送14000人。省教委于1993年12月在忻州市召开全省成人中专评估总结暨工作会议，对成绩显著的10所成人中专学校给予表彰，对省交通厅等11个先进管理单位以及各级办学单位的50名先进个人予以表彰奖励。1993年继续改革并完善招生考试办法。试行中专专业证书续读全科毕业证书，当年录取580人，以"双招"形式招收应届初中毕业生，并根据行业需求招收一定比例的高中免试生。

［**社会力量办学**］ 1993年是全省社会力量办学发展的一年，初步形成了多规格、多层次、多类型并具有一定特色的办学体系。作为国办教育的补充，社办教育丰富了山西省的教育内容，改善了教育结构。1993年山西社会力量办学管理办公室共审批各级各类多层次学历教育的办学单位886个，其中专科层次38个，中专层次34个，职业高中81个，初中培训635个，其它类型98个，在这些办学单位和学校就读的学员逾6万人。1993年召开了全省社会力量办学经验交流表彰会。太原市新东城武术学校等18个办学单位被授予"社会力量办学先进单位"。

［**自学考试**］ 1993年山西省高等教育自学考试进一步健康发展。据统计，高等教育自学考试新增开考专业15个。其中本科4个（会计、英语、财政、税收），专科9个（机电一体化、计算机管理、学前教育、俄语、装潢工艺、食品卫生检验、酒店管理、中西医结合、国际贸易），中专2个（农村医士、建筑经济管理）。1993年全省各行各业报考人数达70839人。6911人通过高等教育自学考试获得了国家承认学历的文凭，其中本科214人，专科6042人，中专655人。为了适应改革开放及人才市场的需求，积极探索高等教育自学考试的新路子，1993年成立山西省高等教育自学考试专业审查委员会，专门负责审查论证新开考的专业，通过在太原工业大学、山西经济管理学院的试点工作，使自考专业水平考试趋于规范化、科学化，确保了考生质量和人才规格水准。

撰稿 张忠政 张 为 秦志伟 任月忠 许建良 张正义 贾真真

审稿 宋玉岫

内蒙古自治区教育

概　况

［各级各类教育发展情况］

1993年各级普通学校基本情况　　单位：人

学校类别	学校数（所）	毕业生数	招生数	在校学生数	教职工数 计	教职工数 其中专任教师
一、普通高等学校	19	8663	13984	37663	14502	6324
研究生		85	177	373		
本科		4888	5352	21541		
专科		3690	8455	15749		
二、中等专业学校	101	16148	20139	55905	15552	7296
中等技术学校	80	11395	15021	42886	12467	5693
中等师范学校	21	4753	5118	13019	3085	1603
三、普通中学	1918	305305	359394	990093	107324	77982
高中	382	63823	60932	171838		15804
初中	1536	241482	298462	818255		62178
四、农业、职业中学	422	40594	62390	140657	17475	12076
高中	217	19777	23825	60689		6747
初中	205	20817	38565	79968		5329
五、工读学校	2	95	110	179	154	44
六、小学	14092	391571	438922	2357852	173716	153885
七、特殊教育学校	15	52	206	1168	404	302
八、幼儿园	1092	49338	51684	139702	16609	10035

1993 年各级成人学校基本情况

单位:人

学校类别	学校数(所)	毕业生数	招生数	在校学生数	教职工数	
					计	其中专任教师
一、成人高等学校	22	8461	10743	23613	4260	2086
广播电视大学	1	2024	3156	5569	967	379
职工高等学校	9	947	1309	3235	750	407
农民高等学校						
管理干部学院	2	497	689	1287	560	254
教育学院	10	2311	1846	5304	1983	1046
独立函授学院						
普通高校举办		2682	3743	8218		
函授部		2069	2416	5478		
夜大学		490	1099	2317		
干部专修科		123	228	423		
二、成人中等专业学校	118	13381	14812	43056	6395	3168
广播电视中专	3	1942	2488	11136	673	277
干部中专	5	143	151	310	188	88
职工中专	46	4499	6560	14296	2405	1166
农民中专	3	52	118	198	58	39
教师进修学校	61	6745	5495	17116	3071	1598
三、成人中学	155	87164	51273	81991	1953	1104
职工中学	155	87164	51273	81991	1953	1104
农民中学						
四、成人技术培训学校	6117	1340000	1240000	1300000	5972	2461
职工技术培训	181	50000	60000	50000	1348	819
农民技术培训	5936	1290000	1180000	1250000	4624	1642
五、成人初等学校	3752	236624	221546	224583	4547	1209
职工初等学校						
农民初等学校	3752	236624	221546	224583	4547	1209
其中:扫盲班	2347	162825	145494	158067	3288	630

制表 吴国谱

[全区教育规划] 为合理确定各类教育发展的规模与速度,强化对教育的统筹规划,1993 年,自治区教育厅根据《中国教育改革和发展纲要》精神,对全区各类教育事业发展"八五"计划和十年规划进行了调整和修订,印发了《内蒙古自治区普及九年义务教育规划进度实施意见》、《内蒙古自治区中等职业技术教育"八五"计划、十年规划的基本思路》、《关于加快改革和积极发展普通高等教育的意见》、《关于全区成人高等教育改革与发展的实施意见》、《关于加快我区民族教育改革和发展的实施意见》。调整修订后的教育

规划到本世纪末，各类教育改革发展的具体目标和任务是：占全区80%的适龄儿童依法实施初级中等义务教育，占全区60%的地区基本普及初级中等义务教育；在全区绝大多数地区基本扫除青壮年文盲，使农牧民青壮年中的文盲率降低到5%以下；中等职业技术教育和城乡、牧区成人教育上一个新的水平，要使中等职业技术教育与普通高中在校生数达到1∶1；使300余万农牧户每户都有1名家庭技术员，使各类企业包括乡镇企业的工人平均提高1个技术等级，使新增劳动力能普遍受到职业技术培训或岗前、岗位培训，专业技术人员不同程度地接受继续教育；高等教育有新的发展，使各类高级专门人才的培养基本适应自治区经济建设的需要；着力办好一批重点高中、重点中专、重点职业中学，建设好一批重点学科和重点专业，力争使内蒙古大学跻身于全国“211工程”行列。

［**年度教育工作方针**］ 1993年，内蒙古自治区教育工作的指导思想是：坚持以党的基本路线和建设有中国特色社会主义的理论为指针，深入学习贯彻党的十四届三中全会决议和《中国教育改革和发展纲要》，进一步解放思想，转变观念，加大改革的力度，加快发展的步伐，促进各类教育事业数量有较大发展，质量上一个台阶，结构更加合理，效益有明显提高，从而更好地适应建立社会主义市场经济体制的需要，更好地为自治区经济建设和社会发展服务。据此，自治区教育厅确定1993年各级各类教育改革和发展的年度工作方针：(1)以“两基”任务为重点，大力加强基础教育，加快依法实施义务教育的进程；(2)积极发展职业技术教育，加速培训自治区经济建设急需的初、中级技术人才和素质较高的劳动者；(3)进一步深化高等教育改革，促进高等学校积极主动地为自治区经济建设服务；(4)广泛开展职工岗位培训，稳步发展成人高、中等学历教育和继续教育，进一步巩固和发展农牧民三级培训网络，大力抓好扫盲教育和实用技术培训；(5)继续坚持“优先、重点”发展民族教育的方针，深化民族教育改革，不断提高民族教育质量和办学效益；(6)认真贯彻国家和自治区制定的教育法律、法规，明确政府领导教育的法律责任，强化全社会依法治教的法律意识，努力增加教育投入，加强师资队伍建设，改善办学条件，提高学校管理水平。

1993年3月16日，自治区教育厅召开了全区教育工作电视会议，部署了基础教育、职业技术教育、成人教育、民族教育和城乡教育综合改革工作。自治区副主席赵志宏出席会议并讲话。他指出：为适应建立社会主义市场经济体制对教育提出的新的更高的要求，教育必须进行全方位的深刻变革，努力寻求一种与市场经济体制相适应的新的教育体制和新的运行机制。同时对学习贯彻《纲要》提出了具体要求。自治区教育厅长韩永久作了题为“加大改革力度、加快发展步伐，努力开创我区教育工作的新局面”的讲话。会议明确了当前和今后一个时期内全区教育改革和发展的基本思路。

［**教育经费投入与支出**］ 1993年，全区教育事业费支出总额达12.44亿元，占全区财政支出的14.2%，比1992年增长22.1%。城乡教育费附加的征收有新的突破，全年征收总额达9068万元，比1992年增长20.7%。全区中小学勤工俭学总收入达到1.55亿元，创历史最高纪录。职业技术学校和高等学校校办科技产业收入也有明显增加。人民群众和社会各界捐资助学、集资办学表现了很高的积极性，全区捐资、集资达7200万元。多渠道投入弥补了办学经费的不足。各级各类学校的办学条件进一步改善，特别是中等师范学校(简称中师，下同)标准化

建设和中小学危旧房改造、教职工住宅建设取得明显进展。年内，新建中师校舍2万平方米，完成了中小学37万平方米危房改造和15万平方米教职工住宅建设任务。但是，由于多方面的原因，教育经费的投入远远适应不了教育事业发展的需要。年内，针对教育工作中一度出现的经费短缺、拖欠中小学教师工资等热点问题，自治区各级党委、政府和教育部门下大力气采取了一系列切实措施，使拖欠中小学教师工资问题基本解决。

撰稿 陈 联
审稿 郭厚诚

基础教育

［**概述**］ 1993年，自治区以组织实施义务教育和加强学校管理为重点，全面推进基础教育事业的发展。

普及九年义务教育稳步推进。全区所有乡镇（苏木）按照规定程序宣布实施初等义务教育，其中条件好的宣布实施初级中等义务教育。全区7—11周岁学龄儿童入学率为98.4%，其中女童入学率为98.1%；在校学生巩固率，小学为98.3%，初中为90.3%，小学毕业生升学率为86.1%。经评估验收有4个市（区）基本普及九年义务教育，37个乡镇（苏木）基本普及初等义务教育。1993年，对义务教育主要抓了以下几方面工作：(1)大力宣传《义务教育法》，增强各级人民政府和全社会的执法意识。5月，在全区范围内开展了第二个《义务教育法》“宣传月”活动，使全区广大干部、群众进一步提高了执法意识。(2)强化各级政府对义务教育工作的领导。年初，自治区人民政府举办了盟市长、教育处（局）长和有关部门领导参加的义务教育培训班；自治区人民政府建立了以自治区副主席赵志宏为组长的义务教育工作领导小组；自治区人民政府将普及九年义务教育目标分解落实到各旗（县），确定了规划实施进度。(3)建立健全义务教育工作制度。在原有基础上，自治区人民政府又制定了《普及九年义务教育规划进度实施意见》、《实施义务教育奖惩办法》、《各级人民政府有关部门实施义务教育工作职责暂行规定》、《关于贯彻〈中华人民共和国义务教育法实施细则〉若干问题的意见》。自治区教育厅进一步完善了师资配备、校舍建设、实验仪器、图书资料、体音美器材和劳动技术课等办学条件标准。全区义务教育工作遵循上述规章制度和办法逐步展开，步入规范化、制度化轨道。(4)继续加强师资培养、培训工作。加强了师资培养培训基地特别是中师的标准化建设；修订了师资培养培训规划；要对年龄在45岁以下的学历不合格教师进行强制性培训；使中小学教师通过进修、函授、自考等形式逐步提高业务水平。专任教师学历达标率，小学为76.8%，初中为53%，分别比上年提高2.4和4个百分点。

进一步加强学校管理工作。自治区人民政府规定，“凡达到自治区规定办学条件标准的，经旗县教育行政部门验收合格，挂‘标准化学校’牌匾；不仅在办学条件方面达到自治区规定的较高标准，而且在管理方面优秀的，由旗县报请盟市验收合格，挂盟市级‘示范学校'牌匾；自治区每年要从盟市级'示范学校'中选择有典型性、代表性的学校，命名为自治区级'示范学校'"。据此规定，教育厅制定了学校管理评估方案，并于10月份抽调6个盟市的分管处长，12个盟市的普教科长和22所管理工作突出的中小学校长，分6个抽查评估组，对全区94所中小学的管理工作进行了评估，命名48所学校为"义务教育示范学校"，6所学校为"普通高中管理先进学校"，并挂了牌匾。22位中小学校长分赴各地介绍了学校管理经验。

普通高中办学规模有所缩减，普通高中教学计划调整和会考制度的改革逐步深化。全区普通高中校数比上年减少到18所，招生数比上年减少0.38万人，在校生比上年减少2.11万人，预计毕业生将减少1万人。调整后的教学计划进一步落实，举办了高中劳动技术课师资培训班，劳动技术课的开设得到进一步落实。除当年应届毕业生外，其它年级都实行会考制度，会考工作进展顺利，步入正轨。

幼儿教育进一步发展。为充分显示特色，自治区教育厅召开了学前教育经验交流会，表彰了先进旗县，调动了全区农村牧区举办学前教育班的积极性。锡盟牧区从居住分散、交通不便的实际出发，举办了草原流动幼儿园。这一新生事物受到各方面的关注。8月，在锡林郭勒盟召开了中国少、穷、牧、岛地区学前教育发展途径暨草原流动幼儿园现场会，出席会议的有联合国儿童基金会驻华办事处官员，国家教委师范教育司和北京、安徽、云南、福建、内蒙古师范大学教育系的代表。与会同志参观了草原流动幼儿园，并给予高度评价。

[实施《九年义务教育全日制小学、初中课程方案(试行)》]　为了贯彻国家教委制定的九年义务教育课程方案，自治区教育厅根据实际情况，制定了《实施意见》。(1)关于培养目标：在严格执行国家规定的基础上，自治区在小学阶段增加"初步养成尊重各民族风俗的行为习惯"，初中阶段增加"初步树立我国各民族谁也离不开谁的观点"等内容。(2)关于课程设置：自治区要求必须执行国家统一规定的课程计划，在此基础上，从培养学习兴趣、发展爱好特长、增加动手能力的培养等方面出发，安排了以下课程：小学阶段开设外语、阅读、手工劳动制作、趣味数学、唱游。其课程分配：五年制小学一、二年级开设唱游，手工劳动制作，每周各1课时；从三年级起，自治区实验小学和有条件的完全小学开设外语，每周2课时，没有开设外语条件的学校，增设阅读和手工劳动制作课，每周各1课时。四年级除继续开设三年级增设的三门课程外，再增设与国家设置的学科相关的拓宽加深课或发展学生的兴趣、特长课，每周3课时；按一级水平要求开设外语课的学校，三年级增设阅读、作文、趣味数学(或电子计算机基础知识)课，发展学生的兴趣和特长课，学校从中选择3门，每周各1课时。对准备升学的学生另加与国家设置学科相关的拓宽加深课，每周5课时；综合职业技术课，每周2课时。对不准备升学的学生，可不开设拓宽加深课，综合职业技术课每周增至7课时。三年制初中，按一级水平要求开设外语课的，毕业年级要从阅读、趣味数学、拓宽加深、兴趣特长、综合职业技术5门课程中选开1门，每周1课时。对准备升学的学生，每周增设拓宽加深课4课时，对不准备升学的，每周增设综合职业技术课4课时；按二级水平要求开设外语课的，每周可增设1课时拓宽加深课或综合职业技术课。对于使用少数民族语言授课的学校或班级，自治区按照"五·四"学制的课程计划进行了安排。(3)实施课程方案的部署，总的原则是同步进行，分步到位。从1993年秋季开学起，小学和初中的起始年级执行

新的课程方案。自治区将课程方案的执行情况列入义务教育评估检查的重要内容。凡是普及初等义务教育乡镇的完小,都必须严格执行新的课程方案,对复式小学和教学点的最低要求是开好语文、数学。凡是宣布实施初级中等义务教育的地方,都必须严格执行新的课程方案,条件较差的农村牧区初中要积极创造条件,保征从1995年秋季开始严格执行新的课程方案。1993年自治区教育厅在贯彻执行新的课程方案方面主要抓了学习、宣传、培训、教材等工作。秋季开学后,全区小学、初中的起始年级,都使用了九年义务教育新的教材。其中五年制小学使用了"五·四"制的小学教材,初中使用了"六·三"制的初中教材。使用蒙古语言文字授课的小学和初中使用了"五·四"制教材。全区实施新的课程方案进展比较顺利。

[**德育工作**] 为继续加强德育工作的常规性、基础性建设,自治区教育厅从实际出发,提出了《贯彻落实〈中国教育改革和发展纲要〉,进一步做好德育工作的建议》,并发出《关于创建中小学德育基地的通知》。同时深入包头市、赤峰市、锡林郭勒盟、乌兰察布盟等地的89所中小学进行调查研究,进一步摸清了新时期中小学德育工作的现状。在此基础上召开了盟市教育处(局)长参加的德育工作座谈会;就当前德育工作的思想认识、工作措施等一系列问题进行了讨论,形成了共识。中小学德育工作普遍受到重视。各地对德育的地位和到位问题,对如何切实贯彻执行党和国家的教育方针,培养德智体全面发展的建设者和接班人等问题在理论和实践的结合上进行了自觉、深入的思考和探索。为了进一步加强普通高中德育工作,又召开了全区普通高中德育工作研讨会,各盟市教育处(局)德育科长(普教科长)和部分普通高中校长参加,就当前普通高中学校德育和学生思想的现状和对策进行了研究讨论。

[**体育卫生工作**] 继续深入贯彻《学校体育工作条例》和《学校卫生工作条例》。自治区人民政府第41号令发布《内蒙古自治区学校体育工作条例实施办法》,第50号令发布《内蒙 古自治区学校卫生工作条例实施办法》,使两个《条例》的贯彻落实进一步具体化。为了落实国家教委关于"体育不合格不得升入高一级学校"的规定,自治区教育厅对1993年12所普通高校新招的3300多名应届高中生和150多所高中的2.94万名高一新生的体育合格情况进行了测试,所查的学生全部达到了体育合格标准。自治区教育厅制定了学校体育工作评估指标体系,并对16所普通中学的体育工作进行了检查评估,进一步促进了学校体育设施和器材的充实改善和学校体育工作的加强。

中小学健康教育进一步落实。自治区教育厅把健康教育列入九年义务教育课程方案中,组织力量编写了九年义务教育健康教育课教材,举办了健康教育师资培训班。坚持把体育卫生工作的重点放到农村牧区,先抓试点的乡、苏木中心校,采取自治区、盟市、旗县三级匹配投资的办法,配备体育卫生器材,使这些学校开齐开足体育课和健康教育课。在此基础上将逐步推开农村牧区学校的体育卫生工作。在自治区政府的领导下完成了内蒙古自治区学生健康状况监测与研究,对全区6.42万名蒙古族、汉族、达斡尔族、回族等4个民族的大、中、小学生的体质健康状况进行了监测与研究,基本掌握了自治区学生体质与健康的现状及其生长发育的变化趋势。这项成果经专家鉴定,达到了国内先进水平,并有较大的学术价值和较好的社会效益。中学生的体育竞技水平有了明显提高。组织代表队参加了第五届全国中学生运动会,是本区参加历届"中运会"派出参赛人数最多的一次，并取得了较好成绩。3月28日至4月3日，呼和浩特市蒙古族学校女子足球队代表中华人民共和国参加了在以色列举行的世界中学生女子足球赛，以总计40∶0不失一球的成绩，五战五胜，夺得世界中学生女子足球锦标赛冠军，为自治区和国家争了光。

［**师资队伍建设**］　进一步加强师资队伍管理工作，整顿了民办教师队伍，建立了民办教师档案，发放了“民办教师任用证书”，辞退了不合格民办教师2000多名，选招了2600多名优秀民办教师为公办教师。制定了特级教师评选办法，评选出101名中小学特级教师。中小学教师队伍的党建工作和思想政治工作进一步加强，涌现出一批热爱教育事业、教书育人、为人师表成绩突出的先进教师，自治区表彰奖励150名优秀教师和优秀教育工作者。1993年自治区出现大面积拖欠教师工资问题，在9月7日和12月9日，自治区党委和政府就贯彻《教师法》和解决拖欠教师工资问题两次召开紧急电视会议，会议要求各级党委和政府要采取强硬措施在12月底以前解决教师工资拖欠问题。并责成自治区财政厅超调资金3350万元，各盟市再自筹3350万元，一次性解决拖欠问题。到春节前，拖欠教师工资问题基本解决。全区进一步加强了师资培养培训工作。开展了中师互检活动，使全区中等师范学校在改善办学条件、加强学校管理，提高教学质量等方面实现了一次跳跃式发展。当年中师招生人数较往年有所增加，共招生5500名。8月，国家教委在呼和浩特市召开师范教育处长会议。同时，华北5省区及其他兄弟省市40余名师范教育工作者参加了对内蒙中师的检查。国家教委有关方面领导和各省区市的同志对本区中师建设和工作给予高度评价。自治区教育厅制定了《加快中小学教师学历培训步伐的意见》和《初中教师学历达标全员培训暂行管理办法》，对中小学教师培训的目标、任务、措施以及其他方面的基本要求作了明确具体的规定。

撰稿　王培英
审稿　郭厚诚

职业技术教育

［**地方政府加强统筹领导**］　一年来，自治区通过召开会议、专题讲座、举办中等职业技术教育系统学雷锋益民服务活动，科技扶贫、重点校评估等多种途径，组织全区中等职业技术教育工作者学习宣传《纲要》，展示中等职业技术教育的办学成果，提高了全社会特别是各级领导对中等职业技术教育战略地位的认识，增强了各级领导对中等职业技术教育改革和发展的责任感和紧迫感，从而加强了各级政府对职业技术教育的统筹领导。目前，全区各盟市、旗县都成立了由政府主要领导牵头，各职能部门负责人参加的中等职业技术教育领导小组，制定了规划和有关政策、法规，加强了对中等职业技术教育的依法管理和宏观管理，增加了办学投入。赤峰市松山区政府对五三农职业高中的生产实习基地建设实行部门分工负责制，林业局包林木果树的更新；畜牧局包猪场、鸡场的设计、建设

并提供良种和技术；农业局包农田、菜地的规划和建设，从而调动了业务部门的办学积极性，使该校办学水平有了很大提高。

［**改革办学和学校内部管理体制**］ 为改变政府包揽办学的格局，一年来，全区各地积极改革办学体制，联合办学有了新的突破。联合办学已由过去的1校1厂联合办学、挂钩式的松散联合办学发展为1所学校甚至1个专业与多个企业、事业单位联合办学。联办双方成立联办委员会，签订联办协议，明确规定各方的职责、权利和义务。联办部门不仅为学校提供专业课和生产实习指导教师，提供实习场所、负责学生的专业技术考核和安排学生就业，还为学校提供必要的实验实习器具和办学经费，负责学生的教育和管理。联合办学已经开始向联办联管、共同负责的方向发展。

办学形式更加灵活。一年来，职业中学进一步端正办学思想，紧紧围绕社会需要，实行学历教育与短期培训相结合，职前培训与职后培训相沟通，举办各种形式的短期职业技术培训班，多层次、多规格地培养人才，充分发挥了中等职业技术学校办学的整体效益。一年来，全区职业中学共举办短期职业技术教育培训班1631期，培训10.16万人次。中等专业学校积极改革传统封闭的办学模式，挖掘潜力，扩大办学规模，在办好普通中专班的基础上增设了自费中专班、职业高中班，开展了短期职业技术培训。

学校内部管理体制改革有了新的进展。一年来，各中等职业技术学校积极开展了以人事制度和分配制度为突破口的学校内部管理体制改革，在进一步落实完善校长负责制的基础上，许多学校实行了教职工全员聘任制、岗位责任制和结构工资制。许多学校还改变过去年级组、学科教研组建制，实行了专业科（组）制，理顺了学校管理体制。呼和浩特交通学校实行教职工全员聘任制，择优上岗，改革分配制度，实行以量计酬、以质计奖的结构工资制，调动了教职工的积极性，增强了学校办学活力。

［**农村牧区教育综合改革**］ 一年来，农村牧区职业中学主动适应农村牧区经济发展和农牧民脱贫致富的需要，利用专业、设备、师资、场地的优势，面向农村牧区、面向农牧业、面向农牧民，开展了农牧民职业技术培训和实用技术推广，在“三教统筹”（基础教育、职业技术教育、成人教育）、“经科教”结合中发挥了作用，促进了“燎原计划”与“星火计划”、“丰收计划”的有机结合，为农村牧区的经济发展和农牧民脱贫致富作出了实际贡献。1993年，农村牧区职业中学与当地贫困乡（苏木）签订科技扶贫合同190个，实现直接经济效益670.3万元；推广实用技术项目240项，实现经济效益达2347.53万元。巴彦淖尔盟农村职业中学举办短期培训班82期，培训农牧民11480人，向农村牧区提供良种14万斤，种鸡4.3万只，种猪1300口，种兔6600只，鱼苗57万尾。学校已经成为当地人才培训中心、生产示范中心、科技试验中心、技术推广中心和优良品种培育中心。

［**重点职业学校建设**］ 从1990年开始，区教育厅开展了对中等专业学校和重点职业高中的评估。目前，全区有省部级重点中专学校19所，合格中专学校61所，自治区政府向国家教委推荐国家级重点中专5所（待批）。评定自治区级重点职业高中13所，盟市级重点职业高中31所。为了加强重点校建设，1993年，盟市、旗县两级财政为自治区、盟市两级重点职业高中投资878.18万元，两级重点职业高中一年新增建筑面积2.4万平方米，新增图书8.9万册，用于新建实习基地的配套投资142.4万元。各级政府和学校主管

部门近三年内为中专学校投入基建费和维修费1亿元、设备费800万元，其中为省部级中专校投资达3160.7万元。1993年上半年，国家教委对本区重点职业高中进行了抽查验收后认为，本区中等职业技术教育发展快、步子大，办学方向正确、路子对头，学校管理有序、成绩突出，人才效益、社会效益、经济效益得到充分发挥，特别是重点职业学校建设，走在了全国少数民族地区和边疆地区的前面。1993年，全区中等职业技术学校与普通高中招生比例为0.93∶1，在校生比例达普通高中总数的46.7%。

［**初级职业技术教育**］ 近年来，自治区把发展中、初级职业技术教育作为提高农村牧区劳动者素质、帮助广大农牧民脱贫致富的重要途径。为了贯彻落实自治区政府1989年9月作出的《关于为农村牧区培养家庭技术员的决定》，1993年，在进一步优化农村牧区教育结构的同时，加大了初级职业技术教育的比重，确定了农村牧区职业技术教育要走“低、短、联、放”的路子。“低”是降低发展重心，重点发展初级职业技术教育。“短”是开展形式多样的短期实用技术培训，大力推广“短平快”项目。“联”是强调多方位联合办学、实行“上挂横联下辐射”，最大限度地发挥办学的整体效益。“放”是允许在办学形式、学制、专业设置、招生条件等方面适当放开，办学形式可以灵活多样，日班、夜班、农闲班、校外班都可以办，学制可以长短结合，正规职业中学也允许一、二、三年学制并存，招生条件的学历、年龄、婚否等都可以放宽限制。农村牧区初级职业中学、“3＋1”学校、“3＋短”班有了新的发展。1993年，初级职业中学（含3＋1学校）比上年增加18所，招生数增加13245人，在校生增加15002人。目前，全区农村牧区普通初中已有176所改办为农职业中学，占农村牧区普通初中的16.4%。此外，还办起近300个“3＋1”职业班，在部分农村牧区小学高年级也增设了农职业常识课，进行职业技术教育的早期渗透。

［**职业学校校办产业**］ 1993年6月，自治区政府下发了《关于加快发展职业技术学校校办产业的意见》。《意见》指出：“自治区各级政府的有关部门在立项、审批、注册、登记、计划、资金、原料供应等方面要简化手续，优先安排，积极扶持；各级职能部门要积极帮助学校解决校办产业资金短缺的困难，在贷款方面适当给予优惠”。并规定：“五年内免征产品税、增值税、营业税、所得税、城镇土地使用税、农牧林产品税和车辆使用税，并对学校用水、用电收费和电力增容费给予减免或照顾”。《意见》的下发，为职业技术学校校办产业的发展提供了多方面的优惠政策，有力地推动了职业技术学校校办产业的发展。

1993年，全区中等职业技术学校校办产业纯收入达到3833.24万元。有9所学校的创收达百万元以上。内蒙古银行学校走产教结合发展校办产业的路子，在已经办起实验银行的基础上，兴办了经贸公司、典当拍卖公司和房地产开发公司，年创收达260万元。

撰稿　王培宣

审稿　郭厚诚

高等教育

[**概述**] 1993年，自治区高等教育战线认真贯彻落实《中国教育改革和发展纲要》和第四次全国高等教育工作会议精神，适应自治区经济建设和社会发展的需要，发展步伐明显加快，办学规模进一步扩大。普通高等学校国家计划内本专科招生比上年增加3500人；在校本专科学生数比上年增加4221人，达到历史最高水平。在校研究生比上年增加10人。高等学校新增设本专科专业及专业点103个，使专业总数达到192个；专业布点数达到354个。新增博士单位1个，专业2个，导师2人；新增硕士学位专业17个。博士和硕士专业分别增加到7个和85个。

[**重点办好内蒙古大学**] 自治区人民政府将内蒙古大学作为教育特区，享受若干特殊政策和办学自主权。同时，对内蒙古大学专项拨款，重点扶持，重点投资，改善其办学条件，力争使内蒙古大学在教育质量、科学研究和管理等方面达到全国先进水平，一些学科接近或达到世界先进水平，跻身于全国的"211工程"计划。自治区党委书记王群和自治区主席乌力吉亲自到内蒙古大学调查研究，多次听取汇报，并由乌力吉同志担任内蒙古大学争进"211工程"领导小组组长。为实现这个目标，自治区决定投资2.5亿元，加速内蒙古大学的建设。内蒙古大学发动全校师生员工展开讨论，为制定争进"211工程"计划献计献策。经过反复修改和自治区有关部门、专家的论证，目前已形成《内蒙古大学争进"211工程"7年发展建设规划》和十余份配套工作方案。为争取社会各界的支持，内蒙古大学成立了由94个成员单位组成的校董事会，筹集办学经费已达1000余万元。

[**学科专业结构调整**] 自治区坚持稳定基础学科，适当发展新兴边缘学科、应用文科、农林、医药、政法、艺术类教育，加快应用理科、工科、师范、财经类教育的原则，对高等学校的科类、专业结构进一步调整。根据自治区产业发展方向，加快了冶金、煤炭、石油、电力、化工、建材、建筑、有色金属、交通、通讯、轻纺、食品、电子、森工、商业、贸易、保险、信息、审计、外语、旅游、乡镇企业管理等方面的专业建设和发展。适当调减了蒙文专业招生人数，增加了工程类、技术类、经济管理类蒙语授课的专业。各师范院校设置了一些非师范类专业，农林院校设置了一批近农近林，非农非林的专业。

自治区抓紧了高教层次结构的调整，积极发展研究生教育，适当发展本科教育，大力发展专科教育，特别是着重发展面向广大农村、牧区、中小企业、乡镇企业和第三产业的专科教育。1993年，本专科招生比例达到1∶1.1，使专科招生人数第一次超过了本科招生人数。对普通高等学校的成人教育进行了统筹规划和合理布局。1993年，有6所学校举办了函授和夜大学教育。

[**高等教育改革**] 全国第四次高等教育工作会议之后，自治区高等学校综合改革步伐明显加快。1993年初，自治区人民政府确

立了内蒙古大学和内蒙古工业大学为改革的试点单位，积极探索，大胆试验，积累经验，为整个高校的改革起到带头和示范作用。同时，要求其它学校也抓紧制订综合改革方案和各项配套改革措施，经自治区教育厅批准后实施。上半年，自治区教育工委和教育厅的领导带队，分期分批深入高校进行调查研究，总结经验，发现问题、解决问题。在此基础上，经过认真的准备，1993 年 9 月，召开了全区高等教育工作会议。自治区主席乌力吉、自治区党委副书记王占、副主席赵志宏等亲临会议并讲话。会议提出了《内蒙古自治区关于加快改革和积极发展普通高等教育的意见》，并制订了教学改革、学位和研究生工作改革、科技管理改革、后勤改革、学校内部管理体制改革、招生和毕业生就业制度的改革等一系列配套改革方案。这次会议对推动全区普通高等教育的改革和发展起到了重要的作用。根据会议精神，各高等学校进一步修订了本校综合改革方案和配套措施，现已全面组织实施。

1993 年，由政府包揽办学的传统办学体制已被打破。以政府办学为主、社会各界共同参与办学的新格局开始形成，多种形式的联合办学有了很大的突破。内蒙古师范大学与马来西亚国际现代设计集团联合办学，成立了内蒙古师范大学现代国际设计艺术学院，将于 1994 年面向全国招生；内蒙古工业大学与内蒙古电业管理局联合办学，原内蒙古电力学校在并入工业大学的基础上建成了电力学院；内蒙古农牧学院与内蒙古自治区乡镇企业局联合办学，成立了乡镇企业分院；内蒙古大学成立了董事会，吸收社会各界广泛参与学校的建设和发展。海南著名企业家李佳盈先生捐资 1 亿元人民币，在其家乡包头市建设以培养国际金融、外贸等人才为主的内蒙古大学包头佳盈学院，已经于 10 月初破土动工兴建。

招生制度的改革有了新的探索和实践。招生计划的编制坚持“宏观管理、微观放活”的原则，适当缩小了国家任务招生计划，扩大了调节性招生比例。根据本地区的实际，进一步扩大了自治区农、林、医、师类院校定向招生的比例和范围。具体做法是：自治区内农、林、医、师院校的国家任务计划(除音、体、美专业和外语、蒙语授课本科专业外)全部实行定向招生。本科定向到旗、县；专科定向到乡镇、苏木。此外，还从内蒙古医学院、包头医学院、内蒙古农牧学院和哲里木畜牧学院划出 100 个专科指标，为 14 个全国、全区首批确定的农村、牧区教育综合改革试验县(旗)的部分村、嘎查定向培养人才。1993 年，区内农、林、医、师院校的招生实行单设报考类别，单独编排考场、单独填报志愿、单独划线录取的办法。

[**教学管理**]　按照自治区党委和政府的部署，1993 年完成了对高等学校实行综合治理检查评估的最后一项评估，即教学管理评估。通过评估，各校总结经验，寻找差距，加强了教学工作的规范化和制度化管理，促进了院校之间的学习交流，促进了教学改革的深化，取得了良好效果。

为了促进教学工作，组织了全区高校优秀教学成果奖的评审，评出 60 个获奖成果，在全区高等教育工作会议上进行了表彰。其中获国家教委一等奖 1 个，二等奖 2 个。此外，包头师范专科学校和昭乌达蒙族师范专科学校被国家教委和国家语委评为普及普通话工作优秀单位；内蒙古农牧学院获得全国教材管理先进单位，并有 1 人被评为先进个人；内蒙古农牧学院教务处被国家教委评为优秀教务处。因教学成绩显著，内蒙古师范大学教授能乃扎布、斯力更荣获曾宪梓教育基金会二等奖，内蒙古民族师范学院副教授韩宏飞等 20 人荣获三等奖。表彰优秀，带动一片，促进了教学质量的稳步提高。

坚持抓好劳动教育、实践教育和实习基地建设。成立了由自治区政府调研室、教育厅、卫生厅组成的“自治区高等医学院校附属医院、教学医院审定工作组”,加强医学院校的临床教学基地建设。年内,还召开了全区高校教务处长会议,就加强教学管理、遏制教学质量滑坡的趋势和建立学科带头人、加强中青年骨干教师等工作进行了研究和部署。

[**科技工作**] 1993年,内蒙古自治区高等学校认真贯彻“教育要为社会主义现代化建设服务”的方针,依据“稳住一头,放开一片”(即稳住基础理论研究,放开应用研究)的原则,开展科学研究,推动高校科技直接面向自治区经济建设主战场,积极参与、主动服务,取得了可喜的成绩。1993年度,各高等学校共有11099人参与各类科技活动,通过各种立项渠道筹集科研经费846.9万元,开展研究与发展课题857项;出版科技专著32部,科普著作15部,大专院校教科书47部,在各级学术刊物发表研究论文1744篇;有71项研究成果受到国家或地方奖励,11项科技成果获专利授权,另有9项研究成果提出专利申请。自治区高等学校的重点学科和基础研究领域得到了保护和发展,应用研究与科技开发也在自治区的经济建设中发挥了积极作用。

基础研究和高技术研究在稳步发展。内蒙古大学李博教授因其出色的工作业绩和学术水平被选为中国科学院院士;内蒙古大学校长旭日干教授主持的实验动物中心进行的“试管羊、试管牛研究”已进入一卵多胚的中试阶段;内蒙古农牧学院93年建立了两个博士点,成为自治区第二所有博士授予权单位的学校。

应用开发研究受到了普遍重视,取得了可喜成果。内蒙古工业大学开发的“新型高效大理石切割锯片”赢得了市场;内蒙古大学的“风能—太阳能发电自动互补转换系统”通过鉴定并已形成批量生产能力;内蒙古农牧学院的“农药、兽药开发,农畜产品的综合利用和深加工研究”等为自治区经济建设注入了新的活力。该校继续探索“教学、科研、生产”一体化的办学路子,组织师生深入农村牧区开展科研和技术推广,为自治区连续数年获得农牧业丰收做出很大贡献。

1993年9月,自治区教育厅提出《关于高等学校科学技术工作改革与发展的意见》。该《意见》针对自治区高校科技工作中存在的队伍不稳、经费不足、竞争力不强、科技成果转化为生产力的通道不畅、广大科技人员的积极性还未充分调动起来等问题,对科技工作的改革方向、投入结构、工作布局等方面提出了思路。强调要保持高校在基础研究方面的优势,有计划、有目标地建设一批重点学科和重点研究领域,同时培养造就出一批素质优良的中青年学科带头人,为长远发展打下基础;面向经济建设,大力加强应用研究、技术开发和科技成果推广,按照社会主义市场经济规律,建立起科技成果开发、转让、技术服务的有效机制,形成研究、开发、服务相结合的科技工作新格局。目前,《意见》正在逐步得到贯彻落实。

大力发展校办科技产业,特别是高新技术产业,促使科技成果迅速转化为生产力,增强学校自我发展的能力,已成为各高等学校的共识。1993年8月,成立了自治区高校校办产业协会,标志着全区高校校办产业进入了有规划、有组织、协调发展的轨道。1993年,全区高校校办产业产值比上年增长近40%,利税增长50%。尽管自治区高校校办科技产业的发展尚处在起步阶段,但是通过各学校的努力,已建立起几家产品前景看好、具备一定规模效益的产业。内蒙古农牧学院红花公司、内蒙古大学化工厂、内蒙古工业大学技工贸总公司等均已形成集科工贸一体化，可开发系列产品的能力；内蒙古工业大学、包头钢铁学院校办科技产业所创造的经济效益已部分缓解了办学经费不足的状况。

［**对外交流**］　1993年，内蒙古自治区高等学校的对外交流领域进一步扩大，学术交流、人才交流、引进资金和合作办学等方面都有所发展，并有一批很有前途的合作项目。内蒙古农牧学院获日本政府2.5亿日元无偿援助，正在筹建一座现代化的乳制品加工技术研究与培训中心；内蒙古医学院首次成批招收中医、蒙医学历教育留学生；内蒙古师范大学获准与马来西亚国际现代设计集团合作筹办内蒙古师范大学现代艺术设计学院；内蒙古大学获日本昇川财团100万美元奖学基金并获得香港爱国人士邵逸夫先生的第二项捐赠，因而加快了内蒙古大学蒙古学中心的建设。

1993年10月，自治区政府批准了教育厅对高等学校外事简化审批程序的放权改革报告，高等学校的对外交流与合作可望进一步扩大和深化。

撰稿　王金豹　李东昇
审稿　郭厚诚

成人教育

［**岗位培训**］　自治区岗位培训在经历数年的调整之后，1993年，已被列为职工教育的工作重点，引起了各级党委、政府和企事业单位领导的高度重视。自治区工农牧教育管理委员会进一步加强了对全区岗位培训工作的宏观指导。目前，全区各个系统、行业已分别制订了岗位培训规范，建立并完善了培训基地和培训制度，使岗位培训全面展开。全区各类企业特别是大中型企业在对青年工人进行文化补课的基础上，从行业和岗位规范特点出发，广泛开展了业务培训、技术考核、技术技能比赛，大大提高了从业人员的素质。一年来，干部培训也全面展开，国家公务员上岗前的培训已在绝大多数行政机关开始实施，以科技、教育界为试点的继续教育也已起步。1993年，全区各系统、行业对从业人员的岗位培训已逾百万。有些行业如银行系统，已进入全员培训的较高层次发展阶段。呼和浩特铁路局推广中国式的开展岗位单项技能组合式培训，取得了大面积的培训效果；呼伦贝尔盟大雁矿务局采取“四三一”培训方式，将井下作业人员按四班进行编制，三个班作业，一个班轮流成建制培训，不仅有效地解决了工学矛盾，而且培训效果十分突出，从而引起全区工矿企业的极大兴趣和重视。

［**成人高等教育**］　为贯彻《中国教育改革和发展纲要》以及全国成人高等教育工作会议精神，自治区成人高等教育坚持为本区经济建设和社会发展服务，在大力整顿片面追求学历、治理乱办学、滥发文凭的基础上，端正指导思想，加大改革力度，促进了事业的健康发展。1993年，在自治区政府的统筹协调下，教育厅和有关部门密切配合，进行了以调整学校布局、调整专业方向、理顺学校内部管理体制、增强整体办学效益为重点的一系

列改革。目前，全区非师范类成人高校由过去的12所调整为8所，一些规模较小、专业设置重复的成人高校进行了实体联合办学。学校数量虽有减少，但各个院校的办学规模均有扩大。各院校开设的专业更加突出了实用、实效原则，更加贴近了自治区经济建设的需要。内蒙古广播电视大学为走出困境，实行整体配套改革，试办基础教学班，增强了学校活力，扩大了服务领域，提高了办学效益。

1993年，自治区成人高等学历教育的招生计划由指令性计划改为指导性计划。自治区计划部门和教育部门加强了招生总规模的宏观控制，增大了各成人高校和办学单位根据本企业、本部门、本地区需要和办学条件编制招生计划的自主权。1993年，自治区报考各类成人高校（包括普通高校办班）考生共38839人，录取新生15877人，其中文科10134人，理科5743人；区内院校共录取9995人，区外院校录取5882人，录取新生人数比上年纯增5944人。新生中共录取少数民族考生3535人，其中蒙古族新生3060人，约占录取新生总数的19.3%，超过其人口比例。参加成人高等学历教育自学考试报名人数达112528人，共开考36个专业，其中有68576人领取了单科结业证书，有2810人领取了毕业证书。

［**成人中专教育**］ 为解决好因企业转换经营机制，产业结构调整，改变成人中等专业学校生源严重不足的实际问题，自治区教育行政部门在充分调查研究的基础上，根据国家教委《关于进一步改革成人中等专业学校招生工作的通知》精神，结合自治区实际制定了贯彻实施意见。首先是实行招收免试学生的试点，凡会考成绩合格的高中毕业生，申请学习第二专业的中专、技校和职业高中毕业生；报考种植、养殖、农产品加工、乡村医生专业的回乡两年以上的初、高中毕业生等，均可免试进入成人中专学习深造。二是实行倾斜政策，对经自治区教育厅评估验收合格的成人中等专业学校（包括普通中专成人班）允许招收参加普通高考、成人高考未录取的应届高中毕业生和参加普通中专、普通高中考试后未录取的应届初中毕业生（简称“三后生”），由自治区成人招生部门确定最低录取分数线，从高分到低分录取；三是实行优惠政策，对特殊专业（如蒙医、蒙药等），经自治区教育厅和行业主管部门论证批准，采取专业技能考试的办法入学；四是实行扶持政策，对一些成人中等专业学校允许开办专业证书转换毕业证书教育试点。通过采取上述一系列政策措施，1993年全区成人中专共录取新生20281人，其中通过考试录取12281人，“三后生”和免试生录取8000人。由于生源得到保证，从而保持了学校的正常教学秩序，稳定了师资队伍，调动了学校和办学单位的办学积极性，推进了成人中等专业教育事业的发展。

［**社会力量办学**］ 自治区工农牧教育管理委员会、自治区教育厅于年初联合发出通知，发布了《内蒙古自治区社会力量办学管理实施办法》。《实施办法》共21条，对社会力量办学的性质、层次、类别、审批权限、内容、程序、教学管理、财务管理、招生广告管理、行政管理等均做出了详细规定，从宏观上有效地遏止了社会上一度出现的乱办学、滥发文凭的现象，使社会力量办学沿着正确轨道蓬勃发展。根据《实施办法》，自治区教育行政部门一年内共审核批准成立了23所社会力量办学单位，其中举办高层次非学历教育学校（中心）19所，举办中等层次非学历教育学校（中心）4所。对审批的社会力量办学单位，从学校名称到审批程序的各方面进行了规范化管理。

[**城市和企业教育综合改革**]　自治区首先确定了呼和浩特市、包头市、赤峰市红山区为首批城市教育综合改革试点市，确定包头钢铁稀土公司等4个企业为教育综合改革试点企业。目前，3个试点城市相继成立了由分管市长和有关部门负责同志参加的领导机构，并从实际出发制定了教育综合改革方案，开始有计划、有组织地实施；企业教育综合改革以包头钢铁公司为龙头，逐步扩大改革试点，由10个企业扩展到全区12个盟市的36个企业。城市及企业教育综合改革已开始起步。

[**扫盲教育**]　根据国家教委对扫盲教育的对象、标准、验收办法等方面新的要求，1993年，自治区扫盲教育的首要任务是深入调查研究，重新建档立卡，摸清扫盲工作的情况和各种基础数据。截止到1993年8月末统计，全区15周岁以上，建国后出生的青壮年总数为12061725人，其中文盲753318人，非文盲11308407人，非文盲率为93.75%。据此，各地都重新制定了扫盲规划，普遍开展了高标准扫除文盲活动。为推动扫盲工作的开展，自治区人民政府于1993年批转了教育厅《关于进一步大力加强扫除文盲工作的报告》，进一步强调要把扫除文盲的任务和各级领导的任期目标结合起来，认真落实领导责任制；强调要贯彻扫盲和普及义务教育统筹规划、同步实施、同步验收、同步奖励，“堵”“扫”结合，“堵”重於“扫”的方针；提出了对全区扫盲工作要实行分类指导，分区推进的工作原则。总的规划是分三步走，即1995年之前要在全区经济相对发达的14个市属区、12个县级市中率先扫除青壮年文盲；1998年之前使大约60个左右条件较好的旗县基本扫除青壮年文盲；其余十几个困难较大的偏远旗县在2000年之前要重点突破，集中精力打歼灭战，以按期完成本世纪末基本扫除本区青壮年文盲的历史任务。

由於自治区政府重视，高标准扫除文盲的工作已在全区范围内基本推开。1993年，自治区对包头市青山区、昆区、呼和浩特市回民区、赤峰市元宝山区进行了普及九年制义务教育和扫除文盲的评估验收。上述4个区均达到了国家规定的高标准扫除文盲的标准，并已呈报国家教委备案。截至1993年底，全区又有17个旗、县、区在自检自验的基础上，向自治区提交了高标准扫除文盲评估验收的申请报告。

[**农牧民教育**]　根据国家有关部门关于开展“绿色证书”培训的精神，自治区进行这项培训，为全区300余万农牧户，每户培养一名学有一技两技之长，可以赖以发家致富的家庭技术员，是自治区党委和政府对农牧民教育提出的一项重要任务。此项工作开展以来，成效十分显著，截止到1993年底统计，在全区334.4万农牧户、1466.7万农牧民中，通过扫盲和扫盲后不失时机地进行实用技术教育和培训，经考试考核累计已有222.88万人掌握了一技或两技之长，其中有141.29万人领到了“绿色证书”。获得“绿色证书”的家庭技术员，不仅在当地生产实践中获得了显著效益，而且在国际上也产生了一定的影响。在呼和浩特地区对俄罗斯和其它独联体国家所组织的劳务输出中，同样是种植蔬菜，凡获得“绿色证书”的，劳动成果和收益明显高于普通菜农，其工资可为一般人员的五倍以上。培训农牧民家庭技术员、实施“绿色证书”制度，使全区农牧业劳动者素质有了较大幅度的提高。

1993年，农牧民培训网络建设又有新的发展。全区现有县级培训中心60个，占89个农牧业旗、县(区)的67.4%；乡、苏木级农牧民文化技术学校1300所，占1553个乡、镇、苏木的84%；村、嘎查级农牧民文化技术学校 8300 所,占 13738 个村、嘎查的 60.4%。根据国家教委和有关部门的文件规定,自治区教育厅会同自治区农委和冶金机械厅分期分批地对农业广播电视学校的盟市、旗县级分校和旗县级农牧业机械化学校进行评估验收,其中有 8 所盟市级农业广播电视学校分校(含工作站)、43 所旗县级农业广播电视学校分校、32 所旗县级农牧业机械化学校通过了验收和批准备案,分别纳入自治区成人中等专业教育和成人中等教育系列管理。1993 年 10 月,自治区政府办公厅发出《关于认真做好全区农业广播电视学校中专毕业学历验印工作的通知》,原则上解决了农业广播电视学校验印问题。同时,还进一步加强了对农业函授大学和"燎原学校"的宏观管理,使农、科、教相结合的农牧民培训网络得到了进一步的完善和加强。

撰稿　杨惠良　张世德

审稿　郭厚诚

民族教育

[概述]　1993 年,自治区继续坚持"优先、重点"发展民族教育的方针。民族基础教育得到巩固提高,民族中等和高等教育的结构发生了明显的变化。全区有民族幼儿园 107 所(其中草原流动幼儿园 14 所),民族学前班 1567 个,民族小学 3024 所,民族普通中学 390 所,民族职业中学 42 所,民族特殊教育学校 1 所,有 10 所普通高等学校和 29 所中等专业学校开设蒙语授课专业。在各级各类学校中,少数民族在校生有 87.8 万人,其中蒙古族为 74.3 万人。除农职业中学外,全区各类学校中少数民族在校生的比例均高于其人口比重。各级各类学校蒙语授课和加授蒙语文在校生 41.1 万人,占蒙古族学生总数的 55.3%。全区各级各类学校中少数民族教师有 6.7 万人,其中蒙古族教师 5.7 万人,蒙语授课教师 3.4 万人。

[民族教育座谈会]　1993 年 1 月,自治区教育厅在呼和浩特市召开了全区民族教育工作座谈会。根据中央民族工作会议和全国民族教育工作会议精神,会议中心议题是进一步解放思想,统一认识,研究和探讨民族教育如何加大改革力度,加快发展步伐的问题。自治区教育厅长韩永久作了题为《以十四大精神为指导,加快我区民族教育改革和发展的步伐》的讲话。会议认真分析了民族教育面临的新形势和新任务,提出九十年代全区民族教育发展的主要任务是:打好基础,实现普及与提高;找准路子,更好地服务于当地经济建设;缩小差距,跻身于全国民族教育的先进行列。

[民族地区实施义务教育情况]　1993 年,全区牧区全部依法宣布实施初等义务教育。自治区民族地区的义务教育步入了依法全面实施的轨道,正在有计划、分步骤地积极推进。年内,自治区组织开展了义务教育检查评估,经检查验收认定,包头市郊区阿嘎如泰苏木达到了普及初等义务教育标准,成为自

治区第一个达到普及初等义务教育标准的苏木；锡林郭勒盟锡林浩特市阿尔善苏木、伊力勒特苏木；东乌珠穆沁旗敦道高毕苏木、苏尼特右旗阿尔善图苏木，阿拉善盟阿左旗嘉尔嘎勒赛苏木等达到了基本普及初等义务教育标准；呼和浩特市土默特中学、乌兰浩特市音德尔第二小学、伊盟蒙古族小学等在学校管理方面获优秀等级，挂上了自治区教育厅颁发的“义务教育示范学校”牌匾。为了促进民族中小学改善办学条件的步伐，自治区教育厅在民族学校开展了建设标准化学校活动。经过严格的检查验收，已为40余所民族中小学授名挂牌。

民族基础教育师资队伍的培养、培训和管理不断加强。师资素质逐年提高。全区民族小学、民族初中蒙语授课教师学历合格率分别达到78.4%、54.7%，均高于全区平均水平。

民族地区多渠道筹措义务教育经费取得明显成效。年内，自治区教育厅圆满地完成了世界银行贷款“第二个贫困地区基础教育发展”项目实施前的论证准备工作，为20个贫困旗县义务教育发展项目争取到1740万美元的世界银行无息贷款。在安排这部分经费时，优先考虑了少数民族地区，特别是少数民族人口集中、比例大的地区。

［**调整民族中、高等教育结构**］　为了使民族中、高等教育适应自治区经济建设的能力有较大幅度的提高，对民族中等和高等教育结构进行了调整。(1)将7所民族普通高中改办为职业高中，加大了民族职业技术教育的比重。(2)为了加速培养少数民族工程技术人才和经济管理人才，调整了民族高等教育的科类结构，从内蒙古工业大学、内蒙古财经学院划出一定数量的招生指标，专门招收100多名蒙语授课的高中毕业生，进入大学后使用汉语授课，以期加快工程技术和经济类少数民族人才的培养。从而使民族高等教育的蒙语授课专业由单一的师范类向多科类发展，改善了少数民族高等专业人才的结构。

为了加强对蒙语授课学生的外语教学，内蒙古师范大学附属中学在蒙语授课高中一年级新生中开办了强化外语教学班。经过一年多的教学实践，学生的外语和汉语水平有显著提高，受到家长的好评和社会的关注。

［**民族贫困旗县教育对口支援协作**］　为贯彻落实全国第四次民族教育工作会议精神，加速民族地区贫困旗县教育事业的发展，自治区与北京市建立了教育对口支援协作关系。自治区教育厅和民委根据国家关于开展教育对口协作的有关指示，结合自治区的实际，就如何开展教育对口协作作了具体的安排部署。8月，在呼和浩特召开了“北京内蒙古教育对口协作会议”。会议期间，北京市教育局领导，北京市宣武区等12个区(县)的代表50余人亲临内蒙古自治区与阿鲁科尔沁旗等12个贫困旗县分别挂钩建立了对口协作关系，并根据各自的优势和特点详细协商40多个协作项目。协作项目主要有：培训师资、中小学校长挂职锻炼、交流教育信息、建立姊妹学校关系、代培职业高中生、联合办厂(企业)、让利销售校办企业产品、共同开发资源等。会后，各对口单位派员进行了实地考察论证，进一步落实了协作项目。教育对口支援协作工作的开展，对于加快民族地区贫困旗县教育事业的发展，起到了积极的促进作用。

撰稿　陈　联
审稿　郭厚诚

辽宁省教育

概况

［各级各类教育发展情况］

1993 年各级普通学校基本情况　　单位：人

学校类别	学校数（所）	毕业生数	招生数	在校学生数	教职工数 计	其中专任教师
一、普通高等学校	61	35070	57263	161011	59138	23575
研究生		1455	2192	5457		
本科		19272	25465	90223		
专科		14343	29606	65331		
二、中等专业学校	166	30449	44226	124707	25492	12003
中等技术学校	136	22628	33828	92688	20519	9342
中等师范学校	30	7821	10398	32019	4973	2661
三、普通中学	2433	542163	653170	1911632	186545	135397
高中	387	83059	86867	255936		21273
初中	2046	459104	566303	1655696		114124
四、农业、职业中学	608	50122	60781	155231	21518	13336
高中	533	46920	57051	149487		12932
初中	75	3202	3730	5744		404
五、工读学校	13	343	384	1173	503	284
六、小学	14805	630759	652210	3686796	239700	201664
七、特殊教育学校	76	584	1109	8079	2574	1808
八、幼儿园	8631	608021	642864	1445712	72696	43963

1993年各级成人学校基本情况　单位:人

学校类别	学校数(所)	毕业生数	招生数	在校学生数	教职工数 计	教职工数 其中专任教师
一、成人高等学校	63	29239	44041	109670	12787	5563
广播电视大学	3	6166	10953	25327	2025	899
职工高等学校	51	5125	7639	21285	8177	3524
农民高等学校						
管理干部学院	7	1162	3794	5791	1548	615
教育学院	2	1095	1560	4958	1037	525
独立函授学院						
普通高校举办						
函授部		11432	12239	34212		
夜大学		4127	7667	17798		
干部专修科		132	189	299		
二、成人中等专业学校	251	24033	34094	85438	12315	7253
广播电视中专	12	9439	10524	32737	602	226
干部中专						
职工中专	122	6567	12784	31265	4607	2220
农民中专	24	3375	4369	9967	1018	601
教师进修学校	93	4652	6417	11469	6088	4206
三、成人中学	421	49061	47340	51840	2594	1572
职工中学	166	31514	27097	28145	1669	947
农民中学	255	17547	20243	23695	925	625
四、成人技术培训学校	11625	3430598	3150842	2317395	20224	7431
职工技术培训学校	714	293871	326521	216115	6624	2599
农民技术培训学校	10911	3136727	2824321	2101280	13600	4832
五、成人初等学校	3450	305257	353871	358689	3603	1088
职工初等学校	11	732	914	876	46	20
农民初等学校	3439	304525	352957	357813	3557	1068
其中:扫盲班	1688	32515	29629	32446	2282	524

制表　仉　蕊

[**全省教育工作会议**]　省委、省政府于1993年10月26—28日召开全省教育工作会议。这次会议,是贯彻落实《中国教育改革和发展纲要》,加快辽宁教育改革和发展的一次重要会议。省长岳岐峰代表省委、省政府作了重要报告,省委书记顾金池发表了重要讲话,会上传达了李岚清副总理视察大连教育的重要谈话,进一步拓宽了教育改革的思路。省教委主任卢鸿德对《辽宁省教育改革和发展规划纲要》作了说明,部分市县和高校的同志介绍了经验。与会同志结合当前教育工作面临的困难和问题,分析了形势,明确了任务,增强了信心,对于搞好当前和今后一个时期的教育工作,起到了促进作用。副省长张榕明作了总结讲话。省人大常委会副主任冯友松、省政协副主席高擎洲,各市主管教育工作

的副书记、副市长、省内高校和省直有关部门的负责人参加了会议。国家教委党组成员、专职委员林炎志到会并讲了话。

岳岐峰在报告中指出，党的十一届三中全会以来，特别是《中共中央关于教育体制改革的决定》下发以来，辽宁省教育工作在各级党委、政府的领导下，取得了显著成效，教育事业有了很大的发展。在充分肯定成绩的同时，也要注意到，随着各地经济发展和教育事业的进步，不少方面我们与先进地区的差距在逐渐拉大，尤其是与全省实现“第二次创业”，重振辽宁雄风的战略目标要求相比，不论在人才数量、教育质量、教学内容、教学方法及管理体制、运行机制上都显得不适应。为了解决这些问题，就必须加大教育改革的力度，充分挖掘教育战线的内在潜力；要进一步解放思想，转换脑筋，拓宽思路，增强改革的紧迫感；积极深化教育管理体制改革，保障学校有办学方面的自主权；改革招生和就业制度；改革教育投资体制和调整投资结构，扩大办学资金来源；充分发挥市场在资源配置中的作用，挖掘教育潜力，优化教育结构。必须切实加强对教育工作的领导，保证教育事业的健康发展。要搞好宏观调控，确保教育方针的落实；搞好教师队伍的自身建设；做好新形势下学校的思想政治工作；切实关心教师的生活。

顾金池在讲话中强调，各级领导必须牢牢树立“百年大计，教育为本”的思想，真正把教育放在优先发展的战略地位。各级党政领导必须把它作为贯彻党的十四大精神，建设有中国特色的社会主义的重要内容之一，摆在自己工作的重要位置，增强紧迫感和危机感，从国家和民族的未来着想，高瞻远瞩，真正把教育放在优先发展的战略地位。我们决不能对教育工作说起来重要，做起来次要，忙起来挤掉。各级领导特别是党政主要领导同志应该进一步提高认识，真正做到重视教育、关心教育、研究教育、抓好教育，共同为加速贯彻《纲要》，推动现代化建设而努力。要切实加强新形势下学校党的建设，要用小平同志建设有中国特色的社会主义理论，按照十四大精神武装“一班人”的头脑，统一思想认识，从理论和实践的结合上，认真解决教育战线出现的各种问题；在保持总体稳定的情况下，按照干部队伍建设的四化方针和德才兼备的原则，进一步调整，充实好学校领导班子；加强领导班子思想作风建设，把学校领导班子真正建设成为团结的、有相当战斗力的领导核心。

副省长张榕明作会议总结讲话说，这次会议取得了很大收获，主要表现在：深刻地分析了省情，明确了教育改革和发展的基本思路；增强了教育改革的紧迫感，提高了对教育战略地位的认识，增强了落实《中国教育改革和发展纲要》和《辽宁省教育改革和发展规划纲要》的信心，在贯彻中要处理好当前和长远的关系，立足《纲要》规定的长远目标，脚踏实地地做好当前工作，通过深化改革，解决好当前新形势下教育的突出矛盾和拖欠教师工资、中小学辍学和学校乱收费等突出问题。要采取切实可行的形式、认真学习传达这次会议精神，结合实际，贯彻落实会议精神，明确责任，扎扎实实地做好工作，真抓实干，使教育工作年年都有新进展，保证到本世纪末全面实现《纲要》提出的各项目标和要求，为辽宁“第二次创业”，为我国社会主义现代化建设事业作出新的更大的贡献。

会议期间，出台了辽宁省《〈关于向宾馆、旅店住宿宾客征收教育费附加的规定〉的通知》、《关于提高城市教育费附加征收比例的通知》、《关于从城镇新建住宅中提取2%用于中小学教师住房建设的通知》等文件，支持教育事业的改革和发展。

撰稿　刘大勇

审稿　齐红深

[**制定《辽宁省教育改革和发展纲要》**]《中国教育改革和发展纲要》颁发后，省委、省政府指示省教委认真学习并结合辽宁情况研究贯彻落实的措施。根据省委《九十年代加快辽宁经济发展规划纲要》对教育发展提出的要求，省教委进行了调查研究，重新认识省情，并组织高校和各市教委对辽宁省教育改革和发展思路进行论证。在此基础上起草了《辽宁省教育改革和发展纲要》。省政府 5 月 4 日召开常务会议，认真听取了教委的汇报，原则通过了《纲要》并对修改好《纲要》提出了明确的指示和要求。9 月 4 日省委常委会讨论并原则通过《纲要》，决定在全省教育工作会议上印发讨论，修改后正式下发。

辽宁省《纲要》的指导思想是：(1)认真贯彻十四大精神，坚持辽宁"第二次创业"必须依靠科技和教育，把教育摆在经济和社会发展的重要战略地位，把教育作为基础产业，政府和社会各方面都要增加投入，培养适应辽宁经济发展的人才。(2)改变"国家包办教育"的体制，不断深化教育体制改革，走出一条发展教育的新路子。(3)按照市场经济体制要求，以内涵发展为主，适应辽宁经济发展，主动调整教育结构，合理配置教育资源，提高教育质量和办学效益。(4)区别情况，分类指导，分步实施，从各地实际出发，在各自的基础上加快教育改革和发展。《纲要》的主要内容如下：

关于基础教育：《纲要》确定的发展目标是：到 2000 年全省基本普及九年义务教育，适龄儿童都能按时接受初等教育，城市和经济发达的县初中阶段适龄少年都能入学接受初级中等教育，其它地区初中的入学率达到 80%以上。城市和少数经济发达的县积极普及高中阶段教育。1995 年前占全省人口 65%的地区普及九年义务教育，20 个城市市区基本普及高中阶段教育。为了实现这一目标，提出以下措施：

第一，根据各地的具体情况，坚持分类要求，逐步实现办学条件的标准化。"九五"期间，农村中小学要达到基本合格的标准，有条件的地方可达到规定的标准化标准，城市中小学要达到标准化标准，有条件的争取达到国家规定的示范标准。各市可依据本地区的实际情况，对不同县、乡的学校采用不同的标准，不搞一刀切，既要考虑普及九年义务教育办学的客观需要，又要考虑当地财力和人民群众的承受能力，防止脱离实际不讲实效，盲目追求高标准的做法。

第二，按照精干、稳定的原则，建设好教师队伍。1993 年，全省有中小学教师 34 万多人、民办教师 7 万人。近两年，各市对民办教师初步进行整顿，已精减民办教师 1 万多人。与各级编制部门核定的编制数额相比，全省中小学教职工存在较为严重的超编问题。《纲要》提出要加强中小学的人员编制管理，逐校核定人员编制，在定编、定岗、定任务的前提下，积极推进学校内部管理体制改革，实行教职工全员聘任制和工资总额包干制。减少非教学人员，提高师生比例。通过发展校办产业，调整分流超编人员，大力提高学校的规模效益。同时，师范院校要按需招生，还要改进和加强教师和干部的培训提高工作，逐步实行教师资格证书制度。为了解决拖欠教师工资问题，《纲要》明确提出对拖欠农村公办教师工资的县，实行农村教师工资由县统筹，预算中留足经费，不足时由市资助。要求在 1993 年年底前还清陈欠。

第三，大力推进中小学办学体制改革，改变"国家包办教育"的现状。在坚持三级办学、两级管理的同时，积极鼓励社会力量和公民个人办学，有条件的公办中小学可实行公有民办或公有民助。

第四，调整学校布局，提高办学效益。继续抓好农村小学布局的调整，同时，在偏远、人口稀少地区，采取农村小学隔年招生、组织复式教学等措施,充分利用现有的办学条件和师资。

第五,立足于全面提高教育质量,认真解决辍学问题。要进一步端正教育思想,把单纯的升学教育转到全面提高素质上来,全面贯彻教育方针,面向全体学生,全面提高教育质量。根据实际情况,进一步调整农村中学的教学结构,特别是通过初中分流的措施,增加职业技术教育内容,改革教学方法,减轻学生的课业负担。特别是要采取切实有效的措施,制止中小学乱收费,减轻学生的经济负担。加强《义务教育法》的宣传和行政执法检查,制止个体私营企业雇用童工。

第六,解决基础教育经费不足。(1)城市教育费附加从企业"产、增、营"三税的2%提高到3%,用于普及九年义务教育。省从中提取10%统筹使用,扶持薄弱地区基础教育的发展。(2)各级政府和有关部门要采取优惠政策,支持各级各类学校开展勤工俭学,发展校办产业。免税补充教育经费部分,市、县(区)教育部门可从中提取一定比例用于改善薄弱学校的办学条件。(3)继续从城市住宅建设投资中征收2%的教师住宅建设费附加。(4)提高非义务教育阶段的学杂费标准,并适当调整义务教育阶段的杂费标准。中小学收费具体标准由各市政府根据当地的实际确定。小学杂费每学期由10元提高到20元,初中杂费由18元增加到30元,高中学杂费由24元提高到50元。

关于高等教育:为了适应辽宁第二次创业对高级专门人才的需要,《纲要》确定辽宁高等教育必须坚持优结构、低投入、多产业、高质量的发展方针,突破条块分割的限制,走内涵发展的道路。高校改革与发展的主要措施是:

第一,根据辽宁经济和社会发展需要,优化专业结构,扩大人才培养规模。稳定基础学科,压缩师范专业,积极发展工程技术和其它应用学科,争取到2000年,把师范专业调整到15%,工科增加到30%。同时,注重培养外向型、复合型、应用型人才。逐步扩大研究生的培养。加快发展主要面向第三产业、中小企业、乡镇企业、区街工业和农村需要的专科教育。本、专科生比例由现在的1∶0.5逐步调整到1∶1。

第二,突破条块分割的限制,加强省政府对中央和省、市属高校发展的统筹。(1)挖掘部委院校办学潜力,扩大为辽宁培养急需的人才。充分利用部委院校培养辽宁省急需的机械、电子、冶金、船舶、制药、通信、石化、轻工、建材等专门人才。鼓励部委院校与辽宁省地方政府、行业部门、厂矿企业和地方高校实行联合办学、办分校、扩大自费生招生,引导部委院校为辽宁培养人才和为辽宁经济、科技发展服务。(2)进一步办好市属大学,鼓励各市举办高等职业专科学校。根据市属高校现有条件,各市要采取有效措施,增加投入,并准许面向全省招生。目前各市的职工大学有较大的办学潜力,各市高等职业专科学校和师范专科学校举办的非师范专业,可同有条件的职工大学实行多种形式的联合办学,培养技艺性较强的专门人才。

第三,深化高等教育改革,以改革求发展。(1)改革长期以来由国家包办高等教育的单一的办学体制,充分调动民间办学的积极性,积极探索民办高等教育的路子。(2)在有条件的高校创建按民办学校体制管理的分校,或与国外合作办学,实行"一校两制",推进学校内部转换运行机制,提高教育质量,扩大人才培养规模。(3)进一步扩大高校自主权。推进以人事制度、分配制度为重点的高等学校内部管理体制改革。打破平均主义,调动广大教职工的积极性,转换校内运行机制,提高办学水平和效益。(4)深化招生和毕业生就业制度改革,促进学生努力学习,提高就业的竞争能力。今后将根据学校的培养能力,按照市场供求关系确定招生专业和人才培养规格，继续扩大招收自费生，并把一部分专业由国家任务招生改为自费生。从1993年开始，招收的公费大学生，毕业时实行在国家政策指导下择优录用、不包分配的就业方案。与此同时要逐步完善奖学金、贷学金制度。(5)深化教育教学内容和教学方法的改革，加速培养外向型、复合型、应用型人才，把培养目标落到实处。要大胆吸收和借鉴当今世界先进的教育经验，转变教育思想，拓宽专业面。在教学内容上，充分吸收现代科技和新学科知识，增开应用性课程和实验教学课，努力提高大学生外语及计算机操作水平。

第四，以国家"211工程"为契机，努力办好一批重点学校和重点学科，使高校教育质量上一个新台阶。

第五，关于高教经费问题。(1)为了实现上述目标，"九五"期间，省属高校每年继续投入4,400万元基建费。同时，对"八五"高校基建费使用计划进行调整，以更好地扶持学科建设。(2)对全省城市宾馆、旅店、招待所的旅客征收教育费附加，每人每天1—2元，由各市物价部门征收，用于发展地方高等教育。

关于职业技术教育：为了贯彻落实国务院《关于大力发展职业技术教育的决定》，逐步使城乡新增劳动力都能受到必要的职业技术培训，初步确定全省职业技术教育发展的目标是：1995年，职业高中、中专、技工学校招生13万人左右；2000年达到23万人左右，城市中等职业技术教育在校生与普通高中生比例逐步达到7∶3。为了实现到本世纪末基本普及九年义务教育和在城市及经济发达的县镇基本普及高中阶段教育的目标，必须大力发展职业技术教育。《纲要》提出以下措施：

第一，加强政府对职业技术教育的统筹。针对全省职业技术学校多家管理，政策不一，力量分散，学校规模产益低的情况，决定现有的各类职业技术学校投资渠道和所有权不变，扩大市县政府对中等职业技术教育的统筹权。市县政府要统筹制订与当地产业结构相配套的职业技术教育发展规划，同时，制定优惠政策和措施，保证职业技术教育持续发展，使其与经济发展相适应。扩大学校的规模，改变计划经济模式下的中专包分配、包当干部，技校包分配制度，毕业生实行学历证书和技术等级证书双证书制度，进入人才市场，平等竞争，择优录用。提倡企业、部门联合办学，提倡学校面向劳动市场，有偿为社会培养职业技术人才。

第二，职业技术教育要以行业、企业办学为主，大中型企业要自办或联办职业技术学校，面向本企业和社会招生。中小企事业单位，采取由行业联合办学或与教育部门合办。目前，企业办学出现下滑趋势，地方政府应当采取措施予以制止，不准企业将学校改作他用。

第三，各类职业技术学校要走校企合作、厂校一体的办学路子。积极增加创收能力，要向经济半自给、自给的方向努力，既出人才，又创产值。

第四，增加对职业技术教育的投入。(1)省财政每年的875万元中专基建补助费，"九五"期间继续投资，主要用于省属重点学校的建设。省与国家拨给辽宁的职业技术教育专项资金匹配的专款(每年150万元)，视财政情况适当增加。(2)鼓励职业技术学校发展校办产业增强学校的自我发展、自我完善能力。同时，金融部门要尽力提供低息贷款，扶持职业技术学校走校企一体、产教结合的办学路子。贷款贴息可由县区教育部门从留给校办产业的免税部分提取。

关于成人教育：按照《中国教育改革和发展纲要》的要求，九十年代要适应经济建设、社会发展和从业人员的实际需要，积极发展成人教育。1995年全省成人高、中等学历教育在校生要分别达到10万和11万人左右，到本世纪末分别达到12万和15万人左右。每年通过各种形式受到岗位培训和继续教育的人员达到从业人员的50%以上。

要本着“学用结合，按需施教，注重实效”的原则发展成人教育，把岗位培训和继续教育作为重点，并从政策、制度上保证其实施，逐步实行岗位合格证书制度。农村成人教育，要着力全面提高农村从业人员的素质，巩固扫盲成果，开展实用技术培训，逐步建立和完善农民技术资格证书(绿色证书)制度。实行农科教结合，为科教兴农服务。

加强党和政府对教育工作的领导:《纲要》提出，各级党委和政府要重视教育改革和教育事业发展。为了落实教育的战略地位，各级党委和政府的主要领导要亲自抓教育，及时解决制约教育发展的重大问题。不断增加各级政府财政预算内教育经费的投入，是落实教育优先发展战略地位的根本措施。按照《中国教育改革和发展纲要》的规定，“地方政府教育拨款的增长要高于财政经常性收入的增长，并使按在校学生人数平均的教育费用逐步增长，切实保证教师工资和人均公用经费逐年有所增长。”“要提高各级财政支出中教育经费所占的比例”。今后各级财政要切实做到教育经费的“三个增长”。全省事业费占财政总支出比例近几年为13%左右，今后几年逐步提高到15%左右。各市县也要相应提高这个比例。在各级政府增加对教育投入的同时，各市可根据本地经济状况和群众的承受能力，制订其它多渠道筹措教育经费的办法和措施。省制定的增加教育经费的各项政策实施后，不得抵拨财政预算内的教育经费，不准减少对教师住宅的投资。实施九年义务教育和扫除青壮年文盲，要实行政府任期目标责任制，把教育工作作为政府考绩的一项重要内容。要加强对下级政府教育工作的督导检查。要加强党对学校的领导，坚持社会主义办学方向。各级党委要加强学校的党组织建设和思想建设，重视学校的德育工作。坚持用马列主义、毛泽东思想和建设有中国特色的社会主义理论教育学生，培养德智体全面发展的社会主义建设者和接班人。要根据各级各类学校学生的特点，确定德育的内容，重视对学生进行中国优秀文化传统教育，树立民族自尊心和自豪感。认真抓好德育队伍建设，建立健全学校、家庭、社会三结合的教育渠道。

撰稿　刘劲姿

审稿　齐红深

[**教育年度工作方针**]　省教委经过认真的调查研究，确定1993年全省各级各类教育发展年度方针的指导思想是：认真贯彻党的十四大精神和省委、省政府确定的科教兴辽的战略方针，以建设有中国特色的社会主义理论为指导，从改革开放和经济建设的实际出发，深化教育改革，加快教育发展，优化教育结构，提高教育质量，更好地为经济建设和社会发展服务。

基础教育要深入贯彻《义务教育法》，积极推进九年义务教育的实施。从全省各地实际出发，调整“普九”规划，加强分类指导；对全省普及九年义务教育工作进行整体检查验收。制定《关于加强基础教育改革与发展的若干政策和措施》，进一步完善分级负责的管理体制，扩大市县政府对基础教育的统筹权和决策权。抓好小学、初中起始年级使用《课程方案》和九年义务教育教材工作，加强教学内容和教学方法的改革。继续采取多渠道筹集教育经费的办法，努力增加教育投入，重点解决拖欠教师工资和损害教师利益的问题。筹备召开辽宁省多渠道筹措教育经费、改革办学条件现场会，颁布《辽宁省中小学办学设施标准》。落实省政府《关于进一步加快发展中小学校办产业的通知》，大力发展校办产业和勤工俭学，总结推广校办产业发展的成功经验。加强和改进中小学德育工作，重视行为规范的养成教育。

职业技术教育要贯彻落实国务院《关于大力发展职业技术教育的决定》，修改《辽宁省职业技术教育条例》，制订《关于大力发展职业技术教育的若干政策和措施》。进一步推广校企合作、联合办学的经验，鼓励学校走产教结合的路子。加强职业技术教育骨干学校的规范化、标准化建设，对申报的省重点职高进行评估。做好省部级和全国重点中专的评选工作。大力发展农村职业技术教育，发挥典型学校的示范作用，积极进行县级中等职业教育统筹试点，提高办学效益。深化农村教育综合改革，落实"点上深化、面上扩展"的要求，扩大2—3个实验县。推进"燎原计划"示范乡达标工作，将示范乡镇扩展到150个，筹备召开农村教育综合改革实验县(区)工作会议。

成人教育要进一步调整成人高、中等学校的布局和专业设置，优化教育结构，加强成人高中等学历教育的宏观指导，总结成人高校教育评估的试点工作。积极支持与正确引导社会力量办学，制定《辽宁省社会力量办学管理条例》，理顺管理体制，建立教学管理和评估检查制度，切实提高办学质量。扫盲工作要对实现高标准扫盲的单位进行验收，总结残疾人扫盲试点工作。加强乡镇农民文化技术学校建设，广泛开展农民实用技术培训和乡镇企业职工培训。大力开展职工岗位培训，制定《辽宁省职工教育条例》，实现岗位培训制度化。

高等教育要根据《辽宁经济发展规划纲要》进一步修订高等教育发展规划，扩大办学规模，提高规模效益。调整省、市属高校的专业结构，成立辽宁省地方普通高等学校专业设置评议委员会，制定《地方普通高等学校专业设置暂行规定》。扩大高校办学自主权，进一步改革招生、收费和毕业生就业制度。加强对部委属高校的统筹协调工作，搞好部委高校与地方联合办学。努力深化教学改革，加强重点学科建设、研究制订重点学科建设规划。加强全省高校科技工作的宏观管理，进一步完善科研立项制度，开辟科技贷款渠道，落实高校科技开发基金。面向经济建设主战场发展高校科技产业。加强和改进高校思想政治工作，严格学生管理。加强外事和留学生工作，进一步扩大高校的对外交流。

在师范教育和教师队伍建设方面，要根据普及九年义务教育的需要和全省中小学教师队伍的现状，制订2000年前的师资需求和培训计划，调整高师、中师的专业布局。提高师范生源质量，改革师专招生制度，试办五年制师专。加快师专、中师的标准化建设，重视师范教育教学改革，加强教育教学基本功的训练。提高中小学教师素质，开展提高教学能力的各种培训。全面开展小学教师的继续教育，以初中教师"三沟通"学历培训为重点，进行教师学历达标后继续教育的试点。加快中小学内部管理体制改革，推广沈阳、鞍山两市实行内部管理体制改革的经验，在定编、定岗、定任务的基础上，推行校长负责制、教职工聘任制和工资总额包干制，加强高校教师队伍建设，加速中青年骨干教师和学科带头人的培养。制定《九十年代辽宁省师资队伍建设规划》，筹建高校教师数据库，组织实施高、中等专业学校、中小学教师专业技术职务评聘转入经常化工作。

撰稿　刘大勇
审稿　齐红深

基础教育

[**概述**]1993年,全省小学学龄儿童入学率为99.18%,比上年提高0.23个百分点;农村学龄儿童入学率为98.72%,比上年提高0.28个百分点。全省小学巩固率为98.36%,毕业生升学率为89.78%。全省初中学龄人口入学率为91.88%,比上年提高4.94个百分点,农村学龄人口入学率为86.83%,比上年提高5.71个百分点。初中毕业生升入普通高中和职业高中的人数占31.35%。

1993年,中小学考试成绩平均及格率,高中为93.8%、初中为86.62%、小学为98.23%,分别比上年提高5.3、4.7、10.3个百分点。全科及格率也有较大提高,高中由上年的76.2%提高到81.75%,初中由64.2%提高到66.81%,小学由93.7%提高到95.13%。

中小学教师学历达标率进一步提高。高中教师学历达标率为62.76%,比上年提高2.56个百分点;初中教师学历达标率为62.95%,比上年提高5.35个百分点;小学教师学历达标率为93.6%,比上年提高1.9个百分点。1993年全省中小学教师与学生的比例,高中为1∶12.03,初中为1∶14.51,小学为1∶18.28。

[**义务教育**] 《义务教育法》颁布以来,辽宁省委、省政府坚持不懈地把义务教育作为推进全省各级各类教育事业全面发展,推进经济建设和社会发展的奠基工程和根本大计来抓,尽可能地加大投入,确保义务教育按规划有步骤地推进。辽宁省在充分调查和论证的基础上,规划分四批于1993年、1996年、2000年分别在覆盖全省人口40%、30%、20%的地区实现九年义务教育,其余10%人口地区在2000年后实现九年制义务教育(即:“四三二一计划”)。经过几年的艰苦努力,目前全省已有70%的人口地区实施初中阶段义务教育,有40%的地区进入验收阶段。

为推进九年义务教育,1993年采取的主要措施:

保证财政主渠道对教育投入的增长,要求各市县按照《义务教育法》的要求实现“两个增长”,教育经费预算不留缺口。1993年辽宁省在财力非常困难的情况下,努力增加教育投入,财政预算内教育经费支出达22.03亿元,比上年增加2.23亿元,增长11.2%。预算内教育经费近五年平均增长6%,同时积极改革和完善教育投资体制,多渠道筹集教育经费。省政府决定城市教育费附加从按产、增、营三税的2%调为3%,省从各市提取10%用于扶持薄弱地区基础教育的发展;适当提高非义务教育阶段的学杂费标准和义务教育阶段的杂费标准,继续从城市住宅建设投资中征收2%的教师住宅建设费附加。发展校办企业,实行税不进校,增加补充教育经费的比例。1993年全省中小学勤工俭学收入达6亿元。

在办学条件上,根据各地的具体情况,坚持分类要求,逐步实现办学条件的标准化。不搞一刀切,防止脱离实际不讲实效、盲目追求高标准的做法，校舍危房率由 1987 年的 4.7%下降到 1%左右。

针对农村小学布点过密、规模过小、质量偏低的问题，坚持统筹规划、合理布局的原则，调整了农村小学的布局。1993 年已合并农村小学 626 所，减少平行班 1635 个，精简公办教师 574 名、民办教师 8343 人。通过调整小学布局，提高了办学效益，减轻了农民负担。

[**解决拖欠农村公办教师工资问题**]辽宁省从 1988 年开始出现拖欠教师工资问题，到 1993 年上半年，涉及 14 个市的 37 个县。为解决拖欠公办教师工资问题，1993 年省政府先后 5 次下发文件催办兑现事宜。省政府决定：凡拖欠教师工资的地方，停止非生产性基本建设，不准购买小轿车。省教委、省财政厅成立专门小组，负责了解、监督“清欠”情况。经多方努力，到 1993 年底，全省拖欠的 8200 万元工资全部兑现。为防止发生新欠，省政府决定，拖欠教师工资的县，教师工资实行县统筹；年初财政预算中，教师工资不得留缺口。

[**制止中小学生辍学**] 从 1993 年春季开始，辽宁省出现了一个农村中小学学生辍学高峰。1992 至 1993 学年度，全省小学辍学率为 1.87%，比上学年增加 0.5 个百分点；初中辍学率为 8.69%，比上学年增加 3.77 个百分点，有些乡镇初中辍学率高达 20%。对学生辍学问题，省政府极为重视，省教委组织 10 个调查组，对全省 14 个市进行了调查摸底，同时指导基层研究解决学生辍学问题的办法。省政府于 1993 年 6 月下旬下发了《关于制止中小学生辍学的通知》紧急电报，要求各地必须采取措施制止中小学生辍学继续发生，并做好辍学学生的返校工作；认真贯彻执行《义务教育法》，落实政府、社会各界、家庭和学校在实施义务教育中应尽的责任和义务；认真贯彻执行国务院关于禁止使用童工的规定，对违反规定使用童工的单位和个人要依法处理。1993 年 8 月初，省政府召开了制止学生辍学的紧急工作会议，10 月末，在全省教育工作会议上，主管教育的张榕明副省长要求各地针对辍学原因采取坚决措施，制止学生辍学。按照省政府要求，各级政府、教育行政部门和学校把控制辍学作为重要工作来抓，加强了《义务教育法》的宣传，设立了人民助学金，资助贫困学生。特别是深化教学改革，在农村中小学加大职业技术教育因素，发展农村初级中等职业教育，使学生学有兴趣，学有所得，学有所用，全省现有初级职业技术班的农村初中达 400 余所，已有毕业生 1 万多人。经多方努力，全省辍学率明显下降。

[**制止中小学乱收费**] 省教委颁发了《关于坚决制止中小学乱收费的规定》，并组织力量对全省中小学收费进行了三次大规模的清理和检查。利用各种新闻媒介向全社会公布合法的收费项目和标准，纠正处理 667 起乱收费事件，退回不合理收费 652 万元。特别是中央部署反腐败斗争以来，省教委采取了坚决措施，加强对学校的收费管理，强调收费立项权在省，标准由各市定。会同省直有关部门，对收费项目进行清理，强化了对学校收费的检查、监督，整顿了教育书刊的发行秩序，使中小学乱收费问题初步得到制止。

[**“两基”评估验收**] 1993 年，按照国家教委关于对基本普及九年义务教育和基本扫除文盲（简称“两基”）进行评估验收的要求，省教委组织力量，对沈阳、大连、鞍山、丹东、锦州、辽阳、盘锦等市及所辖县市（区）进行了评估验收，有 26 个县（市、区）经验收合格。

全省对“两基”评估验收工作十分重视。国家教委“两基”评估验收培训会议后，省教委专门召开主任办公会议，研究贯彻落实的措施。主管教育的张榕明副省长提出“两基”评估验收是政府行为，要坚持标准，实事求是，从实际出发，量力而行，重在推动“两基”工作的发展。省政府办公厅发出通知，要求各级政府，以评估验收为契机，把“两基”工作抓紧、抓实、抓好。省教委根据国家教委的要求，研究制订了全省“两基”评估验收的实施办法。在确定验收标准时，除坚持国家规定的项目和已经量化的标准外，针对全省实际增加了“取消二部制上课，班级名额符合省规定标准”、“民办教师报酬合理、及时兑现。公办教师工资(包括补助工资、奖金)及时发放、不拖欠”以及执法方面的要求。各县(区)都组织了自查小组，逐个乡(镇)逐所学校进行检查，边查边改，不断完善办学条件，优化育人环境，强化学校内部管理。据不完全统计，上述26个县(区)在自查过程中，为了补齐缺项，新增投入近一亿元。在1993年的省级评估验收工作中，一是坚持标准，严格申报条件。全省100个县(区)中原拟申报的县(区)达35个，省教委在提前摸底，与有关市、县(区)反复协商的基础上，最后确定26个正式申报的县区。二是先行试点、培训队伍、摸索经验。1993年5月中旬，省教委选择城乡兼有的大连旅顺口区进行评估验收试点，对该区的城区和9个乡(镇)全部进行了检查。通过实地检查，进一步研究，明确了检查的重点和方法，统一了对相关档案资料的要求。三是省长带队、分批进行。对其余25个县(区)，于1993年10月中旬到11月末，分三批进行评估验收。均由主管省长亲自带队，省政府办公厅、省人大教科文卫委办、省政协文教体卫委和省教委领导参加。为了发挥以点带面的示范作用，还要求各市教委主任和督学室主任参加，引起各地对这项工作的高度重视，规范检查要求。共抽查78个乡(镇)、15个街道、456所中小学、19所特殊教育学校，58所乡(镇)、村农民文化技术学校，对143名脱盲学员进行了抽考。省教委对每个被评县(区)均写出了评估验收报告，每县(区)一卷，建立了专项档案。

上述26个县(区)“两基”工作经验归纳起来，主要有以下几个方面：(1)主要领导重视，政府自觉执法。这些县(区)的党政主要领导都十分重视教育工作。大连市和所属县(区)的党政一把手每年都亲自主持召开下级党政一把手参加的教育工作会议，研究解决教育上的重大问题。这些县(区)为了把教育工作抓实、抓出成效，不仅抓规划、政策等方面的宏观决策，而且建立领导责任制、建立领导联系学校的制度，组织政府各个部门和大的企事业单位同学校“共建”，对口帮助学校。增强了整个社会的教育意识，帮助学校解决了许多实际困难。这些县(区)都普遍地开展了《义务教育法》和《国务院扫盲条例》的学习宣传活动，每个时期都有针对性地解决一两个突出问题。许多县(区)和乡(镇)都制订了保证入学、防止辍学、增加投入、提高教师待遇等方面的地方法规和乡规民约，明确了政策，也明确了学校、家长、学生各自的法律责任和义务。(2)努力增加投入，改善办学条件。上述26个县(区)政府努力增加教育投入。沈阳市采取政府审定，人大通过、财政下达“建议数”，督学督查落实的办法，切实保证不断增加教育投入。这26个县(区)主渠道的投入平均占教育经费的65%。同时，各市和县(区)都重视制定和落实多渠道筹措教育经费的各项政策。据统计，仅1992年，26个县(区)多渠道集资用于改善办学条件的经费达2.47亿元。几年来，由于投入的不断增加，这26个县(区)的办学条件发生了根本的变化。校舍、专用教室、仪器设备和图书资料等，总体上都达到了规定的基本标准。有一部分学校还达到了更高的标准。沈阳市皇姑区原有小学校舍半数以上是“小平房、泥土地、单层窗、没暖气”，近半数的小学搞二部制。1986

年以来，在持续七年的入学高峰中，投资6891万元，新翻扩建42所中小学，近14万平方米，不仅消灭了危房，取消了二部制，实现了中小学(69所)校舍全部楼房化、暖气化，内部设施也基本达到了标准。沈阳市和平区90%以上的中小学实现了办学条件标准化。大连市甘井子区基本实现了中小学的办学条件标准化。沈阳、大连、丹东、辽阳等市还把扩大校园占地面积纳入城区改造的总体规划，尽力扩大了一批中小学的占地面积。(3)抓队伍建设，提高管理和教学能力。为了确保义务教育的质量，26个县(区)都紧紧抓住了校长和教师队伍建设这个关键问题。地处黄海的大连市长海县，利用优惠政策，采取定向培养、委托代培、接受外地改派的高师毕业生、招聘外地教师等办法，解决了教师数量不足的问题。通过职前培训和在职进修，26个县(区)教师的学历合格率提高很快，初中教师达82.8%，小学教师达96.9%。各县(区)还通过各级教学科研活动、新老教师结对子、大练教学基本功、评选优秀课等途径，提高了教师的素质和教学能力。各地都涌现出一批青年骨干教师，基本上解决了骨干教师青黄不接的矛盾。这些县(区)还普遍加强了师德教育，注意提高教师待遇，解决教师住房困难。大连市在市中心兴建13万平方米的教师大厦群，连同其它在建的教师住宅共24万平方米；新民市新建教师新村，城镇教师住宅面积达人均12平方米，大大超过居民平均住房面积。在干部队伍建设方面，各县(区)都陆续从符合条件的骨干教师中提拔了一批中青年干部，并且尽量做到先培训后上岗。各县对岗位培训都很重视，初中、小学校长的培训合格率达98.7%。(4)全面贯彻教育方针，努力提高教育质量。26个县(区)的共同特点是，认真贯彻义务教育的宗旨，不断端正办学思想，努力实行从应试教育到素质教育的转变。广泛开展了教育思想、教学内容和教学方法、手段的改革，全面加强德智体美劳等方面的基本建设，涌现了一批各有特色的整体改革和单项改革的好典型。在德育方面都认真地落实国家有关中小学德育工作的法规文件，突出强化了国情教育和行为规范的养成教育，中小学生犯罪率下降，行为规范合格率达到98.8%和99.6%。

撰稿　刘劲姿
审稿　齐红深

职业技术教育

[**概述**]　1993年，全省中等职业技术教育从辽宁经济建设和社会发展的实际出发，坚持“调整提高、积极发展、典型示范、精心指导”的工作方针，促进职业技术教育的改革和发展。省教委在调查研究的基础上，修改制订了《辽宁省职业技术教育条例》报送省政府法制办审定；为主动适应经济体制改革的需要，进一步改善和理顺职业技术教育的领导体制和办学体制，制订了《辽宁省大力发展职业技术教育若干政策的意见(送审稿)》和《辽宁省关于加快中等技术教育改革与发展的意见(讨论稿)》。

[**职业学校规范化建设**]　以开展中专评

估为契机，加强对中专学校的宏观管理。1993年对54所普通中专学校进行了办学水平评估，并在此基础上批准35所中专学校为省部级重点中专学校，同时完成了推荐国家级重点中专学校的工作。继续开展对职业高中的评估检查工作。为了实现“八五”期间全省建成100所重点职高的规划目标，对全省申报省级重点职高的17所学校进行了评估。通过对中专、职高的评估，有力地推动了学校改善办学条件，提高了办学水平。1993年，进一步深化职业技术教育改革。大力推广校企合一，联合办学，发展校办产业的经验。召开了座谈会，树立了一批典型，引导学校充分利用人才、设备、专业优势，增强自我完善、自我发展的能力，积极为经济建设服务，收到了良好的效果。

1993年，加强和改进了学校德育工作。在中专学校中，通过开展评选表彰三好学生、优秀学生干部、先进集体的活动，促进了学生德智体全面发展。在职业高中开展了“校风、校纪、校容、校貌”评比活动，评选出沈阳第一服务学校等91所学校为先进学校。

[**师资队伍建设**] 为了解决职业高中专业师资不足，学历、业务水平偏低，来源不稳定等问题，1993年继续在部分高等学校设职教师资班，对口招收职业高中应届优秀毕业生。并在丹东师范专科学校等7所高校的8个专业招收10个班的350名学生充实农村职业高中的专业课教师队伍。

[**教材建设**] 省教委成立了辽宁省职业技术教育教学用书审定委员会，颁发了《辽宁省职业技术学校用书审定章程》、《审定标准》、《送审办法》等5个文件，共审定9个专业的43本教材，计70.5万字，使职业技术教育的教材建设走上了正轨。

撰稿　刘大勇

审稿　齐红深

高等教育

[**概述**] 1993年，辽宁省有普通高等学校61所，包括中央部委属25所，省属18所，市属18所。其中综合大学3所，理工院校21所，农业院校3所，医药院校6所，师范院校14所，语言院校1所，财经院校4所，政法院校2所，体育院校1所，艺术院校2所，短期职业大学4所。全省高校专任教师中有教授1566人，副教授6116人，讲师9483人，助教5419人。1993年全省高校招生数比1992年增加11%，自费生占招生总数的30%，在办学层次上，重点发展了适应性强、社会急需的专科教育。1993年省内地方高校新增166个专业点，扩大了全省急需的工科及其它应用学科的招生规模。

[**教育改革**] 1993年，根据辽宁经济和社会发展需要，优化专业结构，扩大人才培养规模。36所地方院校在校生中，工科占17%，农科占2%，医科占15%，师范占40%，文科占4%，理科占3%，财经占16%，政法占1%，艺术占2%。针对工程技术和其它应用学科比例过低，师范比例过高的情况，1993

年采取稳定基础学科，压缩师范专业，积极发展工程技术和其它应用学科。同时，注重培养外向型、复合型、应用型人才，加快发展主要面向第三产业、中小企业、乡镇企业、区街工业和农村需要的专科教育。

突破条块分割的限制，加强省政府对中央和省、市属高校发展的统筹。针对全省学校办学分散，缺乏统一规划，没有形成整体优势的情况，辽宁省充分根据全省地方院校工科及其它应用学科薄弱，有些专业是空白，新建专业耗资过大而且不可能近期见效益的实际情况，充分挖掘部委院校办学潜力，扩大为辽宁培养急需的人才。利用部委院校培养急需的机械、电子、冶金、船舶、制药、通信、石化、轻工、建材等专门人才。同时，在有条件的高校创建按民办学校体制管理的分校，或与国外合作办学，实行“一校两制”，推进学校内部转换运行机制，提高教育质量，扩大人才培养规模。辽宁省已初步形成东北大学、沈阳工业大学、沈阳农业大学一校两制、联合办学等三种为地方培养人才的办学模式，进一步调动了中央部委院校与地方政府、行业部门、厂矿企业和地方高校联合办学的积极性。

[**高校科研为经济建设服务**] 1993 年，高校科研参与经济建设领域不断扩大，方式日益多样化。许多高校瞄准科技未来发展趋势，积极参与高新技术开发，承担国家和省的重大科技项目。1993 年全省高校承担国家级科研项目 426 项，省级科研项目 1946 项。获得国家级奖励 12 项，省级奖励 157 项。

撰稿　刘劲姿
审稿　齐红深

成人教育

[**扫盲工作**] 1993 年，全省扫盲工作在巩固提高的基础上，对基本实现扫除文盲工作的县(区)进行了评估验收。省教委根据国家教委的要求，并结合省情实际，制定了评估验收的实施办法。本着“严要求，高标准”的原则，规定了“青壮年扫盲年龄段为 1944 年 9 月 1 日后出生且年满 15 周岁以上的人口”。还规定了“文盲、半文盲中失去学习条件者系指极重度弱智和多重残疾者。对失去学习条件者的认定需凭县(市、区)医院或乡(镇)医院的诊断证明。”各市、(县、区)及乡镇在进行自查过程中，开展了对国务院扫盲《条例》的学习宣传活动，认真落实扫盲经费，并逐级将任务分解，建立包干扫盲责任制。在各市自查的基础上，省政府办公厅、省人大教科文卫委、省政协文教体卫委和省教委于 10 至 11 月对沈阳、大连、鞍山、盘锦、辽阳、营口、朝阳等市的 26 个县(区)的扫盲工作进行了评估验收，共抽查 78 个乡(镇)、15 个街道、58 所乡(镇)、村农民文化技术学校，对 143 名脱盲学员进行了抽考。经评估验收，受检的 26 个县(区)均达到基本扫除青壮年文盲的标准，其中 16 个城区的非文盲率达 99.8%，10 个县(郊区)的非文盲率达 99.6%。通过评估验收也推动了全省扫盲工作的开展。1993 年，全省 15 至 45 周岁人口中非文盲率继续保持在 98.5%以上。

［**农村文化技术学校建设**］ 1993年，全省共有农民技术培训学校10911所，其中县办320所、乡(镇)办883所、村办9708所。农民技术培训学校在办学过程中，广泛开展以推广实用技术为主的岗位培训，同时注意围绕市场选择致富项目，围绕项目兴办实体，围绕实体开展培训，全年共培训农民500万人次，推广实用技术1600多项。全省乡镇和村农民文化技术学校办学面分别达到了92%和76%。

［**农村教育综合改革**］ 1993年，全省农村教育综合改革有步骤地向贫困地区推进。省教委与省委、省政府贫困地区经济开发领导小组、省财政厅联合发出通知，对大力改革与发展贫困地区教育，促进经济开发，加快脱贫致富步伐作出了具体部署。全省贫困地区之一的朝阳、喀佐县被批准为省级农村教育综合改革实验县，丹东市被国家教委确定为全国农村教育综合改革市一级实验区。

为推进“燎原计划”的实施，积极发展燎原广播电视教育。1993年，全省有12个市、31个县(区)成立了燎原广播电视学校，多数乡(镇)办起了燎原学校教学班，初步形成了以省燎原学校为中心的省、市、县、乡四级燎原电视教育网络。燎原学校的教学内容由面向种植、养殖业向乡镇企业扩展；学校也由单纯的教育实体向经济服务实体发展，仅省燎原广播电视学校就已向全省提供609项农村实用技术录像节目。

［**职工教育**］ 1993年，为适应社会主义市场经济发展的需要，全省职工教育已有了新发展。一是职工教育已经转到了以岗位培训为重点的轨道上来。全省参加岗位培训的职工已达250.3万人，参加学历教育的有18.4万人，两者之比为13.9∶1。岗位培训的基础工作不断完善，全省各行业和企业单位共制订岗位规范26404种，编写教学计划和大纲611种，编印教材15433种，建立岗位技能培训基地165万平方米。二是通过多种渠道、多种形式开展继续教育，特别是注意加强了对高层次技术和管理人员的培训，取得了显著成果。三是培养适应市场经济急需的人才，开辟新的培训领域。其主要内容包括：市场经济和关贸总协定的有关知识培训；与国际接轨的新会计制度的培训；房地产、股份、期货等新的业务知识培训；外经、外贸、外语、金融等涉外人员的培训；高层次管理人员和复合型人才的培训；为打入国际国内市场，有关提高产品质量方面的培训等等。这种针对性强、见效快的培训已成为当前职工教育的热点，深受企业和职工的欢迎，同时也增添了职工教育的活力，显示了它在经济建设中直接、有效的作用。

全省职工教育逐步走向制度化、规范化。一是建立了先培训后就业、先培训后上岗的制度；二是建立了职工教育检查评估制度；三是一些企业实行了“三纳入”制度，即把职工教育纳入厂长(经理)任期目标责任制，纳入租赁、承包合同，纳入评先选优条件；四是试行“三资格”(即办学单位、培训和教师资格)审定制度。

［**成人高、中等教育**］ 从辽宁省“第二次创业”对人才需求出发，1993年，调整了成人高等学校布局和专业设置，新增专业59个，提出了成人中专布局调整的初步意见，并配合有关部门，分别对全省电视中专和省工商银行系统职工中专进行了调整。继续举办优秀中青年干部预科班。1992年免试进入预科班的72名优秀中青年干部和劳动模范，经过一年的学习，全部通过了结业考试，被直接推荐到成人高等学校学习。这一措施为优秀中青年提高理论和专业知识水平创造了良好的条件，受到了企事业单位的欢迎。1993年又

有46名学员进入省职工大学预科学校学习。

为适应一些具有大专以上学历的人才转换岗位的需要，在全省43所成人高等学校开办第二专业教育，实行免试入学，共招生7500余人。

试办民办高等学校。省教委制订了《民办高等学校管理办法》，经审批全省共筹建44所民办高等学校。

继续试行成人高等教育《专业证书》制度。全省共有34个厅、局委托32所学校举办专业证书班，开办专业46个，招生4727人。这是自1989年全省整顿专业证书教育以来的第一次招生。

1993年，省教委采取积极措施，加强对成人高等学校的管理，促进教育质量的提高，(1)在试点总结经验的基础上，制订了《辽宁省职工高等学校办学水平评估指标体系》；(2)加强了德育工作，印发了《关于进一步加强成人高(中)等学校学生思想品德教育的几点意见》，编写了思想品德课教学大纲，组织有关人员对成人高(中)等学校思想品德课教学情况进行了检查；(3)对全省的函授站进行清理整顿；(4)举办成人教育干部培训班，对各市和大企业的成人教育干部进行了培训，促进了管理水平的提高；(5)对4万余名成人高(中)等学校在校生进行了抽查考试，对13548名成人高等学校毕业生和6750名成人中专毕业生进行了毕业证书验印。

撰稿　马　莹
审稿　齐红深

吉林省教育

概　况

［各级各类教育发展情况］

1993 年各级普通学校基本情况

单位：人

学校类别	学校数（所）	毕业生数	招生数	在校学生数	教职工数 计	教职工数 其中专任教师
一、普通高等学校	42	21102	32482	90731	38701	14864
研究生		1143	1845	4470	2173	
本　科		10798	13535	50608		
专　科		9161	17102	35653		
二、中等专业学校	119	22707	34300	86001	17621	8047
中等技术学校	96	16502	26560	63610	14546	6490
中等师范学校	23	6205	7740	22391	3075	1557
三、普通中学	1888	374490	451111	1294562	119598	87622
高　中	304	57154	59318	166959		15114
初　中	1584	317336	391793	1127603		72508
四、农业、职业中学	317	54550	66223	148986	14723	9480
高　中	284	41852	48377	109570		7750
初　中	33	12698	17846	39416		1730
五、工读学校	5	124	76	172	148	63
六、小　学	10572	443285	462950	2573496	178245	147678
七、特殊教育学校	40	507	1021	8005	1685	1126
八、幼　儿　园	1971	323557	326442	488659	32262	

1993年各级成人学校基本情况

单位：人

学校类别	学校数（所）	毕业生数	招生数	在校学生数	教职工数 计	教职工数 其中专任教师
一、成人高等学校	46	15883	26550	62429	6482	3089
广播电视大学	2	1945	5427	10892	868	400
职工高等学校	27	3109	4123	11555	2259	1105
农民高等学校	4	109	178	299	260	127
管理干部学院	6	763	2388	3543	1823	602
教育学院	7	875	529	1284	1272	855
独立函授学院						
普通高校举办						
函授部		7941	12206	30606		
夜大学		1074	1514	3863		
干部专修科		67	185	387		
二、成人中等专业学校	150	7742	13581	30371	8760	4933
广播电视中专	2	1677	2121	4881	26	19
干部中专	5	241	307	565	226	101
职工中专	66	4814	8995	19287	3672	1897
农民中专	11	970	1208	2992	426	217
教师进修学校	66	40	950	2646	4410	2699
三、成人中学	175	7024	10237	10744	684	483
职工中学	55	3859	4656	4992	372	255
农民中学	120	3165	5581	5752	312	228
四、成人技术培训学校	8331	1599189	1501952	1152509	14051	6120
职工技术培训学校	414	294475	233203	266145	4040	2380
农民技术培训学校	7917	1304714	1268749	886364	10011	3740
五、成人初等学校	6845	277821	151619	89935	3968	1425
职工初等学校	60	7632	6106	6436	117	64
农民初等学校	6785	270189	145513	83499	3851	1361
其中：扫盲班	2257	226099	72535	33381	3157	973

制表　王起山　马丽江

说明：1993年全省成人中等专业学校尚有函授中专2所，毕业生2641人，招生1448人，在校生6672人，教职工625人，其中专任教师315人。

［贯彻实施《纲要》］　《中国教育改革和发展纲要》颁布后，省委、省政府对贯彻《纲

要》极为重视，省委书记何竹康、省长高严听取省教委工作汇报，提出工作要求。省教委按照省委、省政府的要求，把贯彻实施《纲要》作为全年的中心任务，制订计划，全力抓好落实。省教委成立了专门的研讨小组，用五个月时间对全省教育改革和发展的若干重大问题进行广泛调查和论证，从本省实际出发提出了贯彻《纲要》的具体意见，经省政府常务会议原则通过和省委常委会议讨论审定，形成《中共吉林省委、吉林省人民政府关于实施〈中国教育改革和发展纲要〉的若干意见》，下发执行。在吉林省第六次党代会上提出了“科教兴省”的战略，把教育摆在全省经济发展的重要地位。会后，省委、省政府主要领导深入高校和有关部门调查研究，认为落实“科教兴省”战略最重要的是要尊重知识、尊重人才，充分发挥知识分子的作用，因而决定对在吉林省工作的学部委员和博士生导师实行政府特殊津贴。省政府召开了全省多渠道筹措教育经费，改善办学条件工作会议，主管农业的副省长到会讲话。这次会议明确了多渠道筹措教育经费的有关政策，指出要正确处理减轻农民负担与发展农村教育的关系，在坚决执行减轻农民负担精神的同时，要坚持多渠道筹措教育经费，保持农村教育健康发展。省教委和省委宣传部联合下发文件，对全省学习宣传贯彻《纲要》作了部署，分层次举办了县、乡(镇)长贯彻《纲要》研讨班、培训班，把各级领导的认识和行动统一到中央的决策上来。在学习中，强调从落实十四大精神和省六次党代会提出的“科教兴省”的战略高度，全面领会《纲要》的精神实质，准确把握教育改革和发展的基本政策，研究具体的落实措施。

[**全省教育工作会议**] 8月18日，省委、省政府召开全省教育工作会议。各市(州)党委或政府主管教育工作的领导，各高等院校党委书记、院(校)长，各市(州)教委主任，省直有关厅局长及有关企业教育处长等300余人参加会议。会上，省委书记何竹康、副省长张岳琦讲话，省教委主任陈谟开作工作报告。出台了《中共吉林省委、吉林省人民政府关于实施〈中国教育改革和发展纲要〉的若干意见》。国家教委副主任王明达专程来吉出席会议并讲话，对吉林省的教育工作给予充分的肯定。与会同志反映强烈，一致认为，领导同志的讲话起点高，何竹康书记的讲话对教育战略地位的认识有突破，把教育与建设发达的边疆近海省紧密地联系起来，坚持“科教兴省”的战略，对大家启发很大。这次会议明确了全省教育改革和发展的目标、任务和政策措施。大家认为省委、省政府《意见》中所规定的教育发展目标符合实际，出台的具体政策切实可行，教育工作的基本方面、实际工作中遇到的诸多矛盾，文件大多作了回答，它是全省今后一个时期教育工作的纲领性文件。通过会议，代表们进一步把握了吉林省教育改革的工作思路。会后，各地结合本地实际，积极贯彻会议精神，在调查研究的基础上，大多数市(州)召开了本地贯彻《纲要》和《意见》的教育工作会议，出台了一些好的政策，全省教育改革与发展出现了一个良好的势头。

[**九十年代全省教育发展目标和政策措施**] (1)根据国家的总目标和建设发达的边疆近海省的要求，从省情基本特点和经济、社会发展目标及发展趋势出发，确定到本世纪末吉林省教育发展的总体目标是：全民平均受教育程度由目前的6年提高到8.5年；城乡劳动者的职前、职后教育有较大发展；专门人才教育满足社会需求并与经济实力相当；初步建立起适应需要、结构合理、水平较高、充满活力的吉林教育体系的基本框架。(2)各级各类教育发展的具体目标是：全省普及九年义务教育(包括初中阶段职业技术教育)；

地级市城区基本普及高中阶段教育；城市3—6岁儿童入园率和农村学前一年教育入班率均达到85%以上；少数民族教育的发展程度超过当地教育的平均水平；特殊教育有新的发展和提高。高中阶段职业技术学校在校生占高中阶段学校在校生的比例达到65%以上，未升学的普通中学毕业生都能得到必需的职前教育或实用技术培训。省属普通高等教育在校生规模达到6万人；形成合理的教育结构；建设好几个重点学校和一批重点学科；教育质量和办学效益达到国内先进水平。高标准扫除15—50岁文盲、半文盲；建立起完善的岗位培训和继续教育制度；形成多种形式的高覆盖率的农民实用技术教育网络；成人高等和中等专业教育达到国家规定的办学要求。(3)加快教育体制改革。主要措施是：大力推进基础教育、职业技术教育和成人教育的办学体制改革，进一步改变“国家包办教育”的状况。突破条块的限制，进一步改革高等教育办学体制，提高办学效益；深化学校内部管理体制改革，扩大学校的办学自主权；加快高校、中专招生和毕业生就业制度改革；有计划扩大招收自费生、委托生的比例，继续完善定向招生办法，鼓励和支持学校招收企业和农村有实践经验的青年入学，打开人才通向中小企业和农村的渠道；在加快教育体制改革的同时，要不断深化教育思想和教学制度、内容、方法的改革，全面提高教育质量。(4)加强教师队伍建设。主要措施是：加快师资培训速度，调整队伍结构，提高教师素质；按《纲要》要求，制订教师增资计划，逐步提高教师工资水平；推广国家、学校、个人合作建房的办法，积极为城镇教职工筹建住房；为稳定高层次人才，省政府设立特殊津贴，对全省高校和科研机构中的中科院院士和博士生导师按月发放特殊津贴(学院士每月补贴1000元，博士生导师每月补贴300元)，激励他们为建设吉林作出更大贡献。(5)加大教育投入。政策措施是：增加国家财政对教育的投入；按《纲要》要求，尽快落实国家财政性教育经费支出占国民生产总值4%的比例；逐步提高各级财政支出中教育经费所占的比例，“八五”末期，省财政预算内教育经费力争达到20%；征好城乡教育费附加，城市教育费附加按《纲要》规定的3%征收。农村教育费附加由各级政府根据省政府规定和实际需要足额征收；开辟其他地方教育附加费，征收小轿车购置附加费，征收宾馆、旅店床位的教育附加费，对歌舞厅等高消费项目征收一定的教育附加费，从全省各级工商走私罚没款上交财政部分提取一定比例用于教育；提高非义务教育阶段学费标准，调整义务教育阶段杂费标准；完善现行优惠政策，加快发展校办产业；省设立教育专项资金，即普及九年义务教育专项资金和重点高校、重点学科建设专项资金。

［**教育对外交流**］　1993年聘请外国文教专家665人，其中长期专家136人、短期专家529人，比上年增长151%。接收来华外国留学生410人，比上年增长62%，其中90%为自费生。派出公费留学生230人，其中通过省教委派出的19人，增长80%；派出具有大专学历以上的自费留学生269人；派往独联体的自费留学生229人，增长85%。经省教委审批的出国访问团组403批，1074人次，比上年分别增长148%和202%，其中省教委和委属单位派出团组为29批，220人次，分别增长11%和34%。接待来自美、俄、英、德、日、加拿大、韩、朝鲜、香港、台湾等国家和地区的友好教育团组及友好人士共56批，193人次。举办国际学术研讨会9次，参加人数为310人，其中外国学者150人。有11所院校与日、韩、俄、美、法、德、朝鲜、新西兰、乌兹别克斯坦等9个国家的24所院校建立了校际关系；与国外院校、科研部门进行了28个合

作项目。接受国外赠送的仪器、设备、图书约值人民币1432万元，美籍韩国人与本省合作创办的延边科技大学，投资到位1800万元人民币。

1993年加强了外国文教专家管理。(1)对聘请外国文教专家单位实施资格认可工作。省教委牵头与省外办、省公安厅共同制定资格认可工作细则，下发到全省有关部门，并成立了资格认可小组，对已有外国文教专家的单位逐一进行检查，有24个单位获得聘请外国文教专家资格证书，并得到国家外专局的批准，使全省形成了一个操作性较强的宏观调控机制，使所有聘请单位的管理工作纳入全省统一管理的网络，使外国文教专家的管理工作更趋于规范化。(2)紧紧围绕本省的经济建设，扩大外国文教专家聘请范围。对要求聘请外国文教专家的单位，给予积极的指导，帮助寻找渠道，建立健全文教专家管理制度。全省的外国文教专家聘用工作呈现出全方位发展的趋势，对全省的经济建设起到了积极的推动作用。(3)利用国庆、元旦、三八妇女节等大型节日，举行外国专家招待会、舞会，利用这些机会，宣传本省大好形势，同时加深与外籍教师之间的了解和感情。表彰对本省经济建设和教育事业作出突出贡献的外国专家。省教委会同省外办组织有关单位评选出20名优秀外国专家；11个单位被评为全省外国专家工作先进集体，18人被评为外国专家工作先进工作者，在元旦招待会上，省领导亲自为他们发了奖。

1993年还加强了对留学生的管理。在国家公派留学生管理工作方面：(1)把好选派质量关。坚持“按需派遣，学用一致”的方针。(2)突出重点，合理规划。对有国家级重点科技攻关项目的院校给予优先考虑。(3)建立预备队伍，精选精派，在保质的前提下，积极选拔一批政治素质好、业务水平高、有培养前途，符合出国留学基本条件的学科带头人和业务骨干，组成公派出国留学人员后备队伍。在来华留学生管理工作方面，根据来华留学生主要是学习汉语、中医的特点，及时转变工作重点，主动配合省属高校开拓对外渠道。主要抓了延边医学院、长春中医学院、吉林师范学院、长春大学的招收外国留学生工作。同时抓好入学关，注重生源质量；配合省公安厅、省安全厅做好外国留学生的安全保卫工作。

撰稿　林乐琨

基础教育

[概述]　1993年全省学龄儿童入学率为99.3%，毕业率为97.58%，小学毕业生升学率为91.11%。初中毕业生升学率为46.94%。全省平均每万人有小学生1016人，有初中生145人，有高中生65人。

1993年，全省预算内普通教育经费实际支出13.78亿元，比上年增长17.88%。全省征收城市和农村教育费附加2.47亿元，其中城镇征收0.78亿元，农村征收1.69亿元。全省各地鼓励和支持开辟多种筹措教育经费的渠道：有的城市将城市建设维护费用于教育的比例提高到10%；有的城市从城市建设配套中拿出一部分用于校舍网点建设，很多地方从住宅建设或预算外基本建设投资中提取一定比例用于校舍建设；部分市、县从税收、财务、物价大检查应入库资金和罚没款中提取5—10%用于教育；很多地方从职工工资总额中提取1%用于教育；一些市、县开展征收车辆附加和旅馆床位附加；各地区继续发动社会各界和群众集资办学和捐资助学。全省中小学参加的各种勤工俭学活动的普及率达到98%，校办产业总产值13.9亿元，纯收入3.1亿元，生均收入73.05元，产值、利润比上年增长6.9%。

1993年，中小学办学条件得到进一步改善，新建校舍57.4万平方米，校舍危房面积下降到0.4%以下，校舍砖瓦化比例达到97.23%，二部制授课班数由1992年的0.31%下降到0.26%。在校舍建设同时，着重充实中小学内部教学设备的配套建设。实验室建成率，城镇中小学达到99.2%，农村小学综合室达到94%；卫生室建成率，城镇中小学达到98%，农村中学和中心小学达到96%；图书室建成率，城镇中小学达到96.6%，农村中学和中心小学达到95.1%。中小学装备水平又有所提高，理科教学仪器配备达标的学校的比例为：普通中学38.6%，小学11.2%，分别比1992年上升0.4%和4.9%。新增图书496万册，平均每生新增1.2册。图书配备达标学校的比例为：普通中学42.1%，小学43.6%，分别比1992年上升4.9%和8.1%。

［**义务教育**］　1992年底全省在普及初等义务教育的各个方面，包括教育经费、办学条件、教育质量等均达到省颁标准。1993年主要抓了初等义务教育的全面普及和巩固提高工作。(1)根据《义务教育法》和《吉林省义务教育条例》，建立了为实现普及初等义务教育的县(市、区)、乡(镇)颁发证书和通报制度。在3月12日省政府专门召开的电话会议上，副省长张岳琦正式向全省人民宣布"我省已胜利地完成了基本普及初等义务教育的历史任务"。到10月底，全省圆满完成了颁发证书工作。全省普遍实行了小学新生入学通知制度和小学毕业生完成初等义务教育证书制度。在义务教育检查验收中，把实行"一证一书"制度作为检查内容，督促这项工作落到实处。(2)继续在全省开展普及初等义务教育合格乡(镇)和以县(市、区)为单位的整体合格活动，大力推进初等义务教育的全面普及。按照全省实施义务教育工作目标要求，把普及义务教育的各项工作量化为具体指标，列入省与各地政府、教育部门签订的教育工作目标管理责任书中，要求各地普及初等义务教育合格乡(镇)要达到98%，整体合格的县(市、区)达到三分之一。1993年底，全省934个乡(镇)已有932个实现了普及初等义务教育，占乡(镇)总数的99.7%；整体合格县(市、区)在1992年2个达到合格标准的基础上，经省验收又有24个达到合格标准，占县(市、区)总数的44%。(3)加强各类小学实行标准化办学的指导，为进一步普及初等义务教育铺设道路；继续抓小学分类定级，分步推进各类小学的规范化建设。各地涌现出一大批一类一级学校。(4)在实施普及初等义务教育过程中，狠抓了薄弱环节和难点的突破。根据新时期学生流失的特点，在调查研究的基础上，全省普遍实行了家长与学校签订合同书制度和加强学籍管理制度，进一步落实学校和家长的法律责任，使全省小学生流失得到有效控制，流失率为0.16%。针对农村小学图书少、质量差、购买图书难的状况，协调有关部门，两次下发小学用书目录指南，并组织举办了吉林省中小学首届图书节，使小学图书建设得到进一步加强。农村小学生均增加1册，城市小学生均增加2册。着重帮助贫困边远乡镇普及初等义务教育。通过深入基层，调查摸底，与当地政府一起研究落实普及初等义务教育的措施和任务。经过上上下下

的共同努力，普及初等义务教育的薄弱环节得到加强，解决难点问题取得明显效果。到1993年底，全省普及初等义务教育“五率”指标为：入学率99.3%，巩固率98.07%，毕业率98.93%，普及率99.4%，体育达标率90.67%。

1993年对普及九年义务教育着重抓了4项工作：(1)确定“普九”单位。2月12日，省政府召开吉林省依法加快普及九年义务教育电话会议，副省长张岳琦作动员讲话，对全省“普九”工作提出明确要求。省教委与各地酝酿，提出各市(地、州)要“保一争二”(即保证至少有1个县、市、区达标，争取两个)，省政府决定对达标县进行奖励。各地本着实事求是、积极推进的原则，积极向省政府申报。在各地申报的基础上，经过认真筛选，确定本年度首批实现“普九”的县、市、区，以省政府名义上报国家教委。(2)明确指标要求。下发了《吉林省县(市、区)普及九年义务教育评估验收指标要求》及其操作说明，督促各县、市、区做好迎检准备。3月10日，省教委召开各地督学室主任和首批申报“普九”验收的县(市、区)督学室主任会议，明确评估标准和基本工作程序，布置了评估检查任务。会议以会代训，完成了对骨干的培训。4月6日，经省政府批准，举办了全省文教县长《纲要》研讨班，省委有关领导和省教委领导结合全省实际，阐述依法加快“普九”和进行评估验收的意见。研讨班结束后，各地对乡镇长和中小学校长也进行了培训。(3)加强检查指导。5月初，分别在长春市南关区和东丰县，分城区和县、市召开申报“普九”县、市、区的分类指导座谈会，重点交流确保达标县的具体措施。会后，深入9个县、市、区了解工作进展情况。针对实施“普九”中出现的学生流失率上升问题，又及时召开全省电话会议，总结交流了扶余区政府、东丰县一面山中学和通化县东来乡中学控制学生流失的经验，并向全省推广一面山乡中学改革初中办学模式，吸引流失生返校就学、读满九年的有效做法，使全省初中生流失得到有效控制。(4)搞好评估验收。从3月中旬开始，各申报县(市、区)进行自查，6月下旬到7月下旬，由省教委督学室牵头，共组织108人参加的联合验收组对申报县(市、区)进行验收。重点检查了法律法规责任的分解落实、中小学生流失、教师工资兑现、学校管理、中小学乱收费、教育教学质量、教学仪器使用和“三室”利用、农村教育为当地经济发展服务等8个方面。经检查认为，申报县(市、区)均已达到普及九年义务教育标准。9月15至29日，国家教委评估验收抽查组一行6人来吉林省进行抽查。经严格抽查，长春市郊区、南关区，吉林市昌邑区，永吉县，桦甸市，四平市铁西区，公主岭市，辽源市龙山区、西安区，东丰县集安市，辉南县，白城市洮北区，图们市，临江县，抚松县，松原市扶余区，前郭县等18个县、市、区通过国家评估验收。国家教委对吉林省的“普九”工作表示满意。

在推进县(市、区)整体实现“普九”的同时，省教委继续抓了以乡校为单位的初中达标校建设。1993年全省又建成初中达标校268所。使初中达标校累计达到1246所，占全省初中总数的71.3%。其中城区达标校266所，占全省城区初中校数的98.2%，农村乡镇达标校980所，占全省农村初中校数的66.4%。

[**中小学德育**] 1993年，中小学德育工作紧紧围绕贯彻落实《中学德育大纲》、《小学德育纲要》及吉林省的实施细则，着重抓了以下5项工作：(1)年初召开《吉林省实施〈小学德育纲要〉细则》研讨会，总结交流百所试点校的经验，并对进一步贯彻落实德育法规、做好德育工作进行了部署。要求对各种教育内容和活动进行科学融合，以爱国主义为主线，贯穿“两史一情”教育、行为规范教育、传统美

德教育以及国防教育等内容和活动，增强德育工作的整体效益。(2)在学生中坚持进行分层次的思想政治教育和日常道德行为的养成教育。制订了《吉林省小学生日常行为规范训练要求(征求意见稿)》，分低、中、高年级三个层次，提出不同的训练要求；组织初中学生对照《行为规范》要求，针对存在的不文明行为逐项进行校正性训练，使养成教育训练更具有操作性；在对高中学生进行思想政治教育的基础上，试办学生业余党校，对少数学生进行党的基础知识教育，收到了较好效果。(3)会同有关部门和单位，开展丰富多彩的教育活动。与省科协组织吉林省青少年“科技节”及百日科普活动。全省约有50万名中小学生参加，评选表彰98个先进集体和106个先进个人。12月26日，省教委与省委宣传部在辽源市召开了吉林省中小学传统美德教育座谈会。会上辽源市介绍了开展传统美德教育的经验，成立了吉林省中华民族传统美德教育专业委员会，副省长张岳琦和省委宣传部长许中田到会讲话。会同省委宣传部、团省委组织了毛主席为雷锋同志题词30周年纪念活动、毛泽东诞辰100周年纪念活动以及为“希望工程”捐款活动。(4)年初，以“社会主义市场经济与中小学德育”为题，在全省范围开展调查研究活动。共评选47篇优秀调查论文，并对作者给予奖励。2月17日，召开吉林省小学德育工作研讨会，与会人员对加强和改进小学德育工作提出了许多很好意见，会上评选出优秀论文21篇。(5)继续开展评选省级“三好学生”和“优秀学生干部”活动。全省共评出小学“三好学生”268人、中学“三好学生”527人、“优秀学生干部”136人，其中国家级“三好学生”4人、“优秀学生干部”1人。在普通高中实行优秀毕业生制度，下发了《吉林省普通高中优秀毕业生评选办法》。

［**特殊教育**］　1993年首先抓了特殊教育师资队伍的岗前培训和在职培训，全年举办2期培训班，培训教师122人。召开全省特殊教育专业委员会年会，改选了理事。其次，进一步完善了特教学校(班)的学籍管理制度，下发了《关于我省特殊教育学校学生学籍管理的规定》，同时印制19种学籍表册，下发到全省特教学校、班点，为特教学校(班)实现规范化管理迈出坚实一步。第三，对全省特教学校(班)学具、教具装备情况进行调查，在此基础上，下发了特教学校装备选配目录，还用特教募捐款扶持各地发展特殊教育。

1993年，吉林省特殊教育又有新发展，特教学校、辅读班和随班就读点由上年的9959个，增加到11041个，三类残疾儿童入学率由上年的84.5%提高到93.5%。全省县、市、区消灭了特教空白点。吉林省发展特殊教育的做法和成果，受到来吉林省检查工作的国家教委副主任柳斌的表扬和肯定。国家教委和中国残疾人联合会分别转发了吉林省特教工作的经验。1993年，全省有6个县(区)被评为全国特殊教育工作先进县(区)，有13个县(区)的特教工作受到国家教委、中残联的通报表彰，全省受到奖励和表彰的县(区)占全省县(区)总数的35%。

［**幼儿教育**］　1993年，全省各类幼儿园(班)4997所，小学附设的学前班8632个；3—6岁在园幼儿33.5万人，学前班幼儿33万人，入班率达86%。按国家教委《关于改进和加强学前班管理的意见》的要求，吉林省已基本普及学前一年教育。

1993年，全省幼教工作主要抓了三个方面的工作：(1)开展全省范围的调研活动。通过调研，研究幼儿教育管理体制改革的途径和方法，发现、培养和总结典型经验，推动和指导各地工作。省幼教办下发了开展调研的通知，各地均组成调研组分赴基层。调研活动从3月开始，5月结束。在调研的基础上，省幼教办进行了优秀调研报告的评比活动，共收集各地上交的调研报告 53 篇，经幼教专家评审，有 29 篇获奖。省幼教办还于 9 月至 11 月组织 20 多人的调查组，深入各地了解幼儿教材的使用情况。(2)开展“两全”竞赛活动。以进一步贯彻落实幼儿教育两个法规精神，全面贯彻教育方针，全面提高教育质量，增强幼教职工服务于家长、服务于幼儿、服务于社会，促进幼儿园的自我发展。教师节期间，在各地推荐的基础上，全省共评出最佳幼儿园 109 个，最佳保教工作者 103 名，县(市、区)以上组织工作者 22 人，省教委、省财政厅对获奖单位和个人颁了奖。(3)加强管理和分类指导。省教委与省卫生厅联合下发了《吉林省城镇学前班定级标准》，还起草了《吉林省城镇中心幼儿园标准》(征求意见稿)。年初，举办 2 期幼教行政干部和省级示范幼儿园园长及实验幼儿园园长参加的研讨班，布置 1993 年的幼教工作，听取了省教委副主任张茵作的全省幼教改革的形势报告。5 月举办了学前班工作研讨会，来自 9 个地区 60 余位城镇校学前班主管校长和教导主任参加了研讨。6 月，免费举办了首次个体幼儿园研讨班，交流个体幼儿园办园经验。8 月，组织了有关县(市、区)幼教行政、教研人员和省级示范性幼儿园园长参加的研讨班，传达贯彻国家教委的会议精神。在加强分类指导的同时，还注意抓了学前班的教材建设，由省幼儿教材(教具)编审委员会组织编写的学前班幼儿画册和教师指导用书已经出版，秋季开始使用。省幼教办还下发文件，要求各地幼儿园(班)建立、健全各项制度，确保幼儿安全、健康地成长。

[师资队伍管理] 1993 年全省各地按照省里制发的编制标准，普遍对中小学实行“四定”。全省 59 个县(市、区)，有 50 个县(市、区)定编到校。农村计划外民办教师得到有效的控制和清理。1993 年省教委为提高教师地位和待遇办了几件实事：(1)经与省人事厅、计经委协调，通过考试、考核相结合的办法，将 1742 名优秀民办教师转为公办教师。(2)教师节前夕在全省各级各类学校中评选 1648 名优秀教师和教育工作者；评定 92 名特级教师和享受特级教师待遇的 33 名优秀中小学校长。(3)全力解决中小学教师工资拖欠问题。省委、省政府对此项工作十分重视。经过协调、督促检查，年底前基本得到解决。省教委还制定了师资管理评估细则，推动师资管理合格县的活动。并把此项工作纳入目标责任书的检查内容，规范指标体系，推动各地按要求达标。

1993 年，全省幼教和中小学教师的学历达标率又有所提高。在幼儿园工作的 21325 名专任教师和 2156 名园长中具有中师、高中毕业及其以上学历的有 20743 人，其中受过学前教育专业训练的 7369 人，取得“专业合格证书”的 1411 人。在小学专任教师中，具有中师、高中毕业及其以上学历的 133418 人，其中具有中师、高师毕业学历的 92824 人，取得“专业合格证书”的占小学专任教师总数的 6.85%。初中教师学历达标和取得“专业合格证书”的教师占初中专任教师总数的 69.28%，比 1992 年提高 8.65%；高中教师学历达标和取得“专业合格证书”的教师占高中专任教师的 60.92%，比 1992 年提高 0.86%。

撰稿 曹春雨

职业技术教育

[**体制改革**] 1993年省教委主要抓3个方面的改革：(1)深化办学体制改革。年初，召开各市、州教委职教科(处)长会议，研究布置发动企业、行业和各种社会力量办学，推动联合办学和合作办学。吉林市政府加强统筹和规划，充分调动企事业单位和社会各界的积极性，多形式、多层次发展城区职业技术教育，形成了行业化、专业化、社会化的办学局面。到年底，全省职业技术学校中教育部门和集体办学243所，比1992年减少8所，其他部门办学74所，比1992年减少13所，职业技术学校在校生中非教育部门办学的占70%，达到了1980年以来的最高比例。1993年全省中等职业技术学校在校生占整个高中阶段在校生总数的62%，也达到1980年以来的最高水平。(2)认真抓利用贷款扶持职教校办产业的工作。省教委从当年国家教委下拨的职教专项补助费200万元中划拨出140万元作为贴息划拨给40所职业学校，调动了这些学校利用贷款发展职教的积极性。这40所学校全年共贷款1200万元，开发并发展了服装、餐旅、电子、特种动物养殖与饲养等多种项目，在满足相关专业实习的前提下，创造经济效益400万元。这项改革，得到国家教委的肯定。1993年，学习外省经验，在全省20所省级职业高中学校中，发展了职业中专教育，开设了计算机应用、文秘档案、餐旅管理、服装设计、经贸外语、涉外财务会计、村镇建设等综合型、复合型专业。招生4000人，报考者3万余人。(3)继续进行招生制度改革，增加了定向、委托和自费生的比例。1993年，全省中专、职业高中招生中，定向、委托和自费生占招生数的80%。省教委抓了白城市农业学校、农机学校在本地招生加试农技课的改革试点，取得很好效果。由于加试农技课得分计入总成绩，不及格不予录取，这一导向作用促使该地区大多数初中认真上好劳技课，推动了初级职业技术教育的发展。

[**中专学校评估**] 1993年，完成了对全省中等专业学校的合格评估、办学水平评估和选优评估。在三项评估的基础上，经省政府批准，确定20所学校为省部级重点中专学校。这些学校是：长春地质学校、吉林水电学校、长春电力学校、长春建材工业学校、辽源煤炭工业学校、吉林省邮电学校、白城林业学校、吉林铁路经济学校、吉林冶金工业学校、吉林省白城粮食学校、吉林省交通学校、吉林化工学校、吉林省轻工业学校、吉林省农业学校、吉林省农业机械化学校、吉林省林业学校、长春市卫生学校、四平市卫生学校、长春市商业学校、吉林省戏曲学校。这些学校的共同特点是：坚持社会主义办学方向，主动适应社会主义现代化建设的需要，办学条件好，教育质量高，在人才培养和为地区、行业经济建设服务等方面办学成果显著，在全省中专学校中起骨干作用，在全省范围内有较高社会声誉。

[**教学改革**] 1993年，省教委注意发挥省职教学会、全省中专13个学科的教学研究会、全省职业高中7个专业教研中心等群众

团体组织的作用，进行多种形式的教育教学研究。一年来，中专各学科、职教各专业的教研活动开展得比较活跃。全年共召开年会、研讨会、座谈会、现场会和各种专业竞赛、优质课评选等活动18次，参加活动的师生1300多人次，交流学术论文700余篇，编写2个学科12本教材，发行7万余册，对提高学校教育质量起了很好作用。省教委还调整职业学校的教学计划，改革课程体系，把理论教学时数从80%压缩到60%，增加专业课比例和实践时数，突出实践教学，强化学生动手能力的培养，受到学生、教师和用人单位的普遍欢迎。

［**教育管理**］ 1993年初，省教委开始进行《吉林省职业技术教育条例》的起草工作，先后参照13个省、市、自治区的有关条例，并参阅大量文件。结合吉林省实际，起草了初稿，经广泛征求意见，作了六次修改，报省法制局审定。省法制局已列入1994年出台法规的计划之中。1993年，省教委加强对中等职业技术学校的宏观管理，认真抓好1992年颁布的《吉林省普通中等专业学校教学管理规程》、《吉林省重点职业高级中学校容、校貌、实验实习基地建设标准》和《吉林省职业高级中学德育大纲》的贯彻实施，进行了专项检查。1993年，省教委还加强了全省中专学生的管理工作。4月20至23日，在长春地质学校召开全省中专学生管理座谈会。会上成立了吉林省中专学生管理研究会，通过了研究会章程，产生了研究会机构。会议就如何加强学生管理工作，如何提高学生宿舍管理水平以及参加医疗保险等问题进行了研讨，会议收到论文40篇，6所中专学校在会上交流了经验。

撰稿 曹春雨

高等教育

［**教育改革**］ 1993年全省高校重点推进三项改革：(1)高等学校综合改革。省属高校进行综合改革的试点校由上年的1所增加到6所。吉林师范学院、吉林工学院、吉林农业大学、四平师范学院、延边大学、长春大学等院校，通过试点，加大改革力度，提高了教育教学质量和办学效益，同时也积累了经验，为在面上推广它们的经验进行了有益的尝试。(2)高校内部管理体制改革。省属高校内部管理体制改革试点校，由上年的7所增加到20所。在实行校内津贴中，注意向教学第一线的教师倾斜，拉开档次，调动了教师从事教学工作的积极性。(3)专科学校的专业教学改革。长春建筑专科学校、吉林电气化专科学校和长春汽车工业高等专科学校的三个专业，经国家教委专家评估检查，被批准为国家教委的试点专业。

1993年在学科建设方面制定下发了三个文件：(1)《关于普通高等学校深化教学改革，加强教学建设的意见》。指出深化教学改革，加强教学建设的根本任务是培养德、智、体全面发展的，适应社会主义现代化建设需要的各类高级人才。提出加强专业宏观管理，优化课程体系，加强专业、课程建设和实践教学建设，建立严格管理与具有竞争活力相结合的教学管理制度，开展教育评估，建立对教学质量的监督检查机制和激励机制等意见。(2)《吉林省普通高等学校专业设置暂行规定(试行)》。在总体、专业设置条件、专业设置审批权限、审批程序、专业设置评议委员会、专业目录外本科专业的论证、监督和检查以及附则等方面作出27条规定。(3)《关于普通高等学校专业建设与改革的意见》。提出高等学校要把专业建设与改革放在学校建设与改革的重要位置，确定了专业建设与改革应遵循的原则，即适应需要原则、符合教育规律原则、面向未来原则、条件保障原则、注意效益原则、体现特色原则。省教委成立了高等学校专业设置评议委员会，一方面扩大高等学校调整和设置专业的自主权，另一方面加强专业设置的计划性和科学性，进一步完善教学评估制度，开展课程评估、实验室评估和专业综合水平评估，建立竞争机制以及通过评估奖励优秀教学成果等制度，鼓励学校和教师不断提高专业建设水平。

1993年，省教委加大了马克思主义理论教学改革的力度。(1)按照党的十四大精神，调整部分教学内容，增加了符合十四大精神和社会主义市场经济的理论。(2)加强教学方法改革，采取导读、自学、讲授、讨论几个环节密切结合的方法，加强教师集体备课环节，并广泛利用现代化教学手段，如幻灯、电视片、电影、录音录像报告等形式，使课堂教学更加丰富多彩。(3)抓改革试点，以点带面。重点抓了吉林工学院理论课改革试点。经过一年努力，形成新的改革方案报国家教委，得到肯定。(4)加强马克思主义理论课教师队伍建设。组织高校理论课教师进行培训，委托吉林大学首批招收马克思主义原理与中国社会主义建设两个专业的在职研究生，组织部分高校马列课教师赴俄罗斯考察。

［**招生和毕业生分配**］　1993年为加强高校招生工作管理，提高招生考试社会信誉，采取了10项措施：(1)实行目标管理责任制。各级政府对考试工作负总责，各级教育和招生部门、各中学逐级签订包保责任书，明确奖优罚劣。(2)严格做好试卷印刷、邮寄和保管的安全保密工作。(3)认真抓好考前教育。利用各种舆论工具宣传招生政策，采取多种形式对考生进行法制观念和考试纪律教育。(4)应用计算机随机编排考号、考场。在管理招生来源计划、采集报名志愿信息、阅卷评分、统计成绩、录取等主要环节全部实行计算机辅助管理，有效地抑制了人为因素的干扰。(5)改进高考巡视员选派办法。从省内83所重点中学选聘校长和教导主任166人巡视高考，收到良好效果。(6)加强监考队伍。严格选聘监考人员，并实行聘用制、轮换制和奖惩制。(7)考务管理规范化。考务工作由各级招生办公室负责，实行目标管理，定量考核和定性评估相结合。(8)召开全省高考电话会议。要求各级政府加强领导，严肃纪律，高质量地完成任务。(9)强化对边远县镇考试工作的指导和管理。高考期间，省招生委员会和省教委组成9个工作组，深入外县和边远地区检查、指导考试工作。(10)严肃查处违纪事件。在招生改革方面采取了5项措施：(1)试验招收有实践经验的青年入学深造，主要为广大农村和乡镇企业定向培养技术人员和管理人员，共录取新生161人。(2)进一步提高师范院校的生源质量。省属高师院校保送坚持实行统一进行文化考核的办法，对高师院校招生进行综合改革。(3)切实控制阅卷评分的误差。对主观题的阅卷试行“小题分入机，比较总分，控制误差”的办法。(4)主要工作环节增强透明度。试行允许考生公开查分，并且可以公开查询录取结果，邀请20多所中学校长到录取场地参观考察。(5)积极招收先进模范青年入学深造。当前全国高校毕业生分配就业

工作的改革正处于新旧体制交替过渡时期，各部委所属学校、地方院校的具体做法都有很大差异。在毕业生分配就业工作改革的具体方法上，地方院校也不同于国家教委院校。省内外一些院校，以学校为单位召开“供需见面”、“人才市场”以及“双向选择”会议，对全省高校毕业生思想冲击很大。针对这一实际情况，在有关部门的配合下，省教委及时调整了工作计划，在省政府批准《关于做好1993年毕业生分配就业工作的通知》的基础上，在极短的时间内筹备召开了全省毕业生供需见面会，一方面通过新闻媒介大力宣传和报导了全省今年毕业生分配就业工作的具体方针、政策和原则，另一方面，紧紧抓住学校这个中心环节，充分发挥学校在毕业生分配就业工作中的作用，从而稳定了毕业生及家长的情绪，使全省的毕业生分配就业工作走上正常发展的轨道。同时，在广泛征求各高等学校、各委办(厅局)和各市、州意见的基础上，修订和完善了全省毕业生分配就业工作的政策，使毕业生就业指导工作迈上一个新台阶。经省编委批准，年初全省及时成立了“吉林省高等学校毕业生就业指导中心”，受到国家教委有关部门的表扬。省教委与省财政厅、物价局共同签发了《关于毕业生非正常调配收取有关费用的通知》，对全省非正常调配收取有关费用和标准作了规定。

［**学生管理**］ (1)制定了新的学生管理规定。引入竞争机制和激励机制调动学生学习的积极性，培养适应社会主义市场经济的复合型人才。制定了“浮动制”、“试读制”、“主辅修制”三个暂行条例，在一些学校试行。(2)抵制校园经商热。针对市场经济商品大潮对高等学校校园的影响，以及不少学生热衷于校园经商的倾向，省教委及时召集各高校学生处长会议，提出要坚决制止学生在校园经商和参与经商，对勤工俭学、勤工助学要加以正确引导，维护了校园正常的教学和生活秩序。(3)开展评比表彰省级“三好学生”、“优秀学生干部”、“优秀团干部”、“先进班集体”活动。全省高校共评出“三好学生”100名、“优秀学生干部”50名、“优秀团干部”38名、“先进班集体”50个。在国家教委和团中央表彰的全国12个“三好学生”标兵中吉林省有1名，11个“先进班集体”中吉林省有1个。

［**学生社会实践活动**］ 1993年暑期，全省开展了以“吉林省高校学生科技创造工程”为主要内容的高校学生社会实践活动。为使活动收到实效，重点抓了6个环节：(1)积极部署，广泛动员，促进活动的全面启动和实施；(2)齐抓共管，形成合力，保证活动的正常运行；(3)深化主题，增强活动的整体活力；(4)突出指导环节，带动活动的全面深入；(5)加强宣传，扩大活动的社会影响；(6)及时总结，提高活动的综合效益。暑假社会实践活动，全省42所高校共有6万多名学生参加，学生参与率为90%以上。省、市、校组织社会实践小分队和考察团2310个(其中科技文化服务团628个)，建立社会实践活动基地1598个(其中科技文化服务站917个)，高校与县、区普遍建立科技文化协作网，覆盖全省59个县(市、区)及部分大中企业和乡镇企业。据统计，在“工程”实施过程中，学生共参与研究各类课题1203项，其中完成598项，开发新产品49个。学校与地方和企事业单位签订长短期合作意向协议506项，创造价值(包括修旧利废)近千万元，完成各类调查报告、社会实践总结和论文近6万篇，收到了较好的教育效益、经济效益和社会效益。

1993年，省教委还会同省委组织部组织部分高校师生，先后赴松原市、磐石县、梅河口市、临江市、双辽县等地开展科技“金桥工程”对接，合计组织50校次、80人次参加了对接活动，当场签订转上成果、联合开发新产品、技术服务等意向协议380项，其中已投产33项，年产值2400万元，利税650万元。

［**高校科技**］ 1993年继续开展高校科教兴农"213工程"，即"八五"期间全省重点建设20个科技示范县（市），重点推广100项科研新成果，组织3000名科技人员下乡搞科技成果转化。1993年吉林农业大学和延边农学院建立科教兴农实验基地25个，推广科技成果或实用技术90项，下派科技人员680人次，取得近亿元的经济效益，一年来举办各类培训班410期，召开现场会73次，培训农民19万人次，发放科技资料9.7万册，为全省农业发展作出了贡献。

1993年省属高校创办5个科技产业实体。这5个科技产业实体获纯利近300万元。如延边大学计算机研究所一年获利100万元，延边医学院中朝文激光照排系统获利近50万元，并获省科技三等奖。

1993年，经省教委初审并报国务院学位委员会复审，批准吉林省省属高校新增博士授权单位1个（吉林农业大学）、硕士授权单位1个（吉林艺术学院）、博士专业点2个、硕士专业点16个。

［**高校后勤管理改革**］ 1993年抓了以下几项工作：(1)把后勤行政管理职能与后勤经营服务职能分开。建立学校与后勤服务部门的经济核算关系，实行"小机关、多实体"，走专业化生产经营的大服务的管理体制。将经营自主权下放，学校管理部门强化宏观管理、目标管理，增强规划、协调、监督、监控职能。(2)改革人事制度。用人采取优化组合，干部实行聘任制，工人实行合同制。编制实行"四定"（定编、定岗、定职、定责），精减机构和人员。如，东北师大总务处原有12个科室，精减为8个；吉林工业大学总务处机关只有30余人。在分配上实行国家工资和校内浮动岗位津贴双轨制度，适当加大浮动部分。由于后勤内部管理体制的改革、运行机制的转换，简政放权，减少中间层次，增强了活力，调动了广大后勤职工为师生员工服务的积极性。(3)推进高校食堂"一体两制"管理。所谓"一体两制"，就是按商品经济规律，饮食归口管理，实行专业化生产、服务、经营，有的学校成立了饮食服务中心。一方面以主要精力办好学校福利型保本服务的食堂（福利型保本是指计算直接成本即煤、水、电、菜、油、肉、粮原料投入，只收回成本），另一方面，组织职工和编外富余人员开展对校内、对社会经营性服务，盈利部分补助学校经费投入不足。(4)学生宿舍实行公寓化管理。1993年全省有30所高校实行这项改革。实行公寓化的学校相应改革了住宿条件，学校统一购置室内各种备品，同时逐步建立起多功能综合服务设施，如电话、洗衣、缝纫、理发、小食店等，大大改善了学生的生活环境。

撰稿　杨胜超　林乐琨

成 人 教 育

［**扫盲工作**］ 国家教委组织的37人扫盲工作检查组于1993年11月4日至24日，

分别对四平市伊通满族自治县、松原市乾安县、吉林市桦甸市、浑江市抚松县、白城市镇赉县、延边朝鲜族自治州安图县等县市扫盲工作进行检查。重点检查6个县市的18个乡镇、54个村的扫盲工作情况。检查组采取一听、二看、三测、四谈、五访等形式开展检查，有1268名脱盲学员接受了测试，合格率达到98.5%。国家教委检查组按照国务院《扫除文盲工作条例》和国家教委关于《县级扫除青壮年文盲单位评估办法》规定的扫除青壮年文盲单位的五项评估标准，检查后认为这次检查的6个县市的扫除文盲工作达到五项标准要求。通过检查，进一步推动了扫盲工作，到年底，全省各县市基本扫除了青壮年文盲。

［**成人学历教育**］ 1993年抓了以下几项工作：成人高校招生改革采取了9项措施。(1)放宽报考条件。由过去的只招收在职职工、从业人员放宽到允许待业青年报考。(2)放宽对某些院校考生的工龄、职别限制。(3)简化报名手续。(4)照顾条件放宽。除以前规定的照顾政策外，对一些大型企业授予的各类先进也予以照顾，对获县(市、区)政府先进的报考成人高校的考生予以照顾。(5)对中、西医类和劳改劳教专业的考试科目实行“三加二”考试，即三门基础课加二门专业课。(6)适当放宽预科生报考条件。(7)进行招工、招生相结合的试点工作。共招收396人。(8)试点进行免试招收专科第二学历考生，共录取1395人。(9)扩大招生院校自主权，建立健全监督机制。

省教委下发了《成人高等院校、中等专业学校不得以任何名义招收“超前生”的通知》。并对部分院校进行抽查，发现问题，及时处理，使超前生问题基本得到控制。同时会同有关部门调整了职工中专教育收费标准。部署了全省各高校及外省高校设在吉林省的函授辅导站的自查清理工作，为1994年的检查评估打下基础。

1993年还批准8个厅局，在8所大专院校开设13个专业证书班。

吉林省有4所农村成人大专、10所农村成人中专，1993年继续进行整顿评估。这次整顿评估的目的在于认真总结经验，肯定成绩，找出差距，进一步端正办学方向，增强学校的质量意识和改革意识，使之更加生动、直接、有效地为农村经济发展服务。整顿评估的主要内容是：学校领导机构，办学方向，教师队伍，教学管理，办学条件，为农村经济发展服务的措施和取得的效益等。通过验收检查，评出合格学校、基本合格学校各6所，不合格学校2所，对不合格学校限期整改。

［**城市教育综合改革**］ 1993年城市教育综合改革与企业教育综合改革接轨，以企业教育综合改革为突破口，带动城市教育综合改革整体工作的发展。省教委会同有关部门制定并实施“612”工程，即在6个城市、10个系统、20个企业进行城市教育、企业教育综合改革试点。4月，以省政府名义在辽源市召开城市教育综合改革会议，各市(州)政府、教育行政部门、省直有关业务部门、企业教育综合改革实施单位都派人参加，共计百余人。会议就城市教育综合改革的必要性、重要性和基本思路等进行研讨。会后编印了《吉林省城市教育综合改革会议交流材料汇编》，共收集经验材料47篇，27万字。12月，省教委在通化矿务局召开了吉林省企业教育综合改革会议。会议表彰25个先进单位和30名先进工作者，通报表扬9个单位和13名个人，对推进企业教育综合改革，调动企业办教育起了积极作用。

［**岗位培训**］ 1993年全省岗位培训工作超额完成计划指标：全员培训率已达86%；规范化培训达22.4%；高级工培训原

计划仅为试点，结果完成10%。岗位培训内容也从单纯的培养一技之长，逐步向以提高职工全面素质为目标的全方位培训过渡。一些企业已将一些现代新知识、新观念(如股票、期货、关贸、市场经济等)纳入岗位培训中来。复合型岗位培训、超前性岗位培训、转岗新技术(业务)培训、待岗培训等也应形势的发展相继大面积开展起来。

［**社会力量办学**］　吉林省社会力量办学事业伴随着社会主义市场经济的发展而发展，现有各类校(班、中心)817所(处)，10万余人在学。为更好地贯彻落实国家“积极鼓励，大力发展，正确引导，加强管理”的方针，省教委制定了《吉林省改革和发展社会力量办学若干意见》及社会力量办学《评估实施细则》，对社会力量办学实行了“五鼓励、三放开”政策。同时编辑了《社会力量办学文件汇编》，及时下发，并组织有市、州教委社会力量办学管理人员参加的法规知识培训班，使社会力量办学逐步走上依法管理的轨道。

［**农村实用技术培训**］　1993年，省教委审定推广百项农村实用技术，摘编成《致富指南》一书，无偿分发给乡村。其中测土配方施肥技术在32个试验点的3万亩土地上进行试验，取得经济效益106.5万元，亩均增加35.50元。据浑江市八道江区河口乡的试验报告，该项实验在1056亩土地上进行，占全乡耕地的18.4%，经实际测产，玉米亩产488.4公斤，比上年增产145.4公斤，增幅为42.4%，按商品价格计算，每亩增收87.24元，扣除生产投入，净增收入55.46元。开展这项实验的结果使农民懂得只有科学施肥，才能达到增产增收的目的，在农民观念形态上所产生的积极作用，是用金钱不能衡量的。

撰稿　杨胜超
审稿　于志凯

黑龙江省教育

概况

［各级各类教育发展情况］

1993年各级普通学校基本情况

单位:人

学校类别	学校数(所)	毕业生数	招生数	在校学生数	教职工数	
					计	其中专任教师
一、普通高等学校	42	22670	34767	100732	42280	15604
研究生		1180	1723	4389		
本科		12531	15064	55837		
专科		8959	17980	40506		
二、中等专业学校	110	22160	34367	82110	18008	7346
中等技术学校	80	15702	24608	58675	14104	5455
中等师范学校	30	6458	9759	23435	3904	1891
三、普通中学	2703	508473	574681	1663538	173995	128374
高中	509	88317	83228	240286		22135
初中	2194	420156	491453	1423252		106239
四、农业、职业中学	436	45384	47774	123219	19126	11901
高中	417	44408	43687	116333		11588
初中	19	976	4087	6886		313
五、工读学校	1	12	15	48	39	36
六、小学	16448	598846	642106	3733782	247691	213823
七、特殊教育学校	71	769	1109	8447	2574	1756
八、幼儿园	1660	385333	414143	604845	39906	26152

1993年各级成人学校基本情况　　单位:人

学校类别	学校数(所)	毕业生数	招生数	在校学生数	教职工数	
					计	其中专任教师
一、成人高等学校	85	25348	33423	84348	12493	5908
广播电视大学	2	7134	9501	19557	3192	1401
职工高等学校	56	4761	6901	18252	5336	2577
农民高等学校						
管理干部学院	8	968	1349	2464	1220	472
教育学院	19	2250	1200	4169	2745	1458
独立函授学院						
普通高校举办						
函授部	(31)	7379	10910	30229		
夜大学	(19)	2649	3006	8891		
干部专修科	(1)	207	556	786		
二、成人中等专业学校	329	35581	36145	104561	13994	7143
广播电视中专	6	6249	4998	29913	1316	364
干部中专						
职工中专	193	17169	22411	52799	7094	3423
农民中专	34	6413	6245	14151	1534	928
教师进修学校	96	5750	2491	7698	4050	2428
三、成人中学	359	23885	26857	25254	3334	1910
职工中学	288	21191	23697	19534	2752	1503
农民中学	71	2694	3160	5720	582	407
四、成人技术培训学校	10666	3480000	3220000	2340000	20665	10000
职工技术培训学校	709	500000	530000	270000	7259	4000
农民技术培训学校	9957	2980000	2690000	2070000	13406	6000
五、成人初等学校	7443	139223	158255	163918	12582	6346
职工初等学校	28	3907	2255	2795	202	102
农民初等学校	7415	135316	156000	161123	12380	6244
其中:扫盲班	4520	83666	78021	64365	9288	4143

制表　金莲芳

［**贯彻《纲要》年度工作进展**］《中国教育改革和发展纲要》颁布后,省教委及时发出通知,组织全省各级教育部门和广大教职工认真学习《纲要》,领会实质,并通过新闻媒介进行广泛宣传。在深入学习的基础上,提出了贯彻落实《纲要》的实施意见。经过努力,1993年各项工作取得进展。

九年义务教育依法加快推进,全省30%的人口地区开始普及初级中等义务教育,"两基"评估验收工作开始启动,宁安等10个县(区)首批通过验收,占应普及面的6.7%。中小学规范化建设进一步加强,全省基本消灭中小学一级危房;中等教育结构进一步得到调整,中等职业技术教育在校生占高中阶段学生人数的比例达54.1%;全省扫除青壮年文盲8.36万人,青壮年文盲比例下降到

3%，农民实用技术培训达597万人次，企业职工全员培训率达43.5%。高等教育加快发展，普通高校本专科在校生比1992年增长13.1%。1993年全省教育经费总计168759万元，比1992年增长24.9%，预算内教育经费占财政支出比例12.97%。教师业务素质进一步提高，小学、初中、高中教师的学历达标率分别达到87.5%、59.2%和50.4%；高校教师中教授、副教授占教师总数的比例达到30.4%。各级教育工作者的业务能力、改革与服务意识明显增强。教育改革力度加大，取得一些新的成果。办学体制改革不断深化，一个以政府办学为主，社会各界共同办学的局面正在形成，各级政府对当地教育的统筹力度有明显加强。高校、中专办学自主权进一步扩大，招生、毕业生就业制度改革继续深化。教育教学领域改革逐步深入，教育质量有所提高。教育服务于经济建设能力增强，在“科教兴省”中发挥了重要作用。

[**制定实施《纲要》计划**] 《纲要》颁布后，省教委组织力量对全省教育形势进行分析，根据全省经济和社会发展需求，对“八五”计划和十年规划进行修订，省委、省政府出台《黑龙江省贯彻实施〈纲要〉的意见》，制定了到本世纪末全省教育的总体框架和各级各类教育发展目标。到2000年全省教育发展总目标是：初步建立起与全省经济科技实力和政治文化需要相适应的教育规模，办学条件、教育质量达到并保持国家规定的水平，某些地区、重点学校的学科达到国内先进水平，形成结构合理、功能完善、相互沟通、协调发展的具有地方特色的社会主义教育体系基本框架。在保证必要的教育投入和办学条件的前提下，全省各级各类教育事业发展的主要目标是：基本普及九年义务教育；中等职业技术学校在校生人数达到高中阶段在校生的60%以上；省属高校在校生达到7.7万人，全面实施“2855工程”(即：2所省属高校列入国家211工程，8至10个学科列入国家重点学科，5所重点高校进入全国同类院校先进行列，50个学科达到国内先进水平)；提前完成扫盲任务，到1998年，全省青壮年文盲率降到2%，成人高等学历教育在校生达8万人。中小学教师90%以上达到合格标准，80%中等职业技术教育教师学历达标，90%的高校教师达到硕士或研究生水平。

为实现上述目标，提出深化教育改革的思路：基础教育完善“分级办学，分级管理”的管理体制改革，重点加强县级的统筹管理权，强化地市、县政府实施九年义务教育的责任；深化教育教学领域改革，完善学校德育工作体制，强化督导特别是督政职能。职业技术教育逐步建立起由政府主办骨干示范学校，其余以行业、企业、事业单位办学和社会各方面联合办学为主的办学体制；加强校办产业发展，实行产教结合、企校结合、一校多制的办学模式。高等教育以深化招生、收费、毕业生就业制度改革为突破口，调整学科、专业、层次结构、积极发展面向第三产业、中小企业、乡镇企业和农村需要的专科教育，引入竞争机制，加快内部管理体制改革步伐。成人教育以农村教育和职工岗位培训为重点，大力开展实用技术培训；1995年前，完成各类成人高校的调整，提高办学效益，鼓励和支持以职业技术教育为主的社会力量办学。

[**全省教育年度工作方针**] 1993年，全省教育年度工作方针是：以解放思想，转换脑筋，更新教育思想和教育观念开路，大胆探索，敢于试验，走出一条发展改革全省教育的新路子。深化教育体制改革，释放潜在能量，牵动整个教育工作登上新台阶。搞好办学体制改革，明确各级各类教育的办学体制，建立以政府办学为主体的社会各界共同办学的体制；允许团体和公民个人按照国家法规和教

育方针办学，开始试办民办大学；继续完善分级办学、分级管理体制，扩大高等学校办学自主权，加快学校内部管理体制改革步伐。深化招生、毕业生就业制度改革，进一步打通人才通往农村和乡镇企业的渠道，逐步建立毕业生就业市场。深化农村教育综合改革，为“贫、富、边”三类县域经济发展提供科技和智力支持，实现农村教育与县域经济的对接。加快城市教育改革步伐，探索经科教统筹结合的运作模式。深化教育内容、教育方法改革，全面贯彻教育方针，全面提高教育质量。加速大中专院校科技开发和成果转化的步伐，促进生产力的发展，在“科教兴省”中建功立业。

撰稿 梁秀海

审稿 孟凡杰 郑吉南 鄢献革

基础教育

[**概述**] 1993 年，全省基础教育进一步完善“分级办学、分级管理”的管理体制，使基础教育得到巩固和提高。1993 年全省小学招生比上年增加 3.3 万人，在校生比上年减少 4.64 万人。学龄儿童入学率达到 98.28%，比上年提高 0.75 个百分点；小学毕业生升学率达到 82.15%，比上年下降 1.6 个百分点。全省普通初中招生比上年减少 3.31 万人，在校生比上年减少 7.34 万人。初中阶段入学率达到 82.75%，比上年下降 1.6 个百分点，初中毕业升学率达到 44.2%，比上年下降 2.7 个百分点。普通高中教育规模继续下降，1993 年，全省普通高中比上年减少 41 所，招生比上年减少 0.49 万人，在校生比上年减少 2.5 万人。特殊教育巩固提高，残疾儿童入学率达 97.68%，其中盲童入学率达 100%。黑龙江省特殊教育的普及工作和多种办学形式在“亚太地区特教会”和“中国残疾人事业五年工作纲要”总结表彰会上得到肯定和表彰。学前教育有较大发展，全省幼儿园在园幼儿 60.48 万人，比上年增加 0.87 万人。全省 1993 年用于基础教育经费 133909 万元，中小学危房比例下降到 1%以下、中小学 95% 的校舍实现了砖瓦化。

[**义务教育**] 根据《纲要》提出的“在九十年代，全国基本普及九年义务教育（包括初中阶段的职业技术教育）；大城市市区和沿海经济发达地区积极普及高中阶段教育”的发展目标，对全省普及九年义务教育规划进行重新调整（见下表），并制定保证措施，加快九年义务教育普及步伐。

黑龙江省普及九年义务教育进度表

		学龄儿童人口数(万人)	已普及的县、市总数	占全省县、市总数的%	已普及的县、市、区人口数(万人)	占全省人口总数的%
1995年	初等义务教育	347	137	100.00	3560	100.00
现状	初级中等义务教育	165	37	27.01	809	22.70
1997年	初等义务教育	350	137	100.00	3632	100.00
现状	初级中等义务教育	192	70	51.09	1757	48.40
2000年	初等义务教育	359	137	100.00	3705	100.00
现状	初级中等义务教育	196	90	65.69	2454	66.23
1993年	初等义务教育	366	137	100.00	3817	100.00
现状	初级中等义务教育	213	109	79.56	3274	85.77

注:1992年全省人口总数:3526万;全省县(市、区)总数:136个。

1993年,九年义务教育依法稳步推进,在巩固普及小学教育的基础上,开始在30%的人口地区普及九年义务教育。调整初中网点布局,进一步压缩戴帽初中,规定人口在2万人以下的乡(镇)至少建1所初中,人口在2万人以上的乡(镇)建2~3所初中。企业单位通过集中办学,提高规模效益。1993年,全省小学附设初中班由1992年的2755个减至2442个,下降幅度达12.5%。同时,采取有力措施,控制中小学生流失率。1993年,全省中小学流失率回升,特别是初中生流失率回升幅度较大,仅1993年上半年,已达6.25%,个别市(县)超过10%以上。针对这一问题,省政府召开紧急电话会议,采取超常措施,使初中生流失率全年控制在8%以下,仍比1992年略高。

充分发挥教育督导职能,通过"两基"验收和对热点问题的督促检查,促进地方政府增加教育投入,加快九年义务教育的普及。制定了黑龙江省"两基"评估验收方案和评估验收标准。在对宁安市进行"两基"验收试点的基础上,对哈尔滨市动力区、齐齐哈尔市龙河区、牡丹江市西安区、佳木斯市前进区、大庆市红岗区、密山市、萝北县、牡丹江农管局、牡丹江铁路分局等10个单位的"两基"工作进行评估验收,提高了各级党政领导和有关部门对实施"两基"的认识,为今后全面开展"两基"评估验收创造了良好局面。

[**中小学规范化建设**] 1993年,在全省经济十分困难的情况下,提出"集中力量,治理薄弱初中、消灭差校"的工作要求,使工作重心向薄弱学校转移,突出了投入重点,规范了管理要求,使规范化学校的建设水平在1992年的基础上,1993年又有较大幅度的提高,规范化小学由上年的45%提高到50%;规范化初中由上年的49%提高到55%;鹤岗、齐齐哈尔、七台河等市已超过60%。标准

小学由 1992 年的 200 所，发展到 247 所，示范初中由 1992 年的 15 所，发展到 30 所，初中薄弱的状况得到改善。历时两年多的全省“中小学危房改造工程”园满完成，“中小学内部建设工程”开始启动，1993 年 8 月，召开了全省中小学危房改造工程总结大会，对成绩显著的 45 个市(县)及 200 名先进个人进行表彰奖励。

［**德育工作**］ 按照《小学德育大纲》和《中学德育大纲》的要求，提出了具体贯彻意见。以中小学日常行为规范为主线，严格学校管理，严肃校风校纪。在中学，以清除吸烟、喝酒、赌博、打架、斗殴、考试舞弊等五种恶习为重点，强化行为训练。在小学，通过建立各级定期检查制度，推动《小学生日常行为规范》的贯彻落实。针对中小学犯罪率上升的趋势，下发了《关于加强中小学思想政治工作，减少违法犯罪因素的通知》。目前，中学生的五种恶习得到有效控制，犯罪率明显下降；小学生按《规范》作到“三会”率达到 90%以上，劣迹率、后进生率均有明显下降。

深入开展“两史一情”教育，发挥教学主渠道作用，把国家教委制定的学科国情教育纲要落实到各教学环节中去。《小学生国情教育十知道》了解率达 85%以上。不断完善中小学升降国旗制度，全省升旗教育达标率达 95%。充分发挥社区教育在学校德育工作中的积极作用，并作为城市教育综合改革的启动点。推广佳木斯市前进区建立政府统筹、社会参予、学校自主、双向开放、双向服务、互相促进、协调发展的社区教育经验，为优化社会育人环境奠定了良好的基础，并在实践中取得明显的成效。鹤岗市、哈尔滨市的社区教育在清除青少年不良习惯中发挥了重要作用。

新时期学校德育工作的理论研究得到加强，取得一些新的经验。如佳木斯市在全市中小学推广佳木斯市第一中学开展“五心”教育的成功经验，即从孝心献给父母，关心献给他人，信心留给自己，进而达到爱心献给社会、忠心献给祖国，把中华民族的传统美德与社会主义道德融为一体，形成了社会主义改革开放时期的新价值观、道德观和行为准则，是市场经济条件下德育工作的新探索。

［**办学体制改革**］ 在巩固和完善“分级办学、分级管理”的基础上，针对一些贫困地区乡镇财政拮据和管理上的问题，提出各地(市)、县可根据实际，将教师工资、任用、调动等权限收归县统一管理的意见，对提高教师待遇，保证教师工资及时发放和加强师资队伍建设起到积极作用。社会力量兴办中小学教育和幼儿教育蓬勃发展，给基础教育的办学体制和管理体制改革增添了新的内容和研究课题。1993 年，全省私立中学 17 所，比上年增加 13 所，在校生 2083 人，比上年增长 191.3%，私立小学 9 所，比上年增加 8 所，在校生 1126 人，比上年增长 650.7%，私立幼儿园 2606 所，比上年增加 165 所，入园儿童 8.55 万人，比上年增长 26.0%。普通高中办学模式改革的实验学校已达 50 所。多种形式办学的农村中学已达 45%，对全面推动“农科教”结合起了重要作用。

［**教学工作**］ 1993 年，高中会考顺利实施，已形成完整的管理体系和办法，为 1994 年与高考衔接做了充分准备。基础教育的学制改革、课程改革顺利展开，小学在坚持“注音识字，提前读写”和“三算”教学试验推广基础上，突出抓了“愉快教育”的试点和推广，以齐齐哈尔市区小学为典型的这项改革已在全省引起良好反响。九年义务教育新课程计划、新教材开始实施和使用。由“六、三”向“五、四”学制过渡按计划进行。

［**师资队伍建设**］ 1993 年全省中小学

在职教师学历培训步伐加快。在继续抓好教师进修院 校学历补偿教育的同时,全省3万多名中学教师参加"三沟通"培训,占中学未达标教师总数的60%。将自学考试引入中小学师资培训。小学教师专科学历试点扩大,试点校由原来的2所增加到5所,在校生达520人。有400名小学教师采取业余学习形式接受专科学历培训,小学教师中专科以上学历比例达5.1%。

中小学教师队伍得到充实,教师学历合格率进一步提高。高中教师学历合格率达到50.4%,比上年提高2.8个百分点,初中教师学历合格率达到59.2%,比上年提高3个百分点;小学教师学历合格率达到87.5%,比上年提高2.7个百分点。教师总数中有专业技术职称的比例,高中达到90.3%,比上年提高3.2个百分点;初中达到78.7%,比上年提高3.3个百分点;小学达到82.1%,比上年提高2.4个百分点。其中中教高级、一级教师比重,高中和初中分别达到43.7%和22.1%;小学中教高级、小教高级达到17.7%,比上年分别提高5个、2.4个和2.5个百分点。

采取有力措施,基本解决拖欠教师工资问题。1993年,全省出现大面积拖欠中小学教师工资问题,数额之大,为历史少有。经有关方面积极努力,在省委、省政府领导直接过问下召开了全省解决拖欠中小学教师工资工作会议,提出了解决的8项措施,并于年底前基本解决了政府办中小学教师工资拖欠问题,为贯彻执行《教师法》打下一定的基础。

为贯彻落实国务院有关文件精神,制定了黑龙江省中小学教职工住房规划,推广哈尔滨市政府解决中小学教师住房所采取的措施和对策,推动中小学教师住房条件的改善。

撰稿 梁秀海

审稿 孟凡杰 郑吉南 鄢献革

职业技术教育

[**概述**] 在国务院《关于大力发展职业技术教育的决定》推动下,围绕落实省委、省政府《关于发展职业技术教育若干具体问题的决定》和省人大《黑龙江省职业技术教育条例》,全省职业技术教育进一步发展。1993年,全省高中阶段职业技术学校在校生占高中阶段教育在校生的比重已由上年的52.9%提高到54.1%。普通中专(不含中师)招生比上年增加0.72万人,在校生比上年增加0.88万人。职业高中比上年减少60所,招生比上年减少1.32万人,在校生比上年减少2.09万人。技工学校220所,比上年增加6所;招生3.45万人,比上年减少0.33万人;在校生10.97万人,比上年增加0.39万人。全省职业高中招生科类结构有较大变化,工科、农科比例与上年比较有所下降,工科下降13.7个百分点,农科下降22.3个百分点;体育、财经、政法比例分别上升10.3、3.8和2.7个百分点。职业高中专业结构向多样化方向发展。普通中专财经、工科、体育、艺术类招生呈增长趋势,财经专业招生增长最快,在中专增加的0.72万学生中,有0.35万为财经专业,占48%。

[**年度工作计划**] 1993 年，全省职业技术教育工作深化办学体制改革，充分发挥部门、行业、企事业单位举办职业技术教育的积极性，支持和鼓励自办或联办职业技术学校。完善分级办学、分级管理体制，重点强化地方政府统筹各类职业技术教育的职能和责任，扩大地方政府对职业技术教育的决策权。加强职业技术学校骨干学校建设，吸引企业集团参与办学。引导职业技术教育大力发展校办产业，走产教结合、企校合一，以职养职的路子。适应发展外向型经济对人才的需求，调整职业技术教育的专业设置。深化教育教学改革，加强实践教学环节，注重应用型人才的培养。努力增加职业技术教育投入，改善职业技术学校办学条件，增强全面发展的能力。加强执法监督，使职业技术教育逐步走上法制建设轨道。

[**职业教育改革**] 普通中等专业学校以招生分配制度改革为突破口，深化教育改革，取得一些成功经验。为适应市场经济和地方经济建设的需要，从 1993 年起，提出编制招生来源计划要与国家和各地经济建设对毕业生的需求相适应，把招生来源计划与毕业生去向、培养和使用紧密结合起来，适当照顾边远、少数民族和文化薄弱地区。1993 年，全省招收普通中专学生 2.46 万人，其中调节性计划招生 9609 人，占招生总数的 39%。

职业高中的专业设置进一步得到调整，城市职业中学面向第三产业，开办的微机财会、涉外财会、旅游、导游、宾馆服务等专业的毕业生供不应求。边境口岸地区重点调整了传统专业，开设了外经外贸、烹饪、摄影、外贸俄语、俄文打字等专业，深受当地欢迎。

[**发展校办产业和实习基地**] 中等专业学校按照教、科、产一条龙的方针，积极创办校办企业。为进一步贯彻落实省委、省政府《关于进一步扩大开放，加快发展外向型经济的决定》，由全省中等专业学校后勤研究会发起，成立了黑龙江省隆中有限公司。截至 1993 年底，全省中等技术学校已建成产业实习基地和校办产业 233 个，固定资产 1900 万元，总产值 5000 万元，创经济效益 490 万元。

职业高中实验、实习基地建设继续加强，校办产业加速发展。利用省职教专项贷款 103 万元扶持 15 所农业、职业高中基地建设和仪器设备的补充。年初提出的 20 所省级重点职业高中年创收达到 20 万元，“八五”期间重点办好的 30 所农、职业中学创收达到 10 万元的目标基本实现。全省职业中学实习基地和校办产业达 600 余个，固定资产 5700 万元，创产值近亿元。有 13 所学校的 24 种产品参加了全国中等职业技术学校校办产业产品展销会，受到用户欢迎。

[**农村和城市教育综合改革**] 农村教育综合改革由“三教统筹、农科教结合”已上升到“政府统筹、经科教结合”的新阶段，成为促进全省农村经济发展的一项重要措施。按着“点上开花、面上扩展、整体推进”的方针，重点推广讷河市(富)、桦南县(贫)、密山市(边)农村教育综合改革经验，大范围推进农村教育综合改革。经省政府和国家教委批准，齐齐哈尔市被确定为地区级国家农村教育综合改革实验区。为落实省委、省政府《关于支持绥化等九县市率先登上经济发展新台阶率先建立社会主义市场经济体制的意见》(简称“九小龙”实现“两个率先”)，将阿城、尚志、海林、穆棱、富锦列为省级农村教育综合改革实验县。1993 年，全省农村教育综合改革实验县由上年的 10 个发展到 17 个；“燎原计划”示范乡由 150 个发展到 250 个。利用“燎原计划”贷款扶持 80 多个项目创产值近亿元。农村多种形式的职业技术教育和实用技术培训有了更大发展，以县、乡、村三级学校为框架，

建立科技推广、辐射网络和体系，成为发展县域经济的主力军。继续采取“一校带一村，一生带一户”的形式，推广农业生产技术，基本形成上挂、横联、下辐射的科技推广网络和体系。

城市教育综合改革在试点城市中起步，并积累了一些经验。各试点城市在高标准普及九年义务教育方面取得明显成绩。哈尔滨市的“增优补差”(即增加优良学校数量，帮助差校提高水平)、齐齐哈尔市的“愉快教育”、佳木斯市的“社区教育”和牡丹江市的初中毕业生升学实行配额制，对基础教育由应试教育转向素质教育起到明显的作用。政府统筹职业教育和成人教育力度加大，并逐步上升为政府行为，鸡西市政府统筹当地各类教育，建立职教中心，积极促进职业技术教育与企业的联合办学，为教育与经济统筹结合进行了积极探索。

撰稿　梁秀海

审稿　孟凡杰　郑吉南　鄢献革

高等教育

[**概述**]　1993年，全省普通高等学校本专科招生数比上年增加0.42万人，增长14.7%；在校生比上年增加1.12万人，增长13.1%。研究生招生比上年增加372人，增长27.5%；在学研究生比上年增加470人，增长12.0%。高等学校层次、科类结构有所调整，研究生、本科生、专科生比例发生变化，研究生与本专科生招生比由上年的1：21.3降到1：19.1。本、专科招生比由上年的1：1.06提高到1：1.19。文科、财经、艺术类招生明显增长，师范、农科类招生大幅度下降。重点学校建设有所加强，新增博士点3个，博士指导教师10人；新增硕士点10个，重点学科13个，重点专业9个。取得科技成果500项。

[**师资队伍建设**]　1993年，在部分有条件高校举办了硕士研究生课程进修班，有2000名高校教师及教学管理人员参加培训。专任教师中有25.8%达到研究生毕业，比上年增加1.7个百分点。运用职称评定、劳动工资等改革杠杆，扶持和培养高校中青年骨干教师。普通高校评定高级职务教师1290人，其中正高级296人，副高级994人。全省高校副高级职务以上教师占专任教师总数的比例由1992年的25.7%上升为30.4%；其中45岁以下晋升正高级15人，40岁以下晋升副高级403人，占晋升副高级人数的40.5%，高校教师队伍青黄不接、后继乏人的矛盾有所缓解，年龄结构趋于合理。

[**省属高校建设**]　1993年，集中使用财力加强省属高校基本建设。投入3944万元资金，用于省属高校校舍、基础设施和配套建设；投入752万元资金，用于省属高校内部建设，使省属高校办学条件得到相应改善，实验设备得到加强，办学规模得到扩大。特别是牡丹江师范学院搬迁建设和哈尔滨师范大学艺术学院教学楼，这两个多年未解决的老大难问题得到解决。

［**高等教育改革**］　围绕贯彻实施《纲要》，进一步落实省委、省政府《关于充分发挥知识分子作用，促进经济发展的若干政策规定》（简称"36条"），提出了深化普通高等教育深化改革措施。深化办学体制改革，试办全省第一所私立民办高等学校——东方大学，在齐齐哈尔医学院进行国有民办体制改革的试点，在黑龙江大学创办实验学院。改革投资体制，逐步建立以国家投资为主，校办产业创收、社会集资、学生交费为辅的多渠道筹资方式，允许普通高等学校在不影响学校总体规划的前提下，利用现有条件，参与城市商品房开发，并逐步过渡到参加统建教职工住宅小区。深化招生、收费、毕业生就业制度改革，允许有条件的普通高校在完成国家招生计划的前提下，充分发挥办学潜力，根据社会需求，特别是乡镇企业、中小企业对人才的需求，适当扩大招收委托生和自费生；适度放开调节性计划招收的委托生、自费生及函授、夜大学学费标准；降低师范院校学生收费标准，加大助学金或奖学金数额，吸引优秀高中生报考师范院校。继续扩大农、林、医、师院校定向生和委托生的招生比例，为边远和贫困地区培养人才；实行师范院校毕业生服务期制度，严格控制毕业生流失。加快校内管理体制改革步伐。调整高等学校的专业、层次结构，在稳定基础学科的基础上，积极发展工程技术等应用学科，加快发展主要面向第三产业、中小企业、乡镇企业和农村需要的专科教育；发挥部委院校学科专业优势，为地方培养人才。在学校内部管理过程中，引进竞争机制，调动教与学两个积极性。在学生管理中，打破计划统一招生、合同委托生、自费生入学后资格一贯制的作法，试行滚动式奖学金，奖优汰劣，激励学生奋发向上。深化高校科研和后勤改革，鼓励和支持兴办高新技术园区和科技一条街，加快科技成果转化和二次开发，鼓励科技人员以承包、领办、参股、租赁、兼并等形式，扶持中小企业、乡镇企业。完善职称评聘制度，扩大评聘"推广型教授"比例，鼓励科技人员进入经济建设主战场。

［**高校为经济建设服务**］　各普通高校充分发挥人才、科技及地理位置等方面的优势，与地方、部门和企业合作，以兴办高新技术园区和科技一条街为基础，探索出一条适应自身发展和社会主义市场经济体制要求的办学模式和校办产业模式。哈尔滨工业大学采取"以校建区、以区补校、校区结合、一校两制"的方针，创办独具特色的高新技术园区，截止到1993年底，吸引和投入资金2.7亿元，签定外资合同18项，开发30万平方米房产，科技市场及配套服务设施已竣工投入使用。国家科委批准建立"哈尔滨工业大学高新技术园区"，国家教委副主任韦钰受国务院副总理李岚清委托专程进行考察，认为这在全国高校中是一个创举，是高校改革发展的新路。中央政治局常委、书记处书记胡锦涛在考察时指出："哈尔滨工业大学创办高新技术园区，是一项很有意义的探索和实践，是根据改革开放思路在高教领域的有益尝试。"哈尔滨船舶工程学院与哈尔滨开发区工商局联合创办的全省第一个科技一条街，已成为黑龙江省的"中关村"。齐齐哈尔轻工学院与齐齐哈尔市政府联合建立了高新技术一条街，成立了高新技术产业集团公司，为创建科学园迈出了第一步。黑龙江省中医学院，创办了全省第一个医药科技一条街。目前，全省高校创办的科技园区和科技一条街已达10余个，校办产业达250多家。1993年实现销售收入2.5亿元，税后利润达4000多万元。

"科教兴省"工作得到大力贯彻，全省高校承担与企业合作开发项目450多项，与企业签定技术转让合同250多项，合同金额达3000多万元。"科教兴省"试点县工作进一步深化，高校科技承包和智力扶贫取得明显成效。1993年在克东县组织推广开发10项新产品，使该县工业产值和利税比去年有较大幅度增加，圆满完成了省政府下达的4县2000万亩中低产田高产任务。东北农学院利用寒暑假组织师生5000多人次开展智力扶贫，收到良好的经济效益和社会效益。

［**国际交流与合作**］ 1993年，黑龙江省同30多个国家和地区进行国际教育交流与合作，聘请外国专家118人，短期讲学专家526人次，派遣留学人员83人，留学归国人员66人。特别是利用地缘优势，积极开展对俄罗斯的教育交流，1993年6月在俄罗斯哈巴罗夫斯克召开了中俄大学校长研讨会，黑龙江省27所大学校长和俄罗斯28所大学校长参加了会议，会议通过《中国黑龙江省与俄罗斯东部地区首届大学校长会议决议》，为中俄教育交流、发展合作打下良好基础。日本新泻县与黑龙江省友好关系进一步加强，在两地分别举办了黑龙江省与新泻县中小学生书法绘画作品展。日本神内良一国际福利事务所向佳木斯工学院无偿提供100万美元的赠款，用于佳木斯工学院外国语分院建设。

撰稿　梁秀海

审稿　孟凡杰　郑吉南　鄢献革

成人教育

［**概述**］ 1993年，成人高等学历教育继续发展。成人高等学校比上年减少2所，本专科招生3.34万人，比上年增加0.35万人，增长12%；在校本专科生8.4万人，增加0.5万人，增长6%。成人高等学历教育财经、政法、理科、医科类招生比例上升，师范、农科类招生下降。加强了成人高校间的相互沟通，充分发挥成人高校多种形式办学的优势，加快人才培养。成人中等技术教育巩固发展，培训青壮年农民597.89万人次，比1992年多培训230.54万人；企业职工全员培训率在43.5%。扫除文盲8.36万人，青壮年文盲率下降到3%。自学考试加速发展，高等教育自学考试开考专业39个，比上年增加6个，报考人数17万人次，本专科毕业生1.18万人，中专自学考试毕业生0.21万人。社会力量办学继续发展，各类社会力量办学2071所，其中职业技术教育类877所，占42.3%，文化教育类629所，占30.4%。已建卫星电视台(站)2719个，卫星电视覆盖面达65%。

［**成人学校招生改革**］ 成人高校的“三生”(预科生、往届生、有实践经验考生)招生改革试点扩大。预科生比例有所增加，录取新生1200人；招收往届生试点由哈尔滨市扩大到面向全省乡镇企业、集体企业、区(街)企业考生，录取新生3000余人。招生考试科目改革由西医药类专业扩大到中医类和劳教劳改专业，技能考试的试点继续在4所学校进行。1993年，首次进行了第二专业学历教育和招生与招工相结合的招生改革试点，分别录取新生400人和800人。继续下放成人招生自主权，允许部分普通高校和成人高校面向农村，采取成人教育形式，自行组织考试。招收自费、不包分配生的招生改革试点，对于缓解农村人才短缺起到了积极作用。

[**扫盲工作**] 1993年，全省扫盲教育又取得新进展。各地共举办扫盲班1.26万个，结成7.1万个包教保学对子，参加学习的文盲、半文盲12.57万人，共扫除文盲8.36万人，比1992年多扫除1.27万人；青壮年文盲率下降到3%，同时，有29.7万名脱盲人员参加了各种形式的巩固提高学习。为确保完成扫盲任务，年初对全省文盲状况进行调查摸底，健全文盲档案。逐级制订扫盲计划和基本扫除文盲规划，建立脱盲考试验收题库，并通过《扫盲学习报》保证扫盲质量。

[**农村文化技术学校建设**] 根据“科教兴农”发展战略，全省农村成人教育深化改革，不断发展。全省县(市、区)和有关系统举办的农民中专发展到34所，乡(镇)农民文化技术学校发展到1059所，占乡(镇)总数的96.4%；村办农民文化技术学校发展到11135所，占行政村总数的80.1%；生产能手和高产大王“举办的农民家庭学校也有较大发展。全省已形成县、乡、村、户四级办学的农村成人教育网络。

全省实用技术培训有很大进展，培训农村青壮年597.89万人，比1992年多培训94.89万人；其中培训农村知识青年230.54万人。广大农民普遍学习1～2项实用新技术，许多农村知识青年通过系统提高教育，成为农村科技致富带头人。

撰稿 梁秀海

审稿 孟凡杰 郑吉南 鄢献革

民族教育

[**概述**] 黑龙江省有满、回、朝鲜、蒙古、达斡尔、鄂伦春、赫哲、鄂温克、柯尔克孜、锡伯等48个少数民族，人口199万，占全省人口总数的5.6%。有1个民族自治县，1个城市民族区，69个民族乡(镇)，581个民族村。目前全省有9个民族单独设立了学校，单独设校的民族小学527所，在校生4.89万人，占民族学生总数的39%；单独设校的民族中学88所，在校生2.23万人。适龄儿童入学率达98%，年巩固率、合格率和普及率均达到省规定的标准。九年义务教育正在有计划、分阶段地实施。民族师资队伍建设得到加强，全省有2所民族师范学校和1所教师进修学院，小学师资实现了立足于本省培养，中学师资采取省内师范院校设立预科班和同吉林、内蒙古对换招生的办法，拓宽了民族师资来源渠道。截止到1993年底，全省各民族小学、初中和高中教师学历达标率已分别从1979年的33.7%、21%和36%，提高到81%、56%和65%。民族职业技术教育得到发展，现有省属民族中等专业学校1所，单设民族职业中学3所和一批民族职业及成人职业技术联校，民族中等教育结构得到改善。民族学校的朝语文“文型教学”、语文“注音识字，提前读写”、蒙语文“音标会话教学”和达斡尔等民族用本民族语言辅助教学等教改实验均收到良好效果。

各少数民族学校及教育情况见下表：

1993年全省少数民族小学情况表

	单独设校						非少数民族小学				
	校数(所)	毕业生数	招生数	在校生数	教职工数		毕业生数	招生数	在校生数	教职工数	
					计	其中专任教师				计	其中专任教师
合　计	527	6658	8922	48927	4962	4502	12279	11599	75959	7920	6854
蒙古族	70	882	1021	6024	582	533	826	660	5124	641	583
回　族	6	117	122	680	42	31	1224	1265	8163	794	597
朝鲜族	380	4656	6485	34975	3891	3553	1897	1707	11038	1200	964
满　族	23	422	528	2927	116	101	7839	7282	48008	4813	4285
柯尔克孜族	1	1		70	10	9	28	29	161	31	26
达斡尔族	37	450	608	3425	236	202	294	438	2196	299	275
鄂温克族	2	22	30	126	9	7	33	60	353	27	23
鄂伦春族	6	38	62	318	43	37	35	64	321	16	15
赫哲族	2	70	66	382	33	29	18	23	163	20	17
其他少数民族							85	71	432	79	69

1993 年全省少数民族中学情况表

	校数		毕业生数		招生数		在校生数		教职工数	
	初中	高中	初中	高中	初中	高中	初中	高中	计	其中专任教师
合计	71	17	4593	1985	5601	1893	17095	5287	3083	2346
蒙古族	8	3	605	187	882	246	2883	504	322	224
回族					30	1	31	1	5	1
朝鲜族	49	14	3507	1734	3903	1605	12343	4632	2576	1990
满族	2		203	9	324	3	756	11	62	47
柯尔克孜族			4	4	8		22	6	1	
达斡尔族	7		212	43	358	37	797	122	87	58
鄂温克族			4	3	2	1	5	7	3	1
鄂伦春族	3		11	3	24		63		9	7
赫哲族	2		47	2	70		195	4	18	18
其他少数民族										

［**义务教育**］　在 1990 年全省各民族基本完成了省规定的普及初等义务教育"四率"指标要求的基础上，开始了有计划、分阶段地实施九年义务教育工作。省教委制定了全省少数民族分步实现"普九"任务目标：1997 年满、回、朝鲜族，2000 年蒙古、达斡尔族，2003 年鄂伦春、赫哲、鄂温克、柯尔克孜族，分步实现普及九年义务教育的任务。在抓好巩固提高普及初等教育成果和实施九年义务教育方面，一是狠抓学前教育。将少数民族学前班纳入小学阶段，由教育行政部门统一管理。制订了学前教育管理暂行规定，统一了大纲和教材，提出了教育教学的具体要求。到 1993 年，全省有 458 个少数民族学前班，其中 85%已纳入小学阶段管理，入班儿童 7773 人，占全省少数民族学前 6 周岁儿童总数的 89%。二是狠抓各民族小学和初中的规范化建设，努力改善办学条件，提高教育教学质量和办学水平。50%的少数民族小学和初中达到了规范化建设基本合格以上的标准。三是狠抓师资队伍建设。通过加强省内 2 所民族师范学校建设、办好省属高校民族预科班、对换招生以及开展在职教师的继续教育等途径，加强各民族所需师资的培养和在职教师的培训，提高学历达标和岗位合格率。四是抓好学制改革。1993 年，省教委下发了《十年义务教育全日制朝鲜族小学、初级中学课程计划（试行）》和《九年义务教育全日制蒙古族"汉语授课、加授蒙语文"小学、初级中学课程计划》。对朝鲜族教育决定实行"六四"制，即小学六年、初中四年的十年义务教育，以解决民族学校多设 1 门课程加重学生负担影响质量提高问题。其小学学制过渡，从 1993 年秋季开始。为适应实行十年义务教育新情况，从 1993 年起将小学入学年龄提前到 6 周岁入学。初中从 1993 年秋季开始过渡，到 1997 年暑期完毕。中小学义务教育学制及课程计划也作了相应的规定。对有语言无文字的达斡尔、鄂伦春、赫哲、鄂温克、柯尔克孜族以及用汉语授课的满、回族，提出与全省统一要求，同步进行。五是大力宣传并要求各地切实搞好学校网点调整，实现民族学校合理布局，特别是加

速初中建设,提高综合办学水平。

[**职业技术教育**] 为加快全省民族职业技术教育发展步伐,省教委提出了按民族、有重点分类指导的原则,采取多层次、多规格、灵活多样的办学形式发展职业技术教育,并在发展的基础上逐步改善办学条件,提高办学水平。改善民族中等教育结构,促进了全省少数民族职业技术教育的发展。全省有1所省属民族中等专业学校,3所单独设立的民族职业中学,14个民族职业班,7所成人职教联校。全省少数民族接受职业技术教育的人数已由1990年占全省普通高中阶段少数民族在校生人数的5%,提高到1993年的16.8%。为此,采取的主要措施:一是精办普通高中,有计划地改办少量普通高中为中等职业技术学校;二是积极创造条件,创办职业中学;三是在少数民族普通中学举办职业班;四是在当地汉族职业中学办民族班或招收少数民族学生;五是大力举办成人职教联校或“燎原”中专班;六是在普通民族中学实行初二、高二分流或初、高中后职业技术培训等。这些措施收到了明显效果。目前,全省民族职业学校(班)共开设了农学、畜牧、园艺、农电、家电、汽车修理、服装裁剪、财会、幼师、微机、文秘、日语、英语、俄语等14个专业。有的学校(班)还针对当地经济建设急需,开展了农药使用、新菜籽种植、实用技术推广等短期实用技术培训,受到少数民族群众的欢迎。

撰稿 牧 童 梁秀海

审稿 孟凡杰 郑吉南 鄢献革

附

哈尔滨市教育

《中国教育改革和发展纲要》的颁布,加快了哈尔滨市教育改革与发展的步伐。1993年哈尔滨市教育在小学整体改革、师资队伍建设等方面取得了新进展。

一、小学整体改革形成特色 自八十年代中期开始,哈尔滨市以“应试教育”向“素质教育”转轨为目标,以减轻学生负担,全面提高学生素质为核心,以整体优化为原则,开展了从办学思想、办学模式、课程结构以至教法、学法等多方面的小学整体改革实验。经过近10年的努力,小学教育出现了可喜局面:学生课业负担过重的现象得到一定控制,课堂教学效率不断提高,课外活动越来越受到重视,全市出现了一批以35所试点学校为代表的办学质量高、特色鲜明、有利于学生主动学习、生动活泼发展的示范学校。其中,比较突出的改革试点是:

愉快教育。体现这一特色的代表性学校有经纬小学、马家沟小学等学校。在具体实施上,通过整体优化,有效地发挥课堂教学、课外活动和环境建设“三大板块”作用。在课堂,改进教法、指导学法,控制学生作业总量,发挥学科特长,激发学生主动学习的精神。在课外,把课外活动纳入教学计划,做到定计划、定目标、定教师、定活动场所,使全校所有学生都参加了不同层次、不同类型、丰富多彩的课外活动，使学生在活动中获取新知识，锻炼意志，增强参与意识，培养学生的健康心理品质。通过建设友爱融洽的人际环境(干群、师生、同学之间)，优美文明的校园环境，合作、共建的校外环境(军警民共建、家长学校)，使这些学校成为对学生有强烈吸引力和凝聚力的学习乐园。

成功教育。体现这一特色的代表性学校有复华小学、兆麟小学等学校。这些学校从培养学生良好习惯着手，将其作为实施成功教育的主线，要求学校各方面的工作都自觉地按照“三五”习惯的要求进行设计和规范。即养成良好的思想品德习惯，包括说真话、讲文明、懂礼貌、关心他人、尊重国旗、艰苦奋斗五项内容；养成良好的学习习惯，包括课前准备、精神集中、认真听讲、积极动脑、大胆发言、完善知识结构、复习方法、自我评价五项内容；养成良好的生活习惯，包括按时作息、卫生保健、自觉锻炼、生活自理、爱劳动、遵守时间五项内容。通过实施成功教育使95%以上的学生都能成功地完成小学阶段的学习任务，升入上一级学校。

自主教育。哈尔滨市的一些小学通过实施自主教育落实学生在教育活动中的主体地位，为学生一生的发展奠定坚实的基础。自主教育具体化为自我教育、自主学习和自理生活能力的培养，通过“三自能力”的培养形成了一个以学生为主体地位、促进学生主动发展的教育机制。

和谐教育。和谐教育是使小学教育适合儿童心理和生理发展的客观需要，使学生的心理和生理得到和谐健康的发展。实施“和谐教育”的学校十分重视课外活动，设计出“双轨同步”的改革方案，即把课堂教学和课外活动作为“双轨”，二者同步发展，形成完整的体系，以美育和劳动教育作为整体改革的突破口，有效地统筹安排了课内外活动，把学校办成使学生“欢快、平等、成功地学习和满足各种发展需要的园地”。

目前，哈尔滨市小学整体改革的经验和成果正向全市幅射，使哈尔滨市的教育在全面贯彻教育方针、全面提高教育质量上向前迈出了一大步。

二、中小学师资队伍建设 哈尔滨市一直把加强师资队伍建设、提高教师队伍的素质放在教育工作的首位，作为“永远不变的工作重点”来抓。通过不懈地努力，1993年全市小学、中学教师的学历达标率分别由1985年的58.8%和40.3%提高到99%和70%(不含20年以上教龄教师)。胜任、基本胜任和不胜任的教师比例由过去的3∶3∶4变为现在的5∶4∶1。爱事业、爱学生、教书育人在教师中蔚然成风，培养出一大批师德高尚、业务精良的中青年骨干教师和先进典型代表。1993年，在加强师资队伍建设方面采取了以下措施：

一是加强师德教育，在教师中大力倡导“三心两爱”(即事业心、责任心、进取心；爱事业、爱学生)的无私奉献精神。教师节前，市教委组织了优秀教师先进事迹报告团在全市7区5县进行师德演讲，并通过建立学校和家长联系卡、校长接待日等形式，听取家长对教师和学校工作的意见，有针对性地对教师进行职业道德教育，收到明显成效。

二是组织教师开展大练教学基本功活动，提高教师岗位业务能力。为使这项活动不断深入，哈尔滨市制定了教师职业技能训练与达标实施方案，要求全市每一所中小学校85%以上的教师都要参加训练并接受检查。1993年，全市小学普遍开展了教师基本功竞赛活动，初中开展面达60%以上，高中首先在省市重点高中进行，然后再逐步推开。在对教师全员训练的基础上，注意培养中青年骨干教师，并拨出专款对这项活动涌现的先进典型进行表彰、奖励，调动了教师大练基本功的积极性。

三是充分发挥教师进修院校的培训中心作用，赋于进修院校相应的行政职能。在队伍建设和中小学教学业务活动方面，进修院校有决策权、指挥权和视导权，使进修院校按照师资队伍建设的规划和要求放开手脚去工作，有效地发挥了作用。

四是建立了以教师综合评价为主要内容的考核激励制度。教师综合评价就是全面地评价教师，它包括思想素质、业务能力、文化水平和工作态度四个方面，全市每两年对教师进行一次综合评价，把评价结果记入教师的业务档案，作为晋级、评职、选优的依据，这就势必使教师要不断地在岗位上提高自己的工作能力，不敢松懈。仅以继红小学为例，教师基本功的训练使继红小学教师队伍素质有较大的提高。这支平均年龄只有28岁的教师队伍，有80%的教师在省、市、区及至全国的大赛中获奖，有80%的青年教师胜任大循环教学。靠这支队伍，继红小学的整体改革实现了从单项局部改革向整体改革的转变，从经验型办学向科研型办学的转变，从应试教育向素质教育的转变。从1985年至1993年，继红小学学生参加省、市、区及全国性各类竞赛获奖人次逾千。

在提高教师队伍的同时，哈尔滨市注意提高教师待遇。为方便教师生活，全市中小学普遍开展了“小福利基地建设”，现有70%的中小学校做到教师理发、洗澡、孩子入托、午饭等“五不出门”。为加快教师住房建设，市委、市政府于教师节前出台了一些具体有力的政策，为提高教师待遇提供了必要的物质条件。

三、制订贯彻《纲要》的实施意见 1993年教师节前，市委、市政府召开了全市教育工作会议，下发了贯彻《纲要》的实施意见（简称23条）。“23条”内容实、操作性强，尤其在增加教育投入、提高教师待遇方面提出了对策。首先，明确突出了政府投入的主渠道，年增加教育投入3000万元；在国家调资以外，为全市教师再长一级工资。其次，市政府决定加快教师住房建设的步伐，从1994年起，市政府每年无偿划拨10000平方米土地给市教委，建房政策从优。政府还将在原有公费医疗的基础上，再为市区教师增加150万元医疗补帖。这样，教师在住房、医疗等福利方面的待遇将高于一般职工和干部，有利于全市教师队伍的稳定和素质的提高。

撰稿 姜瑞芝 梁秀海

审稿 孟凡杰 郑吉南 鄢献革

上海市教育

概　况

［各级各类教育发展情况］

1993年各级普通学校基本情况　　　　单位：人

学校类别	学校数（所）	毕业生数	招生数	在校学生数	教职工数	
					计	其中专任教师
一、普通高等学校	49	34153	47562	141071	68304	22841
研究生		2569	3919	10037		
本科		20493	23594	89414		
专科		11091	20049	41620		
二、中等专业学校	101	17314	30722	75801	15022	6410
中等技术学校	90	14359	27754	66148	13414	5560
中等师范学校	11	2955	2968	9653	1608	850
三、普通中学	729	155334	198746	576887	68400	42444
高中		31944	37881	110512		8549
初中		123390	160865	466375		33895
四、农业、职业中学	81	15932	34301	63884	5353	2692
高中		15855	34150	63497		2674
初中		77	151	387		18
五、工读学校	15	492	491	1377	721	310
六、小学	2122	159140	193666	1166976	73847	56392
七、特殊教育学校	36	302	862	4365	1267	729
八、幼儿园	1069	189571	190459	393053	39704	25370

制表　冯静波

说明：表内中小学、幼儿园数据系上海市范围内统计数据，不包括上海市附属在外地一些原料基地办的学校数据。

1993年各级成人学校基本情况 单位:人

学校类别	学校数(所)	毕业生数	招生数	在校学生数	教职工数 计	教职工数 其中专任教师
一、成人高等学校	67	13277	22680	58134	12364	5359
广播电视大学	1	433	2178	3882	323	74
职工高等学校	49	3499	5723	15782	8110	3374
农民高等学校						
管理干部学院	5	163	984	1658	822	319
教育学院	12	875	534	1803	3109	1592
独立函授学院						
普通高校举办						
函授部	(9)	5289	5446	17925		
夜大学	(34)	2897	7563	16663		
干部专修科	(1)	121	252	421		
二、成人中等专业学校	125	10784	16839	37397	5158	2493
广播电视中专	2	4837	4368	10159	65	41
干部中专						
职工中专	112	5418	11783	25291	3647	1714
农民中专						
教师进修学校	11	529	688	1947	1446	738
三、成人中学	96	33478	61980	45633	1656	1019
职工中学	82	26654	51600	39034	1491	928
农民中学	14	6824	10380	6599	165	91
四、成人技术培训学校	593	51650	74378	43192	10305	5219
职工技术培训学校	404	32506	49125	31406	9006	4480
农民技术培训学校	189	19144	25253	11786	1299	739
五、成人初等学校		972	1734	999	52	28
职工初等学校		464	592	282	32	19
农民初等学校		508	1142	717	20	9
其中:扫盲班		290	302	12	16	7

制表 冯静波

［全市教育工作会议］ 1993年5月,市委、市政府召开上海市教育工作会议。会议由谢丽娟副市长主持,黄菊市长作了题为《积极探索,深化改革,推动上海教育事业的新发展》的报告,就上海教育改革及发展面临着前所未有的历史机遇、从上海的实际出发探索加快教育改革和发展的道路及关于教育改革和发展中需要正确认识和处理的几个关系三大问题进行了阐述。市委副书记陈至立在会议闭幕式上作了题为《统一思想,真抓实干、开创上海教育改革与发展的新局面》的讲话。会议进一步明确了上海教育改革与发展的目

标、基本思路和重大措施：确立教育作为全局性、先导性基础产业在上海经济建设和社会发展中优先、超前的战略地位，坚持上海教育“先一步、高一层”的方向，按照一流城市创一流教育的要求，全面、提前、高质量地落实《中国教育改革和发展纲要》，形成全方位的开放格局，服务全国，面向世界，逐步建立与上海地位和功能相适应、具有现代化国际大城市特点和水平的、适应社会主义市场经济体制的新的教育体制和运行机制。会议对上海教育的总体改革提出了八项重大措施，并明确了关于“上海‘高等教育、基础教育、职业技术教育、成人教育’改革与发展的若干意见”。

［**制订深化教育改革意见**］ 全市教育工作会议后，市委、市政府共同下发了《关于深化上海教育改革的若干意见》，《意见》包括八个方面的内容：

一、解放思想，开拓教育改革新局面。要全面落实教育的战略地位，把教育作为全局性、先导性的基础产业，确保在上海经济和社会发展中超前规划、优先发展；改革包得过多、统得过死的体制和高度集中统一的管理模式，创办与把上海建设成为国际经济、金融、贸易中心之一的地位和功能相适应，具有现代化国际大都市特点的一流教育，力求经过三至五年的努力，在探索建立与社会主义市场经济体制相适应的，具有中国特色、上海特色的社会主义教育体制和运行机制上取得明显进展。

二、简政放权，理顺教育管理体制。要进一步把基础教育的管理权放到区、县；进一步扩大高校的办学自主权；各级政府要加强对职业技术教育和成人教育的统筹管理；要进一步深化农村教育改革，积极开展农村教育综合改革实验。

三、积极进行多种形式办学试验，改变政府包揽办学的格局。要逐步建立以政府办学为主体、社会各方共同参与办学的新体制。对社会团体和公民个人依法办学，要采取积极鼓励、大力支持、正确引导、加强管理的方针；积极鼓励学校与企业或隶属关系不同的学校之间实行多种形式的联合办学；积极开展与境外机构或个人在沪合作办学。根据条件和可能，逐步选择若干所部、委属高校，实行共建、共管等形式，充分发挥中央部、委所属高校在人才培养、科学研究、科技开发、决策咨询等方面的骨干作用。

四、优化师资队伍，推进学校内部管理改革。各级各类学校要结合自身办学的特点，通过定编定岗，精简机构，择优聘任，竞争上岗，实行满负荷工作制，促使学校普遍提高师生比。采取综合性措施，提高教师待遇，稳定骨干教师队伍，鼓励教师终身从教。扩大师资队伍来源，改变单一由师范院校培养中小学教师的状况，逐步形成以师范院校为主、多渠道培养中小学教师的模式。普遍提高师资的学历层次。

五、积极推进招生和毕业生就业制度改革。改变国家包办高等教育的状况，逐步扩大招收自费生和委培生的规模。尽快建立和完善奖学金、贷学金、助学金、勤工俭学和医疗保险等配套制度。拓宽高等教育的生源，努力满足社会和个人对高等教育的需求。扩大高校招生自主权，改变单一的招生录取办法。继续推进毕业生就业制度改革，要建立高校毕业生就业指导机构。

六、深化教学改革，全面提高教育质量。必须全面贯彻党和国家的教育方针，积极转变教育思想，改革教育内容和教学方法。要继续加强和改进德育工作，要增加德育投入，改善德育手段，拓宽德育渠道，提高德育工作的成效。

七、转换投资机制，增加教育经费。要改革教育投资机制，改变单一靠政府拨款办学的局面，建立以政府财政拨款为主，辅之以社会团体、企事业单位和公民个人等多渠道集资办学的新格局。从1993年开始，上海地方教育经费的增长每年要比国民生产总值的增长高三个百分点，预算内教育经费支出占地方财政总支出的比例保持在20%以上，各区、县财政教育支出比例要高于市财政教育支出比例。城市教育费附加征收比率从目前的2%提高到3%。

八、加强党的领导，依靠全社会共同办好教育。全市各级党组织和各级政府部门要切实加强对教育工作的领导，积极稳妥地推进教育改革，进一步落实教育的战略地位。社会各方面要主动承担起支持和参与教育的责任，积极创造条件为教育服务，共同创建教育改革和发展的良好社会环境。

[**教育改革**] 1993年，上海市教育改革取得新的突破：

——逐步建立了以国家办学为主，社会各方参与的多元办学体制。联合办学势头良好，上海财经大学与南德集团、珠海恒通置业公司分别合办了两所管理学院；职业技术教育走与大型企业集团“联姻”、校企合一的办学路子，进行学校与社区结合办学、与行业及高等学校联合办学的新试点。民办学校稳妥发展，1993年共开办民办中小学10所，使全市民办中小学增加到15所；经过民办高校设置委员会的评审，批准6家民办高校筹办。大胆吸收、借鉴发达国家的成功办学经验，有选择地开展国际合作办学。

——优化教育资源配置，推进学校布局与结构调整。提出上海地方高校布局调整的若干原则，以适应上海产业结构调整，扩大第三产业所需人才的培养，合并重复设置过多的学校，提高规模效益。基础教育的学校布局结构调整全面展开，各区依托旧城区改造，结合重大市政工程建设，合理调整布局。闸北区制定了十大教育建设工程目标；南市区制定了全区教育布局和结构调整规划；黄浦区通过教育房产置换，在该区四个街道各建立一所地段适中、规模完备的九年一贯制学校，并设置商业、旅游、外贸、金融4所职校；徐汇区开展职业教育“双元制”试验，探索职教与高教衔接的办学新模式，逐步形成“产教结合，校企合一”的职教新机制。一些学校组建教育集团，与高校或与企业联合办学，取得了一定的成效。

——招生和毕业生就业制度改革向纵深发展。基础教育继续贯彻宏观调控、分区负责、就近入学的总原则。高校进一步扩大自费生招生规模，1993年招收的自费生已达到全部招生数的22%，并积极探索多样化录取新生的办法；与此同时，各类学校还将推行奖学金、贷学金、助学金相结合和医疗保险等配套措施的改革。高校毕业生制度改革进一步与市场经济接轨，一系列改革新措施的出台使学生、用人单位扩大了择业自主权和选择权。

——全面推进学校内部管理体制改革。1993年在全市中小学全面推行学校内部管理体制改革；进行中小学校长负责制试点；改革启动经费全部到位，改革步子积极稳妥，发展健康，办学效益进一步提高。高校通过以劳动人事制度和分配制度为重点的改革，理顺关系，转换机制，优化结构，逐步建立适应社会主义市场经济发展的内部管理体制。

——进一步深化教育教学改革，全面提高教学质量。高校进行专业结构和学科布局调整，专业口径进一步拓宽，经过专业调整，使地方高校的专业结构向文理并重方向迈出新步子；调整中等专业技术学校专业结构；完成了“上海高等职业技术教育发展研究报告”；修订了成人中专十大类专业的教学计划。

——优化教师队伍结构。拓宽师资来源，改变基础教育师资来源单一化的局面，试行师资来源多渠道、师资结构多元化；多途径提高在职中小学和幼儿园教师的学历达标率；稳定和发展骨干教师；高校优秀中青年骨干教师的选拔培养制度得到进一步加强；试行联聘兼课制试点。开展各类先进教师表彰活动，普教系统建立"青年教师奖励基金"，高教开展"十大精英"评选工作。

［**教育经费**］ 根据《纲要》与市教育工作会议精神，从1993年开始，上海地方教育经费增长每年比国民生产总值增长高3个百分点，预算教育经费支出占地方财政总支出的比例保持在20%以上，其中，区、县财政教育支出比例要高于市财政教育支出比例。从第二季度起，城市教育费附加从原来"三税"的2%提高到3%；农村教育费附加征收办法从原来税后利润的2%，调整为销售收入的0.2%。

逐步建立以政府财政拨款为主，辅之以社会团体、企事业单位和公民个人等多渠道筹措教育资金的新格局。对科技与生产结合的符合教育产业发展方向和勤工俭学性质的校办产业，在税收政策上给予更多的支持和优惠。目前，学校校办产业的发展，已成为教育经费的稳定来源之一；许多学校利用土地资源的抵租开发及合作共建、批租土地等形式筹措资金，也加快了学校建设。

上海市教育发展基金会于9月11日宣告成立。基金会负责对国内外社会团体、企事业单位和个人自愿捐赠的资金和物资进行筹集，支持和资助列入上海教育事业发展规划的重点或专项工程；支持和资助各级各类教育开展国际交流与合作；运用咨询、统筹等形式协助市政府加强教育的宏观调控，并根据有关规定使用、管理教育基金，使其滚动增值，资助教育事业的发展，促进教育改革。经过广泛的舆论宣传，在社会各界的支持下，已募集资金(包括物资)计2000万元。黄菊市长担任了该基金会名誉会长，谢丽娟副市长任基金会会长。

［**国际合作办学**］ 1993年12月，黄菊市长签署了市政府第56号令，正式颁发了《上海市境外机构和个人在沪合作办学管理办法》，进一步推动了上海教育的对外开放和国际合作办学的进行。

积极开展与境外机构和个人多种形式的合作办学。为便利外籍人士子女及港、澳、台同胞子女在沪就学的上海耀中国际学校正在筹建中，上海中学国际部已正式招生；太平洋职业技术学校和宝山鸿文职业学校被正式确定为国(区)际合作办学的试点，以推进中等职业学校办学模式的改革；与德国、日本、新加坡有关单位及机构开展"双元制"试点、创办现代模具技术培训中心及合作办班都有了新的突破和进展。

社会力量办学积极吸引外资与境外合作办学，共批准合资、合作办学20余所；成人教育大胆实践，市经委与日本合作举办生产管理者函授研修班，500名一线生产骨干参加了学习；黄浦区通过美中服务机构选聘外籍教师，每年举办四期营业员英语会话培训班，宝山钢铁总厂与德国飞斯妥公司合办自动化技术联合培训中心，引进技术教学专用设备和全套教学计划、大纲及教材，一年举办22期短训班，培训314人。

高等学历教育的合作办学积极进行。年内，与美国加勒比大学等海外华人、企业家进行了合作办学商谈，由欧共体与市政府、上海交大合作共同创建的培训MBA高级专门人才的国际工商学院建校方案基本确定。非学历的合作办学取得新的进展，上海高校浦东继续教育中心已确定十几个专业实行国际公认的资格证书培训与考试。12月，上海·英国"公认会计师资格"证书第一次开考，参加者128名。6月，国际商务高级英语资格证书培训开学，机械、计算机操作等中级资格证书的培训已开始招生,并成立了与新加坡、香港合办的二级非学历教育学院。

撰稿 郭天和 徐钦福

审稿 王生洪

基础教育

[**义务教育**] 1993年2月,上海市人大常委会审议通过了《上海市实施〈中华人民共和国义务教育法〉办法》。《办法》强化了义务教育的政府行为,把贯彻义务教育法的责任分解到各级政府的各有关职能部门,把各部门实施义务教育的职责具体化,并要求建立岗位责任制。《办法》的颁布与实施,推动了九年义务教育的发展。

1993年,上海市开展了普及九年义务教育的评估验收工作,由市政府直接组织进行。首先由各区、县对本地区实施九年义务教育的情况进行自查,发现问题,及时整改。在全面自查的基础上,由各区、县向市提出评估验收的申请。而后,市教育督导室会同市教育、财政、工商、劳动、人事、规划等部门,组织200多名人员分六批对全市申报的20个区县(崇明县未申报)逐一进行评估验收。1993年10月,国家教委派检查组对上海市普及九年义务教育评估验收工作进行了抽查。抽查报告认为:上海市各级领导对评估验收工作重视,指导思想明确,指标要求严格、适当,工作抓得认真扎实,突出了边查边改精神,对九年义务教育的实施起到了积极推动作用。上海市除崇明县外,其余8县12区都较好地普及了九年义务教育。

从评估验收的情况看,上海普及九年义务教育各项指标的情况如下:(1)普及程度。小学和初中阶段适龄儿童少年都能入学接受教育。盲、聋教育已普及,轻度弱智儿童也都能入学就读。通过借读等形式,解决了一批在沪居住一年以上无户口人员子女的就学问题。16—18周岁人口中,九年义务教育受完率平均达到99%以上。最低的南汇县也达到97.9%。(2)经费情况。据市检查的20个区县提供的资料分析,1990—1992年,除闵行区外,其余19个区县都做到了财政预算内教育经费拨款增长高于财政经常性收入增长比例。在校生年均教育经费,除长宁、闵行两区中学生均教育经费未达到逐年增长外,其余也都做到了逐年增长。按上海市规定,1992年生均公用经费使用标准应达到:小学74元,初中106元。在20个区、县中,全面达到的有15个区、县,全未达到的有闵行区,另有4个区、县小学未达到。从总体上看,各区、县都保证了教育经费以财政投入款为主的原则。以1992年为例,财政拨款占教育支出的比例,超过80%的有2个区,超过70%的有15个区、县,超过60%的有2个区、县,最低的是川沙县,占57%。(3)师资情况。20个区、县的小学、初中教师符合任职条件的均超过99%。小学教师学历合格率,市区平均为84.7%,郊县平均为82.7%;初中教师学历合格率,市区平均为90.3%,郊县平均为85%。小学、初中校长接受岗位培训并取得证书的,占50%左右。(4)办学条件。小学、初中校舍及教学仪器设备良好。在20个区、县中,除5个区、县有个别小学和初中未完全达到标准要求外，其余都达到了上海市要求的标准。校舍和教学设备都基本保证了九年义务教育需要，并有一批条件较好的学校，标志着上海市中小学办学条件开始进入一个新的发展阶段。(5)1992年，20个区、县的初中学生毕业、结业率平均为92.9%。其中市区最低的为93.4%，郊县最低的为84.2%。

撰稿　李良材

［**高中阶段教育**］　1993年，上海市高中阶段教育(包括普通高中、中等专业学校、中等技工学校和职业高中四类学校下同)有了新的发展。办学规模进一步扩大，全市高中阶段学校在校生达30万人，比1992年增加3.3万人，增长12.3%。初中毕(结)业生升入高中阶段学校的人数增加，升学率提高。全市初中毕(结)业生12.74万人(比1992年增加近万人)，升入高中阶段学校的10.14万人，比1992年增加1.14万人，增长12.6%。升学率为79.6%(市区89.8%，郊县59.6%)，比1992年提高3.7个百分点。

为推进高中阶段教育的普及，1993年上海市电视中专扩大了招收应届初中毕业生人数，达到0.48万人，比1992年增加0.18万人，增长60%。1993年还成立了上海市电视高中，招收应届初中毕业生247人。电视中专、电视高中投入少，办学效益高，是普及高中阶段教育的有效补充手段。电视中专和电视高中在农村很受欢迎。1993年两校在郊县的招生计划合计完成114%。

撰稿　李珍凤

［**办学体制改革**］　1993年，上海基础教育积极稳妥地进行办学体制改革，努力改变政府包揽办学的格局，逐步建立以政府办学为主体，社会各界共同办学的新体制。

积极鼓励、大力支持民间办学。1993年，全市新成立民办中小学14所(中学10所，小学4所)，连同1992年开办的5所，共计19所。在校学生总数3299人。民办中小学发展呈现三个特点：民办中学发展快于小学；民办高中发展快于初中；市区民办学校发展快于郊县。上海民办学校收费标准由市物价局和市教育局核定，1993年的收费标准为：每学期每生小学600元，初中800元，高中1000—1200元。为使民办中小学更健康地发展，市教育行政部门根据《中华人民共和国义务教育法》及有关的教育法规，进一步加强了对民办学校的教育行政管理、教育业务指导和教育质量监控。

积极创造条件，有选择地开展和境外机构与个人多种形式的合作办学。1993年，与美国合作创办上海中学国际部，与香港合作创办上海耀中国际学校，两校专门招收在沪工作的外藉人员的子女和在沪工作的港、澳、台同胞子女入学；与香港合作创办新虹桥幼儿园，招收中外适龄幼儿入园。

积极进行与社区、企业、高等学校等联合办学的试点。教育部门与社区、企业联合办学，由教育部门提供校舍场地及其他教育设施，社区街道和企业筹集资金，成立学校董事会和学校管理委员会共同管理学校。在1992年联合举办中小学、幼儿园的基础上，1993年由教育部门与社区、企业、大学和引进外资联合创办6所职业学校，受到了社会、家长和学生的欢迎。

撰稿　杜道灿

［**课程教材改革**］　上海市中小学课程教材改革在两年多试点的基础上，1993年在全市小学一年级全面推行新的课程方案、课程标准，试用新教材。小学六年级(初中预备

班)的文科,初、高中各年级的思想政治课全面试用新教材。使用新教材的学生总数约达100万人。同时,在全市30所幼儿园开始进行新课程、新教材的试点工作。

1993年小学一年级推行的新课程方案和教材,有以下几个特点:(1)内容九年一贯,适当分段。课程方案根据已实行九年义务教育的实际,改变过去小学阶段教学内容相对独立、自成体系的做法,将九年内容统筹安排,不拘守于小学阶段知识系统的完整性,只要求九年内相对完整。(2)调整课时配比,优化课程结构。新方案改变过去必修课课时过多(占总课时数3/4以上)、课外活动很少(不到1/4,且不是全体学生参加)的情况,从小学一年级起就设必修课程和活动课程两个“板块”,分别占课时总数的2/3和1/3。同时,又采取了语文、数学“双峰避让”的办法,小学一年级语文课时保持每周10节,而数学减为每周3节,使从幼儿园刚入小学的孩子有一段较好的适应期。(3)调整课程设置,更新教学内容。一年级开设8门课程,除语文、数学外,还有自然常识、生活与劳动、思想品德、美术、唱游、体育与保健等。思想品德课采用每周三次晨会(每次15分钟)时间进行的“小课”形式,教材内容以故事为主,出图画不出文字;美术课不是单纯画图,还增加了涂腊、贴纸、剪纸等教学内容;唱游课不再是单纯唱歌,而是把器乐、舞蹈、游戏结合起来;体育课改为“体育与保健”,减少竞技性,增加保健性;“生活与劳动”以日常生活自理和社会公益劳动为主要内容,适当安排一些简易作物栽培知识,以学生操作为主,“少讲多做”。(4)控制考试、作业,减轻学生负担。新方案规定小学一年级一律不布置家庭作业。练习、作业基本上在课内完成,少量在课外活动的“阅览与自习”时间完成。成绩考核方面,规定各门学科只进行考查,不进行考试。考查以平时为主,做到小型、分散、随堂。

从26所学校两年多试点和全市小学半年多试行的情况看,改革是有成效的。主要表现在:德育有所加强,更切实,更有针对性;学生学习负担有所减轻;学习基础仍很扎实;学生动手实践能力、劳动态度、劳动习惯有较大长进。

撰稿　张福生

[**学校内部管理体制改革**]　上海市中小学内部管理体制改革在1992年试点的基础上,于1993年全面推行。改革的思路向深层次发展,改革的力度进一步加强,主要表现在以下三方面:

一、区县政府进一步加强了对中小学内部管理体制改革工作的领导。各区县政府成立了由区县教育局、人事局和财政局领导组成的领导小组,增拨了启动经费。据统计,各区县财政拨款2174万元,加上市财政拨款1800万元,教育行政部门和学校自筹2200万元,共投入改革启动经费6174万元,从经费上保证了改革的顺利进行。

二、进一步完善校长负责制、教职工聘任制、工资总额包干制和校内结构工资制,增强了改革力度。教职工对学校内部管理改革的认识进一步提高,对改革的承受能力增强。民主管理、科学考核等制度进一步健全。根据工作需要择优聘用,对富余人员和不合格者不予聘用。分配差距拉大。

三、积极探索与人才市场接轨的“进得来、出得去、稳得住”的师资队伍管理体制,进一步提高办学效益。(1)打破地域界限,多渠道、多途径地吸收高质量师资,使师资来源渠道单一、人员“近亲繁殖”的情况有所改变。1993年全市中小学向外省市招聘在职中学教师672人,对加强上海骨干教师队伍,优化中小学教师队伍结构起了积极作用。(2)建立市和区县两级人才交流网络,促进了人员合理流动和合理组合。

1993 年全市中小学在深化内部管理体制改革中未聘下岗人员达 4000 余人。(3)加强了中青年骨干教师的培养工作。1993 年静安、闸北、杨浦、普陀、松江等区县都为优秀中青年教师划出专项指标,评聘中级以上专业技术职称。有的还设立"长期从教奖"、"青年园丁奖"等,稳定了中青年骨干教师队伍。(4)注重内部挖潜,充分调动教师的积极性,进一步提高了办学效益。由于采取结构工资制,教师多上课多得益,使入学高峰师资紧缺的矛盾得到缓解,并提高了中小学的师生比。

撰稿　杨国顺

[**德育工作**]　1993 年上海中小学德育工作在继续深入进行"两史一情"教育的基础上,全面加强学校的精神文明建设,重点抓政治课教学改革和爱国主义教育、学生行为规范教育。

针对政治课教学内容和教学方法存在的理论脱离实际,缺乏对学生的吸引力等问题,结合中小学课程教材改革,对政治学科的教材内容、教学方法、考试方法等进行全面改革。编写出版了一套反映时代特色和上海特点的政治课新教材,于 1993 学年第一学期在全市中学试用,并制订了《关于进一步改革中学思想政治课教学的若干意见》。初中阶段统一设《公民》课,高中阶段统一设《马克思主义常识》课,同时加强时事政策和形势任务教育,积极开设德育类选修课和活动课。加强教学研究,改革教学方法,在发挥教师主导作用的同时,充分调动学生学习的积极性、主动性。

深入进行爱国主义教育。举办以"爱国、成长、成才"为主题的"93 首届上海中小学生电影节",同时举行 100 部爱国主义教育录像片及《爱国主义教育电影资料选编》首发式,观片的中小学生达 200 多万人次。为学校选编、发放了《上海市中小学爱国主义教育经验选编》、《上海市中小学爱国主义教育基地简介与活动方案》、《爱国主义教育图书 100 本简介》、《上海岁痕》等一大批资料、书籍、音带。为全市 20 多个区县配置 2000 多盘 100 部爱国主义教育电影录像带,让中小学生每人每年看 12 部以上爱国主义电影与录像。

开展"我和上海一起腾飞"活动,组织中小学学生参观地铁、南浦、杨浦大桥等重大市政建设项目,亲身体会上海"一年一个样,三年大变样"的新风貌,激发学生爱祖国、爱上海的情感,共有 30 多万中小学生参加了活动。开展"学雷锋、献爱心"活动,各中小学组织社会服务队,积极参加各种社会实践,培养学生的社会责任感和使命感。

继续深入进行行为规范教育。制订《上海市中小学生道德行为基本要求》和《学校德育工作常规制度》,召开上海市中小学生行为规范教育与训练经验交流现场会,回顾总结近年来中小学日常行为规范教育训练基本经验,部署进一步的工作。在全市中学组织实施中学生品德测评工作,制订和下发《中学生品德测评手册》和《学生品行实录卡》。

撰稿　杜道灿　邹　竑

[**艺术教育和科技教育**]　为全面提高中小学生素质,适应国际大都市文明建设的需要,上海市中小学积极开展艺术和科技教育,取得了一定成绩。1993 年,市教育行政部门和市艺术教育委员会根据《上海市学校艺术教育发展规划》,积极推动学校艺术教育工作,组织编辑、发行供幼儿、小学生和中学生使用的《学生音乐欣赏系列录音带》。成立了上海市学生艺术团交响乐团和上海市中等职业技术学校艺术团。建立了上海市中等专业学校艺术教育领导小组。举办了"'93 上海市

金孔雀舞蹈节”、重点中学高中合唱比赛、“上海之春”音乐会少儿专场演出、全国优秀儿童剧汇展和上海市“十月剧展”校园剧专场演出等活动，推动了学校艺术教育的进一步普及与提高。

为推动中小学科技教育的开展，全市举办了各类科普活动、科技竞赛40多个，20余万学生参加了活动，近千人获得了各种等第的奖励和运动员等级证书。在国际和全国的科技竞赛中也获得了好成绩。市北中学代表队代表中国上海在美国举办的第十四届国际OM竞赛中首次为我国夺得金牌。在全国第二届青少年生物百项活动中，上海荣获了3项一等奖和4项二等奖，获奖数名列全国第一。在全国中学生数学竞赛和中国数学奥林匹克竞赛中，上海代表队分别获得团体第一名。参加美国中学生数学邀请赛的上海学生获13个满分，超过美国和加拿大。上海派出的学生参加国家队在国际数学奥林匹克竞赛中获得个人金牌。参加全国中学生化学竞赛，获得3个一等奖，1个二等奖。

撰稿　许象国

[**师资队伍建设**]　为提高各级教育行政干部的政治和业务水平。1993年通过举办中小学校长轮训班、区县教育局党委书记岗位培训班、示范幼儿园园长研究班等各类干部培训班，共培训干部1500人。

在继续抓好在职教师岗位培训的同时，注意提高其学历层次。1993年举办了电视教育、函授教育和自学考试三沟通的教师进修班，提高在职中小学幼儿园教师的学历达标率。1993年全市小学教师达标率为81.7%，初中和高中教师的达标率分别为83.3%和73.4%，比上年均有提高。进一步加强骨干教师和青年教师的培养，选送少量骨干教师参加硕士研究生进修班学习，举办青年骨干教师培训班。青年骨干教师的破格评聘已成为经常性的工作。

加强思想政治工作，开展表彰活动，增强教师忠诚于人民教育事业的凝聚力。1993年，普教系统树立了12位优秀教师标兵，评选出88名全国优秀教师、优秀教育工作者(其中教育系统劳模7人)。1名中学校长被评为全国中小学优秀校长，210名中小学教师被评为市优秀教育工作者。2098名教师获市中小学幼儿教师奖励基金会颁发的园丁奖。

1993年市政府拨出1200个高级职务指标和8000个中级职务指标给普教系统，连同1993年退休教师空出的专业技术职务指标，全市共新评中学高级教师1431名，使全市中学高级教师人数达到6841名。新评中学一级教师和小学高级教师9000余名，使具有中级职称的教师占教师总数的比率也有提高。1993年中小学教师两次增加了职务(岗位)津贴，人均月增资27元。

1993年，通过市、区(县)和乡三级财政拨款及其他多种渠道共投入2.23亿元资金进行中小学教工住宅建设。施工面积32.5万平方米，竣工面积18.2万平方米，同时征地250亩，用于今后教工住宅建设。

1993年市区共解决中小学教师住房困难户1289户，在成都路高架路建设动迁工作中，为300户教师安排了用房的落实任务。

撰稿　樊超烈

[**增加教育投入，改善办学条件**]　1993年上海多渠道筹措教育经费又有新进展，初步形成以国家财政拨款为主，辅以征收城乡教育费附加、收取学杂费和其他创收的多渠道筹措教育经费的格局。全年用于普教的事业经费达到23亿元，比上年增加7.2亿元，增长45.5%。其中地方各级财政拨款达到了

15.69亿元，比上年增加4.01亿元，增长34.4%；城市教育费附加全年征收3.8亿元，比上年增加1.6亿元，增长73%；农村教育费附加全年实际征收6191万元，比上年增加1492万元，增长32%。自1993年7月和9月起，分别调整了全市幼儿园管理费和中小学学杂费的收费标准，幼儿园管理费全年实际收取7981.76万元，比上年增加3573.66万元，增长81.1%；中小学学杂费全年实际收取1.38亿元，比上年增加8666.93万元，增长167.9%。除此以外，各级教育部门和学校创收补充教育经费3441.96万元，其他各种收入4040万元，也较上年有一定幅度的增加。

1993年，由于采取措施，多渠道增加了教育经费的投入，促进了基础教育事业的发展，使中小学办学条件得到进一步改善。为解决中小学入学高峰矛盾，1993年全市从各种渠道共投入经费1.8亿元，改扩建校舍近20万平方米；投入资金1600多万元，完成了新建住宅配套的6所中学、20所小学和27所幼儿园的设备配套建设。与此同时，为适应进一步普及义务教育的需要，还加强了对学校原有校舍、场地和基础设施、设备的建设与配备。全年支出8000多万元经费，维修校舍70余万平方米和场地40余万平方米；支出1.5亿元，用于中小学仪器、体育设备、电教设备和图书等配备；支出1500余万元，购置和更新课桌椅12万余套；支出2700多万元，用于中小学各类专用教室、实验室建设。至1993年底，上海市中小学各类实验室、专用教室达到4300余间，中小学仪器设备、装备按照上海市普及义务教育验收标准基本达标。从1993年起，上海市中小学课程教材改革在小学一年级全面实施，全市投入1000多万元经费用于课程教材改革配套设备、设施建设。

撰稿　王家一
审稿　袁　采

职业技术教育

［**中等职业技术教育改革**］　为适应经济、社会发展对人才的需求，1993年上海市中等职业技术教育继续进行多方面的改革，促进了中等职业技术教育的发展。例如，在招生制度方面，实行国家任务计划与社会调节性计划相结合的办法，各学校在制订招生计划时，既满足学校所在系统的需要，又根据人才市场的需求，满足外系统及农村乡镇企业的需要，招收定向生、委培生和自费生。在办学模式方面，改变过去在计划经济体制下的封闭式办学模式，进一步密切学校与社会、企事业单位的联系，积极走校企结合的道路，逐步建立适应社会主义市场经济体制的新办学模式。通过学校与企事业单位订立“人才培训合同”，双方明确权利义务、共同承担培养任务；成立“校董会”、或“专业管理委员会”，发挥企事业单位的群体作用；学校与企事业单位共建人才培训中心等多种方式使用人单位参与办学。各项改革的实施，使中等职业技术教育有了新的发展。1993年，全市初中毕（结）业生升入中专、技校、职业高中的人数为6.36万人（比1992年增加1.18万人），占高

中阶段招生总数的63%(比1992年增加5.4个百分点)。

撰稿　李珍凤

[**试办高等职业技术学校**]　为了适应上海社会发展对高层次应用型、工艺型人才的需求,经国家教委和市政府批准,1986年上海市在17所职工大学试办了16个不同专业的高等职业技术专业班(简称高职班),共招收431名高中毕业生。高职班的毕业生以其上岗适应快、动手能力强的优点普遍受到用人单位的欢迎和好评。进入九十年代,上海城市功能的转变、产业结构的调整和技术结构的改进都对劳动者素质提出了新的要求,也为高等职业技术教育的发展提供了良好的环境。1993年除在11所学校的13个专业继续进行高职班的试点(共招收300余名高中毕业生)外,还进行了举办高等职业技术学校的试点。1993年9月经市政府批准,上海冶金联合职工大学和上海市交通运输局职工大学两所学校改建为上海沪东高等职业技术学校和上海交通高等职业技术学校,当年招收143名学生,开设“会计(电算化)”、“国际运输代理”、“汽车运用技术”三个专业。高等职业技术学校的招生对象以中专、技校和职业高中毕业生为主。由市高等教育考试中心统一组织两门文化课的入学考试,由学校根据不同专业加试其他课目和能力测试。设立高等职业技术学校,在实现中等职业技术教育和高等职业技术教育的衔接,培养和造就高层次应用型、工艺型、实践型人才等方面进行了积极探索。高等职业技术学校的教学,以职业岗位群所确定的综合能力为学习科目,按由易到难的顺序安排学习计划。

撰稿　赵人骅

[**评选省部级重点中专**]　1993年,市教育局根据国家教委《关于评选“国家级、省部级重点普通中等专业学校”的通知》,制订了《评选上海市“市(部)级重点普通中等专业学校”的办法及条件》,并开展了评审工作。评审工作在市政府教育卫生办公室领导下,由市政府有关委、办、局的领导及专家组成评审委员会负责实施。经过评审委员会认真评审,上海市化学工业学校、上海市舞蹈学校、上海市体育运动学校、上海市第一人民警察学校、上海市商业学校、上海市邮电学校等23所学校被评为上海市“市(部)级重点普通中等专业学校”。

评审市(部)级重点中专校,是在市教育局组织的中等专业学校办学水平评估的基础上进行的。这23所中专校的综合办学水平绝大部分达到优秀等级,且办学效益和教育质量在全市中专校中居于领先地位。这些学校分布于全市各大行业中,专业覆盖面较广,有工科类、财经类、政法类、艺术体育类、医卫类及县办中专校等。重点中专特点是:坚持深化教育教学改革,并取得显著成效;设有在行业中声誉好、适应性强的重头专业及专业专门化,毕业生深受社会欢迎;办学设施较完善,理论教学、实践性环节都能适应人才培养的要求。

撰稿　戴小芙

[**调整中专招生计划和专业设置**]　上海中专招生实行国家任务计划与社会调节性计划相结合的办法。除国家重点项目和某些艰苦行业所需人才由国家任务保证外,各中专校可根据社会需求和办学能力,按社会调节性计划招生。1993年委培生、自费生、农村不转户口班(含农村自费定向生)的招生数已占招生总数的一半以上,其中自费生占招生总数的30%,招收的初中毕业生中,农村学生

占 60%左右。社会调节性计划增大，使中专教育拓宽了服务面。不仅为主管局所属行业服务，同时也为其他行业的多种所有制经济发展服务，在为农村培养人才方面更有新的突破。

为了适应上海经济建设、产业结构调整和浦东开发开放对人才的需求，上海中专校在努力改造传统专业，办好学校主干专业的基础上，按照社会紧缺人才需求调整专业设置。1993 年有 46 所学校根据国家教委编制的《普通中等专业学校专业目录》和管理办法，增设了 39 个新专业和 43 个专业专门化，其中绝大多数是第三产业类和对外开放需要的短线专业，从而扩大了中专服务范围，从原先主要为第二产业培养人才，逐渐向蓬勃兴起的金融、外贸、商业、房地产、保险等行业扩展。

撰稿　骆德溢

［**职业学校**］　1993 年上海市职业学校发展较快。全市共有职业学校 81 所，另在普通中学和乡镇成人文化技术学校等 132 个单位内附设职业班。1993 年职业学校(班)招生比 1992 年增长 24.7%，在校学生比 1992 年增长 30%。

经过几年的调整和改革，职业学校的设点布局和专业设置日趋合理，办学规模不断扩大，1993 年每校平均在校生达 718 人。

1993 年全市职业学校教育经费有较大增长，达到 7513 万元，生均为 1440 元，分别比 1992 年增加 2853.14 万元和 164.24 元。1993 年还安排职教专项经费 1275 万元，其中 350 万元为 35 所职业学校装备了计算机房，使所有职业学校都能开展计算机教学；680 万元为其他设备专项；225 万元为重点项目装备专项，20 万元为艺术教育装备专项。

积极引进境外资金与办学经验，加快与国际职业技术教育接轨的步伐。全市第一所中外合作办的上海太平洋职业技术学校正式对外招生，另有两所中外合办的职业学校正在筹建。上海商业职业技术学校和东辉职业技术学校与新加坡育胜电脑商科学校挂钩，联合举办国际经营、国际财会专业职业班，引进国外教育软件，委派教师去新加坡进修。组织职业学校的学生参加英国 C&G 举办的技术等级考核，合格者获得英国 C&G 颁发的证书。

普教职教渗透有了进一步发展，市商业职业学校与六十中学共同举办商业经营实科班，市振华外经职业技术学校与东昌中学联合举办涉外贸易实科班。另在普通高中的部分学生中实行分流定向，举办职业班。

撰稿　张益堂

［**技工学校**］　按照劳动部《关于开展技工学校评估工作的通知》精神，1993 年，上海市开展了技校第一批“选优评估”工作。在学校认真进行自查自评、反复优化的基础上，市各主管局，委、办教育处组织评估工作组进行复评，由市劳动局组织的“上海市重点技工学校评优工作组”复查并报市政府批准。全市有 12 所技工学校被评为省(部)级重点技工学校，其中上海市劳动局技工学校、上海市海运局技工学校、上海石油化工总厂技工学校等 3 所学校经劳动部评估，被评为“国家级重点技工学校”。评估工作推动了学校建设，为学校注入了新的活力，有效地推动了办学水平的全面提高。凡通过评估的学校其办学水平都上了一个新台阶，并总结出各自的办学特色。评估促进了学校办学条件的改善，据对“选优评估”的 16 所学校统计，通过评估，校园占地面积增加 36895 平方米，建筑面积增加 39536 平方米，图书增加 8 万余册，体育活动场地增加 12174 平方米。评估还促进了学

校加强管理，增强竞争意识，严格教学管理。通过评估，各校都建立了包括授课计划、教案、课业辅导、作业批改、考试质量分析、学生评教等方面的教育质量评估制度，使学校教学工作规范化。

为适应市场经济发展和企业劳动用工制度改革的需要，1993年上海部分技工学校试行"到校报名，测试选拔，提前录取"的自主招生改革试点。试行自主招生的11所技工学校计划招收初中毕业生1825名，到校报名的学生达1万多人次，最后录取1835名，完成率为100.54％，招收的新生中文化考试成绩最高的达474分，达到市重点高中录取分数线。试行自主招生，实行双向选择，用人单位挑选到了符合要求的学生，学生专业思想稳定，学习积极性高，实现了学生、家长、学校、用人单位四满意。

撰稿　钱瑞础
审稿　袁　采

高等教育

[制订发展规划]　根据国家教委提出的要使我国高等教育在九十年代有一个较大发展的精神和上海要建成全国经济、金融、贸易三个中心的要求，结合上海实际，在1993年5月召开的上海市教育工作会议上，提出了《关于加快上海高等教育改革与发展的若干意见》，明确了九十年代上海高等教育改革和发展的大政方针、目标任务。九十年代上海高校发展的目标是：本专科生规模从目前的12万人，发展到2000年的20万人；研究生在校人数从目前的1万人，发展到2000年的2万人；上海高等学校和成人高等学校招生总规模年平均递增幅度为8％左右。加强全国重点高校和市属重点高校的建设，争取在本世纪末，有2～3所高校跻身于世界一流水平；有一批高校和学科在全国处于领先地位；有2～3所市属高校跻身于全国"211工程"之列；有2～3所高等专科学校成为全国改革重点示范学校。按照上海经济和社会发展需要，使上海高等教育的科类、层次结构更趋合理。

[委(部)属高校建设]　为进一步发挥中央委(部)属高校优势，更好地为上海经济和社会发展服务，为浦东开发开放服务，除了采取各种措施，继续支持和扶植委(部)属高校外，还积极酝酿与国家教委共建部分委属高校。根据国家教委的意见和上海实际，经过多次反复研究，向市委、市政府提出了《关于上海市政府参与国家教委部分高校共建的报告》，明确提出对复旦大学、上海交通大学、上海外国语学院等校实行共建。根据合作、互利、求实的原则，探索上海市政府参与共同建设部委属高校的有效途径和办法，以加强在沪中央部委属高校的建设与发展，使之更好地为上海的人才培养服务。通过共建，努力实现三大目标：一是改变现有的建制和管理体制、实行双重领导；二是共建高校为上海经济建设、社会发展提供全方面的服务，充分发挥其资源优势；三是积极创造条件，支持和帮助共建高校的发展，如帮助复旦大学建设科学

园区、医学院，市政府与欧共体合作在上海交通大学建立培养MBA高级管理人才的国际工商学院，帮助改善上海外国语学院的办学条件等。年底前已就三校的共建与国家教委签订了意向书。

[**市属重点高校建设**]　根据《纲要》提出的为迎接世界新技术革命的挑战，要集中中央和地方各方面的力量，建设100所左右的重点大学和一批重点学科、专业，力争在下世纪初，有一批高校和学科专业，在教育、科学研究和管理方面进入世界较高水平的精神，经过反复酝酿，于1993年2月向国家教委正式提出了《关于请准上海第二医科大学、上海理工大学列入全国重点建设高校的请示》。在市委、市政府以及市计委、财政局等部门的支持下，确定了在浦东建立上海第二医科大学新校区的重大项目。上海第二医科大学重点建设的规划已经拟就，主要内容是：市政府专项投资1.25亿元用于改善学校的教学基本条件和加强学科建设；以市府重点投资为主，学校多方筹资，在浦东张江高科园区建设新校区的总投资为8亿元；与美国Hope基金会共同建设上海儿童医疗中心，总投资4亿元(其中上海市政府投资2亿元，用于购地、购置配套设备等)。

上海工业大学和上海科技大学联合进入"211工程"工作开始启动，成立了两校合并的领导小组和工作班子。两校的投资规划已基本明确。市政府和有关部门还积极想方设法筹措资金支持上海师范大学的建设与发展。

[**高教布局调整**]　按照上海要建成一个"龙头"、三个中心的要求，以及产业结构调整、城市功能转换的实际，根据国家教委关于高等教育在数量、质量、结构、效益上都要上一个台阶的要求，以及上海高校总体数量过多，特别是工科院校过多的实际状况，提出了通过联合、兼并、转制等方式优化高等教育资源配置，使上海高等教育形成布局结构合理，规模效益好，教育教学质量高的体系和状态。为此，提出了上海高校布局调整的若干原则，其中包括：适应上海产业结构调整，合理压缩理工科，扩大第三产业所需人才的培养，合并重复设置过多的学校，减少学校数量，提高规模效益；发挥办学条件好的学校包括中央部委属高校的优势，合并某些结构不合理、条件较差的学校，促进办学质量的大面积提高；把布局调整与"211工程"结合起来，促进学科合理、有规模、有效益、水平高的大学发展等。

1993年在认真做好布局调整的调研与规划的同时，对上海大学国际商学院和上海大学商学院进行了实质性合并；将上海法律高等专科学校调整为上海大学法学院。此外，一些部委高校体制转换的调研工作也已着手进行。

[**专业结构调整**]　为适应经济建设和学科发展需求，开展了高校本科专业名称的整理工作。经整理，地方本科院校专业总数从原来的153个调整为143个，专业全部按国家教委规范，专业口径进一步拓宽，学校在设置和调整专业方面的自主权进一步增强。工科院校的理工、经济类专业渗透有所加强。经济类文科专业的规模和布点有所扩大，在所开设的经济类专业中，已有8个设置在工科院校，占新设经济类专业的72.7%。

1993年，上海市普通高校报经国家教委审批和备案的本科新设专业共21个，其中，国际贸易、金融、经济信息管理、房地产经营管理、广告等专业约占50%以上。新开设的理工类专业基本上都是高新技术类的，如工业设计、工业工程等。与此同时，开展了以高等专科学校培养目标、特点为主的专业调查，新增专业点12个，其中经济类占50%。

经过专业调整，上海地方高校中的理、

工、农、医类专业比重下降5%以上，财经管理、文科类专业上升5%以上，从而使上海地方高校的专业结构向文理并重的方面迈出了重要的一步。

［**学科布点工作**］ 为实现高层次人才立足国内培养的目标，根据国务院学位委员会要求，组织了学科授予单位推荐学科评审组，开展了全市高校与科研机构第五批硕士、博士学位授予点与博士生导师的申报工作。7月，进行了市属单位申报硕士点的初审。经专家审议，上海科技大学、上海工业大学等7所学校和单位申请的46个硕士点中，已获得通过并上报的有35个，申请新增博士点31个，申请增列博士导师116名；上海大学、上海农学院等6家市属单位申报新增5个硕士学位授予单位和68个硕士点，都已上报国务院学位委员会审批。

与此同时，年内还进行了学位授予体制改革的探索，拟定了《上海市学位委员会关于审核硕士学位授权和增列博士生导师的意见》和《关于授权上海自行审批硕士学位授权点和增列博士生导师的请示》等文件。

［**学校内部管理体制改革**］ 在部分高校内部管理体制改革试点的基础上，1993年上海49所高校内部管理体制改革均已实行。华东理工大学进入了以学科领域改革为中心的第二轮改革；上海工业大学把校内管理改革同教育教学改革结合起来，取得了一定成效；上海大学等一批学校相继出台了改革方案，并进入实质性运转。

为深化上海高校内部管理体制改革，市高教局提出了《关于进一步推进和深化上海市属高校内部管理体制改革的意见》(以下称《意见》)，要求通过几年的努力，逐步建立适应社会主义市场经济发展的高校内部管理体制；通过以劳动人事制度和分配制度改革为重点，理顺关系，转换机制，优化结构，充分调动教职工积极性；加强骨干教师队伍建设和学科发展，逐步形成和发展各校的办学特色等目标。年底市高教局又会同市教卫党委、教卫办对高校内部管理改革情况进行了调查，进一步落实《意见》中提出的各项改革目标、任务，帮助高校解决在内部管理改革中遇到的各种困难和问题。同时，在市财政局的支持下，落实了400万元市属高校内部管理改革的启动经费。

［**发展民办大学**］ 上海原来单一的办学体制进一步改变，开始形成以国家办学为主、社会各界共同参与办学的新体制。在1992年批准民办杉达大学筹办并试招生的基础上，根据市委、市政府要求，本着积极稳妥的态度，按照筹办民办高校的各项条件，1993年经民办高校设置委员会评审，批准筹办民办东方文化学院、中华高等职业学校等6所民办高校，并同意民办中华高等职业学校珠宝专业试招生。

10月，组织力量对民办杉达大学一年多来办学情况进行评估，并向国家教委提出报告，获国家教委高等学校设置评审委员会通过。

［**招生制度改革**］ 根据国家教委《关于加快改革和积极发展高等教育的意见》中提出的进一步改革招生和毕业生就业制度，逐步扩大招收自费生和委托培养生比重的精神，1993年，市高教局在总结1992年招生改革的基础上，提出了《关于1993年上海市普通高校深化招生制度改革，扩大自费生规模的若干意见》，明确了改革过去学生上大学由国家包下来的传统做法，逐步实行收费和奖学金、贷学金相结合的制度，计划用4～5年时间，基本实现这一转轨。转轨过程分三步实施：先在若干学校进行试点，面上渗透，其后

有一批学校或专业进入；最后所有高校基本到位。按照这一改革思路，1993 年上海高校进一步扩大了自费生招生规模，在上海外国语学院、上海大学国际商学院、上海大学美术学院和上海工业大学试行了全部招收自费生并程度不同地增加其他高校自费生比例。据统计，上海高校年内共招收自费生 9597 名，占全部招生数的 22%，其中自费本科生 4115 名，占自费生数的 43%。市属高校招收自费生 4101 名，占市属高校全部招生数的 57%。1993 年自费生招生较好地实现了年初提出的 1993 年自费生要达到全部招生数的 30%，自费生中的本科生比例要达到全部自费生的 30%，自费生学费的 30%用于自费生奖学金的目标。此外，还积极探索实施多样化录取新生的办法，在上海工业大学试行了面向社会、自主招生、择优录取新生的改革举措。

[**毕业就业制度改革**]　1993 年，全市高校毕业生基本满足了就业单位需要。毕业生就业改革出台了一系列新措施。如在编制就业计划上，扩大了学校推荐权和计划编制权。积极培育毕业生就业市场，年内与有关单位共组织了 4 次就业市场，收到较好效果。对国家重点工程（项目）单位所需毕业生，改变过去依靠指令性计划为指导性计划。在外省市生源的选留上，首先满足重点企业单位及普教、卫生等系统的人才需求。积极支持外方投资企业到高校招聘应届毕业生。此外，还采取了对经多次推荐无法落实就业单位的毕业生，毕业后时间又超过半年的，学校将其退到家庭所在地区人才交流部门的做法。通过上述改革，毕业生就业制度已开始与市场接轨。同时，学生、家长、用人单位普遍感到择业自主权和选择权扩大了，历年来反映比较强烈的女大学生分配难的矛盾也有明显好转。为了推进毕业生就业制度改革，年内还积极筹建“上海高校毕业生就业指导中心”。

[**教育教学改革**]　开展马克思主义理论课和德育课教改试点。按国家教委要求和全国党建工作会议精神，对全市高校马克思主义理论课的设置、教学的基本要求和教材等作了调查。为保证课程的基本质量，全市统一编写的《中国革命史》、《中国社会主义建设》和《马克思主义原理》3 本理论课新教材顺利完成编写任务并出版。在市教卫党委的支持下，把“两课”的改革作为重点学科来建设，拟定了改革方案，开展了改革方案的课题研究，拟就了专科生和研究生“两课”教育的试点计划，同时进行了德育大纲试点及评比检查。

进行完全学分制改革试点。1993 年，上海工业大学、上海外国语学院、中国纺织大学、华东师范大学等 6 所高校进行了完全学分制的改革试点。复旦大学、上海交通大学、同济大学等校在部分院系、专业进行了学分制改革探索。为促进学分制改革稳步进行，年内，组织力量对全市 14 所试行学分制的高校进行了专题调研，并多次组织研讨和现场交流，宣传和推广上海工业大学、上海外国语学院等学校的改革经验，既扎扎实实推进和深化学分制试点改革，又保持了教学秩序的正常运转。

继续推进高等工业专科专业教学改革。在推进第一批高等工业专科专业改革的同时，1993 年又有上海纺织高等专科学校等 6 所专科学校提出了第二批专业改革的报告。提出了《建设示范性高等专科学校的意见》、《高等工业专科重点建设示范性学校的遴选条件和实施办法》，进行了示范性高等工业专科评估指标和标准的实测工作。

[**重点学科、课程及实习基地建设**]　努力加强重点学科和重点课程建设。在上海地方高校重点学科建设方面，1993 年主要抓了

三个重点，即重点课程、重点项目和重点实验室。其中重点课程30门，投资124万元；重点项目30个，投资202万元；重点实验室先安排62万元用于启动，促进了重点学科的建设和发展。由市高教局批准的第一个上海高校重点实验室——细胞生物学实验室也于12月在上海第二医科大学正式挂牌。与此同时，市属高校基础教学实验室建设也得到进一步加强，年投资达400万元。在市属高校面上课程建设方面，组织力量对第一期课程建设进行验收，并对第二期课程建设项目进行了中期检查。此外，还以专业更新改造为主要目标，开展了第三期课程建设项目的审定，拨出专款，评审出38门课程作为第三期建设范围。

加强校外实习实践基地建设，发展产学合作教育。年内，召开了全市高校产学合作教育研讨会，组织了高校产学合作教育运行机制的专题研究，修改和完善了校外实习暂行规定和实施细则，开展了勤工俭学工作，并建立了自费生医疗保险制度。

[**高校科技面向经济主战场**] 上海高校科研队伍在承担培养人才和重大科研任务的同时，在促进经济与社会发展方面发挥出越来越重要的作用。1993年，上海高校积极组织科技力量，参与竞争，多渠道地承接科研任务。其中，承接上海市自然科学基金45项，占全市项目的64%；承接"启明星"计划23项，占全市项目的65.7%；承接"启明星"后计划6项，占全市项目的75%；承担上海市科技成果推广计划22项，占全市项目的22%；承担一批审科委应用性项目及重点实验专项。进一步加强与上海有关大中企业的合作，发展产学研结合。1993年，在上海市第五次招标中，上海高校中标24项，占全市中标总数的48.9%。

有重点地组织高校与上海市和兄弟省市有关单位开展协作及科技成果的推广活动，共签订合同1861份，合同金额计达1.47亿元。上海交通大学、华东理工大学、上海机械学院、复旦大学、同济大学、上海大学等校的合同金额均超1000万元。此外，上海高校还派出科技顾问支持郊区发展，如进军奉贤县的高校科技顾问团，一年来帮助建立7个科委，创办起6家研究所，合建5个中试基地，效果十分明显。

1993年，市高教局会同市教卫办、财政局、工商银行对有关高校科技产业贷款项目进行论证，有重点地发展一批高新技术项目。全市有29所高校、48个经济实体的54个项目立项，贷款金额达1.41亿元，贷款贴息额为500万元，预计项目完成后，年产值可达5亿元以上，年利润可达近2亿元。

1993年，上海高校还积极参与市科技节和科技博览会，上海有32所高校400多项科技成果参加展出，其中，获得科技成果奖34项，占全市获奖总数的20.6%，获银奖45项，占全市获奖总数的14.3%。

[**师资队伍建设**] 自1991年上海在全国率先建立培养选拔中青年骨干教师制度后，两年来这项工作继续得到加强。1993年，一方面切实抓好对重点培养对象的跟踪调查，另一方面进一步落实了对中青年骨干教师的学术基金、奖励基金、生活待遇等方面的政策。1993年评出优秀中青年骨干教师200名，并首次表彰在培养优秀中青年骨干教师工作中作出显著成绩的导师30名。

拟订了《下放教授、副教授学科评议权条件的意见》，对18所高校的53个学科的申报材料进行了认真审议，第一批9所高校被批准具有教授评议权学科9个，副教授评议权10个。组织开展了教师、研究、工程、实验、图书等系列的高中级专业技术职务评审，通过了正高级职务147名，副高级职务328名。

1993年，按国家教委统一规定，组织了全市高校优秀教学成果评审。评选出上海市一等奖39项，二等奖57项，三等奖74项。上海师范高等专科学校教师邹兆芳的数学教学成果获得国家特等奖。获国家一等奖5项，二等奖21项。1993年全市高校评选出全国教育系统劳动模范6人，全国优秀教师28人。在华东师范大学、上海师范大学、上海技术师范学院、上海教育学院等师范类院校开展曾宪梓教育基金93年度获奖评选，华东师范大学教授马炜梁获一等奖，另有6人获二等奖，55人获三等奖。同时，选拔有突出贡献的专家享受政府特殊津贴，局属高校共评选308名。

市属高校教工住宅建设步伐加快。1993年，上海地方高校教工住宅计划总投资近3000万元，其中地方财政拨款近2000万元，自筹资金近1000万元。地方高校教工住宅建设计划总面积近45000平方米，已竣工交付使用的住宅面积12725平方米，同时1993年地方高校新征住宅建设用地近70亩，计划在5年时间逐步投入建设。第一批新住宅可望在1995年交付使用。

［国际交流］　1993年底，上海有来自97个国家的外国留学生1417名，比上年增加917名，其中自费生829名，攻读硕士以上学位232名，各校接受短期留学生2500名，实现了年初提出的提高来沪留学自费生比例和提高留学生层次的目标。1993年召开了全市高校留学生工作研讨会，推进管理工作规范化、制度化建设，改革了外国留学生就读办法，妥善处理并解决了来沪留学生的生活和学习中出现的各种问题。

继续做好公派和自费出国工作。1993年市属高校有214人次到国外参加国际学术会议，其中175人分别获得外方全部或部分经费资助；短期出访有283批，计388人次；公派出国留学100名。公派出国管理工作，简化了审批程序，增加了学校审批中的权利和管理义务。1993年审批受理全市自费出国3237名，接受来访及各种咨询约6000多人次。

1993年，上海30所高校聘请了来自17个国家和地区的外国文教专家164名，聘请短期来沪讲学专家722名。高校引进外国专家工作形成系统化、规范化管理。经对聘用外国专家系统的资格审定，有30所高校通过了国家外专局的审定。

［高教投入增长］　1993年，上海高教教育经费和基建投入有了较大增长。局管高校事业费投入达25080万元，比上年增长22%。除了政策性统一调整因素外，事业性的投资增加额达到1800万元。此外，对校办企业上缴的部分税金退还给学校，从而使当年高教经费比1992年增长近30%。经市政府协调，从教育费附加中调拨900万元用于师范高校建设。在基本建设投资上，1993年市财政拨款预计4870万元，比上年增加37.6%。此外，市计委已同意拨出专款6000万元支持上海师范大学校舍建设和上海大学国际商业学院新址建设。

多渠道筹措资金的格局开始形成。随着自费生、委培生招生比例的扩大和学杂费、住宿费收费制度的完善，高校向社会筹措办学资金渠道逐步扩大。据测算，1993年市属21所高校自费生、委培生的学费收入可达4000万元，学杂费、住宿费收入可达1500万元以上，全市49所高校收取的学杂费和住宿费计1亿元以上。在校舍建设上，许多学校通过用土地资源的抵租开发等形式，在吸收外来资金进行学校建设上走出了新路子。上海工业大学、上海第二医科大学、上海城市建设学院、上海大学、上海第二工业大学等校通过合作共建、批租土地等方式筹措资金，用于教学、科研、住宅和留学生校舍建设上，加快了学校建设。此外，校办产业发展很快，已成为筹措教育经费的一项稳定来源，并正由分散走向联合，1993年全市高校校办产业销售额与营业额达24亿元，校办产业利润达3.4亿元，比上年翻了一番。

［**高校审计工作**］ 年内，组织力量对高校校办产业进行年度鉴定和局管高校40多个校办产业财务收入审计，并对6所高校校办产业的财务收支、利润分配、财务管理以及内部控制制度进行了审计调查；组织力量对高校重点学科和高科技项目贷款经费使用情况和管理状况进行检查；配合市审计局对局管高校世界银行贷款的内控制度、项目进展、使用效益等进行审计。组建了上海高校审计事务所上海分所，组办了多层次、多类型的审计培训班、研讨班等。通过审计调查，促进了管理制度的完善，维护了学校的合法权益，及时发现和堵塞了漏洞，提高了办学效益。

［**体育卫生工作**］ 1993年，上海高校认真贯彻国家教委颁发的《学校体育工作条例》、《学校卫生工作条例》和《上海市国防教育条例》，制定了上海高校体育教学评估指标体系；开展了高水平运动队和学校体育专业场地、器材的评估；完成了东亚运动会开幕式鲜花仪仗队、团体操和部分训练比赛场馆使用以及部分裁判工作等任务。高校系统为东亚运动会捐资60余万元。加强了体育教学和科学管理，在积极开展各种群体活动的基础上，注重高水平运动建设。在全国各类大学生比赛中，上海高校在篮球、排球、田径等项目上继续保持领先地位。加强了对大学生的体质、心理、卫生习惯等方面的宣教工作；有17所高校开展了大学生心理咨询活动。大学生疾病的重点研究和防治得到进一步重视，高校学生的传染病发病率低于全市平均水平。以国防教育条例颁发为动力，在全市高校开展了各种国防教育活动。高校普遍开展了国防知识讲座，完成了16000名大学生的军训任务，在提高大学生的组织纪律性、爱国主义精神和国防观念等方面发挥了积极的作用。

［**精神文明建设**］ 年内，各高校精神文明建设根据“坚持两手抓、两手都要硬”的精神，将深化教育改革与精神文明建设结合起来，把创造文明单位的活动与整个高校的工作紧密结合起来，取得了成效。年内，有28所高校申报参加文明单位创建评选活动，并普遍制订了精神文明建设规划，提出了建设目标和措施，广泛开展了各种形式的创建运动，校园文化建设与各项基础文明建设工作得到进一步加强。在9月召开的上海高校精神文明建设表彰大会上，复旦大学、上海交通大学、上海工业大学、上海第二医科大学、上海纺织高等专科学校、上海公安高等专科学校6所高校获得市级文明单位先进称号，上海财经大学等8所学校获得局级文明单位光荣称号，有8所学校获得合格单位称号。

撰稿　金同康　忻建国
审稿　伍贻康

成人教育

[**概述**]　1993年,全市有200万人接受成人教育。其中职工参加岗位培训约145万人次,农民参加教育培训近72万人次,各级各类干部、专业技术人员参加学习培训与接受继续教育达42万人次。

1993年,全市共有各类成人高校118所,其中独立设置的成人高校67所,在校学生58054名,招生12418名,毕业13277名;成人中专126所,在校学生43796名,招生21061名,毕业9000名;区办业余中学22所,参加高中文化统考近7.5万人次,毕业结业近2.7万人次,参加短期职业培训8万人次;乡镇成人中等文化技术学校217所;社会力量举办的学校818所,上半年就学44.4万人次,下半年就学达54.8万人次。参加高等教育自学考试11.2万人次,专科毕业1070名,本科毕业68名;参加中等专业自学考试4.9万人次。

[**实施紧缺人才培训工程**]　1993年,市教卫办、市成人教委、市委组织部、市人事局制定了《九十年代上海紧缺人才培训工程实施计划》,并经市政府同意后实施。工程中近期培训目标是,普遍提高从业人员和市民的外语水平,普及计算机应用知识;力争在二三年内培养出数万名金融保险、房地产开发经营、涉外商务、高级财会、涉外法律、旅游管理、城建项目管理等紧缺人才。具体措施是,建立通用外语水平等级考试制、计算机应用能力考核制;筹建上海教育电视台;组建十大紧缺人才培训中心;在境外设上海人力资源开发中心;组织编写紧缺人才培训教材。培训工作体现政府主导、行业主管、社会参与、个人自愿的原则。在由副市长谢丽娟为召集人的联席会议制度的组织协调下,教育、经济、人事、组织部门携手实施紧缺人才培训工程,其中主要项目列入"上海市提高市民素质,提高城市文明建设程度工程"。年内,这项培训工程已开始实施,进行了以下工作:

积极建立上海市通用外语等级考试制、计算机应用能力考核制。成立了通用外语水平等级考试办公室、计算机应用能力考核办公室和英语水平等级考试专家组、计算机应用能力考核专家组。确定外语考试设初、中、高三级,计算机应用能力考核设初、中二级,实行统一命题,统一考试、考核,统一发证。首次英语初级水平等级考试、计算机初级应用能力考核定于1994年1月举行。组织编写了这两项考试、考核大纲和培训教材,举办了电视讲座。确定考试、考核合格者可获得政府认可,全市通用,可作为相关岗位职业资格的合格证书,其中外语水平等级考试合格证书可作为专业技术职务任职资格评审外语水平的依据。全市有300多所学校招生办班。市委组织部、市人事局、市职称改革办、市成人教委要求全市50岁以下的党政机关工作人员和企事业单位专业技术人员在5年内完成英语初级水平和计算机初级应用能力的学习。

筹备上海教育电视台。7月,市政府批准成立教育电视台。在市委、市政府的支持下,教育电视台的建制、编制、隶属、经费、节目栏目等重要问题得到妥善解决,并于教师节揭牌。教育电视台筹备领导小组和工作班子完成首批工作人员的招聘，进行了台址改建和设备采购、安装、调试及节目制作等工作，力争1994年初试播。

基本完成十大紧缺人才培训中心的筹组工作。根据紧缺人才培训工程实施计划的要求，在广泛征求意见的基础上，市教卫办、市成人教委、市委组织部、市人事局联合制定了《关于上海市紧缺人才培训中心建设的若干意见》。按照这个意见，市人事局、市外经贸委、市建委、市财贸办、市农委、市司法局等主管委、办、局进行了人才紧缺状况的调查和紧缺人才需求预测，为筹组紧缺人才培训中心奠定了基础。上海财贸人才开发服务中心、上海市建设人才培训中心、上海市农村经济技术干部培训中心、上海市涉外法律人才培训中心筹组挂牌。已经成立的上海市企业管理培训中心、上海市对外经济贸易教育培训中心、上海市干部培训中心、上海市干部教育培训中心、上海市旅游局培训中心、上海市浦东高校继续教育中心积极进行教育培训工作。市教卫办、市成人教委、市委组织部、市人事局认真审核后，对市外经贸委教育培训中心等6个中心授予紧缺人才培训中心资格。

筹组境外人力资源开发中心工作也在积极进行，争取1994年取得进展。

［**转换企业教育机制**］ 为适应企业改革的逐步深化，市成人教委会同市有关综合部门和经济部门共同制订了《关于推进企业教育综合改革，适应企业经营机制转换的几点意见》，指出转换机制、理顺体制是企业教育综合改革的重点。其主要任务是使企业成为企业教育的主体，拥有教育的自主权；政府部门要转变职能，简政放权，为转换机制，理顺体制创造宽松的外部条件。

继续转变企业教育办学与管理机制。随着企业逐步拥有更多的经营自主权，成为自主经营、自负盈亏、自我发展、自我约束的独立的经营实体，要求企业教育的办学与管理机制进一步转变。主要特点：(1)企业拥有越来越多的办学自主权，企业教育从按上级指令办学转到与企业经营相结合，成为企业经营的一个组成部分。市百货一店以建设“中国第一店”为目标，企业教育做到“三结合”，即人才培养与企业战略目标相结合，不但立足于企业经济今天的需要，而且为企业发展的战略目标服务；人才培养与岗位需要相结合，以适应岗位技能发展需要；人才培养与聘用相结合，人尽其能、人尽其才。(2)企业自主选择企业教育办学管理模式。在企业教育与企业经营机制同步转换的过程中，企业选择并进一步完善适应本企业的办学管理模式，办学管理模式出现多元化的发展趋势。大中型企业组建的教育培训中心，或承担从教育处(科)剥离出来的办学职能，或兼办学、管理双重职能。小型企业的教育社会化程度明显加快。据市经委对部分企业调查，教育部门主要分为四种类型。一是职前职后教育一体化培训中心，其中有：上钢一厂、上海电线电缆集团公司的组合型，即在培训中心下设独立建制的技校、职校、政校及其它成人学校；上海机床厂、上海轮胎橡胶集团的融合型，即培训中心和各类学校一套班子、几块牌子或统一机构，不分各类学校；上钢三厂的组合融合型，即职前职后教育学校独立建制，职后教育统一机构，将各类学校融为一体。二是以技校、中专为主的培训中心，容职后教育在内，如上海工业缝纫机厂。三是分离型的教育(处)科，即职前教育建技校，职后教育设教育处(科)，如上海柴油机厂、上海锅炉厂。四是教育机构依附于人事、劳动、宣传等部门，主要集中在“三资”企业。(3)企业教育产业有新的突破。企业教育产业既有利于弥补企业对教育投入的不足，也利于企业教育转换机制，面向企业、按需办学。年初，8个被国家教委确定为企业教育综合改革实验单位自愿组成上海久联科教实业总公司，联手发展教育产业，推动教育改革。据对41个企业的抽样调查，开办校办产业的占56.1%，其中校办产业对企业教育发展形成有力支持的占校办产业企业数的52.2%。事实表明，企业教育产业成为推动企业教育发展的不可忽视的因素，并越来越显示出重要性。(4)企业教育制度建设有新进展。建立保证企业教育组织管理和办学活动有序展开，从而达到企业自主办学的完整的规章制度，是企业教育综合改革的重要内容。企业教育制度从单项建设朝综合配套建设方向发展。上钢一厂在制定《上钢一厂职工教育条例》、《上钢一厂职工教育自学奖励暂行规定》、《上钢一厂继续工程教育学分制实施细则》基础上，又推出《上钢一厂先培训考核后上岗制度》、《上钢一厂岗位技术等级培训考核制度》、《上钢一厂转岗培训考核制度》等。(5)试行企业教育部门经济责任制。上钢三厂实行包括经费包干使用、工资奖金分配、教育质量评估等在内的教育部门经济责任制。上海手表厂、中国纺织机械股份有限公司等教育部门承担部分工资奖金的经济责任。这些措施对推动办学、教学的积极性有一定作用。

［**岗位培训**］　1993年，全市职工参加岗位培训145万人次中，参加规范性岗位培训的27万人，参加技术等级培训的25万人，参加适应性专项培训的93万人，与1992年的情况基本持平。经过岗位培训和考核，到1993年底，累计评聘技师1万余名，高级技师200余名。市劳动局会同经济部门举办了青工奥林匹克技能竞赛，参赛青工20万人。

把岗位培训作为考察用人的重要环节。在企业劳动人事制度改革中形成的“培训——考核——使用——待遇”的用人链中，岗位培训成为考核上岗的手段、转岗的条件、工资分配的依据。上海粮食储运公司转换机制，8000名职工中有4000名下岗，通过岗位培训，其中50%的职工重新上岗。上海柴油机厂在对全厂干部职工进行培训考核后，拉开了岗位技能工资。

大力开展适应性培训。许多企业在对职工进行不同层次、不同内容与市场经济接轨直接有关的培训、讲座的同时，瞄准国际惯例与国际市场标准，重点加强了对营销、财会和中高层管理人员的培训。市商业一局上半年财会人员参加国际财务知识接轨讲座的达1300人。培训售后服务人员也已成为企业教育的热点。

检查持证上岗情况。根据国家有关规定，从3月起，建筑、市政、房管系统的企事业单位对施工员、预算员、材料员、质量员、安全员、房管员、房管所长、防水工等8个岗位的持证上岗情况进行了自查。市建委专门成立8个抽查小组，于6月下旬对1县、2区、2个外省市在沪企业和20个本市企事业单位，以及27个施工工地和房管所现场抽查持证上岗情况。抽查结果：合格和基本合格的各占抽查总数的40%，不合格的占20%。抽查小组要求持证率不合格的限在半年内整改，到期完不成任务的，由资质审核部门给予必要处理。

［**继续教育**］　1993年，以实施“九十年代上海紧缺人才培训工程”为契机，推进继续教育。

上海市财贸系统掀起继续教育的高潮，市财贸党委、市财贸办加快实施“千人培训工程”，市供销合作总社提出“740高新人才培训工程”，市百货公司、市油脂公司、杨浦区财办、宝山区商委拟定了“百人培训工程”、“千人培训工程”、“双百人才培训工程”等。黄浦区、松江县结合本地区经济发展和社会进步对人才的需求情况，酝酿组织人才培训工程。

认真执行《上海市专业技术人员继续教育的暂行规定》和《上海市专业技术人员继续教育登记制度试行办法》。根据文件精神，一些单位结合实际制订了继续教育的规章制度。上海第六制药厂制订了《科技人员自评自聘制度》、《科技人员继续教育制度》等。上海城市规划管理局制订了《关于实行专业技术人员继续教育证书制度的意见》。市供销总社决定在三年内对本系统8000名专业技术人员进行知识更新培训。

在继续教育中，把培养高层次、复合型人才放在突出位置。为加快经济与国际接轨，上海十分重视经营管理、金融贸易、房产城建、会计财务等方面的高层人才的培养。市委组织部、市人事局和有关委、办、局举办了数十期企业事业单位高层次管理人员研修班，学习与市场经济相关的或与国际经济接轨中必须具备的理论知识。黄浦区商委与全日制高校联办经济管理研究生班，输送职工接受第二大专学历教育。

[**农村成人教育**] 1993年，全市郊县接受各级各类农村成人教育的农民72万人次。其中2万余名乡镇企业厂长、经理、管理干部、专业技术人员参加了较高层次培训。参加各类短训与讲座的农民67万人次。

到1992年底，全市15～40岁公民非文盲率达98.3%，提前达到国务院关于高标准扫除青壮年文盲的要求。5个扫盲先进区县、60个扫盲先进集体、100名扫盲积极分子受到市成人教委、市教育局表彰。

在农村妇女中开展“双学双比”竞赛活动。各县(区)重视农村妇女“学文化、学技术、比成绩、比贡献”竞赛活动，五年来，参赛率一直保持在80%左右。其中青浦县1993年达到96%。截至1993年底，近5万名妇女摘除文盲帽子，2万余名妇女获初级、中级专业技术职称，数万名乡镇企业女职工通过技术上一个等级的考核。

加强乡镇成人中等文化技术学校的建设。全市乡镇都建立了成人中等文化技术学校。这些学校承担了大部分的农村成人教育任务，是农村成人教育的重要阵地。为稳定管理、教学人员，提高学校管理水平，进行了乡镇成人中等文化技术学校独立建制的试点工作，改变挂靠中小学的状况。闵行区13所乡镇成人中等文化技术学校完成独立建制工作，约占学校总数的90%。乡镇成人中等文化技术学校的校办产业有了突破性进展。到1993年底，半数以上的学校办起了校办工厂，金山县山阳乡成人中等文化技术学校校办企业年利润达80万元。校办产业的崛起，增强了学校自我发展的能力。

全面展开人口理论教育。人口理论教育在全市郊区普遍展开，约培训9万人。为提高教学质量，对教师进行了培训，组织了人口理论知识竞赛。

[**成人高、中等教育**] 随着经济发展和改革深化，成人学历教育以社会需求为导向，加大专业、课程改革力度，招生数从连年滑坡中转入稳步上升。成人高等学历教育招生数比1992年增加443人。成人中等专业教育招生数比1992年增加3137人，增长率为31.8%。

努力为成人提供更多学习机会。试办大学基础段教育。上海广播电视大学和上海第二工业大学进行大学基础段教育的试点受到社会欢迎，共开设财经、机电、计算机等8类专业，招收3000余名学员。首次批准11所成人中专校举办成人中专第二专业教育，共招收学员496名。批准第二教育学院为培养师资而选拔成人中专毕业生直升该校专科班。批准成立高等职业技术学校。在成人高校录取新生时，根据全市人才培养规划和招生学校的办学承受能力、上线考生情况、学校教学质量，实施综合平衡，并进一步调整照顾政策，以适应浦东新区、农村对人才的需求。

1993年，召开了上海市成人高等教育工作会议。面对经济建设和改革开放的形势，上海成人高等教育急需调整布局、提高效益，会议提出了布局调整的目标、原则、任务。成人高校应坚持以岗位培训为重点，大力发展非学历教育，学历教育年规模控制在1～1.5万人。要发展高等职业技术教育，建立社区学院，鼓励各类成人高校之间的联合和独立设置成人高校改制或试办民办大学。

加强教材建设。市港务局对教材建设作了规划。市教育局修订了成人中专10大类专业的教学计划，组织编写配套教材，已完成“会计基础”、“企管情景模拟”等10余种教材的编写工作。

［**提高成人教育社会化程度**］　大力发展社会力量办学。到年底，全市经教育行政部门备案的社会力量举办的院校(点)达818所，比上年增加194所，在学市民上半年达44.4万人次，下半年达54.8万人次，比上年都有较大幅度增加。经劳动行政部门立案的通用工种(专业)的社会化协作培训点约有400个，培训技工3万人左右。社会力量办学的特点：(1)吸引外资，与境外合作办学明显增加。全年批准合资、合作办学20余所。(2)联合办学兴旺。全日制高校与社会力量本着“互借优势，扬长避短，发挥办学规模效益”的原则联合办学，遍及各区县，成为一种重要的办学形式。(3)企事业单位教育机构向社会开放办学。企业经营机制转换以后，相当数量的企业教育机构参与为社会培养人才。企业、事业单位教育具有鲜明的职业技术性，深受社会欢迎。到年底，这类学校约占社会力量举办学校总数的一半。

推进社区成人教育。社区成人教育发展有了新思路、新动作。黄浦区把区业余大学改建成地区高等职业技术学院，使之逐步与区商业、外贸、金融、旅游4所中等职业技术学校相衔接、相沟通，成为培养适应区域经济发展需要的高等职业技术人才的高等学府。长宁区关于社区学院的设想引起各级教育行政部门的极大关注，为满足地区对中等职业技术人才的需求，地区业余中学把职业技术教育与高中学历教育紧密结合，并把外语、计算机应用能力知识作为必修课，还举办了各种短期职业技术培训，受训学生达8万人。

老年教育已成为上海终身教育体系的一个重要组成部分。全市有各类老年大学近千所，入学老年人达10万名。老年教育面临着人口老龄化加快的严重挑战。1993年召开了上海老年教育工作会议，认为要加强党和政府对老年教育工作的领导，切实解决老年教育发展中遇到的经费短缺、办学基地简陋、领导力量薄弱等问题；要恢复上海老年教育联席会议制度，各区县也应建立相应的制度。

［**成人教育理论研究**］　重视应用性研究。市经委组织4个调查组，按企业改革类型，对50个企业的教育培训机制转换作了深入的个案调查，对30多个企业进行书面调查，历时两个多月，撰写了《关于企业教育培训机制转换的调查报告》。举办了四期工业系统企业教育机制转换研讨班。

经市教育局批准，成立了上海市成人教育科学研究指导委员会，公布了“1993年上海市教育局成人教育科研招标课题”。经评议，确定19个课题分别由市、区、县成人教育研究机构或学校承担。市教育局今后每年拨专项科研经费20万元。

开展国际学术交流。市成人教委、上海第二工业大学、上海广播电视大学与日本联合举办了“中日高中后成人教育教学研讨班”，100多位中外专家出席会议。由上海广播电视大学、上海市远距离高等教育学会联合举办的“’93 上海国际视听教育研讨会”，吸引了来自美国、加拿大、日本、澳大利亚、泰国和台湾等国家和地区以及国内的49位专家。

[主要问题和困难] 1993年，上海成人教育存在的主要问题和困难是：(1)地区、行业、企业之间的成人教育发展不平衡。造成这种状况的原因主要是：有些地区、行业、企业的领导忙于经济建设等工作，无暇顾及教育；有些地区、行业、企业对教育改革的实践探索不成功；还有一部分领导存在短期行为，忽视成人教育；宏观管理也有所削弱。(2)成人大中专学校布局调整具体实施方案亟待深入研究。由于成人大中专学校主办单位情况复杂，实施学校布局调整难度比较大。如何利用进一步转变政府职能和加强国有资产管理的有利时机，发挥学校主管单位积极性，有计划有步聚地进行这方面工作，尚待深入探讨。(3)企业教育转换机制标准需进一步明确。转换机制在一部分企业里即将完成。有关部门应及早提出评估教育机制转换的标准，以引导企业的教育与经营机制同步转换。(4)农村成人教育还要上新台阶。上海市农村工作会议和上海市乡镇工业工作会议的召开，促使农村工业化、城市化、现代化步伐加快。因此，上海农村成人教育要从实际出发，突出城郊型特点，逐步形成各具特色的发展新路子，还须在理论上和实践上进一步探索。

撰稿 张持刚
审稿 郭伯农

江苏省教育

概　况

［各级各类教育发展情况］

1993年各级普通学校基本情况

单位：人

学校类别	学校数（所）	毕业生数	招生数	在校学生数	教职工数	
					计	其中专任教师
一、普通高等学校	67	42182	71499	187843	71014	26957
研究生	(26)	2008	2997	7670		
本科		19952	25476	94529		
专科		20222	43026	85644		
二、中等专业学校	207	41770	84150	191780	25328	11940
中等技术学校	172	33584	70431	160801	20506	9574
中等师范学校	35	8186	13719	30979	4822	2366
三、普通中学	5054	867479	1015281	2939825	250465	180160
高中	968	137176	144262	423650		33848
初中	4086	730303	871019	2516175		146312
四、农业、职业中学	399	52819	88578	221432	23510	14951
高中	399	52677	88399	220806		14925
初中		142	179	626		26
五、工读学校	3	50	32	109	136	50
六、小学	28183	991548	1138278	5949367	307471	265854
七、特殊教育学校	126	1161	5094	24517	3514	2422
八、幼儿园	20283	1000485	1115312	2068862	89067	74028

1993年各级成人学校基本情况 单位:人

学校类别	学校数(所)	毕业生数	招生数	在校学生数	教职工数 计	教职工数 其中专任教师
一、成人高等学校	64	19148	38854	84806	11411	5447
广播电视大学	2	5060	11690	23938	4123	1960
职工高等学校	42	2603	4802	12051	3278	1681
农民高等学校						
管理干部学院	9	633	1743	2904	1655	720
教育学院	11	2451	1547	5974	2355	1086
独立函授学院						
普通高校举办						
函授部	(43)	5928	13876	29192		
夜大学	(42)	2175	4621	9511		
干部专修科	(13)	298	575	1236		
二、成人中等专业学校	247	28449	61958	135223	12580	6330
广播电视中专	3	8140	18201	37709	1324	745
干部中专	6	2060	7897	12016	429	167
职工中专	158	10178	24722	55981	6554	3348
农民中专						
教师进修学校	80	8071	11138	29517	4273	2070
三、成人中学	695	64099	67649	87714	4656	2965
职工中学	288	31253	35125	49330	3036	1806
农民中学	407	32846	32524	38384	1620	1159
四、成人技术培训学校	19288	3584958	3438389	2710942	14937	7975
职工技术培训学校	1149	405130	455118	318049	5903	3188
农民技术培训学校	18139	3179828	2983271	2392893	9034	4787
五、成人初等学校	4880	837788	722281	674441	6089	2832
职工初等学校	301	25439	38821	45930	509	216
农民初等学校	4579	812349	683460	628511	5580	2616
其中:扫盲班	2610	630202	430249	354648	3334	1357

[**学习贯彻《纲要》**] 1993年初,《中国教育改革和发展纲要》颁布后,江苏全省各级党政领导和教育部门采取各种形式,认真学习、宣传并结合学习《邓小平文选》(第三卷)和党的十四届三中全会精神以及《中华人民共和国教师法》,提高了对教育战略地位的认识,增强了加快教育改革和发展的责任感。省委常委带头学习《纲要》,并发布了《关于认真学习贯彻〈中国教育改革和发展纲要〉的通知》,要求各地把教育工作列入重要议事日程,党政一把手要亲自抓,分管领导要把主要精力放在教育上。规定省委、省政府每年都要专门研究一至两次教育问题,继续坚持和完善省委、省政府领导联系学校的制度,各市、县党委和政府每年也要研究几次教育工作,市、县党政领导也都要建立和坚持定点联系学校的制度。《通知》下发后,为把《纲要》精神落到实处,省委、省政府在1992年发出《关于

加快教育发展和改革若干问题的决定》的基础上，1993 年又制订了一些新的政策措施。主要包括：重点加强二至三所省属高校的建设，同时在江苏高校(包括部委属高校)中重点建设 80 个学科专业点；对有关职业技术教育和农村成人教育效益好的建设项目，省安排一定数量的贴息贷款，重点支持苏北地区，该地区市、县政府要在银行贷款，贴息资金安排方面给予必要的政策倾斜；在各级各类学校中逐步建设 100 所示范和样板学校；对省属高校，凡国家和省批准发放的物价补贴由省财政解决，省规定发放的岗位津贴由省政府解决 50%，其余由学校自己解决；各级财政要对解决学校公费医疗缺口问题作适当补贴；对于学校的校舍建设，免征城市建设设施配套费并优惠提供建设用地；对连续教龄满 30 年的高校教师的退休工资按原工资的 100%发给；成立江苏省中小学幼儿园教师奖励基金会。

[**教育体制改革**]　1993 年，江苏省按照建立社会主义市场经济体制的要求，结合教育自身特点，探索新的教育体制、运行机制和办学模式，在下列四个方面有所突破。

一是办学体制改革有所突破。省教委制定了《关于社会力量举办民办高等学校的暂行办法(试行)》、《江苏省民办中等专业学校设置暂行办法(试行)》和《江苏省民办中小学、幼儿园设置暂行规定(试行)》等三个规范性文件，促进了民办学校的健康发展。全省已批准筹办两所民办大学，即三江大学和九州大学。其中三江大学已试招生 190 名；九州大学进行非学历教育。全省已有私立中学 5 所、小学 1 所、幼儿园 174 所。与此同时，对现有公办学校的办学体制也作了改革。东南大学实行“一校两制”，把全校教职工分成教学、科研和产业三支队伍，实行不同的管理办法和分配方式。南京航空航天大学与国家民航局联办民航学院，实于“一校两院”，二元管理办法，既拓宽了办学渠道，又提高了办学效益。

二是教育管理体制改革有所突破。逐步建立和完善政府统筹规划，宏观管理，学校面向社会自主办学的体制。在各级各类学校中都选择几所学校进行“自主办学、自我发展、自我约束”的改革试点，省教委选定南京艺术学院、盐城工业专科学校进行改革试点，委培生、自费生比例达到 80%左右，并配套进行了奖学金制、学分制、淘汰制改革，增强了办学活力。

三是招生制度改革有所突破。在招生计划中，扩大委培生、自费生比例，全省普通高校委培生和自费生的招生人数达到招生总数的 20%，在招生工作中，扩大高校招生自主权。中专校和职业高中、普通高中招收一定比例的自费生，收取一定的培养费。成人高校适当放宽了招生条件。

四是实行“两权分离”改革有所突破。省教委下发了《关于选择少量学校试行所有权与办学权分离的意见》，规定每个市、县可以选择 1～2 所学校交给团体或个人办学，学校的原所有制性质不变，同时规定了办学者的权利和责任。全省各地相继确定了一批学校进行“两权分离”的改革试点。此外，全省还确定 14 所职业中学进行社会化、产业化改革试点，以此探索职业技术教育发展新路子。

[**农村和城市教育综合改革**]　1993 年，全省农村教育综合改革在前几年各实验区探索、实践的基础上，点上进一步深化，面上继续扩展，实验规模已扩大到 27 个县(市)、420 个乡(镇)，并建立 4 个省辖市级农村教育综合改革实验区。为推进农村教育综合改革，采取了以下措施：

一是实行分区规划，分类指导，分层推进。苏南地区根据市场经济为主、外向型经济为主、高新技术产业为主的经济发展特点，开始实施包括教育思想、教育发展水平、教学体系、办学条件、师资队伍和教育管理等方面内容的教育现代化工程，其总目标是本世纪末达到亚洲先进国家八十年代末的平均教育水平，到下世纪中叶接近发达国家的教育水平。各市、县分别确定了实施教育现代化工程的试点学校。苏中地区适应已经出现的工业化趋势，农业向专业分工集约经营方向发展，劳动力正在加速向劳动密集的非农产业转移的要求，教育主动积极地进行全方位服务，通过服务争取“依靠”，并由此促进教育事业的发展。苏北地区的农业正加速向高产优质高效方向发展，大力发展多种经营和农副产品的深度加工，为发展工业积累资金，并有选择地发展自己的工业，努力实现小康目标。为此，教育主要为当地传统农业的改造、种养加各业的发展，培养培训实用技术人才，帮助农民脱贫致富。

二是努力提高农科教结合水平，积极长入经济。在农村教育综合改革实验区，各级各类学校与农业、科技等部门在规划、项目、资金、基地、师资以及传播媒介等方面结合的基础上，又创造了农科教结合长入经济的新的结合形式：(1)以经营为龙头，在完善农村社会化服务体系中进行农科教结合。农村学校开始由单一的生产过程的技术服务发展到产前供应、产中开发和咨询、产后销售的全程服务；由单一的为农业经济服务逐步走向为农工商、技工贸一体的全面的农村经济服务；由单一的服务实体——培训基地发展到融经营、开发、生产、培训于一体的多功能综合性服务实体，适应产权制度改革，建立由农科教等部门参股的股份制企业。(2)以乡镇企业为主要服务对象，在乡镇工业社会化服务体系建立过程中进行农(经)科教结合。以工业经济为主的发达地区农村学校，特别是职业学校和成人学校开始参与乡镇工业发展需要的人才市场、科技市场、信息市场和劳动力市场的建立工作，一些乡镇成人学校已成为全乡镇劳动力素质提高的管理指导中心。(3)以农村产业结构优化为导向，在发展农村第三产业中实现农(经)科教结合。实验区普通中小学根据本地第三产业的特点，适时适宜地开设有关课程；成人学校、职业学校通过设置相应专业、把本地的剩余劳动力转化为人力资源，进行初、中级技术型劳务输出，自身也由此成为智力型第三产业，成为当地发展第三产业的骨干力量。

三是开展对农村教育综合改革实验区工作的评估。省教委下发了《江苏省农村教育综合改革实验区工作评估意见》。各市对实验区普遍进行了评估。通过评估有效地规范和引导了各实验区的农村教育综合改革实验工作，促进了实验水平的提高。1993年底，召开了由全省64个县(市)分管教育的县(市)长参加的全省农村教育综合改革工作会议，分管教育工作的张怀西副省长在会上要求各县(市)政府把这项工作列入政府工作目标，明确各有关部门的职责，成为政府行为，并要求全省各县(市)全面推开农村教育综合改革。

1993年9月，省政府在镇江市召开教育工作座谈会，对深化城市教育综合改革工作进行了专门部署。要求苏州、无锡、常州三市在原有试点的基础上，根据建立社会主义市场经济的新要求，调整修改改革方案，充实加强领导力量，不断深化综合改革；其它8个实验城市全面启动城市教育综合改革，重点落实“三个一”，即建立一个班子(教育综合领导小组)、制定一个方案、确定一批启动项目。

基础教育

[**概述**] 1993年,江苏省小学学龄儿童入学率为99.4%,初中学龄少年入学率为81.6%。小学毕业生升入初中的升学率为88%,初中毕业生升学率为47.4%。在校学生的年巩固率,小学为99.2%,初中为95.1%。教师达到国家规定合格学历的比例,小学为86.2%,初中为70.9%,高中为56.11%。到年底,实施初等义务教育的人中覆盖率达到100%,实施初级中等义务教育的乡(镇)420个,县(市、区)28个,使全省累计实施九年义务教育的县(市、区)达到59个,乡(镇)达到1165个,人口覆盖率达到56.8%。1993年江苏省已有苏州、无锡、常州三市完成普及九年制义务教育,其中常州市比规划提前了两年时间实现。

[**义务教育**] 江苏省教委于1993年5月提出《巩固初等义务教育成果提高实施水平的意见》,就强化法制意识,坚持依法治教;增加教育投入,继续改善办学条件;采取有效措施,建设一支优良的教师队伍;坚持不懈地抓好学校管理,提高办学效益;深化小学教育改革,全面实施素质教育等方面提出了具体要求。与之配套,省教委还提出了城市小学、乡(镇)中心小学和农村完全小学三种不同类型学校的《办学基本要求》:全省各地在巩固提高阶段办好每一所小学,全面贯彻教育方针,优化学校管理,深化教育改革,提高教育质量,提高学生素质,建设现代化高质量的江苏基础教育。

为了使全省的实验小学在新的条件下进一步发展,并发挥其实验作用和示范作用,省教委在5月有针对性地对无锡师范学校附属小学和吴县东山实验小学进行了视导,并印发了视导报告,为各地对实验小学的视导引了路子。经过各市、县(市、区)教育局(教委)推荐,教育督导部门评估,省教委审核,1993年有南京市琅琊路小学等39所小学获得“江苏省模范学校”称号。

为了贯彻执行江苏省委、省政府《关于加快教育发展和改革若干问题的决定》,确保1995年全省普及九年义务教育的人口覆盖率达到90%以上这一战略目标的实现,5月,省政府召开义务教育电话会议,副省长张怀西、省教委主任袁相碗讲了话,江宁、大丰两县政府作了发言。张怀西在讲话中强调,加快义务教育和扫盲工作步伐,就是要以求实、务实、落实的精神,真正把中共中央、国务院颁布的《中国教育改革和发展纲要》和江苏省委、省政府《决定》精神落到实处。要求各级政府把这项工作列入政府工作计划,实行目标管理,组织各有关部门认真抓好。电话会议后,又召开了部分县(市、区)分管教育的县(市、区)长和教育局长座谈会,交流实施九年义务教育的情况和经验,研究落实加快实施步伐的措施。省政府决定拨出200万元经费,专项用于对提前实施九年义务教育的县(市、区)的奖励和经济困难地区的补助。经过努力,1993年有420个乡(镇)、28个县(市、区)实施九年义务教育。这28个县(市、区)是:南京市雨花台区、楼霞区、浦口区,江宁县,六合县,高淳县,徐州市鼓楼区、云龙区、贾汪区,新沂市，宜兴市，武进县，金坛县，溧阳市，淮阴市清河区，大丰县，东台市，建湖县，连云港市海州区，海门县，启东市，扬州市广陵区，泰州市，镇江市京口区、润州区，丹阳市，扬中县，句容县。其中有12个县(市、区)比规划提前1—3年实施。

对实施九年义务教育的区、县进行评估验收。在各地认真自查的基础上，1993年5月，省政府组织省教委、财政厅、农林厅、人事局、乡镇企业管理局、统计局、妇联、教育工会等部门有关人员和省兼职督学，并请省人大、政协派员参加，组成80余人的评估验收组，分10个组对当年申报验收的实施九年义务教育的县(市、区)进行评估验收。经验收确认苏州市平江区、金阊区、沧浪区、郊区，常熟市，张家港市，太仓市，昆山市，吴县，吴江市，无锡崇安区、南长区、北塘区、郊区、马山区，江阴市，无锡县，宜兴市，武进县，丹阳市等20个县(市、区)合格。6月7日至22日，国家教委检查组对丹阳市和江阴市进行了重点抽查，面上抽查了无锡县、宜兴市。10月，国家教委转发了抽查报告，认为江苏省的评估验收工作符合国家要求。

[**制止流失生**] 1993年春，在江苏一些地区，尤其是苏北部分经济欠发达的农村地区，中小学生主要是初中学生辍学现象陡然增多。面对这种情况，省教委和各地采取了积极措施制止学生流失。一是实行九年义务教育证书制度。规定凡受完九年义务教育的学生经市、县(市、区)教育主管部门核准，由学生所在学校发给证书。证书是国家对适龄儿童、少年受完九年义务教育的证明，是社会招生、招干、招工、征兵的依据。二是县(市)组织大检查。流失生情况比较严重的县(市)，由县(市)政府组织，逐校逐人核实，然后逐个动员复学。对不把流失生送回学校的当地用工单位或个人以及学生家长给予处罚。三是由学校对家庭经济确有困难的学生给予减免杂费或发给助学金帮助其复学。四是建立健全乡规民约和目标责任制，实行政府一条线和教育部门一条线的双线承包制。经过努力，辍学热的势头得到遏制，大部分辍学的学生返回学校重新读书。据年底统计，全省初中学生流失率为4.8%。

[**实施新课程方案**] 1992年8月国家教委颁布了《九年义务教育全日制小学、初级中学课程方案(试行)》。根据国家教委有关通知精神，江苏省从1993年秋季开学起，全日制小学、初级中学的起始年级同时实施《课程方案》。为了实施好《课程方案》，省教委先后培训了各市、县(市、区)教育局长、教研室主任和各学科的教研员、骨干教师。省教委根据《课程方案》和江苏省实际情况，要求小学一、二年级开设劳动课，周课时为1节，在地方安排课程中解决；有条件的地区可以在小学高年级开设外语课；小学三年级以上和初中的体育课的周课时增为3节，其中安排0.5节授课时间进行健康卫生教育；初中毕业年级必须开设职业指导课；义务教育阶段的教材使用，由省教委对国家及省有关部门推荐的教材进行第一次选择，提出使用意见，各地据此再作第二次选择。其中初中教材的使用由教育行政部门决定；小学教材的使用由县(市、区)教育行政部门决定；因承担教育改革实验任务确需变动课程计划的学校，其实验计划应经县(市、区)以上教育主管部门批准，并报上一级教育部门备案。

[**幼儿教育**] 1993年全省幼教工作者认真学习《中国教育改革和发展纲要》、《九十年代中国儿童发展规划纲要》，继续贯彻《幼儿园管理条例》和《幼儿园工作规程》，进一步解放思想，深化幼儿教育体制改革，依靠社会力量办园，认真进行登记注册，充分挖潜，合理布局，使全省幼儿教育的事业规模、发展速

度和办园效益进一步适应经济体制改革的需要。全省幼儿园招生人数比1992年增加7.43万人；在园幼儿比1992年增加5.42万人；这一年，省教委在深入调查研究，加强宏观管理的同时，注意了与国内外的交流和合作。1993年5月，在国家教委和联合国儿童基金会联合主办的“幼儿的教育与发展——对九十年代的挑战”国际研讨会上，江苏省题为“江苏幼儿教育的现状、特点及发展趋势”的大会发言，向来自国内外的250多位官员、专家、学者及幼教同行，宣传了本省幼儿教育政策，展示了江苏依靠社会力量办园，多渠道、多形式地发展幼儿教育事业，城市已普及学前三年的幼儿教育，农村普及了学前一年幼儿教育的成就，受到与会关注，产生良好的影响。1993年6月，省教委组团赴广西考察幼儿教育，虚心向同行学习，研究切磋幼教体制改革的一系列政策措施，受到了启发，增进了联系。同年10月，美国纽约州幼教代表团来江苏省考察了南京、无锡、苏州等地幼儿园。

1993年江苏省农村幼儿教育事业在发展过程中，曾遇到一些新情况、新问题。突出的是一些地区的农村幼教管理体制没有完全理顺，办园经费不足，教师工资待遇低，队伍不稳等，影响幼教事业的发展。有的地方农村3～6周岁幼儿的入园率只达到41%或45%。为此，1993年4月，省教委在东海县召开农村幼教工作会议，针对农村幼教工作中存在的问题，组织学习《中国教育改革和发展纲要》，参观东海县乡村幼儿园，交流各地经验，研究制订发展农村幼儿教育的政策和措施。通过学习、参观和讨论，大家在以下几方面形成共识：第一，必须深化幼教管理体制改革。要按“地方负责，分级管理”的原则，把发展农村幼教的责任落实到县、乡政府和村民委员会，实行县、乡、村三级办园，三级或县、乡两级管理，确保农村幼教事业的稳步发展。第二，充分依靠社会力量，通过多种渠道筹措发展农村幼教事业的经费，不断改善办园条件。除乡政府举办中心幼儿园外，主要依靠村民委员会、乡村企业和农民个人举办幼儿园。第三，加强分类指导，提高农村幼儿园(班)的保教质量。教育行政部门应强化主管意识，分层次制订农村幼儿园的办园标准，推进登记注册工作。第四，稳定农村幼儿教师队伍，提高幼儿教师的素质。这次会议对推进全省幼教工作，特别是农村幼教工作起到了积极作用。无锡县农村幼儿园经过二年的艰苦努力，已全部达到办园标准，于1993年底前全部完成了登记注册工作，把农村幼儿教育提高到一个新的水平。地处苏北的东海县、海门县、淮安市等地区，根据本地经济情况，分别提高乡、村幼儿园的办园标准。对乡中心幼儿园，他们提出“四有两无两化”的办园要求：即“有活动室，有标准桌椅，有教玩具，有卫生设施和室外活动场地；无危险，无污染；绿化和美化环境”；对村办园(班)和私立幼儿园则提出“四有两无”的基本要求，即“有活动室，有标准桌椅，有必要的教玩具，有简易的卫生设备；无危险，无污染”。通过制订分期分批达标的规划与措施，建立考评和奖惩制度，提高了办园水平，促进了幼教事业的发展。1993年全省农村已普遍建立幼儿教师的考核聘用制度，部分县(市)还实行了持证上岗制度。各地教师进修学校和职业幼师班面向农村培养幼儿教师。教育行政部门为农村幼儿教师参加自学考试、专业合格考试、定期轮训和短期培训提供条件，帮助提高组织教育活动的能力。各地政府、教育行政部门和妇联组织，为稳定农村幼儿教师队伍，提高其社会地位和经济待遇做了不少工作。经过上下努力，1993年全省城市已普及学前三年的幼儿教育，农村已普及学前一年的幼儿教育。

进一步探讨幼儿园办园体制改革。1993年11月，省教委在盐城召开幼儿园体制改革座谈会,探讨幼儿教育如何顺应市场经济的大潮,启动更有活力的新的机制,具体研究讨论了试行“两权分离”和扶持私立幼儿园等有关问题。一些试点单位在会上介绍了试点情况和经验。他们认为,实行“两权分离”,即所有权归原主办单位,经费仍由或部分由单位拨给;办园权即人、财、物、保育、教育、招生、收费等管理权归幼儿园,幼儿园负责教职工的工资福利等,并负责幼儿园设备的添置与更新,幼儿园实行园长负责制,能较大提高单位和幼儿园的积极性,也有利于办园条件和保教质量的提高。但实行“两权分离”必须从实际出发,不搞“一刀切”。目前试点的幼儿园,领导及师资力量强,办园条件较好,生源充足,可以通过收费解决教职工的工资待遇及改善办园条件,反之则有相当困难;而且要防止借实行“两权分离”之机“甩包袱”,损害幼儿园和幼儿的利益。会上,大家一致认为,引导和扶持私人办园,形成国家、集体和个人“三轮”齐转的办园新格局,是加快幼教事业发展的新举措。私立幼儿园收费标准相对较低,适合一般收入的家庭需要,因此,私立幼儿园在苏北和农村地区具有较大的发展潜力和较好的发展前景。对私立幼儿园要积极扶持,加强管理,不断提高其办园水平。

1993 年 12 月,省教委组织了 5 个视导组,对 14 所省实验、示范幼儿园和 4 所普通幼儿园进行视导。各视导组依据有关《条例》和规范文件的精神,总结出这些幼儿园的共同特点是:(1)办园思想端正,教育观点正确,为幼儿和家长服务的意识比较明确。(2)注意创设与幼儿的发展水平相适应的幼儿园教育环境,幼儿园安全、卫生,做到了绿化和美化,办园条件不断改善。(3)园长管理水平较高,教师队伍整体素质好,树立了热爱幼儿、积极进取、勤奋向上的良好园风。(4)大胆改革,潜心实验,各自形成办园特色。关于幼儿发展评价的研究、课程研究、园长负责制、“两权分离”试点等在省内外幼儿园中产生了重要影响。(5)有目的、有计划地开展保教活动,幼儿身心得到和谐发展,家长和社会反映很好。在视导中也发现有的幼儿园在办园体制、经费投入、自主管理、人员调配和保健工作方面还存在一些问题,已督促改进。

[**特殊教育**] 1993 年,江苏省特殊教育工作坚持以法治教,认真贯彻《残疾儿童少年实施义务教育“八五”方案》,取得了突破性进展,提前两年完成国家下达江苏省的“八五”指标和任务。1993 年特殊教育学校数、招生数、毕业生数、在校学生数、教职工数等各项指标都名列全国前茅。1993 年 2 月在哈尔滨召开的亚太地区特殊教育研讨会、9 月在北京由中残联等五部委召开的贯彻残疾人保障法座谈会和 10 月国务院召开的残疾人工作表彰会上,江苏省代表都介绍了江苏省特殊教育发展经验。10 月,省教委又受国家教委的派遣,赴日参加第十三届亚太地区教育革新发展项目(APEID)特教研讨会,在会上代表我国作《中国普通教育中的特殊需要教育》的报告,受到会议的好评。

1993 年通过检查评选并上报批准,无锡县、江阴市、张家港市、丹阳市、通州市、江都县、铜山县、建湖县、海安县、金湖县被国家评为全国特殊教育先进县(市);南京市秦淮区、南京市建邺区、镇江市京口区、常州市钟楼区、苏州市沧浪区、宜兴市、宝应县、新沂市、盐城市郊区、东海县被评为江苏省特殊教育先进县(市、区);同时,还评选出 60 名特殊教育先进工作者。

创办盲人推拿大专班。为了发展盲人高等职业技术教育,南京中医学院在南京市盲人学校协助下,创办了全省首届盲人推拿大专班,共招收两个班级,31 名学生,于 1993 年 9 月 15 日正式开学。大专班的开办,填补了江苏省盲人高等教育的空白。盲人推拿大专班列入国家普通高校招生计划，以招收江苏籍的盲生为主，适当招收外省市盲生。学制三年，除选修课外，共开设26门课程，使用全国统编教材。

江苏省在全国率先推广残疾儿童随班就读的办学形式，迅速提高了残疾儿童入学率。为了加强管理，使随班就读的残疾儿童、少年真正受到符合其身心发展规律的教育，进一步加快全省残疾儿童少年初等义务教育普及进程，1993年省教委制定了《江苏省残疾儿童、少年随班就读工作基本要求(试行)》。

为进一步推动职业技术教育的发展，1993年11月，省教委在常州市召开了全省特教学校职业技术教育研讨会。会议提出，特教学校培养目标不能仅局限于培养“残而不废，自食其力”的劳动者，必须按照邓小平同志“三个面向”的要求，培养各级各类人才，以适应社会多方面的需要。会议提出，特殊教育学校必须转变观念，自觉用经济规律指导办职业技术教育，增强市场意识、竞争意识、服务意识。在育人过程中注意教学、实习、生产、经营相结合，在实践中培养学生实际工作能力。同时，要不断提高职教的办学层次，有条件的学校要逐步向中等以上职业技术教育过渡，要坚持走多元办学或多元联合办学的路子。

1993年10月28日，国务院副总理李岚清在江苏省主管副省长陪同下，视察了常州市聋哑学校。李岚清副总理参观了陈列室，观看了二年级的情景教学课，并看望了正在康复班接受语言训练的小朋友，细心聆听了小朋友的发音和日常对话，不住地赞叹：“特殊教育的教师非常辛苦！”并挥笔写下“向聋哑人教育工作者致敬！”的题词。

[德育工作] 1993年江苏省中小学德育工作继续把重点放在“三项”教育和“四项”建设上。“三项”教育即爱国主义、集体主义、社会主义教育，日常文明行为习惯的养成教育，法制教育；“四项”建设即德育制度建设，德育队伍建设，德育基地建设和校风建设。

1993年3月，省教委召开全省中小学生日常行为规范教育经验交流会。会议认为，五年来，江苏省中小学生日常行为规范教育和训练的成效是显著的，积累了许多成功的经验。主要表现在指导思想明确，领导普遍重视，教育训练扎实，重视队伍建设等几个方面。对进一步抓好“规范”教育，会议认为，一是要进一步提高抓好“规范”教育训练的认识；二是抓“规范”教育要持之以恒，重在实效。要把着重点放在行为习惯养成上，特别重视文明行为的反复训练，逐步内化为学生的良好素质。

1993年3月5日，是毛泽东同志为雷锋同志题词30周年。省教委在全省中小学开展了“学雷锋、爱祖国、作奉献、创三好”主题活动。要求各地通过多种形式，在中小学生中进行雷锋事迹、雷锋精神的再宣传、再学习，并做到“五个”结合：一是把学雷锋活动与进行改革开放的形势教育结合起来；二是把学雷锋和经常性的爱国主义教育结合起来；三是把校内学雷锋和社区精神文明建设结合起来；四是把学雷锋和日常行为规范教育结合起来；五是把学雷锋活动与“创三好”活动结合起来。十年来，江苏省共表彰了省级三好学生7415名、优秀学生干部1282名、学雷锋先进集体1193个。

1993年，省教委命名了南京雨花台烈士陵园等23个单位为首批省级校外德育基地。6月，省教委根据《江苏省中学德育工作考核评估方案(暂行)》等有关文件精神，确认了149所中学为省级德育先进学校。

[初中素质教育] 1993年12月，省教委召开全省初中素质教育研讨会，探讨了初中素质教育的基本框架和思路。会议认为，初

中教育是在小学教育的基础上对适龄青少年实施一定年限的基础教育，是以提高公民素质为目标而进行的不定向、非专门的基础品德和基础文化知识的义务教育。进行素质教育就是要培养学生的思想品德、智力、健康的个性和良好的体质等方面具有基础性、全民性、全面性和相对稳定性为特征的基本素质。会议还对实施初中素质教育提出了指导性意见：必须以转变教育观念为先导，增强改革意识；建立切实可行的目标体系；调整办学模式，改革课程结构；建立正确的评价体系，改革升学和考试制度；切实做好后进学生转化工作。

为鼓励全省各类中小学校模范地贯彻执行党和国家教育方针，加强学校管理，实施素质教育，全面提高教育质量，11 月，省教委根据《江苏省模范学校标准》对素质教育取得经验的一些先进学校进行了检查评估，评出模范中学 26 所。他们是：南京师范大学附属中学，南京市第九中学，江宁县上元学校（初中部），无锡市第一中学，无锡县中学，睢宁县中学，新沂市第二中学，江苏省常州高级中学，常州市花园中学，江苏省苏州中学，苏州市景范中学，南通市第一中学，海安县中学，如皋市白蒲中学，海门县东洲中学，赣榆县中学，连云港市东港中学，沭阳县中学，泗阳县中学，淮安市中学，江苏省盐城中学，阜宁县曹唐初级中学，江苏省扬州中学，泰县姜堰中学，镇江市第一中学，江苏省丹阳中学。

[高中教育] 1993 年 6 月，全省举行普通高中物理、化学、生物、历史、地理、外语 6 门学科的首轮会考。参加会考的学生共 13.45 万人。全省共设考点 378 个，考场 4731 个。此外，各地还认真组织了物理、化学、生物学科的实验操作和劳动技术课的考查。据统计，这次会考基本达到了使 95%以上学生成绩合格的预期目标。通过会考，在以下几个方面取得了积极效果。一是加强了高中学籍管理；二是学校教育教学的设备得到了进一步改善和充实；三是发挥了会考对高中教学的正导向作用，加强了高中的教学管理，较好地解决了偏科现象，使 师生更重视“双基”和能力的教与学；四是调动了各类学校办学的积极性和大多数学生学习的积极性。

检查验收第四批重点高中。1993 年 9 月，省教委组织力量对 25 所高中进行了全面的评估验收。确认第四批验收的下列学校为合格重点高中：高淳县中学、江浦县中学、南化公司第一中学、江阴市中学、沛县中学、邳州市运河中学、江苏省梁丰高级中学、东海县中学、盱眙县中学、泗洪县中学、淮阴县中学、灌南县中学、涟水县中学、东台市中学、建湖县中学、建湖县上冈中学、江苏省阜宁中学、滨海县中学、响水县中学、扬州大学师院附属中学、高邮市中学、宝应县中学、南京师范大学附属扬子中学、南京师范大学第二附属中学。

中学生运动会。1993 年 10 月，江苏省首届重点高中田径运动会在无锡县天一中学举行。全省 11 个市的代表团，97 个代表队，837 名运动员，138 名裁判员参加了本届运动会。中国中学生体育协会主席邹时炎、世界中学生体育联合会主席拉姆斯先生等出席了运动会开幕式。本届运动会共进行 27 个项目比赛，江苏省南通中学等代表队荣获男女团体总分前 10 名。比赛中共有 3 人打破了省少年甲组三项最高纪录；达到三级以上运动员标准的共有 793 人次，其中 3 人次达到一级运动员标准。1993 年 6 月，世界中学生田径运动会在意大利阿尔巴举行，江苏省南通中学学生秦蕾、储春霞分别获得铁饼、标枪两项冠军。1993 年 7 月，在澳门举行的第一届亚洲中学生乒乓球锦标赛中，江苏省中学生男子乒乓球队为我国夺得冠军。1993 年 8 月，第五届全国中学生运动会在青岛举行，江苏省中学生体育代表团共获 12 枚金牌、2 枚银牌、4 枚铜牌。金牌数列全国第三位。

［**中学人口教育**］ 江苏省中学人口教育是最早参加我国政府与联合国人口基金合作项目试验的 10 个省、市之一，已参加并完成了两个周期的项目试点工作，1993 年正在进行的是第三周期的项目试点。试点中学有 59 所。据不完全统计，十多年来，全省共有 2396 所中学开展了人口教育，受教育的学生达 188 万人；全省有人口教育专职教师 30 人、兼职教师 3526 人。近几年来，江苏省在国际、国内人口教育宣传画、论文竞赛中取得了较好的成绩。学生创作的宣传画在国际获奖的有 5 幅，在全国获奖的有 24 幅；人口教育教师和行政干部的论文在全国获奖的有 15 篇；学生小论文在全国获奖的有 15 篇。

1993 年 10 月 20 日至 25 日，联合国人口基金国家项目组官员和国家教委项目负责人对江苏省中学人口教育项目进行了中期评审，并对人口教育师资培训单位(江苏教育学院)、4 所中学人口教育试点学校进行了考察。

职业技术教育

［**概述**］ 1993 年，江苏省职业技术教育贯彻大力发展的方针，全省高中阶段职业技术教育与普通高中招生数之比由 1992 年的 1.07∶1 提高为 1.39∶1。在校生 48.31 万人，比 1992 年增加 7.36 万人，首次实现招生数与在校生数双超普通高中招生数与在校生数。

1993 年 1 月 21 日，省政府批转了省教委、计经委、财政厅、人事局、劳动局《关于大力发展职业技术教育的意见》，明确了加快全省职教改革和发展的新措施。(1)进一步提高对职业技术教育重要性的认识。(2)加快发展职业技术教育。“八五”期间，要使全省没有升入高一级学校的初、高中毕业生普遍受到实用技术培训，技术工人技术等级在现有基础上平均提高一级；中心城市各主要行业建成 1～2 所、每个县(市)建成 2～3 所规范化的中等职业技术学校，全省建成重点职校 150 所左右；在条件较好的中等职业技术学校、成人高校试办高等职业技术教育。(3)大力推进职业技术教育面向经济建设。(4)切实提高职业技术教育质量。全面贯彻党和国家的教育方针，强化学生实践能力的培养，加强教材建设和教育科学研究，加快职业师资队伍建设。(5)深化职业技术教育管理体制改革。坚持多渠道办学，在当地政府的统筹下，以业务部门、行业、企事业单位办学和各方面联合办学为主。强化市、县政府对各类职业技术教育的统筹。同时推进职业技术学校内部管理体制改革，逐步扩大学校在办学、教学、内部机构设置、人员配备和分配形式等方面的自主权，使学校成为相对独立的办学实体。(6)多渠道筹措职业技术教育经费。积极增加财政拨款，拓宽经费筹措渠道，逐步实行有偿培养和缴费上学制度。企业单位职工教育经费从占职工工资总额的 1.5%提高到 2～2.5%，增加部分主要用于发展职业技术教育。校办产业免征城市建设设施配套费。(7)严格执行“先培训、后就业”的原则。全面推进“持证上岗”制度。城乡企事业单位补员首先要从专业对口或相近的各类职业技术学校毕业生中择优录用,不足部分再从经过短期技术培训的人员中择优录用。逐步实行毕业证书和技术等级证书(或岗位合格证书)的“双证”制度。(8)改革招生和毕业生就业制度。逐步扩大中专校和技工学校委托培养和自费生规模;“八五”期末,达到招生总数的30%以上,有条件的学校可扩大到50%左右。文件下达后各地认真贯彻,有的地方还制订了实施细则。

[**中专和职业中学评估验收**] 从1991年至1993年,省教委会同有关部门组织人员对全省160多所中专校进行了评估,确定118所学校为合格学校。在此基础上1993年又开展了选优评估,经省政府批准,南京铁路运输学校等38所学校为省(部)级重点中等专业学校。又从中遴选16所学校向国家教委申报国家级重点中等专业学校。

1993年省教委对盐城市盐南建筑职业学校等23所职业高中进行评估验收,确定了一批省级重点职业中学。到年底,全省已有国家教委认可、省政府批准的国标省级重点职业中学40所。全省64个县已有41个县(市)建有示范性骨干学校,市、县级示范性骨干学校总数达77所。以评促校。据统计,在40所国标省级重点职中评估中,各地增加投入8000多万元,在中专评估中增加投入1.5亿元,极大地改善了学校办学条件,提高了学校管理水平和教育质量。1993年下半年国家教委对江苏省南京、常州、苏州、南通、盐城等市省级重点职中进行抽查,给予了较高评价。

[**教育改革**] 开展职业高中办学体制改革试点。在各市申报的基础上,8月,省教委批准铜山县张集职业中学等12所职业学校为办学体制改革试点学校。要求试点学校在当地政府领导下,主动与行业和企业加强联系,依靠社会各方面力量办学。大力发展校办产业,加强实习基地建设,走产教结合、工学结合之路,增强学校自我发展能力;同时充分挖掘潜力,不断扩大办学规模,把学历教育和短期培训结合起来。通过试点,促进了职业技术教育更好地为经济建设和社会发展服务。据统计,1993年全省职业技术学校校办产业年产值达16亿元左右,年创收1.5亿元,占学校总支出的20%以上。当年有48个厂家参加由国家教委、劳动部、中华职教社在北京联合举办的全国职业技术学校校办企业产品展销会,签订销售合同225万元。

改革中专招生制度。为了促使中专学校加快招生制度改革步伐,激发社会及考生报考委培和自费生热情。省政府规定,不论委培、自费生计划占多大比例,各级财政都不减少原有按计划应给中专学校的拨款;普通中专校所招收的委培、自费生在办理户粮关系以及就业后的待遇等方面,享受与国家指令性计划所招收的学生同样待遇。1月,省有关部门联合举办了江苏省高校、中专校委托培养人才供需洽谈会,为大、中专学校和用人单位现场洽谈人才委托培养提供一条龙服务。全省有142所中专校、300多家用人单位参加洽谈会,会上92所中专校与用人单位签订的合同人数达10455人。这都有力地扩大了委托培养和自费生招生的规模,1993年仅部、省属中专校就招收委培和自费生近3万人,占招生总计划的50%。提前实现了省委、省政府提出的到“八五”期末达到30%以上的目标。为加强对中专委培生、自费生的管理,省教委还制订了《关于加强对中等专业学校委培生、自费生教育和管理的意见》。

鼓励发展民办学校。1993年4月,省教委、省计经委批准建立建国以来全省第一所民办中等专业学校——盐城兴艺中等专业学校,并于当年起招生。

［**海峡两岸中文电脑输入技术表演赛**］ 1993年，江苏省职业技术教育学会与台湾资讯工业策进会联合在南京举办了“海峡两岸中文电脑输入技术表演赛”，本着相互交流、相互学习、相互促进、共同提高的宗旨，来自台湾的12名选手和江苏的44名选手都表现出了良好的精神风貌和娴熟的技艺。在汉字输入8个比赛项目共24个奖中，江苏选手获13个，台湾选手获11个。江苏获奖最多的学校是无锡市工业学校；台湾获奖最多的学校是台湾育达商职校。

高等教育

［**概述**］ 1993年，江苏省高教事业发展速度加快，改革力度加大，高校为经济建设服务取得明显成效，教育质量和办学水平有所提高，师资队伍建设进一步加强。这一年，全省高校招生数比1992年增长32.4%，在校生数比1992年增长18%。期中地方高校在校生规模达8.45万人，比1992年增长19%。高等教育自学考试1993年报考人数达35万多人，毕业3000人，使全省自考毕业生总数超过5万人。

［**“211工程”启动**］ 1993年，《中国教育改革与发展纲要》中提出了高等教育的“211工程”。这一跨世纪的高等学校建设工程规划，在江苏高教界引起了强烈反响，全省先后有南京大学、东南大学、南京理工大学、南京航空航天大学、河海大学、中国矿业大学、中国药科大学、南京农业大学、无锡轻工业学院、江苏理工大学等10所部委属高校和南京师范大学、苏州大学、扬州大学、南京医科大学、南京中医学院等5所省属高校制订规划，申请进入国家“211工程”建设行列。江苏高校的整体实力较强，有9所全国重点高校，有国家级重点学科点42个、国家级重点实验室12个、博士学科点189个。江苏省教委成立了“211工程”办公室，开展了调查研究，帮助、指导10所部委属高校，积极争取有2～3所省属高校进入“211工程”建设；起草了《关于江苏省普通高校争取进入国家“211工程”的建设规划和实施意见》，对遴选80个省级重点学科点的方法、原则提出了具体意见并开始实施。整个工作着眼于为江苏经济建设服务，以进促建，使有关高校的建设上水平、上层次。

［**专业调整**］ 1993年，江苏普通高校遵循“改老、扶新、扬优、保重”的原则，面向社会、适应市场，进一步拓宽专业口径，提高专业规模效益和结构效益，以更好地为经济建设服务，培养合格人才。江苏地方高校新增专业55个，筹建专业10个，设置专业方向45个。新增设的专业中，绝大部分是目前人才需求旺盛的紧缺专业，如计算机应用、装潢艺术设计、国际经济、工业外贸等应用性、外向型专业。专业调整后，进一步优化了高校专业结构。除了增设紧缺专业以扩大培养能力和规模外，新增设的专业中有11个专业填补了省内高校专业设置的空白，为地方高校形成学

科优势、办出特色创造了条件，其中个别服务于高新技术的专业将为江苏发展高科技产业提供人才和智力支持。1993年，全省地方高校的专业总数增加到588个，比1992年增加0.3%。省教委对高校专业调整非常重视，成立了由教学、计划、人事等部门和部分高校的专家、学者组成的专业评议委员会，对申报专业的办学条件和需求情况进行了充分评议，提出了参考咨询意见，使新专业的设置和老专业的调整提高了科学性和可行性。

［**招生制度改革**］ 1993年初，江苏省教委会同省有关部门联合举办了'93江苏高校、中专校委托培养人才洽谈会。洽谈会期间签订和初审的委托培养合同近3万人。在招生实践中，继续实行国家任务计划与调节性计划相结合的招生计划机制，扩大了委培生、自费生的比例。1993年，全省地方普通高校委托培养和自费生的招生人数占招生总数的比例由1992年的23.6%增至42%。盐城工业专科学校、南京艺术学院等改革试点学校，委培、自费生的比例都达总招生量的80%左右，在事业费不减的情况下改善了办学条件，提高了教职工的待遇，同时，配套进行校内管理体制改革，正确引进竞争机制，建立奖助学金制、学分制等。东南大学在1993年录取的学生中推行了招生与奖学金制度的改革，把学生按高考成绩分为A、B、C三类，A类学生占总学生数的10%，享受综合一等奖，即免全部培养费、学杂费、并奖励每生每年1000元；B类学生占65%，享受综合二等奖，即减免培养费；C类学生占25%，需缴部分培养费、学杂费，以后每年按年终综合测评的结果而滚动。东南大学的招生与奖学金制度的改革，推动了学校收费、培养、校内管理等各项改革，使学校的办学效益和培养质量有了提高。

［**骨干教师队伍建设**］ 为加强高校学科梯队建设，鼓励学术带头人在学科建设和人才培养中作出更大贡献，促进新一代中青年骨干教师迅速成长，1993年，省教委制订了《加强江苏省高等学校学科梯队建设的意见(试行)》，评选出优秀学科梯队29个、优秀学科带头人30名。在教师职务评聘和师资队伍建设中，把选拔和培养中青年骨干作为工作重点之一，鼓励中青年骨干教师脱颖而出。从1993年起，省教委实行45岁以下晋升教授、40岁以下晋升副教授不占学校专业技术职务指标的政策，在全年的职评中，45岁以下获得教授任职资格的有12人，40岁以下获得副教授任职资格的有150人。还评选184名优秀青年骨干教师，全部在40岁以下，年龄最小的仅27岁，30岁以下的占46人。各校为优秀青年骨干教师配备了指导教师，制订了培养规划，并对他们的教学科研给予必要的资助，同时对他们进行定期考核，对优秀者发放科研津贴。鼓励广大中青年教师立足高校，充分发挥聪明才智，在教学科研上做出成绩。这一年，通过省属高校12个重点学科、8个重点实验室的建设，改善了中青年教师的工作条件和学术环境，一些在国外留学的中青年教师表示学成后归国到这些学科点和实验室工作。同时，加强中青年教师的住房建设，1993年省属高校新建住房800套，大部分用于解决中青年教师的住房困难，改善他们的生活条件。

［**科技工作**］ 1993年江苏高校的科技工作面向经济建设主战场，推进产学研结合，开展多种形式的技贸活动，全方位地为江苏经济振兴服务。年初，省教委组织省内16所高校，分别在常州、无锡、苏州召开重点高校成果信息发布会，有500多家企业参加，达成意向性协议177项。7月，省教委与省计经委、中科院南京分院联合召开全省产学研联

合工作会议，促进科技成果的转化。这一年，省教委推荐的科研项目有3项被列入国家级产学研项目，投资总额445万元，预计产值1.7亿元，利税2500万元，江苏部分高校两次参加全省科技成果博览会，展出各类高新技术和新产品300余项，展出各种仪器设备20多台套，签订意向性合同2459万元，正式合同额1280万元。高校校办产业注重高新技术产业、外向型企业和智力型第三产业，提高了科技含量，实现产值8亿元，创利税1.5亿元。

[**学位和研究生教育**]　根据国务院学位委员会《关于委托地方学位委员会对部分通用学科硕士学位和研究生教育进行检查评估的通知》精神，江苏省学位委员会负责牵头对江苏片4省(苏、鲁、皖、赣)中国语言文学、历史学、生物学、力学等4个学科硕士学位和研究生教育进行了检查评估。这次评估采用授位单位自我评估与专家组会议评估相结合的方式进行。在各授位单位自查自评的基础上，1993年10月在南京召开四省4个一级学科硕士点专家评估会议，抽调有关学科共34位专家按一级学科组成同行专家组对74个硕士点进行评估。评估结果表明，这些学科点经过几年的建设，在学术队伍、发展方向、培养质量方面都取得了很大成绩，但也暴露了一些诸如专业方向老化、导师年龄偏高、学科课程设置混乱等问题。这次评估工作有利于总结经验，找出问题，促进学科建设，提高研究生教育质量和学位授予质量。

[**校园景点建设**]　江苏省教委早在1986年就开始采取多种措施指导高校开展校园建设，创造优良的育人环境。通过多年努力，全省高校涌现出一批富有教育意义的校园景点。1993年省教委对景点建设成绩显著的南京大学、河海大学、南京邮电学院、南京化工学院、南京交通高等专科学校、扬州大学师范学院、中国矿业大学、淮阴师专、华东船舶工业学院、苏州铁道师范学院、苏州蚕桑专科学校、常熟高等专科学校、盐城师范专科学校、南通师范专科学校等15所高校进行了表彰。各高校在校园景点建设过程中，注重发挥景点的三方面功能。一是导向功能，利用优美环境的力量来规范人们的行为。二是教育感染功能，通过环境的力量向人们潜在地灌输正确的思想、价值观。三是美化功能，校园景点建设中，植物造景、建筑造景本身表现了自然美和建筑美。在总结表彰的基础上，省教委要求各校校园绿化面积与师生达到一定的比例，每生需10平方米的草地，各种常绿树、落叶树、针叶树相互配套；梅花、牡丹、杜鹃、水仙、月季、芍药、兰花等比例协调，草坪、曲池、花木、碑亭、回廊、水桥、假山等巧妙组合。

成 人 教 育

[**扫盲工作**]　1993年，全省共组织68.6万文盲入学，其中56.5万人脱盲，超额完成省政府下达的扫除40万文盲的任务；有51万人参加了巩固、提高班学习。

为了切实把扫盲工作抓出成效，1993年各级政府进一步加强了对扫盲工作的领导。

省政府把扫除40万文盲作为重点抓好的26件实事之一列入工作目标。5月，在全省教育工作电话会上，张怀西副省长对扫盲工作提出新的要求。6月和8月，省政府有关领导又两次听取全省扫盲进展情况的汇报，研究、解决工作中出现的问题。8月底，召开全省扫盲工作座谈会，张怀西副省长就高标准扫除文盲作了讲话。为了增加对扫盲的投入，省委、省政府决定将全省扫盲、农村成人教育的经费定额由每个农民每年0.10元提高到0.20—0.25元，省财政划拨的扫盲、农村成人教育专项经费也由1992年的60万元增加到100万元。南京、镇江、淮阴、苏州、徐州、盐城和沛县、铜山、兴化、淮阴等市、县(市)政府均发了扫盲文件。扫盲任务较重的苏北地区，将扫盲作为重点工作来抓，扫盲任务较轻的苏南地区，也对扫盲提出了高标准要求。镇江市政府分管市长要求县(市)以行政村青壮年非文盲率达96%为标准继续扫除剩余文盲。

在政府统一部署下，各级教育部门加强了对扫盲工作的领导和管理。2月初，省教委就春节后尽快组织文盲学员复课发了《通知》。3月，在镇江市召开了全省扫盲、农村成人教育工作座谈会，总结工作，分析存在问题，研究、落实下一步工作。一些市、县教育行政部门也召开会议，把任务迅速落实到乡镇、村组。省教委在抓扫盲的同时，注意抓脱盲后的巩固提高工作。年初，省教委将脱盲人员的巩固、提高任务与扫盲任务一同下达到各市，由各市再分解下达，要求各地采取切实措施，确保工作任务的完成。这样，不仅使1992年脱盲的47万人通过多种形式继续巩固、提高，1993年刚脱盲的部分人员也"趁热打铁"进入巩固、提高班学习。有的地方还将巩固提高班与业余小学班、初级技术培训班衔接起来，为脱盲人员学习提供更多的机会。1993年省教委先后组织10多个检查组，对29个县(市、区)的扫盲工作进行检查或评估验收，共抽查94个乡镇、166个村及街道居委会，先后召开200多个扫盲座谈会，参加人数达890多人；走访教师、学员及群众380多人；对468名脱盲学员进行考试。

[**农村技术培训**] 1993年，全省农村成人的各类技术培训得到较快发展，参加培训人员达385.3万人，比1992年增加62.8万人。培训有以下几个特色：一是注意在市场中找信息，按照市场需要办学，使培训内容更加适应市场经济发展的需求，使广大农民学的科技知识能很快发挥作用。1993年围绕优质、高效农业和容易进入市场的多种经营副业方面的技术培训明显增多，吸引了大批求知求富的农民，使全省参加农副业技术培训的农民达到269万人，比去年增加52万人。二是注意突出地方特色。在山区和丘陵地区，培训的主要内容是有关果树、林木方面的新技术；水网地区的培训则瞄准养殖新技术，特别是特种养殖技术；城郊地区的培训紧紧围绕居民的菜篮子作文章；乡镇企业比较发达地区的培训重点则放在对职工的岗位培训上。三是在服务上作文章，拓展服务领域，提高服务质量。南通市的通州市五总乡成人教育中心校为推进该乡"龙(蚕)凤(鸡)呈祥"战略实施，在对农民进行养鸡、养蚕技术培训的同时，发挥多方面服务功能。首先是搞好学校自身的规模养殖示范，建立示范户，发挥辐射作用。其次是进行产前、产中、产后服务。产前当好信息员，及时为农户提供有用信息；产中当好技术员，帮助农户防、治禽、蚕病；产后当好销售员，创办加工企业，年产扒鸡100万只，年产值、利润分别达1000万元、80万元。全乡养鸡量由1990年的7万羽发展到1993年的100万羽。全乡40%的农户通过养鸡脱贫，15%的农户达到小康水平。全乡年产茧达270吨，加上其它养殖项目生产，全乡实现养殖业总产值1285万元，纯收入450余万元，

人均205元，占农民人均纯收入的21％。

1993年12月9～11日，省教委与省乡镇企业管理局联合在常州市武进县召开全省乡镇企业职工教育工作会议，对“七五”以来全省乡镇企业职工教育工作进行了总结。“七五”以来，全省累计培训乡镇企业职工821.5万人，占乡镇企业职工总数的91％。会议提出，从1994年到2000年，全省乡镇企业职工教育的各层次各类培训总量要达到1000～1400万人次，乡镇企业比较发达的地区要按照“二、四、八”(即每百名乡镇企业职工中有2名大专生、4名中专生、8名中技生)的要求进行规划和实施。会议期间，与会代表考察了武进县职工教育的现场；对全省151个乡镇企业职工教育先进单位和156名先进工作者进行了表彰。

1993年，全省乡镇成人教育中心校也有很大发展，办学条件明显改善。全省这类学校校舍建筑总面积增加到78.9万平方米，净增17.4万平方米；课桌凳增加1.6万套，总数达12.6万套；图书资料增加29.6万册，总数达130.8万册；教学用彩色电视机、录放像机及电脑已达2861台；全年用于这类学校建设的经费总额达2539.29万元，其中乡镇财政投入1699.27万元，占66.92％。全年这类学校教育培训的总数达295.3万人，占全省各类培训总人数的55.12％；培训人员中的毕业结业率达到75.82％。在培训人员中，有10660人升入成人中专或高校；有37351人被聘任为乡、村农、副、工技术员；有3084人有科技成果受到县级以上奖励，784项科技成果得了奖。

[职工教育] 由省教委会同省计经委、省人事局、劳动局、科技干部局联合制订的《江苏省职工教育条例》，于1993年8月26日经江苏省人大常委会通过，9月4日公布施行。《条例》内容包括总则，管理，企业事业单位的职责，职工受教育的权利和义务，办学和教学、教育人员，经费，奖惩，附则计九章四十一条。其总的精神是，职工教育由政府统一领导，教育行政主管部门负责职工教育宏观管理，计划经济、劳动人事、科技管理部门负责企业领导人员、专业技术人员和技术工人的分类指导，行业管理部门负责本系统职工教育规划和年度计划，企业事业单位负责职工教育的组织实施。《条例》公布后，各地积极贯彻落实，推动职工教育的发展。

据对全省686万职工统计，1993年参加50学时以上各类文化、技术、业务学习的职工273.3万人，全员培训率为39.8％。其中岗位培训227万人，继续教育7.95万人，高等教育22.8万人，中专教育9.3万人，文化基础教育6.2万人，分别占职工学习总人数的83％、2.9％、8.4％、3.4％、2.3％。

[社会力量办学] 1993年省教委审批建立了江苏逸仙进修学院、江苏省青年人才培训中心、爱德培训学院、新宇时装进修学院、江苏省经贸教育培训中心5所独立设置的社会办学单位。到1993年底，经省、市、县三级教育行政主管部门批准备案的各种社会办学单位共计1600个，其中独立设置的学校632所，教育组织770个，公民个人办学198个，开设专业120个，在学人员80万人。其中职业技术培训278000人，社会文化生活教育263000人，基础教育100000人，继续教育103000人，高等教育自考辅导54500人。与1992年比较，社会办学单位增加1倍，在学人员增加1.3倍。省教委于11月18日到20日召开全省社会办学总结表彰会。会上表彰了近5年来在社会办学工作中涌现出的51个社会办学先进单位和54名社会办学先进工作者。会后，省教委印发了《江苏省社会办学总结表彰会议纪要》，指出为纠正权力办学的现象，必须实行行政机关与学校分离、培训

与考核分离、育人权与用人权分离，为社会办学创造公平竞争良好的外部环境。

[**成人高、中等教育**] 1993年1月5日至7日，省教委在南京召开了全省成人高、中等教育工作会议。各市政府分管秘书长、教委主任(局长)、省有关业务主管部门负责人，特邀的部分市、县政府负责人，高校院校长出席了会议。副省长吴锡军出席会议并讲了话。这次会议的主题是贯彻落实全国成人高教工作会议和全省教育工作会议精神，总结全省成人高、中等教育的成绩和基本经验，研究制订九十年代抓住机遇，加快改革与发展的目标、任务、措施。会议指出，"八五"期间乃至整个九十年代，江苏省成人高、中等教育发展的目标、任务是：学历教育及岗位培训的人次每年要递增15%以上；要使社会从业人员普遍受到思想文化教育和职业技能培训；成人高校全部达到国家规定的设置要求；师资队伍数量和质量基本满足教育事业发展的需要；教育质量达到全国一流水平。为了实现上述目标和任务，必须深化改革，加快发展。今后一个时期总的要求是，进一步拓宽办学思路，面向社会，适应市场，坚持走校企联合、产教结合的办学新路子；积极推进多种办学形式的沟通联合，优化布局结构和专业结构，提高办学的整体效益；扩大学校办学自主权，推进校内管理体制改革，调动各方面积极性，增强办学活力；坚持多渠道增加教育投入，大力发展校办企业，增强学校自我发展能力。

[**成人高、中等学校招生**] 1993年，成人高校招生出台8项新政策：(1)放宽工龄限制，脱产学习的工龄由5年缩短为2年。(2)允许社会待业青年报考成人高校。(3)恢复往届生政策。90～92年参加全国普通高校统一招生考试总分文科360分、理科380分以上的可以免试升入成人高校学习。全年共录取9000多人。(4)试行预科生制度。凡10年以上工龄的生产业务骨干和劳动模范、先进工作者或成人高考总分在210分以上者经批准可以先入预科班学习，补习一年文化，第二年参加省招办组织的考试，合格后可进入成人高校学习。(5)对先进人物、劳动模范、生产业务骨干在录取时实行倾斜政策。市级以上劳动模范和先进工作者由92年下浮20分录取改为下浮30分录取；(6)改革考试科目，医学(中医、西医)、农学等专业考试科目为"3＋2"，即3门文化课参加全国成人高考，2门专业课由省组织考试，达到及格；(7)试办成人专科第二专业学历教育。凡已经取得国家承认的专科以上学历者，经学校组织测试合格后可参加第二专业学习，学业成绩全部合格者发给国家承认的成人专科学历文凭。全省录取3500余人。(8)进行"双招"试点。应届高中毕业生高考成绩理科340分、文科320分以上者以招工招生相结合的形式进入成人高校学习。全省录取3700余人。

成人中专招生出台3项新政策：(1)进行高中水平测试入学试点。全省有6586人合格进入成人中专校高中起点班学习。(2)进行"专转全"试点，允许已取得中等专业证书的部分行业的干部、职工参加省规定的一门学科的考试，成绩优秀者进入全科班学习，学业期满考试合格者发给成人中专文凭。全省10893人报名，录取855人。(3)进行"双招"试点。招收已与用人部门签订用工合同并参加省统一命题和组织的政治、语文、数学、物理、化学5门文化课考试，达到录取分数线的初中毕业生进入成人中专校学习。实际录取2680人，毕业后发成人中专毕业证书。

[**县级电大工作会议**] 省教委于12月16日—18日在南京召开全省县级电大工作会议。江苏省县级电大办学十五年来取得了巨大成绩，已为县及农村乡镇培养了4.5万

名大专毕业生和近2万名中专毕业生以及一大批非学历教育结业生。县级电大在校生占全省电大在校生的比例,大专已达47%,中专已达99%以上。实践证明,县级电大对优化全省人才的专业、层次结构,合理改变人才地区布局,培养初、中级实用人才,提高广大农村人员素质,推广农村实用技术起到了重要作用,因而深受地方欢迎,已成为地方培养人才的重要基地。会议充分肯定了县级电大取得的这些成绩,并总结了取得这些成绩的主要经验。一是牢固树立为地方经济社会发展服务的观念。县级电大为地方服务主要体现为为农村经济、乡镇企业发展服务,这是县级电大的主要服务方向和主要用武之地,县级电大的改革和发展必须以此为出发点和归宿。二是充分发挥广播电视教育开放性的优势,与厂、矿、企业、高等学校、科研机构以及农村乡镇之间,开展多形式、多规格、多层次的联合办学,优势互补,形成较高的教育整体投资效益。三是严格管理,强化质量意识。四是必须争取各级党政领导部门的关心支持,发挥系统办学优势。会议提出了进一步加快县级电大改革和发展的意见,并指出,县级电大由县(市)政府统一领导,在已经成立教委的地方,可由县(市)政府委托教委统一管理。省政府副秘书长王湛在会议讲话中强调指出,县级电大如何抓住机遇,加快发展,关键是扣住"县电大"三个字,坚持面向"县",注意发挥"电",正确对待"大"。

[**成人中专学校评估**] 1993年,省教委在前两年学校自评、各市复评的基础上,组织了由省、市教育行政部门、业务主管部门和部分成人中专校负责同志组成的专家组分4路对全省成人中专学校进行了抽查评估验收。全省成人中专校169所,除去5所远距离学校外,有164所参加评估。验收结果68所被确定为首批合格学校。这次全省范围的评估,大大促进了成人中专的改革和发展。一是促进了教育观念的转变。为当地经济社会发展服务的办学指导思想更为明确。二是合理调整了布局。苏州市撤销了工艺美术职工中专,南京、靖江将两所职工中专合为1所,扩大了办学规模,提高了办学效益。三是增加了经费投入,办学条件得到改善。为改善办学条件增加的经费投入达1.55亿元。四是学校领导班子得到加强,教师队伍得到充实。自评估以来,全省成人中专校共补充教师400多人,占现有教师总数的10%。五是学校常规管理明显加强,管理的制度化、规范化建设迈出了一大步。六是评估促进了成人中专事业的发展,办学规模迅速扩大,校均在校生由1990年的358人,提高到1993年的543人,增长51.6%,提前达到并超过省"八五"规划对成人中专教育事业发展规模的要求。七是评估促进了教学改革的深化,办学特色渐为明显。

撰稿 张晓林 朱卫国 王国强 赵桂丽
程益基 林 放 徐俊峰 马 斌
梅泽铭 李世恺 冯荣坤 经贵宝
审稿 袁相碗 蔡霖村

浙江省教育

概况

［各级各类教育发展情况］

1993年各级普通学校基本情况　　　　单位：人

学校类别	学校数（所）	毕业生数	招生数	在校学生数	教职工数	
					计	其中专任教师
一、普通高等学校	36	16759	29087	76925	27942	11160
研究生		788	1371	3339		
本科	8236	12156	41583			
专科		7735	15560	32003		
二、中等专业学校	144	22807	35940	84833	15518	7229
中等技术学校	115	16491	26605	61844	12551	5660
中等师范学校	29	6316	9335	22989	2967	1569
三、普通中学	3259	556709	630814	1850229	123621	97283
高中	500	77744	83047	227318		17368
初中	2759	478965	547767	1622911		79915
四、农业、职业中学	401	38645	62660	125449	11898	8048
高中	395	38073	61885	123572		7977
初中	6	572	775	1877		71
五、工读学校	2	61	39	125	58	33
六、小学	25304	593334	647352	3592273	152350	137744
七、特殊教育学校	53	548	4288	13202	1081	824
八、幼儿园	9179	468970	519650	976311	43522	35887

1993年各级成人学校基本情况

单位：人

学校类别	学校数（所）	毕业生数	招生数	在校学生数	教职工数 计	教职工数 其中专任教师
一、成人高等学校	38	10063	27334	50771	4128	1984
广播电视大学	2	4148	9413	19748	1353	660
职工高等学校	26	1041	1834	3906	1101	541
农民高等学校						
管理干部学院	4	264	1209	1346	652	253
教育学院	6	1489	3092	5638	1022	530
独立函授学院						
普通高校举办						
函授部		2182	6181	11810		
夜大学		783	5301	7768		
干部专修科		156	304	555		
二、成人中等专业学校	128	6680	23104	43209	719	2249
广播电视中专	16	1784	9251	18862	480	212
干部中专	1	38	71	215	44	18
职工中专	62	2966	13500	21025	2443	1183
农民中专	2		282	568	64	30
教师进修学校	47	1892		2539	1688	806
三、成人中学	334	18343	26038	35924	1107	591
职工中学	131	11151	16632	23115	628	300
农民中学	203	7192	9406	12809	479	291
四、成人技术培训学校	7222	1615937	1801537	1282594	7210	3140
职工技术培训学校	944	183226	293348	227471	2665	1280
农民技术培训学校	6278	1432711	1508189	1055123	4545	1860
五、成人初等学校	2729	126998	141898	142716	1307	658
职工初等学校	109	4042	7836	7962	117	54
农民初等学校	2620	122956	134062	134754	1190	604
其中：扫盲班	1817	76772	96423	94342	817	400

制表　张其宏

说明：1993年成人中等专业学校尚有函授中专4所，毕业生5244人，招生2342人，在校生5284人，教职工126人，其中专任教师65人；普通中专举办函授班毕业生438人，招生1197人，在校生2046人；中专函授部毕业生1125人，招生307人，在校生3787人。

[教育发展规划]　1993年是《中国教育改革与发展纲要》颁布的第一年，浙江省政府

和教育行政部门多次组织有关人员专题研究，在调查研究、反复测算论证的基础上，提出了到1995年和2000年浙江教育发展的目标：

“八·五”期末，全省基本普及九年义务教育，到2000年，在继续抓好普及的同时，要抓好巩固提高，全面实施九年义务教育，积极发展幼儿教育、特殊教育。

到本世纪末，全省初中毕业生接受高中教育比例达到50%以上，经济发达地区70%以上，县以上城镇基本满足高中教育的需求；积极发展职业教育，使职教与普高招生比逐步达到6∶4。

积极发展各类成人教育，开展农村实用技术培训。1995年基本扫除青壮年文盲，至2000年，总人口中文盲率降到10%以下。

积极发展高等教育，普通高校和成人高校招生数年平均以8%和10%的速度递增，到本世纪末，使全省高校在校生数增加1.5倍左右，达到25万人左右，每万人大专以上文化程度人数从117人增加到200人。

[**贯彻《纲要》年度工作进展**] 《中国教育改革与发展纲要》颁布后，全省教育系统认真学习，省和各市地都提出了贯彻《纲要》的实施意见，各项工作取得进展。

1993年，全省已有1377个乡镇，总人口3562万的地区实施九年义务教育，使实施面扩大到占人口总数83.1%的地区。特殊教育学校在校生比上年增长12.86%，随班就读特殊儿童8280人。学前教育和普通高中教育也有较快的发展。年扫除青壮年文盲9万多人。全省中专、职业高中、技工学校招生10.8万人，比上年增长37.6%，普通高中（含民办高中）招生8.6万人，比上年增长8.5%。全省普通高校招收本专科生比上年增长31%，在校生比上年增长18%，研究生招生数比上年增长35%；成人高等学历教育招生数和在校生数分别比上年增长74.5%、48%。1993年全省共有400余万人次参加各种形式岗位专业技术培训。

[**“两基”评估验收**] 1993年是浙江省开展“两基”（基本实现普及九年义务教育、基本扫除青壮年文盲）评估验收的第一年。省教委制订了《浙江省普及九年义务教育、扫除青壮年文盲评估验收办法》，下发各地试行。4月13日至19日，组织人员到杭州市上城区、宁波市北仑区和绍兴县进行评估验收试点。在总结试点工作经验的基础上，5月10日省政府召开了全省“两基”评估验收工作电话会议，由副省长徐志纯对全省开展“两基”评估验收工作进行动员和部署，省教委主任陈文韶讲了实施意见，3个试点县（区）的代表介绍了做好自查、自评工作的经验。6月10日，省政府下发了《关于对基本普及九年义务教育，基本扫除青壮年文盲的县（市、区）开展评估验收工作的通知》，要求1993年试点，1994年起每年进行一次，到2000年前评估验收完毕。根据省政府《通知》精神和县（市、区）人民政府的申请，6月23日至29日，对杭州市下城、拱墅、江干、西湖4个区，宁波市海曙、江东、江北、镇海4个区和鄞县、嘉兴市城区和平湖市，绍兴市越城区和诸暨市，衢州市柯城区等共14个县（市、区）的“两基”工作进行了评估验收。加上3个试点区县，浙江省1993年对17个县（市、区）进行了评估验收。

评估验收坚持实事求是，严格要求。通过评估验收，使各级政府和教育行政部门进一步认清了实施义务教育和扫盲工作的现状、成绩和问题，明确了今后工作的努力方向和目标。自查、自评过程中的查漏补缺和评估验收后的整改、复查等环节，促进了各级政府增加对教育的投入，不断改善办学条件，加强学校的规范化建设。据统计，17个县（市、区）在评估验收自查过程中，对教育共增加投入

1325.98 万元，其中绍兴县增加投入 320 万元。

10 月 11 日至 25 日，国家教委抽查组对浙江省“两基”评估验收进行了抽查。重点抽查了宁波市的鄞县和绍兴市的诸暨市，面上检查了宁波市的北仑区、镇海区。抽查组认为，浙江省和所抽(检)查的县(市、区)对“两基”评估验收及自查工作重视，工作认真、扎实、细致，效果明显。

撰稿　钱晓芳

审稿　阮忠训

基础教育

[**义务教育**]　1993 年全省基本实施义务教育的乡(镇)有 1377 个，覆盖人口 3562 万人，分别占总数的 74.5%和 83.1%。小学适龄儿童入学率和巩固率分别为 99.53%和 99.63%。14 周岁人口达到小学毕(结)业程度的占 97.45%，小学升初中的比例达到 92.45%。17 周岁人口中初中毕结业率达到 76.46%，义务教育九个(或八个)年龄段适龄儿童入学率达 96.83%。以上各项指标均比上年有较大提高。中小学布局调整取得成效。1993 年全省减少小学 1964 所，其中单班小学减少 1113 所，校均在校生 141.96 人，比上年提高 11.69%；减少班级 1585 个，其中班额不足 10 人的班级减少 468 个，复式班也减少到 17892 个，小学班均学生数提高到 34.24 人。

1993 年秋季起，浙江省义务教育教材在全省小学、初中起始年级开始试用，并组织力量对各地试用情况进行调查，以便进一步修改。

根据对不同类型地区普及义务教育工作实行分类指导的原则，省教委于 10 月在常山县召开了浙江省第八次义务教育研讨会，着重研究经济和教育基础比较薄弱地区如何进一步贯彻《中国教育改革和发展纲要》，抓住时机，加快教育改革和发展的步伐，促进义务教育健康发展。会议认为，加快经济和教育基础比较薄弱地区实施九年(或八年)义务教育，要在以下几方面统一思想认识：(1)在实施九年(或八年)义务教育工作中，要进一步增强实施义务教育的历史责任感和紧迫感；要正确理解和掌握实施初级中等义务教育的条件；要妥善处理好普及初级中等义务教育与学校布局调整的关系。(2)要进一步深化教育体制改革。一是深化办学体制改革，改变政府包揽办学的格局，鼓励民间办学；二是大胆探索初中多种办学模式，引入职业技术教育内容，有效减少初中流失生，提高初中教育质量；三是进一步完善学校管理体制。(3)加大对贫困地区教育扶贫的力度，省、市(地)、县(市)要在教育投入、师资等方面对经济和教育基础比较薄弱地区予以必要的倾斜和扶持。

[**师资队伍建设**]　1993 年，全省共有 1 万余名大中专毕业生到普通中小学任教，使普通中小学专任教师比上年净增 3500 人。1993 年高师院校招生数从 1992 年的 5600

人增加到7000余人，增长25%，并划出40%的调节性指标招收委托培养生；中等师范学校招生数从1992年的7071人增加到9335人，并划出50%的调节性指标招收委培生。各中等师范学校还向各市（地）边远贫困乡（镇）招收5%的定向保送生，既为师资紧缺地区解决了困难，又增强了学校办学活力。同时，教师文化素质和业务水平也进一步提高，小学教师中具有高中、中专及以上学历的达76.08%，普通初中教师中具有大专及以上学历的达67.32%，普通高中教师中具有大学本科及以上学历的达53.93%，均比上年有所提高。1993年重点加强了对初中、小学、幼儿园教师的学历培训。除按常规抓好有关学历培训外，还对未具备合格学历的初中教师进行全员学历培训，即采用函授、自考、卫星电视教育相沟通的培训形式，对不具备合格学历的初中教师进行高师专科自考的学历培训，全省报名参加培训的初中教师为2.2万人，占应参加培训教师的95%。在抓好全省在册的7000余名中师函授生教学和管理的同时，对未具备合格学历的小学教师开展全员学历培训，规定对已取得《小学教师专业合格证书》而无合格学历的小学教师，按中师函授教学大纲要求，补学有关课程和内容，使其达到中师函授毕业要求。继续加强中小学校长培训工作。经1993年的培训，全省已有2/3的中小学校长取得了校长岗位培训合格证书，为1994年完成培训任务打下了良好基础。

［**德育工作**］ 1993年，全省各级教育部门在深入开展爱国主义和“两史一情”（中国近代、现代史及国情）教育，切实抓好中小学生日常行为养成教育的同时，重视了对中小学生的法制和道德教育，努力减少中小学生违法犯罪现象。针对目前中小学生违法犯罪现象仍较突出的实际，省教委会同省公安厅、司法厅等部门于9月至11月间对宁波、温州、衢州三市的中小学生违法犯罪情况作了一次细致、全面的调查。在调查研究的基础上，省教委、省公安厅、省司法厅、省文化厅和团省委联合制定了《关于预防和减少中小学生违法犯罪的实施意见》，提出：到1995年底，力争使全省在校中小学生违法犯罪人数在社会违法犯罪总人数中所占比例有明显下降；县（市、区）受治安警告以上处罚（包括治安警告、罚款、拘留、刑事拘役、少管、劳教等）的中小学生占全体中小学生的比例在3%以下，其中受治安拘留以上处罚的中学生占全体中学生的比例下降到1%；90%以上的违法犯罪学生不发生再次违法犯罪现象。

［**多渠道筹措教育经费，改善办学条件**］

1993年，普通中小学校舍面积新增加111.6万平方米，校舍建筑面积达到2677.26万平方米。中小学校舍向标准化目标迈进的步伐加快。香港邵逸夫先生第六批中小学捐赠项目捐赠浙江省640万港币，用于建设11所中小学的有关项目，建筑面积2.2万平方米，各级政府配套人民币1200万元，至1993年底均基本建成。普通中小学教学装备也有一定改善，其中理科教学仪器设备配备达标率初中为38.4%，高中为56%；教学分组实验达标率初中为38.85%，高中为51.2%；图书馆藏书达标率初中为18.16%，高中为61.2%，生均图书小学为3.73册，初中为4.53册，高中为41.12册。普通中小学的教学设施、实验、图书等教学装备各项指标均比上年有所提高。

贯彻落实浙江省政府有关文件精神，抓好农村教育费附加征收工作。1993年经各级政府和有关部门努力，教育费附加征收比率比上年提高40%左右。丽水地区县（市）乡镇换届工作一结束，地委、行署即召开丽水有史以来规模最大、规格最高的教育会议，会议的中心议题是动员全社会多渠道筹措教育经费，努力增加教育投入，作出了《中共丽水地委、丽水地区行署关于多渠道筹措教育经费的决定》。行署专员与各县(市)长，各县(市)长与各乡(镇)长签署了“多渠道筹措教育经费责任书”。1993年全地区多渠道筹措教育经费3642.88万元，达到了历史最高水平，比上年增长56%，其中征收农村教育费附加1508.85万元，比上年增长106.5%，一年实现翻一番；城镇教育费附加492.11万元，比上年增长55%。

1993年全省勤工俭学收入大幅度提高。中小学勤工俭学总产值及营业额达70.92亿元，比上年增长73%，达到历史最高水平。勤工俭学纯收益5.03亿元，比上年增长49.7%，杭州、宁波两市均超过亿元，有12个县(市、区)超过千万元。纯利润达百万元以上的校办工厂有56个，校办工厂共开发新产品79个。有合资合作企业37家。出口创汇企业105个，出口品种170个，共创汇6454.25万美元。1993年全省勤工俭学纯收益中用于补助教育经费1.45亿元，占总数28.8%，比1992年增长33%。

[**“百强县”教育座谈会**]　绍兴、萧山、鄞县、慈溪、余杭、桐乡、余姚、海宁、温岭、上虞、诸暨、黄岩12个县(市)1992年被评为全国农村综合实力“百强县”。11月，省教委在萧山市召开了浙江省农村综合实力“百强县”教育工作座谈会，交流近一年来学习贯彻《中国教育改革和发展纲要》的情况和经验，就教育事业如何适应社会主义市场经济体制逐步建立的新形势，特别就加快发展高中段教育等问题展开了研讨。

会议认为：在普及九年义务教育达到一定程度的现在，应不失时机地提出发展高中教育。发展高中教育应多渠道，多形式，实行多样化的办学体制和办学模式，努力建立多元化的办学格局。当前主要途径有：(1)增加投入，新建或扩建一些学校。有条件的地方可通过市、县政府拨款新建和扩建一些高中段学校，同时对现有高中段学校通过内部挖潜(包括师资、设备等方面)，调整布局，逐步把一批完全中学改办成独立高中等手段，以提高规模效益，扩大现有学校的招生规模。(2)积极鼓励一些有条件的乡(镇)举办高中段教育。乡(镇)举办高中段教育主要是适应当地经济发展所急需的各类职业技术教育，而不是鼓励乡(镇)去大量举办普通高中。(3)鼓励社会团体和公民个人举办高中段教育，是发展高中段教育的重要路子。(4)充分利用行业、企业现有的办学条件，发展高中段教育。

[**民办中小学、幼儿园管理**]　随着我国社会生产力的发展和教育改革的深化，社会团体和公民个人办学在浙江省得到迅速发展。据1993年统计，浙江省已有民办中小学(含职业中学)87所，在校生1.5万余人；私立幼儿园1676所，在园幼儿8.5万人，比上年有较大发展。

为了了解全省民办中小学、幼儿园的发展情况，省教委于1993年4月组织调查组对温州市8所民办高中和40余所个体幼儿园进行较全面的调查。调查结果表明：近年来，浙江省民办中小学的学校数量、办学条件和教育质量等均有较大发展改善，有的学校办学条件、教育质量超过了一些公办学校。但民办中小学在发展过程中也遇到了许多困难，存在着一些问题：一是办学资金紧缺，在办学初期尤为突出；二是生源较差，一般都是因进不了公办学校才进这些学校；三是教师老化且不稳定，学校大多由离退休教师任课，受年龄等因素制约，难以保证正常的教学秩序；四是有些学校因未健全管理机构、管理制度而使学校财务管理、教学管理出现混乱。

为加强对民办中小学的管理，宁波市教

委和温州市政府先后制定了《宁波市民间办学试行意见》和《温州市社会力量办学暂行规定》。省教委在调查研究的基础上，于1993年7月制订了《浙江省民办中小学管理办法(试行)》，为社会团体和公民个人举办中小学提供政策依据，保证、促进了全省民办中小学的健康发展。

[**幼儿教育**]　1993年，浙江省进一步理顺幼儿教育管理体制，规范幼儿园办园制度，幼儿教育事业得到了很大发展。据1993年统计，全省已有幼儿园、学前班9179所(班)，在园幼儿总数(含社会力量办)达106.12万人，首次超过100万人，比上年净增7.09万人，增长12.86%。全省学前三年儿童入园率达52.46%，比上年增长2.26个百分点，城镇4—6岁幼儿入园率和全省学前一年幼儿入园率超过90%。全省幼儿园教师合格率达到45.14%，比上年增长2.2个百分点。为加快幼儿园教师的学历培训工作，1993年全省招收了千余名幼师函授生，由省统一组织考试、划定分数线，统一录取。

随着幼儿教育事业的发展，幼儿教育从整体要求到教育内容、教育方法都有很大变化。为引导幼儿园遵循教育规律，开展适合幼儿身心特点的教育活动，促进儿童的健康成长，1993年省教委根据国家教委《幼儿园管理条例》、《幼儿园工作规程(试行)》和原教育部《幼儿园教育纲要》的要求，组织浙江幼儿师范学校等编写浙江省《幼儿园系列教材》，争取在二三年内完成一套适合本省幼儿教育发展实际的幼儿园教材。到1993年底，浙江省《幼儿园系列教材》小班(上册)教本和教参的编写、审定、出版工作已按原计划完成，并在全省各类幼儿园小班中使用。

[**建立电脑教学中心**]　为促进浙江中小学计算机教育事业的发展，1993年初省教委与香港苏浙同乡会协商决定，由香港苏浙同乡会捐资，在杭州、宁波、温州、绍兴4市的25所中学共同建立(苏浙)电脑教学中心，开展电脑教学。同时在浙江教育学院建立浙江省叶庚年电脑师资培训中心，负责全省中小学计算机师资培训工作。到1993年底，部分(苏浙)电脑教学中心的设备配备工作已基本完成。

撰稿　胡惠华　顾　玮
　　　周晓英　钱晓芳
审稿　阮忠训

职业技术教育

[**概述**]　1993年全省中等职业技术学校招生总量超过普通高中，共招生11.2万人(含职业高中、普通中等专业学校、技工学校)，比1992年增加30.6%，其中职业高中学校比上年增加35所，招生(含民办职业高中)6.4万人，比上年增长26.97%，在校生比上年增长16.23%。新增了舟山航海学校、嘉兴丝绸工业学校、湖州丝绸工业学校、杭州体育运动技术学校等4所中专。中专招生数、在校生数分别比上年增长32.11%和17.84%。其中：地方属学校招生数、在校生数分别比上年增长32.13%和18.0%。技工学校招生

1.4万人，比上年增加20.4%。中等职业技术学校与普通高中的招生比例，已由上年的1.14∶1，增加到1.3∶1。台州地区各类中等职业教育招生与普通高中招生数之比首次超过1∶1。全区中等职业技术学校由上年的32所增加到45所，招生数比上年增加2000余人，是历年来职教招生最多的一年。衢州市全市中专、职校、技校总招生数已达6310人，比1992年提高20%，首次超过了普通高中的招生人数。全市的社会力量办学、部门办学和私人办学已达10余家，总招生数1000余人。全省职业技术教育办学规模扩大，专业增加，招生科类结构继续得到调整。其中财经、工科、师范、医药的招生增加幅度较大，分别比上年增长38.73%、33.04%、30.27%和17.5%，办学规模不断扩大，校均在校生由上年的507人增至589人。职业教育出现了蓬勃发展的好势头。

［**中专教育改革**］　1993年浙江省贯彻落实《中国教育改革和发展纲要》，加快中专教育改革步伐。3月5日省教委召开了全省中专教育改革和发展座谈会。杭州船舶工业学校、杭州造纸工业学校介绍了抓学校内部管理体制综合配套改革的经验。

在总结中专教育改革试点的基础上，1993年7月省政府办公厅批转了省教委、省计经委、省财政厅、省人事厅联合提出的《关于进一步深化我省中等专业教育改革的几点意见》。主要内容是：(1)改革中专招生计划管理体制。普通中专招生计划实行国家任务计划和调节性计划相结合，逐步扩大调节性计划的比例。(2)多渠道筹措中专教育经费。充分发挥主管部门(系统、行业)的办学积极性，采取财政拨款为主和多渠道筹措经费相结合的办法，广开资金渠道。(3)深化中专毕业生就业制度改革。改革中专毕业生“统包统分”和“包当干部”的分配制度，实行少数毕业生由国家安排就业，多数学生“自主择业”的就业制度。(4)下放中专专业设置的审批权限。今后中专学校开设新专业或专业调整，省重点中专学校由学校与主管部门协商后，自行决定。其他学校按隶属关系，市(地)、县属学校报市(地)、县政府审批，省属学校由省业务主管部门审批。新设或调整专业后，报省教委、计经委、财政厅、人事厅备案。(5)学杂费、住宿费各地可根据不同的经济情况，确定不同的收费标准。(6)进一步加强对中专教育的评估督导。(7)要坚持社会主义办学方向，切实加强党对学校工作的领导，扩大中专学校的办学自主权。

［**中专学校办学水平评估**］　从1992年下半年开始到1993年，浙江省对中专学校的评估转入了办学水平评估。经过学校认真自评和省中专办学水平评估组全面复评，首批35所中专学校的办学水平评估工作已经结束，其中有杭州电力学校等33所学校达到了A等，台州卫生学校等两所学校为B等。省教委、省计经委联合公布了首批35所学校办学水平评估的等级结论。评选出省部级重点中专26所，向国家教委推荐国家级重点中专8所。11月又对1992年未通过合格评估的10所中专进行复评。这次中专办学水平评估抓住机遇，以评估为动力，以评估促改革，以评估促发展，使各校办学总体水平和办学条件有了很大提高。据35所学校的统计，近两年来共投入基建费4880多万元，教育设备经费1700多万元，扩大校园面积167亩，增加图书45万余册，使各校的办学条件都有了不同程度的改善。浙江交通学校共投资500多万元，新建图书行政楼、游泳池，专项设备经费达146万元。主管部门省交通厅拨款500万元为学校购置实习用船。35所学校中有28所学校校园面积达到40亩以上，达到50亩以上的有24所。校舍面积(不含教工宿舍)在

2万平米以上的有29所，图书馆藏书达到6万册以上的有29所，其中达到10万册以上的有6所。这些学校的办学条件能基本满足教育的需要，工科、农林、卫生学校的实验实习开出率达到90%以上。财政、政法类学校基本上都建立了计算机房、电化教室、语言教室以及模拟实习室等。

［**发展职业高中**］ 杭州、宁波两市教委加强统筹，花大力气扭转了“小职高大初中”的职业教育格局，重新调整布局，下决心抓好重点。杭州市已规划着重建设好有较大规模、较高层次的5所骨干学校，据初步统计，已安排基建投资近2000万元用于两所职业高中。宁波市除保证正常的事业经费外，每年市财政拨出100万元专项经费用于重点职校专业设备配备。宁海县财政并不富裕，为办好职教，更好地服务于当地经济建设，县政府向银行贷款130万元给县职业高中新建教学大楼。衢州市委书记兼市长郭学焕和分管副市长及江山市委、人大、政府、政协的主要负责人，每年一至两次到江山市农技校现场办公，研究学校发展等问题。近两年，江山市及有关部门投入该校资金212余万元，新建校舍6500平方米，生均净增建筑面积8.2平方米，还安装了两套地面卫星接收器，建成了校内有线电视系统，配置了较多的仪器设备。绍兴市委、市政府决定投资1500万元，征地60亩，新建一所重点职业高中。

1993年4月，国家教委检查组对杭州市旅游学校等10所重点职业高中进行抽查，认为浙江省各级党政领导重视职业教育，从省到县采取措施，增加投入，加强领导，出现了像抓经济工作那样抓职业教育的生动局面。认为宁波市、绍兴市发动社会、厂矿、企业、部门兴办职业教育是发展职教的重要途径。宁波市政府多次发文鼓励用人单位与教育部门联合办学，市职教中心机械专业的“双元制”教育试点，就是市教委和宁波中华动力股份有限公司合作的结晶，从1990年开始，该公司在师资、设备、管理、经费、场地、实习材料等方面给学校提供支持，真正做到“联办联心”。绍兴市区社会力量办学的职高招生数占招生总数的80%。

省级示范性职业高中评估工作也初步开展。各市(地)许多有基础的职业高级中学积极创造条件，进行自评，并接受了市(地)教委组织的复评。在此基础上，全省产生了38所示范性职业高中候选学校。省教委于1993年10月5日至7日召开了省级示范性职业高中评估工作会议。会后，成立了由杭州大学等单位有关专家组成的评估工作组。工作组将在各校自评后，深入参评学校考核、复评，最后确定省级示范性职业高中名单。

［**技工学校改革**］ 1993年全省有技工学校99所，另在职业高中附设技工班11个。1993年技工学校的招生计划由指令性计划改为指导性计划，增强了学校的办学动力和活力，各项工作全面发展，提高较快。为使技工学校更好地为企业培养人才服务，其专业设置不再限于技术工种，根据企业和社会需求，新设专业近20个，进一步开拓了培训领域。

师资培养工作进一步加强，教师的思想、业务素质有了提高。文理科教师2066人中，讲师和高级讲师占42.4%，比上年提高5.5个百分点。省劳动厅与浙江工业大学、杭州钻机厂联合举办生产实习指导教师考核培训班6期，培训105人。全省生产实习指导教师937人，比上年增加8.7%；其中二级以上的占48.7%，比上年提高4.3个百分点，量少质低的状况有所改善。

改善办学条件，提高教学质量。全省技工学校占地面积129.7万平方米，比上年增加12.5%。建筑面积69.7万平方米，比上年增加 11.7%，基建投资 2832 万元，比上年增加 51.3%。省劳动厅继续对部分专业、课程实施全省统考，毕业生质量有所提高，获得四、五级技术等级证书的占毕业生总数 33.1%，比上年提高 10 个百分点。

全省技工学校校办产业有较大发展，全年产值 4604 万元，比上年增长 46.3%。税利 714 万元，比上年增长 84%。多种培训也发展较快，培训 1.4 万人次，比上年增长 30%。全省校办企业和培训费收入近 3000 万元，比上年增长 103%。

在 1992 年评估第一批省级重点技工学校的推动下，一些学校开展了争创重点技工学校的活动。1993 年 12 月经劳动部组织的评估组检查评估，金华铁路司机学校和浙西电力技术学校被评为国家级重点技工学校。

撰稿　陆玲娣　肖中男
审稿　阮忠训

高 等 教 育

［**全省高教工作会议**］1993 年 9 月 6 日至 8 日，浙江省委、省政府在杭州召开了全省高等教育工作会议。会议贯彻党的十四大精神和《中国教育改革和发展纲要》，讨论了浙江省高等教育改革与发展的目标、思路和措施；传达了第四次全国高校党建工作会议精神，总结交流了近年来高校在改革与发展、党建和思想政治工作方面取得的经验，表彰了一批党建和思想政治工作先进学校、先进基层党组织和优秀共产党员。省长万学远主持大会并讲话。省委副书记刘枫作主报告，省委高校工委书记、省教委主任陈文韶作了会议总结。

刘枫讲话阐述了浙江省九十年代高等教育改革与发展的总目标：遵照党的十四大精神，坚持解放思想与实事求是相统一，认真组织实施《中国教育改革和发展纲要》，加快省高等教育改革与发展的步伐，使省高等教育规模有较大发展，结构更加合理，质量和效益明显提高，逐步建立起适应社会主义市场经济需要，具有浙江特点，面向二十一世纪的高等教育体系。强调为实现这一目标，在指导思想上必须做到四个坚持：一是坚持社会主义的办学方向；二是坚持进一步深化高教改革；三是坚持走内涵发展为主的道路，努力提高办学效益；四是坚持党对高校的领导。

［**高等教育改革**］　自第四次全国高等教育工作会议和《中国教育改革和发展纲要》颁布以来，省委、省政府和省教委为使高等教育主动适应经济建设的需要，在广泛调查研究的基础上，贯彻执行 1992 年 12 月 30 日《省委办公厅省政府办公厅转发省委高校工委、省教委〈关于深化高等教育改革的若干意见〉精神》，1993 年在推进高教体制改革方面迈出了可喜步伐。

推进学校内部管理体制改革，增强办学活力。以人事、分配制度改革为突破口的学校内部体制改革，各校均不同程度开展，制定了定编、定岗、定任务和检查评估制度，实行干部、教师聘任制和企业职工合同制。浙江美术学院为文化部确定的综合改革试点学校，杭州商学院为商业部确定的综合改革试点学校，浙江工业大学为浙江省政府确定的综合改革试点学校。通过人事、分配制度改革，克服了平均主义，打破了大锅饭，教职工积极性普遍提高，学校各项工作进展顺利。

扩大高校办学自主权。学校内部机构的设置、分专业招生方案和毕业生就业方案的制定放权给各学校。下放专业技术职务评审权。省属及部属高校已具有有关系列的初级职务评审权。有讲师评审权的委、部属学校，授予相同专业的科研和实验中级职务评审权。1993年经国家教委批准，浙江工业大学、浙江中医学院、温州医学院、杭州电子工业学院和浙江丝绸工学院具有副教授评审权。

深化高校招生和毕业生就业制度的改革。1993年普通高校招生调节性计划比例进一步扩大，从1992年的12.2%增加到1993年的41.9%，调节性计划比例的大幅度上升，适应了全省经济建设发展的需要，促进了紧缺专业人才的培养，增加了高校的办学活力和效益。继续试行招生与毕业生分配相结合。医学等专业实行定县招生，定县分配到乡镇卫生院工作，1993年招生369人。同时，1993年在原有招生改革的基础上，对高校招生工作进行了几项改革：一是改革招生计划体制，扩大了学校计划编制权，由学校自主确定调节性计划的招生数，报省有关部门审核；二是改革录取体制，全面实行了“学校负责，招办监督”的录取体制，扩大了学校录取新生的自主权；三是进行了师范、公安专业的招生改革，继续试行招收有实践经验的青年上学，改进了体育院校招生和体育优胜者考核办法；四是试行招收了部分大专学历代课教师，在湖州、金华两市办了高师预科班，在宁波师范学校、杭州师范学校、浙江幼儿师范学校举办了培养大专程度的小学(幼儿园)教师试验班。

加快高等教育投资体制改革，改高等学校由政府兴办为调动社会各方面力量联合办学，多渠道筹措办学经费。浙江大学与国家、省有关部门合作办学，与国内大中型企业签订产学合作协议，吸收企业资金设立奖学金。杭州大学1993年先后与社会各界联合创建了杭州大学义乌分部、金融学院、旅游学院、新闻与传播学院。浙江工业大学浙西分校办学实行以企业投资为主、国家资助为辅的投资体制。1993年省政府规定将城镇教育费附加从“三税”的2%调整到3%，继而又增加到3.5%，明确了省市地县的分成比例，留省的18%重点用于师范教育和高等教育；省财政连续三年每年拨出500万元用于建造教工住宅；拨出250万元支持高校重点学科建设；对力争进入“211”工程的高校给予重点投入。

[面向社会为经济建设服务] 1993年浙江高校为适应经济建设需要，清理专业目录，调整专业结构，改造长线专业，新增社会急需的广告、保险、房地产等83个专业，调整92个专业的服务方向，拓宽师范院校的服务方向，开设非师范类专业。

1993年全省高校承担科研项目4000项，争取科技经费近亿元，其中企事业单位委托课题占1/3，经费占50%。1993年鉴定的有300多项。浙江农业大学等单位承担的“畜禽全价饲料及其添加剂开发”列入国家“八五”星火计划重点项目。1993年菜籽饼解毒剂“6107”和浙农1号畜禽系列全价饲料推广开发遍及全国24个省、市、自治区，228个厂、场、公司，1993年创产值12.4亿元，创税利1.2亿元。杭州大学等单位承担的省重大科研项目“浙江植物志编著”，经过19个单位54位专家多年的辛勤工作，完成了浙江省植物学研究领域有史以来最巨大的系统工程，为推动省植物学科的发展与植物资源的开发利用和保护作出了贡献。

［**注重教育质量,提高办学水平**］　在教育事业规模有较大发展的同时,注意抓好教育质量这个中心环节。1993年浙江省组织了对高校非计算机专业学生的计算机等级考试,通过率约占实考人数的70%。四、六级英语考试通过率在全国名列前茅。宁波高等专科学校秘书专业改革继续深入,1993年汽车驾驶培训基地已落实;学校开始了试题库建设,12门课程已经起步。1993年还组织专家对申请列入"211工程"的高校进行了全面评审,促进了学校的各项建设。

进一步加强高师院校学生的教师职业基本技能训练。1993年5月,省教委、省语委对全省10所高师院校的推普工作、师生普通话水平等进行了全面检查,检查结果表明:浙江省师范院校已基本达到普及普通话第一阶段目标,普通话已成为师范院校的教学和集体活动语言。国家教委、语委抽查了湖州师范专科学校和绍兴师范专科学校的普及普通话工作,两校均获优秀成绩。省教委组织有关专家、教授编写了一套具有地方特色的《教师基本技能训练丛书》的大纲与教材。加强了师范院校教育实习基地建设,1993年,经各级教委、高师院校、实习中学的共同协调努力,省教委重新公布了高师院校的教育实习学校500余所。

1993年,经国家教委和省教委组织有关专家评审,全省高校有一批优秀教学成果获奖。其中浙江大学毛根海、吴寿荣、甘栽芷、周均长、张士乔的"水力学与工程流体力学教学实验综合改革"、浙江医科大学郑树、章锁江、李鲁、章清、沈毅的"以社会医学实践教学为载体的医学教育改革"获国家一等奖;浙江大学蒋克铸、姚一飞、杨毅、朱聘和的"设计教学理论研究与改革实践"等4项获国家二等奖;杭州大学林正炎、陆传荣的"运用高水平研究成果培养高质量专业人才"等18项获省级一等奖;还有其他94项获省级二等奖。

在注重质量的同时,办学水平也有较大提高。1993年经国家教委批准,在浙江医科大学杭州分校的基础上建立了杭州高等医学专科学校,在校生规模定为近期2000人,远期3000人。浙江工学院正式更名为浙江工业大学。

［**高校师资队伍**］　1993年省教委制定了"八五"高等学校师资规划和2000年前高校师资规划,以加强对各类高校师资工作的宏观指导。加强青年教师的岗前培训,1993年共组织三次全省统一的培训考试,参考人数400多,合格率97%。高师院校现有的青年教师已基本培训完毕。同时,以访问学者、岗位培训、助教进修班、骨干教师培训班等形式,对高校教师开展多种培训和学术交流活动,不断提高教师的政治、业务素质。

重视学科带头人的培养与选拔。1993年推荐申请国家教委资助的优秀年轻教师基金4人,推荐省级有突出贡献的中青年专家5人,评选全国优秀教师黄宪、纪孙瑞等9人,优秀教育工作者毛根海、周虞康,劳动模范孙优贤、陈小亚;于秀源、徐士英、王嘉良3人获曾宪梓教育基金二等奖,胡耀华等28人获三等奖。

加强高层次人才的培养工作,增加研究生招生数量。1993年向国家教委申报浙江中医学院、温州医学院作为在职人员报考研究生单独考试试点单位。审核、申报增列博士导师60名,博士学位授权点23个,硕士学位授权点31个,硕士学位授予单位2个。

［**国际交流**］　1993年全省教育系统共有72人被公派赴美国等10个国家和地区进修或与国外友人开展合作研究,有151人分别被派往德国、日本等20个国家和地区进行短期学术交流。聘请外国文教专家、外籍教师来浙江省教育系统任教的工作也有新的进

展，共有166位外国专家、教师来浙江有关学校工作，比1992年增加75人，分别来自美国、日本、德国等14个国家。

撰稿 叶 宏 周加敏
周晓英 钱晓芳
审稿 阮忠训

附

杭州大学形成办学新格局

杭州大学作为一所地方综合性大学，近几年来主动走出校园，面向经济建设主战场，适应社会经济发展的需要，以联合社会力量多层次、多渠道办学为突破口，拓宽了与社会联系的渠道，广开办学门路，为国家尤其是浙江省的经济发展培养了大批急需的各类专业人才。仅1993年一年，已先后与社会各界联合创建了杭州大学义乌分部、金融学院、旅游学院、新闻与传播学院。

与地方政府联合，实行"异地联姻"，是杭州大学联合社会力量办学的举措之一。1993年9月，由杭州大学与义乌市联合创办的杭州大学义乌分部正式招生开学，首批招收经济法和财会专业学生各50名，招生规模将逐年扩大。由高校与地方政府联合办学，在全省尚属首次。她的创建，是杭州大学深化教育改革的一次有益探索，旨在培养义乌市及浙中地区急需的专业人才。

与社会一些职能部门联合创办学院，是杭州大学联合社会力量办学的又一措施。杭州大学是中国人民银行总行的协作院校，为满足社会对各种层次和专业金融人才的需求，1993年9月，由杭州大学与中国人民银行浙江省分行共同发起成立了杭州大学金融学院。双方实行共同领导，全省金融界联合参加办学，并在浙江银行学校设立了分校。成立于同年11月的杭州大学新闻与传播学院，是为适应迅速发展的新闻传播事业对人才的需求，由杭州大学与浙江日报社、省广播电视厅、省记协、省新闻出版局、新华社浙江分社等联合发起创建的。

杭州大学还积极探索与大型企业集团联合办学的路子。成立于1993年底的杭州大学旅游学院，就是由杭州大学与广西北海中达酒店企业集团联合创建的，并在广西北海设立了分院。杭州大学拥有全国高校第一个本科旅游经济专业和旅游经济硕士点，与旅游业联合办学，既为学校提供了教学实践基地，也可为中达集团培养高层次的旅游管理人才。

杭州大学与社会各界联合创办的学院，都成立了学院董事会，由相关各界联合组建，较好地解决了多渠道筹措办学经费问题，也找到了与社会加强联系的"契入口"。这些学院根据各界的实际需求调整专业结构和课程设置，如旅游学院设置了旅游饭店管理和旅行社经营管理、市场营销等专业。杭州大学新闻与传播学院与浙江省新闻界联合成立了董事会，并与杭州日报社达成合作协议，由新闻与传播学院负责我国新闻界首创的《杭州日报》下午版的理论研究。

杭州大学联合社会力量办学在向社会输送急需人才的同时，也促进了学校与社会的联系，拓宽了筹措教育经费的渠道，改善了办学条件，促进了学科专业的发展。

成人教育

［扫盲工作］　1993年全省扫盲工作以“两基”评估验收为契机进一步开展。浙江省1993年成人教育工作要点，提出了对高标准扫除文盲的县、乡(镇)、村进行分级检查验收的要求。2月省教委发文要求各地以高标准扫除文盲为目标修订扫盲规划，并转发了国家教委领导在全国义务教育和扫盲工作电话会议上的讲话和国家教委《扫除青壮年文盲单位考核验收办法》，要求各地大力开展扫盲和抓紧做好三年来脱盲人员的巩固提高工作，着重进一步摸清底数、理清误差(第四次人口普查时文盲半文盲统计数和实际情况的误差)、落实责任，并认真进行自查。省教委还研究确定了扫盲评估验收的项目和指标要求，拟出扫盲测试试卷A、B、C三套，供省验收和各地开展扫盲教学参考。

为了迎接省组织的评估验收，各地在抓紧面上扫盲工作的同时，对要求“两基”验收的县(市、区)重点投入较多的人力、财力，进行调查摸底造册等工作。宁波市教委为了准确核实文盲半文盲人数，从人口普查部门查出各县、区、乡、村的全部文盲半文盲人口资料，同时对3个县的3个村进行抽查分析。舟山市教委在定海区小沙乡进行试点，他们以人口普查资料为依据，以户口为基础，通过查验脱盲证书、对错登人员通过考试核查的办法，逐个核实文盲半文盲人数，健全档案。市教委还要求全市以村为单位统一“三册一表”(即1949年10月1日以后出生的年满15周岁的公民名册、文盲半文盲名册、脱盲人员名册和文化状况统计表)，以利开展工作。

1993年浙江省继续扩大《安子介现代千字文》成人识字教学的试点，青田、常山两个试点县增加试点班33个，另有8个县、市共举办试点班11个。省教委召开了总结交流会，一致反映试点效果显著。

1993年全省共扫除青壮年文盲9万人。据年底统计，全省青壮年非文盲率已达96%，青壮年非文盲率达95%以上的乡镇和行政村数分别占全省乡镇和行政村总数的79.4%和81.88%。

［实施“燎原计划”］　为总结五年来实施“燎原计划”和农村教育综合改革的经验，展示科教兴农的成果，省教委于7月举行了实施“燎原计划”五周年庆祝活动，举办了成果展览和专项论文报告会。五年来，浙江省在实施“燎原计划”方面取得了成果。各级党委和政府把实施“燎原计划”看作农科教结合、发展农村经济的一项重要措施，纳入当地经济发展的总体规划。实施“燎原计划”的示范乡镇不断增加，已覆盖了全省所有县(市、区)。“燎原计划”的实施，推动了农村职业技术教育和成人教育的发展，形成了县、乡、村进行科技推广、培训的网络，每年参加适用技术培训的农民达400多万人次；“燎原”项目产生了很好的经济效益和社会影响力。据1993年7月统计，四年来全省燎原专项生产的产值已达18亿元，税利1.4亿元，围绕项目培训了26.8万人次，推广技术632项次。“燎原计划”的实施，促成了农、科、教互相支持、互相协作、互相促进机制的建立。

进行“两基”评估验收和实施“燎原计划”，使乡镇成人文化技术学校在农村教育中的地位越来越突出，成人学校的建设进一步引起各级党、政和教育行政部门的重视。1993年全省已建乡镇成人文化技术学校1314所(其中乡初中建制的382所，占乡镇成人文化技术学校总数的29%)，占乡镇总数的71.26%，比上年提高7.8个百分点。全省已建村成人文化技术学校12862所，占行政村总数的25.1%，比上年提高12.3个百分点。乡镇成人文化技术学校的办学条件得到进一步改善，全省各乡镇共投入经费2104万元，用于办学和基本建设。在全省乡镇成人文化技术学校中，有专用校舍的学校661所，占学校总数的50.3%；专用校舍面积共43.46万平方米，平均每校657.5平方米。有教学、生产、实验基地的学校308所，占学校总数的23.4%。所有学校共有价值214.9万元的图书和价值409万元的教学仪器。同时，也出现了一批如绍兴县华舍镇和杨汛桥镇成人文化技术学校那样的办学条件好、校办产业具有相当规模的乡镇成人文化技术学校。乡镇成人文化技术学校发挥了多功能办学的作用，因地制宜开设了“三加一”班、初职班、中职班、中专班、电大班、自学考试辅导班和大量的短期训练班，为当地培训和培养了大量人才。据统计，1993年在乡(镇)、村成人文化技术学校参加各种教育培训的农村各业人员共有444.33万人。

［**乡镇成人学校建设**］　1993年，乡镇成人教育干部队伍得到加强，全省1844个乡镇已调整配备了专职成教干部2234人。绍兴市对乡镇专职成教干部队伍作了调整，数量增加，学历层次提高，年龄相对降低。全市136个乡镇已配专职成教干部226人，比上年增加51人。其中，大专以上学历占20.9%，中专、高中学历占72%；50岁以下的占60.1%。金华市教委及时组织农村成教干部学习《中国教育改革和发展纲要》，并组织他们到先进地区参观学习，还于11月中旬举办了首期农村成教干部培训班。

［**成人高等、中专教育**］　根据省委、省政府关于到本世纪末成人高校在校生达到10万人的规划要求，省教委继续加大改革力度，拓宽招生渠道，加快成人高等、中专学历教育的发展。主要的改革措施有：(1)扩大招收应届高、初中毕业生。除省电大继续招收普通专科班外，还在独立设置的成人高校以招工招生相结合的形式招收应届高中毕业生300多名，在成人中专学校招收主要为农村和乡镇企业服务的普通班8000多人。(2)在试点的基础上，扩大第二专科学历教育的规模，1993年在16所普通高校、10所职工高校和5所教育学院共招生5000多人。(3)为了探索为乡镇企业培养人才的路子，经省教委批准，在萧山、绍兴、德清三县开设乡镇企业中专班，进行推荐与考试相结合招生的试点，共招生600人。(4)在办学评估的基础上，进一步加强学校建设，改善办学条件，提高招生能力。1993年成人高校专任教师中具有中、高级职称的教师比例为57.1%。学校建筑面积达到45.3万平方米，比上年增长2.49%。成人中专学校专任教师比上年增加253人，增长12.3%。1993年新增成人中专学校5所，其中首次创办了专门培养残疾人的学校浙江省华强成人中等专业学校(筹)和专门培养妇女人才的浙江省女子职业中等专业学校，以及由黄岩市乡镇企业“斯达实业公司”举办的斯达成人中等专业学校，另外两所为县办成人中专。(5)在扩大招生的同时，切实加强和改进学校的管理工作。省教委认真研究了举办成人中专普通班可能出现的问题，召开了专题座谈会并对有关问题作出明确规定，使普通班的教学和管理工作一开始就在保证质量

的前提下健康发展。为了加强学籍管理，使之进一步科学化、规范化，省教委成教办组织研制了成人高校教务微机管理软件，并组织通过验收，同时委托杭州成人高校协会举办了第一期培训班，有效地促进了教务微机管理工作的开展。

为深化成人入学制度的改革，省教委重新开展了高等教育自学考试和成人高校之间联合办学的试点，学员在取得规定的基础段课程的自学考试合格成绩后，可报名续读专业课程，经省教委统一录取取得学籍后正式进入成人高校的专业学习。这一形式深受学校和社会的欢迎，普遍反映这是有利于广大从业人员和未能升学的高中毕业生求学成才的有效途径。

1993 年继续举办成人高等和成人中专专业证书教育，有 33 个省级主管部门和 7 个市(地)人民政府(行署)共委托 26 所高校承办 83 个专业的高等教育专业证书班，招收学员 6180 人；成人中专专业证书班招收学员 791 人。为了保证入学新生质量，省教委从 1993 年起对高等教育专业证书班招生实行全省统一入学考试。

［**职工教育**］　随着经济体制改革的不断深入，近几年来企业经营机制以及职工教育发展形势有了很大变化。为了及时把握发展职工教育的问题，加强教育部门和企业的联系，更有效地指导和推动全省职工教育工作，省教委于年初发出了建立职工教育联系点的通知，并于 2 月 26 日召开建立省职工教育联系点会议，首批联系点共有 15 家企业。11 月 19 日至 20 日，省教委在金华召开了首次全省职工教育联系点会议，会上有 13 家企业交流了一年来开展职工教育的情况和经验，并共同研讨了在企业深化改革中职工教育面临的新机遇和新挑战以及职工教育如何更好地为企业发展目标服务等问题。省教委还先后在杭州、湖州、衢州等地的一些厂矿企业进行了调查研究。

据统计，1993 年全省参加 50 学时以上各种培训的人数有 85.66 万人，占干部、工人总数的 22.93%，其中属岗位培训的 69.6 万人，属继续教育的 2.6 万人。民革浙江省委会主办的浙江长征财经进修学院，“立足城市，面向农村”，实行学历教育与非学历教育、面授与函授并举，形式灵活多样，独具办学特色。1993 年培训总人数达 3.35 万人次，其中为会计制度改革服务的会计准则和各种专业会计培训就达 1.8 万余人次。

［**自学考试**］　在多种教育形式普遍发展的形势下，浙江省高等教育自学考试办公室努力探索新形势下发展自学考试的新路子，使自学考试得到稳定的发展。1993 年全省共组织开考 30 个专业的 193 门课程(其中新开设专业 6 个，包括 2 个本科专业、3 个专科专业和 1 个中专专业)，有 15.4 万余人报考，总报考 33.33 万余课次，实考课次 19.1 万多。通过考试，有 10.4 万人次获得了课程合格证书。与上年相比，报名人数和课次虽有所减少，但实考率和合格率均有所提高。全年共有自学考试毕业生 6 千余名。

在完成全省自学考试常规工作的同时，省考委根据形势发展的需要，进行了各市(地)独立开考中专的试点和建立乡镇自考联络网点的试点。宁波、衢州、杭州三市相继独立开考了实用英语、种植养殖、工民建、市场营销等四个专业，全省共建立乡镇自考联络网点 362 个，有力促进了自学考试工作的发展。

撰稿　金建雄　白锡定

审稿　阮忠训

安徽省教育

概 况

[各级各类教育发展情况]

1993年各级普通学校基本情况 单位:人

学校类别	学校数(所)	毕业生数	招生数	在校学生数	教职工数 计	教职工数 其中专任教师
一、普通高等学校	35	18452	54653	82900	27264	11395
研究生		489	784	1949		
本科		8200	32307	41099	23430	9409
专科		9763	21562	39852	3834	1986
二、中等专业学校	143	26124	44627	99375	15851	7663
中等技术学校	98	17978	34734	75003	11668	5454
中等师范学校	45	8146	9893	24372	4183	2209
三、普通中学	4205	665022	848739	2310474	171781	133736
高中	618	92168	85436	248044		20795
初中	3587	572854	763303	2062430		112941
四、农业、职业中学	643	53188	90573	210260	18508	13257
高中	335	29643	41700	104073		6890
初中	308	23545	48873	106187		6367
五、工读学校	3	58	15	33	105	61
六、小学	32615	1050847	1124387	6010501	290945	265947
七、特殊教育学校	24	282	732	3238	624	423
八、幼儿园	1948	389844	525935	754693	24606	20463

1993年各级成人学校基本情况

单位:人

学校类别	学校数(所)	毕业生数	招生数	在校学生数	教职工数 计	教职工数 其中专任教师
一、成人高等学校	27	12039	24162	49805	4391	1935
广播电视大学	1	1866	3819	9337	761	226
职工高等学校	15	1231	2855	5880	1619	817
农民高等学校						
管理干部学院	2	221	1148	1689	392	149
教育学院	9	2944	4264	9716	1619	743
普通高校举办						
函授部		4482	8862	17332		
夜大学		1227	2550	5064		
干部专修科		68	664	787		
二、成人中等专业学校	106	17303	19329	40521	3165	1547
广播电视中专	8	8272	7732	17296	549	236
干部中专	12	256	917	2243	280	146
职工中专	39	1452	3674	7423	1245	661
农民中专	3	196	216	955	56	33
教师进修学校	44	7127	6790	12604	1035	471
三、成人中学	149	26801	20657	23153	611	508
四、成人技术培训学校	3714	977718	907241	862583	2002	1339
五、成人初等学校	6055	718288	855040	912239	2951	1038
其中:扫盲班	4862	676817	794978	841359	1681	559

[贯彻《纲要》情况]　《中国教育改革和发展纲要》颁布以后,全省各地掀起了学习热潮。各级党委、政府根据《纲要》精神,结合本地实际,认真制订贯彻落实措施。省委、省政府先后召开省委常委会、省长办公会和省政府常务会议,研究《纲要》的实施问题,作出《关于高等教育改革和发展若干问题的决定》。省教委通过深入调查研究,对中等及中等以下教育改革提出了具体意见。为落实《纲要》提出的"两基"目标,在广泛征求各地意见的基础上,省政府进一步调整了全省"普九"规划,并制定了"两基"评估验收办法。本届省政府(1993年—1997年)任期目标中,把各类教育的发展和教育体制改革作为重要指标提出,并确定逐年进行考核。各地、市、县在贯彻《纲要》中,出台了一些新举措。合肥市、阜阳地区和一些县的党委、政府作出了加强教育工作的决定,对落实教育的战略地位提出了明确要求,在多渠道筹集教育经费、加强师资队伍建设等方面作出了明确的规定,推动了当地教育事业的改革与发展。

[全省教育工作会议]　1993年3月9

日至10日，全省教育工作会议在合肥召开，各行署、市分管教育工作的副专员、副市长和教委主任参加会议，省人大副主任江泽慧、副省长杜宜瑾出席。会议传达了全国教育工作电话会议精神，布置了1993年全省中等以下教育工作任务。省教委主任朱仇美作了工作报告。杜宜瑾副省长就学习贯彻《纲要》问题，在专员、市长座谈会上讲了话。他要求各级抓好《纲要》的实施。一是要适应社会主义市场经济的需要，加快办学体制改革；二是要积极推进学校内部管理体制改革；三是要进一步改革教学内容和方法，提高教育质量；四是要加强教师队伍建设，不断提高教师待遇。

［**教育投入**］　1993年，全省各级财政预算内教育经费支出为15.3亿元，比上年增加1.3亿元，增长9.47%。各地坚持多渠道筹集教育经费，各地在国家政策允许的范围内，结合实际，制订了一些多渠道集资的新政策，部分县、市对农村教育费附加实行“乡征县管乡用”的办法，使这项工作比往年有了新进展，全省城乡共征收教育费附加3.3亿元；全省中小学勤工俭学总纯收入达1.95亿元，比上年增长40%，补助教育经费9081万元；高校校办产业纯收入达3000多万元，比上年增长50%。

省及各地高度重视中小学危房改造工作，省教委和省农经委等部门联合下发了关于农村教育集资改造中小学危房的通知，明确了集资办法和审批程序等。全省通过多种渠道筹集用于校舍改造的资金3.1亿元，改造中小学危房126.1万平方米，年末危房比重为2.61%。全省全面完成了农村中学实验中心网络化建设任务，新建4个教育电视台、42个卫星地面接收站和一批放像网点。合肥市郊区、安庆市郊区、和县、霍山县、宣州市基本实现了中小学办学条件“六配套”。

邵逸夫先生赠款支持学校建设。为帮助安徽省1991年受水灾地区学校的建设，香港知名人士邵逸夫先生于1992年底向我省51所大、中、小学赠款3340万港元，用于新建教学楼，此项赠款分布省内50个县市。其中师专1所，300万港元；中学8所、师范学校5所、职业中学5所，每所80万港元；小学32所，每所50万港元。每个项目学校由地方政府配套相应资金，建设一座教学楼(师专为图书楼)。邵逸夫先生赠款项目于1993年元月全面展开设计与施工工作，到1993年底，已竣工交付使用的有：中学10所、小学26所、师范学校3所、职业中学2所。另有14所中小学、师范学校和职业中学的教学楼将在1994年一季度竣工，1所专科学校图书楼在1994年7月底竣工。该项目全部完成后，将为安徽省部分大、中、小学建成一批高质量的校舍，约有45000余名学生进入新的教学楼学习，为教师的工作、学生的学习创造较好的环境。为感谢邵逸夫先生热爱、关心大陆教育事业，该50所教学楼和1所图书楼全部命名为“逸夫楼”。

［**教育反腐倡廉**］　1993年，省教委把贯彻落实党中央和省委部署的反腐败工作摆上重要议事日程，省教委党组召开全体机关干部职工大会进行动员布置，省教委党组成立了党风廉政建设协调领导小组，下设办公室。并提出建立机关反腐倡廉工作责任制，要求各单位主要负责同志一级抓一级，一级对一级负责。对群众反映和举报的问题，进行认真的查处。

省教委把治理乱收费作为反腐败斗争的一项重要内容来抓，在各单位对收费项目自我清理的基础上，逐项进行认真审核，确定了各处室及事业单位继续保留和应取消的收费项目，全省共取消8个收费项目，并由省政府统一向社会公布。对教育系统内的乱收费及滥编滥印教学辅助用书问题，也进行了认真清理整顿。省教委制定了《关于加强中小学收费管理工作的意见》，各地按照文件要求，取消了一批收费项目，同时加强了规章制度建设，向社会公布收费项目和标准，接受群众监督。阜阳地区还把清理出的中小学不合理收费188.38万元退还学生家长。省教委和省新闻出版局签订了关于教学辅助用书编写出版发行的协议，明确今后由两家共同管理，分工负责。省教委负责选定教科书、教学参考书和教学辅助用书，组织编写少量质量较高的与教科书配套使用的练习册及寒暑假作业等，交省出版发行部门统一安排出版发行。同时制订制止滥编滥印、通过非正常渠道向中小学推销、压销行为的措施。

撰稿　江传瑞　李明阳

基础教育

［**义务教育**］　全省实现普及初等教育。1993年，全省7—11周岁儿童入学率为98.3%，与上年大体持平；在校生年巩固率为98.6%，比上年增长0.34个百分点；毕业班学生毕业率为98.63%，比上年增长1.33个百分点；小学毕业生升学率为77.3%，比上年增长5个百分点。全省实现普及初等教育。

经省政府同意，省教委、省计委、省财政厅联合授予(原)宿州市、蚌埠市郊区、濉溪县、芜湖市鸠江区、天长县、合肥市郊区、淮北市杜集区、泾县、霍山县、安庆市郊区、(原)阜阳市、(原)滁州市、铜陵县、砀山县、全椒县、休宁县、祁门县、石台县、宁国县、桐城县、(原)宿县、和县共22个县(市、区)为“基础教育先进县”。

普及九年义务教育取得重大进展。1993年，省政府根据《中国教育改革和发展纲要》，结合全省实际，制订了《安徽省普及九年义务教育评估验收办法》，省政府办公厅印发了《安徽省普及九年义务教育规划进度表》。省教委印发了《〈安徽省普及九年义务教育评估验收办法〉实施细则》，修订了《安徽省普及初等义务教育规划》。省组成评估验收组，先后对合肥市中市区，安庆市郊区，马鞍山市花山区、雨山区、金家庄区、向山区，铜陵市铜官山区、狮子山区、铜陵县，芜湖市新芜区、鸠江区，滁州市琅琊区、全椒县，宣城地区绩溪县、宁国县，蚌埠市郊区共16个县(区)进行基本普及九年义务教育达标评估验收，上述16个县(区)达到基本普及九年义务教育。各项达标情况如下。

普及程度：小学适龄儿童入学率均在99%以上；小学在校学生年辍学率为0.12%；15周岁人口的初等教育完成率，城区和农村分别为99.44%和98.37%；初中适龄少年入学率，城区和农村分别为1.12%和2.11%；17周岁人口初级中等教育完成率，城区和农村分别为97.18%和90.84%；残疾儿童少年入学率，城区和农村分别为79.2%和44.4%。

师资：小学和初中专任教师达三级以上专业技术职务的任职合格率为98%以上；小学专任教师学历合格率，城区和农村分别为97.72%和93.31%；初中专任教师学历合格率，城区和农村分别为97.29%和83.09%；校长岗位培训率，小学和初中分别为

90.14%和 79.75%。

办学条件：小学和初中布局基本合理；学生生均占地面积，城区小学和初中分别为 70.6 平方米和 28.7 平方米，农村小学和初中分别为 22.3 平方米和 28.5 平方米；校舍生均建筑面积，城乡小学、初中均在 6 平方米以上；生均拥有图书，小学和初中分别为 14.33 册、20.88 册；各校教学仪器配备情况较好，达到Ⅱ类标准以上配备的小学占应配备校数的 99.64%，初中占应配备校数的 100%；音体美教学设施基本能满足需要。

教育经费：基本建立了以政府财政拨款为主，多渠道筹措教育经费的教育投资体制。教育经费财政拨款基本做到了逐年增长。城市“三税”附加由市里统一征收并返还一部分给区里使用；农村教育费附加征收除个别单位外，都完成了 90%以上；机动财力和城市维护建设税，各区县均有一定比例用于教育。

教育质量：初中毕业年级学生毕业率，城区和农村分别在 97.6%和 96%以上；城乡小学和初中毕业年级体育合格率分别为 97.1%和 98.33%。各地注重全面贯彻教育方针，全面提高教育质量；学校校容校貌、校风校纪良好，教育教学秩序正常。

[学校体育工作] 1993 年，在 25 所省重点中学和部分地、市重点中学开始实行中学生升学加试体育，加试学生达 20000 人。参照兄弟省市的做法，安徽工学院、华东冶金学院、安徽师范大学从参加当年高考的考生中特招了 15 名手球、田径运动体育尖子，这在安徽省尚属首次。5 月，在淮北市濉溪县举办了全省第四届中学生田径运动会，对全省中学体育工作起到了积极推动作用。全省选拔 30 名田径运动员，于 8 月赴青岛参加全国第五届中学生运动会，获两枚金牌、两枚铜牌。

[教育教学改革] 1993 年，在实施《义务教育法》中进一步完善了“分级办学、分级管理”的体制，增强了地方政府对基础教育的统筹权和决策权，促进了初等和中等教育的发展；同时，进一步贯彻“积极鼓励、大力支持、正确引导、加强管理”的方针，社会力量办学有新发展。1993 年，省教委审批 7 所私立高中。目前，全省私立完全中学（高级中学）增加到 11 所，计招收初中 8 个班，学生 347 名，高中 19 个班，学生 1174 名。

学校内部管理体制改革。一些中小学实行校长负责制、教师聘任制、岗位责任制和校内结构工资制，调动了广大教职工的积极性，促进了教育质量和办学效益的进一步提高。

加强教学改革。1993 年，在全省组织实施了九年义务教育新课程方案，积极稳妥地推行高中毕业生会考制度。省及各地进一步加强了中小学课程教材建设与管理，加强了教育教学研究和教学视导，加强了各个学科的教改实验。安徽省与江苏省合作编写的华东地区义务教育初中《物理》教材，已通过国家教委教材审定委员会的审查，并被国家教委列为优秀教材向新加坡、香港、美国推荐。

[干部和师资队伍建设] 1993 年，全省初步建立起脱产进修、函授、卫星电视、自学考试相结合的教师培训体系；扩大了教师进修院校的培训规模；加强了中小学校长培训，全年培训中小学校长 3400 人；继续进行民办师资队伍整顿工作，选招 2400 名优秀民办教师为公办教师，14 万民办教师持证上岗，精简并妥善安置了民办教师 3 万人，全省中小学教师素质明显提高，小学、初中、高中教师学历合格率分别为 83.1%、60.5%和 58.3%，分别比上年提高 4.2、4.7 和 0.2 个百分点。

[兑现拖欠教师工资] 近几年特别是 1992 年以来，由于种种原因，全省拖欠中小

学教师工资的问题比较突出。截至1993年6月底，全省累计拖欠额达1.35亿元。1993年7月至12月有6个地市新欠4660.89万元。对此，省委、省人大、省政府及各地、各部门都高度重视，采取积极措施解决拖欠问题。省政府自1992年5月下旬开始，多次发文，召开会议，派检查组督促检查，要求各地千方百计采取切实措施，尽快兑现拖欠的教师工资。省委书记卢荣景致函有关地、市党政主要负责人，要求按时足额兑现教师工资；省长傅锡寿召开全省解决拖欠中小学教师工资电话会议，要求各地采取措施，坚决贯彻落实国办发[1993]78号文件；常务副省长汪洋和分管副省长杜宜瑾也多次召集会议，督促有关部门落实省委、省政府文件精神。为支持兑现确有困难的县(市)，省政府安排了部分困难补助。地方各级政府也将兑现拖欠作为大事来抓，一级抓一级，各级财政、教育部门当好政府的助手和参谋，做了大量工作。在全省各级政府的共同努力下，1993年6月底前全省拖欠的中小学教师工资1.35亿元，到1993年12月31日全部兑现；6个地市新欠的4660.89万元，也于1994年元月29日前全部兑现。为了从根本上解决拖欠教师工资问题，省政府决定从1994年起，在一定时期内地方财政预算内教育经费收归县管，实行教育经费单列，各级财政在安排教育经费的年度预算时，将教师基本工资和有些项目津贴全额纳入预算；农村教育费附加实行“乡征、县管、乡用”的管理体制，以保证民办教师工资中民酬部分足额到位；民师工资中的国家负担部分，由县级财政在年初预算中打足，并随公办教师工资一并按时发放。

撰稿　李明阳

职业技术教育

[概述]　1993年，全省中等职业技术学校(含中专、职高、技校)高中阶段招生11.23万人，在校生数26.42万人，比1992年分别增长20.8%和12.1%，分别占全省高中阶段招生总数和在校生总数的56.8%和51.6%，招生数连续第二年超过普通高中，在校生数首次超过普通高中。

城市高中阶段教育结构进一步趋于合理。合肥市市区高中阶段职业类学校招生6460人，占整个高中阶段招生数的63%，职业类学校与普通高中的招生比例达到1.7∶1。芜湖市市区高中阶段职业学校招生3900人，是普通高中招生数1200人的三倍多。铜陵市等其他城市高中阶段职业学校规模均有较大发展。

[重点职业高中建设]　全省重点职业高中的整体建设在原有基础上有较大发展。1993年底，全省13所省级重点职业高中与1991年评估认定时比较，在校生规模由校均738人增至956人，校均建筑面积由1.34万平方米增至1.7万平方米，仪器设备总值由校均52万元增至108万元，图书由校均2.3万册增至3.3万册，专业教师占专任教师比例由校均34.8%提高到42.8%。

城市重点职业高中进一步完善与行业、

企事业单位的联合办学，充分利用行业、企业在资金、技术、设备上的优势，瞄准企业、行业需要，建立校企合作的有效机制。合肥市职教中心与市里20多家骨干企业建立了联系，校企结合，产教结合，共育人才。芜湖市职教中心在政府统筹下，继续实行“行业牵头、厂校挂钩、产教结合、双重训练”的办学体制，企业参与办学和管理。马鞍山市职教中心与化工、冶金、建材、电子等行业签订联办协议，进一步扩大联合办学规模。与此同时，农村重点职业高中立足当地经济建设，继续实行“农科教”结合，因地制宜，建立并完善“教学、实习、生产、经营、服务”一条龙的办学运行机制。霍邱县陈埠职业高中与当地农业、科技部门联合，结合实施“燎原计划”，重点推广实用技术，为当地农民举办各类实用技术培训班，促进了学校与经济建设的紧密结合，提高了办学效益。

为加强对重点职业高中的指导，10月，省教委组织检查组，对全省13所省级重点职业高中进行检查。10月底至11月上旬，国家教委检查组来安徽省先后检查、视导霍邱县陈埠职业高中、合肥市职教中心等6所重点职业高中。为推动农村地区示范性骨干职业学校建设，6月省教委印发了《安徽省县级示范职业高中评估指标体系(试行)》，下半年各地对照《指标体系》进行初评，省教委将于1994年上半年组织复评。

［**中专教育评估**］ 从1991年初开始的普通中专教育(不含中师)评估，于1993年5月全面完成。1991年评出的52所合格学校和基本合格学校中，有46所参加1992年以来组织的办学水平综合评估和选优评估。在这次评估的基础上，省教委确定合肥电力学校、淮南化工学校、安徽省银行学校等20所学校为省级重点中专学校，并从中遴选5所申报国家级重点中专学校。这次评估活动，对安徽省中专学校改善办学条件，提高办学水平起到了促进作用。据46所学校统计，评估期间，共筹集资金1亿5千万元用于改善办学条件和兴办学校产业。新增校舍面积18.6万平方米，比评估前增长18.4%。一些学校建成了图书馆、实验楼，省邮电管理局把省邮电学校扩建工程列入“八五”重点建设计划，预计总投入1000万元；新增图书52万册，藏书量比评估前增长26.9%，校平均藏书量达到5.37万册。新增实验、实习设备1998万元，设备总量比评估前增加57%。还有不少学校购置了一批先进设备，建成了骨干实验室。合肥电力学校建成200MW电气运行仿真模拟装置，省交通学校添置了红外测距仪与汽车模拟驾驶台，省邮电学校建成程控交换和光纤通信实验室。各校还添置了一批体育器材和设施。

［**城市教育综合改革**］ 全省已有10个省辖市和2个县级市展开了城市教育综合改革，并取得比较明显的效果：(1)省辖市市区高中阶段教育有了较快发展。合肥、芜湖、安庆、淮南、马鞍山等市市区初中毕业生升学率达到95%左右，比上年提高10个以上百分点。(2)教育行政管理体制改革有突破。合肥、蚌埠、马鞍山等市撤销了市经委职工教育办公室，将其职能并入市教委；合肥市将市教育学院、市电大、职大的业务和经费归口市教委统一管理。(3)社区教育出现好势头。各市在推进基础教育社区化、职业教育行业化方面进行了有益探索，芜湖市以区街、学校、企业为中心，建立了17个社区教育管理委员会。(4)学校内部管理体制改革加快。省辖市共有60多所学校开展了校长负责制、全员聘任制、岗位责任制和结构工资制改革试点。为保证校内改革顺利进行，合肥市教委还成立了劳动争议仲裁委员会，协调各校的仲裁小组，公平解决有关下岗争议问题。(5)企业教育综

合改革稳妥起步。省教委研究制订了全省企业教育综合改革和创建省级“教育明星企业”的试点方案，确定60家大中型企业参加首批企业教育综合改革的试点。6月省教委发布《安徽省“教育明星企业”基本标准》后，多数试点企业成立了教育综合改革领导小组，制订实施方案和创建计划，付诸实施。试点企业普遍把教育纳入企业发展规划和领导任期目标，增加教育投入，狠抓职工培训。多数试点企业把职工接受教育培训的实效直接同职工使用、待遇挂钩，调动了企业办教育和企业职工求知学技的积极性。

[**农村教育综合改革**]　全省建立了黄山、滁州两个地(市)级农村教育综合改革实验区、10个实验县、102个“燎原计划”试点乡镇，全面实行“三教统筹”和农科教结合。各地还把建立县、乡两级农科教培训中心列为农村教育综合改革的重要内容，以条件较好的教育实体为依托，首先在经济较发达地区和县(市)一级建立20多个农科教培训中心，并开展技术培训和科普推广。为指导各地实验，省教委制订了《安徽省农村教育综合改革实验县评估方案(试行)》。

省教委还积极主动配合省农业厅，开展农民技术资格证书(简称“绿色证书”)制度试点工作，全省确定金寨、铜陵等6县(市、区)为“绿色证书”制度试点县，并及时推广了铜陵县的试点经验。这项改革，丰富了农科教结合的内容和形式，加快了农村职业教育和成人教育的发展。

撰稿　吴金辉

高等教育

[**制订发展规划**]　1993年10月26日至29日，省委、省政府在合肥召开全省高等教育工作会议。省委、省政府、省政协负责同志出席会议。会议的主要内容是，传达贯彻1993年全国高校党建工作会议精神；研究贯彻落实《中国教育改革和发展纲要》，进一步加强和改进高校党的建设和思想政治工作，加快高等教育改革与发展的具体措施。经过会议讨论，作出了《关于高等教育改革和发展若干问题的决定》，主要内容有：(1)　到本世纪末，全省高等教育发展的总目标，省(属)普通高校在校生规模年平均递增5%；(2)　进一步调整学校布局，优化教育结构，集中力量办好安徽大学，争取列入国家“211工程”，在其它高校办好一批重点学科；(3)改革高校办学和管理体制，扩大高校在招生、专业设置、职称评定、经费使用等方面的自主权；(4)加强教师队伍建设，到本世纪末选拔和培养约400名中青年学科带头人；(5)增加高教投入、省级机动财力向教育倾斜，用于高校的省级统筹和地方自筹的基本建设投资，每年递增7%，省财政每年安排一定的专项经费。

[**调整教育结构和学校布局**]　根据省委、省政府《关于高等教育改革和发展若干问题的决定》，全省高等教育进一步调整布局，优化高等教育结构。在层次结构上，适度发展本科教育；重点发展适应广大农村、中小企

业、乡镇企业和第三产业人才需求的专科教育和高等职业技术教育;同时适当扩大研究生的培养规模,大力培养应用型研究生。在学科、专业结构上,加快重点学科、专业建设,办出特色,尽快形成学科、专业优势;加快老专业的更新改造,拓宽专业服务范围,减少专业种类,增强适应性;加强工程技术、商贸、金融和应用文科等学科建设,新设一批适应安徽省经济发展急需的高新技术和第三产业的专业,以及若干边缘、新兴学科。

进一步调整学校布局。有计划、分步骤地办好重点学校和重点学科。目前,首先集中力量办好安徽大学,争取列入国家"211工程";同时在安徽师范大学、安徽农业大学、安徽医科大学、安徽机电学院有选择地办好一些重点学科;继续重视和加强师范教育,选择基础条件好、有发展潜力的两三所师范院校,实行长远规划,重点建设,使之在同类学校中起示范作用;积极推行高校之间的联合办学;鼓励和支持社会力量兴办民办高等学校,拓宽人才培养的渠道。在规划发展应用学科、新兴学科和高新技术专业、学科时,要依托基础设施好、办学潜力大的老学校,在相近、相关学科上进行发展;综合大学和理科为主的院校,要走理工并重、文理交融的路子,向技术应用延伸;重点学校要瞄准学科发展的前沿,不断拓展研究方向,以逐步形成新的学科和专业;布点设置新专业时,要统筹考虑地方需要和部属院校、省属院校的学科专业设置情况,避免不必要的重复设置。大力加强地区性专科教育,地、市主办的高等专科学校,要有计划地增设面向第三产业、中小企业、乡镇企业的专业,为本地区的经济建设服务。

为加强宏观管理,省教委成立了安徽省高等学校暨专业设置评议委员会。1993年,全省高校新增、调整、设置社会急需的财经、政法和工科类等应用型专科专业92个。省属高校本、专科招生比例达到1:1.85,高等教育的层次结构进一步趋于合理。

重点办好安徽大学。1993年,省委、省政府决定,集中力量重点办好安徽大学,争取列入国家"211工程"。省政府成立了安徽省"211工程"领导小组,省教委设立了"211"工程办公室。规划从1993年起5年内,省财政每年安排1000万元专项资金,省教委每年安排500万元的专项资金,用于安徽大学的建设。在职称评审、人员调配、毕业生选留、内部机构设置等方面进一步扩大安徽大学的办学自主权。为此,安徽大学确定9个重点建设实验室,投入专项经费120万元,自筹配套资金22万元,用于购置实验仪器设备;确定30门重点建设课程,并完成了重点课程教学大纲的修订、教学辅导软件的研制、考试题库的建立、教学参考资料的编印、学术带头人的选拔等工作;学校进一步调整专业结构,建立了电子工业学院,增设了电子材料与元器件等6个本科专业,增设了金融等14个专科专业;同时确定基础数学、电路与系统、中国哲学、中国古代文学4个学科为重点学科,制订了学科建设计划;先后引进30余名博士、硕士生和中青年专家,选派31名中青年骨干教师到国内外高校和科研院所攻读在职、定向博士、硕士学位或进行合作研究,选派47名青年教师参加岗位培训。

[**科研工作**] 1993年,全省高校新立科研项目2881项,比上年增长27%。其中国家级418项,省部级429项。连同上年度结转,1993年全省高校共承担各级各类科研任务3709项,是近年来承担科研任务最多的一年。全年科研总经费9883.3万元,比上年增长29%。全省高校共有4项成果获国家级奖励,其中二等奖1项,三等奖3项;有140项成果获省部级奖,其中一等奖7项,二等奖17项。

高校科研贯彻面向经济建设的方针,积

极开展科技成果的宣传、推广和转化工作。省教委多次组织高校与地市县的科技联谊会，并组织部分高校到市、县考察，召开有县(市)和高校参加的科技副县(市)长座谈会，进一步打通高校科研与县(市)乡镇企业沟通的渠道。全省高校共推广转让科技成果656项，比上年增长83%；共获科技开发和成果转让费6009.2万元，比上年增长77%。

省教委进一步加强了对学校科研工作的管理。改革经费管理办法，努力提高科研经费使用效益；合理规定文、理科比例，基础研究、应用研究和试验发展以及有关前期研究的比例，突出了科研重点，使科技工作更紧密地与本省经济建设的需要相结合；对各高校上报的科研课题进行严格初选，并组织专家进行论证和评议，严把立项关。对1986年以来的科研项目进行检查，对“七五”以来高校科技在全国的位次情况进行了分析比较。加强科技统计工作，举办高校科技统计人员微机培训班，评选表彰全省高校科技统计工作先进集体和先进个人。

[**学校内部管理体制改革**]　1993年，全省高校内部管理体制改革以人事和分配制度改革为重点。内容包括：(1)科学定编，实行工资总额包干。高校的编制依据学校规模和在校实有学生人数，由主管部门核批。从1993年开始，省属高校可逐步推行工资总额包干制度，条件成熟的可与省教育主管部门签订工资总额包干合同，在合同规定的范围内，做到增人不增工资总额，减人不减工资总额。(2)改革用人制度。学校本着精简、效能的原则，充分挖掘潜力，采取多种用工形式，减少固定编制。对教师、干部进行定岗、定职、定责，并按照满工作量和公开、平等、竞争、择优聘任的原则，实行聘任制；对工人实行合同制。强化考核评估，胜任工作者定期续聘，不胜任者解聘或缓聘。建立待业人员流动制度，妥善安排聘余人员。(3)改革分配制度，打破平均主义。学校在执行国家工资政策的前提下，将奖酬金等工资外收入纳入分配轨道。根据教职工的工作任务、岗位职责和工作实绩，在工资总额包干合同规定的范围内，拉开分配档次，对有突出贡献的给予重奖。基础课教师的奖酬金一般不低于全校平均水平。(4)深化后勤改革。高校后勤在保证为教学科研服务、为师生员工服务的前提下，积极开展对外有偿服务。后勤产业要实行事业单位企业管理，独立核算，自主经营，自负盈亏，逐步做到后勤服务社会化。

1993年，华东冶金学院、皖南医学院进行了人事制度和分配制度的改革试验；安徽农业大学、安徽师范大学的综合改革试点工作开始启动；全省高校教学、科研、后勤领域的改革逐步扩展。

[**教学管理**]　为加强教育教学管理，1993年，省教委拟订了高校实验教学质量评估指标体系；成立了数学、外国语两个学科教学指导委员会；先后组织召开13个通用学科、专业的教学改革座谈会，初步制订了这些学科统一的教学计划，并对各学科应设置的主干课程提出了要求，进一步规范了教学行为；成功地组织了全省第一次计算机水平等级考试，以考促学；组织了高校第二次优秀教学成果奖的评选工作，有5项成果获1993年全国普通高校优秀教学成果二等奖，有13项成果获省级一等奖，72项成果获省级二等奖。省教委还开展了优秀教务处及教学先进单位和优秀教务工作者的评选表彰活动。

经国务院学位委员会审批，省属高校增列12个学科、专业硕士学位授予点、1个学士学位授予单位。

[**招生和分配制度改革**]　1993年，安徽省普通高校招生工作坚持解放思想、实事求

是的原则，稳定政策，深化改革。改革的举措有：(1)扩大保送生范围和比例，获得省级及其以上数、理、化、计算机竞赛一、二等奖者，除具有保送资格外，还可照顾5分由学校审核录取。保送对象理科由原来的前10名扩大到前15名。(2)增大定向招生比例。省属高校招收农医师本科定向生，除安徽师范大学、安徽医科大学外，定向生比例由35%增至40%；省属农医师专科学校100%招收定向生。(3)试招“实践生”。安徽农业大学在司法、农垦系统试招有实践经验的优秀青年60名。(4)芜湖师范专科学校在芜湖市、宣城地区试行招收中文兼美术教育专业学生。(5)大幅度增加委培生、自费生招生计划。在全部招生计划中，国家任务占45.74%，委培、自费等调节性计划占54.26%，比去年增加近20个百分点。

1993年加大毕业生分配工作改革力度，进一步扩大了学校、用人单位和毕业生的权限。(1)扩大了学校编制就业建议计划权。师范院校本科建议计划由10%扩大到20%；非师范院校全部由学校提建议计划。(2)毕业生与用人单位“双向选择”试点由1所高校扩大到3所。(3)用人单位可以直接到学校考核、挑选毕业生。用人单位在外省学校和省内“双向选择”试点学校落实的毕业生，省计委、省教委都予承认，并在计划中戴帽下达。(4)赋予毕业生一定的择业权。

撰稿 陈 钦

成人教育

［**扫盲和农民文化技术教育**］ 1992—1993学年度，全省入学文盲、半文盲95万人，脱盲71.9万人，15—40周岁青壮年文盲率下降到13.1%，比上年度下降2.9个百分点，超额完成了本学年度扫除文盲40万人的任务，是近三年来进展最快的一年。

各地扫盲后继续教育也发展很快。全省乡镇农民文化技术学校已达到1417所，办学面达80%，比上年上升10个百分点；村级农民文化技术学校6617所。各地充分利用农民文化技术学校这个培训基地，开设果树栽培、种植、养殖、多种经营等专业，广泛开展各类实用技术培训，接受培训的达182.76万人次，为农村经济发展和精神文明建设作出了贡献。

根据国务院1988年颁布的《扫除文盲工作条例》1993年验收了凤阳、蒙城、寿县等6个县(市)，至此，全省90个有扫盲任务的县(市、区)，已有72个达到了国务院1988年规定的验收标准。为确保扫盲质量，省及地市教育部门提出，要像打击假冒伪劣商品一样对待扫盲工作中的弄虚作假现象，寿县等地政府还明文规定，对举报假脱盲者予以奖励。

［**成人中等教育管理**］ 1993年，省教委以改革招生办法为契机，进一步加强成人中等专业学校的管理。根据国家教委有关文件精神，在部分经评估合格的成人中专学校中首次试招少量应届初、高中毕业生；对企事业单位中具有初中以上文化程度的生产、业务骨干免予参加全省统一考试，经用人单位推荐，主管部门审核同意，由招生学校组织文化

课补习，考试合格后，即可由省成人招办审批录取。全省127所成人中专学校的339个专业在42000多名考生（含小学教师进修）中，共录取在职成人，应届初、高中毕业生和小学进修教师等各类人员近3万人，较好地完成了招生计划。在成人中专学校自我评估和地、市教委复查评估的基础上，全省评出合格学校268所，基本合格学校21所，不合格学校2所。为总结十年来成人中专学校办学成绩，树立先进典型，省教委开展了评选先进成人中专学校的活动，全省34所成人中专学校被授予首批“先进办学单位”称号，在成人中专学校引起很大反响。为确保成人中专的培养规格，省教委组织专门人员对部分学校专业教学计划进行了修改，使之达到规范化要求。

［**成人高等教育改革**］　1993年，成人高等教育坚持“解放思想、实事求是、保证质量”的原则，根据全省经济建设和社会发展的实际，在招生工作方面进行了十项改革。(1)变指令性计划为指导性计划；(2)扩大社会急需专业的招生数，同时新增专业23个；(3)开办第二专业专科教育；(4)试办专科层次的高级职业技术教育；(5)普通高校的成人教育机构可以招收一定比例的社会青年；(6)扩大招收非师范类专科起点升本科专业；(7)批准省总工会举办劳模预科学校；(8)对乡镇企业、农村中小学教师、农民及贫困县考生进行照顾录取；(9)对劳改、劳教系统管理人员和中西医类考生，实行“3＋2”考试科目改革试点；(10)实行“资格生”、“预科生”录取办法。由于措施得力，取得了良好的社会效益。全省录取新生23504人，其中，文科占62.66%，理科占37.34%，第二专科学历教育录取379人。录取新生比上年增加8364人。另外还录取预科生1169人，资格生195人。与此同时，进一步加强成人高等学历教育的管理工作。成立了安徽省成人高等教育协会；制定了《职业型专科教育教学计划的原则意见》、《关于成人高校举办第二专业专科学历教育教学管理的意见》；审定了安徽大学等12所普通高校举办函授、夜大学本科、专科的资格并报国家教委批准；协调和批准了淮南、蚌埠、合肥三市联合办学，扩大办学效益的意见。

［**自学考试**］　1993年，全省举行两次高等教育自学考试，累计报考628251科次，实考361663科次；获及格以上成绩的128899科次。共有6283人获专科毕业证书，385人获本科毕业证书。截至年底，全省有在籍自考生248372人，自考毕业生达33388人，为经济建设输送了大量人才。为适应全省经济、社会发展对人才的需求，在反复调查研究和充分论证的基础上，1993年适当拓宽自学考试的管理范围，增加自学考试的科类和层次，以满足有志于自学成才者的学习要求。当年新开考的有英语本科，中医、中药专科，新闻学本、专科，计算机信息管理专科等应用型、复合型学科和专业。同时，对在1994年开考高级护理和乡镇建设与管理专科进行了安排部署。在自学考试中强化考风考纪，把好质量关。开考前，通过召开会议，借助新闻传媒等多种途径，加强对自学考试规章制度、考风考纪等的宣传；考试中，派出纪检组，进入各考点，加强考风考纪的检查监督。考试后，对违纪考生，坚持按章处理，绝不姑息迁就。省自考委员会规定，严重违纪考生两年内不准参加自学考试。

［**高层次非学历教育**］　在国家教委提出的“积极鼓励、大力支持、正确引导、加强管理”的办学方针指导下，1993年，全省社会力量举办的非学历教育发展迅速。非学历教育的学校（含培训中心、班）数由1992年的500所增加到700多所，累计培训15万人次。其中，高层次非学历教育的学校（培训中心、班）

由1992年的14所增加到22所，在校（在籍）学生达5万多人。省教委会同省人事局继续审核批准全省近40个业务主管部门举办成人高等教育专业证书教学班，当年安排这类招生计划1800余人，报考学员参加全省统一考试后，实际录取1200人。另外，中国科学技术大学、安徽大学、安徽中医学院等高校发掘办学潜力，面向全国举办了社会急需的多种非学历教育培训进修班，为各行各业培养输送了数以万计的实用人才。

[**电化教育**]教育电视传播网络建设有新的进展。1993年，宣州、肥东、岳西、郎溪等4个县（市）相继兴建了教育电视台。各地还新建卫星地面接收站42个，新增语言教学实验室4套。至年底，全省有29个地（市）、县初步形成比较完整的教育电视传播网络。在电化教育软件建设方面，省教委组织摄制教育电视专题节目共28集（条），其中部分电视专题节目片先后被国家和省电视台采用播放。为推进电化教育教材建设，省电化教育馆复制下发了小学自然等学科电教教材150套，2400余盘、2400小时；并编制了音像教材管理系统计算机软件一套，在全省推广使用。

电化教育的服务范围进一步拓宽。根据国家教委统一部署，从1993年起，在全省范围内开设了初中教师进修高师卫星电视自学考试培训系列，组织不具备国家规定合格学历的初中专任教师在职自学、收看中国电视师范学院的师范专科教学节目。各地（市）、县根据成人“在职、业余”学习特点，依照“就近、方便”学习的原则，充分利用当地的卫星地面接收装置和放像点等电教设施，组织接受培训的教师收看教育教学节目。为了鼓励更多的教师接受卫电教育培训的积极性，省教委规定：(1)采取函授、卫星电教、自学考试、专业合格证书考试等培训形式相沟通的办法，实行教学计划、教学大纲和教材的“三统一”。各种培训形式相同的层次、专业和课程的单科合格成绩互相通用；(2)对报考参加卫星电视教育培训的教师，凡达到最低控制分数线的，均予以录取。对受到省级以上教育行政部门表彰的优秀教师，试行免试入学；(3)教师接受电视教育培训获得的成绩和证书，作为转正定级、评聘职务、晋升工资、实行奖励的重要依据。上述政策性规定在执行中收到明显成效。1993年10月，全省有9406名参加卫星电视教育培训的初中教师分别报名参加《中共党史》、《汉语写作》等7门课程的统一考试。其中，实际参考人数为7857人，实考率为83.5%；获得及格以上成绩的有5420人，及格率为69%。

撰稿　查海波　焦凤君

审稿　陈贤忠　鹿世金　金　辉

金汉杰　柏守逊

福建省教育

概况

［各级各类教育发展情况］

1993年各级普通学校基本情况

单位：人

学校类别	学校数（所）	毕业生数	招生数	在校学生数	教职工数	
					计	其中专任教师
一、普通高等学校	33	16898	24397	65437	20010	8551
研究生		394	512	1372		
本科	13	6756	7987	30649	15579	6272
专科	20	9748	15898	33416	4431	2279
二、中等专业学校	107	18907	28537	74715	11966	6310
中等技术学校	82	11792	18408	50489	8701	4417
中等师范学校	25	7115	10129	24226	3265	1893
三、普通中学	1590	328986	466188	1279696	103104	81875
高中	404	53691	56008	173263		14060
初中	1186	275295	410180	1106433		67815
四、农业、职业中学	278	28013	65481	124794	11104	7771
高中				118383		7366
初中	13	1384	2170	6411		405
五、工读学校	1				3	
六、小学	16091	510545	626997	3638517	177750	161680
七、特殊教育学校	33	947	2762	11626	656	518
八、幼儿园	10968	524422	606691	974936	40147	33267

1993年各级成人学校基本情况 单位：人

学校类别	学校数(所)	毕业生数	招生数	在校学生数	教职工数 计	教职工数 其中专任教师
一、成人高等学校	20	6507	13716	29977	2392	1144
广播电视大学	2	2451	5224	10455	745	293
职工高等学校	9	709	1295	3070	396	235
农民高等学校						
管理干部学院	4	596	1787	2487	555	245
教育学院	5	504	1607	2120	696	371
独立函授学院						
普通高校举办						
函授部		1764	2556	9857		
夜大学		438	1177	1851		
干部专修科		45	70	137		
二、成人中等专业学校	172	8611	27422	48804	4748	2672
广播电视中专	3	1500	10473	17655	309	71
干部中专	41	1392	2246	4999	754	408
职工中专	49	2612	6573	15493	969	517
农民中专	4	47	646	853	62	48
教师进修学校	75	3060	7484	9804	2654	1628
三、成人中学	121	3591	4853	7881	396	191
职工中学	64	2013	2587	4538	344	142
农民中学	57	1578	2266	3343	52	49
四、成人技术培训学校	11284	2054631	2309873	2187196	4497	2088
职工技术培训学校	345	57106	260771	279602	1755	1376
农民技术培训学校	10939	1997525	2049102	1907594	2742	712
五、成人初等学校	12755	424171	271203	327258	2286	239
职工初等学校	50	1788	1173	1721	3	3
农民初等学校	12705	422383	270030	325537	2283	236
其中：扫盲班	7778	312012	151001	196518	1644	79

制表 潘家坤

[学习贯彻《纲要》] 中共中央、国务院颁布《中国教育改革和发展纲要》后，省教委立即连续召开有关会议，动员部署全省教育系统学习、宣传、贯彻《纲要》，全省50%以上的县(市、区)举办了学习《纲要》培训班。南平地区地委、行署于4月初召开千人动员大会，省委常委、地委书记赵学敏作动员报告。地委、行署制订了加快南平地区教育改革和发展的30条措施，把贯彻《纲要》与“科教兴区”战略统一起来。厦门市结合贯彻《纲要》，提出把厦门办成“教育城”的构想，并着手制订规划，作出了《支持厦门地区高等院校改革和发展的决定》，成立了“厦门市外经贸厦门大学教育发展基金会”，把在厦门的部(委)属和省

属高校的发展纳入厦门经济和社会发展的轨道同步运行。1993 年 5 月，省政府召开了全省社会事业改革和发展工作会议，省长贾庆林在讲话中要求各级政府认真组织实施《中国教育改革和发展纲要》，采取切实措施，落实教育优先发展的战略地位，保证必要的教育投入和办学条件。会后，省委、省政府颁布了《关于加快社会事业改革和发展的决定》，就科技、教育、卫生、文化等各项社会事业的改革和发展制订了一系列政策措施。

《纲要》颁布后，根据省委和省政府的部署，省教委组织专门力量进行调研，针对福建经济、社会和教育发展的基础及趋势，对全省教育发展的规划进行了全面调整，提出了贯彻实施《纲要》的意见，在广泛征求意见的基础上，于年底正式上报省委、省政府。

[学习宣传《教师法》] 1993 年 10 月《中华人民共和国教师法》颁布后，福建省开展了学习宣传活动。省教委、省委宣传部、省人大教科文卫委员会、省司法厅、省政府法制局、省教育工会联合发出了部署学习、宣传的意见。经省政府同意，省教委和福州市教委于 11 月下旬联合开展了《教师法》宣传周活动。在活动周里，省长贾庆林发表了电视讲话，副省长王良溥与有关部门领导走上街头向群众宣传《教师法》，省、市教委联合举办了《教师法》宣传文艺晚会。省政府对历年来福建参加国际中学生奥林匹克学科竞赛获奖者指导教师和教练员进行奖励，共颁发奖金 23 万元人民币（金牌 3 万元，银牌 2 万元，铜牌 1 万元）；并将指导学生获得 2 枚金牌和 1 枚银牌的福建师范大学附中江文哉老师晋升为特级教师。

在学习、宣传《教师法》中，针对存在的拖欠教师工资问题，省教委与省人大、省政府和省财政厅、人事局积极配合，一方面组织联合调查组，摸清情况和原因；另一方面积极督促有关地、县采取有力措施，切实清还拖欠的工资。到 1994 年春节前，全省拖欠教师工资已全部兑现。为改善教师工作、生活条件，1993 年福建省先后制订了“高校具有中级以上职称的教师教龄男满 30 年、女满 25 年且达到退休条件的按原工资的 100%领取退休金”（中小学教师已于 1989 年解决该问题），和“高校教职工的公费医疗标准从每人每年 55 元提高到 110 元”（中小学由各地参照此标准执行）的政策并予以兑现；解决了福州琴亭高校教师新村的征地问题，向各地发放了城市中小学教工住宅补助款 400 万元；选拔了 2400 名民办教师转为公办教师；组织评审了高校教授、副教授 400 多名，制订了《中专、中小学教师职务评聘经常化工作试行办法》；完成了师专世界银行贷款立项和配套资金落实工作；组织小学代课教师参加业务考试并给 1.5 万名代课教师发放了合格证书；成立了省普教系统干训中心，系统组织中小学校长岗位培训；在教师节表彰 804 名作出突出成绩的教师和教育工作者，分别授予“福建省优秀教师”和“福建省优秀教育工作者”称号（不含国家教委、人事部表彰的 151 人）。1993 年，福建省小学、初中、高中专任教师学历达标率分别为 82.20%、84.63%、61.29%，分别比上年提高 2.81、1.78、0.91 个百分点。

[“两基”验收工作] 省教委拟订了《福建省普及九年义务教育和扫除青壮年文盲评估验收办法（试行）》，并由省政府转发试行。6 月，省教委组织地、市督导骨干对厦门市 4 个区进行“两基”评估验收试点。验收结果：厦门市的开元、思明、鼓浪屿、湖里 4 个区基本达到“两基”要求。此外，省教委还组织人员对连城县、永安市、莆田城厢区、建阳县进行了高标准扫盲验收工作。

基础教育

[**教育经费**] 1993年，省教委召开了地、市教育局长、教委主任会议，研究部署多渠道筹措教育经费工作。11月，省教委、财政厅、计委联合在晋江市召开了全省第四次多渠道筹措教育经费改善办学条件工作会议，对1990至1992年多渠道筹措教育经费改善办学条件工作做出显著成绩的30个县（市、区）、120个单位、422名个人，以及三年期间捐资助学金额达1万元的845名国内公民进行了表彰。同时，根据《纲要》精神和中央、国务院及福建省委、省政府有关减轻农民负担的规定，研究了在新形势下进一步做好多渠道筹措教育经费的措施。

针对1993年出现的新情况，为加强农村教育事业费附加征收工作，省教委、财政厅联合发出了《关于加强农村教育事业费附加征收的紧急通知》，明确征收农村教育事业费附加是《义务教育法》和福建省《实施办法》规定的，不属乱集资、乱摊派范畴，必须征足、管好。在各级党政领导的重视下，经各级财政、税务、教育等部门的共同努力，1993年全省共征收农村教育事业费附加近2.4亿元，完成应征数的90.29%（应征数按上一年农民人均纯收入1%计算），其中莆田、泉州、龙岩3个地、市和19个县、市、区全额完成了征收任务。城市教育费附加共征收8400万元，比上年增加3000多万元。

为解决全省尚有11.7万平方米的中小学危险校舍和因自然灾害新增的4.15万平方米的中小学危险校舍问题，根据中央关于减轻农民负担的精神，省教委与省财政厅、计委、减轻农民负担办公室联合下发了《关于加强农村中小学危房改造群众集资工作的通知》，要求各地对学校危房进行全面检查，对危房改造工作进行成片规划，安排好群众性集资。省财政安排了中学危房改造专项补助费586万元，加上各地自筹资金，全省普通中学在1993年基本上消除了一级危房。福建省继续做好鼓励和引导华侨、港澳台胞和海外友好人士捐资助学工作，1993年，捐资金额达6427万元。

在坚持开展多渠道筹措教育经费工作中，福建省各级教育部门注意减轻农民负担。省教委多次明确提出办好农村教育与减轻农民负担在根本上的一致性，认真研究农村教育发展中的问题，采取对策进一步办好农村教育，加强经费管理，控制流失生，提高教学质量。根据福建省政府关于清退义务教育保证金的决定，省教委一方面做好地方和学校的工作，另一方面就义务教育保证金的偿还提出了区别不同情况不同处理的意见。同时，省教委和各级教育部门认真做好涉及农民负担的有关收费、评估、达标验收项目的清理清查工作，取消或暂停了一批收费、评估、达标验收项目。

[**义务教育督导评估**] 坚持开展义务教育六项督导评估。1993年，又有上杭、福州郊区、永定、福清市通过省级复评达优，到1993年底，全省共有20个县（市、区）通过省的复评达优。六项督导评估推进了义务教育发展，到1993年底，全省宣布实施初等义务教育的

乡镇达1068个，占全省乡镇总数的99.29%，覆盖人口3066万人，占全省人口总数的99.2%。初中教育在前两年大幅度发展的基础上，1993年又取得新成绩，全省每万人口初中在校生数达355.08人。初中教育的发展有力地促进了普及初级中等义务教育，到1993年底，全省宣布实施初级中等义务教育的乡镇达568个，覆盖人口达1895.67万人，占全省人口总数的62.33%。

［**德育工作**］ 1993年，省教委举办了全省德育专职干部培训班，结合学习《纲要》，请有关专家到会讲课，联系实际，学习德育工作的基本理论，讨论德育在社会主义市场经济条件下的任务、方法、途径。10月，省委宣传部和省教委联合召开了全省中小学德育工作情况汇报会，检查各地贯彻落实中共福建省委1991年制定的《关于加强和改进中小学德育工作的意见》的情况，研究部署了进一步加强中小学德育工作的任务。为加强农村中小学德育工作，省教委于5月在古田县召开了全省农村中小学德育工作研讨会，通过实地参观、交流学习，进一步明确从农村实际出发因地制宜加强农村中小学德育工作的意义、任务和途径。在加强中小学德育工作中，1993年福建省着重抓了学生道德教育，召开了道德教育研讨会，针对中小学生的年龄特征，拟定了道德教育的主要内容，选择了一批学校开展道德教育的试点，发动广大德育工作者对中小学生道德教育的内容、方法、途径展开讨论。同时，切实抓好创建精神文明学校活动。这项活动从1991年开始部署以来，各地精心规划、扎实推进，1993年评出了首批省级文明学校300所。11月中旬省委宣传部、省教委、省文明办组织调查组，对18个县（市、区）的36所学校进行了抽查，保证了创建文明学校活动的质量。一年来，除组织有关活动外，全省教育部门和学校重点组织了毛泽东同志"向雷锋同志学习"题词30周年和毛泽东诞辰100周年的纪念活动，运用丰富多彩的教育形式，广泛开展社会主义、集体主义、爱国主义教育；还在暑期组织700多名优秀中学生参加第三届省"德育夏令营"活动。

［**特殊教育**］ 特殊教育纳入义务教育轨道后，1993年被省政府列为为民办实事项目之一，得到各级领导和有关部门的重视。1993年，特殊教育学校已发展到33所，教学班227个；残疾少儿在校生达11626人，入学率（指占7—15周岁残疾少儿总数）为50.34%。全省初级中等特殊教育实现零的突破，首次招生13人。到1993年，厦门、泉州、三明、南平、宁德、龙岩6地（市）已消灭了特教空白县（市、区）。作为省委、省政府办实事项目，福州盲童学校已完成征地工作，另有8个地市办了11个盲聋童辅读班，招生111人。

为加强教学管理与指导，继颁发《弱智儿童随班就读工作意见》之后，省教委又制定了《听力语言残疾儿童随班就读工作意见》；还举办了全省弱智教育师资培训班。并分别召开盲聋哑教育和弱智教育教研会议，专项研究了分类教学、职业技术教育和劳动技能教育问题。同时，省拨专项特教补助经费125万元，用于资助开班建校，添置教学仪器设备和图书资料。

［**幼儿教育**］ 1993年，福建省继续抓好实行《幼儿园工作规程》的试点园工作，并逐步推广试点园工作经验。全省各地（市）还全面进行标准（实验）幼儿园的评估工作，全省已有泉州幼儿师范学校附属幼儿园等8所幼儿园通过了省属优质幼儿园的验收，省教委在总结评估经验的基础上，制定颁发了《福建省乡（镇）中心幼儿园评估标准》，并进行了乡（镇）中心幼儿园的评估试点。

加强幼儿园教研工作和教材建设。省教委组织创办了福建省第一本幼儿教育杂志《福建幼儿教育》,同时组织20余名幼儿教育专家和骨干教师编写成一套学前教育教师指导用书和幼儿用书,新教材受到广大学前班教师的欢迎,国家教委对这套教材的编写也给予肯定。

[**小学教育**] 组织实施义务教育《课程方案》,编制福建省《课程计划》,制定《加强和改进小学活动课教学的若干意见》,指导学校加强素质教育。1993年有一批城市和农村小学配备了电脑室和语音室,为适应教育"三个面向"开设外语、计算机等课程奠定了物质基础。省教委表彰106所"农村示范学校",树立了一批办学条件标准化程度高、学校管理好、教育质量高的典型,省教委通过组织大规模的课堂教学观摩活动,推广漳州实验小学全面提高教育质量的改革实验;并聘请省内6位小学教育专家进行讲评和介绍省内外教改信息。同时,组织初教科长到农村示范学校听课,让行政干部了解教改动态,深入教学环节指导工作,推动农村小学大面积提高质量。1993年全省小学留级率已降至2%以下,全科及格率达到88.19%。总结推广安溪县蓬莱学区坚持以教学为中心,以维护正常教学秩序为重点,搞好校风、校园环境建设,依靠教师办好学校,使常规管理成为教师自觉要求和行为规范的经验。厦门师范学校第一附属小学"和谐教育"经验受到国家教委肯定,在《人民教育》杂志上作了专题介绍。省教委还对福州实验小学等6所小学的全面发展和全面提高成果予以表彰。

[**中学教育**] 1993年,省教委进一步对普通完中定级达标验收的32项指标加以总结,修订,并继续进行定级达标验收和审批工作。到1993年年底,全省普通中学通过一级达标验收的学校有1所,通过二级达标验收的有32所,通过三级达标验收的有16所。

1993年普通中学人口教育课在试点的基础上全面开设,并按教学计划要求保证人口教育课课时。省教委会同省计生委联合组织评选首届中学人口教育课自编教材和师生优秀论文活动;同时,组织中学生参加联合国人口活动基金举办的《人口和我们世界》宣传画竞赛,3人获二等奖,7人获三等奖。

[**高中会考**] 1993年是福建省实施高中会考的第二年,高一、高二年级共有12万余名考生分别在全省154个考点、4156个考场参加地理、物理、化学、生物、历史、外语等6科考试及物理、化学、生物实验与劳动技术课等4科考查。

为使高中会考制度日臻完善,省教委印发了《关于普通高中毕业会考若干问题的通知》、《关于往届生参加会考的通知》、《关于普通中专和职业高中毕业生参加高考考查科目设施暂行办法(试用稿)》等文件下达各地、市、县和学校贯彻执行,并利用新闻媒介对高中会考作广泛宣传,使全社会进一步了解、支持会考工作。同时,省教委还派人深入基层,组织搞好高中会考命题、试卷的印制、保密和评卷工作,并采用微机等现代化手段对考试进行科学的严格管理,省教委与省经济信息中心联合研制开发的计算机辅助学籍管理系统投入试运行。

[**特长学生培养**] 省教委先后于3月、11月召开奥林匹克学校校长和省级有关学会秘书长会议及经验交流会,下达奥林匹克学校培训、竞赛活动经费和奖励指导教师经费各5万元。为完善奥校的管理制度,省教委还会同省科协制定、颁发了《福建省中学生奥林匹克学校工作暂行管理条例》。

省教委和省科协共同组织了中学学科竞

赛，共评出省级获奖学生 216 名，从中选拔部分优秀学生参加全国决赛，2 人获一等奖，5 人获二等奖，4 人获三等奖。6 人进入国家集训队，其中生物、计算机各有 1 人入选国家队，参加国际学科奥林匹克竞赛，生物科获银奖，计算机科获本年度我国唯一的 1 枚金牌。至此，福建省中学生已连续在国际赛场上夺得奖牌 9 枚，其中金牌 6 枚，银牌 2 枚，铜牌 1 枚。

1993 年 8 月，福建省中学生代表队参加首届全国中学生计算机知识大奖赛，荣获一等奖。此外，福建省还十分重视学校的课外科技活动，在 12 月举行的第七届全国发明展览会上，厦门双十中学学生的发明项目荣获金牌，该校还获得银牌，铜牌各 1 枚。

[**勤工俭学**]　1993 年，福建省中小学勤工俭学工作取得显著成绩，总产值首次突破 10 亿元，达到 10.14 亿元，比上年增长 68.3%，其中校办工业产值达 6.33 亿元，增长 71.87%，农业产值 7000 万元，增长 40.16%，第三产业产值 2.3 亿元，增长 77.48%。纯收入达 1.56 亿元，比上年增长 49.33%，其中用于补充教育经费 8140 万元，占总收入的 52.26%，增长 41.16%，上缴国家税利 1900 万元。南靖无线电厂（南靖二中校办工厂）1993 年产值达 1.9 亿元，纯利润达 1500 万元，在全国中小学校办企业中名列第二。

职业技术教育

[**概述**]　1993 年，全省职业高中招生比 1992 年增长 35.3%，职业高中招生数首次超过普通高中招生数。职业高中在校生比 1992 年增长 32.3%，全省每万人口职业高中在校生数达 38 人。

普通中专教育和技工教育也进一步发展。1993 年，全省普通中专招生比上年增加 4559 人，在校生比上年增加 9386 人；全省技工学校招生 1.7 万人，在校生达 4.3 万人。1993 年全省各类高中阶段职业技术学校招生数与普通高中招生数之比达到 66∶34，在校生数之比达到 57∶43。

[**办学与管理体制改革**]　在办学体制上，1993 年福建省职业技术教育改革的重点是与社会主义市场经济相适应，发挥学校多功能作用，突破部门办学局限，形成多层次、多规格、多形式的办学格局。农村职业中学继续与省广播电视大学联合办班，招生 3600 人，还与省农业广播学校联合办班，招生 2000 多人。省职教中心和部分职业中专举办了辐射班，部分职业高中举办了预科班和职业初中班。普通中专招收自费上学、不包分配的职业中专班学生达 4366 人，招收自费生 3250 人，委培生 665 人，使调节性的招生数达 8281 人，占总招生数的 35%。此外，普通中专经有关部门审批，举办了大专班、函授中专班、成人中专和业余中专班，各类职业教育学校还根据社会需要举办大量的短期培训班。与招生改革相配套，职业高中、普通中专、技工学校还普遍实行收费上学制度，改变了国家包得过多的状况。

在管理体制上，福建省普通中专、职业高

中积极开展内部管理体制改革试点，实行校长负责制、教师聘任制、岗位责任制，进行定编、定岗、定职、定责，引入竞争机制。福建旅游职业学校、福建劳改工作警官学校、厦门交通职业学校等一批具备条件的学校率先进行了试点。从试点情况看，这一改革激发了教职工的热情，增强了教职工的育人意识、质量意识、竞争意识，提高了工作效率，改善了教职工生活待遇，稳定了教师队伍，增强了办学活力，使办学质量和办学水平得到提高。

[**发展校办产业**] 全省职业技术学校充分利用智力优势、专业优势、劳动力优势，通过开办校办企业、社会中介机构、律师事务所、短期技术培训班，和开展技术、信息咨询服务等多种形式，发展学校产业，努力提高经济效益，增强自我发展能力。1993年，全省普通中专、职业高中校办产业总产值超亿元。全省有1所中专、3所职业学校校办厂年利润超百万元，福建机电学校校办厂的利润达400万元，南安红星职业学校已连续几年年利润超百万元。还有泉州明新华侨职业学校、福建建筑职业学校、福州电子职业学校、福州旅游职业学校的校办企业产值都超过或接近1000万元。校办企业产品包括机械、电子、服装、工艺品、种养殖、茶叶和土特产等，不少产品销往全国或出口。校办产业的发展不仅为职业学校创造了很好的经济效益，而且为学生提供了良好的实习场所，提高了学生的实践能力和技术水平。

[**教师队伍建设**] 1993年，福建省继续加强充实职教教师队伍。全省职业高中专任教师达7366人，其中高级教师213人，一级教师1479人，具有中级教师职称以上的教师占23%。普通中专专任教师(不含中师)4417人，其中高级讲师343人，讲师1409人，具有讲师职称以上的教师占39.7%。1993年，全省通过推荐与考试相结合的选拔办法选送30名优秀职业高中应届毕业生对口到福建商业专科学校继续学习深造，毕业后回原校担任专业课教师。省职教中心举办了一期农林职业学校校长培训班和两期职业中学专业课教师培训班，共培训校长16名，教师30多名。为加速中青年教师成长，培养一批骨干教师，省教委在全省中专、职业学校青年教师中广泛开展“创优质课、评选优秀青年教师”活动，并从中专主管厅(局)和各地(市)教育局(教委)推荐的候选人中评出25名中专、29名职业高中优秀青年教师进行表彰奖励。

[**农村教育综合改革**] 自1988年开展农村教育综合改革实验以来，全省各地从实际出发，因地制宜，大胆探索，不断促进全省农村教育综合改革点上深化、面上扩展。到1993年，全省已形成有1个全国实验区、5个全国实验县和15个省重点联系实验县的农村教育综合改革试验网。在建立社会主义市场经济体制过程中，为研究进一步深化农村教育综合改革的政策和措施，省教委于12月在全国农村教育综合改革试验区南平地区召开了全省农村教育综合改革与实施“燎原计划”工作研讨会。会议总结了近年来开展农村教育综合改革的经验：(1)建立统筹机构，加强领导；(2)强化主动改革意识；(3)制定切实可行的改革规划和实施方案；(4)切实加强九年义务教育和扫盲两个基础工程建设；(5)搞好教育内部的“三教统筹”，强化职业技术教育在农村教育中的份量；(6)积极实施“燎原计划”，直接进入科技服务体系，促进“星火”、“燎原”、“丰收”计划相配套和农科教结合。通过开展农村教育综合改革，明显扭转了教育脱离实际的倾向，基础教育中增加了职教内容，70%的县实现了中小学校“一校一地”，拥有学生劳动基地1.58万个，有290所的初、高中试行二年后分流试验，初高中毕业后技

术培训广泛开展，进一步改善了教育结构，初步形成了互相配合、结构合理、运行灵活的农村教育体系，培养了大批实用人才，加速了农业科技的普及与应用，推动了农村经济全面发展。据不完全统计，近两年17个贫困县举办各种实用技术培训班1.57万期，受训农民81.38万人，促进了贫困县的经济发展。

高等教育

［**教育改革**］　1993年2月，省教委召开全省高教工作会议。会议期间，王良溥副省长代表省政府宣布了加快高等教育改革和发展的8条措施：(1)保证全省预算内教育经费逐年增长，1993年在上年的基础上增长8%至11%。(2)今后8年，全省高校在校生数按7.5%的年递增速度增长，到本世纪末在校生规模翻一番；1993年普通高校招收自费生、委培生比例为35%至40%；办学条件好、师资力量强的成人高校，1993年招收应届高中毕业生。(3)适当提高高校新生的学杂费和自费生、委培生的培养费；允许各校在最高限额内根据学生的实际培养费用、社会承受能力和物价上涨指数调整各类学生的培养费、学杂费和住宿费收费标准，报省教委备案。(4)鼓励、支持、高校进入经济建设主战场，每年从省安排的企业技改项目中筛选一些适合高校的项目，采取招标方式由高校承担。(5)高校校办第三产业(除金融、保险、房地产外)在纯利润上交学校或主管部门35%之后，暂免交所得税。校办产业进行农业试验生产的农、林产品，报经所在地、县(市、区)政府同意后，免征农林特产税。(6)在3至5年内安排5000万元专款，重点扶持一所高校争取达到国家教委实施"211"工程的要求。1993年继续安排500万元专款解决高校中青年教师住房困难。(7)扩大研究生培养数量，积极与省外具有较高水平的大学联合培养硕士和博士研究生。(8)选择1所高校或高校中的部分专业进行招生和毕业生就业制度改革试点，试行收费上学、毕业生实行自主择业的办法。

为加快高等教育改革步伐，省教委制订《关于扩大高校办学自主权的若干意见》。同时，省政府批转了省教委《关于加快普通高等教育改革和发展的意见》，就扩大办学自主权、改革内部管理体制、深化教育教学改革、改革招生和毕业生就业制度、推进高校科技工作改革、扩大对外开放等方面提出35条意见。一年来，全省多数高校已在人事制度上实行了全员聘任制和专业技术人员职务评聘分开的双轨制；在分配制度上实行了按工作实绩拉开差距的内部工资分配形式。福州大学、财经学院进行全面收费上学试点，普通高校自费生、委培生招生比例达到38%，福州大学还建立了毕业生就业指导服务中心。对仰恩大学试行独资办学，由仰恩基金会独立办学，实行校董事会领导下的校长负责制。省政府批准筹建私立厦门华厦大学、福州英华外国语学院和建联财经学院，迈出了发展民办高校的步伐；此外，决定由部、省、市联合创办集美大学。

［**德育工作**］　1993年，省委召开了高校党建工作会议，研究部署在发展社会主义市

场经济条件下加强高校党建工作的措施。在努力做好高校思想政治工作和稳定工作中，高校马列主义理论课教学得到重点加强。省教委等部门认真抓好两个省级重点马列主义课程的试点，改革教学内容、方法，增强教学的针对性和实效性。3月，组织马列主义课教师赴山东、广东两省进行社会考察。5月，组织政治经济学课教师赴石狮市调查，编印了《石狮市市场调查资料汇编》，为高校马列主义课教师提供了教学参考。7月，召开了“三门课”(哲学、政治经济学、科学社会主义)集体备课会，对新编教材的难点、重点进行分析研究，以提高教学质量。11月，结合纪念毛泽东同志诞辰100周年，高校马列主义课教师举办了毛泽东思想学术研讨会

［**教学工作**］　1993年11月，省教委召开高校教学工作座谈会，制订了《关于加强普通高校教学工作的若干意见》。要求各高校建立教学工作目标，校长要把主要精力放在教学上，学校要建立与学术委员会同级的教学指导委员会，实行领导干部听课制度，加快教学领域的各项改革步伐。基本具备条件的学校从1994年新生入学开始实行学分制，积极推行“主辅修制”、“第二专业”和“双专科”、“双学位”等试点，大力培养复合型人才，加强考试题库建设，逐步推行“教、考分离”，提高学生学业考试的科学性。本科专业的实践教学时数应占学时的25%以上，专科专业应占30%以上，基础实验应100%开出，专业实验开出率应在85%以上。本科院校的所有课程、专科学校的基础课程一般要由讲师以上职称的教师主讲，教授、副教授每学期至少担任一门本、专科课程的主讲，要有2/3以上的教授、副教授在教学第一线上课。学校要设立重点建设专项基金和在教师配备、到国内外进修讲学等方面制订优惠政策，力争3至5年内，所有课程都成为合格课程。建立优秀中青年骨干教师和学术带头人的选拔培养制度和扶持政策，每两年评选100名省级优秀中青年骨干教师。

1993年在高校评定了省级优秀教学成果一等奖20项，二等奖30项，其中有8项获得国家级教学成果二等奖。经国务院学位委员会批准，福建普通高校又新增4个博士点，34个硕士点(其中省属高校2个博士点、14个硕士点)。至此，全省共有8所普通高校招收研究生，拥有博士学位授予权学科、专业点30个，硕士学位授予权学科、专业点163个。

［**筹建集美大学**］　1993年10月，省政府作出《关于筹建集美大学的决定》，由省长兼省委书记贾庆林兼任集美大学筹委会主任。集美大学实行由农业部、福建省政府、厦门市政府联合办学，以厦门水产学院、福建体育学院、集美财政专科学校、集美师范专科学校为基础筹建。

12月30日，省长贾庆林和副省长王良溥主持召开了集美大学筹建委员会会议，研究集美大学有关办学工作。会议决定：加快步伐，争取1994年9月前达到国家教委规定的必备办学要求并正式申报成立集美大学，1995年秋季招生；由厦门市政府与陈嘉庚国际学会联合筹建集美大学管理学院；将集美财政专科学校和集美师范专科学校部分专业作为本科；在产权不变的原则下，各院校实行资源共享、教师联聘、联合开展教学科研活动；在原有各院校正常经费渠道不变的基础上，多渠道筹措集美大学办学经费。1994年，省政府拨500万元、厦门市政府拨1000万元专款，用于为申报集美大学创造必备条件。

［**科研及科技开发**］　1993年，全省各高校努力适应社会主义市场经济，主动进入经济建设主战场。福州大学自动化工程中心对福建15家大中型企业进行传统设备自动化

改造，有效降低了企业成本，提高了产品质量。福建农业大学食用菌实验场进一步拓宽草栽食用菌技术的适用领域，将栽培品种扩增到19种食用菌和药用菌，形成了完整的野草栽食用菌(药用菌)配套技术，该项技术已向日本出口。全省高校共获科研经费2813万元，组织开展2216个课题研究，鉴定成果1562项(其中达国际水平44项，属国内首创成果32项，国内先进成果66项)，获奖成果78项(其中，国家科技进步二等奖1项，国家“星火”二等奖1项，省、部级成果奖39项，地、市成果奖24项)。出版专著46部，发表学术论文2858篇，技术转让成交额187.5万元。

[**对外及对台湾省教育交流**] 认真做好出国留学、选派工作，1993年完成审核大专及大专以上学历自费出国留学人员615名，大专以下学历就读语言学校人员2181名，选派教育系统公费出国留学人员60名。开展引进国外智力工作，新聘外国专家、教师114名，有27所高校取得“聘用外国专家、教师单位”的国家认定。新招收来华留学生577名，比上年增加1倍。选派短期出访及出国参加学术会议和各类交流活动的团组有72个、153人次，接待国外教育界友人90多人次，并与10多个国家的学校或团体建立了联系。

积极开展闽台两岸双向教育交流与合作，派出专家赴台访问和接待来闽交流的台湾专家学者70多批、420人次，招收台湾学生50多名。

成 人 教 育

[**扫盲工作**] 1993年，全省扫除文盲31.2万人，青壮年文盲首次降到6%以下。为扎实推进扫盲工作，全省各级教育部门认真总结扫盲工作经验，进一步加强领导，狠抓扫盲工作“认识到位、经费到位、管理到位、责任到位、工作到位”的落实。在“国际扫盲日”前后，全省再次掀起了扫盲宣传活动高潮，开展形式多样的活动，进一步增强了各级党政领导和广大群众加强扫盲工作的意识。到1993年底，省、地(市)都成立了扫盲工作协调领导小组，根据全省人口文盲率到本世纪末要降到8%以下的要求，制订了本地区的扫盲工作计划和有关政策规定，协调解决扫盲工作中的有关问题，督导评估扫盲工作。年初，省教委印发了国家教委《关于转发福建省教委扫盲工作“八到村”经验的通知》，要求各地采取有力措施消灭空白村，推动扫盲工作的落实。1993年全省有扫盲任务的行政村(居委会)9046个，而开展扫盲工作的行政村(居委会)达9785个，其中没有扫盲任务而继续开展扫盲的行政村(居委会)739个，不仅有任务的行政村办学面达100%，还首次出现了办学数超过任务数的喜人局面。同时，省教委努力促进基本达到扫除青壮年文盲标准的村(居委会)和县(市、区)申报验收，做到成熟一个验收一个。到年底，全省有6628个行政村(居委会)通过了基本扫除青壮年文盲的考核验收，占总数的38%，有9个县(市、区)通过了省高标准验收。

[**农村成人教育**] 经过多年的努力，福建省县、乡、村三级初步形成了以县成人教育中心为龙头、乡文化技术学校为载体、村文化技术学校为延伸点的办学网络，办学规模和效益明显提高。1993年，全省共举办成人初、高中班947个，在学人数达39784人；举办各类中专班212个，在学人数达7320人；农业函授大学招收629个班，在学人数达22184人；举办长短期培训班40227期，培训学员达1482866人；开设讲座27145次，参加人数达1169131人。

为巩固和发展乡、村文化技术学校已有的成果，1993年省教委把发展农村成人教育的重点放在充实和完善乡、村文化技术学校办学条件上。全省乡(镇)100%建立了文化技术学校，60%的行政村建立了文化技术学校(班)。在1008所乡(镇)文化技术学校中，教室、办公室等教学用房达2972间，总面积达12.97万平方米，其中有230所乡(镇)文化技术学校实现了有独立校舍，各种配套设施基本完善，达到了省教委提出的文化技术学校建设标准。全省县、乡、村三级文化技术学校都配齐了校长，配备了专职教师2181人，兼职教师19317人。各地教育部门有计划地为乡(镇)文化技术学校配备电化教学设备，农业、科技部门在提供教材、录像带等方面也给予大力支持。

1993年，福建农村人口教育进展显著，共举办8期《人口教育》教材教师培训班，举办11842期培训班(学习班)，有64.8万名农村青壮年参加学习，超额完成了年训50万人的计划。

[**成人高等、中专教育**] 为贯彻落实《国务院办公厅转发国家教委关于进一步改革和发展成人高等教育意见的通知》，省教委提出了《关于加快成人高等教育改革和发展的意见》(下称《意见》)，省政府4月13日批转了《意见》。《意见》明确了近三年内成人高等教育发展的规划目标，就扩大办学自主权，充分调动社会各方面举办成人高等教育的积极性，招生制度的改革，改革办学模式、办出成人高等教育的特色，多渠道增加投入、保证必要的办学条件和成人高等教育质量提出35条措施。《意见》批转后，福建成人高等教育改革和发展步伐加快，特别是在办学形式上进一步拓展。择优初选了社会需求量大、学校办学条件好、专业设置有一定特色的福州大学等8所普通高等学校和厦门教育学院新办专科函授，批准福建医学院等6所普通高等学校和4所管理干部学院举办专科夜大学，批准福州大学、福建农学院增设函授本科教育。年内，全省共增设83个成人教育专业点。第二学历教育进一步发展，全省21所高等学校56个专业开办了第二学历教育班，共招生1375名。

为使成人中专教育与初中后、高中后教育接轨，1993年对成人中专教育进行了改革，把普通班招生从电视中专扩大到其它成人中专学校，全省成人中专普通班招生达6000人，还招收了近几年高中层次毕业生约2000人免试入学，新批准设立5所成人中专学校。

[**电视中专教育**] 1993年福建电视中专学校获得了成人与普通中专招生的“双丰收”。经成人中考录取的新生达2064人，普通中考录取的新生达3882人，总招生数达到5996人，居全省各类中专学校榜首。

电视中专学校自1987年建校以来，以“社会需要什么样的人才，学校就培养什么样的人”为方针，已向社会输送3000多名毕业生，1993年在校生达1.4万人，办学点遍及全省50多个县、市。主动走出去与企业联办，几年来，该校先后与省内17个厂矿企业联合办学，开办18个专业。该校还充分发挥“空中优势”，送教下乡，开设了农村家庭综合管理、土地管理、乡镇企业管理、计划生育管理、服装设计与加工、财会等专业，招生6000多人，为农村培养了一批留得住、用得上的实用人才。

电视中专学校还积极与职业中学、普通大中专学校联合办学，1992、1993年，先后与省内70多所职业中学联办17个专业，招收应届初中毕业生5000多人。全省联办电视中专在校生占全省电视中专在校生总数的近一半。1993年，进一步拓展办学形式，与福州第十五中学联合开办了高中“3＋1”培训试点，开设了财会、计算机专业课，学生除学习高中三年课程外，加学一年电视中专课程，毕业时发高中和中专双文凭。

撰稿　林其天　吴仁华　戴　颖
审稿　郭荣辉

江西省教育

概况

［各级各类教育发展情况］

1993 年各级普通学校基本情况　　单位:人

学校类别	学校数(所)	毕业生数	招生数	在校学生数	教职工数 计	教职工数 其中专任教师
一、普通高等学校	30	15590	26512	71049	25408	8980
研究生		147	211	512		
本科		7017	9110	31473		
专科		8426	17191	39064		
二、中等专业学校	101	21984	32832	77403	13849	6496
中等技术学校	74	13304	22640	51070	10543	4585
中等师范学校	27	8680	10192	26333	3306	1911
三、普通中学	2782	555969	655299	1823218	138184	114002
高中	547	89034	88999	252053		20435
初中	2235	466935	566300	1571165		93567
四、农业、职业中学	379	40130	55154	118299	13146	8355
高中	326	32259	45006	93990		7193
初中	53	7871	10148	24309		1162
五、工读学校	1				9	2
六、小学	26307	714928	792663	4139142	240173	224599
七、特殊教育学校	21	355	784	2277	326	267
八、幼儿园	3705	254800	333047	484630	21076	17014

1993 年各级成人学校基本情况

单位：人

学校类别	学校数（所）	毕业生数	招生数	在校学生数	教职工数	
					计	其中专任教师
一、成人高等学校	24	10215	16180	36282	4424	1786
广播电视大学	1	3194	5752	12695	770	335
职工高等学校	15	1415	1706	4671	1454	774
农民高等学校						
管理干部学院	3	768	1674	2845	1191	270
教育学院	5	1483	1566	3443	1009	407
独立函授学院						
普通高校举办						
函授部		2753	4242	10234		
夜大学		595	1240	2394		
干部专修科		7				
二、成人中等专业学校	131	5858	10206	22011	3577	2000
广播电视中专	2	601	5751	9019	243	178
干部中专	2		114	146	42	21
职工中专	33	1246	3244	5725	1197	657
农民中专	2					
教师进修学校	92	4011	1097	7121	2095	1144
三、成人中学	147	9698	13993	18256	924	467
职工中学	98	8821	9012	12614	811	422
农民中学	49	877	4981	5642	113	45
四、成人技术培训学校	8520	1187085	1201091	1226929	4971	1077
职工技术培训学校	96	39805	22546	24619	470	260
农民技术培训学校	8424	1147280	1178545	1202310	4501	817
五、成人初等学校	7909	278644	278310	324982	4209	1414
职工初等学校	3	1525	212	238	2	
农民初等学校	7906	277119	278098	324744	4207	1414
其中：扫盲班	5998	223640	231717	260568	3237	1328

制表 胡军

说明：此外，另有独立函授中专学校 2 所，毕业生 850 人，招生 4763 人，在校生 9190 人，教职工 162 人，其中专任教师 68 人。

1993 年，全省教育经费总支出 12.62 亿元，比上年增长 17.8%。

［制订实施《纲要》计划］ 根据《中国教育改革和发展纲要》的要求和全省教育事业的发展现状，修订了《江西省 2000 年教育事业发展规划》。计划分三步在全省普及九年义务教育。1990 年人口普查资料和 1993 年统计资料表明，到 1995 年，全省有 7 至 15 周岁适龄

儿童、少年652.82万人，到2000年有727.64万人。据此，第一步到1995年，在占全省人口40%的地区基本普及初级中等义务教育。小学在校生平均年递增1.27%，达435万人，初中在校生平均年递增3.63%，达176万人。第二步到1997年，在占全省人口60%的地区基本普及初级中等义务教育。小学在校生平均年递增3.1%，达462万人；初中在校生平均年递增5.29%，达195万人。第三步到2000年，力争占全省人口90%地区基本普及初级中等义务教育。小学在校生平均年递增2.38%，达495万人；初中在校生平均年递增3.23%，达213.9万人。城市、工矿区和发达地区(即1992年农民人均纯收入超过800元的地区)在1995年前普及初级中等义务教育。其它地区小学毕业生升初中的入学率比例年均递增5个百分点，2000年前普及初级中等义务教育。扫除青壮年文盲以年均20万人的速度推进。从两方面抓好扫除文盲工作，一是大力推进义务教育以杜绝新文盲产生，二是落实国务院《扫除文盲工作条例》和各项扫盲措施，巩固扫盲成果，到1998年，累计扫除青壮年文盲195万人，将青壮年文盲率降至1%以下。

大力发展高中阶段职业技术教育，适量发展普通高中。重点发展中等技术学校，积极创办和发展职业中专和职业中专班，办好职业高中。职业技术学校招生按年均4.77%的速度递增，到2000年，招生数达13.69万人，在校生按年均6.5%的速度递增，到2000年达35.55万人。普通高中招生年均递增3.07%，到2000年达11万人。在校生年均递增3.02%，到2000年达31.05万人。到2000年，高中阶段各类职业技术学校招生数、在校生数分别占整个高中阶段的55.45%和53.38%。

高等教育按国家确定的2000年发展规模与速度及时跟进。全省普通高等学校本专科在校生年递增7%，研究生年递增15%。到2000年，普通高等学校本专科在校生11.3万人、研究生1500人、硕士点100个。成人高等学校本专科在校生年递增13%，到2000年，在校生8.7万人。届时，全省每万人口在校大学生为45人。成人高等学校和普通高等学校在校生分别约占44%和56%。调整高等学校专业结构，加强重点专业、学科建设。着力发展国民经济急需、为第三产业和乡镇企业服务的工科、应用文科、经济科类专业。适当发展新兴学科和边缘学科，工科专业在校生达到总人数的40%。

[**全省教育工作会议**] 3月3日至4日，全省教育工作会议在南昌召开。会议传达了全国教育工作电话会议、全国普及九年制义务教育和扫盲工作电话会议及国家全民教育工作会议精神，学习《中国教育改革和发展纲要》，总结1992年全省教育工作取得的成绩和存在的问题，对新的一年全省教育的改革和发展，尤其是对基础教育如何加快发展作出了部署。

省委常委、省委宣传部长钟起煌，省政府副省长黄懋衡到会讲话；省教委副主任倪少成作工作报告，省教委主任黄定元作会议总结。各地、市主管教育工作的专员、市长，教育局长(教委主任)，承担城乡教育综合改革任务的部分市、县的主管市长、县长参加会议。省人大科教文卫委员会、省计委、省财政厅的负责人应邀参加会议。

会议认为，1992年全省教育战线贯彻小平同志南巡谈话和党的十四大精神，深化各项改革，顺利完成了省政府下达的各项任务。尤其在普及义务教育、增加教育投入、中小学危房改造和教工住房建设、电化教学和实验仪器教学、扫除青壮年文盲、勤工俭学等方面，取得了显著成绩，为今后加快改革和发展奠定了扎实基础。会议决定，1993年教育战线总的任务是继续学习、宣传和贯彻落实小平同志南巡谈话和十四大精神，紧密联系全省教育工作实际，认真组织学习和实施《中国教育改革和发展纲要》，大力抓好“基本普及九年义务教育”和“基本扫除青壮年文盲”；全面贯彻教育方针，全面提高教育质量；建设一所重点大学和一批重点学科；推进农村教育“3696工程”（指在“八五”期间内，抓好30个农村教育综合改革县（区）、600个燎原计划示范乡和9000个科教兴农示范村，并使600万农户中每户有一个经过培训能掌握实用科学技术的新农民）和城市、大中型企业教育综合改革，修订2000年全省教育事业发展规划，加快教育事业改革和发展步伐。会议对各类教育提出了具体任务。

对于如何贯彻党的十四大精神，落实教育优先发展的战略地位问题，会议指出，要继续提高认识，认真组织实施《中国教育改革和发展纲要》；正确处理经济建设与发展教育的关系，加强对教育改革的研究和指导，积极推进教育的改革和发展；加强师资队伍建设，把改善教师的工作、学习和生活条件作为大事来抓，切实提高教学质量和办学效益；实行全面转轨，主动适应社会主义市场经济需要，为经济建设服务；要加强和改进学校德育工作，加强党对教育改革和发展的领导，加强学校的党组织建设，保证人才培养的质量；要充分利用老区人民重教的优良传统，疏通和拓宽集资渠道，加大教育投入，保证教育经费的“两个增长”。

[年度教育工作目标]　1993年，全省教育战线继续贯彻小平同志南巡重要谈话和党的十四大精神，学习《邓小平文选》第三卷和党的十四届三中全会决定，以建设有中国特色的社会主义理论和党的基本路线教育和武装广大干部、师生。采取多种形式，组织学习、实施《中国教育改革和发展纲要》。围绕“两基、两全、两重”，加快改革和发展步伐。以实施九年义务教育为中心大力加强基础教育，加快义务教育实施步伐。要求小学适龄儿童入学率达98.7%，小学毕业生升初中入学率达75%。辍学率小学控制在2.5%、初中控制在5%以内。要求多渠道筹集校舍修建资金2.5亿元，新建、改建、维修校舍面积180万平方米，危房比例控制在0.5%以内。计划实现校园“六配套”乡（镇）累计达全省乡（镇）总数的90%，新建城区教工住房1000套。计划筹集仪器设备经费800万元，完成实验教学普及县12个。加强教师进修和中等师范学校标准化建设，要求教师学历达标率小学达79%，初中达57.26%，高中达39%。开展校长、教育行政干部和中青年教师岗位培训。制订教师奖励条例，重奖有突出贡献的教师。积极开展勤工俭学，小学三年级以上开展面稳定在95%以上，年纯收入1亿元。制订中小学图书馆发展规划和高中语文、数学、政治3科会考标准。贯彻体育卫生条例，小学全面开设健康教育课。开展国防教育。对20个县（区）初中毕业生升学考试加试体育，对16个防治近视眼观测点进行全面检查。加强骨干职业中学建设，拓宽职业技术教育发展道路。制订示范性职业中学标准，每地市抓好1—3所示范性骨干职业中学。以扩大办学自主权为突破口推进高等教育改革。贯彻省委、省政府《关于进一步扩大江西高校办学自主权的通知》精神，建成南昌大学并力争早日进入国家教委“211工程”。进一步调整高等学校的科类（专业）结构。扩大工科、财经科招生和在校生比例。增加硕士生授予点。鼓励高等学校与农村教改实验县定点挂钩，组织高等学校投入高新技术开发区创办企业。发展高等学校校办产业，完成产值3亿元，实现利润8千万元。完成高等学校校舍建设投资19.32万元，竣工面积5万平方米，新建教工住宅600套。全年扫除青壮年文盲20万，力争25

万。改革成人高等学校、中等专业学校招生办法，扩大办学规模。大力开展职工岗位培训，支持鼓励各种形式的社会力量办学。继续推进城乡教育综合改革，实施好农村教育改革的“3696工程”。

基础教育

［**义务教育**］ 1993年，全省普教战线把实施九年义务教育作为中心任务来抓。一是在年初的全省教育工作会议上，省教委提出，要加快实施义务教育的步伐，尤其要加快初中的发展速度，保证小学毕业生升初中的比例，平均每年递增5个百分点以上。二是为配合《江西省实施〈中华人民共和国义务教育法〉办法》的施行，开展了广泛的宣传活动，省教委编印了有关学习材料下发。三是在总结三年试点工作的基础上，在全省普遍实行了新的义务教育课程计划，小学、初中起始年级统一使用九年义务教育教材。四是将小学、初中的入学率、辍学率列入各级政府的管理目标。省教委多次组织和参与有关调查，指导各地工作。义务教育各项任务基本达到管理目标要求。小学学龄儿童入学率达98.83%，比上年增长0.13%，辍学率为1.31%，比上年降低0.5%；小学毕业生升初中的比例达80.63%，比上年提高8.86%，初中辍学率为3.3%，比上年降低1.93%。五是为加快特殊教育的发展，新建特殊教育学校2所。省教委组织了全省弱智儿童随班就读检查、鉴定骨干人员培训班，一些地(市)也先后举办了二级培训，弱智儿童随班就读工作在全省得到较广泛的开展。赣州市被国家教委评为“全国特殊教育先进市”。

按照国家教委的部署，积极开展“两基”(基本普及九年义务教育和基本扫除青壮年文盲)评估验收工作。一是成立机构，加强领导。省教委成立了以省教委主任黄定元为组长，有关处室主要负责人为成员的“两基”评估验收申报领导小组。二是提高认识，培训干部，分别举办了全省分管教育的县(市)长、地(市)教育局长培训班和各地(市)督导室主任、普教科长、成教科长以及部分县(市、区)教育局长培训班。三是省教委分别于4月上旬和5月中旬两次派出调查、指导工作组，对近两年拟申报的县(市、区)的“两基”情况，进行调查摸底，具体进行指导。四是在5月上旬，黄懋衡副省长召集省计委、省财政厅、省人事厅、省审计局等有关厅(局)负责人研究解决“两基”中的有关问题。五是制定下发了《江西省对普及九年义务教育和扫除青壮年文盲依法进行督导评估的指标要求》。六是对申报的10个县(市、区)依法进行评估验收，其中9个县(市、区)评估合格。

［**德育工作**］ (1)为纪念毛泽东同志诞辰一百周年，省教委与省委宣传部、团省委、省新闻出版局联合举办了《中国有个毛泽东》读书活动，省教委举办了全省中学生“井冈杯”作文竞赛。(2)为了引导学生德、智、体全面发展，在全省中学评选出“三好”学生和优秀学生干部800名，其中32人经推荐并通过考试保送入江西师范大学学习，6人被推荐为全国“三好”学生。(3)下发了专门文件，组

织全省中小学师生收看一百部爱国主义影片和学习《邓小平文选》第三卷。(4)省教委与团省委联合向全省中小学生发出通知，号召学习郑水荣同学为救同学见义勇为，与歹徒勇敢搏斗，身负重伤的感人事迹，学习郑水荣同学舍己救人的高尚品质。(5)开展优秀教师评选表彰活动。有194名中小学教师和教育工作者荣获全国教育系统劳动模范、全国优秀教师、全国优秀教育工作者称号；191人获全省优秀教师、全省优秀教育工作者光荣称号，另有230名优秀教师和教育工作者分别受到省“果喜教育奖励基金会”和“温玉成教育基金会”的奖励。

[**提高教育质量**]　省教委把提高中小学教育质量作为一项重要工作来抓，采取了一系列的措施。一是强调各级教育行政部门都要深入教学第一线，抓调查研究，抓业务指导，抓教学领域的改革。二是为了解全省小学和初中学科教学质量的现状，探求新形势下的教学规律，促进义务教育教学质量的大面积提高，对全省部分县市的部分小学、初中的部分年级和学科进行质量抽测，促进了各地对教学质量的关心和重视。三是加强了对全国性学科竞赛的组织与指导，使江西省中学生在全国几项主要竞赛活动中取得可喜成绩。有8名高中学生入选全国理科实验班，有2名同学获全国物理奥林匹克竞赛二等奖，并入选国家队。省代表队分别在全国首届计算机基础知识大赛和全国生物百项环保知识竞赛中获团体二等奖和夺得第二名。在全国小歌手大赛上，1人获一等奖。四是为减轻学生过重的学业负担与经济负担，制止乱编滥发各种中小学复习资料的现象，加强了中小学用书的管理。省教委下发《关于加强中小学教学用书管理的若干规定》，将中小学教材的征订审定权收到县(区)一级教育行政部门。五是高中毕业会考进入第二年，完成了第一轮的高中6科会考。

[**体育卫生工作**]对全省中学贯彻落实《学校体育工作条例》的情况进行了检查评估，有36所学校被评为先进学校，其中有6所学校受到国家教委表彰。初中毕业生升学加试体育的试点工作进一步扩大，由1992年的2个县(市、区)扩展到20个县(市、区)。省教委举办了两期全省体育教研员和骨干教师培训班，进行实施九年义务教育全日制小学、初级中学课程计划及体育教学大纲的培训。在全省中小学全面实施《中小学体育合格标准》，并列入普及九年义务教育督导评估的内容。

积极贯彻《学校卫生工作条例》，进一步建立、健全学校卫生保健机构，要求各县(市、区)教育局组建成立县级“学校卫生保健协作组”，这项工作对组织实施学校卫生工作以及稳定学校卫生保健队伍，提高学校卫生保健人员专业素质起到了积极作用。1993年，已有21个县(市、区)成立了这一机构。中小学学生近视眼防治工作取得了较好的效果，根据对全省16所视力监测学校进行的检查结果表明，学生视力不良率平均为27.41%，其中小学为13.53%，中学为43.76%，比1971年平均下降4.68个百分点，其中小学下降1.63个百分点，中学下降3.25个百分点。

进一步抓了全省12所培养体育后备人才试点学校的工作。上饶县中学被评为全国开展课余训练工作先进试点校。举办了全省中学生田径运动会。分别组队参加了全国中学生运动会田径、乒乓球、女子篮球比赛。

[**艺术教育**]　为了检验和提高音乐教学水平，促进中小学艺术教育的发展，举办了“江西省钢琴、小提琴考级(业余活动)”，参加考级人数达260人，经考试，有189人达到合格以上成绩。

[**师资队伍建设**] 省教委成立了“三沟通”师资培训领导小组。“三沟通”教育进一步发展，使中小学教师的学历达标率明显提高，全省小学、初中、高中教师学历达标率分别达到79%、59.7%和39.4%。初中教师学历达标率超过全国平均水平。民办教师转正5000余人，拖欠的教师工资基本兑现。中小学校长培训一轮已基本完成，在职校长开始持证上岗。中等师范学校实施了国家教委颁发的新教学方案，中等师范学校的必修课、选修课、课外活动、教学实践进一步密切结合，采取了中等师范学校标准化考试、会考和二级培训，进一步推进了中等师范学校的标准化建设。国家教委对南昌、赣州、吉安等地(市)的教育学院和省教育学院进行了检查评估，充分肯定了江西省的师资培训工作。为提高卫星电视师范教学管理水平和教学质量，对全省卫星电视师范教育工作进行了检查评估，评选出16个先进单位，34名优秀管理干部，34名优秀辅导员，92名优秀学员。

[**教学研究工作**] 召开了全省第四次教研室工作会议。修订了《江西省各级教研室工作条例》，表彰了36个地(市)、县(市、区)先进教研室和120名优秀教研员，为教研工作上新的台阶起了推动作用。开展了实施《九年义务教育全日制小学、初级中学课程方案(试行)》的全员培训工作。召开了全省九年义务教育教材试教工作研讨会，总结、交流了南昌、景德镇两市开展试教的工作经验，并在全省推广。

[**实验仪器和电化教育**] 实验仪器装备工作加强了宏观调控和监督机制的建立，确保自筹经费到位和全部仪器经费用于学校装备。建立了省、地两级集体决策、集体采购的订货体制，加强了地市站检测室建设，对全省11个地市教育技术装备站检测室进行了达标验收。全省各地完成了自筹经费960万元，装备到校的教学仪器和图书达1400万元。对1992年实施的17个中小学实验教学普及县组织了验收，并在新建县召开了现场经验交流会。全省教学仪器行业完成总产值1400万元，有2个教学产品生产厂通过了国家教委定点厂验收，一个厂通过省教委定点厂验收和全面质量管理、标准化验收。有6种新产品通过了省级鉴定，8个产品在全省第二次教学仪器产品评比中获优秀产品称号。

全省新开播地(市)、县级教育电视台15个。新建放像点333个，有498所中小学新装备了电教设备，有16所学校装备了215台386型计算机。省电教馆制作了电视教材58个多小时，配合九年义务教育教材更新同步配备电教教材，组织制作有关幻灯影片，并通过评审组织生产发行到全省中小学校使用。对全省各地市推荐上报的教育电视台、小学电教实验学校作了一次全面评估。各地先行自查，由省教委组织评估组进行复查。评出先进台4个，达标台15个，准播台2个。

[**勤工俭学**] 全年中小学勤工俭学产值达4.8亿元，比上年增长6.7%，年纯收入达1.25亿元，比上年增长12%，用于补助教育的经费8000万元，比上年增长10.15%，中小学勤工俭学开展率达97.5%，比上年增长2.5%。

职业技术教育

［**概述**］ 职业技术教育实行多形式、多层次、多渠道办学，有很大发展。各类职业技术学校招生数占整个高中阶段招生数的52.61%，比上年增长1.91%；在校生占整个高中阶段在校生的47.57%，比上年增长2.61%。其中，职业高中招生45006人；技工学校招生21000人。由于采取了激励普通中专的发展政策，中专学校招生规模不断扩大，全省省属、中专招生数比上年增长23.5%，其中委培生占29.8%。

为鼓励社会力量办学，省教委批准成立了民办江西省高级职业学校。该校与港商合作办学，面向社会招生，学制长短结合。

［**示范性职业中学建设**］ 根据《中国教育发展和改革纲要》精神，省教委在1993年全省教育工作会议上提出，各县市都要集中力量办好一所示范性职业中学，并制定颁发了《江西省示范性职业中学暂行标准》，对示范性职业中学的办学思想与原则、办学规模、教学设施、实习基地、领导班子和管理、师资队伍、教育教学、科技推广、办学经费等方面提出了明确的要求。各地市教育局(委)按照省教委的部署，对照《江西省示范性职业中学暂行标准》，认真开展了对职业中学的检查评估工作。对一些办得较好的学校，经学校主管部门申报，地市教育局(委)审查，省教委批准了修水县职业高级中学、永修县职业高级中学、赣州市第二职业技术学校、兴国县职业技术学校、新余市职业高级中学、萍乡市第一职业中学、遂川县职业中学、永丰县中等卫生职业技术学校等8所学校为省示范性职业中学。

［**职业中学毕业生技术等级考核**］ 为了认真实行“双证书”(毕业证和技术等级证)制度，加强对职业中学毕业生的技术等级考核工作，省教委会同省劳动厅下发了《关于认真做好1993年我省职业中学毕业生技术等级考核工作的通知》，《通知》要求：职业高中毕业生一般按照中级技术工(四级)技术等级考核，职业初中毕业生按照初级技术工(三级及以下)技术等级考核。考核工作主要由地市组织实施。1993年职业中学力争50%面向城镇的专业(工种)实行考核工作。职业中学要按设置的专业(工种)建立相应的生产实习基地，要把基地建成既是学生实习的场所，又是学校勤工俭学的基地，力争成为工人技术等级考核的基地。

各地按照《通知》要求，抓好职业中学毕业生技术等级考核工作，得到了社会广泛重视和关注，效果很好：(1)加强了对学生的技能教学，激发了学生学习技术的热情，提高了教学质量；(2)有了一个社会承认的检测职业中学教学质量的办法；(3)扩大职业中学毕业生的就业渠道，提高了就业后的待遇；(4)扩大了职业中学的社会影响，调动了职业中学师生员工的办学积极性。省教委召开了全省职业中学毕业生技术等级考核总结会，及时交流经验，并决定从1994年起，除抓好面向第二、三产业的专业(工种)技术等级考核外，对面向第一产业的专业(工种)也要进行技术等级考核。

为提高劳动者素质，省教委、省劳动厅、省总工会、团省委、省机械厅、省建设厅、省轻工业厅、省商业厅、省纺织局、省旅游局等举办了江西青年首届奥林匹克技能竞赛。职业中学学生参加了这次竞赛。南昌市第一职业中学91届服装专业毕业生陈鸣芳获省“女式服装”设计制作一等奖；江西省旅游学校94届西式餐厅专业学生金桥获省“西式餐厅”一等奖。

[**职业学校生产实习基地建设**] 为抓好职业中学生产实习基地建设，促进职业中学走好产教结合、企校合一的办学道路，省教委明确规定：省示范性职业中学年创纯利必须达到10万元以上，作为申报省示范性职业中学的主要条件之一，并列入省政府对省教委的目标管理之中。这一年，全省29所示范性职业中学创纯利均超过10万元。为了帮助职业中学解决基地建设资金短缺的问题，省教委会同省农业银行下发了《关于扶持农村职业中学开展生产经营活动的通知》，要求各地农业银行、农村信用社把优先扶持职业中学生产实习基地建设这项信贷业务列入重要位置，并建议地方政府对示范性职业中学的贷款给予贴息。此外，省教委还向国家教委申报了职业技术教育贷款，并获得批准。许多学校通过各种途径解决项目资金。如，南昌市第三职业中学与江铃汽车集团实行联合办学，向江铃汽车集团贷款100万元，创办了年创利可达50万元的通大汽车出租公司，促进了学校的自我发展。按照国家教委的要求，组织了部分职业中学参加全国职业中学校办产业产品展销会。

[**师资、干部培训**] 为进一步贯彻落实《国务院关于大力发展职业技术教育的决定》中提出的“要建立职业技术教育教师、干部的轮训进修制度”的要求和国家教委《关于加强全国职业中学校长岗位职务培训工作的意见》，经省教委批准，在南昌职业技术师范学院成立了“江西省城镇职教师资培训中心”，负责城市职业技术教育师资培训工作。并在江西农业大学职业师范学院、南昌职业技术师范学院城镇职教师资培训中心举办了全省职业技术教育管理干部、职业中学校长培训班和财经类专业、农副产品加工专业培训班。

[**中专学校评估**] 按照国家教委的统一部署，完成首批中专办学水平评估工作。共评出A等学校15所，B等学校9所，C等学校1所。经省政府批准，评为A等的15所学校是：南昌铁路机械学校、九江船舶工业学校、赣州地质学校、解放军企业管理学校、南昌气象学校、省煤炭工业学校、省电力学校、省邮电学校、南昌铁路卫生学校、省银行学校、赣州林业学校、省交通学校、省卫生学校、省粮食学校和省税务学校，这些学校均为省部级重点中专学校。

[**中专学校专业设置管理**] 根据国家教委颁发的《关于普通中等专业学校专业设置管理的原则意见》；省教委制定了《江西省普通中等专业学校专业设置管理办法》，并要求各校及主管部门按照国家教委组织编审的《中华人民共和国普通中等专业学校专业目录》中的“新旧专业名称对照表”，对1993年以前（含1993年）入学的历届中专生的专业名称从1994年起予以更换。《办法》明确了专业设置的原则、管理的职责分工及审批权限。规定中等专业学校专业设置审批，实行分别由中专学校、学校主管部门和省教育行政部门分级、分工负责的办法：(1)省部级以上重点学校有权自主设置专业，在已设宽专业下设置专门化；(2)经办学条件评估合格的学校，有权设置与学校原有专业同类的专业，其

它则需报省级主管部门审批和省教委备案；(3)经办学条件评估未合格的学校(包括基本合格学校和暂缓通过学校)，专业增设需由省级主管部门征得省教育行政部门同意后审批；(4)新办中专学校(班)的专业设置，由学校主管部门报省教育行政部门审批。

高等教育

[**概述**]　1993年，经国家教委批准，新增了萍乡、景德镇高等专科学校和井冈山医学专科学校，全省普通高等学校已达到30所。高等学校招生人数和在校学生数均有较大幅度增加。研究生招生比1992年增长27%，在校研究生比1992年增长13.8%；本专科招生比1992年增长30.5%，在校本专科学生比1992年增长19%。

在发展高等教育事业中，加强了招生计划宏观调控：一是改善办学条件，以条件确定招生规模。全年地方高等学校完成基本建设投资3975万元，新增校舍面积9.38万平方米，为高等教育事业发展创造了有利条件。在核定各校招生计划时，严格按规定的师资条件、生均校舍和学生宿舍面积的标准办事。对办学条件好、社会需求量较大的院校和专业扩大招生数量；对办学条件较差的院校，严格控制招生数量；对条件差、投资不落实的学校，暂停招生。二是坚持调整高等教育结构，以社会需求确定科类、专业招生比例。在稳定师范、医药类招生数量的同时，扩大了工科、财经类招生数量。工科招生人数由1992年的11.8%上升到12.4%，财经招生人数由1992年的5.85%上升到10.4%。同时加大了为艰苦行业、艰苦地区培养人才的比例，定向招生有所增加。三是坚持稳定指令性计划，扩大调节性计划。全省高等学校招收委托代培、自费学生8807人，较1992年增加5571人。同时省教委对高等学校招收委托代培、自费生的专业设置，在宏观调控的基础上，扩大了学校的自主权。四是坚持宏观调控，加强高等教育事业计划管理。省教委多次发文强调加强计划管理，防止和纠正违反国家政策规定乱招生、乱设办学点、乱发学历教育文凭、乱收费行为。

为了提高全省高等教育水平，进一步加强了重点大学和重点专业(学科)建设。经省委、省政府同意和国家教委批准，3月，正式将江西大学和江西工业大学合并成立南昌大学，按照全国重点大学的要求进行建设，争取尽早进入国家“211工程”行列。该校成立以来，学校无论在发展、改革、建设等方面均已取得初步成效。省委、省政府十分重视南昌大学建设，决定五年内增加投入1.3亿元，1993年已拨款3000万元。有些高等学校也确定了本校重点建设的专业(学科)。通过抓重点，推动上质量、上水平。1993年经国务院学位委员会批准，南昌大学为博士学位授予单位，金属塑性加工专业为博士学位授予点。南昌大学扶名福、李凤仪和江西财经学院宋醒民等3位教授为江西省第一批博士生导师。新增硕士学位授予单位的高等学校1所，新增硕士学位授予点27个，从而使江西省硕士学位授予学校达11所，硕士学位授予点增加到101个。

［**管理体制改革**］ 1993年，按照《纲要》确定的高等教育改革思路，进一步深化了高等教育管理体制改革。在强化政府宏观调控的同时，扩大了高等学校办学自主权。自从1992年12月省委、省政府下发了《关于进一步扩大高校办学自主权的通知》后，各地市、各高等学校都认真加以贯彻，尽管在贯彻过程中还遇到一些阻力，但这个举措大大增强了高等学校办学活力，带动了高等教育各项改革。

高等学校普遍进行了以人事和分配制度改革为主要内容的学校内部管理体制改革。主要有三种类型：一是以南昌大学为代表的校内综合改革，涉及机构设置，人员定编、聘任和分流，分配制度，专业（学科）改造调整，教学改革等各个方面，由浅入深，逐步配套进行。二是以江西财经学院为代表的整体校内管理改革，在全院统一进行，主要是实行聘任制，设立岗位津贴、课时津贴和学位津贴。三是以江西中医学院为代表的由系到校逐步推进的模式，最终形成全校统一的改革。通过校内管理体制改革，理顺了运行机制，优化了队伍结构，提高了教师待遇，调动了工作积极性。

继续深化了招生、就业制度改革。省教委给高校扩大了委托代培、自费生招生录取的自主权，学校可在省划定的最低控制分数线以上自行录取，省招生办公室按规定办理手续。同时在部分高等学校进行了各种形式的招生改革试验，如南昌大学在重点中学选拔尖子、试招保送生；江西农业大学由专科扩大到部分本科专业试点；江西师范大学思想政治教育专业试行单独命题考试，教育管理专业在全省师范专科学校进行中期选拔、招收优秀学生等。在毕业生就业方面，进一步扩大了供需见面的范围。

［**教学中心地位逐步到位**］ 在1993年2月召开的全省高等学校第四次教学改革经验交流会和8月召开的全省高等学校校长暑期研讨会上，都重点研究了教学中心到位问题。省教委提出衡量教学中心到位的基本标准有五条：一是学校领导的主要精力是不是放在抓教学、提高人才质量上；二是教师搞好校内教学的积极性和学生学习的积极性是不是充分发挥出来了；三是学校的各项工作是不是围绕教学中心服务，是不是有利于人才培养；四是学校采取的政策导向，在教师职务评聘和晋升、校内津贴发放、住房分配、评先进评奖等方面，是不是有利于促使教师安心教学、钻研业务、提高教学质量；五是看学校对教学的投入是否能够克服困难，挤出经费，努力改善教学条件。

为了保证教学中心地位，省教委和高等学校采取一些有效的措施来加强教学工作，提高教育质量。一是加强教学管理，维护正常教学秩序，要求教师必须把主要精力放在搞好教书育人、深化教学改革、提高教学质量上，每个教师必须做好本职工作，完成校内教学、科研任务。规定教师在这个前提下，如有余力才能从事有偿社会职业活动。对不经学校同意，到校外兼职兼课，影响校内教学的教师，应高职低聘、停发校内奖金和津贴。二是加强课程建设，开展教学评估，推动教学质量的提高。同时普遍抓了考风考纪，狠刹考试舞弊风。部分高等学校实行教考分离，成立考试中心，对提高教学质量起了很好的促进作用。三是建立竞争激励机制，充分调动学生学习积极性。部分高等学校试行了完全的学分制、淘汰制、滚动竞争制、主辅修制，并配套修订了教学计划，促进高等学校学风有明显的好转。四是进一步健全和完善优秀教师评比、优秀教学成果和优秀教材奖励等制度，充分调动教师积极性。1993年省教委奖励高等学校第三批省级优秀教学成果40项，全省高等学校有4项获得国家级优秀教学成果二等奖，

12 名高等学校教师获得全国优秀教师职称，23 名高等师范学校教师获得曾宪梓教育基金奖励。五是采取有效措施加强教师队伍建设。特别是通过思想教育、改善工作条件、解决好住房、努力提高校内津贴等措施来稳住教师队伍，取得了一定成效。教师队伍结构也得到一定改善，1993 年全省高等学校有教授 305 人，副教授 2124 人，两项合计 2429 人，占教师总数的 27.4%，比 1992 年的 22.6% 提高 4.8 个百分点。

［**思想政治教育**］　各高等学校认真组织学生学习建设有中国特色社会主义理论，特别是《邓小平文选》第三卷出版发行后，出现了学习热潮。进一步加强了对马克思主义理论课和思想政治教育课的领导，把“两课”作为加强思想政治教育的主渠道、主阵地和学校的重点学科来抓，对“两课”增加了投入，教学条件有所改善。不少学校领导亲自深入班级听课、兼课，帮助教师对“两课”教学内容和方法进行改革。普遍加强了爱国主义、社会主义、集体主义教育，组织学生观看百部爱国主义影视片，开展纪念毛泽东同志诞辰一百周年纪念活动，建立升国旗制度。通过这些多种形式的教育活动，收到很好的教育效果。

在加强学生思想教育的同时，进一步加强了对学生的管理，并把教育与管理有机地结合起来。特别是在全省高等学校第四次党建工作会议以后，省教委根据省委、省政府主要领导同志在会上提出的高等学校要加强管理、从严治校的精神，专门下发了《关于高等学校进一步加强管理、从严治校的通知》，要求高等学校继续按照《江西省普通高等学校校风建设基本标准》加强管理，从严治校，并把重点放在加强学风建设和学生行为规范管理上。要求学生自觉遵守《高等学校学生行为准则》和校规校纪，做到“五按时”（即按时起床、按时出操、按时上课、按时自习、按时就寝），养成良好的学习、生活习惯。在学生中提倡勤俭节约、爱好劳动、爱护公物、爱惜粮食、节约水电；反对好逸恶劳、铺张浪费、吃吃喝喝、懒懒散散、混日子过；禁止酗酒、赌博、打架斗殴，禁止男生留过长头发、女生浓妆艳抹、烫头戴饰，禁止学生到社会上的酒吧、舞厅、夜总会去吃喝玩乐。全省高等学校普遍采取措施加强学生管理。大多数学校健全了思想政治工作责任制，建立了干部、教师联系学生班级和寝室的制度，校系领导和教师经常深入学生当中，关心、教育学生，帮助学生解决一些实际问题，特别重视办好学生食堂，管好学生宿舍，有计划地组织学生参加社会实践、生产劳动、文体活动、科技活动、第二课堂活动以及勤工俭学活动，促使学生健康成长。

［**科技工作**］　为了适应市场经济发展，各高等学校努力改善科研条件，积极开展科学研究和科技开发，同时面向经济建设主战场，大力促进科研成果转化为生产力，1993 年共转让科研成果 70 多项。继续实施了科技兴农、科技扶贫计划，全省高等学校已与 42 个科技兴农定点县建立了联系。1993 年研究出一批科研成果，经过鉴定的自然科学科研成果 24 项，社会科学科研成果 97 项。已获得国家自然科学奖三等奖 1 项，部委级科学进步奖三等奖 2 项，省科学进步奖二等奖 8 项，三等奖 14 项。

为了进一步推动高等学校科技工作改革，省教委在 9 月和 10 月先后下发了《关于深化高校科技工作改革的意见》和《江西省高等学校人员合理分流意见》。要求全省高等学校以十四大精神为指针，全面规划三个层次的研究工作，重新审定本校科技工作的方向、重点和目标；在保证完成教学、基础性研究等工作的前提下，有计划有组织地进行人员合理分流，本科院校有 20%至 30%的人员从事应用科研和技术推广工作，专科学校也应有一定比例的人员参加这方面工作；遵循科技、经济规律，选择市场前景好的科技成果进行开发，实现向商品化、产业化的转化，在成果转化工作中，要强化基础研究，重视中间环节，加强产学结合，积极参加高新技术开发区建设，创办科技产业。

成人教育

［**扫盲工作**］ 按照省政府下达的全省扫盲20万任务的要求，省教委将任务指标下达给地（市），要求各地逐层分解，落实到人，重点扫除妇女中的文盲。同时，组织上一年的脱盲学员，继续参加巩固提高学习，防止复盲。各地在扫盲工作中坚持“堵”、“扫”、“提高”并举，保证脱盲质量。1993年，全省扫除青壮年文盲27.2万人（其中妇女20.66万人），超额完成省政府下达任务的36％。同时，组织1992年脱盲人员中的16.71万人（占1992年脱盲人员的63.9％）进入巩固提高班学习，防止产生复盲现象。到1993年底，全省青壮年非文盲率达94.11％。

根据国家教委“两基”评估验收工作的统一部署，省教委下发了《关于县级扫除青壮年文盲验收前有关准备工作的通知》，制订了一套扫盲自查表。为了指导各地抓好扫盲和普及九年义务教育工作，省教委还先后两次派出调查组，分赴二十几个县（市、区）进行调查，发现问题，并研究解决问题的措施。各地对照评估验收标准，开展了较为广泛的扫盲自查活动，层层宣传发动，采取有力措施，增加投入，改善扫盲条件，把扫除青壮年文盲工作作为政府行为，依法进行督导评估，推动扫盲工作深入开展。

［**农村教育综合改革**］ 为了加强对全省农村教育综合改革工作的领导，省教委成立了由主要领导任组长、分管领导任副组长、有关处室负责人为成员的农村教育综合改革领导小组，并建立办公室，挂靠成人教育处。省教委抽调了专人，划拨了专项经费。根据“全国农村教育综合改革暨实施燎原计划工作研讨会”的精神，加快全省农村教育的改革和发展，积极推进农科教结合，省教委汇集了各地开展农村教改工作的经验，修订了本省的实施意见。同时，为1994年初召开全省农村教育综合改革暨实施燎原计划工作会议作好准备。

［**成人高、中等学历教育改革**］ 到1993年年底，全省共有独立设置的成人高等学校24所，另外有16所普通高等学校举办了函授、夜大学，在校学生达3万余人。据对成人中专学校（不含教师进修学校）统计，在校学生2万余人。1993年，成人高、中等学历教育工作的重点：一是改革招生计划管理。在成人高等学校招生计划安排上，改以往的指令性计划为指导性计划，采取自下而上、上下结合的办法，先由各校根据本校的办学条件及社会需求提出计划，然后由省教委核定。二是扩大招生对象范围。除国家有明确规定的以外，在职职工报考成人大、中专学校不受工龄、年龄限制，并允许社会青年报名参加考试；另外，成人高等学校还进行了招工招生相结合和第二学历教育的试点。成人中专学校根据

社会的需求，增设了计算机应用、市场营销、房地产经营管理、涉外会计等三十多个新专业。在录取工作中，对报考成人中专学校的高中毕业生实行免试，对农村知识青年报考成人中专学校的，适当予以照顾。成人中专学校还进一步加大了业余和函授教育的比重，1993 年，全省成人中专学校毕业生中，全脱产的学员占 24%，业余、函授学员占 76%。三是对考试科目进行改革。成人高等学校除国家规定的部分专业进行“3＋2”考试试点以外，还增设了人武专业、劳教劳改专业进行“3＋2”考试试点。根据国家教委关于成人高等学校设置标准和调整布局的意见，省教委对成人高等学校调整布局提出了意见。撤销了萍乡市职工大学，将新余钢铁厂职工大学与江西钢铁厂职工大学合并为新余钢铁总厂职工大学。1993 年，省教委对江西农业广播电视学校进行了入位评估，4 月，下发了评估结论。11 月，省教委印发了对全省独立设置的 55 所成人中专学校首次评估的结论，评出“合格学校”15 所(占 27%)，“基本合格学校”18 所(占 33%)，“不合格学校”12 所(占 22%)，另外，还有 10 所学校待复评后确定等级。

［**教育管理**］　省教委会同省物价局、省财政厅制订了全省成人高等学校、成人中专学校的收费标准，规定了最高收费限额。成人高等学校的理工、医药、艺术体育类专业脱产班为每学年 1700 元，业余为每学年 800 元；农林、财经类专业脱产班为每学年 1500 元，业余为每学年 700 元。成人中专工科类脱产为每学年 700—1100 元，函授为 350 元；文科类脱产为每学年 600—900 元，函授为 300 元。省教委审订了成人高等教育各类学校(除电大外)的 112 个专业的教学计划，统一了各专业的学制。审订了成人中专学校 93 级各专业教学计划 120 多种。另外，成人高等学校、成人中专学校各学科教学协作组还开展了教学研究活动。为了加强对成人高、中等学历教育的质量管理，1993 年对成人高等学校、成人中专学校进行了抽考。成人高等学校共抽查考试 57 门课程，3570 人次，及格率为 78.15%。成人中专学校共抽查 13 门课程，5684 人次，及格率为 80.5%。抽考工作结束后，省教委发出情况通报。成人中学的管理体制初步理顺。根据国家教委关于加强成人高中教育的意见要求，1993 年，全省范围内由地(市)教育局对各地的成人中学进行了检查和备案。为了加强对成人中学的教学管理，全省成人高中统一采取了国家教委编制的教学大纲和推荐的教材，并统一了教学要求。

［**成人技术培训**］　1993 年，全省成人技术培训工作进一步开展，各类技术培训学校比 1992 年增加 18%，各种培训班结业的学员比 1992 年增加 44.8%，另有成人中专学校举办的岗位培训班共培训结业学员 7536 人，在校学员 4151 人。

［**社会力量办学**］　近几年，江西省社会力量办学发展较快，到 1993 年，全省共有社会力量举办的各级各类学校 549 所，在校生达 99503 人。民办高等学校办学条件有了一定的改善，学校教学管理水平和教学质量有了较大的提高。1993 年，省教委制订了《非学历民办高等学校设置标准(草案)》，对民办高等学校办学者的资格、学校名称、办学条件等提出了要求。按照这个标准，对申报的民办高等学校逐一进行考核审批，同时，召开由办学负责人和主管部门负责人参加的会议，宣传国家关于社会力量办学的方针政策，宣讲社会力量办学的性质、地位和作用，鼓励、支持办学，并在工作中予以关心。

省教委会同物价部门制订了民办高等学校收费标准；会同公安部门制订了民办高等

学校刊刻印章管理规定；给民办高等学校及其他社会力量举办的学校颁发了“社会力量办学许可证”。12月，省教委对全省民办高等学校进行了为期一周的检查，这次检查，着重是交流经验、总结工作，研究办学过程中存在的问题。

撰稿 李国祥 周懋胜 梁必骞
胡 军 何少加 邓 弘
傅小军 熊庆任
审稿 黄定元 周绍森 王文才
王仲才 王占铭 钟树荣

山东省教育

概况

［各级各类教育发展情况］

1993年各级普通学校基本情况　　单位：人

学校类别	学校数（所）	毕业生数	招生数	在校学生数	教职工数 计	教职工数 其中专任教师
一、普通高等学校	51	34569	59089	154389	48156	18405
研究生		634	1171	2631		1569
本　科		14749	22006	73242		
专　科		19186	35912	78516		
二、中等专业学校	241	51360	77875	185062	34354	16769
中等技术学校	181	35140	61231	142723	26480	12689
中等师范学校	60	16220	16644	42339	7874	4080
三、普通中学	5640	1158767	1391433	3952837	337259	260896
高　中	612	159603	188550	510112		39763
初　中	5028	999164	1202883	3442725		221133
四、农业、职业中学	599	100303	141418	346901	36320	23241
高　中	551	95127	135488	332498		22097
初　中	48	5176	5930	14403		1144
五、工读学校						
六、小　学	54009	1457545	1857546	8535663	448575	415928
七、特殊教育学校	117	1118	2197	12250	3670	2289
八、幼儿园	38947			2622473	125640	105947

1993年各级成人学校基本情况　　单位：人

学校类别	学校数（所）	毕业生数	招生数	在校学生数	教职工数 计	其中专任教师
一、成人高等学校	123	31104	71216	149282	12648	5257
广播电视大学	2	8749	14974	33842	4067	1800
职工高等学校	30	3537	8848	19711	4615	1713
农民高等学校						
管理干部学院	5	1302	4368	6981	1234	413
教育学院	16	4846	12312	22860	2732	1331
独立函授学院						
普通高校举办						
函授部	34	10094	23312	51336		
夜大学	31	2396	6949	13998		
干部专修科	5	180	453	554		
二、成人中等专业学校	207	35852	61853	147553	10929	6111
广播电视中专	5	4715	5806	16366	624	462
干部中专	20	2305	6773	13158	801	419
职工中专	32	5321	9556	23200	1764	1091
农民中专	30	3706	11394	24051	1466	872
教师进修学校	120	19805	28324	70778	6274	3267
三、成人中学	171	22374	22732	27780	1293	668
职工中学						
农民中学						
四、成人技术培训学校						
职工技术培训学校						
农民技术培训学校						
五、成人初等学校	19971	599642	655278	584489	17121	4985
职工初等学校	14	2480	2250	2600	65	35
农民初等学校	19957	597162	653028	581889	17056	4950
其中：扫盲班	13481	368579	293222	244433	10063	2758

［全省教育工作会议］　全省教育工作会议3月23至25日在德州召开。

会议以十四大精神为指导，认真学习和传达贯彻中共中央、国务院颁发的《中国教育改革和发展纲要》及全国教育工作会议精神，学习贯彻李鹏总理在八届全国人大所作《政府工作报告》中有关教育的论述，部署了1993年的教育工作。会议期间，代表们实地考察了德州市城镇校舍改造工作。宋法棠副省长参加会议并讲了话。

会议强调，根据《纲要》精神，结合山东实际，全省教育事业发展总的要求是：到本世纪末，全民受教育水平有明显提高；城乡劳动者职前职后教育有较大发展；建立起与社会主义市场经济体制相衔接、与山东省经济建设和社会发展相适应，并适当超前、规模适度、结构合理、功能完善、质量效益较高的社会主义教育体系；全面提高教育质量，为当前和二十一世纪培养社会主义建设者和接班人。具体任务是：基础教育，1995年达到50%的县市区普及九年制义务教育，本世纪末全部普及；职业教育，1995年在校生人数占高中阶段在校生总数的60%，本世纪末达到65%；成人教育，1995年全省基本扫除青壮年文盲，本世纪末所有县、乡、村建起多功能培训基地；高等教育，1995年在校生达到32.8万人，本世纪末达到50万人。

为实现上述目标，会议提出：要坚持"科教兴鲁"先兴科教的原则，进一步落实教育优先发展的战略地位；要坚持统筹协调、优化结构、区域推进、全面发展的战略，努力提高全省教育的整体水平；要坚持改革开放，积极探索与社会主义市场经济体制相适应的教育新体制；要坚持全面贯彻教育方针，全面提高教育质量；要坚持以国拨为主，多渠道增加教育投入；要坚持抓好师资队伍建设，努力造就一支素质优良、数量足够、相对稳定的教师队伍。

会议确定，1993年重点抓好以下六个方面工作：一是认真组织好《纲要》的学习、宣传和实施；二是以九年制义务教育为重点，大力加强基础教育；三是面向当地经济建设，积极发展职业技术教育和成人教育；四是认真抓好已出台的各项改革政策措施的落实；五是抓好城镇中小学校舍改造和内部配套建设；六是积极发展和改革高等教育。

［贯彻《纲要》情况］　为了进一步推动《纲要》的学习贯彻，6月1日至5日，山东省政府在临沂举办了由各市(地)分管教育工作的市长、专员和教委主任(教育局长)，以及各大企业教育处长参加的《纲要》研讨班。

大家逐字逐句认真学习了《纲要》原文，结合实际总结回顾了《纲要》颁布三个月来的学习贯彻情况，研究分析了山东省教育工作面临的形势、任务、发展目标和政策措施，讨论了具体贯彻意见。研讨期间，国家教委专职委员、国家教育发展战略中心主任郝克明等同志作了辅导报告。结合学习研讨，大家实地考察了临沂地区的经济和教育情况。副省长吴爱英，省政协副主席、教委主任崔惟琳参加研讨并讲了话。

吴爱英讲话强调：学习贯彻《纲要》，首要的是进一步提高对教育优先发展战略地位的认识，坚持经济与教育一体规划，一并实施；要调整和修订好适合当地实际的教育发展规划，既充分体现加快发展的精神，又坚持实事求是的原则，强化重点，突破难点；要继续深化教育改革，在教育体制、教育思想、教育教学制度、教学内容和方法等方面全面推进；要切实增加教育投入，继续走"依靠人民办教育"的路子；要加强教师队伍建设，努力提高教师的政治业务素质和生活待遇。

1993年，山东省根据《纲要》精神及全省经济发展分三步走的战略构想，进一步讨论修订了"八五"、本世纪末和下世纪初教育发展的总体规划，提出了深化教育改革，加快教育事业发展的基本思路，初步拟订了《山东省教育综合改革方案》，并多方征求意见，报送省委、省政府审批。1993年，省委、省政府加强了教育工作的领导力度，多次听取教育工作的汇报，专题研究教育工作。4月，省委决定将省委高校工委改为教育工委，与省教委合署办公，共同对省委、省政府负责。省政府确定张瑞凤、吴爱英两个副省长共同分管教育，任命省政协副主席、省委高校工委书记崔惟琳为省教委主任，使新的省级教育管理机构体制理顺，增强了对整个教育事业的统筹、协调与宏观管理、决策能力。

省委、省政府领导坚持定期联系学校制度，主要领导和分管领导经常深入学校，调查研究，帮助解决实际问题。各市、地、县也都从振兴当地经济的需要出发，把教育发展纳入经济和社会发展的总体布局，围绕落实《纲要》，加快智力开发和人才培养，制订新的政策措施。关心教育、重视教育、发展教育愈来愈成为全社会的共识。烟台市为适应该市构筑大高外经济格局，建设现代化国际性港口城市，急需培训一大批具有较强经营、管理能力和从事高科技开发等方面专业的人才，市教委、计委、人事局决定在全市组织实施“九十年代烟台紧缺人才培训工程”，并经市政府批准，制定了实施意见。

[**教育改革**] 全省办学体制正在向以政府办学为主体，社会各界共同办学的方向发展。全省民办学校和独立培训组织已达1500余处；职业学校进行了企业、部门、社会办学及中外合资办学的试点。管理体制改革，重点是扩大市地对中等以下教育的统筹决策权和高等学校的办学自主权，同时加强宏观管理，注重政策规章建设和调查研究、评估督导工作。省教委出台了《中小学管理水平评估方案》和《规范化学校评选意见》。组织力量对教育投入、拖欠教师工资、学校乱收费、中小学学生辍学等难点、热点问题进行调查研究，提出具体对策和解决措施。继续推进大中专招生和毕业生就业制度改革。全省普及初中的大中城市取消了小学升初中的入学考试，实行就近入学。高中会考制度从试点转入全面实施。高校委培、自费生比例扩大。毕业生分配采取了供需见面、双向选 择的办法落实就业计划。教育综合改革重点抓了烟台、威海、青岛、济南、潍坊、淄博等6个城市教育综合改革试验区和平邑、平原、莱州、肥城等64个“燎原计划”示范县、232个示范乡、101所示范校。进一步推广了平度、莱芜等地“三教统筹”、“农科教结合”的经验。在教学改革方面，中小学在试行“五四”学制改革的基础上，总结推广了一批先进的教学改革经验，对大面积提高教育质量起了很好的推动作用；职业学校进行了教学、试验、实习、生产劳动和科技推广等多位一体的教学体制改革试点，引进了“双元制”的教学模式；高等学校加强了实验、实践环节，积极推行教学、科研、生产三结合，大力开展技术咨询服务和科技开发活动，进行了双学位制、学分制和主辅修制的教学改革试点。

[**师资队伍建设**] 为了尽快摆脱全省中学教师学历达标率低的状况，1993年加快了师资培养、培训步伐。全省实行了省和市(地)分级管理、分工负责的培训管理体制，沟通了各种学历培训渠道，集中抓了教师的专业培训。全省高中、初中、小学教师的学历达标率分别达到45.5%、50.49%、88.85%，分别比上年提高2.45、4.39和1.8个百分点。

高等学校，为了加强中青年学术骨干、学科带头人的培养，确定中青年教师晋升高级职务不受指标限制。省属高校评选出200多名中青年学术骨干和学科带头人培养对象，在经费、科技立项、出国深造等方面给予优惠。

1993年教师节，全省表彰奖励200名优秀教育工作者、800名优秀教师和200个教育先进集体。

基础教育

［**义务教育**］ 1993年，山东省进一步调整了中小学布局，提高了规模效益。全省小学比上年减少2876所，在校生比上年增加27.36万人，适龄儿童入学率达到98.65%，小学毕业生升学率达到82.93%，分别比上年提高0.03和0.6个百分点；初中比上年减少293所，在校生比上年增加13.4万人，平均在校生规模为685人；普通高中比上年减少20所，在校生比上年增加2万余人，平均在校生规模为834人。

到1993年底，全省2419个具有办学职能的乡镇和街道办事处中，有1476个实施了中等义务教育，占乡镇总数的61%；全省136个县市区，有77个开始实施初级中等义务教育，占县市区总数的57%。实施初级中等义务教育的地区覆盖人口5487.6万人，人口覆盖率为64.3%，比上年增加20.8个百分点。

经县（市、区）人民政府评估认可，1993年又有580个乡镇普及了初等义务教育，全省累计已有1739个乡镇普及了初等义务教育，覆盖人口6147.9万人，人口覆盖率为72.1%。累计有73个县（市、区）全部普及义务教育，占县（市、区）总数的54%。

经市（地）人民政府评估认可，普及初级中等义务教育的乡镇累计已有703个，覆盖人口2380.3万人，人口覆盖率27.9%。

各地改善办学条件的工作取得了新进展，据1993年统计，全省已有85%的县（市、区）完成城镇校改任务，农村中、小学在实现“六配套”的基础上，校舍和内部设施也有了很大改善。

［**规范化学校建设**］ 山东省在不断改善办学条件的同时，1993年，省教委在综合评估的基础上，分两批命名108所省级规范化学校，其中高中（含完全中学）47所，初中（含九年一贯制学校）14所，小学47所。

自1992年省教委提出开展规范化学校建设活动的意见后，全省各地、各学校积极行动，争创规范。各市（地）教委普遍印发了文件，制订了标准和工作步骤。许多学校师生共同努力，建章立制、加强管理、美化校园。地方政府和社区群众为改善办学条件，多种形式增加教育投入，使学校内部设施进一步完备，教学手段现代化程度进一步提高。在此基础上，省教委抓了临沂一中、济宁师范附小、胜利油田一中等一批规范化学校的典型，于1993年春召开了流动现场会。目前，全省已有省级规范化学校108所、市地级规范化学校1463所、县级规范化学校2860所，分别占省、地、县普通中小学总数的0.25%、2.5%、4.8%，初步形成了基础教育的先进群体。

［**素质教育**］ 全省认真贯彻《全国小学德育纲要》，进一步改革和加强了德育工作，广泛开展了学雷锋、学赖宁和学习徐洪刚的活动。省教委于10月颁发了小学德育系列方案。该方案共包括三个细则，即《山东省教委贯彻〈小学德育纲要〉实施细则》、《山东省小学德育工作评估方案》和《山东省小学生操行评定方案》，在全省6万余所小学试行。省教委推广了青岛市嘉峪关路小学操行评语改革

经验，与有关部门配合，开展了少先队劳动实践活动、“爱中华、盼奥运”书法绘画大赛、优秀少先队辅导讲习班等，编写了《国旗下讲话》等小册子，供校长举行升旗仪式使用。

枣庄市为了加强学校德育工作，引导学生走与实践相结合、与工农相结合的道路，培养德、智、体全面发展的劳动者和接班人，5月由中共枣庄市委宣传部、枣庄市教育局联合发出通知，命名枣庄市烈士陵园、抱犊崮国家自然保护区、解放军某部和第二棉纺厂等10个学生社会实践活动基地，要求全市各学校充分发挥实践基地作用，积极组织学生深入工厂、农村、部队和经济建设第一线，在社会实践中经受锻炼，增长才干。

1993年，省教委组织了由250多名规范化学校校长参加的加强学校管理、全面开展素质教育经验交流会，参观考察了一批省级规范化学校。举办了由110多名小学校长参加的素质教育讲习班，学习素质教育的有关理论，总结交流了经验。

对全省贯彻落实《全国学校艺术教育总体规划》情况，在普遍自查的基础上进行了检查和抽查，召开了检查情况汇报会，确定26个艺术教育示范县区和176所示范学校。举办了校园歌曲演唱比赛和中小学生卡拉OK大奖赛。对全省1300余名小学生进行了钢琴、小提琴的艺术考级活动。并为此成立了由省教委艺术教育委员会、省音乐家协会、山东艺术学院共同组成的山东省中小学音乐艺术考级委员会，实行了统一收费标准、统一考级曲目、统一考级证书、统一审聘专家的“四统一”。

1993年山东省承办了全国第五届中学生运动会，取得圆满成功，山东代表队获得团体总分和金牌数两个第一。

［**高中毕业会考**］ 1993年，山东省进一步理顺了会考工作领导体制，成立了会考协调小组，并由省招生办公室负责过渡给省教委基础教育处负责。会考实行分级管理、分工负责。省教委负责制定有关政策、规定，管理考籍，组织命题；市、地教委负责会考的具体工作，主要是建立学生学籍、考籍档案，组织考试阅卷、统计；县、区教委负责实施考务工作。全省已初步形成上下贯通、协调运作的管理体系。

山东省高中会考科目分考试、考查两种，采取三年分散考试的方法。即按照教学计划，结束一门，会考一门。具体安排是：高一考地理；高二考历史、生物、外语、物理、化学，考察物理、化学、生物三科实验操作；高三考语文、数学、政治，考查劳动技术、社会实践。到目前已有两个年级，30余万学生参加了会考，共200余万人次。

为了加强会考工作的管理，省教委下发了《山东省普通高中毕业会考工作管理暂行规定》、《山东省普通高中毕业会考实施意见》、《山东省高中毕业会考考查科目考查办法》等文件。为了发展学生特长，规定具有音乐、美术、体育专长的学生一律参加会考，会考科目中有5科达到及格标准，其余4科成绩均在40分以上者，发给《特长学生会考合格证书》。

［**特殊教育**］ 1993年，山东省以特殊教育学校为龙头、以大量的附设班和随班就读为主体的特殊教育办学体系进一步完善。临沂、滨州两个经济欠发达的地区实现了县县有聋哑学校的目标；经济发展一直落后的德州地区，也在零的基础上新建4所特殊教育学校。各地涌现出一大批特殊教育先进单位和个人。其中，昌乐县、长清县、胶州市、青岛市崂山区、淄博市张店区、莱芜市莱城区、济南市历城区、济宁市市中区于1993年10月被国务院残疾人工作协调委员会、国家教委、民政部、中残联、财政部、人事部、国家计委等

八部委授于“特殊教育先进县区”的光荣称号，寿光县等16个县(市区)被同时通报表彰。

［**幼儿教育**］ 1993年山东全省幼儿园发展到38947所，小学附设学前班26847个，3—6岁在园幼儿入园率52.16%，其中城市74.89%，农村49.40%。学前一年在园幼儿881280人，入园(班)率89.79%，其中城市96.02%，农村88.94%。

全省专任幼儿教师中，高师以上学历的占2.3%，中师毕业的占19.82%，职业高中毕业的占15.71%，学历合格者占70.10%，专业合格者占35.82%。

［**“两基”评估验收**］ 1993年1月，省政府授权省教委组成评估验收组，在对淄博进行验收试点的基础上，又对潍坊市所辖的诸城市、寿光县、青岛市崂山区进行了评估验收。

4月，山东省进一步完善了“两基”评估验收的标准和办法，明确规定对县(市、区)“两基”的评估验收由省人民政府组织实施，凡经验收全面达到各项指标的，即宣布其为普及九年制义务教育和扫除青壮年文盲的县(市区)。并举办了由省督学和市(地)督导室主任参加的“两基”评估验收培训班。1993年5月至10月，先后对龙口，蓬莱，招远，栖霞，长岛，威海市环翠区，乳山，文登，荣成，淄博市周村区，临淄区，桓台，青岛市四方区，台东区，市南区，市北区，沧口区，胶南市，胶州市，平度市，枣庄市市中区，泰安市泰山区，新泰市，济南市历下区，市中区，天桥区，槐荫区，莱芜市莱城区共28个县、市、区的“两基”工作进行验收，经评估验收，28个县、市、区全部达到验收标准。至此，全省实现“两基”的县、市、区达到32个，占全省县、市、区总数的23.9%，人口覆盖率为20.6%。

3月7日到12日，国家教委组织4个抽查组，对经省验收认可的淄博市张店区、诸城市、寿光县、青岛市崂山区进行抽查，确认4县、区的“两基”各项指标在总体上达到了要求，同意省验收报告对4个县、区的评价。

［**学校管理改革**］ 1993年，临沂地区全面推行以“校长负责制、教师聘任制、岗位目标责任制”为主要内容的“三制”改革，理顺了中小学管理体制，优化了学校布局和教师队伍，提高了办学效益。主要经验是：(1)加强领导，坚持“公开”、“公正”原则。地委召开了“科教兴区”会议，布置这项工作。地区教委召开了“三制”改革经验交流会。各县市、乡镇都成立了由党政负责人任组长，组织、人事、体改、教育部门主要负责人参加的“三制”改革领导小组。地委、行署分管领导两次召集专门会议，研究落聘教师的安置等难点问题。郯城、苍山县委还要求在改革方案的实施过程中，党政干部一律“不准说情，不准许愿，不准开口子，不准递条子”，保证了改革的顺利进行。(2)调整学校布局，理顺管理体制。各县市结合教育发展规划和目标，制订了中小学合理布局方案和人员编制方案，提出了定编、定员、定岗的要求。全区统筹规划，撤并了小学联中544所，扩大了办学规模。十个县、市相继建立了实体性的乡镇教委，配备3—5名专职人员列事业编制，统管中心中学、中心小学、中心幼儿园和成人教育中心。(3)引入竞争机制、择优选聘校长和教师。乡镇教委主任、4个中心的校长和县市管的中小学校长，由教育行政部门会同人事、组织部门在广泛听取意见的基础上，推荐候选人，并进行述职报告，然后投票选举，由党委、政府或教育行政部门按干部四化标准和有关程序确定人选，颁发聘书；副校长和学校中层干部的选聘，由校长提名，组织考察，民主测评确定人选，县市教育局或乡镇教委发聘书；教师的选

聘，本着公开竞争、双向选择、优化组合的原则，由校长根据教师的综合考核成绩和县、市下达的编制指标，从中学到小学依次择优聘任，并层层签订目标责任书。通过改革，临沂全区辞退编外民办教师8000名，在编民办教师由34019人减到29071人。高中、初中、小学教师的学历达标率分别达到44.8%、49.8%、79.9%。新聘任的校长全部具有中专以上学历。(4)妥善安置落聘教师和被清退的编外民办教师。临沂全区共有3414名教师(其中公办教师2327名，在编民办教师1087名)落聘。对落聘的公办教师，主要采取了“培、转、退、待、辞”5种办法妥善安置。“培”，即进行培养，对年轻有培养前途的教职工，有的送到有关学校进修，有的在校内自修，跟班听课。进修或自修期间，发档案工资；“转”，即转到学校勤工俭学部门或经济实体工作；“退”，即接近离退休年龄且体弱不能坚持正常工作的，在校内退养，发档案工资，到离退休年龄时再正式办理手续；“待”，即等待聘任，服从校长安排，完成临时性工作，发档案工资；“辞”，即对个别不称职、不服从安排的，经请示上级教育行政部门，予以辞退。对编外的8000名民办教师，采取统一措施，全部予以辞退，由学校全面介绍他们的特长和有关情况，由乡镇党委、政府和村委对他们做适当安排。

阳信县紧密结合当地实际，认真贯彻《纲要》，从全县经济建设和社会发展的全局出发，以学校内部管理体制改革为突破口，抓住优化教师队伍结构这个关键问题，改革学校的人事制度和分配制度，以启动学校内部活力，调动各方面的积极性，提高办学效益和教育质量。改革的主要内容是实行校长负责制、教师聘任制、工资总额包干制和结构工资制。校长负责制，是指政府部门按照标准、条件和程序聘任校长，签订目标责任书，将学校的人权、财权和学校管理权交给校长；校长按照有关标准和办法自主决定干部教师的选聘、经费使用、工资分配等。教师聘任制，是指按照国家和省里的有关规定核定县属学校和乡镇的教师职工编制和应设岗位，然后对在职的全体公、民办教师做出全面鉴定。对鉴定合格教师按照所设置的工作岗位层层选聘，选优汰劣。对落聘的教师通过办理内退、兴办服务实体、进修学习、到乡镇企业及回村务农等形式进行分流。工资总额包干制，是指在认真核编的基础上，推行以乡镇教委、学区、学校为单位的全员工资总额包干制，一包一年，如遇政策性增资因素，由各级财政及时追加兑现。结构工资制，是指将教师工资分为固定工资和绩效工资两部分。公办教师的固定工资包括基础职务工资、工龄工资和加倍的教龄工资，约占工资额的50%，其他部分则作为绩效工资，主要包括各种奖金和补助。民办教师则全部实行绩效工资，多劳多得，优质高酬，与公办教师同工同酬，平等竞争。这一改革突破了单纯计划管理体制对学校的困扰和束缚，既适应了我国由计划经济体制向社会主义市场经济体制转换的需要，也遵循了教育的客观规律。

阳信县改革前共有教职工4646人，其中公办2655人，民办920人，代课1071人，改革后共保留教师3339人，其中包括270名临时代课教师。全县共精减教职工1307人，占原有人数的28%。其中公办教师减少354人，民办教师减少152人，代课教师减少801人。师生比例达到了国家和省规定的标准。教师授课周时数小学由原来平均16节提高到20节以上，中学由9节提高到14节。教师队伍的整体素质有明显提高，中学教师的学历达标率由原来的45%上升到60%，小学由92.9%上升到99%。民办教师占教师队伍的比例下降到31%。教师队伍的工资水平也有相应的提高。据测算，公办教师月平均工资可由原来的229元提高到244元，民办教师的月平均工资可由原来的 65 元提高到 1[illegible] 元。

由于实行定编定岗和工资总额包干的机制，促使各乡镇主动调整学校布局，努力提高办学效益，改革前全县共有中小学 70[illegible]处，1871 个教学班，其中 364 个复式班。改革后保留 642 处中小学，1661 个教学班，其中 308 个复式班，共减少学校 64 处，教学班 156 个，其中复式班 56 个，形成以乡镇中心小学为核心，以学区小学带教学点的小学教学管理模式，学校布局渐趋合理，并增强了学校活力，调动了广大教职工的积极性，提高了教育质量。

职业技术教育

［概述］　1993 年，山东省职业技术教育贯彻积极发展的方针，充分调动部门、企事业单位和社会各界的积极性，多层次、多形式兴办职业教育。同时继续深化职业教育改革，发挥骨干职业学校的示范作用，注重与市场经济接轨，促进了全省职业教育的进一步发展。全省职业技术学校招生 26.29 万人，占高中阶段招生总数的 58.2%。技工学校招生 5 万人，占 11.1%。普通中专学校进一步改革挖潜，多形式办学，招生数比上年增加 22522 人。另外，还招收高中职业中专班学生两万人。年底统计，全省中等职业技术学校在校生占高中阶段在校生总数的 56.2%，比上年提高两个百分点。办学效益也有了明显提高，中等专业学校平均规模由上年的 668 人扩大到 784 人，中等师范学校在校生规模达到 717.6 人。全省每万人口职业技术教育在校生 61.78 人。

［教育改革］　为了适应社会主义市场经济发展对人才的需求，1993 年山东省加快了职业技术教育改革，注重教育与市场经济接轨。

在办学体制上，由教育部门“独家经营”向社会办学转变。采取了行业、企事业单位办学或联合办学的方式。烟台市委、市政府重视发展企业办职教，提出了“政府宏观调控，部门分口管理，企业自主办学，自办联办结合，职前职后衔接，培养使用统一”的企业职教发展思路。通过推广北极星钟表集团企业教育改革经验和抓“科教兴工”示范企业，使市区企业办学和政府办学的比例达到 1∶1。青岛市把联合办学作为职业技术教育与市场经济衔接的主要措施，市区 80%以上的学校与行业、企事业单位联合办学，增强了职业教育发展的活力，提高了人才培养的针对性。几年来职业学校毕业生对口录用率均在 90%以上。目前，全省企业办学和校企联合办学招收的学生已占全省职业学校在校生的 60%以上。

在专业设置上向[illegible]适应市场经济需要的专业发展。各地职业技术[illegible]学校在相对稳定部分专业的同时，注意及时调整[illegible]专业设置，使职业技术教育紧扣市场经济的脉搏。荣成市水产学校，在 80 年代初，当海水养殖[illegible]和海洋捕捞成为荣成渔业的两大支柱产业时，学校首先开设了这两个专业。之后，随着渔业[illegible]生产向“渔工商综合经营”的转变，渔业加工、制冷技术成为迫切需要，于是学校又及时增设了“水产品加工”和“冷冻工艺”两个专业。在实施市委、市政府提出的“以养兴渔”战略的过程中，

山东、河南、江苏、安徽等省累计种植500万亩,新增经济效益5亿元。

1993年山东省科技进步奖评选中,山东高校有91项成果获奖,其中一等奖2项,二等奖37项,三等奖52项。在山东省第八届哲学社会科学优秀成果奖评审中,高等学校有97项成果获奖,占获奖成果总数的48.3%。其中一等奖4项,二等奖31项,三等奖62项。此外,全省高校还有53项成果获得了国务院其他部委的奖励。1993年底,省教委组织进行了科技进步奖和哲学社会科学优秀成果奖的评审工作,对全省高校155项自然科学研究成果和85项哲学社会科学研究成果进行了表彰奖励。

1993年全省高校积极参加全省科技兴农、兴工、兴海、兴第三产业和高新技术产业化的"四兴一高"工作,面向经济建设主战场,大力进行研究开发,多途径、多形式为经济建设服务。为推进高校科技成果向现实生产力的转化,省教委与省经委等部门联合举办了'93产学研洽谈会。配合洽谈会召开,省教委还组织编印了《山东高校科技成果推广要览(第三编)》,分发各市、地经济主管部门和厂矿企业。全省高校还分别参加了青岛、烟台、威海、淄博、济宁、菏泽、泰安、曲阜等市、地举办的科技成果交易会和技术洽谈会,有一批科技成果在这些市、地得到推广应用。1993年,全省高校共签订科技成果技术转让合同244项,合同总金额1963.7万元。山东农业大学研制的抗药性棉铃虫防治药剂"棉铃宝"转让给周村农药厂后,使该厂转亏为盈,1993年一年实现利税1241万元。"棉铃宝"深受全国11个产棉省棉农的欢迎,在北方棉区推广3亿亩次,节省药费2.4亿元。山东工业大学研究的钢丝镀铝锌合金新技术,在省内外转让4个厂家,均形成了较大的生产能力,其产品广泛应用于铁路电气化工程,高压输电线路、通讯电缆等领域,年直接经济效益在300万元以上。这项成果1993年获得了国家发明三等奖。1993年,全省高校科技人员约有五千人次深入工农业生产第一线推广科技成果,开展技术服务和技术咨询,受到有关部门和单位的好评。

[评选优秀教学成果] 自1989年起,国家教委规定普通高校优秀教学成果奖每四年评选一次,山东省规定每两年评选一次。1993年,山东省进行了第三次普通高校优秀教学成果奖评奖工作。全省51所普通高校共评出省级优秀教学成果100项。其中一等奖16项,二等奖43项,三等奖41项。

在省级奖评定的基础上,全省又评出22项优秀教学成果参加国家级优秀教学成果评奖。有20项获国家级教学成果奖,其中特等奖1项,一等奖2项,二等奖17项。山东农业大学杨景林等的《实行教学、科研、生产三结合,建立适应经济建设需要的教学体制》,获全国特等奖。高校教学成果的评奖和推广,对于调动高校广大教师和干部教书育人的积极性,促进高校教学改革的不断深入,起到了较好的导向和推动作用。

[组建新青岛大学] 为了进一步优化高等教育结构,提高办学效益和水平,更好地适应经济建设和社会发展的需要,山东省人民政府在充分调查论证的基础上,决定将设在青岛的4所高校(原青岛大学、青岛医学院、山东纺织工学院、青岛师范专科学校)合并,组建新的青岛大学,并获得国家教委批准。

新组建的青岛大学为综合性大学,占地2000亩,有在校生13000多人,正副教授近600人,有18个硕士学位学科点,设43个专业,学科跨文、理、工、法、医、师、经济、历史八大门类。学校实行省与青岛市双重领导、以省为主的管理体制。学校建设发展所需经费,由省市两级财政共同负担。

成人教育

[扫盲与农村成人教育]　为了推动全省扫盲和农村成人教育工作的开展，尽快提高全省农村劳动者素质，加快实施“科教兴鲁”战略，年初，省教委在枣庄市召开了全省扫盲与农村成人教育工作会议。会上，省教委与市、地教委(教育局)签订了扫盲与农村成人教育目标责任书。责任书包括扫盲，乡镇、村成人学校建设，县办成人中专建设三个方面。省教委本着分类指导的原则，对全省17个市、地提出了具体的发展目标，并规定了奖惩办法。会后各市、地积极行动，在一个月的时间里，普遍与县、市、区签订了责任书。大部分县、市、区接着与乡镇签订了责任书，枣庄、滨州、菏泽等市、地还由政府、教育行政部门、农村成人教育协调领导小组三家签订了责任书。由于签订了合同，责任落实，目标明确，各地加大了工作力度，县、乡、村上下联动，取得了明显的成效。

1993年，全省共举办扫盲班(组)5.6万个，包教32.5万人，有82.4万人参加了扫盲学习，脱盲56.5万人。农村成人中专发展到30所，在校生达2.4万人，农民初等学校19957所，在学人数达58.19万人。脱盲人员普遍学到了一项实用技术，已有168万人达到高小文化水平，64万人达到初中文化水平。1993年全省参加职工岗位培训的达110余万人，参加工人技术等级培训的达50余万人，农民参加实用技术培训的，累计已达3500万人次。

[成人高等教育]　1993年，山东省成人高等教育继续深化改革，加快发展。全省成人高校招生数比上年增长45.1%。在校生数比上年增长41.7%。成人高等教育改革的主要措施有：

继续开展专业证书教育。全省从1988年开始试行专业证书教育，1990—1992年治理整顿期间停止招生，1993年恢复招生。

专业证书班是由业务主管部门根据实际需要确定培训计划、落实承办学校，由省教委、省人事厅批准举办的，主要招收系统内35岁以上、高中毕业文化程度、5年工龄、从事专业技术工作或专业性较强的管理工作的在职人员。学员入学由学校组织文化课考试，入学后在规定时间内修完8—10门课程，成绩合格者发给省教委统一印制、承办学校盖章、业务主管部门验印的专业证书。

1993年，全省共有33个厅局，委托45所高校举办100余个专业的专业证书班，招收学生11000余名。

举办成人第二专业专科学历教育。1993年，全省有30所普通、成人高等学校举办第二专业专科学历教育，共招生3542人。从录取情况看，有相当数量的学生是已取得本科及本科以上学历的从业人员，绝大部分学生是对口学习。

第二专业专科学历教育，是招收具有国民教育系列大学专科以上学历的从业人员，其工龄、年龄不限。第二专业同所学第一专业属同一类的，可免试入学，不属同一类的，由学校进行第二专业必要基础知识的测试。学生录取后按规定修完第二专业专科教学计划

的全部课程且成绩合格者,颁发国家教委统一印制的成人高等教育毕业证书。

采用全国统一的成人高等教育毕业证书。根据国家教委的要求,山东省自1993年开始采用全国统一的成人高等教育毕业证书。全省广播电视大学、职工高校、农民高校、管理干部学院、教育学院、普通高校举办的成人学历教育一律采用国家教委统一印制的,盖有国家教育委员会成人高等教育证书专用章的成人高等教育学历证书。1993年全省有3.11万毕业生拿到了全国统一印制的成人高等教育毕业证书。

[**成人中专教育**] 1993年,山东省成人中专教育有了较快的发展。为了加强成人中专学校的管理,确保教育质量,7月8日,省教委、省财政厅下发了《关于对山东省中华会计函授学校90级学员进行毕业抽查考试的通知》。通知要求,凡是参加1990年山东省各类成人中专招生考试,被正式录取,并按照教学计划学完全部课程及完成毕业论文的注册学员均参加抽考,89级抽考成绩不合格而未取得毕业证书者也在抽考之列。全省有7400余名学员参加了考试,近7000人通过抽考,获得成人中专毕业证书。

为了提高成人中专教育质量,培养合格的中等专业人才,1993年,省教委组织专家、学者编写了成人中专通用文化课教材6册,包括:马克思主义哲学简明教程、政治经济学、语文(上下册)、数学(上下册)。教材的编写遵循党的教育方针,突出成人教育的特点,重在实用。在体例和内容上进行了大胆探索,不仅可用作各类成人中专教材,还可作为广大干部、职工、农民的自学用书。

[**社会力量办学研讨会**] 为了推动教育体制的改革,改变政府包揽办学的格局,鼓励社会各界共同办学,6月30日至7月3日,省教委和省政协科教文委员会在青岛联合召开全省社会力量办学研讨会。省政协教育界部分委员、各市(地)教委分管主任、部分社会办学单位代表、省直有关部门代表共80多人参加了会议。会议邀请国家教委成人教育司、北京市成人教育局、上海市教育局的有关同志到会指导。会议对山东省社会力量办学面临的形势进行了分析,总结交流了办学和管理方面的经验,研讨了办学过程中一些亟待解决的问题,讨论修改了《山东省社会力量办学管理办法》,实地考察了青岛市部分社会力量举办的学校。

山东省从党的十一届三中全会,特别是小平同志南巡讲话以来,全省社会力量办学迅猛发展。社会力量举办的学校和独立培训组织已达1500多处,其中非学历民办高校30所;在社会力量举办的各类学校中,企业单位办学占17.2%,学校办学占20.3%,社会团体办学占15.9%,民主党派办学占4.2%,私人办学占42.4%,在校生27万人,结业、毕业173万人次。有专职教师5726人、兼职教师11684人、专职管理人员3873人、兼职管理人员3554人。

会议指出,社会力量办学在发展过程中还面临校舍、资金、师资等方面诸多困难,存在着鼓励支持缺乏具体措施,管理无力,政策法规不健全等问题。建议各级党政领导,特别是教育行政部门要进一步解放思想,更新观念,全面贯彻执行《纲要》提出的"积极鼓励,大力支持,正确引导,加强管理"的十六字方针,大力宣传社会力量办学的地位和作用,宣传一些办学思想端正、成绩显著的学校和个人,为社会力量办学的发展创造良好的环境。要加快法规建设,依法办学,依法管理,理顺管理体制,建立分级审批,分级管理,分工负责的管理体制,转变职能强化管理指导,增强服务意识,使社会力量办学健康地、更快更好地发展。对当前提出的国有民办、涉外办学、实行股分制等问题，会议认为要积极研究、探索，有的可以进行试点，摸索经验。

[**电化教育**] 1993年9月，省委书记姜春云看了省教委电化教育工作情况的书面汇报后题写了“发展电化教育，实施科教兴鲁”的题词。几年来全省电化教育事业有了很大发展，表现在以下几个方面：

教育电视收转网建设初具规模。据1993年底统计，全省已有23个市、县级教育电视台建成开播，省教育电视台及30家市、县级教育电视台正在筹建中。全省建成教育专用卫星地面接收站1200余座、放像教学点7000多处，初步形成了以教育电视台为中心，卫星地面站为骨干，放像教学点为辅助的，覆盖全省城乡的卫星电视教育网络。

广播电视大学教育取得丰硕成果。全省已设电大分校21所，电大工作站128个、教学班3000余个。共开设大专层次专业56个，中专层次专业17个，在校大、中专学生5万余人。到1993年底，已培养大专毕业生110560人，占同期普通高校毕业生的三分之一；同时，还培养出大专结业生68862人，中专毕业生33470人。

学校电化教育蓬勃发展。全省大中专院校均成立了电化教育中心(科、室)，所有城区中小学及近50%左右的农村中小学开设了电化教学，全省学校电教设备设施总值2亿多元。电化教育的广泛开展，加速了教育现代化的步伐，优化了育人手段，促进了学校教育质量的提高。

电化教材建设初见成效。全省教育系统已有50多个单位具有电视教材制作能力，并组织起一支由学科专家、一线优秀教师和电教专业人员组成的“三结合”的电教教材编制队伍。

撰稿 王景华
审稿 马 钊

河南省教育

概　况

［各级各类教育发展情况］

1993年各级普通学校基本情况　　单位：人

学校类别	学校数（所）	毕业生数	招生数	在校学生数	教职工数 计	教职工数 其中专任教师
一、普通高等学校	48	26906	40878	105414	38241	14674
研究生		338	386	1047		
本　科		9974	13240	48293		
专　科		16594	27252	56074		
二、中等专业学校	178	51611	66536	163939	26861	12994
中等技术学校	133	28101	40460	97885	19419	8781
中等师范学校	45	23510	26076	66054	7442	4213
三、普通中学	6644	1023361	1302846	3629629	286813	236032
高　中	719	144474	148634	435225	51922	36244
初　中	5925	878887	1154212	3194404	234891	199788
四、农业、职业中学	685	53462	127063	258558	24538	17224
高　中	621	46944	119705	240268	23372	16194
初　中	64	6518	7358	18290	1166	1030
五、工读学校	3	39	49	120	68	32
六、小学	42071	1632646	1903120	9514977	410476	381851
七、特殊教育学校	91	246	1239	5263	1602	1124
八、幼儿园	2248	1180943	1477427	1834800	28447	16832

1993年各级成人学校基本情况

单位:人

学校类别	学校数(所)	毕业生数	招生数	在校学生数	教职工数 计	教职工数 其中专任教师
一、成人高等学校	52	22774	46537	96893	9448	4341
广播电视大学	1	4783	9448	22380	2272	1041
职工高等学校	29	2394	3527	9488	2820	1377
农民高等学校	—					
管理干部学院	4	633	1812	2580	1318	508
教育学院	18	4683	5796	10510	3038	1415
独立函授学院						
普通高校举办						
函授部		9497	23434	47299		
夜大学		762	1794	3889		
干部专修科		22	726	747		
二、成人中等专业学校	231	34606	34182	99731	14336	7699
广播电视中专	6	5462	12121	36287	3507	1806
干部中专	1	1958	6277	11239	1783	852
职工中专	63	3006	3701	10330	2395	1183
农民中专	31	2785	5427	11177	1447	826
教师进修学校	130	21395	6656	30698	5204	3032
三、成人中学	150	56485	48895	24462	303	128
职工中学	57	46123	40541	12994	186	74
农民中学	93	10362	8354	11468	117	54
四、成人技术培训学校	19457	2750658	2868895	1823045	4238	3117
职工技术培训学校	1158	322281	335238	160458	2285	1535
农民技术培训学校	18299	2428377	2533657	1662587	1953	1582
五、成人初等学校	16084	714591	766098	635942	1955	1612
职工初等学校	105	10957	12602	10559	15	14
农民初等学校	15979	703634	753496	625383	1940	1598
其中:扫盲班	12599	443099	471273	415876	1504	1254

制表:杨学勇

说明:普通高等学校“研究生”包括科研机构培养的毕业生19人,招生12人,在校生40人的数字。

幼儿园数不包括14107处学前班教学点数。

“成人广播电视中专”内,含“函授中专学校”2所,毕业生2522人,招生7906人,在校生23719人,教职工数2503人,其中专任教师1276人。

[学习宣传《纲要》] 1993年2月,党中央、国务院颁布了《中国教育改革和发展纲要》。河南省社会各界特别是教育系统扎扎实实、坚持不懈地学习、宣传、贯彻落实《纲要》。一是省委、省人大、省政府、省政协高度重视。省委书记、省人大主任李长春要求一定要扎扎实实地把《纲要》贯彻落实好。省人大把贯彻《纲要》作为1993年的重点工作之一。省长马忠臣要求各级政府、各行各业和广大教育工作者准确把握《纲要》的精神实质,落实教育优先发展的战略地位,支持教育,为教育、教师多办实事。省政协不仅把学习贯彻《纲要》作为一项重要工作,而且经常向省教委通报教育工作的有关情况和问题。二是举办了各市地县教委主任学习班。层层武装骨干,广泛地学习宣传《纲要》。从全省实际出发,研究如何把《纲要》精神落到实处。三是举办县(市、区)长学习班。《纲要》颁布之时,正值县市区政府换届结束,大部分县市区主管教育工作的负责同志是新上任的,抓住这个机会办学习班,让县(市区)长熟悉教育工作情况,了解教育工作的有关方针政策;并用《纲要》统一大家的思想认识,正确处理教育与经济的关系,落实教育优先发展的战略地位。四是举办了《纲要》研讨会。省教委委托省教育学会组织全省部分教育专家和教育理论工作者召开研讨会,重点就教育如何适应社会主义市场经济的发展进行了讨论研究。大家认为,市场经济体制的建立,为教育的改革和发展提出了新的要求和机遇,随着经济建设的发展,必将进一步促进教育的发展。但是,在目前由计划经济体制向市场经济体制的转轨时期,必须进一步解放思想,转变观念,深化改革,才能把教育工作进一步推向前进。同时,省教委还组织省会部分中小学教师代表对《纲要》进行座谈。五是高等学校也组织了认真学习。主要围绕适应社会主义市场经济发展的需要,高校如何调整专业设置、优化专业结构、改革完善招生制度,以及深化改革学校内部管理体制,增强自我发展的能力,发展校办产业加速科技成果转化等问题,进行认真学习、讨论。一致认为,高等学校的发展,必须遵循教育发展规律,又要主动适应社会主义市场经济发展的需要。六是利用各种机会、场合宣传《纲要》。《纲要》颁布之后,省教委立即翻印,发到市地县和高等学校。省教委干部人手一册,利用政治学习时间,认真学习讨论,逐个问题领会。省教委还及时发出通知,对全省各级教育行政部门和各级各类学校学习贯彻《纲要》进行了部署;组织有关市地教育行政部门和高等学校的同志参加国家教委举办的《纲要》学习班;新闻单位对学习宣传《纲要》很重视,专门开辟专栏、专题,组织报道各地学习宣传《纲要》的情况。通过学习、宣传,全省广大教职工进一步提高了对《纲要》重要性的认识,认清了教育改革和发展的艰巨性,明确了努力的方向,增强了紧迫感和责任感,初步理清了全省教育改革和发展的基本思路:巩固提高基础教育,大力发展职业技术教育,放开搞活成人教育,深化改革高等教育。

[贯彻《教师法》] 全国人大八届四次会议于1993年10月31日通过并颁布《教师法》之后,河南省对贯彻《教师法》很重视。省人大、省政府首先组织省政协教科文委、省委高工委、省教委、省政府法制局及郑州市人大、郑州市政府等11个单位,邀请省会各类学校的教师代表参加,召开座谈会,就贯彻《教师法》的重大意义进行座谈。省人大副主任范濂、副省长张世英就贯彻《教师法》讲话。12月,省人大副主任范濂在河南电视台发表电视讲话,省政府就实施《教师法》专门召开电话会议,要求各地以解决拖欠教师工资为重点,为教师办实事。省委书记李长春、省长马忠臣也在不同场合讲了《教师法》的贯彻问题,并且同意高校继续执行集资办法解决高

校教师住房问题，解决城镇中小学教师住房困难的办法。对30年以上教龄的教师，退休后发全工资。定期给教师检查身体。对公办教师工资改革问题，省政府责成省教委、省人事厅、省财政厅抓紧拿出具体实施方案，尽快把增加的工资发到公办教师手中。对民办教师，省政府同意在原来每人每月平均70元的基础上再增加68元，其中各级财政负担50%，从教育费附加中解决50%。同时还在河南电台、河南电视台、河南日报开辟专栏，组织校长、教师、市地县党政领导谈如何学习、贯彻《教师法》。各市地围绕贯彻《教师法》也都开展了各种活动。郑州市组织师生上街宣传《教师法》；洛阳市人大、市委宣传部、市教委专门下发了《关于学习、宣传、落实〈教师法〉的通知》；三门峡市教委利用元旦佳节组织17000多人参加宣传《教师法》活动；南阳地区行署专门召开了主管教育工作的县市长会议，学习贯彻《教师法》；濮阳市政府组织市教委、市财政局、市人事局就贯彻《教师法》专门进行了研究，决定给教师办几件实事：一是每年给教师检查一次身体；二是在改善住房条件方面，同等条件下优先照顾教师；三是在比较困难的情况下兑现了从1993年6月份增加的交通、书报等24元的补贴。其他市地、县也都召开了不同形式的座谈会、研讨会、广播大会，学习、贯彻《教师法》。

[中国全民教育国家级大会在河南闭幕]

经国务院批准，国家教委和中国联合国教科文组织全国委员会于1993年3月1日至4日在北京及河南举办“中国全民教育国家级大会”。会议开幕式于3月1日在北京举行。3月2日至3日，参加会议的联合国儿童基金会执行主任特别顾问倪尼、联合国教科文组织亚太地区办事处主任阿赫迈德、印度教育部副部长萨尔亚、尼日利亚教育部副部长多贡达吉、孟加拉驻华大使萨米、巴基斯坦代表团团长可汗和巴西的教育官员等21名外宾和国家教委的有关负责同志共40人前往河南考察并举行大会闭幕式。在国家教委副主任滕藤、河南省政府副省长范钦臣及河南省教委负责同志的陪同下，外国教育代表团成员怀着极大的兴趣考察了郑州及密县、登封县、新郑县和开封市及开封县的中小学、幼儿园、师范学校、职业学校和农村成人学校等10多所学校。在考察过程中和在闭幕式上，两个国际组织和6个国家的教育官员都赞扬了我国和河南的教育工作。一是各级政府重视教育，舍得在教育上投资，使中国教育在这几年得以高速发展。二是肯定我国“依靠人民办教育，办好教育为人民”的做法，这是中国全民教育取得成功的关键。三是盛赞学校管理好，教育质量高。四是赞扬河南的教育与经济结合得好，为经济建设服务的方向明确。与会各国代表认为，中国及河南发展教育的经验，值得学习和借鉴。

基础教育

[义务教育] 1993年，河南省以提高义务教育质量为重点，在巩固提高初等教育质量的基础上，积极有步骤地实施九年义务教育。一是按照《纲要》要求，重新修订了“普

九”规划，因地制宜，分区规划，分类指导，分批实施，争取到本世纪末在占全省人口85%的地区普及九年义务教育。二是针对一些地方中小学生辍学率有所上升的现象，及时召开了市地教委主任会议，要求各地教育部门广泛宣传、认真贯彻落实《义务教育法》，提高全社会依法治教的意识，促使学生家长依法送子女上学，对辍学的学生实行责任制，采取分片包人的办法送他们返校就学，最大限度地减少学生的流失。同时，省教委还会同各市地设立了“扶助贫困儿童接受义务教育基金”，保证一些家庭特别困难的学生能够继续学习。三是积极开展勤工俭学活动，全省中小学勤工俭学总产值达12.6亿元，纯收入2.55亿元，弥补了基础教育经费不足。各地结合实际，采取了一些切实有效的措施，保证了基础教育的顺利实施，1993年，全省小学学龄儿童入学率达到98.9%，比上年略有提高；在校生巩固率达到98.8%；毕业率达到96.6%。留级率由上年的5.8%降至4.6%；小学毕业生升入初中阶段的占71.2%，比上年提高2.8%。初中招生数，比上年增加5万多人，是增长幅度较大的年份。在校生辍学率控制到5.3%，比上年增加0.3个百分点。四是抓了普及九年义务教育县的验收工作。在对偃师县进行评估验收试点的基础上，制订了《河南省普及九年义务教育评估验收办法》，并对首批申请“两基”验收的长葛县、孟县、修武县、偃师县、孟津县、信阳市、南阳市、驻马店市、义马市、许昌市魏都区、新乡市新华区和红旗区、焦作市解放区和山阳区、郑州市上街区15个县(市、区)进行了评估验收，认定这些县(市、区)基本上都达到了国家教委和省规定的评估验收标准。各地在“普九”和深化学校内部改革中创造了不少好经验，如原阳县的“双聘双包”(“双聘”即选聘校长、聘任教师，实行中小学校长民主选聘和中小学教师定编聘任；“双包”，即办学单位包办学条件，学校包教育质量)经验，洛阳市五中内部实行“五制”(校长负责制、岗位责任制、考核评估制、教职工聘任制、结构工资制)的经验。原阳县的经验，主要是强化了县、乡两级政府和村的办学责任，理顺了教育投资体制，保证了办学条件。洛阳市五中的经验，主要是调动了广大教师教书育人的积极性，增加了学校内部活力。中央政治局委员、国务院副总理李岚清1993年6月14日到洛阳五中视察，对该校推行“五制”表示赞许。电视片《洛阳五中在改革中前进》由国家教委推荐，通过国际卫星电视向外播放。

［**德育工作**］ 1993年5月底，省教委会同省委宣传部、省委高校工委召开了全省中小学德育工作会议，分析了全省中小学德育工作面临的形势和任务，对今后一个时期的工作作了部署。省委常委、宣传部长于友先和副省长张世英等出席了会议并讲话，会议命名51个省级德育基地，表彰了一批中小学德育工作先进集体和先进个人。加强了对中小学生进行“两史一情”教育，组织中小学生观看百部爱国主义优秀影片。不少市地、县、学校也都建立了德育基地。全省教育系统还采取多种形式，开展丰富多彩的纪念毛泽东诞辰100周年活动。省教委召开了毛泽东教育思想和邓小平“三个面向”题词研讨会，研究在新形势下进一步继承和发展毛泽东教育思想，加快全省教育改革和发展的步伐。积极开展了学习《邓小平文选》第三卷的活动，进一步坚定了广大师生的思想信念。

［**制止中小学乱收费**］ 1993年，河南省制止中小学乱收费采取的主要措施：一是建立制止乱收费的组织。省、市地、县教育行政部门都成立了专项治理领导小组，一级抓一级。省抓到市地，市地抓到县，县抓到乡，属于哪一级的学校由哪一级负责，一个学校一个

学校地清理。二是检查督促。省教委先后派出十几个检查组，抽调干部近百人次，到17个市地及部分高校检查和督促。省教委还设立了举报电话。三是建章立制。省教委下发了《关于进一步制止中小学校乱收费的紧急通知》，重申了学校的收费标准和纪律，建立了相应的监督约束机制，实行“一卡、三统、五不、一坚持”的收费管理办法。“一卡”即使用“收费明白卡”；“三统”即统一使用正规的收费票据，统一由财会人员收费，统一由财会部门专户管理；“五不”即不准设帐外帐，不准公款私存，不准以任何名义对学生进行经济处罚，不准为任何部门代收费用，不准超标准向学生收费；“一坚持”即坚持定期公布帐目，接受师生的监督。不少市地工作做得比较扎实。南阳地区切实加强领导和宣传工作，建立清退上报制度，深入学校检查落实，凡是超越文件规定的收费项目，一律停止，全区共清退不合理收费300多万元；商丘地区教委会同物价局、财政局对全区各级各类学校的收费进行了检查，并作出规定，学校除了代收课本、作业本费外，其他代收项目一律废止。对巧立名目乱收费的学校，一经发现坚决查处。三门峡市采取召开校长会议、答记者问、电视讲话、统一印发“中小学收费明白卡”等形式，向社会公开收费项目、收费标准和收费依据。对发现的各种不合理收费，该停的立即停止，该退的坚决如数清退。安阳、许昌、开封、漯河、鹤壁、焦作、平顶山等市也都做了大量的工作，取得了比较显著的成效。截至年底，全省教育系统共取消自立收费项目21个，代收项目19个，社会向学校摊派收费项目45个，已清退中小学不合理收费近2000万元。

[教师队伍建设]　基础教育的改革和发展，关键在于建立一支具有良好的政治业务素质、结构合理、相对稳定的中小学教师队伍。在中小学师资队伍建设上，首先，采取倾斜政策，加快师范院校尤其是中师标准化建设，加快教师的培养步伐。全省第二批19所中等师范学校已达到国家标准化建设要求。至此，全省已有37所中师实现了标准化，占整个中师学校的83%。师范专科学校和教育学院的标准化建设也开始起步。其次，加强中小学教师的在职培训，提高政治业务素质。在中小学教师培训工作中，着重抓了卫星电视师专、函授教育、自学考试的“三沟通”和继续教育，使全省中小学教师的学历和专业合格率高中达到46%，初中达到46.9%，小学达到86.4%，分别比去年增长3个、6.8个和3.4个百分点。为提高中小学教师队伍素质和管理水平，举办11期484人参加的高(完)中校长培训班。全省共培训中小学校长29853名，占中小学校长总数的67.6%。第三，制订优惠政策，表彰奖励先进，积极吸引优秀人才从事教育工作。对中央105万元和省里300万元城市中小学住房建设补助款，继续采取了以奖代补等项办法使用，取得了好的成效。1993年教师节，全省表彰奖励2559名优秀教师和教育工作者，其中获得全国劳动模范和全国优秀教师、教育工作者称号的367名。同时，在河南日报、省电视台、省电台开辟专栏、组织专题，宣传报道全国及省优秀教师，基本上做到了每天表彰一个优秀教师。安阳市人民大道小学校长姚文俊荣获“全国优秀校长”称号，受到江泽民总书记的亲切接见，李岚清副总理为他们颁发了证书。第四，认真做好中小学教师职称评定工作，全省有4772名中小学教师晋升高级职称。另外，组织选招7700名民办教师进入中等师范学校学习。

[解决拖欠教师工资]　1993年国庆节前，全省累计拖欠中小学教师工资1.48亿元。省委书记李长春、省长马忠臣联名给各市(地)主要党政领导同志写信督促解决。省财

政厅和各市(地)千方百计多渠道筹措资金，基本解决了拖欠教师工资的问题，当时剩下1000余万元，主要是各种补贴和奖金。国庆节之后，又发生了新的拖欠。至1994年1月16日，全省又累计拖欠10177万元，其中基本工资2756万元(公办教师2333万元、民办教师423万元)，各种奖金、补贴7421万元(公办教师7048万元、民办教师373万元)。从全省总的情况来看，拖欠教师工资的主要原因：一是财政收入状况不好，赤字县较多。全省118个县市中，滚存赤字县就有80多个，占70%左右。仅1992年的赤字包袱就达5亿多元。拖欠教师工资主要发生在这些县的乡村学校。二是教育经费管理体制问题。1992年，实行财政体制改革，建立了乡级财政，教育经费也随之包干到乡。调查中发现，拖欠教师工资的这些乡，经济基础薄弱，有些乡根本没有企业，有些乡虽有企业，但生产很不景气，常年就靠收点农业税，财源单一，缺乏调剂资金余缺的能力。三是教育费附加管理体制不顺。河南省的农村教育费附加是由乡镇农村经济部门收管的，财政、教育部门没有参与，收支“两张皮”，资金不能按时到位。四是政策补贴问题。出台政策时省里没有强求一律，规定有钱就发、没钱不发。所以，有些地方兑现了，有些地方没有兑现。

对解决拖欠中小学教师工资问题，省委、省政府采取了一系列措施。(1)领导重视。在1993年12月25日召开的省委五届八次全会上，省委书记李长春严肃指出，各市(地)主要领导要亲自过问这项工作，在春节前把拖欠的教师工资解决好。12月24日，省长马忠臣专门把各市(地)党政一把手召集到一起，强调就是特别困难的地方，也要保证给教师发放基本工资。在这之前，省长马忠臣接到李岚清副总理的亲笔信后，当天就从洛阳赶到郑州，与副省长张世英立即召集省政府办公厅、省财政厅、省教委的主要负责同志研究贯彻落实，并专门向全省发出明传电报。主管教育的副省长张世英还给拖欠比较多的市(地)主要领导写了亲笔信，要求他们宁可在别的方面忍耐一些，也要解决好拖欠教师工资问题。12月31日，常务副省长范钦臣又专门召集省财政厅、省教委负责人研究此事，省财政厅当天即向22个贫困县拨出解决教师工资专款3400万元。(2)省政府专门发出文件，建立了教师工资发放逐级月报制度。(3)督促检查。省政府组织省财政厅、省教委、省人事厅、省监察厅、省审计局等有关部门多次到拖欠教师工资较多的市(地)检查，督促他们兑现。同时还组织新华社河南分社、光明日报、河南日报、河南电台、河南电视台、中国教育报、教育时报等新闻单位深入到解决教师工资比较好的市(地)、县，宣传报道他们的好经验。(4)1994年1月27日，以全国人大常委会委员张序三同志为组长的检查组到河南检查贯彻实施《教师法》和解决拖欠教师工资的情况。1月28日，马忠臣省长主持专门召开省政府常务会议，研究制订了解决拖欠教师工资的具体措施。1月29日，省人大、省政府联合召开由各市(地)、县主要领导、主管领导及有关部门负责人参加的紧急电话会议，提出了具体要求，当天下午即派出6个检查组分赴拖欠严重的6个市(地)检查坐催。省财政厅拨付解决拖欠教师工资专项借款8600万元。各市(地)、县也都层层动员部署，多渠道筹措资金1164万元。到1994年2月7日，全省共解决拖欠教师工资9764万元，还剩413万元。2月8日上午，省长马忠臣、副省长张世英又专门召开会议研究决定，对市地、县无力解决的413万元欠款，仍由省财政厅拨付专项借款予以解决，2月8日下午省财政厅已拨付到有关地区。(5)建立了保证教师工资发放的机制。2月28日，省委、省政府发出《关于保证中小学教师工资足额发放的决定》，主要内容有12条。《决定》规定，各级财政在安排预算时,要本着教育经费的增长高于财政性收入增长的原则,优先安排教育经费。公办教师工资和民办教师工资国家补贴部分要一次安排到位,不留缺口。凡拖欠教师工资的地方,按量财办事的原则,暂时停止其它各项拨款。对经济落后、财政困难、不能保证教师工资按月足额发放的县(市、区),在一定时期内,农村教育经费由县(市、区)财政和教育部门统一安排使用。凡是拖欠教师工资的县(市、区)和乡(镇),党政机关和事业单位一律不准用财政拨款购买小汽车、购买专控商品、建楼堂馆所等。农村教育费附加要按上年农民人均纯收入的1.5%的比例,由乡(镇)人民政府负责,乡(镇)农村经济经营管理机构足额征收后,转乡(镇)财政部门专立帐户,专款专用,并根据乡(镇)人民政府提出的使用计划,分期分批拨付学校使用。经济落后、财政困难、不能保证民办教师工资的乡统筹部分按月足额发放的县(市、区),特别是贫困县,农村教育费附加实行乡征县管乡村使用的管理体制。

职业技术教育

[**概述**]　1993年,河南省的职业技术教育工作认真贯彻党的十四大精神和《中国教育改革和发展纲要》,贯彻国务院和省政府两个《关于大力发展职业教育的决定》,抓住机遇,加快发展,使中等教育结构基本趋于合理,各项事业得到较大发展。全省新增普通中等专业学校3所,改办普通高中为职业高中127所,新建职业学校29所。目前,全省各类中等专业技术学校发展到986所,招生21万人,比上年增加5万人,在校生47万人,比上年增加8万人。职业技术学校招生占整个高中阶段招生总数的比例达到58.5%,在校生比例达到52%,分别比上年提高7%和6%强,超额完成了计划目标,达到了历史最好水平。

[**职业教育现场会**]　1993年6月26日至30日,全省职业技术教育现场会议在安阳市和郑州市召开。各市、地主管教育工作的副市长、副专员,14个教育改革实验县主管教育工作的副县长、各市(地)教委主任以及省直有关厅局、大型企业代表等160多人参加了会议。副省长张世英到会讲话,并召集各市(地)市长、专员等代表进行了座谈。代表们听取了郑州市、安阳市等单位办学经验介绍,并实地考察了两市的职业学校。现场会结束后,省教委先后抽调机关干部近百名,组成十几个调查组,分赴各市(地)、县,调查研究,了解情况,总结经验,督促落实。组织新华社河南分社、河南日报、河南新闻中心、中国教育报、教育时报等新闻单位,到郑州、安阳、平顶山、南阳、焦作、商丘等地进行采访,大力宣传和报道各地发展职业技术教育的先进经验,树立典型,以促使全社会形成认识职教、重视职教、大力发展职教的大气候。通过采取上述措施,极大地调动了各地发展职业技术教育的积极性,全省17个市地都先后召开了贯彻现场会精神的专门会议,5个市(地)成立了职业技术教育协调领导小组,11个市(地)拟定了《关于大力发展职业技术教育的意见》。商

丘地区以行署的名义下发了《关于加快发展职业技术教育的意见》，要求每县都要建立一所职业技术教育培训中心，规定各县财政部门每年都要划拨5—10万元职业技术教育专款，并按企事业单位职工工资总额的2‰，房地产增值税的10%，城市建设维护费的5—10%，旅馆营业额的5%征收职业技术教育费，建立职教发展基金，用于职业技术教育的发展。

[**制订加快发展职业教育的《意见》**] 继1992年河南省政府作出《关于大力发展职业技术教育的决定》之后，为了进一步解决新形势下全省职业技术教育改革和发展中存在的突出问题，1993年5月，省教委代省委、省政府草拟了《关于加快改革和发展职业技术教育的意见》(简称"职教30条")。经与省计划、财政、劳动、人事、物价等部门协调，已报省委、省政府审定颁发。职教30条的重要内容是：一是近两三年内改办一批农村普通高中为职业高中，支持有条件的地方新建职业技术学校，使不能升学的普通初高中毕业生都能学到一两项实用技术。二是按照政府统筹协调，社会各界兴办，教育部门指导，隶属关系不变的原则，以县为单位建立职业技术综合培训中心。中心城市的主要行业和大型厂矿企业都要根据自己的需要，建立职业技术学校，开展多种形式的职业技术培训。三是到"八五"末建设省级示范性职业技术学校100所。四是现有的职业技术学校要挖掘潜力，扩大规模。五是普通初中、普通高中要普遍引进职业技术教育因素，开设劳动技术课。六是各级各类职业技术学校要面向市场，大力发展校办产业，实行产教结合，校企互助，逐步做到以厂促校；鼓励学校和厂矿企业联合办厂；职业学校也可以采取承包、股份制等形式发展校办产业。七是职业技术学校可根据社会主义市场经济发展的需要，自主设置专业和确定招生计划；办学形式灵活多样，长班短班结合，职前职后沟通，全日制与业余学习并举；因材施教，按需施教，尊重学生的意愿，学生可以自主选择专业，自主选修课程，自主决定学习期限，累计修完规定课程，发给毕业证书，修完部分课程，发给写实证书。八是加强职业技术教育师资队伍建设，建立一支以专职为骨干、专兼结合、少专多兼的专业课师资队伍；鼓励高等院校积极承担培养职业技术教育师资的任务；可以聘请厂矿企业的技术人员和社会上的能工巧匠担任教师，也可以从职业技术学校毕业生中择优录用教师，等等。到1995年，全省各类中等职业技术学校招生要占高中阶段招生总数的60%以上，在校生占高中阶段在校生的60%。

[**教师队伍建设**] 长期以来，河南省职业技术学校专业课师资队伍薄弱，教育质量不高，学校缺乏吸引力。加之改办、新建的职业学校数量大，专业课师资数量不足，水平不高，结构不合理的现象更加突出。为此，河南省把加强职业技术教育师资队伍建设作为一项重要工作，指定专人负责。首先，印发了《河南省职业中学师资情况表》和《职业中学历年对口升学及毕业生到位情况表》，摸清全省职业中学师资队伍的现状，做到有的放矢，有目的地培养、培训。其次，1993年通过多渠道解决职业技术教育专业课教师2123人。并举办专业课师资培训班。先后举办了服装、家电维修、旅游与宾馆服务、果树修剪、养殖新技术等8个专业教师培训班，累计培训专业课教师400人。第三，下发了《关于职业中学专业课教师业务考核的通知》，初步解决了长期以来专业课教师所任学科与业务考核的矛盾。第四，印发了《关于加强农业、林区中等职业技术学校和农民中专、农林类专业师资队伍建设的意见》，要求各市地充分发挥科技人员和能工巧匠的作用，聘请他们做学校的兼职

教师。第五，做好职业中学毕业生对口升学工作。1993年除河南农业大学等农口院校对口招收职业高中毕业生外，还在中州大学、安阳大学、焦作大学、平原大学开设了对口招生师资班，共安排对口升学指标700名。

[省级重点职业高中情况] 为了总结省级重点职业高中的办学经验，迎接国家教委的抽查评估，1993年，河南省采取措施认真做好省级重点高中评估工作。一是制定评估细则。国家教委有关评估文件下发后，省教委结合河南省实际，制订了《省级重点职业高级中学评估评分标准》。二是对22所省级重点学校抽查，按城市、农村、企业三种类型遴选11所省级重点职业高中作为重点备查学校。三是国庆节前后，两次组织22所省级重点学校的校长，分4路对11所省级重点备查学校进行复查，最后确定安阳市职业中专、安阳县职业高中、开封第二职业高中、商丘市职业中专、郑州市第四职业中专、密县职教培训中心等6所学校为国家教委抽查学校。这次抽查评估工作引起了当地政府和教育部门的极大重视，有力地促进了学校各方面的工作。商丘市政府为扩大商丘市职业中专的办学规模，将紧邻学校的第四中学、东风小学兼并给职业中专，使该校占地面积增加到90多亩。国家教委抽查小组抽查时，商丘市市长当场表态，再追加1000万元，用于学校的基本建设。安阳市职业中专在学校整体搬迁时，因物价上涨因素，遇到了困难，市长李祖卫在国家教委抽查组离开学校的第二天，就带领计划、财政、建设和教育等部门的主要领导去现场办公，当场决定再增加投资300万元。职业高中建设的加强，对推动全省经济特别是农村经济的发展做出了积极贡献。南阳地区大力推广“村校联姻，共建小康村”、“学业、家业、事业相结合”、“联办、联责、联心”、“教学、科研、技术、辐射相结合”等多种办学模式，提高了办学效益，增强了学校服务当地经济建设的功能。1993年，全区仅农村职业高中共完成科研项目16项，推广实用技术250多项，累计农田应用面积16万多亩，年净增效益400多万元。西峡县林业职业高中在开展村校联姻活动中，帮助当地丁河乡奎文村新建果园2600亩，改造果园1430亩，开发野生资源1.8万亩，使该村1993年人均收入达到857元，高出全县平均水平的三分之一。

[中专教育] 加快学校和专业结构调整。根据河南省经济建设的需要，1993年，河南省新建7所工科、财经等类中专学校。学科和专业结构有所改善，全省有86所学校调整和增设135个专业，工科、政法等学科所占比例持续上升，医药、体育、艺术等学科有所下降。在校生中，工科占14.1%、农科占5.1%、财经占19.1%、政法占2.9%、体育占1.3%、艺术占1%、医药占9.3%、师范占45.9%。

做好国家级、省部级重点中专学校的评估工作。首先，按照国家教委教职(1993)12号《关于评选国家级、省部级重点普通中等专业学校的通知》精神，制定了本省重点学校的评选标准和实施意见。其次，成立了专家评议组。第三，坚持标准、按照条件、分步骤地对申报国家级的15所学校、申报省部级的45所学校进行了评议认定。评议分三个小组，对学校的材料进行了“推磨式”研究，最后推荐郑州铁路机械学校、郑州电力学校等11所学校为国家级重点普通中等专业学校。推荐洛阳林业学校、焦作卫生学校等15所学校为省部级重点普通中专。

评估有力地调动了地方和主管部门的积极性，促进了学校发展。(1)评估工作得到了各级政府、领导的高度重视和大力支持，省交通厅、粮食厅、物资厅、机械厅、卫生厅、供销社的厅长(主任)亲自到校了解情况，解决问题。安阳市、许昌市、信阳行署等市(地)主管市长、专员到校听取汇报并指导工作。(2)促进了学校的自我优化,自我改善,提高了管理水平,增强了办学活力,也促进了校际的交流。(3)改善了办学条件。据对80所学校的情况统计,从1989年到1993年底,学校主管部门拨款和学校筹集经费达到2.45亿,征地684.4亩,建校舍41.1673平方米,调入教师2016人。地质部为郑州地质学校投入1000万元,建起10000平方米的综合实验楼。省交通厅为河南省交通学校征地100亩用于学校的汽车演练,为郑州铁路学校投入1500万元,用于校舍建设。省烟草工业公司为河南省烟草工业学校投入1426万元用于学校搬迁和基本建设。

高 等 教 育

[**高等教育改革**] 按照省委、省政府和国家教委的要求,1993年,省教委进一步加大改革力度,加快发展步伐,扩大学校的办学自主权。省教委本着进一步转变职能的指导思想,侧重利用立法、拨款、规划、信息服务、政策指导和必要的行政手段进行宏观管理,着重做好“三个控制”,抓好“三项工作”,实行分类指导。三个控制是:控制高等学校专业结构调整、招生规模和学历文凭的发放。三项工作是:抓重点学校、重点学科、重点实验室的建设;抓教学、科研、管理,全面提高质量,上水平,出效益;采取措施,制订政策,鼓励、支持高校大力发展高新技术产业,促进科研成果的转化。

突出重点,搞好试点,分类指导。为了使郑州大学尽快进入国家“211工程”,1993年集中力量多方调度资金2600万元,完成了留学生楼、电教楼和部分教工学生宿舍等基建工程的建设任务,竣工面积达141303平方米,工科教学楼和建工实验楼已基本完成,新征土地837亩,加快了郑州大学的工科建设和发展速度。同时,加强现有省级19个重点学科的建设,从中筛选出10个左右的学科点,重点扶持,加快发展,争取达到国家重点学科的要求。

1993年,国务院学位委员会批准河南省新增博士单位1个,硕士单位1个,博士点2个,硕士点20个,博士生导师2名,为郑州大学和一部分重点学科进入“211工程”创造了条件。

在高校改革试点方面,着重抓好河南大学综合改革,给了11条政策。同时请河南农业大学牵头,组织农业院校研究如何深化改革,为农业和农村经济的发展培养分得去、留得住的高中级专门人才;请郑州工学院牵头,组织工科院校,研究如何为加速河南的工业发展培养更多更好的人才;请河南师范大学、河南教育学院牵头,分别组织师范院校、教育学院研究加快改革和发展的措施,加大改革力度,加快培养培训教师的步伐,尽快改变本省师资队伍薄弱的现状;请河南财经学院牵头,组织财经院校,研究如何更多地培养财政、金融、贸易等各类管理人才;请河南医科大学牵头,组织医学院校,研究加快培养高中级医务人才,特别是打通医药人才通向农村渠道的改革措施,尽快改变农村缺医少药的现状；请中州大学牵头，组织职业大学，研究如何加快培养复合型人才，为当地经济建设和社会发展服务，等等。这样，针对不同类型的院校，实行分类指导，把同类院校组织起来并明确牵头学校，推动全省高等学校全面改革。

[专业结构调整] 按照省委、省政府要加快专业结构调整的要求，省教委提出了调整控制文理，稳定提高师范，大力发展工科、财经等短缺专业的指导思想，采取改革办学体制和管理体制、改造老专业和扩大重点专业口径，加强对新增招生专业管理等措施，对全省高等教育结构进行了较大的调整。一是高等教育的层次结构继续得到改善。研究生教育持续稳步发展，在学研究生比上年增加46人；普通本科教育得到较大发展，招生数比上年增长9%；普通专科层次招生比上年增长20%，特别是面向广大农村、基层、中小企业、乡镇企业及第三产业的专科教育得到了较快发展。1993年，高等教育本专科招生比例达到1∶1.2，在校生比例达到1∶1.2。二是高等教育的科类比例和专业结构进一步优化。在基本稳定基础学科的同时，适当发展了新兴学科和边缘学科，大力发展了应用学科。目前，全省高等教育专业科类450多个。其中，工科、财经、政法、涉外等科类约占2/3以上。文科、理科、师范、医科等专业招生和在校生人数均有一定的下降；工科、财经、政法、涉外等专业招生和在校生人数明显上升。据统计，1993年，全省20所高等学校新增招生专业79个，其中，经济类30个，工科类23个，这两类专业新增招生专业占总数的67%。省内普通高等学校本、专科及中专共招收新生54836人，其中，工科专业招生19512人，占招生总数的35.6%；财经专业招生19616人，占18.3%。

[教学改革] 部分高等学校实行了学分制、试读生制、升降格制、教考分离和挂牌教学等改革措施，把竞争机制引入教学中，调动了教和学两方面的积极性，涌现出了一批优秀教学成果。在1993年国家教委开展的第二次全国高校优秀教学成果评奖中，郑州大学的“三学期制”，信阳师范学院的“顶岗学习、双向培训”被评为一等奖，郑州畜牧兽医专科学校的“双循环制”等七个教学改革项目被评为二等奖。

[科研工作]1993年，全省高等学校列入省科技攻关项目300多项，资助金额达400多万元；列入省自然科学基金项目126项，资助金额86万元。共鉴定科研成果170项，办理成果登记170项，申请专利30项，专利受权21项。全年共签订技术转让合同372项，比1992年增加4倍多；合同金额1721.3万元，比上年增加1074.2万元，当年实际收入1209.6万元。全年共有179项成果获地(市)以上级别奖励，其中国家发明奖2项，国务院各部门科技进步奖13项，省科技进步奖52项，省社会科学奖39项。全省高校科技人员总数在全国排第8位，研究与发展课题在全国排第16位，论文总数排第4位，成果获奖排第16位。河南医科大学博士后流动站、郑州大学“激光及功能材料重点实验室”、河南师范大学“河南省生物工程技术研究中心”被省政府批准为全省重点实验室(全省共5个)。积极支持高等学校大力发展校办产业，特别是高新技术产业，促进高校科研成果尽快转化为社会生产力。组织了河南高校暨全国重点高校科技成果博览会，全省共展出科技成果1000多项，取得经济效益1.5亿元。全省高校校办产业发展到383个，比上年增加近100个，总产值1.5亿元，纯收入2000万元。

［**培养中青年骨干教师**］ 1993年，省教委在全省高等学校确定115名中青年骨干教师，加大资助强度，培养他们早日脱颖而出。各高等学校采取措施，改善教师的学习、生活、工作条件，引进高层次人才。1993年省属各高等学校引进博士后1人，博士研究生5人，委托代培定向博士生9人，定向硕士研究生74人，参加骨干学习班和访问学者等100多人。全省各高等学校有208名教师晋升为教授，974名晋升为副教授。其中35岁以下的副教授59名，40岁以下的教授10名。另外，有55名高等师范院校的教师分别获得曾宪梓教育基金二、三等奖。在高等学校继续实行集资建房方案，改善教师住房条件。今年省直属高等学校教工集资建房1679套，面积10.33万平方米，省安排投资800万元。

［**思想政治工作**］ 全省各高等学校积极贯彻落实全国、全省高校党建工作会议精神，针对社会主义市场经济体制转轨过程中师生思想上出现的一些问题，进一步加强了党的建设和思想政治工作，深入开展学习《邓小平文选》第三卷的活动，用小平同志有中国特色的社会主义理论武装广大师生的头脑。利用业余党校、团校，通过举办形势报告会等多形式对师生进行爱国主义、社会主义、党的基本路线和党的基本知识教育，广大师生的政治素质和思想水平有很大提高，高校局势稳定。举办了由全省高校马列部主任和省高校政治理论课教学研究会代表参加的马列主义理论课研讨班。加强了马克思主义理论课和思想政治教育课建设，建立了“两课”教师奖励基金，省教委每年拨出50万元专款，连续3年，共计150万元，对在“两课”教学中成绩突出的给予表彰和奖励。积极组织大学生以“热爱家乡，建设河南，为中原振兴奋发成才，建功立业”为主题，面向基层，面向经济建设主战场，广泛开展科技文化服务活动，新技术、新产品、新品种推广促销活动和各种形式的暑期社会实践活动。1993年暑期，全省50余所高等院校（含部分军事院校地方生）共组织科技服务小分队、建设营5764个，参加社会实践的学生75620余人，创造社会效益和经济效益上亿元。

成 人 教 育

［**高等学历教育管理**］ 针对一个时期以来不少学校、部门和外省一些高等学校在河南乱发招生广告、乱办班、乱发学历文凭的现象，省教委及时发出了《关于高等学历教育有关问题的通告》，通过新闻媒介公布于众，发挥社会监督作用，使这些现象得到了有效制止。对成人高等学历教育的具体管理，主要抓了四项工作。一是进一步完善教学法规，制定典型专业教学计划。二是加强函授辅导站的管理。结合河南省的实际，依靠市（地）教育行政部门，对高等学校在本辖区内设立的函授辅导站重新登记，按照条件审查，并予以公布。三是加强对函授教育教学过程的管理。对函授教育教学的主要环节，从面授、自学、作业、辅导、答疑、实验（实习）、课程设计到成绩考核、毕业设计（毕业论文）等一系列教学过程提出了明确要求，对函授主讲教师和辅导教师的任职条件和任务作出明确规定。四是

严把毕业质量关，对毕业生认真进行资格审查，加强对毕业证书的发放和验印的管理。从1993年起全省成人高等教育采用国家教委统一印制的毕业证书并实行统一验印。在办好学历教育的同时，把成人高等教育的重点转移到以岗位培训为主的非学历教育上来。进一步放开以岗位培训为重点的非学历教育，各类高等学校非学历教育全部放开，根据用人部门的需要，由双方共同确定培训对象、任务、目标、计划、形式、时间等。

[**成人高等教育改革**] (1) 制定了有利于农牧院校专科函授为农村基层、乡镇企业服务的政策，促使成人高等教育向贫困边远县区延伸。为使成人高等教育更好地为农村经济发展，为农民脱贫致富服务，提高农业、乡镇企业在职人员的素质，培养急需的专门人才，改变农、牧院校函授招生规模与农业大省不相适应的状况，认真总结了郑州畜牧兽医专科学校3年来函授单独招生试点的经验，1993年扩大到河南农业大学、郑州畜牧兽医专科学校、豫西农业专科学校、豫南农业专科学校、省职业技术师范院校。招生范围和对象是县以下农牧行业、乡镇企业具有高中文化程度的在职人员和回乡青年；农职业高中、农民中专、农民技术学校的毕业生，除考试文化课外，还加试农牧业基础知识。(2)继续试行第二专业教育，培养复合型人才。根据建立社会主义市场经济的需要，以适应在职人员上岗、转岗、第二职业等对专业文化知识和技能的要求，培养一专多能的复合型人才，进一步扩大了举办第二专业范围，由上年的7所学校扩大到1993年的十几所学校。(3)试办大学基础教育。1993年，省教委批准以省广播电视大学为依托，郑州广播电视大学、开封广播电视大学、洛阳广播电视大学和省直广播电视大学分校试办专科大学基础教育教学班，开设机电工程类、电气与电子工程类、财经类、文科类、法律类，共招生录取1742人。(4)进一步完善举办实用人才专业班的制度，进行质量评估检查。1993年，全省各高校举办实用人才专业班共备案3.5万人，加上1992年招生8万人，在校生达11.5万人，共设682个专业点，525个校外办学点，分布在全省17个市(地)、80多个县。为了加强管理和正确的引导，保证办学质量，使这一新生事物健康发展，对1992年已备案的各高校举办实用人才班(含校内、校外班)进行了一次质量评估，制定了评估的内容、方法、步骤、时间安排，主要评估办学方向、办学条件、教学管理和学生管理、教学质量等。省教委采取统一组织，以市(地)教委为主，各主办学校协助的办法，历时一个月，对53所学校举办的实用人才专业班的校内班及200个校外办学点进行了认真评估，分别占办班学校和校外办学点的90%和38%多。

[**扫盲工作**] 1993年，全省共组织扫盲对象入学55.8万人，脱盲41.86万人，扫盲后继续教育65.45万人，超额完成了省政府下达的脱盲30万人、扫盲后继续教育50万人的任务。偃城等12个县通过了省政府基本扫除文盲单位验收，全省118个县市中，已有106个达到了国家原规定的基本扫除文盲标准，占整个县(市)总数的近90%。国务院新的《扫除文盲工作条例》颁布以后，河南省及时研究了贯彻实施意见，制定了实施高标准扫除文盲的规划。从1993年冬季开始，加快扫盲步伐，由过去每年扫盲30万人改为40万人。制定了《河南省县级扫除青壮年文盲单位检查验收办法(试行)》(“两基”验收办法之一)，省政府已经下发。

[**农村技术培训**] 仅1993年1至7月份，全省教育培训回乡初高中毕业生65.03万人，另外还有77.1万在乡初高中毕业生受

到了两次以上的培训，超额完成了全年教育系统预定的培训计划。至此，全省1979年以来的987万名回乡初高中毕业生，目前已培训934万人，培训率达94.63%。另外，乡、村两级有209万农民接受了不同层次的技术培训。几年来，有1.1万人获得农民技术员职称，有8.2万人被选为农村基层干部，有26万人成为乡镇企业职工，有22万人成为农村科技带头人，共获县以上科技成果奖754项。

［**成人中专改革**］ (1)成人中专的管理权限下放给各市地，包括学校的规章制度，学生学籍的管理，教学质量的检查等。(2)专业审批权下放。根据当地经济发展的需要，及时增设新的专业。新的专业由学校提出，学校主管部门同意，市(地)教委批准，向省教委备案(省直厅(局)办的学校的专业也可由省教委批准)。(3)毕业证书验印权下放给市(地)教委。(4)农民中专放开搞活。学生持初中毕业证书报名，经录取后即成为农民中专的学生。

［**成人学校建设**］ 各地按照省里制定的乡镇成人学校标准和管理办法，多方筹集资金，努力改善办学条件，建设了一批标准比较高的成人学校。目前全省县级培训中心91所；乡镇成人学校发展到2055所，占乡镇总数的97.3%；村级成人学校(班)达到41134所(处)，占行政村总数的87.71%。乡镇成人学校经市地自评达到省定一、二、三类标准的881所，比上年同期增加551所。经过市地推荐和省教委验收，确定34所乡(镇)成人学校为省示范性乡(镇)成人学校。

新郑县成人学校和教育改革经验。县委、县政府提出了依靠大教育，运用大科技，发展大农业，促进大经济的口号，作出了“科教兴县”的战略决策。他们把回乡的23万名初高中毕业生作为资源，制定了“331”和“631”工程。“331”工程是：到2000年培养农业高级技术人才300名，达到每个行政村一名；培养中级技术人才3000名，达到每个村民组一名；培训初级技术人才10万名，达到每个农户一名。“631”工程是：到2000年，村级企业有60%的职工通过培训成为初级技术人才，乡级企业有30%的职工通过培训成为中级技术人才，县级企业有10%的职工通过培训成为高级技术人才。县教委根据县委、县政府提出的1997年实现总产值百亿元的宏伟目标，提出了“紧贴经济办成教，面向市场育人才”和“干实体、抓内涵、重质量、出效益”。经过近几年的努力，全县成人教育基本实现了“办学基地网络化，办学队伍正规化，办学机制市场化，办学体制社会化，办学模式实体化”。

——办学基地网络化。县投资1000万元建设一所成人职业技术培训中心；13个乡镇乡乡建成了高标准的成人学校；329个行政村，村村建成了农民文化技术学校。全县用于成人学校建设的资金达3000多万元，县教委用于成人学校建设的奖金达70多万元。

——办学队伍正规化。全县乡镇成人学校的校长都是通过竞选产生的，一般都具有大专以上学历，懂教学，会管理，善交际，有经济头脑，有开拓和实干精神。成人学校教师的配备，4万人以上的乡镇配专职教师11人，4万人以下的乡镇至少配备专职教师9人；村级成人学校每村配专职教师1人。目前，县、乡两级成人学校有专职教师206人，兼职教师76个；村级成人学校有专职教师329人，兼职教师297人。

——办学机制市场化。把市场竞争机制引入成人学校，在乡镇成人学校中推行“四制”，即校长选任负责制，教师定编聘任制，教师岗位责任制，校内结构工资制。

——办学体制社会化。以乡、村成人学校为基地，通过各种渠道，采取各种形式，挖掘各种潜力，面向社会办学，充分发挥乡镇成人学校和村农民文化技术学校的服务功能，实现紧贴经济办成教，面向市场育人才的目的。具体抓了“八个结合”。(1)培训与社会需求相结合；(2)培训与农科教沟通相结合。农业部门出题目，科技部门列项目，教育部门搞培训，职能部门搞服务；(3)培训与服务相结合。成人学校不仅抓培训，而且抓服务体系的建设，搞好产前培训和产中、产后服务；(4)培训与厂矿企业的需要相结合，变招工为招生；(5)培训与创办经济实体相结合；(6)培训与就业资格证书发放制度相结合。(7)培训与技术辐射相结合；(8)培训与农民富裕升级晋档活动相结合。

——办学模式实体化。他们提出，创办一个实体，培训一批人才，带动一个产业，致富一方群众。乡镇成人学校的教师实行“三个三分之一”，就是三分之一的教师在校内培训，三分之一的教师办经济实体，三分之一的教师下村培训。全县乡(镇)、村成人学校用于经济实体建设的投资已达110.76万元，兴建各类经济实体32个，年总产值已达208.93万元，经济纯收入达19.76万元。

由于新郑县狠抓了举办各类成人学校，对农民、职工和干部进行培训，劳动者的素质有明显提高，推动了经济的发展。1992年与1985年相比，全县社会总产值由4.85亿元发展到27.5亿元，增长4.7倍；工农业总产值由3.26亿元发展到23亿元，增长5.28倍；工业总产值由1.63亿元发展到18.6亿元，增长10.1倍；乡镇企业总产值由1.38亿元发展到24.5亿元，增长11.2倍；财政收入由2651万元发展到7155万元，增长1.7倍；农民人均纯收入由322元增加到770元，增长1.39倍。按国土原则计算，社会总产值38.7亿元，工农业总产值34亿元，经济指数位居全省之首，财政收入跨入全省十强县之列。

撰稿　贯正国

审稿　亓国瑞

湖北省教育

概　况

［各级各类教育发展情况］

1993年各级普通学校基本情况　　单位:人

学校类别	学校数（所）	毕业生数	招生数	在校学生数	教职工数 计	教职工数 其中专任教师
一、普通高等学校	61	37061	57669	163812	66108	24583
研究生	(24)	2020	3200	7789		
本科	32	18773	28250	95023		
专科	29	16268	26219	61000		
二、中等专业学校	232	49472	87438	204051	30172	15030
中等技术学校	197	40999	74206	173744	25342	12217
中等师范学校	35	8473	13232	30307	4830	2813
三、普通中学	4176	635305	843640	2274961	211366	165810
高中	598	110359	108705	314848		29409
初中	3578	524946	734935	1960113		136401
四、农业、职业中学	511	38471	60899	147955	18858	13398
高中	336	28016	38250	92806		8920
初中	175	10455	22649	55149		4478
五、工读学校	6	29	24	93	110	54
六、小学	30965	939952	1185837	6239081	337973	298769
七、特殊教育学校	53	259	1819	4856	1071	757
八、幼儿园	3305	618341	768144	1122531	52125	36895

1993 年各级成人学校基本情况

单位：人

学校类别	学校数（所）	毕业生数	招生数	在校学生数	教职工数 计	教职工数 其中专任教师
一、成人高等学校	75	30274	52077	121889	10987	4855
广播电视大学	16	7631	10973	22925	2912	1324
职工高等学校	37	1859	2876	7860	3838	1640
农民高等学校						
管理干部学院	8	857	2698	4219	1979	790
教育学院	13	3361	5425	19423	2218	1065
独立函授学院	1	662	678	1972	40	36
普通高校举办						
函授部		13430	24545	55530		
夜大学		2283	3888	8685		
干部专修科		191	994	1275		
二、成人中等专业学校	320	28271	50468	112315	14352	7439
广播电视中专	4	710	2133	4201	471	263
干部中专	8	1251	557	1116	329	155
职工中专	190	15620	27329	59308	8484	4333
农民中专	62	2480	5043	9210	1230	737
教师进修学校	48	2929	10421	19948	2272	1232
三、成人中学	47	11645	10426	10971	353	164
职工中学	19	2480	3090	3362	183	95
农民中学	28	9165	7336	7609	170	69
四、成人技术培训学校	8028	1988735	1547623	1313322	12497	6763
职工技术培训学校	468	140905	122600	103141	3124	2132
农民技术培训学校	7560	1847830	1425023	1210181	9373	4631
五、成人初等学校	3664	166041	157684	172202	4008	1815
职工初等学校	238	23855	23918	24123	163	103
农民初等学校	3426	142186	133766	148079	3845	1712
其中：扫盲班	3198	124215	117337	131001	3418	1525

制表　张文彬

[**学习贯彻《纲要》**]　《中国教育改革和发展纲要》颁布后，湖北省迅即掀起认真学习、大力宣传、积极贯彻的热潮。省教委要求全省各级教育行政部门和各级各类学校领导把学习、宣传《纲要》作为一项重要任务来抓，使广大干部和师生员工理解掌握《纲要》的内容和基本精神。同时利用各种舆论形式，向社会各界广泛宣传，使《纲要》深入人心。省教委主办的《湖北教育报》、《湖北教育工作》等报刊，开辟专栏，组织各级党政领导、学校负责人和教师谈学习体会。5 月下旬，省教委、省教育工会、省董必武教育奖励基金会联合举

办学习《纲要》知识竞赛，全省参赛人数达11万多人，随州、当阳、钟祥、洪湖、郧县等县(市)党政主要负责人都认真做了答卷。孝感、宜昌、郧阳等地分别采取发文件、办讲座和校长培训班等多种形式进行宣传。12月，武汉市委、市政府召开贯彻执行《纲要》和《教师法》大会，并决定1994年要为教育办10件大事。

为结合全省实际实施《纲要》，省教委受省委、省政府委托，草拟了《关于贯彻〈中国教育改革和发展纲要〉的意见》。《意见》共分九个方面：(1)90年代教育改革和发展目标。到2000年，全省高等教育在校学生达到40万人，每万人中大学生数由1990年的156人提高到200人左右；全省中等职业技术学校在校生达到60万人，与普通高中在校学生之比达到1.5:1；全省基本普及九年义务教育，初中以上程度人口在总人口中的比重由1990年的33.59%提高到50%以上；全省基本扫除青壮年文盲，每个乡镇和80%的村办好一所成人文化技术学校。(2)建立与市场经济相适应的办学体制和管理体制。(3)改革招生和毕业生就业制度。(4)全面贯彻教育方针，全面提高教育质量。(5)大力推进教育与科技、经济的紧密结合，为振兴湖北经济服务。(6)进一步扩大对外开放，加强国际交流与合作。(7)加强教师队伍建设。(8)建立和完善多渠道筹措教育经费的体制，努力增加教育经费投入。(9)切实加强党和政府对教育的领导。以上《意见》拟在广泛征求意见的基础上正式定稿下发。全省各地、市、州、县也大多结合当地实际，制订了贯彻实施《纲要》的计划。

撰稿　省教委调研处　黄顺和

[**"两基"评估验收**]　为落实《纲要》提出的实现"两基"的目标，1993年，围绕建立普及九年义务教育县(市、区)和扫除青壮年文盲县(市、区)评估验收制度，湖北省政府教育督导室主要进行了以下工作：(1)转发了国家教委《关于普及九年义务教育和扫除青壮年文盲县(市、区)评估验收工作几个问题的通知》，强调"两基"达标是政府行为，由教育部门负责组织实施，有关部门配合，教育督导机构负责指导、掌握标准和牵头组织评估验收。(2)制订印发了《湖北省普及九年义务教育和扫除青壮年文盲评估验收办法的通知》，对"两基"评估验收的范围、对象，验收项目、指标要求，评估验收程序和奖惩办法作出了具体规定。(3)抓好试点。依据国家教委规定的评估对象，将湖北省的评估对象划分为城市区、农村县(市)和不设区的市3种类型，确定以武汉市武昌区为城市区的试点，宜城县为农村县(市)的试点，先后3次派员到试点单位调查研究，与试点单位共同商定评估验收细则、程序和统计表格，使《验收办法》更具有可操作性。(4)组织评估验收。根据武昌区政府的申报，武汉市人民政府的申请，省政府教育督导室组织评估验收团于1993年11月8日至13日对武昌区进行评估验收。验收团分为6个指标组(普及程度组、师资水平组、教育经费组、办学条件组、教育质量组和综合组)，听取了区政府的自评报告，并以抽签形式对全区的街道、学校及部门进行检查，共抽查96所中小学(占学校总数的80.3%)、3个街道，召开座谈会33个，参加人员352人，查阅资料594卷。经各指标组核实，验收团综合审议，认为武昌区已达到国家规定的"两基"要求。12月，省政府教育督导室以同样的方式，对宜城县、十堰市、襄樊市城区进行了评估验收，3个单位也达到了国家规定的"两基"要求。验收工作结束后，省政府督导室将上述各地的评估验收结果通报全省，以推动全省"两基"达标工作的广泛开展。

撰稿　祝泽民

基础教育

[**幼儿园和学前班建设**] 1993年,全省幼儿园在完成登记注册后,根据1992年10月20日省教委颁发的《湖北省幼儿园评估标准(试行)》,按办园条件、办园水平和幼儿发展水平三要素以及示范、一、二、三、四等4个等级,开展分类定级工作。荆州、咸宁、宜昌等地、市也开始对学前班进行登记注册。1993年4月,省教委以江陵县为现场,召开全省农村幼教工作座谈会,提出建设乡(镇)中心幼儿园和村办简易幼儿园(包括学前班)的措施。要求村办简易幼儿园(包括学前班)基本做到“五有两无”:班班有活动室,有符合幼儿特点的课桌凳,有必要的教玩具,有相对独立的户外活动场地,有简易的卫生设备;无危房,周围无危险环境。为适应全省学前班师资水平和教学实际,并克服幼儿教育“小学化”的倾向,省教委组织重新编写《学前班教师指导用书》(上、下册)和幼儿配套读物《语言》、《美工》、《社会教育》、《科学教育》,1993年秋季在全省城乡学前班使用。为提高保教水平,省教委委托湖北省幼教培训中心先后于5月和8月举办保育员培训班和学前班教师培训班,对保育员进行幼儿卫生知识与保育基本要求的教育;对学前班教师进行了省编新教材培训。

撰稿 胡 静

[**义务教育**] 1993年,湖北省按年度、分县(市、区)进一步修订和落实了实施九年义务教育的规划,开展了第三次“义务教育宣传月”活动。起草并向省政府上报三个地方性法规,即:《湖北省实施九年义务教育规划》、《湖北省义务教育适龄儿童少年就学管理办法》、《湖北省实施义务教育奖惩办法》。试行三种管理制度,即“通知入学制度”、“流失生报告制度”、“义务教育证书制度”。为提高义务教育质量,全省从1993年秋季开始,小学、初中起始年级全部按国家教委颁布的新课程方案实施教学。全省小学毕业生升入初中的比例由上年的78.2%上升到80.6%,县、镇以上基本普及了初中。小学升初中的比例在90%以上的县(市)有武汉市武昌区、蔡甸区,黄州市,枝城市,当阳市,咸宁市,嘉鱼县,远安县共9个县、市(区)。经评估验收,宜城县、十堰市(茅箭区、张湾区)、襄樊市城区(襄城区、樊东区、樊西区)和武汉市武昌区、青山区为普及九年义务教育合格县、市(区)。截至1993年底,全省经评估验收,达到普及九年义务教育合格的县、市(区)共15个,约占全省总人口的20%。

撰稿 曾庆宏

[**初中毕业生加试实验操作技能**] 1992年2月,省教委颁发《湖北省中小学实验教学的试行办法》,规定有条件的学校在录取初中毕业生时,可加试实验操作能力的考核。根据这一规定,荆门市于1992年开始对应届初中毕业生加试实验操作考核。1993年,又有荆州地区、黄冈地区、恩施自治州对应届初中毕业生加试实验操作考核。鄂州市、咸宁地区教

委已决定在 1994 年开展这一工作。

荆州等地、市、州对应届初中毕业生加试实验操作的具体作法是：(1)考核工作由地、市、州教委统一领导和部署，统一内容、标准，由县(市)教委具体实施。(2)考核工作会同有关部门共同负责落实，由教育技术装备站(仪器站)具体组织实施，将学生的考核成绩记入学生档案，纳入学籍管理。对考核(经补考)不合格的，不发给毕业证书，不能被高中和中专录取。(3)考核前，县(市)教育技术装备站(仪器站)对学校进行资格审查，审查内容包括：实验室建设、教学仪器设备、实验室管理、实验教学等。对不符合要求的学校，责令其限期整改，整改达不到要求的，不能参加实验操作考核。(4)实验操作考核范围是现行教学大纲和教材规定的学生分组实验，由地、市、州统一命题、统一制卷、统一评分标准。

撰稿　省教委技术装备处

[**特殊教育**]　1992 年 11 月至 1993 年 6 月，省教委按照“坚持标准、一个不漏、科学可信”的要求，有计划、有步骤地在全省范围内，对 3—15 周岁视力、听力语言和智力三类残疾儿童、少年进行全面普查，基本摸清了全省三类残疾儿童、少年的数量、分布及接受教育的状况等基本情况，为发展全省特殊教育事业打下基础。普查结果：截止至 1993 年 6 月 30 日止，全省 3—15 周岁三类残疾儿童少年共 69139 人(盲童 4792 人，聋童 15440 人，弱智儿童 48907 人)，其中 7—15 周岁三类残疾儿童少年 58236 人，已入学 32504 人，入学率 55.8%(盲童 3767 人，已入学 759 人，入学率 20.15%，其中随班就读 608 人；聋童 12618 人，已入学 4022 人，入学率 31.88%，基中随班就读 1839 人；弱智儿童 41851 人，已入学 27723 人，入学率 66.24%，其中随班就读 26827 人)。

1993 年，国务院残疾人工作协调委员会、国家教委、民政部、中国残疾人联合会联合表彰一批特殊教育先进单位。湖北省蒲圻市、潜江市、广水市、麻城市、武汉市武昌区被授予“特殊教育先进县(市、区)”称号；咸宁市、江陵县、罗田县、洪湖市、浠水县、宜昌县、崇阳县、天门市、十堰市、随州市、丹江口市、恩施市、荆门市、武汉市东西湖区等 14 县(市、区)受到通报表彰。

撰稿　石盛全

[**教师队伍建设**]　1993 年，湖北省扩大了小学教师进修高一级学历(小学教育专科)层次的试点。据统计，全省共有 1.5 万余名中小学教师被录取到成人高师本科和专科进修培训。其中，中学教师 1.2 万余人，小学教师进修小学教育专科 3000 余人，幼儿园教师进修幼儿教育专科 40 人。有近万名中学教师经培训获得相应的合格学历。截至 1993 年 9 月，全省高中、初中、小学教师的学历达标率已由 1992 年的 48%、55%、82%分别上升到 51%、59%和 83.3%。此外，全省近 5.14%的高中教师、4.43%的初中教师、11%的小学教师分别获得了中学、小学教师《专业合格证书》。

湖北省小学教师的学历培训任务基本完成后，从 1993 年开始，省教委要求将培训重心转移到继续教育上来。在开展继续教育工作中，要求现阶段以骨干教师培训和基本功训练为重点。为了加强对教师继续教育的业务研究、管理和指导，成立了“中小学教师继续教育中心”(附设在省教育学院)。省教委组织编写了《小学教师基本功训练指导纲要》，先后共举办 4 期继续教育的师资培训班和管理干部培训班，并在沙市市召开“全省小学教师继续教育经验交流会”。沙市有中小学教师 5000 余人，小学教师学历合格率达 90%以上，中学教师达80%以上。从1992年起，该市不失时机地将中小学教师培训工作的重点由学历补偿教育转移到继续教育轨道上来，全面推行教师基本功训练，1993年在中小学教师中举行了教育教学基本功“八项全能”竞赛活动，评选市级骨干教师100名，探索了学校自培、岗位自练的新的培训模式。会议推广了沙市的经验，全省小学骨干教师培训和职业技能训练的热潮正在广泛兴起。

1993年，还进行了全省第四批特级教师的评选工作。各地本着“坚持条件，确保质量，优中选优，宁缺勿滥”的原则，并严格按照“自我申报，群众评议，学校推荐，县(市)考核，地(市)评选”的程序进行推荐、考核、评审。省教委成立了湖北省第四批特级教师评审委员会。经评审，省政府批准袁宏敏等346人为湖北省第四批特级教师。

撰稿　范义虎　丁雪松

［**中小学校长岗位培训**］　1993年，全省中小学校长培训工作成绩显著。(1)调整规划，加快培训步伐。对部分初中校长的培训，采取地(市、州)、县(市)联合办学的形式，由地、市、州教育学院送教上门，将办学点设在县(市)。截止至1993年11月，全省共办班486期，培训中小学校长24574人，占应培训人数的67.13%。沙市市已全部完成培训任务。省教委在沙市进行了第一轮培训工作评估验收的试点。(2)继续抓了干训师资培训。省教委举办了《教育学科知识讲座》、《教育政策法规》、《小学管理》、《中学管理》等课程的研修备课班。各门课程中心教研室也开展了活动，荆州、黄冈等地、市在本地进行了中心教研室的研修备课活动。(3)坚持按需施教，充实教学内容。1993年4月在沙市召开了全省中小学校长岗位培训研讨会，对充实干训教学内容提出了指导性意见，即在强调基础理论知识教学的同时，贯彻“针对性”和“时效性”的原则，结合实际安排一些新的教学内容。(4)强调学用结合，改革教学方法。(5)加强管理，开展综合考核。各地普遍成立了干训领导小组，建立管理网络。教育学院、教师进修学校普遍建立了学员管理制度、教学常规管理制度、考评制度等，进一步完善管理办法。沙市已全面完成综合考核，黄石市还组织在训学员对已结业的校长进行考核。

撰稿　张义鸿

［**解决拖欠教师工资问题**］　1993年，湖北各地拖欠中小学教师工资的问题十分严重，到8月底，全省共拖欠中小学教师工资1.7亿元。

省政府对解决拖欠教师工资问题，采取了一系列措施。1993年5月26日、6月16日，省长贾志杰两次主持召开省长办公会，专题研究解决拖欠教师工资问题，提出要像解决农民手中的白条子一样抓好兑现教师工资。6月18日，省政府发出《关于迅速清理并兑付拖欠中小学教师工资的通知》。8月18日，省政府发出特急电报，决定对落实上述《通知》的情况进行检查。8月31日，省政府召开全省电话会议，通报兑现进度，强调要进一步做好兑付教师工资的工作。9月中旬，省政府邀请省人大、省政协有关负责人与省政府及有关部门负责人一起组成8个检查组，对全省15个地、市、州兑现教师工资情况进行了为期半个月的全面检查、督办。10月22日，省长办公会再次专题研究解决拖欠教师工资的问题，决定采取5条措施：一是解决拖欠教师工资的问题，实行行政首长负责制；二是从1994年起，各级财政对教育经费实行全额预算，不留缺口；三是结合财税体制改革，从1994年1月起将包干到乡镇的教育经费收归县(市)管理；四是农村教育费附加按上年人均纯收入的1.5%足额征收，专户储存，专款专用，在乡财政特别困难的地方，可实行乡征县管；五是省财政调剂1000万元资金，帮助解决贫困山区拖欠中小学教师工资问题。11月12日，省政府再次召开电话会议，强调各地要采取措施，坚决解决拖欠教师工资问题。11月下旬，副省长李大强、韩南鹏带领省直有关部门的负责人，深入到拖欠情况较严重的地方进行调查，省教委、省财政厅又派出6个检查组到问题较严重的地方督促落实。与此同时，各地、市、州、县按照省政府要求，积极采取措施，千方百计筹措资金解决这一问题。经过全省上下共同努力，全省拖欠教师工资问题已得到缓解，截至年底，全省拖欠中小学教师工资总额已由1.7亿元减少到6454万元。

撰稿　周承兰

[**勤工俭学**]　1993年，全省中小学勤工俭学主要经济指标继续快速增长，提前两年完成“八五”规划。1993年，兴办校办产业的学校达27825所，校办产业面达77.4%，比上年增长4.4个百分点，全省有校办工厂3638家，比上年增加194家。学农基地面积37.59万亩，与上年基本持平。第三产业网点15495个，比上年增加2853个。总产值19.54亿元，比上年增加4.98亿元。纯收入3.29亿元，比上年增加0.74亿元。学生人均收入37.16元，比上年增加7.93元。1993年全省勤工俭学的总产值、纯收入、学生人均收入分别超过“八五”规划指标的26.06%、17.5%和23.9%。

1993年，勤工俭学纯收入用于补充教育经费达2.06亿元，其中用于改善办学条件11488万元，用于教职工政策性补贴、奖金和福利9128万元。1991～1993年，勤工俭学纯收入共计补充教育经费4.73亿元。纯收入过2000万元的地、市由上年的3个增加到7个。

1993年，校办第三产业有突破性发展。校办产业由商业、服务、饮食、修理，拓宽到保险、金融、旅游、房地产、信息、咨询、书刊发行等多种行业。校办第三产业营业收入6.32亿元，纯收入9008万元，分别比上年增长55.32%和51.52%。

撰稿　邓　辉

职业技术教育

[**概述**]　1993年，湖北省职业技术教育加大改革力度，探索适应社会主义市场经济体制的办学思路，取得了较大成绩。1993学年度全省各类中等职业技术学校招生比上年增加18.5%，占高中阶段招生总数的60.2%；在校生占高中阶段在校生总数的55.8%，连续2年提前超过国家“八五”计划要求的1:1的指标。

1993年，普通中等专业学校招生数和在校生数分别比上年增长37.4%和22.8%；中专生与高校本专科生之比为1.3:1，中专与高校在校生比例不适当的状况有所改变。职业中学比上年增加12所，在校生与上年基本持平。技工学校193所，招生4.2万余人，比上年增加8.8%，在校生达11万余人。试办高等职业技术教育班5个(不含职教师资班)，招生145人，在校生179人。农村初中毕业生85%以上接受了不同程度的实用技术培训。全省已初步形成了以中等职业技术教育为主体，从初级到高级，辅以大面积短期职业技术培训的职业技术教育体系的基本框架。1993年12月，国家教委检查组抽查了湖北省部分重点职业高中，认定湖北省职业技术教育在经济中等发达的省份中居于较先进的水平。

[**继续推行部门办学和联合办学**] 1993年，湖北省继续推进厂矿企业、事业单位和社会力量兴办职业技术教育，探索办学新体制。在全省各类中等职业技术学校中，由业务部门和厂矿企业自办的占72%。教育部门办的职业技术学校基本实现了政府统筹，教委主办，企业和部门参与，面向市场，服务当地的新格局。据统计，1993年全省由教育部门单独举办的职业高中招生人数仅占职高招生总数的15%，其他部门、厂矿企业自办和与教育部门联办的招生数占85%。其中，黄冈地区部门自办或联办的职业高中1993年招生4862人，占全地区职高招生总数的91%，学校数则占同类学校总数的88%。1993年，湖北省还新审批4所民办中等专业学校，连同原有的1所，5校共招生900余人，在校生达1800余人。在试办省轻工业学校高职班的基础上，支持武汉电力学校试办了高等职业技术教育班。

[**改革学校内部管理体制**] 湖北省在调查研究的基础上，总结推广了一些职业技术学校内部管理制度改革的经验，以带动其他学校的改革不断深入。如宜昌市职教中心从1989年起，实行校长负责制、专业技术人员聘任制、岗位责任制。学校抓住岗位职责的落实和应聘人员的考核等主要环节开展日常工作，先后制订和完善了一系列配套的规章制度。从德、能、勤、绩四个方面对受聘人员进行一年一度的考核，实行奖勤罚懒、奖优罚劣、有功重赏、多劳多得、优秀者优先晋升职称或低职高聘，对考核不合格者予以解聘或不再续聘。全校上下尽职尽责，勤奋工作，教书育人，管理有序。1993年7月，省教委在该校召开了省级重点职业高中校长现场会，总结交流他们强化内部管理，完善运行机制的经验。

[**调整专业结构**] 1993年，各级各类中等职业技术学校根据本地经济发展对人才的需求，及时调整专业结构，拓宽服务面。仅普通中等专业学校就有40余所学校改造了老专业，新增文秘公关、旅游服务、市场营销、计算机及应用、机电及应用电子技术等70多个专业。职业中学根据农村产业结构调整和发展乡镇企业的需要，在继续办好第一产业专业的同时，增设第二、三产业专业，为农村剩余劳动力合理转移创造有利条件。黄冈地区职业技术学校经过专业调整，使第一产业类专业与第二、三产业类专业的比例，由原来的7∶3转为3∶7。这一改变，与该地区农村劳动力过剩，第二、三产业人才缺乏的实际情况相适应，因而受到社会的欢迎，学校的服务功能也相应增强。

[**教学改革**] 1993年，在进一步解决好教学计划、大纲、专业课教材、师资培训等问题的同时，重点研究了教学管理、考试考核方法的改革和推行“双证制”，促进教学改革不断深入。襄樊市职教中心将3个骨干专业相应分设3个专业部，试行专业部相对独立，对所属教师、学生及教学、实习、毕业生推荐等工作行使管理权。学校组织多数课程的考试考核，少数课程直接参加行业考试考核(如微机专业、财会专业、机电专业)。考试考核合格

的学生，毕业时发给毕业证书和专业技能等级证书。该校1990级机械班42名学生，由襄樊市机械系统考工委组织考核，审定五级工1人，四级工37人，三级工4人。省教委在该校召开现场研讨会，向20所省级重点职业高中推广他们的作法和经验，对全省职业学校教学改革工作起到了推动作用。

[**发展为农业服务的职业教育**]巩固和发展农业类职业技术教育，更好地为农村经济和社会发展服务，是湖北省职教工作的重点。省教委、省农牧厅互相配合，多次深入基层调查研究，于1993年4月在襄阳农业学校召开了以农业中等专业学校为“龙头”，支持发展农村职教，为振兴农村服务现场会。会上总结推广了襄阳农业学校发挥骨干作用、建立农村职教网络的经验。同时，要求所有农村职业学校稳定第一产业类专业，提高第二产业类专业，发展第三产业类专业。以种养专业为主的学校要搞好校内基地建设，做到建设校园经济，辐射农家庭院经济，指导大田作业，参加市场竞争，带动农民致富。由此涌现出了一批为农服务“样板”职业高中和农业中等专业学校。

[**重点职业学校建设**] 集中力量办好重点骨干学校，是湖北省发展职业技术教育的重要措施。湖北省中等教育结构改革起步时，大多数职业中学是由处在偏远山乡办不下去的普通初中改办的，学生招不进，学不好，留不住。对此，省政府提出首先县办1所重点、市办1—2所中心的工作思路，把有限的人力、物力、财力集中办好一批示范骨干学校，并制订了《县(市)重点职业中学基本条件》，县县校校逐一检查验收。接着又颁布了《湖北省示范性职业高中标准》，根据国家教委《省级重点职业高中标准》下发《评分细则》。经省教委组织评估，认定省级重点职业高中20所。首先办好重点的作法，不断提高了办学规格，也调动了地方的积极性。1985年至1993年，全省85所县(市)级以上重点学校由地方投入经费超过1亿元，这些学校的办学条件大为改善，招生数接近全省职高的50%。钟祥市政府一次投入180万元，用于改善市职业学校的办学条件。谷城县职业高中新征地60亩，校园面积扩大到100亩，是1985年的4倍。各县(市)重点职业高中办学水平和管理水平不断提高，逐步形成了各自的办学特色，成为当地人才培养、科技示范、技术服务的中心，为全省职业中学树立了榜样。省教委为了全面提高职业高中的办学水平，部署了于1994年认定第二批省级重点职业高中的工作，许多县市立即行动起来，创造条件，争取有新的学校成为省级重点职业高中。随州市由市长挂帅，成立了领导小组，并设立专门班子，对照《省级重点职业高中标准》，逐条整改，迎接评估认定。

普通中等专业学校在总结1992年办学条件评估工作的基础上，又进行了办学水平评估和选优评估，按照国家教委关于评选重点中专的意见，选定武汉电力学校等40所学校为省部级重点中等专业学校，由省政府发文公布。同时，经省政府同意，向国家教委推荐了一部分学校为国家级重点中专学校，呈请审查认定。

省劳动厅对所辖技工学校进行了检查评估，经省政府认可，确定武汉钢铁公司技工学校等24所学校为湖北省重点技工学校，要求这些学校发挥优势，在全省技工学校起到骨干作用和教学改革的示范作用。

[**健全职业教育服务体系**] 一是开展了全省自下而上的师资状况调查，为制订实施师资培养规划、培训计划奠定了基础。二是举办职教管理干部和职业中学校长培训班。近几年来，湖北省各地职教管理干部变动较大，

新任校长、职教科长多是从普教方面转来的。为此省教委多次召开经验交流会，请部分老校长、老科长介绍管理工作经验。同时举办培训班，组织他们比较系统地学习职教理论和管理知识。三是成立了全省职业技术教育教材审定委员会，组织编写了《农村机电》等8种教材。进行了职业高中农学、果林、水产、畜牧兽医、农村机电5个专业的技能和《职业道德》、《会计原理》、《工业会计》3门课程的全省统考，并对部分职业中学的教学情况作了专题调查。四是继1992年依托湖北农学院成立“湖北省农村职业技术教育师资培训中心”之后，1993年初以湖北工学院为依托，成立了“湖北省城市职业技术教育师资培训中心”，并成立了湖北省职业技术教育学会。初步形成了全省职业技术教育的服务体系。

撰稿　刘立刚

高 等 教 育

［**年度工作任务**］　1993年2月10日，省教委在武昌召开全省普通高校校长、教务处长会议，部署1993年高教工作。省教委主任孙德华、省委高校工委书记崔建瑞出席会议并讲话。1993年，湖北省对高教工作的总要求是：加快改革、积极发展、提高质量、办出特色，使全省高教工作再上一个新台阶。一是解放思想，加快改革步伐，使高等教育适应经济和社会发展需要，办学、教学、管理、投资体制和招生就业制度要进一步改革。二是扩大规模，加快高教事业的发展。三是加强重点，形成特色，从整体上提高办学水平和效益。四是以教学为中心，加强管理，提高教育质量。五是加强中青年学术带头人的培养和教师队伍建设。六是加强党的建设。会后，各校从学校实际出发，修订了改革发展计划，确定了学校1993年的目标和任务。

［**实行分类指导**］　1993年，在调查研究的基础上，省教委分别对全省工科院校、职业大学、医科院校和师专院校的改革和发展问题进行了专题研究。1993年10月召开了全省部分高等工科院校教育改革座谈会，总结了各校教育改革的经验，结合实际，提出了工科院校要坚定不移地走“产学研”合作发展的路子。今后5—7年内，湖北省高等工科教育改革和发展的基本思路是：“一改革、二加强、三提高”。即改革办学模式，发展校企联合办学，促进“产学研”结合，建立多渠道筹措办学经费的机制。加强实践教学环节，重视基本能力训练，培养工程应用型人才；加强重点建设，发展学科优势，形成自身特色。提高教育质量、办学水平和办学效益。据此，制定了《关于加快我省高等工科教育改革和发展的意见》。

湖北省职业大学通过近两年加速建设，有了显著的发展，1993年全省8所职业大学在校学生已达7832人。根据《纲要》关于“大力加强和发展地区性的专科教育，特别注重发展面向广大农村、中小企业、乡镇企业和第三产业的专科教育”的精神，省教委于1993年11月召开了有关市主管教育的市长和职业大学校长座谈会，专题研究了职业大学深化改革和进一步发展的问题。会议提出：职业大学今后应走产学合作之路，继续改善办学条件，积极发展内涵，深化教学改革，加强教学管理和实践环节，把职业大学办成以工科为主的地区性综合高等专科学校。

根据全省普及九年义务教育和地方经济建设的需要，省教委采取措施，进一步落实《关于我省高等师范专科教育改革和发展的意见》，荆州师范专科学校、宜昌师范专科学校、襄阳师范专科学校分别与沙洋师范学校、仙桃师范学校、当阳师范学校、襄樊师范学校联合试办5个小学教师大专班，培养专科层次的小学骨干教师。通过挖潜和联合办学，扩大师范高等专科学校的办学规模，提高办学效益，在荆州、黄冈等7所师范高等专科学校分别开设了精细化工、化工工艺、食品工程等23个具有地方特色的非师范专业。这些学校在保证师范专科教育规模和质量的前提下，突破单一的师范教育模式，扩大了服务范围和对象，增强了办学活力。

［**办学体制改革试验**］ 根据《纲要》关于“鼓励多渠道、多形式社会集资办学和改变国家包办教育”的精神，经省政府批准，1993年试办了民办武汉经贸大学、民办九州大学、民办时代大学、湖北经济管理大学4所民办大学，共设置了国际贸易、金融、财会、建筑设计等16个专业。当年招收自费、委培等不包分配学生700余名。

走内涵发展的道路，积极挖掘现有高校潜力，发挥各校优势，促进联合办学。经过批准，湖北大学与湖北省计划管理干部学院联合举办了湖北大学经贸学院；湖北工学院与湖北省乡镇企业管理局联合，设立湖北乡镇企业学院。通过联合办学，扩大了办学规模，提高了办学效益。

［**教学改革和管理**］ 1993年，湖北高校坚持教学改革是核心，教学工作是中心，在促进高校深化教学改革，严格管理，不断提高教育教学质量方面，主要抓了以下工作：

一是不断调整优化学科专业结构，提高适应性强、需求面广的学科专业比重，重点发展面向农村、中心企业、乡镇企业和第三产业的专科专业。1993年共增设这方面的本科专业25个、专科专业41个。同时对全省高校所设本科专业进行了调整，使专业设置和管理逐步规范化、科学化。

二是加强和改革马克思主义理论课和思想教育课。1993年初，制定下发了《关于在高等学校马克思主义理论课教学中贯彻十四大精神的意见》。同时，重新编写了《马克思主义原理》、《中国革命史》和《中国社会主义建设》3门理论课教材。并对思想教育课教学内容作了较大改革，把原来的《思想品德课》、《职业道德》和《人生哲学》3门课合并，组织编写了《大学生思想品德修养》，改变了过去德育课教材内容重复、课时紧张和学习效果差的状况。召开了全省高校马列主义理论课教学改革研讨会，研究了马列主义理论课的课程体系、教学内容和教学方法的改革问题。

三是发挥检查、评估、评比等激励机制在教学管理中的作用。1993年对全省高校的教育教学工作进行了全面检查。在检查和调研的基础上，首次评选出全省高校教学工作先进学校10所、优秀教务处20个、优秀教学管理工作者177人。根据国家教委安排，湖北省工科专科学校金工实习教学工作为评估试点，按照评估要求，省教委组织有关专家对8所工科专科学校进行了评估。通过评估调动了各校及其主管部门的办学积极性，增加了投入，改善了办学条件，受到国家教委专家组的好评。还组织了对工科高等数学和大学物理的测试、评估工作，促进工科院校加强主要基础课的教学，提高课程教学质量。1993年评审了第二届全省高校教学成果奖，其中获国家一等奖4项，二等奖23项；获省级一等奖 30 项，二等奖 60 项，三等奖 130 项，获奖人数达 852 人。

［**学位管理和研究生教育**］ 经国务院学位委员会和省政府批准，1993 年 2 月成立了湖北省学位委员会，使全省高校学位工作进入新的发展阶段，加快了省属高校研究生教育发展步伐。1993 年全省省属高校招收博士研究生 11 人，硕士研究生 275 人，是湖北省恢复研究生教育以来发展最快的一年。经国务院学位委员会批准，1993 年湖北省新增博士点 20 个，硕士点 37 个，其中省属学校博士点 5 个，硕士点 10 个。全省高校博士点达到 142 个，硕士点 421 个。

以培养模式改革为龙头，改革和发展研究生教育。1993 年在省属高校和部分部属高校试行了自筹经费招收研究生制度；批准了湖北中医学院招收七年制学生，开办“中学西”、“西学中”的研究生班；在湖北大学、湖北医学院试行推荐研究生和在职研究生招生单独考试制度。支持部属院校采取各种形式联合办学，发展研究生教育，促进高层次人才的培养。经过考察论证评审，在高校试办了一批硕士学位点。

［**高校为经济建设服务**］ 1993 年，湖北高校科技工作面向经济建设主战场，重视基础研究，加强应用开发，推动成果转化，初步形成了资源与技术合理配置的格局。

1993 年全省高校从事科技开发的人数达 1 万余人，承担科研课题 6000 余项，转让科技成果 500 余项，产生经济效益近 10 亿元。由省教委组织评审通过的高校申报资助研究课题 130 项，组织和主持科研成果鉴定 82 项。组织了国家教委、省政府科技进步奖的申报工作，全省高校获省科技进步奖 26 项（一等奖 1 项，二等奖 9 项，三等奖 16 项），“星火”一等奖 1 项。扩充编制了新的科研项目计划，设立了高校重点科研项目计划、高校青年科研发展项目计划和高校科学研究指导性项目计划，参与组织了 1993 年湖北省人才、技术交流会，全省 51 所高校展出科技成果 6000 余项，签订协议 79 项，金额 900 余万元。

积极组织科技开发，为地方经济建设服务。华中农业大学、湖北农学院、湖北大学等高校组织科技开发团为乡镇企业发展服务。1993 年重点为红安的银杏、大悟的白果、长江地带的柑桔、谷城的建筑材料等资源开发项目进行了科学论证，并组织力量进行开发。华中农业大学组织的大别山科技开发团在红安县推广“三个一”计划（一块高产田或养殖水面，一项适用于乡镇企业的新技术，一个种养殖新品种）。这项计划实施一年来为该县增加收入 2000 万元。

积极发展和扶植校办产业。1993 年，高校新设立校办企业 30 多个，全省高校校办企业、公司达 300 多个。省教委与省财政厅联合下达产业周转金 710 万元，资助项目 24 项。全省高校校办产业年产值 5 亿余元，实现利税近亿元，比上年增长 30%以上。湖北医学院研制的“凝血酶”产品，在本校实现成批量生产，行销全国 10 多个省市，1993 年销售额达 500 余万元。宜昌医学专科学校与三峡药厂联合开发的新药“血美胺”，1993 年试产即创收 50 多万元。

［**国际交流与合作**］ 1993 年，湖北高等教育积极开展对外交流与合作。组派多个代表团赴国外访问和考察，与国外教育机构签订交流协议，选派一批教师出国进修学习。高校聘请长期外籍专家、教师 156 人，审批各类出国人员 567 人，其中公派和自费留学人员 507 人。

进一步加强教育外事管理工作。首次在全省聘请外籍专家、教师的院校中开展了聘请单位资格认证工作,在留学生管理工作方面推行趋同管理以及校园管理校园化、校外管理社会化等措施。拓宽了招收外国留学生的渠道,1993年全省有10所高校接受来自35个国家和地区的留学生343人。

撰稿 周一志 郑年春
杜海鸾 沈椒芝

成人教育

[**成人学历教育**] 1993年,湖北省成人学历教育积极探索新的办学路子。(1)改革成人大、中专招生办法。1993年,成人高等教育进行招生与招工相结合的试点,在武汉纺织学院等4所学校招生70人;在大冶钢厂职工大学等21所学校开展成人第二学历教育,招生979人;在湖北大学试办劳动模范大专班,招生200人。成人中等专业教育在农业类成人中等专业学校进行免试招收具有初中文化程度的人员和应届初中毕业生,招生近万人;进行成人中专专业证书继续教育试点,招生4431人。(2)成人高等教育突破普通高校不办脱产成人教育,成人高等学校不办业余成人教育的限制,形成了业余、脱产并举,以业余为主的格局。(3)调整专业结构和培养方向。根据全省经济结构对人才需求情况,成人高等、中专学校及时调整专业结构和培养方向,讲授最新的科学技术知识,重视外语、计算机等课程教学,加强专业理论学习、专业技能培养和职业道德教育。1993年,全省成人高等教育新增专业89个,成人中专学校新增专业139个。(4)加强教材建设。1993年,湖北省承担国家教委委托的8门课程教材的编写任务,与有关部门合作编写6门课程教材,全面修订了财会类专业教学计划和教材。(5)成人中专学校继续发挥地方教育行政部门和省直业务部门的积极性,完善办学条件,建立教学质量检查制度,提高教育质量。支持成人中专学校联合办学,扩大"一校多点"的试点,提高办学效益。

撰稿 省教委成教处

[**为农村培养科技致富带头人**] 1993年,湖北省开展多渠道、多形式、多规格的培训教育活动,全年为农村培训科技致富带头人300多万人(次),为大面积提高劳动者素质,振兴农村经济作出了贡献。

继续发展和完善农村成人教育网络。县(市)办成人中等专业学校,乡(镇)办成人文化技术学校,村和企业(包括乡镇企业)办成人教育分校或成人教育班三级教育网络。1993年,郧西、长阳、远安、枝城、秭归、五峰等县市成立了成人中等专业学校,全省县办成人中专学校发展到61所,在校学生达18582人。在县办成人中专学校试办成人中专继续教育,招收具有中专专业证书学生2045人。全年为农村输送各类中等专业毕业生近2万人。"八五"期间,省教委计划每年重点建设100所示范性乡(镇)成人文化技术学校,至1993年底,全省已建乡(镇)成人文化技术学校1857所,举办成人教育的村和企业已达50%以上。

积极开展培训活动。为加快培养科技致

富带头人的步伐，一是改革成人中专学校招生制度。即面向农村的学校和专业可以招收应届初中毕业生，毕业后回到农村或乡镇企业工作。1993年，省农业广播电视学校、省电大中专部和县办成人中专学校以及其他部分有面向农村专业的成人中专学校，共招收应届初中毕业生1万余名。二是多种形式开展培训。县成人中专学校培训乡(镇)、村成人文化技术学校教师近千人(次)，乡(镇)、村和企业根据农时和生产需要组织不同形式、不同内容的培训，培训300多万人(次)。

组织成人学校兴办示范性生产项目。根据"围绕项目搞开发，围绕开发搞培训"的思路，省教委要求全省成人学校根据当地培养科技致富带头人的工作安排，结合学校开展勤工俭学办好示范项目，形成围绕项目开展教育活动的有效机制。荆门市成人中等专业学校结合当地资源开发组建了教育科技开发总公司，开发科技信息，实施"燎原计划"项目，开展农工商经营，使一大批农民走上了科技致富之路。该校的经验正在全省推广。

协同有关部门搞好科教兴农。省教委配合省妇联开展"双学双比"活动，配合农业部门开展"绿色证书"教育，配合科技部门开展对农村青年的实用技术培训，都取得了较好效果。

撰稿　汪振序

[华中电业职业大学培养紧缺应用人才]

为适应市场经济发展和加快电力建设步伐的需要，本着"依靠电网办职大，办好职大为电网"的宗旨，华中电业联合职工大学在专业设置、办学方式以及教学计划、教材建设等方面不断进行新的探索，为电网培养紧缺应用型人才。

灵活设置专业。根据企业需要，积极创造条件，开办有关专业，基本形成了"网需我办，人无我有"的专业特色。1990年，该校开办了大专学历教育的"电网调度与经济运行"专业，面向全国电力系统招生，填补了国内有关专业空白；为适应华中电网近几年来实行的劳动、人事、工资制度改革的需要，从1988年起开办了"劳动人事管理"大专层次的专业证书班，在此基础上于1991年开办大专学历教育"劳动人事管理"专业，招生人数年年超额完成计划；积极创造条件，率先在全国开办"燃煤管理"专业证书班和大专学历班，生源覆盖全国20多个省市。为适应华中电网第三产业、多种经营事业发展，1992年在连续3年开办4期厂长经理岗位培训班的基础上，又开办了大专层次的"多种经营管理"专业。该校开设的这些短线专业，填补了电力行业成人高校的空白，受到电力企业和学员的普遍欢迎。该校开办"燃煤管理"专业后，华中电网煤耗大幅度下降，1992年每度电的发电耗煤为388克，比上年减少17克。

改变单一的脱产学历教育的办学形式。该校开办了文科类半脱产学习形式的学历教育班，分别在学员集中地区，就近依托大中型电力企业设置教学点，送教上门；坚持两手抓，一手抓大专学历教育，一手抓各种层次的岗位培训和继续教育。近3年该校开办各类短训班46期，培训2011人次，平均每年递增39%，直接为企业科技进步和提高管理水平服务。投资500万元筹建30万千瓦火力发电机组的模拟培训系统，对火电厂值班人员和技术管理人员进行正态运行和事故处理全仿真培训，开辟了学校教学与生产劳动相结合的途径。同时开展多形式联合办学，与华北电力学院联合设置固定函授站，与武汉市广播电视大学联合设置办学点，与武汉水利电力大学联合开办自学助考班，根据企业需要和生源情况灵活招生。通过改革，学校实现了以学历教育为基础，以岗位培训为重点，脱产、半脱产和业余并举，一家办学与多家联合办学相结合的格局，使学校充满生机和活力。1991—1993年，该校学历教育招生人数分别比上年增长39%、21%和84%。

改革教学计划和教材内容。3年来，该校采取“走出去、请进来”的办法，建立了由学校教师、技术专家和用人单位负责人相结合的编写、审查教学计划和教材的体制，对教学计划进行了两轮修改。1993年的一轮修改了学校5个专业、两种办学形式、8个大专学历教育的教学计划。改革后的教学计划的共同特点是：加强了实践性教学环节，加强了英语课和计算机课，削减了针对性不强的专业基础课，专业课与市场经济接轨。管理类专业按市场经济的要求，对40%以上的专业课进行了调整和改革。教材改革，立足于自力更生，促使教师学习邓小平建设有中国特色的社会主义理论和世界先进的管理知识、科技知识，深入企业和市场作调查研究，以达到编好教材、提高教师素质和教学质量的目的。

撰稿 华中电业职大
审稿 陈德清 罗成杰
胡学荣

广东省教育

概 况

［各级各类教育发展情况］

1993 年各级普通学校基本情况

单位：人

学校类别	学校数（所）	毕业生数	招生数	在校学生数	教职工数 计	教职工数 其中专任教师
一、普通高等学校	43	28685	49080	120865	40169	15734
研究生		1015	1520	3908		
本科		12368	18303	61686		
专科		15302	29257	55271		
二、中等专业学校	227	40962	64795	154454	21342	10655
中等技术学校	182	29966	50455	118445	16312	7673
中等师范学校	45	10996	14340	36009	5030	2982
三、普通中学	3766	708058	1076623	2771877	199399	153943
高中	802	118953	119641	331501		25871
初中	2964	589105	956982	2440376		128072
四、农业、职业中学	558	70036	74301	192125	18917	14163
高中	548	67994	70727	183669		13787
初中	10	2042	3574	8456		376
五、工读学校	4				27	12
六、小学	24686	1086876	1463095	8321421	351947	298601
七、特殊教育学校	32	221	1191	6689	690	502
八、幼儿园	6533	1189012	1353804	1905347	78482	53534

1993 年各级成人学校基本情况

单位:人

学校类别	学校数(所)	毕业生数	招生数	在校学生数	教职工数 计	教职工数 其中专任教师
一、成人高等学校	57	23009	73797	125213	9417	4294
广播电视大学	3	6589	22939	39118	2501	1067
职工高等学校	28	3999	7129	15154	2357	1216
农民高等学校						
管理干部学院	13	1719	5157	7842	1976	770
教育学院	13	3965	17383	25989	2583	1241
独立函授学院						
普通高校举办						
函授部		4245	8305	16455		
夜大学		2317	11969	19458		
干部专修科		175	915	1197		
二、成人中等专业学校	284	36077	68978	164273	9552	5039
广播电视中专	6	4681	10952	21577	954	493
干部中专	8	956	2283	6247	136	58
职工中专	123	10874	25267	57502	3364	1735
农民中专	49	5845	10935	24189	1759	1019
教师进修学校	98	13721	19541	54758	3339	1734
三、成人中学	463	37947	66705	86112	1850	806
职工中学						
农民中学						
四、成人技术培训学校	2100	670000	660000	640000	2615	406
职工技术培训学校	161	90000	80000	60000	386	262
农民技术培训学校	1939	580000	580000	580000	2229	144
五、成人初等学校	2852	675687	572893	531321	5270	1109
职工初等学校						
农民初等学校						
其中:扫盲班	610	40110	42535	48555	1297	321

[贯彻实施《纲要》] 1993 年 2 月,中共中央、国务院颁布《中国教育改革和发展纲要》后,广东省教育部门认真贯彻实施。省教育厅和省教育学会联合举办了有 80 多名市、县教育行政部门领导干部参加的《纲要》学习班,各市、县也掀起了学习贯彻《纲要》的热潮。围绕《纲要》精神,结合广东教育实际,省和各市、县还纷纷出台了一系列贯彻实施《纲

要》的措施和政策。省委、省政府根据《纲要》精神和广东20年基本实现现代化的要求，重新制订了全省教育发展规划，提出1995年要在全省城乡完成高标准扫除青壮年文盲任务；1997年在全省范围内基本普及九年义务教育；2000年在大中城市、珠江三角洲地区基本普及高中阶段教育；2010年在全省力争普及高中阶段教育，并使在校的各类大学生占总人口的比例提高到3%，人口素质有较大的提高；职业教育、成人教育、特殊教育和学前教育相应也要有较大发展。根据这个规划，各市、县也相应地制订了当地的教育发展规划。省高教部门在认真做好人才预测的基础上，重新修订了广东高等教育"八五"计划和十年规划，以及广东高等教育赶超亚洲"四小龙"的设想方案。各高校也从实际出发，研究和制定学校改革和发展的总体规划。

［**落实教育优先发展的战略地位**］　1992年底和1993年2月，省委、省政府分别召开了全省高教、普教工作会议，省委书记谢非，省长朱森林以及省委常委、副省长卢钟鹤到会讲话。会议决定采取措施，加大政府行为力度解决教育发展的重大问题 。为此，省委、省政府决定从1993年开始，除贫困地区外，原则上按全省第二、第三产业国民收入1%的额度，集中一笔专款主要用于教育事业。1993年单是这一项，高教就安排4.5亿元，大幅度增加了经费；普教安排1.7亿元，用于补助困难地区的"普九"、增添教学设备、中师办学条件标准化建设等。

5月，广东省第七次党代会决定，广东在20年基本实现现代化的总体思路中，把教育科技作为三个必须强化的基础之一；把大力发展教育科技事业，培养人才，全面提高劳动者素质作为广东实现现代化的主要措施和再造广东发展新优势的战略措施；把优先发展教育事业，作为广东迈向21世纪，从劳动密集型产业向知识密集型、技术密集型产业转移，产业逐步升级和高级化的重要平衡条件；把优先发展教育事业作为精神文明建设的基础。

由于各级党委、政府的重视，教育优先发展的战略地位得到进一步落实，出现了"经济要大上，教育要大干"的新局面。

基础教育

［**义务教育**］　1993年，广东省积极推进全省普及初中阶段义务教育进程。全省小学适龄儿童入学率达99.46%，年巩固率98.5%，小学毕业生毕业率为98.73%，小学生非正常流动率0.74%。小学毕业生升学率为88.38%，初中生年巩固率95.36%，非正常流动率为3.74%。

1993年，广东省进一步在全省范围内组织学习、宣传和贯彻《中华人民共和国义务教育法》及其《实施细则》，不断提高干部群众的依法治教意识，建立健全实施九年义务教育机制，强化执法意识和职能；认真组织适龄儿童入学，严格控制中小学生非正常流失；多渠道筹措实施九年义务教育经费；落实分级办学、分级管理的体制。各级政府也按照分级办学、分级管理的原则，切实加强领导，承担责任，认真做好普及九年义务教育的组织实施工作，并成立"普九"领导小组，制定具体实施方案，建立目标责任制，逐级签订实施义务教育责任书，保证了“普九”工作的顺利进行。

1993年，全省又有梅县、蕉岭、南雄、曲江等13个县、市、区经过省的验收，基本达到普及初中阶段义务教育验收标准。据初步统计，13个县(市、区)1993年共投入“普九”经费3.8亿元，新建、扩建校舍面积60多万平方米，增加初中学生4万多人。至此，全省有58个县(市、区)普及了九年义务教育，覆盖全省50%的地区。

［**高中教育**］ 1993年，广东省有普通完全中学757所，高级中学45所。高中毕业生升学5.73万人，升学率48.23%。高中专任教师中，大学本科毕业以上学历的1.32万人，学历达标率51.27%。县以上重点中学116所，在校生9.90万人。

在1992年全省首次实施普通高中毕业会考的基础上，1993年在校的高一、高二年级共21.20万名学生参加了6个学科的会考。高一年级地理科的合格率为97.06%，高二年级物理、化学、生物、英语、历史5个学科有93%的学生获得合格。同时，全省普通高中首次进行了物理、化学、生物学科的实验操作考查。

部分地区如广州、深圳等地进行了“2+1分段，高三分流”的办学模式的试点工作。试点学校的学生高一、高二年级按普通高中教学计划学习，高三时根据学生志愿，进行继续接受普通高中教学计划学习或接受职业技术培训的分流。

6月，省教育厅创办了广东奥林匹克学校，校址附设在华南师范大学附属中学，培养目标是使学生在德、智、体全面发展的同时，充分发挥学科特长，使其在数学、物理、化学、电脑等学科的国内外竞赛中，显露出才华和优势。该校面向全省招生，7月，招收了初中1个班，学生40人；高中1个班，学生33人。

随着社会和经济的进一步发展，广州、中山、东莞、南海、顺德等市相继提出了普及高中阶段教育的方案，各自制定了普及高中阶段教育的标准、办学模式、办学要求和进程，普及高中阶段教育工作在大中城市和珠江三角洲全面开展。

［**幼儿教育**］ 1993年2月，召开各市幼教科、处长会议，部署有关学前班教育教学改革工作，决定从1993年秋季开始，取消学前班课本，启用由省幼儿教育专家和幼儿教育工作者编写的《学前班教师指导用书》及供幼儿使用的配套操作材料(即《主题画片》、《手工劳作》、《综合材料》和学玩具)。2月，省教育厅与省物价局联合印发《广东省幼儿园等级评定基本标准(试行)》。3月和4月，印发《广东省幼儿园(班)设备设施配备标准(试行)》和《广东省学前班管理暂行办法》，并组织了学前班骨干教师培训，推动学前班教育教学的改革。5月表彰奖励了180名南粤优秀幼儿教师。根据国家教委要求，结合广东实际，分三片培训各类幼儿园园长，用三年时间轮训一次，提高园长的管理水平，做到持证上岗，1993年已招生1500多名，并完成第一次面授任务。10月初，召开广东省教育学会幼儿教育研究会第五届年会，选举产生了第六届理事会，并进行了论文交流。12月，在湛江召开广东省学前教育工作会议，会上交流了湛江、深圳、新会、阳山等地的经验材料。12月底，分成三组，对茂名、惠州、汕尾、梅州、韶关、清远等6个市进行学前班教育教学改革情况调查。

［**特殊教育**］ 1993年，全省特殊教育事业发展较快。全省特殊教育学校比上年增加5所，各类特教班达556个。在校学生比上年增加1891人，还有大量的残疾儿童少年在各类普通学校随班就读。

重视发展特殊教育，进一步加大特殊教育投入。1993年，广东省特殊教育经费投入较大，其中中央下拨70万元，省财政投资270万元。残疾儿童基金总额由1990年的130万元增加到1993年的327万多元。6月，召开省残疾儿童教育基金会第二次理事会，审议基金会前期工作，增补理事会成员，议订新一届理事会工作。10月上旬，广州市荔湾区被国务院残疾人工作协调委员会评为“全国特殊教育先进区”，肇庆市端州区受到国家通报表彰。

认真制订特殊教育发展规划，严格特殊教育管理。10月中旬，经省政府同意，省教育厅、计委、民政厅、人事局和省残联联合下发《关于印发〈广东省残疾儿童少年义务教育“八五”期间工作意见〉的通知》，对全省特殊教育的任务指标、工作要求、主要措施提出了意见；规划全省“八五”期间残疾儿童少年入学率达到60%，并根据经济发展水平、“普九”程度和残疾儿童教育现状，将指标分解到各市。12月，省教育厅下发《关于印发〈广东省弱智儿童随班就读工作基本要求〉的通知》，对弱智儿童随班就读的招生、学制、教材、教学、师资、管理等作了规定。

［**中小学德育**］　1993年，省教育厅组织全省中小学教师学习建立社会主义市场经济理论和《中国教育改革和发展纲要》。年底，举办了全省普教系统学习《邓小平文选》第三卷理论骨干培训班，圆满完成了1991年省委提出的用三年左右的时间对全省中小学教师进行政治理论培训的任务。三年来，全省共培训中小学干部、教师76万人次。

加强中小学德育管理工作。5月，省教育厅在珠海市召开了省中小学德育管理与改革工作会议，交流1988年在潮州市召开的省中小学德育工作会议以来德育工作的经验，总结和推广了珠海市加强中小学德育管理、提高德育实效性的经验。在1993年高校、中专招生录取工作中，与有关单位联合组成德育审核组，强化招生中的德育审核制度，把中学生德育考核与高校、中专招生录取工作挂钩，落实德智体全面衡量、择优录取的政策。经过四年的试验，进一步修订和完善了中学生德育考核办法。

继续坚持以爱国主义教育为核心的思想教育，进一步探索了中小学德育内容与方法的改革。中宣部教育局在东莞市召开了部分省市中小学爱国主义教育研讨会。在省电影公司、省电视台的配合下，认真组织中小学生观看爱国主义教育影视片。结合中学政治课时事教育，对高中学生进行社会主义市场经济常识的教育。提出了爱国主义教育规范化的要求和优化校园育人环境、加强校风建设的有关规定。开展了中华民族优秀传统美德教育的调查研究工作。

进一步加强了中小学生的法制教育。开展了禁毒宣传工作。组织编写了一套《法制教育读本》，供初中生、小学生使用。与省司法厅合作组织了全省第三届中学生法律知识竞赛并举办了第三届中学生法制夏令营。

继续承担并进行国家教委“八五”重点科研课题“提高中学政治课实效性”的课题研究。举办了省中学思想政治课优秀论文评选活动和1993年年会。经省新闻出版局批准，省中学思想政治课教研会创办了《时事政策学习》杂志，加强对中学生时事政策教育的指导。开展了对政治课教研教学队伍情况的调查摸底工作。小学思想品德课开展了青年教师优质课现场教学观摩评比活动，涌现了一批新的教学能手，推动了各地的教学改革。

1993年，全省中小学校秩序稳定，师生的精神面貌积极向上，在校中小学生违法犯罪基本上得到控制。全省普教系统15所学校被省委、省政府授予精神文明先进单位。

[**中小学等级评估**]　1993年，省教育厅在继续深化“分级办学，分级管理”的教育管理体制改革以及进一步落实“两聘两制一包一奖”的学校内部管理体制改革的基础上，主要抓了中小学等级评估工作。4月，省教育厅召开广东省中小学等级评估会议，会议总结推广了南海市中小学等级评估试点工作经验，研究部署在已实现“普九”地区开展中小学等级评估工作。省教育厅成立了省一级学校评估团，3位正、副厅长亲自担任评估团正副团长，于11月中下旬和12月中下旬，先后两次共组织了150多位督学，组成20个评估组，赴深圳、江门、中山、广州、佛山、梅州、汕头、惠州、东莞等市共评估了申报省一级学校的65所中小学。省教育厅厅长许任之亲自部署，多次强调要把这项工作切实抓好，抓出成效，并先后两次到学校检查了解评估工作情况 。副厅长林受之在省一级学校评估期间参加了在广州的评估活动，还到学校听取校长的自查报告，检查校容校貌和设施设备等。各市、县领导和教育行政部门也十分重视、支持这次等级评估，认为这是促进办学水平上新台阶的重要举措与导向，因而给予大力支持，保证了省一级学校评估工作的顺利进行。

[**办学体制改革**]　根据《纲要》的精神，广东基础教育在办学体制改革方面进行了探索。省委书记谢非在省第七次党代会上提出建立政府办学和社会办学相结合的新体制的思路，对社会力量依法办学采取“积极鼓励、大力支持、正确引导、加强管理”的方针，充分调动社会各界的办学积极性。7月，省教育厅下发了《关于加强我省私立学校审批和管理工作若干问题的通知》，对全省的私立学校和其他非公立学校的审批和管理工作作出了规定。省教育厅还为此成立了“非公立学校管理领导小组”，负责全省非公立学校的审批。省教育厅还进行了改革公立教育的尝试，即改革公立学校的办学模式，使其能从社会上吸收资金和人才。改革内容包括将一些有条件的中小学校、职业技术学校实行国有民营、民办公助的试验，这些学校的收费标准适当放开。

[**师资队伍建设和师范教育**]　9月，广东省召开了中小学师资工作会议，省委、省政府出台了一系列加强师资队伍建设、提高教师待遇的政策措施，这些措施包括：(1)增加教师数量。采取挖掘潜力，扩大师范院校招生和培养规模；拓宽新师资补充渠道，发挥理、工、农、医、林等高等院校为职业技术教育培养师资的优势等办法增加教师的数量。(2)提高教师素质。采取增加师范院校培训量，委托非师范类院校培训教师，充分发挥函授、卫星电视教育、自学考试相沟通的办学模式优势，大面积提高教师学历水平。到本世纪末，规划培训小学教师12万人、初中教师3万多人，使全省小学教师的98%以上、初中教师的95%以上、高中教师的70%以上达到国家规定的学历标准。(3)改善教师待遇。为了稳定教师队伍，提高教师的地位和待遇，省委、省政府拨出5000万元专款，用于30个贫困山区县农村中小学教师岗位津贴，并要求在“八五”期间，全省中小学教师人均月收入最低标准达到：中学高级教师800元、一级700元、二级600元、三级500元；小学高级教师700元、一级600元、二级500元、三级450元。1993、1994两年，山区中小学在岗教师月收入最低不得少于300元，民办教师收入不得少于同级公办教师的2/3。教师节期间，省委、省政府隆重召开庆祝1993年教师节暨表彰优秀教师大会，共表彰“南粤杰出教师”15名、“南粤教书育人优秀教师”782名，“南粤史、地、体、音、美优秀教师”678名，并颁发了奖金。省政府还采取切实措施加快“民转公”进程，同时要求各地要认真解决教师的住房、公费医疗等问题 。(4)加强教师培养培训基

地建设。省委、省政府要求各级财政对教育的投入应重点保证师范教育。1993 年省增拨 2000 万元专款补助省市教育学院为培训师资增加校舍和设备；从 1993 年起至 1995 年，每年拨出中师补助专款 1000 万元，加上基建补助专款 600 万元，共 1600 万元用于中师标准化建设。省要求各市、县政府也要相应较大幅度地增加对师范教育的投入，保证教育学院、教师进修学校的正常经费和中师标准化的经费需要。

1993 年，广东省有 45 所中等师范学校招生比上年增加 0.25 万人，在校生比上年增加 0.4 万人。根据省政府《关于我省中师实现办学条件标准化问题的复函》，广东外语师范学校等 36 所中等师范学校须按国家教委和省的规定要求，于 1995 年底前实现办学条件标准化。标准化建设的责任，除省教育厅直接管理的学校外，其余学校主要由各市政府承担。为确保中师办学条件标准化按期实施，省决定从 1993 开始，连续三年每年拨出 1600 万元中师办学条件标准化建设补助专款，并由省政府委托省教育厅与各市政府签订关于中师按期实现办学条件标准化建设的责任合同书。为逐步提高小学教师的学历层次，根据国家教委部署，1993 年广东省已有 8 所学校（含深圳教育学院）开始培养专科程度小学教师试验。试验形式有三种：五年一贯制，三、二分段制和招收高中毕业生的两年制。为了确保高起点的中师生源质量，纠正招生过程中的各种不正之风，从 1993 年开始，中师招生实行由省统一划定最低录取分数线，坚持从高分到低分录取的原则，并由省统一审批。

1993 年，根据省提前普及九年义务教育和发展高中阶段教育对师资的需求，各教育学院增设招收普通师范班学生共 4165 人，其中本科 435 人，专科 3880 人。为加强教育学院建设，省级财政从 1993 年开始，连续三年每年增拨 2000 万元用于省、市教育学院增加仪器图书设备等基本建设，并要求各级政府相应增加对教育学院的投入，以适应培养培训中学教师的需要。成立了教育学院系统初中政治教育等 12 个专业中心教研组，进一步加强教研工作，提高教育质量。同时强化教育学院的管理工作，要求管理工作要上新台阶，努力实现规范化、科学化、现代化的“三化”管理目标，使教育学院办得更好。

1993 年，全省教师进修学校在原有在校学员 4 万多人的基础上，1993 年又继续招收各类进修班 1.5 万人，小学教师继续教育培训班 1 万多人，此外，还承担了 62654 人的小教大专自学考试的助学任务。经过努力，全省教师进修学校都较好地完成了招生任务。

为了实现 9 月召开的全省中小学师资工作会议提出的目标，在培训工作方面，全面开展了中小学教师自学考试工作，共开设了三个系列、两个层次的中小学教师自学考试，即高师本科、高师专科和小教大专三个系列和本科、专科两个层次。为了确保中小学教师自学考试的质量，先后制定了《广东省中小学教师自学考试实施细则》、《广东省中小学教师自学考试命题工作暂行条例》、《广东省中小学教师考试考务工作细则》、《广东省中小学教师学籍管理和考籍管理意见》以及三个系列共 10 个专业的教学计划和考试大纲。8 月首次组织了三个系列、七个专业 14 门课程的中小学教师自学考试，参加考试人科数为 73978，及格人科数为 61544，及格率为 83.19%。

［**体育与卫生**］　1993 年，经选拔、集训，组成了来自全省 19 个市 36 所“培养体育后备人才试点校”和“体育传统项目学校”的 160 人的体育代表团，参加了 8 月在青岛市举行的全国第五届中学生运动会，取得广东省参加历届中运会以来的最好成绩，共获金牌 12 枚、银牌 6 枚、铜牌 8 枚。其中一人一队五次打破三项大会纪录，一人一次打破一项

全国少年纪录。

理顺中小学生体检归属关系，巩固和发展中小学生卫生保健所。7月12日，省政府常务工作会议作出了中小学生体检继续由教育部门负责的决定。为贯彻这一决定和更好地落实《学校卫生工作条例》，向各市、县下发了《关于加强学生体检工作的通知》，明确教育部门的职责和要求，充分发挥教育部门直接管理的中小学卫生保健所的作用。在原有基础上，1993年全省中小学卫生保健所增加到40所。

由省教育厅与珠海市教委共同组织研究和试验的“学校体育卫生评估体系”、“学校体育卫生简易统计方法”二项科研成果，通过了国家教委科技成果鉴定。

在过去多年进行试点和推广的基础上，从1991年以来实行初中毕业生升学考试体育的改革，将体育考分纳入中招总分择优录取，形成了促进学校体育工作的动力机制。广东是国家教委开展初中毕业生升学考试体育9个试点省、市之一。1993年全省考试体育三项平均成绩为77.54分。根据现行体育教学大纲和健康教学大纲的要求，制定并下发了广东省不同规模的完全中学、初级中学、小学的《体育卫生器材设施配备标准(试行)》，为省中小学等级评估和实施“普九”检查验收工作，以及改善学校体育卫生工作物质条件提供了依据。

[**教学设施和设备建设**] 1993年，省拨出2000万元专款用于仪器、图书、体育器材建设。许多学校新建了科学楼、实验室和专用教室，扩建了体育场地。全省中小学教学仪器设备总值从1992年的3亿元增至1993年的3.4亿元，电化教育设备也投入上亿元，按照部颁仪器配备标准达标的，高完中为90%，初中为80%，小学为55%，分别比上年提高15、35、30个百分点。全省中小学还配备了上万台电脑。体育卫生器材和图书配备也有所增加。经验收，在1992年已有14个市县的仪器设备和实验室建设达标的基础上，1993年有36个市县达标。

[**勤工俭学**] 1993年，全省开展勤工俭学的学校有25301所，占学校总数的89.3%；有校办产业的学校17891所，占学校总数的63%。农林牧副渔基地17913个，面积278433亩；工业企业3059个，第三产业网点8520个。全省的19771个勤工俭学基地接纳了7083576名学生参加劳动。固定资产年末净值数50934万元，流动资金年末占用数46835万元。全省勤工俭学总产值(含营业额)267102万元，总收益32849万元，总收益比上年增加7112万元，其中用于补助教育经费20320万元。

职业技术教育

[**概述**] 1993年，广东省职业高中招生较上年减少0.38万人，主要由于其他学校扩大了招生(1993年成人中专招生6.9万人，其中应届初中毕业生占5.6万人)。连同成人中专，招生数共占高中阶段招生总数的64%，在校生数占63.6%。职业高中共有专任教师

13787人，平均每班3.21人。其中，具有大学本科毕业以上学历的占27.4%，比上年略有提高，具有专科毕业学历的占63.8%。

推进了职业中学办学体制、办学模式的改革。各地职中与其他学校联办了一批中专班、技工班，有个别联办了大专班。联办模式扩大了职中的招生。一些市将部分职中办成理工学校，逐步淡化中等职业教育各类学校的界限。

根据国家教委关于制订职业高中教学计划的意见，对1987年起试行的职中专业教学计划草案进行修订，1993年6月正式印发职中17个专业教学计划供各地参照执行。暑期继续举办黑白和彩色电视机、冰箱空调、微机应用、木工钳工、服装制作等6个技能短训班，培训职中专业教师300人。7月继续举办全省职中学生微机应用比赛。在1993年参加首届广东青年奥林匹克技能竞赛，服装制作项目获"广东省技术能手"称号的8人中，有7人为职业高中学生，荣获金、银、铜牌的3名选手均为职中学生。

［**职业教育统筹**］　地方政府对分属各部门的职中、中专、技校进行"三校"统筹，新办学校试行改革，打破原有界限，三校融为一体。打破行业垄断，允许跨地区、跨部门、跨行业、跨专业招生，可以一校一制，也可以一校多制，即在一所学校里同时举办普通教育、职业技术教育和成人教育，形成优势互补的大职业教育观和大职业教育体系。在城市由政府或集团公司兴办一批职业培训中心或职业技术教育中心，进行二一分段、高三分流试验，让不升学的高中学生接受一技之长的职业训练。在普通中小学因地制宜开设劳动技术教育课程，培养学生劳动习惯并学会一些劳动技能。在普通高中积极开展职业指导，对学生进行择业教育。对未升学的初中和高中毕业生普遍进行"3＋X"不同时限的职业技术培训。搞好在职人员的职业技术教育。职业技术教育走产教结合、工学结合的道路，加强生产实习基地建设和学生技能培训。落实"先培训，后就业"的原则。

［**城市教育综合改革**］　1993年，广东省继续推进以改革教育结构、发展职业教育为重要内容的城市教育综合改革。11月，在深圳召开广东省城市教育改革座谈会，省委常委、副省长卢钟鹤到会并就城市教育改革讲话，各市主管教育的领导和教育行政部门的主要负责人出席了会议。会议决定从进一步改革教育管理体制，加快发展职业技术教育，深化教育教学领域改革，探索市场经济条件下加强、改革学校德育等方面，全方位多层次地推进城市教育综合改革，使之能逐步建立起与城市社会经济发展相适应的新的教育体系。

成人初、中等教育

［**扫盲教育**］　1993年3月，省政府批转了《广东省高标准扫除青壮年文盲单位考核验收的暂行办法》。同月，在广州召开了全省高标准扫盲工作会议，部署扫盲验收工作。会议要求加快步伐，保证质量，逐乡逐村完成扫盲任务。6月，召开了全省扫盲验收工作现场会，组织了各市成人教育科长对韶关市北江区、曲江县、乐昌县的扫盲工作进行抽查验

收，推动了全省的扫盲验收工作。8月，省政府审核批准了80个县、市、区为扫除青壮年文盲达标单位，并颁发了证书。据统计，全年扫除青壮年文盲4.7万人，青壮年剩余文盲仍有12万人，青壮年文盲率为0.54%。

［**成人文化技术学校**］ 1993年，广东省乡镇、管理区成人文化技术学校建校办学取得了较大成绩。全省乡镇成人文化技术学校达1628所，占乡镇总数的96.3%，管理区举办成人学校(班)的达74%。全年新建、修建乡镇成人学校250所，共7.1万平方米，其中教室500间，正在动工兴建的有60所。乡镇成人教育专职干部人数达1650人，专兼职教师1.91万人，其中专职教师2804人。全年参加乡镇、管理区两级成人教育培训的达474万人(次)，其中参加技术长班学习的有95.61万人；参加技术短班、讲座学习的有355万人次；参加文化学历教育学习的有23.13万人，其中成人高中、成人初中、业余小学的在学人数分别为1.74万人、1.34万人、10.21万人，毕(结)业人数分别为7257人、9413人、8.16万人。省教育厅确定南海市大沥镇成人文化技术学校等40所乡镇成人文化技术学校为农村成人教育联系点。

［**农村教育综合改革**］ 1993年，广东省农村教育综合改革和“燎原计划”实施工作进一步深化、扩展和提高。1993年，新增加五华县、紫金县、东源县3个农村教育综合改革实验县，至年底全省农村教育综合改革实验市、县(区)共31个；实施“燎原计划”的乡镇增加65个，全省实施“燎原计划”的乡镇共有383个。各市、县根据省教育厅制订的《广东省实施燎原计划示范乡镇评估验收方案》，对“燎原计划”示范乡镇开展了评估验收，经审核全省有64个示范乡镇达到了有关标准要求。

在全国开展农村教育综合改革实验和实施“燎原计划”五周年之际，副省长卢钟鹤撰写了《适应改革开放需要，加快农村教育综合改革》一文，并在国家教委召开的全国农村教育综合改革与实施“燎原计划”工作研讨会上印发。省教育厅成人教育处和农村教育综合改革办公室共同编印了25万字的《南粤燎原新篇章》一书。评选了东莞市等8个农村教育综合改革先进实验市、县，中山市横栏镇等41个实施“燎原计划”先进乡镇，南海市九江镇成人文化技术学校等41所先进学校和东莞市教育局张学玲等50名先进个人。

1993年，实施“燎原计划”取得了较好的社会和经济效益。据294个“燎原计划”示范乡镇报来的统计资料，当年实施的工农业项目共2614项(次)，创产值119.9亿元，创利税21.5亿元，接受技术培训达178万人次，推广实用技术6857项(次)，接受技术辐射的农户为99万户。

撰稿 陈 钢 彭红光 方树生
审稿 林受之

普通高等教育

［**概述**］ 1993年，全省45所普通高校本、专科招生比上年增加12041人，在校本专科学生比上年增加19525人；研究生招生比上年增加276人；在校研究生比上年增加

455人。1993年，广东高等教育贯彻落实《纲要》和省委、省政府制定的《关于加快高等教育改革和发展步伐的决定》，抓住有利时机，大胆改革，努力进取，教育事业出现较大发展，教育质量和办学效益明显提高。

年初，省委、省政府制定了《关于加快高等教育改革和发展步伐的决定》，明确了广东高等教育办学体制，招生、毕业生就业制度，学校内部管理体制，教学、科研，对外交流与合作，多渠道筹措经费，增加高教投入，改善教师待遇等九个方面改革和发展的目标，并制定了一系列促进高教发展的重大政策和措施。如从1993年起，除贫困地区外，按照全省国民收入扣除第一产业收入部分的1%的额度，向各地政府筹集专项资金，主要用于发展教育事业；省财政每年至少拨出1000万元专款，用于加强高校重点课程、重点学科和重点实验室建设；提高各类高校教职工的公费医疗标准，与党政机关干部持平；在广东的部委属普通高校的教职工的生活补贴，与省属院校教职工等同，由省财政负担；三五年内基本解决高校教师住房困难问题等。《决定》的颁布，促进了广东高等教育的改革和发展。当年，国家教委也同意广东作为高等教育改革的试点省份，率先进行高教领域各项改革。

1993年，成立了高校设置评审委员会等机构，进一步推进高等教育的科学化、规范化管理。加快了立法工作，起草并经省人大常委会审议，颁布实施了广东第一部高等教育地方性法规《广东省高等教育管理条例》。同时，开展了招生、毕业生就业、校内管理体制、办学体制等多项改革试验。结合广东社会、经济发展的实际，进一步调整了广东高等教育的布局结构，在整体布局上，着重增加工科、政法、财经类和师范本科类院校；在学科专业调整方面，着重增加工科（特别是能源、交通、通讯等）、财经、政法及师范本科等今后一段时间内要大力发展的学科和专业。1993年，批准新成立2所普通高校（广东公安高等专科学校、民办南华工商学院），批准筹办4所普通高校。经国家教委批准，韩山师范专科学校升格为师范学院。全省45所普通高校中，本科院校27所，专科院校18所。同时，积极鼓励和扶持社会团体和个人投资兴办教育，开创了社会力量办学的新格局，促进了教育布局结构的整体优化，使广东高等教育的改革和发展迈出了新的步伐。

［**党建和思想政治工作**］　1993年，全省各高校在认真抓好学校各项改革的同时，积极研究、探索新形势下进一步改革和加强学校的党建工作和思想政治工作。一方面，认真抓好党的自身建设，建立健全各级党、团组织，充分发挥党组织在学校改革中的领导核心作用和党员的先锋模范作用，使学校在深化改革中，始终坚持党的基本路线，坚持党的教育方针和办学的社会主义方向，保证了学校改革与发展沿着正确的方向发展。另一方面，坚持用党的基本路线和建设有中国特色社会主义理论教育学生，进一步加强和改进学校思想政治工作，一是认真抓好“两课”建设，把“两课”作为高校德育工作的主渠道和主阵地，并以党的十四大精神，对传统的教学内容作了调整和更新。二是通过组织学习邓小平同志南巡重要谈话，纪念毛泽东同志诞辰100周年，组织学生参加社会实践和社会调查等多种形式的活动，对师生进行爱国主义、集体主义、社会主义的教育，教育学生树立正确的人生观和价值观，取得明显效果。华南理工大学在坚持两手抓方面，成绩显著，在全国党建工作会议上受到表彰。

［**教育改革**］　为贯彻落实《纲要》和省委、省政府的《决定》精神，1993年，广东普通高等教育主要进行了以下几方面的改革：

改革办学体制。首先是建立省与中央部

委联合办学的新体制。为了支持中山大学、华南理工大学尽早进入国家“211工程”,省政府与国家教委签订了共建中山大学和华南理工大学的协议,广东省每年对两校的投入相当于国家教委对两所学校的基建投入的总额,并在省财力许可的情况下,对两校的事业经费也给予适当资助;对广州外国语学院实行省和国家教委双重领导、联合办学的管理体制,学校隶属关系不变,省把学校作为省属院校予以扶持。其次,积极发挥地方政府办学的积极性,支持有条件的中心城市筹办地方性大学,已批准筹办的地方大学有茂名大学和番禺理工学院。此外,积极鼓励和扶持社会团体和个人投资兴办高等教育,构建三级办学的新体制,在社会上引起较大反响。

改革招生制度。根据广东社会经济发展的实际,改革招生的计划体制,增大调节性计划的比重,缩小国家任务招生计划。1993年全省国家任务招生占招生计划的43.4%,调节性计划(含委培、自费生)招生占招生计划的56.5%。改革上学缴费制度,实行全面收费上学。国家任务生缴学杂费,委培生、自费生缴学杂费和培养费,改变以往上大学一切由国家“包”起来的做法。实施这些改革后,得到了社会的广泛理解和支持。

积极开展教学改革实验。一是开展了以暨南大学、深圳大学为试点的学分制改革试验;以华南师范大学、广州美术学院为试点的本、专科浮动学制改革试验;以华南理工大学、湛江师范学院为试点的“大基础、多方向”专业模式试验;以华南农业大学、仲恺农学院为试点的专业主辅修制试验等10项教学改革试验。通过这些改革试验,把竞争机制和激励机制引进教学领域,有效地调动了广大师生教与学的积极性。二是进一步改革和加强高校重点学科、重点课程和重点实验室的建设工作,制定了《广东省高等学校重点学科建设暂行规定》,通过评估调整、加大经费投入、重点扶持、召开现场会等措施,使全省高校“三重”建设出现新局面,当年全省共评出省级重点课程80门;重点学科的结构从1986年的理工医占43%,文科占57%的比例,转变为理工医占74%,文科占26%,逐步趋向合理;根据“三年基本达标”的目标要求,当年投入4000万元用于实验室的设备采购,投资6000万港元,支持华南师范大学等6所院校重点实验室建设。此外,各高校还注重抓好教学文件、教学大纲、教材内容的改革和建设工作,积极通过各种形式的教改活动,加强教学质量的宏观控制,不断提高教学水平,在参加全国大学英语水平统考中,全省通过率达60.4%。教学研究取得成果,当年全省共评出省级优秀教学成果115项,国家级优秀教学成果14项,其中一等奖1项,二等奖13项,名列全国第9位。

改革学校内部管理体制。以“调整结构,理顺关系,保证重点,提高效益”为原则,改革校内人事制度,实行定岗、定员、定职责,加强考核,择优上岗,分流人员,形成竞争机制。省属院校在全省率先实行专业技术职务聘任与专业技术资格评审分开的制度,专业技术资格申报不受指标限制,一批年轻的优秀教师职务得到及时晋升。1993年经省高校教师高级职务资格评委会通过,获得高级专业技术资格477人,其中45岁以下的227人,占47.5%。分配制度改革,实行了定编与工资总额挂钩包干和国家工资(含补贴)与校内津贴相结合的分配制度,建立健全校内津贴和奖励制度,实行分配与个人的工作职责和业绩挂钩,按劳分配,多劳多得,有效地调动广大教职工的积极性。中山医科大学实行内部管理体制改革后,全校党政人员比例由过去的18%降至15%,专业技术人员由过去的67%上升到70%,工勤人员仅占15%,150多个未聘者也顺利分流出去。

［**增加教育投入，改善办学条件和提高教职工生活待遇**］　为解决长期以来教育经费短缺问题，加快广东高等教育的改革和发展，1993年，省委、省政府下决心，在政策上、经费投入上给予高等教育极大支持。首先是省财政对高等教育的正常拨款随着经济的增长而逐年增加，当年正常经费比上年增加10%。另外，从政府当年筹集的教育专项资金中安排4.5亿元，主要用于改善高校办学条件。省高教局也采取积极措施，一方面认真按照省教育领导小组确定的“二年基本达标，三年基本解决教工住房困难，五年重点学科建设初见成效”的目标要求，合理安排好省财政下拨的教育经费，重点改善高校的办学条件。另一方面，积极拓宽教育经费渠道，一是实行学生缴费上学，增加学校经费收入；二是鼓励高校进行科技开发，创办科技产业，扩大自筹经费来源；三是实行社会集资和引进外资办学，逐步建立起以国家财政拨款为主，多渠道筹措教育经费的新体制，取得明显效果，较大幅度地增加了高教经费，改善了办学条件。

针对长期以来高校教师待遇低、队伍不稳定的问题，省委、省政府及省高教主管部门，采取了多项措施。一是给高校教师发放岗位津贴，教授每人每月150元，副教授每人每月120元，讲师每人每月100元，助教每人每月80元；二是积极筹集和安排基建资金，兴建教工宿舍，并在广州的石牌、河南、三元里等高校密集的地区征地，拟集中建设教工住宅新村；三是鼓励和支持高校兴办科技产业，搞好科技开发等社会有偿服务，多方筹集资金，提高教师生活待遇；四是抓好后勤改革，推广佛山大学“小管理，大服务，多实体”的改革经验，不断提高后勤服务的质量和水平，使广大教师的生活待遇有明显改善。

［**科研工作**］　1993年，全省高校在抓好基础研究的同时，认真抓了高校科研成果的推广应用工作，积极参加省有关部门组织的“广东省技术成果转让推广网络”、“93广东省青年高新技术成果交易会”等产学研交流活动，促进了学校科技成果的转让，并取得明显的经济效益和社会效益。中山大学的科研成果“脱毒菜籽饼”，已同全国15个单位签订建厂合同，投产后每厂产值可达1400万元。华南理工大学的科研成果“铝锌尾矿莹石复合矿化剂”，已在全国30家水泥厂推广应用，使厂家创收近3000万元。当年，全省高校有78项科研成果获省级科技进步奖，其中一等奖6项，二等奖37项，三等奖35项。

［**对外交流**］　1993年，广东教育对外交流有新的发展。全省高教系统共接待境外团组57批630多人次，派出境外进行学术交流、访问考察、讲学等共560多人次。在广东高校任教的外国文教专家和教师有152人（来自16个国家），在广东高校就读的外国留学生有412人（来自63个国家和地区），促进了广东对外教育、文化交流的广泛开展。

撰稿　曾婉文　郑建辉
审稿　区社能

普通中专教育

[**概述**] 1993年，全省有普通中专学校182所（不含师范学校），其中工科类55所，农林类16所，医药类36所，财经类35所，政法类10所，体育类13所，艺术类11所，其它6所。1993年招生比上年增长36.6%，在校生比上年增长20.3%。校舍面积2730328平方米，比1992年增加401401平方米；固定资产112921万元，比1992年增加47639万元。专任教师中，有高级讲师822人，占10.7%，讲师2672人，占34.8%。

在总结前两年广州地区中专学校创建评选“文明校园”工作经验的基础上，继续在全省普通中专学校开展这项活动，推动了校容、校风建设。在文明校园评选中，全省有58所普通中专学校获“文明校园”称号。

[**制定中专改革的意见**] 为改变广东中专教育与经济建设和社会发展仍不相适应的状况，深化中专教育的综合配套改革，促进中专教育事业的发展和提高，省政府于1993年6月批转了省高教局、计委制定的《关于深化我省普通中等专业教育改革的意见》，主要内容有：

一、改革办学体制。在继续发挥部门和地方办学积极性的同时，努力开展多形式、多层次、多渠道、跨行业、跨地区招生，鼓励有条件的市、县和部门、企业、社会团体以及社会人士进行联合或独立办学，逐步形成以政府投资为主，学生缴费和社会集资为辅，企业集资办学和国际合作办学等多种形式的办学模式。

二、扩大办学自主权。扩大学校在招生、调整专业结构、独办或联办科技产业和有偿咨询服务机构、确定机构设置和人员聘用、统筹安排使用国家核拨的预算内事业经费和自筹资金等方面的办学自主权。

三、改革招生和毕业生分配制度。招生要逐步缩小国家任务计划，扩大调节性计划，除某些艰苦行业和老、少、山、边、穷地区所需专门人才的培养，仍纳入国家任务计划招生外，其他应实行调节性计划为主，逐步达到全部招收单位委托代培生和自费生。逐步实行毕业生自荐就业，国家不包分配的就业制度。积极拓宽毕业生就业渠道，为毕业生流向乡镇、基层单位和生产第一线创造条件。

四、改革学校内部管理体制。主要是建立和实行教育目标责任制、校长负责制、聘任制；实行分配制度改革，建立校内津贴和奖励制度，与个人的工作职责和业绩挂钩，按劳分配，多劳多得；实行后勤管理体制改革，总结并逐步推广多种形式的承包制，逐步使学校后勤工作由单纯服务型向服务经营型转化，独立核算，自负盈亏，实现后勤管理社会化。

五、深化教学改革。学校要根据社会主义市场经济和社会发展的需要，及时调整专业结构和专业服务方向，更新教学内容，改革教学方法，加强实践性教学环节，办出中专学校的特色。积极发展校办产业，学校可以独办或与外资合办发展科技产业。

六、多渠道统筹经费，增加对中专教育的投入。省市财政正常拨款的经常费和基建费要随着经济的增长而逐年增长。从1993年起，省在集中使用的教育专项资金中，划出专款用于发展普通中专教育。各学校主管部门要积极想办法，争取对学校多投入。各学校要发挥自身优势，加强科技开发，兴办校办产业，开展各种有偿服务，增加学校收入。

［**中专学校评估和职称评定**］　根据国家教委有关文件精神，全省先后组织了对131所普通中专学校的合格评估，以及对58所普通中专学校的办学水平评估。在此基础上对照重点中专的评选条件，由省普通中专教育评估领导小组评定，报经省政府批准，确定省邮电学校、广州轻工学校、湛江气象学校等32所学校为省部级重点中专学校。同时，推荐其中12所学校为国家级重点学校，上报国家教委审定。

1993年是按照省职称改革领导小组部署，实施评聘分开进行职称评审工作的第一年。调整充实了中专系列评审委员会和学科评审组，组织了首次全省性中专系列外语统考。经本人申报和学校推荐，有693名教师申报高、中级职称(未含具有高、中级职称评审权的广州市，以及具有中级职称评审权的各中等城市和轻工部所属广州轻工学校)，其中申报高级职称478名，评审通过330名，占69%；申报中级职称215名，评审通过164名，占76%。

撰稿　何伯镛
审稿　李冠创

成人高等、中专教育

［**概述**］　1993年，广东各类成人高校和普通高校举办的函授、夜大、干部专修科招收本、专科学生比1992年增加4万多人，在校学生比1992年增加近5万人。新批办了广东省科技管理干部学院和广州金桥管理干部学院2所成人高校。各类成人中专学校(不含教师进修学校)共招生49437人，在校学生109515人，此外，还招收了成人高等教育专业证书班学员7690人。当年共为社会输送本专科毕业生16272人，中专毕业生22356人。

高等、中专教育自学考试不断发展，当年共开考专业83个，应考者达236700人次。自开考以来，累计报考人数已达65万多人，当年在籍考生28万多人。

［**教育改革**］　1993年，广东省成人高等、中专教育采取了以下改革措施：

改革招生计划管理办法。把原来全省各成人高等、中专学校指令性招生计划的管理办法，改变为可调节的指导性计划管理办法。各院校可根据本身的办学条件和当地经济社会发展对各类人才需求的状况，自主地提出招生专业和指标，经省高教局和计委综合平衡后作为指导性计划下达执行，改变了过去不少学校因受指令性计划的限制和束缚，使许多社会急需的专业由于指标不足而无法开设，而有些不太适应市场经济发展需要的专业因生源严重不足而造成招生十分困难的被动局面。

改革成人高等、中专学校的办学模式。本着有利于在职从业人员、社会待业青年、应届高中毕业生工作、就业与学习的原则，各校可视其办学条件的实际可能，灵活安排办学形式，或办脱产班或办业余班。取消了原来对各类办学形式特别是举办成人脱产班的一些不合理的限制，使广东1993年报考成人脱产班人数大幅度增加，其中正式录取人数有近3万人，是历年来录取人数最多的一年。

根据实际需要，适当放宽招生报考条件，尽量使具有接受高等教育能力者都有参加学习的机会。具体做法是：凡报考成人脱产班者，均不受年龄、工龄的限制；凡有国民教育大专毕业证书者，均可报考专科升本科的相应专业；各类成人中专学校均可招收社会从业人员、待业青年和免试直接招收应届初中毕业生；允许各级电视大学经批准后免试招收少量老少边山穷地区具有高中毕业文化程度并有5年以上工龄的在职生产业务骨干进入学校学习。

试办招收参加普通高考应届高中毕业生的成人教育大专班。为了让更多应届高中毕业生有继续学习深造的机会，经省政府同意，允许成人高校和部分普通高校成人教育机构开设成人教育大专班，招收参加普通高考成绩达到录取分数段的应届高中毕业生，学生自费上学，毕业后自谋职业。试行结果受到社会欢迎，当年全省共计招生7188人。

试办成人高等教育第二专业专科学历教育。1993年开始，共有25所普通高校和成人高校试办成人高等教育第二专业专科学历教育班，计有30个专业，招生2268人。这对于加速各类复合型和外向型经济管理人才的培养，适应广东产业结构调整和外向型经济的发展，起了很好的促进作用。

试办了顺德、南海两市的成人高等、中专教育的综合改革试验区。考虑到顺德、南海两市经济发展较快，位居全国经济百强县前列，对各类人才需求量较大，办学条件与基础都较好，根据两市政府的要求，经过论证，省高教局批准试办。在试验区内实行灵活政策、放开招生，扩大招生办学自主权，以促进两市在广东率先达到亚洲“四小龙”的高等、中专教育水平。

试行广播电视大学与高等自学考试部分专业考试课程相互沟通的改革。经过研究和充分准备，当年已有汉语言文学、法律和经济管理等专业的27门课程正式进行互相沟通的试验，既可减少成人学员重复学习的时间和负担，又可以节省人财物力，提高办学效益，有利于加快人才培养。

由于采取了上述各项改革措施，广东成人高等、中专教育发展速度明显加快。1993年全省报考各类成人高等、中专学校的考生有15万人，达到了历史最高水平（不包括招收应届高、初中毕业生报考人数）。

［**教育教学管理**］ 在加快改革和发展步伐的同时，省高教局和各成人高等、中专学校还十分注意加强对学历教育质量的控制和管理工作。主要做法是：

制订了一系列与改革和发展相配套的管理办法与实施细则，进行规范化管理与指导。主要有《关于顺德、南海两市进行成人教育综合改革试验的通知》、《广东省成人高等教育第二专业学历（专科）教育试行办法》、《广东省广播电视大学实行单科生教育试行办法》、《广东省成人高等教育（大专层次）已设专业名称整编表》等。

制订了全省成人高等专科教育各专业统一的指导性教学计划，印发各类成人高校遵照执行。根据国家教委《成人高等本科教育制订教学计划的原则意见》的要求，省高教局分别于6月和11月组织有关专家和教师，就全省成人高等专科教育的文史、财经、政法和理工农医两大类别的主要专业的教学计划，进行了认真的评审，并在此基础上结合成人特点和广东实际制订出广东省成人高等专科教育各专业统一的教学计划，涉及专业范围近

80 个。同时还对各院校所开设的专业及名称进行了统一的规范。此外，每个专业的课程设置均按省委、省政府文件要求，开设了外语、计算机应用和写作这三门必修公共课程。这对彻底改变过去广东各类成人高校专业、课程设置不规范，名称五花八门，学时安排长短不一等现象，起到了很好的作用，同时也有利于加强对国家高等学历教育的质量控制与管理，深受师生和教学管理人员的欢迎。

对部分主要公共基础课程实施了全省统考或抽考工作。为检查成人高等专科教育的教学质量，促进教育质量的提高和合格人才的培养，1993 年期末，省高教局专门组织力量对九三级财经类的经济数学和理工类的高等数学以及公安政法类的法学基础理论等 3 门课程，进行了全省性的统考或抽考，参考人数近 2 万人，参考面占该年级总人数的 80%（不含广播电视大学）。

［**增加投人，改善办学条件**］ 广东省成人高等、中专学校，除了广播电视大学是由各级政府主办之外，其他院校都是由部门、企事业单位或社会群众团体主办的。普遍存在办学经费严重不足，特别是基建投资缺口较大等问题，不但使学校办学条件难以改善，办学规模难以扩大，影响办学效益，而且影响教学质量的提高。为此，省政府会同有关部门作了专门研究，要求有关主管部门多方筹措资金，设法增拨正常办学经费，同时适当提高入学收费标准，并鼓励各院校根据实际情况创办校办产业以增加经费来源渠道。此外，省政府还从专项经费中拨出 500 万元，作为全省成人高等、中专教育专门补助经费，以增加投入，进一步改善办学条件。据不完全统计，全省各类成人高等、中专学校，仅基建投资一项就达 9000 多万元，是历年来投资最多的一年，促进了广东成人高等、中专教育的改革和发展。

撰稿　甘百青
审稿　李冠创

广西壮族自治区教育

概　况

［各级各类教育发展情况］

1993 年各级普通学校基本情况

单位：人

学校类别	学校数（所）	毕业生数	招生数	在校学生数	教职工数	
					计	其中专任教师
一、普通高等学校	25	10667	19762	51451	13041	6405
研究生		113	248	500		
本　科	13	4623	5978	21707		
专　科	12	5931	13536	29244		
二、中等专业学校	122	22364	34858	87594	16144	7172
中等技术学校	97	15060	27037	63550	12613	5205
中等师范学校	25	7304	7821	24044	3531	1967
三、普通中学	2874	431234	624046	1641102	120954	88304
高　中	441	74777	71666	214178		15118
初　中	2433	356457	552380	1426924		73186
四、农业、职业中学	211	23891	38844	93459	8766	5819
高　中	185	20511	32423	79010		5048
初　中	26	3380	6421	14449		771
五、工读学校	3	19	14	52	44	21
六、小　学	15841	796296	1166918	6107709	228571	195101
七、特殊教育学校	16	186	660	3146	356	278
八、幼儿园	1754	810386	906854	1053487	28721	21884

1993年各级成人学校基本情况

单位:人

学校类别	学校数(所)	毕业生数	招生数	在校学生数	教职工数	
					计	其中专任教师
一、成人高等学校	23	8319	21383	47074	4455	2117
广播电视大学	1	1644	4856	12631	701	262
职工高等学校	8	979	2531	4940	1031	523
农民高等学校						
管理干部学院	4	667	2119	3428	899	343
教育学院	10	2520	5289	12574	1824	989
独立函授学院						
普通高校举办						
函授部		1904	3817	9327		
夜大学		249	382	825		
干部专修科		356	2389	3349		
二、成人中等专业学校	143	20571	42459	116633	6651	3524
广播电视中专	2	1184	4395	7250	727	322
干部中专	24	3172	8031	14354	886	441
职工中专	30	3777	5678	13453	1758	858
农民中专	14	797	2138	3673	561	316
教师进修学校	73	11641	22217	72933	2719	1587
三、成人中学	86	3796	5940	8575	405	212
职工中学	29	1322	2480	3518	210	98
农民中学	57	2474	3460	5057	195	114
四、成人技术培训学校	11899	2397098	2511293	2537054	8753	2126
职工技术培训学校	225	40482	76674	40392	1662	560
农民技术培训学校	11674	2356616	2434619	2496662	7091	1566
五、成人初等学校	3806	171964	179388	213510	5148	728
职工初等学校	5	450	756	505	10	5
农民初等学校	3801	171514	178632	213005	5138	723
其中:扫盲班	2587	137782	138345	149326	3936	506

制表　常军胜

说明:1993年全区尚有函授中专3所,毕业生1875人,招生2014人,在校生7677人,教职工338人,其中专任教师121人。

基础教育

[**概述**] 1993年全区有小学15841所，教学点37928个，招生比上年增长3.1%；在校生比上年增长2.7%。学龄儿童入学率为97.96%，比上年提高0.69个百分点。普通初中比上年增加28所，招生比上年增长7.3%，在校生比上年增长4.3%。职业初中招生比上年增长14.8%，在校生比上年增长3.2%。初中阶段教育的毛入学率为57.03%。

普通高中规模有所缩小。普通高中比上年减少7所，招生比上年减少0.45万人，在校生比上年减少1.6万人。

民办中小学有所发展。全区有民办普通高中37所，在校生0.5万人；民办普通初中160所，民办职业初中7所，共招生1.35万人，比上年增长15.3%；在校生2.74万人，比上年略有减少；民办小学61所，招生0.45万人，比上年增长557.6%，在校生0.87万人，比上年增长303.1%；民办幼儿园213所，在园幼儿1.29万人，比上年增长21.1%。

全区小学专任教师比上年减少0.10万人；有代课教师9.07万人，比上年增长12.96%。初中专任教师比上年增长4.0%；普通高中专任教师比上年减少2.4%。普通中学有代课教师1.03万人，比上年增长5.6%。职业初中专任教师比上年略有增长，职业中学有代课教师440人，比上年增长1.8%。专任教师的学历合格率：小学为84.52%，普通初中为53.27%，普通高中为58.6%，职业初中为34.37%，分别比上年提高4.82、1.57、1.3和4.51个百分点。

办学条件得到进一步改善。小学校舍总面积2383.9万平方米，比上年增长2.7%；普通中学校舍总面积1163.9万平方米，比上年增长6.4%；生均占有量基本与上年持平。

教育质量有所提高。全区中小学期末考试平均及格率和全科及格率，小学分别为83.68%和72.75%，比上年提高1.96和2.37个百分点；普通初中分别为70.15%和48.16%，分别比上年提高2.53和4.44个百分点；普通高中分别为76.95%和58.12%，分别比上年提高2.78和7.59个百分点。

[**示范学校建设**] 1992年下半年，自治区教委决定分期分批建设各类示范学校，促进全区普通教育的改革与发展。到1993年上半年，各地先后推荐了普通中学43所、小学22所、特殊教育学校4所、幼儿园14所。最后确定南宁市第二中学等34所中学、南宁市天桃实验学校等15所小学、南宁市聋哑学校等4所特殊教育学校、区直机关第三保育院等12所幼儿园为区地(市)县和企事业共建的全区第一批示范学校。自治区教委要求，第一批建设的示范学校要在二三年内达到规定要求，使之成为全区第一流的，起骨干和示范作用的学校。经地(市)检查评估，自治区教委抽查认定，对符合示范学校标准的学校，授予“广西壮族自治区示范学校”称号。1993年自治区教委已向这些示范学校分别投入事业费220万元、仪器购置费270万元、基建费460万元，合计950万元，示范学校建设已经起步。

［**高中教育**］　从 1991 年秋季入学的高中一年级开始，全区试行高中毕业会考制度，到 1993 年会考已进入高潮。自治区教委先后制订 9 个会考学科的标准和 5 个学科的考查意见。1993 年共会考 6 个学科，考查 3 个学科，有 15 万学生参加，经一次性补考后，各科合格率都在 95%左右，基本达到预期目的。

为使高中教育更好地为社会主义经济建设服务，自治区教委组织人员编写教材，首次在高中二、三年级开设“社会主义市场经济常识”课，有约 15 万学生参加学习。还组织培训 300 多名教师，保证了新开课程的质量。

高三分流教育改革开始由点到面发展。自治区教委通过各种渠道介绍龙胜各族自治县中学和博白县王力中学坚持多年试验高三分流教育的经验，用典型推动改革深化。南宁市从 12 所高（完）中分流出 19 个班、9 个专业，有 769 名学生参加职业技术培训，1993 年已有 600 多人毕业直接进入社会就业。其中金融专业班的学生尚未毕业就全部被用人单位预定录用，社会效益很好。这项改革受到学生及家长的欢迎。桂林市教育局已将高三分流教育列入高中教育目标管理之中，作为高中教育改革的一个重要项目来抓。

［**义务教育**］　1993 年颁发的《广西壮族自治区教育改革与发展纲要》明确提出，普及九年义务教育，是九十年代教育工作的重点。1993 年，广西全面推进了九年义务教育的实施。年初，自治区政府决定建立对普及九年义务教育县（市、区）进行评估验收制度，并成立了以自治区副主席李振潜为组长的评估验收领导小组。评估验收制度规定，实施九年义务教育达到普及要求的乡（镇），由县（市）政府进行评估验收后，报地区行署或市政府批准，确认其为普及九年义务教育乡（镇）；达到普及要求的县（市、区），由自治区政府进行评估验收，并确认其为普及九年义务教育的县（市、区）。据此，自治区教委制定了《广西壮族自治区普及九年义务教育标准和评估验收奖励办法》，报经自治区政府同意颁发实施。

6 月，自治区政府根据桂林市政府的申报，派出评估验收团，对桂林市秀峰区、七星区普及九年义务教育进行评估验收。经评估，上述两区各项指标均达到或超过国家和自治区规定的标准，被自治区政府授予“普及九年义务教育城区”称号，成为广西有史以来第一批“普及九年义务教育城区”。年内，玉林地区 8 个县、市已全部依法宣布实施六年义务教育，成为广西第一个普及六年义务教育的地区。为总结、推广实施义务教育工作经验，全自治区各地、市、县在第四季度对义务教育示范乡（镇）、区进行全面的检查评估。

从 1993 年秋季学期起，广西小学和初级中学起始年级实施国家教委《九年义务教育全日制小学、初级中学课程方案》（包括九年义务教育课程计划和教学大纲），使用新编九年义务教育教材。为使新课程方案顺利施行，由自治区教委对教学人员、教研人员及教学管理人员进行培训，共培训小学校长、教导主任 780 人，初中校长、教导主任 110 人，小学骨干教师及教研员 1530 人，初中骨干教师及教研员 520 人。地、市、县、校各级也在秋季开学前完成了培训工作。

［**贫困地区普及初等教育**］　到 1992 年底，广西尚有 23 个县（区）未普及初等教育，其中有 83%属于经济特困县。1993 年，为迅速发展贫困地区的初等教育，各地采取了积极措施，自治区教委通过组织和指导贫困地区实施国家教委与联合国儿童基金会合作的“加强贫困地区小学教育实验项目”，帮助贫困乡村探索普及初等教育的途径和经验，使贫困地区普及初等教育的步伐得到加快。到年底，经检查验收，已有环江、南丹、融水、凌

云、靖西、那坡、天峨、柳江、邕宁及南宁市郊区等10个县(区)达到了普及要求。至此,全自治区普及初等教育的县(区)已达92个,占县(区)总数的87.62%。其余13个县的初等教育也有较大发展。贫困地区普及初等教育工作主要有以下经验:(1)把普及初等教育的任务落实到乡、村、学校,限期完成,是推动贫困地区普及初等教育的重要措施;(2)依靠乡村干部,发动社区参与,是贫困地区办好教育的成功经验;(3)抓女童入学难这个薄弱环节,是提高贫困地区适龄儿童入学率、降低辍学率的关键;(4)培训教师,进行教学改革,是提高贫困地区小学教育质量的主要途径;(5)因地制宜,开展勤工俭学,增加学校收入,是帮助贫困户子女上学的好办法;(6)争取国际组织援助,是帮助贫困乡村普及初等教育的辅助手段。

撰稿 廖 斌

[**幼儿教育**] 1993年,全区幼儿园比上年增加146所,入园人数比上年增长9.5%;在园幼儿比上年增长5.8%,其中,学前班教育发展较快,比上年增长7.5%。幼儿教育专任教师比上年增长23.4%。

对口开展贫困地区社区学前教育试验工作。1993年6月,北京师范大学教育系学前教研室与自治区挂钩,在上林县对口进行社区学前教育实验工作,共同探讨如何在贫困地区挖掘人力物力资源,采取多种形式,为社区提供适应当地实际情况的保育与教育,以满足学前儿童发展以及家长抚育儿童需要的新型的社区学前教育模式。针对上林县适龄幼儿多,园舍奇缺,财政十分困难的实际情况,该项试验采取两项措施:一是在新贤村、三里乡、镇圩瑶族乡镇马村和白圩熊村设点,利用学前班的教室场地,采取了交叉式和轮流式两种形式开展活动。三里、新贤两个点采用交叉式,即一个教室上午为5~6岁幼儿活动时间,下午为3~4岁幼儿活动时间,室内外活动交叉进行。镇马、熊村两点采取轮流式,即一个教师,每星期一、三、五为5~6岁幼儿活动日,二、四、六为3~4岁幼儿活动日。二是培训乡村幼教师资,办培训班两期,共100人次。这样,解决了教师、园舍、场地和教玩具不足的问题,扩大了幼儿受教育面。

总结经验,表彰先进。1993年是幼儿教育贯彻国家教委颁发的《幼儿园管理条例》和《幼儿园工作规程(试行)》(以下简称两个法规)的第四年。四年来,全区幼儿园、学前班办学条件普遍得到改善,幼教事业得到迅速发展,幼儿入园入班人数比1989年增长60.7%,贯彻幼教两个法规成绩显著。各地总结出六条较为成功的经验:第一,各级党政领导重视支持幼教工作,推动了幼教两个法规的贯彻、落实;第二,根据当地经济和社会发展的实际,依靠社会力量积极发展幼儿教育;第三,多渠道筹措办园经费,努力改善办学条件;第四,重视师资队伍建设,提高幼儿教师素质;第五,积极开展教研、科研活动,深化幼教改革,提高保教质量;第六,各地政府组织教育、财政、劳动、人事、卫生、轻工等部门和妇联、工会等团体,密切配合,通力合作,积极为幼教事业的发展办实事。1993年12月,自治区教委表彰了合浦县廉州镇政府等54个贯彻幼教两个法规的先进集体和肖婵秀等110名先进个人。

撰稿 俞妮亚

[**特殊教育**] 1993年,全自治区各类特殊教育学校比上年增加7所,附设在普通小学的特殊教育班有107个,比上年增加42个。大量残疾儿童少年进入普通小学随班就读。在校残疾儿童达到10300人,比上年增加7515人,增长近2.7倍。特殊教育学校专任

教师比上年增加71人，增长34.3%。此外，民政部门在社会福利院举办残疾儿童少年特殊教育班14个，在班残疾儿童129人。

制定广西残疾儿童少年义务教育"八五"实施规划。8月，自治区教委和残联根据国家教委等8个部门《关于切实做好"八五"期间残疾人教育工作的通知》和国家教委、中国残联制定的《残疾儿童少年义务教育"八五"实施方案》精神，在上年进行全区3～15周岁盲、聋、弱智儿童少年人数调查摸底的基础上，结合广西实际，制定了《广西壮族自治区残疾儿童少年义务教育"八五"实施规划》，提出"八五"期间广西发展特殊教育的主要任务目标是：重点发展盲、聋、弱智儿童少年初等义务教育，使通过特殊教育方式接受教育的盲、聋、弱智儿童少年初等义务教育入学率分别达到：城市40%以上，经济发展处于中等水平以上和已经普及初等教育的县（市、区）达到20%以上，经济困难地区有较大提高；逐步发展初级中等义务教育，在四市和一地区举办残疾少年初级中等职业学校（班）；积极发展学前教育，在部分有条件的地、市进行残疾儿童早期教育试点。各地按这个规划制定和调整了当地的特殊教育发展计划，并落实到乡、镇一级。

特教工作检查总结及表彰奖励。6月，自治区教委根据国家计委、国家教委、民政部、卫生部、财政部、劳动部、中国残联《关于对中国残疾人事业五年工作纲要（1988—1992年）执行情况进行检查总结的通知》要求，组织全区各地对1988年以来的特殊教育工作进行了一次自下而上的检查总结，同时推荐评选了一批特殊教育先进县（市、区）、先进单位和先进特殊教育工作者。12月，自治区政府残疾人工作协调委员会作出了《关于表彰全区残疾人三项康复和特殊教育先进集体、先进个人的决定》。北流县和桂林市区被评为自治区特殊教育先进县、区；桂林市聋哑学校、柳州市盲聋哑学校、北流县特殊教育学校、隆林各族自治县特殊教育学校、北海市海城区启智学校被评为先进特殊教育学校；田阳县教育局、全州县全州镇城关小学、隆林县残疾人联合会、柳州市社会福利院残疾儿童教育班等33个单位被评为特殊教育先进单位；曾兰等82名特教教师、特教管理干部被评为特殊教育先进工作者；隆林各族自治县、岑溪县受到通报表彰。北流县被国务院残疾人工作协调委员会、国家教委、民政部、中国残联命名为全国特殊教育先进县，桂林市区受到全国通报表彰。

颁发消灭县一级特殊教育空白点标准要求。11月，自治区教委发出了关于消灭县一级特殊教育空白点的通知，提出了以下标准：(1)县（市、区）政府要重视特殊教育，并将其列入政府议事日程，确定一名领导分管，有固定经费投入；(2)县（市、区）教育局（教委）有领导分工主管，有具体负责特殊教育工作的管理干部；(3)已完成盲、聋、弱智儿童少年人数的调查摸底工作，制定了"八五"至"九五"期间特殊教育发展规划；(4)已将特殊教育纳入当地义务教育实施规划，统筹安排实施和检查，当地的义务教育示范区、示范乡的残疾儿童少年入学率达到自治区规定要求；(5)至少办有一个以上特教班，有专任教师，有专用教室，有课桌凳，有根据教育、训练的特殊需要配备的图书资料、教具和学具；(6)部分残疾儿童少年已到普通小学随班就读，随班就读人数达到适龄残疾儿童少年总数的10%以上，并确定了一个以上残疾儿童随班就读试验点；(7)按有关文件规定从事特教工作的教职员工特教补贴费已经落实。到年底为止，全区已有半数以上的县（市、区）达到了标准要求。

建立特殊教育工作示范点。到年底止，由自治区教委认可并给予直接指导的特殊教育工作示范点有：田阳县为少数民族贫困地区普及残疾儿童少年初等教育示范县;南宁市壮志小学培智班为普通小学开办弱智儿童特教班示范点;在武鸣县玉泉乡和田阳县雷圩乡举办了盲童随班就读试验班;在南宁市五里亭一小和宾阳县顾明村小学举办了聋盲随班就读试验班;确定北流县特殊教育学校、南宁市盲聋哑学校、柳州市盲聋哑学校、桂林市培智学校为自治区第一批建设好的示范性特教学校。目前,整个示范点工作正在步步深入,发挥其以点带面的作用。

盲童随班就读工作取得新进展。1990年,自治区教委以"一体化"先进教育思想为指导,在武鸣县玉泉乡培联村百江小学和田阳县雷圩乡中心校举办了盲童随班就读试验班,探索适合广西区情,投资少、见效快的发展盲童初等教育新途径,已取得了明显的教育教学效果,总结了经验。在这两个试验班的带动下,1993年全区已发展到35个盲童随班就读点,使35名盲童得以就近进入普通小学,享受与健全儿童同样受教育的权利。11月份,自治区教委在田阳县举办了全区盲童随班就读专题讲学及现场观摩交流活动,各地、市、县80多名特教管理干部和教师代表参加了活动,为各地进一步开展盲童随班就读工作提供了理论依据和实践经验。

撰稿 朱伯群

[**师范教育和师资队伍建设**] 1993年,全省有小教、幼教培训中心4个,分别设在南宁民族师范学校、桂林民族师范学校、巴马民族师范学校和广西幼儿师范学校。1993年培训小学骨干教师105人,幼儿园园长80人;幼儿教师学历培训,毕业52人,招生67人,在校(在籍)学员103人。

在进一步加快办学条件标准化建设、全面落实新教学方案的基础上,重点抓了中等师范学校办学水平评估,与教学内容、课程结构改革相配套的教材建设和教师队伍建设等工作。年内,输送参加国家举办的骨干教师培训班52人次,自治区举办骨干教师培训班3个、180人次,还分别委托广西高师培训中心、桂林地区教育学院举办了中师教师研究生班和中师舞蹈教师培训班。为充分调动地方办学积极性,使师范教育更好地为当地基础教育服务,根据自治区党委和政府的决定,1993年,师范专科学校下放地区管理,实行自治区与地区共管,以地区为主的管理体制。中等师范学校除南宁民族师范学校、桂林民族师范学校、广西幼儿师范学校仍由自治区管理之外,其余均由地市(县)管理。

初中教师全员培训。1993年,全区初中教师学历达标率53.27%,低于全国56%的平均水平。由于过去初中教师培训形式单一,规模较小,每年初中教师学历达标率仅递增3%左右,按这个速度,需要15年时间才能完成初中教师的培训任务。为加快初中教师学历培训的步伐,解决初中师资数量不足,质量不高的困难,实现到2000年全区要基本普及九年制义务教育的战略目标,从1992年起,自治区开展了初中教师全员培训,采用函授、卫星电视教育、自学考试"三沟通"模式,对学历未达标的初中教师进行大规模的培训。1993年开设了中文、政治、英语、数学、物理、化学、生物、地理、历史9个专业,在册学员27528人,占学历未达标初中教师的80%。为加强管理,保证质量,自治区教委成立了中学教师培训工作领导小组,组长由教委副主任甘幼坪担任,各地、市、县也都成立了相应的管理机构。建立了由区教育学院为教学辅导和教学研究的主考学校,地市教育学院、师专培训部为助学单位,县教师进修学校为办班单位的三级培训网络。制订了《广西壮族自治区初中教师全员培训班教学管理暂行办法》、《广西壮族自治区初中教师全员培训班教学管理暂行办法》、《广西壮族自治区初中教师全员培训班统一考试考务细则》等规章制度。1993年8月举行了首次考试，有40397人次报名参加17门课程的考试，28938人(科)及格，及格率为71%。预计经过三年培训，将有2万人左右毕业，届时初中教师学历合格率可达80%左右。

根据国家教委关于中小学校长岗位培训教学大纲的要求，全面开展中小学校长岗位培训工作。同时，针对社会主义市场经济发展的需要，举办教育局长、主管教育副县长等教育管理干部培训班，提高教育管理干部的管理素质。同时，继续开展中小学教师继续教育工作，进一步加强中小学教师继续教育的宣传，提高广大教育管理干部和教师对继续教育的认识。

联合国儿童基金会—中国政府小学师资培训合作项目进展顺利。至1993年底，全区已有南宁民族师范学校等4所中等师范学校已先后接受联合国儿童基金会价值45万美元仪器设备的无偿援助。此项目1994—1995年受援学校的申请论证工作也正在进行。

1993年，自治区在南宁、柳州、梧州、桂林4个市的中等师范学校试办五年制小学师资专科班。生源来自初中毕业生，在校学习五年，毕业后国家承认大专学历，分配到当地小学任教师。试办小学教师专科班的目的是，着眼于为21世纪培养合格师资，为当地小学培养业务骨干和管理人员。此项试验当年招生160人、4个班。拟在今后进一步扩大，以提高小学教师的学历层次，从而促进小学教育质量的全面提高。

撰稿　张兆飞

[**教育法制建设**]　1993年，教育法制建设进一步得到加强。为了进一步推进“两基”、“两全”工作，加强教育管理，维护中小学正常的教学秩序，保护教育事业健康发展，自治区政府先后颁布了《实施〈教育督导暂行规定〉的办法》、《关于建立对普及九年制义务教育县和扫除青壮年文盲县进行评估验收制度》、《广西壮族自治区中小学保护办法》等一系列教育法规。11月，自治区政府办公厅转发自治区教委《关于加强教育管理、保护教育事业健康发展的意见》，及时制止来自社会上对教育的种种干扰。自治区教委还先后印发了《广西壮族自治区中小学贯彻〈学校体育工作条例〉〈学校卫生工作条例〉实施办法和检查验收评估细则》、《关于减轻义务教育阶段学生课业负担、全面提高教育质量的十项规定》、《广西壮族自治区普及九年制义务教育标准和评估验收奖励办法(试行)》、《广西壮族自治区职业高中管理暂行规定》等规章。并与有关部门开展了一系列宣传、学习、贯彻教育法律、法规的活动。8月，自治区教委印发《关于深入宣传〈义务教育法〉的通知》。自治区党委宣传部、人大教科文卫委员会、教委、司法厅、法制局、总工会等有关部门共同召开了学习、宣传、贯彻实施《教师法》座谈会，并于12月联合印发了《关于学习、宣传、贯彻实施〈中华人民共和国教师法〉的通知》，与此同时，自治区教委组织印发《教师法》学习资料，在全区范围内广泛深入地开展学习、宣传、贯彻实施《教师法》活动。9月13日至24日，自治区人大教科文卫委员会、教委、计委、财政厅、人事厅等部门与全国人大义务教育法检查组一起对广西进行了《义务教育法》执法检查。

[**兑现教师工资**]　经调查核实，从1988年至1993年6月底，全区共拖欠教师工资和政策规定补贴12557.22万元，其中属于工资的7387.47万元，属于政策规定补贴的5169.75万元。自治区党委和自治区政府对解决拖欠教师工资和政策规定补贴问题十分重视，自治区政府主席成克杰、自治区党委副书记丁廷模、自治区政府副主席袁正中、李振

潜等都曾分别深入各地、市、县进行调查、核实工作，指导各地解决好拖欠教师工资的问题，并多次召开地、市、县以及教育、财政等有关单位领导会议，进行分析、研究，要求采取有力措施，确保拖欠教师工资的问题尽快得到解决。自治区在财政极度困难的情况下，先从下拨资助贫困地区的4000万元经费中用40%解决拖欠的教师工资，后又借调3500万元帮助贫困县解决拖欠的教师工资和政策性补贴。各拖欠县、市也积极多方筹措资金，搞好“兑拖”工作。到1993年12月31日，全区已兑现拖欠教师工资和政策规定补贴11827.51万元，占应解决总数的94.19%（其中，基本工资7387.47万元，占应解决总数的100%；各种津贴4440.04万元，占应解决总数的86.05%）。

［**筹措教育经费**］ 为贯彻落实好《广西教育改革与发展纲要》，促进广西“两基”规划的实施和整个教育事业的发展，全区各地继续大力贯彻执行自治区政府有关文件精神，积极做好多渠道筹措教育经费改善办学条件工作。1993年，自治区教委根据各地经济发展情况和上年当地人均纯收入情况，下达了本地区多渠道筹措教育经费改善办学条件的集资任务。各地将自治区教委下达的集资任务分解到各乡镇。1—4月，全区各地多渠道筹措教育经费改善办学条件工作在上年取得显著成绩的基础上再次掀起热潮。5—10月，由于受到外部环境的影响，全区多渠道筹措教育经费改善办学条件工作进展缓慢，一些县自行取消或停止执行自治区政府关于多渠道集资办学的文件。在受到严重影响的情况下，也有一些县市坚持多渠道集资办学，坚决依法足额征收农村教育费附加。针对多渠道筹措教育经费改善办学条件工作中遇到的困难和阻力，自治区教委曾多次组织调查组到各地调查了解情况，并将了解到的有关情况及时向自治区党委和政府汇报，为自治区党委和政府决策提供参考。10月，自治区政府下发了《关于继续贯彻执行多渠道筹措教育经费暂行规定有关问题的通知》，并召开全区地、市教育局长（教委主任）会议，传达学习国务院办公厅《关于纠正一些地方取消农村教育费附加的通知》和自治区政府文件精神，对年内最后两个月的多渠道筹措教育经费工作，尤其是农村教育费附加的征收工作提出了严格要求，并作出了具体部署。经过上下共同努力，1993年全区多渠道筹措教育经费6.5亿元，其中农村教育费附加1.9亿元，分别占下达任务的80%和54%。

撰稿 叶宗波 吴桂就 常军胜

［**勤工俭学**］ 1993年，全区中小学勤工俭学总产值（营业额）14.49亿元，纯收入2.89亿元，分别比上年增长71.1%和40.9%，增长幅度创历史最高水平。据统计，1993年全区共有18079所中小学校（含中等师范学校）开展勤工俭学活动，开展面为94.8%，拥有校办产业的学校达13277所，占学校总数的69.6%，其中校办农业基地29864个，校办工厂2216个，第三产业网点8177个。全区学生人均收入36.49元，比上年增加9.84元。各地勤工俭学的整体实力进一步提高。全区15个地、市级单位，有11个年纯收入超过1000万元，其中：玉林地区6208万元，柳州市4830万元。89个县（区）级单位中年纯收入100万元以上的已有67个，其中500万元以上的12个。年纯收入10万元以上的学校有296所，其中50～100万元的有18所，100万元以上的有6所。

1993年全区勤工俭学收入用于补充教育经费达到17074万元，占纯收入总额的58.9%，相当于同年国拨普教经费的10.55%，其中用于修建教学用房、增添教学设备、补充办公经费等9528万元，用于发放教师政策性补贴和集体福利8649万元，为改善全区中小学办学条件，提高教师生活待遇、稳定教师队伍发挥了积极作用。

为使勤工俭学校办企业逐步与现代企业制度接轨，增强校办企业的实力与活力，各地教育主管部门和学校本着以提高经济效益为中心的原则，根据实际情况，实施了一系列改革措施。在所有制方面，除了原有的全民、集体所有制外，进一步发展内联合资、中外合资、股份制等多种形式；在经营机制方面，进一步实行各种目标管理责任制和经营承包责任制；在管理体制方面，有条件的地方已开始实施校企两权适当分离，学校一般不再直接管理企业生产经营方面的事务，企业内部的财务管理、用工管理和分配奖惩等制度也进一步完善。同时，为改变全区中小学校办企业总体水平仍处在规模小、基础薄、效益差的状态，1993年，各地勤工俭学管理部门和学校在抓好一般勤工俭学项目的同时，都十分注意花大力气抓骨干企业的建设，使一批校办企业在产业规模、产品档次、经济效益各方面都上一个台阶，从而带动其他企业和项目的发展，提高勤工俭学的整体水平。

1993年，各地学校和校办企业依靠科技进步推动勤工俭学、校办企业的发展，取得了新的成果。柳州市教育工业公司把科学技术作为发展校办企业的先导，制定了科技兴勤的措施，一是积极引进专门人才，提高校办企业员工的专业素质。1993年全市校办企业引进专业技术人才250人。二是加强新产品的开发，一方面吸纳外部的高新科技成果，另一方面成立自己的研究机构，自行研制开发。该市龙潭饮料总厂开发的新一代生物全息养生液“天成仙芝”通过了国家级鉴定。柳州市高中生产的“银河”热水器在北京评比中获第一名。忻城县勤工俭学公司自己研制生产的“乳鸽酒”获得1993年首届香港国际名酒博览会金奖。

撰稿　江立人

职业技术教育

［概述］　进一步优化了中等教育结构。1993年，中等职业技术教育持续发展，在校生数第一次超过普通高中的在校生数。普通高中教育与中等职业技术教育的在校生之比由上年的1∶0.85上升为1∶1.04。普通中等专业教育发展较快。全区普通中等专业学校招生和在校生分别比上年增长29%和17.2%；教职工和专任教师均比上年有所减少，专任教师中具有高级职称的占13.6%，比上年提高2.6个百分点。职业高中有较大发展。全区职业高中比上年增加19所，招生比上年增长17.7%，在校生比上年增长12%，专任教师比上年增长15%，专任教师的学历合格率为27.69%，比上年提高0.74个百分点。民办职业高中68所，在校生1.34万人。技工学校规模有所扩大。全区技工学校114所，招生1.95万人，比上年增长30.3%；在校生4.59万人，比上年增长21.7%；教职工0.56万人，其中专任教师0.33万人。

1993年，各级政府和教育部门认真贯彻落实《中国教育改革和发展纲要》(以下简称《纲要》)。年初，召开了地市教育行政部门及实验县(市)主管教育县(市)长、教育局长(教委主任)会议，贯彻落实《纲要》提出的任务，推广玉林地区发展职业技术教育的经验，部署1993年的职业技术教育工作。5月中旬，召开了全区中专校长会议，研究和部署中专教育改革。年内全自治区新增职业中学教师1787人，其中专业课教师近400人，促进了全区职业技术教育的发展。

撰稿　叶宗波　吴桂就
常军胜　李启源

［**改善办学条件**］　1993年，广西各级政府及办学部门采取有力措施，多渠道筹措资金，改善办学条件。据统计，全年共投入各类中等职业技术学校的专项经费6000多万元。新建设一批比较标准的教学楼、实验楼等，面积有8万平方米，装备了一批高标准的实验室、实习室，新购计算机500多台及一批其它仪器设备，购买图书60万册。建设了一批较标准、规范的运动场、校门、校道、花圃等，使校园建设日趋科学化、规范化、标准化，优化了育人环境。此外，也改善了教师的待遇、住宿等条件，稳定了教师队伍。

［**校办产业**］　1993年，全区贯彻落实全国职业技术教育校办产业会议精神，采取以下措施发展校办产业：一是自治区教委决定在普通中专和职业高中开展创收100万元、50万元和30万元的校办产业创收竞赛活动，给每所职业高中提出发展校办产业的目标和任务；二是召开发展校办产业现场会，推广横县职业中学和柳州市第一、第二职业高中等校发展校办产业的经验和做法；三是自治区教委帮助职业高中解决发展校办产业的贷款100万元；四是组织全区64所职业中学、中专、技工学校的校办产业产品200多个品种参加在北京举办的全国职业技术教育展销会，会上玉林、桂林、百色等地区的职业中学与河南、四川等省的有关部门签订了50多万元的订货意向协议书。据统计，1993年，全自治区职业技术学校校办产业纯收入5000多万元，创利润超过100万元的学校有23所，其中玉林地区农机校、广西交通学校、广西林业学校、广西机械工业学校、横县职业中学等5所学校校办产业创利润都突破200万元，为全区职业学校校办产业发展起到了示范和带头作用，促进了校办产业的发展。

［**省级重点职业高中抽查验收**］　1993年，根据国家教委关于对省级重点职业高中进行抽查验收工作的部署，自治区教委采取有力措施，认真抓好这项工作：一是自治区教委下发通知，要求各级政府、教育行政部门和学校都要认真做好迎检工作；二是分别召开地市教育行政部门领导和省级重点职业高中校长会议，研究和部署做好迎接检查的准备工作；三是重点扶持，加强建设。1993年，自治区投入7所省级重点职高的专项经费174万元，各地、市、县投入的专项经费600多万元；四是新建了较高标准的电教室、语言室、计算机室等共20多个，购买了较先进的计算机近200台及一大批仪器设备；四是国家教委抽查前，自治区教委于11月中旬进行了统一预检，对学校的准备工作进行了详细的检查和落实。11月27日至12月8日，国家教委检查验收组对桂林、柳州、北海、横县、浦北、博白等市、县的6所省级重点职业高中进行了检查验收。自治区教委主任李林向国家教委检查组汇报了广西的职业技术教育和省级重点职业高中的情况。检查组通过听取汇报、召开师生座谈会、查阅资料、察看现场和学生实践表演等方式，检查了6所重点职业

高中，对这些学校的办学成绩给予较高的评价和肯定，认为广西的重点职业高中起到了示范和骨干作用，办出了特色：一是规模大，在校生都在1000人左右；二是突出专业特点，如横县职业中学为"两条龙"(即：人才培养—技术推广—种桑—养蚕—抽丝—致富一条龙；人才培养—技术推广—茉莉花种植—花茶加工—致富一条龙)服务，浦北县第一职业中学的"三特"、"三管"(三特即：办学有特色，教学有特色，学生有特色；三管即：管教、管导、管成材)，博白县职业中学的"四线辐射"(即在校生科技辐射线，毕业生科技辐射线，定点乡、村辐射线，中小学教师辐射线)等做法和经验，都突出了办学为农村经济发展、为农民致富服务的特色；三是实习基地建设和校办产业规模大、效益好。7所重点职业高中办起了厂、场、店共30多个，年内创利达624万元，其中超100万元的就有柳州和北海两市的职业高中及横县职业中学3所，其中横县职业中学创利高达250万元。

[**中专学校评估**] 1993年，根据国家教委部署，认真做好普通中专学校评估工作。一是召开评估工作会仪，下发《关于我区中专办学水平评估开展复评验收工作的通知》等6份文件，部署开展中专办学水平评估的工作；二是对全区73所中专学校的2900多名学生进行政治课统考，检查学校政治课教学质量。据考试结果统计，平均分及格的学校达54所，占73.9%；三是于3月底、6月初、10月底分三批组织65名专家组成16个评估组对64所中专学校进行办学水平评估，评估组经过听取学校汇报、召开师生座谈会、查看现场等办法，对学校的办学水平进行评估。专家们认真评审，分析研究，作出了评估的结论，报自治区中专办学水平评估领导组审定，25所学校达到优秀，35所学校达良好。经自治区政府批准，广西水电学校、广西交通学校等20所学校为省部级重点中专，并推荐广西水电学校、广西交通学校、广西轻工业学校等10所中专为全国重点中专学校，上报国家教委审批。

撰搞　李启源

[**教育综合改革**] 1993年，广西教育综合改革工作有了新的发展。根据《中国教育改革和发展纲要》和《广西教育改革与发展纲要》精神，结合广西教育综合改革的进展情况和建立社会主义市场经济体制对教育改革提出的新的要求，对《广西壮族自治区教育综合改革实验县工作纲要》进行了修订，形成了新的《工作纲要》。6月，自治区教委在横县召开了全区农村教育综合改革实验县工作会议。自治区政府副主席李振潜和区教委主任李林到会并分别作了报告。会议讨论、通过了修订后的《广西壮族自治区教育综合改革实验县工作纲要》，总结交流了全区各地农村教育综合改革的经验，实地考察了横县教育改革情况，分析了广西经济建设和教育发展的基本形势，研究并提出按照建立社会主义市场经济体制的要求，遵循教育规律，加快农村教育综合改革工作的目标和措施。会议还提出了全区农村教育综合改革实验"点上深化，面上扩展"的具体要求和措施。年内，自治区教委多次抽调人员对全区教育综合改革实验县、市及其它一些县市的教育改革与发展情况进行广泛深入的调查研究，总结经验，决定在原来12个教育综合改革实验县(市)的基础上，再增加玉林地区作为地区级的实验区。加强"燎原计划"项目的管理，做好贷款资金的回收工作，提高社会效益和经济效益，促进"燎原计划"的实施和教育综合改革的发展。截至1993年底，4个项目已到期还清本息，其它到期和未到期的贷款大部分能按时还息。项目经营情况良好。特别是横县缫丝厂项目，经济

效益高，社会效益好，多次受到国家教委的表扬。教育综合改革的成就，引起国内外同行的关注。5月和9月，菲律宾国际乡村改造学院代表团先后两次来广西考察，提出为把广西农村教育综合改革的经验传播到其它发展中国家，促进世界乡村改造运动的发展，希望与广西共同进行合作项目试验。9月下旬，代表团第二次来广西考察后，双方初步达成了合作项目的意向。

撰稿 叶宗波 吴桂就 常军胜

高等教育

[**概述**] 1993年，全区25所普通高等学校中，有部委属院校2所，分校2所。全区有7所普通高等学校举办研究生教育，研究生毕业生比上年增长21.5%，招生比上年增长72.2%，在校生比上年增长36.2%。本专科招生比上年增长20.6%，在校生比上年增长21.2%，其中国家任务计划在校生增长18.1%，调节性计划委托培养与自费生增长35.6%，委托培养和自费生的比重由上年的18%提高到20.1%。平均每万人口中的大学在校生数为11.63人，为全国平均数的53.5%，比上年提高3.5个百分点。普通高等教育层次结构有所调整。研究生、本科生和专科生的结构比例发生变化，研究生与本专科生招生数比由上年的1∶112.3变为1∶78.7，在校生数比由上年的1∶114.5变为1∶101.9；本科与专科的招生数比由上年的1∶2.0变为1∶2.3，在校生比由上年的1∶1.1变为1∶1.4。普通高等学校办学条件的投入增大，自治区属普通高等学校校舍总面积208万平方米，其中学生宿舍面积34万平方米，分别比上年增长12.4%和21.4%；教学仪器设备价值1.14亿元，比上年增长8.3%；学校图书800万册，比上年增长6.2%。但生均占有量均比上年有所减少。

根据高等教育的发展方针，1993年全区高等教育除了规模的发展外，还注意优化结构，提高办学效益，经过改革和试验，使高等学校逐步形成国家投资为主，学生缴费和社会集资为辅；学生自费和社会集资为主，国家资助为辅；民办自费、企业办学等多种办学形式。国家办学走内涵发展为主的道路。自治区成立了高等教育学校和专业设置评议委员会，1993年，经过评议和审批，普通高校专业由原来的118个增加到150个，新增专业32个，增长27%；专业点由原来的307个增加到367个，新增专业点60个，增长20%。经国务院学位委员会评定，1993年广西新增16个硕士学位点，使自治区硕士点从65个增加到81个。桂林电子工业学院被批准为硕士学位授予单位。

撰稿 叶宗波 吴桂就
常军胜 黄益山

[**招生工作**] 1993年，全区高校招生工作除贯彻国家有关政策外，还具有如下特点：(1)改革继续深入。主要表现在：在双轨制上努力扩大招生数量，创造了自治区高校录取新生的最高纪录；逐步扩大高校录取新生的

自主权，保送生和体育预科生主要由高校组织生源；坚持全国统考为主，德智体全面考核，择优选拔录取的原则，有效地制止了高等学历教育上乱招生、乱发文凭现象。(2)政策日趋完善。对享受政策照顾的考生，不再采取加分办法，一律按规定实行降分照顾；农林师范院校不再实行同批提前录取，并取消对报考农林师范院校的优秀高中毕业生实行现金奖励措施，采取扩大保送生和国家任务比例以及降分录取第一志愿考生的办法，吸引有志青年报考农林师范院校；暂停对资格生、往届生的试验工作，适当扩大预科生的比例；研究生招生从单一的国家任务招生(包括定向招生和非定向招生)发展到部分招收委托培养生。

［**提高教学质量**］ 1993年自治区教委下达了《关于普通高校深化改革，提高教学质量的意见》，进一步明确全区普通高校教学改革的指导思想和教学管理、教学改革的原则，要求各院校根据社会主义市场经济体制确立后对人才培养的需要，修订教学计划，改革课程结构体系，拓宽专业面，增强适应性，在提高教学质量上下大力气。采取了几点新的措施：(1)要求各院校从实际出发，重新设计教学计划，合理安排课程结构，组织编写了文科和财经系列教材。(2)对委培生教学增强了针对性，如广西工学院将具有丰富教学经验、教学水平较高的教师安排担任一年级基础课教学，加强对委培生辅导、补课。广西医科大学对委培生在教学进度上采取了先慢后快的做法。(3)针对部分院校学风、考风方面存在的问题，自治区教委下发了《关于加强考试管理、抓好学风建设的通知》，要求各院校加强考试管理，搞好学风建设，实行教考分离、统考统测和题库建设，取得良好的效果。(4)继续加强大学英语教学。1993年出台了《关于进一步改进和加强我区普通高等学校大学英语教学工作的意见》，提出强化目标管理。对外语教学工作实行分级管理、分级考试制度，对不同类型学校的学生大学英语教学提出不同的要求。广西大学、广西师范大学等6所院校成立了公共外语部(系)，强化了管理，不少院校调整充实了大学外语部(系)的力量。年内组织高校学生32773人次参加全国大学英语三、四、六级考试。(5)加强非计算机专业的计算机教学工作。成立了广西普通高校非计算机专业计算机等级考试委员会和等级考试大纲及样题设计组，组织有关专家编写了《计算机等级考试系列教材》。广西师范大学成立计算机教学部，广西民族学院自筹资金购买几十台计算机，开展计算机教学。(6)加强青年教师的培养。为提高高校青年教师的学历水平，1993年在广西师范大学、广西大学、广西工学院(与复旦大学联合)举办了以青年教师为主的“在职研究生班”，经考试入学共150人，学制2—3年；举办青年教师岗前培训班，对新分配到高校未上岗的青年教师进行三周的岗前培训，培训内容主要是教育学，心理学和职业道德等，1993年共培训400多人。

［**科技工作**］ 1993年，全区高校获得“93广西科技进步奖”一等奖3项，二等奖9项，三等奖17项，“星火”奖1项，是历年来获得一、二等奖最多的一年，在全区评出的4项一等奖中，高校就占3项，37项二等奖中高校占9项。广西大学获得1项国家级“火炬奖”。同时，自治区教委还评出“广西高校科技进步奖”27项，社会科学成果奖25项。

1993年全区高校通过鉴定的科技成果30项，其中由区教委直接组织鉴定的有8项。在这8项中，达到国内领先和国内先进水平的有6项。广西大学的“气—固相反应工艺及固相反应器”，为广西明阳淀粉厂年产1000吨变性淀粉提供了可靠的设备基础，为国内首创，四川省已应用；广西师范大学的“高活力木瓜蛋白酶”把广西木瓜粗蛋白酶由原来90万个国际单位/克提纯到450万个国际单位/克的水平，达到国内领先水平和出口产品质量的要求；广西农业大学的甘蔗增产剂的研究成效试验，在区内400多亩蔗田试用，平均增塘2%，增产5%，很有推广价值。

1993年，许多高校进一步理顺了科研与产业的管理体制，修订了本单位的科研和产量的管理条例，有些院校除了兴办校办科技产业外，正以自己的核心技术为纽带通过生产协作，同社会企业联营或组建新的企业，或采取股份制等方式向社会化发展，一些学校独自经营的科技企业也采用“部分在内、部分在外”的生产模式。广西师范大学分流出部分科技人员走出校门，积极开发、推广本校的科技成果近10项；广西工学院的激光技术在玉林、深圳等地应用；广西农业大学的“猪血超氧化物歧化酶(SOD)生产新工艺”、“微生物发酵法生产透明质酸(HA)技术”等项目不但向社会转让，还采取了中外合资的方式在本校进行开发，形成科研、开发、产业、销售一条龙；广西医科大学大胆地在四个产业实行承包责任制，引入竞争机制，并引进个体企业家承包本校的药厂；桂林医学院生物工程研究所研究的“人流胎儿组织活细胞利用”，收到了较好的经济效益和社会效益。

1993年，自治区教委下发了《关于加快改革与发展我区高等学校校办产业的若干意见》，年内，高校新增企业43家，全区高校200多家企业总产值约1.88亿元，比1992年增加6500万元，利润3900万元，比1992年增加1500万元。

[**毕业生分配改革**] 1993年，自治区高校毕业生分配制度的改革进展较快，取得了较好的成效，具体做法是：(1)多方努力，积极争取区外高校毕业生到广西工作。寒假期间，区高校毕业生分配办公室召开了首届广西区内外高校毕业生“双向选择”洽谈会。会上，用人单位与毕业生签订了就业协议、意向书1000多份；各地市高校毕业生分配主管部门还组织用人单位到区外高校去介绍广西改革开放和企业发展情况，并相应制订了吸引人才的政策，仅柳州市、桂林市1993年就争取到区外院校毕业生近1000人。(2)为积累经验，逐步深化改革，选择广西大学和广西农业大学作为改革毕业生分配制度的试点单位。这两所学校共邀请450家用人单位到学校与1900个毕业生洽谈，签订了1622份协议；确定了重点保证单位及艰苦地区、艰苦行业的分配比例，各院校还设立奖励基金，鼓励按国家分配计划到艰苦地区、行业、重点保证单位的毕业生，其中如原接受贷款的学生可以免还贷款，用人单位还给予一定的优惠待遇。(4)凡分配到乡镇企业(包括市区的街道)的毕业生，行政关系由乡镇政府(或城区政府)管理，保留国家干部不变，工资待遇按规定由所在工作单位解决。(5)对非49个县(市)生源的毕业生，按分配计划或自愿到49个县(市)工作的，可将其户口、粮食关系转到家庭所在地。

1993年，全区普通高校本、专科毕业生和毕业研究生生源共有15063人，其中国家教委直属高校和中央有关部委直属高校毕业生4762人，毕业研究生243人；区属高校毕业生9945人，毕业研究生113人。实际接收分配毕业生13316人，其中接收分配区外高校毕业生4064人，毕业研究生150人。

撰稿 黄益山

[**高等师范教育**] 1993年，广西有普通高等师范院校8所，其中本科院校2所，专科院校6所；应届毕业生3551人，招生5559人，在校生14719人。普通高等师范院校教职

工3925人，其中专任教师1988人。专任教师中，有教授81人，副教授443人，讲师770人。全年基建投资894万元，比上年增长10.6%；教学设备、维修补助费340万元，比上年有所减少；校舍面积达到287.33万平方米，图书资料329.9万册。

1993年，进行了师范专科教育改革。首先在右江民族师范专科学校增设了面向当地经济建设的机电专业。各校普遍开始试行主辅修制教学，加强了职业技能训练、劳动技术教育和现代科技教育，教育内容和课程结构进入整体改革阶段。当年，自治区教委根据国家教委、国家语委的要求，对各师专的普通话普及工作进行了检查，其中柳州师范专科学校、玉林师范专科学校接受了国家教委、国家语委检查组的抽查，检查和抽查的结果，各校均取得良好。加强师专、教育学院教师队伍建设，从全区师资培训短训经费中特拨5万元，由广西高师培训中心为各师专、教育学院培养在职研究生和国内访问学者。

世界银行贷款师范教育发展项目。在国家教委组织下，1993年广西申请世界银行贷款“师范教育发展项目”得到批准。此项贷款分配给广西的总额为678.5万美元，执行期为15年，1993年开始实施，自治区8所本、专科师范院校和广西民族学院为贷款项目学校。此项贷款对于进一步加强自治区师范院校建设，解决教师数量不足、质量不高的困难起到推动作用。

撰稿　张兆飞

［**国际交流与合作**］　1993年，广西教育国际交流与合作有了长足的进展。(1)全区共聘请外国长期文教专家、外籍教师63人，短期来讲学及合作研究的专家教授78人。一些高校根据本校的重点学科、重点科研项目、高新技术产业的需要，聘请了一定数量的外国科技专家，使高校同国外的合作研究有了很大的发展，收到了较好的社会效益和经济效益。(2)接受来华留学生共180人。其中，公费生71人，自费生109人。(3)自治区教委和高校共接待来自美国、日本、英国、法国、丹麦、澳大利亚、越南、菲律宾、香港、澳门等十多个国家和地区的访华团组共51批、253人。共签订协议和达成意向10多个。(3)自治区教委、自治区教育国际交流协会和高校共派出访问考察团组、培训班36个，共计187人。此外，出国参加国际学术会议、短期讲学和合作研究41批，共52人。通过这些活动，结交了新朋友，进一步提高了广西高校的知名度，新建了友好关系，初步达成协议意向15个。(4)广西自筹经费出国留学第六批人员经过9个月外语培训，有43人通过了全国外语水平测试，经自治区政府同意被录取为出国留学预备人员。(5)通过国家教委下达的国家公派名额、联合国开发署、AIT和AFS项目以及校际交流等渠道，共派出留学生150人。同时办理自费出国留学人员127人。(6)1993年，广西接收回国留学人员近百人，其中博士11人，硕士2人，是历年博士生回国最多的一年。

撰稿　叶宗波　吴桂就　常军胜

成人教育

[**概述**] 1993年，全区成人高等教育本专科招生比上年增长30.2%，在校生比上年增长31.3%。成人中等教育进一步发展。全区有成人中等专业学校146所，分校36所，工作站59个；成人中等专业教育招生比上年增长9.35%；在校生比上年增长28.3%，专任教师比上年增长2.5%。成人中学招生比上年增长1.6%，在校生比上年有所减少，专任教师比上年增长38.56%。成人初等学校在校生比上年增长1.0%。

[**扫盲教育**] 1993年，共组织27.61万人参加扫盲学习，脱盲13.78万人，比上年增加6.28万人。凌云县、乐业县、天峨县通过基本扫除青壮年文盲验收。荔浦县、平南县、玉林市、容县、钦州市、浦北县以及桂林市秀峰区、七星区通过高标准扫除文盲验收。1993年，扫盲教育主要抓以下几项工作：(1)各级政府和教育部门认真贯彻国务院修改后颁发的《扫除文盲工作条例》、国家教委《县级扫除青壮年文盲单位检查评估办法》、区教委《自治区高标准扫除青壮年文盲验收办法》等文件精神，把扫盲工作列入政府行为，并把扫盲任务落实到村和人，签订承包合同，限期完成；(2)配合联合国教科文组织官员组织并通过对龙胜各族自治县实施妇女扫盲和扫盲后项目的验收，被认为是在世界实施此类项目较好的地区之一，受到了高度评价和表扬；(3)办脱盲后小学班，巩固扫盲成果。全区共办3961所(班)，毕业结业33732人，在校学员63679人。

[**农村成人教育**] 1993年，广西农村成人教育出现以下特点：(1)乡(镇)农技校基本普及。区教委制定并下发了《广西壮族自治区乡(镇)农民文化技术学校建设标准(试行)》，促进其发展。全区乡镇一级的农民文化技术学校已发展到1336所，占乡(镇)总数的98.64%，比上年增加22所。其中单门独院的乡(镇)农技校400多所，占乡(镇)农技校总数的30%左右。(2)农村成人中专校(班)已兴办起来。全区县办成人中专已发展到39所(班)，其中1993年新批建校的有永福县成人中专学校、武鸣县成人中专学校、宜州市成人中专学校。自治区农村实用技术培训中心已正式挂牌成立。全区已初步形成区、地、县(市)、乡(镇)、村、厂(场)农村成人教育培训网络。(3)出现了多层次、多规格、多形式、多渠道的办学格局。农村成人教育直接有效地为经济、农业开发项目服务，农村需要什么就开办什么专业，共培训700多万人次。实用技术培训在校生350万人。农民"绿色证书"教育已在许多地方试点。(4)抓队伍培训提高。与香港明爱组织合作，于4、5月份组织50多名成人教育干部分别在香港明爱成人学校和南宁进行培训；4月开办了成人中专校政治课教师社会主义市场经济学教学研讨班；委托广西农业学校培训近100名乡(镇)农技校专职教师，主要学习种、养、加工类专业知识；组织13所农技校校长到江苏宜兴市培训，使其开阔视野，增强改革意识，提高管理水平。(5)做好教材的编写发行。组织编写出版《社

会主义市场经济通俗读物》、《职业道德教育》，同时协助出版部门发行《农村实用技术教育系列教材》。(6)区教委召开农村成人教育工作会议，认真总结近几年来，特别是1993年农村成人教育的成绩、经验及存在的问题，提出了今后一、两年内农村成人教育的指导思想、改革思路、发展目标和任务及对策措施等。

[**成人中专教育**] 1993年，广西成人中专进行了以下几个方面工作：(1)成人中专招生改革。一是实行招收免试生制度。凡回乡两三年的初高中毕业生，报考种、养、农产品加工、乡村医生、乡镇企业及经营管理专业的免试入学。农民中专计划招生1750人，实际招生1796人，完成计划102.63%。二是普通中考生，成绩达到当地职高录取线，可录取到成人中专就读。三是自治区全面开展"专转全"(干部中专专修班转全科班)试行工作，转录4916人。(2)调整了专业结构。为了适应市场经济发展对人才的需求，同意22所成人中专学校新增加30多个专业，增强了学校办学活力，为社会培养了各类人才。(3)进一步完善分级办学、分级管理的体制。从1993年起，区教委把柳州市属成人中专学校的专业设置和招生计划审批权下放给市政府，只对学校的办学条件和教学质量进行检查和评估。(4)召开成人中专校长工作会议，认真总结全区创办成人中专以来的主要成绩、经验，提出了1993年改革和发展的基本思路。

[**职工教育**] 1993年，广西职工教育继续以岗位培训为重点，大力开展适应性培训和各种培训，为改革开放和经济建设服务，取得了较大成绩。在全自治区2636832名职工中，参加各类培训的人数达676782人，培训面为25.67%，其中参加岗位培训有552333人，接受高等教育33856人，中专教育28736人，文化基础教育3795人，其它培训58062人。在805294名干部中，参加岗位资格培训41035人，适应性培训84900人，继续教育58062人。在统计的全自治区1831538名工人中，参加岗位资格培训87200人，技术等级培训90958人，适应性培训248240人，接受高等教育8192人，中等教育7615人，高、初中文化教育3074人。年内全自治区有174名职工和356名高中毕业生，经国家统考合格，被选送到华中理工大学代培。

随着企业转换经营机制，各级政府职能的转变，办学自主权在企业得到落实，充分调动了企业自主培训的积极性，使职工教育出现了新的特点：一是注重了干部培训，企业结合本厂实际需要，广泛开展适应性培训和继续教育，干部培训面比1992年增加0.8%，适应性培训增加0.5%，继续教育增加1.5%；二是企业开始扎实地围绕本厂生产经营实际需要，自主地开展工人岗位培训、适应性培训、班组长培训和工人技术等级培训。部分企业实行了"先培训后上岗，培训不合格不能上岗"的持证上岗制度。

[**社会力量办学**] 1993年，广西社会力量办学有以下几个特色：(1)数量上有较大的发展。据不完全统计，社会办学已发展到1815所，毕业结业1918人，在校学员122481人。(2)办学条件得到加强。有了一批专兼职教师和管理人员，专职教师6051人，兼职教师3541人，教师中具有高级职称1916人。校园面积达469151平方米，其中自有校舍258327平方米，教学设备资金达3773.56万元，固定资产折合金额达9425.57万元。(3)加强了管理。各地认真贯彻自治区教委《关于加强社会力量办学的招生广告管理的若干规定的通知》和《关于贯彻国家教委、公安部〈社会办学印章管理暂行规定〉的实施意见》，加强了管理，确保教学质量的提高。

［**自学考试**］ 1993年是广西自学考试开考10周年，到年底累计有毕业生22768人，在籍考生16万多人。全年考生146120人，毕业生3541人。从1993年起，把中等专业自学考试权下放给地市考委，全区中等专业自学考试在籍考生7353人。

开考次数、开考专业增加。1992年以前，每年4月、10月各考一次，1993年起，增加1月、7月各考一次，共4次。1993年向社会开考专科、本科专业25个，比1992年多2个。另外，从1993年1月开始，自治区自学考试委员会与自治区广播电视大学试办广播电视教育与自学考试相沟通的16个专业，同时经自治区教委、自考委批准在一些普通高校和成人高校试办本区急需人才的自学考试29个专业点，三项相加计开考70个专业，其中增加的主要是农学、师范、工科技术类，使自学考试的专业设置更适应全区发展的需要。

改革课程设置和考试方式。新开专业和专业点，主要由广播电视大学和普通高校负责助学，学员以脱产学习为主，使助学过程得到保证，一般均按同专业全日制教学计划开设课程。考虑到这部分考生多为待业者，将来要在人才市场上竞争就业，所以不管文理工专业，均设电子计算机课，并需取得实际操作的等级证书；新会计制度和外语也是某些专业的必修课。加强动手能力的考试。除外语类的听力、口语仍坚持面试外，工科的机电、化工、艺术类的音乐、图画的综合技术均进行逐个考试。

严肃考风考纪。1993年下半年起，公安管理专业集中在地市所在地考试；所有自学考试助学班的考试，实行易校监考，同时办班院校一律不参与命题、考试及评卷；严肃处理作弊行为，对作弊者除按文件规定取消当次所考各科成绩，再次作弊取消已经合格及格成绩外，并通报单位登报公布。由于采取了上述措施，考场纪律得到了加强。

撰稿 黎汉光 蒙荣德

民 族 教 育

［**各级学校民族学生、教职工基本情况**］

单位：人

项目 类别	学生			教职工		
	1993年	1992年	1993年比1992年增减	1993年	1992年	1993年比1992年增减
普通高等学校	13380	13360	20	4014	2790	1224
中等专业学校	31391	27383	4008	4052	3845	207
其中：中师	12705	10399	2306	1052	1014	38
普通中学	619079	603641	15438	42461	40691	1770
职业中学	29192	24188	5004	2685	2173	512
小学	2502959	2387382	115577	92474	93690	-1216
幼儿园	214028	186614	27414	4621	4075	546

［**中专教育**］ 为加速培养少数民族地区、特别是边远山区小学师资的步伐，1993年，自治区将宜山师范学校、柳州地区师范学校、南宁地区第一师范学校、南宁地区第二师范学校、田东师范学校、钦州市师范学校分别改名为宜山民族师范学校、柳州地区民族师范学校、南宁地区第一民族师范学校、南宁地区第二民族师范学校、田东民族师范学校、钦州民族师范学校。上述学校改名后，学校的管理体制、经费标准及来源渠道不变。年内，自治区还将南宁地区民族干校、百色地区民族干校、河池地区民族干校、柳州地区民族干校分别易名为南宁民族中等专业学校、百色民族中等专业学校、河池民族中等专业学校、柳州民族中等专业学校，并定为普通中等专业学校，由所在地区行署和自治区民委双重领导。学校采取定乡(镇)村、定民族、定性别的办法招生，学生毕业后回原定向乡(镇)村工作。至1993年，自治区内民族普通中等专业学校有21所。

［**教学实验**］ 年内，自治区和柳州地区组织力量，在不打乱统编教材系统性的原则下，结合象州县中平乡古磨小学等5所民族实验小学渗透职业技术教育的内容，对语文、数学两门课程进行增、删、补。编写了补充教材教学大纲，编印了中高年级的语文、数学补充教材，满足了5所小学实验工作的需要。

壮文进校实验工作。年内，自治区对壮文进校实验经费的使用办法进行调整，重新核定了壮文初中(民族中学)、壮文学前班教师及中小学生经费补助的额度，列入有关县(市)教育经费包干基数；颁发《关于壮文进校实验工作的意见》，从教育管理、教学指导以及师资培训提高等方面提出了明确规定和要求，使实验工作有章可循；加强师资培训工作，10月，在贵港市古山小学举办壮文教学培训班，部分实验县教研室壮文教研员、实验学校骨干教师参加培训。对壮文实验小学毕业班进行统考，促进实验县、校开展壮文教学工作，提高教学质量；围绕“16字”方针开展教学研究工作，在探索壮汉双语文教学规律，提高教学质量等方面已取得初步成果。完成年度教材建设计划，编译出版了壮文学前班和五年制小学、初中、中师教材16种13.69万册，课外读物2种2万册，音像教材4种63盒。召开壮文进校实验工作总结表彰会，表彰了成绩突出的12个先进单位和42个先进个人。

撰稿 毛彩宏 黄耀强

审稿 李 林

海南省教育

概况

［各级各类教育发展情况］

1993 年各级普通学校基本情况　　单位:人

学校类别		学校数（所）	毕业生数	招生数	在校学生数	教职工数 计	教职工数 其中教师
一、	普通高等学校	5	1748	3419	10245	3197	1201
	研究生	1	6	6	13	14	
	本科		1064	1404	5478		
	专科		678	2009	4754		
二、	中等专业学校	28	4179	6780	14806	2532	1189
	中等技术学校	20	2569	3952	8908	1608	728
	中等师范学校	8	1610	2828	5898	924	461
三、	普通中学	470	71895	105843	274079	25703	17891
	高中	152	16730	15057	44186		3681
	初中	318	55165	90786	229893		14210
四、	农业、职业中学	45	2894	4234	9762	1359	963
	高中	45	2802	3907	9047		924
	初中		92	327	715		39
五、	工读学校	1				6	
六、	小学	4646	111647	172088	1067308	48844	41682
七、	特殊教育学校	1	36	92	996	43	23
八、	幼儿园	349	73931	92493	126444	4662	3196

说明：1. 普通高等学校在校学生数和教职工数不含研究生数及其教职工数。

2. 幼儿园在园幼儿数中，小学附设幼儿班 26937 人；教职工数中园长 343 人，保育员 921 人。

3. 特殊教育学校在校学生数中随班就读盲聋哑小学生 176 人，初中学生 6 人；弱智小学生 426 人，初中生 4 人。

4. 另有私立中学 3 所，学生 663 人，教师 39 人；私立小学 3 所，学生 962 人，教师 50 人；私立幼儿园 78 所，在园幼儿 7348 人，教师 207 人。

1993 年各级成人学校基本情况　　　　单位:人

学校类别		学校数(所)	毕业生数	招生数	在校学生数	教职工数	
						计	其中教师
一、	成人高等学校	5	1810	3993	7042	546	219
	广播电视大学	1	200	243	446	99	51
	职工高等学校	2	19	103	328	60	30
	农民高等学校						
	管理干部学校						
	教育学院	2	855	1299	2149	278	138
	独立函授学院						
	函　授　部		596	1393	2290		
	夜　大　学		140	914	1750	109	
	干部专修科			41	79		
二、	成人中等专业学校	27	2605	6066	9678	1054	501
	广播电视中专	1		2516	2516	27	
	干部中专						
	职工中专	6	520	688	1531	199	98
	农民中专	3	125	252	498	103	54
	教师进修学校	17	1960	2610	5133	725	349
三、	成人中学	13	292	412	412	2	2
	职工中学	3	112	180	180	2	2
	农民中学	10	180	232	232		
四、	成人技术培训学校	619	100742	121050	121595	361	14
	职工技术培训学校	41	9717	11174	11174		
	农民技术培训学校	578	91025	109876	110421	361	14
五、	成人初等学校	343	10354	28167	41639	60	60
	职工初等学校	3	142	150	150	1	1
	农民初等学校	340	10212	28017	41489	59	59
	其中:扫盲班	217	7959	26043	39009	54	54

[江泽民总书记看望海南大学师生] 1993 年 4 月 14 日,中共中央总书记江泽民在出席海南建省办经济特区五周年及第二届海南国际椰子节庆祝活动期间,前往海南大学看望师生员工,并与师生座谈,陪同前往的有李岚清、迟浩田及海南省委书记、省长阮崇武、副省长刘名启等。被接见的有海南大学校长尹双增等学校领导、教授及学生代表。学校领导向江总书记汇报了学校的情况,江总书记讲话指出:现在海南这个地方的大学,一方

面要增强改革开放意识，另一方面，要把我国优良传统文化保持下来，做到智育与德育有机结合，要吸收世界上的优秀文化、技术和科学的管理经验，如果我们学生都具备这些道德观念，那事情就比较好办了。我请你们给全校同学们捎上几句话，在这个地方念书，要不为这里的酒绿灯红所惑，要发扬我们中华民族的优秀文化和传统美德，艰苦奋斗，勤俭节约，安心读书。思想解放是你们的优点，但切不可解放到志大才疏。修身齐家治国平天下，要靠自己的真本事。未来是你们的，你们要努力超过我们。

［**制定实施《纲要》计划**］ 1993年2月，党中央、国务院颁发了《中国教育改革和发展纲要》后，省教育厅长符鸿合在省教育工作会议上传达贯彻，组织学习讨论，抓好实施落实工作。此外，还组织人员深入各市县各学校进行调查研究，为省委、省政府拟写了《中共海南省委、省人民政府关于贯彻〈纲要〉加强我省教育工作的主要措施的决定》稿，提出了全省教育发展目标和今后一个时期的重要措施。

省教育厅根据《中国教育改革和发展纲要》和党的十四大关于建设社会主义市场经济体制决定的精神，为适应海南经济发展和体制转轨的需要，提出大力推进各项教育工作改革的目标。一是继续推进基础教育分级管理改革，加强各级政府的责任，屯昌等部分市县还实行县领导班子成员、部门领导成员包管学校制度。二是进一步在学校管理中形成激励机制，加强学校内部管理体制改革。三是积极推行办学主体和投资渠道多元化。四是制定出台《海南省民办中小学、幼儿园审批和管理工作的暂行规定》，使民办和私立学校有章可循，健康发展。这一年，民办(私立)学校正在发展，各种形式的联合办学也在兴起，多方投入办教育的局面正在打开。五是进一步完善高中毕业会考和实行新的高考办法，使会考从命题到考试逐渐形成一整套制度。

［**年度工作方针**］ 1993年2月27日，全省教育工作会议在海口市召开，省政府副省长刘名启等有关负责人以及各市、县长出席了会议。省教育厅长符鸿合在会上作了题为《增强紧迫感，努力加快我省教育改革和发展步伐》的报告，提出了年度工作计划。

1993年，全省教育工作的指导思想是：在新的形势下，遵循党的十四大精神，按照中共海南省委一届八次全体(扩大)会议、省人大会议和国家教委关于1993年教育工作部署，从海南省实际出发，围绕“两基”(基本普及九年义务教育、基本扫除青壮年文盲)、“两全”(全面贯彻教育方针、全面提高教育质量)、“两重”(是指到21世纪初办好100所左右重点大学和一批重点学科、专业)的要求，全面组织落实实施全国和海南省的《海南省教育事业十年规划和“八五”计划》以及《中国教育改革和发展纲要》，保证教育事业持续稳定协调发展，使教育更好地适应海南大特区建设的需要。

1993年，教育事业发展的目标是：根据海南省力争五年达到小康水平的经济发展总目标，义务教育规划要作较大的调整，与经济发展指标相适应，力争在全省总人口11%左右的地区、乡镇全面实施九年义务教育。在园幼儿要求达到120000人；小学适龄儿童入学率要求达到98.42%；初中升学率要较1992年提高3个百分点，力争达到48%。省属普通高等学校要求扩大招生规模23%。成人高等学校要求扩大招生规模30%。普通中等专业学校要求招生规模缩小8%。中等师范学校为适应普及九年义务教育的急需，要求在校生增加26.7%。高中招生规模要求加以控制，1993年在校生应持平或略高于上年水平。职业高中要求在校生增加8%。

成人中专要求以较快速度发展，招生数在上年基础上扩大59%，在校生人数增加45%。要求1993年脱盲3万人。

［**尊师重教活动**］ 1993年9月10日，海南省委、省政府在海口举行庆祝1993年教师节报告会，省委、省政府领导刘学斌、刘名启、林明玉等以及海南师范学院、琼台师范学校部分师生300多人出席了会议。刘学斌在会上宣读了省委书记、省长阮崇武9月10日在《海南日报》发表的署名文章《感谢人民教师》，高度赞扬了教师的工作。并号召全社会都要从人力、物力和财力上支持教育，参与教育的改革与发展；按照党的知识分子政策，对教师做到政治上信任，工作上支持，生活上关心，认真解决好拖欠教师工资及住房困难问题；各级财政要尽力增加对教育的投入，努力改善教学条件，把海南省教育事业推上新台阶。省教育厅教育研究所副所长林泽龙作了题为《教师—人类社会的"圣职"》的报告，受到与会者的欢迎。

教师节期间，省长特别助理刘学斌、副省长刘名启与省教育厅长符鸿合，省政协副主席王辉丰，省人大常委王育良等组成慰问团，分别深入保亭县的响水镇、陵水县的本号小学、东方县的开安镇、琼中县的和平镇、儋州市、澄迈县等地慰问教师，与当地党政负责人召开教师代表座谈会，了解当地教育发展情况，共商解决存在问题的办法。与此同时，省政府还通过《海南日报》表彰了一批优秀教师和教育先进工作者。

［**关心下一代工作**］ 1993年7月省教育厅"关心下一代工作委员会"成立。随后，全省19个市县和农垦系统97个农场以及部分乡镇、管区、村委会都相应地成立了关心下一代的领导机构并开展了活动。一是建立青少年革命传统教育基地。1993年，全省有100多所中小学校利用节假日，组织学生到这些基地进行革命传统教育。二是帮助老少山穷地区兴建学校或改善办学条件，共建希望小学5所。三是开展"百万爱心"活动。据统计，到12月底止，全省共集资209.48万元，救助了失学或即将失学的少年儿童13438人，中学生50人（补助特别奖学金），补助大学生8人。

［**教育经费**］ 1993年，海南全省教育事业费比上年增加24.5%，由上年4.66亿元增加到5.8亿元。预算内教育基建经费与上年持平，预算外教育投入有较大的突破，用于改危、建校舍等改善办学条件的总投入达33395万元，其中中央拨专款665万元，省级投入5225万元（含彩票专款），市县投入15637万元，企业、社会各界和海外华侨捐资7310万元，学校自筹4558万元（含勤工俭学投入）。全省各市县对职业教育投入共3445万元，投入数量也是前所未有的一个突破。各市县的投入也比前增加，投入量最大的是海口市，达1.2亿元，其次是儋州市。在乡级方面，全省投入最多的是琼山县云龙镇，高达750万元；社会各界捐资助学的增长幅度也是历年最大的。

基础教育

［幼儿教育］ 制订幼儿园办园条件和标准。海南省教育厅为了进一步发展幼儿教育，办好幼儿园，1993年4月颁布了《海南省幼儿园定级标准》(试行)，规定了一级园、二级园、三级园办园的条件和标准。11月又颁发了《海南省民办中小学校、幼儿园审批和管理工作的暂行规定》。这两个文件使海南省幼儿园的建设和民办私立幼儿园有章可循，健康发展。1993年11月至12月，省教育厅组织人员对各市、县企事业单位申报的13所幼儿园进行评估。评估结果：海南省机关幼儿园、海南省农垦机关幼儿园、海口市中心幼儿园、海南省机关第二幼儿园、海南军区幼儿园、三亚市幼儿园、海南钢铁公司第二幼儿园、通什市幼儿园、海南大学幼儿园和海口市机关幼儿园等10所幼儿园，被评为一级幼儿园，并颁发了证书和牌匾。

［义务教育］ 1993年，省教育厅根据《中国教育改革和发展纲要》及海南省要在1997年基本达到"小康"的经济发展目标，对本省"普九"规划认真作了调整，作出1997年在全省基本普及九年义务教育的目标。为了实现这个目标，采取了以下几项措施：(1)组织人力对"普九"需要的基础设施、教学设备、师资、经费等方面进行具体调查研究和匡算，制订了"普九"的具体进度表，把普及的时间落实到全省每个乡镇、农场、大企业。(2)举办基层干部学习班。自1992年11月至1993年7月，省教育厅在省小学师资培训研究中心举办4期"基础教育管理干部学习班"，来自全省19个市县学区(教委办)主任共299人参加培训学习。学习班采取理论学习、经验交流、研讨、参观、实践相结合的作法 。通过学习加深了学员对《义务教育法》、《中国教育改革和发展纲要》等教育政策法规的理解，提高了学员的政策水平和管理水平，增强了加快本省"普九"的信心和紧迫感。(3)根据国家教委《普及九年义务教育评估验收办法》和全省实施九年义务教育的实际情况，制订《海南省贯彻国家教委〈普及九年义务教育评估验收办法〉的意见》(试行)，抓好实施和评估验收工作。经过评估，已有琼海市及其它各县的62个乡镇、43个农场基本达到普及九年义务教育的要求，普及地区人口2155770人，占全省人口的29%，普及的乡镇占全省乡镇的27%。(4)大力抓好义务教育法宣传。省教育厅在3月、9月新学期开学时，都组织人员深入各地，与当地政府一起，采用多种形式进行《义务教育法》宣传，发动适龄儿童入学，如澄迈县除了组织干部下到各乡镇、村庄宣传外，还组织全县部、委、办、局的主要领导，县4套领导班子成员，各乡镇、管区的领导及公办民办教师共5000多人，参加《义务教育法》基础知识考试。三亚市政府、市教育局制订了落实《义务教育法》的乡规民约，保证了适龄儿童入学。据统计，1993年秋，全省学龄儿童入学率达99%，毛入学率为109.3%，初中毛入学率为63.5%，巩固率为99%；小学毕业率为82.7%，小学升初中升学率为81.6%；初中毕业率为73.8%，升高中率为40%。

［**德育工作**］ 1993年，各中小学都紧紧围绕贯彻《中学德育大纲》和国家教委新颁布的《小学德育大纲》，加强德育工作。一是进一步健全德育工作的领导机构和管理制度，加强德育工作队伍的建设。海南中学专门成立德育领导小组，组织研究制订德育教学计划和措施，同时还建立了德育年级办公室，选派有教育教学经验的教师担任年级组长和班主任，全校形成由党支部、德育领导小组、年级组长、班主任和政治教师构成的德育教学体系。二是始终坚持以爱国主义为核心，加强德育课程教学。开展"两史一情"教育、"五爱"教育、思想品德教育和文明行为养成教育；组织学生学习《德育大纲》、《现代文明礼貌常识》、《中小学生守则》、《中小学生日常行为规范》等，培养学生讲文明、讲礼貌、遵纪守法的自觉性。三是加强校容校貌建设，优化育人环境。四是开展"学雷锋、学赖宁"活动，开展"文明班级"、"文明教室"、"文明宿舍"、"三好学生"、"优秀学生干部"、"红花少年"等活动，组织"爱我特区、爱我海南"征文比赛、时事知识竞赛、法律常识竞赛，举办纪念毛泽东同志诞辰100周年活动，介绍毛泽东同志的生平事迹，介绍中国近、现代革命史和优良传统；组织纪念毛泽东同志诞辰100周年的演讲比赛；组织全省中小学生观看国家教委推荐的百部爱国主义优秀影片等。通过这些活动，培养学生树立爱国主义、集体主义、社会主义思想，为特区现代化建设而努力学习。1992—1993学年度，海口市一中初三年级等49个单位（其中初中31个、高中18个）初评为"海南省先进集体"，吴文锋等374名学生（其中小学135名、初中136名、高中103名）被评为"海南省三好学生"，邝映晖等135名学生（其中初中79名，高中56名）被评为"海南省优秀学生干部"。琼山县灵山中心小学荣获全国小学德育实验学校奖。

［**教学工作**］ 1993年4月，省教育科学研究所举办了小学、初中各学科九年义务教育全日制教学大纲培训班，来自各市县各学科的教研员或骨干教师320人参加学习。9月，在琼海市召开全省九年义务教育教材试验班工作会议，传达国家九年义务教育教材（人教版）第5次试验工作会议精神，总结交流了本省三年来试验的经验，表彰了海口、琼海、保亭等市县教育局教研室及9个先进学校，18位先进个人。同月，又在琼海市举行九年义务教育小学四年级语文、数学、自然3科试验教材（人教版）培训班，试验学校的55名教师参加学习，通过学习和经验交流，提高了教师的教学水平。

1993年初，省教育厅下发了《海南省贯彻国家教委〈关于改进和加强教研室工作的意见〉的实施细则》，为全省教研工作提出了明确的要求。省教科所主办了全省首届市县教研室主任教育教学理论研修班。1993年，省教科所与海南大学人口研究所、教育厅计划处共同开展"海南人力资源开发与教育的改革和发展"的研究；参加海南中学承担的"八五"课题"21世纪中小学教学模式的研究与试验"的研究，获得了一定成果。1993年，全省教学改革进一步发展，琼山县教育局教研室在狠抓教学常规和教学日常管理的同时，积极推广先进的"微格教学"。这一年，先后举办"微格教学"培训班6期，参加学习的中小学教师、学区教研员达658人次，并配以现代教学手段，大大提高了教师的课堂教学技能。

省教育厅为了培养学生学习科技知识的兴趣，和省科学技术协会在全省中小学生中开展"小星火"活动，活动内容包括农业、林业、昆虫、动物、微生物、生态、水产、环保和野生动物等学科。1993年，组织学生参加海南省第二届少年生物百项活动。经评选结果，文昌迈号中学的《咖啡槟榔主体经济作物园考察》、琼海市泮水乡大坡小学的《大耳栽培试验》获国家级优秀项目二等奖；海南中学的《鹌鹑透明标本创作》、文昌中学的《铜鼓岭主要旅游区(主峰)植被调查》、琼海市文市中学的《利用野生毒鱼藤植物制取农药防治病虫害的实验报告》等，获国家级优秀项目三等奖。获省级优秀项目奖 33 项，其中一等奖 9 项，二等奖 10 项、三等奖 14 项；获省级优秀活动奖 12 项，其中一等奖 3 项、二等奖 4 项、三等奖 5 项；获省级优秀组织奖 8 项，其中一等奖 2 项、二等奖 2 项、三等奖 4 项。

［**中小学危房改造**］ 1993 年取得了各部门、各企业和群众的支持，拓宽了集资渠道，使全省投入中小学危房改造和校舍建设的资金达 33395 万元，比上年增加 23824 万元。到年底，已竣工投入使用的新校舍为 33.9 万平方米，使中小学校舍总面积达到 455.3 万平方米，危房比例由上年的 11%降到 8.3%。为了推动学校的建设上新台阶，这一年，省教育厅开展了全省第三次中小学校容校貌建设评比，在全省 5000 多所学校中，推选出 98 所学校参加评比，共评出特等奖 1 个，一等奖 10 个，二等奖 20 个，三等奖 30 个，表扬奖 15 个，对改善中小学办学条件是一个大促进。

［**勤工俭学**］ 1993 年，省教育厅进一步抓了校办产业和校园经济，把勤工俭学活动推上了新台阶。全省中小学开展勤工俭学的学校有 4643 所，占中小学总数的 90.75%，其中教育部门办的中小学开展勤工俭学的有 3979 所，占教育部门办学的中小学总数的 92.64%。学农基地 4276 个，比上年增加 107 个，耕地面积 5265 公顷。校办工厂 92 个。第三产业网点 1217 个。总产值 5821 万元，比上年增加 208 万元，其中农业产值 1177 万元，工业产值 1067 万元，第三产业营业额 2070 万元，其他勤工俭学收入 1507 万元。勤工俭学纯收入 2544 万元，比上年增加 270 万元。纯收入中农业纯收入 528 万元，工业纯收入 189 万元，第三产业利润 894 万元，其他勤工俭学纯收入 933 万元。中小学生人均收入 18.96 元，比上年增加 1.76 元。勤工俭学收益补充教育经费 1714 万元，占总纯收入的 67.37%，其中改善办学条件 732 万元，学校集体福利 427 万元，个人福利(包括学生)327 万元，剩余的 228 万元用于企业留成。

全省 87%以上的中小学校按照教学大纲要求，对学生进行劳动教育和劳动技能教育。1993 年创纯收入万元以上的中小学 101 所，5 万元以上中学 63 所，10 万元以上的学区 2 个，100 万元以上的市县 9 个，达到 600 万元的地级市 1 个。

1993 年勤工俭学有新特色：一是校园经济种养业逐步向基地化规模化发展，如屯昌县南坤小学种植 50 多亩玉兰笋获得成功，三年连续出售种苗共获利 7 万元，这一年有 5 万多斤鲜笋供应市场，纯收入 4 万多元；那大中学在儋州市委扶持下，创办千亩良种芒果场。二是校办农场企业由单一经营转变为一业为主的多种经营，如那大中学的校办公司项目不断扩大，企业不断发展，年上交学校利润达 50 万元。三是发挥教育内部市场优势，实现教育服务一体化。四是勤工俭学事业更加得到各级政府和社会的支持。

［**体育卫生工作**］ 1993 年，省教育厅继续抓好《学校体育工作条例》、《学校卫生工作条例》的实施。上半年对海南中学、国兴中学、海南二中、琼山中学、文昌中学等 5 所学校进行评估。评估结果，海南中学、文昌中学达到“优秀标准”，其他 3 所达到良好标准。海南中学、文昌中学由于贯彻《学校体育工作条例》成绩突出，于 8 月青岛全国中学贯彻《学校体育工作条例》优秀学校表彰大会上，获国家教

委、国家体委表彰和颁发的奖牌。7月至8月，本省中学生体育代表队参加第五届全国中学生运动会，获得男子篮球决赛第5名，田径团体总分第10名。9月在北京举行的第七届全国运动会上，本省海南中学、文昌中学、琼山中学、琼山美蓝小学、加积中学、海南侨中、屯昌向阳小学、琼海市加积一小、昌江中学、海口市一中、通什师专等11所学校和罗绪川、吴发进、何小金、林洪轩、陈辉强、吴义、魏学甫等7位同志分别被评为第七届全国运动会群众体育先进单位、先进工作者，受到国家体委表彰。

12月在乐东中学举行海南省第六届中学生田径运动会，这次运动会有26个代表队420人参加。比赛结果：有4人6次打破5项省中学生田径运动会纪录。

学校卫生工作也取得了进展。自1990年10月至1993年10月，由省教育厅、省卫生厅、省体委、省民委、省科委和省财税厅等6个单位组成“海南省学生体质调查研究工作小组”，在省政府统一领导下，按照全国体质健康监测《实施方案》和《细则》要求，以海口市、琼山县学生为汉族地区代表，以乐东、保亭县学生为民族地区代表，采用分层密群随机抽样办法，确定22所小学、24所中学、4所大专院校，共计50所学校为监测点，对7至22岁汉族和黎族城乡男女学生11194名，进行了身体形态、机能、素质、常见疾病和健康问题等综合性调查研究，每个样本检测24个项目，共计获得35万8千多个数据，经电子计算机处理和资料统计分析，完成了一批专题研究报告，取得了预期的成果。这次调查研究，首次获得了海南省汉族和黎族青少年体质健康的基础资料，以及1985年至1991年学生体质发展情况动态比较，填补了本省在这一领域的空白，为教育、体育、卫生、民族工作的开展，以及海南社会经济发展研究提供了代表性、权威性的数据资料。为了争取全社会都来关心本省青少年儿童的健康成长，于1993年3月1日，调查研究工作小组在海口召开新闻发布会，向全省有关单位、有关人士、新闻界和社会公布了全省学生体质健康的情况。

此外，据调查，1993年，除学生视力不良，近视眼和龋齿病的发病率未能控制且有所提高外，其他几种常见病的发病率均有所下降，情况见下表。

1993年学生健康情况统计表

单位：%

疾病 / 学校	学生健康情况						
	视力不良	近视	龋齿	营养不良	贫血	沙眼	肠寄生虫病
小学	7.25%	6.63%	37.12%	41.42%	22.56%	40.36%	5.81%
中学	23.81%	21.57%	37.24%	39.11%	24.08%	24.32%	4.38%
大学	74.62%	72.65%	41.03%	34.21%	23.63%	33.75%	4.15%

[电化教育和教学仪器建设] 1993年，电化教育、教学仪器装备工作由于坚持多渠道筹措资金，全省共投入850万元，比上年增长近一倍。电化教育和教学仪器设备有了较大的改善。这一年又在通什市一中、保亭中学、琼中中学安装三套语音系统设备。在屯昌、万宁、琼中、八所、乐东、保亭、陵水、通什、海南中学等9所省、市、县重点中学配备了电

脑230套。至此,省直属中学和19个市县重点中学都配有语音实验室、电脑室。在全省各中小学新配备投影机806套、电视录像机360套,其中中小学优秀课堂及课堂课例片28部,教育专题片3部,教学资料片6部,并拍摄教育新闻19个,《架起通向21世纪的桥梁》、《万泉河畔星火燎原》、《希望的使者》、《黄道婆与古代海南纺织技术》等教育、教学电视片,播放发行后,受到观众的好评。通过电视接收和购进各种录像教材共计2090课时(其中接收1760课时,购进330课时),比上年增长419%。据统计,1993年全省6所直属中学19个市县重点中学共有各种实验室432间,仪器室216间,仪器柜336个,均比建省前增长二倍;仪器金额1200万元。

[**师资队伍建设**] 1993年,海南师资培训基地已经建立,全省有高等师范院校2所,教育学院2所,中等师范学校8所,教师进修学校17所,小学师资培训研究中心1个,共有专任教师1376人。海南省教育厅按照《海南省中小学师资培训十年规划和"八五"计划》、《海南省中学教师培训十年规划和"八五"计划》、《海南省中、小学校长岗位培训三年规划》以及国家教委《关于开展小学教师继续教育的意见》等文件要求,对中小学校长、教师进行培训,使全省小学、初中、高中教师的学历合格率分别从上年的91.34%、66.36%和35.81%提高为92.41%、69.41%和40.02%。

1993年,全省进入教师队伍的师范类毕业生2131名(大专毕业生653名,中师毕业生1478名)。教师继续教育已在总结海口、琼海、定安、琼山等地举办小学教师继续教育工作经验基础上全面铺开。到年底,全省已有791名教师(语文125名、数学666名)经过培训考核,获得了小学一级教师岗位职务合格证书。7月10日至8月20日,省教育厅委托海南教育学院举办全省中学英语教师培训班,聘请7位美籍教师任教,参加学习的学员70个,通过结业考试,有66人合格,获得海南教育学院和美国英语学会联合颁发的结业证书。7月21日到8月5日,海南外语师范学校聘请了由美国教育国际合作服务社组织的美国密西西比学院的9位教师任教,举办暑期中小学英语教师培训班,共有77位教师参加学习。通过学习,提高了英语听说能力和英语教学水平。

1993年,全省中小学青年教师占教师总数的60%。培养青年教师主要采取的措施:一是开展语文、数学、英语、物理、化学、政治、历史、地理、生物等9门学科论文评选活动,并选出部分优秀教学论文参加全国青年教师论文评选;二是组织全省青年教师调教评优观摩活动。11月,在海南民族师范举办了全省教育学、心理学的青年教师调教活动。同月,省教科所在通什市举办海南省首届初中青年教师语文课堂教学评优观摩活动,参加的有1000多位教师,并聘请上海的徐振维、北京的刘朏朏两位特级教师进行授课演示,传授教学经验;三是组织青年教师脱产进修和在职函授,共1539人;四是开展青年教师教案评优和检查粉笔字、普通话的基本功情况,促进其业务水平的提高。

1993年,全省有在职中小学校长5078人,其中中学校长1068人,小学校长4010人。省教育厅认真贯彻中组部和国家教委《关于加强全国中小学校长培训工作的意见》和海南省组织部、省人事劳动厅和省教育厅《关于组织全省中小学校长参加岗位职务培训的意见》,积极开展中小学校长培训工作。截止年底,全省共举办中学校长岗位职务培训班18期,培训在职中学校长993人,占现有中学校长总数的92.98%;举办小学校长岗位职务培训班69期,培训在职小学校长3744人,占现有小学校长总数的93.37%。除了年纪较大将近退休年龄的部分校长未参加岗位职务培训外，全省已按计划完成了中小学校长岗位职务第一轮培训任务。10 月，省教育厅开展了全省幼儿园园长岗位职务培训工作，由省幼儿师资培训研究中心承担培训任务。这一年举办了两期，共培训幼儿园园长 172 名，占幼儿园园长总数的 50.14%。

高等教育

[**党建工作**] 1993 年 3 月，省教育厅党组、省高等学校工委在海口召开全省高等学校党建和思想政治工作会议，省委副书记杜青林出席会议并讲话。会议传达了全国高等学校党建工作会议精神，并通过了《关于加强高校基层党组织建设的意见》，使高等学校基层党组织工作有章可循，逐步走上正轨。

1993 年，全省高等学校思想政治学习继续以邓小平同志建设有中国特色社会主义理论为中心内容，分阶段有步骤按层次组织学习。年初安排学习十四大文件和全国高等学校党建工作会议以及中央关于反腐败的有关文件；年底学习《邓小平文选》第三卷。同时，安排 3 位校党委书记和一批理论宣传骨干，分别到中央党校和省党校培训学习；暑假组织高等学校党政领导干部传达学习全国高等学校党建工作会议精神，先组织各高等学校中心理论学习班学习，后由中心理论学习小组以各种形式组织中层以上干部和师生员工学习。据不完全统计，全省高等学校共组织干部中心理论组学习 28 次，大型理论辅导报告会 32 场，出墙报专刊 483 次(版)。通过学习，进一步提高了学校领导干部、全体党员干部、师生员工的思想认识。

1993 年，省委组织部、省教育厅党组于 9 月对全省高等学校领导班子进行全面考察，在此基础上，于 10 月初对高等学校领导班子作了较大的调整，全省 7 所高等学校(普通高等学校 5 所，成人高等学校 2 所)共任命校级领导成员 22 人(含上半年华南热带作物学院的班子调整)，其中因年龄偏大免去职务的 7 人，提拔 15 人。调整后的校级领导班子平均年龄由原来的 54.6 岁降为 51.8 岁，新提拔的领导干部中，45 岁以下的 5 人，最年轻的 31 岁；大专以上文化程度达 100%，其中有 5 名是研究生学历；副高以上职称的占校级领导总数的 75.7%。通过调整，高等学校领导班子基本健全，促进了高等学校党建工作及各项工作的开展。

[**调整高校布局和专业设置**] 1993 年，省委、省政府、省教育厅继续抓好高等学校布局的调整。在抓好筹建海南医学院的同时，将通什师专学校、通什教育学院与琼州大学合并成立琼州大学，经全国高等学校设置评议委员会评议通过，于 7 月国家教委正式批准这两所高校建立挂牌。

为了更好地培养海南特区经济建设和社会发展急需的应用型专门人才，调整教学管理机构，优化专业结构、拓宽专业面。华南热带作物学院将 8 个系合并成 4 个学部，即热带作物农学部(热作系、植保系、园林系)、工学部(加工系、机电系、计算科学系)、经济学部(经管系)、文法学部(外语系、社科部)；同时调整改革了老专业，新设社会需要的新专业，调整改造农科专业，巩固加强工科和经济系专业，以及适应经济发展的文法专业。海南大学制订了《海南大学专业调整方案》，拟在原有的24个专业中，保留20个，停止招生4个，并新增6个专业。同时该校还试行了“宽进(宽专业面)窄出(选择小方向)”的人才培养分流法，将经济学院的四个专业一并归于经济学这个大科类统一招生，实行一、二年级不分专业，上相同的公共课和专业基础课，到三年级再结合社会需求和个人兴趣、特长进行专业分流。海南师范学院在完成8个师范本科和8个师范专科专业国家任务的招生前提下，恢复了旅游、计算机应用、电子应用技术、应用化学、应用生物和武术等6个非师范专业，连同原有的金融、涉外经济管理专业，共有8个非师范专业。琼州大学新增了旅游专科专业。经调整，1993年全省高等学校设有本科专业点32个，专科专业点61个，研究生专业点4个。在本科专业中，新增国际贸易、国际金融、观赏园艺、经贸英语、中英文秘书、商业经济法、旅游、水产养殖等一批适应特区经济发展的急需专业。

［**教学工作**］ 引入竞争机制，改革学籍管理制度。海南大学制定的《普教生学费收取办法暂行规定》及其补充规定中，规定自1993年开始，新生入学后从第二学年起，根据学生前一学年的德、智、体综合测评成绩，排名在前的自费生可以享受公费生的交费待遇，排名在后的公费生按自费生标准交费的制度。华南热带作物学院改革奖学金制度，打破平均主义，使奖学金与学生的品学表现挂钩的办法，重奖优秀生。海南师范学院制定《海南师范学院实施淘汰制的规定》，加强激励机制，促进学生勤奋学习，健康成长。

加强公共英语教学。全省各普通高等学校都很重视英语教学，从师资、设备、教学管理等方面切实加强，促进了教学质量的提高。1993年6月，本省开始实行三、四级考试(每年举行两次)，考试成绩都逐年提高，全省参考人数及格率达39.5%，其中海南大学为47.3%。

优秀教学成果评奖。1993年，省教育厅为了迎接全国普通高等学校优秀教学成果第二次评选，召开了专门会议，研究制定有关工作文件，成立省级专家评审委员会，并部署了评选工作。经校、省两级评选，共评出校级优秀教学成果32项，省级优秀教学成果10项(其中一等奖1项、二等奖9项)，向国家推荐1项，对获成果奖的分别发给证书和奖金，其中省级一等奖3000元、二等奖1500元，从而调动了教师的教学积极性。

［**科研工作**］ 面向特区经济开展科技活动。1992—1993学年度，全省普通高等学校承担国家、部(委)、省重点课题178项，其中国家自然科学基金课题8项、部(委)重点课题16项、横向委托课题16项、省级课题55项、院校级课题83项。1993年科研经费方面，除国家级、部(委)级和院校级项目由国家、部(委)拨款和院校自筹外，省级项目首次实行以课题带经费的办法，共拨出经费17万元，并正式发文下达省属高等学校。这一作法，克服了以往科研经费安排“吃大锅饭”的现象，调动了科研单位和科研人员的积极性。1993年，全省普通高等学校科研课题经过国家级和省级评审，科技和社科统计工作获国家教委的表彰奖励；获省级科技进步一等奖1项、二等奖2项、三等奖4项、四等奖3项。据不完全统计，全省高等学校出版专著26本、编写教材17册、发表学术论文416篇，其它作品281件。

积极开展科技兴农和科技开发。1993年，各高等学校继续坚持科技兴农，面向经济建设，主动为海南大特区经济建设服务。海南大学创建了动物饲养场、实验兽药厂、海大鹭美轻工厂等企业，开展珍贵动物饲养、兽药研制、生活日用品 80 个项目，校属科技开发公司认真开展科技推广、技术合作、技术转让工作，积极与外单位开展经营开发项目，取得了显著效果。华南热带作物学院继续巩固现有的示范基地，坚持为贫困县的橡胶、咖啡、芒果、油梨等科技示范基地、良种苗园基地进行技术指导，做好长期技术服务，保证各示范基地发挥榜样作用，并以自身的技术优势为依托，积极开展有偿技术服务，进行工程技术承包、开发，积极开展横向联系，走与企业相结合的道路。热带作物学院还利用自己的科技优势，为农业提供优良种苗、农药和植保机具等服务。

［**招生工作**］ 1993 年，全省报考普通高等学校的人数为 22771。计划招生人数为 6360 人，其中国家任务招生 4969 人，委托培养 418 人，自费生 973 人。实际录取 6404 人。其中，国家任务录取 4973 人，委托培养录取 92 人，自费生录取 1339 人。

继续深化高考科目组改革。1993 年，高考科目组设置改变前两年四个科目组的方案，采用了新科目组设置方案，即 3＋2 的方案，分文史、理工两大类。文史类考政治、语文、数学、外语、历史；理工类考语文、数学、物理、化学、外语。经实践证明，这种改革不仅扩大了考生的专业选择范围，也有利于中学教学和各市县招生办组织考试、录取中档案调配等工作。

改革高师免试保送入学方法。1993 年，全省高等师范免试保送工作有新的作法，即提高了会考等第要求，规定全省所有的中学只要达到等第要求，都可以向高等师范推荐。在 1992 年本、专科的 3A1B、2A2B 的等第基础上，提出本、专科保送的标准为 3A2B 和 2A3B。尽管会考等第要求比上年高，但本省两所高等师范都完成了招生任务。

华南热带作物学院实行单独考试。为了适应本省农村经济改革的需要，该院继续招收本省农村有实践经验的考生，并首次实行单独考试，共录取 99 名考生。

严肃考风考纪。一是对考风考纪较差的考区由省增派监考员协助监考；二是派出省巡视员奔赴各考区，检查各考区的考风考纪情况；三是对 49 名违纪的考生作出取消当年考试资格的处罚。

加强招生管理，优化录取环境。一是建立健全录取领导机构；二是严把出档和审批工作；三是作好志愿平衡；四是充分利用录取监督机制，增加录取透明度，并通过《海南日报》公布考生录取名单，让社会、考生等共同对录取工作进行监督。

职业技术教育

［**普通中等专业教育**］ 1993 年，全省中等技术学校共开设农学、畜牧兽医、热带作物、植物保护、经营管理、财务会计、机电、财政、税务、卫生医药、师范、财经、政法、体育、艺术、舞蹈、琼剧等 59 个专业。为了加快海南对外开放，培养外向型经济建设人才，11 月，省政府颁发《关于调整我省普通中等学校布局和专业设置的决定》，各中等专业学校都根据《决定》的精

神，不断调整专业设置，如农垦海口中专学校针对人才市场变化的新形势，及时调整了专业设置，增设了工商会计、工业和民用建筑、工商企业管理、市场营销、热作栽培、园艺等专业；海南粮食学校增设市场营销专业；海口市中专学校增设计算机及应用和导游等专业。同时在课程设计上也顺应市场经济发展的需要作了调整，如农垦海口中专学校的财会专业在传统课程的基础上，增设了商业会计、工业会计等课程；热作栽培专业增设了经营管理基础、会计统计基础、基层领导学等课程，做到“纯”中求“杂”；经济类专业还强化珠算、电脑的教学，拓宽了学生的知识面。1993年，继续完成1992年底开展的中专学校综合办学水平评估。评估结果：海南农垦卫生学校被评为省级重点中专；海南卫生学校、海南第二卫生学校和海南银行学校，被评为合格学校。

中等师范学校。1993年，省教育厅根据《海南省教育事业十年规划和“八五”计划》、《1993年海南省教育厅工作计划》的要求，着重做了以下几项工作。(1)调整学校布局和专业结构。1993年根据海南特区经济建设的需要，将海南文昌师范学校改为海南外国语师范学校。琼海师范学校和东方师范学校按照人才预测和社会的需求，分别增设音乐和体育专业班。(2)深化中等师范教育改革。1993年，省教育厅认真贯彻落实《关于加速我省中师教育和改革的意见》，统一了学校中层机构，设置三科一室，即教务科、总务科，学生科和办公室。并配齐了各科室领导干部。进一步推行量化管理和管理目标责任制，学校管理引入激励机制，教职工的奖金均按德、能、勤、绩等考核情况发放，拉开档次、奖励先进；学生助学金实行优生优助的办法。(3)教学工作。1993年，省教育厅为了全面贯彻实施国家教委颁发的《三年制中等师范学校教学方案》，采取了一系列措施。如组织各中等师范学校学习宣传新《方案》，提高认识，转变观念，克服畏难情绪，明确任务；制订贯彻实施新《方案》，并根据新《大纲》的要求、认真做好各学科教材的增、删、补工作；组织教师编写选修教材等。(4)加强德育工作。1993年，省教育厅根据《中等师范学校德育大纲》的要求，采取主题班会、专题报告会、文艺晚会、出墙报专栏和演讲比赛等多种形式的活动，加强学生热爱党、热爱祖国和尊师爱校的教育。开学初进行军训，对学生进行纪律教育、艰苦奋斗和奉献精神的教育。9月下发《关于开展礼仪教育的通知》，规定了礼仪教育的内容和规程，广泛开展礼仪教育活动。各校都坚持每周“三会一课”(校会、年级会、班会和班课)，琼海师范、临高师范还建立德育工作考核和评估制度。(5)改革招生工作。1993年，根据本省内目前小学师资不足的情况，在完成指令性招生计划的前提下，挖掘潜力，增招中等师范各专业班自费生1000名。改革中等师范考生面试内容、办法和评分标准，在面试形式上将原分组面试评分的作法改为全体面试的教师集体评分办法，从根本上杜绝面试“打人情分”、“走后门”的现象。这一作法受到考生的欢迎。(6)办学条件改善。1993年，全省投入中等师范学校校舍标准化建设经费1490万元，其中财政拨款250万元，自筹经费800万元，社会增赠440万元。省属每一所中等师范学校都有一至二个项目投入基建，学校仪器设备也有了改善。琼台师范、海南外国语师范、琼海师范、东方师范、临高师范等基本实现了“三机”(电视机、录音机、投影机)的设备。据统计，省属6所中等师范学校用于购置教仪设备超过250万元。

[**中等职业技术教育**]　1993年，全省有95%的市县都建设起自己的重点示范职业学校，并在投资上有所倾斜。在专业设置上也改变了过去那种我有什么教师或职教师资班招收什么学生，我就开设什么专业的状况。大多

数学校都瞄准当地经济和社会发展对人才的需求，调整专业结构，增设了旅游、机电、宾馆服务、市场营销、涉外英语、服装、美工、果树、轻机管理、烹饪、美容美发等专业，包括原有的专业共开设40个专业。

加强职业技术学校管理。1993年，省教育厅先后制订了《职中招生改革意见》、《海南省市县级重点职业中学示范学校标准》、《海南省职业中学综合评估标准》和《海南省级重点中专学校的评选条件》等文件，使工作有规可依、有章可循。

改变办学模式。一是中等专业学校与职业中学联合办学。农垦通什中专和海口农垦中专分别与垦区几所职业中学联合办学，由中专学校按计划招生，在职业中学设教学点，共同实施教学和生活管理，基础课在职业中学上，专业和实践课到中专学校上；省农机学校、省商业学校也在职业中学设有自己的教学点，充分发挥中专学校在师资、设备上的优势，确保了教学质量。二是职业中学与企业或社会力量联合办学，新能源股份公司与万宁县职业中学联合办学，公司捐助160万元给万宁职业中学盖教学大楼；三亚市大东海旅游中心，根据企业发展对人才的需求，主动与三亚市职业中学联合办学，1993年招收6个旅游专业班240人，还拨给学校每年生均600元的培养费，同学校一起研究解决师资培训和生产实习基地建设等问题。三是与外省职业学校联合办学，海口、琼山、通什等市县许多职业中学与外省的一些职业学校联合办学，充分利用他们的办学优势，帮助海南培养人才。

增加职教投入。1993年，全省对职教投入共3445万元，其中地方财政拨款2430.9万元，自筹652.1万元，社会捐助362万元。拨款较多的有海口市、三亚市，其次乐东、白沙县。如海口市政府拨出1100万元用于新建海口市旅游学校，拨500万元给海口第一职业中学建设校舍和购置教学设备。

成人教育

[**扫盲工作**] 1993年，省教育厅根据海南省第四次人口普查的情况，重新修订了“八五”扫盲计划，连同1993年扫盲任务下达各市县。为了准确掌握全省青壮年文盲、半文盲的实际人数，年初印发了《15岁至45岁文盲、半文盲登记卡》和《15岁至45岁人口文化普查表》，在全省范围内再次把青壮年文盲的情况登记造册，建档立卡，把扫盲的对象落实到村和人。各市县对扫盲工作都加强了领导，建立目标责任制，做到组织、规划、人与财四落实，从而加快了扫盲工作的步伐。据统计，截止年底，全省共扫除青壮年文盲31002人。

1993年，省教育厅为了高标准、高质量完成扫除文盲任务，制订了《海南省贯彻国家教委〈扫除青壮年文盲单位检查评估办法〉的实施办法》。5月，在屯昌县召开全省扫盲工作现场会，推广屯昌扫盲工作经验；同时传达中国全民教育会议精神，使与会代表对扫盲工作任务更加明确，增强了信心。会后又转发了《屯昌县1993年下半年扫盲和农村成人教育工作计划》和《白沙县扫盲实施方案》，加快了全省扫盲工作。

[**农民文化技术教育**] 加强乡、镇、村农民文化技术学校建设。1993年,省教育厅重点抓好省级6所乡镇农民文化技术学校的规范化、标准化建设。除了乡镇重点投入校舍建设外,省教育厅还拨给每所学校一套电视机和录像机,改善了学校办学条件。与此同时,要求各市县也要抓好一至二所乡镇农民文化技术学校的标准化建设。据统计,截止年底,全省农民文化技术学校达226所,占乡镇总数的74%,村级农民文化技术学校1294所,占行政村总数的50%,参加学习人数达28万人次。

积极开展人口教育。1993年,省教育厅根据国家教委"P20项目"人口教育的实施意见,在定安、万宁、三亚、乐东等4个市县的成人文化技术学校中开展人口教育试点工作。同时,将国家教委"P20项目"办公室下拨的4套电教设备及时拨到人口教育试点学校,促进了人口教育的实施。据年终调查,人口教育已从点到面开展。

[**农村教育综合改革**] 农村教育综合改革有突破性的进展。1993年3月,省教育厅下发《关于贯彻〈纲要〉精神,加快我省农村教育综合改革步伐的通知》,在认真总结琼海市和白沙县的农村教育综合改革和实施"燎原计划"的经验基础上,进一步抓好点上深化、面上扩展的工作。年内,又增加三亚、屯昌、澄迈、乐东等4市县为改革试点单位。为了推广琼海市和白沙县改革经验,11月中旬,在琼海市召开首次全省农村教育综合改革与实施"燎原计划"工作会议。通过这次会议后,各市县各部门对农村教育综合改革有了明确的目标和各自的任务,使农科教统筹结合更加密切,形成了农村教育综合改革的合力,提高了"星火"、"丰收"、"燎原"三个计划的整体效益。

努力实施"燎原计划"。1993年,全省实施"燎原计划"的示范乡镇已由89个发展到122个。形成了上挂横联下辐射的燎原之势,有力地促进了农村经济的发展。如琼海市朝阳乡政府在实施"燎原计划"中,通过8所农民文化技术学校举办各种实用技术培训,举办网箱养鱼技术,利用万泉河下游的自然优势,全乡共养535箱,总产值481.5万元,创纯利润117万元。

[**成人高、中等教育**] 1993年,省教育厅为了贯彻落实国务院批转国家教委《关于改革和发展成人高等教育的意见》,完善成人高等教育的招生、管理、专业设置等方面的政策法规,使本省成人高等教育管理更加完善,提高了教育质量。6月,制订了《成人高等教育毕业证书统一印制与验印的实施办法的通知》,规定从1993届毕业生起,颁发国家教委统一印制和验印的毕业证书。共审核验印了成人高等教育毕业证书1676人;对1988年至1990年间入学的成人高等学校毕业生进行抽查考试,参加抽查2145人,4科均及格的有2002人,进一步加强了毕业文凭的管理,有效地制止了乱发文凭的现象。

1993年,全省报考成人高等、中等学校的人数为11431人,实际录取4798人。报考人数和录取人数,均比上年增加20%。各类型招生人数如下:高中起点4523人,招工形式50人,第二学历专科286人,专科升本科306人(其中师范类225人,非师范类81人)。在普通高等学校和成人高等学校招生人数增加和各种培训班大量涌现的情况下,1993年,海南自学考试仍呈稳定发展的趋势。本、专科和中专共开考25个专业,比上年增加3个;报考17250人次,比上年增加9%;报考科次50785人,比上年增加10%。

成人招生体制和制度的几项改革。一是改革招生计划编制体制,先由招生学校根据社会需求以及自身办学条件,提出初步方案。

部属学校由国家教委审批，省属院校由省教育厅和省计划厅审批，并下达招生建议数字。统考后再根据考生入围情况（文科为 220 分以上，理科为 210 分以上）调整招生计划。这种作法适应了市场经济发展的要求。二是改革成人招生科目设置，为了适应形势要求，对成人招生考试中部分专业的考试科目进行了改革，如西医类（不含药学）专业考语文、数学、政治、生理学、人体解剖学；劳改劳教干部学院招收的在职人员考试科目为政治、语文、数学、劳改（劳教）法规、狱（所）管理等 5 科。三是开展招收第二学历的考试改革，根据社会需要以海南大学为试点，试行招收第二学历班，很受社会欢迎。四是为满足工厂（企业）对人才的需求，使人才培养超前进行，开展以招工招干的形式招收普通高考落选学生。1993 年共招大专生 50 人，中专生 30 人。五是改革成人中专学校的招生制度，规定近两年毕业的高、初中毕业生，凡报考种植和养殖专业的考生，可以免试入学；允许成人中专学校招收部分应届初中毕业生，以解决生源不足的问题；批准农业广播学校招收农村和农垦系统从事农村、农垦基层工作十年以上的骨干，可免试入学。

［社会力量办学］ 1993 年，海南省教育厅对社会力量办学按照“积极鼓励，大力支持，正确引导，加强管理”的方针，认真贯彻国家教委和省政府关于社会力量办学的规定和管理制度，严格按照条件审批新办的学校。审批原则是：一般不批函授学校，重点鼓励支持举办实用型技能型的短期培训和自学考试辅导班，尤其是电脑培训班。雅泰电脑培训学校近几年来培训 8000 多人次，为海南的经济与社会发展做出了积极的贡献。1993 年，共批准各种专业的民办高等学校 3 所，培训学校 10 所（班），进一步加强了社会力量办学的管理。为了使社会力量办学健康发展，省教育厅颁发了《关于对全省社会力量办学进行年检的通知》，要求社会力量办学的各学校认真做好年检工作，采取自我检查总结和重点抽查相结合的办法。通过年检，好的给予表彰，对于办学指导思想不端正，出现问题较多的学校，责成停止办学整顿，限期改正。年内，已下文停止琼中县旅游中专学校的招生，并规定对违反社会力量办学有关规定造成不良后果的学校，将予以撤销办学资格。

撰稿　唐和亲

审稿　符鸿合

四川省教育

概　况

［各级各类教育发展情况］

1993年各级普通学校基本情况　　单位：人

学校类别	学校数（所）	毕业生数	招生数	在校学生数	教职工数 计	教职工数 其中专任教师
一、普通高等学校	61	42317	68735	184607	67182	24930
研究生		1814	2644	6719		
本　科		20746	24449	93354		
专　科		19757	41642	84534		
二、中等专业学校	291	51013	86620	205595	37671	16727
中等技术学校	183	31010	63033	142971	27773	11613
中等师范学校	108	20003	23587	62624	9898	5114
三、普通中学	6291	1057410	1175408	3271880	320393	247047
高　中	1111	176474	149824	462734		43212
初　中	5180	880936	1025584	2809146		203835
四、农业、职业中学	627	62541	115258	248033	31003	19510
高　中	586	58389	111892	238501		18854
初　中	41	4152	3366	9532		658
五、工读学校	14	201	161	360	273	149
六、小　学	71094	1260704	1882719	9163221	482148	427431
七、特殊教育学校	82	549	946	5192	1213	935
八、幼儿园	13647	686580	716279	1296079	69065	53370

1993年各级成人学校基本情况

单位:人

学校类别	学校数(所)	毕业生数	招生数	在校学生数	教职工数 计	教职工数 其中专任教师
一、成人高等学校	77	35412	66730	148468	12993	5548
广播电视大学	3	9589	18443	41940	1294	306
职工高等学校	45	3134	6038	14040	5361	2434
农民高等学校						
管理干部学院	11	1824	3594	6214	2483	949
教育学院	17	7185	8110	21124	3341	1580
独立函授学院	1	2339	2776	18004	514	279
普通高校举办						
函授部		7392	18180	39353		
夜大学		2706	5874	12826		
干部专修科		1243	3715	4967		
二、成人中等专业学校	340	24210	63738	146597	12228	5902
广播电视中专	8	13509	33942	92400	1577	706
干部中专	27	1268	2222	4866	1351	554
职工中专	83	5027	16451	29536	3202	1459
农民中专	26	1698	2223	4031	705	412
教师进修学校	196	2708	8900	15764	5393	2771
三、成人中学	547	30160	28447	41533	3323	2234
职工中学	79	5535	7110	9119	648	358
农民中学	468	24625	21337	32414	2675	1876
四、成人技术培训学校	34989	10533300	6262375	5596467	27203	14603
职工技术培训学校	484	214604	126519	153389	4139	2488
农民技术培训学校	34505	10318696	6135856	5443078	23064	12115
五、成人初等学校	12050	774496	533541	585206	12806	6758
职工初等学校	4	704	279	279	19	19
农民初等学校	12046	773792	533562	584927	12787	6739
其中:扫盲班	8324	537328	318826	321253	9050	4743

制表　戴作安

说明:1993年成人中等专业学校尚有函授中专6所,毕业生3242人,招生6727人,在校生14317人,教职工1693人,其中专任教师46人。

[**贯彻《纲要》,调整规划**]　《中国教育改革和发展纲要》颁布后,四川省委、省政府在3月召开的全省普教工作会上,刚换届的新一届省委、省政府领导都对《纲要》的学习、宣

传和贯彻发表了意见。副省长徐世群在《四川日报》上发表“全川人民的大事”的署名专文，要求各级政府和全川人民认真学习、宣传和贯彻《纲要》。4月，省教委举办了由高校和市地州教委(教育局)领导参加的学习《纲要》培训班，下发了《关于认真组织学习宣传贯彻〈纲要〉的通知》，要求各级教育行政部门、各级各类学校要把学习《纲要》作为一项极为重要的任务来抓，要制订切实可行的计划，并按照《纲要》的精神和全省教育事业发展的目标、任务，结合本地实际，及时地调整教育事业发展规划，研究制订配套政策和措施。根据这一精神，各地研究调整了教育事业发展规划，加快了发展步伐。在此基础上，省教委重新调整了九十年代四川省教育事业发展的战略目标和任务，即在本世纪末达到：

——基本实现九年义务教育，在城市市区和经济发达的农村基本普及高中阶段的教育。

——大力发展职业技术教育，使城乡新增的劳动力基本能受到必需的职前教育和岗位培训。

——积极发展高等教育，使普通高校在校学生规模按年均6.6%的速度递增，在校学生达到24万人。

——基本扫除青壮年文盲，建立起覆盖全省城乡的成人教育网络。

8月1日，省教委在洪雅县召开了各市地(州)教委(局)主任(局长)会议，研究基础教育如何适应社会主义市场经济的需要和如何保证“双基”目标(即基本普及九年义务教育和基本扫除青壮年文盲，下同)问题进行了探讨。之后，省政府先后制发了关于继续稳定中小学教师队伍和在宾馆、饭店等征收教育费等保障措施。与此同时，各地也相继召开会议或下发文件、制定措施。重庆市在贯彻《纲要》中，由市委、市政府组织召开了一次各县(市、区)党委、人大、政府和教育四个部门一把手参加的教育工作会议，出台了一系列重大措施。

[**增加教育投入**] 1993年，全省地方教育预算内、外教育经费支出总额达到56亿元(不含中央属各类学校的经费支出)，比上年增加8亿元，增长16%。

各级普通学校预算内教育事业费支出情况见下表：

单位:元

	生均教育事业费	生均公用经费	公用经费占教育事业费的比重(%)
普通高校	3013.66	1531.96	50.83
中　　师	1315.35	315.46	23.98
普通中学	314.04	40.87	13.02
职业中学	582.41	125.01	21.46
小　　学	156.27	9.87	6.32

与此同时，争取世界银行贫困地区基础教育发展项目贷款1910万美元，争取泰国陈仕贤先生、香港邵逸夫先生赠款750万人民币和1050万港元。教育经费的增长有力地促进了办学条件的改善，使全省新、扩建校舍350万平方米。

通过贷款扶持的高校校办产业，有的项目已取得了明显的经济效益。部分高校产业已进入国内外市场，并与大型企业联合，正向集团化、国际化、高科技领域发展。高校校办产业和社会化服务收入达到 8000 万元(其中产业 3500 万元,服务 4500 万元),比上年增长 33%。同时,大力发展了中小学勤工俭学,全年纯收入达到 4 亿多元,比上年增长 26.6%。经省政府同意,省教委与省计委、经委、财政厅于 6 月初联合召开了全省城镇中小学勤工俭学会议,对如何进一步发展全省城镇中小学勤工俭学进行了探讨。表彰了先进集体 149 个,先进个人 249 名。为支持校办企业的发展,省教委还与省税务局联合制定了对校办产业税收实行优惠的政策。

1993 年,努力增加了普通高校的基建投入,使基建投入经费达到 3000 万元,比上年增加 800 万元。同时,省教委与有关部门共同研究了中小学教师住房改革的问题,制定了《关于“八五”期间解决城镇中小学教工住房建设的意见》。

在总结近几年普及实验教学县工作的基础上,1993 年又有新都等 25 个县(市、区)普及了实验教学。至此,全省已有 73 个县(市、区)普及了实验教学。教仪产值比 1992 年增长 3.5%,产品已远销到台湾、阿联酋等地区和国家;实现教仪销售利税 11 万元,为补充教育经费不足开辟了新的渠道。

基础教育

[**义务教育**]　继续认真贯彻落实《中华人民共和国义务教育法》及其实施细则和《四川省义务教育实施条例》,依照重新确立后的九十年代四川教育事业发展的总体战略目标和任务,对全省普及九年义务教育(以下简称“普九”)的规划进行了修订,“普九”目标由“到本世纪末使占全省人口 70%的地方实现‘普九’”修订为“到本世纪末使占人口 90%的地方实现‘普九’”。在此基础上,确定了各市(地州)、县完成“普九”的具体年限。按照规划,1993 年成都市青羊、锦江、成华、武侯、金牛等 5 个区,和温江、绵竹县等 7 个县(区)经检查验收合格,普及了九年义务教育。至此,全省已有占人口总数 12%的 11 个县(市、区)普及了九年义务教育。此外,还有占人口 20%的地方普及了初等义务教育。全省 7—12 周岁学龄儿童入学率达到 97.74%,小学、初中毕业生升学率分别达到 81.62%和 29.57%。经过 4 年努力,与国家教委和联合国儿童基金会合作的“加强贫困地区小学教育项目实验”取得丰硕成果,已有 97%的项目学校提前达到了规定标准。

为使义务教育全日制小学、初级中学课程计划得以顺利实施,省教委印发了义务教育阶段教师培训计划与要求,并在秋季开学前组织了初中、小学两个一年级的各学科骨干教师进行培训,参加培训的有 16 个学科的近 800 名教师。同时,组织研究了“计划”中规定地方安排的课程的课时安排,继续深入研究初中,尤其是农村初中的教学工作。为减轻学生负担,积极研究了初中毕业、升学考试合并进行的问题,举行了全省初中毕业会考,会考成绩保持稳定。开展农村初中劳动技术教育综合实验项目的 5 所学校已经结束,其中,广汉中学、简阳中学受到了国家教委的表彰。

加强教材建设。九年制义务教育内地版教材除少数学科外,均全部完成编写任务。1993 年,送国家教委审查的小学二年级和初中二年级教材共32册全部通过审查，将于1994年秋投入使用。完成1993年秋使用的与九年义务教育文字教材(内地版)配套的15门学科电教教材的编制、审查、生产和发行工作。

为提高义务教育质量，1993年重点对小学阶段学生质量进行了调查分析，提出了小学教学质量现状分析及提高小学教学质量的意见。参加了国家教委战略发展中心组织的“义务教育质量抽样调查”和国家教委与联合国儿基会合作进行的“小学阶段学习情况抽样调查”。对全省13县6500名小学生进行了学习情况调查分析，并对这部分学生以及这些学生所在学校的校长、教师进行问卷调查，检测科目包括语文、数学、自然、思想品德、劳技、音乐、美术和体育等学科。

教改成果推广。1993年，在反复论证的基础上，省教委提出了“以某项经验成果为核心，分类推广教改经验成果”的思路，重点抓了“整体改革”、“学法改革”、“建设班集体”等经验成果的推广。成都师范附小的教改经验、内江市“读启式教学”和成都实验小学的“整体改革实验”等一批教改成果，不仅在省内产生了日益广泛的影响，并引起了国内教育研究界和教育行政部门的重视。

继续推动特殊教育事业发展，全省盲、聋、哑和弱智儿童入学率有所提高。同时，着重抓好一批重点特殊教育学校和特殊教育示范县(市、区)的建设。全省有邛崃、重庆市中区、江津市、绵阳市涪城区等4个县(市、区)被国家教委评为“全国特殊教育先进县”，合江等13个县(市、区)受到国家教委的通报表彰。12月，省教委、省残联联合召开了四川省特殊教育工作暨表彰会，总结了自1989年以来全省特殊教育事业发展所取得的成绩、经验和存在的问题，对到本世纪末全省特殊教育如何进一步发展进行了部署和安排。会上，省残疾人事业领导小组、省教委、省残联联合表彰、奖励21个特教先进县(市、区)、一个特教先进集体和54名先进个人。

［**高中教育**］ “两项改革”(即执行调整后的普通高中教学计划和实行毕业会考制度)。省教委研究提出了高中三年级教学安排意见。编写了高中各年级劳动技术课和计算机教育教材，完成了藏族中学高中汉语课本和教学参考书的编写工作。11月，召开了全省普通高中教学工作会，确定了普通高中分流教育的有关政策、原则，调整了会考时间。顺利完成了高中一、二年级6个学科的会考考试工作和首次理、化、生实验操作考查，提出了高三年级劳动技术课考查意见。全省理、化、生3科会考一次性及格率为70%左右，英语、历史、地理及格率在80%—85%之间。在会考基础上，研究制定了1994年高考科目改革方案，即：理科考语文、数学、外语和物理、化学；文科考语文、数学、外语和地理、历史。

修订普通高中学生学籍管理和成绩考核办法。根据省政府关于1994年高考科目改革后，高中毕业生地理、生物及格才能参加高考的规定和国家教委关于要尽快过渡达到会考成绩全部合格(包括补考)才能毕业的要求，本着“逐步过渡，分步到位”的原则，12月29日，省教委下发了《关于修订〈四川省普通高中学生学籍管理和成绩考核暂行办法〉的通知》。《通知》规定：(1)除继续执行原《办法》规定的毕业条件外，高94级学生必须地理、生物会考及格(包括补考，下同)，才能毕业；高96级及以后毕业学生必须所有会考考试考查科(项)目全部及格才能毕业。(2)从1994年秋季开始取消留级制度，实行附读制度。高95级学生除达到原《办法》中的升学条件外，必须史、地会考及格方能升级；高96级以后各年级学生必须学年会考所有科(项)目及格(合格)方能升级。学生学习期间，会考成绩有不及格的，除参加下学年开学的补考外，以后还要参加其他年级的补考。

普通高(完)中办学基本要求的达标检查。按照省教委制定的《四川省普通高(完)中办学基本要求》和《四川省重点中学检查验收细则》，9个市、地、州分别对28所中学进行了检查验收，受检学校的办学条件有了很大改善，办学效益和管理水平有了较大提高。

人口教育。对参加中国与联合国人口基金组织的第三周期50所人口教育试点中学进行了中期评审，并向国家教委写出了情况报告。

[**幼儿教育**]　继续贯彻幼教两个法规，编辑出版了幼儿园教师及儿童用书，举办了企业幼儿园园长培训班，召开了街道、私人、集体、厂矿办的幼儿园座谈会。全省50所县示范性幼儿园通过了评估验收，全省3—6周岁幼儿入园率达到42%。

[**德育工作**]　认真贯彻关于初三年级和普通高中学生学习党的十四大精神的要求，省教委、省委宣传部联合编写了党的十四大学习辅导材料，帮助学生在思想上进一步明确党的“一个中心，两个基本点”的基本路线和建设有中国特色的社会主义理论。进一步贯彻落实中小学德育大纲和中小学日常行为规范，组织编写了《小学德育纲要实施细则》，编辑出版了《小学生日常行为规范教育画册》。在全省中小学广泛开展了唱好歌的活动和纪念毛泽东同志诞辰100周年活动。

为探索在建立社会主义市场经济体制的新形势下德育工作的方法和途径，省教委于10月中旬在眉山县召开了四川省第三次中小学德育工作联系学校会议。会议认为：(1)德育内容必须适应学生的知识、年龄、身心发育状况，必须理论联系实际，特别是联系学生的思想实际；开展德育工作的方法应在继承中发展；学校德育工作必须融于学校的管理、教育、活动之中。(2)应进一步加强中小学德育常规建设，把中小学德育工作纳入常规管理之中，优化校内育人环境，使中小学德育工作科学化、制度化，促进学校校风、班风、学风建设。(3)要充分重视社区教育的建设和发展，努力形成社会、家庭、学校相结合的网络。

[**校长培训和师资队伍建设**]　进一步加强中小学校长队伍建设和干训工作。根据中组部和国家教委党组《关于加强全国中小学校长队伍建设的意见〈试行〉的通知》，提出了四川省中小学校长管理、培训、任用的意见，全年培训中小学校长2万名，并举办了重点中学校长研讨班。

稳定教师队伍。10月18日，四川省人民政府发出了《关于继续稳定中小学教师队伍的通知》，《通知》强调：(1)中小学教师不属于招聘对象，任何单位和个人都不得以任何理由招聘或任意抽调中小学教师，中小学教师个人也不得进入人才市场参加登记、交流，违者由招聘或抽调单位赔偿培养一个合格教师的费用。(2)新参加工作的中小学教师实行服务期制度。凡中小学教师在服务期内一般不得调出教育系统，服务期未满需要调出的，由调入单位缴纳等量的培养费用。(3)将加快中小学教职工住房建设提上日程，在普教正常基建经费中安排一定比例的资金，奖励和补助对中小学教师住房解决得好的地区。(4)认真做好中小学教师的职称、职务评审工作，不得扣减基层教师的职称、职务指标，对乡以下农村中小学教师尤应优先考虑。试行内部体制改革的学校，经县级教育行政部门批准，可按现有专业职务指标的125%评审专业技术职务资格，实行校内“粮票”，不与国家工资挂钩。凡被列为省、市(地、州)教委(教育局)掌握的优秀中青年教师，经相应的专业技术职务评审委员会通过，可破格晋升(1993年，全省348名35岁以下的青年教师被列为省教委掌握的有培养前途的优秀青年教师)。(5)1993年,省里下达5000名指标,解决民办教师转公办教师的问题 。(6)教师节表彰一批尊师重教先进集体、优秀教师和优秀教育工作者。

教师的培养。为加强中等师范学校建设,4月,召开了全省中等师范学校校长会议。会议进一步明确了国家教委对中师教育的要求,分析了中师教育现状,交流了办学条件标准化建设、深化中师内部管理体制改革、实施中师新教学方案、加强中师勤工俭学工作、转变办学功能的学校发挥自身优势开辟办学新路等方面的经验。6月至7月中旬,省教委组织3个检查组,分别对35所首批进行标准化建设的学校逐校进行了检查。根据检查情况,12月中旬,省教委又有选择地召开了其中18所学校的校长会议,了解其接受检查半年来的工作进展,进一步明确了迎接国家教委检查的指导思想和今后几个月的工作重点。

中师教育改革。在中师招生方面,1993年扩大了中师招收委培生的比例,达到普通师范、幼师学校招生总量的30%,比上年翻了一番。同时,在保证完成小学新师资培养任务的前提下,28所中等师范学校进行了中师招收非师范专业的试点,共招收1000人。经过4年的试点,从1993年秋季开始,在全省保留中师办学功能的所有普通中师的各年级,全面实施中师新教学方案。围绕新教学方案的实施,重点抓了必修课各学科教研工作的领导、管理和指导,主要有:(1)新教学大纲培训;(2)研制了对现行教材的处理意见,保证了新大纲与教材内容的衔接;(3)建立、健全中师各科教研机构;(4)制发了《关于进一步加强中师教研工作的意见;(5)召开了全省中师教研工作会议;(6)培训、提高中师教研骨干力量。

教师培训。为搞好以“函授、卫星电视教育和自学考试”相结合的“三沟通”培训,主要做了以下工作:(1)省教委制发了一系列有关教学管理、学籍管理、成绩管理以及考务管理的政策性文件和规章制度;(2)加强了对主考院校的领导和管理,充分发挥主考院校的作用;(3)顺利完成了“三沟通”培训第一次考试,全省4万名学员报名参考,平均及格率达69.2%。

扩大了教育学院招收小学在职教师进修师范专科学历,提高小学教师学历层次试点面,将试点学校内成、渝二市两所教育学院,扩大到13所,招收学员近500人。为加强管理,省教委制发了《四川省小学教师大专班理科、文科教学计划》。

小学教师继续教育。遵循“普遍培训、分类要求,狠抓骨干”的原则,年初在总结前几年小学教师继续教育工作的基础上,针对全省各地经济、教育、师资队伍状况发展不平衡的实际,制定了《1993年度四川省小学教师继续教育培训人数计划表》,向各地下达了必须完成的培训计划。3月,召开了小学教师继续教育试点工作汇报会,10个试点县(市、区)交流、汇报了半年来开展试点工作的经验以及遇到的问题 ,研究提出了解决问题的办法,至9月试点工作结束。为完善教师培训方案,分别下发了《小学教师高、初级职务培训方案》和《小学骨干教师培训方案》。

《专业合格证书》考试和专业基础知识考试。1993年全省参加《专业合格证书》考试的中小学、幼儿园教师达57734人次,及格38121人次,及格率为66%,其中初中教师及格率为81.9%、小学61%、幼儿园81.9%。通过考试,全省又有20019名中小学幼儿园教师获得《专业合格证书》。至此,全省获得《专业合格证书》的中小学、幼儿园教师已达到63764人,占1993年学历不达标教师人数的29%。为解决中小学不符合规定学历的教师晋升专业技术职称,组织全省中学和小学教师进行了专业基础知识考试。

［**督导工作**］　加强督导机构和队伍建设。年初，省教委组织力量对市(地、州)督导机构建设情况进行考查。考查结果，全省有17个市(地、州)由政府对原教委督导室进行了改建或更名，并授权其代表政府行使教育督导职能权，其中更名为人民政府督导室的6个、更名为市(地、州)教育督导室的11个。11个市(地)所属县(市、区)全部建起了督导机构，使全省县(市、区)督导机构由1991年底的129个增加到161个，占总县数的74.1%。教育督导人员由1991年底的729人增加到1347人，其中专职督导人员由327人增加到541人。在此基础上，省教委制发了《1993年对市地州教育督导制度建设进行考查的意见》。到年底，全省教育督导机构和督导人员数量又有新增加。

培训督导人员。省教委按照讲求实效、按需施教的原则，改送出去培训为直接办班培训，培训督导人员93名。此外，大力推广绵阳、内江、重庆、南充等地经验，抓好督导人员岗位培训，边实践边学习，在督导实践锻炼中提高督导人员素质。

［**体育、卫生、艺术和国防教育**］　继续贯彻落实学校体育、卫生工作两个《条例》，认真组织实施大、中、小学生《体育合格标准》、《全国大中学校学生体育竞赛暂行规定》和《全国学生常见病综合防治方案》，学校体育、卫生工作取得好成绩。

总结了初中毕业升学考试体育的试点工作，扩大了试点面，并制定了四川省初中毕业生升学考试体育的办法和意见，进一步完善了中学培养高水平学生运动员和体育后备人才试点校管理办法，继续做好培养高水平学生运动员试(布)点高校招收中学生体育后备人才的招生测试推荐工作，年内，全省50名中学生运动员经测试合格进入高校深造。

四川省中学生体育代表团代表中国中学生参加世界中学生篮球比赛，女队取得第6名、男队取得第8名。在全国第五届中学生运动会上，四川省代表团获团体总分第6名，破两项全国中学生记录。举办了四川省中学生田径、篮球比赛和培养体育后备人才试点校田径比赛。

防治常见病。省教委选择了近视、龋齿、营养不良、贫血、砂眼5种常见病作为防治的主要内容，要求各地根据本地情况选择一种进行防治和监测。省教委重点做好“防近治近”工作，加强了对84所学校学生视力监测点的工作，通报了四川省1992年学生视力监测情况。

举办了四川省首届中小学生“川惠杯”艺术节。参加艺术节活动的中小学生逾千万人。

组织编写了小学、初中国防教育试用教材。完善了军训试点校管理制度。组织高中新生入学后的军训工作，全省开展学生军训的中学达400余所。

［**清理整顿中小学收费工作**］　1993年初，省委、省政府决定把清理整顿中小学收费工作作为年内4项专项治理的内容之一，要求切实抓出成效。5月14日，省委、省政府召开了全省清理中小学收费工作的电话会议，对全省清理整顿中小学收费工作作了统一部署。为使清理整顿工作顺利进行，省人民政府下发了《关于调整中、小学杂费标准和收取高中学费的通知》，省委办公厅、省政府办公厅转发了省纪委、省委宣传部、省教委、省监察厅、省物价局、省财政厅《关于对全省中小学收费进行清理和加强管理的意见》。在清理全省中小学收费过程中，省教委及时转发了国务院办公厅《关于加强中小学收费管理工作的通知》和国家教委《关于坚决纠正中小学乱收费的通知》等文件。省教委成立了清理“三

乱”领导小组，并组建临时办公室，专抓此项工作。

全省清理中小学收费工作在各级党委、政府的统一领导下，纪检、监察、宣传、教育、物价、财政等部门齐抓共管，使学校乱收费的问题得到了遏制，清理工作取得了一定的成效。

各地采取学校自查、县(市、区)检查、市(地、州)抽查的方法，对1992年开学以来中小学收费情况进行了认真清理。据统计，全省中小学开展收费自查的学校有37106所，占全省中小学(不含村小)总数的98%，县市抽查11828所，市地州抽查707所。省教委派出三个检查组，对广元、涪陵、成都3个市(地)的6个县(市、区)所属26所学校进行重点检查。共停止执行乱收费项目1505项，降低收费标准的项目359项(名称不同，内容接近)，全省共减少乱收费8069.89万元。如成都市初一新编班收费47.8万元，市教委发现后，要求立即纠正，当时即退还46.99万元给学生。

对自查、抽查中所发现的问题，各地依法照章给予了严肃处理。一是对多收、超收的费用进行清退，全省清退总金额2270.8万元，其中退还学生1748.2万元，其余上缴给财政；二是对个别自定收费标准、自立收费项目的学校给予了批评教育，并限期改正。

[解决拖欠教师工资问题] 九月初，省委书记谢世杰亲自修改并签发了省委、省政府两个办公厅《关于抓紧解决拖欠教师工资问题的紧急通知》，要求各地从10月份起不再出现新的拖欠，对过去拖欠的教师工资要尽快兑现，最迟在11月底全部兑现。为督促落实“两办通知”，副省长徐世群于10月、11月两次带领省级有关部门的负责同志，先后到川东、川南的9个市地的30多个县、乡(镇)现场办公，一边调查研究，一边检查督促各地贯彻落实“两办通知”的情况。在掌握了大量第一手材料的基础上，采取了“标”、“本”兼治的办法。一方面，在财政十分困难的情况下，优先调度和安排资金兑现拖欠的教师工资；另一方面加强宏观调控和统筹，从体制上将老、少、边、穷地区的教育经费改由县统一管理。在短短的3个月内，省政府有针对性地制发了《对农村教育费附加征收和管理进行一次全面清理的传真电报》、《关于检查落实解决拖欠教师工资问题的通知》、《关于继续稳定中小学教师队伍的通知》、《关于加强老少边穷地区教育经费管理的通知》、《关于进一步完善农村教育费附加征收和管理办法的通知》、《关于在宾馆饭店征收教育费的通知》等一系列文件。为从根本上解决拖欠教师工资问题，加强对老、少、边、穷地区教育经费的管理，决定从1994年元月1日起，对国家、省确定的老少边穷县，凡财政预算内教育经费包干到乡(镇)安排的，其人员经费改由县统一管理，县财政部门核定预算，县教育部门管理使用。农村教育费附加征收和管理的《办法》明确规定：农村教育费附加统一由乡(镇)财政所负责征收；在不改变“乡筹乡有”的前提下，一律实行“乡收县管”的办法，即由乡(镇)财政征收后全部交由财政部门，县财政部门在银行设立专户，分乡(镇)立帐，乡(镇)教育、财政部门提出使用计划，报县教育、财政部门审批后，由乡(镇)教育部门安排给学校使用。

为贯彻落实国务院办公厅《通知》精神，12月6日，省委、省政府又召开了全省紧急电话会议，通报了各地拖欠教师工资及兑现情况，部署了在今年年底前采取有力措施，兑现教师工资的问题。参加会议的有各地党委分管领导和政府主要领导以及财政、教育、农业部门和农业银行的主要负责同志。省委副书记秦玉琴、副省长徐世群分别在会上讲了话，要求：凡应由财政拨付的工资和民办教师工资中由教育费附加开支的乡筹集部分，无论是过去的旧帐，还是1993年的欠帐，一律要求在年底以前一分不欠地全部兑现。会后，按照省政府的要求，各地建立了解决拖欠教师工资问题的责任人制度。各市、地、州政府（行署）的市长、专员、州长等政府（行署）一把手作第一责任人，财政局长、教委主任作为第二责任人，并把解决拖欠教师工资问题的工作进展，纳入了地方政府领导干部年终任期目标考核，与奖惩挂钩。

根据省政府的指示，省教委除留一名副主任值班以外，由教委主任、党组书记王可植和其他委领导以及处级干部，分成5个组，到7个市、地进行了督促检查。省财政厅专门下发了关于迅速解决欠拨教师工资问题的紧急通知，强调：在预算资金的拨付上，必须首先保证教师工资的发放。凡是当月教师工资（包括过去欠拨的工资）未全部拨付的市（地、州）、县，其他各项财政拨款一律暂停，首先保教师当月工资和以前所欠工资的拨付；对拖欠教师工资严重的地方，一律不得兴建楼堂馆所，不得购买小汽车，同时，省财政将暂停对这些地方的专项补助。

在此基础上，省对少数特别困难的地方采取了特别措施。截止12月29日，全省23个市、地、州已全部兑现了由财政拨付的教师工资。

职业技术教育

［**概述**］　1993年，职业技术教育在指导思想上突出产教结合、校企结合、学用结合办职教的原则，着重深化改革，办好重点，提高效益，努力推动全省职业技术教育更好地为社会主义现代化建设服务。使职教事业继续保持发展的良好势头。全省中等职业技术学校在校生数已占到整个高中阶段在校生总数的56.4%，提前两年完成了“八五”计划确定的目标。其中，中专学校发展速度较快，招生数和在校生数分别比上年增长40%和27.7%，增长幅度较上年高出12个百分点以上。

多形式兴办职业技术教育。1993年，通过引导并逐渐完善了联合办学，推动社会兴办职业教育，打破了职业中学封闭式的办学格局，基本形成了“职教大家办”的局面。联合办学形式进一步多样化，并由松散型走向紧密型，联办范围已由省会城市扩大到其他市、地和省外，联办对象由主要与部门联办改为主要与企事业单位联办。社会力量办职教有了较大发展，招生数较去年增加11.8%，在校生增加19.3%。与此同时，高校、中专、中师和普通中学也积极兴办职高班，部分办学条件好、教育质量高的职业中学兴办中专班，基本形成了相互渗透的职教办学网络。

［**职业中学**］　扩大职业中学办学自主权，增强学校办学活力。为改变职业中学被动办学的局面，各级教育行政部门转变职能，赋予职业学校在专业设置、课程结构、教学安排、教材使用、教学方法以及学校内部的机构设置和人事、分配制度等方面的自主权，增强了学校的改革意识和竞争意识。为适应经济发展需求，在招生计划方面，实行国家任务计

划与指导性计划相结合。在招生办法方面，实行普、职教分流报考，优先录取“志愿兵”进入职业高中学习。在办学层次方面，鼓励学校挖掘潜力，举办不同层次、不同形式、不同学制的学历、非学历教学班；在专业设置方面，对原有部分专业作了较大幅度调整，为乡镇企业、第三产业服务的专业明显增多。

狠抓教育质量，提高办学效益。在提高质量方面，全省侧重抓了三项工作：一是师资队伍建设。在做好职教新师资的培养、安置和在职教师培训的同时，注重教师的生活福利和思想教育工作。1993 年，全省职业高中专任教师中取得本科学历的教师达 5111 人，占 27.11%；取得专科学历的达 10792 人，占 57.24%，并首次出现新分配和调入的教师多于流出教师的好现象。二是推行“双证制”。全省已开始在建筑、机电、财会、烹饪等专业实行“双证制”，加强了学生动手能力的培养。三是开展教育教学研究，提高了职业技术教育主动适应市场经济需要的自觉性。由于经济、社会发展的需要和办学质量的提高，1993 年职业高中毕业生就业情况好于往年。据 1993 年 8 月调查，全省职高毕业生已有 50%以上的就业，内江、自贡、绵阳、遂宁等地的职高毕业生就业率达 90%以上。

在经济效益方面，职业中学按规定收取学生学费和指导性招生计划学生培养费，成为弥补办学经费不足的重要渠道。同时，各校也注意利用自身的优势发展校办产业，既为学校创收，又为当地经济发展服务。在 1993 年全国职业学校校办产业产品展销会上，四川职业学校校办产业的产品很受欢迎，受到了国家教委的好评。

[中专教育] 1993 年，四川省除在农业中专招收农村青年不包分配班外，各校都招收了委培生，并在少数省属以上中专继续进行招收预科生试点，为少数民族地区、贫困山区和艰苦行业培养人才。全省中专学校招收的委培生占总招生数的 51.4%。少数中专校已开始探索与地方联合办学。

加强德育工作。制定了《四川省中等专业学校德育大纲》，对德育的目标、原则、基本内容，以及实施途径、学生思想品德考评等都作了具体规定。

确定省部级中专，推荐国家级重点中专。经过办学水平评估和选优评估，在 57 所合格中专学校中，报经四川省政府批准的省部级重点中专学校共 37 所，并从中推荐部分中专校申报（待国家教委审批）国家级重点中专。

1993 年 3 月 8 日，省政府下发了《关于加快我省中专教育改革和发展的通知》，就扩大中专学校办学自主权问题规定：(1)学校有权在国家教委颁布的专业目录范围内，确定与调整专业方向，拓宽专业服务面，兴办“专门化”（大专业下面的分支专业）。(2)在保证完成国家招生任务的前提下，在年度调节性计划内，学校可调整委托培养和自费生招生比例。(3)在部门核定的人员编制总额内，学校有权确定校内机构的设置及其人员配备；有权推荐副校级干部和任免中层干部；有权奖励及行政处罚学校的教职员工。(4)学校有权自主统筹安排使用预算内教育事业费和预算外经费；有权确定适合本校实际的校内津贴标准及津贴使用办法。(5)学校可根据批准的项目可行性研究报告自行审定生活用房及教学用房的设计文件；可利用自筹资金适当调整建房标准。(6)根据教育方针及国家教委的专业目录，学校有权确定本校各专业、各层次人才的具体培养规格、教学模式和教学方法，有权修订教学计划，自选除政治课以外的各种教材。同时，各地对职业中学的招生计划、专业设置、学制和招生对象等方面也下放了权力，使学校能够真正根据社会需求办学。

[农村教育综合改革] 根据《纲要》精

神，调整了农村教育综合改革实验《方案》，扩大了“燎原计划”示范乡(镇)。到1993年，全省共有农村教育综合改革地级实验区3个、实验县32个、实施“燎原计划”乡(镇)达到800个，其中示范乡(镇)150个。

高等教育

[**概述**] 1993年，全省普通高等教育加快了改革和发展步伐。在1月召开的全省普通高等教育工作会议上，明确提出九十年代全省普通高等教育改革和发展的总体目标为:规模有较大发展，结构更加合理，质量上一个新台阶，效益有明显提高。到本世纪末，使高等教育能够适应加快经济建设和社会发展的需要，并为下一世纪的发展打下坚实基础。到2000年，全省普通高校年招生达到6.6万人(其中地方属高校3万人)，使在校生达到24万人(其中地方属高校9.6万人)，即平均每年递增6.6%。会上，副省长韩邦彦作了《深入贯彻十四大精神，努力推进高等教育的改革和发展》的讲话。

认真贯彻了国家教委《关于加快改革和积极发展高等教育的意见》，积极探索高等教育办学体制的改革，建立了校际联合、优势互补、提高整体办学水平和实力的四川联合大学模式，形成了面向社会，与大中型企业挂钩，走产、学、研结合道路的重庆大学模式和以学校主管部门与地方政府联合办学、有关企事业单位参与共同建设的西南工学院(原四川建材学院)模式。与此同时，还对高等学校的布局调整进行了尝试。根据三峡库区开发性移民工作的需要，将万县师专与万县教育学院合并，经国家高校设置专家评议委员会通过，同意建立三峡理工学院。同时，加紧对“三峡大学”正式成立的筹建工作。经国家教委批准，在原成都无线电机械学校的基础上，成立了成都电子机械高等专科学校。

[**高校干部队伍建设**] 为了做好高校领导班子的新老交替工作，按照干部“四化”标准和德才兼备的原则，省教委与省委组织部一起，对泸州医学院等9所本科院(校)和康定师范高等专科学校等7所专科学校的领导班子进行了调整、充实和交流，一大批学有专长和年富力强的同志进入了领导班子，改革了高校领导班子的结构，进一步加强了高校领导班子的思想作风建设，健全了民主生活制度。同时，还初步建立了一支数量充足、素质优良的后备干部队伍。

[**知识分子工作**] 为奖励有突出贡献的优秀专家和拔尖人才，加强学科建设，省教委向省人事厅推荐了享受国家政府特殊津贴的优秀专家120名，配合省委组织部，对解决知识分子的实际问题进行了调查、检查，并向省委作了汇报。

[**高校内部管理体制改革**] 首先，从机构和管理职能上进行了改革，精减了党政机构，下放了管理职能，实行校系(部)两级管理，经过调整和重新划分机构职能，撤并了一部分职能重复的机构。成都中医学院将原25个党、政、群管理机构，精简为14个；专科学

校一般从原来的15—16个管理机构精简为10个左右。采取了党政管理机构同步调整、定编设岗与机构同步调整和职能责任与机构同步调整的办法。在人员编制上:(1)开展了“定编、定员、定岗、定责”的四定工作;(2)对各类人员编制实行分类指导和管理,采取固定编制与活动编制相结合,事业编制与企业编制相分离的管理办法;(3)鼓励事业编制的人员向企业编制转化,最终成为企业编制;(4)精减党政群管理人员,充实教学、科研、开发和校办产业第一线。通过机构改革和定员定编,学校精减的党政群管理人员一般在10%以上,从而优化了结构,提高了办事效率。在分配制度改革方面,一般采取国家工资与校内分配并行的双轨运行机制,即在固定工资(基础职务工资、工龄津贴、物价补贴等)不变的情况下,对校内自筹或创收的经费,按照按劳分配与劳绩贡献紧密结合的合理方式进行分配,拉开了档次,起到了奖勤罚懒、奖优罚劣作用,调动了教职工的工作积极性。

[**德育工作**] 围绕邓小平同志南巡重要谈话和党的十四大精神,按照中央和省委、省政府的布署及要求,狠抓了高校的稳定工作。对高校的党建工作进行了调查总结,召开了全省第四次高校党建工作会及高校党委书记读书班,表彰了四川大学、重庆大学等17所高校和232名先进工作者。狠抓了“两课”的改革试点工作和高校师生的思想政治教育。对搞好大学生的社会实践工作作了进一步的探讨,举办了“93年四川高校优秀学生夏令营”活动,进一步研讨了学校德育的整体改革,表彰了省级三好生、优秀学生干部和先进班集体,完成了国家教委布署的高校校园文化建设的调研布点工作,四川大学被确定为布点学校。

[**教学工作**] 四川省在教学方面,开展了全省第二届普通高校优秀教学成果评奖工作,共评出优秀教学成果248项,其中获国家一等奖3项、二等奖26项。1993年,重点抓了重点课程建设和师范院校的教学实习基地建设。经过认真评选,投入30万元专项经费对19所省属院校的21门重点课程建设进行了资助。同时,还投入100万余元,安排到师范院校第二批教育实习基地建设项目中,进一步缓解了师范院校学生实习难的矛盾。为提高学生素质,培养面向二十一世纪的人才,集中力量抓了大学英语和计算机教学工作。与此同时,还首次统一组织了专科层次的大学英语三级水平测试,制定了非计算机专业计算机知识和能力的分级测试标准。认真开展了教学评估工作,对全省4所工程专科学校的全工实习教学进行了评估,受到了国家教委的好评。

[**科研工作**] 以加速高校科技成果转化为重点,进一步探索了高校科研为国民经济建设主战场服务的路子,制定了《关于加速高校科技成果转化的意见》,组织16所高校的455项新技术、新产品参加了国家科委、省政府举办的“长江流域暨五省七方新技术新产品交易洽淡会”,共成交151项,总金额8733万元;产学研结合工作取得了新的进展,2个项目申报为国家产学研项目计划课题,15个项目被列入省产学研联合开发工程,10个项目被列入成都市产学研开发工程。与省化工系统和成都工业系统合作,洽谈了成果转化和科研课题。据31所高校的初步统计,1993年从各种渠道获得的科研经费2.56亿元。取得科技成果654项,推广科技成果818项,增加经济效益39.6亿元。加强了科研计划管理,重视安排青年教师的科研项目,定期或不定期地检查项目中期实施情况。制定了《四川省省属高校人文、社会科学研究项目暂行管理办法》,还进一步地为人文、社会科学的研

究创造了外部条件。1993年，从科研经费中划出六分之一安排到省属高校的86个项目。积极组织承担了国家及省级科研课题，全省16个项目被列入国家社会科学基金项目，占总数的70%。

[**对外交流与合作**]　1993年，全省选派公费出国留学人员89人，其中，国家公派22人，单位(地方)公派67人；同时，放宽了自费留学人员界限，审批自费出国留学667人；90人应邀出国参加国际学术会议或讲学。调整聘请外国文教专家结构，增加了理工专家的比例，长期的外国专家人数基本稳定，短期科技专家来川讲学人数有较大增加。1993年聘请的长期外国文教专家和外籍教师80人，分布在29所院校任教，短期科技专家达到131人。接待安排美中友好志愿者(和平队)20人来川，担任语言教师。招收来自美、日、加等25个国家和地区的留学生488人。据不完全统计，1993年共接待国外团组来川访问、考察18批150人；接受国外捐赠物资，价值约合人民币208万元。

[**招生和毕业生就业制度改革**]　1993年，四川地方普通高校招收本、专科生26575人，比1992年增加4600人左右。与1992年相比，进一步减少了指令性招生计划，扩大了指导性招生计划，指导性计划已占到总计划的42%。同时，继续为少数民族地区、贫困山区、三峡库区和国防三线建设单位举办了预科班，向省内有条件的高校增加了招生计划指标，改进了定向招生办法，调整了定向招生的数量和范围。对招生政策和录取办法作了一些改革和改进，扩大了高校录取的自主权，增强了招生工作的透明度，减少了录取环节。对师范院校的招生进行了大胆改革，保证了师范院校招生的总体质量。同时，还调整了省属农医本科、省属工科院校和省内部委属建筑、政治、财经院校在川的招生计划。进一步完善了保送生招生制度，使1993年录取的保送生质量明显优于往年。

成 人 教 育

[**扫盲和农民文化技术教育**]　1993年，全省扫除青壮年文盲53.73万人，使非文盲率达到95%。其中，占全省人口97.5%的188个县(市、区)的非文盲率达到85%以上，110个县(市、区)达到国家规定的高标准扫盲要求。按照国家教委《县级扫除青壮年文盲单位检查评估办法》的要求，进一步提出了扫除青壮年文盲检查评估的具体标准和要求：(1)扫盲率农村达到95%，城镇及企事业单位达到98%以上；(2)普及初等教育；(3)最近3年来脱盲人员的巩固率达到95%以上；(4)在乡(镇)、村建立农民文化技术学校或教学点；其中要求一、二类地区的乡(镇)建立农民文化技术学校达到100%，村建立农民文化技术学校(点)达到100%，三类地区分别达到95%和80%，四类地区分别达到90%和60%；(5)县、乡(镇)建立成人教育管理机构，县教育部门设立成人教育职能机构，按规定配备一定数量的专职工作人员，乡(镇)至少配备一名成人教育专职干部；(6)乡(镇)建

立达到合格或建制标准的农民文化技术学校，具有符合规定的教学设施，按规定配备2名以上的专职教师，村农民文化技术学校(教学点)配备兼职或专职教师，具备基本的教学设施，并有计划地开展教育和培训；(7)认真落实国务院和国家教委以及省政府有关扫盲和农民教育经费的规定，采取多渠道办法解决所需的经费，农村教育费附加按不低于当年征收总数的10%用于扫盲和农民教育，扫盲和农民教育经费占教育经费实际支出的比例不低于2%，国拨的(现财政包干)扫盲和农民教育专项经费应保证用于扫盲和农民教育，并根据事业发展和财政收入的增长而有所增长。

1993年，农民文化技术教育得到较快发展。全省参加各种形式脱盲后巩固提高学习的达到126万人，参加比较系统的技术教育结业的475万人，短期实用技术培训的1254万人次，其中参加"P20项目"人口教育学习的14万人。到1993年底，全省乡(镇)农民文化技术学校达5512所，占现有乡(镇)总数的82%，村农校(点)达42920所(个)，县农民技术学校(包括县成人教育中心校)达70所。全省基本形成了县、乡(镇)、村成人教育培训体系，通过多形式、多层次、多渠道办学，为农村培养了大量中、初级技术人才，有效地提高了农村劳动者的素质。

1993年5月，联合国人口基金和国家教委对实施"P20"人口教育项目进行了中期评估，先后考察了成都、德阳、乐山等市的4所成人学校开展人口教育的情况，受到了联合国人口基金高级官员和国家教委领导的高度评价和充分肯定。

[**成人高等教育**] 1993年，四川省各类独立设置的成人高等学校77所，普通高等学校有54所举办了成人高等教育。设置理工、农林、医药、师范10多个大类近400个专业。招生录取6.6万人，在校学生达到14.8万余人，毕业学生3.5万人。固定资产价值5.8亿余元，图书资料513.1万余册，学校占地面积272.4万余平方米。各类成人高等专门技能提高教育、专业证书教育、继续教育和其他短期培训等非学历教育，共结业学员30多万人，比1992年增长25%。

1993年5月，召开全省首次成人高等教育工作会议，会议的主要任务是研究全省成人高等教育加快改革发展的问题，讨论修改《关于加快改革和积极发展四川成人高等教育的意见》。会议以办学体制、办学模式的改革为突破口，进一步探讨了推动四川省成人高等教育深化改革、积极发展和提高质量的措施、办法。会议提出，到本世纪末全省成人高等非学历教育培训200万人以上，培养成人本专科毕业生50万人以上，并做到布局和结构更加合理，质量和效益迈上新台阶，为下一个世纪的更大发展和提高打下坚实的基础。

1993年12月，省政府下发了《关于进一步改革和发展成人高等教育的意见》，提出了到本世纪末全省成人高等教育的发展目标和改革措施：(1)发展方向、重点。在保证质量、注重效益的基础上，把发展成人高等教育的方向放在农村、"两线"、"两翼"和外向型经济上，面向农业、乡镇企业、第三产业、基础工业和基础设施，为广大农村、农业及其他战线培养和输送各类专门人才。发展重点应突出高等层次岗位培训、大学后继续教育，积极发展以专科为主的学历教育，培养应用型专门人才。坚持走内涵发展为主的道路，进一步发挥现有成人高校及普通高校的潜力，采取有力措施，扩大办学规模，特别要鼓励部(委)属学校发挥优势，为四川经济建设多培养人才。(2)改革办学体制和办学模式，增强办学活力，提高办学效益。在省政府统筹规划下，改革成人高等教育单一的办学体制，调动社会各方面积极性，拓宽办学渠道，扩大办学规模，提高办学整体效益，努力探索适应社会主义市场经济体制需要的、具有成人高等教育特色的灵活多样的办学模式。(3)进一步改革招生制度。加快招生计划管理体制的改革，进一步改革成人高等学历教育的招生考试制度，扩大生源，保证新生质量。(4)坚持社会主义办学方向，加强和改进思想政治工作，培养德智体全面发展和有理想、有道德、有文化、有纪律的社会主义新人；(5)深化教学领域改革，全面提高教育质量，贯彻“按需施教，学以致用”的原则。(6)加强教师队伍建设，提高教师素质，建立一支具有良好政治业务素质、结构合理、相对稳定、能胜任教学工作、专兼职结合的师资队伍。(7)多渠道筹措经费，改善办学条件，争取“九五”期间所有成人高校的办学条件和规模都达到国家教委《成人高等学校设置暂行规定》的要求。(8)改革管理体制，扩大办学自主权。

改革试点工作。1993年试行了在参加普通高考后的高中毕业生中定向培养的招生工作，共招收学生704人；在部分高等学校开展了本、专科第二专业学历教育试点工作，取得良好效果；积极开展了高等职业技术教育；开展了试办大学基础教育的论证与准备工作；深化教学领域改革，把提高教育质量作为成人高等教育改革的核心；大力改革教学管理、教学制度和教学方法，加强学校与企业、科研部门的联系与合作，逐步建立起学校与企业双向介入、生产与教学相互渗透的教学运行机制。

教师职称评定。5月，召开了全省成人高等学校教师职称改革与评审工作会议，审定副教授任职资格154人，通过率81.9%；审定讲师任职资格42人，通过率91.3%。至此，全省成人高校中有正教授43人、副教授1089人、讲师2329人、助教及教员1171人。教师队伍的科类结构、层次结构、年龄结构有很大改善。12月，召开了全省成人高校教师职称改革工作研讨会，部署了1994年的工作，重新组建了成人高等学校教师副高级职务评审委员会。

[成人中专教育]　积极改革发展成人中专教育，鼓励学校开展多种形式办学。要求职工中专主要走内涵发展的路子，使招生规模和在校生规模较1992年有较大幅度增长。1993年，除独立中专学校外，全省有165所普通中专学校举办成人中专教育。为了探索学校面向社会、自主办学的途径，有4所中专学校进行了自主招生的改革试点，共招生500多人。为保证质量，统一规格，颁发了成人中专第一批6个专业指导性教学计划；承办了全国成人中专教育第三次联系会，宣传了四川成人中专教育改革发展情况。

在保证质量的前提下，积极发展农村成人(农民)中专教育，全省现有县(市、区)办成人(农民)中等专业学校和农民技术学校29所(比上年增加3所)，其中，成人(农民)中等专业学校15所，举办中专班的农民技术学校10所，设置农林、财经、管理、医药、建筑、工科、师范等科类30个。中专学历教育招生2200人，在校生4031人，比92年增加58%。同时，大力发展各种农村实用技术短训班，培训学员1.2万多人。3月，省教委发出了《关于县办成人(农民)中等专业学校招生改革试点工作的通知》，决定在乐山、达川两市、地的11所县(市、区)办成人(农民)中等专业(技术)学校进行招生改革试点，把招生权下放给县和学校，采取考试和免试相结合的办法，探索以市场为主导，适应广大劳动者需要的招生制度。这项改革，既方便广大劳动者特别是农村青年就地应考，又扩大了生源，完成了招生计划。11所学校计划招生885人，实际录取新生1021人。

民族教育

［概述］ 进一步贯彻落实省政府《关于发展改革民族教育的通知》，加强民族地区普及初等教育步伐。召开了民族乡完小建设工作会，促进村小和教学点的增设，1993 年又有松潘、南坪、峨边等 3 县和另外的 80 个乡基本普及初等教育，使实现基本普及的民族地区达到 20 个县，250 余个乡，约占民族自治地方总人口的 70%，三州学龄儿童入学率比上年提高近 4%。与此同时，开始以乡为单位实施"普九"，初中的单设和分设进程加快，在校生数增加。通过采取措施，使普通高中萎缩的现象得到抑制，质量稳步提高。凉山州民族中学的首届高中毕业生升学率达到 87%。

［双语教学］ 委托西南民族学院、青海民族学院培训了彝、藏文高中双语教学师资，并在凉山州办起了首届彝文高中班。组织编审 20 余种彝、藏文教材。

［民族地区教育支援协作］ 1993 年，在有关方面的支持下，内地经济、教育较发达的 9 个市的县(市)与民族地区 4 个教育薄弱县和经济贫困县的对口支援协作工作已基本开展起来，乐山、凉山等地已取得初步成果。成都、重庆、德阳、绵阳 4 市的三州(阿坝、甘孜、凉山)民族班如期开办，共招初、高中生 232 人。完成 1993 年三州和峨边、马边两县教师的内调安置工作，共内调教师 80 名。同时，从内地选派 80 名优秀中师毕业生进入三州工作，补充了三州教师之不足。

撰稿 戴作安 周兴华
审稿 王可植 纪穑缘

附

重庆市教育十年改革与发展

一、发展概况

1983 年 2 月，重庆市经党中央、国务院批准为经济体制改革试点城市，在全国统一计划下，国家对其实行计划单列。为了更好地适应计划单列后经济建设和社会发展的需要，市政府及时对教育提出了改革办学体制和管理体制、优化教育结构、增加教育投入、改善办学条件、加强干部教师队伍建设和提高教育质量的方针。经过十年的努力，各级各类教育得到迅速发展，初步建立起了具有大城市、大农村特点的能为重庆改革开放和经济、社会发展提供智力支持的教育体系。

全日制学校基本情况　单位：所

类别＼校数＼年度		1983年	1993年	增减情况
幼儿园		3390	2842	－548
小学		9315	7928	－1387
中学	普通中学	951	1170	＋219
	职业中学	51	117	＋66
中专	中专	42	36	－6
	中师	16	15	－1
大学		14	18	＋4
盲聋哑学校		5	23	＋18

全日制学校学生基本情况　单位：人

类别＼校数＼年度		1983年	1993年	增减情况
幼儿园		149621	307368	＋157747
小学		1914275	1286809	－627466
中学	普通中学	595252	463571	－131681
	职业中学	17961	42540	＋24579
中专	中专	17610	26950	＋9340
	中师	5878	8435	＋2557
大学		26411	60725	＋34314
盲聋哑学校		302	1609	＋1307

全日制学校教职工基本情况 单位:人

类别 \ 人数 \ 年度		1983年 计	1983年 专任教师	1993年 计	1993年 专任教师	增减情况 计	增减情况 专任教师
幼儿园		12126	7051	17206	12216	5080	－5160
小学		65018	57783	63250	55215	－1768	＋2568
中学	普通中学	45027	33566	50782	38182	－5755	＋4616
	职业中学	1663	1106	5677	3349	＋4014	＋2244
中专	中专	7237（85年）	2855	6301	2266	936	－589
	中师	1552	762	1381	691	171	－71
大学		18604（85年）	6719	21709	8375	－3105	＋1656
盲聋哑学校		67	36	262	225	＋195	＋189

二、十年发展成就

各类教育得到迅速发展。按照中共中央、国务院关于普及初等教育若干问题的《决定》要求，从1984年起，全市集中力量，狠抓了初等教育的普及工作。经过几年努力，全市于1986年基本普及了初等教育之后，市政府又在1988年初提出了三年基本消除中小学危房的奋斗目标，至1990年8月，全市圆满完成了基本消除中小学危房的任务。

为有效地控制中小学生的流失，1989年9月，市长孙同川发布了重庆市人民政府令第2号，即《重庆市控制中小学生流失的暂行办法》，各级政府也采取积极措施，防止了中小学生的流失，确保适龄儿童、少年依法接受规定年限的义务教育。至1993年底，初中、小学生流失率分别控制在6.13%和0.32%以下；对农村的乡、村小学和校点的布局进行了调整，使办学条件有了较大的改善；积极发展了初中教育，控制了普通高中的发展规模，消除了普通高中"虚肿"的现象。

加快了特殊教育事业的发展步伐。到1992年，全市共有19个县(市、区)办起了特殊教育学校(班)，盲童和聋童入学率分别达到24.45%和40.2%。

加强和改革德育工作，提高德育的实效性。重庆市始终把德育工作摆在学校工作的首位。市和区(市)县先后成立了由党委和政府领导牵头的德育领导小组；教育行政部门设立了德育工作机构，配备了专职人员；18个教学班以上的中学建立了德育(政教)处。市里把德育工作纳入对各区(市)县政府、教育行政部门工作和学校办学水平评价的重要内容，有效地开展了督导、评价。

各级党委、政府加强了学校干部、教师的思想政治工作，深入开展了以"教书育人、管理育人、服务育人"为核心的师德教育，狠抓德育队伍建设。全市通过举办优秀教师事迹报告会，拍摄、播放优秀教师事迹电视系列片，开展新教师岗前德育工作培训、干部教师岗位竞赛等活动，教师德育工作水平不断提高，为人师表、遵守职业道德蔚然成风。各级各类学校结合思想政治和思想品德课，开展了形式多样、生动活泼的德育活动：(1)充分发挥重庆德育资源优势，建立了红岩村、原中美合作所旧址为代表的德育基地，广泛开展了“学英烈、知历史、爱红旗、树理想”的活动；(2)科任教师“有意、有能、有机、有序、有恒”地把德育渗透到学科教学之中；(3)充分利用节假日，组织学生到工厂、农村、机关、街道参观、考察、访问，开展“知我家乡、爱我家乡、建我家乡”的活动；(4)建立学校、社会、家庭三结合德育网络，强化学生日常行为规范的养成教育。1992年，市里在对100所中小学近1万名学生的德育调查中，爱国主义、集体主义、社会主义意识较强的学生达95.6%。

优化育人环境。在市委、市政府的领导下，全市先后对小贩书摊、录像网点、台球厅、电子游戏室、营业性舞厅进行清理、整顿。市中区教委数十次出击检查，先后查封个体书摊5个，收缴非法出版物13.4万册(盒)，关闭营业性舞厅2个，合并闭路电视网点50个，严格控制了台球、电子游戏营业点审批权。各级各类学校开展了“以党风促校风，以教风促学风”的活动，优化校园环境，为学生提供了良好的学习条件，学生思想政治、伦理道德水平不断提高，全市中小学在校学生犯罪率降低到了0.12%以下。

十年来，全市狠抓了职业技术教育和农村实用技术教育，围绕教育必须为社会主义建设服务的方针，把职业技术教育的发展与当地经济的发展紧密结合在一起，大力推广实用技术。1988年以来，全市充分发挥“三教统筹”和广播电视教育的优势，积极推广科学养猪、栽桑养蚕、食用菌栽培和柑桔、红苕保鲜等100多项实用先进技术。在全市的乡(镇)、村办起了农校(点)，为农村培养初级技术人才50余万人。农村中小学引进职教因素，使劳技(动)课开设面达95%以上，对小学中年级以上及初中的学生，结合农事季节开展实用技术培训，使一大批中小学生成为传播农业科技知识的宣传员，受到农村广大干部、群众的好评。各级各类职业技术学校瞄准市场急需，五年培养中、初级技术人才10多万人，为城乡经济注入了活力。

青壮年扫盲工作取得重大进展。按照国务院《扫除文盲工作条例》的要求，狠抓了全市的扫盲工作，经过十年来的努力，到1993年底，全市21个县(市、区)中，农村人口非文盲率达到99.2%，城镇人口非文盲率达99.8%，提前实现了《纲要》中提出“基本扫除青壮年文盲”的历史任务。

三、深化教育体制改革

办学体制改革。1985年后，市政府根据《中共中央关于教育体制改革的决定》精神，确定了多条腿走路的办学方针，在以政府办学为主的同时，积极鼓励、大力支持多种形式的民间办学。在政策上，支持社会各界(包括私人)在国家宏观调控下，按照经济、社会发展的需要兴办各类学校，逐步形成了“多轮驱动，多轨运行”的办学新格局，改变了国家包办教育的体制。到1993年，民间办学已发展到588所。1993年8月，市长刘志忠签发了市政府令，即《重庆市民间办学管理暂行办法》，进一步加强了全市民间办学的规范化管理。为使教育为全市国民生产总值提前翻番，把重庆建设成为吸引力、辐射力强的长江上游经济、金融、商贸、交通、科技、文化中心提供智力和人才支持，市委、市政府在《关于贯彻实施〈中国教育改革和发展纲要〉的意见》中提出了到本世纪末教育发展的目标，确定改革发展的6项措施：(1)适应重庆现代化建设的客观需要，加快教育事业发展速度；(2)采取切实有力措施，落实教育优先发展的战略地位；(3)深化教育体制改革，增强办学活力；(4)全面贯彻教育方针，全面提高教育质量；(5)加强教师队伍建设，调动教师教书育人的积极性；(6)改革和完善教育投资体制，多渠道筹集教育经费。

管理体制改革。(1)1988年7月，重庆市委、市政府作出了成立重庆教育委员会，撤消原市教育局、市高等教育办公室、市职工教育办公室、市农民教育办公室、市托幼领导小组办公室的决定，加强了对全市各级各类教育的统筹职能。(2)1986年以后，在全市逐步实行分级办学、分级管理、分工负责的管理体制，一方面加强县(市、区)、乡(镇)对教育的宏观统筹职能，另一方面调动各部门办教育的积极性，形成了党委领导、政府统筹、教育部门主管、各部门配合、社会共同参与的管理格局。(3)1988年以后，在全市中小学实施经过试点的“312”改革方案(即定编、定岗、定责，工资总额包干，校长负责制和教师聘任制)，逐步扩大学校办学自主权，加强了学校管理，增强了教职工工作责任感，提高了办学效益。(4)1988年开始在各级教育行政部门设立教育督导机构，1991年开始更名为各级人民政府教育督导室，全市配备了专、兼职督学236人，有效地开展了督政、督学工作，发挥了教育督导的导向、监督、指导、激励作用。

教育结构和办学模式改革。(1)1992年，邓小平同志南巡重要谈话以后，重庆市积极发展职业教育，大胆地引入市场机制，率先在全省进行招生计划、招生办法、学制年限、专业设置、办学形式放开和收费“五放开一自主”的改革试验，增强了学校自我发展能力。1993年，全市职教招生21243人，超过计划的一倍；在校生占高中阶段人数之比超过50%，职业中学走出了低谷，出现了前所未有的发展势头。(2)1986年以来，渝州大学在部分专业开展了“德智体积分”和“供需见面”的毕业生分配改革试点，推动了学校内部改革，提高了教育质量。

投资体制改革，改善办学条件。1993年，市委、市政府为了确保普及九年义务教育的有效实施，制定了一系列多渠道筹集教育经费的政策：(1)农村教育费附加按农民上年纯收入的1.5%计征，城市教育费附加按产品税、增值税、营业税的3%征收；(2)从1994年元月起，将旅馆行业市政环卫附加费按床位日租金额在原征收10%的基础上提高5%征收，作为“普九”经费；(3)从1994年开始，市财政每年拨“普九”专项经费500万元，增加教育基建、教师住宅、电教仪器等专项费500万元。1988年以来，从勤工俭学收入中累计提供办学经费7782万元，促进了办学条件的改善。

四、改善教师待遇，优化教师队伍

1988年，市政府作出规定，在全省率先对30年以上教龄的教师的退休金补贴到原工资的100%，教职工政策性补贴全部由财政列支。1991年市里又制定文件，按公办教师标准提高民办教师报酬，并参照公办教师待遇，建立了民办教师退休制度，制定了民办教师死亡抚恤办法，解决了民办教师与公办教师同工同酬的问题。此外，部分地区还制定了本地区教师津贴政策。

为了满足教育事业发展对新师资的需求和提高在职教师的政治业务素质，市里采取财政支持和世界银行贷款等筹资办法，加强了师资培训基地建设，已基本建成了由中师，教育学院，教师进修学校，市、县(市、区)教研室，高校委培，电视专科、自学考试及校内培训师资组成的培训网络。到1993年底，小学、初中、高中教师学历合格率分别为93.8%、72.4%和60.6%。从1991年开始，全市按校长岗位职务规范要求，对中小学校长进行了培训，已有3200名校长取得岗位合格证书。

五、加强教育科研，推广教改成果

1984年以来，市教科所、市教育学会先后承担并组织了国家、省、市级教育科研、教改实验课题131项，有90多项已结题。其中《农村职业技术教育为经济发展服务的研究与实验》、《九年义务教育学科教学目标暨题库研究》、《单校教育活动系统整体优化的理论与实践》等近70项研究成果信度和效度均达到较好水平。1991年，市教委决定在全市推广“九年义务教育目标教学”，“初中数学QZZ教学法”、“小学整体改革”、“培养小学生创造思维能力”等10项教改成果，推动了教育方针在学校的全面贯彻落实，更新了教育内容，改进了教学方法，提高了教育质量。在渝高校组建了近200个科技开发、咨询公司，组织了一批高新技术产品的开发和攻关，相继推出300多项科技成果，其中一大批科技成果已直接推广应用于农村和企业中；1993年，14项科研项目被列为重庆市“产学研”联合开发项目，占市上计划的42.2%。

撰稿　傅正洪　邓朝喜

审稿　蒋国昌

贵州省教育

概　况

［各级各类教育发展情况］

1993年各级普通学校基本情况

单位：人

学校类别	学校数（所）	毕业生数	招生数	在校学生数	教职工数	
					计	其中专任教师
一、普通高等学校	23	7450	10199	29501	12736	5500
研究生		38	86	196		
本科		3421	3424	14730		
专科		3991	6689	14575		
二、中等专业学校	112	17927	24435	63540	11883	5826
中等技术学校	83	11780	17457	44720	9283	4267
中等师范学校	29	6147	6978	18820	2600	1559
三、普通中学	1719	287343	357892	1005506	75830	60453
高中	359	40349	43658	124451		9996
初中	1360	246994	314234	881055		50457
四、农业、职业中学	232	19242	26378	66038	6301	4425
高中	137	11963	16087	38374		2770
初中	95	7279	10291	27664		1655
五、工读学校	3	246	314	117	60	37
六、小学	20249	508197	879769	4398053	180959	165276
七、特殊教育学校	13	41	217	1084	312	228
八、幼儿园	985	178386	247474	313795	14573	11970

注：(1)研究生培养单位8个，在校研究生中博士生38人，硕士生158人。

(2)特殊教育学校中有盲聋哑学校8所；弱智儿童学校5所。

1993年各级成人学校基本情况

单位:人

学校类别	学校数(所)	毕业生数	招生数	在校学生数	教职工数 计	教职工数 其中专任教师
一、成人高等学校	17	5659	12778	22194	3046	1331
广播电视大学	1	1870	4953	7715	943	396
职工高等学校	6	475	1114	2077	556	254
农民高等学校						
管理干部学院	4	409	824	1288	691	308
教育学院	6	965	1712	3253	856	373
独立函授学院						
普通高校举办						
函授部		892	2393	5003		
夜大学		338	664	1110		
干部专修科		710	1118	1748		
二、成人中等专业学校	27	5292	15169	32845	1226	605
广播电视中专	1	962	11034	16312	289	92
干部中专	4	226	469	1614	183	68
职工中专	17	1498	1575	5445	596	346
函授中等专业学校	1	2424	1998	9099	39	21
教师进修学校	4	182	93	475	119	78
三、成人中学						
职工中学						
农民中学						
四、成人技术培训学校	3379	545375	502496	442287	3005	387
职工技术培训学校	43	2055	3460	4249	104	49
农民技术培训学校	3336	543320	499036	438038	2901	338
五、成人初等学校	3324	167422	176182	185652	4908	418
职工初等学校	4	650	655	753	44	14
农民初等学校	3320	166772	175527	184899	4864	404
其中:扫盲班	3196	159713	167316	178610	4803	389

制表　黄琳

1993年贵州省各级各类教育与上年相比较的情况是:

基础教育。普通高中减少10所,普通初中增加91所;普通高、初中在校学生减少

34368人;高中招生减少1543人,初中招生增加10249人;高中专任教师减少417人,高中专任教师中高等学校本科毕业及以上学历的5965人(含师范专业的4791人),初中专任教师增加1864人,初中专任教师中高等学校专科毕业及以上学历的29249人(含师范专业26162人)。小学减少35所;在校学生增加38642人;招生增加18384人;小学专任教师减少1493人,小学专任教师中中师、高中毕业及以上学历的115946人(含师范专业83282人)。适龄儿童入学率达到93.78%,比上年上升1.43个百分点。

中等职业教育。普通中等专业学校在校学生增加6586人;专任教师增加6人。农职业中学增加15所;在校学生增加1210人;专任教师增加457人。

高等教育。普通高等学校在校学生增加2620人;专任教师增加8人。成人高等学校在校学生增加3819人;专任教师减少18人。

[**教育经费**] 1993年,贵州省教育事业费银行支出数为94514.7万元,实际支出决算数为94604.9万元。在教育事业费实际支出数中,人员经费为78655.8万元,占支出数的83.14%,比上年增加9353.6万元,增长13.5%;公用经费15949.1万元,占支出数的16.86%,比上年减少1425.1万元,下降8.2%。

1993年全省教育事业费实际支出比1992年实际支出数增加7928.5万元,增长比例为9.15%。与1992年相比增长幅度下降14.44%,原因是1992年奖励工资增一倍、离退休人员费用增长10%、部份教师调资等。实际支出数中,高等教育事业费增加105.6万元,增长0.99%;普通教育费增加7822.9万元,增长10.3%。

1993年全省教育经费支出总额为106033.8万元(教育事业费94604.9万元加教育基建投资11428.9万元),占全省国民生产总值的2.94%,占全省财政收入的19.57%,占全省财政总支出的16.15%(教育事业费占全省财政总支出的13.95%)。

1993年,每个学生占有教育事业费实际支出(生均经费)分别为:普通高等学校3532.85元,比上年减少34.04元,下降0.95%;中等师范学校为1362.36元,比上年增加19.29元,增长1.44%;普通中学为239.24元,比上年增加34.19元,增长16.67%;小学为115.1元,比上年增加8.64元,增长8.12%。生均公用经费分别为:普通高等学校1264.4元,比上年减少252.1元,下降16.62%;中等师范学校为428.09元,比上年减少44.59元,下降9.43%;普通中学为29.29元,比上年增加3.97元,增长15.68%;小学为7.61元,比上年减少0.99元,下降11.51%。

1993年,全省中小学预算外总收入为19850万元,占普通教育事业费的23.69%;中小学预算外支出为18168.2万元。全省高等学校"学校基金"总收入为2441万元,比上年增加1000.2万元,增长69.42%。"学校基金"用于教育部门各项开支1823.69万元,占收入的81.38%;剩余617.31万元,占收入的18.6%,用于来年的各项发展资金。

[**教育基本建设**] 1993年,全省教育事业基本建设继续贯彻执行"高等学校重点搞续建工程和教职工住房建设、中等师范学校重点搞校舍标准化建设、中小学重点搞九年义务教育配套建设"的原则,落实完成"七五"期间结转的在建工程收尾项目,具体实施"八五"规划的建设项目,年度计划共安排投资16610.3万元,到年底实际完成15622.3万元,占安排投资(下同)的94.05%。其中国家预算内投资(包括国家各种专项补助、地方非经营性基建基金等)1935万元,完成1919万

元,占 99.17%;自筹资金投资(包括地方各级机动财力自筹资金和部门、单位自筹资金等)7816.28 万元,完成 7213.21 万元,占 92.28%;其他资金投资(包括不发达地区发展资金和少数民族地区补助费、香港邵逸夫先生捐赠款、群众集资等)6859.06 万元,完成 6490.11 万元,占 94.62%。

1993 年,全年房屋施工建筑面积共计 809323 平方米,其中高教 156978 平方米,普教 652345 平方米;房屋竣工建筑面积共计 543255 平方米,其中高教 57192 平方米,普教 486063 平方米;房屋建筑面积竣工率为 67.12%,其中高教 36.43%,普教 74.51%;全年新增固定资产共计 15835 万元,其中高教 2863.2 万元,普教 12971.8 万元;固定资产交付使用率为 95.33%,其中高教 112.95%,普教 92.16%。

1993 年,全省住宅完成投资合计 3963.63 万元,占总完成投资的 25.37%;住宅施工面积 234036 平方米,占总施工面积的 28.92%;住宅竣工面积 122412 平方米,占总竣工面积的 22.53%;住宅建筑面积竣工率为 52.3%。

基础教育

[概述] 1993 年,贵州省结合实际先后制定了《贵州省实行义务教育入学通知书和证书制度的意见》(暂行)、《贵州省实施九年义务教育第一阶段必备办学条件标准(试行)》、《关于进一步做好普及初等义务教育检查验收的意见》和《贵州省普及初等义务教育复查验收办法(试行)》,适当提高了普及初等教育验收的标准,并用复查验收的办法推动已经普及初等教育县的办学条件逐步达到义务教育办学标准。“义务教育入学通知书制度”已于 1993 年秋季在全省开始实施。

贵州省基础教育在 1993 年面临较为严峻的形势:中小学生流失率较高、拖欠中小学教师工资、因教育投入不足而带来的学校乱收费等等。

贵州省政府对此十分重视,向全省各级政府发出明传电报,要求采取措施切实制止中小学生流失,限期解决拖欠教师工资问题。在各级政府领导下,经过广大教育工作者和人民群众的艰苦努力,基础教育仍然得到稳步发展。全省适龄儿童入学率由 1992 年的 92.35%上升到 93.62%,上升 1.27 个百分点。晴隆、普安、施秉、岑巩、荔波、榕江等 6 县经验收基本普及初等教育。普及初等教育的县至此已达到 64 个,占全省总县数的 74.4%,比 1992 年提高 7 个百分点。全省已普及初等教育的乡 1294 个,占全省总乡数的 84.4%。贵阳市白云区率先达到了初等义务教育办学条件标准。

1993 年全省组织 40 万人次的高中毕业会考和补考。对全省高、完中情况进行了调查,制订了《利用会考信息加强高中管理,提高教学质量》的课题研究方案。为解决高中劳技课教师缺乏的问题,举办了“中英文打字与微机应用”和“土壤化肥与农作物保护”两期劳技课教师培训班,共培养教师 70 多人。1993 年秋季开学起,全省小学和初中一年级开始实行义务教育《课程方案》,使用义务教育新教材,并根据贵州实际对《课程计划》进行了适当调整。

1993年,全省学校体育、卫生工作继续贯彻实施《学校体育工作条例》、《学校卫生工作条例》。学校体育方面,在抓好体育教学、体育科研、课余训练及大、中、小学生“体育合格标准”全面实施的同时,进行了体育教育改革,即初中毕业生升学考试体育的试点和普及农村学校体育的试点;学校卫生方面,着重抓了健康教育工作,健康教育工作已在全省普通大、中、小学全面推开,学生的防近防龋驱蛔工作也得到了加强。军训方面,大、中学对学生军训工作积极性很高,并取得了可喜的成效。

特殊教育继续稳步发展。毕节、遵义两地区和黔南州盲聋哑学校相继建成招生,特教班点新增20多个,在校生增加200多人。至此,全省近50个县(市、区)消灭了特教空白。

幼儿教育发展较快。1993年幼儿园在园幼儿比1992年增加3.8万人,其中学前班幼儿21.26万人,比上年增长37%;3—6岁幼儿入园率由1992年的16.5%上升到18%;学前一年入园率由28.3%上升到36%。

[义务教育] 全省实行义务教育“入学通知书”和“证书”制度。根据《中华人民共和国义务教育法》及其《实施细则》的有关规定,为更好地依法实施义务教育,加强管理,完善义务教育的配套规章制度,贵州省教委结合贵州实际制订了《贵州省实行义务教育入学通知书和证书制度的意见》,报经省政府同意,于1993年3月发布施行。《意见》规定对适龄儿童、少年发放义务教育“入学通知书”,督促其父母或其他监护人依法送适龄子女或被监护人按时入学接受义务教育,并对受完当地政府规定年限义务教育的儿童、少年发放义务教育“证书”。

全省小学、初中开始使用九年义务教育新教材。为了更好地执行九年义务教育新《课程方案》,贵州省教委结合贵州实际下发了《关于组织实施〈九年义务教育全日制小学、初级中学课程方案(试行)〉的意见》,确定从1993年秋季开始,全省小学和普通初级中学的起始年级均开始执行国家教委制订的《课程方案》及省的调整意见,使用人民教育出版社编写出版的全套九年义务教育新教材,以后逐年过渡。根据贵州实际,对农村小学、初中的课程计划进行了调整,制订了《贵州省九年义务教育农村全日制小学、农村初中、农村简易小学课程安排表》;对“地方安排课程”作了安排,对方案的实施提出了具体意见和要求。要求县及县以上的城镇小学和初中以及具备条件的其他小学和初中,执行国家制定的《课程计划》。不具备执行国家制定的《课程计划》条件的县以下农村全日制小学、简易小学(含复式教学班点)和农村初级中学(含小学附设的初中班),分别执行省的调整计划。

[幼儿教育] 贵州省农村学前教育初显成效。“贵州省农村学前教育项目”从1992年4月执行,至1993年,凯里、贵定、花溪、乌当等4县(区、市)政府承诺了项目后,把幼儿教育工作纳入了议事日程。贵定县政府转发了县教育局《贵定县幼儿教育八五规划》,确定县、乡(镇)的教育费附加中划出10%用于幼儿教育。凯里市政府在《关于加强农村学前教育工作的意见》中提出:每年从农村教育附加中抽出10%,教委从勤工俭学收入中抽出5%,民委从民族经费中抽出5%,用于发展农村学前教育。据1993年底统计,4个项目县在实施项目以来,各种幼儿园(班)在原基础上增加286所(班),幼儿入园率明显上升。

全省幼儿园首次分类评估按类挂牌。根据《贵州省幼儿园(班)分类评定标准》(试行),1993年各地(州、市)县政府有关部门对幼儿园进行了分类评估。全省共评定出县示范性幼儿园 64 所，农村中心幼儿园 54 所，省级一类幼儿园 47 所，省级二类幼儿园 70 所，省级三类幼儿园 59 所，达到以上级别的幼儿园由省统一挂牌，实行挂牌收费，优质优价。这项管理措施促进了幼儿园保教质量的提高，将成为一种常规管理制度，每两年对各类幼儿园进行一次评估和复查。

[**提高小学教育质量革新计划**]　《贵州省提高小学教育质量联合革新计划》(JIP 计划)是一个国际性的教育革新合作项目。此项目 1990 年 3 月由贵州省教委提交中国联合国教科文全委会，与联合国教科文亚太地区办事处签约执行。贵州省教委组织人员研究拟订了贵州省提高小学教育质量的实施计划。第一批在 3 个地(州、市)7 个县(市、区)的 50 余所小学 5000 余名学生中实施。

该项目从作好有效的学前准备、强化教师及管理人员的培训、积极开展教材教法改革、争取社区和家长对教育的支持和参与等几方面开展工作，探索改善小学教育质量的途径。到 1993 年，在实施计划的三年时间里，各项目县因地制宜地开展了多种形式的学前教育，建立了幼儿教育指导中心，提高了小学新生的素质；项目学校普遍成立了家长委员会、举办家长学校，广泛发动社会各界和家长参与、支持学校，办学条件得到改善；形成了良好的育人环境；加强了师资培养和教学研究，学校的教育质量普遍提高。

1993 年初，贵州省教委在总结上述计划和其他教改实验的成功经验的基础上，下发了《关于在我省试行〈贵州省提高初等教育质量的实施计划〉的通知》，要求省内得到世界银行“贫困省教育发展贷款”的 20 个县全面试行此计划，以促进贫困地区初等教育质量的提高。

[**教育督导**]　1993 年着重抓了全省各级督导机构建设和督导队伍建设。截止 1993 年 10 月统计，全省 9 个地、州、市全部建立了教育督导机构，全省 86 个县(市、区)已有 80 个建立了教育督导机构。省、地、县三级教育督导网络基本形成，一些地、县在机构建设上取得突破性进展。黔东南州设立了州人民政府教育督导室，安顺市、凯里市、金沙县等 36 个县(市、区)设立了县(市、区)人民政府教育督导室。全省督导人员已由 1991 年的 121 人增加到 197 人，增长 62.8%。其中已任命专职督学 127 人，另聘任兼职督学 380 人。

1993 年，全省各地、州、市根据省教委部署开展的高级中学、完全中学办学水平督导评估工作基本结束。为搞好高、完中的督评工作，各地、州、市教育行政部门对此作了具体的安排，下发文件，组建了督评队伍，培训了督评人员和高、完中校长。在督评中，基本做到了以自查为基础，以《督评方案》为标准，以热情帮助学校总结经验、改进工作为目的，取得了良好的效果。各地尤其重视抓指导学校搞好自查自评这一环节，除试点学校外，做到让所有被督评学校都有半年以上的自查时间，以利于学校进行自我调控、自我完善。在组织对学校的督评时，各地根据本地区实际，采取了不同的形式，各具特色。贵阳市、六盘水市、安顺地区和黔西南州都是抽调市(地、州)教育行政部门有关负责同志和兼职督学，组成一个督评组或督学团，从始至终，一把尺子量到底，逐校督评。其他地、州则采取集中培训、分组督评、每个督评组负责几个县的方式进行。在督评中，各地从实际出发，制定了严格的工作方针，使督评工作顺利进行。督评组每到一县(市、区)，分管教育的县(市、区)长、不少地方四大班子的领导都参加听取学校的自查自评报告和督评组的督评情况报告。有的领导还当场拍板解决学校工作中的问题和困难，给督评工作以有力的支持。

职业技术教育

[**概述**] 1993年,继续贯彻落实《贵州省职业技术教育暂行条例》、《关于大力发展职业技术教育的通知》、《改革和发展农村教育的决定》,对全省贯彻执行《条例》、《通知》、《决定》的情况进行了调查总结,推广“三县一区”、21个农村教改实验县的经验。召开了全省城市教育综合改革研讨会,总结试点城市经验,起步探索城市教育综合改革的路子。对省内部份中等专业学校的内部改革、专业设置等工作进行现场论证、研究,帮助学校解决办学中的具体问题,严格审查全省中专学校毕业证书的发放工作,杜绝乱发文凭现象。经过评估明确了省、部级中专学校,促进了中专教育发展。

[**城市教育综合改革研讨会**] 贵州省教委于1993年6月11、12日召开全省城市教育综合改革研讨会,省、地(州、市)教委领导及全省10个城市分管教育的市长及毕节县分管教育的县长等31人出席会议。会上龚贤永副省长作了题为《贯彻〈纲要〉,加快城市教育综合改革,为建立社会主义市场经济体制服务》的讲话,对贵州城市教育综合改革提出了具体要求,明确了今后工作的重点。

会议期间与会者交流和研讨了以下问题:在新形势下如何适应经济体制改革、建立社会主义市场经济的需要,进一步加强城市教育综合改革的思路和措施;为适应建立社会主义市场经济体制,怎样改革教育管理体制、办学体制,调整教育结构和学校布局;各城市如何根据本市经济建设、社会发展的需求制定改革方案和起步项目,找好综合改革的突破口;城市职业技术教育与城市教育综合改革的关系;城市职业技术教育如何建立教学、技术服务、生产三结合的运行机制,为社会主义市场经济服务。

高等教育

[**调整与改革**] 1993年贵州省高等教育继续合理调整结构。继1992年将8所高等学校调整合并为4所后,1993年将贵州人民大学并入贵州大学。对已调整的高等学校,政府增拨了土地,增加了投资,并安排了世界银行贷款,以求尽快得以充实。同时对专业设置进行了调整,多数专业调整了专业内容,扩大了专业面,并通过调查研究和科学论证,新增了一批专业。普通高等教育在校生增长9.8%,成人高等教育在校生增长36.3%,研究生增长30.7%,其增长幅度均为历年来较高的。

高等学校注重向高层次发展，注重本校重点学科的建设，尤其注重学科带头人的选拔培养和师资队伍梯队建设。在省财力的支持下，省教委已开始投资对省属11个重点学科仪器设备的充实。经国务院学位委员会批准，贵州大学、贵州工学院、贵州农学院、贵阳医学院等院校共新增9个硕士学位授予点。

全面贯彻教育方针，全面提高教育质量。进一步加强和改进德育工作，加强和改进马克思主义理论教育和思想政治教育。各校进一步转变教育思想，改革教学内容和教学方法。从校到省直到国家教委，又进行了一次高等学校教学优秀成果奖的申报评审和表彰，有力地促进了教学改革和整个教学工作。

高等学校注重课程建设，贵州工学院等院校已取得进展。省教委把政治理论课、外语课、计算机科学课等课程建设摆在优先地位，尽力给予支持。全省高等师范专科学校由省教委主持制订统一教学计划后，进一步组织规划教学课程，开展校内教学评估及全省学校教学评估。

1993年全省高等学校进行了破格晋升和正常评聘教师职务工作，尤其是一批教学、科研成绩特别突出的中青年教师得以破格晋升高级职务，影响良好。与此同时，政府又通过同行专家评审推荐，给予一批有突出贡献的教师以特殊津贴。

1993年，有的高等学校还深化了内部管理体制改革。省电大对教职工实行岗位责任制和聘任制，在分配上按照工作实绩拉开差距。有的高等学校大力加强科技开发，发展校办产业，将创收资金部份用于改善学校基础设施，集资建房解决教职工住房困难。

[**全省高教工作会议**] 贵州省委、省政府于1993年9月16日至19日在贵阳召开全省高等教育工作会议暨高等学校党建工作会议。出席会议的有全省普通高等学校、成人高等学校的校院长、党委书记，各地、州、市政府、行署分管教育工作的领导同志，省直有关部门的负责同志以及新闻单位等计80余人。

会议认真学习、贯彻中共中央、国务院颁布的《中国教育改革和发展纲要》以及国务院批转国家教委《关于加快改革和积极发展普通高等教育的意见》，对《关于改革和发展我省高等教育的决定》(代拟稿)进行修改补充。会议围绕贵州高等教育的改革和发展，着重讨论了下面9个问题：高等教育改革和发展的指导思想和具体目标；深化高等教育办学体制和管理体制改革；进一步改革招生和毕业生就业制度；积极稳妥地推进高等学校内部管理体制改革；全面贯彻教育方针，全面提高教育质量；切实加强科技开发，大力发展校办产业；加强教师队伍建设；多渠道筹措教育经费，增加高等教育投入；各级党委和政府切实加强对高等教育的领导。

会后，贵州省委、省政府下发了《关于改革和发展我省高等教育的决定》。

[**科技工作**] 1993年底，全省普通高等学校共有科技活动人员10531人，其中，有中、高级专业技术职务者9066人；研究与发展人员1835人，其中，有专业技术职务者1714人。1993年，全省普通高等学校研究与发展，共拨入经费390.7万元，加上上年结转551.3万元，共有942万元；全年共支出425.8万元，结余516.2万元；承担461项课题，其中，国家自然科学基金项目25项，国务院有关部门项目4项，省政府有关部门项目353项，企事业单位委托项目6项，自选项目24项，其他11项；出版科技专著46部，发表学术论文733篇，其中国外学术刊物25篇，全国性学术刊物457篇，地方性学术刊物251篇，通过鉴定的成果87项，其中达到国际水平的9项，属国内首创的17项，国内先进的43项，其他18项；申请专利5项，其中

发明专利3项,实用新型2项;专利授权3项(发明专利2项,实用新型1项);成果获奖66项,其中省科技进步奖二等奖6项、三等奖23项、四等奖20项、其他奖9项、地、市级奖8项;技术转让签订合同16项,成交金额154.1万元,当年实际收入1041万元。

[**招生和毕业生分配**] 1993年,进一步深化高等学校招生制度改革。高等学校招生计划体制,实行国家任务计划与调节性计划相结合。在保证完成国家任务计划的前提下,逐步扩大调节性计划,逐步扩大招收委托培养生和自费生比重。对边远县还实行定点定向选培学生,改易地定向为就地定向,以促进人才出得来、回得去。师范、农林及一些其他艰苦专业实行部分保送入学,并适当招收有实践经验的人员入学。

1993年,高等学校的大部分专业实行了收取学生学杂费,并同时设立贷学金,对经济有困难的学生提供帮助,对品学兼优的学生给予奖励。

在贵州招生的省内外普通高等学校共282所,招生总计划为15472人,其中指令性计划11262人,指导性计划4210人。1993年全省有60743人参加全国普通高等学校招生统一考试。实际录取新生15376人,完成总计划数的99.4%。其中,录取委托培养考生1292人,自费生2076人,省电大及各分校普通班697人。录取的新生总数中:应届高中毕业生7799人,占录取总数的50.7%,往届高中毕业生7577人,占录取总数的49.3%;理工类(含体育)10632人,占录取总数的69.1%;文史类(含艺术)4744人,占录取总数的30.9%;男生10035人,占录取总数的65.3%,女生5341人,占录取总数的34.7%。保送生327人,其中北京大学、清华大学等重点院校保送8人,贵州师范大学、贵州民族学院、贵州农学院及9所师专保送319人。录取残疾考生35人。1993年全省招收自费生计划为1924人,实际录取新生2076人,完成计划数的107.9%,与1992年相比,增长率为229%。

进一步改革毕业生分配制度。1993年贵州省统一分配的大专毕业生、毕业研究生9321人。其中省内外院校本、专科毕业生9261人,毕业研究生60人,国家计划内自费、电大和函授普通专科班等毕业生461人。

1993年毕业生就业工作着重抓了以下方面的改革:(1)对国家任务计划招收的学生,原则上仍由国家负责在一定范围内安排就业,实行学校与用人单位“供需见面”落实毕业生就业方案;委托和定向培养的学生按合同就业;自费生自主择业。(2)优先为国有大中型企业输送毕业生,凡是国有大中型企业需要的毕业生都要优先安排,尽量满足,各级主管部门应给予积极支持。(3)充分保证边远贫困地区、少数民族地区以及地处艰苦地区的国有大中型企业对毕业生的需要。(4)积极引导和鼓励相应的毕业生到需要的乡镇企业、集体所有制单位以及乡镇农业服务体系和农村文教、卫生等事业单位就业。(5)对省属有条件的大中专学校推行毕业生与用人单位在一定范围内“双向选择”的办法落实就业方案;有条件的地州市属专科和中专学校毕业生也可在本地区范围内“供需见面”或“双向选择”,协商落实就业方案。(6)对省外院校毕业生,用人单位可直接与学校和学生联系,实行“双向选择”办法,由学校和用人单位提出就业方案。(7)少数经学校推荐无单位录用的毕业生,原则上回家庭所在地区就业,本年度内找到接收单位的,仍予以派遣;截止年底找不到接收单位的,将其档案、户口和粮油关系转至家庭所在地,自谋职业,当地主管毕业生调配部门或毕业生就业指导机构可帮助推荐就业。(8)从省到地、州、市各级主管毕业生就业工作部门进一步转变职能,加强了宏观管理，减少了行政干预，充分发挥了学校主观能动性，使学校逐步建立自我发展，自我约束的运行机制，为毕业生提供了较好的平等竞争环境。(9)针对毕业生的思想实际，通过各种形式的教育，引导毕业生到国家需要的地方去，到基层去，到艰苦地方去，到边远民族地区去，走与实际相结合、与工农相结合的道路，为兴黔富民贡献自己的力量。

成人教育

［**概述**］ 1993年，全省有绥阳、遵义、瓮安、黔西、金沙、修文、开阳、铜仁、镇远等9县(市)通过高标准扫除文盲验收，荔波县通过基本扫除文盲验收，全省扫除青壮年文盲209396人，超额完成扫盲任务，全省青壮年文盲率下降到12%。在扫盲工作中成绩突出者受到了省教委的表彰和奖励。全省已举办乡(镇)村农技校(或教学点)9243所(个)，接受各类实用技术培训的达160万人次。人口教育取得了较大发展，共培训215615人，其中妇女占49%。25所P20人口教育项目试点学校在办学条件、办学效益方面进行了评估，联合国人口基金资助的电教设备已发放到各项目试点学校，并在人口教育工作中发挥作用。1993年全省34所成人中专学校经过评估被认定合格；成人中专专业证书转全科证书试点工作继续进行，在贵阳市税收干部学校等3所学校试点。

［**成人高校、中专招生**］ 1993年全省各类成人高等学校录取新生17370人(省内院校录取14866人，省外院校录取2492人)，各类成人中专录取新生20160人。成人高等学校录取少数民族新生4733人，占录取新生总数的28.3%，成人中专录取少数民族新生6364人，占录取新生总数的28%，接近少数民族人口比例。

1993年成人招生改革力度加大，措施有：(1)招生计划变指令性为指导性，使上线考生绝大部分可以按报考志愿录取入学，同时也可以调动招生学校的积极性。(2)招生对象和条件的改革。成人高等学校脱产班由只招在职从业人员变为以招在职从业人员为主，限量招收待业青年。管理干部学院招生对象过去限招干部，今年起也可招收工人，年龄适当放宽。(3)户口在农村、从事农业生产的初中毕业生，免试进入成人中专种植业、养殖业、农产品加工、乡村医生和乡镇企业管理等专业班就读。(4)会考成绩合格的高中毕业生，免试录取进入成人中专。(5)举办第二专业专科、中专学历教育。(6)为适应大型厂矿企业和边远落后地区对人才的需求，成人高等学校以招工与招生相结合的方式招收参加当年普通高考达到一定分数的高中毕业生。

成人高等学校新生质量逐年提高。1993年的录取最低控制分数线近三年文、理科各提高了两个分数段。

［**自学考试**］ 贵州省于1984年开始实行高等教育自学考试制度，到目前，开考本科、专科两个层次共41个专业，其中专科段专业35个，本科段专业6个。十年来，在省内9个地(州、市)组织20次统一考试，接纳859871人次报考，发单科合格证288279张，

7051人获国家颁发的大专毕业证书，165人获国家颁发的本科毕业证，851人获专业证书。自学考试投资少、效益好、见效快，是穷省办教育的一条好路子。

1993年为适应市场经济的需要，在深化自学考试改革中作了以下工作：(1)调整了自学考试委员会及其机构。(2)进一步明确、端正自学考试的指导思想："一切为经济建设服务，一切为考生服务"。(3)为适应市场经济的发展，调整开考的专业。1994年新开考专科段专业15个，停开专科段专业2个。(4)方便考生自学成才。增加考试次数，从1993年下半年开始，在国家统一的两次考试后适当时间增加一次复考，今后每年的四次考试适当增加考试科目。简化报名手续，允许考生跨地区报名。为确保考生自学用书，制定了《贵州省自学考试教材发行管理办法(试行)》，解决考生"买书难"问题。(5)鼓励社会力量助学，加强对社会力量办学的管理，提高助学质量。1993年7月省考委、省教委发布《贵州省高等教育(中专)自学考试社会助学管理暂行规定》，成立了贵州省自学考试社会助学审批小组，专门对现有的和即将成立的社会助学单位进行一次全面性清理和整顿。(6)加强命题管理。为确保考试质量，成立命题领导小组，命题工作实行主命题教师负责制，对命题教师进行培训，按程序要求进行命题。1993年用15万元经费对90门学科开展了命题工作，初步建立题卷库。(7)不断探索自学考试如何与其他教育形式相沟通。目前，在自学考试与卫星电视教育、广播函授教育三沟通培养大专学历层次的教师，为实施九年制义务教育，加强教师队伍建设，成立了"三沟通"领导小组及其办公室，采取"领导小组领导，办公室协调，电视大学助教，教育学院主考，省考办考试"的组织形式，于1993年10月举行了首次3个专业，5个学科的考试。

民族教育

[**民族师范学校建设**] 贵州省民族教育重点加强中等民族师范建设。至1993年，全省8所民族师范已发展到145个教学班，5395名在校生。从1986年到1993年共培养出中师毕业生9378人，其中少数民族学生6134人，占毕业生总数的70.4%。少数民族师范学校分布比较合理，校园环境比较理想的局面已初步形成，培养培训民族乡村小学教师的基地已初具规模。

办学条件和育人环境有了显著变化。到1993年，省及有关地(州、市)、县采取倾斜政策和特殊措施，对8所民族师范共计投资2416.32万元，用于基本建设的资金计2149.62万元，共新建扩建包括教学楼、图书楼、艺术楼、科技楼、住宅楼等校舍面积128821平方米，用于购置图书、仪器设备等264.7万元，大大改善了民族师范学校的办学条件。为优化育人环境，民族师范组织师生自己动手兴建校园，做到修建一片、绿化一片、美化一片、净化一片，使校园文化建设朝着思想性、科学性、师范性、民族性、艺术性方面发展，体现处处皆教育的育人氛围。现在多数学校已成为绿树成荫、百花争艳、鸟语花香的园林式学校，成为当地改革开放和现代文明建设的窗口。

办学思想和办学模式有了重大突破。民族师范遵循“面向小学，面向农村，面向边远民族贫困乡村”的办学方向和“从山里来，回山里去”的培养目标，以此来指导办学，做到民族乡村需要什么教师就培养什么教师。改变过去封闭的办学模式和单一必修课的教学形式。一方面利用寒暑假和见习实习时间组织师生深入边远民族乡村进行社会调查，另一方面请教育行政领导和乡村小学教学第一线的校友介绍农村教育改革发展情况。在教学中，做到“一为主，三结合”，即：以必修课为主，选修课、教育实践、课外活动有机结合。

学生成份和生源结构有了很大改变。民族师范招生时，努力做到“提高三个比例，降低一个比例”，即：提高少数民族在校生的比例，提高边远民族贫困乡村在校生的比例，提高少数民族女生在校生的比例，降低初中复读生在校生的比例。实行招生指标到县，名额到乡，定向招生，定向培养。现在民族师范在校生中，少数民族学生占在校生总数的75.4%，少数民族女生占在校生总数的34.1%，来自边远民族贫困乡村的学生占在校生总数的85.9%，复读生只占在校生总数的24.5%。

思想教育和专业教育有了新的转轨。结合民族师范学生来自农村又都要回到农村去的特点，把爱国主义教育、社会主义教育和专业思想教育，以及民族团结进步教育等，具体化为“两热爱”的教育，即：热爱农村和热爱边远民族乡村小学教育。把“两热爱”教育贯穿于学校的必修课、选修课、教育实践和课外活动之中，使德育工作有的放矢，强化了学生“两热爱”的情感。

管理水平和办学效益有了明显提高。近几年来，对民族师范的领导班子，通过一年一次学习研讨会、一年一次总结评估会、省内相互学习、外出参观考察等形式，使其思想水平和管理水平得到提高。铜仁民族师范学校由老校长传、帮、带，顺利地完成了领导班子的新老过渡，一批年富力强的同志走上了领导工作岗位。他们同心同德，大胆改革，处处以身作则，很快使学校的校风校纪校容校貌发生了显著变化，教育教学质量稳步提高。学校党总支连续六年被省、地党组织评为先进党总支。1991、1992年，学校连续两年被国家教委和国家民委授予“全国先进学校”和“全国民族教育先进集体”的称号，跨入了全国中等师范学校的先进行列。

撰稿 鲁源安
审稿 霍健康

云南省教育

概　况

［各级各类教育发展情况］

1993 年各级普通学校基本情况　　单位：人

学校类别	学校数（所）	毕业生数	招生数	在校学生数	教职工数 计	教职工数 其中专任教师
一、普通高等学校	26	12313	16638	50091	17063	7215
研究生		164	249	532		
本科		5425	6225	24817		
专科		6724	10164	24742		
二、中等专业学校	142	23123	30400	84655	14793	7473
中等技术学校	114	15322	21804	59787	11492	5632
中等师范学校	28	7801	8596	24868	3301	1841
三、普通中学	2178	361849	444980	1267830	99955	76616
高中	479	58022	60005	178446		12716
初中	1699	303827	384975	1089384		63900
四、农业、职业中学	234	22398	68366	107252	7413	4981
高中	195	19956	30733	64533		3920
初中	39	2442	37633	42719		1061
五、工读学校	1	6	13	40	41	24
六、小学	26376	573428	843248	4438792	192806	175881
七、特殊教育学校	10	204	607	2170	377	256
八、幼儿园	1093	279583	344645	436423	20060	15179

1993年各级成人学校基本情况

单位:人

学校类别	学校数(所)	毕业生数	招生数	在校学生数	教职工数	
					计	其中专任教师
一、成人高等学校	20	3010	5652	11422	2796	1252
广播电视大学	1	1626	4193	8048	654	281
职工高等学校	12	204	267	860	740	322
农民高等学校						
管理干部学院	1	211	271	606	221	112
教育学院	6	969	921	1908	1181	537
独立函授学院						
普通高校举办						
函授部		2193	3638	8700		
夜大学		541	1675	3290		
干部专修科		511	537	800		
二、成人中等专业学校	138	4543	3171	19563	2472	1424
广播电视中专	3	1731	677	13160	459	421
干部中专		1349	969	2957		
职工中专	10	447	539	1623	183	89
农民中专						
教师进修学校	125	1016	986	1823	1830	914
三、成人中学	11	736	1514	2541	83	19
职工中学	11	736	1514	2541	83	19
农民中学						
四、成人技术培训学校	97	264569	1723	340966	982	355
职工技术培训学校		1614		351		
农民技术培训学校	97	262955	1723	340615	982	355
五、成人初等学校	3563	2485830	933269	967378	2739	955
职工初等学校	88	39653	4734	9544	521	181
农民初等学校	3475	2446177	928535	957834	2218	774
其中:扫盲班		259757		338210	915	310

制表　唐家华

[**学习贯彻《纲要》**] 《中国教育改革和发展纲要》颁布后，省委、省政府先后召开电话会、座谈会进行学习、宣传、贯彻。省委书记普朝柱在座谈会上讲话，要求全省各地结合实际，制订规划，扎扎实实地贯彻《纲要》。分管教育的王广宪副省长，在全省电话会议上，对贯彻《纲要》提出四点意见：(1)各级党委、政府领导要带头学习《纲要》，深刻领会《纲要》的精神实质，坚持把教育摆在优先发展的战略地位；(2)结合实际，制订好本地区、本行业、本单位教育改革和发展的目标、任务和主要措施；(3)分类指导，真抓实干；(4)采取有效措施，使《纲要》的精神深入人心，做到家喻户晓。1993年2月底，省教委下发了《关于认真学习、宣传、贯彻〈中国教育改革和发展纲要〉的通知》，要求把《纲要》的学习、宣传、贯彻当作大事认真抓好。3月，在全省教育工作曲靖现场会上又进行了认真学习，并结合云南实际，提出了全省九十年代教育改革和发展的分区规划和加强宏观指导的意见。九月，省教委与省人大教科文卫委员会联合举办了地县人大、政府领导参加的教育研讨班，提高各级人大、政府领导的教育意识，真正把教育摆在优先发展的战略地位。省教委在认真调查研究、广泛征求意见的基础上，代省委、省政府起草了《关于贯彻〈中国教育改革和发展纲要〉的意见》。通过学习、宣传，全省出现了各级党委、政府重视教育的好势头。省委、省政府率先增加了对教育的投入。省级财政给教委的经费有较大幅度增长，达3.6亿元，比上年增加1.5亿元多。其中，省级正常经费1.18亿元，比上年增长25.5%；省级专款1.17亿元，比上年增长27.7%；省补地县专款1.26亿元，比上年增长52.6%。各地州市县纷纷召开教育“三干会”或教育工作会，由党政主要领导亲自宣讲《纲要》，制定贯彻《纲要》的措施和办法，修订教育事业发展规划，增加教育投入，改善办学条件，有的为民办教师增加工资，有的为教师建设住宅小区等。有些地区将措施通过立法形式确定下来。

撰稿　郎畴生

审稿　海　淞

[**分区规划，落实《纲要》**] 云南是一个边疆、山区、民族三位一体的省份，地区之间、民族之间经济文化发展极不平衡。根据全省局部地区先进，整体落后的实际，发展云南省的教育事业，必须实行分区规划，分类指导。据此提出三个规划区的发展战略和实施《纲要》的目标任务：

一是工业布局较集中，经济、教育基础较好的滇中地区，经济发展在全省具有带头作用和辐射作用，教育也要先行。要求这个规划区加速实施九年义务教育，大力发展职业技术教育，加快各级各类教育的发展。在办学规模、条件、质量和效益上都要力争到2000年达到现在全国的先进水平，在全省起到带头作用。这个规划区包括昆明、曲靖、玉溪、楚雄、大理的大部分地区。

二是对外开放步伐加快，边境贸易日益活跃的边境一线和滇西南热带、亚热带地区，经济正在转向以边境贸易为先导、面向东南亚、带动本地区资源开发和加工的轨道，出现了跳跃式发展的势头。要求这类地区抓紧时机，以开放带动开发，积极实施九年义务教育，扫除文盲，发展职业技术教育，提高劳动者素质，为改革开放、发展边贸培养急需的初、中级人才，使教育的规模、质量、效益到2000年达到或接近现在昆明的水平，与滇中地区形成犄角之势，互相呼应。这个规划区包括德宏、西双版纳、文山、红河、临沧、保山和思茅的大部分地区。

三是经济和社会发展相对滞后的滇西北、滇东北，以及滇中、沿边一线的一些高寒山区、贫困地区、民族地区。要求这个规划区着重抓好六年义务教育，大力扫除文盲，开展多种形式的实用技术培训，提高劳动者素质，使教育的规模、水平在原来的基础上得到提高。这个规划区，教育起点低，发展困难大，需要有计划、有步骤地予以扶持。当地干部群众要继续发扬自力更生、艰苦奋斗的精神，努力改变面貌。这个规划区包括怒江、丽江、迪庆、东川、昭通，以及其他地州的高寒山区、贫困地区、民族地区。

三个规划区概括起来说就是：滇中先行，沿边呼应，促进两北（滇东北、滇西北），扶持三区（高寒山区、贫困地区、民族地区），加快改革，加快发展。一年来的实践证明，这一教育结合经济发展需要的宏观指导思想是切合省情的。在这一战略思想指导下，各类地区教育事业在原来的基础上都有较为明显的进展。

撰稿　郎畴生
审稿　海　淞

［**教育工作曲靖现场会**］　1993 年 3 月下旬，云南省全省教育工作会议在曲靖市召开。这次会议是云南省教委在转变职能、实行目标责任制管理和深入实际、调查研究、总结考评的基础上，以曲靖地区为现场召开的。参加会议的代表有各地、州、市、县分管教育的副州长、副专员、副市长、副县长，以及各地州市县的教委主任或局长，近 500 人。会议的主要议题是：进一步领会小平同志视察南方重要谈话和党的十四大精神，学习贯彻中共中央、国务院颁布的《中国教育改革和发展纲要》，总结、推广 1992 年全省教育改革和发展的经验，布置 1993 年的工作任务。同时，通过参观曲靖市、宣威县、陆良县的现场，学习曲靖地委、行署重视教育，转变作风，真抓实干，走“依靠人民群众办教育”的道路，广泛发动群众集资办学，依法治教，实施义务教育，深化学校内部管理体制改革的经验，从而，把全省教育工作推上一个新台阶。副省长李树基出席会议并讲话。省人大、省政协、省委宣传部有关负责同志到会指导。有关民主党派的领导也出席了会议。省教委主任海淞主持会议，总结了 1992 年的工作并对 1993 年云南省教育的改革和发展作了部署。

与会代表认为，省教委提出的目标、任务十分鼓舞人心，改革措施力度大、扎实。通过会议，一是加深了发展经济必须依靠教育和科技进步的认识；二是加深了教育必须更好地为经济和社会发展服务的认识；三是加深了必须抓住时机加大改革力度，加快教育事业发展的认识；四是加深了加快教育改革必须大力改善办学条件的认识；五是加深了对自己肩负的历史责任的认识。通过参观现场，会议总结了几点基本经验：教育要加快改革和发展，必须有一批坚持教育为本的干部，有一个尊师重教的社会环境，有一个群众支持的基础，有一支数量质量适应发展的教师队伍，具备一定的办学条件。会议对如何做好 1993 年的工作提出四点意见：一是认真学习、宣传、贯彻好《中国教育改革和发展纲要》；二是要根据《纲要》的精神，认真分析本地情况，对不同县、乡、村教育事业发展、结构选择和发展格局，作出认真规划和安排；三是要根据本地实际，加强分类指导，探索符合自己经济、社会发展要求的新路子，办出特色；四是要转变职能，改进作风，真抓实干。

撰稿　郎畴生
审稿　海　淞

［**年度工作方针**］　1993 年，云南省教育改革和发展的指导思想是：抓住机遇，深化改革，稳定教师队伍，全面提高教育质量，以实施义务教育和大力扫除文盲为重点，把提高劳动者素质，培养初、中级人才摆在突出位

置，使教育更好地为经济、社会发展服务。

各级各类教育发展的工作方针是：

基础教育要认真实施《云南省实施〈中华人民共和国义务教育法〉办法》，加快实施九年义务教育步伐，四个区市基本普及九年义务教育，24个县市区基本普及六年义务教育。为了完成这个任务，基础教育的体制改革继续落实以地方政府办学为主，由县统管，责任落实到乡的体制。全面推进学校内部管理体制改革，并于1993年3月，在全省20%的中学和乡中心完小进行；9月，在全省40%的村中心完小以上中小学校进行。要求推进改革的这些学校要深化教学内容和方法的改革，实行九年义务教育新教学计划和课程计划，继续加强和改进德育工作，上好劳动课和劳技课。

职业技术教育要主动面向社会，多层次、多形式办学，提倡学校、教育部门同业务部门、经济部门联合举办职业技术教育。围绕县办工业、乡镇企业和第三产业，调整专业面向，为当地经济服务。加强职业技术学校建设，使达到合格标准的职业中学由80所增加到100所。每所职业技术学校都必须创办1到2个经济实体或校办产业。坚持"先培训、后就业"的原则，实行"双证书"制度，即具有劳动部门的技术等级合格证和教育部门的职业技术教育毕业证方能就业；地县的招工、增干指标，要划出一部分择优录用经过职业技术培训的毕业生。

成人教育要根据市场和社会发展的要求，调整专业结构，增加实践性教学环节，突出职业性、针对性和应用性。举办成人高等职业技术教育，第二专业学历教育。增加扫盲经费投入，完成扫除文盲25万的任务。

高等教育加大改革力度，优化结构，调整布局。争取云南大学列入"211工程"；在原有云南工学院、省化工专科学校、重庆建筑工程学院昆明分院、电子科技大学昆明分部的基础上，组建云南工业大学，走联合办学的道路；并将云南工业大学、昆明医学院、云南农业大学、云南民族学院、云南师范大学列为省属重点大学建设。全省高校要改造老专业，调整专业面向。扩大高校自主权，组织高校科技力量投入经济建设主战场。扩大对外交流与合作。积极推进大中专招生和毕业生就业制度改革。

撰稿　郎畤生
审稿　海　淞

基础教育

[**概述**]　按照《纲要》的要求，结合云南实际，1993年全省采取切实措施，加强基础教育，在以下几个方面取得了新进展。

依法治教，完善法规建设。根据《中华人民共和国义务教育法》及《实施细则》的要求，省人大常委会修订公布了《云南省实施〈中华人民共和国义务教育法〉办法》，省教委印发了《云南省颁发义务教育证书办法》、《云南省义务教育适龄儿童、少年入学、缓学、免学、停学管理办法》。各级人大、政府及教育主管部门也制定了一批配套法规、行政规章和政策，使全省基础教育逐步走上依法治教的轨道。

增加投入，改善办学条件。省级财政安排5000万元专款，加上各级财政的配套资金，基本完成了增扩1000所高小和发展200所初中的任务；拨专款1500万元，用于排危，使中小学危房率由2.98%下降到1.73%。群众捐资集资办学达2.1亿元，比1992年的1.55亿元增长35%，用于改扩建中小学校舍。各级财政还投入教学仪器专款1656万元、图书专款200万元、劳技教育专款150万元，进一步改善了中小学办学条件。

加强师资队伍建设。各级政府在财政比较困难的情况下，千方百计提高教师待遇，全省基本上没有"打白条"的情况。省政府出台了一系列提高教师待遇的政策，如给从教满30年以上的教师颁发了荣誉证书，给承担实施义务教育学校教师提高离退休费标准；省财政每年拨专款500万元建设城镇中小学教师住宅，安排2000名民办、代课教师转为公办教师。全省通过各种渠道培训教师，提高教师学历合格率。1993年小学教师学历合格率达到75.1%，比上年提高2.6个百分点；初中教师达到66%，比上年提高3.3个百分点；高中教师达到57.5%，比上年提高2.1个百分点。广大教师敬业乐业，有146人获得全国表彰，501人获省表彰，30000余人获县以上单位表彰。

深化教育教学改革，以改革促发展。在中小学内部管理体制改革试点的基础上，1993年全面推进，实行学校内部管理体制改革的中小学已达9725所。全面实施九年义务教育课程方案，在三年试点的基础上，制定了云南省第二类义务教育课程计划试行方案。完成12所一级完全中学的评估认定。改革招生考试办法，减轻中小学生过重课业负担。加强中小学劳技课、劳动课，试行高三、初三分流，均取得明显成绩。

普及义务教育步伐明显加快。全省小学适龄儿童入学率96.3%，比上年提高0.7个百分点；小学毕业生升学率67.7%，比上年提高1.2个百分点；初中毕业生升学率40%，比上年提高2个百分点。幼儿教育、特殊教育入学率分别比上年提高10.4个百分点、8.4个百分点。经过评估验收，4个市（区）基本普及九年义务教育，23个县（市）基本普及六年义务教育。

撰稿　林寿辉

审稿　海　淞

［**义务教育评估验收**］　根据国家教委颁发的《普及九年义务教育评估验收办法》（试行），和《云南省实施〈中华人民共和国义务教育法〉办法》等法规文件，省教委确定了云南省的验收标准和具体要求，制订下发了《普及九年义务教育评估验收表（试行）》和《云南省普及初等义务教育评估验收和表彰奖励办法（试行）》。1993年，根据昆明市盘龙、五华两区的申报和昆明市政府的审核意见，受省政府委托，省教委组织两个检查评估组，于11月2日至6日分别对两区普及九年义务教育进行检查评估。经过评估，检查评估组认为，首先，盘龙、五华两区进行的自查目标明确，发动面广，边查边改，工作扎实，资料齐全，数据可信。其次，近两年来，两区根据国家《义务教育法》及有关法规文件，制定了若干配套法规，重视法律法规的宣传，强化依法治教的措施，教育行政部门坚持督促检查，走上了依法治教、依法行政的轨道。第三，两区把教育摆在优先发展的战略地位，提出了"教育为本，科技兴区"的方针，区委、区政府、区人大、区政协和有关部门重视义务教育的实施，在经费投入、师资队伍建设等方面积极支持教育，出现了全区办教育的好形势。第四，普及九年义务教育的评估验收指标，除生均占地面积不足外，均达到各项教育标准。据此，省教委已报请省政府准予验收。

12月，省人大、省教委组织对全省1993年教育工作综合检查时，又对申报验收普及九年义务教育的畹町、玉溪市进行了检查。

根据云南省实施义务教育的进程，绝大多数县(市、区)首先是实现普及六年义务教育任务。从1993年起对原低标准验收合格的县(市、区)，由地(州、市)进行复核认可，省对23个县(市、区)进行了抽查。

撰稿 李晓南
审稿 海 淞

［**建立完中办学水平评价制度**］ 1993年，云南省对完全中学进行办学水平达标晋级综合评价，分为自评，领导及同行专家评价两个层次。总的工作思路是“全面贯彻，综合评价，分步达标，整体提高”。“全面贯彻”，就是要求学校全面贯彻教育方针，面向全体学生，调 动全体教职工的积极性，把培育“四有”新人的工作贯穿于学校工作的全过程。“综合评价”，就是充分发挥教育评价的导向和激励功能，以党和国家的教育方针、政策、有关法令、法规为依据，按照教育自身规律和管理学原理，提出A、B、C三级共33个指标的综合评价体系，把学校办学条件评价与努力程度的工作评价结合起来综合考察，但以工作评价为主，从而引导学校走上“全面贯彻”的轨道，并使评价较为公正、客观，有利于促进地方政府和主管部门确保教育投入，也有利于激励学校不断改进工作，加强管理，提高质量，提高效益；此外，注意了目标评价(终结性评价)与过程评价(形成性评价)的结合，但更重视过程评价。“分步达标”，就是承认云南教育的极不平衡性，把学校分为三个级别进行建设：一级学校为各项工作在全省处于领先地位并有明显特色的学校，是对内对外的窗口学校，它具备国家、省规定的条件，某些项目甚至超出相关要求，教育效果好，社会评价高；二级学校是办学条件基本具备，领导班子健全，教职工队伍整齐，工作开展较全面，教育教学质量较好的合格学校；三级学校是基本合格的发展中学校，在当地有一定声望和影响，但由于条件限制或主观努力不够，按综合评价条件考察尚有某些不足。“整体提高”，就是学校通过自评，确定自己所处的级别、等第，并取得云南省普通中学办学水平达标晋级综合评价领导小组确认后，制定升等晋级计划，作为学校努力的近期目标，三年后申报晋级评价，由评价领导小组组织认定自评级别是否符合实际，是否能保持该校原有级别，是否可以晋升或下降。

1993年，有三分之一完全高级中学接受了评价认定。实践证明，这一制度对推动地方和学校更新教育观念、全面贯彻教育方针、全面提高教育质量、深化教育教学改革、改善办学条件、优化育人环境，都起到了良好导向、诊断、激励作用；学校之间以提高办学水平为目标的竞争机制已经开始形成。为此，云南省将在1994年全面铺开完中办学水平评价认定工作，并在1995年完成。之后，省教委将进行“分类指导，分类要求”，使完全中学办学水平评估制度化。

撰稿 常锡光
审稿 海 淞

［**评估实验小学办学水平**］ 全省有实验小学21所，其中，昆明市5所，其余16个地、州、市各1所。这批学校既是全省性示范小学，又担负着教改实验任务，办好这批学校对于有梯度地提高全省小学的教育质量有重要意义。1993年省教委组织了全省实验小学办学水平评估。这次评估，采用国家教委委托上海市教科所研究制订的《小学办学水平评估指标体系和测评办法》进行操作。由于各级领导重视，指导思想明确，评估进展顺利，评估

结论区分度明显，对学校工作起到导向、激励与促进作用。经评估，认定优级学校 14 所，即：云南师范大学附小、昆明市五华区春城小学、武成小学、盘龙区中华小学、明通小学、个旧市和平小学、玉溪州城二小、曲靖师范学校附属一小、东川市新村小学、昭通师范学校附小、大理师范学校附小、丽江实验学校、保山实验小学、文山实验小学。这些学校的共同特点是：教育思想端正，办学目标明确，全面贯彻教育方针，面向全体学生；校长事业心强，热爱教育工作，熟悉业务，管理工作井然有序；重视教师队伍建设，各学科和年级都有业务带头人，大专学历教师逐年增加，有些学校已达半数以上；德育工作渗透于学校一切教育活动之中，并已形成学校、家庭、社会三位一体的德育网络；教育教学改革不断深化，校校有教改实验项目，有的还承担了国家级教育科研项目；学生体质合格率高；注意发展学生的兴趣、爱好和个性特长；校风校貌好，校园环境优美。不足之处是干部教师中科研理论型人才还较弱，对学生道德情操、个性心理品质的培养不够细腻；学生学习能力低于学习成绩；学生近视、龋齿率较高；学生规模及班额过大。

在教改实验方面，这些学校整体综合改革实验成效显著。春城小学整体综合改革实验是国家教委联系点，经过六年实践，第一周期已于 1992 年结束，该校又承担了国家重点课题："面向 21 世纪中小学教育模式的研究与实验"；云南师大附小进行了"志趣教育"整体综合改革；明通小学进行全方位教学改革，已经总结了第一周期成果；中华小学以爱国主义为主线的德育整体改革，武成小学的综合美育实验以及一些民族地区实验小学结合民族特点的整体改革，都取得了成果。

为总结推广实验小学的办学经验和教改实验成果，省教委编了《云南省实验小学经验·特色》一书，于 1993 年 7 月由云南教育出版社出版发行。

撰稿　王强华
审稿　海　淞

［**多渠道筹资改造校舍**］　1993 年，云南完善中小学校舍改造目标责任制管理，以政府、教育部门两条线，层层签订校舍改造目标管理合同，强化了各级政府对校舍改造的意识和责任。各级政府切实增加财政对校舍建设的投入，坚持多渠道筹措校舍改造经费；正确处理"减轻农民负担"与群众集资办学的关系，在"自愿、量力、适度、受益"的原则下，广泛发动群众集资办学。群众集资办学、捐资助学工作逐步走上政府规范化管理的轨道。许多地方政府积极制定政策，保障依法征收农村教育费附加，从各地实际出发，建立"教育基金"。初步统计，1993 年，全省用于改善办学条件总投资达 60827.69 万元，比 1992 年增加 13214.79 万元。城市教育费附加征收额为 12432.1 万元，比 1992 年增加 238.49 万元；农村教育费附加征集资金 2204 万元，为 1992 年的 7.6 倍；群众集资 21476 万元，比 1992 年增加 5712.56 万元。中小学校舍建设总面积达到 28647214 平方米，比 1992 年同期增加 1287960 平方米。全年排除危房面积 601813 平方米，危房率由 1992 年的 2.06% 降至 1.78%；修理损坏房面积 753620 平方米，损坏房比例已由 1992 年的 12.67% 降至 10.3%；改造土木结构校舍面积 528186 平方米，土木结构校舍比例已由 1992 年的 42.21% 降至 39.5%。

实施扩建初中和高小校舍项目。为提高基础教育的普及程度，1992—1993 年省教委实施了扩建初中、扩大高小校舍规模的建设项目。该项目采取单独列项，资金专户存储；项目资金由云南省烟草公司和所属企业捐资五千万元专款作为省补专款，要求地方各级财政投入相应配套资金，项目于1994年内完成。据1994年1月项目执行情况统计，1993年，省级以下各种渠道筹措的配套资金达15145万元。在发展初中方面，新建学校173所，扩建学校482所，竣工面积达575176平方米，在建工程建筑面积为994580平方米。在扩大高小方面，新建学校161所，扩建学校1924所，竣工面积达544298平方米，在建工程建筑面积为644940平方米。各地教育部门结合实施九年义务教育规划，结合调整学校总体布局，结合学校办学条件标准化建设，结合排除危房、改造土木结构校舍，实施建校项目，达到了增容学生、合理调整学校布点、提高学校规模效益、改造校舍建筑结构的目的，校舍建设和投资效益成效显著。

撰稿　王洪涛
审稿　海　淞

［**给30年教龄教师颁发荣誉证**］　为了在全社会进一步树立尊师重教的良好风尚，勉励教师教书育人，为教育事业作出更大贡献，1993年，省人事厅、教育工会、中小学幼儿教师奖励基金会决定，给1993年9月1日前连续从事教育工作30年以上的教师（包括多年从事教育工作，现在担任学校领导的同志和符合条件已离退休的同志）颁发荣誉证书。到1993年底，全省已有5.4万教师获此殊荣。

撰稿　潘丽华
审稿　海　淞

职业技术教育

［**年度工作计划**］　根据《纲要》和《国务院关于大力发展职业技术教育的决定》以及《云南省职业技术教育条例》的精神，确定了云南省1993年职业技术教育年度工作计划：制订《关于加快云南省职业技术教育改革和发展的意见》，并组织实施；代省人民政府草拟扩大中专办学自主权的规定；完成普通中等专业学校办学水平评估总结，编辑出版《云南省普通中等专业学校评估材料汇编》，完成“省部级重点中专学校”审定和“国家级重点中专学校”推荐工作；完成全省成人中等专业学校办学水平评估工作；抓好全省普通中等专业学校、职业高中创办校办产业工作；配合有关部门抓好中专、职高的招生工作，年底使两类学校招生总数和在校生总数不低于1992年的增长比例；狠抓普通中专和职业高中学校内部管理体制改革工作，年底使两类学校进行学校内部管理体制改革的校数达到全省两类学校总数的50%；完成“云南省中等职业技术教育经费使用效益分析”课题研究；修订、汇编职业高中26个专业教学计划；狠抓职业高中标准化学校建设，年底再建成1所省级重点职业高中学校，建成8所示范性职业高中学校，检查验收12所职业高中合格学校，总结不同类型3—5所职业学校的经验，并进行宣传推广。

撰稿　李剑舟
审稿　海　淞

［**发展情况**］ 1993年，云南省普通中等专业学校、技工学校、成人中等专业学校和职业高中通过教育评估和检查，办学条件有了改善，办学效益继续提高。学校适应经济建设快速发展的需要，扩大招生，职业技术教育出现了好势头。全省各类中等职业技术学校招生与普通高中招生数比例达到1.29∶1，比1992年的1.07∶1提高0.22个百分点，招生数已占高中阶段招生总数的56.36%；全省各类中等职业技术学校在校生与普通高中在校生比，达到1.07∶1，比1992年的0.91∶1提高0.16个百分点，在校生数占高中阶段在校生总数的51.68%。中专和职业高中办学规模扩大，中专每校平均在校生数由1992年的476人，提高到1993年的533人，职业高中每校平均在校生由1992年的297人，提高到1993年的354人。各中等职业学校积极实行学校内部管理体制改革，创办校办产业。中专学校实行学校内部管理体制改革的有61所，占学校总数的54.5%，职业高中实行改革的有96所，占学校总数的48.7%。中专学校创办校办产业或经济实体的有54所，占学校总数的48.2%，职业高中创办校办产业或经济实体的有128所，占学校总数的64.9%。中等职业学校创办校办产业或经济实体才刚刚起步，尚有许多困难，特别是资金缺乏，制约了校办产业的发展。

撰稿　李剑舟
审稿　海　淞

高 等 教 育

［**高校为经济建设服务**］ 为了发挥高校人才、科技的优势和辐射源的作用，为经济建设和社会发展服务，1993年省教委采取积极措施推动高校人才和科学技术与经济建设相结合，把高校力量推向经济建设主战场。重点是投入乡镇企业、县办工业、亏损企业、校办产业、重点工程项目和贫困县，从事科技开发、科技咨询、科技服务等。同时组织科技力量，参与省经委已立项的183个项目的开发，参加开发区建设。各高校面向生产第一线，确定了一批科研项目，积极研究开发，并充分发挥自己的优势，兴办校办产业，实现科技成果就地转化和人才分流。到1993年底，已成立经济实体和校办产业118个，其中高新技术产业19个。全省高校校办产业销售收入达4668万元，创利税679万元。不少高校或与部、所，或与企业、农村联办经济实体，鼓励年富力强、有事业心、有开拓精神，又有一定经营管理经验和科技知识的人员积极参与，采取形式有选派、调动、借用或停薪留职等。1993年共有2057人承包、租赁、创办、领办乡镇企业、县办工业或校办产业。

撰稿　于达林
审稿　海　淞

［**学校内部管理体制改革**］ 云南省在4所高校进行学校内部管理体制改革试点的基础上，1993年6月，省教委召开了全省高校内部管理体制改革座谈会，总结试点经验，决定1993年在全省所有高校全面推进校内管理体制改革。各高校认真组织教职工学习有

关文件，提高认识，明确改革的指导思想，许多学校还举办了干部培训班；组织人员到省内外学习考察内部管理体制改革的经验。在学习、培训、考察的基础上，各校结合自身实际，制订了以人事、分配制度改革为重点，包括校内领导体制改革、学校机构改革、后勤管理改革、科研体制改革、住房制度改革、医疗制度改革等10个方面的改革总体方案，并发动群众对改革方案进行充分讨论，反复修改，经职代会通过后逐步付诸实施。到1993年底，全省32所高校内部管理体制改革已全面展开，其中向综合改革推进的高校有9所。

撰稿　于达林
审稿　海　淞

［**国际交流**］　1993年，全省共派出公费留学人员69人，派出地点为美国、英国、澳大利亚、日本、比利时、泰国、意大利、加拿大、瑞典、新加坡、法国、挪威、菲律宾，以及香港地区。省教委共审核批准并办理自费出国留学手续114件。留学国别有美国、日本、英国、加拿大和澳大利亚等。1993年，省教委共办理短期派出团组76个，175人次。其中：访问考察团组35个，119人；到国外开展合作科研7个组，共12人；短期出国进修学习10个组，16人；参加国际学术会议24个组，共28人。出访地有美国、日本、澳大利亚、韩国、泰国、新加坡、法国、加拿大、以色列、斯里兰卡、俄罗斯、西班牙、缅甸、朝鲜和香港及台湾地区。1993年，全省各高校共聘请外籍专家和教师128人；其中长期专家23人，短期专家42人，长期外籍教师63人。这些外专外教主要来自美国、英国、加拿大、日本、澳大利亚和新西兰等国。此外，省教委及各高校还邀请并接待国外友好人士来访团组25个，共220人。通过访问，云南省教育界和国外的联系有所加强。澳大利亚拉筹伯大学、塔斯马尼亚大学、威斯里学校、泰国教育部体育厅和美国纽约野生动物保护协会与省教委签订了进一步加强合作与交流的协议书。1993年，全省有关高校共接收来自美国、泰国、加拿大、日本、法国、澳大利亚、德国、英国、瑞典、意大利、丹麦、比利时、韩国、新西兰、西班牙、荷兰、新加坡和葡萄牙的外国留学生251人。

撰稿　李　源
审稿　海　淞

［**省教委赴澳看望云南留学生**］　1993年5月15至29日，省教委主任海淞率云南省高等教育代表团一行6人访问澳大利亚的墨尔本、悉尼和霍巴特，看望了云南省在当地学习的留学人员，向留学生介绍云南改革开放和经济建设的成就及发展规划，希望留学人员学成回国，为云南的发展作贡献，同时向留学生宣传中央的“支持留学、鼓励回国、来去自由”的政策。云南大学、昆明医学院等校的领导详细介绍了对留学人员回国工作的优惠政策和重视使用留学人员的情况，使留学生深受教育和鼓舞，纷纷感谢省教委和学校领导的关心，表示一定要勤奋深造，日后回家乡报效祖国。

撰稿　李　源
审稿　海　淞

成人教育

［**扫盲工作**］ 1993年，云南省加快了扫除文盲工作进程。各级政府加强了对扫盲工作的领导。全省大多数地方明确了政府在扫盲工作中的责任，把扫除文盲纳入了各级政府的责任目标。省、地、县、乡广泛建立了政府系统、教育系统的“双线”扫盲责任制。同时强化依法扫盲的法律意识。各地学习和宣传《中华人民共和国宪法》、《扫除文盲工作条例》和《中国教育改革和发展纲要》，增强了扫盲工作的紧迫感，明确了政府和教育部门扫盲的责任、文盲学习文化的义务。各级教育部门以第四次人口普查资料为依据，逐乡逐村摸清文盲、半文盲底数，建档立卡，登记造册，在此基础上，修订了扫盲规划，使规划逐级落实，直至文盲本人。同时强调扫除文盲与普及义务教育统筹规划，同步实施，明确规定了已基本普及初等义务教育而尚未完成扫盲任务的地方，必须在5年内实现基本扫除青壮年文盲的目标。各地普遍按照《扫除文盲工作条例》的规定，建立或确定管理扫盲工作的机构，配齐扫盲专职干部，并做到专职专用。全省扫盲经费同上一年相比有较大提高，省政府下拨的扫盲专项补助经费在原来250万元的基础上再增加250万元。大部分地、县的扫盲经费也有增加。省会城市和各地州中心城市都利用纪念“国际扫盲日”的时机，上街宣传扫盲工作的意义和重要性，使全社会关注扫盲工作，从而推动扫盲工作加速发展。1993年，云南省扫除文盲25.97万人，比1992年多扫除2.97万人。全省文盲率由24.24%下降到23.54%。昆明市五华区和盘龙区实现了高标准扫除青壮年文盲；全省在原来27个县(区)基本扫除青壮年文盲的基础上，1993年又有11个县基本扫除青壮年文盲。保山地区率先实现全地区的基本扫除青壮年文盲任务。

撰稿　姚　勇
审稿　海　淞

［**农村成人文化技术学校建设**］ 云南省充分注意发挥农村成人文化技术学校在传播文化科技知识、增强广大农民吸收消化科学技术、促进当地经济发展、提高扫盲教学效率和教学效益、巩固识字成果和防止复盲方面所发挥的作用，加强了农村成人文化技术学校建设。1993年，全省已建立乡镇成人文化技术学校1157所、村成人文化技术学校2322所，都比1992年有所增加，省级示范性乡镇成人文化技术学校已达100所。省、地、县三级对示范性乡镇、村成人文化技术学校都十分重视，积极采取措施改善办学条件，建立和完善办学场地、实验实习基地，配备好专兼职教师和管理人员，落实办学经费。1993年农村成人文化技术学校采取灵活多样的培训方式，革新培训内容，提高培训层次，为振兴农村经济和脱贫致富服务，全省共培训251.3万人次。培训内容由种植、养殖扩展到人口教育、家电维修、车辆驾驶、市场营销等。培训方式由单一课堂教学模式，发展到录音、录像教学、现场实习等。培训层次由短训发展为长、中、短班并举。一些学校还根据成人教

育的特点及规律，结合本地实际，在开展文化、科技培训的同时，开展信息咨询和生产经营为一体的综合性服务，使学校自身更具活力，更好地为当地农村精神文明建设和物质文明建设服务。由于农村成人文化技术学校为农村经济发展培养了人才，受到乡镇领导和农民群众的欢迎。许多乡镇领导转变观念，由“要我办”变为“我要办”，主动与教育部门联系，要求帮助和指导办学，兴起了办学高潮。

撰稿 姚 勇

审稿 海 淞

[**成人高等教育**] 1993年，省教委下发了《关于将成人高等教育的有关工作列入地(州、市)、县教委(局)成人教育科、办(股)职责范围的通知》，提出必须充分发挥地(州、市)、县教育行政部门在改革和发展成人高等教育中的重要作用，在不增加编制的前提下，将成人高等教育的有关工作列入成人教育科、办(股)的职责范围，做到有专人负责、专人管理。同时要求有条件的地(州、市)、县积极建立成人教育培训中心。

多形式、多层次发展成人高等教育。为了促进成人高等教育的改革和发展，1993年，云南大学、云南师范大学、云南电视大学、昆明师范专科学校试办第二专业专科学历教育，培养复合型人才。昆明钢铁公司、云南光学仪器厂、云南公路局、云南建材局4所职工大学试办高等职业技术教育，培养高级技艺型人才。1993年计划招生10895人，实际录取11578人。

撰稿 孙云宾 冯长根

审稿 海 淞

民族教育

[**概述**] 按照“教育为本，科技兴滇”的战略方针，云南省采取特殊措施，发展民族教育事业。1993年投入2100万元充实3000所半寄宿制完小，投入100万元专款，设立基础教育奖励金，奖励办得好的半寄宿制学校；投入95.5万元扶持没有省定民族中学的33个少数民族贫困县一中和云南教育学院实验中学、云南师范大学附属中学办好民族部；决定“八五”后3年筹措5000万元资金，重点用于65个边疆、民族贫困县改善办学条件，促进“普六”、“普九”工作；投入45万元专款，帮助8个自治州和7个少数民族较多的地区办好示范性的职业中学；投入47万元专款，委托6所部属中专，为民族地区培养当地急需而又无条件培养的专业人才；投入340万元专款，扶持8个自治州办好农业中专。1993年，全省各级各类学校少数民族在校生达2035946人，占全省在校生总数的33.99%。少数民族生入学率达93.1%。6个少数民族自治地方的县基本普及六年义务教育，1个市基本普及九年义务教育。在已验收基本实现青壮年无盲县的39个县中，自治地方的县市有19个，占48.7%。

撰稿 米云光

审稿 海 淞

［**推进民族地区义务教育**］ 1993年采取了如下一些措施推进民族地区九年义务教育的实施进程：第一，组织对3000所半寄宿制高小的教育教学工作进行检查评估和表彰奖励。通过终评，3000所半寄宿制高小教育教学评估总平均分达88.7分，比1992年的84.41分提高3.76分。全省有169所半寄宿制高小评为优级学校，有390所评为良级学校，56所学校获单项奖。除通报表彰外，同时奖给每所优级学校3000元奖金，良级学校1500元奖金，单项奖学校1000元奖金。第二，组织对3000所半寄宿制高小的语文、数学、思想品德3科进行成绩统测。3科总平均分达到70.76分，比1990年的60.1分提高10.66个百分点，及格率达到了75.37%，比1990年提高25.27%。第三，在16所省定民族中学（占省定民中总数的70%）及11所省定民族小学（占省定民小总数的64.7%）以及1100所半寄宿制高小（占总数的36.7%）开展了学校内部管理体制改革，为全省民族地区学校全面开展学校管理体制改革积累了经验，摸到了路子和方法。第四，在师范大学附中、教育学院实验中学继续招收4个民族班，使13个少数民族农村户口的200个学生能进入办学条件较好的学校学习。

撰稿　吕昆池　赵治国
审稿　海　淞

［**与上海市建立教育对口支援协作关系**］ 为了落实全国第四次民族教育工作会议精神，贯彻国家教委关于对民族贫困县实施教育扶贫对口支援的有关指示，云南省教委与上海市教育局协商确定，红河县等19个少数民族贫困县与上海市黄浦区等19个县（区）分别建立教育对口支援协作关系。1993年11月17日，云南省教委副主任马有良带领19县教育局长赴沪与上海市教育局副局长夏秀蓉及上海黄浦区等19个县（区）教育局长分别签订了省际间、县际间对口支援协议书及实施计划。为了进一步抓好此项工作，云南省成立了由省教委副主任马有良为组长的云南省教育对口支援协作工作领导小组，负责组织协调工作。省际间在教学资料、教学设备、考察和交流活动、教学与培训工作方面达成7项协议。1993年12月，云南省收到了上海市教育局按协议要求赠送给19个少数民族贫困县的19套中、小学、幼儿园29种教学录像带及19台彩色电视机、19台录像机。从各县签订的协议来看，19个少数民族贫困县与上海市19个县（区）共达成90多项协议。其中已有云南6个县获得上海50多万元用于购置教学仪器、图书资料及改善办学条件的赠款。不少县际间的交流已经开始。教育对口支援协作工作将进一步推动云南省民族地区教育事业的发展，促进民族地区经济的振兴，实现各民族团结、进步，共同繁荣。

撰稿　吕昆池　赵治国
审稿　海　淞

西藏自治区教育

概　况

［各级各类教育发展情况］

1993年各级普通学校基本情况　　单位：人

学校类别	学校数（所）	毕业生数	招生数	在校学生数	教职工数 计	教职工数 其中专任教师
一、普通高等学校	4	564	1193	2813	1744	761
研究生						
本科生		326	194	1260		
专科生		238	999	1553		
二、中等专业学校	15	1080	1306	4948	1340	685
中等技术学校	10	601	789	3015	865	441
中等师范学校	5	479	517	1933	475	244
三、普通中学	69	5564	9909	25693	3161	2342
高中	20	1472	1443	4265		509
初中	49	4092	8466	21428		1833
四、农业、职业中学	2	74	89	119	15	10
高中	2	74	68	98	15	10
初中			21	21		
五、工读学校						
六、小学	3090	11443	52740	211872	10528	9587
七、特殊教育学校						
八、幼儿园	29	735	989	2751	287	156

制表　巴　桑

［全区教育工作会议］　在党的十四大和　区党委四届四次全委扩大会议精神鼓舞下，

自治区党委和人民政府确定1993年为西藏自治区的"教育年"，并于1993年3月10日至15日在拉萨召开了全区第四次教育工作会议。这次会议规模之大、与会人员和部门之广是空前的。这次大会，是提高认识、解放思想、转变观念的学习会，是各级政府和社会各界集思广益、群策群力大办教育，使全区教育在本世纪末再上一个新台阶的动员会、誓师会。这次会议的基本任务，是贯彻党的十四大和区党委四届四次全委扩大会议精神，学习贯彻党中央、国务院发布的《中国教育改革和发展纲要》，解放思想，转变观念，明确思路，共商加快我区教育改革与发展步伐的大计。

会上，自治区党委副书记丹增代表自治区党委和人民政府就全区今后一个时期教育改革、发展问题作了题为《转变观念，明确思路，深化改革，使我区教育发展上一个新台阶》的讲话。《讲话》分三大部分：(1)深入学习贯彻党的十四大精神，真正认识全区教育发展的战略地位。(2)解放思想，转变观念，进一步明确全区教育改革与发展的基本任务。(3)实现全区教育改革与发展目标的主要措施。自治区政协副主席、教委主任杨朝济代表自治区教工委、教委作了《西藏教育工作报告》，回顾总结了全区第三次教育工作会议以来的教育工作情况，提出了今后一个时期教育改革和发展的设想。国家教委民族教育司负责同志也到会讲了话。

会上，传达学习了《中国教育改革和发展纲要》、全国筹措教育经费、改善办学条件的河南现场会议精神和国务院委托国家教委召开的教育援藏工作会议精神；学习、讨论并修订了《改革和发展西藏教育的基本思路》及其实施意见等文件。还交流了部分典型经验，组织参观了"三教"统筹、农科教结合的典型堆龙德庆县中学和集资办学效益突出的桑木村民办小学。会议期间，党委、政府领导听取4所院校的汇报，并交换了意见。自治区政府副主席泽仁桑珠作了会议总结。

［**制订教育发展改革规划**］　根据全区第四次教育工作会议讨论情况，西藏自治区党委和人民政府作出了《关于改革和发展西藏教育的决定》(以下简称《决定》)。对贯彻《中国教育改革和发展纲要》的精神和对全区教育发展改革作出了具体的规划。

《决定》提出改革和发展全区教育的指导思想是：以建设有中国特色的社会主义理论为指导，全面贯彻党的基本路线，全面贯彻党和国家的教育方针，全面提高教学质量，坚持教育的"三个面向"，坚持"依靠人民办教育，办好教育为人民"，重点加强基础教育，优先发展师范教育，积极发展职业技术教育和成人教育，巩固提高高等教育，切实把教育的重心转到为建立和发展全区的社会主义市场经济服务的轨道上来。

《决定》提出改革和发展全区教育的基本原则是：(1)坚持四项基本原则，坚持党对教育工作的领导，把培养有理想、有道德、有文化、有纪律和维护祖国统一、反对分裂的社会主义建设者和接班人作为学校工作的根本任务。(2)坚持教育为经济建设服务，培养人才的目标、规格、数量、质量等方面处处考虑经济和社会发展的需要，(3)坚持教育的改革开放，勇于创新、敢于试验，学习和借鉴内地、国外教育的先进经验；同时要重视民族优秀文化的继承和发扬。(4)坚持依靠人民办教育，充分调动社会各界和人民群众的积极性，多渠道筹措教育经费，形成全社会关心教育、支持教育的良好风尚。(5)坚持集中办学与分散办学相统一、办学的社会效益与经济效益相统一的原则。每建一所学校或增设一个系(科)专业，都要科学论证、合理布局、全面规划；既要看到眼前，也要考虑长远，注重投资效益。(6)坚持因地制宜。从区情出发，根据统一性和多样性相结合的原则，实行多种形式办学，培养多种规格人才。根据城市、农区、牧区、边境地区等不同的实际，分类规划，分类要求，分类指导。同时鼓励社会集团和私人办学。

《决定》对全区各级各类教育发展的目标与任务，到本世纪末：基础教育基本实现县县有中学，乡乡有完全小学，适龄儿童入学率达到 80%以上；牧区基本普及三年义务教育，农区基本普及六年义务教育，主要城镇普及九年义务教育。小学在校生平均每年要以一万人以上递增，到 2000 年小学在校生总数达到 28 万人；中学在校生平均每年要以两千人以上递增，到 2000 年，中学在校生总数达到 4 万人；在职业枝术教育方面，到 2000 年，计划全区职业中学和职业班在校生达到 1 万人，争取包括中专、技工学校在内的职业技术教育在校生占高中阶段在校生总数的 60%左右。全区中小学都要逐步引进职教因素。实行初中后、高中后职业技术培训制度。逐步实行"先培训，后就业"制度；成人教育全区要每年把青壮年文盲、半文盲率下降两个百分点，到 2000 年，使青壮年文盲、半文盲率比现在至少下降 15 个百分点；办好高等教育，加强与内地协作办学等。

在教育管理体制改革方面，《决定》提出：(1)从 1993 年起，基础教育和中等师范教育由地(市)、县统筹管理、村办小学由所在乡管理，4 所大学和拉萨中学由自治区教委管理，自治区有关部门要在培养目标、增加投入、改善办学条件等方面大力协助；各中专学校由主管厅局管理。职业技术教育、成人教育及幼儿教育等要走主要依靠行业、企事业单位办学和社会各界联合办学(含私人办学)的路子。(2)改革经费管理办法。教育事业费和基建费，今后将由自治区人民政府用切块包干的办法下拨各地(市)和高校，地(市)再戴帽下拨到县。中专学校(不含中师)经费仍按过去体制申报解决。(3)全区中小学原则上实行校长负责制；大中专学校均实行党委领导下的校长负责制。(4)教育行政部门的主要职责是：规划、指导、监督、协调、服务。

在筹措教育经费方面，《决定》提出：要在广泛进行宣传、教育的前提下，逐步建立国家财政拨款为主，辅之以征收用于教育的税费、校产收入、社会捐资集资和设立教育基金等多渠道筹措教育经费的体制，保证教育经费的稳定来源与增长。(1)自治区政府投入。自 1993 年起，年度教育事业费预算不低于当年自治区财政预算支出总额(不包括中央专项补助)的 15%，从 1994 年起，年度教育基建投资不低于当年自治区地方预算内基建投资总额的 15%。中央拨给自治区的支援经济不发达地区资金、边境建设补助费、少数民族地区补助费等，都要安排一部分数额用于中小学校舍建设。(2)地(市)、县财政投人。根据依靠人民办学的原则，地(市)、县除管好用好自治区财政下拨的教育事业费和基建投资外，还要根据教育发展规划和办学需要，筹措其不足部分经费。乡(镇)财政收入主要用于发展教育。(3)依法征收城市教育费附加。凡按规定纳税的单位和个人按税收总额的 2%计征教育费附加，教育事业费附加主要用于普及义务教育。(4)按义务教育法规定的非义务教育阶段学生(农、林、牧、师范、体育专业和农牧民子女外)都要缴纳学杂费；主要城市初中、小学生应缴纳杂费。家庭确有困难的学生，其学杂费可酌情减免。对现行的助学金和"三包"办法要进行改革和完善。(5)大力发展校办产业和勤工俭学，并按规定免征税费。(6)通过建立教育基金会进行社会集资。(7)多渠道地争取国外友好团体、组织和个人对西藏自治区教育资助。

《决定》提出，要切实加强师范教育和师资队伍建设。采取各种有效措施，利用 15 年的时间，建立一支具有良好政治业务素质、数量足够、专业结构合理、相对稳定的师资队伍。要继续对师范教育实行倾斜政策，在师资、经费、设备、招生等方面给予优先保证。要加强师资培训工作，建立教师考核制度。到本世纪末全区中小学教师岗位合格率达到80%以上。采取有效措施，提高教师的社会地位和物质待遇，逐步使教师工作成为最受人尊重的职业。教师的培训、调整、招聘等实行分级负责。

[贯彻《纲要》情况] 3月，全区教育工作会议结束后，各地(市)、各高等学校以及各中专学校都对《纲要》和全区教育工作会议精神进行了认真的宣传和落实。自治区教委先后派出由区教委主任杨朝济，教委副主任、西藏大学党委书记邹开华等领导带领的工作组，分别到各地(市)(除阿里外)和有关高校进行调研，实地调查38个县、5所中等师范学校、26所中学、158所小学和西藏大学等，召开各种类型的座谈会141次，听课177节。调研后写出了汇报材料。

6月下旬，由自治区教委主持召开了各地(市)教体委主任和人事科长会议。会上听取了各地(市)和有关学校宣传和落实《纲要》和全区教育工作会议精神的情况，讨论了由自治区教委组织起草的《西藏自治区师资队伍建设和教师管理办法》、《加强和改进我区民办教师管理工作的暂行办法》两个文件；组织学习了《西藏自治区党委、人民政府关于改革和发展西藏教育的决定》。自治区教委副主任旦巴江村就“深入贯彻全区教育工作会议精神，认真抓好师资队伍建设工作”问题讲了话。在闭幕会上，杨朝济作了“关于抓好当前教育工作的几个问题”的讲话。

各地(市)和有关学校一方面采取多种形式开展了声势较大的宣传活动，使《纲要》的精神在各级领导、社会各界逐步深入，另一方面积极抓了本地区、本学校的教育发展规划以及实现规划的各种措施。各地(市)教(体)委都把学校的教育质量和办学效益问题提到了一定的议事日程。

自治区电教馆结合“西藏教育年”，摄制、译制了一批电教教材和专题片。译制片《百年忧患》(4集)和摄制片《千秋功业》(25集)的播出，在社会上引起了较大的反响，为各级领导和社会各界群众进一步了解全区教育现状，认识教育的重要地位，进一步重视和支持教育事业的发展起到了积极的作用。

[教育科学研究] 1993年，在《中国教育改革和发展纲要》和全区第四次教育工作会议精神鼓舞下，西藏自治区各级教育行政部门的领导和广大教育工作者的教育科研意识有了新的提高。目前，全区初步形成一个以各级教育科研机构为骨干、以教育学会及其所属各专业研究会为纽带、以教育刊物为重要阵地的教育科研整体力量。自治区教育科研工作领导小组补充修订了《西藏自治区教育科研项目管理暂行办法》、制订了《西藏自治区教育科学研究成果评审鉴定办法》和《西藏自治区优秀教育科研成果奖励办法》等文件。1993年，区教育科研领导小组共受理了区内外教育科研申报课题120多项，研究内容涉及德育研究、教育管理工作研究、教育评估、藏语文授课教学体系研究、师资队伍建设、教育思想和教学方法研究、教材教法研究等方面。在120多项课题中，确定立项并给予资助经费的课题有52项。到1993年底已有27个立项课题完成研究任务。其余立项课题的研究也正在进行中，并取得了阶段性成果。

1993年11月，在拉萨召开了全区首届教育科研成果评审鉴定暨教育学会理事换届会议。这次教育科研成果评审鉴定会共收到49项研究课题材料，其中经自治区立项资助的课题27项，地(市)教育行政部门、教育学会、学校和个人自行研究的课题22项。在这些研究项目中，被自治区教育科研成果评审鉴定委员会鉴定通过的有20项成果。其中有12项获得自治区教育科研优秀成果奖(一等奖6项,二等奖6项)。

基础教育

[**概述**] 1993年,全区各族人民解放思想、转变观念,为教育事业献计献策、出钱出力,使自治区基础教育得到了积极稳步的发展。1993年,全区幼儿园、小学、中学已增加到3190所。其中,幼儿园比1992年减少7所;小学比1992年增加259所,小学在校生比1992年增加20104人;普通中学比1992年增加7所,中学在校生比1992年增加2323人。

从1985年起,每年从西藏少数民族学生中招收一千多名小学毕业生到内地各省市西藏班(校)学习。分别经中专(中师)和大学深造后,回藏工作。到1993年为止,已经招收9届学生分布在全国26个省、自治区、直辖市和19个部委所属的82所西藏班(校)学习。目前,已有107个初中班和18个高中班,初、高中在校生6000余人。600多名学生已进入内地各高等院校学习,中专(中师)毕业回藏工作的近1000人。目前,已基本形成了区内办学和区外办学相结合的西藏教育新格局。1993年适龄儿童入学率已达到61%。

1993年,中小学教育基建投资3830万元。其中,中学1820万元,小学2010万元。中小学校舍建筑总面积为1454840平方米。其中,中学校舍建筑总面积422526平方米,比上年增加48814平方米,小学校舍建筑面积为1032314平方米,比上年增加133468平方米。中小学危房总面积为153565平方米,其中,中学危房面积31750平方米,小学危房面积121815平方米,占中小学校舍建筑总面积的10.6%。

[**义务教育**] 《中华人民共和国义务教育法》颁布几年来,由于自治区地理环境特殊、经济发展缓慢,地方财力拮据,以及传统的习俗、观念等多种原因,西藏实施九年义务教育存在许多不利的条件。对此,几年来大力加强实施《义务教育法》的宣传教育,推动各级人民政府、社会各界以及家长、学校严格履行《义务教育法》所规定的各项义务和职责。同时,为逐步推行义务教育,从转变观念,不断提高依法治教的意识出发,自治区教委在制订各种政策法规,加快义务教材编译步伐,通过各种渠道培养、培训中小学教师等方面做了许多工作。

在实施义务教育的过程中,针对全区依法治教的观念较淡薄,教育行政部门及学校领导视野不够开阔等情况,1993年,自治区教委组织由7个地(市)教育主管领导参加的教育考察组赴河南、山东两省,以考察实施义务教育为中心内容进行了实地考察和学习。通过考察,各地(市)教育主管领导开拓了视野,明确了思路,增强了信心,学到了不少的经验。考察组回藏后,及时地向本部门、本地区广泛深入地宣传两省的经验。部分地(市)不等不靠率先制订本地区实施义务教育的规划和措施。

根据《中华人民共和国义务教育法》,结

合全区实际，自治区教委起草了关于《西藏自治区实施〈中华人民共和国义务教育法〉办法》，已报送自治区人大通过。同时，还制订了《西藏自治区普及九年义务教育规划和评估验收办法》、《西藏自治区九年义务教育全日制小学、初级中学课程计划》、《西藏自治区基础教育分级管理办法》、《建立我区教育督导制度的暂行办法》、《西藏自治区中小学勤工俭学暂行规定》等一系列政策法规性文件。其中，有的已出台实施。

从 1993 年秋季起，西藏自治区开始使用九年义务教育教材。为了满足实施义务教育的需求，自治区教材编译局在继续承担五省(区)协作教材和乡土教材编译任务的同时，还承担了大量的九年义务教材编译任务。到 1993 年底，自治区教材编译局共计发稿 168 种教材，其中，1993 年秋季供书的教材 97 种(再版 38 种、新编译教材 59 种)，1994 年春季供书的教材 71 种(再版 38 种、新编译教材 33 种)。

为了使广大中小学教师尽快适应九年义务教育教材，了解和掌握九年义务教材的编写指导思想、知识结构以及授课方法，1993 年 6 月，自治区教委专门从成都市教科所聘请有关学科的专家学者举办了为期一个多月的义务教育(人教版)教材培训班。同时，为提高全区中学英语教师的素质，西藏国际教育交流协会聘请美国英语教育学会的 8 名外籍教师，举办了为期三个月的中学英语教师强化培训班。

［**德育工作**］　为了全面贯彻党的教育方针，坚持把德育放在学校工作的首位，自治区教委转发了国家教委下发的《小学德育大纲》，制定并实施《西藏自治区中学德育大纲》和《西藏自治区小学德育纲要》。认真组织落实运用百部优秀影视片在中小学生中广泛深入地开展爱国主义教育、国情教育和民族团结教育。

为了加强对中小学生的思想品德教育，净化社会育人环境，1993 年，自治区、拉萨市及有关地区提出了“关于严禁中小学生进入‘三室一厅’(卡拉 OK 室、电子游戏室、音乐酒吧室和歌舞厅)”的要求。近年来，随着自治区文化市场的不断繁荣，出现了各种文化娱乐场所，这对丰富城乡群众的文化生活起到了积极作用。但部分经营者以盈利为目的，怂恿中小学生酗酒、赌博，招用和引诱中小学生陪酒、陪坐、陪舞，对中小学生的健康成长产生了不利的影响。自治区教委根据“严禁中小学生进入‘三室一厅’的通告”精神，积极配合有关部门，作了大量工作。

［**全区首次实行高中会考**］　为加快自治区高等学校招生考试制度的改革步伐，克服片面追求升学率的不良倾向，西藏自治区教委制订了关于《西藏自治区实行普通高中会考制度改革试行方案》和《西藏自治区普通高中会考管理暂行办法》等文件，并对全区 20 所高中的一年级学生进行了首次地理会考。

［**学校体育卫生工作**］　根据国家教委颁发的《全国中学生体育合格标准》，结合西藏的实际，制订了《西藏自治区〈中学生体育合格标准〉实施办法的意见》，下发了《关于进一步加强我区学校体育工作的意见》。

1993 年 8 月，组织西藏中学生代表队参加了在山东省青岛市举行的全国中学生运动会，西藏拉萨中学、拉萨市第一中学在运动会上被授予贯彻体育卫生条例的先进学校。

同时，为活跃和丰富中小学文艺活动，自治区教委配合区团委、区妇联成立了西藏自治区少年儿童艺术团。

职业技术教育

[**概述**] 西藏自治区的职业技术教育主要包括职后的成人职业技术教育(含农牧民技术培训)和职前的职业技术教育。其中职后的成人职业技术教育,目前主要通过脱岗或在岗的短期培训来完成。正规独立的成人职业学校在本区尚未形成规模,有待进一步重视和加强。职前的职业技术教育,主要由中等专业学校和职业中学完成。

1993年,中等专业学校毕业生数比1992年增多74人;招生数比1992年增加3人,在校生比1992年增多235人,专任教师比1992年增加31人。职业中学比上年增加1所。1993年职业中学毕业生数与上年持平,招生数比上年增多74人,在校生比上年增多7人,专任教师比上年减少13人。1993年,对在普教中引进职教因素方面进行一些尝试性的努力。根据本地经济建设的需要,在日喀则地区康马县中学和堆龙德庆县中学办有职业技术培训班。

[**管理体制问题**] 长期以来,西藏自治区的职业技术教育管理体制不够明确,各种关系没有理顺,在教育行政部门内部至今没有一个专门的业务处(室)来管理职业技术教育。全区的职业技术教育发展规划和年度工作计划的制定有待加强,职教管理需进一步重视和完善。1993年,自治区教委组织人员深入有关学校和企业,对全区职业技术教育和职工教育等开展了一些调研活动,并草拟了"发展和改革我区职业教育的意见"。从总体上看,西藏自治区职业技术教育较薄弱,其发展还面临着许多困难和问题。

[**成立山南地区职业中学**]1993年,全区第一所完全独立的职业中学——山南地区职业中学在泽当镇近郊成立。这所学校占地面积13340平方米,建筑面积3711平方米,教学行政用房1676平方米,教室432平方米,实验室216平方米,生活福利用房1915平方米。该校现有教职工8人,其中专任教师3人,1993年9月23日正式开学。1993年共招收4个班的68名学生。学校办学的宗旨是为农牧区培养有用的专业人才。1993年招收的68名学生是由地区各县有关部门从高中和中专落选生中推荐的,要求全部都是农村户口。所设4个班中,设有乡医班和绘画班。绘画班每周上专业课24个学时,乡医班安排30个学时,其余时间为基础课学习时间。

高 等 教 育

［**管理体制改革**］　西藏自治区党委、人民政府在《关于改革和发展西藏教育的决定》中要求办好高等教育时，"要统筹兼顾、配套实施，深化本区4所高校的教育改革工作。通过优化结构、转换机制、增强办学活力，建立与市场经济体制紧密结合的运行机制，要在工资分配、用人、经费使用与筹集、内部结构、专业设置等方面扩大高等学校的自主权"。在学校领导管理体制上，"大中专学校均要实行党委领导下的校长负责制。教育行政部门的主要职责是规划、指导、监督、协调、服务。"这是本区克服高等教育过去在单一集中计划体制下形成的办学体制和管理体制方面存在的各种弊端，逐步理顺政府、社会、学校之间的关系，改变学校实质上是政府的从属机构的问题，创造条件让学校与社会直接联系，真正使高校在建立起一套自我激励、自我约束、自我发展、自我运行机制的、面向社会自主办学的法人实体方面迈出重要一步。

根据自治区党委、政府《决定》的精神，自治区教委在对高校管理方面减少了直接的行政干预，根据规划、指导、协调、服务的要求，注意改进工作作风，深入实际调查研究，对大中专学校改革和发展问题进行了探讨和研究。在进行调查研究的基础上，自治区教委起草了《关于我区高等学校改革和发展的意见》并报上级有关部门，目前这个文件待批准实施。

1993年11月在西藏大学召开了全区大中专院校教学管理工作会议。这次会议，对全区大中专学校教育管理体制的改革将产生积极的作用。

1993年，各高校以提高教学质量和办学效益为主要目的，在学校内部管理体制改革方面做了许多工作。西藏民族学院为适应建立社会主义市场经济体制的需要，在深化教育、教学、科研体制改革，深化后勤保障体制改革，人事、分配等内部管理体制改革，积极发展各项服务事业、兴办校办产业和加强党的领导等多方面提出了改革的趋向、原则、政策性办法措施。西藏农牧学院改革实验管理体制，把原来由学院统一管理改为分级管理，把专用实验室交给系、教研室管理。学校对实验室提出开出率指标，同时对开出质量提出明确的要求。其它高等学校都在教学、科研、后勤、人事管理体制等方面进行了不同程度的改革。西藏自治区高等学校内部管理体制改革总的趋向是：理顺学校与校内各部门之间及各部门之间的关系，调整内部结构、扩大各部门的自主权，明确各自的责权利，调动各方面的积极性，提出工作目标、实行层层承包或目标责任制和达标的办法，求得较好的管理实效。

［**制订实施为经济建设服务的措施**］　西藏自治区党委、人民政府《关于改革和发展西藏教育的决定》要求：——高校的办学形式要坚持把需求量较大的专业放在区内办，例如农、林、牧、卫生、师范等专业；把需求量较小专业人才放在区外培养。坚持多层次、多规格、多种形式办学的方针，按经济建设的需要培养人才。要逐步创办教学、科研、生产和销

售联合实体，为社会提供产品、技术、信息、咨询等服务，鼓励高校多渠道、多形式地参与我区经济建设。为此，自治区教委高等教育管理部门起草上报了《关于我区高等教育改革和发展的意见》，提出如何使高等教育面向社会，为社会经济建设服务方面应采取的具体办法和措施。

1993 年，全区 4 所高校进一步搞好教学和科研工作，并重视高校如何为经济建设服务的问题。各高校结合自身的实际，提出或实施了为经济建设服务的一些措施。这些措施归纳起来主要有以下几个方面：(1)从实际出发，根据社会需要调整学校的办学方向。西藏民族学院在《关于西藏民族学院办学发展方向和有关问题的请示》中提出了改变以文为主，转向以理工、经济为主的发展方向。西藏农牧学院提出要大力发展科技推广和科技开发工作，逐步形成以教学为中心，教学、科研、推广、开发相结合的新型模式和格局。(2)瞄准市场需求，加快专业课程建设。专业课程建设的重点放在改造拓宽现有专业，增设新专业，修订教学计划，优化课程结构等几个方面。西藏民族学院把汉语文专业向文秘专业方向，历史专业向文博、档案、民族旅游文化、图书管理方向，体育专业向音乐、美术、生理卫生教师方向拓宽。并新开设了税务、法学、行政管理等专业，各专业都普遍增加了应用型课程。西藏农牧学院在专业课程建设方面提出并实施了农学系以农为主，增设植保专业、蔬菜专业；牧医系以畜牧、兽医为主，增设草原专业、动物检疫专业；林学系以林为主，增设果林专业、木材加工专业；水电系以水和电为主，增设微机应用及维修专业、家电应用及维修专业；各系联合开设边境贸易专业、乡镇企业管理专业等的设想。该校还本着“加强基础、突出主干、确保应用型人才的培养”的原则，修订 4 个系 7 个专业不同层次的教学计划 28 门，增加适应性基础教学、加大和提高外语、微机、科技写作课程的教学分量和要求。(3)加强实践环节，提高学生动手能力和适应能力。西藏大学加大教学实践环节，明确军训、社会实践活动、教学实习、野外考察的具体时间与安排要求。西藏农牧学院提出了“加大实践教学的比重，本科实践教学要保证 30 周以上、专科不少于 25 周，中专不少于 20 周”的要求。(4)认真组织校产开发和社会服务。1993 年，全区各高校克服种种困难，在加速校产开发和社会服务方面作出了艰苦的努力。西藏农牧学院克服各种困难先后成立科技开发总公司、建筑安装工程公司、科技开发中心、教育工会服务公司、南美黎发展中心、旅游服务点和饲料加工厂等。西藏民院已申办了雪域实业贸易总公司，校办工厂在继续生产书架、防盗门窗等产品的同时，研制了适合能源困难的广大农牧区的节能炉，受到用户的欢迎。校内各单位挖潜兼营服务活动也有所开展。组织校产开发活动，不仅是高校面向社会、加强与社会的直接联系，为社会服务方面的重要途径和措施，也是增加学校收入，增强办学实力的一种途径。

[党建和思想政治工作] 1993 年，西藏各高等院校在自治区党委、人民政府和自治区教委的直接领导下，以党的十四大和区党委四届四次全委扩大会议的精神为指导，认真贯彻落实全国高校党建工作会议和全区第四次教育工作会议精神，深入开展了以坚持四项基本原则，坚定社会主义信念为主要内容的社会主义教育，以学习中国历史、西藏历史、反对分裂渗透、维护祖国统一和民族团结的爱国主义教育为中心内容的思想政治教育，取得了较好的效果。各学校在进行思想政治工作时，重视加强以下几个方面的工作。(1)重视学校党建和思想政治工作队伍的建设。加强学校领导班子建设、重视党的基层组织建设、加强党员教育工作。在领导班子建设

方面，西藏农牧学院按照“一要选好一把手，二要增强教学第一线的干部力量；三要注意用人所长；四要大胆提拔中青年干部”的要求，在认真考察的基础上，以高度负责的精神，冲破论资排辈，求全责备等陈旧观念的束缚、坚持干部“四化”标准和德才兼备原则，较有成效地调整充实了二、三级领导班子。他们提拔使用 23 名正副处级干部（其中 11 人是破格提拔的）之后，又以任命和聘任相结合的方式，提拔使用 33 名正副科级干部。对副县级以上干部，他们严格按照中央提出的廉洁自律的 5 项规定和院纪委规定的 8 条反腐败自查自纠内容进行了自查自纠。

为加强思想政治工作队伍建设，各学校不仅十分重视学校政工干部和共青团、工会、妇联、学生会等组织的工作，还十分重视班主任、任课教师及其他干部、职工的教育工作，要求他们在各自的岗位上做到教书育人、管理育人、服务育人。(2)抓校风校纪建设和优化育人环境的工作。西藏大学针对一段时间内学生中出现酗酒闹事等遵守校纪较差的情况，以转变校风校纪，优化育人环境为目的，在正面教育的前提下，整顿了学生纪律。同时布置学雷锋、树新风的工作安排，在全校范围内大张旗鼓地开展了精神文明建设。为使此项工作顺利开展，取得成效，学校成立了精神文明建设领导小组，校长挂帅，其他领导和部门负责人为成员，抽调 50 多人，分别深入学生班级、宿舍同学生一起学习提高。整顿结束后，校领导小组按照预订的四条标准对各系(部)学生纪律整顿结果以及开展精神文明建设情况，进行认真的检查、验收、评比。使学校的校风校纪有了明显的好转。(3)充分发挥政治课的思想教育优势。各校重视上好政治课，寓教于课。西藏大学进一步抓了马列主义政治课和德育课教学。规定教师必须按教学计划、大纲要求授课，保证课时，改进教法、理论联系实际，有针对性地解决学生思想上的一些深层次的问题。西藏民族学院党委每年都主持召开马列主义理论课和思想政治教育工作会议，针对学生思想实际，研讨教育内容和方法。各学校始终把德育课放在首位。(4)重视经常性和针对性的教育。各学校每年都有经常性的学习内容和针对性的思想教育活动。西藏民族学院把两课灌输教育和“三育人”活动作为经常性教育内容，同时，每学年开学都要集中三至五天进行针对性的思想教育。举办各种专题讲座，对学生进行思想教育。

1993 年 10 月，在陕西咸阳西藏民族学院召开了西藏大、中专学校思想政治教育工作会议。区内大、中专院校及内地西藏班部分负责同志联系各自的实际，把教书育人、管理育人、服务育人等方面的新经验、新做法进行了交流。会议结合全国高校党建工作会议精神，讨论修改了关于在全区高校、中专和中学加强维护祖国统一教育的《决定》，安排、部署了新时期高校党建工作和思想政治工作。与会同志还参观了西藏民族学院政治思想工作系列工程展览。

[科研工作]　高校实行教学、科研和生产三结合，不仅是教学和科研相互促进，提高教育质量，培养合格人才的需要，也是高等教育直接为经济建设服务的需要。在西藏自治区党委、人民政府《关于改革和发展西藏教育的决定》中指出：“我区高校要逐步创办教学、科研、生产和销售联合实体，为社会提供产品、技术、信息、咨询等服务。”由于西藏高校比起内地院校科研工作起步较晚，教学任务重，教师队伍比较薄弱，科研力量不雄厚，科研经费有限等原因，给开展科研工作带来了一些困难，但随着社会主义市场经济体制的逐步建立和高校教育改革的不断深入，无论是领导层，还是广大教师都对科研工作有了新的认识。他们感到，在改革开放的新形势

下，高校要生存，要发展，只有改变过去高度集中的计划经济体制下形成的单一办学模式，依靠学校自身的人才、技术、设备优势，依托科技资源，深化教育改革，转变办学机制，探索适应社会主义市场经济体制的办学模式，融教学、科研、推广、开发为一体，增强自我发展、自我完善的能力，才能在改革中立于不败之地。随着对科研重要性认识的提高，更加主动地重视和加强了科研工作，确立了“科研为教学服务，为西藏经济建设服务”的指导思想。制定了符合本校实际的科研课题申报、立项、审批、科研管理、成果评奖办法等一系列配套措施。同时，组织动员广大教师开展了科技开发，科普、学术研讨会，承担科研课题等多种形式的科研活动。到1993年底，全区各高等院校以基础理论研究和高新应用技术开发研究紧密结合，取得了各具特色的丰硕成果。西藏大学截止1993年，新编教材和教学参考资料23种，整理出版《格萨尔》史诗五部。与日本合作建立了羊八井宇宙射线地面观测站，已取得科研成果3项。制作动植物标本820多种，出版专著17本。许多教师还参加了全区性教材编审和五省区数、理、化、生、地、藏文教材编审工作，并取得了成果。西藏大学作为培养全区“双语”人才的主要阵地，充分发挥本校各学科藏汉兼通人才比较齐全的优势，组织教师成立了数、理、化、生、地、政、史、计算机、经济学等专业的大学名词、术语翻译委员会。目前，大部分学科的名词、术语翻译及编审工作基本完成，为全区逐步建立一整套藏语文授课的教学体系，奠定了良好的基础。这一研究成果不仅填补了国内空白，还解决了藏文版教材建设上遇到的一大难题。

1993年，全区高校评选出6项教学成果奖，其中校级3项，自治区级2项，国家级1项。与中央电视台《动物世界》摄制组等有关部门联合承担并完成的科研成果“西藏羌塘高原珍稀哺乳动物研究”获得1993年西藏自治区科技进步一等奖。

西藏民族学院坚持一年一度的院内科研申报、立项、审批工作和优秀科研成果评奖工作。并采取了以下具体措施：(1)凡与教学紧密结合，研究教学中存在的问题，建设和发展新学科的项目以及与西藏经济建设结合密切、研究解决经济建设中的重大问题和现实问题的项目，都予以优先审批，并从人财物上予以倾斜。(2)积极争取国家、自治区和社会学术团体的重点科研项目，为打开校门，认识外界、开放办学开辟新路。(3)进一步拓宽研究领域，由以前的以社会科学理论研究为主，拓宽到社会科学应用性研究、自然科学研究、教育科学研究等学科领域。截止1993年，取得社会科学和自然科学研究成果1468项，其中发表研究论文1400多篇，出版专著54部、译著11部，取得技术专利2项；国家部委奖9项，国家学术团体奖4项；省(区)级学术奖20项，获学院奖132项。由该院承担完成的《藏族学生有氧耐力研究》获得1993年西藏自治区科技进步四等奖；《对老一辈无产阶级革命家民族教育思想论述的研究》获得了自治区优秀教育科研成果一等奖。

西藏农牧学院广泛发动教师、科研人员和专业技术人员，积极承担国家、自治区和有关部门交付的科研任务。强化学校内部的科研管理，不断增加科研投入，鼓励教师多搞科研、多出成果。1993年，该院承担完成的科研项目《西藏高原人参栽培引进种研究》和与中国医学科学院药植物资源开发研究所联合承担的《西藏高原引种栽培西洋参研究》获得了西藏自治区科技进步三等奖；《拉萨地区玉米薄膜营养钵育苗移栽试验研究总结报告》获得了自治区科技进步四等奖。《西藏农区、半农半牧区教育现状、问题及对策研究》获得了西藏自治区优秀教育科研成果二等奖。该院还重视科研成果的转化、推广、应用和校办产业开发的结合，办起了“科技开发中心”和“南美黎发展中心”等校办企业。

西藏药王山藏医学院将培养藏医学、藏药学和天文历算学高、中级人才和抢救、研究、整理藏医藏药学遗产紧密结合起来，开展了多层次、多方面的藏医藏药研究工作，为发展和丰富西藏的藏医事业作出了应有的贡献。

成人教育

[扫盲工作]　1993年，西藏自治区积极开展了扫盲工作。自治区教委派人到有关地区、县、乡调研农牧区扫盲工作情况。在大量的调研基础上起草了《西藏自治区扫除文盲实施细则》和《扫除文盲工作规划》等文件。同时还狠抓了扫盲教材的改编和发行工作。1993年12月，自治区教委副主任强巴央宗带领工作组，到有关地、县、乡检查评估农牧区开展扫盲工作、实用技术培训和职业技术教育工作情况。1993年，全区共有扫盲点(班)5453个，参加扫盲的农牧民达123017人，现有兼、专职扫盲教师7084人。

[农牧民文化技术学校建设]　1993年，自治区教委在林芝地区林芝县米瑞乡和山南地区乃东县昌珠乡公办小学试办了农民文化技术学校，在建立多功能学校方面进行了试点研究。1993年，对农牧民技术培训先后选择几个试点县开办了农民技术培训班。在加查县，对农民进行了水果保鲜、木碗加工、果树嫁接等技术培训；在乃东县颇章乡给脱盲农民办铁匠技术、卡垫编织技术等培训班；在林芝米林中学举办了果树栽培、乡镇企业会计、文书培训班；在林芝县米瑞乡进行了葡萄、花椒种植试验；在堆龙德庆柳梧乡举办农技培训班等等。为帮助各试点县开展技术培训工作，自治区教委共下拨经费20万元。

[自学考试]　1993年，西藏进一步加强和完善了自学考试工作。在调查社会人才需求的基础上，增开了行政管理专业，恢复了藏语文中专自学考试，筹备了藏语文大专自学考试。加强了自学考试服务工作，举办了两期藏语文大专、中专自学考试辅导班，参加学习的学员达250余人次。积极到区外联系购买自学考试教材数百套，为学员学习提供了方便。自学考试服务工作受到了社会的好评。1993年全区自学考试及格率由去年的36.3%提高到53.2%。

另外，针对目前在社会力量办学和农村农科教结合工作方面出现的新问题，自治区成人教育工作部门对有关问题进行了大量的调查，在此基础上起草了《关于社会力量办学的暂行规定》和《关于农科教结合的贯彻意见》。这将有助于进一步加强社会力量办学的管理和农科教结合工作的不断深入。

民族教育

[**概述**] 1993年，全区幼儿园、小学、中学、中等专业学校（含中等师范学校）和普通高等学校在校的少数民族学生共229582人，占全区各级各类学校在校生总数的92.5%，其中，少数民族在园幼儿1189人，比上年增加145人，少数民族在园幼儿占在园幼儿总数的43.2%；小学少数民族在校生203347人，比上年增加21442人，少数民族小学生占小学在校生总数的96%；中学少数民族在校生21442人（职业中学在校生119人），比上年增加3793人，少数民族中学生占中学在校生总数的83.5%；中等专业学校（含中等师范学校）少数民族在校生3604人，比上年增加640人；少数民族中专生占中等专业学校（含中等师范学校）在校生总数的72.8%；普通高校少数民族在校生1578人，比上年增加162人，少数民族大学生占普通高校在校生总数的56.1%。区外26个省市西藏班（校）的13300名在校生均是藏族和区内的其他少数民族学生。

1993年，全区已有高等师范专业13个，中等师范学校5所，内地西藏中等师范班17个，区内中等专业学校办有体育、艺术师范专业2个，高、中等师范专业在校生3585人。每年从区内招收少数民族师范生700人，并通过区内外相结合的形式大量培养培训少数民族教师。1993年，全区各级各类学校少数民族专任教师11124人，比1992年增加1917人。其中，幼儿园少数民族专任教师66人，占幼儿园专任教师总数的42.3%；小学少数民族专任教师8948人，占小学专任教师总数的93.3%；中学少数民族专任教师1395人，占中学专任教师总数的59.6%；中等专业学校和中等师范学校少数民族专任教师376人，占中等专业学校和中等师范学校专任教师总数的54.9%；普通高等学校少数民族专任教师339人；占普通高校专任教师总数的44.5%。

[**藏语文教学**] 藏语文是藏民族通用的语言文字。根据自治区人民政府的有关规定，自治区教委制定一系列政策措施，重视和加强了藏语文教学和藏语文授课工作。目前，全区各级各类学校均把藏语文作为一门主课来开设。藏族学生毕业、升学均把藏语文作为必考科目之一。

自1988年自治区人民政府颁布《关于西藏自治区学习、使用和发展藏语文的若干规定（试行）的实施细则》以来，为了加快培养培训能够用藏、汉“双语”讲授各门学科的教师，确定西藏大学为培养“双语”师资的主要阵地。西藏大学自1989年首次招收“双语”师资班以来，已招收5届，在校生达630人。1993年，毕业首批“双语”师范生162人。同时，对中学在职教师实行了“双语”资格考试考核制度。到1993年底为止，已经进行了三次考试和考核工作。中学在职教师中“双语”资格考试合格人数逐年增加，为自治区建立以藏语文授课为主的“双语”教学体系创造了良好的师资条件。

对中小学少数民族学生用藏语文授课，是提高西藏基础教育质量的重要途径之一，也是全面贯彻党的民族政策的重要内容。目前，全区小学藏族班基本实现了全部课程用藏语文授课。中学自 1989 年起开展藏语文授课试点工作以来，部分地、县中学藏族班逐步用藏语文讲授各门课程，同时加强汉语文课，取得了较好的成绩。到 1993 年底，全区已有 70 多个初、高中藏语文授课班，在校学生达 3000 余人。在区内部分高校和中等专业学校开设了藏语文、藏语言文学、藏族历史、藏族民间歌舞、藏戏、唐嘎绘画等专业或课程。

［**成立西藏药王山藏医学院**］ 1993 年，在原西藏大学藏医学院的基础上，成立了西藏药王山藏医学院。它以培养藏医学、藏药学和天文历算等方面的高、中级人才为目标，大力进行藏医药学遗产的抢救和研究工作。它是中国唯一的藏医高等学府。

撰稿　白玛次仁　索朗顿珠
审稿　刘庆慧

陕西省教育

概 况

[各级各类教育发展情况]

1993年各级普通学校基本情况 单位:人

学校类别	学校数(所)	毕业生数	招生数	在校学生数	教职工数 计	教职工数 其中专任教师
一、普通高等学校	45	26691	44163	119936	51084	19373
研究生		1818	2607	2629		
本科		16505	20663	77402		
专科		8368	20893	39905		
二、中等专业学校	112	18470	28617	75647	17815	7224
中等技术学校	90	11647	20872	54580	14967	5645
中等师范学校	22	6823	7745	21067	2848	1579
三、普通中学	2843	396430	470235	1296246	128103	98672
高中	582	96917	89636	247217		22562
初中	2261	299513	380599	1049029		76110
四、农业、职业中学	250	25344	40345	81426	9761	5846
高中	237	24385	37772	76197		5506
初中	13	959	2573	5229		340
五、工读学校	1	4	46	42	46	30
六、小学	36578	448152	761526	3977810	198194	180592
七、特殊教育学校	17	157	740	4744	488	342
八、幼儿园	1088	556233	601184	757277	26053	19401
九、私立普通中、小学、幼儿园	253	3201	6788	11159	907	595

1993 年各级成人学校基本情况

单位：人

学校类别	学校数（所）	毕业生数	招生数	在校学生数	教职工数 计	教职工数 其中专任教师
一、成人高等学校	42	15000	28846	62192	7187	3005
广播电视大学	2	2929	5662	12693	2082	917
职工高等学校	30	1036	2220	5210	2897	1141
农民高等学校						
管理干部学院	4	901	1486	2283	823	327
教育学院	6	2129	6593	10678	1385	620
独立函授学院						
普通高校举办		8005	12885	31328		
函授部		5593	9206	22370		
夜大学		2087	3159	8112		
干部专修科		325	520	846		
二、成人中等专业学校	129	5806	8080	21818	4514	1780
广播电视中专	3	2816	2233	8119	1101	81
干部中专	1					
职工中专	36	1316	4375	7906	1212	562
农民中专						
教师进修学校	89	1674	1472	5793	2201	1137
三、成人中学	417	2421	75464	76886	201	113
职工中学	22	1706	1918	2040	176	98
农民中学	395	715	73546	74846	25	15
四、成人技术培训学校	12227	1640000	1490000	1200000		
职工技术培训学校	390	70000	80000	70000		
农民技术培训学校	11837	1570000	1410000	1130000		
五、成人初等学校	8979	354807	339880	386136	6811	1227
职工初等学校	50	13961	13855	13751	340	183
农民初等学校	8929	340846	326025	372385	6471	1044
其中：扫盲班	8244	296529	283134	308705	6131	1021
小学班	685	44317	42891	63680	340	23

制表　柏建军

说明：1993 年尚有函授中专 2 所，毕业生 2742 人，招生 2649 人，在校生 11799 人；教职工 617 人，其中专任教师 96 人。

[**教育经费**] 1993年，陕西省教育经费总支出为281521.9万元，比1992年增加66133.4万元，增长23%，地方教育经费来源继续朝着多渠道的方向发展。其中，财政预算内的教育经费支出190009万元，各地、市、县征收用于教育的税、费以及其它属于国家财政性质的预算外资金来源17799.2万元，社会及个人投入为914.2万元。

[**贯彻实施《纲要》**] 1993年，《中国教育改革和发展纲要》发布后，省委、省政府发出关于学习、宣传、实施《纲要》的通知，省委书记张勃兴在《陕西日报》撰文，阐述《纲要》颁布的重大意义，对实施《纲要》提出了明确要求。3月，省教委发出通知，要求各地、市教育部门，各高等学校认真学习、宣传、实施《纲要》，以《纲要》为动力，推进各项工作的深入开展。要求各地教育部门按照《纲要》的要求，修订当地教育改革和发展的规划，研究、制订相应的政策措施。

根据《纲要》提出的目标任务，认真寻找差距。陕西教育事业在党的十一届三中全会以来有很大发展，但与《纲要》提出的目标任务还存在差距，主要表现为“五个不适应”。一是教育事业发展的现状同经济建设和社会主义市场经济发展对各类人才的需求不适应，二是现行的教育体制与经济、政治、科技体制的改革要求不适应，三是教育投资体制与社会主义市场经济发展的要求不适应，四是教师队伍的现状与发展教育事业和提高教育质量的需要不适应，五是各级教育行政部门的教育管理思想和管理方式与新形势的要求不适应。

4月，陕西省省长白清才在省八届人大一次会议上所作的《政府工作报告》中强调要认真贯彻《纲要》，并提出“八五”期间教育发展的目标和要求：大力加强基础教育。进一步建立健全分级办学、分级管理、依靠人民办教育的体制。贯彻执行《义务教育法》及其《实施细则》，加快实施九年制义务教育的进程。到1997年，全省基本实施六年初等义务教育，各地区都要创造条件，积极实施初中阶段义务教育。积极发展职业教育、成人教育。到1997年，各类中等职业技术学校的在校学生人数要赶上或超过普通高中在校生人数。加快扫盲步伐，全省每年扫除青壮年文盲20万人，对农民进行300万人次的实用技术培训。农村教育综合改革要全面铺开，加强县级政府对各类教育的统筹职能，搞好农科教结合，使农村教育转向为当地经济和群众致富服务的轨道，农村职业学校要由1993年的200所发展到1997年的400所。高等教育要加快改革步伐，逐步建立国家宏观管理、学校面向社会自主办学的新体制。逐步扩大学校的办学权。欢迎和支持民间办学和私人办学、合资办学。在各级财政增加教育经费、保证投入的同时，多渠道筹集教育经费，支持教育事业。

各地、市、县(区)的党政主要领导在宣传《纲要》的同时，亲自过问或主持修订本地区的教育改革和发展规划，并在财政比较困难的情况下，从投入和政策上给教育以倾斜。省教委也先后召开高校党委书记、校院长会议和地、市教育局长会议，研究了贯彻实施《纲要》的意见。

[**“两基”进展情况**] 1993年，一些经济、教育条件较好的市(区)实施九年义务教育，扫除青壮年文盲工作取得较大进展。西安市的碑林区、雁塔区、新城区，宝鸡市的渭滨区，渭南地区的渭南市已通过了省政府组织的检查验收，在全省率先实现基本普及九年义务教育，基本扫除青壮年文盲。

近几年来，西安市碑林、新城、雁塔3区始终坚持一手抓“普九”、一手抓“扫盲”，把实现两个基本作为政府行为，以创“一流的设施、一流的管理、一流的质量”为目标，在提高

"两基"工作整体水平上下功夫，促进了"两基"工作上档次，上水平。碑林区委、政府对实现"两基"工作非常重视，区委党委会、区长办公会专题进行了三次研究部署，并先后投资200万元用于设施建设，由于措施得力，使"两基"一次达标。新城区委、人大、政府、政协等几大班子，多年坚持把教育放在优先发展的战略地位，建立经常性的管教议教会议。在经费投入上，优先保证教育需要和"两个增长"，该区先后投资1200万元，新建教学楼、住宅楼35幢，又投资80万元添置教学仪器。坚持为教师办实事，建造住房13210平方米，使350户教师迁入新居。雁塔区近三年投资1239万元"普九"专款，建成一批配套齐备，设备精良的标准化、规范化学校，充分调动街道、乡镇的办学积极性，不断提高教师福利待遇，做到公办、民办教师同工同酬。政府在医疗费报销上给教师以倾斜政策，并使77.3%的教师迁住新居。为解决教师"断层严重、骨干短缺"的问题，实现"重点"转移，培训骨干教师，取得良好效果。这些都为实现"两基"奠定了坚实的基础。

基础教育

［**概述**］　1993年，陕西省加快普通教育体制改革步伐，建立与社会主义市场经济相适应的教育运行机制，实施义务教育取得进展。1993年，全省又有370个乡(镇)达到"普六"标准。普及六年义务教育标准乡镇已占全省乡镇总数的74.98%，人口覆盖率达86.13%。特殊教育事业逐步纳入义务教育的发展轨道，弱智儿童入学率有了大幅度提高。全省新增弱智儿童辅读班30个，就读400余人。省教委特幼办与陕西师范大学联合，开展弱智教育的科学研究工作，在咸阳市进行了弱智儿童的筛查、鉴定，为发展弱智教育提供了重要的数据。1993年全省盲聋哑学校在校生人数比1992年增长50.4%。幼教事业也得到发展，在园幼儿比上年增长3.5%，完成了全省7个地市的幼儿园登记注册和分类评定工作。

完成普通高中布点调整工作，全省普通高中由原来的601所调整为582所，学校布局基本趋于合理。1993年，高一、高二两个年级的6个科目会考进行顺利，及格率分别达到：地理94.2%，物理85.8%，化学93.7%，外语82.4%，生物92.7%，历史93.7%。成立了陕西省中小学计算机教育领导小组，制定了全省中小学计算机教育发展规划，全省有314所中小学开展了计算机教育，拥有多种类型微机2988台，接受计算机教育的学生10万余人。根据国家教委的部署，对洛川县、南郑县、合阳县、宝鸡县的8所农村劳动技术课教育综合实验项目中学进行了全面评估。

［**师资队伍建设**］　1993年全省普教系统教师通过教育学院、中师、教师进修学校、高师函授、卫星电视中师函授等渠道，有2100人取得大专层次的学历证书，11000人取得中师学历证书。1993年，全省小学教师学历合格率为84.07%，初中教师学历合格率为53%。还招收1520名民办教师进入中师民教班学习培训。1992年12月举行初中教师函授、卫星电视、自考"三沟通"入学考试

以来，全省已录取学员1.3万余名，1993年进入正式学习阶段。全省共组成705个教学班，在280个放像教学点开展教学工作。为加强高师卫星电视学员的教学管理，省教委拟定颁发了《陕西省中学教师进修卫星电视高师教育教学管理暂行办法》、《陕西省中学教师进修卫星电视高师教育学员学籍管理暂行办法》，并组织各地(市)、县制定了切合当地实际的各项管理制度，使全省“三沟通”的行政管理、教学管理、学籍管理、节目录制、软件传送等工作走上正轨。同时，加强中小学校长队伍建设，省委组织部、省人事厅、省教委联合颁发了《关于加强中小学校长队伍建设的实施意见》，对中小学校长的任免、培训、考核和待遇等提出了新要求。5月，省教委举办了小学管理经验报告会。全年共组织7000余名中小学校长参加脱产和在职培训。

为加强小学教师的骨干培训，抓紧省级重点教师进修学校的建设。先后对兴平县教师进修学校、三原县教师进修学校、安康教师进修学校进行了扶持，加强了对这几所学校的业务指导。为加速培养中等学校师资，省教委与省计委确定，1993年扩大高师预备班，高师预备班招生纳入中等师范学校招生计划，招收初中应届毕业生。

不断提高教师的社会地位、生活待遇。积极开展优秀教师的评选、表彰、奖励工作。完成450名全国及陕西省优秀教师、优秀教育工作者和第三批特级教师的评选，有18名教师荣获全国教育系统劳动模范称号，171名教师荣获全国优秀教师称号。缩小民办教师比例，从优秀民办教师中选招5070名为公办教师。教师奖励基金的筹措增值进展顺利，基金总值已从1992年的320万元增加到600多万元。继设立“陕西省505教师奖励基金”后，1993年底接受省优秀企业家张振英赠款200万元，设立“振英教师奖励基金”。教师住房建设取得新进展。为解决教师住房困难问题，省政府决定对教师住宅建设实行全部的优惠政策。省城建、税务等部门对中小学教师住宅建设免去一切税、费，物资部门优价提供建筑材料。1993年，全省城镇小学教师住宅建设总面积达164.74万平方米，人均住房面积由1990年的6.24平方米上升到8.27平方米。

[中小学教育改革] 1993年，陕西省加快普教改革的主要内容：一是加快办学体制改革，提倡社会团体和公民个人兴办幼儿园、普通中小学和职业技术学校。二是完善“分级办学、分级管理”的体制，落实县、乡特别是城市社区兴办普通教育的责任。农村教育费税的征收，由现行的乡筹乡管逐步过渡到乡筹县管，按比例返还。三是加强学校内部管理体制改革，继续推行中小学校长负责制、教师聘任制和教职工岗位责任制。四是将中小学的收费权限下放到县(区)，县(区)可根据当地经济发展水平和群众承受能力，并参考学校办学水平及实际需要确定收费标准，可适度提高非义务教育阶段的收费标准。五是加速初中教师队伍的培养。继续招收学历未达标的初中教师进行“三沟通”高师培训；允许师范院校招收一定数量的委培生、自费生，实行有偿培养。六是提高小学教师的学历层次，扩大中师五年一贯制的试点；允许中等师范学校招收一定比例的自费生，有条件的地方可安排一定数量的大专毕业生到小学任教。七是要重点抓好高中教学计划的调整，在按规定安排必修课的同时，积极开设不同门类的选修课；结合渗透职业技术教育，实行高三分流，并试行高中毕业生双证制(毕业证和职业技术培训合格证)。这些措施的出台，为基础教育的发展注入了活力。

[集中力量解决突出问题] 1993年春季开始，陕西省教育事业费附加的征收工作

受到挫折，各地中小学生流失严重，相当一部分地区教师的工资被拖欠，集资办学活动基本停止。针对这些滑坡现象，省教委领导率队，前往10个地市进行调查，在调查研究的基础上，向省政府提交了《关于增加教育投入，解决基础教育几个问题的紧急报告》。省政府于8月专门召开常务会议，听取省教委的汇报，并即刻召开全省地、市教育局局长会议，进行专题研究。会议期间，省长白清才邀请地市教育局长和部分地市主管教育的专员、市长座谈，并发表讲话。省教委主任戴居仁作了题为"贯彻《纲要》精神，解决突出问题，推动我省基础教育健康发展"的主题报告。省政府发出《关于抓紧解决中小学教师工资问题的通知》。《通知》要求在教师节前，各地(市)、县(区)要千方百计筹措经费，全部兑现拖欠教师的工资。公办教师的工资，应按省财政厅关于解决拖欠干部工资的处理办法，抓紧落实，应将补发公办教师的拖欠工资优先解决，保证兑现。民办教师工资的民筹部分，应通过征收农村教育事业费附加的渠道解决。农村教育事业费附加的征收比例一般应控制在当地农民上年人均纯收入的1.5%，个别特殊的不超过2%。为了确保教师工资的按时发放，决定将原下放到乡财政包干使用的预算内教育经费，从1994年起，收归县(市)财政统一管理，交教育部门集中使用。并决定将全省按三税2%计征的城市教育费附加，从1993年9月1日起提高到按3%计征，征收渠道和办法不变。省政府的《通知》对于遏制一些地方基础教育出现的滑坡势头，保证基础教育沿着健康发展的轨道前进创造了极为有利的条件。经过大量艰苦细致的工作，到9月，全省中小学教师工资拖欠问题基本得到解决，成为全国解决拖欠教师工资问题较好的省份之一，受到国务院副总理李岚清和国家教委的肯定。

[“百人百县”基础教育调查]　9月下旬至10月上旬，省教育工委、省教委领导分头带队，共抽调109名干部，组成21个调查组，深入到全省10个地(市)107个县(区)，就全省普通教育出现的突出问题和普及九年义务教育的情况开展了为期20多天的调查活动。主要是着重检查地、市教育局长会议精神贯彻落实情况，检查各级各类学校的收费情况，纠正乱收费的不正之风，检查各地教育费附加征收情况，全面兑现教师工资；检查实施九年义务教育情况及教育与社会经济发展、教育体制改革、教育结构调整、教育投资、教师队伍建设和提高教育质量等基础教育的突出问题。在重点调查剖析21个县的基础上，撰写出21份调查报告。全省10个地市教育部门也撰写了本地区普及九年义务教育的调查报告。调查结束后，进行了总结研讨。在总结研讨的基础上，形成了《关于我省实施九年义务教育的情况汇报》。《汇报》对陕西普及九年义务教育的现状进行了实事求是的估价，对存在的困难和问题进行了认真的分析，对陕西到本世纪末实现“双基”的奋斗目标提出了可行性的对策和建议。

[“加强贫困地区小学教育项目”执行情况]　1993年是“加强贫困地区小学教育项目”周期的最后一年。为检查项目预期目标是否达到，省教委组织71所项目学校进行自评，然后由县项目领导小组对所属项目学校进行评估，最后由省项目领导小组进行抽查。结果表明，学校管理和社区关心支持教育都走上了规范化的轨道，学校管理人员受到较高层次的培训，管理水平得到提高。71所项目学校校长和教导主任在省小学教师培训中心接受培训率为100%，后勤人员在各项目县教师进修学校接受培训率为100%，项目学校教师的合格率有了显著提高，骨干教师、学历未达标教师均接受了不同层次的培训，

骨干教师在省小学教师培训中心接受培训的共计 130 人,在县教师进修学校接受培训的共计 390 人,学历未达标教师在县教师进修学校达标班、函授、卫星电视教育中接受培训,71 所项目学校教师学历合格率已达 93.4%。71 所项目学校均达到国家教委的要求,办学条件显著改善,成为当地的样板学校。71 所项目学校服务区的适龄儿童全部入学,接受六年义务教育,在校学生的年巩固率达 99%,杜绝了新文盲的产生。71 所项目学校共举办学前班 136 个,学前一年教育的入班率达 90%。各项目学校进行小学语文"注音识字、提前读写"和"马芯兰数学教学法"等 7 个教学实验项目。为提高课堂教学效果,各校共自制教具 2049 件。九年义务教育新教材从 1993 年秋季开始使用,新旧教材过渡平稳。各校普遍重视劳动教育,开设了劳动课,大力开展勤工俭学,使学生受到了劳动技能的训练。

[**儿基会师范教育项目学校管理**] 加强对联合国儿基会项目学校的管理工作。1993 年 2 月,省教委召开第二、三周期 6 所项目学校的项目主任会议,研究落实全年工作计划,布置了第三周期项目学校的终期评审工作。6 月至 9 月,省教委组织有关人员对 4 所第三周期项目学校进行逐校评估,对学校的设备使用效益、匹配投资、软件等进行考查,完成了终期评审工作。在第三周期项目关闭前,联合国儿童基金会官员对 6 所项目学校进行了考察,重点对咸阳市兴平教师进修学校进行了考评,对该校的项目执行情况表示满意。此次抽查为陕西争取下一周期联合国儿基会对师范教育投资创造了条件。这 6 所项目学校培训学员 800 余人,开展短期培训班,对小学骨干教师的单项培训知识更新起了促进作用。

[**旬邑县切实落实教育投入**] 近几年,旬邑县一直重视教育投入的落实工作。1993 年初,县委、县政府在认真清理农民各种不合理负担的同时,明确提出三个不能变:保证教育事业优先发展的战略思想不能变;县、乡、村各级把落实教育投入作为重要责任的工作要求不能变;多渠道筹措教育经费的原则不能变。在统一思想的基础上,这个县着力抓了以下工作:一是县财政挖掘潜力,重点向教育倾斜。除按原规定补足 100 万元的初中校建补助专款外,还按每月每班 30 元的标准,落实了全县初高中的公用经费保证基数,并给县高中划拨了 2 万元的公用经费专款。还从老区建设款中划拨 6%,烤烟税收中划拨 1.5%,用于基础教育。二是大力加强农村教育事业费附加的征管工作。为保证这项主要投入,县政府作出《关于切实减轻农民负担,加强农村教育费附加征收管理工作的决定》,要求将教育费附加严格控制在上年农民人均纯收入的 1.5%以内,由乡镇政府负责,在交售夏粮或秋粮时,以征收农业税的方式一次收清。将过去的乡征乡管公用改为乡征县管,分乡使用,全县完成了征收任务。三是实事求是地及时解决实际问题,对因物价上涨而引起的超标准收费,坚决清退,采用挤、借、贷等多种形式为学校筹款。四是组织学校积极开展勤工俭学活动,县着力抓校园经济和学校果园建设,支持校办企业,组织学生开展有偿课余劳动,大部分学校的勤工俭学收入有所增加。旬邑县坚持多渠道筹措教育经费的措施,基本保证了各类学校的建设、发展和日常工作需要。9 月,国家教委主任朱开轩同志在考察了旬邑县基础教育后,对该县在基础教育方面的成绩给予充分肯定。

职业技术教育

[**概述**] 1993年，陕西省职业技术教育继续贯彻国务院和省政府关于大力发展职业技术教育的决定，为陕西经济建设和社会发展培养实用中初级技术人才。截止1993年底，全省各类职业技术学校在校生人数占高中阶段学生总数的比例已达45.07%，比上年提高了近4个百分点。中等专业教育发展迅速，1993年全省中等专业学校在校生数已达54580人，比上年增长19.5%。

1993年，为贯彻职业教育大家办的方针，省教委经过严格考察，审批了陕西省科技卫生职业学校、陕西省立林职业技术学校、陕西省嘉猷职业技术学校3所社会力量办的职业学校，还审批了省高教职校的两所分校，增强了职教发展的活力。

[**职教产业开发**] 职教产业开发是省教委1993年工作重点之一。年初，省教委先后制定了《加大职教改革力度的十条试行意见》、《关于大力发展职业教育校办产业的试行意见》和《结合陕西实际，探索具有中国特色的职教改革与发展的道路》等文件，坚持“教产结合、校企合一、自主办学、自负盈亏、以职养职”的方针，在全省掀起了校办产业开发的高潮。省教委领导到基层调查，并确定重点抓几所年创利达百万元的大户，形成一批以关中的韩城市新农职业中学、陕北的府谷县职业中学、陕南的汉中市第一职业中学为代表的创利大户，推动了全省职教产业的迅速发展。7月，省教委组织了100多人的代表团，参加了在北京举办的全国职教产品展销会，充分展示了陕西职教产业水平。下半年，省教委精心选报项目，积极争取国家教委的职教产业开发专项贷款。全省各地出现了一批职教校办产业骨干，校校都办起了校办产业。府谷县职业中学贷款450万元建起了年产5万吨水泥的水泥厂，大荔县官池职业中学建起了中型全封闭的机械化养鸡厂，城固县第一职业中学建起了塑料拉管厂、木器家具厂，宝鸡县固塬职业中学建起了胶合板厂，咸阳市杨陵区职业中学建起“田丰”牌植物生长刺激素厂，都产生了一定的效益。

[**建立健全职教服务体系**] 在过去几年努力的基础上，1993年全省已初步形成了以省职教师资培训协调办公室负责组织协调全省职教专业师资培训，以省教科所职教研究室负责全省职教专业课教材编写，以省职教图书发行公司负责全省教材发行，以省职教研究会负责全省职教教研活动，以省金鼎工贸联合开发公司负责全省职教产业开发的信息沟通和交流协作的服务体系，促进了全省职教事业的发展。1993年主要抓了西北农业大学培养150名职教师资，在西安统计学院、上海旅游专科学校培养专业师资，修改农学专业职教教材，成立省职教图书发行公司，创办《西北职教》杂志等项工作。

[**骨干职业学校建设**] 1993年，省教委结合实际对《省级示范职业高中验收标准》作了修订，提高了要求，突出了校办产业的发展。依据新标准，验收了三原县西阳职业高

中,审批了镇安县职业高中、铜川市郊区职业学校、榆林地区卫生职业学校3所学校为省级示范职业高中,还验收了宝鸡市渭滨职业高中为省级示范职业高中。通过验收审批,进一步加强了骨干职业学校的建设。完成了国家教委对15所省级重点职业高中的评估抽查工作。10月,国家教委评估抽查小组在总结会上认为陕西省职教事业在“稳步健康”地向前发展,并对各地、市普遍建立了本地的示范性学校评估验收机制,给予充分肯定。

[**推广职教先进经验**] 12月,省教委在泾阳县召开了咸阳市职业教育三年质量效益工程现场会,交流了各地市发展职教的新经验和新路子。咸阳市开展职教质量效益工程,取得了成效。渭南地区对全区职教情况进行大调查,为全区职教发展规划提供科学依据,还和人事、劳动部门协商,划出一定指标用于全区职业中学的“能工巧匠”、民办专业课教师转公办;渭南地区还颁发了《全日制初级职业中学学籍管理暂行办法》,在全省率先对职业初中进行规范管理。汉中地区召开全区职教工作会议,提出发展职教的几条“硬杠子”。安康地区召开职业教育现场会,提出加强职教工作的新举措。西安市碑林区开展“高三分流”试点,取得成效。宝鸡市召开全市职教校办产业会议,印发《宝鸡市职业中学校办产业承包经营试行意见》,对职教校办产业的管理模式进行了有益探索。渭南地区澄城县还提出对职中搞校办产业实行税不进校,待学校所办企业还清债务后再征税,并提出凡职校利用贷款发展校办产业,县财政按固定资产投资总额至少补助15%。

[**中专学校改革**] 1993年,全省各中等专业学校积极改革,增强了学校活力,使全省中专教育出现蓬勃发展的良好势头。学校内部管理体制改革:(1)实行校长负责制。全省在80多所中专学校建立了校长、党委、教代会三位一体的新的管理体制,学校的法人代表是校长,负责全面工作;党委对学校实行政治领导,保证党的各项方针、政策的落实,团结广大师生支持校长履行职责;教代会代表职工群众,实行民主管理。这一改革推行后,各学校工作效率明显提高。(2)建立目标责任制。各学校普遍将教书育人工作纳入层层有目标、有质量要求的管理体系中,建立起教育目标责任制,使各项工作都有了明确目标要求。(3)试行教职工聘任制。为调动教职工积极性,提高教育质量,西安铁路运输学校、陕西林业学校等校把改革人事制度作为深化学校内部改革的突破口,率先试行教职工聘任制和优化劳动组合,按需设岗、按岗定员、择优聘用。

改革办学模式。各校从突破单一和封闭的办学模式入手,实行多渠道、多规格、多形式办学,发挥了中专学校的多功能作用。全省中专采取联合办学、委托代培、举办干部中专班、职工中专班、技工班、职业班和开展函授、刊授教育以及多种短训班形式,除为全省各条战线培养了30多万名专业技术人才外,还为甘肃、宁夏、青海、四川等10多个省(区)代培3000多名中级人才,并编写出40多种实用技术教材,为县乡农技校和职中培养输送了600多名专业课教师。

改革招生分配制度。农业、卫生类中专举办农村优秀青年和乡村医生不包分配试点班,打开了中等技术人才直接通向农村的路子。农业中专不包分配班毕业的学生中,70%被县、乡农技部门聘用,15%被聘为农职中教师。不少毕业生还主动进行集团技术承包,一般比当地农民增产20～30%,经济效益提高了30～40%。同时,改变了农村干部专业技术结构。11所卫生中专除直接为农村培养了不包分配的中专毕业生外,还培训了乡镇卫生院和村级卫生所的医士、妇幼医士1000多名，为改变乡村医疗队伍青黄不接和农村缺医少药状况作出了贡献。

改革课程结构、教学内容和方法。1993年省教委会同各办学部门对中专教育的课程结构、教学计划和专业设置进行了较大调整和改革，新设了一大批与商品经济密切相关的产前产后服务和经营管理专业，增开了实用技术和选修课。未调整的专业，其教学计划和课程结构也都不同程度地进行了改革，压缩了理论教学部分，突出了实践性教学和实际技能的培养，各专业普遍把实践性教学由过去的20—30%提高到40—50%。各中专学校还对教学方法进行了改革。

[**产教结合为经济建设服务**]　1993年，省教委以重点中专为骨干建立的“陕西裕中科技服务公司”正式成立营业，初见成效。各中专学校也积极组建和扩建校办产业，工科类中专校办工厂年产值达1200多万元，有的产品出口20多个国家和地区。90%以上的中专学校采取建立实习基地、承包科技项目、转让科技成果、开展技术咨询服务、招收委托代培生、举办短期培训班等形式为当地经济建设服务。8所农校先后建立20多处校外基地，进行课题试验和技术推广项目357项(其中20项获省、地科研成果奖)，培训农民技术员3.8万名，创造经济效益2.5亿元。新的办学机制既培养了学生的实践技能，锻炼了教师，丰富和改革了教学内容，把先进技术推广到生产中，同时也提高了教学质量，使教育和生产相得益彰。

高 等 教 育

[**概述**]　1993年，陕西高等教育在发展问题上，以走内涵发展为主的路子，充分挖掘现有高校潜力，根据现有财力和办学条件，逐步扩大招生规模。全省普通高校本专科招生比上年增长26.2%。专科和研究生招生规模进一步扩大，调节性计划大幅度增长。普通高校专科生招生比例已占到招生总数的50.3%，比上年增长9.4个百分点；调节性计划占到招生计划总数的38.8%，比上年增长15.2个百分点。

1993年全省普通高校共设置本专科专业751个，其中本科专业420个，专科专业331个，平均每个专业有学生134人。高校专任教师中，有教授1413人，副教授4804人，高级职称教师占教师总数的30.3%。全省高校教师和学生比例为1:4.86。

按照国家教委和省政府的部署，1993年省教委帮助西北大学做好进入“211工程”申报预审权的工作。制定了西北大学进入国家“211工程”重点建设规划和建设项目实施计划，为此做了大量工作。同时协助西安交通大学、西北工业大学、西安电子科技大学等校做好申报工作。

1993年，全省高校事业总经费年均63919万元，生均3819元。用于教学的经费7672万元，占事业费的10.8%。用于教学的实验室有1445个，教学设备总价值46172万元。全省高校实验开出率为74.5%。

[**全省高教工作会议**]　1月，陕西省委、

省政府在西安召开陕西普通高等教育工作会议。副省长姜信真作了主题报告，省教育工委书记、教委主任周延海作了关于高校党建工作的报告，省教育工委党委副书记石大璞、省教委副主任戴居仁分别就1993年教育工委、教委的工作做了部署安排。

副省长姜信真在题为《解放思想，深化改革，促进陕西高等教育更好地为经济建设服务》的报告中提出了九十年代陕西高等教育的发展目标：规模有较大发展，质量上一个台阶，结构更加合理，效益明显提高。在今后一个时期内，陕西高等教育原则上不再铺新摊子，着重调整、充实和发展现有高校，走以内涵发展为主的道路。继续调整高校布局，充实办学条件，扩大校均规模。进一步发挥部属院校的优势和作用，优化高等教育结构，集中力量办好重点大学。

［**加大高校改革力度**］ 1993年，陕西省加大了高等院校的改革力度，省政府发出文件，提出了扩大高校办学自主权的11条意见。1993年高校改革的任务就是贯彻文件精神，采取积极慎重、综合配套、分步推进的方针，加快校内管理体制改革步伐，并积极向综合改革推进。

高等教育改革的关键是体制改革，省教委根据陕西高校特点首先理顺政府与学校的关系，建立国家统筹规划和宏观管理，学校面向社会自主办学的体制。把对学校的直接管理，转变为运用立法、规划、拨款、信息、服务和必要的行政手段进行宏观管理，在全省各高等院校中落实省政府提出的十一条办学自主权。

以人事制度和分配制度改革为重点的校内管理体制改革在大部分院校全面推开。部委属院校大都推行岗位责任制和聘任制，运用正确的政策导向，在分配上拉开档次和差距，初步打破了平均主义，调动了教职工的积极性。省属院校由于受到客观条件限制，改革进展不大，但单项改革都已普遍开展。省教委先后批准了西安交通大学、西北工业大学、西北大学、西安电子科技大学、延安大学、西安外国语学院等院校的校内管理体制改革方案。西北大学被国家教委列为全国6所综合改革试点院校之一。

［**专业建设和学位工作**］ 1993年，制定了省属院校专业规划，明确了专业规划指导思想和原则。全省省属院校现有专业点214个，其中长线专业6个，需要改造的专业11个，申请由专科专业升为本科专业的3个。专业规划指导思想：(1)在加强和保护基础学科和专业的同时，大力发展适应本省经济和社会需要的应用专业。(2)优化专业结构，对着重服务于本省的专业，进行总体规划和调整，从整体上提高办学效益。(3)在高等师范教育中，渗透职业技术教育因素，设置部分非师范类专业。(4)突出重点专业特色，形成专业优势。(5)加快老专业的改造，拓宽专业服务面向，增强专业的适应性。(6)有计划地增设一批适应本省发展的外向型经济和第三产业需要的专业以及边缘新兴学科。(7)对部分专业面过窄、社会需求量小的长线专业作适当调减或采取隔年招生的办法控制规模。(8)在层次结构上，基本稳定本科教育规模，适当发展专科教育，特别是农、林、医、师和涉外经济类专科教育。专业规划的原则：(1)考虑经济发展的需求。(2)考虑社会发展的需求。(3)考虑教育发展的需求。为在已有专业上办出自己的特色和优势，省教委抓了150门重点课程的建设，各高校也抓了本校校级重点课程的建设。

在全国申报第五批博士、硕士授权专业点中，陕西地方高校、军事院校和科研机构共获准博士学位授予单位3个，硕士学位授予单位5个，博士点24个，硕士点70个，博士导师 144 个。为陕西高校到本世纪末基本建成 130 个左右的国家级、部级和省级重点学科和专业创造了十分有利的条件。

加强教学管理制度建设，进一步提高教学质量。

[**教学成果评奖**]　1993 年 9 月，陕西省省级优秀教学成果奖颁奖仪式在西安举行。共奖励 155 项优秀教学成果，其中特等奖 2 项，一等奖 23 项，二等奖 50 项，三等奖 80 项。奖金数额确定为：特等奖 5000 元，一等奖 3000 元，二等奖 2000 元，三等奖 1000 元。完成了 1993 年国家级优秀教学成果奖的推荐工作。陕西高校有 22 项成果获奖。由西安交通大学完成的"工科数学试题库系统"和"硕士学位课程的建设与管理"，西北工业大学完成的"教书育人系统工程"、西北农业大学完成的"教育及教育管理评估系列的建立与实践研究"、西安电子科技大学完成的"全国计算机专业评估理论的研究与实践"均获一等奖。陕西师范大学和西安公路学院等校完成的 17 项成果获二等奖，陕西省获奖项目数位居全国第五位，获奖水平居全国第三位。西安交通大学共获 8 项成果奖，获奖数和北京大学、清华大学并列第一。

[**基础课教学**]　高等数学开设有试点班、提高班、普通班和重读班四个层次，在保证教学基本要求的前提下，各层次进度和要求不尽相同。组织全省高校学生进行全国大学英语四、六级考试，非计算机等级考试。1993 年，全省高校参加全国四级英语考试成绩，87 级通过率为 34.8%、88 级通过率为 40.03%，89 级通过率为 66.4%，90 级通过率为 65%，高校四级考试通过率呈上升趋势。陕西机械学院的学生在英语四级考试中，88、89 级通过率为 67.9%、90 级为 80.9%。西安矿业学院在新修订的教学计划中，明确学生计算机上机时数。西安石油学院在学生中实行"四证"制度，即：一年级《数学竞赛优胜证》、二年级《四级英语通过证》、三年级《计算机能力通过证》、四是毕业证。同时进行高等数学、大学物理、物理实验课程质量检测工作，进一步加强高校在校学生的基础课程，强化学生的外语知识和计算机能力。

[**科研工作**]　1993 年，省教委进一步理顺基础研究、高技术研究与应用开发研究的关系。积极支持基础性研究、高技术研究和重大科技攻关。在科技实力较强的院校，集中优秀人才，选择意义重大的项目，实行重点突破，努力使一批学科领域的研究水平进入世界先进行列或领先地位。1993 年，全省高校参加科技活动的人员达 3.4 万人，其中高级技术人员占 29.2%。争取各级各类科研攻关任务 5500 多项，其中国家任务 1100 余项。多渠道争取到科研经费约 2.1 亿元。取得技术鉴定成果 480 项，其中国际水平 130 项，国内首创 120 多项。有 490 多项科技成果获得各级政府奖励，其中国家奖 162 项，省部级奖 240 余项。科研成果转让 210 项，成交金额 1300 多万元，签订各类技术合同 1251 项，合同金额约 1.38 亿元。

加速科技成果转化。1993 年陕西省高校应用技术成果 500 多项，在促进科技成果转化方面采取三项措施：(1)帮助高校加快科技成果中试基地、工程研究中心、技术开发研究所的建设，加快具有商业前景的科技成果的二次开发，使一批有推广前景的科技成果工程化、商品化、产业化。(2)通过高新技术研究的调查，选择一批产值能上亿元的大项目，与省经贸委合作，实施亿元工程，推动全省产学研联合开发工程向高层次发展。(3)选择一批短平快项目，组织高校到各地区举办各种形式的科技成果信息发布会、交易洽谈会、成果演示拍卖会，加强对高校科研成果的宣传和推广。5月,陕西省28所高校参加陕西省第三届技术成果交易洽谈会,展示500多项技术成果,其中80%的项目达到国内外先进水平。洽谈会上,高校代表团技术交易共成交235项,总金额7116.98万元。西安交通大学与秦建风险投资公司、西安高新技术产业开发公司达成创办“西安动力工程有限公司”的协议,生产开发系列新型风机,总投资达3000万元。榆林师专讲师康治荣研制成功的“康福尔沙棘营养液”成交额40多万元。

产学研联合开发工程向纵深发展。1993年3月,省教委、省经委、中科院西安分院联合召开陕西省第一届产学研联合开发工程工作会议。会议期间,组织了陕西100家大中型企业的厂长、107名科技副县长、100名专家教授进行信息发布和双向考察活动,经过考察洽谈,签订合同、协议和意向257项。

有计划、有重点地发展高校校办科技产业。省教委对全省高校高新技术研究及其产业化情况进行专题调查,提出了改革措施和意见。1993年底,高校校办产业发展到509家,其中科技型产业占62%,年产值达到3.5亿元,利税达5000万元。

[**教师队伍建设**] 1993年,省教委在稳定教师队伍,提高教师的思想政治素质和业务素质方面做了大量工作。首先加强中青年骨干教师的选拔和培养,全省高校教师中,中青年教师占67%,已成为教师队伍的主体。省教委在全省高校中选择了一批中青年骨干教师进行重点培养,定期评估,动态管理,增加竞争机制。加强教师队伍的考核和思想政治工作。全省高校在校内管理体制改革中,制定人员编制,努力提高师生比。全面开展教师职务聘任制,按职务落实职责,按完成职责的情况进行考核,按考核结果进行奖酬。同时,加强师德教育,对毕业留校的青年教师进行岗前培训。加快职称改革步伐。全年有702名高校教师晋升为教授、副教授,90名省属高校教师享受政府特殊津贴。采取有效措施,解决教师实际困难。省教委规定,除按国家规定评审享受政府特殊津贴外,对骨干教师在政策上倾斜,实行校内津贴。根据实际情况,提高基础课课时费。建立青年教师科学基金,支持青年教师搞科研,并决定以省政府名义奖励优秀教学成果,凡被省政府授予特等、一、二等和国家优秀教学成果奖的,与省政府科技进步奖同等对待。继续改善中青年教师住房条件,省属高校在职教职工住房率达55.6%。在立足国内加强高校教师培训为主的同时,坚持“支持留学、鼓励回国、来去自由”的方针,选派优秀教师出国深造。

成人教育

[**扫盲工作**] 1993年,全省共举办扫除文盲班(点)8244个,参加学习的达到30多万人,扫除文盲21.5万人,其中女文盲15万人。继宝鸡县、城固县成为高标准无盲县后,凤翔县、兴平县、华县、韩城市也成为高标准无盲县市。全年出版发行省编《农民识字课本》和扫盲教材《实用读本》各2万册,出版《速成扫盲课本》1.5万册,为扫盲工作提供了规范教材。扫盲工作的重点在农村,难度大、问题多,为此各级政府加强领导,以提高

群众的思想认识和觉悟为突破口，利用多种宣传工具进行广泛宣传和思想动员。组织文盲、半文盲参加各种形式的扫盲活动，各地都有一套适合当地扫盲的经验。如高标准无盲县凤翔县，在扫盲中采取多项目标责任制，坚持“五定”，即县统一定扫盲规划，对乡镇提出目标任务要求；乡镇根据县的要求定年度扫盲任务；各行政村定脱盲对象和脱盲时间；各村小学定包教教师和学生；村校共同定奖惩办法。高标准无盲市韩城市从实际出发，以扫除青壮年文盲为重点，开展多层次、多形式的扫盲工作。采取集中教与分散学相结合；包教包学与家庭责任相结合；正常教学与开展各种比学相结合；科技培训与扫盲学习相结合；低要求和高标准相结合的“五个相结合”。激发了学员学习热情，落实了教学要求。

［**实用技术培训**］　1993年，陕西创建合格农技校、试办省级示范农技校活动全面开展。全省有县办农技校107所，办学面达100%。有乡镇农技校2214个，办学面达82.7%，其中达到合格标准的农技校517所，达到省级示范农技校的11所。村办农技校11141所，办学面达到34.7%。全年以农技校为阵地，开展各种技术培训60117期，培训318万人次。1993年，县、乡、村农技校得到进一步巩固和提高，从单一的各类培训进入创办经济实体，参与当地实施“星火计划”、“燎原计划”、“丰收计划”等活动，直接参与经济建设，使农技校成为人才培训、生产示范、技术推广和咨询服务中心，成为农业社会化服务体系的重要组成部分。

［**人口教育**］　1993年，省教委对全省50所承担P20项目试点的农技校中的45所进行了检查评比。全年50所学校共培训101007人(次)，其中妇女占39.8%。国际人口基金会、国际计生联组织委托斯里兰卡人口教育考察团到西安市灞桥区水流乡进行考察落实P20人口教育和“星火计划”项目情况。该乡把人口与计划生育基础知识列为成人人口教育的主要内容。人口教育学校开设青春期、婚前期、新婚期、孕产期、育儿期、中老年保健期等班次，分类进行教学，把人口理论、计划生育方针、政策等作为必学的公共课目。每月坚持上一课，除固定的教员讲授外，还聘请中学人口教师、驻地医疗单位的医生讲课。

［**职工教育**］　1993年，陕西省职工教育又有新进展。全省有职工教育专职管理干部8288余人，专职教师8292人，各类职工学校1174余所。参加各级各类教育的职工有302万人。其中参加岗位培训的77万人，继续教育的35947人，参加高等教育学习的78619人，参加中等专业教育学习的54486人，参加文化基础教育学习的24167人。2月，省教委、陕西日报、省广播电台联合开展了“职工教育大家谈”活动，在全省范围内掀起了一次职工教育大宣传，产生良好的社会效应。

随着经济建设发展，全省职工教育的重点由学历教育向岗位培训转变，各大行业都先后制定了年度教育计划。本着干什么学什么，缺什么补什么的原则，制定教学计划。坚持以业余为主、自学为主，辅以集中辅导。岗位培训使全省职工素质普遍得到提高。

［**成人高等教育**］　1993年6月，省教委召开全省成人高教工作会议。会议总结交流了陕西省成人高教工作的成绩和经验，研究确定了成人高教进一步改革发展的目标、指导方针和政策措施。

1993年主要进行了以下工作：(1)扩大成人高校在内部机构设置、干部任免、工资分配、教师职称评定、接受国外人员培训、开展对外贸易和教师住房建设等方面的自主权。

(2)大力开展高等层次岗位培训和大学后继续教育。根据社会需求，各类成人高校和普通高校成人教育办学机构，积极配合有关行业、企业和单位，开展多种形式的岗位培训和大学后继续教育。据不完全统计，1～12月，全省各类成人高校和普通高校成人教育办学机构，共对35000余名在职管理干部和专业人员进行了岗位培训或大学后继续教育。(3)调整专业设置。多数学校为适应社会主义市场经济和社会发展需要，深入企业了解专门人才需求情况，积极调整专业设置，压缩长线专业，增设了一些为陕西地方经济服务的专业。地方属成人高校和普通高校函授部、夜大学(5所)共新增市场营销、国际贸易、房地产经营、金融证券等专业点46个。(4)试办广播电视大学基础学院。省教委在陕西省广播电视大学试办了基础学院。学生通过全国成人高考录取。电大基础班学员学完教学计划规定的课程，考试成绩合格者，由省电大发给大学基础课程结业证书。(5)试办专科第二专业学历教育。陕西电视大学、西安市电视大学、西安外国语学院等7所院校，全年共试办38个专业的专科第二专业学历教育，录取学员1420人。(6)试行企业用人与定向招生相结合。为解决一些大、中型企业，特别是边远地区的三线企业急需补充素质较高职工的问题，经省政府同意，西安电子科技大学成人教育学院、西北工业大学函授学院和陕西省经济管理干部学院等13所院校，以企业用人与定向招生相结合的方式，试招1993年参加普通高校统一入学考试达到一定分数线的城镇户口考生，进行大专层次的上岗前培训。(7)组织编写成人高等教育专科教材。1993年，省教委组织有关教师编写具有成人教育特点的政治经济学、哲学、英语、普通物理学、物理实验、高等数学、微积分、线性代数、概率论与数理统计等9门基础课程教材。政治经济学、哲学两课程的教材已正式出版发行。(8)调整成人高校设置。按照保护办学积极性、保留办学基地、统筹规划、集中力量、发挥优势、提高效益的原则，将省电子工业厅系统的4所职工大学合办为“陕西电子工业职工大学”，克服了原来4校“一厂一校”办学，规模小、效益低的弊病。(9)更新教学内容。在政治理论课方面，各院校根据党的十四大精神，及时调整教学内容。在业务课程方面，经济类、管理类专业都增加了社会主义市场经济知识和公共关系学知识。工科类专业，普遍加强了英语、计算机课程教学，增强了实践性教学环节。

[社会力量办学和自学考试]　社会力量办学发展迅速，到1993年底，社会力量办学达1309所，比上年增加242所。高等教育自学考试继续保持蓬勃发展的势头。1993年参加自学考试的人数达19万人，毕业学员6000人，相当于省属普通高校同年毕业生数的总和。开考的专业已达66个，比上年增长83%，使专业结构更趋合理。自学考试已成为培养人才的重要途径。

撰稿　柏建军　王掌印
审稿　陈敏钰

甘肃省教育

概　况

[各级各类教育发展情况]

1993年各级普通学校基本情况　　单位:人

学校类别	学校数(所)	毕业生数	招生数	在校学生数	教职工数 计	教职工数 其中专任教师
一、普通高等学校	17	9700	15773	41541	15759	5882
研究生		305	382	1027		
本科		4791	5744	22640		
专科		4604	9647	17874		
二、中等专业学校	115	16269	20067	55156	12747	6053
中等技术学校	93	10982	15074	40109	10350	4734
中等师范学校	22	5287	4993	15047	2397	1319
三、普通中学	1600	277822	307447	872830	76779	62083
高中	460	66495	55621	156570		13368
初中	1140	211327	251826	716260		48715
四、农业、职业中学	191	14648	21026	43377	5510	3593
高中	177	13698	18883	40058		3471
初中	14	950	2143	3319		122
五、工读学校						
六、小学	23887	307282	454730	2499700	134520	127579
七、特殊教育学校	11	125	240	1027	298	218
八、幼儿园	701	36216	43110	105363	9755	5425

1993年各级成人学校基本情况 单位:人

学校类别	学校数(所)	毕业生数	招生数	在校学生数	教职工数 计	教职工数 其中专任教师
一、成人高等学校	21	5261	11508	23467	2932	1417
广播电视大学	1	1522	3234	5900	850	349
职工高等学校	15	600	1515	3362	1110	617
农民高等学校						
管理干部学院	1	100	586	797	222	103
教育学院	4	492	1073	1889	750	348
独立函授学院						
普通高校举办						
函授部	(7)	1797	3470	8186		
夜大学	(9)	669	1315	2923		
干部专修科	(6)	81	315	410		
二、成人中等专业学校	96	7234	13913	33431	2839	1346
广播电视中专	2	3182	5821	17024	47	26
干部中专	6	348	490	988	209	77
职工中专	33	2622	6711	13645	1396	608
农民中专	2	34	162	162	48	17
教师进修学校	53	1048	729	1612	1139	618
三、成人中学	3	490	515	539	55	9
职工中学	3	490	515	539	55	9
农民中学						
四、成人技术培训学校	3326	975803	1036231	698810	1853	737
职工技术培训学校	93	12469	11820	17039	345	176
农民技术培训学校	3233	963334	1024411	681771	1508	561
五、成人初等学校	1995	241636	307043	365018	9918	733
职工初等学校	1		30	30	2	2
农民初等学校	1994	241636	307013	364988	9916	731
其中:扫盲班	(14593)	235280	295056	357031	9891	724

制表 马光荣 台衍博

［学习贯彻《纲要》］ 1993年,甘肃省围绕贯彻《中国教育改革和发展纲要》(以下简称《纲要》)精神,规划、安排和部署全省教育工作,确立在社会主义市场经济体制下教育改革和发展的思路、政策措施与目标任务,通过加快改革,推进教育发展。

各级党政和教育部门把学习、宣传、贯彻《纲要》作为中心工作，省委、省政府多次研究贯彻《纲要》的总体思路和措施办法；省人大、政协分别召开学习、贯彻《纲要》座谈会；省教委先后两次发出通知，对各地学习、宣传和贯彻《纲要》提出了具体要求。各地及各级各类学校举办了不同层次、不同类型的研讨会和培训班，并开展了多种形式的宣传活动。通过对《纲要》的广泛学习和宣传，各级党政部门、社会各界对教育的重视、支持和关注得到增强，教育改革和发展的环境得到进一步改善。

1993年10月，省委、省政府在兰州召开全省教育工作会议。会议学习贯彻《纲要》，结合甘肃实际，研究制定改革和发展全省教育的政策措施。甘肃省代省长张吾乐、省委常委、宣传部长石宗源、副省长陈绮玲等分别在会上讲话。

会议讨论修改了省委、省政府《关于贯彻落实中国教育改革和发展纲要的意见》(以下简称《意见》)及《关于加快改革和积极发展普通高等教育的若干意见》、《关于大力加强基础教育的意见》、《关于改革和发展成人高等教育的意见》、《关于改革与发展职业技术教育若干问题的意见》等文件，会后印发各地贯彻执行。

《意见》强调，在甘肃这样一个经济不发达的省份，要改变落后面貌，逐步缩小与发达省市的差距，更要把优先发展教育作为长期的战略思想，牢牢抓住教育这个根本，使经济建设真正转到依靠科技进步和提高劳动者素质的轨道上来，把人口负担转化为智力资源，形成经济与教育结合的有效机制，以促进全省国民经济的整体素质和综合实力迈上新台阶。要求各级党委、政府，象抓经济那样抓教育；把教育纳入当地经济、社会发展总体规划，精心组织实施；保证对教育的投入，创造教育改革和发展的良好环境；努力改善教师的工作和生活条件，稳定教师队伍，尊重学校的自主权，关心学校办学方向和教育质量；不断研究教育改革和发展的新情况、新问题，按教育规律办事，加强教育法制建设。

按照《纲要》确定的指导方针和战略目标，结合甘肃实际，《意见》确定了九十年代甘肃教育发展的目标和任务：甘肃各类教育不仅规模要有较大发展，而且办学质量和效益要提高到一个新的水平。以实施九年义务教育为重点，大力加强基础教育，积极发展职业技术教育、成人教育和高等教育，把提高劳动者素质，培养初、中级人才提到突出的位置。到本世纪末，全省城乡劳动者的职前、职后教育有较快发展，全民受教育水平明显提高；教育的总体规模能基本满足经济社会发展对各类人才的需要，建立与社会主义市场经济要求相适应，各类教育协调发展，布局合理、学科门类较为齐全，运行机制良好，服务功能完善，符合甘肃实际，面向21世纪的教育体系的基本框架。

［**增加投入，改善办学条件**］　1993年，全省把增加教育投入，改善办学条件作为贯彻《纲要》，促进教育改革和发展的一项重要任务，在财政紧张的情况下，对教育投入继续保持了增长势头。全省地方教育总投入13.82亿元，其中教育事业费支出为8.30亿元，教育基建投资为4140万元，分别比上年增长12.01%和5.84%。贯彻国家教委和国家计委《关于全面消除和杜绝中小学危房的规定》，省教委组织调查组，对全省改善办学条件和多渠道筹措教育经费的情况进行了全面检查，并重点对44个县的排危建校工作予以指导。全省多渠道筹措改善办学条件经费2.1亿元，新建、改建维修中小学校舍66.1万平方米，添置课桌凳6.6万双人套，全省中小学危房比例由上年的3.86%下降到3.79%。继续加强教育费附加的征收管理工作。全年征收教育费附加1.20亿元，其中城

市4573万元，农村7450万元。在教学仪器设备配套工作中，继续实行“筹二奖一”的原则，各地自筹150万元，完成全年配备400万元仪器设备的任务。全省92%以上的小学配备了“两箱三仪”，80%以上的独立初中达到理科仪器三类配套标准。全省新建教育电视台、站7座，总数已达26座。师范院校标准化建设稳步推进，世界银行甘肃综合开发项目教育部分2000万美元贷款，经过6年实施，已完成近95%，取得了明显成效。5所师专和23所中师学校基本完成基建规模，师范院校办学条件得到很大改善。

全省教育经费的投入虽然实现了“两个增长”，但公用经费继续呈下降趋势，教育投入与事业发展之间的差距依然是困扰甘肃教育发展的一个重要难题。特别对甘肃这样一个经济、文化不发达的省份来讲，如何采取切实有效的措施，多渠道筹措教育经费，加快改善办学条件的步伐，进而推进教育改革与发展，是当前和今后一个时期所面临的一项艰巨任务。

撰稿 马光荣

基础教育

［概述］ 1993年，全省接受学前教育的儿童34.6万人，其中6周岁接受学前教育的儿童27.4万人，占6周岁儿童总数的65%。学龄儿童入学率达到95.75%，比上年提高0.4个百分点；其中民族地区学龄儿童入学率达到85%，比上年提高1个百分点。小学毕业生升入初中的比例为82.65%，初中毕业生升普通高中的比例为26.31%。与1992年相比，接受学前教育的儿童增加3.20万人，6周岁儿童接受学前教育的比例提高5.90个百分点；特殊教育学校增加2所，特教班增加20个。

［义务教育］ 1993年，肃南、会宁两县普及初等义务教育，高台、金塔、安西3县普及初级中等义务教育。至此，全省54个县（市、区）普及了初等义务教育，14个县（市、区）普及了初级中等义务教育。在实施义务教育过程中，主要采取了以下措施：(1)按照《纲要》精神和甘肃实际，调整“普九”规划。在实施“八五”规划的基础上，按照国家教委实施义务教育规划到县、落实到乡的原则，经过自上而下、自下而上的反复论证，修定了《甘肃省普及九年义务教育年度规划》，并对《规划》的实施提出了具体贯彻意见，力争全省在本世纪末基本普及初等义务教育，占人口70%的地区普及初级中等义务教育。(2)组织地、县认真落实《义务教育法》和《实施细则》。首先按照省政府《关于贯彻落实〈实施细则〉的意见》，在1992年对各地教委主任、教育科长进行培训的基础上，各地、县培训了乡镇以上主管教育工作的干部和学校校长。各学校组织教师学习《实施细则》，组织学生宣传《实施细则》，把《义务教育法》的学习宣传推向新的高度。其次，根据《实施细则》的要求，制定了一系列配套政策措施。省教委先后制定了《义务教育目标责任制》、《义务教育入学通知书制度》、《九年义务教育评估验收及表彰奖励

制度》、《教育经费筹措、改善办学条件情况通报制度》、《教育检查汇报和督导评估制度》等，保证了《义务教育法》的实施。(3)按规划切实抓好当年普及九年义务教育县的评估验收。省教委组织人力对普及义务教育的县进行调查，针对存在的问题进行指导，并拨了专项维修费，帮助其改善办学条件。9～10月，组织有关地、县对肃南、会宁2县普及初等义务教育和高台、金塔、安西3县普及初级中等义务教育进行了评估验收。(4)在小学和初中全面实施《九年义务教育课程方案》。年初，按照国家教委的有关通知，制定了甘肃省实施《课程方案》的意见。确定自1993—1994新学年开始，全省全日制小学和初级中学的起始年级一律开始执行国家教委印发的《课程计划》，制定了各种学制初中、小学的课程安排表，并给各级教研部门和学校配发了教学大纲，对各地教师进行了义务教育教材培训。

全省民族地区教育认真贯彻落实《关于加快甘肃省民族教育改革与发展的若干意见》，加快"普九"步伐，重点解决女童教育、牧区和特困地区学龄儿童的教育问题。1993年，全省新建、改建寄宿制学校10所，总数已达95所；民族地区女童入学率达到70.80%，比上年提高1.81个百分点；与天津等省市开展了对口教育协作，收到较好效果。

[贫困地区小学教育项目终期评估]　1993年，按照国家教委对项目学校的10条要求和省教委制定的7项标准，在1992年中期评估的基础上，省教委对项目县进行终期抽查评估。评估结果表明，项目工作实施4年来取得了显著成效。一是全省64所项目学校的办学条件从根本上得到了改善，成为全省边远贫困地区的示范性学校。项目学校建设共投资487.8万元(其中中方投入407.75万元，联合国儿童基金会投入80.05万元)。二是通过多种形式的培训，使教师队伍的素质有明显改善，教师的教学教研能力有了较大提高。三是项目学校在贫困地区发挥了带头作用和辐射作用，促进了当地初等义务教育的普及。

[特殊教育和幼儿教育]　全省有计划地进行特殊教育学校的建设，开办特教班。金昌、定西聋哑学校已建成并开学，兰州市城关区改建了1所弱智辅读学校。残疾儿童随班就读和特教班也取得长足发展。兰州市城关区被评为"全国特殊教育先进县(区)"，10月初受到国家有关部委的表彰奖励。

在大力普及九年义务教育的同时，狠抓了幼儿教育和学前教育。贯彻《九十年代中国儿童发展纲要》，开展了幼儿园分类评估活动，全省评出42所一类幼儿园，使幼儿教育逐步走向规范化、科学化的轨道。

[初、高中毕业会考]　1993年，全省贯彻调整后的教学计划，完善会考制度，初、高中毕业会考工作全面展开。为促证会考工作顺利进行，主要抓了以下工作。(1)继续加强宣传，优化会考环境。甘肃省经济文化基础差异大，各地对会考的认识也存在较大的差异。省教委根据《中国教育改革和发展纲要》及国家教委《关于稳步推进普通高中毕业会考工作的意见》，深入调查了解，分析研究，调整政策，制订措施，积极帮助各地解决会考中出现的问题，保证会考顺利实施。完善会考配套政策，制定了《高中会考考籍与成绩管理办法》、《高中物理、化学、生物实验操作、劳动技术课考查办法》、《普通高中学生思想品德考核标准》及《高三年级四科会考纲要》，并将国家教委及省颁有关会考文件汇编成册，出版《甘肃省普通高中毕业会考指南》一书，指导学校搞好会考，帮助社会各界了解会考。(2)搞好会考与高考的衔接。经省政府同意，报国家教委批准，实行高中毕业会考制度后的首届毕业

生，1994年将按新的高考科目设置参加高考。在高校录取新生时，参考高中毕业会考成绩。同时，省教委与省人事局、省劳动局、省军区司令部联合发文规定，从1994年起，在招工、招干、征兵时承认省教委统一颁发的高中毕业证书和会考成绩。(3)精心组织会考。年初，省教委召开会考工作会议，对全年会考工作作了安排部署，对各个阶段会考工作提出明确要求。着手进行管理手段现代化建设。扶持各地购置了光标阅读器及软件设备，先后五次培训各地会考微机管理人员，使全省高中学籍、考场编排、阅卷登分、教学评价实行了微机管理。在会考命题中，对初次会考科目选择不同地区、不同类型学校进行测试，及时了解教学情况，掌握命题的难易度；严格选调命题审题人员，建立专、兼职相结合的命题队伍；优化命题程序，集中抓好命题标准、命题原则、审题等环节，使试题难易适度，充分发挥会考的导向作用。(4)采取统筹兼顾、一卷多用的方法，将初中毕业考试与普通高中(职业中学)招生考试、初中毕业生升中专招生考试"三考合一"，减少考试次数，减轻工作量，节省经费开支，促进了教育教学改革。各地教育行政部门和学校利用会考评价指导教学工作，使初中会考走上制度化、科学化的轨道。

[管理干部培训] 1993年10月，组织全省各地、州、市教育科长赴云南、贵州、湖南三省，对高中毕业会考和普及九年义务教育进行了实地考察，学习经验，开阔视野。

1993年8月，全国重点中学校长工作研究会第三届年会在兰州召开，全省24所重点中学校长参加了会议。会后举办了全省百名完全中学校长讲习班，邀请国家教委有关负责同志及专家辅导《纲要》，讲授学校管理理论，介绍教育改革信息和普通中学深化教育改革的经验。11月，组织兰州一中等10所重点中学校长到江苏、上海、浙江等地考察学习，了解教改信息，增强改革意识。在年底举办了全省中小学学校管理讲习班，特邀香港中文大学哲学博士吴浩明先生、教育行政及规划总监马逸邦先生讲学，并研讨了全省学校管理和教改等问题，在加强中学教育管理方面起到了促进作用。

[教学用书管理] 1993年，认真贯彻国家教委全面提高教育质量的"十项指示"，对乱收费、乱供书加强了管理。省教委针对中小学教学用书"搭车"现象，采取了几项措施：转发国家教委关于加强中小学教学用书管理的3个通知，制定甘肃省中小学教学用书管理办法；召开中小学用书管理工作会议，研究解决中小学教科书、配套教材的选用及教学资料发行等问题；编制甘肃省普通中小学教学用书目录，并设立举报电话，接受社会、学校、家长及学生的监督。

[德育工作] 在中小学广泛开展爱国主义教育、时事政策教育和行为规范养成教育的同时，重点开展军民共建、军校共建精神文明活动，加强社区教育，健全教育网络。省教委制定了《中学德育量化标准》，进行科学量化管理。开展"全面发展打基础、发展特长育人才"的活动，创办特色学校，培养特长学生，使学科教学、学科竞赛取得双效益。在"'93中国数学奥林匹克赛"和全国中学生化学、物理、信息科学等学科竞赛中，甘肃省参赛队和参赛学校都取得好成绩。

[师资培训] 1993年，为加快初中教师学历培训步伐，开展了函授、卫星电视教育、自学考试"三沟通"的专科学历培训。省教委印发了《关于加快我省初中教师学历培训步伐的实施意见》，成立了甘肃省初中教师学历培训领导小组。全省报名参加学习的学员共17200多人。8月，按照国家级考试要求进行

了首次期终考试，平均及格率为 63%。在 11 月召开的全省卫星电视教育工作会议上，提出了“加强管理，确保质量，强化考纪，考教分离”的要求，此项工作正在顺利进行。

全省开展了中、小学教师继续教育、骨干教师培训等各种形式的培训工作，加强了县、乡、校三级培训网络的建设，有组织地进行中小学在职教师的业务进修、教研活动、基本功训练等。1993 年，省级培训机构直接举办短期培训班 17 期，参加学习的教师共 790 人，省小学教师培训中心、幼儿教师培训中心组织下乡巡回辅导，辅导小学、幼儿教师 2500 人次。

1993 年，全省教师进修院校和师范院校计划内学历教育招收中小学教师 3390 人。由于新教师补充和多种渠道的学历培训，中小学教师的学历合格率有了新的提高。小学教师学历合格率达到 81.8%，初中 54.1%，高中 42.8%，分别比上年提高了 1.5、3.7 和 1.3 个百分点。

[教育学院通过国家教委复查]　1993 年 9 月 15 日至 28 日，国家教委对甘肃教育学院等 4 所学校进行了复查。在此之前，省教委组织了检查验收组，重点对已备案的甘肃教育学院和酒泉教育学院、定西教育学院、兰州教育学院进行了全面检查。

被检查的 4 所教育学院共有专职教师 348 人，兼职教师 51 人，其中教授和副教授 77 人，讲师 151 人，助教 90 人，初步形成了一支专兼职结合的教师队伍。几年来，共培养本科生 1116 人，专科生 6704 人，教育行政干部和中小学校长短期培训 3914 人。4 所教育学院建院以来，总投资 7726 万元，其中基建投资 3236 万元（省财政投资 1580 万元，地、市财政投资 1193 万元，学院自筹 463 万元）。

国家教委复查组从办学条件、管理及思想政治工作等方面进行了认真的检查。复查组认为，各教育学院在硬件建设上都积极采取措施，办学条件有较大改善，各项管理的规章制度都落到实处，尤其对定西教育学院艰苦创业、励精图治的精神给予了充分肯定。同时，复查组也指出了各院校的不足之处，并提出了改进意见。

撰稿　李生金　盛文涛　路　平

职业技术教育

[职业学校规范化建设]　1993 年，省教委在上年对普通中专办学水平评估的基础上，又组织实施了对部分学校的选优评估，兰州石油学校等 18 所学校被评选为省部级重点中专，其中 8 所学校参加国家级重点中专的评选。同时，根据甘肃实际，对职业中学的评估标准、评估程序等进行了完善和调整，形成了省、地、县分层次抓好重点职校的格局。全省新上等级学校 12 所，达到 B 级标准的骨干职业学校已达 75 所，占全省职业中学总数的 39.3%，其中 21 所 B 级以上学校的校均规模达到 600 人以上，办学水平和办学效益有了较大提高。

[专业布局和设置]　1993 年，省教委对全省普通中专及各地职业中学的专业设置情

况进行了全面调查和研讨，在此基础上布置和安排了职业高中和普通中专专业布局和专业设置的调整、改造工作。要求县镇和相当一部分农村职业高中的专业，按照当地乡镇企业的需要进行调整和充实，初步形成对口培养适用人才的专业布局。农业类专业经过不断改造和完善，在培养目标、教学内容和方法等方面更加适应发展"高产、优质、高效"农业和进行家庭综合生产经营的要求。城市职业高中的专业(工种)设置适应发展和调整二、三产业行业和地区经济结构的需要。要求普通中专结合国家教委新颁发的《中华人民共和国普通中等专业学校专业目录》进行专业调整和归并。1993年秋季，由省教委直接指导的8个试点学校的乡镇企业类专业已开始招生。

［**发展校办产业**］　省教委多次组织了职业中学产业开发项目培训班、职教科长会及普通中专校办产业开发研讨会，加强了职教产业开发的宏观指导。积极发展校办产业，增强学校自我发展能力。开发活动遍及全省城乡各级各类职业技术学校，一批以普通中专为骨干的校办产业开发取得突破性进展。到1993年底，已有8所农村职业中学建起和正在建立综合采用沼气、日光温棚、暖棚养畜等先进技术的生态农业基地。省联合中专"电子式单相电能表"的生产和"三相表"的研制获得了新的进展，长庆石油学校校办产业年创利税超过200万元。1993年底，全省有10所中专学校校办产业年创收50万元以上。

［**教育改革**］　省委、省政府下发了《关于改革与发展职业技术教育若干问题的意见》及《甘肃省职业技术教育五年规划纲要》(1993—1998)，要求到"八五"末，高中阶段的职业技术学校招生数与普通高中招生数之比达到1∶1，到本世纪末达到5.5∶4.5。从甘肃实际出发，制定、提出了三个项目计划，包括：百所重点职业中学建设计划；职教产业开发的"6156"计划，即在全省范围内建立职教系统的6大产业基地(高效、优质、高产农业，林果业，农副产品加工业，农业社会化服务体系，城乡第三产业，高新技术产业)，100所职业技术学校年创收超过50万元，全省职校年创收总额达到6000万元以上；职教为乡镇企业服务计划。此外，还在办学、招生、就业、分配、校办产业开发等方面制定了有力措施，为职业技术教育的改革与发展奠定了基础。

为了进一步贯彻落实《纲要》及全省教育工作会议精神，1993年11月，省教委在长庆石油学校召开了"甘肃省职教发展规划暨校办产业开发研讨会"，初步形成了相互衔接、任务分解到校的省、地、县三级规划实施方案，总结交流了近几年职教改革的经验，讨论了在市场经济大潮冲击下，职教面临的新形势、新要求和新问题。会议针对当前职业中学农业类专业招生难、流失率严重等问题，分析了原因，研究提出了若干工作对策。现场观摩学习了长庆石油学校发挥自身优势，主动开拓市场，大力发展校办产业的经验，对全省职业技术学校发展校办产业的目标、任务进行了研讨，提出了相应的对策和措施。结合贯彻落实全国普通中专改革与发展工作会议精神，讨论形成了若干进一步加快普通中专改革的工作意见，为全省职教事业的快速发展打下了良好的工作基础。

撰稿　闻志强　赵振文

高 等 教 育

［**教育改革**］　1993 年，全省高校认真学习贯彻《纲要》精神，积极全面进行改革，校内管理体制、教学、招生、后勤管理等方面改革取得了一定成绩，调动了学校和教师的办学积极性。

西北师范大学和兰州工业高等专科学校继续进行校内管理体制改革试点工作。在两校试点的基础上，各高校全面开展了以人事和分配制度改革为突破口的校内管理体制改革，并逐渐形成了各自的特色。西北师范大学把机关机构改革作为突破口，将原有的 25 个机关处室压缩合并成 17 个，工作人员由 305 人精减为 161 人，同时大胆提拔青年干部，先后有 80 名青年教师走上系处室领导岗位，已占全校现任中层干部的 39.6%。甘肃工业大学在教学领域改革中提出了重点搞好精简优化教学内容，进行启发式教学，更新课堂传授方法及培养学生综合能力的“三条线”教改方案，即：一是物理、力学——数学——计算机数值计算的综合训练能力；二是工程绘图——测绘——机械设计（引入计算机辅助过程分析）的能力；三是数值控制——电气——运动综合实验的能力，并分别以这“三条线”为主线进行了教学计划的调整。兰州铁道学院在校内管理体制改革过程中，按照“精简、节约、高效”的原则，将学校机关的机构由原来的 23 个缩编为 16 个，精减 30.4%；将各处室负责人由原来的 47 人压缩为 33 人，缩减 16.6%；实现精简机关人员 20%的目标。对于富余人员，学校实行“一校三制”的办法进行分流，目前学校事业性质的教职工占总人数的 70.8%，事业与企业双重性质的占 19.6%，纯企业性质的占 9.6%。

1993 年经省政府批准，在兰州医学院、兰州工业高等专科学校进行了新生缴费上学的改革试点。两校共招收 292 名国家任务缴费生。所招学生在其国家任务的计划形式不变、迁转粮户关系、毕业后由国家统一分配和培养经费仍由省财政按现行办法拨付的前提下，实行缴费上学，缴费标准与自费生相同。学校所收费用全部纳入学校财政，主要用于改善办学条件。同时促进学校积极推行奖学金、贷学金制度，开辟勤工助学渠道。

1993 年全省高等学校后勤管理工作在过去单项承包的基础上，贯彻中央关于大力发展第三产业的决定精神，积极探索在社会主义市场经济条件下高等学校后勤改革的方向和实行社会化、产业化的途径。部分学校对生活后勤的管理体制进行了改革，成立了生活服务中心、运输服务中心和接待服务中心。一些学校兴办了后勤服务产业；一些学校实行了后勤全额承包。

［**调整招生计划和专业设置**］　为满足全省经济建设的需要，特别是对工科类专门人才的需求，1993 年高校又安排了省列调节性招生计划 2095 人，比上年增加了 105.9%，其中部属高等学校安排 825 人。同时进行了依托有条件的成人高等学校发展普通高等工程教育的尝试，1993 年通过招生计划挂靠兰州工业高等专科学校的办法，依托兰州炼油厂职工大学，开办了机械制造和机电一体化

专业，招生 90 人。

进一步调整专业结构和层次结构，拓宽了现有专业的服务面向，以适应全省地方经济发展和产业结构的调整。在师范院校内开办了非师范专业。1993 年在西北师范大学等 5 所院校设置了化工工艺、应用电子技术、计算机应用与维护、电算会计与统计、外贸英语等 32 个全省经济建设和社会发展所需的非师范类专业；将西北师范大学计算机教育（本科）专业调整为计算机及应用（本科）专业，其培养方向调整为培养计算机及应用方面的应用人才；在甘肃政法学校等校新设了经济法（本科）、侦察学（本科）和中医食疗专科等 4 个专业。

1993 年全省高等专科教育得到了进一步发展，本专科生招生比已达到 1∶1.68。同时，对全省省属高等学校的 46 个本科专业进行了整顿清理，拓宽了专业服务面向，提高了专业适应性。

［**师资队伍建设**］ 1993 年全省高校师资队伍建设按照“稳定骨干、优化结构、提高素质、改善条件”的方针，重点在骨干教师的稳定和中青年学术骨干、学科带头人的培养上下功夫。各高等学校在“三定”的基础上，给在教学、科研工作中做出突出贡献的教师发放政府特殊津贴和校内津贴，同时评选优秀骨干教师，在生活待遇、职称晋升等方面给予照顾。

为进一步加强高校青年教师队伍建设和中青年学术骨干和学科带头人的选择、培养，省教委进行了“甘肃高等学校首届青年教师成才奖”的表彰奖励工作。表彰了 26 名在教学、科研工作中取得突出成绩的优秀青年教师，每人奖励 5000 元，主要用于资助其教学和科研工作。

［**党建和思想政治工作**］ 1993 年 12 月 25 日，省委组织部、宣传部、省教委联合召开 1993 年甘肃省高等学校党的建设工作会议。会议的主题是：认真贯彻 1993 年全国高等学校党建工作会议精神，进一步加强和改进新形势下高校的党建和思想政治工作。省委副书记孙英作了题为《加强党的建设，培养跨世纪人才》的讲话，省委常委、宣传部长石宗源作了题为《在建立社会主义市场经济的过程中进一步加强高校党的建设和思想政治工作》的报告。会议讨论通过了省委组织部、省委宣传部、省教委《关于认真贯彻执行〈关于新形势下加强和改进高等学校党的建设和思想政治工作的若干意见〉的意见》、《甘肃省高等学校党的建设和思想政治工作奖励条例》、《甘肃省高等学校党政管理人员专业技术职务试行条例》、《关于高等学校马克思主义理论课和思想政治教育课教学改革的意见》。

1993 年，省教委与团省委配合继续组织全省高校学生积极开展社会实践活动。社会实践活动以“向工农学习，为‘八五’奉献”为主题，以科技文化服务为重点，引导学生面向经济建设主战场，在实践中“受教育，长才干，做贡献”。参加社会实践的有 17 所高校的 2 万余名学生，其中组织各级各类社会实践小分队 403 支，广泛开展科技文化服务活动。

［**教学成果评选与奖励**］ 1993 年，根据《甘肃省高等学校教学研究和成果管理暂行办法》，高等学校普遍开展了学校教学研究立项工作。校级立项已达 100 多项，并已向省教委申报重大教学研究课题几十项。颁发了《甘肃省普通高等学校优秀教学成果奖励办法》及《甘肃省普通高等学校优秀教学成果奖励办法 1993 年实施细则》，并开展了省级优秀教学成果评奖工作。评出校级优秀教学成果 200 余项。17 所普通高等学校申报省级优秀教学成果奖 87 项，评出省级一等奖 10 项，二等奖 22 项，三等奖 33 项。有 5 项获国家级优

秀教学成果奖，其中兰州大学等10所院校的“大学基础化学实验教学课系统改革的研究与实践”获国家级优秀教学成果特等奖，甘肃中医学院的“‘敦煌中医药馆’、‘中药标本馆’‘中国医史馆’的建设”、西北师范大学的“高等师范院校公共体育教学模式的研究与实践”、兰州大学的“提高基础理论课教学质量的研究与实践”、“高等理科教育改革的研究与实践”4项成果获国家级优秀教学成果二等奖。省教委对获得省级一、二、三等奖的项目分别发给了荣誉证书和奖金。为进一步做好优秀教学成果的宣传推广工作，出版了《甘肃省高等学校优秀教学成果选介》一书。

[**师范院校职业技能训练**]　师范院校的教学改革以主动适应中小学教育转轨和农村经济、教育发展的需要为重点，以解决师范院校学生职业技能基础薄弱为突破口，大力提高师范院校教学质量。开展了高等师范院校学生的教师职业技能检查评估工作。评估结果表明，6所师范院校加强了在校生的教师职业技能训练工作，各级领导和教师对此项工作的重视程度不断提高；组织机构和各项制度已基本健全；各校采取一系列行之有效的措施，师范生的职业技能训练取得了较为显著的成绩。天水师范专科学校学生的职业技能训练效果突出，成绩优良；兰州师范专科学校的普通话普及工作措施得力，合格率在85%以上。1993年10月，国家语委、国家教委对兰州师范专科学校、天水师范专科学校两所学校的普通话普及工作进行了考核验收，两校都以80分以上的成绩顺利通过合格验收。

[**计算机和外语教学**]　1993年，省教委拨出专款、各校相对集中财力新购置了一批教学用计算机，多数专业都增设了计算机课程，开展了各种计算机培训工作。省教委举办了第四届全省高校学生“神速杯”计算机程序设计竞赛，有7所本科院校和4所专科学校的248人参加了竞赛活动。加强了对大学英语四、六级考试工作的管理与指导，大学英语四、六级考试成绩明显提高。1993年全省共有20000余名学生参加考试，1991级全省学生四级通过率达到37%，其中兰州铁道学院、甘肃工业大学的学生四级考试通过率达到59%以上，缩短了与全国平均水平的差距。

[**学生管理**]　建立了高等学校学生处长联席会议制度，建立健全了学生管理工作机构，加强了对学生工作的领导，初步形成了党委领导、党政配合、齐抓共管的领导体制。(1)进行了双学位、主辅修、双学科、本科转专科、分步淘汰、留级生收费试读等有益的尝试，在学生中初步形成了遵纪守法、勤奋求实、锐意进取的良好学风。(2)学生管理工作逐步由经验管理向科学管理过渡。各校对在校学生进行综合考评，部分学校实现了学籍管理的计算机化。(3)一些学校坚持与学生家长配合教育学生的做法收到良好效果。逐步形成学校教育、社会教育、家庭教育“三结合”的学生管理模式，提高了学生管理工作的实效。(4)以抓班级建设为突破口，搞好学生管理工作，制定印发了《关于加强高等学校班级建设的意见》，把加强班级建设提到保证高等学校根本任务的完成和建设优良学风的高度。从班级组织活动、组织建设、思想政治教育、班级管理、学风建设、第二课堂活动、开展创建优良学风班活动等五个方面提出了加强班级建设的具体要求，要求各校据此积极开展工作。

[**科研工作**]　1993年，全省17所高校中有从事科技活动人员9535人，其中高级技术职称的1925人，中级技术职称的3574人。

此外,还有一大批在培的博士、硕士研究生和本科生,结合学位论文和毕业设计也参加了科研工作。1993年,全省高校共出版专著157部,其中自然科学类79部,人文社科类78部。发表学术论文3658篇,其中自然科学类2322篇,人文社会科学类1336篇。获省以上奖励的研究成果81项,其中省科技进步奖22项,甘肃省社联第三次社会科学优秀成果奖65项,中央有关部委奖16项;鉴定应用科技成果114项,其中达到国内领先或国际先进水平的19项,签定技术转让合同与合作开发协议的15项,成交额达1414万元。

面向社会多渠道争取科研经费。1993年,全省高校共承担各级纵向研究课题和各类横向委托任务1236项,获取科研经费1656.99万元。其中自然科学研究课题1053项(应用研究913项,占86.7%),获得经费1573.06万元;人文社会研究课题183项,获得经费83.93万元。其中:兰州大学、西北师范大学承担国家教委首次设立的"人文社会科学'八五'规划项目"28项,资助基金28.53万元。

1993年在省教委下达的省属高校科研计划中,共资助科研课题200余项,投入经费85万元,投资额度比上年增长6.25%。其中自然科学研究项目170余项,经费70余万元;人文社科项目35项,经费13万元。

[“产学研联合开发工程”] 1993年,省教委会同省经贸委、科委等部门,在开展调查研究,编印《甘肃省科技优势指南》、《高校科技成果汇编》、《企业难题汇编》等配套资料的同时,组织高校走出去,请进来,深入企业,了解学校,互通"有无",联合攻关。1993年,仅西北师范大学、甘肃工业大学、兰州铁道学院、兰州医学院4所院校,即从社会各界的工矿企业获得横向开发及研究课题90多项,合同金额700余万元,使企业提高了效益,学校得到了资助,促进了成果转化,企业、学校双向受益。

[高校为经济建设服务] 1993年,全省17所高校投入较多人力、物力和财力,分别对11个贫困、对口实验县进行了人才培养、培训和学校建设、科研开发等物质和技术支援。西北师范大学、甘肃农业大学、甘肃联合大学接受培养大专以上各类人才2000余名,编印多门类近百项成套技术培训资料15万份,举办现场培训、专题讲座600多场次,培训农村技术骨干万余人。兰州大学、西北师范大学、甘肃农业大学、兰州医学院等院校,除派人下乡巡回开展学术交流、技术服务外,还提供50多万元的仪器设备,捐赠图书资料3万余册,课桌凳百余套,解决了农村中、小学的急需,推动了农村经济发展。甘肃农业大学大力开展科技咨询和示范,使当地农民人均收入由220元提高到400元,初步改变了贫困面貌。甘肃农业大学承担完成的"河东地区'吨粮田'、'双千田'"成效显著,年底已通过技术鉴定,达到国内领先水平。兰州大学、西北师范大学为当地企业技术革新改造提供技术服务,提高了产品质量,新产品代替了旧产品。

[学位、研究生工作和重点学科建设] 根据国务院学位委员会部署,1992年8月至1993年5月,由陕西学位委员会牵头,甘肃省教委参与,组织开展了西北地区高等学校汉语言文学、历史学、生物学和力学4个一级学科中70多个硕士学位授权点的检查和评估工作。甘肃省高校的22个学科、专业点(兰州大学16个,西北师范大学4个,兰州铁道学院、西北民族学院各1个)接受并通过检查和评估,得到了较好评价。

1993年,全省高校积极组织申请第5批博士、硕士学位授予权的申报工作。甘肃省高校新增硕士点 12 个，其中部委属院校 4 个，省属院校 8 个；新增博士点 1 个，博士生指导教师 14 个，其中兰州大学 12 个，西北师范大学、甘肃农业大学各 1 个。至此，全省高校共有硕士点 123 个，博士点 19 个，博士生指导教师 48 名。

经国务院学位委员会审查批准，授予甘肃政法学院学士学位授予权。全省 10 所本科院校均成为学士学位授予单位。

1993 年，国家教委为甘肃省增拨硕士研究生国家招生计划 20 名，使省属高校硕士研究生的招生限额由 1993 年的 80 名增加到 1994 年的 100 名，缓解了供求矛盾。

根据国家教委《关于加快改革和积极发展普通高等教育的意见》，为了办好一两所代表本地区先进水平的高等学校和一批重点学科及专业，争取兰州大学、西北师范大学等校分批进入“211 工程”和带动高校重点学科争取进入“211 工程”，省教委对各校重点学科建设及 1992 年 40 万元重点学科建设经费的安排使用情况进行了全面调研和检查。并在教育经费严重短缺的情况下，拨出 30 万元作为加强重点学科建设的补助专款，对包括当年增补的兰州医学院药学专业在内的 14 个重点学科不同程度地给予扶持。各校据此安排了匹配经费，制定和完善了相应的管理办法，使重点学科建设有了新的起色。

［**图书馆评估**］ 遵照国家教委《关于开展高等学校图书馆评估工作的意见》，省教委会同省高校图工委，在 1992 年做好全面准备及试评工作的基础上，对全省 13 所普通高校图书馆进行了全面检查和评估。评估结果，依据量化标准和本专科不同层次，分别评定了三个等级，即“优秀”馆 5 个，“良好”馆 6 个，“中等”馆 2 个。评估结束后，召开了中青年学术研讨会，交流论文 30 余篇，评选优秀论文 14 篇。同时，组织编写高校文献课教材，加强和改善文献课教学工作，为提供优质服务创造了必备条件。

撰稿　白克利　刘玉泉
何玉娥　周亚夫

成人教育

［**农村成人教育**］ 1993 年，全省农村成人教育贯彻落实《纲要》精神，抓发展求实效，为地方经济建设服务。全年扫盲 23.53 万人，比上年增加 3.41 万人，完成责任指标的 131.13%。又有 7 个县非文盲率达到 85%以上，全省青壮年非文盲率达到 85%的县总数达 45 个；高标准扫盲县、市 7 个（待验收），青壮年文盲率由上年的 21.6%下降到 18.6%。农民技术培训学校发展到 3233 所，比上年增加 977 所，增长 43.3%。

由于农村成人教育发展不均衡和各地侧重点不同，省教委采取了相应的措施。(1)抓扫盲制度建设。报请省政府颁发了《关于加快扫除文盲进度的通知》，省教委下发了《甘肃省基本扫除文盲验收办法》。(2)进一步明确扫盲指导思想，因地制宜，开展扫盲教育。河西地区抓提高和高标准扫除文盲；中、东部地区抓基本扫除文盲（即非文盲率达到 85%）；

陇南、甘南、临夏抓扫盲的突破。(3)狠抓乡级扫盲达标,村级消灭扫盲空白点的突破。(4)乡农技校抓重点校建设,确立重点校245所,逐步推行规范建设,提高办学水平。(5)"燎原计划"抓项目,抓示范乡,促效益,做到了省、地有重点,县、乡有示范。"燎原计划"示范乡由65个增加到195个,增长200%,随项目进行技术培训10万多人,论证确立新开发项目17个。据4个地区统计,"燎原计划"项目年产值2701.26万元,利税294.45万元,群众收益310.15万元。(6)陇西县承办由国家教委和联合国教科文组织资助的"满足农村成年人接受教育和培训需要"试验项目。运用快速识字教学、电化教学等先进手段,缩短了扫盲周期,4个乡的15个村扫除文盲1177人,提高了扫盲速度和效益。对5663人进行了技术培训,使学员基本掌握1—2项农村实用技术。4乡实用技术普及率均达到88%。(7)评选了扫除文盲、农民文化技术学校先进单位和先进个人。(8)对6所农业机械化学校进行评估验收,全省评估归位学校已达46所。(9)开展人口教育师资培训,给人口教育学校配备了电教设备及磁带,编写人口教育讲义。(10)开展扫盲后提高工作和实用技术教育,拍摄农村实用技术电视教学片60集,复制下发农村实用技术录像带2000余盒。

[**成人高、中等教育**] 1993年1月,召开了全省成人高等教育工作会议,制订了《关于改革和发展成人高等教育的意见》、《甘肃省成人高等教育管理暂行办法》等文件。确立了成人教育全力以赴为甘肃经济建设服务的思想,提出全省成人高等教育要形式灵活,保证质量,讲求效益,主动服务,并在服务中逐步完善的改革思路。

根据会议精神,全省高、中等成人教育在提高质量、更好地为经济建设服务方面采取了一系列措施。省教委、计委、人事局发出《关于处理好当前成人高等教育改革中有关政策性问题的通知》,进一步明确从甘肃实际出发,把为乡镇企业、中小型企业和农村服务作为改革和发展甘肃成人高等教育的重点,出台了有关支持和照顾政策。在普通高校、成人高校开办了第二专业专科学历教育,在广播电视大学试办以专科为主的基础段教育。根据甘肃农村、乡镇企业以及部分关键岗位对人才的特殊需要,试行了由用人单位(地区)委托,培养急需、短缺人才的办法。全省14所普通高校、成人高校共招生4000余人。为理顺成人高、中等学历教育质量调控、服务机制,成立了"甘肃省成人教育质量服务中心",全面加强质量监督管理。在全省开展"提高成人高、中等教育管理水平和教学质量讨论和论文评选活动"。全年对成人高、中等学校进行了4次统(抽)考。

严格了成人学历教育颁证制度,制订了"全国成人高等教育统一证书"的验印审批制度,验发高、中等学历教育毕业证。审批核报了4所高等专科学校夜大函授教育和甘肃农业大学的函授部。根据需要核批了一批新专业。3所普通高校成立了成人教育学院。新建了兰州阿语成人中等专业学校,调整了原省机械职工中等专业学校,组建了甘肃成人中等专业学校,强化了部分学校为地方经济服务的机能。

[**职工教育与社会力量办学**] 1993年,全省岗位培训以完善制度,加快岗位规范标准建设为重点,取得了可喜成绩,全年培训60多万人次。企业教育综合改革贯彻十四大精神,围绕为本企业经济效益服务的宗旨,发挥本企业办教育的自主权,不断完善方案,狠抓起步项目。兰州炼油厂等单位结合人事劳动制度的改革,推行以关键岗位、领导岗位、技术岗位持证上岗为中心的教育培训制度,企业教育改革工作有了较大进展。

进一步完善社会力量办学制度，加强管理，保证质量，提高社会效益。省教委起草了《社会力量办学管理条例》，制订了规范的科学管理制度。对已批准的社会办学进行重新登记，对不符合条件的进行相应的处理，社会力量办学开始走向规范管理轨道。

撰稿　马志荣　温攀玺

审稿　阎思圣　高维新

青海省教育

概　况

[各级各类教育发展情况]

1993年各级普通学校基本情况　　单位：人

学校类别	学校数（所）	毕业生数	招生数	在校学生数	教职工数 计	教职工数 其中：专任教师
一、普通高等学校	7	1540	2180	6910	2998	1468
研究生				4		
本科		950	953	4167		
专科		590	1227	2739		
二、中等专业学校	33	3414	4347	11422	2941	1574
中等技术学校	22	1771	2411	6430	2068	1017
中等师范学校	11	1643	1936	4992	873	557
三、普通中学	479	64909	69434	198420	19770	15916
高中	189	17091	15020	40039		4295
初中	290	47818	54414	158381		11621
四、农业、职业中学	69	4210	3930	8584	787	556
高中	43	1782	2758	5301		411
初中	26	2428	1172	3233		145
五、工读学校	1	4		12	26	14
六、小学	3445	64168	79816	443781	28558	26495
七、特殊教育学校	2	9	41	356	85	59
八、幼儿园	171	30620	38378	60007	2417	1638

1993年各级成人学校基本情况

单位：人

学校类别	学校数（所）	毕业生数	招生数	在校学生数	教职工数 计	其中：专任教师
一、成人高等学校	3	620	1610	2816	534	259
广播电视大学	1	187	692	993	90	26
职工高等学校	1	61	282	422	71	44
农民高等学校						
管理干部学院						
教育学院	1	372	520	1255	373	189
独立函授学院						
普通高校举办						
函授部			107	107		
夜大学						
干部专修科			9	39		
二、成人中等专业学校	17	753	2832	5449	508	227
广播电视中专	1	153	598	1274	87	46
干部中专	2	30	191	306	79	31
职工中专	14	570	2043	3869	342	150
农民中专						
教师进修学校						
三、成人中学						
职工中学						
农民中学						
四、成人技术培训学校	149	78534	81914	84899	223	63
职工技术培训学校	3	638	650	55	38	19
农民技术培训学校	146	77896	81264	84844	185	44
五、成人初等学校	311	36306	52219	55458	313	44
职工初等学校						
农民初等学校	311	36306	52219	55458	313	44
其中：扫盲班	280	35817	48764	51938	297	44

制表　张晓乐

［**全省教育工作会议**］　1993年10月27日至30日，省委、省政府在西宁召开了全省教育工作会议。省教育厅厅长高荣作了教育工作报告。会议学习讨论了《中国教育改革和发展纲要》，回顾总结了全省教育改革和发展的基本经验，确立了当前和今后一个时期全

省教育改革和发展的指导思想、目标任务和主要措施，讨论修改了省委、省政府《关于贯彻〈中国教育改革和发展纲要〉的实施意见》和全省基础教育、民族教育、职业技术教育、农村成人教育、成人大中专教育、普通高等教育的改革方案等文件。省政府、省教育厅分别与州、地、市人民政府、教育局签订了1994—1995年度地方教育发展目标《责任书》。

省委书记尹克升，省委副书记、省长田战平到会讲话，副省长白玛作了会议总结。

［**全省教育发展总体目标**］ 根据《纲要》对我国教育发展的总体规划，1993年内制定了全省各类教育发展的总体目标。

基础教育：以基本普及九年制义务教育，基本扫除青壮年文盲为目标，以全面贯彻教育方针，全面提高教育质量为中心，在普及初等义务教育的基础上，逐步推进九年制义务教育。到2000年，全省学龄儿童入学率达到90%，小学和初中生巩固率分别达到98%和97%，普及初等义务教育的地区人口比例由56.7%提高到75%，普及初级中等义务教育地区人口的比例由现在的21.7%提高到25%，在占人口20%的地区普及高中教育。城镇基本满足幼儿接受教育的要求，3—6岁幼儿入园(班)率达45%。农业区和有条件的牧区积极发展学前一年教育，学前一年幼儿入园(班)率达60%；残疾儿童入学率达25%。

职业技术教育：到2000年，全省各类中等职业技术学校在校生占整个高中阶段在校生的比例，由现在的32.5%上升为45%～50%。各州、地、市和有条件的县办好一所职业技术教育中心或示范性职业技术学校。城镇新增劳力普遍受到各种形式的职业技术教育培训，农村大多数新增劳动力接受从业所必需的实用技术培训。

成人教育：开展多形式、多规格的文化教育和岗位培训，基本满足社会各行业和社会成员日益增长的教育要求。到2000年，西宁、海东地区和海西州的绝大多数地区按国家高标准扫除青壮年文盲，其余地区每年使现有文盲的5—10%脱盲，1/3的乡镇建立农民文化技术学校。成人大中专学校在校生达8000人，社会力量办学得到进一步发展。

高等教育：到2000年，在保证必要投入的情况下，集中力量办好一二所大学和20个左右的省重点学科、专业和实验室。重点建设的学校规模达到2500人左右，学校总规模由现阶段的6318人发展到10000人左右，争取新增5个左右的硕士学位授予点。

民族教育：确保民族教育的优先、重点发展。到本世纪末，6个州学龄儿童平均入学率由现在的66%提高到80%。少数民族在校生占全省在校生总数的比例，由现在的33.7%提高到40%左右。重点抓好牧区的义务教育，集中力量办好一批具有特色的重点民族中小学，扩大民族班、预科班的招生规模，将在校生总数由现在的2000人增加到2500人以上。以培养中初级人才为主，有计划地培养一批具有较高水平的民族科技人才和管理人才。加强蒙藏文学校(班)的双语教学工作，使双语教学体系逐步得到完善。

积极发展广播电视教育和学校电化教学。加快全省卫星电视接收网络建设，筹建青海教育电视台。到本世纪末，农业县20%—30%的乡、牧业区的重点乡建立卫星电视接收站。城市和县镇的学校半数以上建立学校放像点。

［**"两基"评估验收**］ 根据国家教委《普及九年义务教育评估验收办法》、《县级扫除青壮年文盲检查评估办法》和青海省制定的"两基"(基本普及初级义务教育，基本扫除青壮年文盲)评估验收办法，1993年7月，省政府组织验收小组，对海东地区的乐都县和西

宁市城中区、城西区的“两基”工作进行了评估验收。经评估，上述一县两区“两基”工作的普及程度、师资水平、办学条件、教育经费，教育质量和扫盲工作的各项指标均已达到国家教委和青海省规定的验收标准，决定报国家教委审批。

［接受捐赠项目］ 日本国小岛企业集团小岛镣次郎会长捐资5亿日元，在西宁市修建“青海省小岛文化教育发展基地”。12月14日至16日，省政协副主席班玛丹增和省教育厅厅长高荣前往日本接收了首批捐资资金2亿日元。

香港广播电视有限公司董事长、香港邵氏影视公司董事长邵逸夫先生，给青海捐赠640万港元。青海省决定用这项赠款和青海省配套资金，修建6所小学、3所中学、1所师范学校，将在1994年8月底建成，并投入使用。

［改革毕业生分配就业制度］ 1993年，大中专毕业生就业工作突破了以往“统包统配”的模式，通过学校和用人单位在一定范围内供需见面，双向选择，引入竞争机制，建立了“计划指导，市场调节”的毕业生就业新体制，扩大了学校的分配权、用人单位的选择权和学生在一定范围内挑选职业的自主权。各大中专院校坚持对每个毕业生的德、智、体全面量化考核，综合评分，坚持择优安排的原则，较好地体现了公正、公开、平等竞争，受到了学校、用人单位和学生的欢迎。

1993年实际安排大中专毕业生6532人，其中安排到国营大中型企业的毕业生2000多人，比往年有所增加。分配到青南三州的毕业生348人，是历年来毕业生分配到该地区最多的一年。省内3所高等师范院校毕业生改行人数仅70人，占师范毕业生总数的8%，是历年来改行人数最少的一年。对农、林、牧专业毕业生采取分类指导，合理分流，95%的毕业生安排到农、林、牧行业第一线，较好地贯彻了“统筹安排，合理使用，加强重点，兼顾一般，面向基层，加强生产、教学、科研第一线和学以致用，人尽其才”的原则。

撰稿　贾生喜

基础教育

［概述］ 1993年，全省学龄儿童入学率达85.64%，提前三年实现了“八五”规划的目标。与1992年相比，学龄儿童入学率提高0.62个百分点。学生巩固率达95.6%，小学生毕业率达96.3%。到1993年，全省已有17个县(区)普及了初等教育，西宁市和工矿区已经普及了初级中等教育。经省级评估验收，乐都县、西宁市城西区、城中区已基本普及了初级中等义务教育。

1993年，采用函授、卫星电视、自学考试三沟通的形式，培训初中教师1256名；通过多种渠道，共培训中小学校长、教导主任，主管教育的乡镇长、骨干教师4000余名。1993年全省小学教师学历达标率已达81.47%；初中教师学历达标率为52.28%；高中教师学历达标率为39.09%。

此外，在电化教育、勤工俭学、学校体育卫生、教育技术装备、教育科研、督导等方面也取得进展，为全省教育事业发展奠定了良好基础。

［**义务教育**］ 1993年是青海省实施九年义务教育的第一年，为加快实施步伐，着重采取了以下措施：(1)进一步完善义务教育的地方法规。修订后的《青海省实施〈中华人民共和国义务教育法〉办法》实施一年来，海北、海南、互助、乐都等地根据《办法》提出的目标和时限，相继制定了符合本地区实际的方案，明确了实施义务教育的指导思想、目标任务、实施步骤等，使义务教育的实施有了切合地方实际的法规保证。(2)健全义务教育的宣传机制，开展广泛深入的宣传活动。精心组织并开展每年4月和9月的义务教育宣传月活动，充分利用广播电视、报纸刊物、座谈会等多种形式，宣传义务教育"两法一则"的主要精神，使广大干部群众知法、守法，不断增强全社会实施义务教育的责任感和紧迫感。(3)实行入学通知书制度。根据《青海省实施〈中华人民共和国义务教育法〉修正案》的有关条款，省教育厅制定并印发了《关于〈青海省实施义务教育证书制度〉(试行)的通知》。秋季升学后，乐都、大通、湟中、民和、互助等县的一些乡镇，实行了入学通知书制度。对违背义务教育宗旨的，及时依法干预，保证适龄儿童少年依法入学，有效地遏制了中小学生流失率急剧增长的势头。

11月，在乐都县召开了全省实施义务教育现场经验交流会。省教育厅厅长高荣在会上作了题为《关于积极贯彻全省教育工作会议精神，加快我省实施义务教育步伐》的报告。会议部署安排了当前和今后一个时期全省实施义务教育等工作。与会代表参观了乐都县的9所不同类型的学校，听取了乐都县、乡政府、教育局及学区实施义务教育的经验汇报。乐都县的经验概括起来是"一大、二实、三重、四到、五明"。"一大"就是决心大；"二实"是务实、落实；"三重"即领导重视、群众重视、教育行政部门重视；"四到"是分级管理、分级办学的管理体制到位，教育投入到位，措施方法到位，各项工作到位；"五明"是指导思想明确，目的任务明确，各级职责明确，重点难点明确，实施步骤明确。

［**教育改革**］ 改革初中招生制度，取消小学毕业生升学考试，实行就近划片入学。西宁市在广泛调查研究、积极探索的基础上，于1993年推出了《初高中招生制度改革方案》，取消全市重点初中，撤销西宁市湟川中学、五中、十四中的初中部，根据学校容纳量、学生家庭住址和学生分布情况，统一招收初中一年级新生，努力做到每个小学毕业生相对就近升入初中。1993年秋季，西宁市120余所公、民办小学的8112名小学毕业生，基本做到了就近划片入学。

实施九年义务教育《课程方案》。从1993年秋季开始，在全日制小学的起始年级和全日制初级中学的起始年级同时实施九年义务教育《课程方案》。并根据国家教委的实施意见，结合青海实际制定了具体的实施意见，加强宣传和指导。及时做好新教材的征订和发行工作，对全省小学和初中起始年级的任课教师，进行了新教学大纲的培训，使义务教育的这一重大改革在全省得到顺利实施。

积极进行学校内部管理体制改革。海南州贵德县在进行试点、取得经验的基础上，从1990年开始，在全县中小学普遍试行校长负责制、教师定编聘任制、教育岗位责任制，将竞争和激励机制引入学校，给学校教育注入了活力。民和、湟源、格尔木等地也逐步实行了"三制"改革试点。西宁市于1993年先后出台了《关于实行校长责任制后对校长的职责、权力和待遇的规定》和《关于在试点学校实行

"教职员聘任制"及工资定额管理的暂行规定》,在全市中小学普遍实行校长责任制,并在湟川中学、市十一中、十二中实行了教职工聘任制和工资总额定额管理试点。

6月,下发了《青海省教育厅高中会考领导小组会议纪要》,对会考补考内容和高三会考时间作了适当调整。下发了《青海省实施高中分流教育试行意见》,决定高二会考结束后,从高三下学期实施分流教育,这些措施使高中的改革向纵深发展。

[**解决热点问题**]　中小学乱收费、学生流失、拖欠教师工资及教育经费、学生课业负担过重等,是1993年群众十分关心的热点问题。为解决这些问题,青海省做了大量工作。

年初,省教育厅组织人员分赴民和、化隆、循化等地调查了解学生流失情况。省教育厅于4月发出《关于严格控制义务教育阶段学生流失的紧急通知》,6月又发出《关于进一步做好控制义务教育阶段学生流失工作的通知》,要求各地教育部门和中小学校迅速采取措施,动员辍学少年儿童返学。6月,青海省副省长白玛、省教育厅厅长高荣,对海东地区所属平安、乐都、民和等县的17所中小学和职业学校进行了视察,听取了3县领导的汇报,实地查看了学校校舍、"四率"(学龄儿童入学率、在校学生巩固率、毕业生合格率、普及率)、实施义务教育等情况。6月,省教育厅还下发了《制止中小学乱收费的通知》,重申了国家教委和青海省的有关规定。秋季升学后,省教育厅派员深入西宁、循化、化隆、民和、互助等地,重点检查解决了经费短缺、拖欠教师工资、乱收费和中小学生辍学等问题。督促各地从实际出发,尽快采取措施,解决上述问题。西宁市取消了补课费、勤工俭学费、超标准跨区费、义务教育阶段计划外的高价生等有关费用。省教育厅还召开了西宁地区部分中小学校长、教师、家长座谈会,就个别学校存在的课业负担过重问题进行了分析讨论,并向国家教委反映了青海的实际情况。

7月30日至8月12日,全国政协教育文化委员会扶持贫困地区实施义务教育调查组,深入青海省西宁市、海晏县、共和县、湟源县,实地察看了城镇、农业区、半农半牧区及纯牧业区的15所中小学,对各地区义务教育的普及程度、师资水平、办学条件、教育经费、学生流失情况等进行了调查了解,并听取了省政协副主席班玛丹增、省教育厅副厅长蒋焕东的汇报。7月20日,国务院《九十年代儿童发展纲要》评估小组赴循化、化隆、海西州以及省特殊教育校进行了考察。这些活动促进了基础教育热点问题的进一步解决。

[**德育工作**]　为研究探索在新形势下德育工作的内容、途径和方法,对中小学生进行以爱国主义、集体主义和社会主义为主线的德育教育,1993年,青海省召开了全省中小学德育试点工作总结会。会议总结了三年多试点工作的经验,表彰了试点工作成绩突出的青海师范大学附中、西宁十三中、乐都一中、民和川口小学、西宁市北大街小学和西关街小学,并在全省范围内推广了他们的经验。为充分发挥导向作用,建设好德育工作骨干力量,1993年表彰了50名优秀班主任。在继续评选表彰全省中小学"三好学生"的基础上,1993年又评选了优秀学生干部和先进班集体。

[**学校体育卫生工作**]　1993年,经过检查评估,命名湟中、乐都两县为青海省贯彻落实两个《条例》(《学校体育工作条例》和《学校卫生工作条例》)先进县。湟中一中、乐都二中在全国第三届中学生运动会上,被国家教委等部委命名为"贯彻落实两个《条例》优秀学校"。在贯彻两个《条例》的同时,青海省还严格执行《中学生体育合格标准》。1993年,省

教育厅下发了关于做好对高校新生《中学生体育合格标准》检查的通知，要求全省普通高校对新生中的应届高中毕业生进行三项素质指标的测验。还举办了九年制义务教育体育教学大纲培训班，为顺利实施体育教学新大纲创造了条件。

为强化课余体育训练，健全训练体制，青海省一方面加强高校高水平运动队的建设，建立运动员档案，配备训练仪器；另一方面加强体育传统项目学校的管理和建设，为其培训教师，进行检查验收。湟源二中、大通一中被评为1993年全国先进体育传统项目学校。通过小型多样、单项分散的体育活动和分级定期举办运动会，促进了学校群体活动的开展，提高了竞技水平。在全国第五届中学生运动会上，青海代表团夺得2枚金牌、1枚银牌、4枚铜牌，结束了青海省参加中运会无金牌的历史。

学校卫生工作。除积极改善办学条件、坚持做眼保健操、进行校医和保健教师培训、继续防治和监测学生近视之外，1993年还扩大了“健康教育”试点，加强了中小学生常见病的防治。将健康教育课的开设面，扩大到乐都、湟中、海西、西宁等地区的全部小学，并且配备教材和师资，力争1994年在全省小学和部分中学开设健康教育课。1993年，省教育厅下发文件，要求全省各级教育部门和学校，积极做好两个疾病（脊髓灰质炎病和碘缺乏病）的防治工作。省教育厅还会同卫生部门积极做好对大中等学校新生和部分中小学生的乙肝、结核等疫苗的接种工作。1993年学生的口腔卫生状况大有改善，在学生中没有发生传染疾病的流行。

［**幼儿教育**］ 3月，省教育厅下发了《青海省各级幼儿园评定标准》，从办园条件、管理水平、教育教养质量等方面制定指标，要各地进行自查、自纠、自评。达到一级二类以上的幼儿园，由省教育厅组织验收。1993年还制定印发了全省幼儿园园长全员培训规划，计划从1993年起利用四年时间，对全省登记注册的幼儿园园长进行一次全面、系统地培训，并实行先培训后上岗的制度。省教育厅还制定印发了《青海省幼儿园、学前班登记注册办法》，要求凡属省辖区内地方政府、厂矿企事业单位、机关、驻地部队、社会团体、乡镇、城镇街道以及公民个人举办的招收3周岁至学前幼儿，实施保育、教育的幼儿园、学前班，均应履行登记注册。

为推动幼儿教育健康发展，省教育厅会同省教育学会幼儿教育研究会召开了全省幼儿园课程改革研讨会，评出优秀论文32篇，其中一等奖3篇。1993年还编写、审定了学前班（下册）教材，举办了幼儿教师培训班，全省有90余名幼儿教师参加了培训。

［**教师队伍建设**］ 为适应基础教育改革与发展的需要，青海省采取多渠道培训教师。4月，省教育厅下发了《青海省“八五”期间中师培训规划》，确定了教师培训的目标、步骤与方法。

受省教育厅委托，青海省教育学院举办了初中语文、数学、英语《专业合格证书》考前培训班，有70名中学教师参训，并经考试取得了《专业合格证书》。在青海师范大学举办了“P19”人口教育师资培训班，有50名教师参加了培训。有部分中师学校的教师参加了国家教委师范司举办的新《大纲》培训班。各州、地、市还利用电视卫星、函授和自学相沟通的形式培训中学教师。1993年共计培训教师2256名。另外还委托教育学院、青海师范专科学校举办了“加强贫困地区项目学校教导主任培训班”，及“贫困地区小学项目学校，所在地乡镇长培训班”各一期，共有170名教导主任及乡镇长参加了学习。青海师范大学还举办三期中学校长培训班，有130名中学校长参加了学习。截止1993年底，全省已有602名中学校长接受了系统培训，培训面达77%；有1300名小学校长接受了培训，培训面达36%。全省大部分地区还采取集中办班和短期培训相结合的形式，培训小学和幼儿园骨干教师200名。100所贫困地区项目小学还先后培训小学、幼儿、特殊教育学校教师达400余名。

1993年，全省又有289名教师获得中学高级教师的任职资格，同时制定了《青海省中小学教师专业职务评聘考核办法》(试行)，对1994年全省中小学教师职务评审工作做了新的补充规定。

[**勤工俭学**]　1993年，全省中初等学校勤工俭学坚持实行微观放活，宏观加强管理，因地制宜，分类指导，滚动发展的方针，取得了成绩。全省开展勤工俭学活动的学校达2928所，占学校总数的73%。建成勤工俭学基地1344个(其中农林牧场1066个、工厂54个，第三产业网点224个)，其中1993年接纳学生参加劳动教育的基地1133个。学生参加劳技教育的人数达25.2万人，从事校办企业的职工人数达1316人。固定资产净值达1238万元，年末流动资金398万元，与上年同期相比，都有较大幅度的增长。全年实现产值2724万元，利润724万元，在校学生人均收入11元，分别比1992年增长19%、17%和22%，创历史最好水平。

[**电化教育**]　1993年，全省已有教育电视台6座，卫星电视收转站28座，卫星地面接收站34座，教学放像点500多个。1993年，终期评估了联合国儿基会设在共和县的“远距离师资培训项目”的实施情况，检查了全国电教试点县平安县CETV工作情况，并召开两次现场会。举办电教技术培训班四期，培训教师368人；举办电教理论、电教技术讲座11次，听课教师达557人，推动了青海省卫星电视教育工作的开展。

电视教材的制作。1993年完成了中学配套教材《青海地理》(上集)和职业教育片《带状田》的制作、审定工作，完成了适合藏族地区小学使用的《小学汉语强化训练》录音教材。还制作了《胜似春雨》(加强贫困地区小学教育项目纪实)、《雪灾后的青海牧区中学》、《青海藏族教育》(汉藏文版修改本)和《全省教育工作会议纪实》等4部电视专题片。

青海省电教馆现有教育电视录像带16000课时，教学电影片1000多拷贝，教学录像带2000余课时。1993年引进收录教学录像节目1042课时，租借录像带9933课时，复制教学录像带658盒，租借教学影片放映102场次。

[**教育技术装备**]　教育技术装备工作把加强中小学实验室建设和宏观管理放在首位。1993年在对西宁、海东地区中小学实验室进行普遍检查之后，又对贵南、海南、海北、海西、循化、化隆等地的中小学实验室进行了检查。了解了这些地区教学仪器的配备和使用情况，并对仪器质量进行了跟踪调查。同时印发了《中小学实验室文件汇编》、《中小学实验教师(实验员)职责》、《中学生实验守则》、《实验室管理规则》等资料，促进了实验教学的规范化管理。

1993年召开了全省教学仪器设备配套计划会，通报了近15年来全省教学仪器设备的资金投入情况，提出多渠道筹措资金，加强教学仪器配备的要求。1993年调拨仪器经费达300万元，其中国家拨款100万元，地方自筹经费200万元。此外还征订和发行了《青年文库》、《少年文库》、《儿童文库》800余套，丰富了中小学图书资料。

[**教育督导**]　1993年，全省已有87.6%

的州、地、市和80%的县区组建了督导机构，其余的州和部分县配备了专职督导人员。在乐都召开“全省实施义务教育现场经验交流暨督导、中师工作会议”，回顾了前一阶段全省督导工作的情况，并对近期工作进行了讨论，提出了工作重点和要求。西宁市对市属中小学进行了专项督导评估，海东对全地区完全中学进行了综合评估；海南州对州县中学全部进行了督评检查；黄南州以义务教育为重点，在“督政”方面取得了成绩；玉树州对中小学的督导面达2/3以上。经过对拟任专职督学的考试，省级首批专（兼）职督学荐选和任命（聘任）工作有了进展。

省教育督导室1993年下基层开展督导评估工作。去州（地、市）39人次，去县（区）65人次，去学校124人次，共228天。

[儿基会项目实施情况] 9月，省教育厅会同各县项目主任，对湟中、大通、乌兰、都兰、贵南、民和、化隆等县的小学教育项目进行了终期评审。在11个县的100所项目学校服务区内，学龄儿童入学率达98%，在校学生巩固率为97%，毕业班学生毕业率为92%，12～15周岁儿童普及率为93%，女童入学率为87%，项目学校的各项工作普遍好于非项目学校。

中师儿基会合作项目进展顺利，本年对1990—1994周期项目工作提前关闭，作了全面总结安排，准备迎接下周期的小周期立项工作。

P19人口教育项目给青海省35所学校配备了电视机、放像机、磁带等教学设备。

撰稿 赵仰仑

职业技术教育

[贯彻国务院关于职业教育的《决定》] 1993年，省教育厅组织人员多次深入到西宁、海东、海西、海南等地宣传国务院《关于大力发展职业技术教育的决定》。在广泛宣传的基础上制定了《关于深化青海省职业技术教育改革的意见》。《意见》提出政府部门要强化评估与服务体系，尽可能为办学提供各种政策发展咨询服务，引导学校自觉地改革办学方向、专业设置、教学内容，创办经济实体，简政放权，扩大学校招生、设置专业、经费及人员使用方面的权力；职业教育要因地制宜、主动服务，适应经济发展的需要，形成遍及各地各行业的网络；职业教育办学条件要立足现有基础，自力更生，面向社会多渠道筹措。这一系列具体政策措施的提出，为贯彻国务院《关于大力发展职业技术教育的决定》，发展全省职业教育注入了新的活力。

为促进全省职业技术教育与省外同步发展，省内共同发展，组织了各种形式的经验学习及交流活动。省外交流：与兄弟省区教委（厅）及新疆生产建设兵团共同创办了全国发行的《西北职教》杂志，为青海与西北省（区）职业技术教育发展沟通了信息。选派西宁、海东等地职业部门及职业中学有关人员赴东北、华北、华南、甘肃等地学习考察。西宁第一职业技术中学与兰州市女子职业中学，省职教中心与广东、台山教委，西宁市旅游职业中学与北京、广东、福建等地职教部门建立了广泛联系与协作关系。省内交流：组织黄南州及各县教育部门、民族中学有关人员赴西宁、海东等地学习有关职业中学办学的经验。12月召开全省职业中学办学经验交流会，20余所学校在会上印发了办学经验材料，8所学校介绍了办学经验。

［**职业中学办学条件达标建设**］　年初，根据国家教委的有关要求，对一些骨干职业中学下发了有关办学条件达标的具体要求。各学校据此进行了认真的自我检查，并开展一定规模的办学条件建设，使学校办学条件得到很大的改善。5月，国家教委重点职业高中检查组赴西宁检查复评。西宁第一职业中学、乐都职业中学、交通职工高中等一批职业中学办学条件已有了一定基础，专业器材逐步完备，专业师资逐步配备齐，生产实习基地也有了发展。

［**中专学校评估**］　1993年，省教育厅对中专学校教育评估第三阶段工作进行了具体布置和安排。按国家教委下发的《普通中等专业学校办学水平评估指标体系及重点学校评估标准》进行了学校自评和复评。完成了对湟源畜牧学校、西宁电力学校、省财经学校、省卫生学校及省建工建材学校等5所合格学校的办学水平及选优评估工作。其中产生2所国家级、3所部级重点学校，同时还对省警察学校、交通学校、农林学校及商业学校的第二次合格评估自评工作组织了复评。

［**农村和城市教育综合改革**］　1993年，农村教育改革通过多次协调，解决了乐都县农村教育改革实验、实习用地问题，使农村教育综合改革有了自己的辐射示范、示教实验基地。筹措资金84万元，建立了全省农业区三教统筹及农科教统筹相结合的两个新的乡级示范点—乐都县典坛乡及湟中县多巴镇。

城市教育综合改革。经省教育厅与西宁市政府有关部门协调，西宁市教委提出具体的发展规划。城市职业教育开始探索产教结合、产校结合、学用结合的路子。

［**教师队伍建设**］　9月，省教育厅组织举办了为期一周的农村职教师资培训班，集中对农村职教师资进行了职业技术教育政策、农业、养殖业知识的教育。各学校继续组织急需专业人才的培训，还组织专人编写东部农业区养殖专业教材。

1993年完成了对270余名中专讲师及121名中专高级讲师的任资资格评审工作，其中267人取得中专讲师的任职资格，98人取得中专高级讲师的任职资格。

撰稿　王金生

高　等　教　育

［**党建和思想政治工作**］　1993年，省教育厅配合省委高校工作领导小组，部署各高校学习贯彻全国高校党建工作会议精神，并结合高校实际，研究探索在加快改革开放、建立社会主义市场经济体制新形势下的工作思路、内容和方法，提出了进一步加强和改进全

省高校党的建设和思想政治工作的措施。为进一步推动高校基层党组织的建设，协同省委高校工作领导小组，评选出12个高校先进基层党组织，予以表彰。

省教育厅要求高校抓好马克思主义理论课和思想政治教育课教学。“两课”教育要坚持理论联系实际的学风，及时改革不适应新形势发展要求的教学内容，注重吸收和反映建设有中国特色社会主义实践中产生的理论成果，以帮助学生形成科学的世界观和人生观，增强学生运用马克思主义的立场、观点、方法分析问题、解决问题的能力。同时，省教育厅配合团省委开展高校暑期社会实践活动，引导青年教师和学生走与工农相结合的道路，对青年教师和学生进行爱国主义、社会主义、集体主义教育。

[高教改革] 为进一步贯彻《中国教育改革和发展纲要》和国务院批转国家教委《关于加快改革和积极发展普通高等教育的意见》精神，促进全省普通高等教育快速发展，召开了青海省普通高等教育发展咨询会，就如何贯彻落实《中国教育改革和发展纲要》及2000年全省高教事业的发展目标，扩大高校办学自主权，高校的布局与规模，专业的设置、调整，重点学科和重点实验室建设等问题进行了广泛的咨询。在此基础上，形成了《关于加快青海省普通高等教育改革的若干意见》。

为使高等教育适应社会发展对人才的需求，省教育厅对省属高校专科设置进行了调整。确定增设9个应用性专科专业，分别是：青海大学的机械电子工程、化学工程、会计专业；青海畜牧兽医学院的饲料和食品卫生检验专业；青海师范大学的计算机应用和计算机教育专业；青海师范专科学校的应用英语及青海民族学院的涉外经济法专业。通过增设应用性专业，增强了学校的办学活力与办学效益。

[提高教育教学质量] 为贯彻党的教育方针，提高教育教学质量，组织省属高等学校开展了优秀教学成果奖励活动，评出省级一等奖4项，省级二等奖12项。其中，青海民族学院祁顺来的“藏族古典文学教学的创新与实践”获1993年普通高等学校优秀教学成果国家级一等奖；青海师范大学李延福、吴永财、张国喜、果毛吉的《普通高校民族班藏汉双语教学探索》成果获国家级二等奖。组织了全省普通高校青年教师教学竞赛活动，30名教师获优秀教学奖。1993年首次举办了大学二、三级英语考试，762人参加二级考试，通过440人，141人参加三级考试，通过15人。为进一步加强高校的教材和学科建设，省教育厅根据国家教委下发的《高等学校教材工作规程(试行)》，草拟了《青海省高等学校教材工作规程(试行)实施办法》。

[科研工作] 1993年，全省高校列入各类科研项目共29项，其中，省教育厅资助高校的科研项目18项。到年底，已组织有关专家对24个项目进行了鉴定，对2个科研项目进行了阶段性验收。为使高校科研工作更好地为当地经济建设服务，组织高校参加了全省性的科研成果展览交易会，29项科技成果参展，并组织高校参加全省产学研联合开发工程，将高校可转让的10余项科研成果汇总报省产学研联会开发工程协调办。同时组织有关高校参加全国高校古籍整理研究成果展览，向全国高校古籍整理委员会推荐论文23篇。

[师资队伍建设] 为切实加强普通高校的师资队伍建设，1993年，全省共资助高校44位教师到省外院校进修深造。同时，选定12名导师，招收了第一批进修学者12人，以

加快培养青年骨干教师和学科带头人。还举办了有50名教师参加的青年教师岗位培训班。

继续组织高校教师高级专业技术职务评审工作，对评出的293位符合晋升高级专业技术职务的高校教师，报请省职称改革领导小组审批。另外，完成了52位高校图书馆资料系列馆员职务任职资格评聘工作。制定了《青海省高等学校考核受聘教师职务人员的实施意见》。注重高校教师的评优工作。向省推荐了3名享受100元政府特殊津贴和11名享受50元政府特殊津贴的专家人选；建立了省级高校师资数据库，各高校的校级师资数据库正在组织筹建。

［**对外交流与协作**］ 全省高校的出国留学工作得到进一步发展。1993年，通过国家、单位公派等渠道选派了8名教师到国外进修学习。为做好1994年的选派工作，举办了出国留学人员外语强化培训班，已培训20人。接受外国留学生8人。聘请美国、英国、加拿大、日本等国的专家11人在高校任教，对其教学工作进行了评估，实行目标管理。

积极开展对外协作、争取外援。省教育厅与日本小岛企业集团合作有了新进展。双方合作的“小岛援青文化教育发展基地”已于10月奠基，小岛镣次郎先生来青海参加了奠基仪式，同时，参加了青海省高校青年教师“小岛奖励金”和学生“小岛奖励金”的颁奖仪式。

［**学校体育卫生工作**］ 1993年，省教育厅进一步狠抓学校体育、卫生工作两个《条例》的贯彻落实，以薄弱环节为突破口，加强体育、卫生工作的基本建设，强化课余训练，提高了学生的健康水平。暑期，举办了全省大学生“雄鹰杯”足球赛；组织大学生女子篮球队参加了全国大学生第四届“友谊杯”和全国民族院校大学生“友谊杯”篮球赛，夺得两项冠军，并获得“体育道德风尚奖”。全省普通高校开展学生军训与国防教育已形成制度，青海师范大学被评为全国军训工作先进单位，受到国家教委表彰。

根据“食品卫生法”，1993年，对全省高校及附属单位的40多个食堂、食品加工场所进行了全面细致的监督检查。表扬先进，指出问题，促进了高校食品卫生管理工作水平的提高。

撰稿 王金生

成人教育

［**农牧民文化技术教育**］ 1993年，全省扫盲工作取得了新进展。农业区以扫除青壮年文盲为重点，牧业区在不断提高少年儿童初等教育普及率的同时，扫盲工作正由点向面逐步扩展。年内，全省已组织78340人参加扫盲学习，脱盲43911人，完成年度责任目标的146.37%。基本无盲乡镇达156个，比上年增加34个，基本无盲村达2125个，增加371个。大通、互助、民和3县已基本达到无盲县标准。

文化教育与技术教育相结合，得到协调发展。在农村牧区普遍加强了实用技术教育。

1993年，全省共举办实用技术培训班2192期，受训农民187656人（次），乡镇农民文化技术学校达到142所，比上年增加11所。

1993年的主要工作：(1)加强了宏观指导和管理。连续召开了各种扫盲、技术教育领导工作会议，通报情况、征求意见、分解下达任务指标。三次赴乐都县对农民中专学校进行考察论证。制定了《关于改革和发展我省农村成人教育的意见》。(2)加强督促检查。检查指导了海东、黄南、海北地区7个县的扫盲工作。对乐都县、西宁市城中、城西区的普及九年义务教育、基本扫除文盲工作进行了检查验收。(3)加强基本建设。举办了第三期农村成人教育管理干部岗位培训班，编辑出版了《藏文识字课本》5万册。(4)加强协作与交流。参加了全国性的成人教育经验交流会议，学习外省经验，促进了工作。

[**成人大中专教育**] 1993年，成人中专招生比上年增长65%，在校生比上年增长21%。成人高校(不含普通高校举办函授部、夜大学、干部专修科，下同)招生比上年增长75%，在校生比上年增长53%。

为促进成人大中专学校教育的发展，制定了《关于改革和发展我省成人大中专教育的若干意见》。实行的改革措施是：(1)在成人中专实行了《专业证书》和《毕业证书》通用制度，为曾获《专业证书》的学员继续升学提供方便。(2)改革招生制度，突破成人招生渠道的单一性。实行了面向社会办学，举办委培班，招收普通大中专考试落榜生和应届初高中毕业生入学。(3)实行招生与招工相结合的办学形式，为在高层次落实"先培训，后就业"的原则进行有益探索。(4)实行联合办学，发挥校际间的互补功能，扩大学校教育的服务面。青海社会大学与省财经学校联合，新设了财经分校，开设了工业会计和财政税收两个专业，招收学员106名。(5)对省干校继续实行单独招生，为农村经济建设培养中高级专业技术人才。

在改革和发展过程中，强化了对成人大中专学校的管理：(1)加强对学校工作的评估指导。(2)加强质量监督。对一些重要学科进行抽查考试，修订了学籍管理规定，严把学历关。

[**自学考试**] 1993年上半年开考13个大专和1个中专专业，报考人数6786人，14511科次，合格5732科次；下半年开考16个大专和1个中专专业，报考6667人，13853科次，合格5161科次。年内获得大专学历151人，中专学历31人。新开考了工业经济管理、机电一体化、计算机信息管理、工业与民用建筑、藏医等5个专业。

[**职工教育**] 1993年，加强了对企业职工高中的质量管理，把住了命题、考试关。全年共有424名企业职工学完规定课程，领取了由省教育厅颁发的职工高中毕业证书。

[**成立成人教育协会**] 1993年4月成立了青海省成人教育协会，讨论通过了会章，选举产生了首届理事会，编辑了成立大会论文专辑。其中刘佑写的《关于我国成人教育发展问题的思考》、《论青海教育发展战略选择》，刘佑与冶成英合写的《农村教育综合改革的有效途径》，湟中县多巴镇政府写的《实施"燎原计划"振兴多巴经济》等论文，分别获得全国和省级有关优秀论文奖。

撰稿 刘礼辉

民族教育

[**概述**] 1993年，青海省民族教育在全面加强领导和管理的同时，重视了对贫困和落后地区的帮助与扶持，加快了发展速度。全省少数民族学龄儿童入学率比上年提高3.8个百分点，达到68.5%。到1993年底，全省专设民族中学88所，在校生30323人，比上年增加700多人。民族小学1460所，在校生140288人。民族寄宿制小学总数已达291所，在校生27816人。专设民族高等学校2所，在校生1515人。中专专业学校13所，在校学生4802人。职业中学2所，在校生70人。全省普通学校中的少数民族学生总数已达248660人，占在校学生总数的34.09%。

[**制定民族教育改革意见**] 为切实贯彻好《全国民族教育发展与改革的指导纲要》，加快青海民族教育的改革发展，1993年省教育厅组织21人(次)，深入6个自治州24个县的207所中小学进行调查研究，广泛听取社会各方面的意见，草拟了《关于认真贯彻〈全国民族教育发展改革指导纲要〉深化我省民族教育改革的意见》，确定了九十年代青海民族教育发展的目标和任务、改革发展的方针、政策和原则，提出了八条主要措施，作为青海九十年代至下世纪初民族教育发展改革的指导性文件。《意见》已由省人民政府批准转发，在全省民族地区贯彻执行。

[**与山东省开展对口支援**] 根据国家教委《关于对全国143个少数民族贫困县实施教育扶贫的意见》精神，1993年确定山东省对青海省10个贫困县进行对口支援作了以下四方面工作：(1)在全面了解沟通情况的基础上，双方讨论制定了支援协作的原则意见。(2)建立了对口支援的领导机构。(3)组织力量两次赴山东考察洽谈，达成了支援协作的协议。(4)两省5对县、市正式签定了包括骨干教师和教育管理干部岗位培训、利用山东职业中学专业优势为青海培养实用人材，标准化学校建设等为主要内容的《协议书》。

[**“加强贫困地区小学教育项目”学校终期评估**] 1993年6月，组织力量对乌兰、都兰、大通等3个民族县的20所项目学校进行了终期评估验收。评估结果表明，这项历时4年的实验达到了预期的目的，其经验对全省民族学校具有普遍推广价值和辐射作用，项目学校已成为当地乡、镇实验中心、教师培训中心、教育研究中心。其主要成绩有：(1)进一步增强了社区群众关心、帮助、支持学校的参与意识，树立了“人民教育人民办，办好教育为人民”的观念。(2)项目学校已逐步走上制度化、规范化、科学化的常规教学的轨道，初步引入了竞争机制，强化了内部管理机制。(3)积极开展了教研活动，使教师队伍和教育质量有了明显的提高。(4)广泛开辟了第二课堂，建立了四室(图书室、文体活动室、展览室、医疗室)，创造了较好的学习生活环境，活跃了学生生活，使学生个性和智力得到开发。(5)办学条件进一步改善，学校环境得到了绿化、美化、净化、优化，增强了学校的吸引力。(6)已把学前教育纳入学校工作的总体规划，

并使实施项目学校初等义务教育的“四率”大大提高，为全面普及义务教育奠定了基础。

[**基础教育渗透职教因素**] 为了加强基础教育与职业技术互相渗透、互相结合，走出一条民族教育发展的新路子，从1989年开始在海南藏族自治州的8所民族中小学进行学文化与学技术结合的“双轨制”教改试验。1993年对这项试点工作进行了全面检查总结。通过4年试验，8所试验学校在普教和职教的结合上取得显著成效：大部分毕业生在学好文化课的同时，已程度不同地学习和掌握了畜牧兽医、医疗卫生、缝纫裁剪、种植、养殖等方面的一些基础理论知识和基本技能，具有了一技之长。如贵德县常牧乡寄宿学校购制8台缝纫机，已有两届80人参加缝纫班学习，学生毕业到社会后都派上了用场。兴海县民族中学藏医职业班的毕业生已被分往乡、村卫生院（站），可为农牧民解除一般病痛，受到群众好评。“双轨制”试验为农村牧区探索出一条发展教育的新路子。

[**藏汉双语教学改革实验**] 藏汉双语教学是青海省民族教育中长期以来在理论和实践中急待解决的重点和难点。1993年，在进行调查研究和理论研究的基础上，总结了多年来双语教学的实践经验，由省教科所等部门联合组成实验研究小组，分别选定牧区和农业区两所藏族小学为实验小学，同时选定几所对比实验小学，开始了藏汉双语教学的实验研究。1993年制定了研究方案，编制了录音教材，实验周期为6年。

[**民族教育管理**] 为了解决多年来青海省教育管理干部素质较低，教育管理水平不高的问题，根据国家教委《关于加强民族地区教育行政干部培训工作的意见》和省教育厅《关于进一步搞好民族地区教育行政管理干部培训工作的意见》，把培训提高教育行政管理干部当成一项基本建设。1993年委托青海师范大学举办了为期两月的全省县教育局长培训班。围绕怎样当好教育局长，如何发挥教育行政部门的管理职能作用等问题，组织学习《教育行政管理学》、《管理心理学》、《教育政策法规》、《政治讲座》等基础理论，并组织省教育厅有关行政领导为培训班讲课，组织学员实地考察。通过系统学习的形式，提高了基层领导干部的政策和业务水平，使其掌握和熟悉了教育管理的基础理论和管理知识。

[**民族文字教材建设**] 1993年，民族文字教材建设根据国家教委关于“藏文教材必须与汉文教材同步供书，配套建设”的要求，按时完成了57种、808万字的教材编译任务，经五省区藏文教材协作办磋商，除普通中小学教材外，进一步加强师范教材的协作。青海承担了中师学校汉语文（含教材教法）、化学、物理、心理学、体育（含教材教法）、电化教育6种教材的编译任务。1993年8月，省教育厅两次召集有关部门，邀请西宁地区藏族教育专家及海南等3个民族自治州民族师范学校的教师代表，认真研讨了藏族中师教材的编译原则及教材质量等问题。在统一认识的基础上编出6种教材的教学大纲。

撰稿 刘文璞

审稿 高 荣 程庆麟 夏 铸
蒋焕东 刘文璞 任玉贵

宁夏回族自治区教育

概　况

［各级各类教育发展情况］

1993 年各级普通学校基本情况　　单位：人

学校类别	学校数(所)	毕业生数	招生数	在校学生数	教职工数	
					计	其中专任教师
一、普通高等学校	7	2224	3387	9630	3624	1602
研究生		12	9	26		
本科		996	1319	4780		
专科		1216	2059	4824		
二、中等专业学校	26	2930	5246	12469	3071	1464
中等技术学校	22	1408	3696	8789	2473	1128
中等师范学校	4	1522	1550	3680	598	336
三、普通中学	446	91995	96585	267718	22116	17698
高中		20732	18158	51188		4025
初中		71263	78427	216530		13673
四、农业、职业中学	36	5721	5082	10851	1033	775
高中		3013	2957	7498		683
初中		2708	2125	3353		92
五、工读学校	1					
六、小学	3872	96929	100390	628009	31659	29133
七、特殊教育学校	5	55	93	370	107	69
八、幼儿园	188	46256	59653	77536	4338	2646

1993年各级成人学校基本情况 单位:人

学校类别	学校数(所)	毕业生数	招生数	在校学生数	教职工数 计	教职工数 其中专任教师
一、成人高等学校	5	1699	2616	5954	707	330
广播电视大学	1	602	1025	2154	158	56
职工高等学校	3	447	803	1662	284	151
农民高等学校						
管理干部学院						
教育学院	1	277	413	975	265	123
独立函授学院		166		195		
普通高校举办						
函授部	(3)	207	375	968		
夜大学						
干部专修科						
二、成人中等专业学校	27	1841	2254	5117	820	414
广播电视中专	1	1180	573	1620		
干部中专						
职工中专	11	553	1522	3138	465	217
农民中专	2	40	34	53	37	9
教师进修学校	13	68	125	306	318	188
三、成人中学						
职工中学						
农民中学						
四、成人技术培训学校	1264	393051	312391	301407	460	91
职工技术培训学校						
农民技术培训学校						
五、成人初等学校	281	48840	64925	58643	508	46
职工初等学校						
农民初等学校						
其中:扫盲班	281	48840	64925	58643	508	46

制表 崔 岚

[**全区教育工作会议**] 年初,自治区人民政府召开全区教育工作会议,总结了过去几年的教育工作,讨论研究了今后一个时期宁夏教育改革和发展的重大问题。会上,白立忱主席在题为《加快教育改革与发展,大力繁荣教育事业》的讲话中,提出了九十年代全区

教育工作的指导思想、教育改革和发展的基本目标与主要任务，明确提出"教育奠基，科技兴宁"的发展方针。会后，自治区人民政府印发了《关于深化教育改革的若干意见》、《宁夏回族自治区筹措教育经费规定》、《关于加快发展校办产业、兴办经济实体的实施意见》三个文件，推动全区教育的改革和发展。

［**教育体制改革**］ 基础教育内部管理体制改革逐步展开，固原地区已率先全面推行了以校长负责制、教职工聘任制及校内结构工资制为主要内容的中小学内部管理体制改革。小学和初中开始全面实施九年义务教育新课程方案。普通高中毕业会考制度全面实施，与会考相衔接的高考科目设置改革方案及实施办法相继出台。自治区人民政府做出了区属高校由教育厅统管的决策，解决了长期以来高校管理体制不顺的问题。以校内人事、分配制度改革为主要内容的高校内部管理体制改革已经推开。大、中专招生制度改革加快了步伐，普通高校招生较大幅度地增加了调节性计划的比例，自费生招生占招生总数的比例由1991年的3%扩大到1993年的36%，还在宁夏医学院等4所高校各招了一个农业户口的定向班。成人高校采取招工与招生相结合的形式招收应届高中毕业生，收到了较好的效果。

［**筹措教育经费　改善办学条件**］ 中小学标准化建设开始起步。在全区中小学基本实现"一无两有六配套"之后，自治区人民政府决定力争在本世纪末基本实现全区中小学办学条件标准化，即在校舍、设施、设备等方面达到国家规定的最低标准。10月，召开了全区中小学办学条件标准化建设工作会议，自治区共筹措370万元资金，要求各市、县多渠道筹措配套资金，完成首批171所中小学办学条件标准化的任务。为保证此项工作落到实处，自治区人民政府还和各市、县人民政府签定了实施中小学办学条件标准化的年度目标责任书。

广开财源，开展教育对口支援活动。1993年，自治区财政为教育新增6个拨款项目，即：新增自费生经费27万元，新增高校重点学科经费30万元，新增高校校办产业周转金50万元，新增高校科研基金30万元，新增职业教育周转金50万元，中小学勤工俭学周转金由50万元增加到100万元。中小学勤工俭学活动呈现出良好的发展势头，全区中小学校办产业全年完成产值达5千万元，利税首次突破1千万元，用于补充教育经费的资金达600万元以上。还争取到来自台湾的海外爱心基金会捐款30万元，在移民吊庄点新建4所"希望小学"。此外，积极主动地与辽宁省开展了教育对口支援活动，辽宁省6市对口支援宁南山区8县发展教育，协议投资300万元，重点援助一批学校改善办学条件，分期完成。

［**教育科研**］ 由宁夏牵头与甘肃、青海共同承担的国家"八五"哲学社会科学重点课题《农村女童教育现状、问题与对策研究》、宁夏与甘肃省合作研究的国家教委"八五"青年基金重点课题《中国"三西"地区移民教育研究》和宁夏承担的《回族教育历史、现状与发展对策研究》均取得阶段性成果，受到有关领导、专家的好评。开展了教育教学改革经验交流活动，先后举办了"新时期教育改革经验讲学会"、"上海教育访宁代表团报告会"，特邀魏书生、全国模范班主任任小艾等来宁讲学，传播先进教育思想和教改经验。

撰稿　陈少娟　马　林

审稿　马文亮　周　卫　刘乐平

基础教育

[学习宣传义务教育法规] 5月,在全区各地组织开展了《义务教育法》宣传月活动,进一步加强了对《义务教育法》及其实施细则、《未成年人保护法》、《宁夏回族自治区未成年人保护条例》以及国务院《禁止使用童工的规定》等法律、法规的学习。8月,自治区颁布了《宁夏回族自治区实施义务教育条例》后,9月,自治区教育厅又发文并在全区组织开展了以学习宣传《条例》为中心内容的宣传周活动,印发《条例》共300册。在宣传月(周)活动中,各地教育部门在当地政府、人大、政协的领导和支持下,层层举办了县、乡、村各级干部和教师培训班;利用广播、板报、街头宣传、书写标语、张贴过街联、印发宣传资料等多种形式向社会广为宣传。通过召开家长座谈会,师生走家串户以及动员宗教界人士向群众宣讲"一法一则"、"一例"等有关法律、法规;还采取学校包村、教师包组、学生包户的办法,努力使宣传工作深入到千家万户。如固原县共召开了各类宣传学习会议661次,参加85658人次,书写标语525条,广播宣传累计1066小时,办黑板报6240期,报告会132场。宣传月(周)活动既有一定声势,又有一定的深度和广度,对进一步增强广大干部、群众依法治教意识,强化各级政府和有关部门的执法意识和行为,起到了积极的促进作用。

[坚持依法治教] 《义务教育法》颁布后,自治区人民政府陆续颁布了基础教育分级办学、分级管理以及征收农村教育事业费附加等有关义务教育的政府规章共4件;自治区教育厅先后制定印发了关于义务教育实施、管理、评估等方面的规范性文件共5件。实施义务教育有法可依、有章可循的局面已基本形成。1993年,主要抓了认真依法办事,严格执法,努力改变"义务教育法"是"软"法的状况。

落实执法责任,建立义务教育执法监督体系。一是明确了实施义务教育是政府行为,各级政府及其主要领导带头守法、执法,承担起实施义务教育的责任,切实保证义务教育所必须的经费投入和办学条件;二是按照义务教育有关法律、法规的规定,将有关执法的责任分级分解落实到相应的政府有关部门。为有效执法,各市、县和乡普遍成立了由政府主管领导负责,教育、公安、财政、税务、工商等有关部门负责人参加的义务教育执法领导小组。有些县在乡、村普遍设立了义务教育执法小组和劝学员。三是各市、县对不履行监护人义务、违反义务教育法的单位和个人规定了相应的处罚措施。如不送子女上学或有子女辍学经动员又不返校复学的家庭,不评"文明户"、"五好家庭",罚款200—300元等,工商劳动部门对招收童工的企业和个体户也规定了相应处罚措施。

开展执法检查。上半年,开展了经常性执法检查。下半年,在全区范围内先后进行了中小学生辍学检查、城乡教育费附加征收情况检查、中小学生乱收费检查等大规模的执法检查工作。各地、市、县普遍对乡(镇)和学校开展了专项和综合的执法检查,对不送子女入学的监护人,以及殴打教师、扰乱学校正常秩序,体罚学生,招用童工等违法现象,进行了严肃查处，增强了各级政府、教育部门、学校以及干部群众的法制观念，保证了义务教育的健康发展。

建立依法实施义务教育目标责任制。根据《中国教育改革和发展纲要》提出的本世纪末全国实现“两基”的要求，宁夏的具体目标是：本世纪末，川区各市、县、盐池和宁南山区少数条件好的乡镇普及九年义务教育，同心及固原地区6县基本普及初等义务教育。根据这一要求，各市、县分别确定了普及九年义务教育的目标，并规划到乡镇。为切实强化政府行为，大多数市、县建立了县、乡、村三级实施义务教育的目标管理责任制，市、县政府将当年各级实施义务教育的目标任务、要求，层层分解到乡(镇)政府和村，分别签定目标责任书，年终考评作为各级领导政绩考核的主要内容。这一举措大大增强了地方各级政府普及义务教育的责任感和紧迫感，加快了实施义务教育的步伐。

［**开展质量效益年活动**］ 1992年至1993年度，全区基础教育战线开展了质量效益年活动。总的指导思想是：广泛宣传全面贯彻党的教育方针、全面提高教育质量、办好教育为人民的重大意义，增强各级政府、教育行政部门、学校和广大教职工的教育质量意识，采取有效措施，解决当前影响教育质量的突出问题，从而提高基础教育质量特别是义务教育阶段的质量和办学效益。自治区教育厅成立了基础教育质量效益年活动领导小组，印发了《宁夏回族自治区教育厅关于开展基础教育质量效益年活动安排意见》，从德育工作、依法治教、常规管理、教学质量、办学条件等5个方面提出了具体要求，并制定了检查评估标准。一年来，各级教育部门围绕提高教育质量这个中心，抓办学条件和学校环境改善，抓依法治教和强化学校管理，抓课堂教学质量和科研工作，使全区中小学管理水平、教学质量和办学效益有了明显进步。经自下而上、全面检查评估后，10月，自治区教育厅召开了全区基础教育质量效益年总结表彰大会，表彰了优秀县5个，进步县4个，先进乡(镇)、街道办事处21个，先进个人175名。

［**制止中小学生流失**］ 1993年，由于多种原因，宁夏中小学生流失率上升，部分地区比较严重，如不及时制止，将严重影响实施义务教育的进程。为此，自治区教育厅、自治区人民政府分别于4月6日、8月13日召开了全区制止中小学生辍学电话会议，要求各地迅速行动起来，广泛动员社会力量采取有力措施，尽最大努力制止中小学生流失。尔后，组成4个检查组，并邀请自治区政协副主席强锷及自治区人大、妇联、团委等部门的负责同志参加，分赴两地两市，对部分县、乡和学校进行了重点抽查。各地和各有关部门领导都很重视这项工作，很快采取了措施。许多县(市)委、政府也发出制止中小学生流失的通知，并召开乡、镇、县直部门负责人会议，明确工作任务，落实责任，加强对《义务教育法》的宣传贯彻和落实，完善了执法机制，乡、村干部和学校教师纷纷下乡包点，挨门逐户动员流失学生返校复学。通过大量艰苦细致、切实有效的工作，全区制止中小学生辍学工作取得显著成绩，学生辍学率明显下降。据10月份统计，小学生流失率为0.49%，初中流失率为1.18%，分别比6月份降低1.63和5.0个百分点，有效地遏制了中小学生辍学现象。

［**师资队伍建设**］ 1993年，在继续加强对教职工的思想政治教育和师德教育，开展多种形式的学历培训和继续教育，广泛开展“教坛新秀”和“优质课”教师评选活动，努力提高教师思想政治素质和业务水平的同时，着力解决教师待遇方面的突出问题。一是全区多渠道筹资4135.8万元，完成建筑面积

142770平方米，建成教师住宅2386套，解决住房户比例达到74.7%，全区教师人均居住面积达到7.37平方米。二是为提高和落实教师待遇，自治区教育厅、劳动人事厅发出通知，规定从1993年起，凡在宁夏教育岗位上退休的各级各类教师教龄男满30年、女满25年者，退休后享受原工资待遇；首次开展了为民办教师评聘职务的工作，规定从1993年7月起，民办教师人均每月提高生活费补贴公助部分30元，实行与公办教师同样标准的工龄津贴；规定从1993年3月起，凡符合离岗退养条件的民办教师，享受原工资待遇。自治区从民办教师中择优转正录用500人，免试录用32名受省、部级以上表彰的优秀民办教师为公办教师。三是自治区人民政府非常重视宁南山区七县拖欠教师工资问题，采取"先教师、再政法，后行政"的原则，优先保证发放教师工资。11月底，自治区人民政府决定拨出2000万元专款，补助山区各县，并要求此项专款必须首先解决拖欠教师工资问题，年底拖欠教师工资全部兑现。同时，自治区教育厅及时召开了庆祝《教师法》颁布座谈会，下发了认真学习、宣传贯彻《教师法》的安排意见，印发了《教师法》学习资料3000册。教师节期间，自治区表彰87名优秀教师、11名优秀教育工作者。

［**改善办学条件**］ 在全区中小学基本实现"一无两有六配套"之后，各市、县及时把改善办学条件工作的重心转向"三室"(图书室、实验室、多功能教室)建设和内部设施配套，努力提高办学条件的层次和标准，优化育人环境。自治区人民政府又筹资1200万元用于建设171所标准化中小学。银南地区的川区县(市)85%以上的学校建起了图书阅览室、仪器实验室、多功能教室。吴忠市狠抓了"三室"、"三化"建设，层次高，使全市80%以上的中小学环境优美整洁，优化了育人环境。各小学大力开展自制教具活动，共制作各类教具190多种，达1.1万余件，初步缓解了小学各学科所需教具的不足。惠农县县、乡、村企业事业单位和群众集资35.86万元，修花池30多个，整修校园及办公室、教室地面11275平方米，为偏远中学教师建宿舍5套计200平方米。全县一年来征收城乡教育费附加27.52万元，全部用于学校的"三室"建设和改善办学条件。新建"三室"980平方米，办公楼(室)1092平方米，翻建教室657平方米，购置课桌凳300套，维修课桌凳500套。银川城区各小学做到了"一无两有10配套"。多数学校有仪器室、实验室、图书室、阅览室，图书达到人均10本以上。固原地区在连续遭受自然灾害情况下，发扬自力更生、艰苦奋斗、战胜困难的精神，发动群众集资和政府筹资达300多万元，维修校舍3万多平方米，翻建危房8000多平方米，新建教室近1万多平方米，维修、购置课桌凳2万套，打围墙近4万平方米，购置图书5万余册，使部分学校的办学条件得到了较大改善。

［**检查评估**］ 一年来，宁夏各级政府根据自治区教育厅颁发的《宁夏回族自治区县(市、区)和乡(镇)实施义务教育程序的暂行规定》和《宁夏回族自治区乡(镇)实施初等义务教育评估方案》规定的程序和评估标准，对初等义务教育工作进行了检查评估。目前，全区已有8个县(区)经评估验收达到了普及初等义务教育的合格标准，占全区县(市、区)总数的33.3%。为普及初级中等义务教育打下了良好基础。同时，各地、市、县教育部门积极建立和完善对中小学教育质量的检查评估制度，形成对中小学教育质量的监督评估和激励机制，不断推动中小学教育质量上新台阶。

撰稿 陈少娟 强学礼

审稿 马文亮 周 卫 马维骝

职业技术教育

[**概述**] 1993年，自治区有各类中等职业技术学校98所，其中：普通中等专业学校26所，技工学校36所，职业中学36所；在校学生共36000多人，占整个高中教育阶段在校学生人数的41.4%；招生13100多人，占整个高中教育阶段招生总数的42%。

为更好地贯彻落实《中国教育改革和发展纲要》和《国务院关于大力发展职业技术教育的决定》，年初，自治区人民政府针对自治区教育改革的实际，在做出《关于深化教育改革的若干意见》中对职业技术教育的发展提出6点意见：(1)扩大各级政府对职业技术教育的统筹决策权。(2)拓宽职业技术教育发展的新路子。(3)职业技术教育要跳出普通教育的框框，立足经济发展需要，学制可长短结合，专业可灵活设置。(4)进一步扩大职业技术学校的办学自主权。(5)大力兴办校办产业。(6)逐步实行毕业证书和技术等级证书制度。

[**职业中学**] 1993年初，自治区教育厅在1991年制发的《宁夏回族自治区合格职业中学标准(试行)》的基础上，着手对全区职业中学进行全面检查评估，制发《关于组织评估认定自治区合格职业中学工作的通知》、《关于印发〈宁夏回族自治区职业中学评估细则〉的通知》，布置对全区职业中学进行检查、评估工作，并于10月对银川市第二职业中学等6所职业中学进行了首批检查评估。检查评估后，为了进一步疏通扶持职业技术教育的资金渠道，改进资金使用办法，提高使用效益，鼓励和支持有经营能力的职业学校使用贷款或职教周转金尽快发展实习基地、积累资金、改善办学条件，自治区教育厅在农业银行宁夏分行的支持下，用自治区职教补助经费作为贴息，共向全区9所职业中学发放贷款130万元，装备了一批学校，建起一批有一定规模的实习基地，增强了这些学校自我完善的能力。使产教结合，工学结合的办学路子开始得到落实。

为加强职业中学的教学管理，解决专业课师资短缺的困难，自治区教育厅从地方职教专项补助经费中安排5万元，用于专业课教师培训工作。1993年在自治区农业生产技术推广总站、宁夏农学院的积极配合下，为广大农村职业中学培训专业课教师50人。自治区教育厅还与河北省农业技术师范学院联系，委托培训教师和农村专业技术人员46人。

5月，国家教委复查省(自治区)级重点职业中学评审组，对宁夏的两所自治区级重点职业中学的办学条件、办学效益等方面的工作进行了实地考察，听取师生及各级教育部门的反映后，对宁夏职业教育工作给予了充分的肯定。

[**成立职教研究会**] 针对宁夏多年来没有职教服务体系的实际，在自治区教育厅的倡导和自治区教育学会的支持下，于1993年3月成立了由教育、计划、劳动人事、农业等部门主要领导，各地、市教育部门的主要负责同志及全区各类职业技术学校的校长、教师

组成的宁夏教育学会职业技术教育研究会。

自治区教育厅在经费十分紧张的情况下，积极支持搞好职业技术教育研究和经验宣传活动。年初即安排1万元经费，参加西北5省（区）和新疆生产建设兵团共同主办的《西北职教》杂志创刊、发行工作，并在职教研究会的积极配合下，召开了《西北职教》通讯员会议，组建了主要由职业中学教师组成的通讯员联络组。引进了适应宁夏经济和职教发展的新经验，宣传了宁夏的职业技术教育。

撰稿　陈少娟　丁广兴

审稿　马文亮　周　卫　张圣哲

[**中专教育**]　进行中专学校办学水平评估。根据国家教委的部署，开展了对全区普通中专学校办学水平评估工作。整个工作分两步走：首先在国家教委认可的办学条件合格的6所中专学校进行，然后再扩展到其它学校。为了熟悉评估指标体系，组织各校有关人员在建工学校举办学习班；了解指标内容、评估方法等；先由学校自评，然后，教育厅组成专家组到各校进行复评。

评选自治区重点中专学校。在办学水平评估的基础上，评选了自治区重点中专学校。经教育厅审定上报，自治区人民政府批准，宁夏建筑工程学校、宁夏卫生学校、宁夏财经学校、宁夏农业学校、银川电力学校等五所中专学校为自治区重点中等专业学校。并经自治区人民政府同意，推荐宁夏建筑工程学校、宁夏卫生学校为全国重点中专学校的备选学校。

召开全区普通中专学校校长首届联席会议。为了加强中专学校之间的联系，交流改革经验，1993年11月中旬，教育厅在银川电力学校召开首届全区普通中专学校校长联席会议。会议传达了全国中专学校改革发展工作会议精神，部署了1994年工作。13所学校校长在大会上做了经验交流。

撰稿　陈少娟　吕　进

审稿　马文亮

高 等 教 育

[**党建和思想政治工作**]　1993年召开的1993年全区高等学校党建工作会议，就进一步完善党委领导下的校长负责制，党政分工，坚持民主集中制，重大问题必须由党委集体讨论决定，加强党对教育改革发展的领导等问题做出了明确规定。会议还为稳定政工队伍作出了政策性规定："党务、政工干部的住房、工资和其它生活待遇与同届毕业的教师保持相当"，"党务政工干部承担思想政治教育和其它方面科研教学的，可分流和挂靠教师、科研系列评定相应的职称，没有承担思想政治教育和其它方面教学和科研的，可参照自治区政工系列评审职称。"会上，自治区党委副书记、组织部长康义提出恢复自治区领导同志联系高校的制度；会议表彰了一批党建工作先进单位，宁夏大学和14个党的基层组织被评为党建工作先进单位和先进集体。

[**教育教学改革**]　(1)管理体制改革。2

月，自治区人民政府召开全区教育工作会议决定，在自治区人民政府的领导下，由自治区教育主管部门管理全区地方高等学校。这一改革举措，结束了长期以来全区7所高等学校由6个部门管理的分散局面，也为人民政府加强宏观管理、统一部署、加快高校改革步伐创造了条件。(2)积极稳妥地推进学校内部管理体制改革。目前，宁夏大学、宁夏农学院、宁夏医学院已制定出整体改革方案、并已开始实施。宁夏大学在人事制度方面实行全员聘任制。10月，完成教师聘任工作；党政机关干部和教学、科研辅助人员的聘任工作也在11月底完成；在学期结束前，完成总务后勤的聘任，同时解决总务处、服务公司、校产办的职能转变以及人员的分流，分配制度和医疗制度的改革正在进行中。农学院、医学院目前正进行人事制度的改革。工学院和两所师专改革方案已确定，待职代会通过后，根据本校情况分步实施。(3)继续做好学科专业调整工作。继续执行“加强基础学科专业，保护改造传统学科专业，拓宽专业面，更新专业内容，增设我区经济建设和社会发展急需的技术性应用性专业”的方针，增设了淡水养鱼、农机、农产品储运与加工、计算机实用技术、法学、俄语、文史应用、公共关系学、化学工程市场营销、电子技术、应用数学等12个专业，对一些长线专业采取暂停招生或隔年招生的做法。两所师专在完成国家计划的基础上，也设置了非师范专业，招收少量非师范生。(4)适度扩大招生规模，当年招生2800人，在校生总数达9000人，规模效益较前二年有了明显提高，师生比由1992年的1∶4.6上升到1∶5.87。(5)做好硕士授予点的申报工作。国务院学位委员会批准宁夏农学院为硕士学位授予单位，使我区高校硕士学位授予单位增加到3个，批准了宁夏大学应用数学、岩土力学、东方哲学、马克思主义理论教育(中国社会主义建设)，医学院神经病学，农学院草原科学为硕士学位授予点，使我区硕士学位授予点增加到12个。为教师队伍建设、提高教学、科研水平打下了基础。

［**提高教学质量**］　(1)宁夏高等学校第二次优秀教学成果奖评定工作。全区各校共评定校级优秀教学成果130项，在此基础上进行区级和国家级优秀教学成果奖评定，共评出国家级二等奖两项(同时获自治区级一等奖)；自治区级二等奖12项；自治区级三等奖13项。(2)教改试点工作。宁夏农学院为提高教学质量，增强学生动手能力，率先进行教改的试点工作。在实践性较强的农学系实行“3＋1”的试点(用3年进行课堂、实验室教学，集中一年时间，到农田进行实地操作)，让学生完整系统地掌握农作物从播种到收割的全过程，收到了良好的效果。农学院还实行学分制、主辅修制，调动了学生学习的积极性。(3)继续实行大学四、六级英语考试。全区高校从1993年起组织学生参加全国大学英语四、六级考试，1993年报考人数达933人(其中12人报考6级)，比1992年增加575人，四级通过率达到10%。(4)推广普通话工作。5月，组织有关专家对本区3所师范院校进行推广普通话工作检查。10月，国家教委检查组对宁夏教育学院(含银川师专)的推广普通话工作进行检查验收，评价较高。这一项工作的开展，提高了学生的从师能力和加强了教师基本功的培养。

［**科研工作**］　自治区财政部门每年给高校划拨科研经费30万元以上，支持高校科研工作，这在本区是首次。各校共申报科研项目116项，经过评审，共审定46项，作为1993年教育厅下达的科研项目。1993年，本区申报国家教委“八五”期间人文社科基金项目被批准7项，得到课题资助经费9万元；农学院博士生杜立新获全国青年教师科研基金一

项，获经费5万元。由于经费的保证，极大地调动了学校和教师开展科研的积极性。

［**师资队伍建设**］（1）成立全区高校师资培训中心，设在宁夏大学，归属教育厅直接领导。培训中心成立后，立即开始工作，举办外语师资培训和青年教师岗位培训班各一期。（2）职务评定。1993年共评定教授33人，副教授100人，讲师138人。到年底，全区共有教授90人，副教授323人，高级职务占教师总数的24%，讲师765人，占教师总数44.8%。（3）公派出国进修。今年全区高校共派出6人出国进修。根据国家教委有关文件精神，今年出国进修人员的选拔，除外语成绩达到标准外，主要是结合本人正在从事的科研课题的需要进行选派。

［**外事工作**］1993年，宁夏聘请外国文教专家10人，其中宁夏大学4人，工学院1人，教育学院2人，农学院1人，固原师专1人。继宁夏大学之后，宁夏医学院被批准为接受来华自费留学生单位。1993年宁夏大学接受外国留学生4人。自治区教育厅制定了《宁夏高等院校接受自费来华留学生试行办法》，从1993年开始实行。

撰稿　陈少娟　吕　进
审稿　马文亮　周　卫

成人教育

［**扫盲工作**］各级政府教育部门认真贯彻落实国务院新颁发的《扫除文盲工作条例》精神，努力加快扫盲步伐，扫除文盲工作取得了突破性进展。1993年全区共举办扫盲培训班1581期，参加学习71018人，经验收有4127人脱盲。12月1日至5日，自治区人民政府组织的扫盲验收领导小组完成了对平罗县扫除文盲的验收。经测算，平罗县建国后出生的15～43周岁人口中非文盲率为98.97%，复盲率1.03%；全县20个乡（镇）都建起了农民文化技术学校，村一级农民文化技术学校建校率达85%，其他各项指标也达到国家规定标准。平罗县成为全区第一个高标准扫除文盲的县级单位。12月下旬，中卫县也通过了自治区人民政府组织的基本扫除文盲单位的验收。经测算，中卫县建国后出生的15至43周岁的人口中非文盲率为97.98%，复盲率为1.41%；全县16个乡（镇）均建起了农民文化技术学校，村级农民文化技术学校建校面达87.7%，全县普及了初等教育。

为加快扫盲工作步伐，经自治区人民政府同意，自治区教育厅于1993年11月发出了分步实施扫盲工作的通知。文件规定，青壮年中非文盲率已达85%以上的县（市、区）在1997年前后达到95%以上；目前未达到85%的县第一步先达到85%以上，并由各行署组织验收，待青壮年非文盲率达到95%以上后，再向自治区人民政府申请验收。固原行署于1993年12月下旬对泾源县实施验收。验收结果，泾源县青壮年非文盲率达到91.5%，7至11周岁的儿童入学率为95.7%。

1993年，全区各市县扫除文盲工作也明

显加快，川区各县正积极做好高标准扫盲验收的准备工作。全区青壮年文盲率由1990年的22.68％下降到目前的14.47％。

［**农民文化技术教育**］ 1993年是全区实施“231(即“二扫”:扫文盲、扫科盲；“三学”:学文化、学技术、学经营管理；“一造就”:造就新一代农民)工程”的第三年。在此期间，全区农村广大干部和农民群众积极贯彻党的十四大精神，紧紧围绕服务于农村产业结构的调整，发展高产、高效、优质农业和农村二、三产业。深入开展扫文盲、扫科盲，学文化、学科技、学经营管理活动。据统计:全年共组织31万多农民参加扫科盲学习，扫除科盲14.4万多人；举办实用技术、经营管理等各种类型的培训班8059期，培训61.9万多人，占全区农村青壮年劳动力的三分之一。为推动乡(镇)、村农民文化技术学校基础建设，自治区教育厅于1993年4月发出《关于开展乡(镇)农民文化技术学校分类工作的通知》。这次评估分类工作以乡(镇)自评，县(市、区)评估验收为主，行署(市)教育处(局)会同“231工程”办公室进行督促检查，自治区教育厅会同有关部门对全区各地评估分类工作进行抽查。评估内容包括校舍、实验实习基地、师资、教材、教学设备、领导、管理、培训规模、经费等。分类标准为三类25条。评估分类结果表明:目前全区达到一类标准的乡(镇)农民文化技术学校约占总数的20％，二类的约占50％，三类的约占30％。通过首次乡(镇)农技校评估分类工作，使各乡(镇)农民文化技术学校进一步明确了办学方向和指导思想，提高了办学及管理水平，促进了乡(镇)政府对农民文化技术学校工作的重视和投入。

实施“231工程”继续得到各级政府的高度重视。各地政府换届后，各级实施“231工程”的领导机构和办事机构也得到了及时调整和充实。自治区人民政府决定周生贤、刘仲副主席任自治区实施“231工程”领导小组副组长，并调整了“231工程”办公室负责人。

自治区党委和人民政府于1993年2月召开了全区实施“231工程”表彰会，会上，石嘴山市、银川郊区、惠农县、中卫县、隆德县被评为先进市县，另外还有19个单位和41名先进工作者受到表彰，其中21名干部受到了晋升一级工资的奖励。各市、县也先后召开了表彰会。

为规范全区实施“231工程”检查评比、评估验收工作，自治区“231工程”领导小组于1993年9月制定并印发了《县(市、郊区)实施“231工程”评估指标体系(试行)》，作为自治区对各县(市、郊区)实施“231工程”工作进行检查、评估、验收和县(市、郊区)进行自查、自评、自验的依据。该《指标体系》包括五项一级指标、12项二级指标、24项评估要素及标准。评估结论采取赋分评等的办法，同时写出评估报告，使定量与定性相结合。此项评估验收以县(市、郊区)自评自验为主，自治区将分类别、分地区抽查。本次评估工作将于1994年第一季度结束。该“指标体系”在农村成人教育综合评估理论与实践上是一次有益的尝试。

［**成人高、中等教育**］ 1993年是宁夏回族自治区成人高中等教育深化改革、加快发展的一年。2月，自治区人民政府召开了全区教育工作会议，会后发了《关于深化教育改革的若干意见》，对深化成人教育改革共提出了6条改革意见，主要内容是:动员社会各方面的力量，大力支持，积极兴办多形式、多层次、多规格的成人教育，建立分级管理、分级负责的办学体制和科学的调控机制；改革成人高、中等教育管理体制，扩大学校办学自主权；改革成人高、中等学历教育招生计划管理体制和招生考试办法，成人高、中等学校可自主确定收费标准，逐步建立市场调节的收费体制；

大力发展非学历教育，把开展岗位培训和继续教育作为重点，继续开展专业证书教育；拓宽成人高等教育办学渠道；积极推进成人高、中等学校的内部管理体制改革。随后，自治区教育厅先后发了《关于成人高等学校、成人中等专业学校专业设置与更新工作的通知》、《关于成人高等学校以招工与招生相结合方式招收应届高中毕业生有关问题的通知》、《关于举办第二专业学历教育有关问题的通知》等配套文件，进一步推动了全区成人高、中等教育的深化改革。经过一年的发展，全区成人高等学校在校生与上年相比，有较大幅度的增长。

1993 年 3 月，自治区人民政府向国家教委呈报了关于设置宁夏石嘴山职工大学的申请。4 月和 8 月，国家教委先后两次派专家组来实地考察。10 月，在长沙召开的全国高等学校设置专家评审委员会第一次会议上，宁夏石嘴山职工大学获得通过。

1993 年，国家教委还批准宁夏农学院设置函授部，开办专科层次的函授教育。至此，宁夏共拥有成人高校 6 所，普通高等学校开办的夜大学 3 所、函授部 2 个。

1993 年，为开拓生源，为更多的求学者提供中专教育的机会，自治区教育厅继续实行报考成人中专学校的具有初中毕业文化程度的农村户口考生免试入学的招生办法，并在秋季举行第二次招生，招生 1901 人。

[社会力量办学] 从自治区人民政府发布《社会力量办学管理办法》以来，宁夏社会力量办学有了较快发展，至 1993 年上半年，全区已开办社会力量举办的学校(班)近百所(个)，在校学生 6000 余人，固定资产达 250 万余元，校舍总面积已达 15000 平方米(90%以上为租赁校舍)，从事社会力量办学的教职工(含兼职)共 500 余人。

当前，宁夏社会力量办学尚存在以下问题：(1)社会力量办学的管理体制不健全，各级教育行政部门管理力量薄弱，个别县级教育部门尚无专人管理此项工作；(2)教育行政部门与有关部门横向联系和工作协调不够，有些管理权限职责不明，尚需进一步理顺关系；(3)对社会力量办学的理论研究也很薄弱。为保护广大办学者和求学者的利益，提高社会力量办学的教学质量和管理水平，建立健全管理制度和管理队伍是当务之急。

撰稿 陈少娟 黄日昶 何升胜 裴勇俊 陈白羽

审稿 马文亮 周 卫 韩梅源

新疆维吾尔自治区教育

概 况

[各级各类教育发展情况]

1993 年各级普通学校基本情况 单位:人

学校类别	学校数(所)	毕业生数	招生数	在校学生数	教职工数 计	教职工数 其中专任教师
一、普通高等学校	21	7741	13359	39422	18323	7158
研究生		68	127	315		
本科		4431	5388	21935		
专科		3242	7844	17172		
二、中等专业学校	113	18504	29847	69729	13315	6271
中等技术学校	91	14157	23381	54750	10831	4891
中等师范学校	22	4347	6466	14979	2484	1380
三、普通中学	1851	261502	263683	718607	85868	63448
高中	650	78675	56180	166203		17142
初中	1201	182827	207503	552404		46306
四、农业、职业中学	170	18358	24778	58509	5608	3853
高中	166	17088	20245	49542		3542
初中	4	1270	4533	8967		311
五、工读学校						
六、小学	7088	259468	385535	2039409	116499	99297
七、特殊教育学校	6	104	102	549	288	129
八、幼儿园	902	92529	116985	189266	14858	7659

1993年各级成人学校基本情况

单位:人

学校类别	学校数(所)	毕业生数	招生数	在校学生数	教职工数 计	其中专任教师
一、成人高等学校	28	8966	20265	39634	4182	1808
广播电视大学	1	1943	5340	10100	1009	364
职工高等学校	13	1115	3253	6649	694	384
农民高等学校						
管理干部学院	2	498	869	1493	513	192
教育学院	12	2382	2690	8011	1966	868
独立函授学院						
普通高校举办						
函授部	(17)	750	2201	4462		
夜大学		2138	5772	9306		
教师专修科		140	140	213		
二、成人中等专业学校	90	9566	15875	47573	4031	1934
广播电视中专	3	2446	3336	27031	659	331
干部中专						
职工中专	33	5017	2230	15759	1870	791
农民中专						
教师进修学校	54	2103	10309	4783	1502	812
三、成人中学	22	3866	14530	16578		272
职工中学	20	3212	2082	3463		244
农民中学	2	654	12448	13115	28	28
四、成人技术培训学校	909	629611	516022	536397	1882	875
职工技术培训学校	54	42030	43622	45320	781	303
农民技术培训学校	855	587581	472400	491077	1101	572
五、成人初等学校	197	192614	84784	196733	240	175
职工初等学校	1	149	178	210	15	12
农民初等学校	196	192465	84606	196523	225	163
其中:扫盲班	70	122089		92749	49	49

注:成人中等专业学校尚有社会力量办学4所,毕业生2729人,招生1498人,在校生10069人。教职工177人,其中专任教师31人。在上述4所学校中,有少数民族毕业生713人,招生1231人,在校生4304人。少数民族教职工76人,其中专任教师21人。

［**教育工作会议**］　新疆维吾尔自治区1993年教育工作会议于2月14日至17日在乌鲁木齐市召开。自治区党政领导贾那布尔、克尤木·巴吾东、吾甫尔·阿布都拉、阿米娜·阿帕尔、毛德华及高等院校校长、各地、州、市主管教育的领导及教育局(处)长参加了会议。会议确定,1993年自治区教育工作要以邓小平同志建设有中国特色社会主义理论和党的十四大精神为指导,进一步解放思想,转变观念,真抓实干,争上台阶,以认真落实自治区党委和人民政府的《关于加快教育改革与发展的决定》为中心,以提高教育质量和办学效益为重点,力争在改革办学体制,优化结构,转换机制上有新的突破。自治区党委副书记贾那布尔、区党委常委兼政府副主席克尤木·巴吾东分别在会上讲话,就认真落实《决定》提出了三点要求:(1)认清形势,增强加快教育改革的紧迫感。转变观念,克服畏难情绪,加大改革力度,使教育走出困境。(2)把提高教育质量作为深化教育改革的出发点和落脚点,使教育更好地为经济建设和社会发展服务。(3)改进工作作风,全面抓落实。教育主管部门要抓紧制定本部门、本地区教育改革和发展的具体规划和措施。各级党政要象抓经济工作那样抓好教育工作,从人、财、物及政策上向教育倾斜,为教育发展创造有利的社会环境。

［**贯彻实施《教师法》**］　1993年12月29日,自治区党委和自治区人民政府召开贯彻实施《教师法》电话会议。自治区副主席米吉提·纳斯尔主持会议,区党委副书记贾那布尔在会上讲话,认为《教师法》的颁布和实施,对维护教师的合法权益,使教育工作和教师队伍建设走上法制化轨道,进一步形成尊师重教的社会风气有重大意义。会上要求:(1)各级政府、各部门领导,要带头学习、贯彻《教师法》。要正确处理经济建设与教育发展的关系,牢固确立教育优先发展的战略地位,增强依法治教的意识。要把《教师法》执行情况,作为有关干部考核的重要内容之一。(2)要理论联系实际,为教育办实事,为教师排忧解难。各级政府和教育行政部门要采取切实有效措施,把尊师重教落到实处。仍拖欠中小学教师工资的地区必须按自治区人民政府11月26日的紧急通知精神在年底前全部兑现。1994年1月1日起,如再有拖欠、损害教师合法权益的,将依法追究有关部门和人员的责任。各级领导要积极想办法,妥善解决长期困扰城镇、乡村中小学教师的公费医疗及住房等问题,请财政厅、卫生厅尽快研究,拿出方案。(3)要大力加强教师队伍建设。《教师法》为教师队伍建设提供了基本法律依据和保障。各地首先要认真制定1994—2000年的教师队伍建设规划,并采取切实有效措施,提高教师政治、业务素质。(4)自治区教委要尽快制定与《教师法》相配套的法律,报自治区人大常委会通过后公布实施。截止1993年年底,拖欠教师工资较严重的新疆生产建设兵团及和田、喀什、塔城、昌吉、乌鲁木齐等地合计拖欠的2033多万元已基本兑现。

［**教育经费**］　1993年自治区预算内教育经费投入218166万元,比上年增长20.13%。其中中央驻疆各级各类学校经费占23.84%,地方各级各类学校占76.16%。教育经费总额中,国家财政预算内教育经费占66.08%,比上年下降0.88个百分点;各级政府征收用于教育的税、费占3.4%,上升1.5个百分点;企业办学校教育经费占26.79%,上升0.09个百分点;校办产业、勤工俭学和社会服务收入用于教育的经费占3.27%,上升0.37个百分点;其他属于国家财政性质的教育经费占0.46%,下降2.84个百分点。

教育经费总额中,自治区地方财政预算内教育事业费实际支出107314万元,比上年增长12.16%。全区地方教育事业费支出中个人经费占82.49%,比上年上升2.69%,公用经费占17.51%,下降2.69个百分点。各类教育经费中的个人与公用经费比例情况是:高等学校个人经费占63.03%,公用经费占36.97%;中师个人经费占67.26%,公用经费占32.74%;普通中学个人经费占84.26%,公用经费占15.74%;小学个人经费占90.92%,公用经费占9.08%。

1933年全区教育预算外收入27237万元,比上年增长27.2%,其中校办产业、勤工俭学及社会服务收入72500万元,占预算外收入的26.62%;各级政府征收用于教育的税、费收入7770万元,占28.52%;学杂费收入8030万元,占29.48%;捐资助学收入1713万元,占6.29%;其他收入2473万元,占9.08%。

1993年,调整了普通大、中专学校学杂费和住宿费标准。统招大专生,每生每年学杂费500元;中专生400元。统招自费大专生,根据不同科类、专业,每生每处学杂费分别为2600元、2300元和2000元;统招自费中专生分别定为2500元、2000元和1800元。住宿费150元(公寓式300元)。

自治区第四次地、州、市、生产建设兵团教育基金会工作会议召开。会议总结了工作,表彰了先进,安排了任务。自治区教育基金会成立五年来,已累计筹集奖金本息800万元,其中,1993年筹集108万元。区、地、县教育基金会网络已初步形成,据10个地州、市县统计,总计筹资1277万元。今后,自治区奖励优秀教师和教育工作者已可不用国家财政拨款。

[**教育基本建设**] 1993年自治区教育基本建设完成投资总计10862万元,比上年增加3.19个百分点。其中高等学校按照“填平补齐,教学用房和教工住宅用房并重”的原则,完成投资2448万元,占22.54%;中等师范学校重点安排,完成投资597万元,占5.49%;普通中小学按照“抓紧危房扫尾,搞好八配套和骨干校建设”的思路,采取“集中资金,统筹规划,统一安排,分步实施”的办法,完成投资5935万元,占54.64%;职业中学完成投资118万元,占1.09%;其他1764万元,占16.24%。共建成校舍218021平方米,新增固定资产9522万元。其中高等院校基建竣工面积45163平方米,中小学竣工面积126581平方米。完成投资总计中住宅建设投资为1893万元,占总投资的17.73%,共建成住房63224平方米。

[**新疆和内地教育协作**] 为加强我国东部发达地区与相对欠发达的中西部地区的合作与交流,以缩小差距,经中央倡导,1992至1993年北京与新疆两地进行了部分干部交流。互到对方相关部门挂职,促进两地,特别是新疆工作的发展。1992年8月,北京市教育局副局长徐俊德到新疆教委挂职副主任;新疆教委秘书长庄文举到北京市教育局挂职副局长。在挂职同志的推动下,两地教育合作与交流多方开展,一年来两地的教育行政以及职业教育、师范教育、教育督导学习考察团频繁互访,学到了对方工作经验,增进了解和友谊。1993年暑假,由北京市8个郊区县教育局长组成的考察团同新疆一些县市主管部门、校长、教师就市场经济条件下学校管理体制改革、教师队伍建设、勤工俭学、职业教育、师范教育等问题进行了座谈,传递信息、经验和友谊,给新疆注入了新思想、新气息、新作风。考察结束时经商议,达成8个互帮互学对子:巴音郭楞蒙古自治州—顺义县;乌鲁木齐市—通县;新疆生产建设兵团—昌平县;哈密市—房山县;吐鲁番市—怀柔县;石河子市—大兴县;奎屯市—平谷县;克拉玛依市—延庆县。

在国家教委、国家民委的安排下，新疆教委与广东省教育厅建立了对口支援协作关系，提出了一批受援项目。

[**教育科研**]　5月10日至12日，自治区第四次教育科学规划暨新疆教育学会换届改选会议在乌鲁木齐市举行。会议讨论了《自治区教育科学研究十年规划和"八五"计划要点及实施意见》，制定出1993年工作要点，选举产生了新疆教育学会第四届理事会。努力尔提也夫任理事长，沙迪尔·卡德尔、刘东、马湘云、阿不里克木·阿吉、伊不拉音、哈力外任副会长。马湘云兼秘书长，王舟山、铁尔曼·艾山、依不拉音·苏皮任副秘书长。区党委副书记贾那布尔到会讲话，要求科研组织和人员深入学习贯彻中共十四大精神和《中国教育改革和发展纲要》，进一步明确科研工作地位、任务和作用，以全面提高教育质量和办学效益为中心开展科研工作，使教育科研更好地为经济建设和社会发展服务；要进一步完善科研组织机构，加强各级教研室建设。

目标教学实验。1993年，自治区教委教研室在南北疆举办各种目标教学培训班和目标教学讲座，先后在阿克苏、库车、库尔勒、哈密、沙湾、乌苏、奎屯、克拉玛依等地、县、市召开目标教学培训工作会议，并进行目标教学理论讲座和现场教学示范，参加培训的校长、教师及科研人员近3000人。自治区目标教学实验始于1992年，试点阶段曾先后组织人员到成都、重庆、武汉、西安等地进行实地考察和学习，成立编委会，编写指导丛书。组织近百名教师，编写初中一至三年级目标教学手册，五门学科共12种，小学一至六年级目标教学手册五门学科共12种。截止1993年底，使用区教研室统一编写的指导丛书(包括《目标教学手册》和《三级检测题》等)进行目标教学的中小学生总人数已达13万人。

《新疆教育发展战略研究(1989—2000)》出版。该书由新疆教育科研所和自治区教育基金会编辑。1993年4月由新疆教育出版社出版，该书内容包括《新疆教育发展战略研究总报告》、《新疆教育的发展历程及现状分析》以及高等教育、基础教育、职业技术教育、成人教育等研究报告和学术论文32篇，40余万字。

[**表彰先进教师**]　1993年9月8日，自治区隆重庆祝第9个教师节，王恩茂、宋汉良、铁木尔·达瓦买提等党政领导同各民族教师共庆节日。会上宣布了国家教委、国家人事部《关于表彰全国教育系统劳动模范、全国优秀教师、教育工作者的决定》和自治区教委、人事厅、教育工会、教育基金会《关于表彰自治区优秀教师、教育工作者的决定》，受到表彰的有全国教育系统劳动模范11人，全国优秀教师和优秀教育工作者98人，自治区优秀教师和优秀教育工作者372人，总计481人。

基础教育

[**初等义务教育**]　1993年，霍城、伊宁、昭苏、巩留、青河、策勒、皮山、伽师等县基本完成普及初等义务教育任务，经验收，由自治区人民政府颁发了合格证书。至此，全区已有

10个地、州、市，86个县(市、区)基本完成普及初等义务教育任务。1993年自治区7—12周岁适龄儿童入学率为96.6%(民族适龄儿童入学率为96.7%)；年巩固率为97.6%(民族儿童96.9%)；14周岁儿童毕业率为81.5%。小学毕业生升学率接近80%。

［**教育教学改革**］ 普通高中毕业会考。自治区于6月18日—20日举行普通高中一、二两个年级的会考。全区有108069人分别使用维吾尔、汉、哈萨克、蒙古、柯尔克孜5种文字参加高一地理、高二物理、化学、生物、外语(汉)、历史6个科目的会考。全区共设618个考点，4694个考场。高一报考49538人，实考48757人，实考率98.4%；高二报考56131人，实考55744人，实考率99.3%。各语种、科目会考及格率，除汉语种外语为82.4%外，其他按地理、物理、化学、生物、历史依次排列：维语为91.5%、87.7%、89.1%、88%、85.3%；汉语为96.5%、94.6%、94.2%、90.2%、96.8%；哈语为90.6%、83.8%、87.4%、88.5%、78.8%；蒙语为90.3%、89.65%、82.95%、91.4%、70.9%；柯语为91.9%、74.9%、81.2%、65.8%、69.7%。

统一印制和使用中小学毕业证书。根据国家有关文件精神和自治区有关部门规定，从1993年秋开始，自治区中小学毕业证书一律由自治区教委统一印制。地、州(市)教育处(局)统一验印高中毕业证书，各县教育局统一验收初中、小学毕业证书；各中小学校统一颁发毕业证书。此证书作为完成义务教育的证书，高中毕业证书是升学、就业、招工、招干、征兵的学历证明。

开设新疆地方史课程。根据国家教委关于编写地方乡土教材和自治区党委、人民政府关于在大学、中专、中学开设新疆地方史课，以加强对学生的爱国主义和民族团结教育的精神，自治区教委编写了中学《新疆地方史》课本，并于1993年春季列入正式教材，安排在高中和初三年级学习，在中考、高中会考总分中占10%。

［**教育督导**］ 自治区、地、县三级教育督导网络基本形成。据1993年底统计，全区96个县、市、区中已有85个建立了教育督导室，有专职督学241名，兼职督学151名。为提高督导人员的政治和业务素质，自治区委托新疆教育学院举办了两期督导人员培训班，培训各级督导人员90名(其中少数民族督导人员45名)，选送58名督学参加了国家教委委托北京师范大学举办的督导培训班。

对县、市、区人民政府教育工作的督导评估。1993年，自治区和地(州、市)两级教育督导机构，受自治区人民政府委托，对48个县、市、区人民政府的教育工作进行了督导评估。其中，自治区、地(州、市)联合督导评估的有伊宁、霍城、吉木萨尔、塔城、阿勒泰、库车、阿克苏、阿图会、喀会、策勒、洛浦11个县市和乌鲁木齐市天山区，其余的县、市、区由地(州、市)级教育督导机构进行督导评估。在自治区组织督导评估的12个县、市、区中，被评为先进的有吉木萨尔、塔城、阿勒泰、库车、阿克苏、阿图会、喀会、乌鲁木齐天山区等县(区)；被评为较好的有伊宁、霍城、策勒、洛浦等县。

对中小学校管理和学生质量的评估。在区教育督导室的指导下，地、县两级教育督导室根据《新疆维吾尔自治区普通中小学管理工作评价方案》和《新疆维吾尔自治区普通中小学校管理工作评价方案》及《新疆维吾尔自治区普通中小学校学生质量评价方案》，普遍开展了对中小学校教育和教学工作的督导评估。库尔勒市教育督导室于3月、4月对市属15所中小学和乡中学、中心小学实施两个新课程方案的情况进行了检查，5月召开两次现场会，推广和什力克乡和普惠乡中心小学实施“两个方案”的经验。哈密地区教育督导室贯彻实施“两个方案”，举办了中小学教育评价培训班，培训了校长、教导主任和教师105名。

［**教师《专业合格证书》考试**］ 1993年，汉语开考高中教师37门、初中教师16门、小学教师10门、幼儿园教师7门，共70门课程；维语开考高中教师30门、初中教师22门、小学教师9门，共61门课程；哈语开考高中教师27门、初中教师22门、小学教师9门，共58门课程。以上各语种各层次总计开考189门课程。开考课程的命题、制卷、密封保管及分发，以及评卷、登分等工作均由区教委专业合格证书考核办公室负责完成，考试取得了较好成绩。初中、高中：汉语实考2150人，及格1454人，及格率67.6%；维语实考2205人，及格1507人，及格率68%；哈语实考955人，及格598人，及格率62%。考试过程中，重视做思想动员、考前辅导培训、试卷保密及严格考风考纪等工作，保证了考试的质量。

［**教材出版**］ 1993年出版维吾尔、哈萨克、柯尔克孜、蒙古、锡伯、汉6种文字课本、教学大纲、教学参考书、教学辅助读物共1269种，其中新版书226种，总印数4937.48万册。与上年相比，维吾尔文出版品种减少6.5%，册数增长10.8%；哈萨克文品种增长0.4%，册数减少3.5%；柯尔克孜文品种减少5.5%，册数增长24%；蒙古文品种和册数分别增长13%和19%；锡伯文品种和册数分别增长14%和85%；汉文品种和册数分别减少7.7%和12%。

［**勤工俭学**］ 1993年全区中初等学校开展勤工俭学的有8562所、普及率为93%，163.72万名学生参加了劳动。1993年全区勤工俭学总产值及营业额为2.887亿元，比上年增加0.73亿元。其中农业总产值3882万元，工业总产值12918万元，第三产业营业额7187万元，其他4883万元。实现纯收益9575万元，比上年增加2571元。其中农业收益1671万元，工业收益1699万元，第三产业收益1661万元，其他收益4544万元。昌吉四旗自治州勤工俭学纯收益超过1000万元(1354万元)，昌吉市超过300万元，伊宁、玛纳斯、米家、沙湾、乌苏5县市纯收益超过200万元。1993年全区勤工俭学向国家缴纳税金723万元。昌吉市第三建筑公司、米家县聚氨脂垫材厂利税超过百万元(分别为150万元和105万元)。有4家校办企业利税超过50万元。乌鲁木齐、克拉玛依、吐鲁番、哈密、昌吉、伊犁、阿勒泰、喀什、博尔塔拉等9个地州(市)提前两年完成了“八五”规划的创收指标。

1993年自治区勤工俭学收入补助教育经费6391万元，占当年纯收入的67%。其中用于改善办学条件4266万元，用于师生集体福利833万元，用于个人福利1079万元。

2月17日，区教委、财政厅联合召开全区勤工俭学工作会议。自治区人民政府、区教委同各地(州、市)、生产建设兵团、铁路等单位签订“八五”期间勤工俭学目标管理责任书，对83个勤工俭学先进集体、104个先进个人进行了表彰、奖励，对1992年作出突出贡献的15个单位和校办企业给予了重奖。

［**实验教学**］ 1993年是自治区开展实验教学普及县工作的第三年，全年通过区、地(州、市)两级检查验收的有呼图壁、玛纳斯、塔城、博乐、乌鲁木齐市沙依巴克区、乌什等6个县(市、区)。至此，通过实验教学普及县验收的县市达到12个。1993年区教委实际定额指标内调拨普教仪器金额445万元，各

地州市自筹仪器经费280万元,较好地保证了实验教学普及县工作的开展。

职业技术教育

[**概述**] 自治区贯彻国务院《关于大力发展职业技术教育的决定》取得进展。1993年,全区中等职业技术学校(含职业中学、中专和技工学校)招生数首次超过普通高中招生数,达到6.13万人,占整个高中阶段招生数的52.1%;在校学生14.77万人,占整个高中阶段在校生的47%,比上年增长5.62个百分点,中等教育结构进一步改善。1993年,全区独立设置的职业中学校数比上年增长26.86%,在校生下降0.41%。全区86个县(市)中63个建有农职业中学,占县总数的73%,提前两年完成并超过了"八五"计划制定的50%的县建立职业学校的目标。

[**重点职业中学**] 加强骨干学校建设,改善重点职业高中办学条件。1993年重点职业高中基建竣工的有阜康县职业高中教学楼(4000平方米)、乌鲁木齐市职业高中实验楼(2000平方米)、哈密市职业高中和建设兵团148团场职业高中的两幢学生宿舍楼(各1000平方米),以及石河子第二职业高中的服装厂。正在筹建的有库尔勒市职业高中生产实习楼、洛浦县职业高中的实验教室、生产建设兵团125团场职业高中的教学楼。昌吉市职业高中为创一流水平新建了电化、语音、微机实验室。

大力倡导产教结合。1993年区教委邀请北京黄庄服装职业学校、北京昌平农职业中学、北京民族职业高中以及北京东城区和上海职业技术教育中心等11所重点职业高中校长、主任来疆传经送宝,指导新疆开展校办产业。区教委要求区9所重点职业高中在产教结合上先行一步,提出每个学校年创收10万元的奋斗目标。至年终,全区9所重点职业高中平均每校创利11.7万元,其中阜康市职业高中和库尔勒市职业高中分别创利17万元。

培训干部、教师。自治区教委同国家教委培训基地—河北昌黎职业师范学院培训中心合作,举办新疆职业技术教育干部和校长培训班,请国内著名专家授课、到办班有特色的学校参观学习,为新疆培训40名职教干部。

委托新疆八一农学院农学系招收两个职业技术教育师资班,采取单独报名、单独录取,从职业高中毕业生中录取新生。

职教专业教材缺乏是困扰职教发展的一大难题,1993年区教委克服困难向全区职业中学发行了汉文180余种5万余册各类专业课教材,基本满足了基层学校的需要。委托喀什维吾尔出版社出版家电教材一套,18种书,1993年已出版4种。

[**技工学校工作会**] 1993年4月16日,自治区技工学校工作会议在乌鲁木齐举行。各厅局、公司、中央驻疆单位,各地州、市劳动部门及各技工学校代表180人参加会议。会议为技工学校制定了新政策:(1)技工学校招生开始实行国家任务计划和调节性计划相结合,各类自费生均为调节性计划。学生不转户口,毕业实行毕业证、技术等级证(岗

位合格证)"双证"考核制,并进入劳务市场,就业后工资待遇可执行计划内技校毕业生标准。(2)根据实际需要,扩大招生范围。除主要招收城镇户口的学生外,农村户口的少数民族初、高中应届毕业生(含国营农牧团场应届毕业生)也允许报考,比例控制在30%,并纳入自治区"农转非"计划。少数民族生比例,总体上不低于招生总数的50%。(3)技工学校可自主确定招生专业(工种)和招生规模,允许跨地区、跨部门、跨行业招生。为发展技工学校多功能培训,改夏季招生为春、秋两季招生。按"推投资办学谁受益"原则,技工学校可招收一定比例的办学单位职工子女。技工学校在完成国家招生计划后,还可举办各种短期训练班及岗前培训班,其有偿培训比例不超过在校生总数的40%。

[**中等师范教育检查**] 根据国家教委师范司关于分片联检全国中等师范的统一部署。9月10日至25日,由陕、甘、宁、青、新五省(区)教委组成的中等师范联检团对自治区中等师范教育进行16天检查。联检团在听取自治区中等师范教育汇报后,重点检查了哈密师范、吐鲁番师范、石河子师范、塔城师范和克拉玛依师范,还视察了新疆幼儿师范和新疆生产建设兵团民族师范等校。

联检团认为:新疆中等师范学校布局基本合理,办学效益较好;办学方向端正,指导思想明确,师生精神状态良好;重视德育工作;认真执行新教学方案,教育教学改革都已起步;能加强科学管理,从严治校;标准化建设进展较快。存在的主要问题是:标准化建设水平不高,师资队伍学历达标率较低。

[**农村教育综合改革**] 1993年,自治区农村教育综合改革实施"燎原计划"进入第二期工程的起步阶段。根据"分类指导,分步实施,以点带面,逐步推进"方针,截止年底,各实验区普遍成立了教育改革领导小组,制订了"燎原计划"实施方案,并由政府行文实施。实验区出现了一些教改典型:阜康市和轮台县初步形成农村教育中文化基础教育和专业技术教育两个系列;伽师县夏普吐勒乡、莎东县依盖尔其镇、墨玉县奎雅乡等乡镇职业初中典型。昌吉州以政府名义出台6个教改配套性的政策文件。

自治区教委对农村教育综合改革主要做了五项工作:(1)编写出版了汉文版《新疆农村初等专业技术教材》;(2)招收少数民族和汉族学员150名,纳入自治区成人大专招生计划,设置种植、养殖、加工3个专业,以加强农村专业技术师资的培养;(3)8月19日至25日,举办全区农村教育综合改革管理干部培训班,分少数民族、汉族两班上课,培训干部200人;(4)在各实验区选项考察,确定一批"燎原计划"贷款项目;(5)通过改革农村教育,完成了属于"科技兴新"项目的《农村劳动者科技培训配套工程计划》的各项指标,当年培训农村中、初级专业技术人才和实用技术人才累计64.6万人次。

高等教育

[**招生工作**] 1993年招生工作认真贯彻国家教委“加强管理，提高水平”的总要求，进展顺利。

本年招生有如下特点：(1)自费生招生计划由上年占招生总计划的2.4%上升到33.58%，有较大幅度增长，其所学专业大多为当前社会经济发展所急需，对减轻国家负担、缓解人才供需矛盾有积极作用。(2)继续坚持定向计划招生。农、林、医、师专业，本科定向到地区以下，招944人；专科定向到县以下，招2769人；中等专业学校全部定向到县以下，其中农民班招802人，医士班招160人，民办教师班招727人，一律定向到乡镇。(3)区内外8所院校试行成人计划招普通班，共招546人，为人才培养拓展了新的渠道。(4)根据新疆实际，继续实行对“民考汉”、“汉考民”以及残疾考生的录取照顾政策，年内有37名残疾考生被照顾录取，受到社会好评。(5)区招办成立宣传、接待组，通过电视台等向社会报道招生动态，解答群众问题，公布录取名单等，增强了招生透明度，赢得了社会信誉。

[**重点建设**] 为落实中共中央和国务院发布的《中国教育改革和发展纲要》和国家教委“211”工程，自治区决定重点建设新疆大学，争取该校进入国家“211”工程。新疆大学和区教委提出了“计划”、“发展规划和实施方案”，自治区党委常委会和人民政府进行了专题讨论，并决定将新疆大学进入国家“211”工程计划正式立项，纳入自治区经济和社会发展规划，由自治区人民政府统一领导，有计划地组织实施。7月20日，自治区人民政府正式向国家教委提出了《关于新疆大学进入国家“211工程”计划的报告》。同日下午发了《关于印发〈新疆维吾尔自治区征收特别消费附加的暂行规定〉的通知》，决定对特殊消费行业（旅馆、饮食、娱乐）征税，以筹措部分专项资金，并成立了以自治区常务副主席王乐泉为组长的自治区特别消费附加征收管理领导小组。年内到位资金500万元。

[**优秀教学成果评选**] 1993年自治区有5项教学成果获国家级优秀教学成果二等奖；有32项成果获自治区普通高等学校优秀教学成果奖，其中一等奖8个，二等奖24个。

获国家二等奖的优秀教学成果项目是：《优化教师队伍，改进教学管理，推动教学改革》（新疆大学伊不拉音·哈力克、张华孝、田存福、张燕群、孙彦锋）；《农业机械化专业初中教学与基地建设》（石河子农学院王婉琳、廖贤昌、吴进河、张新昌、孙曾八）；《森林昆虫学课程教学改革》（新疆八一农学院施登明）；《创办辅修体育教育专业的教学改革》（新疆师范大学高希周）；《教学结合实际，既能培养人才又能出成果》（新疆工学院傅译周）等。

获自治区一等奖的优秀教学成果项目除上述五项同时获国家二等奖外，还有：《研究生与青年教师教学研讨班指导》（新疆大学张福基）；《财会模拟实习》（新疆生产建设兵团经济专科学校姚锡安、文桂江、刘自红、孙彦达、卢鼎鼎）；《在民族班预科教学中采取相对直观教学法研究》(新疆医学院邬婉荣、孟大庚、孙岿、郭翠霞、郑彩霞)等 3 项。

[**科技工作**] 1993 年,全区高等学校参加科技活动的人员共 1.3 万人,其中有高级职称的 2079 人。当年列研究和发展课题 466 项,参与项目研究的 889 人,投入经费 420.2 万元,实际支出 374.8 万元。取得了一批成果。全区 21 所普通高等学校全年出版专著 34 部,计 857.6 万字;发表学术论文 1830 篇,其中在国外及全国性刊物发表的 618 篇。通过鉴定的科研成果 89 项,其中达到国际水平 4 项,国内首创 13 项,国内先进 44 项。全年受奖科研成果 111 项,其中国家级奖 2 项,国务院各部委奖 11 项,省(区)级 33 项。技术转让 4 项,收入 22.9 万元。

[**高校产业**] 1993 年,自治区高等院校有校办企业 133 家(包括科技型企业 12 家),比上年增加 51 家。其中工厂 24 家、公司 79 家、农场 7 家,其他实体 23 家。校办产业固定资产 2085 万元,流动资金 2482 万元。校办产业固定从业人员 1950 人,其中科技人员 459 人。全年利润总额 459.8 万元,税金 62 万元。利润总额中有 164.2 万元用于改善办学条件和师生福利。

[**研究生及师范毕业生分配**] 1993 年全区分配的研究生 233 人、师范类大专生 2251 人、中等师范生 4980 人,毕业生总计 7464 人。毕业研究生中,内地院校及中科院新疆分院培养 168 人,区内院校培养 65 人。本专科毕业生中内地师范院校培养 182 人,区内院校培养 2069 人。分配工作贯彻了统筹安排、合理使用,加强重点、兼顾一般,面向基层,加强教学、科研第一线和学以致用,人尽其才等方针、原则。在推进毕业生就业制度改革的基础上,就业方式采取供需见面、双向选择和计划相结合的办法;为体现优生优分精神,保证边远地区对毕业生的需求和解决乌鲁木齐市区生源集中供大于求的矛盾,确定乌鲁木齐市区及各地州生源中 5%的优秀生不受生源地限制,可在全区实行双向选择,确定工作单位。分配结果:内地高等师范院校的 182 名毕业生分配到地、州、市(含生产建设兵团)的 90 人,分配到自治区机关的 84 人,其余的留校。区内院校的 2069 名毕业生分配到地、州、市(含生产建设兵团的)1669 人,分配到自治区机关的 352 人,其余的留校。中师毕业生有 723 人由自治区教委负责派遣,其中 638 人分配到地、州、市(含兵团),85 人分配到自治区机关。由各地、州、市在当地分配的各类大、中专毕业生有 4257 人。毕业研究生中的 95%分配到自治区高等院校及科研部门。

[**对外交流**] 1993 年,全区共批准 69 人自费留学,公派留学生 40 余人。与独联体各国的教育交流有所加强,全年共派教育系统团组 80 个,留学生 3 批 80 人,接收外籍留学生 21 人。全年共接待外国教育代表团 13 批 76 人。与英国海外志愿服务社就新疆实施九年义务教育初级中学英语教材的教师培训问题达成意向,为该项目争取到英方 2 万英镑的资助。项目的前期工作,即对北疆部分地区的中学英语教师的培训工作已结束,教学效果良好,后期工作将于明年 2 月在南疆地区进行。沙特阿拉伯爱国华侨阿不都热合满阿光夫妇为家乡捐资助学人民币 150 万元。为加强和提高对外教育交流的管理工作,区教委召开了全区教育外事工作会议及新疆教育国际交流协会第二届一次会议,成立了对外汉语教师资格审查委员会。

成人教育

[**成人高等教育**] 1993年6月26日至28日，自治区成人高等教育工作会议在乌鲁木齐市召开。各地、州、市教育局(处、委)，各成人高、中等学校及社会力量办学单位的代表共120多人参加了会议。会议学习了《中国教育改革和发展纲要》及全国成人高教工作会议精神，总结了十一届三中全会以来自治区成人高等教育工作的成绩及基本经验，研究制订进一步改革和发展成人高等教育工作的指导方针、政策和措施，自治区副主席吾甫尔阿不都拉到会作了《加快成人高等教育改革步伐，促进自治区经济建设迈上新台阶》的报告，自治区教委副主任沙迪尔·卡德尔作了《增强改革意识，加快改革步伐，开创我区成人高等教育的新局面》的专题发言。会议表彰了办学成绩突出的22所成人大、中专学校。

1993年，全国460余所高、中等院校在新疆招生，共招收成人大、中专学生26308人(不含党校)，其中少数民族4226人，占16%。在招生总数中内地院校招11308人(专科升本科548人，高中起点本科11人，高中起点专科10749人)；区内院校招1.5万人(专科升本科750人，高中起点专科14250人)。

根据国家教委部署，区教委于1992年抽调专家教授组成自治区成人高等学校评估检查团，由区教委副主任沙迪尔·卡德尔带队分3个验收团对全区各类成人高等学校按照国家教委《成人高校设置条例》的要求逐校进行了检查评估。评估结果于1993年7月17日公布。在14所独立设置的职工大学和两所管理干部学院中，新疆公安司法管理干部学院为A级学校，新疆建筑职工大学等12所学校为B级学校，卫生厅职工大学等3所学校为C级学校，限令两年内改善办学条件。新疆农科院职工大学被定为不合格学校，令其停办，建议改为培训基地或培训中心。新疆广播电视大学为B级学校。16所电大分校中评出A级学校1所；B级7所；C级5所；D级3所，责令限期整顿。11个电大工作站中B级9个，C级3个。

1993年元月22日至23日，自治区教委对全区职工大学、职工业余大学、管理干部学院、普通高等学校举办的业余(夜)大学等32所院校的91、92两个年级的学生22068人次，进行了第7次成人高等学校教学质量抽查考试，其中少数民族学生3268人次。抽考科目146门，其中少数民族文字50门。抽考结果：及格率为79.4%。其中少数民族学生及格率为83%。抽考之后，又进行了两次补考，其中第二补考还允许1988—1990年部分学生补考。补考科目169门，其中民族文字50门。3312人次参加第一次补考，及格率为78.8%，其中少数民族学生及格率为78%；第二次补考677人次，其中汉文500人次，及格率68.4%；民族文字177人次，及格率73%。抽考后，根据国家教委学籍管理的有关规定，165人未发毕业证书，对14人作了退学或留级处理。

[**自学考试**] 自治区第15、16次高等教

育自学考试分别于 1993 年 4 月至 10 月举行，4 月开考 26 个专业（用汉、维吾尔、哈萨克三种文字）66 门课程；10 月开考 33 个专业 81 门课程。根据自治区经济建设的需要，汉文增考市场营销、计算机信息管理、机电一体化专业（专科），会计专业（本科）；维吾尔文增考工业经济管理、俄语专业（专科）；维吾尔文和哈萨克文增考汉语言翻译本科专业。有 19.86 万人报名，共 44.92 万科次，实考 16.14 万人，34.39 万科次，及格人数为 18.53 万人次。

1993 年全区共有 5145 人获得高等教育自学考试毕业证书（其中 11 届 1793 人，12 届 3352 人），其中本科毕业生 116 人。

根据《高等教育自学考试残疾人应考者奖励暂行办法》的规定和全国高教自考委、中国残疾人福利基金会推荐，向阿勒地区汉语言文学专业专科毕业生方放和汉语言翻译专业专科毕业生全恩斯（哈萨克族）颁发了荣誉证书和奖金。

1993 年自治区教委根据国家教委《关于高等教育自学考试免考课程的试行规定》精神，结合新疆实际，制订了《新疆维吾尔自治区高等教育自学考试免考课程实施细则》。《细则》规定，凡国家承认学历的各类高等学校研究生、本科、专科毕业生，参加高等教育自学考试第二专业考试的，均可按《细则》规定免考已学过且成绩合格的部分课程。

中等专业自学考试。自治区第 12、13 次中等专业教育自学考试分别于 4 月、10 月进行。全年报名 1320 人，报考 4139 科次，实际参加考试的 1135 人，实考 2999 科次，及格 1402 科次。共有 44 人毕业，其中中等师范 34 人，金融中专 10 人。

［**职工教育**］　1993 年职工教育加强了宏观调控，在培训方面突出了行业主导和企业主体地位，以更有效地为经济建设服务，主要做了如下几项工作：(1)根据《职工学校审批备案的暂行规定》，审查公布了第六批 7 所职工学校。这些学校是：新疆红桥机器厂职工教育中心、新疆前进机器厂职工教育中心、交通厅公路局职工学校、新疆天山化工厂职工学校，新疆第二汽车运输公司职工学校、新疆汽车厂职工学校、塔里木石油勘探指挥部职工学校。(2)为适应形势发展需要和保证成人高中的教育质量，对重新申办成人高中班的学校（原有 577 所职工学校均可办成人高中班）进行了检查评估。自治区教委审批后又公布 7 所允许举办成人高中班的职工学校名单。(3)制定成人高中学校管理办法，明确了成人高中的办学方向、建校标准、审批程序、课程设置、教学时数等，使成人高中教育走上依法管理的轨道。

［**扫盲与农牧民教育**］　1993 年全区有 16.7 万余人在 6739 个扫盲班学习，脱盲 7 万余人。开办扫盲巩固提高班 3154 个，9.94 万人参加学习。截止年底，全区 15 至 40 周岁青壮年文盲率由上年的 6%下降到 5.1%；总人口文盲率由上年的 10.95%下降到 10%以下。全区已有 83 个县（市、区）经自治区人民政府验收，达到国务院和自治区规定的基本普及初等义务教育和基本扫除文盲的标准，占全区县（市、区）总数的 86.5%。

1993 年全区共举办各类农村实用技术培训班 14011 个，100 多万农牧民参加了培训。乡（镇）级农牧民文化技术学校增加到 501 所，村级分校或教学点 1792 个。

2 月 17 日，自治区人民政府向基本完成普及初等义务教育和基本扫盲的喀什市、英吉沙县、洛浦县、额敏县、木垒县、巴里坤县颁发了“双教”验收合格证书和锦旗。4 月和 12 月，对地（州）上报的规范化、正规化乡（镇）农牧民文化技术学校进行评估验收，伊宁县维吾尔玉其温乡、伊宁市巴彦岱乡、阜康市九运街乡、玛纳斯乐土驿镇、呼图壁县20里店乡等15所乡农牧民文化技术学校被评定为自治区一级学校。全区编译出版了维吾尔文《农村实用科技》杂志，发行三期共1.5万余册，出版发行农村初等专业技术教材1万余套；再版发行《实用识字课本》维文2万余册，汉文1万余册。

民族教育

[概述]

1993年各级普通学校民族教育基本情况 单位：人

学校类别	学校数（所）	毕业生数	招生数	在校学生数	教职工数	
					计	其中专任教师
一、普通高等学校		4200	6537	21045	5520	2713
研究生				63		
本科		2383	2987	12679		
专科		1817	3550	8303		
二、中等专业学校		10714	14723	37740	5806	3193
中等技术学校		7899	10850	28548	4275	725
中等师范学校		2815	3873	9192	1531	918
三、普通中学		120835	143448	344384	39192	30542
高中		31675	24923	74171		7519
初中		89160	118525	270213		23023
四、农业、职业中学		4245	9184	18094	1284	945
高中		3438	5753	10908		768
初中		807	3431	7186		177
五、工读学校						
六、小学		170675	274352	1475442	76265	64585
七、特殊教育学校		13	27	175	36	20
八、幼儿园		11897	14682	27438	2761	1331

1993 年各级成人学校民族教育基本情况

单位:人

学校类别	学校数(所)	毕业生数	招生数	在校学生数	教职工数	
					计	其中专任教师
一、成人高等学校		2716	4499	10887	1486	735
广播电视大学		378	1592	2821	286	124
职工高等学校		238	173	630	119	54
农民高等学校						
管理干部学院		201	330	648	196	91
教育学院		1179	1422	4339	885	466
独立函授学院						
普通高校举办						
函授部		32	142	526		
夜大学		588	760	1770		
教师本专科班		100	80	153		
二、成人中等专业学校		1864	4337	11262	1367	713
广播电视中专		86	2636	7233	160	82
干部中专						
职工中专		552	658	1649	335	150
农民中专						
教师进修学校		1226	1043	2380	796	460
三、成人中学		1723	13276	14240		131
职工中学		1069	828	1125		103
农民中学		654	12448	13115		28
四、成人技术培训学校		422214	306177	329152		528
职工技术培训学校		5182	5408	6229		95
农民技术培训学校		417032	300769	322923		433
五、成人初等学校		154668	62393	164295		128
职工初等学校		148	178	181		6
农民初等学校		154520	62215	164114		122
其中:扫盲班		99341		84050		41

[**工作方针与进展**] 自治区把发展少数民族教育作为整个教育工作的重点,在计划、经费、师资等方面给予重点扶持,使少数民族教育蓬勃发展。1993 年,全区有单独设置的维吾尔、哈萨克、蒙古、回、锡伯、柯尔克孜等民族中小学 5490 所,其中牧区寄宿制小学

361所，占全区中小学总数的61.42%。高等学校中少数民族在校生占总数的53.59%。1993年与1980年相比，全区各级各类少数民族在校生从101.7万人增加到272.56万人，增长1.6倍。占全区总数的55.32%，接近于民族人口比例61%。少数民族学龄儿童入学率1993年为96.7%。少数民族教育落后于整个教育的状况得到显著改变。

1993年，自治区每万人口中有大学生25.03人，中专生25.59人，普通高中生106.9人，初中生355.4人，小学生1312.24人。改革开放15年来，全区各民族的科学文化水平有很大提高。1979年至1993年，全区共培养少数民族普通本、专科毕业生3.98万人，中专生9.42万人，一大批少数民族干部和教师成长起来，不少人成为专家、学者和自治区各条战线的骨干。

民族教师队伍经过整顿、充实和培训，政治业务素质得到提高。1993年全区各级各类少数民族教师已达10.33万人，占总数的55.02%。教师学历合格率，小学达到91.2%，初中63.33%，高中40.66%。少数民族教师中有教授39人，副教授355人，普通中学有高级教师533人，小学有高级教师5627人。

［**汉语教学调查**］ 为了对自治区民族中、小学汉语教学水平做出正确估价，了解“民汉文兼通”所达到的程度，找出存在问题，采取相应措施，区教委教研室于1992至1993年，对全区部分民族小学、初中、高中的毕业班学生的汉语水平进行调查测试。参加这次测试的有乌鲁木齐、塔城、阿勒泰、喀什、和田、阿克苏等地市的39所学校，388名维吾尔、哈萨克等民族的毕业班学生。经口试、阅读、笔试，乌鲁木齐市高中毕业生达到大纲要求的占15—20%，其他城镇以上地区为5—10%，农牧区为2—3%。据此预测，到1995年，城镇以上民族中学毕业生只有20%能达到“民汉文兼通”的要求。调查了解到，当前民族学校汉语教学存在的问题主要是：(1)汉语教师数量不足，且现有教师素质低，教学水平差。自治区现有汉语教师8300余名，尚缺3300多名。现有的小学、初中、高中汉语教师中，学历达标的分别为92%、35.5%、16.7%，其中相当一部分是非语言学科毕业；(2)使用的教材，除小学部分是新编的外，初、高中教材属1985年版本，内容陈旧；(3)学校教学设备差，绝大多数学校没有教学用的语言室和电化教具；(4)无专门的汉语教学研究基地，工具书及实验教材、阅读教材缺乏。针对上述问题，调查报告提出了改进措施。

［**汉语授课实验**］ 1993年11月15日至18日，自治区民族学生部分学科用汉语授课实验研讨会在乌鲁木齐市举行。自治区副主席吾甫尔·阿不都拉、有关地(州)教育行政部门代表和实验学校校长、教师30余人出席会议。此项实验始于1992年，目前参加实验的乌鲁木齐实验中学、乌鲁木齐市第十四中学、吐鲁番市第三中学、托克逊县第一中学、塔城地区第二中学等5校，9个班级，300余名学生(其中初中6个实验班，高中3个班)，用汉语授课的学科是数学、物理、化学，其他学科仍用民族语言授课。实验的目的是提高民族学生汉语教学质量，促进汉语教学改革，培养“民汉文兼通”的少数民族建设人才。具体要求是：(1)实验班学生必须在语文听、说、读、写等方面达到民汉文兼通的要求，升入高一级学校时免上预科，能用汉语文学习专业课；(2)用汉语讲授的课程要大幅度提高教学质量，力争达到或接近汉族一般学校的中等水平；用民族语文授课的水平不低于同年级普通班水平；(3)为扩大实验和汉语教改提供经验。

自治区教委主任努尔提也夫在研讨会上

讲话。《讲话》回顾了一年来实验工作的成绩，并就实验工作的目的、任务，领导和管理，教师编制和选用、工作量及待遇，课程设置，以及如何全面贯彻教育方针，提高教育教学质量等阐述了意见和要求。会议代表对上述问题进行了研讨，取得了共识。

撰稿　周　越
审稿　努尔提也夫

文件选编

综合部分

中华人民共和国教师法

（1993年10月31日第八届全国人民代表大会常务委员会第四次会议通过，中华人民共和国主席令第15号发布）

第一章 总 则

第一条 为了保障教师的合法权益，建设具有良好思想品德修养和业务素质的教师队伍，促进社会主义教育事业的发展，制定本法。

第二条 本法适用于在各级各类学校和其他教育机构中专门从事教育教学工作的教师。

第三条 教师是履行教育教学职责的专业人员，承担教书育人，培养社会主义事业建设者和接班人、提高民族素质的使命。教师应当忠诚于人民的教育事业。

第四条 各级人民政府应当采取措施，加强教师的思想政治教育和业务培训，改善教师的工作条件和生活条件，保障教师的合法权益，提高教师的社会地位。

全社会都应当尊重教师。

第五条 国务院教育行政部门主管全国的教师工作。

国务院有关部门在各自职权范围内负责有关的教师工作。

学校和其他教育机构根据国家规定，自主进行教师管理工作。

第六条 每年九月十日为教师节。

第二章 权利和义务

第七条 教师享有下列权利：

（一）进行教育教学活动，开展教育教学改革和实验；

（二）从事科学研究、学术交流，参加专业的学术团体，在学术活动中充分发表意见；

（三）指导学生的学习和发展，评定学生的品行和学业成绩；

（四）按时获取工资报酬，享受国家规定的福利待遇以及寒暑假期的带薪休假；

（五）对学校教育教学、管理工作和教育行政部门的工作提出意见和建议，通过教职工代表大会或者其他形式，参与学校的民主管理；

(六)参加进修或者其他方式的培训。

第八条　教师应当履行下列义务：

(一)遵守宪法、法律和职业道德，为人师表；

(二)贯彻国家的教育方针，遵守规章制度，执行学校的教学计划，履行教师聘约，完成教育教学工作任务；

(三)对学生进行宪法所确定的基本原则的教育和爱国主义、民族团结的教育，法制教育以及思想品德、文化、科学技术教育，组织、带领学生开展有益的社会活动；

(四)关心、爱护全体学生，尊重学生人格，促进学生在品德、智力、体质等方面全面发展；

(五)制止有害于学生的行为或者其他侵犯学生合法权益的行为，批评和抵制有害于学生健康成长的现象；

(六)不断提高思想政治觉悟和教育教学业务水平。

第九条　为保障教师完成教育教学任务，各级人民政府、教育行政部门、有关部门、学校和其他教育机构应当履行下列职责：

(一)提供符合国家安全标准的教育教学设施和设备；

(二)提供必需的图书、资料及其他教育教学用品；

(三)对教师在教育教学、科学研究中的创造性工作给以鼓励和帮助；

(四)支持教师制止有害于学生的行为或者其他侵犯学生合法权益的行为。

第三章　资格和任用

第十条　国家实行教师资格制度。

中国公民凡遵守宪法和法律，热爱教育事业，具有良好的思想品德，具备本法规定的学历或者经国家教师资格考试合格，有教育教学能力，经认定合格的，可以取得教师资格。

第十一条　取得教师资格应当具备的相应学历是：

(一)取得幼儿园教师资格，应当具备幼儿师范学校毕业及其以上学历；

(二)取得小学教师资格，应当具备中等师范学校毕业及其以上学历；

(三)取得初级中学教师、初级职业学校文化、专业课教师资格，应当具备高等师范专科学校或者其他大学专科毕业及其以上学历；

(四)取得高级中学教师资格和中等专业学校、技工学校、职业高中文化课、专业课教师资格，应当具备高等师范院校本科或者其他大学本科毕业及其以上学历；取得中等专业学校、技工学校和职业高中学生实习指导教师资格应当具备的学历，由国务院教育行政部门规定；

(五)取得高等学校教师资格，应当具备研究生或者大学本科毕业学历；

(六)取得成人教育教师资格，应当按照成人教育的层次、类别，分别具备高等、中等学校毕业及其以上学历。

不具备本法规定的教师资格学历的公民，申请获取教师资格，必须通过国家教师资格考试。国家教师资格考试制度由国务院规定。

第十二条　本法实施前已经在学校或者其他教育机构中任教的教师，未具备本法规定学历的，由国务院教育行政部门规定教师资格过渡办法。

第十三条　中小学教师资格由县级以上地方人民政府教育行政部门认定。中等专业学校、技工学校的教师资格由县级以上地方人民政府教育行政部门组织有关主管部门认定。普通高等学校的教师资格由国务院或者省、自治区、直辖市教育行政部门或者由其委托的学校认定。

具备本法规定的学历或者经国家教师资

格考试合格的公民，要求有关部门认定其教师资格的，有关部门应当依照本法规定的条件予以认定。

取得教师资格的人员首次任教时，应当有试用期。

第十四条 受到剥夺政治权利或者故意犯罪受到有期徒刑以上刑事处罚的，不能取得教师资格；已经取得教师资格的，丧失教师资格。

第十五条 各级师范学校毕业生，应当按照国家有关规定从事教育教学工作。

国家鼓励非师范高等学校毕业生到中小学或者职业学校任教。

第十六条 国家实行教师职务制度，具体办法由国务院规定。

第十七条 学校和其他教育机构应当逐步实行教师聘任制。教师的聘任应当遵循双方地位平等的原则，由学校和教师签订聘任合同，明确规定双方的权利、义务和责任。

实施教师聘任制的步骤、办法由国务院教育行政部门规定。

第四章 培养和培训

第十八条 各级人民政府和有关部门应当办好师范教育，并采取措施，鼓励优秀青年进入各级师范学校学习。各级教师进修学校承担培训中小学教师的任务。

非师范学校应当承担培养和培训中小学教师的任务。

各级师范学校学生享受专业奖学金。

第十九条 各级人民政府教育行政部门、学校主管部门和学校应当制定教师培训规划，对教师进行多种形式的思想政治、业务培训。

第二十条 国家机关、企业事业单位和其他社会组织应当为教师的社会调查和社会实践提供方便，给予协助。

第二十一条 各级人民政府应当采取措施，为少数民族地区和边远贫困地区培养、培训教师。

第五章 考 核

第二十二条 学校或者其他教育机构应当对教师的政治思想、业务水平、工作态度和工作成绩进行考核。

教育行政部门对教师的考核工作进行指导、监督。

第二十三条 考核应当客观、公正、准确，充分听取教师本人、其他教师以及学生的意见。

第二十四条 教师考核结果是受聘任教、晋升工资、实施奖惩的依据。

第六章 待 遇

第二十五条 教师的平均工资水平应当不低于或者高于国家公务员的平均工资水平，并逐步提高。建立正常晋级增薪制度，具体办法由国务院规定。

第二十六条 中小学教师和职业学校教师享受教龄津贴和其他津贴，具体办法由国务院教育行政部门会同有关部门制定。

第二十七条 地方各级人民政府对教师以及具有中专以上学历的毕业生到少数民族地区和边远贫困地区从事教育教学工作的，应当予以补贴。

第二十八条 地方各级人民政府和国务院有关部门，对城市教师住房的建设、租赁、出售实行优先、优惠。

县、乡两级人民政府应当为农村中小学教师解决住房提供方便。

第二十九条 教师的医疗同当地国家公务员享受同等的待遇；定期对教师进行身体健康检查，并因地制宜安排教师进行休养。

医疗机构应当对当地教师的医疗提供方便。

第三十条 教师退休或者退职后，享受国家规定的退休或者退职待遇。

县级以上地方人民政府可以适当提高长期从事教育教学工作的中小学退休教师的退休金比例。

第三十一条　各级人民政府应当采取措施，改善国家补助、集体支付工资的中小学教师的待遇，逐步做到在工资收入上与国家支付工资的教师同工同酬，具体办法由地方各级人民政府根据本地区的实际情况规定。

第三十二条　社会力量所办学校的教师的待遇，由举办者自行确定并予以保障。

第七章　奖　励

第三十三条　教师在教育教学、培养人才、科学研究、教学改革、学校建设、社会服务、勤工俭学等方面成绩优异的，由所在学校予以表彰、奖励。

国务院和地方各级人民政府及其有关部门对有突出贡献的教师，应当予以表彰、奖励。

对有重大贡献的教师，依照国家有关规定授予荣誉称号。

第三十四条　国家支持和鼓励社会组织或者个人向依法成立的奖励教师的基金组织捐助资金，对教师进行奖励。

第八章　法律责任

第三十五条　侮辱、殴打教师的，根据不同情况，分别给予行政处分或者行政处罚；造成损害的，责令赔偿损失；情节严重，构成犯罪的，依法追究刑事责任。

第三十六条　对依法提出申诉、控告、检举的教师进行打击报复的，由其所在单位或者上级机关责令改正；情节严重的，可以根据具体情况给予行政处分。

国家工作人员对教师打击报复构成犯罪的，依照刑法第一百四十六条的规定追究刑事责任。

第三十七条　教师有下列情形之一的，由所在学校、其他教育机构或者教育行政部门给予行政处分或者解聘。

(一)故意不完成教育教学任务给教育教学工作造成损失的；

(二)体罚学生，经教育不改的；

(三)品行不良、侮辱学生，影响恶劣的。

教师有前款第(二)项、第(三)项所列情形之一，情节严重，构成犯罪的，依法追究刑事责任。

第三十八条　地方人民政府对违反本法规定，拖欠教师工资或者侵犯教师其他合法权益的，应当责令其限期改正。

违反国家财政制度、财务制度，挪用国家财政用于教育的经费，严重妨碍教育教学工作，拖欠教师工资，损害教师合法权益的，由上级机关责令限期归还被挪用的经费，并对直接责任人员给予行政处分；情节严重，构成犯罪的，依法追究刑事责任。

第三十九条　教师对学校或者其他教育机构侵犯其合法权益的，或者对学校或者其他教育机构作出的处理不服的，可以向教育行政部门提出申诉，教育行政部门应当在接到申诉的三十日内，作出处理。

教师认为当地人民政府有关行政部门侵犯其根据本法规定享有的权利的，可以向同级人民政府或者上一级人民政府有关部门提出申诉，同级人民政府或者上一级人民政府有关部门应当作出处理。

第九章　附　则

第四十条　本法下列用语的含义是：

(一)各级各类学校，是指实施学前教育、普通初等教育、普通中等教育、职业教育、普通高等教育以及特殊教育、成人教育的学校。

(二)其他教育机构，是指少年宫以及地方教研室、电化教育机构等。

(三)中小学教师，是指幼儿园、特殊教育

机构、普通中小学、成人初等中等教育机构、职业中学以及其他教育机构的教师。

第四十一条 学校和其他教育机构中的教育教学辅助人员，其他类型的学校的教师和教育教学辅助人员，可以根据实际情况参照本法的有关规定执行。

军队所属院校的教师和教育教学辅助人员，由中央军事委员会依照本法制定有关规定。

第四十二条 外籍教师的聘任办法由国务院教育行政部门规定。

第四十三条 本法自 1994 年 1 月 1 日起施行。

基础教育部分

□国家教委关于减轻义务教育阶段学生过重课业负担、全面提高教育质量的指示

（1993 年 3 月 24 日）

当前，一些地方小学和初级中学学生课业负担过重，不利于儿童少年在德、智、体诸方面生动活泼、主动地发展，阻碍着义务教育全面提高公民素质宗旨的落实。为了九十年代在全国范围内基本普及九年义务教育，全面贯彻教育方针，全面提高教育质量，地方各级教育行政部门和学校必须以“教育要面向现代化，面向世界，面向未来”为指针，转变教育观念，深化教育教学领域的改革，切实解决好义务教育阶段学生课业负担过重的问题，促进儿童、少年身心健康发展。

一、学校必须严格按照国家教委和省级教育行政部门颁发的教学计划组织教育教学活动，不得随意增减课程和授课时数，不得搞突击教学，提前结束新课。

各科要严格按照国家教委颁发的教学大纲进行教学，不得任意增加教学内容，提高教学要求。

如因教学改革试验或教育发展基础的特殊需要，对课程、授课时数和教学要求进行调整时，应经省级教育行政部门或其授权的教育行政部门批准。

二、学生使用的教科书，必须经过国家教委或省级教育行政部门审定。未经审定的，一律不准在教学中使用（实验教材按有关规定办理）。教科书的选用，在省级教育行政部门的指导下，小学一般由县级教育行政部门负责，初级中学由省或地（市）级教育行政部门负责，并应积极创造条件赋予学校选用教材的权利。

小学各年级和初中非毕业年级一律不准组织学生购买练习册、习题集或其他各种名目的复习资料。教育、出版发行以及其他部门也不得采取强行搭配等办法向学生推销这类图书资料。

教学中如必须补充习题或其他资料，可由教材编写单位编入或附录在供教师使用的教学参考书中（出版单位应在书的封面写明“供教师使用”）。初中毕业年级如需补充练习，由省级教育行政部门统一组织编写、审定，限在本省（区、市）内使用。

三、教师要根据教学要求和学生学习实际，认真备课，精心授课，因人制宜地选择和布置作业。作业的份量和难度要适当。小学一年级一般不留书面家庭作业，二、三年级每日课外作业量不超过30分钟，四年级不超过45分钟，五、六年级不超过1小时，初中各年级不超过1.5小时(以上均按中等水平学生完成的时间测定)。不要布置机械重复和大量抄写的作业，更不得以多留作业作为惩罚学生的手段。

要对学生的学习方法进行指导，使他们养成良好的学习习惯。学校校长、教导主任应负责控制、调节学生每日课外作业的总量。

四、认真按照教学计划的规定，开设音乐课、美术课、体育课以及活动课程。要积极创造条件，开展课外科技、文化、体育活动，做到时间落实、内容丰富、形式多样。要使学生每天有1小时体育活动。要积极安排集体教育活动，如组织运动会、远足、参观、社会实践等。

各级教育行政部门和学校都应按照有关规定加强对学生参加各类竞赛活动的管理，严格控制竞赛的次数。

五、按照教学计划的规定，认真完成小学劳动课和初中劳动技术课的教育教学任务。要根据城乡经济、社会发展和学生自身发展的实际情况，在适当阶段对学生进行职业指导教育和职业预备教育或劳动技艺教育。

六、必须保证学生在课间、节假日和寒暑假的休息，指导学生自主地支配好课余时间。学校和教师都不得占用假日给学生集体补课或上新课。

七、改革考试办法，严格控制考试的科目与次数。学生的学习成绩应以平时考查为主。考试要依据教学大纲的要求，着重考核基础知识和基本能力。要把考试权交给学校(农村小学亦可由学区中心小学负责)。除初中毕业年级的毕业考试外，废止其他年级任何形式的统一考试。农村小学毕业考试可在县级教育行政部门的指导下，由学区中心小学根据教学大纲的基本要求命题。

要采取措施减少学生留级现象，并积极创造条件在义务教育阶段取消留级制度。

八、努力办好每一所小学和初级中学。义务教育阶段不应当分重点学校(班)与非重点学校(班)。各级教育行政部门要指导各类学校全面贯彻教育方针，面向全体学生，促进学生的全面发展，全面提高教育质量，努力办出特色。要注意指导办学水平较高的学校在教育改革中起示范作用。

九、改革初中招生制度。在基本普及初级中等教育的地方，学生读完小学后就近升入初中一年级学习，不另举行初中招生考试。

十、应按照全面贯彻教育方针、全面提高教育质量的要求，制订办法对学校办学水平进行评估；从德、能、勤、绩几方面，全面考核教师；根据德、智、体诸方面发展的要求，全面考查学生，鼓励学生生动活泼、主动地发展。任何部门和个人都不得单纯以学科考试成绩或升学率高低评价学校和教师，更不得给学校，或给教学班和教师下达学生考试成绩或升学率的指标，不得以此排列学校、班级和教师的名次。学校也不得按考试成绩排列学生名次，张榜公布。

国家教委过去颁发的有关减轻中小学学生过重课业负担的规定，凡与以上各项无抵触的，均应继续执行。

应该指出，造成中小学学生课业负担过重的原因是多方面的，解决这个问题也需要综合治理。地方各级人民政府和教育行政部门要加强领导，结合本地实际情况，制订贯彻本指示的具体办法。在实施义务教育过程中，要统一教育工作者和广大人民群众的认识，树立正确的教育思想，形成学校、社会、家庭的教育合力。要引导校长和教师不断提高业务水平，加强管理，改进教学，努力提高课堂教学质量。要加强教育的督导和社会的监督。对贯彻本指示成绩卓著的地方和学校应予表彰;对违反本指示的,应予批评教育,并不得评为先进,情节严重的要追究有关责任人员的行政责任,以保证本指示的贯彻落实。

□小学德育纲要

(1993年3月26日国家教委发布)

小学德育即学校对小学生进行的思想品德教育,它属于共产主义思想道德教育体系,是社会主义精神文明建设的奠基工程,是我国学校社会主义性质的一个标志。它贯穿于学校教育教学工作的全过程和学生日常生活的各个方面,渗透在智育、体育、美育和劳动教育之中,与其它各育互相促进、相辅相成,对促进学生的全面发展,保证人才培养的正确方向,起着主导作用。

培养目标

培养学生初步具有爱祖国、爱人民、爱劳动、爱科学、爱社会主义的思想感情和良好品德;遵守社会公德的意识和文明行为习惯;良好的意志、品格和活泼开朗的性格;自己管理自己、帮助别人、为集体服务和辨别是非的能力,为使他们成为德、智、体全面发展的社会主义事业的建设者和接班人,打下初步的良好的思想品德基础。

基本内容和要求

小学德育主要是向学生进行以"爱祖国、爱人民、爱劳动、爱科学、爱社会主义"为基本内容的社会公德教育和有关的社会常识教育(包括必要的生活常识、浅显的政治常识以及同小学生有关的法律常识),着重培养和训练学生良好的道德品质和文明行为习惯,教育学生心中有他人,心中有集体,心中有人民,心中有祖国。

一、热爱祖国的教育

教育学生知道自己是中国人,尊敬国旗、国徽,认识祖国版图,会唱国歌;初步了解家乡的物产、名胜古迹、著名人物,祖国的壮丽山河、悠久历史、灿烂文化和社会主义建设的伟大成就以及改革开放带来的巨大变化,培养热爱家乡、热爱祖国、热爱社会主义的感情和民族自尊心、自豪感;知道历史上中华民族曾遭受帝国主义的欺辱和进行的英勇反抗,我国与世界发达国家的经济水平还有很大差距,社会主义现代化建设还会遇到很多困难,逐步树立长大为建设家乡、振兴中华做贡献的理想;知道我国是一个多民族的国家,各族人民要互相尊重、平等相待,完成祖国统一大业是各族人民的共同心愿;逐步懂得"祖国利益高于一切",爱护国家财产,立志保卫祖国,热爱和平,反对侵略战争。

二、热爱中国共产党的教育

教育学生知道中国共产党领导人民进行革命斗争,建立了新中国,现在正领导人民进行社会主义现代化建设,使学生懂得幸福生活是中国共产党领导人民取得的;学习老一辈无产阶级革命家和优秀共产党员英勇奋斗、艰苦创业、大公无私、坚持真理、全心全意为人民等高尚品质,培养热爱中国共产党的感情;知道中国共产党是中国少年先锋队的创建者和领导者,少先队员要接受党的教育,做党的好孩子。

三、热爱人民的教育

教育学生知道我国劳动人民在旧社会受剥削、受压迫,新社会人民是国家的主人,各族人民共同建设我们的国家;知道我国人民创造了中华文明,了解我国人民勤劳勇敢、自强不息、不畏强暴、热爱和平等传统美德,培养热爱人民的感情;要尊重各行各业的劳动者,向先进人物学习,初步培养为人民服务的思想；要孝敬父母、尊敬师长、尊老爱幼、友爱同学、同情和帮助残疾人、助人为乐、与各族少年儿童、外国小朋友友好相处。

四、热爱集体的教育

教育学生知道自己是集体中的一员，要热爱集体、关心集体，培养集体意识和为集体服务的能力；服从集体决定、遵守纪律、努力完成集体交给的任务，珍惜集体荣誉，为集体争光；在集体中团结、谦让、互助、合作，关心他人，积极参加集体活动，学习做集体的小主人。

五、热爱劳动、艰苦奋斗的教育

教育学生懂得劳动光荣，懒惰可耻，祖国建设离不开各行各业的劳动，幸福生活靠劳动创造；要热爱劳动，参加力所能及的自我服务劳动、家务劳动、公益劳动和简单的生产劳动，掌握一些简单的劳动技能，培养劳动习惯，爱护公物，勤俭节约，珍惜劳动成果；学习老一辈艰苦创业的优良传统，初步培养吃苦耐劳、艰苦奋斗的精神。

六、努力学习、热爱科学的教育

教育学生知道学习是学生的主要任务，是公民的权利和义务；初步懂得建设祖国、保卫祖国离不开文化科学知识，从小把自己的学习与实现社会主义现代化的理想联系起来，启发学生的学习兴趣和求知欲望；培养勤学好问、刻苦努力、专心踏实、认真仔细的学习态度和良好的学习习惯；热爱科学，相信科学，反对迷信，不参加各种封建迷信活动。

七、文明礼貌、遵守纪律的教育

教育学生关心、爱护、尊重他人，对人热情有礼貌，说话文明，会用礼貌用语，不打架，不骂人；初步掌握在家庭、学校、社会上待人接物的日常生活礼节；遵守学校纪律和公共秩序；讲究个人卫生，保持环境整洁；爱护公用设施、文物古迹，爱护花草、树木，保护有益动物。

八、民主与法制观念的启蒙教育

教育学生懂得在集体中要平等待人，有事和大家商量，少数服从多数，个人服从集体；在少先队组织里学习开展批评与自我批评，行使少先队员的权力，学习过民主生活。知道国家有法律；法律是保护人民利益的，公民要知法、守法，学习和遵守《中华人民共和国交通管理规则》、《中华人民共和国治安管理处罚条例》、《中华人民共和国道路交通管理条例》、《中华人民共和国义务教育法》和《中华人民共和国未成年人保护法》等法规中与小学生生活有关的规定。

九、良好的意志、品格教育

教育学生要诚实、正直、谦虚、宽厚、有同情心、活泼、开朗、勇敢、坚强、有毅力、不怕困难、不任性、惜时守信、认真负责、自尊自爱、积极进取。

十、辩证唯物主义观点的启蒙教育

引导学生学习怎样正确看待周围常见的事物；初步学习全面地发展地看待问题的方法。

实施途径

学校实施德育必须充分发挥校内、校外各教育途径的作用，互相配合，形成合力，创造良好的教育环境，共同完成德育任务。

一、各科教学

各科教学是向学生进行思想品德教育最经常的途径。

思想品德课是向学生比较系统地进行思想品德教育的一门重要课程。任课教师要以思想品德课教学大纲为依据，运用教材联系学生实际，着重培养学生的道德情感，提高学生的道德认识和道德判断能力，以指导他们的行为。

其它各科教学对培养学生良好的思想品德素质具有重要作用。任课教师要在全部教学活动中，注意培养学生良好的学习态度、学习习惯和良好的意志品格，促使学生养成文明行为习惯;要根据各科教学大纲中关于思想品德教育的要求和教材中的教育因素,按各科自身的教学特点,自觉地、有机地在课堂教学中渗透思想品德教育。

语文教学要贯彻文道统一的原则,将语言文字的训练、句段篇章的学习与思想品德教育统一于教学过程之中,利用课文内容中丰富的思想品德教育因素,充分发挥感染、陶冶作用,使学生受到教育。

数学教学最易于渗透辩证唯物主义观点的启蒙教育,并要通过数学训练,培养学生认真严谨、一丝不苟的学习态度和积极思维的良好习惯。

历史常识教学最易于具体、形象、生动地对学生进行热爱祖国、热爱中国共产党、热爱社会主义的教育。要通过教学,帮助学生了解中国古代科学技术、文化艺术方面的一些重大成就和对人类的杰出贡献;知道近代史上帝国主义列强野蛮侵略我国的主要罪行以及中国人民受欺凌的主要史实;知道中国人民抵御外侮、捍卫中华的重大斗争和一些仁人志士、革命先烈的事迹;知道中国人民在中国共产党的领导下,为建立新中国英勇奋斗的主要史实和社会主义建设的重大成就。教育学生学习中华民族的光荣传统和中国共产党的革命传统,激发他们的爱国情感,增强民族自尊心和自豪感。

地理常识教学易于具体、形象地对学生进行国情教育。要通过教学帮助学生初步了解我国和家乡的自然环境和建设成就,激发爱祖国、爱家乡的感情;初步了解我国和家乡的主要资源及其利用状况,初步认识合理利用资源和保护环境的重要;初步了解我国和家乡的人口数量和发展状况;初步懂得控制人口的重要性;初步了解我国是一个统一的多民族的国家,各民族一律平等,要共同维护祖国统一。

自然常识教学要在讲授自然常识的同时对学生进行热爱科学、反对迷信的教育,培养学生尊重科学、相信科学的精神和学科学、用科学的志趣及能力。

音乐、美术教学要充分发挥艺术教育寓教于乐、生动形象、感人的优势,向学生展示中华民族的优秀艺术传统,培养健康的审美情趣,陶冶情操,增强学生的民族自豪感,激发热爱祖国、热爱中国共产党的感情。

体育教学要在体育技能技巧训练的同时,培养学生良好的卫生习惯、锻炼身体的习惯以及朝气蓬勃、不怕困难、勇敢顽强的精神。并通过体育活动进行集体主义教育,培养集体荣誉感、组织纪律性和合作精神。

劳动教学要把传授劳动知识技能与培养良好的劳动习惯结合起来,通过劳动实践活动,培养学生热爱劳动的思想、吃苦耐劳的精神、珍惜劳动成果的感情和对工作的责任心,养成劳动习惯。

二、校级、班级教育和各种教育活动

校级教育是由学校组织的,结合学校实际,面向全校学生进行的教育工作。学校校长和有关负责人是校级教育工作的组织者和领导者,要认真贯彻本《纲要》、《小学生守则》、《小学生日常行为规范》,建立每周举行一次升国旗仪式和每天升降国旗,时事政策教育,利用重大节日、纪念日举行全校性传统教育活动,定期举行主题校会等制度;要开辟教育陈列室,悬挂中国、世界地图和中外名人画像,并通过加强日常管理,建设整洁优美的校容、校貌,形成良好的校风,创造良好的教育环境。

班级教育是向全班学生进行经常性的思想品德教育和组织管理工作。班主任是班级教育工作的组织者和领导者。要全面了解学生、组织培养班集体,开展各种教育活动,加强班级管理,深入细致地做好个别学生的教育工作,建立和形成良好的班风;协调班级各方面的教育力量,保持教育的一致性。其它各科教师也要给予积极配合。

学校和班级要积极组织丰富多彩的适合小学生年龄特点的教育活动和劳动、社会实践活动，寓思想品德教育于活动之中。要依靠校内外的力量，组织各种兴趣小组，丰富学生的课余生活，培养和发展学生健康的兴趣爱好；要通过参观、访问、劳动、社会调查等活动，扩大学生的视野，帮助他们了解和认识社会；还应重视社会环境和社会信息对学生的影响，选择有益于学生身心健康的书籍、报刊、影视、文娱节目等，对学生进行生动、形象的思想品德教育，抵制各种不良影响。

三、少先队教育

少先队教育要按照队章的要求，加强队的组织教育，充分发挥其组织作用。要运用其特有的教育手段，通过队员当家作主的集体生活和丰富多彩的活动来进行。少先队工作要与学校教育紧密配合。少先队辅导员是少先队工作的指导者，要充分发挥少先队员的积极性、主动性、创造性。

四、家庭教育和校外教育

实施德育，学校教育与家庭教育、社会教育要相互配合，学校应起主导作用。

学校要指导家庭教育，帮助家长端正教育思想，改进教育方法，提高家庭教育水平。学校和教师要通过家长委员会、"家长学校"、家访、家长会等形式了解家长对子女进行教育的情况，向家长通报学校的教育要求，宣传和普及教育子女的知识，推广家长教育子女的成功经验，促使家庭教育与学校教育协调一致。

校外教育中的思想品德教育是学校教育的重要补充和扩展。学校和教师要主动和少年宫（家）、儿童少年活动中心、文化馆、科技馆、博物馆、图书馆、纪念馆、艺术馆、业余体校等校外教育单位建立联系，充分利用这些专用场所和教育设施，组织学生参加各种活动，在活动中接受教育。

学校和教师还应重视与革命老前辈、战斗英雄、劳动模范、科学家、企业家等建立联系，发挥他们对学生的榜样教育作用。还要争取关心下一代协会等组织和机关、团体、部队、企事业、街道、乡镇等单位的支持，开辟教育活动场所，共同创造良好的育人环境，提倡全社会关心下一代健康成长的新风尚。

教育原则

一、坚持正确的政治方向

要坚持以马列主义、毛泽东思想和党在社会主义初级阶段的基本路线为指导，遵照国家对小学生思想品德素质的基本要求，对学生进行思想品德教育，反对和抵制资本主义和封建主义等腐朽思想的影响。

二、热爱学生、了解学生

要热爱学生，以对祖国未来和对学生负责的态度，满腔热情地爱护并全面关心每一个学生，要信任和尊重学生，对缺点较多和有特殊情况的学生，更要亲近和帮助他们，切忌偏见和偏爱。要了解不同年级学生的年龄特点；了解他们的思想品德状况和日常行为表现；了解社会和家庭环境变化给他们带来的影响；了解每个学生的性格和兴趣爱好等，有的放矢地进行教育。

三、加强针对性

要根据小学生的年龄特点，遵循小学生生理心理发展的基本规律，运用生动感人的题材和形象化的方式对学生进行教育，不要给他们讲空洞的大道理和难以理解的政治概念，防止成人化；要针对不同年级学生的知识水平和理解能力，分清层次，由浅入深，由近及远，从具体到抽象，循环反复，不断加深；要针对不同地区的实际情况，学生的思想品德实际以及个性差异，提出不同的要求，采用不同的教育方法，坚持因材施教，避免一般化。

四、坚持正面教育

要对学生进行耐心细致的正面教育，坚

持正面启发，积极诱导，使学生掌握正确的道德认识和道德行为标准，调动学生的积极因素；对缺点较多的学生更要鼓励他们积极向上，坚持以表扬为主；对学生的缺点和错误要给予批评并指出努力方向，但要注意防止简单粗暴，严禁体罚和变相体罚。

五、提高道德认识和行为训练相结合

在教育过程中，既要重视正面灌输，提高学生的道德认识，使他们懂得一些浅显的道理；同时也要相应提出一些合理、适度、具体、明确的行为要求，进行严格的管理和行为训练，引导他们参加力所能及的劳动和社会实践活动，使他们在道德行为实践中逐渐加深认识，养成良好的行为习惯。

六、集体教育与个别教育相结合

学生集体既是教育的对象，又是教育的手段。良好的集体是一种巨大的教育力量。教育者要重视培养学生集体，通过开展集体活动，建立正确的集体舆论，形成良好的风气和传统，发挥集体的教育作用。要调动每个学生的积极性，同时还要针对学生的不同情况进行个别指导，促使其个性在集体中得到充分发展，并初步培养他们自己教育自己的能力。

七、言传身教，为人师表

对学生进行思想品德教育是每一个教师的责任。全体教职员工都要树立教书育人的思想，把言传身教和教书育人结合起来。小学生模仿性强，只有以身作则，才能使教师的言传发挥更大的教育作用，才能使学生从教师的形象中感受到所学的道德准则可信，从而激励他们积极行动。

八、保持教育的连续性和一致性

学生思想品德的形成和发展，是长时间多方面教育影响的结果。学校内各年级的教育要注意承上启下，互相衔接；各条教育途径要互相联系，协调一致。

学生品德评定

品德评定是德育过程的一个重要环节，它包括操行评定和思想品德课考核两个方面。

操行评定每学期评一次，应根据本《纲要》及《小学生守则》、《小学生日常行为规范》的要求，经过学生个人、集体和教师（包括班主任和各科教师）评定（含校外表现），最后由班主任写出评语，记入学生成绩册，通知本人和家长，并作为评选“三好”学生、升级、升学的依据之一。

思想品德课考核、应依据教学大纲和教材，着重考查学生的道德认识，考核成绩列入成绩册。

管理工作

一、校长对德育工作负有领导责任。校长不但要精通教学业务，而且要熟悉德育规律。要把学校德育状况作为考核校长工作的重要方面。学校在校长领导下，还要有人具体管理德育工作。校长要充分发挥德育骨干力量的作用，领导协调校内各条教育途径的工作，指导全体教职工言传身教，教书育人；指导家庭教育，争取社会有关力量的支持。

二、小学学区党支部要发挥政治核心作用，要加强组织建设和思想建设，健全党组织生活制度，充分发挥党支部的战斗堡垒作用和党、团员在学校德育工作中的模范带头作用。要切实加强对全体教职工的思想政治工作，充分调动他们的积极性，发挥共青团和工会的组织作用。

三、全体教职员工都是德育工作者，要在各自的岗位上做好德育工作。学校要把教书育人、管理育人、服务育人分别列入教职员工岗位职责范围内，并作为评估教师工作、评聘教师职务、表彰奖励和晋级的重要依据之一。

四、小学党支部书记、主管德育工作的校长、教导主任、少先队辅导员、思想品德课教师和班主任是学校德育工作的骨干力量，要建立培训制度，不断提高他们的思想业务水平。

五、学校应根据本校实际情况建立德育管理制度。每学期都要做到有目标、有计划、有指导、有检查、有总结，及时交流和推广先进经验，解决工作中的困难和问题 。

《纲要》实 施

本《纲要》是小学德育工作的指导性文件。它是学校实施德育的依据，是家庭和社会配合学校对学生进行思想品德教育的依据，也是各级教育行政部门对小学德育督导和评估的依据。必须认真贯彻执行。

一、从实际出发。鉴于我国幅员广阔，各地情况差异较大，各级教育行政部门和学校，可根据实际情况，制定实施细则；也可对《纲要》的教育内容和要求进行分解，使之成为适合于不同年级段，各有侧重的系列，并可补充一些乡土教育内容。学生品德评定的办法，各地可继续实验。

二、加强指导。各级教育行政部门要对各类小学实施《纲要》进行分类指导，确定专人负责，并把工作重点放在端正教育思想，培训骨干，提高班主任工作水平，总结交流经验等方面。

三、列入评估内容。教育行政部门要把实施《纲要》的情况列入评估学校、考查教师的重要内容，作为评选先进的重要条件之一。成绩突出的思想品德课教师和教研员可评为高级教师，德育工作卓有成效的校长、教导主任和教师可获人民教师奖章。

四、争取有关部门配合。各级教育行政部门在贯彻执行《纲要》时，要注意协调好与共青团、妇联、文化、广播电影电视、司法等有关部门之间的关系和各项教育活动，共同做好工作。对于社会上损害小学生身心健康的不法行为，要与有关部门积极配合，依照法律严肃惩处。

五、开展德育科学实验和理论研究。要结合实施《纲要》积极开展德育科学实验，加强理论研究。要将科(教)研单位、学校、教育行政三方面的力量组织起来，调查研究新情况、新问题，探索新时期小学德育工作的特点和规律；要遵循继承、发展、改革、创新的原则，积极开展各种形式的学术讨论和理论研究活动，并对小学德育整体改革加以指导。

□特级教师评选规定

(1993 年 6 月 10 日国家教委、
人事部、财政部发布)

第一条　为了鼓励广大中小学教师长期从事教育事业，进一步提高中小学教师的社会地位，表彰在中小学教育教学中有特殊贡献的教师，制定本规定。

第二条　“特级教师”是国家为了表彰特别优秀的中小学教师而特设的一种既具先进性、又有专业性的称号。特级教师应是师德的表率、育人的模范、教学的专家。

第三条　本规定适用于普通中学、小学、幼儿园、师范学校、盲聋哑学校、教师进修学校、职业中学、教学研究机构、校外教育机构的教师。

第四条　特级教师的条件：

(一)坚持党的基本路线，热爱社会主义祖国，忠诚人民的教育事业；认真贯彻执行教育方针；一贯模范履行教师职责，教书育人，为人师表。

(二)具有中小学高级教师职务。对所教学科具有系统的、坚实的理论知识和丰富的教学经验；精通业务，严谨治学，教育教学效果特别显著。或者在学生思想政治教育和班主任工作方面有突出的专长和丰富的经验，并取得显著成绩；在教育教学改革中勇于创新或在教学法研究、教材建设中成绩卓著。在当地教育界有声望。

（三）在培训提高教师的思想政治、文化业务水平和教育教学能力方面做出显著贡献。

第五条 评选特级教师工作应有计划、经常性地进行。各省、自治区、直辖市在职特级教师总数一般控制在中小学教师总数的千分之一点五以内。评选的重点是在普通中小学教育教学第一线工作的教师。

第六条 评选特级教师的程序：

（一）在学校组织教师酝酿提名的基础上，地（市）、县教育行政部门可在适当范围内，广泛征求意见，通过全面考核，确定推荐人选，报省、自治区、直辖市教育行政部门。

（二）省、自治区、直辖市教育行政部门对地（市）、县的推荐人选审核后，送交由教育行政部门领导、特级教师、对中小学教育有研究的专家、校长组成的评审组织评审。

（三）省、自治区、直辖市教育行政部门根据特级教师评审组织的意见确定正式人选报省、自治区、直辖市人民政府批准，并报国务院教育行政部门备案。

第七条 授予特级教师称号，颁发特级教师证书，在各省、自治区、直辖市庆祝教师节大会上进行。要采用多种形式宣传特级教师的优秀事迹，推广特级教师的先进经验。

第八条 特级教师享受特级教师津贴，每人每月80元，退休后继续享受，数额不减。中小学民办教师评选为特级教师的，享受同样津贴。所需经费由教育事业费列支。

第九条 特级教师要模范地做好本职工作。要不断钻研教育教学理论，坚持教育教学改革实验；研究教育教学中普遍存在的问题，积极主动地提出改进办法；通过各种方式培养提高年轻教师。

特级教师应不断地总结教育教学、教育科学研究等方面的经验，并向学校和教育行政部门汇报。

第十条 学校和教育行政部门要为特级教师发挥作用创造条件。要支持特级教师的教育教学改革实验和教育科学研究。要积极为特级教师的学习提高和开展研究工作提供方便。

可为年龄较大、教育教学经验特别丰富的特级教师，选派有事业心、肯钻研的年轻教师做助手，协助他们进行教学改革实验，帮助他们总结、整理教育教学改革经验。

特级教师一般不宜兼任过多的社会职务，以保证他们有充足的时间和精力做好本职工作。

第十一条 特级教师退休后，根据工作需要和本人条件，可返聘继续从事教材编写、培养教师和其他有关工作。

第十二条 特级教师有下列情形之一的，由所在省、自治区、直辖市人民政府批准撤销特级教师称号：

（一）在评选特级教师工作中弄虚作假，不符合特级教师条件的；

（二）受到剥夺政治权利或者有期徒刑以上刑事处罚的；

（三）其他应予撤销称号的。

第十三条 特级教师调离中小学教育系统，其称号自行取消；取消、撤销称号后，与称号有关的待遇即行中止。

第十四条 各省、自治区、直辖市教育行政部门可依据本规定，结合本地区的实际情况，制定特级教师评选和管理的具体办法。

第十五条 本规定由国务院教育行政部门负责解释。

第十六条 本规定自发布之日起施行。在此之前的文件，凡与本规定不一致的，按本规定执行。

□关于加强小学骨干教师培训工作的意见

（1993 年 7 月 26 日国家教委印发）

一

《中国教育改革和发展纲要》明确指出："振兴民族的希望在教育，振兴教育的希望在教师。建设一支具有良好政治业务素质、结构合理、相对稳定的教师队伍，是教育改革和发展的根本大计。"

骨干教师是教师队伍的中坚力量，在教师队伍建设中，起着承上启下的重要作用。骨干教师的质量和数量不仅体现教师队伍的总体水平，而且是提高教育教学质量的重要保证。由于历史原因，我国小学教师队伍中骨干力量比较薄弱，青年教师所占比例较大，如不重视并做好骨干教师的培训与补充工作，将严重影响小学教师队伍结构的优化和整体水平的提高，影响基础教育的质量。因此，各地必须认真贯彻落实国家教委《关于开展小学教师继续教育的意见》（教师[1991]8 号）中提出的继续教育任务："通过教育教学实践与培训，使每个教师的政治业务素质不断得到提高，从中成长出一批教育教学骨干"。"当前，要把骨干教师培训放在重要的位置。"各地在面向全体教师，搞好职务培训的同时，应着重加强对骨干教师的培训。应该看到，我国小学教师队伍中的中青年教师，大部分在中师接受过系统的培养，具有较好的基础；他们精力旺盛，进取心强，只要我们切实抓好对他们的继续教育，促使他们迅速成长，形成一支跨世纪的骨干教师队伍，是完全能够实现的。我们必须充分认识到骨干教师培训的重要性和紧迫性，积极行动起来，认真抓好这项工作。

二

骨干教师应当是政治思想好，有良好的师德修养，能在本学科教学中发挥指导、示范作用，具有较强教育教学能力的教师。小学骨干教师应具备以下要求：

（一）有良好的师德修养。能模范地遵守《中小学教师职业道德规范》。具有强烈的事业心，高度的责任感和开拓进取，积极创新的精神。

（二）具有较高的文化素养和较强的自学能力。掌握扎实的学科基础知识、基础理论和基本技能。努力学习与小学教育教学相关的新知识、新理论、新技能。能对一般教师起指导、答疑作用。

（三）教育思想正确。能按教育规律和小学生的思想实际、年龄特点，组织教育教学活动。能全面正确理解所教学科教学大纲，熟练掌握教材，正确贯彻教学原则，灵活运用教学方法，教学基本功扎实，教育教学效果好，能对一般教师起示范作用。

（四）有较强的教育科研能力和教学改革意识。能独立承担公开课、研究课、实验课等教学任务，并能承担一般的教育教学研究课题，在教育教学改革中起带头作用。

提出上述小学骨干教师基本要求，目的在于制定培训规划和确定选拔培训对象的标准。但由于各地的师资水平不尽相同，各地应结合本地区小学教师队伍的实际，在选拔培训对象和进行培训过程中，既要全面衡量，又不可求全责备，对其中某一方面有突出表现的教师，也应加以选拔并培训。

三

《关于开展小学教师继续教育的意见》中提出："骨干教师培训，是对有培养前途的中青年教师按教育教学骨干的要求和对现有骨干教师按更高标准进行的培训。"这是小学骨干教师培训的总目标。

《关于开展小学教师继续教育的意见》中关于小学骨干教师培训的原则、内容、形式和方法等有关规定，原则上都适用于小学骨干教师的培训，但根据骨干教师培训的特殊性，还应注意以下几点：1．根据骨干教师具有相对性的特点，培训活动的组织更应因时因地制宜。2．根据骨干教师主要是在岗位成才的规律，要特别重视开展紧密结合教育教学实践的培训活动，重视发挥学校自培、教学研究、以老带新，以及教师自学自练等培训形式的作用。3．要注意把集中培训和分散指导结合起来。4．骨干教师培训的重点是：对有培养前途的中青年教师按教育教学骨干的要求进行的培训，同时也要根据不同层次骨干教师的要求，对现有骨干教师通过组织专题研讨班、给教改科研课题任务等形式开展培训工作。

各地要制定切实可行的培训方案，选准对象，分期分批进行培训。骨干教师的成长要经过一个连续性的教育过程，因此不能把骨干教师的培训变成一次性的达标培训，也不能靠单纯的办班来解决一切问题。必须要通过反复的教育教学实践和多种形式的培训，来促使其成长。骨干教师的培训属继续教育的范畴，因此，要把制定骨干教师培训方案，纳入到开展继续教育的总体规划中去，统筹安排好骨干教师培训、职务培训、新教师培训等项培训任务。

要注意充分发挥各方面的培训功能和积极性。骨干教师培训是一项复杂的系统工程。师训机构、教研部门、电教部门，以及教师任职学校都负有重要责任。各地教育行政部门对各方面培训力量要有明确的分工，并要求做到互相配合、协调行动、通力合作。这是教育行政部门发挥管理职能的具体体现。

四

在开展骨干教师培训中，各地政府和教育行政部门要加强领导，要妥善解决好培训骨干教师所需的经费，切实保证质量。

要形成激励教师积极参加培训的机制。各地教育行政部门可参照《关于开展小学教师继续教育的意见》中的有关规定，制定相应的政策，调动教师参加培训的积极性。要建立骨干教师培训的业务档案，要把教师参加培训的成绩作为教师考核的重要内容，列为评优、评职、晋级的重要条件。对取得显著成绩的教师应给予表彰和奖励，优先选送他们参加小学教育大专班的学习。教师所在地区的政府、教育行政部门和学校要为教师参加培训创造必要的条件，在学习费用和时间上给予支持。

目前，小学教师继续教育已在全国陆续开展。不少地区对骨干教师进行了多种形式培训的试验，积累了一些经验，收到了一定的实效。希望各地继续研究，努力探索，积极实践，认真总结经验，走出一条培训小学骨干教师的好路子。

□国家教委关于稳步推进普通高中毕业会考工作的意见

（1993年8月10日）

现在全国各省、自治区、直辖市都已建立了普通高中毕业会考制度（以下简称“会考制度”）。几年来，各地在实施会考过程中积累了一些经验，也出现了一些问题。为了认真落实《中国教育改革和发展纲要》关于稳步推进高中毕业会考制度的决定，现提出如下意见：

一、统一思想，增强信心，加强领导，积极稳妥地把会考工作搞好。

会考制度在各地已初见成效，发挥了积极导向作用。实践证明，实行会考制度开始扭转了长期以来用高考升学率作为评价中学教学质量和高中生毕业水平的唯一标准的不合理作法，起到了端正普通高中办学指导思想的作用；促进了教育思想从面向少数学生转向面向全体学生，有利于调动大多数学校、教师和学生的积极性；有利于克服偏科现象，大面积提高教育质量。

实行会考制度是普通高中教育的一项重大改革，必然会遇到许多困难和问题，但是只要统一思想、增强信心、加强领导，是可以使这项改革健康发展，顺利推进的。

二、会考制度属于高中教育制度的一部分，国家教委由基础教育司负责对各地的会考工作统筹协调、宏观指导。各省、自治区、直辖市应尽快健全由普教部门负责的会考管理系统，保证必要的编制和经费，推动会考工作正常运转，并充分运用会考提供的信息，指导、改进高中教学工作，加强教学管理。

三、普通高中毕业会考是国家承认的省级普通高中文化课毕业水平考试，各省、自治区、直辖市教育行政部门根据国家教委确定的会考性质和目的，自行制定适合本省实际的有关政策和规定，并负责组织实施。

会考制度是一项复杂的系统工程，没有现成的经验可借鉴，也不能照搬高等学校招生的选拔考试的模式，因此各省、自治区、直辖市教育行政部门必须解放思想，实事求是，在教育科学理论的指导下，加强研究，大胆探索，不断总结经验，逐步完善会考制度。

各地要依据各科教学大纲的要求和本地普通高中教学实际状况制定会考标准。各省、自治区、直辖市统一命题的具体做法可以不同，但应尽快改变只凭经验命题的做法，要按严格、科学的程序，采取有效措施，保证会考命题质量，并保持题目相对稳定，逐步解决会考科目之间和年度之间成绩的可比性。

各省、自治区、直辖市教育行政部门可根据本地实际情况，在完成高中各科教学大纲规定的教学任务的前提下，根据需要安排各科目会考的具体时间。

精心设计考务工作，努力做到考务工作规范化、操作程序化、手段现代化。在保证考试权威性和信度的前提下，减少不必要的环节，简化考务工作。在不断总结经验的基础上，各省、自治区、直辖市可以进一步考虑将会考有关环节的工作合理地逐步下放，并制定相应的政策。

四、会考制度的完善应该适应普通高中办学模式和课程设置等各方面进一步改革的需要。各省、自治区、直辖市教育行政部门要不断研究深化改革过程中的新问题，及时采取措施调整本地会考的有关规定，支持普通高中进行整体改革。

为了给一些学校教育改革实验创设宽松的环境，鼓励一些学生在全面发展的基础上发挥特长，各地教育行政部门要采取措施落实教基[1990]017 号文件的精神，对一些学校（特别是教育思想端正、进行整体改革实验的重点学校）、各类特长班、特长生实行全部学科或部分学科的免考制度。也可以研究制订关于部分学校自主选择参加会考时间及与此配套的政策。

五、要明确会考的合理功能，发挥会考的正确的导向作用。

各地必须认真研究，积极探索会考制度对高中教学质量和学生学业水平的检查、评估功能。教育行政部门、教研部门、学校的校长和教师应利用会考提供的信息，发现、总结教学中的经验，研究、解决教学中的问题，以达到提高教学质量的目的。

只有思想品德表现（包括社会实践）合格，会考成绩全部合格（含补考合格），体育达到合格标准的学生，才可以取得普通高中毕业证书。目前，对达到会考成绩全部合格（含补考合格）才准许毕业确有困难的省份，可以采取分步到位的方法，但是过渡时间不宜过长。

各省、自治区、直辖市要根据本地的实际情况发挥会考的社会功能。各地要积极、认真贯彻国家教育委员会、人事部、劳动部联合下发的教基[1991]28号文件的精神，在招工、招干中承认普通高中毕业会考成绩。高等学校在招收新生时，可参考考生的高中毕业会考成绩。

□国家教委关于坚决纠正中小学乱收费的通知

（1993年8月25日）

近两年来，根据党中央、国务院关于纠正行业不正之风，制止乱收费的指示精神，我委和财政、物价等部（局）就禁止普通中小学乱收费问题，发过一系列文件和规定。大多数地方教育行政部门和学校，认真贯彻执行规定，加强了普通中小学校收费管理工作，取得了一定成效。但仍有一些地方和学校没有切实清理和纠正乱收费问题，甚至还在擅自增加收费项目，随意提高收费标准。有的学校未经批准，自设资料费、课桌费、试卷费、补课费、维修费等，收费项目多达十几项；有的地方把教师书报费、奖励工资、独生子女费等也转向学生收取；有的地方把招生对象划分为计划内就读生和计划外择校生，对后者收取高额费用；有的学校擅自提高收费标准2至3倍。还有的学校把社会摊派的收费转嫁给学生。名目繁多的收费，不仅加重学生家庭的经济负担，导致部分家庭经济困难的学生辍学，损害了人民群众的利益，而且损坏了学校的形象和风气，引起了社会各方面的强烈反应。为坚决刹住乱收费的错误做法，各地教育行政部门和学校应采取有力措施，对普通中小学收费情况进行检查、清理，加强管理，在新学期开始前后严肃认真地做好以下工作。

一、进一步统一思想，提高认识

学校担负着培养德、智、体全面发展的社会主义事业建设者和接班人，建设社会主义精神文明的重要任务，乱收费同教育事业的性质和任务是极不相称的，是行业不正之风的表现。各级教育行政部门和学校要从反对腐败、清正廉洁的高度，提高认识，高度重视，坚定贯彻党中央、国务院以及我委有关收费问题的规定。

二、严格执行中小学收费管理权限

1. 小学和初中属义务教育，应严格按照《义务教育法》的规定，只收取杂费，不准收学费。高级中等学校可收学费和杂费。根据实际情况确需收取其他项目的费用，必须由省、直治区、直辖市教育行政部门会商财政、物价部门提出意见，报省、自治区、直辖市人民政府审议批准后方可执行。

2. 经批准立项的收费，其收费标准，须由县以上人民政府根据当地人民群众收入水平审议批准。

3. 中小学校收取费用的管理和使用，应按县一级教育行政部门会同当地财政部门做出的规定执行。学费和杂费收入，应用于补充学校的公用经费、改善办学条件，不得用于发放教职工的补贴、奖金。严禁利用录取新生的权力乱收费，不得把捐资助学同录取新生挂钩。

三、认真做好清理整顿中小学收费工作

今年新学期开学前后，各地教育行政部门要立即严格按照国家教委、国家物价局、财政部《关于清理整顿中小学收费项目有关问题的通知》[(89)教财字010号]和国家教委《印发〈关于坚决制止中小学乱收费的规定〉的通知》(教财[1991]38号)的规定，认真开展一次清理整顿工作。凡属未按规定的权限设立的中小学(包括班级)收费项目和标准一律停止执行。对于代收费用(除按教学大纲规定的教材及课本费，住宿生的住宿费及搭伙生的搭伙费外）须按照先停止再清理的原则，统一清理上报，按立项报批的程序办理后方可执行。新学期中小学校一律按清理后批准和规定的项目标准执行。

目前，一些地区的有关单位向学校乱摊派和通过学校搭配收费的现象也相当突出，教育行政部门和学校要理直气壮地进行抵制，坚决堵住向学校强行搭车销售练习册、复习资料和其他产品的渠道，必要时要提请当地政府出面予以制止，各级教育行政部门和教育研究、出版单位，要严于律己，带头不编写、不印刷、不推销练习册、复习资料和其他产品。

四、严肃纪律，确保政令畅通

1. 各级教育行政部门和学校都要增强全局观念，加强纪律性，严肃认真地贯彻落实各级政府有关收费的规定，坚决纠正有令不行、有禁不止的现象。

2. 在清理整顿中小学收费中要做好细致的思想工作，各级教育行政部门和学校要顾全大局，克服困难，努力办好学校。对学校经费紧缺，特别是拖欠教师工资等实际困难，各地教育行政部门有责任及时向政府和有关部门反映，通过正常渠道，取得解决。但不应以此为由乱收费、高收费。

3. 近年来，一些地区为制止乱收费采取了一些行之有效的措施，如建立中小学“收费卡”制度，定期公布收费项目和收费标准，接受社会监督等。各地教育行政部门要积极推广这些好的经验，表彰和奖励严格按规定收费的学校和教职工。

4. 本通知发出后，凡继续违反规定乱收费，应严肃处理。各级教育行政部门及其监察、督导机构，要把制止中小学乱收费作为本职工作的一项重要内容，认真进行检查、清理。对违反规定的，轻者批评教育，情节严重的给予纪律处分，直至撤销领导职务。触犯刑律的，依法追究刑事责任。

5. 各省、自治区、直辖市教育行政部门在今年10月底以前，应将清理整顿中小学收费工作的情况，向国家教委作出报告。国家教委将采取必要措施，对各地贯彻本通知的情况进行监督和检查，并将结果公布。

考虑到中小学校收费管理工作的实际情况，各级教育行政部门应建立收费工作检查和报告制度，每学期开学前后，在学校自查的基础上，逐级进行检查和报告。

本通知精神应逐级传达到每一所中小学校。

□国务院办公厅关于纠正一些地方取消农村教育费附加的通知

（1993年9月17日）

1984年，《国务院关于筹措农村学校办学经费的通知》（国发[1984]174号）中第三项规定：“乡人民政府征收教育事业费附加，对农业、乡镇企业都要征收”。1986年，六届全国人大四次会议通过的《中华人民共和国义务教育法》第十二条规定：“地方各级人民政府按照国务院的规定，在城乡征收教育事业费附加，主要用于实施义务教育”。《中国教育改革和发展纲要》第四十八条规定：“农村教育费附加征收办法和计征比例，由各省、自治区、直辖市政府制定”。各地根据上述规定，已在农村地区普遍开征教育事业费附加，对教育事业的发展起到了很大的作用。

近来，一些地方把农村教育费附加的征收作为减轻农民负担的一项内容予以取消或暂停执行，这是不妥的，应立即予以纠正。

农村教育费附加是国家法定征收的、主要用于农村实施义务教育的费用，各地都要依法足额征收。在乡财政特别困难的地方，可实行乡征县管，但要保证专款专用，不得平调。

□国务院办公厅关于加强中小学收费管理工作的通知

（1993年9月24日）

根据党中央、国务院关于纠正部门和行业不正之风的部署，各级人民政府和教育行政部门就制止普通中小学乱收费问题制订了一系列规定，做了大量的工作。不少地方的教育行政管理部门和学校，认真贯彻执行国务院和有关部门的各项规定，加强中小学收费的管理工作，取得了一些成效。必须指出，乱收费问题是当前社会反映较大的问题之一。中小学乱收费主要表现在：擅自增加收费项目，随意提高收费标准。有的学校未经批准，自设收费项目；有的地方把教师书报费、奖励工资、独生子女费也转向学生收取。一些地方的学校未经批准，代保险、报刊书籍发行等部门办理业务收取费用。社会上一些部门、单位向学校乱摊派，学校无力承受，则把这些费用转嫁给学生。造成中小学乱收费的原因是多方面的，有政府的问题，有社会上的问题，也有学校自身的问题。

中小学校担负着培养德智体全面发展的社会主义事业的建设者和接班人的重要任务。乱收费同教育事业的性质和任务极不相称，是部门和行业不正之风的表现。这不仅加重了学生家长的经济负担，直接影响学生入学率与巩固率，而且严重冲击基础教育，败坏学校声誉，在社会上产生了不良影响。

各级人民政府要从清政廉洁、反腐败的高度，从加强基础教育的高度，认识乱收费问题的严重性、危害性，要加强领导，与教育行政部门和学校一道，坚决贯彻党中央、国务院以及有关部门关于纠正部门和行业不正之风、制止乱收费的规定。根据国务院领导同志的指示，现就加强中小学收费管理工作通知如下：

一、最近，国家教委发出了《关于坚决纠正中小学乱收费的通知》（教财[1993]61号，以下简称《通知》），各级人民政府要指导、督促和帮助教育行政管理部门坚决贯彻落实《通知》的有关规定。要结合当地实际，做出具体的补充规定，确保《通知》精神的贯彻落实。要加强这方面规章制度的建设，使中小学收费工作规范化。

二、严格区分义务教育阶段与非义务教育阶段关于收费的政策界限。要坚决按照义务教育法及其实施细则的规定，学生在义务教育阶段免收学费，只收杂费。实施义务教育的各类公办学校要按照招生计划和规定班额录取学生，即使对个别超计划招收的学生，也不得收取额外的费用。不允许招收“高价生”，不允许以任何借口向申请转学的学生收取费用。对收费工作中的一些特殊问题，需进行调查研究，在改革过程中由教育行政管理部门做出妥善处理。

非义务教育阶段的学杂费标准可适当提高，但要根据当地经济发展状况和群众收入的承受能力确定收费数额。对在非义务教育阶段超计划招收的个别学生，要以学习成绩为主要标准进行录取，不得以交钱多少为录取标准。

无论是调整义务教育阶段的杂费标准，还是提高非义务教育阶段的学杂费标准以及确需收取的其他费用项目和标准，都必须按规定程序研究报批。要坚持公布收费项目和标准的制度，取得社会的监督。

三、各级人民政府要采取措施，坚决制止任何部门和单位向中小学摊派行政性、事业性费用和乱罚款，坚决制止在学校强制或变相强制推销出版物、学习资料、练习册和各种产品，严禁提供各种经营性服务和搭车收费。各级人民政府要支持学校抵制乱摊派、搭车收费；要指导教育行政管理部门做好中小学收费的调查研究、监督管理工作。各级人民政府都要重视中小学收费工作，加强管理，制止乱收费、乱摊派，严肃查处违法违纪案件。今后哪里出现向中小学或中小学自己乱收费、乱摊派的问题，除追究当事人的责任外，还要追究当地人民政府有关部门负责人的责任。

四、要贯彻落实党中央、国务院发布的《中国教育改革和发展纲要》的精神，“鼓励和提倡厂矿企业、事业单位、社会团体和个人根据自愿、量力原则捐资助学、集资办学”，为发展教育事业做贡献。但在进行捐资助学活动中，不得把捐资助学同录取学生挂钩，坚决杜绝以钱买分、以钱买学籍、以钱选择公办学校和重点学校的错误作法。捐资助学的款物应由县级以上教育行政管理部门接收和管理。向指定学校的捐助，也应由县级以上教育行政管理部门代为办理。外籍人士和境外人士捐资办学的办法不变。

五、各级人民政府要坚决贯彻党的十四大关于大力加强基础教育的精神，千方百计增加对基础教育的投入，优先保证义务教育的开支。当前最迫切的是在实际行动上真正落实党中央优先发展教育的战略，积极创造条件，切实保证教师工资如数按时发放，不得拖欠，逐步提高中小学教师待遇，稳定教师队伍。要尽快扭转教育经费投入不足、教师待遇偏低的局面，使基础教育健康发展。

各级人民政府要加强对教育改革的领导，加快中小学内部人事、工资、招工考试等制度的改革步伐，以更好地适应社会主义现代化建设的需要。

□国家教委关于取消中小学乱收费项目的通知

（1993 年 11 月 26 日）

为贯彻中共中央、国务院关于廉政建设的部署和纠正乱收费不正之风的精神，进一步落实国务院国办发[1993]66 号和国家教委教材[1993]61 号文件规定，切实加强对中小学收费的管理，根据各地中小学收费项目清理检查情况，经研究，现决定对以下中小学校自行规定的乱收费项目予以取消和停止：

一、办学条件方面

1. 课桌凳（椅）购置、维护费

2. 仪器设备购置、维修、管理费

3. 电教设备管理费

4. 校舍建设、维修费

5. 校园卫生绿化费

6. 义务教育办学条件保证金

二、学生学习方面

7. 校内课程测验、考试费

8. 课堂学习竞赛费

9. 学习达标费

10. 优秀学生奖励费

三、学籍管理方面

11. 选班费

12. 留级费

13. 转学调档费

14. 签发毕业证书费

15. 学生学籍、档案管理费

四、教学、教师培训方面

16. 批改作业费

17. 教学研究费

18. 教职员培训费

五、其它

19. 勤工俭学费

20. 学生军训费

21、对学生的各种罚款(损坏公物照价赔偿除外)

社会一切部门、单位等向学校或通过学校向学生家长代收的费用,在学生购置教材及其他学习用品时搭配的商品等摊派,按国务院国办发[1993]66号文件精神,由各地人民政府负责清理,核定后公布取消。

□关于采取有力措施迅速解决拖欠教师工资问题的通知

(1993年11月16日国务院办公厅发布)

近几年,特别是去年以来,不少地区民办教师工资拖欠有增无减,公办教师工资拖欠也大面积出现,问题相当严重。拖欠教师工资,严重影响教师生计,挫伤广大教师的工作积极性,影响教师队伍稳定,广大教师反映十分强烈,社会各界对此也极为关注。如果问题得不到及时解决,不仅严重影响普及九年制义务教育的实施,而且势必影响社会的稳定,引发一系列严重后果。各级人民政府务必高度重视,采取果断有力措施,迅速解决当前拖欠教师工资问题并从根本上杜绝此类问题再度发生。经国务院同意,现通知如下:

一、按时足额领取劳动报酬,是教师最基本的合法权益。无论是公办教师工资、民办教师国家补助费还是民办教师统筹工资,都必须按时兑现,足额发放,不得拖欠。各级人民政府特别是主要领导同志要从教育的重要战略地位和社会主义法制的高度认识这一问题。各地要对教师工资待遇落实情况再进行一次严肃认真的检查、清理,采取坚决的清欠措施。

二、理顺教育经费管理体制,完善保障机制,确保教师工资按期足额到位。在经济落后、财政困难、不能保证教师工资按期足额发放的地方,地方政府根据当地的实际情况,可以在一定时期内将预算内教育经费改由县管。农村教育费附加也可以实行乡征县管的体制,专款专用,杜绝挪用或平调现象,以保证民办教师统筹工资的兑现。

三、认真落实中共中央、国务院《中国教育改革和发展纲要》精神,努力增加教育投入。各级人民政府要进一步提高财政支出中教育经费所占的比例,要扎扎实实落到实处。乡(镇)财政收入主要用于发展教育。教师工资所需经费以县为主筹措,省、自治区、直辖市、市(地区)人民政府也要尽最大努力给予支持。国家分配给各地的支援不发达地区发展资金,可安排一部分用于贫困地区的教育事业。

四、解决拖欠教师工资问题,事关我国基础教育发展和社会稳定的大局,各级人民政府主要负责同志要亲自过问,狠抓落实,有关部门要积极配合。要强化法制观念,严肃财经纪律。拖欠教师工资严重的地方,不准兴建楼堂馆所,不得购买小汽车。违者要严肃追究有关领导的责任。对挤占、挪用、卡扣教育经费的行为,要坚决查处。

五、各级人民政府要把解决拖欠教师工资问题做为当前宣传贯彻《中华人民共和国教师法》的一项重要工作内容,抓紧落实。务必在今年年底前,将积欠工资如数发到教师手中,并把解决结果报告国务院。同时要研究和采取措施,保证今后不再发生新的拖欠。

职业技术教育部分

□关于普通中等专业学校专业设置管理的原则意见

（1993年3月23日国家教委印发）

科学合理地设置专业是学校实现教育目标的重要基础工作，为适应我国经济建设、社会发展和社会主义市场经济体制建立的需要，保证中专人才培养的规格质量，特对普通中等专业学校专业设置的管理工作提出以下原则意见：

一、专业设置的原则

1. 根据各地、各行业经济建设对中等专门人才的需求和人才劳务市场的供求形势，积极稳妥地设置或调整专业。

2. 我委1993年颁布的《普通中等专业学校专业目录》是各普通中等专业学校及其上级有关部门设置或调整专业的重要依据。

3. 专业设置要符合人才培养的规律，有明确的培养目标、业务范围和主干学科基础，有较完整的理论与实践结合的课程体系。具备能满足教学要求的师资、图书资料和实验实习实施等基本条件。

二、专业设置管理的职责分工

1. 国家教委主要负责中专专业设置管理方面的方针、政策的制定及专业目录的修订工作，统计汇总全国中专专业设置情况，进行宏观指导。

2. 省级政府和计划单列市政府应把为当地服务的中专教育纳入当地经济和社会发展规划中，并负责对中专学校的专业结构和布局进行宏观统筹。省、地级教育行政部门对省、地属中专学校专业设置及上级部门所属学校开设为当地服务的专业，具有监督、指导的权力和服务咨询的义务。

3. 国务院各有关部门负责其直属学校的专业设置管理，制定本系统（行业）的“专业设置条件”，对本行业内的专业设置、专业布局提供信息服务，进行业务指导，协调本行业中专人才地区间的协作培养工作。

4. 中专学校主管部门要对学校专业设置加强管理，做好有关审核、审批工作，帮助学校面向社会、面向市场，及时合理地调整专业设置，使学校更好地为当地经济建设服务。

三、专业设置的审批权限

中等专业学校专业设置审批，实行分别由中专学校、学校主管部门和省部级教育行政部门分级、分工负责的办法。

1. 经评估合格的学校，有权根据社会实际需求和有关规定，在本校已设宽专业下面设置专门化；有权根据社会实际需求和有关专业的设置条件，在专业目录范围内设置与学校原有专业同类的专业。

2. 经评估定为省部级以上的重点学校，有权根据社会实际需求和有关专业设置的条件在专业目录范围内自主设置专业。

3. 学校要开设专业目录以外的新专业，需作试办专业进行论证，报请学校主管部门审核，由省级教育行政部门征求有关业务部门意见后审批（中央部委直属学校由其主管部门审批），报国家教委备案。

4. 经评估未合格的学校，在达到合格标准以前，任何专业的增设均需学校主管部门从严审批。

5. 各校专业设置凡有调整者，均应及时报省级教育行政部门及有关行业的教育行政部门备案，以便宏观统筹和评估督导。

各地、各部门要充分发挥中专教育的办学潜力，拓宽服务面向，形成有利于本地、本行业经济发展的合理的专业结构和专业布局，以提高中专学校的整体办学效益。

□全国职业中学校长主要职责及岗位要求

（试行）

（1993年12月28日国家教委发布）

一、校长的主要职责

校长对外是学校的法人代表，对内全面领导学校工作，职业中学实行校长负责制。校长要：

（一）全面贯彻执行党和国家的教育方针、政策、法规。坚持社会主义办学方向，努力培养德、智、体全面发展、具有良好职业道德和技能的社会主义事业的建设者和接班人。按职业技术教育规律办学，致力改革、开拓，不断提高教育质量。

（二）认真执行党的知识分子政策和干部政策，团结、依靠教职员工。组织教师学习政治与钻研业务，使之不断提高政治思想、职业道德、文化业务水平及教育教学能力。培养中层干部、班主任、中青年教师和业务骨干，努力建设又红又专的教师队伍。依靠党组织，积极做好教师和职工的思想政治工作。自觉接受党组织的监督。充分发扬民主，重视教职工代表大会在学校管理中的重要作用，发挥广大教师和职工工作的主动性、积极性和创造性。

（三）全面主持学校工作。

1. 领导和组织德育工作。坚持教书育人、管理育人、服务育人、环境育人，切实加强和不断改进德育工作。制定德育工作计划，建设德育工作骨干队伍，采取切实措施，坚持不懈地加强对学生的思想政治教育、职业道德、职业理想和行为规范教育。

2. 领导和组织教学工作。坚持学校工作以教学（含实践教学）为主，组织和领导学校教学改革，按照国家和地方规定的教学计划、教学大纲的原则，开好各门课程，遵循职业技术教育教学规律组织教学，注重理论与实践相结合，建立和完善教学管理制度，搞好教学常规管理。深入教学第一线，正确指导教师进行教学活动，努力提高教学质量。

3. 领导和组织学校的体育、卫生、美育和课外活动，培养学生的特长及适应社会、适应工作的能力，使学生生动活泼、健康地发展。

4. 领导和办好学校的校办企业和生产实习基地。走教育与生产劳动相结合、“产教结合”的道路。充分利用学校技术、设备、学生参加生产的优势和税收的优惠政策，努力提高经济效益。

5. 领导和组织总务工作。贯彻勤俭办学的原则，坚持总务工作为教书育人和教职工服务的方向。严格管理学校财务和财产。搞好校园建设。关心学生和教职工的生活，保护他们的健康。逐步改善办学条件和教职工福利。

6. 配合党组织，支持和指导群众组织开展工作。充分发挥工会、共青团、民主党派等组织在办学育人各项工作中的积极作用。

二、校长的岗位要求

（一）资历要求

1. 职业高级中学校长一般应具有大学本科毕业的学历或同等学力；职业初级中学

校长应具有大专毕业的学历或同等学力。

2. 正校长和教学副校长应具有从事三年以上教育教学工作的经历，分管校办产业的副校长应有从事生产或经营的能力。

3. 接受过岗位培训，并获得"岗位培训合格证书"。

(二)政治及思想品德要求

1. 拥护中国共产党的领导，热爱社会主义祖国，努力学习马列主义、毛泽东思想和建设有中国特色的社会主义理论。

2. 坚持党的"一个中心，两个基本点"的基本路线，锐意改革，开拓前进。

3. 具有一定的马克思主义理论修养，能努力运用马克思主义的立场、观点和方法指导学校工作。

4. 热爱职业技术教育事业，关心爱护学生，尊重、团结、依靠教职工。

5. 实事求是，勤奋工作，作风民主，联系群众，顾全大局，公正廉洁，艰苦奋斗，严于律己，为人师表。

(三)岗位知识要求

1. 具有马克思主义基本理论知识，党的建设有中国特色的社会主义理论的基本知识和中国近现代史和国情基本知识。

2. 掌握党和国家关于职业技术教育方针、政策的基本精神及有关法规的基本内容，以及市场经济的基本知识。

3. 要关心、熟悉相关专业的经济技术知识和政策、劳动用工政策和制度。了解学校所设专业有关的基本知识和本地经济社会发展状况及趋势。

4. 掌握职业技术学校管理的基本规律和方法，以及与学校管理相关的基本知识、技术和手段。

5. 了解国内外职业技术教育的基本情况，熟悉国内相关的一些先进学校的办学经验。

(四)岗位能力要求

1. 根据党和国家的有关方针、政策、法规及当地经济发展的需求，制定及决策学校发展规划、工作计划及学校管理制度。

2. 善于做教职工和学生的思想政治工作及开展职业道德教育。

3. 具有领导学校教学及校办产业工作的能力。

4. 较好地处理校内外关系，能与社会上各有关单位，特别是和学校所办专业有关的经济、企业部门建立联系，密切合作。具有一定的社交能力。

5. 以育人为中心，研究学校教育的新情况、新问题，并从实际出发，总结经验，开拓创新，不断提高质量和办学水平。

6. 具有一定的文字能力和较好的口头表达能力。

(五)身体要求

身体健康，能胜任校长工作。

高等教育部分

□国务院批转国家教委关于加快改革和积极发展普通高等教育意见的通知

(1993年1月12日)

国务院同意国家教委《关于加快改革和积极发展普通高等教育的意见》,现转发给你们,请认真贯彻执行。

高等教育担负为社会主义事业培养建设者、接班人和发展科技、文化的重大任务,对解放和发展生产力起着很重要的促进作用。为了更好地适应我国社会主义现代化建设的需要,必须加快改革和积极发展普通高等教育。各级政府和国务院各部门,要高度重视和积极支持普通高等教育的改革和发展,加强对有关高等学校改革工作的领导,切实解决学校的实际困难和问题,使普通高等教育的改革和发展沿着党的十四大指引的方向胜利前进。

国家教委关于加快改革和积极发展普通高等教育的意见

(1992年12月8日)

九十年代是我国社会主义现代化建设的关键时期,抓住有利时机加快改革开放和现代化建设步伐,夺取有中国特色社会主义事业的更大胜利,这是摆在全党全国人民面前的战略任务。高等教育担负为社会主义事业培养建设者、接班人和发展科技、文化的重大任务,对解放和发展生产力起着重要的促进作用。高等教育战线的全体同志,要增强责任感和紧迫感,认真学习贯彻党的十四大精神和邓小平同志建设有中国特色社会主义的理论,解放思想,振奋精神,加快、加大高等教育改革的步伐和力度,努力开创高等教育改革和发展的新局面。

一、高等教育改革和发展的指导思想是,遵循党的十四大精神,以建设有中国特色社会主义的理论和“一个中心、两个基本点”的基本路线为指针,解放思想,为适应改革开放和现代化建设的需要,适应社会主义市场经济体制和政治、科技、文化体制改革的要求,加快高等教育改革开放的步伐,探索办好有中国特色的社会主义高等学校的新路子,在九十年代,使我国高等教育的发展在质量、数量、结构和效益等方面达到一个新的水平,并为下世纪的更大发展和提高打下坚实基础。高等教育的改革和发展,要有利于为以经济建设为中心的社会主义事业服务,促进经济和社会的全面发展;有利于调动学校的广大师生员工和社会各界的积极性;有利于全面贯彻党的教育方针,提高教育质量和办学效益,培养德智体全面发展的社会主义事业建设者和接班人。

高等教育改革和发展的主要任务是:坚持社会主义办学方向,改革高等教育办学和管理体制,转变政府管理部门职能,扩大学校办学自主权，改革学校内部管理体制和运行机制，深化教育和教学改革，探索高等教育发展的新路子。通过改革达到：规模有较大发展，结构更加合理，质量上一个台阶，效益有明显提高，到本世纪末，初步建立起有中国特色的社会主义高等教育体系。

二、改革原有的由国家包办高等教育的单一体制和模式，探索适应社会主义市场经济体制、调动社会办学积极性、多种形式和途径发展高等教育的新路子。经过改革和试验，我国高等学校逐步形成国家投资为主，学生缴费和社会集资为辅；学生缴费和社会集资为主，国家资助为辅；民办自费；企业办学等多种办学的形式。

高等教育的发展，要坚持走内涵发展为主的道路，首先使现有学校达到合理的办学规模，同时进一步发挥学校的办学潜力，提高整体效益。到二〇〇〇年，规模效益应有明显提高，校均规模本科院校由现在的二千五百人提高到三千五百人左右，专科院校由一千人提高到二千人左右。积极鼓励和支持社会力量兴办民办高等学校，尽快制定民办普通高等学校有关条例，加强引导和管理。目前，确有必要新设置高等学校，要按照国务院发布的《普通高等学校设置暂行条例》(国发[1986]108号)，由国家教委高等学校设置评议委员会进行评议后，提交国家教委审批。国家教委和各地有关部门要加强对学历文凭的管理，以保证高等教育的规格和水平，不断提高教育质量。

三、高等教育的发展要充分发挥各地区的积极性，因地制宜，合理布局，优化结构。在国家统筹规划指导下，省、自治区、直辖市人民政府根据实际情况分别确定各自的发展目标和重点，并注意地区间的合作互补。经济发展水平高的地区，要更多地增加对高等教育的投入，加快改革步伐和发展速度。对经济基础薄弱和教育规模偏小的地区，要积极创造条件，采取有力措施，使这些地区的高等教育有一个适当的发展速度，以适应当地经济发展的需要。对少数民族地区，国家和地方政府都要采取特殊政策和措施，积极扶持少数民族高等教育的发展。

在层次上，大力发展专科教育，特别着重发展面向广大农村、中小企业、乡镇企业和第三产业的专科教育；努力扩大研究生的培养数量，实现高层次人才培养基本上立足于国内。在科类上，稳定基础学科的规模，适当发展新兴和边缘学科，重点发展应用学科。

四、发展高等教育必须把提高教育质量放在突出的地位。有条件的省、自治区、直辖市和国务院有关部门着重办好一二所代表本地区、本行业先进水平的高等学校和一批重点学科、专业。在此基础上，国家教委会同国务院有关综合部门有计划地选择其中一批代表国家水平的高等学校和学科、专业，列入国务院已原则批准的“211工程”计划(面向二十一世纪，在全国重点办好一百所大学)，分期滚动实施。对于列入“211工程”计划的高等学校和学科、专业，中央(包括各有关部门)和地方两级教育部门，要采取适当的特殊政策，进一步扩大这些学校的办学自主权。力争到二十一世纪初，我国有一批高等学校和学科、专业进入世界先进行列，在教育质量、科研水平和学校管理等方面能与国际著名大学相比拟。

五、进一步改革原有的国家集中计划和政府直接管理的办学体制，逐步建立和完善国家统筹规划和宏观管理、学校面向社会自主办学的新体制。

高等教育办学体制的改革是要理顺政府、社会和学校三者之间的关系，按照政事分开的原则，使高等学校真正成为自主办学的法人实体，明确学校的权力和义务、利益和责任，进一步促进学校面向社会自主办学。国家要加强高等教育的立法工作，尽快制定高等教育法、高等学校组织法等。政府要转变职能，简政放权，由对学校的直接行政管理，转变为运用法律、经济、评估和信息服务以及必要的行政手段进行宏观管理。保证学校拥有充分的依法办学的自主权，在专业设置、招生、指导毕业生就业、教育教学、科学研究、筹措和使用经费、机构设置、人事安排、职称评定、工资分配、对外交流和学校管理等方面拥有有关法律、法规规定的权限。学校要善于行使属于自己的权力，承担好自己的责任，建立起主动适应国家经济建设和社会发展需要的自我激励、自我发展、自我约束的运行机制。社会各界要积极支持和直接参与高等学校的建设和人才培养、评估办学水平和教育质量，为学校提供生产实习和社会实践基地，公平、择优录用毕业生，逐步为学校提供社会化服务。

六、高等教育管理体制的改革方向是，逐步实行中央与省(自治区、直辖市)两级管理、两级负责为主的管理体制。国务院各部门重点管理好直接关系国家经济、社会发展全局并在高等教育中起示范作用的骨干学校和行业性强、地方不便管理的学校。在中央与地方的关系上，中央管理部门要简政放权，加强地方政府的管理职能，中央主要负责大政方针、宏观规划和监督检查，对地方所属高等学校的具体政策、制度、计划的制定和实施以及对学校的领导和管理，责任和权力均交给地方，进一步加强省、自治区、直辖市对设在本地区的国务院各部门所属高等学校的协调作用。在国家教委和国务院各主管部门的关系上，国家教委负责统筹规划、政策指导、组织协调、信息服务、监督检查，各部门所属学校的专业设置、招生计划、经费筹措、学生就业等管理的责任和权限逐步归国务院各主管部门。国务院有关部门要加强对本行业专门人才的需求预测，协助国家教委指导本行业培养全国专门人才的规划工作。随着国务院各部门职能的转变和直属企业的下放，对部门所属高等学校的办学体制和管理体制，要区别不同情况，采取继续由中央部门办、中央部门与地方政府联合办、下放给地方办、企业集团参与管理等办法，进行改革试点。下放给地方办的，要将学校的事业费和基建投资基数划拨给地方政府。这项改革涉及面广、难度大，要采取积极稳妥的步骤，先在若干部门试点，成熟一个改革一个。这是今后一段时间内的一项重要改革，要认真做好。

七、改革高等教育投资体制，逐步建立财政拨款为主、多渠道筹措经费的投资体制。中央和地方的有关部门都要按照“两个增长”的原则，增加对高等教育的拨款，满足高教事业发展的基本需要。学校也要改变单纯依靠财政拨款的观念，走多渠道筹措教育经费的路子。要研究制定社会、企业、个人和校办产业等多渠道为高等学校筹措办学经费的具体制度和办法。

高等教育属于非义务教育，要改革学生上大学由国家“包”下来的制度。学生上大学原则上均应缴费，缴费标准要考虑到人民群众的承受能力，由学校报主管部门或省、自治区、直辖市人民政府确定。同时，国家、企事业单位、社会团体和学校均可设立奖学金，对品学兼优的学生给予奖励，对毕业后定向就业的学生予以资助；银行设立贷学金，学校积极开展勤工助学，对家庭经济有困难的学生提供帮助；对部分国家必须重点保证的、特殊的学校和专业，实行专项奖学金或提高奖学金的数额。这些改革，要与调动学生的学习主动性和积极性紧密联系起来，要与招生和毕业生就业制度改革配套进行。

八、进一步改革招生和毕业生就业制度。高等学校招生计划体制，实行国家任务计划和调节性计划相结合。国家任务计划是重点保证国家重点项目、国防建设、文化教育、基础学科和高技术研究，以及边远地区、某些艰苦行业所需专门人才。国家任务计划由学校主管部门报国家教委核定后下达。对国家任务计划人才的培养，学校主管部门要保证足够的事业费和基建经费。在保证完成国家任务计划的前提下，要逐步扩大调节性计划，逐步扩大招收自费生和委托培养生的比重，调节性计划由学校主管部门根据需要和实际办学条件确定。

进一步改进招生和入学考试办法。坚持德智体全面考核、以文化考试为主、择优录取的原则。要在高中毕业省级会考的基础上，减少高考统一考试科目，录取时参考会考成绩。对在培养人才方面有特殊要求的学校或专业，经过批准可以按系统或地区，联合或单独组织招生考试，并按有关规章录取新生。为有利于高等学校按照各自的特色、风格和专业要求培养人才，把选拔新生的职权放给学校。要注意选拔农村、边远地区以及基层单位有一定实践经验的优秀人才入学。地方招生部门通过职能转变，负责有关报名、考试和录取的组织工作，为学校招生提供服务。建立和完善招生过程的监察制度。

改革高等学校毕业生“包当干部”和由国家“统包统配”的就业制度。随着社会主义市场经济体制的建立和劳动人事制度的改革，在国家政策指导下，实行高等学校大多数毕业生自主择业的就业制度。近期内，国家任务计划招收的学生，原则上由国家负责安排就业，学校与用人单位“供需见面”落实毕业生就业方案，并积极推行毕业生与用人单位“双向选择”的办法。调节性计划中，委托和定向培养的学生按合同就业，自费生自主择业，有关部门要加强毕业生就业的指导和服务工作。

九、积极稳妥地推进高等学校内部管理体制改革。要逐步进行校内人事、分配、住房、医疗和退休养老保险制度以及后勤服务企业化、社会化等改革，理顺关系、转换机制、调整结构、精简机构、优化队伍、改善条件、提高待遇，调动广大教职工的积极性，增强学校内在的办学活力和主动适应国民经济和社会发展需要的能力，不断提高教育质量、科研水平和办学效益。进行校内管理体制改革，要在学校主管部门的领导下，取得学校所在的省、自治区、直辖市人民政府的领导和支持，积极稳妥地进行。要从实际出发，积极试验，统筹兼顾，逐步展开。争取在最近几年内全国高等学校在实行内部管理体制的改革方面取得显著成绩。

十、继续加强和改进德育工作。要进一步加强和改进马克思主义理论教育和思想政治教育，用建设有中国特色社会主义的理论武装学生，加强党的基本路线教育及爱国主义、集体主义和社会主义的教育。要紧密联系我国社会主义建设实际，加强社会实践，使广大学生坚定建设有中国特色社会主义的信念，走与工农相结合的道路，逐步树立科学的世界观和为人民服务的人生观，增强抵御和平演变、抵御资本主义和封建主义腐朽思想侵蚀的能力，珍惜和维护安定团结的政治局面。要通过实践，不断探索和总结在改革开放条件下加强德育工作的经验，继续加强和改进思想政治工作体系，充实德育内容、改善德育工作的形式和方法，努力建设好一支以精干的专职人员为骨干、专兼职结合的思想政治工作队伍，进一步提倡教书育人、管理育人、服务育人，把建立优良的校风、学风、优化育人环境作为经常性工作落到实处。

十一、深化教学改革、提高教育质量，是高等教育改革的核心。要按照“面向现代化，面向世界，面向未来”的要求，全面贯彻执行党的教育方针，逐步建立与社会主义市场经济体制相适应、符合学生成长规律、具有竞争活力的教学制度，努力提高教育质量。

要继承和发扬我国高等教育的优良传统，大胆吸收和借鉴当今世界先进的教育经验，进一步转变教育思想，更新教育观念。要继续拓宽专业面，加大教学内容和教学方法改革的力度，逐步建立和完善适应我国社会主义建设和现代科技、文化发展趋势的教学内容体系和课程结构，着重培养学生的素质和能力。要加强实验室建设，充实和更新教学仪器设备，大力推进现代化教育手段的应用。

要进一步贯彻落实教育与生产劳动相结合的方针，采取多种形式，大力加强学校与科研部门、企业事业单位等的密切联系和合作，争取社会各方面更多地参与高等学校人才培养工作。进一步巩固和发展实习基地、三结合基地、厂校合作委员会、产学研联合体等，实行教学、科研、生产（社会实践）三结合，促使学校教育和教学过程与社会主义建设实际紧密结合。

要逐步建立和完善与学校面向社会自主办学新体制相适应的教学管理制度和运行机制。要充分发挥各校优势，根据经济建设和社会发展的需要，规划专业设置、调整专业方向、制订教学计划和教学大纲、选编教材和组织实施教学。学校要引入竞争和激励机制，进一步完善学分制，实行合理淘汰和优秀生奖励制度等，经过改革试验，形成既有严格管理、又有利于调动教与学两方面积极性和主动性的教学管理制度；建立既符合教育规律又生动活泼的教学运行机制。教育行政管理部门要通过修订专业目录和专业设置条例，制定各科类、专业的基本培养规格和主要课程的教学基本要求，积极开展教学研究和教学评估，建立高等学校教学工作和人才质量评价体系，在用人单位设立人才质量测试点等，加强对教学工作的宏观管理和指导。

十二、改革研究生教育。要根据社会主义建设和学科发展的需要，加快研究生教育的发展，改善结构和布局，进一步明确不同类型研究生的培养目标和规格，在满足教学、科研岗位所需人才的同时，着重加强应用人才的培养，注意吸收在职人员接受研究生教育，在一些行业试行专业学位制度。要理顺研究生教育和学位授权体系的关系，加快下放硕士学位授权点和博士生指导教师审核权的试点工作，同时建立和完善质量监督、评价制度。改进研究招生办法，进一步完善培养过程，继续进行和扩大研究生兼做助教（协助教学）、助研（协助科研）、助管（协助管理）的试点，改善研究生培养的物质条件，提高教育质量，在本世纪内力争有一批学校和重点学科的研究生教育进入世界先进水平。

十三、高等学校科学技术工作要认真贯彻国家的科技方针，坚持科技是第一生产力的思想，坚持面向经济建设，坚持同教学相结合，努力攀登科技高峰。充分调动科技队伍的积极性，在把主要力量投入为国民经济建设服务的同时，要保持一支精干队伍稳定持续地开展基础性研究，巩固并再建一批国家级重点实验室；在组织优势力量承担国家“攀登计划”、“八六三”高技术计划和科技攻关计划等重大任务的同时，引导广大科技人员走向社会，面向市场，积极开展经济和社会发展中急需的应用、开发研究。要大力加强科技成果推广应用工作，建设一批工程研究中心和中试基地，促进科技成果的商品化、产业化和国际化。哲学、社会科学研究要把社会主义建设和改革中急需解决的重大理论和实际问题作为主攻方向。

要改革原有计划经济体制下形成的科技管理体制。科技机构要引入竞争机制，人员要合理分流、优化组合，不同类型的机构采取不同管理制度，实行开放、流动和定期评估。要加强多种形式的产、学、研合作，形成一批与产业界密切结合的人才培养与研究、开发基地。要建立合理的科技投入机制，在国家继续加强对科技投入的同时，积极开拓科技投资渠道，增加科技贷款和设立高新技术开发风险投资基金。

十四、积极发展以高新技术产业为主的校办产业。校办产业要有利于加强学校与社会的联系，促进教育和教学改革，有利于筹集教育资金，增强办学实力。要组织高校的科技力量，积极投身国民经济建设主战场，面向生产第一线进行研究开发，多渠道、多层次地转化科技成果，积极进入高新技术产业开发区，有计划、有重点、有选择、讲求实效地发展科技产业。因地因校制宜，利用学校的优势，积极发展经济、科技、文教的信息咨询和服务的第三产业。国家要增加用于支持校办产业发展的贷款规模，并在税率上予以优惠；尽快制定校办产业行政法规，使校办产业有法可依。学校要加强领导，采取人员分流、企业化管理等办法，努力在实践中探索适合本地区、本部门、本学校情况的发展校办产业的多种模式。

十五、加强教师队伍建设。九十年代，高等学校教师队伍进入新老交替的重要时期，学术带头人和骨干教师的培养、补充迫在眉睫。要采取各种有力措施，以加强培养中青年学术带头人为重点，优化教师队伍结构。要采取多种形式促进教师和社会的密切联系，聘请实际工作部门有较高水平的专家到校任教。要把师资队伍建设和学校整体改革有机地结合起来，把教师的工资、住房、医疗、退休等问题摆到改革的重要议事日程上。要下决心采取重大政策和措施，积极改善教师的工作、学习和生活条件，对有突出贡献的教师给予重奖，并形成规范化的奖励制度。国家建立与公务员工资制度脱钩的教育系统工资制度，制定高等学校教师的基本工资标准，学校主管部门和学校有权适当增加教师的地区或校内津贴，不同地区、不同学校的教师可以有不同的实际工资标准，克服平均主义和论资排辈的倾向，按贡献大小适当拉开档次。要进一步改革专业技术职务评聘工作，进一步下放教师任职资格评审权，并制定有关政策，体现正确的政策导向。要发挥国家、集体、个人三方面的积极性，加快教师住房建设，争取实现三年解困、五年改善的目标。

十六、进一步扩大对外开放，积极开展国际交流与合作，是我国高等教育事业发展的一项重要方针。要加强和重视对国外高等教育的研究，大胆吸收和借鉴人类文明发展的一切优秀成果和世界各国发展和管理高等教育的成功经验。要积极创造有利于国际合作与交流的条件与环境，进一步制定和完善有关政策，改进教育外事工作管理办法；要根据我国高等教育改革发展的需要，扩大和搞活国际教育、学术和科技交流合作，要改进派遣留学、进修人员和引进国外智力的工作，积极创造条件，适当扩大和加强接受来华留学生、选派出国任教教师、对外汉语教学以及在境外联合办学等工作，尽快制定境外机构和个人在华办学条例，欢迎和鼓励境外机构和个人，依照我国的法律和方针政策，来华捐资助学和联合办培训中心、研究中心和校内分院等。

十七、各级政府要加强对高等教育改革的领导。高等学校的重大改革方案的实施，必须经主管部门批准，有计划、有步骤地进行。改革要经过试点、总结经验后，逐步推广。对深化改革中遇到的各种问题，各级领导部门要积极加以引导和管理，帮助高等学校解决各种实际困难。

□关于中央部门所属普通高等学校深化领导管理体制改革的若干意见

（1993 年 2 月 8 日国家教委、国务院学位委员会印发）

几十年来，中央部门对所属高等学校的发展建设，投入了大量人、财、物力，进行了艰苦而有效的工作,已经发挥而且将继续发挥重大作用。为繁荣我国高等教育事业作出了显著成绩。

近年来,随着我国经济体制、政治体制改革的深入,中央部门所属高等学校在发展的同时,面临着一些特殊困难和问题,主要是:随着部门企业的下放和非经营性投资的减少,大多数部门所属高等学校的教育投入下降,经费严重不足;中央部门所属的一些重点大学的办学条件难以改善,与其承担的任务不相适应,原有一些专业设置难以适应实际需要,毕业生难以在行业内部对口就业,等等。

党的十四大提出,要下决心进行行政管理体制和机构改革,切实转变职能。这给中央部门所属高等学校的发展和改革带来了新的机遇。现就其深化改革的若干问题提出如下意见:

一、改革管理体制

1. 从长远的改革目标看,中央部门(包括国家教育委员会和中央业务部门)应管理好少数直接关系国家经济、社会发展全局和长远需要并在高等教育中起示范作用的骨干学校和行业性强、地方不便管理的学校。鉴于这项改革的实施涉及面广、难度大,应采取既积极又稳妥的步骤,先在若干部门试点,成熟一个改革一个,总结经验,逐步推开。改革要认真吸取历史的经验教训,要有利于调动高等学校及社会各方面的办学积极性,促进高等教育事业发展。随着国务院各部委职能转变和直属企业的下放,部门所属的高等学校的办学体制和管理体制,要区别不同情况,采取以下办法进行改革探索。

①目前,各有关部门都应当努力办好所属的高等学校,并从中选择一两所基础好、力量强、关系全局的学校,加强领导,适当集中人、财、物力,进行重点建设,把其办成代表本部门、本行业乃至全国高等教育先进水平的、起示范作用的骨干学校。

个别专业独具特色,毕业生适于自主就业的高等学校(或者专业),可以试行学生自费上学、毕业生自主择业的办学模式。

②某些行业性较强的高等学校,可试行主管部门与企业集团联合办学,共同管理。或者试行由主管部门与若干部门或企业集团组成学校董事会,对学校进行管理,研究确定学校发展中的重大事项,筹措学校办学经费。

③某些专业通用性强,毕业生分配到地方较多的高等学校,可试行主管部门与地方联合办学,共同管理。

④在有条件的地区,要下决心把一部分适宜由地方管理的部属高等学校交给地方。学校的大部分专业首先满足本地区需要,少部分行业特点强或者地方需求较少的专业,继续面向全国。

进行以上几种改革试点的学校,国家提供的办学经费和基建投资都不应减少,使其在保证国家投入的基础上,再从企业、地方和社会得到更多的办学资金。下放给地方管理的,要将学校事业费和基建投资基数划拨给地方政府。原主管部门仍要在教学、科研任务等多方面继续保持同学校的密切联系,继续给予关心和照顾。无论进行何种改革试点,都应当有利于改善和加强学校的建设,决不可损害学校的利益,这是一条基本的原则。

中央各部门应在认真分析本部门机构改革、职能转变以及所属高等学校具体情况的基础上,拟定本部门近期和长期的学校领导管理体制改革方案,逐步将这项改革引向深入。

2. 国家教委对中央部门所属高等学校的管理,要发挥综合部门的职能,主要负责统筹规划、政策指导、组织协调、信息发布、监督检查。各部门所属高等学校的专业设置、招生计划、经费筹措、学生就业等管理的权限和责任,逐步归各主管部门。各中央部门要加强对本行业专门人才的需求预测，协助国家教委指导本行业全国专门人才的规划和培养工作。

3. 理顺中央部门与地方之间的关系。中央部门所属高等学校，既是面向全国的高等学校，又是地区高等教育的骨干力量。中央主管部门要密切同地方教育部门之间的联系和协作，积极鼓励部属高等学校主动为地方经济和社会发展服务，支持地方政府将部属高等学校作为本地区高等教育事业总体布局中的重要组成部分，进行统筹规划和组织协调。地方教育部门也应积极支持部门高等学校的建设和发展，并给予优惠政策。

4. 中央部门对所属高等学校的管理，要把目前直接行政管理，转变为主要运用立法的、经济的和必要的行政手段，进行宏观管理。要保证高等教育的社会主义方向、事业的健康发展和人才培养的质量。逐步扩大学校办学自主权，增强学校的办学活力，使高等学校主动适应和服务于国家和所在地区经济建设、社会发展的需要。

各中央部门要根据《中共中央关于教育体制改革的决定》和国务院发布的《高等教育管理职责暂行规定》，参照国家教委《关于加快改革和积极发展高等教育的意见》的精神，制定具体实施办法。

二、改革拨款制度，多渠道筹措教育经费

5. 中央部门所属高等学校的经费来源主渠道仍是中央财政。中央财政安排部门所属高等学校经费，要坚持“两个增长”，充分考虑学生实际的培养费用和物价上涨等因素，保证学校的办学条件逐年有所改善。特别是对那些企业下放和非经营性投资减少的部门所属的高等学校，除正常安排事业经费和基建投资外，采取特殊政策措施予以扶持。

6. 改革现行拨款制度。第一，在中央财政预算和基建投资计划中，实行各部门教育事业费和教育基建投资单列(包括各部委内部计划单列)；第二，逐步改变教育事业费安排按学生人数拨款的办法，在定任务、定规模、定编制的基础上，实行各部门教育经费预算总额包干，逐步建立基金制。第三，在经费总额包干的前提下，允许部门根据实际需要，合理调整国家任务(或国家奖学金份额)计划比例和生均经费标准，逐步增加适应社会需求的委托培养和自费生招生比重。

7. 中央部门既是办学单位，又是办学的受益单位，在国家的教育投入安排之外，应当千方百计地从自有资金中挤出一部分，用于支持所属高等学校的发展。对所属重点院校、重点学科、重点实验室的建设，主管部门应承担更多的责任。

在不影响部门承担国家的生产、财税任务的前提下，要支持中央部门根据本部门、本行业的特点，制定一些特殊政策，筹措资金，或者通过加强管理，提高效益，用一部分经营性资金支持所属高等学校的建设。

8. 允许中央部门所属院校对毕业生，特别是社会迫切需要的某些专业的毕业生，试行合理的有偿分配。

9. 鼓励企业、企业集团和其他事业单位，在高等学校设立奖学金，用以培养本单位所需人才。

在充分考虑社会承受能力的原则下，适当提高学杂费、住宿费收费标准。

大力鼓励人才分流，积极支持学校发展校办产业和开展横向科技合作，自筹资金改善办学条件。

鼓励和支持社会团体、各界人士、港澳台同胞以及国外友好团体和友好人士对高等学校的捐助。

10. 高等学校要加强资金管理，杜绝浪费现象；要精减机构和行政管理人员，减少开支；严格控制教师编制，提高师生比例；要建立健全财务制度和审计制度，切实把教育经费管好用好，提高资金的使用效益。

三、合理布局，优化结构，提高教育质量和办学效益

11. 各中央部门要树立全局观点，突破部门所有制的束缚，主动与省市的高等教育布局规划相衔接，确定部属高校层次、科类的发展重点，使高等教育的结构、布局更好地适应行业和地区经济建设、社会发展的需要。凡属不必要重复设置、效益不高的学校及专业，要下决心予以调整；对某些服务方向不明确，与社会需要不相适应的专业，要积极地予以改造；某些本、专科比例失调，本科比例过大，应当进行调整。

各部门所需要的缺门、短线专门人才，应主要采用中央部门之间、中央部门与地方之间的联合办学或者委托培养的办法加以解决。

12. 中央部门所属本科高等学校总体上应把工作重点放到提高质量、办出特色上。尤其是那些重点大学和重点学科，更要把提高教育质量、科学研究水平和管理水平作为主要任务，将有限的资金主要用于改善办学条件，力争在尽可能短的时间内跨入国内乃至世界先进行列，为培养高质量的人才和解决我国社会主义建设的重要问题作出应有的贡献。

13. 今后一段时期内，中央部门高等教育的发展，要坚持走内涵发展为主的道路。在规划本部门高等教育数量发展时，要考虑使现有学校达到合理的办学规模和注意发挥老校的潜力。除个别情况特殊者外，中央部门一般不再设置新的高等学校。对专科学校升格办本科的，要从严控制。

14. 中央部门要加强对所属高等学校学历教育的管理，保障办学条件和办学秩序，提高教育质量，坚决制止为单纯追求经济效益而乱设点办学，乱收费，乱发学历教育文凭的现象。

□关于普通高等学校招生和毕业生就业制度改革的意见

（1993年2月8日国家教委、国务院学位委员会印发）

为贯彻党的十四大精神，适应建立和完善社会主义市场经济体制，加快经济改革步伐的形势，高等学校要加快招生和毕业生就业制度改革的步伐，为国家经济建设和社会发展培养高级专门人才，使高等教育更好地为社会主义建设服务，为建设有中国特色的社会主义做贡献。

一、改革招生体制

1. 普通高等学校实行国家任务计划和调节性计划相结合的招生计划体制。国家任务计划主要保证国家重点项目、国防建设、文化教育、基础学科和高技术以及边远地区、某些艰苦行业所需人才。在保证完成国家任务计划的前提下，可以根据社会各方面的需求和高等学校具备的办学条件，安排招收委托培养生和自费生。委托培养和自费生招生计划属调节性计划，所需的培养费用，由委托单位或学生家庭负担。随着改革的深化和社会主义市场经济的发育，要逐步扩大调节性计划的比重。

2. 近期内，普通高等学校招生计划管理，实行中央宏观指导、总量调控，中央和省、市两级管理，分级负责的办法。国家教委、国家计委根据国家经济和社会发展的总体规划，综合考虑办学条件的可能，提出全国普通高等学校年度招生计划总量、发展速度和有关方针政策。各省、各部门在国家宏观计划和方针政策的指导下，根据本地区、本部门经济、社会发展的客观需要及普通高等学校的实际办学条件，在核定的学校办学规模内，负责编制本省、本部门招生计划。其中，中央部门所属高校的国家任务计划由主管部门报国家教委、国家计委核定后列入全国普通高校招生计划下达执行；调节性计划由学校主管部门审核后纳入全国普通高等学校招生计划下达执行。地方高校的国家任务计划和调节性计划，由地方政府审核后报国家教委、国家计委，纳入全国普通高等学校招生计划下达执行。在目前条件下，招生计划的编制和调节权应集中在省、部一级，不宜再层层下放。省、部应当逐步建立招生计划审议机构，提高编制计划的科学性。随着社会主义市场经济的不断发育，有关政策法规的逐渐完备和学校发展及约束机制的形成，给学校在招生计划方面以更多的自主权，逐步使其成为面向社会自主办学的实体。

全国普通高等学校招生计划下达后，应当维护其严肃性，国家任务招生，原则上应按计划执行。调节性计划，可根据本地、本部门实际情况的变化，进行适当调整，但须经审议机构讨论后报省级人民政府或有关部门审核同意，并及时报国家教委备案。增加招生指标涉及到的有关经费和学生毕业去向等问题，也分别由地方、部门统筹负责。

国家教委及学校主管部门对普通高校招生计划的管理，主要职责是把握方针政策，审查办学条件，维护正常的办学秩序，切实保证高等学历教育的质量和规格，采取有效措施防止高等教育学历文凭发生混乱。对于违反国家有关方针政策规定，乱招生、乱收费、乱设点办学、乱发学历教育文凭等违纪行为，有权进行行政干预和处理。

3. 高等教育属于非义务教育，要改革学生上大学由国家包下来的制度，逐步实行收费和奖学金、贷学金相结合的制度。学生上大学原则上均应收费。收费标准要考虑到人民群众的承受能力，因地因校因专业而异，由学校报主管部门确定。国家、企事业单位、社会团体和学校均可设立奖学金，对品学兼优的学生给予奖励。对于国家必须重点保证的、特殊的、条件艰苦的专业，实行专项奖学金或提高奖学金的数额。学校实行贷学金制度，以保证家庭贫困学生所需费用。贷款办法由国家教委会同人民银行研究制订。自费生收取费用标准原则上按培养实际成本计算。

4. 改进选拔新生办法。

坚持德智体全面考核、择优录取，以文化考试为主要入学考核形式，公平竞争、公正选拔这三项原则。在此基础上，区别不同科类、不同层次、不同学校，逐步实现选拔新生办法的多样化。对在培养人才方面有特殊要求的高等学校，在保证质量的前提下，经批准可以按系统或地区，联合或单独组织入学考试。

对国家支付培养费用的学生、委托培养的学生和自费生，在录取时同一地区逐步做到执行同一最低投档分数线。对定向招收的学生，录取时可在入学考试成绩方面按国家有关规定适当降低要求。

5. 改革招生管理办法。

逐步把选拔新生的职权放给高等学校。同时高等学校要建立和完善招生中的自我约束和社会监督机制，如向社会公布录取名单，允许考生查阅考分，查询录取的情况，及时纠正录取中的失误等。学校要制定配套的录取细则和规定以保证录取的公正。

在向高等学校逐步放权的同时，中央和地方招生行政部门要转变职能。地方招生部门在上级招生部门的指导和本级招生委员会的领导下，负责当地考生报名工作、组织统一考试和录取工作、审核录取名单、帮助考生调整报考志愿等一系列服务性工作。

建立和完善招生中的监察机制，监察部门应负责监督高校和地方招生部门在招生过程中执行国家方针、政策和规章制度的情况。

6. 在高中毕业会考的基础上，改革高校

招生考试的科目设置。

在近期，高考科目设置应兼顾高校选拔新生、中学教学和社会安定几个方面。在建立高中省级会考制度的基础上，高校招生统考科目按招生专业的文、理倾向分设两组，科目数适当减少。高等学校录取新生时，可以参考考生的高中毕业会考各科成绩。

随着高校招生计划体制、选拔办法和管理体制的逐步改革，高校招生的全国统一考试应设置高中所有的文化课程，高等学校根据各自专业要求选择若干门作为考试科目，考生根据所报学校及其专业的要求参加有关科目的考试，地方招生机构负责向有关学校提供考生成绩，由高等学校决定取舍。随着改革的不断深入，将逐步向这个长远方向发展。

二、改革毕业生就业制度

7. 近期内，采取主管部门与高等学校上下结合编制就业计划，并通过“供需见面”协商落实的方式向社会输送毕业生。高等学校要努力创造条件，普遍实行在国家就业方针、政策指导下，以学校为主导，在一定范围内“双向选择”的就业办法。

国家任务招收的学生由学校负责向用人单位推荐就业，毕业生也可在规定的范围内与用人单位见面，由用人单位招聘录用。少数经学校推荐、无单位录用的毕业生，回家庭所在地区就业。其中定向生毕业后到定向单位工作，因特殊原因不能到定向单位工作的，应征得原定向单位同意，并缴纳全部培养费。

调节性计划招收的学生，自费生毕业后自主择业，委托培养的学生，毕业后应到委托单位工作。因为特殊情况，委托培养的学生不能到原委托单位工作的，应征得委托单位的同意，并缴纳全部培养费。

根据经济和社会发展的需要，国家下达部分保证重点就业计划，由学校和重点单位协商落实所需专业和人数。去艰苦行业和艰苦地区重点单位工作的毕业生可以享受国家奖学金，接受贷款的可以免还贷款，学校还可给予必要的经济鼓励，用人单位应主动给予一定的优惠待遇。国家任务招收的学生若被经营性单位(含三资企业)录用，学校可以接受录用单位的适当资助。

8. 中央和地方主管毕业生分配部门要进一步转变政府职能，加强宏观管理，逐步减少行政干预。

国家教委负责制定全国高校毕业生的就业方针、政策，建立必要的规章制度，指导全国高校毕业生的就业工作，组织全国毕业生就业信息交流工作，根据需要下达保证国家重点单位的就业计划，监督和检查各有关部门执行国家就业方针、政策和规章制度的情况。

各省、自治区、直辖市和有关部委负责本省、自治区、直辖市和本部委所属高等学校的就业管理工作。各地方和部委在国家就业方针、政策指导下有权自行决定所属学校向社会输送毕业生的方式和方法。

9. 根据招生和拨款制度的改革步骤，随着社会主义市场经济的发展和劳动人事制度改革的深化，逐步把国家统一分配毕业生的制度，过渡到“国家政策指导，毕业生自主择业”的制度，即除少数享受国家奖学金、专项奖学金、单位奖学金的学生外，大部分毕业生实行在国家方针、政策指导下自主择业。目前可以选择有条件的地区和学校进行试点。

各地方、有关部门和高等学校应建立毕业生就业指导机构，对毕业生进行就业指导，提供咨询和服务，逐步建立公平择业的竞争机制。

□关于普通高等学校内部管理体制改革的意见

（1993 年 2 月 8 日国家教委、
国务院学位委员会印发）

一、改革的宗旨

1. 高等学校要全面深化改革，适应加快改革开放和现代化建设步伐的需要，内部管理体制的改革势在必行。要抓紧当前有利时机，积极推广改革试点经验，全面推进高等学校内部管理体制改革。

2. 高等学校内部管理体制改革是高等教育体制改革的重要内容。改革的宗旨是遵循党的基本路线，解放思想，大胆实践，逐步建立有中国特色社会主义高校的内部管理体制。通过改革，理顺关系，转换机制，调整结构，优化队伍，改善待遇，调动广大教职工的积极性，增强学校主动适应经济和社会发展需要的能力，不断提高教育质量、科学水平和办学效益。

二、改革的总体思路

3. 根据事企分开的原则及学校教学科研、校办产业、后勤服务各方面的不同职能，建立不同的管理模式。教学科研是学校的主要任务，要进一步完善事业化的管理体制；校办产业应成为相对独立的经济实体，实行企业化管理；后勤保障要逐步转为经营性服务，在承包制基础上推行事业单位企业化管理，并创造条件逐步实现社会化。要逐步理顺校、院、系（所）几级关系，分清职责，实现治事用人相结合，责权利相统一。

4. 调整队伍结构，促进人员合理分流。要精简校内机构，转变职能，减少层次，提高工作效率和管理水平；建设一支素质精良、充满活力的教学科研和管理的骨干队伍，保证学校教学科研任务的完成，在此基础上进行人员合理分流，组织一支从事科技开发、校产经营和后勤服务的精干队伍。通过人力资源的合理配置，充分发挥高校的优势和潜力。

5. 实行编制和工资总额动态包干管理。依据学校教学科研任务和编制定额核定工资总额，包干使用。在包干定额范围内，包干单位具有人事、分配的自主权，并承担相应责任。转换运行机制，增加办学活力，提高师生比和用人效益。

6. 以人事、分配制度改革为重点，将人事、分配、住房、医疗和退休保险制度等方面的改革有机结合起来，配套实施，整体推进。运用正确的政策导向、思想教育和物质激励等手段，在学校内部形成有效的竞争和激励机制，自我约束和自我调节机制，推动学校各方面的改革和事业发展。

三、校内人事制度改革

7. 实行多种形式的用人制度，实行固定编制与流动编制统筹使用、事业编制与企业编制分类管理。在编制定额范围内，学校有灵活使用编制和用人的自主权；除中央统一规定的必设机构外，学校有权决定校内机构的设置及职数配备，不求上下对口。在工资总额包干和逐步紧缩事业编制的前提下，应有效地使用流动编制和企业编制。流动编制人员主要包括访问学者及进修教师、兼职教师、临时工作人员、兼任助教助研助管的研究生等。企业编制适用于自主经营、自负盈亏、具有法人资格的校办企业。

8. 在定编定岗基础上，逐步实行全员聘任（合同）制。继续改革与完善教师等专业技术人员职务聘任制，逐步扩大高等学校评聘专业技术职务的自主权。有条件的学校可根据实际需要和有关规定，设置和调整专业技术职务岗位，自主进行职务评聘；在学校管理人员中逐步实行职员职务制度，进行考核聘任。校办产业和后勤服务人员实行合同聘任制等企业用工形式。试行校内人才流动和待业制度,妥善安排落聘人员,鼓励他们在新岗位上发挥作用。

9. 实行岗位责任制,完善和加强考核评估制度。要根据学校实际,制定科学的、易于操作的考核评估指标体系,采取定性与定量考核相结合、民主评议与领导考核相结合的办法,定期对校内单位、个人进行评估、考核。考评结果作为对各单位工作评价和确定教职工个人职务聘任、增资、奖惩的依据。

10. 人事制度改革要有利于加强学校骨干队伍的建设。要注意选拔和培养学科带头人和中青年骨干。提倡向全社会公开招聘,引进高层次人才,努力创造有利于人才成长的环境;积极推行研究生兼任助教、助研、助管制度;大力提倡从社会上尤其是产业部门、科研院所聘请学有所长的专业人员任兼职教师,鼓励教师校际兼职。逐步形成一支结构合理、具有后劲,相对稳定的骨干队伍。

四、校内分配制度改革

11. 在主要依靠国家改善教职工待遇的同时,实行校内津贴,逐步形成国家工资为主、校内津贴为辅,双轨运行、统筹管理的高等学校分配制度。通过国家工资改革和校内分配改革,逐步改善教职工生活待遇,使全国高等学校教职工平均工资收入在“八五”期间超过全民所有制企业职工的平均水平,在当地全民所有制职工中处于中上水平。

12. 在执行国家基本的工资法规和工资总额包干的前提下,制定校内分配办法。要逐步将现行由学校基金开支的奖酬金纳入校内津贴,使收入分配规范化。学校基金中用于校内津贴的部分纳入工资总额计划,不计征奖金税;工资总额包干节余,由学校自主分配。

13. 校内分配要贯彻按劳分配原则,工资待遇随岗位变动,按实际贡献确定,合理拉开差距,理顺分配关系,强化工资分配的激励功能。注意分配的政策导向,保证从事教学和基础科研的教师得到合理报酬,对贡献突出的人员予以重奖。具体分配办法,要从本单位实际出发,并与国家工资改革的基本思路相衔接。实行承包制和企业化管理的单位,工资分配与经济效益挂钩。

14. 校内分配的增资幅度要因地因校制宜,并随学校财力状况而浮动,要量力而行,留有余地,以保持长期稳定增长。对师范、文科等自筹资金较少的学校,主管部门和地方政府应适当给予财力支持。

15. 校内分配要以校级为主。要妥善处理校系两级在筹资、分配上的关系,既要调动基层的积极性,又要注意克服分散化的倾向。充分发挥学校的整体优势,随着校级财力增长,逐步扩大学校统筹分配的比重。

五、校内住房及保险福利制度的改革

16. 改革住房制度,发挥国家、集体、个人三方面的作用,改善教职工尤其是中青年教师的住房条件。高校住房改革既要同当地的房改政策衔接,又要考虑高校特点。要注意住房分配的政策导向,使贡献突出的教师优先得到改善。

17. 改革医疗和退休保险制度。建立校内公费医疗基金,变暗补为明补,国家、集体、个人三者合理负担,提高医疗费使用效益,增进高校医疗保健能力。建立校内退休保险基金,形成国家社会保险、学校补充保险和个人储蓄性保险相结合的校内退休保险制度。同时,积极创造条件,逐步实现退休养老保险向社会性保障过渡。

六、改革工作的实施和指导

18. 实行校内管理体制改革的学校应具备一定的基础:有坚强的领导核心,党政领导干部和教职工对改革具有共识和紧迫感,具备一定的物质条件并取得地方政府的领导与支持。

19. 高校内部管理体制改革是一项复杂的系统工程。要制定改革的总体实施方案,统筹规划，综合配套，分步到位。要同学校教学科研等各方面改革结合进行。各项改革措施都应注意结合学校实际，尊重知识、尊重人才，调动一切积极因素。在有利于提高教学科研水平，有利于培养人才的目标下，鼓励学校大胆创新，积极试验。

20. 要加强党组织对改革的领导，作好思想政治工作。认真贯彻党的群众路线，发挥教职工代表大会的作用。实施改革过程中，要注意不断研究和解决出现的问题，保证改革健康发展。

21. 高校主管部门要加强对所属学校改革工作的指导，并积极争取地方党委和政府的支持。改革要积极稳妥地进行，经过试点逐步推开，不要一哄而起。要分类指导，改革的具体做法和步骤要从实际出发，因地因校制宜。

□关于进一步深化普通高等学校教学改革的意见

（1993年2月8日国家教委、国务院学位委员会印发）

1. 高等学校的根本任务是培养德智体全面发展的、适应社会主义现代化建设需要的各类高级专门人才。在高等教育的发展和改革中，体制改革是关键，教学改革是核心，面对进一步改革开放和经济、社会发展的新形势，各级教育行政部门和高等学校要正确认识和处理好体制改革与教学改革、人才培养数量与质量的关系，把加强教学工作，全面提高人才培养质量，放在突出重要的位置，解放思想，更新观念，积极增加教学投入，改善办学条件，加大力度，深化教学改革。

高等学校的教学改革要遵循“教育必须为社会主义建设服务”和必须“面向现代化、面向世界、面向未来”的要求，全面贯彻党的教育方针。通过改革，逐步建立起与新的办学体制相适应的，有利于使教学工作充满生机和活力的教学管理体制；建立能够主动适应社会主义建设需要和现代科学技术、文化发展趋势的教学内容体系和课程结构；建立有利于充分调动和发挥广大师生教学积极性的激励和竞争机制，使我国高等学校人才培养质量和办学效益再上一个新台阶。

2. 进一步改变教育行政部门对学校教学工作管得过多、统得过死的状况，逐步建立起在政府宏观指导下，学校面向社会，主动根据社会需求和教育规律进行教学的管理体制。

国家教育主管部门对高等学校教学工作的主要管理职能是：遵循党的教育方针，制定有关人才培养的法规、政策，确定办学层次和修业年限，修订专业目录和专业设置条例，制定各专业的培养目标和基本培养规格，检查办学条件和人才培养质量等。各高等学校在政府宏观管理和指导下，具有主动根据社会需要，自行确定专业服务方向，制订教学计划、教学大纲、教学管理制度和选用教材等方面的教学自主权。鼓励高等学校积极吸收、借鉴国外成功的教学经验，根据自身的办学基础和条件，开展教学改革，充分发挥各校优势，办出特色。

各类教学指导委员会是教学的研究、咨询组织，要进一步发挥他们在组织教学工作经验交流方面的作用，其制订的有关教学文件，仅供学校组织教学时参考。

3. 要加强高等学校与社会的联系，在科学地总结我国教育与生产劳动相结合的历史经验的基础上，吸收国外的一些好的做法，逐步建立并完善适合我国国情、学校面向社会、社会广泛参与的人才培养机制。

要通过各种形式积极争取企事业单位和社会有关部门参与高等学校教学工作的决策

管理，如建立学校董事会、专业委员会等，使他们在确定人才培养目标和规格、制订教学计划、聘请有实践经验的兼职教师、组织生产实习和社会实践等教学工作中发挥更大的作用。调动社会各界参与学校人才培养工作的积极性，重要的是要加强学校与社会在教学、科研、生产等方面的联系和合作，做到优势互补，相互促进。

要把教学、科研和生产(社会实践)三结合作为贯彻教育与生产劳动相结合方针、改革教学模式的重要途径长期坚持下去。各高等学校都要根据实际情况建立和发展多种形式的校外“三结合基地”和“实践教学基地”，力争在“八五”期间建立起一批相对稳定、形式多样、效益显著的“三结合联合体”；要结合校办产业，巩固和加强校内“三结合基地”；要继续进行多种形式的教育与生产劳动相结合的改革试点。要把科学研究、技术推广、技术革新、社会服务等社会实践活动与学生的培养过程紧密结合起来。高等学校的教师，特别是青年教师，要更多的走向社会，加强实践学习和锻炼。

4. 加强和改进对学生的思想政治教育，推进马克思主义理论课和思想政治教育课的教学改革。要以马列主义、毛泽东思想和邓小平同志建设有中国特色社会主义理论为指导，贯彻党的基本路线，解放思想，实事求是，坚持继承和创新相结合，在适应形势、明确任务、丰富内容、改善方法、提高队伍等方面下功夫，探索新时期加强和改进思想政治教育的新经验。要进行党的基本路线教育，爱国主义、集体主义和社会主义思想教育，近现代史和国情教育，引导学生增强民族自尊、自信和自强精神，抵制资本主义和封建主义腐朽思想的侵蚀，树立正确的理想、信念和价值观，养成良好的道德品质，并在他们中培养一批具有共产主义觉悟的先进分子。推动广大教职工教书育人、管理育人、服务育人，加强学生社会实践活动，建设健康向上、生动活泼的校园文化，优化育人环境。

马克思主义理论课和思想政治教育课的教学改革，要坚持马克思主义指导，把建设有中国特色社会主义理论作为教学基本内容；贯彻理论联系实际方针，增加新内容，加强针对性，用知识和事实进行教育，从理论和实践的结合上回答学生提出的问题；要加强教学的实践环节，采取课堂讨论、声像教学等生动活泼的教学形式和手段；采取有效措施加强教材和教师队伍建设，努力提高教材的思想性、科学性、针对性和教师队伍的思想政治水平和业务水平。通过教学改革，努力提高课程的说服力和吸引力，着重提高学生的思想政治素质，使学生领会并初步掌握马克思主义的基本立场、观点和方法。

5. 要十分重视体育，大力增强大学生的体质，抓好《大学生体育合格标准》的落实工作，活跃学生的课余体育、文化生活。使他们的身心和谐发展，努力形成有利于学生健康成长的良好育人环境。

6. 加大力度深化教学内容、方法和手段的改革。深化教学内容、教学方法的改革，首先要解放思想，更新观念，在德智体全面发展的前提下，更加重视学生基本素质和能力的培养。

教学内容体系改革的重点，一是加快速度更新专业教学内容，在本科教学中及时地反映当今世界经济、文化和科学技术领域的最新成果以及我国社会主义建设的成就和需要。二是紧紧围绕培养目标，优化教学内容体系和课程结构：本科教育要针对社会主义市场经济体制下毕业生就业范围和职业变动性加大，科学技术领域不断分化又不断综合，新的知识和技术大量涌现等特点，适当拓宽领域，加强对学生经济意识和竞争能力的培养；要进一步解决课程内容交叉重复的问题，实现课程结构整体优化。要高度重视专科的教学改革，专科学校要直接面向社会和生产第一线，培养应用性人才。根据经济和社会对不同类型人才的要求，改革教学模式，加强对学生实践技能的培养，努力办出专科特色。

继续抓好教学方法的改革，推进教学手段的现代化。大力提倡启发式教学，鼓励采用讨论式和研究式等各种生动活泼的教学方法。要大力推广和普及计算机辅助教学，充分利用和发挥电化教学的作用，为提高教学质量创造更好的条件。

高等学校在教学改革中，要广开思路，加强研究，注意遵循教育教学规律，勇于探索，积极开展教学改革试验。国家教委和各级教育行政部门要积极支持并奖励教学研究和教学改革试验。

7. 拓宽专业口径，改进专业管理办法，使专业建设主动适应社会和经济发展需要。国家教委已组织修订《普通高等学校本科基本专业目录》，进一步拓宽了专业业务范围。在专业管理上，要逐步由国家直接管理过渡到国家制定法规并据此分类管理的办法。自1993年起，全国将执行国家教委修订的《普通高等学校本科基本专业目录》。新设本科基本专业目录内的专业，全国重点高等学校按学校的性质、在上级核定的本校专业总数和相近学科范围内，由学校按一定的程序自行调整或确定，报学校主管部门和国家教委备案；其他本科学校由学校主管部门研究确定审批办法。新设本科基本专业目录以外的专业，由学校主管部门组织论证并审批后，报国家教委备案。专科专业的审批办法由学校主管部门自行研究确定。

高等学校本科专业建设的重点是，改变专业业务范围狭窄、课程结构固定、服务方向单一的状况，拓宽专业口径，增强人才培养的适应性；在专业设置上要避免盲目求全、求新、求多，要按照社会的人才需求和学校的实际办学条件，对专业进行合理调整。专科专业建设要充分体现应用性、针对性和灵活性的特点，使人才培养能很快适应各种职业和岗位的需要。

各地区和部门要进一步优化专业结构，文理科类在注意保证一定数量基础学科专业的同时，要大力加强为经济建设和社会发展服务的应用类专业。工科类要特别注意中小企业、乡镇企业对人才培养的要求，注意总结交叉学科、复合型人才的培养经验，适当增加为新兴产业服务的专业布点。农林和医药类要重视服务于农村、基层的学科专业的建设和发展。要优化专业布点，提高办学效益。

8. 进一步充分调动和发挥教师和学生教与学的积极性，逐步形成有效的激励机制。要根据教学规律和特点，将竞争机制适当地引入人才培养过程。继续试验、逐步完善并推广各种有益于优秀人才培养、因才施教和搞活教学的各种措施，如学分制、优秀学生选拔制、主辅修制等，积极为优秀学生的脱颖而出，为具有不同条件和才能的学生有益的个性发展创造条件。同时，要彻底改变学校对学生包教包学的做法，改革和加强学籍管理，实行合理的淘汰制，逐步形成在严格管理的条件下，充分调动学生积极性的激励机制。

要进一步健全和完善教学评价、优秀教学成果和优秀教材奖励制度，激励教师积极从教。各高等学校都要建立对教师教学效果的评价制度，并要有相应的政策措施配套，使教师在比较和竞争中获得更大的动力，引导他们在教学上做出更大成绩。

9. 加强各级政府和社会对高等学校办学水平、教学质量的检查监督。开展教育教学检查是国家对教育教学工作进行宏观管理的重要手段。要积极组织开展研究，制订切实可行的实施办法，推动各级教育部门有针对性地开展教育教学检查。

社会评估是社会对高等学校人才质量的直接反馈，是评估学校教育质量的主要形式。

要重视发挥社会评估的作用，要引导社会在毕业生比较集中的用人单位设立人才质量评估检测点，长期对毕业生的质量进行检测，并作为评价学校教学工作的重要依据。对社会评估的形式、办法要积极进行探索和实践，使这项工作逐步科学化和制度化。

□关于学位与研究生教育改革和发展的若干意见

（1993年2月8日国家教委、国务院学位委员会印发）

1. 为了贯彻党的十四大精神，适应加快改革开放和现代化建设的步伐，实现高层次专门人才培养立足于国内的目标，研究生教育和学位工作，必须解放思想，转变观念，面向现代化、面向世界、面向未来，努力探索适应经济建设、科技进步、国防建设和社会发展需要的、德智体全面发展的社会主义事业建设者和接班人。要努力探索与社会主义市场经济体制相适应的、有中国特色的研究生教育和学位制度。

2. 九十年代研究生教育，在保证必要办学条件与质量和效益的前提下要有一个较大的发展。2000年在学研究生规模力争比1992年翻一番，其中博士生数量要有更大的发展。

3. 学位工作和研究生教育的发展，要着力于提高研究生培养单位的规模效益、培养质量和办学水平，基本稳定现有学位授予单位数量，进一步加强研究生院的建设。中央和省（自治区、直辖市）两级政府要集中财力重点建设好一批代表国家水平的高等学校和学科点，努力形成一批较高水平的研究生培养基地，使我国一部分重点大学的整体水平和主要学科的博士生培养质量，进入世界先进行列。

根据按需授权和平等竞争的原则，在优化结构和改善布局的前提下适当增加博士和硕士学位授权点。博士学位授权点的调整和增列，要适当集中，发挥优势，重视基础学科，加强应用学科，扶持新兴和边缘学科。硕士学位授权点的调整和增列，应面向经济建设主战场，注意加强社会急需的应用学科和薄弱学科，既要满足经济发达地区的需要，又要兼顾边远地区和不发达地区的需求。

4. 按照分层次办学的要求，积极稳妥地改革学位授权审核办法以及研究生教育和学位工作的管理体制。在部分高等学校开展自主增列硕士学位授权学科专业点改革试点的基础上，经过国家教委和国务院学位委员会批准，进一步扩大下放硕士学位授权学科专业点的调整和审核增列权。选择不同类型的研究生培养单位，开展自主增列博士生指导教师的审核试点工作，以及不再评审博士生指导教师的试点。选择少数培养单位进行自主确定培养硕士生的学科专业、录取标准和人数、改革培养和管理方式的试点。在下放权力的同时，要建立相应的宏观调控机制和学位授予单位的自我约束机制。

5. 国家教委要转变职能，加强和改善研究生教育的宏观管理和政策指导。主要担负：制定发展战略和中长期规划，规划研究生培养基地和重点学科点建设，加强研究生教育的政策研究和立法工作，推动国际合作与交流。为适应事业进一步发展的需要，国家教委要相应地调整机构，作好对研究生教育的管理、协调和服务。

国务院学位委员会要加强和改善学位工作的宏观管理和政策指导，建立和完善各项规章制度，加强对学位授予单位的研究生教育和学位授予质量审议、评价和监督，进行学科结构和地区布局的合理调整，发展国际交流，加强信息管理、专家咨询、社会评估和学位研究工作，保证国家对学位工作的科学决策和指导。

各省(自治区、直辖市)和中央各部委、中国人民解放军学位委员会(或主管部门)和高教主管部门,要规划、管理和推进本地区、本部门的研究生教育和学位工作的改革与发展。

研究生培养单位应在国家有关法规和政策规定的职权范围内,充分行使办学自主权。积极进行招生、培养、管理、就业等各方面的改革,努力改善办学条件,保证研究生培养和学位授予的质量。

6. 改革研究生招生和就业制度。在改进国家招生计划工作的同时,学校可以根据社会需求增加委托培养、定向培养和自筹经费招生的数量。进一步改革毕业研究生的就业制度,完善毕业生自主择业和用人单位择优录用的"双向选择"办法。通过政策导向、思想工作、经济手段等,引导毕业生到国家急需、能发挥所长的工作岗位上去。

7. 适应经济、社会发展需要,积极改革研究生培养规格和类型单一的状况。博士生教育要努力提高培养质量,为国家培养跨世纪的学术带头人和业务骨干的后备队伍。硕士生教育要在保证质量的前提下,发展多种规格和多种类型尤其是应用人才的培养。加快专业学位的试点。为满足高等学校提高师资水平和各类经济生产单位对复合性人才的紧迫需要,继续试办跨学科的研究生班。

8. 研究生教育的教学改革,要紧紧围绕经济建设、科技进步和社会发展的需要,紧密联系我国经济建设和社会发展的实践,注意吸收世界科技和文化发展的最新成果。要适应现代化建设的需要,积极研究、合理设置和调整培养研究生和授予学位的学科、专业,促进新兴学科和交叉学科的成长,拓宽人才培养的口径。进一步改革研究的培养方式和方法,如实行学分制、灵活的学制、硕士生和博士生连读,继续推行研究生兼做教学、科研、管理工作等等。要充分发挥研究生在科学研究中的重要作用,鼓励他们积极参与重大科研任务,支持他们结合所学专业开展各种学术交流活动和社会生产实践活动。对研究生要加强马列主义毛泽东思想教育,建设有中国特色的社会主义理论和党的基本路线教育,爱国主义和集体主义教育,树立和巩固社会主义的理想、信念和人生观。要继续加强和改进研究生的思想政治工作和管理工作。

9. 加强教育与科研、生产(社会实践)相结合。根据学科特点,提倡指导教师与有关实际部门的高职称人员定期交流或互相兼职。鼓励高等学校与科学研究机构和大中型企事业单位联合培养研究生,联合进行科学研究。积极鼓励中级以上各类专业技术人员和管理人员,在职攻读硕士、博士学位。改进和加强在职人员以同等学力申请硕士、博士学位的工作,使之成为促进高层次专门人才成长的一条重要途径。

10. 进一步扩大对外开放,积极引进国外的人才、资金、教材、设备,进一步改善办学条件。扩大国际交流与合作,继续作好科研合作和联合培养博士生的工作。要提高来华留学生的学历层次,适当扩大来华留学研究生的规模,努力提高教学质量。

11. 逐步改革研究生教育经费拨款和投资机制,实行国家财政拨款为主与多渠道筹措经费相结合的办法。进一步改革研究生奖学金的发放办法,对从事国家重点建设项目、艰苦行业和到边远地区工作的研究生,设立国家奖学金;鼓励各类用人部门以及热心支持研究生教育事业的团体和个人,设立各种名义的研究生奖学金;培养单位要结合人事制度的改革,设立研究生兼职工作的岗位津贴;运用奖学金等经济手段,对招生数量、培养类型和就业去向进行调控。

12. 结合国家人事制度的改革,根据不同层次的高等学校、科研机构等单位对高层次专门人才的不同需要，可以逐步试行将获得博士、硕士学位与评聘高级专业技术职务挂钩。挂钩办法，可因学校、科研机构的层次而异。根据不同行业对人才上岗的不同要求，在部分行业分层地将获得专业学位作为具备上岗资格的条件之一。在工资制度的改革中，使学位获得者的待遇，在定级上进一步得到相应的体现。

□关于深化普通高等学校科技工作改革的若干意见

（1993年2月8日国家教委、国务院学位委员会印发）

改革开放以来，高等学校科技工作有很大发展，在培养人才与各项建设事业中发挥了重要作用，已成为我国科技事业的一支重要方面军。但高等学校的科技潜力远未充分发挥，科技与经济脱节问题尚未很好解决，管理体制和运行机制还不能适应社会主义市场经济发展的需要。高等学校必须坚决贯彻党的十四大精神，着力抓好科技工作的改革与发展，努力开创新局面。

一、积极开拓、探索，建立主动适应社会主义市场经济需要的科技工作新体制

1. 改革过分集中的计划经济体制下形成的科技管理体制，要革除不适应经济发展的各种弊端，建立起能主动适应社会主义市场经济和科学技术发展的新科技体制。通过改革，充分调动广大科技工作者的积极性，使高等学校在重大科技前沿上取得突破性进展，在解决经济与社会发展关键问题上作出贡献。

2. 高等学校科技体制改革不仅要促进科技与经济的有效结合，加速科技成果商品化和向现实生产力转化，而且还要使科研工作与人才培养密切结合、互相促进，推动学科（专业）发展，提高人才培养质量。逐步形成能充分发挥高等学校多学科和科技人才密集的优势，适应经济、科技和社会发展及高级专门人才培养需要的多层次多模式的科技工作新体制。

二、调整科技工作组织结构，形成合理的运行机制

3. 按照中央关于科技工作要面向经济建设主战场，在开发研究、高新技术及其产业、基础性研究三个方面合理配置力量的总体部署精神，有计划有步骤地进行科技机构的调整改革和人员分流。仅仅是系所合一的模式，不能完全适应面向经济建设特别是市场经济的需要。要在改革中形成一批资源配置合理、任务各有侧重、确具优势特色的科技实体；还要与企业合作，发展一批优势互补、互惠互利、研究开发与生产经营一条龙的科技经济联合体；其中有一些要办成具有国内外先进水平的国家级科技机构或行业技术开发骨干基地。通过改革，要逐步建立起能胜任从基础性研究到应用开发，从单学科到多学科综合，不同类型、不同层次、相互配套、有机联系、富有生机与活力的科技工作体系。

4. 要运用行政、经济手段，制定有关政策，持续稳定地支持基础性研究、高技术研究和重大科技攻关，这要作为高校科技工作基本方针长期坚持下去。从事这类研究的机构与人员，积极承担各级政府科技任务，申请各类科技基金，努力攀登科学高峰，为我国科技事业长远发展作出贡献。要全面开展适应市场经济需要的应用研究、技术开发和科技服务工作，积极引导从事这类工作的机构与人员走向社会，积极承担企事业单位的委托任务，充分利用市场机制，以多种方式进入经济生产领域，有条件的，逐步向企业化产业化方向发展。

5. 学校可视实际情况自行决定设立、撤

并科技机构。主要从事基础性研究并担负重大研究任务的机构，经评估审核，区别不同情况，动态地核定一定数量专职科技编制，在一定时期内要相对稳定队伍，并给于一定额度经常费用，课题费主要通过承担任务或申请科学基金取得。主要从事应用研究、技术开发和科技服务的机构，试行技术经济承包责任制，有条件的，也可实行企业化管理，学校在用人、劳资、奖励、职称等制度上给予充分的自主权。各类科技机构都要逐渐增加国内外客座研究开发人员和企事业单位兼职人员的比例，以吸纳优秀人才，汇聚创新思想，辐射研究成果。要采取各种措施，增强活力，完善运行管理制度，形成自我发展、自我约束的有效机制。

三、充分发挥高等学校在基础性研究、高技术研究和重大科技攻关方面的优势，努力攀登科学技术高峰

6. 基础性研究、高技术研究、重大科技攻关不仅为人类认识自然、改造自然提供知识基础，而且是新技术、新发明的先导和源泉，也是培养高水平科技人才的摇篮。高等学校处在人才培养和科学研究的交汇点上，对这类研究既有独特的优势，也有特殊的需要，应保持一个相对较高的比例。在继续争取各级政府部门增加对高等学校这类研究投入的同时，还要争取企业和社会各界的支持，校办科技产业和咨询服务的收入，也应提取一定比例，用于支持基础性研究。要集中一批优秀人才组成精干队伍，选择若干意义重大的项目，确定有限目标，实行重点突破。在积极承担国家攀登计划、863高技术计划、科技攻关计划以及各部委、各地区相关计划任务的同时，还要抓好一批与上述科技计划相衔接的重点项目。努力使一些学科领域的研究水平进入世界先进行列或处于领先地位。

7. 高等学校开展基础性研究、高技术研究和科技攻关要与人才培养密切结合，为实现高层次专门人才培养立足国内创造条件。有关学校及主管部门要争取多方支持，保障已经建成和正在建设的国家重点实验室与开放研究实验室的正常运行，把这些实验室办成吸引和聚集国内外优秀人才，开发高水平研究和高层次人才培养的基地。要发挥老一辈科学家的指导作用和中年科技工作者中坚作用，放手让优秀年轻科技人员进入关键技术岗位和管理岗位，从多方面创造良好工作条件与环境，关心扶植他们健康成长，使优秀年轻人才脱颖而出。尽快造就新一代学科带头人与骨干。

四、大力加强科技成果转化工作，形成与经济建设紧密结合的新局面

8. 科技成果转化是高等学校科技工作开创新局面的关键。要增强转化意识，采取有力措施，创造有利于转化的条件与环境。成果转化工作既是科技行为，更是经济行为。要遵循科技、经济规律，选择市场前景好的科技成果进行二次开发，实现向商品化、产业化的转化。要加强转化的中间环节，争取各级政府的支持或与企业合作，建设一批不同层次与类型的工程(技术)研究中心、技术开发中心和中间试验基地，有条件的可向创办科技企业、企业集团方向发展，走科技产业化的道路。要特别重视从事成果转化与推广应用的各类人员配置，制订激励政策吸引善开发、懂生产、会经营管理的优秀人才，逐步形成一支高效精干的科技开发与产业化的专门队伍。要努力开辟多种资金渠道，争取较大幅度增加对成果转化工作的投入。

9. 高等学校要与产业界发展多种内容与形式的合作联系，成为广大企业、农村的人才与技术的重要来源，企业、农村成为高等学校人才培养与科技工作的重要场所，逐步建立起紧密结合、双向依靠的新型关系。要积极参与国家和地方两个层次的“产学研联合开发工程”，要在合作开发或转移新技术、新产品项目和形成大规模示范性高新技术产业中发挥作用。通过这项工程的实施，高等学校要争取有选择地与若干企业（特别大中型企业）建立相对稳定的合作关系，或进入企业集团，逐步形成一批校内外人才培养和研究开发的合作基地。

10. 高等学校要积极参与高新技术开发区和经济开发区建设，提供智力资源和科技成果。鼓励有条件的学校进入开发区创办或联办技工贸一体化的科技企业。可以实行“前店后厂”、“区校结合”等方式，探索符合国情的高新技术产业发展的路子。

五、根据市场需求和学校实际，有重点有选择地发展校办科技产业

11. 发展校办科技产业，特别是高新技术产业，是高等学校的一项重要改革，也是学校为国民经济服务的一条途径。校办科技产业要以市场为导向，以本校科技优势为后盾，有计划有重点地发展；要实行教学、科研、生产三结合；要面向社会为经济发展服务，以利科技成果迅速有效地向现实生产力转化，并促进相关产业发展。校办科技产业的目的在于加速科技成果转化与促进人才培养，起“孵化”与实践基地作用，同时，也要为改善办学条件，促进学校改革与发展做出贡献。

12. 各高等学校及主管部门要认真进行市场调查，结合自身实际，作好校办科技产业发展规划和“八五”计划，并积极筹措资金，创造条件，促使健康发展。国家教委掌握的科技贷款优先支持附加值高、创汇多、技术含量高、能源和原材料消耗低的高新技术产业开发项目。校办科技产业可以采取独资、合资、集资、与国内外企业联办等多种方式。与校外企业联办的，实行税前分利，学校所得部分仍享受校办产业优惠政策。

13. 校办科技企业是融科研、生产、经营、服务于一体的科技经济实体，应实行企业管理体制，独立核算，自主经营，自负盈亏。企业盈利部分用于弥补教育、科研经费不足，同时也要充分注意企业自身发展的需要。有条件的校办科技企业，在明确资产关系和职责权利前提下，可以控股、参股、产权入股、技术入股等形式进行股份制经营。

六、改善科技工作管理，强化支持服务体系

14. 各级高教主管部门要会同科技、经济和计划部门，加强对高等学校科技工作的领导与支持。同时，要转变职能，加强宏观协调与管理，积极为学校服务。科学研究的机构、编制、经费、奖励、项目管理等具体事项，按有关规定给学校充分的自主权。

15. 开拓多种经费渠道，建立以财政拨款、金融贷款、争取基金、单位自筹等多渠道、多形式的科技投入体系，要通过开展国际科技合作，争取国外资助。通过争取国内外组织与个人捐赠等形式，开拓民间集资。国家教委争取有关部门和银行支持，建立科技贷款渠道和风险投资基金，用于支持高等学校科技开发和成果转化工作。争取 1993 年开始实施高等学校科技专项贷款计划。有条件的省（自治区）市，争取建立区域性科技贷款和风险投资，用以支持高等学校为本地区经济发展服务的开发项目。在国家科委支持下，1992 年起，国家“火炬计划”中增设高等学校“火炬专项”，用于支持学校为主的高新技术产业化开发项目，由国家教委受理申请并组织评审后，报国家科委纳入国家“火炬计划”渠道组织实施。

16. 建立与健全知识产权保护体系和科技服务体系。高教主管部门要十分重视高等学校科技工作合法权益的保护，创造条件逐步建立全国、部门、地区不同范围的保障知识产权的联合组织机构，如专利事务所、法律事务所、会计事务所和审计事务所等，以保护学校的合法权益。要采取切实措施加强科技信息、科技统计、图书出版、物资采购等科技工作的支持条件。

□关于加快解决高等学校教职工住房问题的若干意见

（1993年3月12日国家教委印发）

党的十一届三中全会以来，高等学校（以下简称高校）教职工住房状况得到了较大的改善。但由于高校教职工住房条件基础较差，基建投资落后于事业发展的需要，以及现行住房建设、分配和管理存在某些弊端等原因，当前高校教职工住房困难问题仍较为严峻，尤其是中青年教职工住房严重不足的问题已成为影响学校稳定和教职工积极性发挥的突出矛盾之一。根据党的十四大精神、《中国教育改革与发展纲要》的要求和国务院关于继续积极稳妥地进行城镇住房制度改革的通知，结合实际情况，现就尽快解决高校教职工住房困难问题，提出如下意见：

一、要把解决教职工住房作为大事来抓。加快解决高校教职工住房问题，关系到落实党的知识分子政策，稳定教职工队伍和巩固安定团结的政治局面。各地区、各部门应将解决高校教职工，首先是中青年教职工住房困难问题，作为"八五"期间的一件大事和今后一段时间内改善办学条件的重要任务，认真抓落实，力争用三年左右时间基本解决中青年教职工住房困难问题；用五年左右时间使大部分骨干教职工的住房条件能够得到改善，从而基本缓解高校教职工住房困难问题。

二、制定住房建设的规划方案。各地区、各部门党政领导要组织力量对所属高校教职工住房情况进行调查研究，在统一认识的基础上，结合本地区和本部门的实际，制定高校住房解困目标和住房建设规划。住房解困目标是先解决中青年教职工无房户和困难户问题，然后才是改善问题。因此，在近几年内住房建设原则上以建一、二类住房为主，不建四类住房。如三至五年不能实现住房解困目标的学校，原则上应暂缓其它用房建设。

三、严格控制人员编制。各地区、各部门应按规定严格控制学校人员的增加，以控制住房的需求量。对学校中企业编制和集体所有制职工的住房问题，应在国家投资以外，另行筹资解决。

四、增加和落实住房建设投资。今后一段时间，各地区、各部门应尽最大努力增加住房建设投资，国家正常基建投资的安排要实行向住房建设倾斜的政策，把投资的重点放到住房建设上来。此外，学校自筹基建投资也要尽可能安排用于住房建设，学校应充分挖掘内部潜力，每年从预算外基金收入中确定一定比例专项用于住房建设。要鼓励多渠道筹措建房资金，结合实际情况，合理确定不同科类学校住房建设投资中学校自筹和教职工个人集资部分所占比例，调动多方面的积极性，增加住房建设投资。

五、搞好住房制度改革。高校的房改，要考虑大多数教职工的承受能力，要同校内管理体制改革同步进行，逐步到位。要坚持国家、学校、教职工共同筹资建房的原则；要立足转换住房机制，改革住房低租金制，逐步实现住房资金投入产出的良性循环。各地区、各部门可根据住房制度改革精神和地方政府房改方案，结合高校的实际情况研究采取以下办法：

（一）收取住房保证金

保证金本金归个人所有，住户退还住房时，保证金本金退还个人。

1. 凡学校现有和新建分配的住房（包括由学校安排作为教职工住用的其它房屋）均收取住房保证金。

2. 住房保证金的标准，可按学校现有住房、新建住房、腾空后重新分配的住房等不同情况分别确定。

3. 学校新建和重新分配的住房，住户一般须一次付清保证金后，才能获得住房使用权。对少数有特殊困难的教职工(包括离退休人员)，可采取分期付款的办法。学校现有住房的保证金，住户可一次付清，也可采取分期付款加息的办法。住户交纳住房保证金后，仍应按规定交纳房租。

(二)调整住房租金

调整住房租金，开始可以采取分步提租的办法，新建住房实行新租金标准，对多占住房者要加收租金。

1. 提租及提租后的补贴问题应按当地房改方案实施。如当地方案尚未出台，对新建住房可先参照地方设想方案实行新的租金标准；现有住房可实行分步提租，逐步达到五项因素(维修费、管理费、折旧费、投资利息和房产税)计租的标准。

2. 住房超面积标准加租。凡住房面积标准超过学校规定标准的住户，可实行超标加租的办法。超标的具体标准由学校根据上级有关规定研究制定。

3. 有条件的地方、部门及学校要逐步加大住房改革力度，立足转换机制，加快低租金制的改革，积极实行增大提租幅度，同时给予适当补贴的办法。

(三)建立学校住房公积金

学校住房公积金是一种义务性长期储蓄，通过长期的积累，提高教职工自己解决住房的能力。各高校应积极推行建立住房公积金。建立公积金的学校，教职工和学校均应按教职工的工资总额的同一比例每月交纳、提取公积金。学校住房公积金只能用于教职工建房、购房、翻修、大修住房和交纳超过教职工家庭工资总额收入一定比例的住房租金。教育行政主管部门和高等学校应积极争取地方政府支持，保证学校住房公积金在当地房改部门指导、监督下，由学校统一负责收缴、管理和使用。

(四)试行出售住房

学校校园内的住房，不能出售给教职工个人及其它人员。学校在校外统建住宅小区和不影响学校发展总体规划地段的住房，可以按当地房改方案规定，出售给教职工。学校收取的住房保证金、住房租金和超标加租租金、住房公积金以及出售住房收回的资金，均做为学校的住房基金，在当地房改办指导、监督下，统一由学校负责管理，专户储存，用于住房建设和维修，不得挪做它用。

六、加强对住房建设工作的领导和管理。住房建设关系到广大教职工的切身利益，各地区和部门及高校要切实加强对这项工作的领导，注重工程质量，努力提高投资效益。要调整住房分配的政策导向。住房分配除考虑资历、职级等因素外，还要考虑教职工工作贡献等因素，使住房分配既要体现党和国家对广大教职工的关怀，也要成为一种激励先进的手段，以利于教职工队伍的建设和稳定。对有突出贡献的中青年教职工应予以特殊照顾。要改善对现有住房的管理。对外单位人员、遗属、长期出国人员的住房进行清理调整，对住房中存在的长期闲置、转借他人、超面积标准、不合理使用、无理占用等问题分别制定管理办法，使现有住房得到合理使用。要依靠社会单位，合理分流，共同解决住房问题，缓解学校压力。

七、走参加城市联合统建教职工住宅小区的路子。这是逐步实现高校住房社会化的重要途径。学校根据具体条件，可利用已列入总体规划用于住宅建设的现有土地建设住房，也可积极筹措资金投入城市住宅大基地的开发并逐步过渡到参加统建教职工住宅小区。

八、要对住房建设给予优惠政策。各省、自治区、直辖市人民政府应对高校教职工住房建设项目、住房建设用地和参加城市小区开发建设住房等方面，实行减免有关税费和优先安排的政策。对学校和教职工集资建房，自筹建设资金，除按财政部(92)财综字第106号文件免征国家能源交通重点建设基金和国家预算调节基金外，还应实行减免其他有关税费的优惠政策，积极支持高校加快解决住房问题。

各地区、各部门应参照本意见的基本原则，结合实际情况，研究制定解决住房困难问题的目标、规划方案和具体措施。同时，原来推行的改革措施如果有效，可继续实行并不断完善。

□关于深化普通高等学校招生计划改革和加强宏观管理的意见

(1993年4月14日国家教委印发)

为贯彻十四大精神，落实《中国教育改革和发展纲要》以及全国高教会议确定的改革措施，逐步完善国家对普通高等教育事业发展的宏观管理机制，保证高教事业积极、健康发展，现对深化普通高等学校招生计划改革和加强宏观管理提出如下意见：

一、为适应社会主义市场经济和社会发展的要求，普通高等学校招生计划，实行国家任务计划和调节性计划相结合的体制。国家任务计划，主要保证国家重点项目、国防建设、文化教育、基础学科和高科技以及边远地区、某些艰苦行业所需人才。委托培养和自费生招生计划属调节性计划，在保证完成国家任务计划的前提下，可以根据社会各方面的需求、生源质量和高等学校的办学条件，安排招收委托培养生和自费生。随着改革的深化和社会主义市场经济的不断发育，逐步扩大调节性计划的比重。

二、近期内，普通高等学校招生计划的管理，实行国家宏观指导，总量调控，中央和省、部两级管理、分级负责的办法。每年由国家教委和国家计委根据国家经济和社会发展的总体规划，综合平衡，提出当年全国普通高等学校年度招生总量、发展速度和有关方针。各省、自治区、直辖市、计划单列市和中央各部门在国家宏观计划和方针政策的指导下，根据本地区、本部门经济和社会发展的客观需求、生源质量及普通高等学校的实际办学条件，在审核所属高等学校提出的学校招生计划安排意见的基础上，编制本省、本部门所属高等学校的招生计划。地方高校招生计划由省级政府确定，报国家教委和国家计委审核；中央部属高校的国家任务计划由主管部门提出方案，报国家教委、国家计委审定，调节性计划由学校主管部门确定，报国家教委和国家计委审核。中央部属高等学校为地方经济服务，接受地方委托招生，应报经主管部门同意，并列入中央部属高校的招生计划。经上下结合审核的各地区、各部门所属普通高等学校的国家任务计划和调节性计划，都纳入全国普通高等学校年度招生计划下达执行。

三、全国普通高校年度招生计划下达后，应当维护其严肃性，一般不应做大的变动。国家任务计划，原则上要按计划执行；委托培养和自费生计划，在执行过程中可以进行适当调整，但必须经省、部级政府核准，并应及时报国家教委备案。

增加招生指标涉及到的有关经费和学生毕业去向等问题，按隶属关系，由各地区、各部门统筹负责。

四、随着社会主义市场经济的不断发育，有关政策法规的逐步完备和学校发展及约束机制的逐渐形成，学校在事业发展方面应有更多的自主权，逐步成为面向社会自主办学的实体。在目前条件下，招生计划的编制和调节方案可由学校提出，但审定权应集中在省、部一级，不宜层层下放。

五、国家教委和学校主管部门要改革普通高等学校招生计划管理，简政放权，由直接的行政管理，转变为综合运用计划规划、政策法规、统计信息、评估监督、财政拨款和必要的行政手段，进行宏观管理，逐步建立健全招生计划宏观调控机制。今后，国家教委和学校主管部门的主要职责是把握高等教育发展中的方针、政策，审查办学条件，维护正常的办学秩序，切实保证高等学历教育的质量和规格，防止高等教育学历文凭发生混乱。

六、国家教委和学校主管部门要依据国家有关法规，审查普通高校的办学资格。未经国家教委批准建立的高等学校，均不具备进行高等学历教育的资格；基本办学条件太差的现有高等学校也不能安排招生。国家教委在每年招生前向社会公布具有学历教育招生资格的普通高等学校名单。国家对现有普通高等学校办学条件的最低要求将逐年提高，直至达到国家颁布的设置标准，并据此审核普通高校的招生资格和年度招生规模。

七、要坚持走内涵发展为主的道路，充分发挥现有高校的办学潜力。各高等学校均不能自行决定举办校外班。对于已经办的校外班，各地区、各部门要采取措施继续进行调整、收缩。少数经济比较发达、教育事业发展快，且高校内涵发展潜力不大的省市，可以试办校外班，但必须由省级教育主管部门统筹规划，提出论证报告和实施方案，报经国家教委批准。校外班一般不得跨省区招生。

八、普通高等学校的招生录取工作要严格执行国家规定的程序和标准。新生录取工作必须由省招办统一组织进行。凡未参加统一招生，未经省招生办公室审核录取的学生，一律不能取得普通高等学校入学资格。

九、要运用统计信息监测教育发展状况。对于盲目扩大招生数量造成办学条件低于当年国家规定的最低要求的高等学校，国家教委要采取内部通报或者通过统计公报予以公布，促使学校主管部门采取加大投入或限制招生等措施，保证学校条件不低于最低水准。

十、各省、自治区、直辖市教育主管部门都应采取切实措施，加强对普通学校毕业证书发放的管理工作，杜绝乱发文凭的现象。

十一、逐步开展对普通高校的教学质量和水平的监督工作，以抑制教学水平低、质量差的学校和校外班的产生和发展。从1993年开始，国家将组织力量对高校的教学质量进行抽样检查评估，并公布评估结果。

十二、各省、自治区、直辖市教育主管部门应加强对招生工作中的收费管理。普通高等学校招生收费应按国家教委、财政部、国家物价局教材[1992]42号、[1993]17号文件精神办理。各级教育财务与审计部门，要加强对收费的监督。

十三、国家教委和各地、各部门都要加强对普通高校招生计划执行和管理工作的检查、指导和监督，对先进要宣传表扬，对于违纪事例，要抓住典型，及时、果断地予以制止。坚持深化改革，努力探索和建立普通高等学校招生计划宏观管理机制，促进高教事业既快又好地发展。

□国家教委关于普通高等学校更名问题的通知

（1993年4月19日）

最近，个别部门、地方政府和高等学校未按国家有关规定程序报经国家教育委员会批准，自行更改所属普通高等学校名称，在社会上和高等学校中造成了一定混乱和不良影响。经国务院同意，现将有关普通高等学校更改名称的问题重申如下：

一、普通高等学校名称的变更是高等教育事业发展中的重要政策问题，必须在国家政策的宏观指导下统一进行。普通高等学校的名称确需更改的，须按隶属关系由学校主管部门提出申请，报国家教育委员会审批。

二、国家教育委员会正在拟定普通高等学校名称的命名规范，学校更名的审理工作将依照命名规范，按程序进行。对学校更名中的重大问题，我委还将视需要，委托全国高等学校设置评议委员会进行专家评议，在评议的基础上审批学校的更名问题，以提高教育宏观管理和决策的科学性和民主性。

三、各级政府部门和高等学校要进一步明确，在加快高等教育事业改革和发展的进程中，既要扩大教育管理部门和学校的教育统筹权力，又要做好宏观管理工作；既要提倡勇于改革，大胆试验，也要遵纪守法，保证重大决策的集中统一。在高等学校更名等重大调整问题上，必须按国家的规定进行工作，不能自行其事。

普通高等学校名称应保持基本稳定，一般不要更改。高等学校应充分利用当前改革与发展的有利时机，积极探索适应经济和社会发展的新途径，不断提高办学水平和教育质量，更好地为社会主义现代化建设服务。

□关于重点建设一批高等学校和重点学科点的若干意见

（1993年7月15日国家教委印发）

一、根据中共中央、国务院发布的《中国教育改革和发展纲要》和《国务院批转国家教委关于加快改革和积极发展普通高等教育意见的通知》，决定设置“211工程”重点建设项目，即面向21世纪，重点建设100所左右的高等学校和一批重点学科点。

实施这一工程，将有力的推动高等教育体制的改革，提高我国高等教育的教育质量、科研和管理水平，实现高层次人才的培养立足国内，为我国进入21世纪准备骨干人才。加快国家经济建设、促进科学技术和文化发展，增强综合国力和国际竞争能力，保证我国现代化建设的第二、第三步战略目标的实现，并使我国高等教育在国际上占有重要位置。这是一项为迎接21世纪的挑战，适应现代化建设事业的需要，加快改革和积极发展我国高等教育而采取的重大战略决策。

二、工程建设的目标是：经过十年或者更长一点时间的努力，使相当一批高等学校和重点学科点能够成为培养高层次专门人才和解决国家经济建设、科技和社会发展重大科技问题的基地，在教育质量、科学研究和管理等方面处于国内先进水平，并有一定的国际影响。其中若干所高等学校和部分重点学科点达到或接近世界先进水平。基本形成适应社会主义现代化建设需要、结构布局合理、水平较高、各具特色的重点学科点和示范带头学校，建立适应社会主义市场经济体制和政治、科技体制改革需要的高等教育新体制。

三、工程建设的中心任务是：提高高等学校的教育质量、科研水平和办学效益。为此，有关高等学校要努力建设一支有良好政治业务素质、结构合理、相对稳定的教师队伍，造就一大批学术造诣较深、在国内外有一定影响的学术带头人和骨干教师；要加强思想政治教育工作，提高学生的全面素质；要调整学科、专业结构，加强学科建设，深入进行教学改革，更好地适应经济建设和社会发展需要；要较大幅度地改善仪器设备、图书情报和通讯等办学物质条件，加强实验室建设，明显增强科研实力；要吸取国外先进经验，增强国际交流，扩大国际影响。有关部门要为重点建设的高等学校提供优惠政策，进一步扩大学校的办学自主权，加速形成学校主动适应社会需要,自我激励、自我发展、自我约束的运行机制。

四、重点建设的高等学校,按不同学校类型,在具备一定前提条件的基础上择优遴选。

前提条件是:办学思想端正,领导班子团结有力,改革取得一定成效;教学、生活等基本设施较好,本科教育水平较高,学校所在地区、部门有统筹合理的教育发展规划。

遴选条件是:有一支质量较高的师资队伍;教学科研水平较高、条件较好;具备一定数量的硕士点、博士点和重点学科点,高层次专门人才培养的数量较多、质量较高;科研经费较多,成果显著,对国家建设贡献较大;能多渠道筹措办学经费,办学效益较高;在国内外有一定的学术影响;学校建设和综合改革的目标明确,建设经费比较落实。

五、高等学校重点学科点的选择原则是:学科发展方向意义重大、具有特色和优势;有国内公认、国际上有一定影响的学术带头人和梯队合理的高水平学术队伍;教学科研水平处于国内领先地位,在国际上也有一定的影响,人才培养和科学研究成绩突出;有良好的教学科研条件和国内外学术交流基础。

已经国家教委批准的高等学校重点学科点,按照评选、建设重点学科点的有关规定和本工程要求进行重新认定。根据工程建设需要,将分批增补部分重点学科点。经认定和批准的高等学校重点学科点,列入本工程。

六、工程采取分期分批滚动实施的办法。首先鼓励有条件的主管部委和地方政府,着力办好一二所代表本行业、本地区先进水平的高等学校和一批重点学科点,支持发展对国民经济建设至关重要的新兴交叉和空白薄弱学科。在此基础上,将逐步选择整体条件较好、建设资金落实、代表国家水平和合理布局需要的高等学校和重点学科点,陆续列入本工程。

七、工程建设所需资金的筹措,采取国家投资和多渠道集资相结合的方式,充分调动各方面的积极性。中央部委、地方所属高等学校和重点学科点的重点建设经费主要由各部委和地方政府安排。有关部委和地方政府要大力支持项目学校和重点学科点的建设,投入必要的资金。提倡和支持中央部委、地方、企业集团共同建设。有关高等学校和重点学科点也要增强自身发展的能力,注意吸收国内外有关单位和个人的捐赠,多渠道筹措建设资金。

八、国家成立"211 工程"协调小组,负责工程的宏观决策和指导。国家教委成立"211 工程"领导小组,下设"211 工程"办公室,具体负责工程的规划实施以及有关事项的协调和管理工作。有关主管部门和学校根据需要,可以确定相应的管理机构,负责项目的执行和管理。

国家教委将聘请学术威望较高、管理经验丰富、办事公正的专家,负责对本工程宏观规划、项目立项和实施提供咨询意见。

九、工程建设项目的立项,采取专家咨询和行政部门决策相结合的方式进行,遵循科学、民主和平等竞争原则,增加透明度,充分发挥专家和舆论监督作用。

立项程序分为预审、预备立项、评审和批准立项等四个主要步骤,按照国家教委的统一部署进行。首先由有关高等学校进行项目可行性论证,完成后向主管部门申请预审;预审通过后由主管部门向国家教委申请预备立项,经审核同意后即可预备立项;在预备立项后,视重点建设的进度及效果,由主管部门向国家教委正式推荐申报,国家教委将视条件,分批组织专家评审,通过后由国家教委会同有关主管部门批准,即正式立项,下达项目建设任务书。

十、列入本工程的高等学校和重点学科点是国家重点建设项目,实行项目目标管理。要强化项目论证,加强项目的检查和监督,讲求效益。列入项目的学校和重点学科点应按时上报反映项目执行情况的年度报告，定期接受中期评估。评估成绩优秀者，给予一定的鼓励；评估成绩不合格者，要限期改正；多次评估不合格者，取消各项优惠政策，不再列入本工程。项目完成时，将聘请有关专家根据工程建设目标、条件和建设任务书，对项目的完成情况进行验收，并向社会公布验收结果。

十一、为保证这一工程的顺利实施，要逐步建立公正客观的评价体系，以加强重点建设的科学管理工作，要组织相应的研究和人员培训，重视有关高等学校重点建设信息的采集和分析，建立高水平的管理信息系统。

十二、重点建设高等学校和重点学科点的工作，必须在全面落实《中国教育改革和发展纲要》的基础上进行，各中央部委和地方政府应统筹发展各级各类教育，防止因加强高等教育而削弱其它教育，防止因对重点建设学校和重点学科点的投入而影响其他学校和学科点的正常投入。有关高等学校要按照实事求是的原则，做好重点建设工作。

□普通高等学校本科专业设置规定

（1993年7月16日国家教委发布）

第一章　总　　则

第一条　为了贯彻《中国教育改革和发展纲要》，推动高等教育事业的改革和发展，扩大高等学校的办学自主权和地方、中央部委的管理权限，转变政府职能，加强对高等学校本科专业（以下简称"专业"）的宏观管理，增强普通高等学校主动适应经济、科技和社会发展需要的能力和活力，特制订本规定。

第二条　普通高等学校的专业设置及其调整，应当适应社会主义现代化建设需要，同时又要遵循教育自身的规律，正确处理好需要与可能、数量与质量、当前与长远、特殊与一般的关系。

第三条　普通高等学校的专业设置及其调整，应考虑投资效益和社会效益，避免不必要的重复设置，形成合理的专业结构和布局。

能通过现有专业扩大招生或拓宽专业服务方向等办法可以基本满足人才需求的，不应再新增设专业。

第四条　普通高等学校的专业设置及其调整，应符合国家教育委员会颁布的普通高等学校本科专业目录及其有关要求。设置专业目录外的专业按规定程序办理。

第二章　专业设置的条件

第五条　普通高等学校新设专业必须具备下列条件：

（一）符合经学校主管部门批准的学校发展规划，有稳定人才需求的预测报告，招生规模一般以每年六十人为宜，不低于三十人；

（二）应有符合专业培养目标的教学计划和其他必需的教学文件；

（三）应与学校已设专业之间有相互支持关系，为完成该专业教学计划规定的教学任务（包括各项实践性教学环节），能有比较稳定的专业基础课程（工学类专业含技术基础课程）、专业课程教师队伍及实验技术人员；

（四）具备该专业必需的开办经费和办学基本条件，包括教室、实验室及仪器设备、图书馆及图书资料、实习场所、体育设施和学生宿舍、食堂等必备的条件。

第六条　普通高等学校申请由原有专业改设新专业者，应满足新专业设置所需条件。

第三章　专业设置的审批权限

第七条　普通高等学校专业设置，由高等学校、学校主管部门（系指省、自治区、直辖市和中央部委教育行政部门,下同)和国家教育委员会分工负责审定、审批和备案。

第八条 普通高等学校申请设置新专业,凡符合第五条所规定的条件者,可批准其正式设置,开始招生。对第五条所述条件尚不完全具备者,可批准其筹建,筹建时间一般不应超过两年。筹建期限内达到正式设置条件后可批准开始招生,否则取消其筹建资格。

第九条 普通高等学校在专业目录所列的本门类所属的二级类范围内(如理学门类的物理学类内部;工学门类的材料类内部等)调整专业,经本校学术委员会或其他相应组织讨论通过,由学校自主审定,学校主管部门核报国家教育委员会备案。

第十条 国家重点普通高等学校除可按第九条规定自主调整专业外,设置、调整专业目录内的其他专业,按学校的学科性质、在学校主管部门核定的本科专业数和相关学科门类内,经本校学术委员会或其他相应组织讨论通过,由学校自主审定,学校主管部门核报国家教育委员会备案。

第十一条 普通高等学校设置、调整不属于第九条所列情况的专业目录内的专业;国家重点普通高等学校设置、调整下列类型专业,由学校主管部门审批并报国家教育委员会备案。

综合大学设置、调整非哲学、经济学、法学、历史学、文学、理学门类专业的;

理工院校设置、调整非理学、工学门类专业的;

农林院校设置、调整非农学门类专业的;

医药院校设置、调整非医学门类专业的;

师范院校设置、调整非教育学门类专业或其他非师范性质专业的;

外语院校设置、调整非外国语言文学类专业的;

财经院校设置、调整非经济学门类专业的;

政法院校设置、调整非法学门类专业的;

体育院校设置、调整非体育学类专业的;

艺术院校设置、调整非艺术类专业的。

第十二条 普通高等学校设置专业目录外的专业,须由学校主管部门组织专家论证后并按规定程序审批,报国家教育委员会备案。

第十三条 由学校主管部门负责审批的专业,须经本地区(部门)设置的高等学校专业设置评议委员会(以下简称专业设置评议委员会)评议。

第十四条 高等专科学校和短期职业大学不得设置本科专业,个别特殊情况确需设置的,须由主管部门报国家教育委员会审批。

第四章 审批程序

第十五条 专业审批每年集中进行一次。

学校申请设置或调整专业,应按规定日期向学校主管部门提交以下书面材料:

(一) 申请报告,简要说明设置或调整专业的主要理由及其他有关情况;

(二) 申请表,根据国家教育委员会统一制订的格式据实详细填写;

(三) 拟设专业的教学计划;

(四) 其他补充说明材料。

第十六条 凡由高等学校自主审定的专业,各校应于每年 8 月 31 日前(以当地邮戳或送达日为准,下同)将审定结果连同必要材料报学校主管部门。由学校主管部门按照统一表格于 9 月 30 日前核报国家教育委员会备案。

第十七条 凡由学校主管部门负责审批的专业,学校申报时间及审批具体时间可本着及时处理的精神由有关部门自行确定,但学校主管部门至迟应于每年 9 月 30 日前将审批结果按照统一表格报国家教育委员会备案。

第十八条　学校主管部门审批专业目录外的专业报国家教育委员会备案时须附专业论证报告、专业简介、教学计划、地区(部门)专业设置评议委员会评议情况及其他说明材料。

第十九条　对于备案的专业，国家教育委员会或学校主管部门发现不符合规定条件者，将及时提出指导性反馈意见。国家教育委员会至迟于当年 11 月 30 日前统一公布普通高等学校备案专业名单。

第五章　专业设置评议委员会

第二十条　专业设置评议委员会系学校主管部门的咨询、审议机构，接受学校主管部门委托，根据国家、部门和地方的人才需求、现有专业布点情况，按本规定，对本地区(部门)所属普通高等学校申报设置的专业进行评议，为学校主管部门提供决策咨询意见。

第二十一条　专业设置评议委员会由本地区(部门)高等学校、教育行政部门、计划部门、人事部门及其他有关单位的专家、学者组成。委员由学校主管部门聘任，任期 4 年。

第二十二条　专业设置评议委员会对普通高等学校申请设置的专业进行评议，可采取会议评议方式，也可采取通讯评议方式。

第二十三条　各地区(部门)专业设置评议委员会应根据本规定，制定工作细则。

第二十四条　各地区(部门)专业设置评议委员会的工作细则、组成人员名单及变动情况须抄报国家教育委员会。

第六章　专业目录外专业的论证

第二十五条　专业目录外专业的论证由学校主管部门邀请教育、科技、人事部门及有关单位专家、学者组成论证小组进行。论证小组的人数，一般为 7 至 9 人，其中申请设置该专业学校的专家、学者不得超过 2 人。

第二十六条　对专业目录外专业的论证应包括以下内容：

(一)对拟设专业人才需求的分析；

(二)拟设专业与国内外相关和相近专业的比较分析；

(三)拟设专业的培养目标、业务范围(主要指知识、能力结构)、主干学科(或主要学科基础)、基本课程、授予学位；

(四)拟设专业的教学计划；

(五)设置专业目录外新专业的办学条件分析；

(六)其他需要说明的问题和情况。

通过论证须着重说明设置该专业的必要性和可行性。

第二十七条　论证小组对拟设专业进行论证后向学校主管部门提交论证报告和专业简介。

第七章　监督、检查

第二十八条　国家教育委员会对学校主管部门及其所属普通高等学校的专业设置实行指导、检查、监督。

第二十九条　对违反本规定擅自设置和调整专业的，国家教育委员会和有关教育行政部门可视具体情况，令其限期整顿、调整、停止招生直至撤销该专业。

第三十条　对专业管理混乱，且领导不力的学校或学校主管部门，国家教育委员会将视具体情况予以通报批评或收回其按规定负责审批专业的权限。

第八章　附　　则

第三十一条　普通高等学校专业设置审批和备案工作，由国家教育委员会高等教育司归口管理。

第三十二条　普通高等学校所设函授、夜大学本科专业的设置及调整可参照本规定。

第三十三条　本规定由国家教育委员会

负责解释。

第三十四条 本规定自发布之日起施行。

□关于新形势下加强和改进高等学校党的建设和思想政治工作的若干意见

（1993年8月13日中央组织部、中央宣传部、国家教委印发）

一、大力加强和改进新形势下高等学校党的建设和思想政治工作

当前，我国进入了加快改革开放和现代化建设、发展社会主义市场经济的新的历史阶段，高等教育的改革与发展也迈出了新的步伐。新的形势，既为高等学校加强和改进党的建设和思想政治工作创造了良好的条件和机遇，提供了强大的动力，也出现了一些新的情况和问题，对高等学校党的建设和思想政治工作提出了更高的要求。因此，越是改革开放，发展社会主义市场经济，越是加快高等教育的改革与发展，越要加强党对高等学校的领导，加强和改进党的建设和思想政治工作，充分发挥党的政治优势。

在新形势下，高等学校党的建设和思想政治工作的基本任务是：以建设有中国特色社会主义的理论为指导，坚定、全面地贯彻党的基本路线和教育方针，积极落实《中国教育改革和发展纲要》，紧紧围绕高等教育的改革和发展，密切结合教学、科研和其他业务工作的实际，开展党的建设和思想政治工作，动员和团结广大党员、师生员工努力完成高校肩负的培养社会主义现代化建设高级专门人才、发展科技文化、促进现代化建设的重大任务。

各级党委和政府，各级教育部门和高等学校，必须高度重视新形势下党的建设和思想政治工作，真抓实干，进一步贯彻中央有关文件精神，落实四次全国高等学校党的建设工作会议提出的各项任务，切实加强和改进高等学校党的建设和思想政治工作，保证和促进高等教育上新台阶，更好地完成培养社会主义事业建设者和接班人的根本任务，为社会主义现代化建设服务。

二、坚持用建设有中国特色社会主义的理论武装全体党员和教育师生员工

坚持用邓小平同志建设有中国特色社会主义的理论武装广大党员和教育师生员工，将广大党员和师生员工的认识和行动统一到党的十四大精神上来，提高坚持党的基本路线的自觉性，是高等学校党的建设和思想政治工作的首要任务。

当前，学习马列主义、毛泽东思想，要以学习建设有中国特色社会主义的理论为中心内容，进一步加强党的基本路线和爱国主义、集体主义、社会主义教育，进行近代史、现代史和中华民族优秀文化传统的教育，进行新时期伟大创业精神的教育，进行教育改革和发展的教育，促进党员和师生员工树立正确的理想、信念、人生观、价值观，反对资产阶级自由化，抵制一切剥削阶级腐朽思想的侵蚀，为高等学校的改革和发展提供强大的精神动力和思想保证。

学习建设有中国特色社会主义的理论，要坚持理论联系实际的方针，密切联系我国改革开放和现代化建设以及高等学校改革和发展的实际，全面、深刻地领会和掌握建设有中国特色社会主义理论的基本内容和精神实质，贯彻落实《中国教育改革和发展纲要》。着重引导广大党员和师生员工认清加快改革开放和现代化建设、发展社会主义市场经济对高等教育的深刻影响和更高要求，解放思想，实事求是，牢固树立高等教育必须为以经济建设为中心的社会主义现代化建设服务的思想，主动适应改革和建设以及国际经济、技术竞争的需要，抓住机遇，深化改革，积极发展，推动高等教育上新台阶，并始终注意克服和消除市场活动中的消极影响，反对拜金主义、享乐主义和极端个人主义，正确处理好国家、集体和个人之间的各种利益关系。

深入进行建设有中国特色社会主义理论的学习、教育要注意分层次。校级领导要坚持中心组学习制度，将学习理论同调查研究、指导解决学校改革与发展的重大问题结合起来，掌握领导学校改革和发展的主动权。充分利用党校，采取集中轮训或研讨的方式组织好其他干部的学习，提倡学习理论同学习经济知识、教育管理等知识相结合，不断提高全面贯彻党的基本路线和教育方针的坚定性。党员和师生员工主要通过党的组织生活、政治学习、课程教学，参观考察、社会实践和结合科研等工作，深入学习和把握建设有中国特色社会主义的理论，并用以指导和促进本职工作。学习中要防止形式主义，不断提高实效。

三、进一步加强党对高等教育改革和发展的领导

贯彻落实《中国教育改革与发展纲要》，积极推进高等教育的改革和发展，是当前高等学校的中心任务。在改革和发展中，学校党组织要充分发挥坚强的核心作用。校党委要加强领导，抓好重大改革措施的决策，制定改革和发展方案，必须深入调查研究，广泛听取群众意见，开展充分的研究、论证，然后由党委集体讨论做出决定；要抓好改革的试点，及时总结和推广典型经验，有步骤地分段实施；要围绕改革和发展加强党的自身建设，在改革和发展中充分发挥党总支的政治核心作用、党支部的战斗堡垒作用和党员的先锋模范作用；要组织党员、广大师生员工认真学习党的路线、方针、政策和《纲要》精神，进一步统一认识，并结合改革过程中人们普遍关心的问题和切身利益，有针对性地做好思想工作，化解矛盾，协调关系，理顺情绪，最大限度地调动广大党员和师生员工投身教育改革和发展的积极性、主动性、创造性。要充分发挥工会、共青团、民主党派等组织的作用，做好改革和发展中的思想工作。高校是青年学生集中的地方，要高度重视高校共青团的工作。高校党委要直接领导校团委的工作。

为加强党对高等学校的领导，保证和推进改革和发展的顺利进行，省、自治区、直辖市党委、政府和高等学校，在机构改革中，要保证必要的党的工作和思想政治教育的工作机构和编制。

四、进一步加强校级领导班子建设

政治坚定，勇于改革，勤政廉洁，团结协调，实干高效，能带领群众办好有中国特色的社会主义高等学校的校领导集体，是高等学校深化改革，积极发展，完成所肩负的重大任务的关键。各高等学校要从实际出发，进一步加强领导班子的思想、组织、作风建设。当前应强调的是要深入学习和积极、全面、正确地贯彻邓小平同志的重要谈话和党的十四大精神，保持坚定的信念和清醒的头脑，增强党性，开拓进取；要加强组织观念，以党和人民的利益以及学校的事业为重，维护领导班子的团结和权威；要保持和广大群众的密切联系，全心全意为人民服务。为此，要进一步完善和落实领导干部学习、培训制度，健全和坚持党代会、党委会制度，集体领导和个人分工负责制度，领导干部联系群众和基层制度，党员领导干部过双重组织生活制度，领导干部考核和民主评议制度，以及领导干部接受群众监督和廉政建设等制度。要把培养接班人的工作作为关系坚持党的基本路线一百年不动摇的一件大事来抓。按照“革命化、年轻化、知识化、专业化”方针和德才兼备原则，选拔一批 45 岁以下的优秀年轻干部进入校级领导班子，每校至少要有1至2名。要继续加强后备干部队伍建设，通过培训进修、轮岗锻炼、基层实践、以老带新等方式，切实加强对后备干部的培养。后备干部实行动态管理，定期进行考核，不符合条件的要及时调整，实践中脱颖而出的优秀人才要及时选拔、补充，始终保持后备干部队伍的质量和活力。

高等学校的领导体制仍按中央有关文件精神，原则上实行党委领导下的校长负责制。党委在学校中处于领导核心地位，对学校工作实行统一领导。校长全面负责学校的行政工作，并根据党委的集体决策，具体负责组织实施。党委要对学校工作中诸如改革和发展的规划和方案、年度工作计划、系处级以上干部任免、晋职晋级工作方案、经费预决算、基建大项目安排以及校产发展计划等重大问题作出决策，并围绕党和学校的中心工作加强党的建设和思想政治工作。党委对学校重大问题的决策要充分听取并尊重校长的意见，支持行政领导根据党委决策，在职责范围内独立负责地开展工作。

坚持民主集中制是坚持和完善党委领导下的校长负责制的关键。凡属重大问题，要充分发扬民主，在广泛听取干部、群众意见以及党政主要领导沟通思想的基础上，由党委或党委常委集体讨论决定；对一时难于达成共识的问题，一般不急于付诸表决，进一步调查研究和民主协商后，再讨论决定；集体作出决定后，个人应无条件地服从和执行，绝不能在言论和行动上搞自由主义。

经过上级党组织批准的少数高校可以继续进行校长负责制的试点，这些高等学校的党委应充分发挥政治核心作用。

五、加强和改进马克思主义理论课和思想政治教育课建设

马克思主义理论课和思想政治教育课是学生思想政治教育的主渠道，是社会主义学校的本质特征之一。加强和改进“两课”教育是摆在我们面前的一项紧迫任务。“两课”要贯彻理论联系实际的方针和“少而精”、“要管用”的原则，以增强说服力和有效性为目标，以改进教学内容和方法为重点，注意相辅相成，深入进行教学改革。

要在坚持马克思主义基本原理的前提下，根据各自的学科特点，更新、充实、调整教学内容。要贯彻建设有中国特色社会主义的理论，及时改革不适应形势发展要求的教学内容，注重吸收和反映建设有中国特色社会主义伟大实践中产生的新的科学理论成果，增强帮助青年学生形成科学的世界观、人生观的内容，调整课程间不必要的重复内容。注意加强教学的针对性，从理论和实践的结合上，回答学生普遍关心的“热点”问题。对当前国际共产主义运动，我国的改革开放和社会主义现代化建设，建立和发展社会主义市场经济，高等教育的改革与发展等方面问题及时进行研究和讲解，特别要重视社会主义市场经济条件下的理想、信念和人生观、价值观的教育，帮助学生运用马克思主义的立场、观点、方法来分析问题，解决问题，沿着正确的方向健康成长。课程设置和教学时数安排原则上要执行国家教委的规定，这方面的改革试点要经过上级教育主管部门批准，有领导、有步骤地进行。对“两课”改革中的成功经验，要及时总结，逐步推广。

要大力改进教学方法，注意运用课堂讨论、社会实践、演讲答辩等多种方式和现代化教学手段，不断提高教学效果。

要加强“两课”教师队伍的建设，在补充人员、阅读文件、培训提高、参观考察、出国交流、职称评定、奖酬金分配等方面实行倾斜政策。可从校内党政干部中和社会上聘请一些符合条件的兼职教师，加强“两课”的教学力量，促进理论同实际的结合。加强“两课”教师对学生马列学习小组、党章学习小组和一些哲学社会科学社团活动的指导，组织他们深入开展马克思主义理论的学习和研究，把课内外的学习和研究活动有机结合起来，相互促进。

各级党政教育部门和高校党政领导要重视和加强对“两课”教育工作的领导，把“两课”作为重点课程来建设。要增加对“两课”的教育投入，改善教学、科研条件，协调有关职能部门支持“两课”教育工作。建立健全校系领导定期听课制度和师生评课制度，促进教育质量的提高。要将“两课”教学改革作为学校教学改革的重要组成部分，将“两课”教师队伍建设作为整个学校教师队伍建设的重要组成部分，把“两课”教育工作的状况作为评估学校工作和领导班子实绩的重要条件。

六、进一步加强党总支和党支部的建设

党总支和党支部要紧密围绕改革与发展、教学与科研等任务积极主动地开展工作。要结合系(院)建设、教研室建设和学生班集体建设加强党的基层组织建设，在教育改革和教学科研中发挥党总支的政治核心作用、党支部的战斗堡垒作用和共产党员的先锋模范作用，坚持用教育改革和教学、科研，以及教书育人、管理育人、服务育人的实际成效作为考察党的基层组织建设和党员先锋模范作用的主要标准。

切实做好发展党员工作，把青年教师和学生作为培养和发展党员的重点。建立健全共青团组织向党组织推荐优秀团员作为党组织培养、发展对象的制度，不断扩大青年教师和学生中要求入党的积极分子队伍，通过党校、党章学习小组、个别重点考察和帮助等方式加强对申请入党的积极分子的培养。坚持党员标准，积极做好党员发展工作，逐步做到青年教师骨干中党员比重较大，学生中低年级班有党员，高年级班有党支部或党小组。特别要重视在中青年骨干教师中培养和发展党员的工作。在扩大党员数量的同时，始终注意保证和提高党员的质量。

要加强对党总支和党支部负责人的考察、选拔工作，注意把政治业务素质好、在群众中有较高威信的党员选为党总支或党支部书记；搞好党的总支书记和支部书记的培训，增强他们在新形势下做好基层党的工作和思想政治工作的奉献精神和工作能力；调整政策，采取措施，调动党总支书记和党支部书记做好党的建设和思想政治工作的积极性。党总支书记和党支部书记的工作量计算、岗位津贴和其他待遇与系(院)主任(院长)、教研室主任同等对待。党总支书记和支部书记应分别参与系(院)、教研室重大问题的研究、决定。

坚持和健全党总支和党支部的工作制度。党总支要定期召开总支委员会、党政联席会和党政领导民主生活会。党支部要定期组织支部活动，定期召开以交流思想，开展批评和自我批评为主要内容的组织生活会。党总支和党支部要会同有关行政组织搞好师生员工的政治学习，建立健全党员同党外同志的联系制度，注意做好党员和非党同志的思想政治工作。党委要制定和完善党总支和党支部工作制度，并定期研究党总支和党支部的建设问题，及时加强指导。

七、进一步加强政工干部队伍建设

高等学校党务和政工干部是办好学校不可缺少的重要力量，都是教育工作者。其中从事学生思想政治教育的专职人员和兼任教学、科研工作的党务、政工干部是教师队伍的一部分。要继续贯彻中央有关文件精神，努力建立一支以精干的专职人员为骨干、专兼职相结合的政工队伍。对党务和政工干部，在工作上要提出高要求，在政治和业务素质上要坚持高标准，并在力所能及的范围内提高他们的生活待遇。要从实际出发，采取特殊政策，培养一批又红又专的党务和政工干部骨干，保证和促进骨干队伍的巩固和提高。加强党务、政工干部的脱产和在职培训，在妥善处理好学习与工作关系的前提下，有计划地输送专职党务、政工干部到各级党校或教育行政学院培训、进修，鼓励在职攻读第二学位、硕士或博士学位，不断提高专职党务、政工干部的政治素质和工作能力。重视组织和吸收党务和政工干部出境、出国考察，了解世界，开阔视野。他们的留学、进修，列入教师公派出国计划。提倡专职党务和政工干部兼做一定的思想政治教育和其他方面的教学、科研工作，部分业务教师兼做一些党务和思想政治工作。优秀本科生、研究生毕业留校从事2至4年党务和思想政治工作后，实行分流，或向党政干部发展，或安排在职攻读学位，或向业务教师发展，着力培养一批熟悉教学、科研业务的青年党政工作骨干。教师兼做党务和思想政治工作的实绩应视同业务工作实绩，在评定专业技术职务、计算工作量和发放奖酬金等方面给予充分考虑。思想政治工作是一门科学。党务、政工干部承担思想政治教育和其他方面的教学、科研工作的，要评聘专业技术职务。可在总的评聘指标中，按照比例划出数额，进行评聘；没有承担思想政治教育和其他方面的教学或科研工作的，由学校在内部管理体制改革中根据实际情况分别解决好他们的职称和待遇问题。各省、自治区、直辖市和有关部、委要根据本地、本部门的实际情况，制定解决这个问题的具体办法，党务和政工干部的住房、工资、津贴和其他生活待遇要与同届毕业的教师基本保持相当。

要进一步发动广大教师、干部和职工教书育人、管理育人和服务育人，形成宏大的育人队伍。

□民办高等学校设置暂行规定

（1993年8月17日国家教委发布）

第一章 总 则

第一条 民办高等学校是我国高等教育事业的组成部分。为了积极鼓励、正确引导兴办民办高等学校，维护民办高等学校的合法权益，完善对民办高等学校的管理，根据国家有关法规，制定本规定。

第二条 本规定所称民办高等学校，系指除国家机关和国有企业事业组织以外的各种社会组织以及公民个人，自筹资金，依照本规定设立的实施高等学历教育的教育机构。

第三条 设置民办高等学校要适应经济建设和社会发展的需求，与现有各类高等教育统筹规划，有利于高等教育布局、层次、科类结构的改善。

第四条 民办高等学校应遵守国家的法律、法规，接受政府的管理、监督、检查、评估和审计。

第五条 民办高等学校应坚持党的基本路线，全面贯彻教育方针，保证教育质量，培养合格的人才。学校要建立共产党、共青团和工会组织，以及必要的思想政治工作制度。

第六条 民办高等学校及其教师和学生享有与国家举办的高等学校及其教师和学生平等的法律地位。民办高等学校招收接受学历教育的学生，纳入高等教育招生计划。学生毕业后自主择业，国家承认学历。

民办高等学校应对毕业的学生提供就业指导。

第七条 民办高等学校不得以营利为办学宗旨。其财产归学校所有，任何单位和个人不得侵占；其收入应主要用于改善办学条件和学校的进一步发展。民办高等学校的校办产业享受和普通高等学校校办产业同样的政策。

第二章　设置标准

第八条　民办高等学校的设置标准，应有别于普通高等学校和成人高等学校，从满足教学基本需要出发，实事求是地予以确定。

第九条　设置民办高等学校，应具备下述基本条件：

配备坚持党的基本路线，大学本科毕业以上文化水平，具有高等教育工作经验，管理能力较强，并能坚持正常工作的专职正、副校长。还应配备有副教授以上职称的专职学科、专业负责人。

配备政治素质较高、业务能力与专业设置、在校学生人数相适应的稳定的教师队伍。各门公共必修课程、专业基础和专业必修课程，至少应有讲师或讲师以上职称的教师1人。每个专业至少应有二名具有副教授职称以上的教学骨干。

设置的专业数一般在三个以上；在校学生规模应达到500人以上，其中高等学历教育在校学生规模应不少于300人。

有固定、独立、相对集中的土地和校舍。校舍一般应包括教室、图书馆、实验室（含实习场所及附属用房）、校系行政用房及其它用房五项，合计建筑面积参考指标为：文法财经类学校每生10平方米，理工农医类学校每生16平方米。占地面积应满足校舍建设用地和供学生体育活动的场地。

按所设专业和学生人数配备必要的教学仪器设备和适用图书。实验课及实习条件应达到各专业教学的基本要求。

要有与建校相应的建设资金和稳定的经费来源。建校、办学费用由申办者自行筹措，并需有关部门审核、验资。其资金数额由省级人民政府规定。

第十条　自行筹资建校舍尚有困难的民办高等学校，允许租借现有合适的校园或其它单位的适用土地、用房从事教学活动，但须有具法律效力的契约。长期租借外单位适用土地、房屋等设施满足办学需要的学校，其筹办启动资金的要求可以适当放宽。

第十一条　民办高等学校不得租借以下房产做为校舍：

1．简易建筑物；

2．危房；

3．从事正常教学活动的中小学及中等职业技术学校、普通高等学校的校舍；

4．其他不适于教学活动的房屋。

第十二条　民办高等学校可以利用其他单位的实验、实习设施和图书资料，但应保持相对稳定。

第十三条　国家鼓励设置专科层次的民办高等学校。设置本科层次的民办高等学校，其标准需参照《普通高等学校设置暂行条例》的规定执行。

第三章　设置申请

第十四条　民办高等学校设置分筹办和正式建校两个阶段。达到设置标准要求的，可以直接申请正式建校；未达到设置标准要求的，可以先申请筹办。筹办条件由省级人民政府规定。

批准筹办的民办高等学校可以招生，但不具有发放高等学历教育文凭的资格。学生学习结束后，可由学校发给写实性学习证书，也可以参加国家组织的高等教育学历资格考试或自学考试，合格者发给毕业文凭。学生考试合格率达到70%以上，并已基本具备办学条件的，可以申请正式建校。

第十五条　申请筹办民办高等学校，由申办者向省级教育行政部门提出，经省级教育行政部门组织专家参照本规定和省级人民政府的有关补充规定进行评议，报省级人民政府审批，并抄送国家教育委员会备案。

民办高等学校正式建校，由申办者向省级教育行政部门提出申请，经省级人民政府审核同意后，报国家教育委员会审批。

第十六条 申请筹办民办高等学校须报送以下材料：

1. 学校办学宗旨、培养目标和建校方案（规模、专业设置等）；

2. 建校资金、办学正常经费的数量、来源渠道及证明文件；

3. 学校章程；实行董事会制度的学校，还须报董事会章程和董事长、董事名单及资格证明文件；

4. 已有办学条件和学校基本建设规划；

5. 其他有关文件。

第十七条 申请正式建校要报送以下材料：

1. 省级人民政府的审核意见；

2. 正式建校的可行性论证；

3. 资金数量、来源及证明文件；

4. 学校组织机构、领导班子、教工队伍情况和骨干教师名单及其职称、专业；

5. 学校规模、学制、招生专业、人数、生源面向；

6. 批准筹办学校的结业学生参加自学考试情况；

7. 已有校园、校舍建筑面积、图书资料及教学仪器设备情况。

第四章 评议审批

第十八条 国家教育委员会每年第三季度前受理当年的民办高等学校设置申请，逾期申报，转至下一年度办理。

第十九条 民办高等学校的设置申请，经国家教育委员会形式审查后，对申报程序符合规定、申报材料齐备、基本办学条件达到要求的，委托全国高等学校设置评议委员会进行评议。对申报程序不符合规定、申报材料不完备、基本办学条件未达要求的设置申请，国家教育委员会暂不委托全国高等学校设置评议委员会进行评议，并及时通知申报者。

第二十条 国家教育委员会根据全国高等学校设置评议委员会的评议结论进行审批，并将结论意见通知省级人民政府。

第二十一条 民办高等学校从批准正式建校至达到计划规模，期限为5年。

第二十二条 民办高等学校校名要根据国家关于高等学校名称的有关规定确定，一般应与其办学层次相符，同时须在校名前冠以“民办”二字。批准筹办的民办高等学校的校名，须在校名后加注“（筹办）”字样。

第五章 管　理

第二十三条 民办高等学校由所在地方省级教育行政部门负责管理。

第二十四条 民办高等学校校长的任免，须报省级教育行政部门核准。

第二十五条 民办高等学校聘请兼职教师，应经其所在单位同意，并须签订聘用合同。

第二十六条 民办高等学校招收学历教育的学生，应参加全国高等学校统一考试，并按省级教育行政部门的规定录取。举办助学性质的非学历教育班，入学资格考试可由学校自行组织。

第二十七条 民办高等学校不得办分校和设校外办学点，也不得将本校承担的教育教学任务委托其他单位或个人实施。

第二十八条 未经筹办阶段而直接正式建校的民办高等学校，省级教育行政部门要对其首届毕业生进行考核验收。考核验收合格率低于70%的为不合格学校，允许第二年再次申请验收，再不合格，则改为筹办学校。参加考核验收合格的学生发毕业证书，不合格者发学习证明。

第二十九条　民办高等学校依据国家法规和政策，享有下列办学职权：

1. 制定和修改学校规章制度；

2. 设置校内管理机构；

3. 聘任校长、教师、职工，确定教职工工资收入标准；

4. 根据学校的规章制度对教职工和学生给予应有的奖惩；

5. 享有国家赋予高等学校的有关优惠政策；

6. 设置、调整专业；

7. 根据当地政府的有关规定精神，确定和调整学费标准；

8. 接受捐赠、资助；开展对内对外的教育交流与合作；

9. 兴办校办产业，进行科技协作，开展社会服务；

10. 法律、法规规定的其他权利。

第六章　变更与调整

第三十条　民办高等学校的变更分为更改校名、培养层次等；调整分为撤销与合并。民办高等学校调整和变更，均须按申报设置学校的程序办理。

第三十一条　民办高等学校调整，由学校提前提出申请。经批准后，由学校负责妥善安置在校学生。并在省级教育行政部门的监督下处理校产。

第三十二条　省级教育行政部门要对民办高等学校的各项工作进行指导和监督，并定期或不定期对学校的教育质量进行评估检查。有下列情形之一者，分别给予警告、限期整顿、停止招生的处理。情节特别严重者，报经国家教育委员会批准，予以撤销。

1. 未经批准，擅自筹办、建校招生的；

2. 乱发学历文凭的；

3. 管理不善，办学秩序严重混乱，造成不良影响的；

4. 教育质量严重低下的；

5. 严重违背办学宗旨的。

国家明令撤销的民办高等学校，校长应负责对其在校学生妥善安置。必要时，可请求省级教育行政部门予以协助。省级教育行政部门应组织财务、审计等部门对学校资产进行清算。清算后的剩余资产，包括校舍、场地等，除依法返还给创办人部分外，均归教育行政部门处理，用于发展教育事业。

第七章　其　　它

第三十三条　省级人民政府可根据本规定，结合本地区实际制定有关补充规定。

第三十四条　本规定由国家教育委员会负责解释。

第三十五条　本规定自发布之日起施行。

□普通高等教育学历证书管理暂行规定

（1993年12月29日国家教委发布）

第一条　为加强普通高等教育学历证书管理，维护国家学历教育制度和学历证书的严肃性，保证高等教育的质量和规格，特制定本规定。

第二条　普通高等教育学历证书系普通高等学校以及承担研究生教育的其他机构（以下统称高等学校或学校）发给学生受教育程度的凭证。

第三条　国家承认普通高等教育学历证书所证明的学历，持证人享受国家规定的有关待遇。

第四条　按国家规定招收，入学后取得学籍的学生，完成某一阶段的学业后，根据考试（考查）的结果，取得相应的学历证书。

第五条 普通高等教育学历证书分为毕业证书、结业证书、肄业证书三种。

第六条 毕业证书应具备以下内容：

(一)毕业生姓名、性别、年龄、学习起止年月(提前修完者应予注明)；

(二)学制、专业、层次(研究生、本科或专科)，毕业；

(三)贴有本人免冠照片并加盖学校骑缝钢印；

(四)学校名称及印章，校(院)长签名；

(五)发证日期及证书编号。

第七条 结业证书应具备以下内容：

(一)结业生姓名、性别、年龄、学习起止年月；

(二)学制、专业、层次(研究生、本科或专科)，结业；

(三)贴有本人免冠照片并加盖学校骑缝钢印；

(四)学校名称及印章，校(院)长签名；

(五)发证日期及证书编号。

第八条 肄业证书应具备以下内容：

(一)肄业生姓名、性别、年龄、学习起止年月；

(二)学制、专业、层次(研究生、本科或专科)，肄业；

(三)贴有本人免冠照片并加盖学校骑缝钢印；

(四)学校名称及印章，校(院)长签名；

(五)发证日期及证书编号。

第九条 具有学籍的学生学完教学计划规定的全部课程，考试成绩及格(或修满学分)，德育体育合格，准予毕业者，可取得毕业证书。

第十条 具有学籍的学生，学完教学计划规定的全部课程，其中有一门以上课程补考后仍不及格但不属于留级范围或未修满规定的学分，德育体育合格，准予结业者，可取得结业证书。

第十一条 具有学籍的学生学满一学年以上而未学完教学计划规定的课程中途退学者(被开除学籍者除外)，可取得肄业证书。

第十二条 学历证书遗失后，可由本人向原发证机构申请。原发证机构审查后依据其毕业(结业、肄业)的情况出具相应的学历证明。

第十三条 普通高等学校接收的进修生，进修结束后可取得进修证明书。

第十四条 普通高等学校未按国家招生规定而自行招收的学生以及举办的各种培训班的学生，学习结束后学校只能发给学习证明书，不得颁发毕业(结业、肄业)证书。

第十五条 普通高等学校毕业和结业证书由国家教育委员会统一制作，学校填写后颁发。普通高等学校肄业证书由学校自行印制并颁发。

第十六条 统一制作的学历证书内芯印有“普通高等学校毕业(结业)证书”、“中华人民共和国国家教育委员会印制”及防伪标记。

第十七条 普通高等教育学历证书实行国家、省(自治区、直辖市)或国务院有关部门、学校三级管理。国家教育委员会对地区、部门按招生计划及实际毕业(结业)人数进行总量控制，统一印制普通高等学校毕业和结业证书或证书的内芯；制定有关学历证书的管理规定和实施办法；对学生的毕业(结业)资格审查和证书的颁发工作进行检查、监督。

省(自治区、直辖市)教育行政部门或国务院有关部门对所属高等学校录取新生和学籍管理工作进行监督和检查。省(自治区、直辖市)教育行政部门对所在地区范围内的普通高等学校的每届毕业和结业生进行毕(结)业资格审查，将学历证书按相应年份经国家审定的各省(自治区、直辖市)、国务院有关部委所属普通高等学校招生计划数发给学校。

学校每学年将毕业和结业生人数报所在省(自治区、直辖市)教育行政部门审查后，领取该年度所需的证书，填写并颁发给学生。

第十八条 从一九九四年起，凡未使用"国家教育委员会印制"的毕业或结业证书内芯而自行印发的毕业或结业证书，国家一律不予承认。在本《规定》下发前，普通高等学校按照国家教育委员会有关规定向具有学籍的学生颁发的学历证书，国家仍予承认，毋须换发。

第十九条 有特殊情况须颁发、换发毕业证书的，须报国家教育委员会批准。

第二十条 各地、有关部门、各学校必须加强对学历证书的管理。对失职、弄虚作假、徇私舞弊的责任者和单位，除责令其收回学历证书外，并追究有关人员和单位的责任，视情节轻重给予严肃处理；对仿制、伪造普通高等学校学历证书者要追究法律责任。

第二十一条 本规定由国家教育委员会负责解释。

第二十二条 本规定自发布之日起施行。

成人教育部分

□国务院办公厅转发国家教委关于进一步改革和发展成人高等教育意见的通知

（1993年1月7日）

国家教委《关于进一步改革和发展成人高等教育的意见》已经国务院同意，现转发给你们，请贯彻执行。

国家教委关于进一步改革和发展成人高等教育的意见

一

党的十一届三中全会以来，成人高等教育事业有了很大发展，初步形成了调动社会各方面力量，多形式、多层次、多渠道办学的体系，出现了成人高等教育与普通高等教育"两条腿走路"共同发展的新格局。成人高等教育为社会培养、培训了相当数量的各类专门人才，提高了劳动者的文化素质，对于建设社会主义精神文明、促进社会进步和经济发展起到了重要作用。

目前，我国成人高等教育的基础还比较薄弱，布局、结构存在着脱离实际、重复设置的问题，办学的质量、效益有待提高；有关法规和制度尚不完善，宏观指导、协调和服务工作亟待加强；地方、主管部门和学校的办学自主权未得到充分保证。这些都需要进一步改革和完善。

当前，我国的经济和社会生活正在发生深刻的变化。随着改革的深入和进一步对外开放，随着生产力的发展，我国劳动者的文化素质与现代化建设的要求不相适应的矛盾将愈加突出。尽快提高千百万社会主义建设者的文化素质，培养掌握现代科学技术和文化知识的劳动者已成为促进生产力发展的关键环节。与此同时，人民群众的生活由温饱向小康转变过程中，也将会有更为普遍的接受高等教育的要求。我国的高等教育已经出现了职前与职后教育并举,全日制教育与业余教育相互配合,继续教育、终生教育正在逐步发展的新局面。作为对各类高中后在职、从业人员进行多种教育的成人高等教育,担负着直接有效地为社会主义建设服务,促进生产力发展的艰巨任务和重要责任。

二

我国的经济体制、科技体制、教育体制的改革要求成人高等教育必须加大改革力度,加快发展步伐。

今后一个时期,成人高等教育改革和发展的总体目标是:

(一)动员社会各方面的力量大力支持,积极兴办多种形式、多种层次、多种规格的成人高等教育,进一步增加和拓宽社会成员接受高中后教育的机会和渠道,使成人高等教育为经济和社会发展提供更加广泛的服务。

(二)把高等层次岗位培训、大学后继续教育作为成人高等教育的重点,为此,要制定政策和措施鼓励、促进其大力发展,并形成制度;学历教育是成人高等教育的重要组成部分,要完善学历教育体系,增加投入,根据需求积极发展。建立起能够适应不断变化的经济、社会需求的新的办学机制。

(三)建立分级管理、分级负责的管理体制,形成科学的管理、调控制度。

为保证总体目标的实现,成人高等教育要坚持社会主义方向,进一步解放思想,深化改革,加强管理,增加投入,提高质量和效益,努力办出特色。

三

为促进成人高等教育的改革和发展,提出以下政策措施:

(一)各类成人高等学校和办学机构要坚持社会主义办学方向,加强党的领导,贯彻执行党的基本路线和党的教育方针。

(二)高等层次岗位培训和考核,要以行业为主,制定岗位分类和岗位规范,使培训和考核制度化;积极发展成人高等职业技术教育,继续开展专业证书教育,逐步建立起职业资格培训证书与学历文凭并存、并用的制度。成人高等学历教育以专科为主,以招收在职、从业人员为主;根据需要开办第二专业学历教育,试办以专科为起点的本科教育。依托普通高等学校,进一步拓宽在职人员攻读硕士、博士学位的渠道;对经过评审符合国家学位条例规定的成人高等学校,应给予学士学位授予权。

(三)大力推进成人高等教育管理体制的改革。国家教委要健全法规,加强总体规划,宏观指导、协调、监督和检查,重点掌管好学历教育的规格、质量;扩大省、自治区、直辖市和国务院各部门管理成人高等教育的权限,逐步把调整学校布局、制定培养规划和确定专业设置、办学形式、招生计划、招生对象及管理非学历教育的权力与责任全部交给地方和部门;地方和部门要保证学校有充分的办学自主权。

国家教委支持有条件的地区对成人高等教育的改革进行更广泛的综合试点。

(四)成人高等学历教育在招生时,要切实保证学生入学质量,同时结合成人特点逐步改革招生考试办法,并制定有利于劳动模范、生产和业务骨干以及农村、乡镇企业、边远和少数民族地区考生入学的政策。

要贯彻按需施教、学以致用的原则,紧密结合生产和工作实际进行教学领域的改革。教学计划、大纲和教材的制订和编写要注意针对性、实用性和职业性,强化实践技能的培养。要努力建立各类成人高等学校与企业、部门双向介入,生产、工作和教学相互渗透、相互促进的运行机制。有条件的成人高等学校可在部分专业实行教师职务双师制(既是工程师，又是有相应职务的教师）。

（五）强化成人高等学历教育质量控制机制，切实保证国家高等教育的质量和规格。成人高等学校的设置和普通高等学校办成人高等学历教育的资格由国家教委根据有关规定审批或备案。国家教委负责制定、编审指导性的教学计划、大纲和教材。建立办学方向、办学水平和教学质量评估制度。加强对成人高等学历教育毕业证书的管理，运用行政、经济、法律手段，坚决查处违章、违法办学。

（六）合理调整成人高等学校的设置和布局。通过多种形式的联合和一个学校发挥多种功能等措施，使成人高等教育在质量、效益和适应能力上迈上新台阶。

各类成人高等学校要合理分工、发挥优势、协调发展。普通高等学校的函授教育、夜大学应根据所在地方或所属部门的需要办，避免办学层次、专业设置、招生区域的重复与交叉。函授教育和广播电视大学应充分发挥远距离教育的优势，努力为中小城市、乡镇企业、农村以及边远和教育不发达地区服务。要积极探索函授、广播电视教育和国家考试沟通的制度。

（七）在高等教育自学考试的基础上，建立功能更为完备的国家考试制度。国家教委负责指导和管理社会力量办的高等教育，进行国家认可学历的文凭考试和对成人高等教育进行质量检测、评估性考试。

为向社会提供更多的接受教育的机会，在部分有需求、有条件的地区应充分利用广播电视大学等成人高等学校现代化教育手段，招收高中毕业的在职人员和社会青年，自费学习大学基础课程。学生考试成绩合格的，发给大学基础课程结业证书。普通高等学校和成人高等学校可招收其中成绩优良者继续读大学专、本科专业课程，合格后取得专科或本科学历。

（八）鼓励和支持社会力量办学。申请办学的社会团体或个人应具有法人资格。社会力量办具有颁发国家承认的学历文凭资格的高等学校，应按照国务院发布的《普通高等学校设置暂行条例》（国发[1986]108号）和国家教委颁发的《成人高等学校设置暂行规定》[（88）教计字0040号]审批，批准后纳入普通高等教育或成人高等教育系列。办进修、培训、补习、助学、辅导性质的学校，由地方政府审批，这类学校可颁发写实性学业证书。要加强对社会力量办的高等学校的指导和扶持，在评估、奖励等管理工作中，应与其他高等学校一视同仁。

（九）各类成人高等学校都要根据办学任务和培养目标，保证投入，充实和改善办学条件。普通高等学校的成人高等教育要切实做好定任务、定规模、定编制、定经费分配比例的工作。

（十）加强成人高等教育的理论研究和对外交流与合作。在有条件的高等学校建立成人教育专业，对中高级成人教育管理人员和研究人员进行系统培训。有组织地开展成人高等教育管理、教学、科研领域的对外交流与合作。

□国家教委关于成人高等学校调整、更名审批权限的意见

（1993年4月26日）

为贯彻落实国务院办公厅转发国家教委《关于进一步改革和发展成人高等教育的意见》（国办发[1993]3号），扩大地方和部门对成人高等教育的管理权限，促进成人高等学校合理布局、健康发展，以适应社会主义市场经济发展的需要，现就成人高等学校调整、更名的审批权限等问题，提出如下意见：

一、审批权限和程序

对现有成人高等学校调整、更名的审批权限，由省、自治区、直辖市以及计划单列市人民政府和国务院有关部门负责，但不得层层下放。设置新的成人高等学校，审批权仍在国家教育委员会。

成人高等学校的调整、更名按隶属关系由省、自治区、直辖市、计划单列市和国务院有关部门的教育主管部门依据本《意见》提出的原则和要求，经科学论证后提出方案，报同级人民政府或国务院有关部门审核批准。批准文件同时抄报国家教育委员会备案。

国家教育委员会在每年第三季度公布成人高等学校名单，年度招生计划安排等工作均按公布学校名单进行。

二、原则和要求

1. 各地各部门在进行成人高等学校调整工作时，应按《成人高等学校设置的暂行规定》[(88)教计字 40 号]及《补充规定》(教计[1992]223 号)，根据本地本部门经济社会发展的需要和高等教育的实际，统筹规划，合理布局。

对布局基本合理，办学条件尚未达到规定标准的成人高等学校，要采取积极措施充实、加强。

对布局不合理的成人高等学校，应逐步予以调整；布局不合理、办学条件又达不到规定标准的成人高等学校，应予以撤并。

2. 中央部门制定所属成人高等学校的调整方案时，应征求学校所在地教育行政部门的意见。

地方制定成人高等学校调整方案，涉及到中央部门所属学校时，要征得学校主管部门的同意。

3. 成人高等学校由于调整、联合或隶属关系的改变，或其他原因确需更改校名的，在其办学层次、性质不变的情况下，学校名称要充分体现所在地、隶属关系、行业等特点，同时，要严格按学校命名规定，学校类别，分别称为×××教育学院、×××管理干部学院、×××职工大学(学院)、×××业余大学、×××农民专科学校、×××函授学院，不得在此之外，使用与普通高校混淆不清的校名。

4. 对一个办学实体同时使用两个以上成人高等学校校名的，应理顺管理体制，原则上保留一个学校名称。

5. 各地各部门的教育主管部门，在制定成人高等学校调整、更名方案时，要及时征求国家教育委员会有关职能部门的意见。

成人高等学校的调整及更名工作，涉及面广，政策性强。各地、各部门要加强领导，搞好宣传和引导。教育行政部门要与有关部门加强联系、通力协作，广泛听取社会各方面的意见，坚持实事求是，严禁弄虚作假。

□普通高等学校函授教育辅导站暂行规程

(1993 年 7 月 16 日国家教委发布)

第一章　总　　则

第一条　为了加强普通高等学校函授教育辅导站(以下简称函授站)的建设和管理，根据《普通高等学校函授教育暂行工作条例》制定本规程。

第二条　本规程适用于经省、自治区、直辖市及计划单列市或国务院部委的教育行政部门审核或批准，并经国家教育委员会批准、备案的普通高等学校举办的本、专科函授教育所属函授站。

第三条　函授站是举办函授教育的普通高等学校(以下简称主办学校或学校)对函授生进行教学辅导，思想政治教育和组织管理的机构。

函授站业务上接受主办学校的领导，行政上接受设站单位的领导。函授站所在省、自治区、直辖市及计划单列市的教育行政部门应对函授站的工作进行指导和监督。

第四条 函授站必须坚持党的基本路线，遵守政府法令，贯彻国家有关函授教育的方针、政策和规章，执行主办学校和设站单位签订的建站协议，执行主办学校的有关制度，配合主办学校认真、严格地组织教学。

第二章 设 置

第五条 主办学校和设站单位根据本规程协商建立函授站。

第六条 主办学校在建立函授站时应遵循下列原则：

（一）拟设站的单位必须是具有法人资格的企事业单位或业务主管部门。学校不得与不具有法人资格的组织和个人签订建站协议；

（二）根据系统、行业或地方的人才培养要求和本校函授教育发展规划，在学校主管教育行政部门和国家教委批准的招生区域内，合理设置函授站；

（三）设置函授站的数目和函授站距离主办学校的远近，应同学校的办学力量和管理能力相适应；

（四）函授站一般应建在函授生较集中、交通较方便的地方。

第七条 设置函授站必须具备下列条件：

（一）有连续或隔年报考的生源；

（二）能配备专职或以专职为主体、专兼职结合的管理人员队伍；

（三）能就地就近聘请合格的辅导教师；

（四）能提供符合教学要求的教学场所和其他教学条件；

（五）能提供或筹集函授站经费。

第八条 提倡在普通或成人高等学校、普通或成人中专学校、企事业单位教育培训中心建立函授站。

若干所普通高等学校同时在一个地区或一个单位举办函授教育，经过协商，可以联合建立函授站。

第九条 省、自治区、直辖市及计划单列市所属学校的函授站及招生的范围，一般不得超出学校所在的省、自治区、直辖市。

国务院部委所属学校（包括受部委委托办学的其他学校）的函授站应根据部委对系统、行业的人才培养和函授布局的规划安排。国务院部委所属学校，也可根据地方需要和有关规定建立面向社会招生的函授站 。

第十条 主办学校和设站单位协商后，应签订建立函授站的协议。建站协议应具备以下主要条款：

（一）主办学校（建站方）与设站单位（设站方）各自的职责、权力和义务；

（二）开设专业名称、培养目标、层次（本、专科）、学制、招生对象、招生人数、覆盖地区（或招生范围）、发展规模；

（三）函授站地点及办学条件；

（四）函授站站长、副站长及工作人员；

（五）函授站经费来源和管理办法；

（六）履行协议的期限；

（七）变更协议及违反协议的处理办法；

（八）经双方同意的其它有关函授站的内容。

第十一条 建立函授站必须到函授站所在的省、自治区、直辖市及计划单列市的教育行政部门履行备案手续。在履行备案手续时，主办学校应向教育行政部门提供国家教委公布其举办函授教育的文号及专业备案情况，建站协议在履行上述手续后方能生效。

第十二条 函授站的站长、副站长及工作人员，由设站单位提名，与主办学校协商确定。站长、副站长及工作人员的变动情况应及时报函授站所在省、自治区、直辖市及计划单列市的教育行政部门或受上述教育行政部门委托的地、市、县教育行政部门备案。

第三章 职 责

第十三条 主办学校对函授站的主要职责是：

(一)及时传达国家有关函授教育的方针、政策；

(二)对教育质量及在函授站所进行的教学环节负责，指导函授站辅导教师的教学工作；

(三)制定函授站协助学校进行学籍管理和招生等工作的规章制度，并监督、检查执行情况；

(四)派遣主讲教师，聘任或派遣辅导教师；

(五)每学期或每学年对所属函授站工作进行检查或评估，表彰工作成绩优异的函授站和工作人员；对办学条件不能保证，管理混乱的函授站，应会同设站单位进行整顿；对不能保证辅导教学质量的函授站，应予撤消；对工作不负责任或不能胜任工作的人员，应与设站单位协商予以批评教育或调整；

(六)每学期或每学年召开函授站工作会议，安排工作，交流经验，研究解决工作中的有关问题；

(七)组织函授站负责人和工作人员学习国家有关函授教育方针、政策和函授教育管理知识，提高管理水平。

第十四条 函授站的职责是：

(一)协助主办学校做好在本站所在区域的招生工作；

(二)协助主办学校做好本站函授生的学籍管理工作；

(三)承担主办学校根据教学计划和教学大纲的要求交给的教学辅导任务，执行主办学校交给的有关教学环节和组织管理工作；

(四)负责及时、准确地向函授生分发教材和辅导教材；

(五)做好各项服务工作，为教师和函授生创造良好的教学和生活条件；

(六)向主办学校推荐辅导教师，并协助主办学校做好辅导教师的管理工作；

(七)做好函授生的思想政治工作，经常与函授生所在单位联系，争取单位对函授生学习的关心和支持，解决其学习中的困难；

(八)及时向主办学校反映函授生、辅导教师对教学及管理工作的意见、建议；

(九)健全行政、教学辅导、后勤、财务等管理制度和岗位责任制，并严格执行，使管理工作制度化、规范化；

(十)定期对本站所承担的教学和管理工作进行自我检查，积极配合主办学校和所在省、自治区、直辖市及计划单列市或委托的地、市、县的教育行政部门对本站工作进行检查评估；

(十一)每学期或每学年向主办学校、设站单位和所在省、自治区、直辖市及计划单列市教育行政部门或受上述教育行政部门委托的地、市、县的教育行政部门报送工作计划和工作总结；

(十二)建站协议规定的其它有关职责。

第十五条 不承担第十四条第(三)或(六)项职责的，应称为函授点。

第十六条 设站单位的主要职责是：

(一)主动配合主办学校落实函授站的建置，提供为履行职责所需要的条件；

(二)解决函授站正副站长、专职管理人员和专职辅导教师的编制、职务聘任及工资待遇；

(三)做好函授站工作人员的思想政治工作；

(四)定期研究和检查函授站工作；

(五)及时传达国家有关方针、政策。

第四章 管理人员和辅导教师

第十七条 函授站设站长1人(一般可

由设站单位负责人兼任），副站长1—2人。管理人员根据需要配备，可按函授生100人配备管理人员1人的比例安排。

函授站负责人和工作人员，应坚持党的基本路线，熟悉教学管理业务，工作负责，品德好，作风正派，具有大专以上文化程度。

第十八条 函授站负责人和工作人员应接受必要的培训。

第十九条 辅导教师既可由主办学校从本校教师中选派，也可由函授站将本站或本地能胜任函授辅导工作的人员向主办学校推荐。函授站推荐的辅导教师应由主办学校审核同意后，方可作为辅导教师担任教学辅导工作。辅导教师应保持相对稳定。

第二十条 辅导教师必须具备的条件是：坚持党的基本路线，具有大学本科以上学历或讲师以上教师职务，有一定教学经验和能力。

辅导教师应认真按照主办学校的要求进行教学辅导，教书育人，并不断总结教学经验，改进教学方法，提高教育质量。

第二十一条 主办学校应当指导和考核辅导教师的教学工作。应组织辅导教师到校短期进修、集体备课、交流经验，以不断提高其业务水平。

第二十二条 具有大学本科以上学历的函授站专职辅导教师，经过一定时期教学工作实践的考察，可由设站单位根据工作岗位需要，委托主办学校按照《高等学校教师职务试行条例》的规定评定助教或讲师的教师职务任职资格。设站单位为其办理任职手续并兑现相应的工资待遇。其他专业技术职务不能套改为高等学校教师职务。

第二十三条 兼职辅导教师的编制、职务聘任及工资待遇，由其所在单位解决。

第二十四条 对于不符合条件或工作不负责的管理人员和辅导教师，主办学校或函授站应及时更换。对于作出优异成绩的辅导教师，应予以奖励。

第五章 经 费

第二十五条 函授站所需经费，由设站单位提供或筹集。

第二十六条 函授站的经费，必须用于函授站的教学、管理和改善办学条件等方面，不得挪作它用。

第六章 管理监督

第二十七条 省、自治区、直辖市及计划单列市的教育行政部门对本地区函授站的主要管理职责如下：

（一）向函授站和设站单位传达国家有关函授教育的方针、政策，执行有关法令、法规；

（二）根据地方培养人才的需要和设站单位的条件，统筹规划面向本地区招生的函授站布局，择优设站。注意利用和发挥办学质量高、社会声誉好的国家教委和国务院其他部委所属学校的优势和作用；

（三）向函授站的主办学校提供人才需求信息，指导学校合理设置专业和招生计划；

（四）监督建站协议的执行；

（五）定期检查、评估函授站的工作。对于不符合规定的函授站，应责成主办学校停止在该函授站的招生，进行整顿或通知主办学校撤消该函授站；

（六）帮助解决函授站建设和发展过程中的困难。在有条件的地、市、区、县设立综合函授站或函授教育中心；

（七）组织函授站交流经验，学习国家有关函授教育方针、政策，培训函授站工作人员；

（八）执行国家教委赋予的有关任务。

第二十八条 省、自治区、直辖市及计划单列市的教育行政部门可将上述部分职责委托地、市、区、县教育行政部门执行。

第二十九条 国务院部委教育行政部门

应统筹规划所属学校建在直属部门、单位及行业系统的函授站，形成函授网络。为函授站建设和发展创造条件，监督、检查教育质量。配合地方教育行政部门管理函授站。

第七章 罚 则

第三十条 主办学校及其函授站有下列情况之一的，应视其情况，由省、自治区、直辖市及计划单列市或国务院部委的教育主管部门给予通报批评、限期整顿、责成主办学校停止在该站招生或通知主办学校撤消该函授站。

(一)未按本规程规定设置函授站的；

(二)不履行函授站职责和建站协议的；

(三)不能保证教学质量的；

(四)以函授站名义独立办学等超出函授站职责和建站协议进行活动的；

(五)违法或违反国家教委有关规定的。

第八章 附 则

第三十一条 本规程适用于独立设置的函授学院所属函授站。

第三十二条 省、自治区、直辖市及计划单列市或国务院部委教育主管部门及举办函授教育的普通高等学校可根据本规程制定实施细则。

第三十三条 本规程解释权属国家教育委员会。

第三十四条 本规程自发布之日起执行。

□扫除文盲工作条例

(1988年2月5日国务院发布。根据1993年8月1日中华人民共和国国务院令第122号发布的《国务院关于修改〈扫除文盲工作条例〉的决定》修正)

第一条 为了提高中华民族的文化素质，促进社会主义物质文明和精神文明建设，根据《中华人民共和国宪法》的有关规定，制定本条例。

第二条 凡年满15周岁以上的文盲、半文盲公民，除丧失学习能力的以外，不分性别、民族、种族，均有接受扫除文盲教育的权利和义务。

对丧失学习能力者的鉴定，由县级人民政府教育行政部门组织进行。

第三条 地方各级人民政府应当加强对扫除文盲工作的领导，制定本地区的规划和措施，组织有关方面分工协作，具体实施，并按规划的要求完成扫除文盲任务。地方各级教育行政部门应当加强对扫除文盲工作的具体管理。

城乡基层单位的扫除文盲工作，在当地人民政府的领导下，由单位行政领导负责。

村民委员会、居民委员会应当积极协助组织扫除文盲工作。

第四条 扫除文盲与普及初等义务教育应当统筹规划，同步实施。已经实现基本普及初等义务教育，尚未完成扫除文盲任务的地方，应在五年以内实现基本扫除文盲的目标。

第五条 扫除文盲教育应当讲求实效，把学习文化同学习科学技术知识结合起来，在农村把学习文化同学习农业科学技术知识结合起来。

扫除文盲教育的形式应当因地制宜，灵活多样。

扫除文盲教育的教材，由省、自治区、直辖市教育行政部门审定。

第六条 扫除文盲教学应当使用全国通用的普通话。在少数民族地区可以使用本民族语言文字教学，也可以使用当地各民族通用的语言文字教学。

第七条 个人脱盲的标准是：农民识1500个汉字，企业和事业单位职工、城镇居民识2000个汉字；能够看懂浅显通俗的报刊、文章，能够记简单的帐目，能够书写简单的应用文。

用当地民族语言文字扫盲的地方，脱盲标准由省、自治区人民政府根据前款规定制定。

基本扫除文盲单位的标准是：其下属的每个单位1949年10月1日以后出生的年满15周岁以上人口中的非文盲人数，除丧失学习能力的以外，在农村达到95%以上，在城镇达到98%以上；复盲率低于5%。

基本扫除文盲的单位应当普及初等义务教育。

第八条 扫除文盲实行验收制度。扫除文盲的学员由所在乡（镇）人民政府、城市街道办事处或同级企业、事业单位组织考核，对达到脱盲标准的，发给“脱盲证书”。

基本扫除文盲的市、县（区），由省、自治区、直辖市人民政府验收；乡（镇）、城市的街道，由上一级人民政府验收；企业、事业单位，由所在地人民政府验收。对符合标准的，发给“基本扫除文盲单位证书”。

第九条 地方各级人民政府应当制定措施，督促基本扫除文盲的单位制订规划，继续扫除剩余文盲。在农村，应当积极办好乡（镇）、村文化技术学校，采取农科教相结合等多种形式巩固扫盲成果。

第十条 扫除文盲教师由乡（镇）、街道、村和企业、事业单位聘用，并给予相应报酬。

当地普通学校、文化馆（站）等有关方面均应积极承担扫除文盲的教学工作。

鼓励社会上一切有扫除文盲教育能力的人员参与扫除文盲教学活动。

第十一条 地方各级人民政府应当在教育事业编制中，充实县、乡（镇）成人教育专职工作人员，加强对农村扫除文盲工作的管理。

第十二条 扫除文盲教育所需经费采取多渠道办法解决。除下列各项外，由地方各级人民政府给予必要的补助：

（一）由乡（镇）人民政府、街道办事处组织村民委员会或有关单位自筹；

（二）企业、事业单位的扫除文盲经费，在职工教育经费中列支；

（三）农村征收的教育事业费附加，应当安排一部分用于农村扫除文盲教育。

各级教育行政部门在扫除文盲工作中，培训专职工作人员和教师，编写教材和读物，开展教研活动，以及交流经验和奖励先进等所需费用，在教育事业费中列支。

鼓励社会力量和个人自愿资助扫除文盲教育。

第十三条 扫除文盲工作实行行政领导责任制。扫盲任务应当列为县、乡（镇）、城市街道和企业、事业单位行政负责人的职责，作为考核工作成绩的一项重要内容。

对未按规划完成扫除文盲任务的单位，由地方各级人民政府处理。

地方各级人民政府应定期向上一级人民政府报告扫除文盲工作的情况，接受检查、监督。

第十四条 国家教育委员会定期对在扫除文盲工作中做出突出贡献的单位或个人颁发“扫盲奖”。地方各级人民政府也应当对在扫除文盲工作中成绩显著的单位或个人予以表彰、奖励。

对在规定限期内具备学习条件而不参加扫除文盲学习的适龄文盲、半文盲公民，当地人民政府应当进行批评教育，并采取切实有效的措施组织入学，使其达到脱盲标准。

第十五条 省、自治区、直辖市人民政府可以根据本条例，结合本地实际情况，制定实施办法。

第十六条 本条例由国家教育委员会负责解释。

第十七条 本条例自发布之日起施行。

□关于各类成人高等学校评估工作的意见

（1993 年 12 月 30 日国家教委印发）

根据《中国教育改革和发展纲要》关于“各地教育部门要把检查评估学校教育质量作为一项经常性的任务”的精神和《关于进一步改革和发展成人高等教育的意见》提出的“建立办学方向、办学水平和教学质量评估制度”的要求，为加强对成人高等教育的科学管理，全面开展各类成人高等学校评估工作，在总结各地各部门开展评估工作经验的基础上，提出如下意见：

一、逐步建立各类成人高等学校评估制度，是我国成人高等教育的一项重大改革，是强化成人高等学历教育质量控制的重要措施。进行办学方向、办学水平和教学质量评估是建立学校评估制度的基础。评估的目的是全面考察学校贯彻执行党的基本路线和教育方针情况，加强对学校的宏观指导和管理，发挥社会对学校教育的监督作用，促进学校主动适应社会需要，不断改善办学条件，提高教学质量，更好地为社会主义建设服务。

二、评估工作应根据国家对各类成人高等学校办学的有关规定，制定科学的评估方案，明确评估标准、评估指标体系和评估方法。评估方案应具有方向性、科学性和可行性，有利于提高教育质量、促进教育改革、调动各类学校的积极性，办出各自的特色。

三、评估一般分为综合评估和单项评估。

综合评估，主要是对学校办学方向、办学水平和教学质量的全面检查。由省（自治区、直辖市）、计划单列市或国务院有关部委教育行政（主管）部门组织实施。一般每四至五年进行一次。评估结果应向社会公布。对评估成绩优异的学校应给予表彰、奖励；对评估不合格或存在严重问题的学校要责令其限期整顿，并组织复查。在整顿期间，减少或停止学历教育的招生。

单项评估，是对学校某一项教育工作的评估，由各级教育行政（主管）部门或学校组织实施。

四、要逐步建立国家、地方（或部门）和学校三级评估体制。

国家教育委员会负责制定评估的基本内容和准则；指导、协调、检查各部门、各地区的评估工作。

省（自治区、直辖市）、计划单列市和国务院有关部委根据本意见和国家教育委员会有关文件，制定本地区本部门的评估方案、评估指标体系，报国家教育委员会备案；指导、组织本地区、本部门所属成人高等学校的评估工作，并作出结论。

学校自我评估工作，由校长组织学校有关部门进行。

五、学校自我评估，是成人高等学校评估工作的基础，也是学校加强自身建设、提高办学水平和教育质量，主动适应社会主义建设需要的重要手段。学校自我评估的重点是思想政治教育、教材建设、课堂教学、教师队伍、学生管理等。

学校要逐步建立毕业生跟踪调查和与社会用人部门经常联系的制度，了解社会需要，收集社会反馈信息，作为开展学校自我评估的重要依据。

六、评估工作的一般程序是：由省（自治区、直辖市）、计划单列市或国务院有关部委组成教育评估领导小组布置评估任务和要求；学校在完成自我评估的基础上，做好接受上级评估的各项准备工作；教育评估领导小组派出由教育行政（主管）部门、学校办学单位和有关方面的专家、教授组成的评估组到现场评估，写出报告，并提出改进意见；教育评估领导小组复核报告，提出正式评估结论。评估领导小组应及时公布评估结果，接受社会对评估工作的监督。

七、成人高等学校评估是一项十分严肃的工作，请各级人民政府予以支持和指导，各地各部门教育行政（主管）部门要根据本《意见》和各类成人高校评估的基本要求（另发），制定本地区本部门的评估方案和各类成人高校评估指标体系。要加强领导，精心组织，坚持标准，防止走过场。各类学校办学单位要积极支持和参与学校评估工作，对评估中发现的问题，要及时帮助学校解决，增加办学投入，改善办学条件，不断提高教育质量。

八、本意见适用于广播电视大学、职工高等学校、农民高等学校、管理干部学院、教育学院、独立设置的函授学院及普通高等学校举办的函授、夜大学。

整理　档案处

审稿　张保庆　郑树山

资料汇编

中共中央关于建立社会主义市场经济体制若干问题的决定(节选)

（中国共产党第十四届中央委员会第三次全体会议1993年11月14日通过）

八、进一步改革科技体制和教育体制

(40)科学技术是第一生产力,经济建设必须依靠科学技术,科学技术工作必须面向经济建设。科技体制改革的目标,是建立适应社会主义市场经济发展,符合科技自身发展规律,科技与经济密切结合的新型体制,促进科技进步,攀登科技高峰,以实现经济、科技和社会的综合协调发展。中央、地方和企业都要加大科技投入,逐步形成结构优化、布局合理、精干高效的研究开发体系,推动开发研究、高新技术及其产业和基础性研究的发展,促进科技成果向现实生产力的转化。要改变部门分割的状况,推进科技系统的结构调整和人才的合理分流。实行"稳住一头,放开一片"的方针,加强基础性研究,发展高新技术研究,放开技术开发和科技服务机构的研究开发经营活动。积极发展各种所有制形式和经营方式的科技企业。应用研究和开发研究机构以及科技咨询和信息服务机构要面向市场,逐步实行企业化经营,增强自我发展和市场竞争能力。

(41)积极促进科技经济一体化。一是选择国民经济中重大和关键技术领域,统一协调组织科研力量进行科技攻关。二是建立自主开发与技术引进相互促进的新机制,搞好技术引进和技术创新。办好高新技术产业开发区,促进高新技术成果商品化和产业化。三是鼓励科研机构、高等院校和企业合作进行技术开发,支持技术开发研究机构与大型企业或企业集团联合创办新产品、新工艺的研究开发机构,加快用高新技术改造传统产业的步伐。在企业内部建立起市场、科研、生产一体化的技术进步机制,使企业成为技术开发的主体。四是发展促进技术转让的中介机构、中间试验和工业试验,建立地区和行业的技术创新组织和技术推广网络。五是国防军工科研单位要继续贯彻军民结合的方针,进一步深化改革,转换机制,在保障国防建设的前提下,加强军民两用技术研究开发,积极推进军工技术向民用领域转移。

(42)社会主义市场经济体制的建立和现代化的实现,最终取决于国民素质的提高和

人才的培养。各级党委和政府要把优先发展教育事业作为战略任务来抓，加强对教育工作的领导。切实落实《中国教育改革和发展纲要》，加快教育体制改革的步伐。确保教育投入，提高教学质量和办学效益。改变政府包揽办学的状况，形成政府办学为主与社会各界参与办学相结合的新体制。强化义务教育，大力发展职业教育和成人教育，优化教育结构。义务教育主要由政府投资办学，同时鼓励多渠道、多形式社会集资办学和民间办学；职业教育、成人教育以及各种社会教育要更多地面向市场需求，发挥社会各方面的作用。高等教育要改革办学体制，改变条块分割的状况，除特殊行业外，区别不同情况分步过渡到中央和地方两级管理的体制，扩大地方和院校的办学自主权。高等院校要在招生、专业设置、教材内容、教学方法以及毕业生就业等环节进一步改革。各类学校都要加强教师队伍建设，改善德育教育。

(43)尊重知识，尊重人才，进一步创造人尽其才、人才辈出的环境和条件。要采取多种形式和途径，培养大量的熟练劳动者和各种专业人才，同时要造就一批进入世界科技前沿的跨世纪的学术和技术带头人。要把人才培养和合理使用结合起来，配套改革劳动人事与干部选拔制度。要制订各种职业的资格标准和录用标准，实行学历文凭和职业资格两种证书制度，逐步实行公开招聘，平等竞争，促进人才合理流动。实行“支持留学、鼓励回国、来去自由”的方针，采取多种形式，鼓励海外人才为祖国服务。

社会主义市场经济与教育体制改革

国家教委教育体制专题调研组

为了探讨社会主义市场经济条件下，教育体制改革和人才培养的有关问题，我们在《中国教育改革和发展纲要》的基础上，对社会主义市场经济与教育体制改革问题进行了调查和研讨。现将有关问题的认识和意见提出来，供进一步研讨参考。

一、提高国民素质，加强人才培养，是建立和发展社会主义市场经济体制的基础工程

1984年，中共中央作出关于经济体制改革的决定时，小平同志曾指出，在这个决定中，他最关心的、认为最重要的是第九条，即人才问题。经济体制改革近10年来的实践证明了小平同志的远见卓识：改革呼唤着、培育着具有社会主义觉悟，在思想观念、知识结构等方面能适应新形势需要的新型人才；而国民素质和人才现状仍然是制约社会主义市场经济建立和发展的一个“瓶颈”因素。只有从战略高度解决好人才问题，经济体制改革的目标才有可能如期实现。

社会主义市场经济的建立和运作，不仅需要逐步完善市场体系和政策法规，更需要大批具有良好思想品德、专业文化素养、善于按市场经济规律进行决策、管理和运作的专业人才。由于历史的原因，我国在由计划经济向社会主义市场经济体制转轨的过程中，各种经济决策、管理、运作人才不仅数量短缺，更主要是在思想观念、知识结构和能力素质上很不适应社会主义市场经济的需要。例如，在国民经济宏观调控中居于重要地位的金融系统，现有人员从总体上看不仅专业水平比较低，不少人连一般文化素质也不能达到管理人员的基本要求。在中国人民银行系统地、州、市级行长中，本科以上的占 11%，初中以下的占 18%；县支行行长中，本科以上的仅占 3%，初中以下的竟占 23%。在逐渐发育的股票市场、房地产市场中，真正具有这方面专业知识、熟悉其运作规律者，更是微乎其微。至于财会、外贸、营销人员乃至法律人才不能适应社会主义市场经济的发展和与国际市场接轨的要求则是普遍性问题。以商品经济比较发达的上海市为例，在 93 万专业人员中，金融系统仅占 3%，外贸系统专业人员中懂一门外语者只占 26%。作为市场经济主体的企业，真正形成一支会管理、懂经营的企业家队伍，还要作艰巨努力。总之，从宏观决策、调控到市场运作再到企业经营管理上都缺乏一批在市场经济中能运作自如的专业人才，而造就一大批这样的专业人才正是建立我国社会主义市场经济体制的基本条件。

市场经济的发展同社会生产力水平密切相关。我国现阶段是在生产力水平仍然比较低下的基础上发展市场经济的，市场经济的进一步发育，有赖于生产力的高度发展，也必然促进经济结构、产业结构、技术结构的更新，这就需要培养大量适应社会主义市场经济和社会全面进步需要的各级各类专业人员、管理人员和熟练劳动者。特别应当提出的是，我们是在开放即面向世界、面向国际市场的条件下建立和发展社会主义市场经济的。在当代国际市场激烈竞争中，我们只有在劳动力素质、专业技术人才以及高科技人才上拥有优势，才能拥有产品优势和市场竞争优势。经过 40 多年尤其是近 10 多年的努力，我国已拥有一支数以千万计的专业人才队伍，城乡劳动者的职业技能也有明显的提高。但是，我国现有专业人才和熟练劳动者，无论就其数量、结构和素质而言，都还不能适应社会生产力和市场经济发展的需要。据国家统计局资料，1991 年全国每万人中仅有科学家和工程师 11.65 人，而发达国家 80 年代末每万人为 200～300 人。据全国总工会 1992 年 1 月的调查，工业企业职工队伍中，经过专业技术培训的仅占 13.1%，初中以下学历的占 40%。1990 年统计，平均 150 个乡镇企业才有一名技术员；技术工人中初级技工占绝大多数。农村区乡干部中 90%以上未达到中专水平。国有大中型企业的管理水平和技术水平也很不适应市场竞争的挑战。据北京市对 33 家大中型企业调查，60%的企业表示难以适应未来发展的需要；15%的企业连目前经营的需要也难以适应，突出表现在：不善于使用现代管理方法的占 57%；难以开发新产品的占 54%；不善于对市场变化作出迅速反应的占 48.5%。显然，企业是市场发育的一个制约因素，而决定企业水平最重要的因素是人员的素质问题。只有着力提高人员素质，并提高企业素质，才能在更高层次上发展社会主义市场经济，也才能参与国际市场竞争。

在我国，建立社会主义市场经济将要经历一个从不规范到逐步规范化，从不成熟到比较成熟的市场发育过程，需要处理好物质文明建设和精神文明协调发展以及民主和法制等几方面的关系问题。这在很大程度上取决于社会全面进步和社会主义现代化的进程。而社会的全面进步，成熟的、规范化的社会主义市场经济的建立和发展，从根本上说取决于国民素质的提高。近几年来，社会生活中的某些现象，诸如拜金主义、极端个人主义的滋长，某些领域出现的违背社会公德和违法乱纪行为，一些公务人员权钱交易的腐败现象，乃至一些丑恶的社会公害的沉渣泛起等等，从某种侧面说明，如果没有整个国民素质提高，社会主义市场经济的原则和规范将被扭曲，法制经济难以建立，经济体制改革和社会全面进步的目标就无从实现。

实践已经并将继续证明：社会主义市场经济体制的建立，需要市场实体、法制规范建设同人才建设的协调发展，并力争人才培养适度超前。各级党委和政府要把人才培养作为建立社会主义市场经济体制的基础工程，认真实施《中国教育改革和发展纲要》（以下简称《纲要》），落实教育在国民经济中优先发展的战略地位，努力提高国民素质，培养大批合格人才，为社会主义市场经济体制的建立提供人才和智力支持，全面实现社会主义现代化建设的宏伟目标。

二、社会主义市场经济发展过程中，教育面临的机遇和挑战：教育体制与经济体制的配套改革势在必行

社会主义市场经济的发展，对我国教育改革和发展提出了新的要求和挑战，注入了新的活力，提供了良好的机遇。经济体制改革解放着生产力，促进经济和社会的加速发展，增强了教育发展的动力，也将提供更为坚实的物质基础。经济体制的转轨，既对教育体制、教育结构、教学内容的改革提出了新的要求，增强了教育系统自身改革的压力、动力和活力，也将为教育改革创造更为有利的外部环境。在经济体制和政治体制改革的推动下，我国教育事业的发展取得了很大的成绩，教育体制改革取得了新的突破和进展。《纲要》的颁布进一步推动教育战线出现深化改革、加快发展的形势。实践证明，社会主义市场经济的发展对我国教育事业将产生巨大的推动作用。

在当前新旧体制转换过程中，教育的发展和改革也面临着许多新问题，有些问题还很突出，主要表现在以下三个方面：

（一）教育优先发展的战略地位未真正落实

我国经济建设中长期存在的重物质资源投入，轻人力资源开发的倾向仍未根本扭转，一些同志把经济发展当作是硬任务，而把教育发展看作是软任务。在加速经济建设的过程中，产生了“经济要快上，教育顾不上”、“教育要给经济让路”等错误思想，热衷于上经济项目、建楼堂馆所、搞开发区等等，却舍不得投资教育，甚至出现了挤占、挪用教育经费和大面积拖欠教师工资的严重情况，这种认识和做法不仅有碍于教育事业的改革和发展，而且也必然影响整个社会主义现代化事业和未来的民族素质。

（二）我国现行教育体制改革仍滞后于经济体制改革的要求

在新旧体制转换过程中，一方面学校尚未具有应有的办学自主权，自我发展、自我约束的机制尚未形成；另一方面政府职能尚未切实转变，未能建立起有效的宏观管理体系。教育运行中出现了一些新的矛盾和问题，宏观指导和调控不力；我国现有教育结构、教育思想和教育教学模式还不适应社会主义建设和社会主义市场经济发展的需要；人才培养在数量、结构和素质、规格上不能满足经济和社会发展的需要；教育的整体效益和学校的办学效益还不高。

（三）教育经费困难加剧，教师队伍不稳和流失现象比较严重

我国财政支出中教育投入的比例长期在12%左右的低水平线上徘徊。一些政策性措施的出台，事实上限制了多渠道筹措教育经费，教育投资水平不仅不能适应社会主义市场经济和社会发展对教育日益增长的需求，而且也难以满足现有教育事业发展的基本需要。1992年全国一半以上的省份中小学生均公用经费出现负增长，小学教学实验仪器配备达标率仅为8.4%，有5个省市甚至不到

1%。全国中小学仍有危房1500万平方米，部分省、自治区中小学危房比例有不同程度地回升。由于人员基数的增大，近七年内中小学在校学生还将增加3400万人，如不采取有力措施，2000年在全国基本实现九年制义务教育的目标将难以实现。高等学校的教育经费也十分紧缺，不少学校扣除物价因素后的实际办学经费连续几年负增长，办学难以为继。教师待遇偏低的问题长期未获解决，近年来主要是1992年以来，全国有20多个省、自治区出现拖欠教师工资问题，教师流失数量不断增加。1992年全国中小学教师已有几十万人离开了教育部门，大部分是具有专科以上学历的骨干教师。据对95所高校的调查，1981～1989年间补充的青年教师中27%已流失，除部分出国之外，48%流向高薪的公司和企业。

以上列举的一些事实，从几个侧面反映了市场经济体制的建立过程对教育产生影响的广度和深度，尤其在新旧体制的转换时期，教育的改革和发展面临新的要求和问题。解决这些问题的关键在于，各级党委和政府要正确处理经济和教育的关系，坚持贯彻“教育必须为社会主义建设服务，社会主义建设必须依靠教育”的方针，在建立和发展社会主义市场经济的过程中，对教育要采取保护性倾斜政策，认真落实邓小平同志关于“我们要千方百计，在别的方面忍耐一些，甚至牺牲一点速度，把教育问题解决好”的指示精神，下大决心，优先保证教育投入，改变教育事业面临的困难局面。

教育系统要充分认识到，回答教育面临的挑战和解决各种难题的根本出路在于深化改革。要抓住当前经济加速发展和深化改革的机遇，解放思想，实事求是，积极推进教育体制的改革。社会主义市场经济条件下的教育体制改革要以邓小平同志建设有中国特色的社会主义理论为指导，有利于坚持教育的社会主义方向，培养德智体全面发展的社会主义事业建设者和接班人；有利于发挥各级政府、全社会和广大师生员工的积极性，有效利用教育资源，提高教育质量、科研水平和办学效益；有利于全面发挥教育功能，促进教育更好地为社会主义建设服务。为此，改革中要注意处理好以下几方面的关系：

1．教育改革要适应和促进社会主义市场经济体制的建立和发展，同时必须遵循教育自身的规律。要转变过去在计划经济体制下形成的某些思想观念，进一步解放思想，拓宽思路，改革政府包揽办学的格局以及高度集中、统得过多和条块分割的管理体制，改革对专门人才的培养实行统一计划和统一分配的制度和过于划一的人才培养模式。同时，又要区别教育事业同经济领域活动的不同性质和特点，紧紧围绕育人这个根本目的，从不同类型、不同层次教育的具体特点出发，推进教育的改革和发展，使教育体制、学校的办学模式、专业设置和人才规格适应社会主义市场经济和社会发展的需要。

2．教育体制改革要同社会主义基本制度相联系，全面处理好学校、社会、市场和政府的关系。通过改革，增强学校办学的积极性和主动适应社会需要的能力，社会参与办学和管理，发挥市场在调节人才供求和激发学校办学活力等方面的积极作用。同时，又要加强和改善政府对教育的宏观管理，从社会主义现代化建设的全局出发，规划教育事业的发展和合理布局，保证教育质量的基本规格，注意扶持贫困地区教育事业的发展和保护家境贫困的优秀学生有平等的受教育的机会和权利，注意防止和克服市场的自发性、盲目性和短期性等弊病，保证教育事业更好地为社会主义建设服务。

3．教育改革和人才培养既要为经济建设这个中心服务，为经济建设培养合格人才和提供科技成果，并为实现下世纪第三步战略目标做好人才储备和科学技术储备；同时，又要注意发挥教育的政治功能、文化功能和促进人的全面发展的功能，推进社会的全面进步。

4. 要认真学习借鉴国外的先进经验，同时也要注意总结我国的历史经验，从我国实际情况出发。教育体制改革要坚持分步实施、分类指导的原则。社会主义市场经济的发展和完善是一个长期的过程；经济文化发展程度不同的地区，这个发展过程也有明显差异；不同层次和类别的教育同市场经济的联系和相互作用的范围、方式不尽相同。这就决定了教育体制改革要和经济、政治、科技体制改革相配套，改革不能一种模式，划一要求，要在确定改革的长远目标的同时，从不同地区和不同类别教育的实际情况出发，分步实施，逐步到位。

三、深化教育体制改革的政策建议

《纲要》指出，我国教育体制改革的目标是，建立起与社会主义市场经济体制、政治体制和科技体制相适应的教育新体制，并且提出了实现这一目标的基本思路和重大措施。我们在《纲要》的基础上就适应社会主义市场经济、深化教育体制改革的若干问题，提出以下政策建议：

（一）加快办学体制改革，建立以政府办学为主体、社会各界共同办学的体制

在计划体制下形成的政府办学的体制，在历史上曾起过积极作用。随着经济体制改革的深入，这种办学体制已不能满足社会日益增长的多样化的教育需求，也不利于调动社会多方面力量兴办各具特色的教育事业。我国政府财政性教育支出仅占世界公共教育经费的 1.5%，而受学历教育的人口却占世界总数的 25%。在资源相对不足的情况下，要支持如此宏大的教育规模，并使教育灵活多样地发展，必须加快办学体制的改革，在坚持以公办为主体的前提下，积极支持和鼓励发展民办教育，并相应改革教育投资体制。

1. 基础教育

基础教育是提高国民素质的奠基工程，对于经济和社会的发展以及国家的前途和命运具有极为重要的意义和作用。发展九年义务教育是政府的重要职责。省、地（市）、县、乡政府必须切实保证对义务教育的投入，并建议中央每年增拨相当数量的专款，支持义务教育，特别是贫困地区和少数民族地区教育事业的发展。同时，在财政税收制度改革中，应开征用于普及九年义务教育的地方税种，以保证其经费的稳定来源。为解决农村普及义务教育的实际困难，经地方立法机构通过，可实行社会集资，主要用于改善中小学办学条件。鼓励社会各界和海外人士捐资助学。

在实行以政府办学为主体的前提下，为解决少数贫困地区、边远山区办学的实际困难以及满足一部分公民对基础教育的特殊要求，政府应支持和鼓励民间团体或公民个人依法兴办中、小学特别是民办高中，并通过立法使学校行为规范化。有条件的地方，也可实行“民办公助”、“公办民助”或“国有民办”等形式。民办学校必须坚持公益原则，不能以盈利为目的。要贯彻执行国家的教育方针，接受政府的领导、监督和评估。

2. 职业技术教育和成人教育

这类教育以直接培养从业和转业劳动者、提高在职人员素质为主要目的，应面向社会、面向市场，主要依靠行业、企业、事业单位、个人办学和社会各方面联合办学，政府实行统筹管理，给以必要的资助和扶持，并兴办示范性骨干学校。改革职业技术教育和成人教育办学体制要逐步实施，并采取相应的配套措施。

——严格实行“先培训、后就业”、“先培训、后上岗”的劳动就业制度和职业资格证书制度，建议相应修改《企业法》，明确企业兴办职业技术教育和实施岗位培训的责任，规定

企业用于这两类教育的经费应计入成本，作为人力资源开发投资。凡无力自行兴办职业技术教育和职工教育的企业，包括三资企业和乡镇企业，应缴纳职业技术教育费，由当地政府统筹安排设立教育机构，为这些企业培训职工。

——鼓励和支持社会团体、公民个人和海外人士兴办职业技术学校和成人学校。政府制定法规和政策，规定办学标准，审批教育机构，组织考核评估，保证教育质量。

——现有由政府或行业兴办的职业技术学校和成人学校，通过联合办学、“产教结合”，扩展社会服务面，拓宽经费渠道。

3. 高等教育

我国现有普通高校均由政府兴办，但政府实际上只能负担一半左右的办学经费。世界上许多国家并非都由政府包办高等教育。如日本国立和公立高等学校只占高校总数的24.7%，私立的占75.3%；美国在政府立案的3100所高等学校中，公(州)立占48.7%，私立占51.3%；印度、韩国、菲律宾等国私立高等学校分别占92.8%、80.5%和72.4%。我国国情不同，高等学校应以公办为主，实行以政府办学为主，社会参与，各方联合办学的新体制。

——实行中央和省两级政府办学，以省级政府办学为主，在经济发达地区也可试行由条件具备的中心城市办学。政府兴办高等教育，办学经费主要由政府承担，政府可通过税收等多种渠道筹措高教经费。

——逐步改革条块分割的办学体制。《纲要》提出的改革目标是，中央直接管理一部分关系国民经济、社会发展全局，并在高等教育中起示范作用的骨干学校和少数行业性强、地方不便管理的学校，多数学校以地方办学为主。中央业务部门所属学校办学体制要分别不同情况，采取继续由中央部门办、中央和地方政府联合办、交给地方政府办、企业集团参与和管理以及学校之间联合或合并等不同办法，并分步过渡到中央、地方政府两级管理的体制。中央业务部门办的高等学校占我国高等学校总数的1/3，在校生占全国高校总数的1/2，大部分是办学条件和师资力量比较好的骨干学校。鉴于改革条块分割的办学体制是一个长期的过程，当前在深化改革的同时，还应采取必要的保护政策，特别是要相应改革投资体制。学校要扩大服务面和专业面，加强与中央部委、地方政府、企业及社会各界的合作与联合，改变单一的办学模式和单一的经费来源的状况，学校可建立校董会，从多方面吸引投资，增强学校适应社会多方面需要的能力。

——积极发展多种形式的联合办学。我国已有1053所普通高校和1198所成人高校，在校生平均规模分别为2000人和1000人左右，应积极倡导现有一部分公立学校由政府与社会力量联合办学。学校地位、教职工身份不变；政府给予适当资助；办学机制更加灵活，使之办出自己的特色。属于热门专业的单科性高校可逐步实行缴费和社会集资为主、国家拨款为辅的办学模式。

——根据需要和可能，适度发展民办高等学校以及国际合作办学。要根据国家颁布的民办高等学校设置条例，按照规定标准和程序审批学校设置。

(二)积极推进高等学校和中等专业学校招生、收费和毕业生就业制度的改革，促进学校建立自主办学、自我发展、自我约束的机制

招生、收费与毕业生就业制度，是高等学校和中等专业学校专门人才培养与社会需求的结合点。从三项制度的改革入手，逐步实行学生缴费上学，毕业生自主择业，以此反馈劳务市场的供求信息，发挥市场优化资源配置的作用，是促进学校面向社会自主办学，进一步深化教育改革，形成学校新的运行机制的关键环节。这三项制度改革需要相互衔接，逐

步推进：

——实行高等学校和中等专业学校学生缴费上学制度，同时辅之以奖学金、贷学金制度。学生上学按培养成本的一定比例缴纳学费，收费标准因地、校、专业有所不同，根据社会承受能力逐步到位。收费制度老生用老办法，新生实行新办法，即原则上同一学校或同一专业应实行一种收费标准，不应以降分收取高额学费。国家设立奖学金，对品学兼优的学生和报考基础学科以及国家重点保证的、特殊的或条件艰苦的专业的学生给予奖励。志愿到边远地区的学生可设立定向奖学金。企业、事业单位设立奖学金主要用于奖励到本单位就业的学生，也可设奖励优秀学生的专项奖学金。国家对家庭经济困难的学生设立贷学金，毕业后还贷，如学生毕业后按国家计划就业，可免还贷款。实施这一改革要提高大学毕业生起点工资，并适当拉开工资档次，使其有相应的还贷能力和报酬率。

——中专以上学校的毕业生近期内实行在国家宏观指导下，与用人单位供需见面、双向选择的制度。在全面实行收费制度、劳动力市场比较完善之后，除享受国家和企业定向奖学金的学生按合同就业外，其余学生进入劳动力市场自主择业。为了保证合理的人才流向以及国家必保的人才供应，除实行上述奖学金、贷学金制度外，国家还应通过工资政策进行宏观调控。

——改革招生计划体制。在现阶段，实行国家任务计划与调节性计划相结合的体制，并在国家宏观计划指导下，逐步扩大调节性计划的比例。在劳动力市场比较完善、全面实行收费制度后，学校在事业发展方面应有更多的自主权，国家通过发布人才供求信息、审查办学条件，有效地运用拨款手段，调控招生规模和结构。

实施这一改革，需要相应的配套改革劳动人事制度，积极培育和发展劳动力市场。要制定各种职业的岗位规范和录用标准，采取公开招聘、公平竞争、考核录用的办法，使大中专毕业生公开、公平竞争就业；要不拘一格选拔人才，打破人才部门和地区所有的状态，促进人才合理流动，并对某些艰苦行业和边远贫困地区实行必要的人才保护政策；建立就业指导、职业介绍等中介机构，为毕业生就业提供服务；运用工资杠杆调节劳动力的供求和人才的流向。

（三）转变政府职能，加强宏观管理，进一步完善分级办学、分级管理的教育管理体制

教育体制改革的重要内容是按照各级各类教育的不同特点，理顺政府、社会、市场、学校之间的关系。高等教育和中等专业教育体制改革的目标是建立政府宏观管理、社会广泛参与、学校自主办学的体制和运行机制，其中加强和完善政府宏观管理，是实行新旧体制转换的关键。从某种角度说，社会参与和学校自主办学的程度，取决于政府职能转变的程度和宏观管理体制完善的程度。

第一，明确政府和学校在办学与管理上的权利和义务、利益和责任。

学校特别是高等学校作为教育活动的基本单位，它对社会需求的适应能力如何，是教育系统能否具有活力的基础。要通过立法，按照政事分开的原则，明确政府和高等学校的职责和权限，确保高等学校自主办学的法人实体地位。政府对学校管理的主要职能是，通过制定和实施法规、政策，规定学校办学的准则和规范，检查督促学校依法办学，执行国家的教育方针和政策；通过规划、拨款和信息等手段，引导学校主动适应经济和社会发展需要；通过任免校长、制订教师资格标准和基本工资标准，确保学校基本的办学水平；通过提供各种服务，保证学校发展的外部条件，等等。学校在政府的宏观管理下，面向社会，自主确定教学、科研运行及相应的人、财、物配置，包括调节系科招生比例、扩大专业服务范

围、确定学校机构设置和课程设置、决定教职工聘任、经费筹集和使用、工资分配等有关事权财权以及相应的责任和义务。

推进学校内部管理体制改革。通过内部机构改革、人事制度、分配制度和后勤管理改革,转换学校运行机制,提高生师比,逐步实行后勤社会化,压缩过多的非教学人员,进一步调动教职工的积极性,增强办学活力,提高办学效益和办学水平。

第二,进一步改革中央高度集中的管理体制,合理划分中央和地方的管理职能,实行中央统一领导和地方分级管理相结合,分层决策、分级和分工管理的体制。

中等和中等以下教育,继续完善地方负责、分级和分工管理的体制。鉴于近几年来一些地方将管理基础教育的责任层层下放,甚至下放到村带来的问题,要进一步明确省、地(市)、县、乡管理基础教育的职责。关于基础教育经费特别是教师工资的管理体制,应区别不同地区和不同经济发展水平,实行不同的教育经费包干办法,凡不能按时兑现教师工资的地区,教育经费由县级政府统筹管理,省级政府应给予必要的财政支持,经费不宜包干到乡镇;教育经费包干到乡镇的少数经济发达地区,包干基数应随人员、物价等因素的增长而逐年递增。农村应进一步完善农、科、教结合和"三教"统筹的管理体制,尤其在经济不发达和不甚发达地区,要注意普通教育和职业技术教育的渗透,加重职业、技术教育的内容,以适应广大农村科教兴农、科教致富的要求。

中等和中等以下职业技术教育和成人教育要逐步解决由教育、劳动人事部门以及有关业务部门多头管理、职责不清的问题,逐渐淡化学校的部门依附关系,实行社会办学,由教育部门管理,并充分调动各行各业办学积极性,发挥劳动人事部门和业务部门的行业管理职能。

高等教育管理体制实行中央和省两级办学、两级管理,逐步扩大省(自治区、直辖市)的教育决策权和对中央部门所属学校的统筹权。经过近几年的实践和探索,在基本职责的划分上已取得共识,需进一步探讨和明确的是:(1)随着中央业务部门管理的部分高等学校下放或与省、市(自治区)联合办学,省级政府应对这些学校连同省属高校,进行统筹,合理布局,对院系和专业设置可在自愿和充分协商的基础上进行必要的调整或合并,充分发挥学校的办学效益。实施"211"工程要模糊部门和省属高校的界限,选择条件好的学校采取联办的形式重点建设,要把提高办学效益列为建设"211"的重要内容。(2)在条件具备的一些经济发达地区经过批准试行中心城市办学,但仍由中央和省两级统筹。(3)关于高等学校设置的审批权,现阶段仍由国家教委审批,继续做好高等专科学校审批权下放的试点工作。(4)地方高校和中央部委所属高校的招生规模,分别由省市和主管部门提出方案,报国家教委。省市和部门确定学校招生计划时,应经过有政府、学校和专家参与的评议机构进行审议。

在国家教委与中央业务部门的关系上,国家教委负责统筹规划、政策指导、组织协调、监督检查、提供服务。中央业务部门除管理好少量起示范作用的骨干学校外,应把主要精力放在预测行业人力需求,制定行业岗位规范和岗位资格证书制度;设立奖学金、贷学金,培养本行业紧缺人才;组织和参与评估监督,协助国家教委对本行业教育的发展与改革起指导作用。

第三,加强和完善政府宏观管理体系。随着经济体制的变革,政府对教育事业的管理将由直接管理,转变为综合运用立法、经济以及必要的行政手段的宏观管理。

——综合运用立法、拨款、规划、政策指导、信息引导、监督评估、提供服务等手段,进行宏观管理。(1)制订并组织实施教育的大政方针和政策;(2)制定教育法规,严格执法,依法治教;(3)制定各级各类学校设置标准和学位标准,批准设置学校,审核学校新专业的设置;(4)制定教育事业发展规划和计划,对教育事业的发展实行总量调控;(5)会同财政、计划部门提出教育经费预算,统筹安排和管理教育经费,并对下级政府教育投入水平实行监督;(6)确定各级各类学校校长和教师的任职资格标准和审批程序;(7)主管本级政府兴办的教育机构;(8)建立教育宏观监测系统,组织对各类学校的监督、评估,等等。为保证政府职能的转变,要加强教育决策咨询研究,使重大决策、举措经过科学的研究论证。

——建立与经济体制改革相适应的教育经费管理和分配体制,充分发挥拨款机制的宏观调控作用。建议实行教育事业发展和教育经费管理权相统一的制度。教育主管部门根据事业发展的实际需要编制经费预算,经同级财政计划部门审核并由政府提交同级人民代表大会审批后,财政部门按批准的预算将教育经费及时拨付给同级教育主管部门,由教育主管部门统筹安排使用。在教育经费分配制度上,要改革国家对高等学校完全按学生人数拨款的办法,实行基金制。国家基金分为普通基金和专项基金。普通基金是指根据不同类别学校和不同学科的经费标准,核拨的经常性办学经费;专项基金主要用于支持国家必保的重点建设的学科和专业的发展。基金由拨款委员会按照公平、透明、规划的原则,经过申请、评估、审核等程序确定,由教育主管部门拨付。

——建立和健全社会中介组织,包括教育决策咨询研究机构、教育信息管理机构、教育拨款审议机构、高等学校设置和学位评审机构、教育督导和教育评估机构、教育考试机构、资格证书机构等等,发挥社会各界广泛参与教育决策、管理的作用,使政府对教育的决策和管理科学化、民主化。

(四)改革教育投资体制,确保教育投入

教育投资体制改革的基本思路是《纲要》所提出的,建立起以政府财政拨款为主,多渠道筹措教育经费的新体制。当务之急是要在国家财政税收体制改革总体框架中,确保教育经费有必要的、稳定的和不断增长的来源,落实《纲要》规定的到本世纪末国家财政性教育经费支出占国民生产总值的比例达到4%和“八五”期间财政支出中教育经费支出水平全国平均不低于15%的目标。

1. 切实保证政府财政拨款的主渠道作用

为迅速扭转财政支出中教育经费所占比例偏低,缓解教育经费严重短缺的局面,从中央到地方各级政府要千方百计加大教育投入的力度,并使教育投入走上法制化轨道。

——依法保证落实《纲要》所规定的“三个增长”的原则和政府财政支出中教育经费所占的比例,在《教育基本法》中需明文规定省级和县级财政支出中教育经费所占比例,乡镇财政支出主要用于教育,中央财政也要相应提高比例。

——建议1994年全国财政预算内教育经费占全国财政支出的比例应达到13.5%,1995年达到15%,以后逐年有所提高。

——在国家财政预算中应把教育经费列为预算母项,实行预算单列,部门、行业事业费项下所列的学校教育事业费目一并归入国家教育事业费。要完善预算审议程序,增加教育经费的透明度。各级人民代表大会严格进行审议、监督和检查。

——加大中央和省教育经费补助数额,用于贫困地区教育发展特别是义务教育的专项经费、校舍建设和改造资金以及民办教师工资等,保障贫困地区教育发展的基本需要。

2. 适应税收制度的改革,从税制角度确保教育经费的稳定来源

——建议从中央税种的某些项目(如中央的增值税)提取一定比例,用于普及九年义务教育。

——实行新的城乡教育费附加征收办法,提高教育费附加征收比例,完善征管体制,由税务部门统一征收,专户存储,由教育主管部门统筹分配,财政部门监督使用。

——按照分税制的改革思路,省级政府可以依法开征用于实施义务教育的地方税种。

——为鼓励企业对教育的投资,借鉴国外的一些先进经验,建议规定企业用于教育的经费和对教育的捐助可以在税前列支。

3. 实行多渠道筹措教育经费

——义务教育主要由政府投资办学,同时在农村鼓励多渠道多形式的集资办学。农村教育集资主要用于农村学校危房改造、修缮和新建校舍。要加强农村教育集资管理工作,教育集资方案须由乡人民政府提出,报县人民政府或同级人民代表大会批准后执行。

——继续对校办产业实行减免税政策,或者改为依法照章纳税,由税务部门按章办理退税,退税收入由财政部门统一划拨给教育部门使用。

——建立教育银行作为政策性银行,开办教育储蓄,发放奖、贷学金,并在全社会范围内筹集融通资金,举办长期教育贷款,重点支持教育事业和校办产业。

——建立各级中华教育基金,广泛吸收社会资金和海外捐赠。

4. 加强对各级政府教育投入水平的监控

国家教委每年要会同国务院有关部门对全国和各省、自治区、直辖市上一年度财政预算内教育经费支出情况登报公布,督促和推动《纲要》的贯彻落实。地方各级人民代表大会按照国家和本级政府规定的教育经费增长的指标,对本级政府实行监督考核,考核结果应作为政府主要领导干部奖励和提拔任用的必备条件。

四、积极发展教育事业,加强和改进人才培养的若干建议

教育适应社会主义市场经济建立和发展的需要,从根本上说,就是要提高国民素质,培养合格人才。社会主义市场经济体制的建立不仅对人才的数量、结构,提出了新的要求,而且要求人才的素质和规格能适应不断变化着的社会需求。要按照邓小平同志提出的"教育要面向现代化,面向世界,面向未来"的要求,积极发展各级各类教育,优化教育结构,深入进行教育教学改革,相应地改革和完善人才培养制度,开创人尽其才,人才辈出的新局面。《纲要》根据我国经济和社会发展的要求,提出了到本世纪末我国教育发展的目标、战略和指导方针,规划了各级各类人才培养的基本要求。这里仅就社会主义市场经济条件下人才培养的若干问题提出政策性建议。

(一)调整和优化教育结构,努力提高国民素质,培养大批城乡熟练劳动者和不同层次、不同类别、不同规格的专业人才队伍

要以九年义务教育为重点,大力加强基础教育,在本世纪末基本普及九年义务教育(85%左右人口的地区),基本扫除青壮年文盲(文盲率降低到5%以下),杜绝新文盲的产生,为提高国民素质奠定基础;积极发展职业技术教育和成人教育,把提高城乡劳动者的素质和培养初中级人才摆在突出的位置;积极发展和加快改革高等教育,着力提高教育质量和办学效益,培养大量社会主义建设各条战线急需的应用性专业人才,同时,注意保护基础学科,培养适当数量的繁荣和发展国家科学文化所需的专门人才;并注意培养和选拔各个领域的优秀人才,造就出一批站在世界科学技术前沿的科学和技术带头人以及高层次宏观决策和经营管理人员。对出国留学人员继续实行"支持留学,来去自由,鼓

励回国”的方针，鼓励海外人才采取多种形式为祖国服务。要根据各地区经济文化发展不平衡的特点，确定地区发展格局，调整教育布局结构，使之同各地经济技术结构和产业结构相适应，努力为实现社会主义现代化建设的战略目标和建立社会主义市场经济体制提供人才保证。

(二)进一步加强和改进德育工作

学校德育直接关系国民素质，要从儿童和青少年的养成教育做起，提高学生的思想道德素质，养成良好的行为习惯。要紧密联系社会主义现代化建设的实际，对学生进行生动活泼的马克思主义、毛泽东思想和邓小平同志建设有中国特色的社会主义理论的教育，中华民族传统美德的教育。适应社会主义市场经济发展的需求，要教育学生培养开拓进取精神、艰苦创业精神、求实创新精神，增强公开竞争观念、效率效益观念、遵纪守法观念。同时，要高度重视当前在一部分人中滋生的拜金主义、极端个人主义、享乐主义、民族虚无主义等对青少年学生的影响，大力开展爱国主义、集体主义、社会主义教育，帮助学生增强抵制剥削阶级腐朽思想的能力，树立为建设社会主义祖国、为人民服务的人生观和高尚的道德情操，培养继往开来、坚持和发展社会主义伟大事业的有理想、有道德、有文化、有纪律的一代新人。这是各级各类学校和全党全社会的重大任务。要根据当前形势发展的要求和学生身心发展的特点，科学地安排大、中、小学德育工作的任务和要求，进一步进行思想品德课和政治理论课的系统改革，在实践中不断创造改革开放条件下学校德育工作的新经验，把德育工作提高到一个新水平。全社会都要关心和保护青少年的健康成长，组织起浩浩荡荡的育人队伍，形成社会教育、家庭教育同学校教育密切结合的局面。

(三)深入进行教育教学制度改革

进一步转变教育思想，更新教育观念，从我国实际出发，大胆吸收和借鉴当今世界先进的教育教学经验，认真总结我国教育改革的成功经验，改革教育教学制度，积极地发挥竞争、激励和选择机制的作用，建立和完善既能保证基本教育质量，又有利于学生个性发展的统一性和多样性相结合的教育教学制度，努力提高教育质量。

要努力改变基础教育中不同程度存在着的“应试教育”倾向，把重点放在提高儿童和青少年的思想道德、文化科学、劳动技能和身体心理素质上来。要通过深化教学内容、方法的改革和升学考试制度等改革，切实减轻学生过重的学习负担，精心育人，使学生在德、智、体等方面生动活泼地得到发展，为将来进入社会打下良好的、坚实的基础。从我国国情特别是广大农村的实际情况出发，基础教育可以适时进行分流，适时注入职业技术教育内容，实行“三教”统筹，农科教相结合。

为了培养、训练适应社会主义市场经济发展需要、能够跻身于国际市场激烈竞争的新一代熟练劳动者和初、中级技术人员，要广泛开展职前培训、在职培训和转业培训，推动我国初等、中等、高等各种层次和多种形式的职业技术教育和成人教育的发展。建议在我国实行学历文凭和职业资格两种证书并行的制度，以建立学历教育和职业资格教育并重和相互沟通的教育制度。建议国家建立职业资格委员会，统筹管理职业资格教育和各级职业资格证书。要建立和完善现代企业教育制度和继续教育制度，使在职职工培训和专业人员学习进修规范化。

高等教育要重点发展应用性学科和专业，注重培训基础学科、新兴学科、边缘交叉学科和复合型的人才；要特别重视培养农村建设和乡镇企业需要的各种人才，开拓人才通向农村的途径。在近期内要采取与实际工作部门以及境外联合培训、研修等措施，努力培养一批适应社会主义市场经济运作急需的管理人员和教学、研究人员。高校本科专业不宜分得过细，要拓宽专业范围，改革教学内容，优化课程结构，拓宽知识面，注重素质和实践能力的培养，增强学生的适应性。学校要实行更为灵活的学分制，放宽选课范围，完善主辅修制、双学位制，研究生教育也要注意培养应用型和复合型人才。建立合理的淘汰制和优秀学生奖励制等教育制度，大面积提高教育质量；并且通过实施“211”工程，重点建立100所左右的大学和一批重点学科，以及实行学习和工作交替制度和继续教育制度等，为各行各业培养、造就一批拔尖人才。

各级各类学校都要进一步贯彻教育与生产劳动相结合的方针，采取多种形式促进学校教育与社会主义建设实际的紧密结合。建立和完善各级各类教育的质量标准和评估监督制度。基础教育通过加强督导制度，职业技术教育、成人教育和高等教育要分别实行同行行业评估、专业评估和社会评价，不断提高教育和培训的质量以及办学水平。

(四)切实提高教师待遇和地位，加强师资队伍建设

——保证实现《教师法》和《纲要》所规定的教师工资待遇的目标，使教师的工资水平高于国家公务员。“八五”期间，教育系统平均工资要在国民经济各行业中居中等偏上水平。要采取特殊措施较大幅度地改善优秀骨干教师的待遇，增强教师职业的荣誉感和吸引力。改革教师工资的管理体制，扩大地方的决策权和学校的分配自主权，允许各省、自治区、直辖市政府和中央主管部门，在不低于基本工资标准的前提下确定具体工资标准。各级政府要依照法规制定有力的政策措施，坚决制止和防止拖欠教师工资问题的发生，维护教师的基本权益。

——要千方百计解决好教师住房问题，在城镇居民住宅建设中要对教师实行优惠政策，逐步做到城市学校教职工家庭人均住房面积不低于当地居民的平均水平。“八五”期间，高校基建投资要优先保证教职工住宅建设。

——要有计划地对中小学校长、教师进行培训，不断提高教师的思想、政治、业务素质和教学水平，争取到本世纪末，使绝大多数中小学教师达到国家规定的合格学历标准，并逐步提高小学教师专科以上学历的比重和中学教师的学历层次。要积极鼓励吸引更多的综合性大学和工科院校毕业生到中小学和职业技术学校任教。各级政府要对各级师范教育采取特殊政策，大力办好师范教育，实行有效的政策导向，鼓励优秀学生报考师范院校，师范院校毕业生乐于从教。高等学校要通过各种方式加强教师的继续教育，促进教师和社会的密切联系；聘请实际工作部门有较高水平的专家到校任教；高等学校教师可跨校相互兼职和交流。要完善培养中青年骨干教师的制度，使中青年学科带头人脱颖而出。

中国教育实施《纲要》一年成效显著

中共中央、国务院于1993年2月13日颁发了《中国教育改革和发展纲要》，提出九十年代我国教育发展总目标主要是，在本世纪末基本普及九年义务教育，基本扫除青壮

年文盲(简称"两基"),重点建设一批大学和重点学科,大力发展职业教育和成人教育,这是关系到现代化建设全局和建立社会主义市场经济体制的一件大事。

在党的基本理论和基本路线指引下,1993年国家教委以贯彻《纲要》为中心工作,各省、自治区、直辖市相继召开会议,制订实施规划,落实《纲要》提出的目标和任务,教育战线加大了改革力度,加快了事业发展,《纲要》实施一年来,教育改革和发展取得了显著成效。

教育事业发展较快。我国已在90%以上的人口地区基本普及了初等教育,大城市和部分经济发达地区基本普及了初级中等教育,九年义务教育正在全国分步骤地实施;1993年扫除青壮年文盲500万人左右,全国青壮年文盲率已下降到7%左右。国家教委建立了基本普及九年义务教育、基本扫除文盲工作的评估验收制度,到年底已有26个省、自治区、直辖市对350多个县(市、区)进行了"两基"评估验收,北京率先基本实现"两基",吉林省基本扫除青壮年文盲。普通高等学校本专科在校生1993年已达254万人,为历史最高水平。为我国进入21世纪准备骨干人才和发展高新科技而设立的"211工程"启动,国家教委"跨世纪优秀人才计划"开始实施,首批评选出42名优秀年轻专家并列入计划予以资助。高中阶段职业教育在校生数第一次超过普通高中。成人高校本专科在校生已达190万人,参加各类成人技术培训的人数明显增长。

教育体制改革不断深化。根据党的十四大和十四届三中全会精神,我国办学体制正由政府包揽办学状况向以政府办学为主体、社会各界共同办学的方向发展,地方负责、分级管理的基础教育管理体制正在继续完善。已普及初中的大、中城市已逐步取消小学升初中的入学考试,实行就近入学。九年义务教育新课程方案已在小学和初中开始全面实施,高中会考制度从试点转入全面实施。高等学校管理体制改革和布局合理调整工作有了新的发展,部分高校联合或合并,部分部属学校中出现了由中央部门与地方政府共建、联办和有关方面组成校董事会等多种办学形式。高校内部管理体制改革普遍展开,招生、收费和毕业生就业制度改革步伐明显加快。职业教育、成人教育在政府统筹管理下,进一步加强了与行业、事业单位及社会各方面的联合办学。中专招生、毕业生就业制度改革加快,非国家任务招生已占招生总数的40%。农村和城市教育综合改革有效地推动了经济和社会全面发展。

教育立法工作迈出了可喜步伐。《教师法》已经公布,并于1994年1月1日起正式实施。《残疾人教育条例》、《民办学校条例》和《优秀教学成果奖励条例》已由国家教委提交国务院,《教育法》的起草工作正在进行之中。与此同时,一批重要的政策性文件及各地制定的一些地方性法规也于1993年相继颁发。

高等教育自学考试现状

截至1993年底,我国高等教育自学考试已开考大专以上专业142个,中专80个,共为国家培养大专以上毕业生约90万人,中专毕业生10.4万人。

自学考试制度，是我国适应穷国办大教育的中国国情和经济需要的一项有效的教育制度。1987年4月18日，国家教委作出关于开展电视、函授、自学考试三结合教育的决定，同时成立国家教委全国高等教育自学考试指导委员会。并决定先在上海试点，由上海工业大学开考乡镇企业通用机械专业，上海工程技术大学开考乡镇企业经营管理专业，试点主考学校是上海电视大学。1988年3月3日，国务院颁布了《高等教育自学考试暂行条例》，使这项教育制度逐步完善和走向正规。1993年，全国高等教育自学考试委员会首次批准北京市对社会力量举办的高等教育进行国家学历文凭考试的试点工作，进一步扩大了自学考试的管理范围。与此同时，积极增加应用型专科和复合型专业，批准了海南省开考热带果树、植物保护、热带作物3个专业；黑龙江省开考木材加工专业，对促进各地经济发展，提高专业人员素质起了好的作用。

国家教委还决定自学考试要进一步对外开放，适应社会各方面需要，并委托广东省考试指导委员会从1994年4月首次在香港设立自学考点，接受港澳台同胞、海外侨胞参加，进行对普通高校办自学考试应用型短线专业实施国家文凭考试的试点工作，同时继续探索与电大、函授相沟通的路子，使自学考试更好地为经济与社会发展服务。

人口研究和教育形成规模

中国人口研究和人口教育在近几年逐步形成规模，并在人口控制中发挥作用，开始服务于经济建设。1993年，全国有100余个人口研究机构，全国高校已建立了一批博士点、硕士点、学士点。从1990年开始到1993年，中学人口教育扩大到25个省和4个少数民族地区。人口教育被列入中学教育大纲。普及人口学知识的各类培训班遍及城乡各地。

从1990年开始到1993年，大学人口学研究已把重点从学术理论方面转入为国家急需解决的重大政策和经济战略提供人口方面的依据。贫困县人口研究课题组提供的咨询报告，已在试点的23个县被认为很有参考价值，要求课题组派人到当地为脱贫致富献计献策。改革开放课题组对经济开发区人口、流动人口、农村体制改革后人口控制机制变化等问题进行了专题研究，其研究成果已被国务院有关部门制定人口政策作为重要参考。

人口学研究已直接为发展经济服务。厦门市为加快经济发展速度，要在本地建造一座大桥，需要当地的人口数据，厦门大学人口研究所了解到该情况后，提供了建造大桥所在地区的人口数据，使这一项目更有的放矢，避免了工程的盲目性。

中国教育科技论文在世界发表情况

1993年12月17日在京举行的"1992年中国科技论文统计与分析"新闻发布会上，国家科委有关人士宣布：我国在国际上发表科技论文数量结束了多年的徘徊局面，1992年从世界的第15位跃居到第12位。这一情况表明：自从邓小平强调"科学技术是第一生产力"以来，我国的科技事业的发展在加快。

我国1992年在国际上发表的期刊论文和会议论文共15466篇，比上年增长31%。我国科技论文在国际上引用最多的是医学论文。在国际上发表论文最多的是南京大学，全年共发表225篇；在国内发表论文最多的大学是清华大学，在所有高校中该校首次突破800篇。国际"SCI"收录我国4所高校论文共717篇。

《跨世纪优秀人才计划》首批学科带头人简介

国家教委结合"211工程"建设，为促进优秀人才成长，迅速培养造就一批高水平学科带头人与骨干，组织实施一项《跨世纪优秀人才计划》。其主要目标是：到2000年，要在全国范围内培养造就一批具有较高学术水平和良好思想品德，事业心强，有组织能力的优秀年轻学科带头人，其中一部分成为杰出人才。首批确定的学科带头人的情况简介如下：

夏小华　男　30岁　博士　副教授　北京航空航天大学　主要从事非线性控制系统理论的研究。协助、独立指导博、硕士研究生十余名，并承担了十二门课程的教学工作。参加完成了四项由国家自然科学基金委、国家教委等资助的研究项目，主持并完成了一项中国科学院自动化研究所资助项目，正主持国家自然科学基金资助的项目一项，航空工业总公司资助项目一项，正参加国家自然科学基金资助的重点项目一项，并担任了一个子项目的负责人。

杨玉良　男　汉　41岁　博士　教授　博士导师　复旦大学　主要研究高分子凝聚态物理。目前承担的项目有：国家自然科学基金项目2项（其中一项为重点项目）、攀登计划项目1项和上海市科委的项目2项。

郑兰荪　男　汉　39岁　博士　教授　博士导师　厦门大学　主要从事原子簇的激光产生与研究。目前正承担国家自然科学基金项目2项、国家教委博士点基金项目1项及厦门市科委项目1项。

胡黎明　男　汉　30岁　博士　教授　博士导师　华东理工大学　今后的研究方向主要是纳米颗粒材料制备的基础研究及工

业放大技术。目前承担的项目有：国家教委重点项目、国家教委博士点基金项目各1项（负责），并负责2项国家自然科学基金项目。另外还负责上海市自然科学基金重大项目、上海市重点产品攻关项目、上海市科技启明星基金项目各1项。

杨义先 男 汉 32岁 博士 教授 博士导师 北京邮电学院信息工程系 研究方向：通信网的安全和信息保密研究。主要成绩：著作一本（主编）；论文19篇（国外6篇），学术上有7项创新并被国内外多次引用。

沈俭一 男 汉 37岁 博士 副教授 南京大学 主要研究用化学方法合成非晶态合金和超微粒子新材料的制备方法、物性及反应机理。目前主要负责国家教委、国家自然科学基金委和石化总公司基础研究项目各一项。在国内外发表论文37篇（13篇为第一作者），有10篇被SCI摘录，并有数十名国外学者来函索取论文复印件。

陈纯 男 汉 38岁 博士 计算机应用 副教授 浙江大学 主要研究以CAD/CAM为背景的实用化工程化的新一代知识库系统。目前正承担国家八五攻关项目1项（负责）、参加国家自然科学基金项目（1项）及福建纺织厅、杭丝印、浙大光仪厂横向开发项目各1项。

羊丹平 男 汉 36岁 博士 教授 山东大学数学系 承担的"八五"国家攻关项目"大庆油田聚合物驱应用软件算法研究"已取得突破性进展，使整个应用软件系统在功能和效能上有了突破性提高，处于国内外领先水平。承担完成了胜利油田"七五"科技攻关项目：三维盆地模拟系统。专家评定达国际先进水平，被列为胜利油田二十年来"十大科技成果"之一。在发展方程边界元方法的理论与应用方面作出了一系列具有独创性的工作。如创新性地提出了抛物型初边值问题的边界积分一微分方程及其边界元方法，在国际上首先证明了差分与边界耦合方法的收敛性和曲边边界元方法的整体收敛性。创造性地提出了特征边界元方法求解非线性问题等。提出并证明了一般区域上多相流驱动问题和对流为主扩散问题的特征有限元和混合元方法及其最佳收敛性；并行Schwarz算法的收敛性，奇异摄动对流扩散方程组边值问题数值解新方法。

来鲁华 女 汉 30岁 博士 教授 北京大学 主要研究：合理药物分子设计；蛋白质结构预测、溶液构象研究及分子设计；金属有机化合物的合成及晶体结构测定。目前正承担"863"高技术项目两项、负责攀登计划和国家自然科学基金（青年）各一项并参加八五攻关项目。在国际上首次建立了尿激酶的立体结构模型。

李卫华 男 汉 41岁 硕士 教授 武汉大学 从事计算机科学研究 1993年"天马专家系统开发环境"获国家科学技术进步二等奖 第三获奖者。

许晓鸣 男 汉 36岁 博士 教授 博士导师 上海交通大学 研究方向：把多媒体技术与计算机监控技术相结合，发展并完善多媒体监控技术。目前正负责国家"八五"攻关项目、国家"863"计划项目、国家自然科学基金项目各1项。

尹宝林 男 汉 42岁 博士 研究员 博士导师 北京航空航天大学 主要研究方向是汉语语音识别的方法及其实现技术。自工作以来，先后承担4门课程的教学和9项课题的科研。"基于范畴论的数学模型"等项目的研究。其中在"加强型智能工作站"课题研究中，提出并实现了一个适用于逻辑推理和符号运算的高速大规模栈存储机构，提出并实现了基于VME总线和高速堆栈机制的适用于逻辑推理和符号运算的协处理器结构。

刘积仁　男　汉　38岁　博士　教授　东北大学　主要研究在分布式环境下的多媒体信息处理方法及支撑环境。目前正负责国家自然科学基金重点项目、国家“863”项目各1项及教委项目2项。

郑南宁　男　汉　41岁　博士　教授　西安交通大学　博士导师　从事计算机视觉，模式识别、并行分布式处理研究，取得多项成果，在基础研究方面，应用马尔科夫键理论首次建立了全数字镇相环的相位动态模型，证明了最优相位比较器的非线性性质，从理论与实验两个方面论证了非线性多质量化相位比较器可以解决系统的相位抖动掏与捕获速度的矛盾，有关方面发表的论文，被日本学者引用。发表论文共计50余篇，先后承担了国家863、国家教委及国家自然科学基金等项目。

顾明　男　汉　36岁　博士　研究员　博士导师　同济大学　研究方向为大跨度桥梁风致振动及其控制的研究。先后参加或支持15项课题的研究，现正主持、参加博士点专项基金、国家自然科学基金和国家计委八五重点攻关项目、交通部项目等的研究工作。

翟婉明　男　汉　30岁　博士　副教授　西南交通大学机车车辆研究所　从事铁路机车车辆动力学及轮轨相互作用方面的研究工作。作为主研人员参加了国家重点科技攻关项目《重载列车动力学的研究》，独立提出了大型工程动力学问题的快速数值计算方法，达到国际先进水平。主研铁道部科技发展计划项目《低动力作用货车转向架可行性研究》，提出了车辆——轨道垂向耦合动力学简化模型。

邓子新　男　汉　36岁　博士　教授　华中农业大学农业部农业微生物学重点开放实验室　研究方向为链霉素的分子遗传学。先后主持国家教委、国家科委及国家自然科学基金会等项目的研究工作，主持创建链霉菌分子生物学实验室，先后发表论文40余篇(国外11篇)，首次发现一个链霉菌启动子在大肠杆菌中表达。

李保国　男　汉　29岁　博士　副教授　北京农业大学　主要研究方向为土壤过程的定量化模拟。先后参加了“七五”国家攻关项目、自然科学基金重大项目的课题研究，现正主持科委“八五”重点攻关、科委重大基金项目、河北省邯郸市科委重点攻关项目(二项)的研究，并创立了“区域水盐运动监测预报”，达国际先进水平。

朱军　男　汉　44岁　博士　作物遗传育种　教授　博士导师　浙江农业大学农学系　主要从事数量遗传的教学和科研工作。主持了三项科研项目。在国际上首创了分析数量性状的新遗传模型和新统计方法。曾攻克了非平衡遗传数据成对性状遗传协才差无偏估算和随机效应值线性无编预测的难题。现已发表论文12篇(国外3篇)。

张福锁　男　汉　33岁　博士　植物营养　副教授　北京农业大学　研究方向为植物对养分胁迫的适应机理及遗传特征，先后参加了联邦德国科研部有关的关键项目，国家自然科学基金会资助的青年基金和重点基金，以及教委优秀青年教师基金和霍英东优秀青年教师基金和国家攀登计划等项目，取得8项创新成果，其中在1989年发现的禾本科植物不仅在缺铁、而且在缺锌条件下能够合成和分泌特异抗性化合物——植物高铁载体，修改了国际植物营养界普遍公认的缺铁专一性反应机理的观点，受到了国内外普遍关注、热烈反响；1992年在实验室成功分离出4种植物高铁载体，成为国际上拥有这种物质的三个实验室之一；另外，出版著作4本(主编)，发表论文16篇(国外9篇)，出版词典1本(主编)。获1992年中国科协第三届青年科技奖，1992年霍英东优秀青年教师奖,1992年国家教委优秀青年教师基金奖。

邱冠周　男　汉　44岁　博士　矿物加工工程　教授　博士导师　中南工业大学　在微细粒矿物分选理论、复杂矿物的分离与提取理论及新工艺、矿物加工工程基础理论方面取得了重大的研究成果。1988年以来出版专著1本,发表论文42篇,两次应邀出国讲学和学术交流,完成国家"七五"、"八五"攻关项目三项,完成自然科学基金项目二项。目前承担国家"八五"攻关、火炬计划及国家自然科学基金、博士点基金等。有两项研究成果获中国专利。1990年被授予"国家有突出贡献的博士"称号,被国家教委认可为"自然科学领域有成就的青年教师"。申请者的两项研究成果"盐类矿物浮选的新型两性捕收剂的合成及性能研究"、"武钢大冶铁矿强磁精矿焙烧——磁选半工业试验"通过了有色金属工业总公司技术鉴定,给予很高的评价,不仅具有较高的理论价值,同时具有很重要的经济效益及社会效益。

倪明江　男　汉　44岁　博士　教授　博士导师　浙江大学　洗煤泥流化床燃烧技术。洗煤泥流化床燃烧技术,解决了国际上众多研究者所未能克服的燃烧稳定性不好和燃烧效率低的困难,在这方面取得了重大的研究成果,成果已用于工程中,具有重大的经济效益、社会效益和环境效益。曾获国家教委科技进步二等奖。LCS—FBC技术。增压流化床锅炉湿法给料燃烧技术。高水分工业废物的焚烧处理技术。循环流化床燃烧技术。该方面的研究曾获教委科技进步二等奖(甲类),研究成果处于国内领先,具有国际水平,在工业应用方面具有国内先进水平。煤的燃烧与气化过程的基础理论研究。研究成果"煤的流化床燃烧特性数据库"鉴定专家认为"填补国内空白,具有国内领先水平"。申请者自1986年以来做为项目负责人已完成科研任务20余项,发表论文100多篇,获"首届全国青年科技奖"、"首届霍英东教育基金会高校优秀青年教师奖","1991年有突出贡献的中国博士学位获得者称号"。教委重点跟踪的优秀青年教师。

谢和平　男　汉　37岁　博士　教授　博士导师　中国矿业大学　用近十年的时间发展了损伤力学和分形几何相结合开拓出岩石损伤断裂的分形几何研究新领域。并在"分形岩石力学"这一新学科分支的研究中取得了大量的具有国际先进水平的成果。这些成果包括理论成果及工程应用成果两方面。申请人以第一作者的身份在国内外重要刊物及国际会议上发表论文40余篇,出版专著两本,编写讲义两本,取得的成果受到国内外同行专家的高度评价,论文多处被引用。

张荣　男　汉　29岁　硕士　副教授　南京大学　从1987年下半年开始研究半导体锗硅超晶格材料的生长新方法、生长技术、物性和器件,1992年下半年开始研究碳化硅。主要成果有创新发展快速加热超低压化学气相淀积新型原子级外延方法,研制出功能先进、用途广泛,具有很大推广应用价值,达到国际先进水平的计算机控制外延生长系统,生长出SiGe/Si应变层超晶格、异质结构材料,实验上观察到并阐明了两种应变模式。超晶格中的新有序结构、量子阱中子能级跃迁,超晶格能带共振隧道效应和共振态跃迁等新物理现象。研究发展半导体变频C—V/G—V方法,研制出VFC—1型计算机变频C—V测试系统,研究发展衬底快速加热热丝化学气相淀积方法,生长出硅上单晶碳化硅薄膜,材料实现稳定光致发射。先后获三项国家专利。两次获江苏省科技进步三等奖,在国内外学术刊物和国际会议上发表论文40余篇,1992年获国防科工委"光华"二等奖,江苏省"青年科技标兵"和第二届"中青年科技奖",论文被收入国际学术榜的有16篇,被引用8次。

王琪　女　汉　44岁　博士　高分子材料　教授　博士导师　成都科技大学　申请者长期从事高分子材料科学领域有关高分子力化学、氢键键合聚合物的结构和性能,高分子共混和复合材料等方向国际前沿性研究课题的研究,发表论文13篇(其中第一作者8篇),近年来被EI、CASCI收录的论文分别为6篇、13篇及3篇,获国家教委科技进步二等奖一项(在获奖者中排名第二),1991年获中国石化总公司科技三等奖,排名第一。目前有四项在研项目,国家自然科学基金两项,有一项重点项目,申请者为主研人员。

章明秋　男　汉　32岁　博士　教授　中山大学　申请人在高分子及高分子材料的界面特性和物理功能等方面均进行了系统的理论研究和若干应用开发研究,取得了一系列创新成果。研究涉及碳纤维复合材料、高分子共混物、导电性高分子材料的结构与性能及相关表征手段,高分子及其复合材料的多重转变特征、高分子及其复合材料的磨擦磨损行为和机理等诸方面,先后在国内外学术刊物及学术会议上发表了50多篇学术论文,受到同行专家的好评。做为主要完成者之一,完成了国家六五攻关、七五攻关及国家"863"项目各一项,获专利一项,论文有4篇被美国科学引文索引收录。合作研制成功的"复合材料弹性常数超声测定仪",填补了国内空白,若干指标优于国外同类仪器。合作研制成功的高性能高分子复合材料耐酸泵专用轴套已成功地应用于佛山玻璃钢器材厂的磁力泵生产上,效益较好。

刘忠范　男　汉　31岁　博士　副教授　北京大学　申请者发明了超高密度"光子、电子型"信息存贮技术,发现了"电场异构化反应"现象,发明了电化学方式光子计数技术,首次将SPM技术用于蛋白质的界面变性研究,首次提出利用SPM技术分析蛋白质一维结构的具体方法,并取得初步成果。在国际一流刊物上发表论文30余篇,论著两部,专利两项,在各种学会上发表文章40余次,文章被引用70余次,收到索要文章信件200余次。

毛卫民　男　汉　43岁　博士　教授　北京科技大学　完成我国超涤冲板研制工作,填补了我国空白,初步完成我国高压电子铝箔的研制工作,填补空白。投产后每年可获利千万元以上,并进入国家产、学、研项目。目前承担国家863、国家教委、国家自然科学基金等项目。

熊思东　男　汉　31岁　博士　副教授　上海医科大学　主要研究方向:确立多能抗原表位及保护性HBVT、B细胞抗原表位。获得可诱生或增强慢性乙肝患者特疫应答的人工合成和重组表达的复合抗原表位及抗原化抗体。目前正参加国家科委的项目1项,负责上海科委的项目一项,发表论文7篇,其中5篇为第一作者。正申请专利1项。获奖情况:卫生部科技进步二等奖(参加);上海科技进步一等奖(第二完成人);中国科协首届青年学术年会上海卫星会议优秀论文奖。

蔡少青　男　汉　33岁　博士　副教授　北京医科大学药学院生药学教研室　主要研究方向:抗糖尿病新药。目前正承担的项目有:国家中医药管理局的"八五"科技攻关课题(副组长)和日本国卫材株式会社的项目(负责)。发表论文11篇。参加完成的国家七五攻关课题"常用中药材的品种整理和质量研究"、"白鲜皮专题"获国家中医药管理局一九九一年度中医药科技进步二等奖(排名第五)。

毛裕民　男　汉　41岁　博士　教授　复旦大学　开展的研究领域有"大肠杆菌DNA复制机制"、"耐热DNA聚合酶"、"嗜热细菌转座子研究"、"PCR试剂盒研究"、"耐热碱性磷酸脂酶"等。其中"大肠杆菌的重组基因 recA 在 DNA 复制中的作用研究”获教委 1992 年科技进步奖三等奖，“耐热 DNA 聚合酶的中试研究”于 1990 年 12 月通过上海市科委鉴定，评价是“整个工作达到国际先进水平”，成果转让年创利约 15 万元，“α—地中海贫血症基因型的 PCR 分型检测”于 1992 年 11 月通过上海市科委鉴定、“人性别鉴定”于 1993 年获中国专利，已成功地用于“首届东亚运动会”的女运动员的性别鉴定。1991 年发表论文一篇在 MGG 上，已有 12 个国家共 27 人索要单行本。共发表论文 17 篇，其中第一作者 10 篇，被评为“做出突出贡献的中国博士学位获得者”。

陈放　男　汉　33 岁　博士　教授　四川大学　申请者长期从事植物生殖发育生物学与生物技术研究工作，具有扎实的科研基础，目前已承担和参加了国家自然科学基金重大项目(子课题)国家 863 高技术计划项目，国家级攻关项目，欧共体生物技术国际合作项目等 10 余项本领域前沿性课题，申请者做为主要研究人员所取得的成果“四川无融合生殖水稻(SAR—1)研究”获 1993 年四川省科技进步一等奖，其有关成果或论著已由国内外近 18 种重要书刊收入或引用，如美国的“BA”、“SCI”、《中国科技成果大全》。由申请者主持的“被子植物花粉生物学研究”已取得较大的进展，研究成果受到同行专家好评。发表论文 20 余篇，被《BA》《SCI》等收入或引用。

辛建国　男　汉　36 岁　博士　研究员　博士导师　北京理工大学工程光学系　主要从事射频激励扩散型冷却波导 CO_2 激光器技术，波导陈列 CO_2 激光器技术和扩散型冷却大功率 CO_2 激光器技术的研究。1987 年提出了射频横向激励扩散型冷却三维折叠腔 CO_2 激光器技术，其研究成果达到世界先进水平；1989 年在国内首次实现了射频横向激励 1×2 陈列波导 CO_2 激光器的同相和反相锁定干涉输出，并提出了一种新的耦合陈列波导激光器的理论模型，填补了国内空白；1991 年独创性地提出了一种新的激光器结构，获得了相当于 1×13 陈列激光器同相锁定空间干涉压缩输出光束质量，属国内首创，达到国际先进水平；1991 年创新性地提出了射频横向激励风冷全金属波导 CO_2 激光器技术。其研究结果经由学部委员王大珩先生主持的技术鉴定会鉴定，属国内首创，填补了国内空白，达到国际先进水平。1992 年获中国科协第三届青年科技奖；1993 年获北京市优秀教师称号。

尤肖虎　男　汉　31 岁　博士　教授　博士导师　东南大学　他在国内外杂志及重要学术会议上发表论文 70 篇，其中国际权威杂志论文发表了 4 篇，成功地解决了自适应算法的不稳定问题及神经网的局部最小等问题，20 余次被国内外学者所引用，其中在国际权威杂志上被引用 5 次，并给予较高的评价，收到国外学者索取论文来信 100 余封。申请人承担国家八五攻关，国家 863 重点项目及基金等研究工作，1989 年以来一直担任国际权威杂志 IEEE　Trans 的评论工作。获部级二等奖一项，霍英东高校青年教师奖，全国有突出贡献的博士学位获得者，国家教委优秀青年教师重点跟踪资助对象。

陆祖宏　男　汉　33 岁　博士　研究员　博士导师　东南大学　他已完成国家 863 项目一项，有两项成果“高分辨率 LB 膜抗蚀层的研究”和“高热稳定性超薄膜聚酰亚胺 LB 绝缘膜”通过了 863 验收，完成国家自然科学重大课题子课题“分子层次上能量与信息传递规律的研究”，通过基金委组织的专家验收，项目综合评价为优。承担江苏省科委“可变电场结构的生物电介质电泳研究”成果正在申请专利。目前承担的项目有国家八·五攻关国家自然科学基金，教委优秀青年教师基金，教委留学归国人员基金，霍英东基金等项目。以第一作者发表论文5篇，第二作者发表论文11篇，根据国际联机检索1992年的论文(Thin Solid Films，Vol. 2to/221，PP，484—485)第一作者，已有两次被引用。获国家教委甲类奖三等奖一项。

胡小唐　男　汉　41岁　**博士　副教授　天津大学**　在美国国家标准局期间，参与了该主持的高科技项目“激光跟踪干涉仪”的研制。在第一台试验样机中负责精密机械设计，在第二台定型样机中重新负责设计了干涉系统和扫描系统，使该仪器稳定性和精度提高形成了产品。在美国国家标准局期间，参与了高科技项目“激光雷达”的研制，负责机械、光学系统设计，并为该仪器设计了两个附件：光电自准直校准装置和测角装置。该仪器已商品化。后主持承建了中国南戴河万博文化城中的科技中心。该中心有28个项目，以光电技术、计算机技术、自动控制技术、传感技术等为基础，以参与趣味的形式反映高科技现状与发展。1988年获霍英东教育基金会青年教师奖(研究类二等奖，主要研究项目为激光任意角干涉测量系统的研究，独立完成)，为1993年天津市市级优秀教师。

殷勤业　男　汉　43岁　**博士　博士导师　西安交通大学**　主要研究联合时一频分析的理论方法及其硬件系统实现的研究。目前还负责国家自然科学基金和国家教委留学回国人员基金各1项。发表论文30余篇(其中12篇为第一作者，11篇为国际刊物上发表)；编译出版书一本。获1988年国家教委科技进步二等奖(排名第三)，1990年国家教委科技进步三等奖(排名第二)，和国务院“做出突出贡献的中国博士学位获得者”。

罗毅　男　汉　33岁　**博士　教授　清华大学**　申请者利用现代先进的工艺技术，并巧妙地改变固有激光器构造，用两种方法在世界上率先研制出了增益耦合型DFB半导体激光器，从而成功地解决了怎样将增益耦合机理引入半导体激光器这一国际上长期未解决的难题。申请者在工艺技术与激光器构造方面有诸多创新，共申请日本国专利18项，欧洲与北美专利各一项，申请者在增益耦合型DFB半导体激光器的研究方面共发表论文50余篇，其中权威杂志12篇，国际会议17篇，有几篇论文几乎都被该领域研究论文引用过。在国内采用国产分子束外延设备开发出了新颖独特的GaAlDa/GaAs DFB半导体激光器二次外延技术。这一技术对提高器件的成品率和可靠性具有很大的意义，在这方面发表论文13篇，权威杂志1篇。目前参加一项自然科学基金项目。

顾红雅　女　汉　33岁　**博士　教授　北京大学**　研究禾本科植物花发生及发育的分子基础并探讨其进化机制。现在正承担国家“863”计划项目和国家自然科学基金项目各1项，均为主要负责。

白净　女　满　37岁　**博士　教授　博士导师　清华大学机电系**　主要开展医学超声和生理系统仿真两方面的基础性研究及建立适应21世纪保健要求的医疗网工程方面的工程应用研究。回国后5年中，先后承担了7门专业课的教学及10余名博、硕士研究生的指导工作。先后参加科研项目11项，其中9项为负责人，包括主持国家自然科学基金项目3项，主持霍英东基金项目、教委博士点基金项目、北京市科学基金项目各一项，还承担了国家自然科学基金重点课题、医药总局课题及横向开发课题数项。已发表论文50多篇(国外20余篇)，出版专著一部，获国家专利一项。特别是在医学超声方面及心血管系统的计算机模型研究方面取得十余项创新成果，得到国内外同行的较高评价并广为引用。曾获北京市教学成果一等奖，霍英东教育基金奖、全国第二届青年科技奖。

全国实施“希望工程”情况

1989年，由共青团中央和中国少年儿童发展基金会发起在全国实施“希望工程”，旨在动员社会捐资救助贫困地区失学青少年重返校园学习。截止到1993年实施4年来，这项工程受到了我国老一辈革命家、党和国家领导人、社会各界、港、澳、台同胞和海外侨胞与友好人士的支持与响应。邓小平同志亲自捐资5000元支持革命老区广西百色地区建立“希望小学”。江泽民、李鹏、杨尚昆、邓颖超及其他党和国家领导人都分别捐资并给予这项工程活动以极大关注和支持。社会各界与海内外同胞、侨胞、友好团体和友好人士纷纷解囊相助，使受惠地区和青少年逐年增多。

国家教委积极支持该工程。1992年11月2日发出的《关于支持中国青少年发展基金会实施“希望工程”的通知》指出，我国普及初等教育的任务还十分艰巨。实施“希望工程”，帮助贫困地区失学儿童少年重返校园接受教育，是一件很有意义的事情，是动员人民参与办教育的一种好形式。要求各级教育行政部门积极支持并严密组织接受资助，开展教育工作。并率先在机关和在京单位开展了“献爱心”的捐助活动。

1993年12月24日，是全国实施“希望工程”第二个“社会监督活动日”，全国26个“希望工程”实施省在这一天开展了各种形式的社会监督活动。在京举行的社会监督活动中，共青团中央书记处书记刘鹏介绍：实施这项“工程”4年来，已在全国26个省开展，累计接受海内外捐款共2.01亿元，救助全国失学青少年54.9万名，资助建设“希望小学”204所。1993年是“希望工程”的“管理年”，目前全国26个实施省的实施机构已备齐专职财会人员，统一了会计核算制度，组织开发了“希望工程”计算机管理信息系统，已投入试运行。制订了以救助管理、基金管理、档案管理、机构设置等为内容的《希望工程实施管理规则》。为进一步完善希望工程监督机制，中国青少年发展基金会正在筹备“希望工程全国监察委员会”。

在被救助的54.9万名失学青少年中的约1/4儿童，受惠于香港同胞的资助。自1989年发起实施“希望工程”到1993年底，共收到香港同胞捐款605.49万美元，1623.63万港元，472.64万元人民币，这些捐赠共救助132384名失学儿童重返校园，同时建起希望小学204所。

全国实施“春蕾计划”情况

1989 年，全国妇女联合会为配合“希望工程”，在全国开展一项“春蕾计划”活动，旨在帮助贫困地区女童接受教育。

女童教育，一直是困扰世界发展中国家普及教育的主要难题，也是阻碍妇女发展的主要因素之一。第三次世界妇女大会制定的《提高妇女地位内罗毕前瞻性战略》中指出：教育是充分促进和改善妇女地位的基础。

中国要在 2000 年普及九年义务教育，在老、少、边、穷地区每年的 200 万辍学失学少年儿童中，女童约占 70%，因此，女童辍学是实现我国义务教育的难中之难，解决女童入校学习是刻不容缓的事。全国人大常委会副委员长陈慕华对此指出：教育一个男孩，只是培养一个人，而培养一个女孩，则是关系到一个民族。

国家教委于 1992 年 11 月 2 日在《关于支持中国青少年发展基金会实施“希望工程”的通知》中指出：当前，在未入学或辍学的儿童少年中，女性占的比例较大。要求各级人民政府和教育行政部门在支持实施“希望工程”中，要同支持妇联组织开展的“春蕾计划”结合起来，特别是帮助失学女儿童入学、复学。并且要从教育内容、教育形式等方面，注意符合女儿童少年的特点和需求。如可根据当地实际，在学习时间上给予方便，或允许她们带弟妹上学，或开办女儿童少年教学班，组织她们学习一些手工艺制作技术，等等。

这项计划与“希望工程”结合在一起实施四年来，得到各有关方面领导的关注和社会各界的献计、献策、献爱心及不少社会团体和人士与香港同胞的专款捐助。例如：在香港周冰洁女士关心支持和捐资相助之后，中国少年儿童基金会和中国妇女基金会分别得到香港金鹏集团董事长利焕南先生的两次捐款。1993 年底，该集团又捐赠 30 万元“金鹏自然人股票”，用于支持“春蕾计划”。

“手拉手”希望小学诞生

中国历史上第一所用全国小朋友捐献压岁钱建成的“手拉手”希望小学于 1993 年 12 月 24 日在河北省平山县西柏坡诞生并落成开学。在 1993 年春节后，河南省开封市张喆小朋友给中国少年报的“知心姐姐”写信反映，在春节期间一些同学收到许多压岁钱，并提出“怎样花这些压岁钱才有意义”的问题，希望在报上组织一次大讨论。中国少年报和中国青少年发展基金会共同组织了这次全国性的大讨论，在讨论中许多小朋友想把压岁钱送给贫困地区的小朋友当学费。深圳市蛇口区育才一小、二小的少先队员发出倡议:拿出压岁钱,共建一所"手拉手"希望小学,让贫困地区小伙伴有学上,用知识来改变贫穷落后的面貌。倡议发出仅两个月,就收到全国小朋友寄来20多万元,深圳市蛇口区的共青团员捐助3万元,用实际行动支持少先队员们。经有关部门研究决定将这笔钱在革命圣地——河北省平山县西柏坡建"手拉手"希望小学。当年在西柏坡创建育英学校并担任校长的杨尚昆专程赶赴西柏坡题写了"手拉手"希望小学校名。当地几千名群众参加了落成典礼,500多名孩子入该校学习。

世界"全民教育"首脑会议发起国文盲率

1993年,据联合国教科文组织统计,发起世界"全民教育"首脑会议9个国家的文盲率情况分别是:

国　别	人口(百万)	文盲率(男)	文盲率(女)
孟加拉国	122.2	52.9	78.0
巴　西	156.5	17.5	20.2
中　国	1205.1	15.9	32.0
埃　及	56.0	37.1	66.2
印　度	896.5	38.2	66.3
印度尼西亚	194.6	15.9	32.0
墨西哥	89.9	10.5	14.9
尼日利亚	119.3	37.7	60.5
巴基斯坦	128.0	52.7	78.9

爱国主义教育优秀影视片目

1993年9月13日,中宣部、国家教委、广播电影电视部、文化部联合向各省、自治区、直辖市党委宣传部、教委及教育、文化、广播电视、电影厅(局)发出《关于运用优秀影视片在全国中小学开展爱国主义教育的通知》。《通知》指出:爱国主义教育是中小学德育工作的核心内容。运用影视形式对中小学生进行爱国主义教育,是行之有效的方法。实践证明:优秀的爱国主义影视片蕴藏着丰富的思想、艺术内涵,具有形象、直观、可信、感染力强的特点;这种教育活动也是促使中小学生了解历史,认识国情;开阔视野、提高审美观;弘扬民族文化优良传统、激发爱国主义情感和志向;逐步树立正确的理想、信念和价值观的一个重要途径。为此,经研究决定,并经有关专家认真筛选,广泛征求意见,特推荐100部优秀影视片在全国中小学开展爱国主义教育。

《通知》要求在进行这项教育活动时,要

注意：(1)针对中小学生的年龄特点，确定爱国主义教育的必(选)看片目；(2)做到与学校教育教学工作有机结合，纳入教育教学计划；有指导地组织学生观看；(3)从实际出发，因地制宜，讲究实效；(4)切实做好组织领导和服务工作。

中小学爱国主义教育影视片目

一、供小学观看的爱国主义教育系列片目

(试　　行)

必看片(16 部)

类别	片名	片种	出品厂	主要内容
抗击帝国主义侵略	林则徐	彩故	海燕	鸦片战争虎门销烟
	甲午风云	彩故	长影	中日甲午战争黄海大海战
	小兵张嘎	黑故	北影	抗日战争游击队斗争故事
	上甘岭	黑故	八一	抗美援朝上甘岭战役
革命传统与社会主义教育	闪闪的红星	彩故	八一	第二次国内革命战争故事
	万水千山	彩故	八一	红军长征故事
	革命家庭	彩故	北影	《我的一家》改编革命斗争故事
	狼牙山五壮士	黑故	八一	抗日战争故事
	南征北战	黑故	八一	解放战争故事
	烈火中永生	黑故	北影	革命烈士的故事
	开国大典	彩故	长影	中华人民共和国成立的故事
人物传记	少年毛泽东	电视剧	湖南台	毛泽东小时候的故事
	少年彭德怀	彩故	儿影	彭德怀将军小时候的故事
	聂　耳	彩故	上影	音乐家聂耳的故事
	董存瑞	黑故	八一	董存瑞烈士的一生
	雷　锋	黑故	八一	雷锋的故事

选看片(34 部)

类别	片名	片种	出品厂	主要内容
抗击帝国主义侵略	鸡毛信	黑故	上影	抗日战争中儿童团故事
	自有后来人	黑故	长影	抗日战争三代人斗争故事
	两个小八路	彩故	北影	抗日战争小八路故事
	平原游击队	黑故	长影	抗日游击队故事
	铁道游击队	黑故	上影	抗日游击队故事
	地道战	黑故	八一	抗日战争游击队战例故事
	地雷战	黑故	八一	抗日战争游击队战例故事
	渔　童	美术片	上美	反对帝国主义侵略
	西瓜炮	美术片	上美	反清灭洋斗争故事
革命传统与社会主义教育	红军桥	美术片	上美	军民一家、共同抗敌
	红孩子	黑故	长影	第二次国内革命战争儿童团故事
	红色娘子军	彩故	八一	海南人民革命斗争故事
	啊！摇篮	彩故	上影	解放战争延安保育院的故事
	小　花	彩故	北影	解放战争时期的故事
	扶我上战马的人	彩故	儿影	彭总与少年儿童故事
	洪湖赤卫队	彩故	北影	革命根据地赤卫队斗争故事
	渡江侦察记	彩故	八一	解放战争横渡长江的故事
	报　童	彩故	北影	少年儿童与国民党反动派斗争故事
	我的九月	彩故	儿影	少年儿童参加亚运会开幕式训练故事
人物传记	白求恩大夫	彩故	上影 八一	共产主义战士白求恩事迹
	李时珍	黑故	上影	医学家李时珍故事
	李　冰	彩故	上影	古代水利专家李冰故事
	张　衡	彩故	上影	古代天文学家张衡故事
	毕　升	彩故	珠影	四大发明之一活字印刷故事
锦绣中华灿烂文化	解放了的中国	彩纪	新影	
	俯看北京	彩纪	新影	
	祖国海岸	彩纪	新影	
	圆明园	彩纪	新影	
	长　江	彩纪	新影	
	黄　河	彩纪	新影	
	敦煌艺术	彩纪	新影	
	西沙群岛	彩纪	新影	
	欢腾的拉萨	彩纪	新影	
	葛洲坝工程截流	彩纪	新影	

二、供中学生观看的爱国主义教育系列片目

（试　　行）

必看片(18部)

类别	片名	片种	出品厂	主要内容
抗击帝国主义侵略	火烧圆明园	彩故	中国电影合拍公司和香港	反映八国联军入侵
	海囚(上、下)	彩故	北影	抗击帝国主义贩卖人口
	血战台儿庄	彩故	广西	抗日战争
	屠城血证	彩故	福影	反映日本帝国主义侵略
	英雄儿女	彩故	长影	抗美援朝
革命传统与社会主义教育	开天辟地	彩故	上影	中国共产党诞生
	南昌起义	彩故	上影	中国共产党领导武装起义
	党的女儿	彩故	八一	第二次国内革命战争
	西安事变	彩故	西安	抗日战争国共两党合作
	开国大典	彩故	长影	中华人民共和国成立
	毛泽东和他的儿子	彩故	潇影	毛主席送子参军的故事
	创业	彩故	北影	大庆石油会战、王铁人的故事
人物传记	毛泽东	彩纪	新影	为毛主席诞辰90周年摄制
	周恩来	彩故	广西	反映周恩来文化革命中的故事
	孙中山	彩故	珠影	孙中山革命斗争史
	吉鸿昌	彩故	长影	吉鸿昌的革命一生
	焦裕禄	彩故	峨影	焦裕禄的故事
	蒋筑英	彩故	长影	蒋筑英的故事

选看片(32部)

类别	片名	片种	出品厂	主要内容
抗击帝国主义侵略	野火春风斗古城	黑故	八一	抗日战争故事
	永不消逝的电波	黑故	上影	抗日战争、解放战争故事
	苦菜花	黑故	上影	农村抗日战争故事
	战争子午线△	彩故	青影	抗日战争故事
	子　　夜△	彩故	上影	旧中国民族资产阶级的故事
	林家铺子	彩故	北影	日寇侵华、民族资本破产的故事

类别	片名	片种	出品厂	主要内容
革命传统与社会主义教育	青春之歌△	彩故	北影	一二·九运动的故事
	大浪淘沙△	黑故	珠影	第一次国内革命时期青年人的革命斗争故事
	刑场上的婚礼△	彩故	长影	革命烈士的故事
	风暴	黑故		"二七"罢工的故事
	巍巍昆仑	彩故	八一	毛泽东指挥我军转战南北
	大决战	彩故	八一	三大战役
	风雨下钟山	彩故	八一	解放南京
	暴风骤雨	黑故	北影	东北土改运动
	生命的火花△	黑故	西安	解放初期烈士后代扎根边疆的故事
	冰河死亡线	彩故	上影	冰河抢险的故事
	血总是热的△	彩故	北影	改革开放大潮中的工人阶级伟大气魄
人物传记	谭嗣同△	彩故	长影	戊戌变法的故事
	秋瑾△	彩故	上影	秋瑾的革命一生
	彭大将军	彩故	西安	彭德怀的革命业绩
	从奴隶到将军	彩故	上影	罗霄将军战斗的一生
	李四光	彩故	北影	李四光的故事
锦绣中华、灿烂文化	新中国的诞生	彩纪	新影	
	希望的窗口——深圳	彩纪	新影	
	民族之歌	彩纪	新影	
	啊！台湾	彩纪	新影	
	三千年前的文物	彩纪	新影	
	丝绸宝库	彩纪	新影	
	游三峡	彩纪	新影	
	汽车城	彩纪	新影	
	大庆访问记	彩纪	新影	
	金山石油化工总厂	彩纪	新影	

注:①带△号片目供高中学生观看。

②"锦绣中华、灿烂文化"部分除推荐的 20 部影片外,还可从电视系列片《在祖国的版图上》、《神州风采》、《民族大家庭》等栏目中选择适合内容组织学生观看。

1993年批准普通高等学校举办函授、夜大学名单

普通高等学校举办本科函授教育名单

主管部门	学校名称	
国家教育委员会	西安交通大学	厦门大学海外教育学院
	中山大学	
财政部	江西财经学院	上海财经大学
	中央财政金融学院	
纺织工业部	天津纺织工学院	武汉纺织工学院
化学工业部	沈阳化工学院	
航空航天工业部	郑州航空工业管理学院	
机械电子工业部	甘肃工业大学	哈尔滨科技大学
	洛阳工学院	陕西机械学院
	沈阳工业大学	
建设部	苏州城市建设环境保护学院	
交通部	长沙交通学院	
能源部	北京动力经济学院	长沙水电师范学院
	上海电力学院	
农业部	北京农业大学	北京农业工程大学
	华中农业大学	南京农业大学
	沈阳农业大学	西南农业大学
商业部	北京商学院	杭州商学院
	兰州商学院	山西财经学院
	天津商学院	郑州粮食学院

司法部	西北政法学院	
铁道部	苏州铁道师范学院	
国家黄金管理局	沈阳黄金学院	
国家建筑材料工业局	上海建材工业学院	
国家税务局	长春税务学院	
中国人民银行	陕西财经学院	
中国兵器工业总公司	太原机械学院	沈阳工业学院
中国船舶工业总公司	镇江船舶学院	
中国电子工业总公司	电子科技大学	杭州电子工业学院
中国石油天然气总公司	江汉石油学院	西安石油学院
	西南石油学院	
中国统配煤矿总公司	河北煤炭建筑工程学院	湘潭矿业学院
中国有色金属工业总公司	北方工业大学	
国务院侨务办公室	暨南大学	
北京市	北京农学院	北京体育师范学院
河北省	河北工学院	河北轻化工学院
	河北体育学院	河北农业大学
	唐山工程技术学院	
吉林省	吉林工学院	吉林体育学院
安徽省	安徽大学	安庆师范学院
	安徽机电学院	
江西省	江西大学	江西农业大学
	江西中医学院	
福建省	福建农学院	
浙江省	杭州师范学院	杭州大学
	浙江工学院	浙江农业大学
	浙江林学院	浙江中医学院
河南省	河南中医学院	信阳师范学院
湖南省	湖南农学院	湖南中医学院
	湘潭师范学院	
海南省	海南师范学院	
广西壮族自治区	广西大学	广西工学院

	广西农学院	桂林医学院(限招药学专业)
贵州省	贵州财经学院	贵州大学
	贵州工学院	
四川省	成都中医学院	四川农业大学
	四川畜牧兽医学院	
陕西省	西北大学	
新疆维吾尔自治区	新疆大学	

国家教委直属院校举办夜大学本科教育名单

复旦大学(1991 年列入夜大学专升本计划)

吉林大学

青岛海洋大学

北京大学

1993 年度 普通高等学校举办函授专科和 夜大学本、专科教育备案名单

主管部门	学校名称	办学形式	层次	备注
地质矿产部	河北地质学院	夜大学	专科	
		夜大学	本科	
	西安地质学院	夜大学	专科	
电子工业部	桂林电子工业学院	夜大学	本科	
广播电影电视部	北京广播学院	夜大学	专科	
化学工业部	连云港化工高等专科学校	夜大学	专科	

	沈阳化工学院	夜大学	本科	
	武汉化工学院	夜大学	本科	
建设部	武汉城市建设学院	夜大学	本科	
	西北建筑工程学院	夜大学	专科	
煤炭工业部	华北矿业高等专科学校	函授	专科	
	华北煤炭医学院	函授	专科	限招预防医学专业
		夜大学	本科	
	淮北煤炭师范学院	夜大学	专科	
		夜大学	本科	
	山西矿业学院	夜大学	专科	
	中国煤炭经济学院	函授	专科	
		夜大学	专科	
		夜大学	本科	
	中国矿业大学	夜大学	专科	1991 年已招生
	阜新矿业学院	夜大学	专科	1991 年已招生
农业部	塔里木农垦大学	函授	专科	
	厦门水产学院	函授	专科	
	湛江水产学院	函授	专科	
水利部	南昌水利水电高等专科学校	夜大学	专科	
冶金工业部	本溪冶金高等专科学校	夜大学	专科	
	青岛建筑工程学院	夜大学	专科	
邮电部	石家庄邮政高等专科学校	函授	专科	
	西安邮电学院	夜大学	专科	
国家地震局	防灾技术高等专科学校	函授	专科	
国家中医药管理局	北京针灸骨伤学院	夜大学	专科	
		函授	专科	
	北京中医药大学	夜大学	本科	
中国气象局	成都气象学院	夜大学	本科	
中国人民银行	哈尔滨金融高等专科学校	夜大学	专科	
	南京金融高等专科学校	函授	专科	

		夜大学	专科
中国兵器工业总公司	重庆工业管理学院	夜大学	专科
中国包装总公司	株洲工学院	夜大学	本科
中国建筑工程总公司	重庆建筑高等专科学校	函授	专科
		夜大学	专科
中国汽车工业总公司	湖北汽车工业学院	函授	专科
中国轻工总会	大连轻工业学院	夜大学	本科
	西北轻工业学院	夜大学	本科
	中央工艺美术学院	夜大学	本科
天津市	天津农学院	函授	专科
河北省	邯郸农业高等专科学校	函授	专科
	邯郸医学高等专科学校	夜大学	专科
	河北工程技术高等专科学校	函授	专科
	河北农业技术师范学院	函授	专科
	河北商业高等专科学校	夜大学	专科
	廊坊师范专科学校	函授	专科
	唐山师范专科学校	夜大学	专科
	邢台师范专科学校	夜大学	专科
	张家口师范专科学校	夜大学	专科
	河北医学院	夜大学	本科
	张家口医学院	夜大学	本科
山西省	山西经济管理学院	函授	专科
		夜大学	专科
	山西农业大学	函授	专科
	山西省财政税务专科学校	函授	专科
	山西中医学院	夜大学	专科
		函授	专科
	云中大学	夜大学	专科
	运城高等专科学校	夜大学	专科
内蒙古自治区	内蒙古财经学院	夜大学	专科

		夜大学	本科	
	内蒙古大学	夜大学	本科	
		函授	专科	
	内蒙古工业大学	函授	专科	
		夜大学	专科	
	内蒙古林学院	函授	专科	
	内蒙古蒙医学院	函授	专科	限招蒙医专业
	内蒙古医学院	函授	专科	限招中医专业
辽宁省	丹东纺织工业专科学校	函授	专科	
		夜大学	专科	
	辽宁省交通高等专科学校	函授	专科	
沈阳市	沈阳大学	夜大学	本科	
吉林省	吉林艺术学院	函授	专科	限招作曲与作曲技术理论、文艺编导专业
		夜大学	本科	
	吉林公安高等专科学校	函授	专科	
上海市	上海农学院	夜大学	本科	
江苏省	常州技术师范学院	函授	专科	
	苏州桑蚕专科学校	函授	专科	
	镇江师范专科学校	函授	专科	
	盐城工业专科学校	函授	专科	
	淮阴工业专科学校	函授	专科	
		夜大学	专科	
	镇江医学院	夜大学	专科	
	江苏财经高等专科学校	夜大学	专科	
		函授	专科	
	常州工业技术学院	函授	专科	
	常熟高等专科学校	函授	专科	
		夜大学	专科	
	扬州大学	夜大学	专科	

		函授	专科	
	江南大学	函授	专科	
		夜大学	专科	
	苏州市职业大学	函授	专科	
浙江省	杭州医学高等专科学校	夜大学	专科	
	浙江财经学院	夜大学	本科	
	浙江农村技术师范专科学校	函授	专科	
	浙江水产学院	夜大学	专科	
安徽省	安徽商业专科学校	夜大学	专科	
	池州师范专科学校	夜大学	专科	
	合肥联合大学	夜大学	专科	
	六安师范专科学校	函授	专科	
		夜大学	专科	
	铜陵财经专科学校	夜大学	专科	
江西省	赣南师范学院	函授	专科	
	南昌职业技术师范学院	函授	专科	
	萍乡高等专科学校	夜大学	专科	
山东省	山东工程学院	夜大学	本科	
	山东工业大学	夜大学	本科	
	潍坊医学院	夜大学	本科	
		函授	专科	限招卫生事业管理专业
河南省	河南城市建设高等专科学校	函授	专科	
	开封大学	函授	专科	
	开封医学高等专科学校	函授	专科	限招药学专业
	洛阳大学	函授	专科	
	南阳理工学院	夜大学	专科	
	平顶山师范高等专科学校	函授	专科	
	新乡医学院	夜大学	本科	
湖南省	衡阳医学院	夜大学	本科	

	湖南财经专科学校	函授	专科	
	湖南税务专科学校	函授	专科	
	益阳师范专科学校	夜大学	专科	
	岳阳师范专科学校	夜大学	专科	
广东省	广东电力专科学校	函授	专科	
	广东医药学院	函授	专科	
	佛山农牧高等专科学校	函授	专科	
	东莞理工学院	函授	专科	
		夜大学	专科	
四川省	成都电子机械高等专科学校	夜大学	专科	
		函授	专科	
	成都纺织高等专科学校	函授	专科	
	达县师范专科学校	夜大学	专科	
	四川音乐学院	函授	专科	限招音乐教育、作曲技术理论、音乐学专业
		夜大学	专科	
	重庆师范高等专科学校	夜大学	专科	
		函授	专科	
	泸州医学院	夜大学	专科	
	绵阳农业高等专科学校	夜大学	专科	
贵州省	贵州民族学院	函授	专科	
云南省	大理师范高等专科学校	函授	专科	
		夜大学	专科	
	云南工学院	函授	专科	
	云南公安高等专科学校	函授	专科	
	昭通师范高等专科学校	函授	专科	
		夜大学	专科	
陕西省	汉中师范学院	函授	专科	
	陕西财政专科学校	函授	专科	
	西安基础大学	夜大学	专科	

甘肃省	甘肃政法学院	夜大学	专科
		函授	专科
	兰州师范高等专科学校	函授	专科
	庆阳师范高等专科学校	函授	专科
		夜大学	专科
	天水师范高等专科学校	函授	专科
		夜大学	专科
	张掖师范高等专科学校	夜大学	专科
		函授	专科
宁夏回族自治区	宁夏农学院	函授	专科

中国女博士状况

自 1949 年新中国成立以来到 1980 年，我国没有实行学位制度。1981 年，国务院制定了《中华人民共和国学位制条例》，从此开始在我国实行学位制。1983 年授予我国第一位女博士徐功巧（中科院生物物理研究所）以来，到 1993 年，共授予女博士学位 1149 人。

我国女博士呈现的特点有：一是覆盖面广。除军事学门类因实行学位制晚，尚未授予博士外，基本上覆盖了哲学、经济学、法学、教育学、文学、历史学、理学、工学、农学、医学等 10 个学科门类；二是博士队伍日趋年轻化。近几年获得学位的女博士与前几年相比，年龄明显降低，北京大学的来鲁华，授予博士学位时年仅 28 岁；三是发挥骨干作用。这些女博士已各自成为科研、教学、技术等各条战线的骨干，不仅自己取得了一批科研成果，而且为国家培养了不少人才。我国女博士与男性博士相比，数量还不多，但对女性受教育和所处的社会环境等方面看，仍然是可喜的。

民办学校发展情况

“民办学校”一般是指除国家机关、国有企业事业组织、集体经济组织、农村基层自治组织以外的各种社会组织或者个人自筹资金举办的学校。

1993年,全国共有各级各类民办学校(包括幼儿园)近6万所。其中,民办幼儿园16990所,比1992年增加3182所;在园幼儿达72.39万人,比1992年增加18.77万人。民办小学4030所,比1992年增加3166所,在校生64.88万人,比1992年增加59.36万人。民办中学(包括初中、高中)851所,比1992年增加178所,在校生12.7万人,比1992年减少0.68万人。申报民办高等教育学校16所,经国家教委评议5所,审批4所;经国家教委批准具有颁发学历文凭资格的民办高等学校全国累计达到14所。经省一级教育行政部门批准设立的民办大学和学院800余所;全国还有老龄大学5000所;其他民办职业技术培训教育、社会文化生活教育、文化补习和继续教育等非学历教育学校3万所。

民办学校的恢复和发展,这是我国经济体制和教育体制改革,特别是建立社会主义市场经济体制条件下,办学体制改革的必然现象。民办教育丰富和繁荣了我国社会主义教育事业,对国家办学起到了补充作用。发展民办学校,打破了政府包揽办学的格局,推动我国办学体制改革的深化,在建立以政府办学为主体的社会各界多渠道办学的新体制方面走出了新路子;对于调动社会团体和公民个人办学的积极性,满足社会上对教育多方面的需求,都具有积极的意义。

对于民办学校,国家实行"积极鼓励、大力支持"的方针。1982年颁布的宪法第19条第4款规定:"国家鼓励集体经济组织、国家企业事业组织和其他社会力量依照法律举办各种教育事业"。党的十四大提出,"鼓励多渠道、多形式社会集资办学和民间办学"。《中国教育改革和发展纲要》进一步提出,"国家对社会团体和公民个人依法办学,采取积极鼓励、大力支持、正确引导、加强管理的方针"。国家教委于1988年5月24日制定了《关于社会力量办学的若干暂行规定》,1993年8月17日,国家教委又制订了关于《民办高等学校设置暂行规定》,同时,还先后制订了社会力量办学财务管理、教学管理、印章管理等"暂行规定"。京、津、沪等一些省、自治区、直辖市政府或教育行政部门,也结合本地实际制定了相应的管理办法,有的建立了专门的管理机构,这对推动民办学校的发展和规范建设,都发挥了很大作用。

在各级政府积极鼓励、大力支持下,特别是1992年初邓小平同志南巡谈话和党的十四大确定建立社会主义市场经济体制后,民办学校呈现出新的发展势头。据了解,北京市当年就新批准举办民办学校500余所。辽宁省仅下半年就筹备创办民办高校11所。全国各地要求设置民办高等学历教育学校在50所以上。据1992年底不完全统计,全国民办学校(含幼儿园)当年增加2万余所。其中,民办幼儿园发展到13808所,比1991年增加1717所;在园幼儿53.62万人,比1991年增加15.12万人。民办小学发展到864所,比1991年增加209所;在校生5.52万人,比1991年增加2.87万人。民办中学发展到673所,比1991年增加129所;在校生13.38万人,比1991年增加4.42万人。1992年经国家教委审批备案的民办高等学历教育学校10所,其中民办普通高校7所,在校生2000余人;民办成人高校3所,在校生2550余人。还有社会团体与政府部门或企业联合办的高等学历教育学校40所;由省级教育行政部门审批的培训、进修、辅导、助学性质(不发学历证明)的民办高等教育机构500余所。另外,民办职业技术培训教育、社会文化生活教育、文化补习和继续教育等非学历教育学校已逾万所。

目前,民办学校办学主体有:民主党派、社会团体、学术团体等组织和公民个人。办学形式主要有三种：民办公助、公民合办和私人自办。同时也出现了一部分公办学校向民办转制，其形式有学校自筹资金办学、吸引外资合作办学、公办民助社区办学、由公办改为承包或民间办学等。民办学校的内部管理体制，实行校长负责制或董事会领导下的校长负责制，学校拥有较大的自主权，主要可以依照国家的有关规定自主招生收费、招聘教师、确定学校内部分配制度和标准、调整教学计划和课程设置、筹措办学资金等。

民办学校总的发展情况是健康的。但由于尚处在试验、探索阶段，也存在一些不容忽视的问题。主要是相当一部分民办学校办学条件不足，教学质量不够稳定；一些民办学校脱离自身实际，盲目追求高层次学历教育；极少数民办学校办学指导思想不端正，违背国家教育方针办"贵族学校"；个别民办学校乱发文凭，甚至把办学作为营利的手段，这些问题在社会上造成一些混乱，影响了民办学校的声誉和健康发展。

从我国的国情和大多数民办学校的实际办学条件出发，国家教育主管部门认为，举办民办学校主要应以办基础教育、职业技术教育、继续教育和助学性质的高等教育（不发学历文凭，可通过国家统一组织的自学考试取得学历文凭）为重点。民办教育可以采取公办民助、民办公助或完全民办等形式来发展。对于民办非学历高等教育，国家规定由省级教育行政部门审批和管理。民办高等学历教育，须经省级教育行政部门审核同意，报国家教委审批。各级各类民办学校特别是中小学，都应坚持公益性原则。民办学校收费可以适当高一些，但应"以支定收"，其收费标准应根据国家有关规定，结合当地群众实际收入情况确定，并经当地物价和教育行政部门核准。

撰稿　原永堂

审稿　郑树山　李连宁

（以上资料，除署名者外，均为编辑部汇编）

1993 年教育大事记

1 月 4 日　国家教委关心下一代工作委员会召开全委会，听取关工委秘书处关于 1992 年全国教育系统关心下一代工作情况汇报，讨论了 1993 年工作要点。

1 月 5 日　香港知名人士邵逸夫先生捐赠 1.1 亿元资助内地兴建学校的赠款仪式在香港中文大学举行。国家教委副主任滕藤率领的教育代表团专程赴港接受捐赠。

1 月 7 日　全国成人高校招生工作集体办公会议在哈尔滨闭幕。会议讨论下发了《1993 年全国各类成人高等学校招生规定》，决定 1993 年全国成人高校招生在招生计划、招生对象、考试科目三个方面实行改革。国家教委副主任王明达出席会议并讲话。

△国务院办公厅转发国家教委《关于进一步改革和发展成人高等教育的意见》。

△1992 年全国十大科技成就新闻发布暨表彰会在人民大会堂举行。国防科技大学研制的“YH－2 巨型计算机”排名第一位。上海交通大学与胜利油田钻井工艺研究院共同研制的“胜利二号极浅海步行坐底式钻井平台”，华北电力学院与清华大学联合完成的“大型火电机组仿真技术”，均跻身全国十大科技成就行列。

1 月 9 日～11 日　国家教委举行 1993 年硕士研究生招生统一考试。本学年度报考硕士研究生总人数为 105252 人，比上年减少 9000 人。

1 月 10 日　国家教委、农业部、林业部经商国家计委、人事部后，联合发出《关于加强农村、林区中等职业技术学校和农民中专农、林类专业师资队伍建设的几点意见》。

1 月 11 日　国家教委召开 1993 年全国教育工作电话会议，部署 1993 年教育工作。国务委员兼国家教委主任李铁映主持会议并讲话。国家教委副主任朱开轩在会上作了报告。

1 月 11 日～13 日　国家教委在太原召开全国部分省市中小学收费工作座谈会，就中小学收费问题进行了分析与研究。

1 月 12 日　国务院批转了国家教委《关于加快改革和积极发展普通高等教育的意见》。

△全国普通中等专业学校(不含中师)专业目录审议会在山东省济南市召开。国家教委副主任王明达到会讲话，强调要重视发挥专业目录的作用，以指导中专办学和设置专业，提高教学质量。国务院 31 个部委和 23 个省、自治区、直辖市主管中专(职业学校)的有关部门负责人出度会议。

△全国高等教育自学考试指导委员会召开在京委员座谈会，总结汇报 1992 年全国自学考试工作情况。

1 月 13 日　国家教委副主任柳斌在春节到来之前看望北京市中学英语特级教师王碧霖、小学数学特级教师马芯兰以及因病住院的二十七中校长唐树德，向他们并通过他们向全市教师致以节日问候。

1月14日　由英国驻华使馆文化处、教育处和国家教委留学生司举办的留英回国人员迎春联谊会在北京举行。国家教委副主任滕藤到会并讲话。

1月15日　国家教委举行记者招待会，有关负责人在会上宣布，我国将继续贯彻“支持留学，鼓励回国，来去自由”的方针，进一步放宽自费出国留学的政策，改进公费出国留学的选派工作，动员更多的留学人员回国工作。

△中国教育学会邀请在京部分专家学者讨论教育与建立社会主义市场经济新体制的关系问题。会长张承先主持会议并讲话。

1月17日　国家教委在北京举行留学回国人员春节联欢会。江泽民、胡锦涛、李铁映等领导同志及社会各界知名人士与留学回国人员共400余人欢聚一堂。李铁映代表党中央、国务院致词，向留学回国人员和在国外学习的留学人员致以节日问候。

△国家教委副主任朱开轩接受中央电视台《观察与思考》栏目记者采访，就高等教育改革、高校招生制度改革等问题回答了记者的提问。

1月18日　国家教委中小学教材研究中心召开中小学数学课程教材改革研讨会。国家教委副主任柳斌到会听取了专家们的建议，并就数学教学的重要性、深化教育改革的设想等问题，同专家们交换了意见。

1月19日　国家教委副主任朱开轩、滕藤分别前往北京大学、友谊医院、北京师范大学看望著名教授陈岱荪、闻家驷、俞大绂、启功等，代表国家教委向四位教授及其家属表示春节慰问。

1月20日　国务委员兼国家教委主任李铁映代表党中央、国务院到北京市东城、通县、顺义、昌平等市郊区县，看望中小学教职员工，并向全国教师致以节日问候。

1月21日　国家教委发出《关于部分办学条件较差的普通高等学校情况的通报》。随文印发了部分办学条件较差的学校名单，计有本科院校20所，专科院校30所，短期职业大学18所。

1月28日　卫生部、国家教委联合印发《全国学生常见病综合防治方案技术规范(试行)》。

1月29日　国家教委印发1993年工作要点。主要内容有八项：一、关于1993年工作的指导思想；二、组织实施《中国教育改革和发展纲要》，修改、下发国家教委党组《关于加快教育改革和发展的若干意见》，并检查、落实；三、关于基础教育；四、关于职业技术教育；五、关于成人教育；六、关于高等教育；七、关于教育外事和留学生工作；八、关于综合性工作。

△国家教委副主任滕藤主持召开由北京大学、清华大学、北京师范大学等校专家、教授参加的座谈会，研究如何贯彻党的十四大精神，加强对青少年集体主义、爱国主义、社会主义教育等问题。

1月29日　国家教委办公厅印发《全国师范专科学校加速建设、深化改革座谈会纪要》。

1月30日～2月2日　由黑龙江省教委承办的联合国教科文组织亚太地区残疾人教育研讨会在哈尔滨市举行。国家教委副主任柳斌出席开幕式并讲话。

2月1日　国务委员兼国家教委主任李铁映在深圳考察。在听取深圳市委和教育部门的工作汇报后，李铁映就教育问题发表了讲话。

△国家教委副主任王明达受国家教委常务副主任朱开轩委托，召开社会力量办学管理协调会，进一步明确委内有关部门的管理职责。

△国家教委致电云南省教委，慰问云南地震灾区师生。

△国家教委办公厅印发“国家教委直属高校实施《大学生体育合格标准》工作检查结果公告”。

2月1日～4日 联合国教科文组织亚太地区特殊教育研讨会在哈尔滨举行。会议就亚太地区特殊教育的政策、组织和规划进行了研讨。联合国教科文组织代表萨雷女士、国家教委副主任柳斌等出席会议并讲话。

2月2日 国家教委发出《关于批准普通高等学校举办本科函授教育的通知》。随文公布了普通高等学校举办本科函授教育的学校名单和国家教委直属院校举办夜大学本科教育的学校名单。

2月3日 国务委员兼国家教委主任李铁映在北京会见并宴请了应邀来华访问的由越南教育培训部部长陈红军率领的越南教育代表团一行。2月2日，国家教委副主任滕藤与越南教育培训部部长陈红军签署了两国教育交流与合作《会谈纪要》。

△中央广播电视大学在北京举行座谈会，纪念邓小平同志批准广播电视大学成立15周年。国务院总理李鹏、国务委员兼国家教委主任李铁映分别为中央广播电视大学成立15周年题词。李鹏总理题词：开拓创新办电大，不拘一格育英才。李铁映同志题词：办好电大教育，送教千家万户。

2月4日 国家教委副主任柳斌出席国务院妇女儿童工作协调委员会全体会议，向会议介绍了我国妇女扫盲工作情况。

△国家教委副主任王明达在上海出席由新民晚报社和上海中华职业教育社主办的“亿嘉亿杯”《职教发展新思路》征文颁奖仪式时，对记者就我国职业技术教育的改革与发展问题发表了意见。

2月8日 国家教委、国务院学位委员会联合发出《关于印发全国普通高等教育工作会议有关文件的通知》。随文印发的会议文件有：一、关于中央部门所属普通高等学校深化领导管理体制改革的若干意见；二、关于普通高等学校招生和毕业生就业制度改革的意见；三、关于普通高等学校内部管理体制改革的意见；四、关于进一步深化普通高等学校教学改革的意见；五、关于学位与研究生教育改革和发展的若干意见；六、关于深化普通高等学校科技工作改革的若干意见。

2月8日～10日 第五届全国中学生运动会代表团秘书长会议在山东青岛举行。国家教委副主任邹时炎到会讲话。

2月9日 国家教委、国务院贫困地区经济开发领导小组、财政部联合发出《关于大力改革与发展贫困地区教育，促进经济开发，加快脱贫致富步伐的意见》。

2月10日 国家教委发出通知，印发《全国高等教育基础实验教学仪器研究十年规划纲要》和《教学仪器设备研究补助费使用管理办法》。

2月10日～12日 国家教委财务司和财政部文教司在京联合召开中央级高等教育财务工作会议，总结交流高等教育财务工作经验，研讨在新形势下高教财务工作改革的思路。国务院所属63个部、委、局、总公司有关负责人出席。国家教委副主任邹时炎、财政部副部长刘积斌到会讲话。

△国家教委燎原计划办公室在河北省廊坊市召开深化农村教育综合改革研讨会及“八五”国家哲学、社会科学重点课题“农村教育改革与社会全面进步”课题开题会。国家教委副主任王明达到会讲话。

△中央国家机关各部门中专处长联席会在河北省涿州市召开，研究职业技术教育的改革思路及中专深化改革等问题。

2月10日～13日 中国教育学会1993年工作会议在天津举行。会长张承先就学会工作的指导方针等问题讲话。国家教委副主任柳斌作了题为“努力实施《中国教育改革和发展纲要》，大力加强基础教育”的报告。

2月13日　中共中央、国务院印发国家教委制定的《中国教育改革和发展纲要》。

2月15日　国家教委就"减轻义务教育阶段学生过重负担，全面提高教育质量"问题，邀请北京市领导、中小学校长座谈。国务委员兼国家教委主任李铁映出席座谈会并讲话。

2月15日　国务院学位委员会、国家教委联合发出《关于七年制高等医学教育授予医学硕士学位的几点意见》。

2月17日～18日　国家教委副主任朱开轩主持召开"211工程"领导小组会议，讨论该工程实施方案、项目指南、近期工作安排等问题。

2月18日　北京大学方正集团公司在北京成立。国务委员兼国家教委主任李铁映题词祝贺。陈希同、李其炎、邹时炎等出席成立大会。

2月19日　国家教委副主任朱开轩会见荷兰特温特大学教授、国际教育成就评价协会主席普隆普先生，双方认为国际教育成就评价将对中国教育领域决策和教育质量提高有重要的实际意义。

2月20日　国务院总理李鹏同北京、天津教育界人士座谈，征求对政府工作报告意见。国务委员兼国家教委主任李铁映等出席座谈会。

△国家教委发出《关于进一步改革成人中等专业学校招生工作的通知》。

△国家语委、国家教委联合发出《关于普通中学普及普通话的通知》。

△国家教委转发《福建省教委扫盲工作"八到村"经验》。

2月22日　国家教委召开电话会议，部署1993年实施九年义务教育和扫盲工作。会议宣布，国家教委从1993年开始，每年对普及九年义务教育县(市、区)和扫除青壮年文盲县(市、区)进行评估验收。国家教委副主任柳斌、邹时炎出席会议并讲话。

2月22日～24日　全国教育科学规划领导小组扩大会议在北京举行。4月12日，国家教委办公厅印发会议纪要。

2月23日　国家教委办公厅发出《关于公布1993年度普通高等学校举办函授专科和夜大学本、专科教育备案名单的通知》。

2月23日～26日　全国高等学校思想政治教育工作会议在福建师范大学召开，会议研究和探讨思想政治教育专业的改革与建设问题。国家教委副主任滕藤到会，并就在社会主义市场经济条件下加强思想政治工作，在改革和开放条件下的思想政治工作内容和方法，中国优秀传统文化继承和发扬，思想政治教育专业建设问题等发表了意见。

2月24日　国家教委副主任朱开轩主持召开新闻发布会，首都30余家新闻单位的记者出席。朱开轩向记者介绍了《中国教育改革和发展纲要》的产生过程、意义、要点及主要精神，并希望有关新闻报刊作好宣传工作。

2月25日　国务委员兼国家教委主任李铁映在北京会见了应邀来访的巴西教育体育部长穆利略·英盖尔一行。国家教委副主任滕藤与巴西客人进行了工作会谈。双方签署了中巴两国教育交流和合作谅解备忘录。

△新华社报道：《邓小平教育思想研究》由浙江教育出版社出版。国务委员兼国家教委主任李铁映为该书作序。

△由共青团中央等单位共同发起主办的首届"中国青年科学家奖"评审结果揭晓，并在京举行颁奖仪式。在6名获奖者中，高等学校有3人获奖，他们是：清华大学赵玉芬、中国科技大学卢炬甫、中国矿业大学谢和平。

2月25日～3月4日　国家教委中小学教材审定委员会召开九年义务教育部分历史教材审查会。会上，审定了人民教育出版社、广东省、四川省教育部门编写的9册教材以及配套地图和挂图。国家教委副主任柳斌到会并讲话。

2月26日～28日 国家教委高等学校社会科学发展研究中心和国家教委艺术教育委员会在北京举行“社会文化环境与学校美育理论研讨会”。

2月27日 国家教委副主任滕藤在北京同以朝鲜国家教委高教部第一副部长宋在圣为团长的朝鲜教育代表团举行工作会谈，就1993、1994年的教育交流达成协议。3月6日，李铁映会见了朝鲜教育代表团一行，双方签署了《会谈纪要》。

2月27日～3月1日 国家教委1993年普通高校招生计划工作会议在四川省成都市举行。国家教委副主任邹时炎到会讲话。

2月28日 国家教委主任李铁映会见并宴请美籍华人、著名超导专家、美国休斯顿大学教授朱经武先生和美国默尔比斯技术公司总裁卢继徽先生。

3月1日 由联合国教科文组织和联合国儿童基金会倡议召开的中国全民教育国家级大会在北京开幕。国务院总理李鹏参加开幕式并致辞。联合国教科文组织总干事马约尔、联合国儿童基金会执行主席格兰特出席会议并讲话。国务委员兼国家教委主任李铁映主持了会议。会议的主要议题是总结回顾中国基础教育和扫盲教育的理论与实践，研讨、论证本世纪末中国实现“两基”、“两全”的战略和措施，加强并扩大中国同世界各国和友好国际组织的教育交流与合作。3月4日，会议在郑州闭幕。会议原则通过了《中国全民教育行动纲领》。

3月1日～3日 国家教委在四川成都市召开全国招生工作会议，明确1993年度高校招生工作总的指导思想和主要任务。会议要求在继续推进各项招生改革的基础上，对扩招计划、新生收费等问题要进一步采取措施，保证改革的顺利进行。

3月2日 国家教委、北京市人民政府在京联合召开学习、宣传、贯彻《中国教育改革和发展纲要》报告大会。国务委员兼国家教委主任李铁映作了题为《社会主义现代化建设的奠基工程》的报告，国家教委副主任朱开轩主持大会。

△国家教委副主任朱开轩出席由国家科委主持的国家CIMS实验工程验收会并讲话。该项目为我国第一个计算机集成制造系统，由清华大学承担，国内10多所大学和科研机构协作完成，其总体集成技术达到国际80年代末和90年代初的水平，目前已在我国有关自动化和技术进步方面起牵引和导向作用。

△国家教委副主任朱开轩出席巴基斯坦驻华临时代办法密特为该国教育部长伊曼姆访华举行的欢迎宴会。伊曼姆部长是应国家教委邀请，于2月28日来华参加“中国全民教育国家级大会”并顺访我国的。7日，李铁映会见了伊曼姆一行。

△国家教委所属浙江大学因围墙倒塌不幸压死两名附近上学的小学生。当天杭州市新闻媒介对此事作了报导。事发当天浙江大学立即成立事故调查及善后处理领导小组，浙江省教委亦牵头组织调查组。国家教委亦立即要求有关方面认真做好善后工作。

3月2日～4日 全国教育审计工作会议在北京举行。会议交流了经验，研讨了在当前教育经费紧缺的情况下，如何用好政策，开源增收，以及如何加强对教育经费的使用管理和审计监督，提高效益，为加快教育事业发展和改革服务等问题。

△国家教委举办实现九年义务教育和扫除青壮年文盲县、市评估验收培训会。国家教委副主任柳斌、邹时炎、王明达分别到会并讲话。

3月2日～7日 国家教委教育发展研究中心与政策法规司联合在广东省广州市举办贯彻实施《中国教育改革和发展纲要》讲习班。全国28个省、自治区、直辖市，中央14个部委,65 所大专院校的有关人员 250 多人参加听讲。

△国家教委在昆明市召开全国高等学校军训工作表彰会。6 月 15 日,国家教委办公厅印发了表彰会纪要。

3 月 3 日　首都职业技术学校在京举行纪念学雷锋活动 30 周年大会,交流北京市职业技术学校开展学雷锋活动的经验。国家教委副主任王明达、北京市副市长胡昭广到会并讲话。

3 月 4 日　国务委员兼国家教委主任李铁映在北京会见了应邀来访的乌兹别克斯坦共和国高等和中等专业教育部部长阿布杜拉耶夫一行。国家教委副主任王明达与阿布杜拉耶夫举行了工作会谈。6 日,双方签订了双边教育合作协议和相互承认高等教育学历证书(文凭)及学位的协议。

3 月 5 日　国家教委召开全国教育系统"巾帼建功"标兵表彰工作领导小组会议,听取有关部门关于标兵评选工作的汇报。会议讨论批准 100 名全国教育系统"巾帼建功"标兵名单,通过了国家教委关于表彰的决定。国家教委副主任柳斌主持会议并讲话。

△国家教委、财政部、国家物价局联合发出《关于做好 1993 年普通高等学校收费工作的通知》。

3 月 5 日～7 日　应国家教委邀请,尼日利亚联邦共和国教育与青年发展部国务秘书贝罗·多贡达吉一行三人来华出席"中国全民教育国家级大会"并顺访我国。国家教委副主任柳斌与该团进行了工作会谈。

3 月 6 日　中国教育学会召开第二次关于市场经济与教育改革关系座谈会。会长张承先主持。国家教委副主任柳斌及有关专家学者陶大镛、吴大琨等到会并发言。

△国家教委办公厅、人事部办公厅联合发出《关于高等学校 1970—1976 年入学的毕业生有关问题的通知》。

3 月 6 日～9 日　国家教委在大连市召开高等学校少数民族预科教材审定及教学大纲、教学计划讨论会。会上,审定了汉语文、数学、英语三种教材。要求在本年度有民族预科班的学校开始使用。

3 月 8 日　国家教委发出《关于下发〈普及九年义务教育评估验收办法〉等三个文件的通知》。三个文件是:《普及九年义务教育评估验收办法(试行)》、《县级扫除青壮年文盲单位检查评估办法(试行)》和《关于 1993 年普及九年义务教育县(市、区)和扫除青壮年文盲县(市、区)评估验收工作的通知》。

△国家教委副主任滕藤与应邀来华访问的以塔吉克斯坦共和国教育部长都德·胡捷娃为团长的教育代表团就两国教育交流问题举行会谈,希望今后两国教育交流与合作更进一步发展。

3 月 9 日～11 日　国家教委在北京召开教育支援西藏工作会议。会议的主要任务是学习贯彻邓小平同志视察南方重要谈话和党的十四大精神,集中研究如何进一步搞好教育援藏工作,更多更好地为西藏培养人才。国务委员兼国家教委主任李铁映、国家教委副主任王明达、西藏自治区政府副主席拉巴平措出席会议并讲话。

△国家教委、国家民委联合印发《1992—2000 年少数民族和民族地区电化教育发展纲要》。

3 月 9 日～13 日　国务委员兼国家教委主任李铁映考察河北省县级职教中心。

△国家教委贷款办召开世界银行贷款"中学在职教师项目"工作会议。全国 20 个省、自治区、直辖市教委和 77 所项目学校的主管负责人出席。

3 月 10 日　国家教委举行出版《全国学生音乐欣赏曲库》新闻发布会,指出出版这套《曲库》对学生陶冶情操并提高鉴赏水平具有重要意义,要求各级教育行政部门积极配合做好此项工作，以促进全国学校艺术教育健康发展。

3月12日 国家副主席、中国中小学幼儿教师奖励基金会理事长王震在广州逝世。3月13日，国家教委代表全国教育战线向王震同志治丧委员会发出唁电，表示沉痛哀悼。3月11日，正在广东进行调研工作的国家教委副主任柳斌到医院看望王震副主席，并在此后参加了王震副主席的遗体告别仪式。

△中共中央总书记江泽民在中南海会见应南开大学邀请来华访问的美籍华人、美国天普大学教授段开龄先生，国家教委副主任滕藤及南开大学校长母国光参加会见。

△经贸部、国家科委、国家教委、国防科工委在北京联合举行“国家赋予首批科研院所科技产品对外经营权大会”。会议宣布清华大学等8所院校在内的100个科研院所和高等学校获得首批授权。国家教委副主任朱开轩在会上发言。

△国家教委办公厅发出《关于普通高校少数民族干部预科班从1993年秋季开始使用统编教材的通知》。

3月13日 国家教委印发《关于加快解决高等学校教职工住房问题的若干意见》。

△国家教委发出《关于继续搞好培养专科程度小学教师试验工作的通知》。

3月15日 八届全国人大一次会议在北京开幕。李鹏总理在政府工作报告中，就教育工作做了重要阐述，提出要开创教育事业新局面。

△国家教委办公厅发出《关于国家教委中小学教材审定委员会办公室改由基础教育司统一归口领导的通知》。

3月16日 国家教委留学生司就出国留学政策问题召开座谈会。首都部分高校及国务院部委有关负责同志参加座谈，并对出国留学工作提出了建议。

3月16日～27日 在全国人民代表大会和全国政协会议分组讨论期间，国家教委主任、副主任分别参加“两会”部分团组的讨论会，并听取代表和委员对教育工作的意见和建议。李铁映先后参加了海南省人大代表团、政协教育组等讨论会，柳斌先后参加了海南、四川等省人大代表团讨论会，王明达先后参加了政协教育组等讨论会。

3月17日 国家教委副主任朱开轩在国家高级教育行政学院向高校领导干部进修班的学员，传达党的十四届二中全会精神。

3月18日 国家教委发出《关于印发〈关于辽宁省教育电视台建设情况的汇报〉的通知》。辽宁省教委的汇报中称：辽宁教育电视台于1993年1月1日正式开播。该台采用21频道，发射功率30千瓦，天线高度300多米，可覆盖沈阳市区、郊区及部分市、县，直接覆盖人口达1000多万。

3月20日 国家教委制定并发布《关于成人高等教育毕业证书统一印制及加强管理的若干规定》。

3月23日 国家教委发出《关于普通中等专业学校专业设置管理的原则意见》。

3月24日 国家教委发出《关于减轻义务教育阶段学生过重课业负担、全面提高教育质量的指示》。

3月25日 国务委员兼国家教委主任李铁映在北京会见应邀来访的埃及教育部长侯赛因·卡迈尔·巴哈丁一行。国家教委副主任朱开轩与巴哈丁部长举行了工作会谈。

3月26日 国家教委主任李铁映会见并宴请出席全国人大、全国政协会议的港澳地区教育界代表，听取他们对教育工作的意见和建议。副主任朱开轩、滕藤参加会见和宴请。

△国家教委发出通知，颁发《小学德育纲要》。

3月27日 国家教委办公厅发出《关于做好1993年普通高等学校招生工作的通

知》。

3月28日～4月4日　中国中学生女子足球队参加1993年在以色列罗马特干市举行的世界中学生女子足球锦标赛，以5战5胜的成绩获冠军。我国有6名运动员被评为本次比赛的优秀运动员。

3月29日　国家主席江泽民发布中华人民共和国主席令(第二号)，任命朱开轩为国家教育委员会主任。

△国务委员李铁映在北京会见意大利大学及科研部部长桑德罗·丰塔纳及其一行。国家教委主任朱开轩陪同会见。

△国务委员兼国家教委主任李铁映在北京会见了美国《新闻周刊》驻北京记者，就中国高等教育面临的挑战、民办教育在中国教育中所起的作用、大学生军训等回答了读者提出的问题。

3月29日～4月2日　全国初中工作会议在山东烟台市举行。会议提出要认真贯彻《中国教育改革和发展纲要》精神，积极而扎扎实实地推进九年义务教育的实施。国家教委副主任柳斌到会作了总结讲话。

3月30日　国家教委、中国中小学幼儿教师奖励基金会在北京举行座谈会，深切缅怀王震同志。李铁映到会讲话。

△国家教委办公厅发出《关于贯彻〈九年义务教育全日制小学、初级中学课程方案(试行)〉中有关体育教学要求的意见》。

4月1日　国家教委办公厅转发全国政协教育文化委员会《关于北京市、辽宁省、四川省职业技术教育的调查报告》。

4月2日　教育系统组织、人事工作会议在深圳市举行。会议学习贯彻邓小平同志视察南方时的重要谈话、党的十四大报告和《中国教育改革和发展纲要》精神，研究加快教育系统组织、人事工作改革步伐等问题。

△国家教委撰写悼念王震副主席的文章，《光明日报》在第三版刊登，题目是《尊师重教的光辉典范——深切怀念敬爱的王震同志》。

4月4日　国家教委主任朱开轩在北京出席由访华的世界银行行长刘易斯·普雷斯顿举行的招待会。双方进行了友好交谈并祝愿今后更良好的合作。

4月5日　国家教委发出《关于成人高等教育不得以“试点”名义违反规定招生、办学的通知》。

4月8日　《高校理论战线》杂志创刊五周年座谈会在北京举行。国家教委副主任滕藤到会讲话。

△国家教委发布《斜槽轨道》等九个行业标准。此前，该九个行业标准已经全国教学仪器标准化技术委员会审核通过。

4月8日～14日　中国中学生乒乓球代表团参加在英国伯明翰市举行的1993年世界中学生乒乓球锦标赛。我国代表团在本次锦标赛上夺得男女团体冠军，并囊括男子单打冠、亚军和女子单打冠、亚军及第3名。

4月10日　清华大学隆重集会，纪念我国高等学校实行的学生政治辅导员制度诞生40周年。

4月11日～12日　中国高等教育学会第三届会员代表大会在北京举行。国家教委主任朱开轩出席会议并讲话。大会选举何东昌为学会会长，黄辛白、汪家镠、韦钰、滕藤等为副会长。

4月12日　国家教委主任朱开轩应邀出席北京市高教工作会议开幕式，并在会上发表讲话。

4月13日　国家教委发出《关于进口出版教育音像制品审批办法的通知》。

△国家教委印发《关于加强城市中小学生穿学生装(校服)管理工作的意见》。

4月14日　江泽民总书记在海南考察期间到海南大学与学生亲切交谈，勉励大学生多学知识，报效祖国。

△国家教委发出《关于深化普通高等学校招生计划改革和加强宏观管理的意见》。

4月15日 中央政治局委员、国务院副总理李岚清在广州和广州地区的20所高校负责人进行座谈，听取他们对高校工作的意见。17日，李岚清在深圳看望了深圳大学的师生员工代表并讲了话。

△国务院办公厅印发《关于研究调整北京大学、复旦大学新生军政训练问题的会议纪要》。

△国家教委、财政部联合发出《关于高等学校校办产业执行新财务会计制度有关问题的通知》。

△国家教委、财政部联合发出《关于调整来华留学生奖学金生活费标准的通知》。

4月16日 国家教委主任朱开轩主持召开“211工程”领导小组第二次会议，讨论《关于重点建设一批高等学校和重点学科点的若干意见》稿，要求尽快完成这一文件的制订并早日下达。会议决定：从年内开始进行重点建设的高校和学科的预备立项工作。

4月19日 国家教委发出《关于普通高校更名问题的通知》。

4月20日 国家教委、人事部联合发出《关于继续开展〈专业证书〉教育的通知》。

4月21日 1993年全国普通高校优秀教学成果评审委员会会议在北京举行。29日，评奖结果揭晓，共评出特等奖2项，一等奖53项，二等奖313项。

△国家教委办公厅发布《1992年全国中小学近视眼防治工作公告》。

△国家教委办公厅转发《福州市保护城市中学小学幼儿园建设用地若干规定》。

4月24日 中国教育工会第四次全国代表大会在北京开幕。国务院副总理李岚清接见与会代表并讲话。28日，国家教委主任朱开轩与部分代表就教育发展的形势及存在的问题进行座谈。

△由中央宣传部、国家教委、广播电影电视部、全国总工会、共青团中央、全国妇联等单位于1992年联合发起的“中国近代史知识竞赛”举行颁奖文艺晚会，国家教委副主任柳斌出席。

4月26日 国家教委发出《关于成人高等学校调整、更名审批权限的意见》。

4月27日 国家教委主任朱开轩会见随菲律宾总统拉莫斯访华的菲律宾教育、文化和体育部长阿曼德·法拉维，宾主进行了工作会谈。

5月4日 北京大学举行建校95周年庆祝大会。中共中央政治局委员、国务院副总理李岚清代表国务院到会祝贺。国家教委副主任王明达到会宣读了国家教委致北京大学校庆的贺电。

5月4日～7日 国家教委在北京召开全国省级教研室主任会议。国家教委副主任柳斌到会听取代表们的意见并讲话。8月4日，国家教委办公厅印发会议纪要。

5月5日 国家教委主任朱开轩会见全日本中国学友会干部回国考察团全体成员，向他们介绍了国内改革开放形势、国家面向二十一世纪的教育发展规划和出国留学政策。

5月5日～27日 国家教委中小学教材审定委员会举行会议，审定供1994年秋季使用的九年义务教育教材。有66位审定委员会委员、全国28个省(市)41位教研室主任、教材办主任以及蒙文、藏文、朝文和彝文教材审定委员会代表出席会议。朱开轩、柳斌、王明达、何东昌出席会议并讲话。

5月7日 国家教委、公安部、国家保密局联合发出《关于加强高等学校入学考试安全保卫、保密工作的通知》。

5月8日 国务院副总理李岚清出席国家教委直属机关党代会闭幕式，并就宣传、落实《中国教育改革和发展纲要》等问题讲话。

△国家教委主任朱开轩、专职委员林炎志同出席共青团十三大的教育界代表座谈。朱开轩介绍了教育改革的形势，回答了代表们提出的问题。

5月8日～10日　联合国教科文组织第141届执行局会议在法国巴黎举行，中国联合国教科文组织全国委员会主任滕藤出席会议。

5月8日～11日　国家教委在广东佛山召开全国部分省、直辖市高教主管部门负责同志座谈会，交流各省市贯彻落实《中国教育改革和发展纲要》和全国普通、成人高等教育工作会议情况。

5月10日　国家教委主任朱开轩会见美国驻华大使芮效俭一行，回答了有关教育改革的一系列问题。

△国家教委发出《关于评选"国家级、省部级重点普通中等专业学校"的通知》。

5月11日～12日　国务院副总理李岚清召开首都部分高校负责人座谈会。朱开轩等国家教委领导出席座谈会。

5月12日　国家教委主任朱开轩会见台湾展望文化基金会董事长、中华台北奥委会副主席李庆华先生，并向他们介绍了大陆教育改革和发展的情况。

△国家教委基础教育司、江苏省教委联合调查组在《光明日报》发表对江苏省宿迁市农村初中流失生情况的调查报告，题目是《高度重视、常抓不懈、减少流失》。

5月13日　国家教委发出《关于进一步加强普通高等学校招生监察工作的意见》。

△国家教委发出《关于职业技术教育教材规划工作的意见》。随文印发了《关于职业技术教育教材规划工作的意见》、《关于建立两级职业技术教育教材审定组织的意见》和《关于职业技术学校教材选用工作的意见》等文件。

5月14日　国务院副总理李岚清邀请北京市15所中学校长进行座谈。国家教委副主任柳斌参加了座谈会。

5月15日～21日　国家教委、国家民委、新疆自治区政府在乌鲁木齐联合召开"内地高等学校支援新疆第二次协作会议"。国家教委主任朱开轩主持会议并讲话。

5月17日　国家教委办公厅发出《关于继续做好双拥工作的通知》。

5月18日　国家主席江泽民在中南海会见以王赓武校长为团长的香港大学访问团。国家教委主任朱开轩陪同会见。

5月18日～22日　国家教委与联合国儿童基金会在广东省江门市联合召开"幼儿的教育与发展——向九十年代的挑战"国际研讨会。国家教委副主任柳斌到会讲话。

5月18日～31日　国家教委派出招聘团赴加拿大开展国外留学人员回国工作的招聘活动。参加招聘团的有上海、海南、深圳等省市，中国科学院、农业部、首都钢铁公司、北京大学、重庆大学等单位的人事工作干部。招聘团在加拿大7个城市召开16场招聘会或接待座谈会，接待2600多名留学人员，经洽谈有52人准备长期回国工作，有800人准备短期回国工作，还有不少留学生表示回国工作的意向或在国外为国家服务的愿望。

5月20日　国家教委办公厅印发《对〈普及九年义务教育评估验收办法〉(试行)中有关评估项目指标要求的说明》和《对〈县级扫除青壮年文盲单位检查评估办法〉(试行)有关指标的说明》。

5月20日～21日　国家教委思想政治工作司在江苏省南京市召开1993年思想政治教育专业第二学士学位班招生调配会，共录取160人。

5月20日～24日　"东方传统伦理道德与当代青少年教育"国际研讨会在北京举行，中外100余名学者参加了会议。

5月22日　国家教委主任朱开轩在《光

明日报》二版发表题为《做好工作、降低辍学率》的文章。

△国家教委办公厅举行新闻发布会，向首都10余家新闻单位的记者介绍广东等9个省、市贯彻全国高教会议精神和贯彻实施《纲要》，加快改革和发展高等教育的作法和采取的措施。

5月24日～26日 国家教委思想政治工作司在安徽省合肥市召开思想政治教育基础理论研讨会，有关专家、教授出席会议，就思想政治教育基本原理、概念、教育过程理论及发展理论等进行了研讨。

5月26日 韦钰会见并宴请德国联邦经济合作部国务秘书海尔特尔一行，双方就两国教育交流的有关问题进行了友好交谈。

5月27日 朱开轩会见并宴请了以坦桑尼亚科技高教部长本杰明·姆卡帕为团长的坦桑尼亚政府科技代表团。

5月28日 国家教委发出通知，印发成人教育管理干部六类岗位规范(试行)。

5月29日 国务院任命张孝文、韦钰、张天保为国家教委副主任。

5月31日 江泽民、李鹏分别为少年儿童题词和给北海幼儿园写信，向少年儿童祝贺"六一"儿童节，勉励他们奋发向上，茁壮成长。

△国务院副总理李岚清参加北京市东城区史家胡同小学和大方家幼儿园举行的"六一"儿童节庆祝活动，并发表讲话，代表党中央和国务院向全国少年儿童致以节日祝贺，向辛勤培育孩子们的教师表示亲切慰问。国家教委副主任柳斌、北京市委副书记汪家镠陪同参加活动。

△国家教委主任朱开轩参加北京市宣武区培智中心和北京市第五幼儿园举行的欢度"六一"儿童节的庆祝活动，代表国家教委向儿童们致以节日祝贺，并向在幼教、特教第一线工作的教师们致以亲切慰问。

△国家教委转发监察部驻国家教委监察局《关于1993年纠正教育行业不正之风工作意见的报告》。

△国家教委办公厅印发《高等学校外语教学指导委员会工作条例》。

6月1日 国家教委副主任韦钰会见以文教部国务秘书Dr·比斯泰尔斯基·埃莱梅尔为团长的匈牙利代表团，双方就教育领域的交流与合作进行了工作会谈，并共同签署了《中匈1993—1994年教育合作工作计划》。

6月4日～7日 由国家教委组织的理科基础科学研究和教学人才培养基地第二批选点论证会在北京举行。国家教委副主任张孝文到会讲话。

6月5日 经新闻出版署批准，由国家教委主管的《中国职业技术教育》杂志在北京创刊。李鹏、李铁映、孙起孟分别为杂志创刊题词。

△国家教委图书馆工作委员会和关心下一代工作委员会等单位组织实施的"源泉工程"向延安地区学校赠书仪式在延安举行。共向10所学校赠送45000册、价值20万元的图书和音像制品。

6月5日～9日 全国农村成人学校人口教育经验交流会在山西运城举行。

6月5日～17日 国家教委副主任柳斌率教育代表团访问俄罗斯、白俄罗斯、乌克兰，分别与三国教育部门就发展双边教育交流与合作交换意见，并签署了中国国家教委与乌克兰、白俄罗斯教育合作协议；中国国家教委与俄罗斯国家高等教育委员会1993～1994学年合作议定书。

6月6日 中共中央总书记江泽民为《中国教育报》创刊10周年题词："加强教育宣传工作，为培养社会主义事业接班人服务"。

△由国家教委有关部门和中央电视台联

合录制的“高校毕业生就业”专题节目，在《12演播室》栏目播出，宣传年度毕业生就业的有关政策。

6月7日　国家教委主任朱开轩在北京会见了以巴林教育大臣阿里·法赫鲁为团长的巴林教育代表团，双方进行了工作会谈。8日，李岚清会见了巴林客人。

△国家教委主任朱开轩宴请著名物理学家、美籍华人李政道教授夫妇。

6月7日～22日　国家教委“两基”评估验收组抽查了江苏省普及九年义务教育和扫除青壮年文盲工作，对江苏省“两基”工作和自查、评估验收工作给予高度评价。

6月8日　1993年沈阳国际成人教育研讨会召开，160多名成人教育工作者和来自13个国家和地区的155名代表参加了研讨会。王明达出席研讨会并讲话。

6月10日　国家教委、人事部、财政部联合发出通知，颁发《特级教师评选规定》。

6月11日～14日　国务院副总理李岚清在河南考察教育工作。

6月15日～19日　国家教委思想政治工作司在江苏省徐州市召开高等学校思想政治教育课程建设研讨会。全国26个省、自治区、直辖市及解放军总政治部系统从事课程教学或管理的有关人员出席，会议就当前思想政治课程面临的新情况、新问题，今后如何加强与改革等进行了研讨。

△国家教委城市教育综合改革领导小组办公室、职业技术教育司联合在江苏省苏州市举办德国“双元制”职业技术教育经验讲习班。国家教委副主任王明达在讲习班上讲了话。

6月16日　国务院副总理李岚清在中宣部新闻通气会上作题为《进一步做好〈中国教育改革和发展纲要〉的宣传工作》的讲话。国家教委主任朱开轩出席通气会。

6月16日～20日　国家教委利用世界银行贷款发展我国教育事业第十个项目——师范教育发展项目启动会在四川省都江堰市举行，全国15个省、自治区教委负责人，124所高等师范项目院校的院校长及国家计委、财政部有关负责人出席。四川省副省长李蒙到会致词。原国家教委副主任邹时炎代表国家教委出席并讲话。

6月17日　国家教委召开1993年各类成人高校招生录取工作电话会议，就招生录取工作的指导思想、录取原则等问题提出了要求。副主任王明达到会讲话。

△国家教委副主任张天保会见并宴请应邀来华访问的蒙古共和国科学教育部长H·乌勒吉呼特格一行。

6月17日～19日　中国大学生百县千乡科技文化服务工程项目洽谈会暨经济信息发布会在北京举行。有120所高校、100多个县、400多家企业的5000余人参加了洽谈会，共签订合同103项，合同金额837.24万元。国务院副总理李岚清到会参观并题词。

6月19日　国务院副总理李岚清听取国家教委副主任张孝文关于实施“211工程”有关情况汇报，并就“211工程”、“希望工程”和加强德育教育等问题作了指示。同日下午，张孝文召集铁道部等12个中央部(委)主管部门座谈会，传达李岚清副总理的重要指示，并对加强“211工程”部门预审工作进行了研究。

6月21日～24日　国家教委副主任柳斌出席由国家语委召开的“南方方言区推广普通话工作座谈会”，并就推广普通话工作问题讲话。

△国家教委副主任王明达率代表团赴马来西亚出席联合国第六届亚洲及太平洋地区教育部长及负责经济规划部长会议。

6月22日　高等学校理科大气科学、地质学两个教学指导委员会成立大会在北京大学举行，国家教委副主任张孝文到会讲话。

6月22日～25日　中国高教学会与湖南省高教学会联合在湘潭大学召开毛泽东教育思想学术讨论会。全国高校有关专家、学者80余人参加，并提交近百篇论文。中国高教学会会长何东昌到会讲话。

6月23日～7月6日　国家教委教育发展研究中心先后4次邀请中央部、委（总公司）主管教育的负责人对中央部委（总公司）所属高等学校体制改革问题进行座谈，先后有电力、化工、机械等36个部、委（总公司）的教育司（局）长出席。

6月24日　国家教委留学工作负责人就美国实施“1992年中国学生保护法”一事，向中国国际广播电台华语台记者发表谈话，阐述中国政府对法案的原则态度。

6月24日～30日　由江苏省、北京市中学生组成的女子田径队，由河南省实验中学组成的中国学校女子田径队，参加在意大利举行的“让·亨贝”世界中学生田径运动会，两队均荣获冠军。

6月28日　国家教委主任朱开轩、副主任王明达、张天保出席全国政协教育文化委员会召开的教育工作座谈会，朱开轩向到会政协委员和有关同志介绍了当前教育工作情况。

△亚太地区联合国教科文全国委员会磋商会议在北京召开。澳大利亚、蒙古、泰国等16国教科文全委会代表参加会议。中国国家教委副主任韦钰和中国联合国教科文全委会主任滕藤出席开幕式并致辞。

6月28日～7月1日　全国高校纪念毛泽东诞辰100周年学术研讨会在湖南师范大学举行。

6月29日　国家教委、人事部、财政部在北京联合召开特级教师座谈会。出席会议的教师代表对特级教师评选工作、中小学教师队伍建设、教育改革与发展发表了意见。朱开轩在座谈会上讲话。

7月1日　国家教委主任朱开轩会见并设宴招待参加中英友好奖学金第八次会议的中、英、港三方代表。

△国家教委办公厅发出《关于贯彻我委〈关于继续搞好培养专科程度小学教师试验工作的通知〉的通知》。

7月6日　国家教委发布参加1993年普通高校招生报名情况统计数据：参加全国统一考试的考生数为279万人，比上年减少23万人；考生中男生占63%，女生占37%；理工类占62%，文史类占32%，其它类占6%；考生最多的省为山东省（20万人）、四川省（19万人），最少的为西藏自治区（近2000人）。

△中国教育报社在北京举行创刊10周年座谈会。党和国家领导人江泽民、李鹏、李岚清、李铁映等分别题词祝贺。全国人大副委员长孙起孟、国家教委主任朱开轩和首都教育界知名人士就如何进一步办好《中国教育报》发表了意见。

7月7日　国家教委副主任张孝文到北师大实验中学和北京十一学校，看望参加1993年高等学校统一招生考试的考生和考务工作人员。

△国家教委办公厅发出《关于严禁中小学校强制要求学生购买饮食和其他学习生活物品的通知》。

△国家教委发出通报，就湖南省新邵县教育电视台播放有反动内容电视录相片一事，要求各地引以为戒，并对所属教育电视台加强严格管理，违者必须严肃处理。

7月7日～9日　全国职业技术学校大力发展校办产业，加强实习基地建设工作座谈会在北京举行。王明达到会讲话。9月1日，国家教委办公厅印发会议纪要。

7月8日　国家教委、劳动部、中华职教社联合主办的全国职业技术学校校办企业产品展销会在北京展览馆开幕。全国人大副委员长孙起孟致开幕词，全国人大副委员长雷洁琼、李沛瑶，国家教委主任朱开轩为展销会剪彩。

7月8**日**～10**日**　国家教委领导分别赴各地参加1992级北京大学、复旦大学新生军训结业典礼。朱开轩前往石家庄陆军学院，张孝文前往大连陆军学院，韦钰前往信阳陆军学院，张天保前往南昌陆军学院，向结业学生表示祝贺，向各陆军学院承担新生军训任务表示感谢。

7月9**日**　国家教委、国家体委联合发出《关于表彰全国中学贯彻〈学校体育工作条例〉优秀学校的决定》，随文公布了经评审获优秀学校的160所中学名单。

7月10**日**　国家教委发出《关于自费出国留学有关问题的通知》。

△全国政协科技委员会举行报告会，邀请国家教委副主任韦钰到会作了题为"高校高科技产业与人才培养"的报告。

7月12**日**　国家教委邀请全国政协、各民主党派、全国工商联、全国教育工会、中华职教社等单位负责人进行座谈，听取他们对《民办学校条例(草案)》的意见。九三学社副主席陈明诏、民进中央副主席葛志诚、全国政协委员方明等出席座谈会并发言。

7月12**日**～15**日**　国家教委在无锡召开"社会主义市场经济与教育体制改革研讨会"。

7月14**日**　国务院副总理李岚清在长春召开座谈会，就如何深入学习和落实《中国教育改革和发展纲要》的有关问题，听取了吉林省和部分大、中、小学校的汇报。

7月14**日**～16**日**　国家教委计划建设司召开12个省(市)有关同志参加的关于高校招生问题形势分析会和对策研究会。会议分析汇总情况表明：一些地区在全国招生计划之外，又较大幅度地增加8万人的扩招计划，未经国家教委批准的大专班(点)安排招生现象明显增多。会议要求，这种偏向要引起各地认真注意并提出对策。国家教委副主任张天保到会讲话。

7月15**日**　国家教委印发《关于重点建设一批高等学校和重点学科点的若干意见》。

△国家教委发出《关于做好1994年招收攻读硕士学位研究生工作的通知》。

7月16**日**　国家教委发出通知，印发《普通高等学校本科专业目录》、《普通高等学校本科专业目录新旧专业对照表》和《普通高等学校本科专业设置规定》。

△国家教委印发《普通高等学校函授教育辅导站暂行规程》。

7月17**日**　贯彻《中国教育改革和发展纲要》、推进"希望工程"实施座谈会在北京举行。李岚清、王明达在座谈会上讲话。

7月20**日**　中组部、中宣部、国家教委联合作出《关于表彰党的建设和思想政治工作先进普通高等学校的决定》，同时公布受表彰的33所先进学校名单。

7月20**日**～24**日**　国家教委在昆明召开全国部分省教委主任座谈会，交流各地贯彻《中国教育改革和发展纲要》经验。国家教委副主任张孝文出席会议并讲话。

7月23**日**　国家教委副主任韦钰出席北京大学召开的加强和改善基础研究座谈会，听取意见和建议。

7月26**日**　国家教委、财政部发出《关于对高等学校生活特别困难学生进行资助的通知》。

△国家教委印发《关于加强小学骨干教师培训工作的意见》。

7月26**日**～28**日**　国家教委、中宣部、广播电影电视部联合召开"中小学爱国主义影视教育工作"座谈会，决定将100部以爱国主义教育内容为主题的影视片纳入中小学教育教学计划。

7月26**日**～29**日**　国家教委基础教育

课程教材研究中心举办中学思想政治课教材高级讲习班，就加强中小学德育工作，深化思想政治课改革等问题进行研讨。国家教委副主任柳斌到会讲话。

7月26日～30日 中组部、中宣部、国家教委党组在北京联合召开1993年全国高等学校党的建设工作会议。国家教委主任朱开轩在开幕式上作了题为《从严治党，深化改革，落实〈纲要〉》的报告。中组部部长吕枫在闭幕式上作了总结报告。会议表彰了33所在党建和思想政治工作方面取得突出成绩的高校。29日，江泽民总书记会见了参加会议的代表并讲话；李岚清同代表们进行了座谈。

7月27日 国家教委和中国科协、国家自然科学基金会联合召开欢迎我国参加国际中学生数学、物理、化学和生物学奥林匹克代表队凯旋欢迎会。国务院副总理李岚清代表党中央和国务院对参赛健儿所取得的优异成绩表示祝贺。全国人大副委员长吴阶平、全国政协副主席孙孚凌、国家教委副主任柳斌、中国科协主席朱光亚等出席，并勉励参赛学生在今后的学习和工作中再接再励，取得更大的成就。我国中学生参加上述奥林匹克竞赛的成绩如下：参加数学本届竞赛的6名选手获6枚金牌，列团体总分第一；参加物理第24届竞赛的5名选手获金牌2枚、银牌2枚、铜牌1枚，列团体总分第二；参加第25届化学竞赛的4名选手，获金牌2枚、银牌2枚，列团体总分第一；参加第4届生物学的4名选手获金牌1枚、银牌3枚，列团体总分第一。

△国家教委发出《关于加强高师函授、卫星电视教育、自学考试相沟通培训中学教师教学和管理工作的意见》。

7月27日～29日 国家教委召开中小学爱国主义影视系列教育工作座谈会，讨论如何有组织、有计划地组织中小学生观看爱国主义教育内容的影片，切实加强对中小学爱国主义教育的问题。柳斌主持会议并讲话，中宣部、广播电影电视部有关领导也到会讲话。

7月27日～31日 国家教委在青岛市召开全国自费出国留学工作会。国家教委副主任韦钰出席会议。

7月28日 国家教委向各省、自治区、直辖市教育行政部门和招生委员会发出紧急通知，传达国务院副总理李岚清就本年度高校招生计划执行中有关问题所作的如下批示：请向各地主管教育的领导打个招呼，扩大招生要与我们的办学能力和条件相适应，要与改革同步进行，否则要引起严重后果。为贯彻落实上述批示，《紧急通知》作出四项规定，要求各地严格执行国家招生计划。

△全国高等理科教育研究会在长春成立。周培源、唐敖庆、谢希德为研究会名誉理事长。

7月31日 国务院副总理李岚清到清华大学，与清华大学干部、师生进行座谈。

8月1日 李鹏总理签署国务院令第122号，发布《国务院关于修改〈扫除文盲工作条例〉的决定》。

8月2日 国家教委副主任王明达、专职委员郭福昌接受中国国际广播电台记者的采访，就西藏自治区教育情况和教育援藏有关问题回答了记者的提问。

8月3日～5日 国家教委在大连市召开教育督导工作座谈会。9月27日，国家教委印发了座谈会纪要。

8月4日 国家教委主任朱开轩在人民日报发表题为《积极支持　正确引导——关于民办学校的几个问题》的文章。

8月4日～8日 国家教委“建设有中国特色社会主义高等教育理论”研究课题组在长春市召开研讨会，交流研究成果。

8月7日 国家教委副主任韦钰会见乌干达教育部长玛尼亚·穆舍卡一行，宾主进行了友好交谈。

8月9日　国家教委召开青年学者座谈会,研究为年轻教师和科研人员创造条件,改善和加强大学基础研究和高技术创新工作等问题。北京大学、清华大学部分年轻教师和科研人员到会并就有关方面问题提出意见或建议。

8月9日～13日　国家教委中小学教材审定委员会在山东烟台市召开九年义务教育教材复审会议。会议复审了小学和初中语文、数学等11个学科的50册教材,审查5个学科的17册教材。会议还讨论了有关教材建设方面的问题。

8月10日　国家教委主任朱开轩会见并宴请以荷兰王国教科大臣李择优为团长的荷兰教育科学代表团,并签署《中华人民共和国国家教育委员会和荷兰王国教育科学部教育和科学合作协议》。12日,李岚清会见了荷兰客人。

△国家教委发出《关于稳步推进普通高中毕业会考工作的意见》。

△国家教委办公厅发出《关于高等学校毕业生参加社会上组织的"人才招聘会"活动等有关问题的通知》。

8月11日　第四届国际汉语教学讨论会在北京开幕。来自25个国家和地区以及国内的300余名专家学者参加会议。国家教委主任、国家对外汉语教学组组长朱开轩到会并致词。

8月13日　国家教委主任朱开轩打电话到遭受严重水灾的山东郓城县,慰问灾区教职工,要求广大教育干部和师生投入抗灾保校斗争,确保秋季正常开学。

△中组部、中宣部、国家教委联合发出《关于新形势下加强和改进高等学校党的建设和思想政治工作的若干意见》。

△国家教委办公厅发出《关于转发北京市中小学贯彻〈礼仪常规〉加强文明礼貌、行为规范的养成教育的通知》。

8月14日　国家教委、财政部联合发出《关于修改〈普通高等学校本、专科学生实行贷款制度的办法〉部分条款的通知》。

8月17日　国家教委发出《民办高等学校设置暂行规定》。

8月18日　李岚清就河北省积极解决拖欠中小学教师工资问题,致信河北省委书记程维高、省长叶连松。希望继续狠抓落实,保证拖欠的教师工资按预定目标全部兑现。

△国务院副总理李岚清出席国家教委举行的编写《中国传统道德》一书的工作座谈会,并与部分学者进行了座谈。

8月18日～28日　第五届全国中学生运动会在山东省青岛市举行。

8月20日～21日　国务院副总理李岚清邀请各民主党派和部分无党派著名人士到中南海举行座谈,听取他们对教育工作的意见。国家教委主任朱开轩、副主任张天保出席座谈会。

8月22日　国家教委、国家体委在青岛联合召开全国中学贯彻《学校体育工作条例》优秀学校表彰大会,向北京四中等160所中学颁发了奖牌。为进一步贯彻《学校体育工作条例》,与会代表发出致全国中学校长的倡仪书。

△中国高校校报协会在北京成立。

8月23日　国务院副总理李岚清与全国学联第21届2次全委会主席团成员座谈。24日,国家教委副主任张天保应邀在全国学联第21届2次会议上作关于我国教育改革与发展的报告。

8月24日　国家教委召开电视会议,要求尽快解决当前基础教育面临的教育经费短缺、拖欠教师工资、乱收费、初中生辍学较多等突出问题。国家教委主任朱开轩、副主任柳斌分别在会上讲话。

△国务院办公厅转发国家教委《关于做好庆祝教师节活动若干意见的通知》。

8月24日～27日　国家教委教育发展研究中心与中国高等教育发展战略研究会、辽宁省教委、辽宁省教科所联合在丹东市召开"中国社会主义市场经济与教育体制改革及人才培养"研讨会，全国14个省、自治区、直辖市及中央部(委)和部分高校有关领导、专家和学者50多人参加研讨。

8月25日　国家教委发出《关于坚决纠正中小学乱收费的通知》。

8月27日　国家教委副主任、中国联合国教科文组织全国委员会主任韦钰会见并宴请来华访问的印度尼西亚国家教育咨询委员会主席马卡吉昂萨，双方就有关问题交换了意见。

△国家教委、财政部发出《关于进一步做好高等学校勤工助学工作意见的通知》。

△国家教委发出《关于普通高等学校劳模班中民办教师在校期间待遇问题的复函》。

8月31日　国家教委召开新闻发布会，通报1993年全国扫盲工作进展情况。

9月2日　《中国教育报》发表国务院副总理李岚清的文章《大力宣传、认真实施〈中国教育改革和发展纲要〉》。

△国家教委召开基础教育形势分析会，讨论分析了当前基础教育尤其是农村基础教育的形势，确定1993年下半年国家教委要集中力量重点抓好基础教育工作，切实解决基础教育工作面临的困难和问题。国家教委主任朱开轩主持会议。

9月3日　全国政协举行庆祝教师节招待会。李瑞环、李岚清等领导出席，全国政协副主席吴学谦、国家教委主任朱开轩讲话。

9月4日　国家教委发布《关于批准1993年普通高等学校国家级优秀教学成果获奖项目的决定》。

△国务院学位委员会召开正副主任委员会议，研究第五批学位授权审核工作的指导原则和政策以及第五次学科评议组会议的有关事项。国家教委主任兼学位委员会副主任委员朱开轩、学位委员会主任委员何东昌出席并主持会议。

9月5日、6日　国务院副总理李岚清到北京远郊密云县慰问山区教师，同县领导和中小学代表就农村基础教育的改革与发展、青少年德育等问题进行座谈，并到中小学看望了师生。

9月6日　国家教委作出关于表彰全国21名中小学校长的决定。

9月6日～10日　中国高等教育经费管理国际研讨会在北京举行。国家教委副主任张天保出席开幕式并致辞。

9月7日　国务院副总理李岚清到中国科技大学研究生院看望师生，并同师生代表座谈。

△国家教委副主任柳斌出席北京市委、市政府召开的庆祝教师节及优秀教师表彰大会。代表国家教委向获奖教师祝贺及向全市教师致以节日慰问。

9月8日　国家教委在人民大会堂召开普通高等学校优秀教学成果表彰奖励大会。江泽民总书记接见获奖代表并作重要讲话，李岚清副总理为获奖者颁奖。

△李岚清、李铁映、陈希同出席北京高校育新花园教师住宅小区奠基仪式。李岚清在仪式上讲话。

△国家教委副主任韦钰在北京会见以缅甸教育部副部长基貌为团长的缅甸教育代表团，并举行了工作会谈。

9月9日　国家教委、人事部、中国中小学幼儿教师奖励基金会、全国教育工会在北京召开大会，庆祝我国第九个教师节。592名全国教育系统劳动模范、5379名全国优秀教师和全国优秀教育工作者受到表彰，367项普通高校优秀教学成果获奖。国务院副总理李岚清到会祝贺并讲话。10日，中共中央总书记、国家主席江泽民在北京会见了出席

1993年教师节表彰大会的会议代表，向广大教师和教育工作者致以节日祝贺和慰问。

9月10日　全国人大举行庆祝教师节茶话会。全国人大常委会委员长乔石、国务院副总理李岚清、国家教委主任朱开轩等在会上讲话。来自北京各级各类学校的普通教师、教育工作者200多人参加茶话会。

△首都教育工作者集会，纪念邓小平同志“教育要面向现代化，面向世界，面向未来”题词10周年。李岚清在会上作了题为《认真学习邓小平教育思想，把教育改革和发展推向新阶段》的讲话，朱开轩主持纪念会。9月21日，中国教育学会在上海举行纪念邓小平同志“三个面向”题词10周年学术讨论会，柳斌在会上讲话。

9月11日　李岚清在中南海会见参加首届“希望工程园丁奖”颁奖大会的代表，向他们表示祝贺。

9月13日　国家教委、人事部、财政部联合发出《关于禁止在民办教师选招公办教师中乱收费的通知》。

△中宣部、国家教委、广播电影电视部、文化部联合发出《关于运用优秀影视片在全国中小学开展爱国主义教育的通知》。

9月13日～18日　国际职业技术教育研讨会在北京举行。李岚清出席开幕式并讲话。会议的主题是“现代化与职业技术教育”，20余个国家和地区的代表与会。

9月17日　国家教委主任朱开轩会见并宴请来华访问的厄瓜多尔文化体育部部长佩尼亚夫妇及厄奥委会主席埃尔南德斯夫妇。宾主进行了友好谈话。

9月20日　国务院残疾人工作协调委员会、国家教委、民政部、中国残疾人联合会联合发布《关于表彰特殊教育先进县(市、区)的决定》。

9月21日　中央电教馆建馆15周年纪念会在北京举行。

9月21日～30日　国务院学位委员会学科评议组第五次会议在北京举行，对第五批博士、硕士学位授权进行复审。25日，国务院总理李鹏、国务委员宋健接见参加会议的学位委员和学科评议组召集人。李鹏就学位工作和研究生教育工作发表了讲话。

9月22日～23日　国家教委在湖北省武汉市召开部分省市加强中小学收费管理工作座谈会，听取了北京、山西、河南、湖北、江苏、上海、辽宁、海南及武汉市教育部门负责人介绍关于贯彻国家教委坚决纠正中小学乱收费的通知的情况，研究了当前中小学收费中的突出问题及其对策。10月6日，国家教委印发了会议纪要。

9月24日　朱开轩主持召开国家教委办公会议，讨论分析基础教育特别是农村基础教育的形势。会议研究了实现90年代基本普及九年义务教育和基本扫除青壮年文盲的战略目标的政策、责任和措施及工作部署。

△国务院办公厅发出《关于加强中小学收费管理工作的通知》。

9月27日～10月9日　国家教委主任朱开轩率中国教育代表团访问了新加坡和印度尼西亚。

9月28日　国家教委副主任王明达在北京会见了以德国巴伐利亚州文教、科学、艺术部部长蔡特迈耶尔为团长的德国巴伐利亚州教育代表团。

10月2日　华中师范大学庆祝建校90周年。江泽民总书记题词祝贺：“发展师范教育事业，提高民族文化素质。”

10月4日　李鹏总理主持召开国务院第10次常务会议，审议并原则通过了《教师法》草案。

10月4日　国家教委办公厅发出《关于加强普通中小学教学用书管理的紧急通知》。

10月5日　国家高级教育行政学院举行第七期高校领导干部进修班和第四期高校

党政干部培训班的开学典礼。国家教委副主任张孝文代表国家教委党组到会讲话。

△国家教委副主任柳斌在《中国残疾人事业五年工作纲要》总结会特殊教育工作会上，就认真贯彻《中国教育改革和发展纲要》，积极发展残疾人教育事业作了讲话。

10 月 6 日 国务院办公厅发出《关于解决中央部属院校价格补贴问题的通知》。

△近百名专家、学者聚会清华大学，纪念蒋南翔同志诞辰 80 周年，就其教育思想进行座谈。

10 月 7 日 国家教委副主任韦钰主持召开资助优秀年轻教师基金领导小组会议，通过了年度 700 万元基金的拨款计划，并就有关工作进行了研究。

10 月 7 日～10 日 全国农村成人中等专业学校第三次协作会在天津静海县举行。

10 月 8 日 国家教委发出《关于高等学校思想政治教育专业办学的意见》。

10 月 9 日 北京景山学校纪念邓小平同志“三个面向”题词发表 10 周年。李鹏总理打电话向大会表示祝贺。李岚清副总理出席纪念会并讲话。

△国家教委发出《关于中等职业技术学校政治课课程设置的意见》。

10 月 10 日～15 日 国家教委直属高校工作咨询委员会第四次全体会议在广州举行。会上，委员们对国家教委直属高校贯彻《中国教育改革和发展纲要》，加快 90 年代改革和发展的实施意见等进行了讨论，提出了咨询意见。会议期间，国务院副总理李岚清、国家教委主任朱开轩就当前教育战线上的一些重要问题发表了意见。清华大学、北京大学等 15 所高校在大会上作了交流发言。

10 月 11 日 国家教委副主任柳斌出席由北京市委教育工委、市政府文教办、市教育局及教育学会举行的“贯彻落实《纲要》深化教育改革”报告会，并作专题发言。

10 月 11 日～14 日 第二届亚太经贸教育国际研讨会在北京举行。国务院副总理李岚清会见了与会代表。

10 月 15 日 国家教委副主任柳斌同应国家教委邀请来华访问的白俄罗斯教育部长盖肖诺克一行举行工作会谈。16 日，国务院副总理李岚清会见盖肖诺克部长一行，并向客人介绍中国的改革和发展情况，双方表示将努力促进中白两国的教育交流与合作进一步发展。

△国务院办公厅发出关于转发国家教委等部门《关于进一步加强教育援藏工作的请示》的通知。

10 月 15 日～16 日 根据李岚清副总理的指示，国家教委主任朱开轩、副主任柳斌邀请专家学者就“基础教育投入对策”进行座谈。财政部、国家体改委、中国人民银行、国家税务局及北京大学、中国人民大学等单位的经济学家、财税专家出席。

10 月 15 日～21 日 国家教委在北京召开全国中等师范学校深化改革、提高教学质量座谈会。会上，代表们交流了深化改革、提高教学质量的经验，并就中师今后如何实现现代化的途径和方法进行了探讨。国家教委副主任柳斌到会讲话。

10 月 16 日 全国高等学校设置评议委员会第二次全体会议在湖南长沙举行。国家教委副主任张孝文、张天保到会并分别就高校发展问题谈了重要意见。国务院学位委员会主任委员、全国高校设置评议委员会主任何东昌也到会讲话。

△国家教委转发《国务院办公厅关于纠正一些地方取消农村教育费附加的通知》。

10 月 18 日～30 日 国家教委“两基”评估验收工作抽查组，对北京市基本普及九年制义务教育、基本扫除青壮年文盲工作进行了评估验收抽查，宣布北京市成为我国率先提前实行“两基”的直辖市。

10 月 18 日　中共中央总书记江泽民在中央农村工作会议上发表讲话。提出要坚定不移地实施科技、教育兴农的发展战略。要重视农村教育工作，重点是扎扎实实地普及九年义务教育，扫除青壮年文盲，同时大力发展农村职业技术教育和农村成人教育。

10 月 18 日～22 日　全国农村教育综合改革与实施“燎原计划”工作研讨会在江苏昆山举行。经过 7 年发展，农村教育综合改革实验已在全国近 1/3 县大规模展开，已有国家级实验县 116 个，省级实验县 526 个。国家教委副主任王明达到会讲话。

10 月 19 日　亚太地区联合国教科文组织俱乐部协会联合会第十次执委会在北京举行。

10 月 19 日～25 日　第五届国际信息学奥林匹克竞赛在阿根廷门多萨市举行。中国 4 名参赛选手全部获奖：福建师范大学附中郭远山获金牌，广西南宁二中黄天明获银牌，北京师范大学附属实验中学张辰和上海控江中学柴晓路获铜牌。

10 月 21 日　国家教委副主任韦钰参加国家计委召开的关于“九五”和跨越 2000 年国家科技发展规划工作座谈会，并就科技体制改革与人才培养结合，发展基础研究、高技术研究以及促进科研成果转化等问题，提出意见和建议。

△国家教委办公厅发出《关于加强健康教育、做好脊髓灰质炎与碘缺乏病防治工作的通知》。

10 月 22 日　国家教委主任朱开轩受国务院委托，在八届全国人大常委会第四次会议上作关于《中华人民共和国教师法(草案)》的说明。

10 月 23 日～27 日　国家教委在江苏省无锡市召开全国初中毕业生升学考试体育试点工作会议。12 月 7 日，国家教委办公厅印发会议纪要。

10 月 25 日　全国三好学生、优秀学生干部、先进班集体表彰报告会在北京举行。国务院副总理李岚清、国家教委主任朱开轩等领导同志在中南海与参加报告会的学生代表进行了座谈。

10 月 25 日～27 日　全国民族教育宣传工作会议在广西恭城瑶族自治县举行。

10 月 25 日～30 日　第三次全国十城市(城郊型)农村教育综合改革研讨会在上海举行。

10 月 25 日～11 月 1 日　国务院副总理李岚清在江苏考察。李岚清考察了南京大学、东南大学、苏州大学、南京医学院、镇江医学院和一些中小学、聋哑学校、职业教育中心，并在南京召开了有国家教委和 10 所高校领导参加的高校改革座谈会。

10 月 25 日～11 月 16 日　联合国教科文组织第 27 届大会在法国巴黎举行。国家教委副主任、教科文组织中国委员会主任韦钰率中国代表团参加了大会。

10 月 28 日　国家教委主任朱开轩受国务院委托，在第八届全国人民代表大会常务委员会第四次会议上，就当前教育战线的形势和实施《中国教育改革和发展纲要》中存在的几个问题，向八届人大常委会作了报告。

10 月 29 日　《中国革命根据地教育史》出版座谈会在国家教委举行。邓小平同志为此书题写了书名。

10 月 30 日　国家教委副主任张天保同出席中国工会十二大的教育界代表座谈，听取了代表们的意见和建议。

10 月 31 日　第八届全国人大常委会第四次会议审议通过了《中华人民共和国教师法》。同日，国家主席江泽民签署第 15 号主席令，发布《教师法》，自 1994 年 1 月 1 日起施行。

11 月 4 日　第一届 21 世纪海峡两岸高等教育学术研讨会在台北市淡江大学城区部

开幕。大陆 24 位学者应邀参加了会议。

11 月 8 日 《中国教育报》报道:国家教委副主任柳斌就《教师法》颁布接受《中国教育报》记者的采访,并回答了有关问题。

△国家教委召开北京部分高校学者座谈会,畅谈和交流结合学习江泽民总书记在中共中央学习报告会的讲话精神,学习《邓小平文选》第三卷的体会。国家教委副主任张孝文、专职委员林炎志出席座谈会。

11 月 9 日 国家教委办公厅发出《关于进一步加强中学时事教育的几点意见》。

11 月 9 日～13 日 国家教委基础教育司、中央教科所、联合国教科文组织、联合国儿童基金会联合举办教育评价技术报告会,讨论在中国建立教学质量监控机制等问题。

11 月 11 日 国家教委国防科学技术委员会在京成立,国家教委主任朱开轩主持会议,副主任王明达致开幕词,副主任韦钰作题为"高等学校应当为新时期国防建设作出更大贡献"的主题报告。该委员会由朱开轩任主任委员、韦钰任副主任委员,左铁镛任秘书长。

11 月 12 日～15 日 国家教委在四川乐山市召开师范专科学校面向农村、深化改革座谈会,就培养合格初中教师、师范专科学校要面向农村为建设社会主义新农村服务等问题进行了讨论。

11 月 15 日 国家教委办公厅发出《国家教委直属高校贯彻〈纲要〉,加快九十年代教育改革和发展步伐的实施意见》。

11 月 15 日～19 日 全国普通中等专业教育改革与发展会议在湖南株洲市举行。会议的中心议题是深化中专改革,增强中专活力,加快中专发展,在总结、交流经验的基础上,明确当前及今后一个时期中专教育改革与发展的方向、目标和路子。国家教委副主任王明达、湖南省副省长郑培民、农业部副部长洪绂曾到会讲话。

11 月 15 日～26 日 国家教委在四川省成都市举办了首期西藏教育行政管理干部培训班。

11 月 15 日～12 月 5 日 国家教委思想政治工作司和国家高级教育行政学院联合在湖北省武汉市举办高校和地方教育部门宣传处长研讨班,学习邓小平同志建设有中国特色的社会主义理论。

11 月 16 日 国务院办公厅发出《关于采取有力措施迅速解决拖欠教师工资问题的通知》。

△国家教委副主任张孝文出席北京市委教育工委召开的北京高校领导干部学习邓小平著作,贯彻《中国教育改革和发展纲要》研讨会,并就贯彻《纲要》问题讲话。

11 月 16 日 国家教委发布《高等学校档案实体分类法》、《高等学校档案工作规范》。

11 月 18 日 全国人大教科文卫委员会、法制委员会、国家教委、司法部、国务院法制局、全国政协教育文化委员会、北京市人大常委会、北京市人民政府、全国教育工会联合举行《中华人民共和国教师法》座谈会。国务院副总理李岚清、全国人大副委员长孙起孟、雷洁琼、全国政协副主席钱伟长、国家教委副主任张孝文、韦钰等及有关方面负责人出席座谈会并先后发言。

11 月 18 日～23 日 全国教育期刊社长、总编会议在广州举行。国家教委副主任柳斌到会讲话。

11 月 19 日 国务院总理李岚清召开中央和国务院 18 个部委的负责同志座谈会,听取部委负责人对教育改革和发展问题的意见。国家教委副主任张孝文出席。

△《中国教育报》报道:日前,全国人大常委会法制工作委员会负责人就《中华人民共和国教师法》的有关问题接受了中国教育报记者的采访。

11 月 21 日 国务院发出关于贯彻实施

《中华人民共和国教师法》若干问题的通知。

11月22日　由清华大学等14所高校发起，全国40余所高校参加的高等学校继续教育协作组在北京成立。国家教委副主任王明达、人事部副部长蒋冠庄、经贸委副主任陈清泰等到会祝贺并讲话。

11月23日～26日　中国比较教育研究会第七届年会在北京师范大学举行。

11月23日～27日　全国高等学校人文社会科学研究工作会议在江西南昌举行。

11月24日　著名政治活动家、科学家、教育家、原北京大学校长周培源在北京逝世。

11月26日　国家教委发出《关于取消中小学乱收费项目的通知》。

△国家教委印发《国家教委关于全国普通高等学校体育教材建设的意见》。

△国家教委印发《1994年普通高等学校招生全国统一考试范围》。

11月27日～29日　国家教委、国家民委联合在银川召开全国教育对口支援协作工作会议。会上，部分对口支援协作双方举行了签约仪式。代表们还就少数民族地区教育改革等问题进行了研讨。国家教委副主任王明达到会讲话。

11月29日　国家教委主任兼党组书记朱开轩到中央党校培训部看望部分教育系统的学员，并座谈学习《邓小平文选》第三卷的体会。

△武汉大学举行校庆活动。江泽民、李鹏、李岚清分别题词祝贺。

△中央宣传部、全国人大教科文卫委员会、国家教委、司法部、国务院法制局、全国教育工会联合发出关于认真学习、宣传《中华人民共和国教师法》的通知。

△国家教委发出《关于广西壮族自治区德保县裁减教师、撤并教学点造成大批小学生失学情况的通报》。

11月30日　国家教委发出《关于做好1994年全国毕业研究生就业工作的通知》和《关于做好1994年全国普通高等学校毕业生就业工作的通知》。

△国家教委、人事部发出《关于公布具有教授、副教授任职资格评审权高等学校的通知》。

12月1日　国家教委召开新闻发布会，向新闻记者通报我国学生体质健康状况。我国学生体质健康状况有不同程度的改善，同时，还存在体形瘦弱，耐力素质下降，近视眼、龋齿发病率居高不下，学生高考体检不合格而专业受限制的比率高达85%等问题。

12月3日　国务院副总理李岚清在北京接见了联合国开发计划署、联合国儿童基金会、联合国教科文组织、联合国人口基金和世界银行驻华代表处的代表及高级官员。在过去的十年里，这五个国际组织向国家教委提供了7000万美元的援款和10亿美元无息贷款。

12月5日　国务院副总理李岚清应北京市和国家教委的邀请，为北京高校和在国家高级教育行政学院学习的全国各重点高校的党政领导干部作了形势报告。李岚清就我国经济形势、对外经济工作，特别是教育的改革和发展等问题作了阐述。

△海峡两岸教育学术座谈会在北京举行。大陆和台湾的教育界人士分别介绍了两岸职业技术教育的现状，交流了经验。

12月5日～8日　全国教育督导评估经验交流会在武汉举行。国家教委副主任柳斌到会讲话。

12月9日　国家教委发出《关于批准普通高等学校举办本科函授教育的通知》。

△国家教委办公厅发出《关于公布1994年度普通高等学校举办函授专科和夜大学本专科教育备案名单的通知》。

12月10日　国家教委副主任柳斌率团出席九个发展中人口大国全民教育首脑会议

部长级预备会议。

12月10日～11日 国务院学位委员会第十二次会议在北京举行。会议总结了近年来学位工作的进展情况，研究了今后学位工作的改革和发展，审议并批准了第五批博士学位授权学科、专业点和博士生指导教师以及硕士学位授权学科、专业点。国务院副总理李岚清与出席会议的学位委员进行了座谈。

△国家教委在北京召开毛泽东教育思想研讨会。国家教委主任朱开轩出席会议并讲话。

12月11日 国家教委、监察部联合发出《关于对义务教育法规执行情况开展专项执法监察的通报》。

12月11日～14日 国家体改委、国家科委和国家教委在北京联合召开全国高校科技产业工作会议。李岚清发表书面讲话。李铁映、宋健等出席会议并讲话。国家教委副主任韦钰在会上作了主体报告。

12月12日 国务院副总理李岚清致信广西壮族自治区主席成克杰、湖北省长贾志杰、河南省长马忠臣、湖南省长陈邦柱、江苏省长陈焕友、四川省长肖秧等，督促在《教师法》生效日前，尽快解决拖欠教师工资的问题。

12月12日～17日 全国城市教育综合改革研讨会在广东江门市举行。国家教委副主任王明达到会，作了题为《认真贯彻〈纲要〉，加快城市教育综合改革步伐》的报告。

12月15日～16日 由联合国教科文组织、联合国儿童基金会和联合国人口基金会共同发起的九个发展中人口大国全民教育首脑会议在印度新德里举行。国务院副总理李岚清率中国政府代表团出席会议。

12月15日～18日 由全国人大常委会委员杨海波、张明远、许嘉璐、董耐芳等组成的全国人大检查组到河北省石家庄市视察了河北省学习、贯彻《教师法》的情况。

12月17日 国家教委发出《关于深化改革，加强1994年普通高等学校招生计划宏观管理意见的通知》。

12月18日 国家教委印发《关于各类成人高等学校举办第二专业专科学历教育的实施意见》和《关于成人高等学校试办"双招"专科学历教育班的实施意见》。

12月23日 国家教委在北京召集部分优秀年轻专家座谈。国务院副总理李岚清出席座谈会，就实施跨世纪优秀人才计划及教育改革等问题讲话。国家教委主任朱开轩主持会议。国家教委副主任张孝文宣布了首批进入该项计划的42名优秀青年专家名单。

△国家教委在天津召开1994年出国留学计划选派工作会议。国家教委副主任韦钰到会讲话。会议就1994年国家公派出国留学人员选派工作作了具体部署。

12月24日 国家教委、共青团中央、文化部、新闻出版署联合发出《关于公布1994年"全国红领巾读书读报奖章活动"推荐书目的通知》。

12月25日 国务院副总理李岚清考察了北京中医药大学，与该校部分师生座谈并发表讲话。

△国家语委、国家教委发出《关于职业中学普及普通话的通知》。

12月25日～27日 1994年全国各类成人高等学校招生集体办公会议在天津举行。国家教委副主任王明达到会讲话。

12月27日 曾宪梓教育基金会1993年高等师范教师奖颁奖仪式在北京举行。荣毅仁、李岚清、孙孚凌、朱开轩等出席颁奖仪式。全国共有1000名师范院校优秀教师获奖。

12月28日 国家教委发出《关于加强全国职业中学校长岗位培训工作的意见》。

△国家教委发布《全国职业中学校长主要职责及岗位要求(试行)》。

12月29日 国家教委主任朱开轩在中

央电视台发表关于贯彻实施《教师法》的电视讲话，题为《实施〈教师法〉是全社会的重要任务》。

△国家教委印发《普通高等教育学历证书管理暂行规定》。

12月30日　国务院副总理李岚清到北京大学看望干部、教师和学生代表，并与他们座谈，代表党中央和国务院向全校师生员工祝贺新年。

△国家教委主任朱开轩在《中国教育报》上发表了题为《刻苦学习　报效祖国》的对海外留学人员的讲话。

△国家教委发出《关于采取措施制止消极文化现象在学校蔓延的通知》。

△国家教委、财政部联合印发《中小学校办产业周转金管理暂行办法》。

△国家教委印发《关于各类成人高等学校评估工作的意见》。

△国家教委办公厅印发《成人高等学校评估的基本内容和准则》。

12月31日　国家教委办公厅发出《关于下发对浙江六省、市普及九年义务教育和扫除青壮年文盲评估验收工作的抽查报告的通知》。

撰稿　吴伯康　喻晓宪

审稿　郑树山

3